CW01066890

Diccionario
Inglés/Español
Spanish/English

EDICIONES
B
GRUPO ZETA

1.ª edición: enero, 1991

La presente edición es propiedad de Ediciones B, S.A.
Calle Rocafort, 104 - 08015 Barcelona (España)

© Ediciones B, S.A., 1990

Printed in Spain
ISBN: 84-406-1955-3
Depósito legal: B. 41.882-1990

Impreso por LITOGRAFÍA ROSÉS

Cubierta:
IDEA BALMES. Jordi Vallhonesta

Diccionario
Inglés/Español
Spanish/English

INTRODUCCION

Este diccionario pretende ser lo más útil posible dentro de los límites que imponen su formato de bolsillo y su precio económico. Para ello se le han dado las siguientes características:

a) contiene todas las palabras del vocabulario básico, pero no determinados tecnicismos, arcaísmos y vocablos de uso poco frecuente, propios de obras más especializadas;

b) elude la definición de las palabras, para ofrecer en su lugar la expresión, si no exacta cuando no la hay, más aproximada en el otro idioma;

c) en la mayoría de los casos, cuando una palabra esencial permite establecer fácilmente cuáles serán las formas secundarias o derivadas, como adjetivos o adverbios, dichas formas no se recogen;

d) en cambio, aparecen entre paréntesis y en cursiva determinadas voces que, en relación con la palabra de entrada, ayudan a identificar la acepción más adecuada: por ejemplo, si se busca la palabra inglesa *brevity*, su traducción será brevedad, concisión, pero si está relacionada con *time*, que figura entre paréntesis, la acepción adecuada es fugacidad;

e) brinda una pronunciación figurada, muy simplificada, en los dos idiomas, cosa no frecuente en diccionarios de este tipo.

Por ello consideramos que la presente obra constituye un compañero de viaje sumamente eficaz, que no estorba en el equipaje ni en el bolso o cartera de mano, así como un buen colaborador del estudiante, que puede tenerlo siempre a mano entre los libros, apuntes y papeles de inmediato uso.

En lo que concierne a la pronunciación figurada, no se ha pretendido sino aproximarse a la fonética original de cada idioma lo suficiente como para hacerse entender. Entre dos lenguas tan diferentes en este sentido como son el inglés y el español, una pronunciación figurada exacta requiere un conocimiento muy profundo del otro idioma (en cuyo caso ya prácticamente resulta inútil), o bien el uso de complicados signos e indicaciones que escapan del ámbito de nuestro diccionario. Nos limitamos a recomendar al usuario que lea la palabra figurada como si estuviera escrita en su propio idioma, teniendo solamente en cuenta cinco cosas si se trata de un español que lee el texto inglés:

1.ª La sílaba tónica de cada palabra está señalada con un apóstrofe; por ejemplo, *beautiful*, que escribimos *biu'ti-ful* en pronunciación figurada, es una palabra esdrújula.

2.ª Utilizamos una e invertida (ə) para expresar un sonido muy común en inglés, que no existe en castellano y que podría equipararse a una *e* muy oscura; es el de la mayoría de las vocales inglesas no acentuadas. Si el lector conoce el francés, le ayudará saber que se parece a la *e* del artículo *le*.

3.ª Otro sonido inexistente en castellano y que en inglés corresponde a varias letras o grupos de letras lo expresamos por *sy*. Lo encontramos en la *s* de *pleasure* (ple'syə) o en la *z* de *azure* (e'syə). Se parece a la *j* francesa de *Jean*.

4.ª La g tiene siempre sonido de *gue*, cualquiera que sea la vocal que la siga.

5.ª Las vocales dobles indican una vocal más larga, no dos emisiones de la misma vocal.

En cuanto a las abreviaturas aclaratorias, se han utilizado, para simplificar, las mismas en las dos partes, inglesa y española, de la obra. Son las siguientes:

abbrev. abreviatura	*met.* metafóricamente
adj. adjetivo	*mil.* militar
Amer. americano	*min.* minería
anat. anatomía	*mus.* música
approx. aproximadamente	*n.* nombre substantivo
arch. arcaísmo	*naut.* náutica
archit. arquitectura	*orni.* ornitología
art. arte	*p.n.* nombre propio
astr. astronomía	*paint.* pintura
bot. botánica	*photo.* fotografía
chem. química	*pl.* plural
coll. coloquialismo	*poet.* poesía, poéticamente
com. comercio	*polit.* política
conj. conjunción	*pop.* popularmente
eccl. eclesiástico	*pr.* pronombre
elect. electricidad	*print.* imprenta
eng. ingeniería	*relig.* religión
excl. exclamación	*s.* singular
f. femenino	*sew.* costura
fam. familiarmente	*sl.* slang, argot
her. heráldica	*usu.* usualmente
hosp. hospital	*va.* verbo transitivo
hunt. caza	*va. & n.* verbo transitivo e
interj. interjección	intransitivo
iron. irónicamente	*vb.* verbo
m. masculino	*vn.* verbo intransitivo
maths. matemáticas	*vr.* verbo reflexivo
mech. mecánica	*zool.* zoología
med. medicina	

INGLES - ESPAÑOL

En el idioma inglés no existen las letras compuestas (como la *ch*) ni las dobles (como la *ll*); por lo tanto, el par *ch* aparece entre *cg* y *ci*, y *ll* está entre *lk* y *lm*. Tampoco existe, naturalmente, la *ñ*.

A

a [a] *art.* un, uno, una.

aback [a-bak'] *adv.* de improviso; detrás, atrás; to take —, desconcertar.

abaft [a-baft'] *adv.* a popa, atrás.

abandon [a-ban'don] *n.* desembarazo, descaro; naturalidad, facilidad.

abandon [a-ban'don] *va.* abandonar; renunciar, evacuar; soltar; *vr.* entregarse, confiarse.

abandoned [a-ban'dond] *adj.* desmantelado, arrinconado, ruinoso, desamparado.

abandonment [a-ban'don-ment] *n.* dejación (*de derechos, etc.*).

abase [a-beys'] *va.* abatir, humillar, degradar, envilecer.

abasement [a-bays'ment] *n.* abatimiento, humillación.

abash [a-bash'] *va.* desconcertar, confundir, sonrojar, desalentar.

abashed [a-bash'] *adj.* corrido, cortado; *vn.* to be —, sobrecogerse.

abate [a-beyt'] *va. & n.* disminuir, rebajar; apaciguar, moderar; amainar (*tempest*).

abatement [a-beyt'ment] *n.* disminución, diminución, reducción, rebaja, remisión (*fiebre*).

abattoir [a'ba-tuar] *n.* matadero.

abbacy [a'ba-si] *n.* abadía, dignidad del abate.

abbess [a'bes] *n.* abadesa.

abbey [a'bi] *n.* monasterio, abadía.

abbot [a'bot] *n.* abad, prior.

abbreviate [a-bri'vieyt] *va.* abreviar, compendiar, condensar, reducir.

abbreviation [a-bri-viey'shan] *n.* abreviatura, contracción; resumen, compendio.

ABC [ey-bi-si'] *n.* cristus, abecedario.

abdicate [ab'di-keyt] *va.* abdicar, renunciar.

abdication [ab-di-key'shan] *n.* abdicación; renuncia, abandono. [men; vientre.

abdomen [ab'do-men] *n.* abdo-

abdominal [ab-do'me-nal] *adj.* abdominal.

abduce [ab-dius'] *v.* arrebatar, desviar, separar una cosa de otra. [arrebatar.

abduct [ab-dakt'] *va.* raptar,

abduction [ab-dak'shən] n. rapto, robo; secuestro; plagio.

abed [a-bed'] adv. en cama, acostado; to stay — (sickness), guardar cama.

aberration [a-bey-rey'shən] n. aberración; extravío; locura parcial.

abet [a-bet'] va. sostener, inducir, excitar, alentar, apoyar, ser cómplice.

abetter [a-be'tə] n. instigador, cómplice.

abeyance [a-bey'ans] n. expectativa; in —, en suspenso, vacante; estate in —, tierras mostrencas.

abhor [ab-jor'] va. detestar, abominar, aborrecer, sentir horror a.

abhorrence [ab-jor'rens] n. horror, aborrecimiento, aversión, abominación, asco.

abhorrent [ab-jor'rent] adj. repugnante; ajeno, contrario, incompatible.

abide [a-baid'] va. & n. habitar, morar, quedar; sostener; atenerse; aguantar; resistir; — by, atenerse a, mantener, contar con.

abiding [a-bai'ding] adj. constante, permanente; law —, observante de la ley, que respeta las leyes.

abigail [a'bi-gail] n. (theat.) criada mandona; doncella.

ability [a-bi'li-ti] n. capacidad, facultad, habilidad; arte, talento, maña; potencia; artistic —, disposición, aptitud (artística).

abject [ab'dyekt] adj. abyecto, vil, bajo, rastrero, ruin, servil; — poverty, pobreza de solemnidad.

abjection [ab-dyek'shən] n. abyección, vileza, bajeza; humillación, envilecimiento.

abjure [ab-dyor'] va. abjurar. renunciar; vn. renegar.

ablaze [a-bleys'] adj. en llamas, ardiendo; radiante, brillante.

able [ey'bəl] adj. capaz, hábil, talentudo, competente; apto, diestro; — bodied, robusto, vigoroso; recio; to be —, poder,

saber (nadar, etc.); he is very —, tiene mucho talento.

ablution [a-blu'shən] n. ablución, baño. [en flor.

abloom [a-blum'] adj. florido.

abnegate [ab'ne-geyt] va. renunciar, rehusar; renegar de.

abnegation [ab'ne-gey-shən] n. abnegación; renuncia, sacrificio.

abnormal [ab-nor'mal] adj. anormal; disforme.

abnormality [ab-nor-ma'li-ti] n. anormalidad, anomalía.

aboard [a-boad'] adv. a bordo; to go —, embarcarse, ir a bordo.

abode [a-bod'] n. morada, domicilio, mansión.

abolish [a-bo'lish] va. abolir, derogar, suprimir.

abolition [a-bo-li'shən] n. abolición, abrogación, aniquilamiento; total —, abolición total. [mica.

a-bomb [éi-bomb] s. bomba atómabominable** [a-bo'mi-na-bəl] adj. abominable, detestable; pésimo (gusto); odioso, asqueroso.

abominate [a-bo'mi-neyt] va. abominar, detestar, odiar.

abomination [a-bo'mi-ney-shən] n. abominación, aversión; asco; impureza.

aboriginal [a-bo-ri'dyi-nal] adj. aborigen, primitivo.

aborigines [a-bo-ri'dyi-nis] n. pl. aborígenes.

abort [a-boat'] vn. abortar.

abortion [a-boa'shən] n. aborto.

abortive [a-boa'tiv] adj. abortivo, malogrado, fracasado.

abound [a-baund'] vn. abundar, rebosar.

abounding [a-baun'ding] adj. ubérrimo, abundante.

about [a-baut'] prep. & adv. (time) a eso de, hacia, sobre, unas (cinco horas); (place) cerca de, por, en torno; round — en los contornos, alrededor, a la redonda, en las cercanías; round — (circumstantially), en torno, acerca de, sobre; — (close), junto a, cerca de; all —, por todas partes; to be — to, estar a punto de, estar para

11 **abs**

(por); **right turn** —, media
vuelta a la derecha; **to come**—,
ocurrir, resultar; **to bring** —,
ocasionar; **what's it all** —, ¿de
qué se trata?
above [a-bov'] *adj.* anterior, su-
pradicho; *prep.* sobre, encima,
superior a; — **zero**, sobre cero;
— **all**, ante todo, más que nada;
adv. arriba, en lo alto; **over
and** —, además, por encima;
— **mentioned**, susodicho.
abrasion [a-brey'sion] *n.* desgaste, roce, rozadura, refregón.
abrasive [a-brey'siv] *adj.* abra-
sivo.
abreast [a-brest'] *adv.* (*mil.*) de
frente; en fila, de lado; **four**—,
a cuatro de frente; **to keep** —
of (*ideas*), mantenerse (al tanto, al día, a la altura).
abridge [a-bridy'] *va.* abreviar,
acortar, reducir, substanciar.
abridgement [a-bridy'ment] *n.*
abreviación, compendio, resumen, extracto, contracción,
epítome; merma, menoscabo.
abroad [a-broad'] *adv.* en el extranjero, fuera; **to go** —, ir
al extranjero; **to noise** —, propalar, trascender (un secreto).
abrogate [a'bro-geyt] *va.* abrogar, abolir, derogar.
abrogation [a-bro-gey-shan] *n.*
abrogación, anulación.
abrupt [a-brapt'] *adj.* abrupto,
brusco; rudo; súbito, precipitado; cortado, corto, repentino; (*manners*) rudo, tosco.
abruption [a-brap'shan] *n.* ruptura, separación; brusquedad.
abruptly [a-brapt'li] *adv.* bruscamente, de rondón.
abruptnes [a-brapt'nes] *n.* brusquedad; aspereza, escabrosi-
dad; precipitación; descortesía.
abscess [ab'ses] *n.* absceso,
apostema.
abscond [ab-skond'] *vn.* desaparecer, ocultarse; llevarse,
escaparse, zafarse.
absence [ab'sens] *n.* ausencia;
carencia, falta; — **of mind**, distracción.
absent [ab-sent'] *vr.* ausentarse,
separarse, mantenerse alejado
de.

absent [ab'sent] *adj.* ausente;
que falta; — **minded**, distraído,
hacer caso omiso de. [ausente.
absentee [ab-sen-ti'] *n.* (*legal*)
absinth [ab'senz] *n.* ajenjo.
absolute [ab'so-lut] *adj.* absoluto, acabado, completo;
despótico, arbitrario; (*denial*)
categórico; rotundo, cabal;
(*knave*) redomado.
absoluteness [ab'so-lut-nes] *n.*
decisión, firmeza, integridad.
absolution [ab-so-lu'shan] *n.*
absolución, remisión.
absolutism [ab'so-lu-tism] *n.*
absolutismo, arbitrariedad.
absolve [ab-solv'] *va.* absolver,
descargar (*la conciencia*); perdonar (*los pecados*).
absonant [ab'so-nant] *adj.* contrario, adverso, opuesto, diso-
nante.
absorb [ab-sorb'] *va.* (*soak*) absorber, empapar; (*suck*) sorber, tragar; consumir; (*in enthusiasm, etc.*) enfrascarse,
embeberse, ensimismarse.
absorbed [ab-sorbd'] *adj.* absorto, perdido; (*water*) absor-
bido. [sorbente.
absorbent [ab-sor'bent] *adj.* ab-
absorbing [ab-sor'bing] *adj.* intenso, fascinador, seductor.
absorption [ab-sorp'shan] *n.* absorción, sorbo; preocupación,
embeleso.
abstain [ab-steyn'] *vn.* abstenerse, guardarse; privarse
de. [temio total.
abstainer [ab-steyn'a] *n.* abs-
abstemious [ab-sti'mius] *adj.*
sobrio, moderado, abstemio.
abstemiousness [ab-sti'mius-
nes] *n.* sobriedad, templanza.
abstention [ab-sten'shan] *n.*
abstención.
absterge [ab-starg'] *v. tr.* enjugar, limpiar, lavar, purgar,
depurar, acendrar; (*med.*)
absterger.
abstinence [ab'sti-nens] *n.* abstinencia, sobriedad; **day of** —,
día de vigilia, ayuno.
abstract [ab'strakt, *vb.* ab-
trakt'] *adj.* abstracto, ideal,
ilusorio; recóndito; *n.* extracto, resumen, epítome, sumario;

va. hurtar; *vn.* sacar de, desprenderse, hacer caso omiso de; *vr.* abstraerse.

abstraction [ab-strak'shən] *n.* abstracción; retraimiento; recogimiento.

abstracted [ab-strak'təd] *adj.* preocupado, abstraído, sustraído; *(fam.)* en Babia.

abstruse [ab-strus'] *adj.* abstruso, obscuro, esotérico; recóndito.

absurd [ab-saad'] *adj.* absurdo, ridículo, disparatado, necio.

absurdity [ab-saa'di-ti] *n.* absurdo, dislate, simpleza, sandez, contrasentido, tontería.

abundance [a-ban'dəns] *n.* abundancia, plenitud; regalo.

abundant [a-ban'dənt] *adj.* abundante, prolífico; *(water)* caudaloso, copioso; *(many, close)* nutrido; *(land)* feraz.

abundantly [a-ban'dənt-li] *adv.* a pasto, con exuberancia.

abuse [a-bius'] *va.* ultrajar, insultar, denostar, engañar; abusar de; maltratar.

abuse [a-bius'] *n.* abuso, ultraje, mal trato; *(curses)* denuestos, improperios.

abusive [a-biu'siv] *adj.* insultante, ofensivo, abusivo.

abusiveness [a-biu'siv-nes] *n.* contumelia; grosería.

abut [a-bət'] *vn.* rematar, terminar; — on, lindar con. [estribo, refuerzo.

abutment [a-bat'ment] *n.* linde;

abutting (on) [a-ba'ting] *adj.* lindante, limítrofe con; apoyado.

abysmal [a-bis'məl] *adj.* abismal; insondable; sin fondo; — ignorance, una profunda ignorancia.

abyss [a-bis'] *n.* abismo, cima, precipicio. [abisinio.

Abyssinian [a-bi-si'nian] *n.*

academic [a-ka-de'mik] *adj.* académico, universitario; — *(question)*, académico; *n.* académico.

academy [a-ka'de-mi] *n.* academia; — of music, conservatorio; riding —, escuela de equitación.

accede [ak-sid'] *vn.* acceder, consentir, admitir; subir *(al trono)*.

accelerate [ak-se'le-reyt] *va.* acelerar; apresurar, precipitar.

acceleration [ak-se-le-rey'shən] *n.* aceleración; diligencia.

accent [ak-sent'] *va.* acentuar; *(strongly)* recalcar.

accent [ak'sent] *n.* acento, pronunciación; trace of —, dejo.

accentuate [ad-sen'tiu-eyt] *va.* acentuar; cargar.

accentuation [ak-sen-tiu-ey'-shən] *n.* acentuación, modulación.

accept [ak-sept'] *va.* aceptar, recibir, acoger.

acceptable [ak-sep'tə-bəl] *adj.* aceptable, grato; to be —, cuajar; ser grato.

acceptance [ak-sep'təns] *n.* aceptación; acogida, aprobación.

acceptation [ak-sep-te'shən] *n.* acepción, sentido *(de palabra)*.

access [ak'ses] *n.* acceso, entrada; *(med.)* ataque, arrebato; to gain —, lograr acceso.

accessible [ak-se'si-bəl] *adj.* accesible, abordable.

accession [ad-se'shən] *n.* acrecentamiento; *(to throne)* subida; accesión; refuerzo, asentimiento; — catalogue, registro de entrada.

accessory [ak-se'so-ri] *adj.* accesorio; secundario, *n.* cómplice; — (after) (before) the fact, (encubridor) (instigador).

accident [ak'si-dent] *n.* accidente; equivocación; caso; *(chance)* lance, azar; *(street)* atropello; *(mistake)* casualidad, accidente, error.

accidental [ak-si-den'təl] *adj.* accidental, fortuito, contingente, inesperado; subordinado, poco esencial, equivocado.

accidentally [ak-si-den'tə-li] *adv.* casualmente, por casualidad.

acclaim [a-kleym'] *va.* aclamar; *n.* aplauso, renombre.

acclamation [a-kla-mey'shən] *n.* aclamación, celebración, aplausos.

acclimatise [a-klai'ma-tais] *vr.* connaturalizarse, aclimatarse.

acclivity [a-kle'vi-ti] *n.* cuesta, rampa.   [darazo.

accolade [a'ko-leyd] *n.* espal-

accommodate [a-ko'modeyt] *va.* acomodar, complacer; ajustar, conformar, acostumbrarse; instalar; componer; alojar.

accommodating [a-ko'mo-deyting] *adj.* complaciente; acomodadizo, servicial.

accommodation [a-ko-mo-dey'-shən] *n.* acomodo; avenencia, arreglo; hospedaje; servicio; *pl.* comodidades; — bill, pagaré de favor; to come to an —, llegar a un acomodo.

accompaniment [a-kom'pa-niment] *n.* acompañamiento.

accompanist [a-kom'pa-nist] *n.* acompañante.

accompany [a-kom'pə-ni] *va.* acompañar, escoltar.

accomplice [a-kom'plis] *n.* cómplice.

accomplish [a-kom'plish] *va.* efectuar, llevar a cabo, cumplir, conseguir, ejecutar.

accomplished [a-kom'plishd] *adj.* cabal, perfecto, habilidoso; consumado, redomado *(bribón);* distinguido, dotado.

accomplishment [a-kom'plishment] *n.* logro, cumplimiento, éxito; *pl.* prendas, méritos, dotes.

accord [a-koad'] *va.* conceder, otorgar; *vn.* concordar, concertar, hacer juego con; avenirse con.

accord [a-koad'] *n.* acuerdo, concierto, avenimiento, todos a una, en común; (with) (of) one —, de común acuerdo; acomodo, buena inteligencia; of one's own —, espontáneamente, de su propio impulso.

accordance [a-koa'dəns] *n.* conformidad; convenio; in — with, según, conforme, de acuerdo con.

according [a-koa'ding] *adj.* conforme; — to, según, de acuerdo con.   [en consecuencia.

accordingly [a-koa'ding-ly] *adv.*

accordion [a-kor'dion] *n.* acordeón.

accost [a-kost'] *va.* acercarse, dirigirse (a uno), abordar.

accoucheuse [a-ku-shəəs] *n.* partera, comadre.

account [a-kaunt'] *n.* relación, informe; cuenta *(bank),* referencia, partida; importancia; on —, a cuenta de; current —, cuenta corriente; to keep an —, tener cuenta abierta; of little — de poca cuantía; of its own —, de por sí; *va.* considerar, estimar; tener por, juzgar, contar; *vn.* explicar, dar cuenta de, justificar; — for, responder de; to keep —, llevar los libros; on no —, de ninguna manera; by all accounts, a decir de todos; on that —, por eso; to settle an —, liquidar una cuenta; to give a good — of oneself, defenderse bien, pitar bien.

accountable [a-kaun'tə-bəl] *adj.* responsable.

accountancy [a-kaun'tən-si] *n.* contabilidad, contaduría.

accountant [a-kaun'tənt] *n.* contador, perito en contabilidad, perito mercantil, tenedor de libros.

accounted [a-kaun'təd] *adj.* reputado por, considerado.

accoutre [a-ku'trə] *va.* equipar, vestir; armar.

accoutrement [a-ku'trə-ment] *n.* equipo, vestido; *pl.* adornos, pertrechos.

accredit [a-kre'dit] *va.* acreditar, autorizar; creer.

accredited [a-kre'di-təd] *adj.* abonado, admitido.

accrete [a'krit] *v.* crecer juntos, añadir, acrecer.

accretion [a-kri'shən] *n.* aumento; acrecentamiento.

accrue [a-kru'] *va.* aumentar; resultar; **accrued interest**, intereses acumulados.

accumulate [a-kiu'miu-leyt] *va.* acumular, amontonar, reunir, juntar.

accumulation [a-kiu-miu-ley'-shən] *n.* acumulación; acervo.

accumulative [a-kiu'miu'lə-tiv]
adj. acumulativo.

accuracy [a'kiu-rə-si] *n.* precisión, exactitud.

accurate [a'kiu-rət] *adj.* preciso, exacto, fiel, puntual, perfecto, esmerado.

accurately [a'kiu-rət-li] *adv.* con precisión, puntualmente; **to speak —,** puntualizar.

accurse [a-kaas'] *va.* maldecir, execrar.

accursed [a-kaasd'] *adj.* maldito, fatal; perseguido, perverso; **— be,** mal haya, maldito sea.

accusation [a-kiu-sey'shən] *n.* acusación, delación, denuncia; **to bring an —,** presentar una denuncia.   [sativo.

accusative [a-kiu'sə-tiv] *n.* acu-

accuse [a-kius'] *va.* acusar; imputar; delatar; acriminar, inculpar, tachar.   [delator.

accuser [a-kiu'sə] *n.* acusador,

accustom [a-kas'təm] *vn.* acostumbrar, habituar; soler.

accustomed [a-kas'təmd] *adj.* acostumbrado; avezado *(to dangers);* corriente; **to be —,** estilar; **to grow — to,** connaturalizarse.

ace [eys] *n.* as; **to be within an — of,** a dos dedos de.

acerbity [a-ser'bi-ti] *n.* acritud.

acetic [a-si'tic] *adj.* acético.

ache [eyk] *n.* dolor; **ear —,** dolor de oído; **head —,** dolor de cabeza; **heart —,** pena; **tooth —,** dolor de muelas; *vn.* doler; estar afligido; **my foot aches,** me hace daño el pie.

achievable [a-chi'və-bəl] *adj.* hacedero, realizable, factible.

achieve [a-chiv'] *va.* llevar a cabo, conseguir, lograr.

achievement [a-chiv'ment] *n.* hazaña, proeza, empresa; obra, ejecución, realización, logro; consumación; acierto.

aching [ay'king] *adj.* doloroso, *(heart)* herido; *(tooth)* que duele; *n.* dolencia, pena, desasosiego.

acid [a'sid] *adj. & n.* ácido, agrio; *(test)* definitivo; *(look)* agrio, de vinagre.

acidity [a-si'di-ti] *n.* acidez; acedía.   [tiaéreo.

ack-ack [ak-ak'] *m.* fuego an-

acknowledge [ak-no'ledy] *va.* reconocer, agradecer *(favor),* admitir; **— receipt,** avisar, acusar (recibo).

acknowledged [ak-no'ledy] *adj.* *adj.* reconocido, incontestable.

acknowledgment [ak-no'ledy-ment] *n.* reconocimiento, confesión; agradecimiento; aviso de recibo.

acme [ak'mi] *n.* colmo, cima, auge; apogeo; *(of perfection),* suma.

acolyte [a'ko-lait] *n.* acólito, mona(c)(gu)illo.

acorn [ey'korn] *n.* bellota; **— cup,** capullo.   [tico.

acoustic [a-ku'stic] *adj.* acús-

acquaint [a-kueynt'] *va.* informar, dar (parte) (aviso), avisar, enterar, instruir.

acquaintance [a-kueyn'təns] *n.* conocimiento, familiaridad; *(pers.)* conocido.

acquainted [a-kueyn'təd] *adj.* enterado, impuesto; **to be — with,** conocer, estar enterado de; **to become —,** relacionarse, conocerse.

acquiesce [a-kui-es'] *vn.* consentir, allanarse, acceder, conformarse.

acquiescence [a-kui-ey'səns] *n.* consentimiento, sumisión, conformidad.

acquiescent [a-kui-ey'sənt] *adj.* acomodadizo.

acquire [a-kuayr] *va.* adquirir; obtener, venir a tener, alcanzar; contraer.

acquirement [a-kuayr'ment] *n.* adquisición; *pl.* saber.

acquisition [a-kui-si'shən] *n.* adquisición; obtención; beneficio.

acquisitive [a-kui'si-tiv] *adj.* adquisitivo; ahorrativo.

acquit [a-kuit'] *va.* libertar, absolver, relevar, exonerar; desempeñar; cumplir; **to oneself (well),** salir (bien) (airoso), defenderse.

acquittal [a-kui'təl] *n. (of criminal)* absolución, descargo.

acquittance [a-kui'təns] n. descargo, quita.

acre [ay'kə] n. acre; pl. terrenos; God's —, camposanto.

acreage [ay'kreydy] n. superficie en acres, extensión.

acrid [a'krid] adj. (dispute) acre, agrio; (remark) mordaz; (smell) pungente.

acrimonious [a-kri-mo'nis] adj. áspero, agrio; mordaz; — dispute, discusión enconada.

acrimony [a'kri-mo-ni] n. virulencia, amargura, aspereza.

acrobat [a'kro-bat] n. acróbata, volteador, funámbulo.

across [a-kros'] adv. de, (a) (al) través; de una parte a otra, en cruz; prep. al través de, contra, por medio de; — country, a campo traviesa; to run (come) —, tropezar con, dar con.

act [akt] n. acción, obra; (theat.) acto, jornada; in the —, con las manos en la masa; (Bible) Acts, Los Hechos; vn. obrar, hacer, funcionar, andar, actuar; portarse, conducirse, comportarse; representar; to — the fool, hacer el tonto; to — as, hacer de, servir de; to — on, obrar (con arreglo a) (según).

acting [ak'ting] adj. interino, suplente; n. acción, representación; (theat.) declamación, trabajo.

action [ak'shən] n. acción, obra, hecho, gesto; suerte; movimiento; (mil.) pelea, combate; (mech.) marcha (de un reloj); to put out of —, inutilizar; to bring an — against, llevar a los tribunales.

actionable [ak'shə-na-bəl] adj. punible, procesable.

active [ak'tiv] adj. activo, diligente, listo, agudo, enérgico, nervioso, esforzado, vigoroso; (volcan.) en erupción; (mil.) — service, activo.

activity [ak-ti'vi-ti] n. actividad, diligencia, expedición, movimiento.

actor [ak'toa] n. actor, comediante, cómico; (arch.) barba.

actress [ak'tres] n. actriz.

actual [ak'tiu-əl] adj. efectivo, real; actual, corriente.

actuality [ak-tiu-a'li-ti] n. actualidad, realismo.

actually [ak'tiu-a-li] adv. realmente, en efecto, de hecho, verdaderamente, a decir la verdad.

actuary [ak'tiu-a-ri] n. escribano, secretario, registrador, actuario.

actuate [ak'tiu'eyt] va. mover, excitar, animar.

acuity [a-kiu'i-ti] n. agudeza.

acumen [a'kiu-men] n. agudeza, ingenio, cacumen; penetración, sutileza, perspicacia.

acute [a-kiut'] adj. agudo, penetrante, vivo, sutil; (med.) agudo, crítico.

acutely [a-kiut'li] adv. vivamente; agudamente.

acuteness [a-kiut'nes] n. vivacidad, sutileza, agudeza, penetración, aprehensión; violencia.

ad [ad] m. anuncio. [verbio.

adage [a'deydy] n. adagio, pro-

Adam [a-dəm] n. Adán; — 's apple, nuez.

adamant [a'dəmant] adj. fijo; n. diamante.

adapt [a-dapt'] va. adaptar, ajustar, acomodar; (theat.) arreglar, refundir; vr. amoldarse, acomodarse, habituarse.

adaptability [a-dap-tə-bi'li-ti] n. adaptabilidad, facilidad (para).

adaptable [a-dap'tə-bəl] adj. adaptable, ajustable; fácil.

adaptation [a-dap-tey'shən] n. adaptación, ajuste; (theat.) arreglo, refundición.

add [ad] va, añadir, agregar, aumentar, unir, contribuir, poner; — up, sumar.

adder [a'də] n. víbora, culebra.

addict [a-dikt'] va. darse a; aplicarse; destinar; n. devoto.

addicted [a-dik'təd] adj. dado a, aficionado a.

addiction [a-dik'shən] n. tendencia; entrega; apego.

addition [a-di'shən] n. (math.) suma; adición; in —, inclusive; in — to, fuera de, además.

additional [a-di'shə-nal] *adj.* adicional, accesorio.

addle [a'dəl] *va.* podrir, enhuerar; **addled** *(eggs)* hueros; **— pated**, fatuo, chalado.

address [a-dress'] *n. (house, etc.)* señas, dirección; *(scroll)* memorial; *(talk)* plática; *(appearance)* talante; *(skill)* destreza; tratamiento; *pl.* **to pay — to**, cortejar, obsequiar; *va.* dirigir; hablar, arengar, enderezar *(remarks)*; **to — as**, tratar de. [tario.

addressee [a-dre-si'] *n.* destina-**addresser** [a-dre'sə] *n.* remitente. [gar; llevar.

adduce [ad-dius'] *va.* aducir, alegar.

adept [a'dept] *n.* adepto, maestro, *(m.) (coll.)* hacha; *adj.* consumado, hábil.

adequate [a'de-kueyt] *adj.* adecuado, proporcionado, competente, bastante, necesario; regular.

adequately [a'de-kuey-lĭ] *adv.* adecuadamente, debidamente.

adit [a'dit] *(min.)* socavón, galería de acarreo.

adhere [ad-ji'ə] *vn.* adherir(se), pegar(se), allegar(se).

adherence [ad-ji'ə-rəns] *n.* adherencia adhesión.

adherent [ad-ji'ərənt] *adj. & n.* adherente, partidario, secuaz; *adj.* pegajoso.

adhesión [ad-ji'sion] *n.* adhesión adherencia, apego.

adhesive [ad-ji'siv] *adj.* adhesivo, pegadizo; **— tape**, cinta aisladora.

adhesiveness [ad-ji'siv-nes] *n.* viscosidad. [adiós.

adieu [a-diə'] *interj.* ¡adiós!; *n.*

adjacent [a-dyey'sənt] *adj.* adyacente, al lado, contiguo, afín; *(land)* comarcano.

adjective [a'dyek-tiv] *n.* adjetivo.

adjoin [a-dyoin'] *va. & n.* lindar, colindar; unir, comunicarse.

adjoining [a-dyoi'ning] *adj.* contiguo, inmediato, al lado, (co)lindante; **to be —**, confrontar, estar (contiguo, limítrofe) con.

adjourn [a-dyəən'] *va.* aplazar, diferir, prorrogar; clausurar, levantar, suspender *(sesiones).*

adjournment [a'dyəən'ment] *n.* aplazamiento; clausura.

adjudge [a-dyədy'] *va.* adjudicar; decretar; conceder *(premio)*; *vn.* dictar sentencia.

adjudment [a-dyədy'ment] *n.* sentencia; adjudicación.

adjudicate [a-dyiu'di-keyt] *va.* decidir judicialmente, adjudicar.

adjunct [a'dyənkt] *adj. & n.* adjunto, auxiliar. [adición.

adjunction [a-dyənk'shən] *n.*

adjure [a-dyo'ə] *va.* implorar, conjurar, exorcizar, imprecar.

adjust [a-dyəst'] *va.* ajustar; arreglar, regular, conformar, componer, graduar, habituar.

adjustable [a-dyəs'tə-bəl] *adj.* desmontable, de quita y pon, móvil, adaptable.

adjustment [a-dyəst'ment] *n.* adjuste, transacción, avenencia, arreglo. [dante.

adjutant [a'dyu-tənt] *n.* ayu-**administer** [ad-mi'ni-stə] *va.* administrar; *(supply)* suministrar; *(laws)* regir; *(Communion)* comulgar; *(sermon)* endilgar; *(a beating)* propinar.

administration [ad-mi-ni-strey'-shən] *n.* administración, dirección; manejo; *(of house)* gobierno; *(of estate)* intendencia.

administrator [ad-mi'ni-strey-tə] *n.* administrador; *(of will)* albacea, testamentario.

admirable [ad'mi-rə-bəl] *adj.* admirable, notable.

admiral [ad'mi-rəl] *n.* almirante; **—'s flagship**, nave capitana; **rear —**, contraalmirante; **—'s wife**, capitana.

admiralty [ad'mi-rəl-ti] *n.* almirantazgo, ministerio de Marina.

admiration [ad-mi-rey'shən] *n.* admiración, sorpresa, pasmo.

admire [ad-may'ə] *va.* admirar; *vn.* maravillarse.

admirer [ad-may'rə] *n.* pretendiente; amante, aficionado, apasionado.

admissible [ad-mi'si-bəl] *adj.* admisible, lícito.

admission [ad-mi'shən] *n.* acceso, entrada, admisión, ingreso, recepción; asentimiento; No —, se prohibe la entrada, prohibida la entrada; on his own —, de su propia palabra.

admit [ad-mit'] *va.* admitir, recibir; reconocer, aceptar, confesar, conceder; dar entrada a; dejar lugar a; to be admitted to (*Academy, etc.*), ingresar en. [trada, acceso.

admittance [ad-mi'təns] *n.* en

admixture [ad miks'chə] *n.* mezcla, mescolanza.

admonish [ad-mo'nish] *va.* amonestar, advertir, reprender; reñir.

admonition [ad-mo-ni'shən] *n.* consejo, exhortación, amonestación, advertencia.

ado [a-du'] *n.* dificultad; ruido, bullicio, trabajo; without more —, sin más ni más; much — about nothing, mucho ruido y pocas nueces.

adobe [a-do'bi] *n.* adobe.

adolescence [a-do-le'səns] *n.* adolescencia, pubertad.

adolescent [a-do-le'sənt] *n.* adolescente; not yet —, impúbero.

adopt [a-dopt'] *va.* adoptar, prohijar, ahijar; aceptar, tomar; arrogarse; adopted son, hijo adoptivo.

adoption [a-dop'shən] *n.* adopción; afiliación.

adoptive [a-dop'tiv] *adj.* fingido, postizo.

adorable [a-doo'rə-bəl] *adj.* adorable, precioso.

adoration [a-doo-rey'shən] *n.* adoración, culto, veneración.

adore [a-doo'] *va.* adorar, reverenciar, idolatrar.

adorn [a-doon'] *va.* adornar, ornamentar, hermosear, decorar, esmaltar, embellecer, acicalar, engalanar; *vr.* pulirse, acicalarse; adorned, ataviado.

adornment [a-doon'mənt] *n.* adorno, prenda (*de vestir*), ornamento; (*pers.*) atavío, gala, afeites.

adrift [a-drift'] *adv.* a merced de las olas, al garete.

adrip [a-drip] *adv.* goteando.

adroit [a-droit'] *adj.* hábil, diestro, mañoso, listo.

adroitness [a-droit'nes] *n.* destreza, habilidad, maña.

adulation [a-diu-ley'shən] *n.* adulación, lisonja, halago.

adult [a-dəlt'] *adj. & n.* adulto, mayor.

adulterate [a-dəl'tə-reyt] *va.* adulterar; falsificar.

adulteration [a-dəl-tə-rey'shən] *n.* adulteración, falsificación, impureza.

adulterer [a-dəl'tə-rə] *n.* adúltero.

adulterous [a-dəl-tə-rəs] *adj. & n.* adúltero.

adultery [a-dəl'tə-ri] *n.* adulterio.

adumbrate [a'dəm-breyt] *va.* esquiciar, bosquejar, diseñar, sugerir.

advance [ad-vaans'] *va. & n.* avanzar; adelantar; anticipar (*fondos*); fomentar, promover (*causa*); ascender (*grado*); alegar, insinuar (*intención*); to make —s, requerir (de amores); *n.* avance; (*payment*) adelanto, anticipo, préstamo; mejora; insinuación; (*love*) requerimiento(s); in —, por adelantado; al frente; previa; alza (*precio*).

advanced [ad-vaansd'] *adj.* avanzado, adelantado; (*studies*) superiores; (*ideas*) avanzado; (*years*) proyecto.

advancement [ad-vaans'mənt] *n.* adelanto; progreso; adelantamiento; — of learning, progreso de la ciencia.

advancing [ad-vaan'sing] *adj.* (*years*) con el paso de los años.

advantage [ad-vaan'tədy] *n.* ventaja; beneficio, provecho; superioridad; valimiento; *va.* to take — of, sacar ventaja, aprovechar(se); mejorar; to take (mean) — of, valerse de, embaucar; to have the —, llevar ventaja; to show to —, quedar bien, resaltar, lucirse.

advantageous [ad-van-tey'dyəs] *adj.* ventajoso; útil, beneficioso, aventajado.

advent [ad'vent] *n.* llegada, venida; *(eccl.)* adviento; advenimiento (de Cristo).

adventitious [ad-ven-ti'shəs] *adj.* casual, adventicio, fortuito.

adventure [ad-ven'chə] *n.* aventura, contingencia; lance, azar; *vr.* arriesgarse, lanzarse.

adventurer [ad-ven'chə-rə] *n.* aventurero; caballero de industria; *(in New World)* conquistador.

adventurous [ad-ven'chə-rəs] *adj.* aventurado; arrojado, emprendedor, arriesgado.

adventuresome [ad-ven'chə-səm] *adj.* aventurado, audaz, osado, intrépido.

adverb [ad'vəəb] *n.* adverbio.

adversary [ad-vəə'sə-ri] *n.* adversario, contrario, rival.

adverse [ad-vəəs'] *adj.* adverso, contrario *(viento);* hostil, opuesto, funesto, desgraciado; desfavorable.

adversity [ad-vəə'si-ti] *n.* adversidad; infortunio, desgracia, calamidad.

advert [ad-vəət'] *vn.* hacer referencia a, referirse a.

advertence [ad-vəə'təns] *n.* aviso, advertencia.

advertise [ad'və-tays] *va.* anunciar, poner un anuncio; dar publicidad; advertir; publicar; — for, pedir por medio de anuncios; to — weakness, patentizar debilidad.

advertisement [ad-vəə'tis-mənt] *n.* anuncio, aviso.

advertiser [ad-və-tay'sə] *n.* avisador, anunciador.

advertising [ad-və-tay'sing] *n.* publicidad; proclamación.

advice [ad-vays'] *n.* aviso; consejo; dictamen, opinión; a piece of —, un buen consejo; advertencia; *(com.)* aviso, informe, noticia; to take —, consultar.

advisability [ad-vay-sə-bi'li-ti] *n.* conveniencia, cordura.

advisable [ad-vay'sə-bəl] *adj.* conveniente, prudente.

advise [ad-vays'] *va. & n.* aconsejar, dar consejo; advertir, notificar; consultar, enterar.

advised [ad-vaysd'] *adj.* advertido, aconsejado; deliberado.

advisedly [ad-vay'səd-li] *adv.* deliberadamente; adrede.

adviser [ad-vay'sə] *n.* consejero. [consultivo.

advisory [ad-vay'sə-ri] *adj.*

advocacy [ad'vo-kə-si] *n.* defensa, amparo, intercesión.

advocate [ad'vo-keyt] *n.* abogado, defensor jurisconsulto; *va. & n.* abogar; interceder, propugnar.

adze [ads] *n.* azuela, hachuela.

aegis [i'dyis] *n.* égida; under the — of bajo el patrocinio de.

aerate [ea'reyt] *va.* ventilar, orear; aerated waters, aguas gaseosas. [antena.

aerial [ea'rial] *adj.* aéreo; *n.*

aerie [ei'ri] *m.* nido de águilas.

aerometer [ea-ro'mi-tə] *n.* aerómetro. [aeronáutica.

aeronautics [ea-ro-noo'tiks] *n.*

aeroplane [ea'ro-pleyn] *n.* avión. [tica.

aesthetics [is-the'tiks] *n.* estéafar [a-faa'] *adv.* de lejos; a lo lejos, remoto; en la lontananza.

affability [a-fa-bi'li-ti] *n.* afabilidad, amabilidad, agrado.

affable [a-fə-bəl] *adj.* afable, atento, cariñoso, expansivo.

affair [a-fe'a] *n.* negocio, ocupación, asunto; lance *(de honor);* painful —, asunto penoso; — *(of state)* asunto; not your —, no es cosa tuya.

affect [a-fekt'] *va.* afectar, conmover, obrar, enternecer.

affectation [a-fek-tey'shən] *n.* afectación, dengue, melindre, cursilería.

affected [a fek'təd] *adj. (person)* melindroso, artificioso, cursi, remilgado; conmovido, excitado.

affecting [a-fek'ting] *adj.* patético, tierno, lastimero; relativo a.

affection [a-fek'shən] *n.* afecto, amor; afición, cariño, terneza, ternura; special —, predilección.

affectionate [a-fek'shə-neit] *adj.* afectuoso, cariñoso, entrañable; your — nephew, su afectuoso sobrino.

affidavit [a-fi-dey'vit] *n.* declaración jurada, certificación, atestación.

affiliate [a-fi'lieyt] *va.* afiliar, adoptar.

affiliation [a-fi-liey'shən] *n.* afiliación, adopción; legitimación.

affinity [a-fi'ni-ti] *n.* afinidad, enlace, parentesco; atracción.

affirm [a-fəəm] *va.* afirmar, aseverar, asentar, sostener.

affirmation [a-fəə-mey'shən] *n.* afirmación, aserción, declaración, aseveración.

affirmative [a-fəə'mətiv] *adj.* afirmativo; *n.* afirmativa.

affix [a-fiks'] *va.* fijar. *(stick)* pegar, unir.

afflatus [a-fley'təs] *n.* estro, aflato; aire.

afflict [a-flikt'] *va.* afligir, atormentar, aquejar; desazonar, acongojar.

affliction [a-flik'shən] *n.* aflicción, congoja, tribulación, angustia; *(stiffino)* ahogo.

[a'fluɛns] *n.* afluen- i.f''fi

affluence [a'fluəns] *n.* afluencia; abundancia, opulencia.

affluent [a'fluənt] *n.* afluente, tributario; *adj.* opulento.

afford [a-food'] *va.* suministrar, dar; tener (recursos, medios), para; I cannot —. es supérior a mis recursos; permitirse; parar *(una ocasión)* de, proporcionar, ofrecer; poder.

afforestation [a-fo-res-tey'shən] *n.* repoblación.

affray [a-frey'] *n.* querella, disputa, refriega, reyerta, riña.

affright [a-frayt'] *n.* espanto, miedo; *va.* espantar amedrentar, atemorizar.

affront [a-frənt'] *n.* afrenta; *(blot)* baldón; agravio, ultraje, desaguisado; *va.* afrentar, ultrajar, denostar *(con palabras).*

affronting [a-frən'ting] *adj.* provocativo, agresivo.

afield [a-fild'] *adv.* en el campo; lejos. 　　　　　[ardiente.

afire [a-fa'iar] *adj.* ardiendo;

aflame [a-fleym'] *adv.* en llamas; to be —, arder.

afloat [a-flout'] *adv.* a flote, flotante, boyante, a nado. .

afoot [a-fut'] *adv.* a pie, en pie; en movimiento; to set —, poner en marcha, tramar.

aforesaid [a-fo'ə-sed] *adj.* antedicho, susodicho, consabido, precitado.

aforethought [a-fo'ə-zot] *adj.* premeditado; with malice —, con premeditación.

afraid [a-fryd'] *adj.* tímido, temeroso, espantado; miedoso; I am —, tengo miedo; temer; I'm—he won't come, temo que no venga; I'm — so, siento que.

afresh [a-fresh'] *adv.* de nuevo, otra vez, desde el principio.

aft [aft] *adv.* a popa.

after [af'tə] *adv.* después *(then)* luego, en seguida; tardío; *prep.* one — the other, seguido; —all, después de; *(place)* detrás de; después de todo, con todo; soon —, poco después; — tomorrow, pasado mañana; day — day, día tras día; — Murillo, según M.; — glow *(in sky)* celajes; —life vida futura; to look —, cuidar de; to ask —, preguntar por.

aftermath [aaf-tə'maz] retoño, consecuencia.

afternoon [aaf-tə'nun'] *n.* tarde.

after-taste [aaf'tə-teyst] *n.* dejo, resabio (mal), sabor de boca. 　　　　　[flexión.

afterthought [aaf'tə-zot] *n.* re-

after-times [aaf'tə-tayms] *n.* tiempos venideros.

afterwards [aaf'tə-wəds] *adv.* después; immediately —, acto (continuo, seguido).

after years [aaf'tə-yi'əəs] *n.* época posterior, años después.

again [a-geyn'] *adv.* otra vez, de nuevo, nuevamente; and —, repetidamente; as much —, en cuando; una que otra vez; otro tanto; now and —, de vez

never —, nunca jamás; **to speak —**, volver a hablar.

against [a-geynst] *prep.* (en) contra, enfrente, al lado de, junto a; **over —**, justo en frente; **— his coming**, para su venida; **— the grain**, a contra pelo.

agape [a-geyp'] *adv.* con la boca abierta, boquiabierta, embobado.

agate [a'geyt] *n.* ágata.

age [eydy] *n.* edad; época, tiempo; era, período; vejez; **of —**, mayor de edad; **Iron —**, Edad de Hierro; *vn.* volverse viejo, envejecer; **what is his —?** ¿cuántos años tiene?; **coming of —**, mayoría; **old —**, senectud.

aged [eydyd] *adj.* viejo, anciano, entrado en años, senil; (*of tree*, etc.) añoso.

agency [ey'dyən-si] *n.* agencia, acción, operación, gestión, intervención; **by his —**, por su mediación.

agent [ey'dyənt] *n.* agente, comisionado, encargado, apoderado.

agglomeration [a-glo-mə-rey'shən] *n.* aglomeración, montón.

aggrandise [a-gran'dais] *va.* agrandar aumentar; enaltecer.

aggrandisement [a-gran'dismənt] *n.* engrandecimiento, exaltación.

aggravate [a'grə-veyt] *va.* agravar, exasperar, empeorar, molestar, exacerbar.

aggravation [a-gre-vey'shən] *n.* circunstancia agravante; provocación.

aggregate [a'gre-geyt] *n.* **in the —**, en conjunto, en total; agregado; *va.* agregar, sumar, ascender a.   [que, agresión.

aggression [a-gre'shən] *n.* ata-

aggressive [a-gre'siv] *adj.* agresivo, belicoso, ofensivo.

aggressor [a-gre'sə] *n.* agresor.

aggrieve [a-griiv'] *va.* afligir, apenar; vejar, dañar.

aghast [a-gaast'] *adj.* espantado, horrorizado.   [vivo, hábil.

agile [a-dyail] *adj.* ágil, ligero,

agist [a'-dyist] *v.* arrendar pastos, imponer cargas rústicas.

agility [a-dyi'li-ti] *n.* agilidad, prontitud, ligereza.

agitate [a'dyi-teyt] *va.* agitar, perturbar, inquietar; debatir; (*water*) encrespar; (*tail*, etc.), menear.

agitation [a-dyi-tey'shən] *n.* agitación, perturbación, excitación, convulsión.

agitator [a'dyi-tey-tə] *n.* agitador, instigador, alborotador.

aglow [a-glou'] *adj.* encendido, fúlgido, fulgente.

ago [a-gou'] *adv.* pasado; **long time —**, hace mucho tiempo; **long —**, tiempo ha, antaño.

agog [a-gog'] *adj.* ansioso, excitado, nerviosísimo, (re)dispuesto.

agonising [a'gə-nay-sing] *adj.* desgarrador, angustioso.

agonise [a'gə-nays] *va.* & *n.* torturar, agonizar.

agony [a'gə-ni] *n.* **death —**, agonía; zozobra, angustia, suplicio.

agrarian [a-grey'ə-rian] *adj.* agrario.

agree [a-grii'] *vn.* acordar, concordar, quedar en, ponerse de acuerdo; hacer juego con; conformarse, consentir, venir en; (*of food*) sentar; **to — with** (*person*), dar la razón a, convenir con; estar de acuerdo con **to — to marry**, dar el sí.

agreeable [a-grii'ə-bəl] *adj.* conveniente, grato, agradable, ameno; conforme, dispuesto; (*view*, etc.) risueño, deleitoso; simpático.

agreeableness [a-grii'əbəlnes] *n.* agrado, afabilidad, amenidad.

agreeably [a-grii'ə-oli] *adv.* agradablemente; de conformidad.

agreed [a-griid'] *adj.* **— upon** convenido, (*laid down*) asentado; **to be —**, entenderse.

agreement [a-grii'mənt] *n.* acuerdo, convenio, contrato, arreglo; concordia; (*of parts*) concordancia, consentimiento, consonancia; **to come to an —**, concertar.

agricultural [a-gri-kəl'chə-rəl] *adj.* agrícola; — **expert,** agrónomo. [agricultura.

agriculture [a'gri-kəl-chə] *n.*

aground [a-graund'] *adv.* varado, embarrancado; **to run —,** encallar, embarrancarse.

ague [ey'giu] *n.* fiebre, cuartana; calofrío.

ahead [a-jed'] *adv.* adelante, enfrente, al frente, a la cabeza; **right —,** todo directo; **to be —,** ir a la cabeza, llevar (la delantera, la ventaja); **to get — of,** tomar la delantera, **to go — of,** preceder.

ahoy [a-joy'] *interj.* ¡ah!; ¡ah del barco!

aid [eyd] *n.* ayuda, auxilio, socorro; *(support)* refuerzo; **by the — of,** al amparo de; **in — of,** a beneficio de; **first —,** primera cura; **medical —,** practicante; *va.* ayudar; **to — and abet,** ser cómplice. [edecán.

aide-de-camp [ayd'də-kon] *n.*

aiding [ey'ding] *n.* **— and abetting,** complicidad.

ail [eyl] *va.* afligir, molestar, aquejar; *vn.* estar indispuesto.

ailing [ey'ling] *adj.* achacoso, malo, enclenque, enfermizo.

ailment [eyl'mənt] *n.* achaque, indisposición, alifafe.

aim [eym] *n.* puntería; blanco; fin, objeto, mira, propósito; **steady —,** tino; *va. & n.* hacer puntería, apuntar, aspirar a; picar alto; ir contra; **well aimed,** certero; **to miss one's —,** errar el tiro; **to take good —,** apuntar bien. [desatinado.

aimless [eym'əs] *adj.* sin objeto,

air [e'ə] *n.* aire; ambiente, atmósfera, aura; *(appearance)* semblante, continente, porte; *(mus.)* aire, tonada, tonadilla; **foul —,** aire viciado; **open —,** aire libre; **Air Force,** Aviación, fuerzas aéreas; **—gun,** escopeta de viento; **—hole,** respiradero, lumbrera; **—raid,** incursión, ataque aéreo; **— tight,** hermético; **hanging in mid —,** suspendido en vilo; **in the —,** indefinido, vago, en proyecto, allá por los cerros de Úbeda;

in the open —, al aire libre, a la intemperie; **to take the —,** tomar el fresco; **to put on air,** darse tono; **airs and graces,** remilgos; *va. (grievance)* ventilar, publicar.

aircraft [a'ə-kraaft] *n.* avión; **—carrier,** portaaviones.

airfoil [e'a-foil] *n.* ala, plano, superficie sustentadora en el aire.

airily [e'ə-ri-li] *adv.* ligeramente, como si tal cosa, gentilmente.

airiness [e'ə-ri-nes] *n.* vivacidad, ligereza; airosidad.

airing [e'ə-ring] *n.* paseo, caminata; **to take an —,** dar una vuelta; **to give an — to,** *(idea)* sacar a colación.

airman [e'ə-man] *n.* aviador.

airy [a'ə-ri] *adj.* aéreo, etéreo, imaginario, vaporoso, ventilado; airoso, ligero.

aisle [ayl] *n.* nave lateral, ala.

ajar [a-dyaa'] *adj. & adv.* entreabierto, entornada (puerta).

akimbo [a-kim'-bou] *adj.* **arms —,** brazos en jarras.

akin [a-kin'] *adj.* pariente, consanguíneo; semejante, análogo; **— to** *(hatred, etc.),* muy parecido a. [bastro.

alabaster [a'lə-baa-stə] *n.* alàbastro.

alacrity [a-la'kri-ti] *n.* presteza, prontitud; alegría.

alarm [a-laam'] *n.* alarma; sobresalto, alboroto; **— clock,** reloj despertador; *va.* alarmar, inquietar, asustar; *vn.* **to sound the —,** tocar a rebato, dar la alarma. [despertador.

alarm-clock [a-laam'klok] *n.*

alarming [a-laa'ming] *adj.* alarmante.

alas [a-las'] *interj.* ¡ay!

albeit [ol-bi'it] *conj.* bien que, aunque.

album [al'bəm] *n.* álbum.

albumen [al-biu'men] *m.* albumen, albúmina. [mista.

alchemist [al'kəmist] *n.* alquimista.

alchemy [al'kəmi] *n.* alquimia.

alcohol [al'ko-jol] *n.* alcohol.

alcoholic [al-ko-jo'lik] *adj.* alcohólico. [trete.

alcove [al'kouv] *n.* alcoba, re-

alder [ol'də] n. aliso.
alderman [ol'də-man] n. regidor, concejal; (of Seville) veinticuatro.
ale [eyl] n. cerveza inglesa.
alert [a-lət'] adj. vigilante, activo, vivo; **to be on the —**, estar sobre aviso.
alertness [a-lət'nəs] n. vigilancia, diligencia, viveza.
algebra [al'dyə-brə] adj. álgebra.
algerian [al-dyi'ə-ryən] adj. argelino.
alias [a-lay'əs; ey-lyəs] adv. por otro nombre; alias; n. seudónimo.
alibi [a'li-bai] n. coartada.
alien [ey-liən] n. extranjero, forastero, de otro; ajeno, estraño; contrario; remoto.
alienate [ay-liənet] va. (property, mind) enajenar; desviar, traspasar.
alienation [ey-liə-ney'shən] n. (mental) enajenación, desvío, extrañamiento; delirio.
alight [a-layt'] vn. (from coach) bajar, apearse; (bird) posarse; **to set —**, iluminar, (fire) encender; **the wood is —**, arde la madera.
align [a-lain'] va. alinear.
alike [a-laik'] adj. semejante, parecido, símil, par; adv. igualmente; **all —**, todos a uno, todos sin distinción; **to make —**, uniformar.
aliment [a'li-mənt] n. alimento.
alimentary [a-li-men'tə-ri] adj. alimenticio; **— canal**, tubo digestivo.
alimony [a'li-mə-ni] n. alimentos, pensión alimenticia; asistencias.
alive [a-laiv'] adj. vivo, vivaz; con vida, viviente, activo; **to be — to the situation**, con conocimiento de causa, hacerse cargo de, enterado; **— with**, rebosante de; plagado de; **while —**, en vida; **to keep —**, sostener(se), mantener vivo.
all [ool] adj. todo; **— told**, en conjunto; **not at —**, de nada; de ningún modo; **on — fours**, a gatas; adv. del todo, enteramente; **— but, menos; I — but fell**, por poco me caigo; **— out**, a toda velocidad; **— the better**, tanto mejor; **— right**, está bien; **— at once**, de repente; **for — that**, con todo; **after —**, después de todo; **once for —**, de una vez (para siempre); **— in —**, en resumidas cuentas; **it's — one to me**, me es completamente indiferente; n. todo, totalidad.
allay [a-ley'] va. apaciguar, aliviar, templar, mitigar.
allaying [a-ley'ing] n. calmante, desahogo, alivio.
allegation [a-le-gey'shən] n. alegato, alegación.
allege [a-lidy'] va. alegar, sostener.
alleged [a-lidyd'] adj. supuesto, pretendido.
allegiance [a-li'dyəns] n. obediencia, fidelidad, lealtad; homenaje. [górico.
allegoric [a-le-go'rik] adj. alegory [a-le'go-ri] n. alegoría.
allergy [a'ler-dyi] f. alergia.
alleviate [a-li'vieyt] va. aliviar, aligerar, aplacar.
alleviation [a-li-viey'shən] n. alivio, calmante; desahogo.
alley [a'li] callejón, callejuela; (in park) paseo; **blind —**, callejón sin salida.
All-Hallows [ool'ja-lous] n. Día de Todos los Santos.
alliance [a-lay'əns] n. alianza, unión, fusión; parentesco.
allied [a-layd', a'layd] adj. aliado, confederado, combinado.
alligator [a'li-gey-tə] n. caimán; **— pear**, aguacate.
alliteration [a-li-tə-rey'shən] n. aliteración.
allocate [a'lo-keyt] va. asignar, colocar, señalar, disponer.
allocation [a-lo-key'shən] n. asignación, colocación, fijación, disposición, repartición.
allocution [a-lokiu'shən] n. alocución, arenga.
allot [a-lot'] va. adjudicar, asignar, repartir, destinar, fijar.
allotment [a-lot'mənt] n. asignación, repartimiento, porción, reparto; (land) parcela.

allow [a-lau'] va. permitir, dar permiso, admitir, tolerar, confesar, consentir, dejar, conceder, descontar; **talking not allowed,** no se permite el hablar.

allowable [a-lau'əbəl] adj. permitido, legítimo, tolerable.

allowance [a-lau'əns] n. permiso; pensión, asignación; (of food) ración; concesión, licencia; **to make — for,** tomar (en cuenta, en consideración); **family —,** subsidio familiar.

alloy [a-loy'] n. liga, aleación; va. ligar, alear.

All Saints Day [ool'seynts-dey] n. Día de Todos los Santos.

All Souls' Day [ool'sols-dey] n. Día de las Animas, de los Difuntos.

allude [a-liud'] vn. aludir, referirse, hacer referencia a.

allure [a-liu'ə] va. seducir, fascinar, atraer.

allurement [a-liu'ə-mənt] n. incentivo, halago, atractivo; anzuelo, aliciente, reclamo.

alluring [a-liu'ə-ring] adj. halagüeño, atractivo, tentador.

allusion [a-liu'syən] n. alusión (intencionada), indirecta, referencia; **to catch an —,** caer en el chiste.

allusive [a-liu'siv] adj. alusivo.

alluvion [a-liu'vyən] n. aluvión.

ally [a'lay] n. aliado, confederado.

ally [a-lay'] va. aliarse, relacionarse (con), juntar(se); **allied to,** relacionado (a, con).

almanack [oòl'mənak] n. almanaque, piscator.

almighty [ool-may'ti] adj. omnipotente; enorme, muy; **— God,** el Todopoderoso.

almond [aa'mənd; oo(l)'mənd] n. almendra; **green —,** almendruco; **— paste,** mazapán; **sugared —,** almendra garrapiñada; **— tree,** almendro.

almoner [al'mo-nəs] m. limosnero, capellán.

almost [ool'moust] adv. casi, cuasi, punto menos (que imposible); **— at any moment,** de un momento a otro.

alms [aams] n. limosna, caridad; **— house,** hospicio.

aloft [a-loft'] adv. en alto, arriba, en el cielo.

alone [a-loun'] adj. solo, único, a solas, solitario; **to leave —,** dejar quieto; **let —,** sin mencionar.

along [a-long'] prep. a lo largo de; adv. en compañía con, hacia adelante; **all —,** desde el principio, a lo largo; **— with,** junto con, lo mismo; **to get — with,** simpatizar, llevarse con.

aloof [a-luf'] adv. de lejos, a lo lejos; **to stand —,** mantenerse (apartado, distanciado, retirado, indiferente).

aloud [a-laud'] adv. en voz alta, recio, alto.

alphabet [al'fəbət] n. alfabeto, abecé; **— card,** abecedario.

alpine [al'payn] adj. alpestre, alpino.

already [ool-re'di] adv. ya.

also [ool'sou] adv. también, igualmente, asimismo, además.

altar [ool'tə] n. altar; **— boy,** monaguillo; **— cloth,** sábana, mantel; **— piece,** retablo; **high —,** altar mayor; **on the — of,** en aras de.

alter [ool'tə] va. & n. alterar, cambiar, mudarse, cambiarse, tornar; (expression) demudar.

alterable [ool'tə-rə-bəl] adj. alterable, mudable.

alteration [ool-tə-rey'shən] n. alteración; cambio, reforma, reformación; (expression) demudación.

altercation [ool-tə-key'shən] n. altercado, disputa.

alternate [ool'tə-neyt] adj. alterno, alternativo; n. suplente, substituto; va. & n. alternar, turnarse.

alternating [ool'tə-ney-ting] adj. **— current,** corriente alterna.

alternation [ool-tə-ney'shən] n. turno, cambio, vez.

alternative [ool-təə'nə-tiv] adj. alternativo; n. alternativa.

although [ool-zou'] conj. aunque, bien que, (aun) cuando, puesto que, si bien, a pesar de.

altisonant [al-ti-sou'nənt] *adj*. altisonante, altísono.

altitude [al'ti-tiud] *n*. elevación; *(person, triangle)* altura; altitud.

altogether [ool-tu-ge'zə] *adv*. enteramente, completamente, en conjunto, totalmente, del todo, total. [altruista.

altruistic [al-tru-is'tik] *adj*. & *n*.

aluminium [a-liu-mi'niəm] *n*. aluminio.

always [ool'weys] *adv*. siempre, en todo tiempo. [mente.

amain [a-meyn'] *adv*. vigorosa-

amalgamate [a-mal'gə-meyt] *va*. amalgamar; *vn*. amalgamarse.

amalgamation [a-mal-gə-mey'-shən] *n*. amalgamación, amalgama, mezcla.

amanuensis [a-ma-niu-en'sis] *n*. secretario, amanuense, memorialista. [juntar, acumular.

amass [a-mas'] *va*. amontonar,

amateur [a'ma-təə] *n*. aficionado; — **dramatics**, función de aficionados.

amateurish [a'ma-tə-rish] *adj*. torpe. [torio.

amatory [a'mə-tə-ri] *adj*. ama-

amaze [a-meys'] *va*. sorprender, asombrar, confundir, maravillarse, aturdir, suspender; **to be (utterly) amazed**, pasmarse.

amazement [a-meys-mənt'] *n*. asombro, sorpresa, atolondramiento, pasmo, arrobamiento.

amazing [a-mey'sing] *adj*. sorprendente, asombroso.

Amazon [a'mə-sən] *n*. amazona.

ambassador [am-ba'sədə] *n*. embajador.

amber [am'bə] ~. ámbar, electro; **black** —, azabache.

ambergris [am-bə-gris'] *n*. ámbar gris. [*adj*. ambidextro.

ambidextrous [am-bi-deks'trəs]

ambiguity [am-bi-giu'i-ti] *n*. ambigüedad, doble sentido, vaguedad.

ambiguous [am-bi'giu-əs] *adj*. ambiguo, equívoco promiscuo.

ambit [am'-bit] *m*. ámbito, límites.

ambition [am-bi'shən] *n*. ambición.

ambitious [am-bi'shəs] *adj*. ambicioso.

amble [am'bəl] *n*. paso de andadura; *vn*. amblar, llevar un paso tranquilo.

ambulance [am'biu-ləns] *n*. ambulancia; hospital de sangre.

ambulatory [am'biu-lə-tə-ri] *n*. ambulatorio; galería.

ambuscade [am'bəs-keyd] *n*. emboscada, celada; *vn*. estar en emboscada.

ambush [am'bush] *n*. emboscada; **in** —, en acecho; *va*. & *n*. poner celada; emboscarse, acechar; **to lie in** —, estar, en acecho, en celada.

ameliorate [a-mii'lyə-reyt] *va*. mejorar, adelantar.

amelioration [a-mii-lyə-rey'-shən] *n*. mejora, reforma.

amen [a-men'] *adv*. amén, así sea.

amenable [a-mii'nə-bəl] *adj*. responsable; dócil, complaciente, tratable, sujetable.

amend [a-mend'] *va*. & *n*. enmendar, reparar, rectificar; enmendarse, corregirse, reformar. [enmendable.

amendable [a-men'dəbəl] *edj*.

amendment [a-mend'mənt] *n*. enmienda, mejora, reforma.

amends [a-mends'] *n*. reparación, restitución, recompensa, paga, desagravio; **to make** —, igualar, compensar, desagraviar, satisfacer, expiar.

amenity [a-mii'ni-ti] *n*. amenidad, atracción, mejora.

American [a-me'ri-kən] *adj*. & *n*. americano, norteamericano, hispanoamericano; — **tobacco**, tabaco rubio. [tista.

amethyst [a'me-zist] *n*. ama-

amiability [ey-myə-bi'li-ti] *n*. amabilidad, simpatía, bondad.

amiable [ey'myə-bəl] *adj*. amable, afable afectuoso, tierno.

amicable [a'mi-kə-bəl] *adj*. amistoso, amigable, simpático.

amicableness [a'mi'kə-bəl-nes] *n*. cariño, amistad, afecto.

amid [a-mid'] *prep*. entre, en medio de, rodeado de.

amidships [a-mid'ships] *adv*. en medio del navío.

amiss [a-mis'] *adv.* mal, fuera de sazón; inoportunamente; impropio, errado; **it is not —**, no está de más; **to take —**, llevar a mal, tomar a mala parte; **what's —?**, ¿qué (le) pasa?

amity [a'mi-ti] *n.* amistad, concordia.

ammonia [a-mou'nyə] *n.* amoníaco, alcalí volátil. '

ammunition [a-miu-ni'shən] *n.* munición; pertrechos *(of war)*.

amnesty [am'nes-ti] *n.* amnistía, indulto.

among [a-məng'] *prep.* entre, en medio de, de entre.

amorous [a'mə-rəs] *adj.* amoroso, enamoradizo, enamorado, tierno; **— old gentleman**, viejo verde. [amorfo.

amorphous [a-moo'fəs] *adj.*

amortise [a-moo'tais] *va.* amortizar.

amount [a-maunt'] *n.* monto, monta, equivalente, cantidad, importe, total, suma; *vn.* montar, importar; **to — to**, valer, subir a, sumar a, hacer, ascender a, llegar a; significar.

amour [a-mur'] *n.* amores, amoríos. [anfibio.

amphibious [am-fi'byəs] *adj.*

amphitheatre [am-fi-zi'ə-tə] *n.* anfiteatro.

amphora [an'fo-ra] *f.* ánfora.

ample [am'pəl] *adj.* amplio, ancho, vasto, espacioso; *(dress)* holgado; bastante, suficiente; **to be (more than) —**, bastar (de sobra).

ampleness [am'pəl-nes] *n.* abundancia, suficiencia; amplitud, espaciosidad.

amplification [am-pli-fikey'-shən] *n.* ampliación, extensión.

amplify [am'pli-fay] *va.* ampliar, amplificar, aumentar, hacer más detallado; machacar.

amplitude [am'pli-tiud] *n.* amplitud, anchura, holgura, extensión.

amply [am'pli] *adv.* ampliamente, harto, con creces.

amputate [am'piu-teyt] *va.* amputar, cortar; *(slice off)* cercenar.

amputation [am-piu-tey'shən] *n.* amputación.

amuck [a-mək'] **to run —**, correr demente, correr a ciegas.

amulet [a'miu-lət] *n.* amuleto, talismán, higa.

amuse [a-mius'] *va.* divertir, entretener, solazar, holgarse, distraerse; **we are not amused**, no nos cae en gracia.

amusement [a-mius'mənt] *n.* diversión, entretenimiento, recreo, pasatiempo.

amusing [a-miu'sing] *adj.* divertido, entretenido, gracioso; **how —!** ¡qué divertido!

amylum [a'mi-ləm] *m.* almidón.

anachorite [a'na-kərayt] *n.* anacoreta.

anachronism [a-na'krə-nisəm] *n.* anacronismo.

anæmia [a-ni'myə] *n.* anemia.

anæmic [a-ni'mik] *adj.* anémico.

anæsthesia [a-nes-zii'-syə] *n.* anestesia.

analogous [a-na'ləgəs] *adj.* análogo, semejante, parecido.

analogy [a-na'lə-dyi] *n.* analogía, afinidad, semejanza; **on the — of**, por analogía con.

analyse [a'nə-lais] *va.* analizar.

analysis [a-na'li-sis] *n.* análisis.

analytic [a-nəli'tik] *n.* analítico.

anarchical [a-naa'ki-kəl] *adj.* anárquico.

anarchist [a'nə-ķist] *n.* anarquista.

anarchy [a'nə-ķi] *n.* anarquía, desorden, confusión.

anathema [a-na'zə-mə] *n.* anatema, excomunión.

anatomy [a-na'tə-mi] *n.* anatomía, disección.

ancestors [an'ses-təs] *n. pl.* antepasados, ascendientes, progenitores.

ancestral [an-ses'trəl] *adj.* ancestral, hereditario; **— home**, casa solariega.

ancestry [an'ses-tri] *n.* abolengo, alcurnia, ascendencia, estirpe, prosapia.

anchor [an'kə] *n.* ancla; **at —**, al ancla; *va.* & *n.* anclar, echar anclas; **to cast —**, dar fondo; **to weigh —**, zarpar, levar anclas.

anchorage [an'kə-redy] *n*. anclaje, ancladero, fondeadero, *(tying-up)* agarradero; — dues, derechos de anclaje.

anchorite [an'kə-rayt] *n*. anacoreta, ermitaño. [boquerón.

anchovy [an'chə-vi *n*. anchoa.

ancient [eyn'shənt] *adj*. antiguo, anciano; *(city)* vetusta; *(historical)* antiguo; *(stock)* rancio; very —, antiquísimo; in — days, de antaño.

and [and] *conj*. y, e; — yet, sin embargo. [andaluz.

Andalusian [an-də-lu'shən] *adj*.

anecdote [a'nek-dout] *n*. anécdota, chascarrillo, historieta.

anemone [a-ne'mə-ni] *n*. anémone.

anew [a-niu'] *adv*. de nuevo, otra vez, nuevamente.

angel [eyn'dyə] *n*. ángel; guardian —, ángel custodio.

angelic [an-dye'lik] *adj*. angélico, seráfico.

anger [ang'gə] *n*. cólera, furia, ira, coraje, saña; *va*. provocar, enfurecer, irritar, encolerizar, indignar; to show —, enfurecerse.

angle [ang'gəl] *n*. ángulo; *(in street)* recodo; anzuelo.

angle [ang'gəl] *va*. pescar con caña, echar el anzuelo.

angler [ang'glə] *n*. pescador de caña. [glicano.

Anglican [ang'gli-kən] *adj*. anAnglicism [ang'gli-si-səm] *n*. anglicismo. [caña.

angling [ang'gling] *n*. pesca con

angry [ang'gri] *adj*. colérico, airado, encolerizado; irritado, enfadado; to grow —, enfadarse, ponerse (furioso, etc.), calentarse.

anguish [ang'guish] *n*. angustia, congoja, ahogo, aflicción, tormento, fatiga, pena, ansia.

angular [ang'glu-lə] *adj*. angular.

animadversión [a-ni-mad-vəə'-syən] *n*. animadversión, censura, reparo.

animadvert [a'ni-mad-vəət] *va*. reprochar, hacer observaciones, censurar, poner reparo(s) a.

animal [a'ni-məl] *adj*. & *n*. animal, bestia; — spirits, exuberancia vital.

animate [a'ni-meyt] *va*. animar, vivificar, alentar, dar vida a, alegrar.

animated [a'ni-mey-təd] *adj*. animado, lleno de vida, vivo, vital; concurrido.

animating [a'ni-mey-ting] *adj*. vivificante, excitante, divertido.

animation [a-ni-mey'shən] *n*. animación, vivacidad, calor, viveza; concurrencia.

anime [ə-ni-mei'] anime, resina obtenida del curbaril.

animosity [a-ni-mo'si-ti] *n*. animosidad, hostilidad, rencor, inquina, encono.

angle [ang'kəl] *n*. tobillo.

anklet [ang'klət] *n*. ajorca.

annalist [a'na-list] *n*. cronista, analista. [nica; fastos.

annals [a'nəls] *n*. *pl*. anales; crónannex [*n*. a'neks, *vb*. a-neks'] *adj*. anexo, anejo; *n*. aditamento, apéndice; *va*. anexar, adjuntar, apoderarse de.

annexation [a-nek-sey'shən] *n*. anexión, unión.

annihilate [a-nay'i-leyt] *va*. aniquilar; anonadar, destruir

annihilation [a-nay-i-ley'shən] *n*. aniquilación; anonadamiento. [aniversario.

anniversary [a-ni-vəə'sə-ri] *n*.

annotate [a'no-teyt] *va*. anotar, apuntar, glosar; annotated edition, edición (comentada, con comentario).

annotation [a-no-tey'shən] *n*. anotación, nota, apuntación; musical —, solfa.

announce [a-nauns'] *va*. anunciar, avisar, participar, pregonar, proclamar, publicar; prometer.

announcement [a-nauns'mənt] *n*. anuncio, aviso, *(of marriage)* participación; official —, comunicado.

announcer [a-naun'sə] *n*. wireless —, locutor.

annoy [a-noy'] *va*. fastidiar, molestar, disgustar, dar guerra a, dar la lata a; *(coll.)* jorobar.

annoyance [a-noy'əns] *n.* molestia, fastidio, aburrimiento, enojo.

annoyed [a-noyd'] *adj.* **to be** —, incomodarse, enfadarse.

annoying [a-noy'ing] *adj.* fastidioso; importuno, engorroso, molesto, empalagoso.

annual [a'niu-əl] *adj.* anual; de todos los años.

annually [a'niu-ə-li] *adv.* anualmente, por año.

annuity [a-niu'i-ti] *n.* renta, (pensión) vitalicia.

annul [a'nəl] *va.* anular, quebrantar, abrogar (*laws*), abolir.

annulment [a-nəl'mən] *n.* anulación, revocación, cancelación.

annum [a'nəm] *n.* **per** —, (al) (por) año.

annunciation [a-nən'si-ey'shən] *n.* anunciación.

anoint [a-noynt'] *va.* ungir, consagrar; **to** — **the palm**, untar la mano.

anointing, anointment [a-noynt-mənt] *n.* unción.

anomalous [a-no'mə-ləs] *adj.* anómalo, irregular, fuera de lo normal.

anomaly [a-no'mə-li] *n.* anomalía.   [go.

anon [a-non'] *adv.* a poco, luego.

anonymity [a-no-ni'mi-ti] *n.* anónimo.   [anónimo.

anonymous [a-no'ni-məs] *adj.*

another [a-no'zə] *adj.* otro; distinto; **one** —, uno a otro, recíprocamente; **another's**, ajeno, de otro.

answer [aan'sə] *n.* respuesta; réplica; contestación; solución; *va.* responder, contestar, replicar; servir, corresponder, convenir; **to** — **back**, replicar; **to** — **for**, acreditar, abonar, responder de, dar cuenta; **to wait for an** —, esperar respuesta; **there's no answering that**, no tiene vuelta de hoja.

answerable [aan'sə-rəbəl] *adj.* responsable.

ant [ant] *n.* hormiga; — **eater**, oso hormiguero.

antagonism [an-ta'gə-ni-səm] *n.* antagonismo, hostilidad, rivalidad.

antagonist [an-ta'gə-nist] *n.* antagonista, contrario, rival.

antagonistic [an-ta-gə-nis'tik] *adj.* antagónico, hostil. opuesto.

Antarctic [an-taa(k)'tik] *adj.* antártico.   [precedencia.

antecedence [an-ti-sii'dəns] *n.*

antecedent [an-ti-sii'dənt] *adj.* ancedente, precedente, previo.

antechamber [an'ti-cheymbə] *n.* antesala, antecámara.

antedate [an'ti-deyt] *va.* antedatar.   [pe; gacela.

antelope [an'ti-loop] *n.* antílope

antenna [an-te'nə] *n.* cuerno; (*wireless*) antena.

anteroom [an'ti-rum], *n.* antecámara, vestíbulo.

anthem [an'zəm] *n.* antífona; **national** —, himno nacional.

anthology [an-zo'lədyi] *n.* antología, floresta, florilegio.

anthracite [an'zrə-sayt] *n.* antracita; carbón de piedra.

anthropoid [an'zro-poyd] *adj.* antropoide.   *n.* antropología.

anthropology [an-zro-po'lədyi]

anti-aircraft [an-ti-e'ə-kraft] *adj.* antiaéreo.

antic [an'tik] *adj.* extraño, grotesco; *n.* bufón; farsa, cabriola; extravagancia, travesura; **to play** —**s**, hacer de las suyas.

anticipate [an-ti'se-peyt] *va.* anticipar, prever, barruntar; adelantar(se).

anticipation [an-ti-si-pey'shən] *n.* anticipación; previsión; interés, anhelo.

anticlerical [an-ti-kle'ri-kəl] *adj.* anticlerical.

antidote [an'ti-dout] *n.* antídoto, remedio, contraveneno.

antipast [an'tipast] *m.* (métr.) antipasto, pie compuesto de un jambo y un troqueo.

antipathetic [an-ti-pəze'tik] *adj.* antipático, contrario, opuesto.

antipathy [an-ti'pə-zi] *n.* antipatía, repugnancia, rencilla.

antipode [an-ti'pə-di] *n.* antípoda.

antiquarian [an-ti-kue'ryən] *n.* anticuario, aficionado de antigüedades.

antiquated [an'ti-kuey-təd] *adj.* anticuadro, añejo, arcaico.

antique [an-tiik] *adj.* antiguo; *n. pl.* antigüedades.

antiquity [an-ti'kui-ti] *n.* antigüedad; **venerable —**, vetustez.

antiseptic [an-ti-sep'tik] *n. & adj.* antiséptico.

antithesis [an-ti'zə-sis] *n.* antítesis, oposición.

antler [ant'lə] *n.* asta, cuerno; *pl.* cornamenta.

anvil [an'vil] *n.* yunque; **on the —**, en el telar.

anxiety [ang-say'ə-ti] *n.* ansiedad, inquietud, quitasueño; *(desire)* ansia, afán, anhelo; zozobra, desvelo.

anxious [ang'shəs] *adj.* inquieto, ansioso, desasosegado, impaciente, deseoso.

any [e'ni] *pron., adj. & adv.* cualquiera, cualesquiera, alguno, alguna; **— more**, más aún; **not — more**, no más; **— body**, alguien, alguno; todo el mundo; **— old person**, un cualquier; **— of them**, cualquiera de ellos; **at — rate**, de todos modos, pase lo que pase.

anyhow [a'ni-jau] *adv.* de todos modos; sin embargo; de cualquier modo.

anything [e'ni-zing] *pron.* algo, alguna cosa; **— but**, todo menos.

anyway [e'ni-uey] *adv.* ccn todo.

anywhere [e'ni-ue-ə] *adv.* dondequiera, en cualquier parte.

anywise [e'ni-uays] *adv.* de cualquier modo, comoquiera.

apace [a-peys'] *adv.* aprisa, a trancos; **to grow —**, tomar cuerpo.

apart [a-paat'] *adv.* separadamente, aparte, aislado, apartado; **to set —**, separar, segregar; **to tear —**, despedazar.

apartment [a-paat'mənt] *n.* piso, cuarto; aposento.

apathetic [a-pə-ze'tik] *adj.* apático, apagado, indiferente.

apathy [a'pə-zi] *n.* apatía, dejadez, flema.

ape [eyp] *n.* mono, mico; simio; imitador; *va.* imitar, remedar.

aperient [a-pi'ə-ryənt] *n.* laxante.

apex [ey'peks] *n.* cúspide, ápice, cima, tope, coronamiento.

aphorism [a'fə-ri-səm] *n.* aforismo.

aphorodisiac [a-fro-dí-siac] *adj.* afrodisíaco; lascivo, rijoso, libidinoso; *s.* afrodisíaco.

apiarist [ey'pyə-ris] *n.* colmenero.

apiary [ey'pyə-ri] *n.* colmenar, abejar.

apiece [a-pila'] *adv.* por barba, por persona, por cabeza; **a sword —**, con sendas espadas.

aplomb [a-plòm'] *n.* εeguridad, aplomo; a plomo.

Apocalypse [a-po'kə-lips] *n.* Apocalipsis.

apogee [a'po-dyi] *n.* apogeo.

apologetic [a-po-lo-dye'tik] *adj.* apologético.

apologise [a-po'lo-dyays] *vn.* excusarse, presentar excusas; pedir perdón.

apologue [a'po-log] *n.* apólogo.

apology [a-po'lo-dyi] *n.* apología, excusa, disculpa, justificación; **to send —**, excusarse; **to offer —**, disculparse.

apopletic [a-po-plek'tik] *adj.* apoplético.   [plejía.

apoplexy [a'po-plek-si] *n.* apo-

apostasy [a-pos'tə-si] *n.* apostasía.   [enviado.

apostle [a-po'səl] *n.* apóstol,

apostate [a'pos-teyt] *n.* apóstata, renegado.

apostolic [a-pos-to'lik] *adj.* apostólico; **— See**, Santa Sede.

apostrophe [a-pos'tro-fi] *n.* apóstrofe.

apothecary [a-po'ze-kə-ri] *n.* boticario, farmacéutico; **—'s shop**, botica, farmacia.

apothegm [a'po-zem] *n.* proloquio, apotegma, máxima.

apotheosis [a-po-zi-ou'sis] *n.* apoteosis, deificación.

appal [a-pool'] *va.* aterrar, espantar.

appalling [a-poo'ling] *adj.* espantoso, aterrador, espantable.

apparatus [a-pə-rey'təs] *n.* aparato, instrumento, aparejo.

apparel [a-pa'rəl] *n.* ropa, traje, vestimenta, hato, ropaje; *va.* vestir, adornar.

apparent [a-pa'rənt] *adj.* aparente; obvio, notable, (al) desnudo, evidente, visible, especioso; **heir** —, presunto heredero; **to become** —, ponerse de manifiesto. [al parecer.
apparently [a-pa'rənt-li] *adv.*
apparition [a-pə-ri'shən] *n.* visión, aparición, fantasma.
appeal [a-piil'] *n.* simpatía; súplica, petición; prendados; rogación, instancia, apelación; **without** —, inapelable, sin recurso; **lack of** —, antipatía; **judge of** —, juez de alzadas; **Court of** —, Tribunal de apelación.
appeal [a-piil'] *vn.* apelar; recurrir; **to** — **against**, suplicar de.
appear [a-pi'ə] *vn.* aparecer; asomar, salir; rayar (en); comparecer (*before tribunal, etcetera*); (*in person*) personarse; (*seems*) parecer.
appearance [a-pi'ə-rəns] *n.* apariencia; traza, facha, pinta; continente, semblante; comparación, aparición; vislumbre; **joint** —, conjunción; —'s **sake**, el buen parecer; **to keep up** —s, salvar las apariencias.
appease [a-piis] *va.* apaciguar, calmar, pacificar, desenojar.
appeasement [a-piis'mənt] *n.* apaciguamiento, pacificación.
appeaser [a-piis'ə] *n.* aplacador, apaciguador.
append [a-pend'] *va.* añadir, agregar; fijar; colgar.
appendage [a-pen'dədy] *n.* dependencia; accesorio. [dice.
appendix [a-pen'diks] *n.* apén-
appertain [a-pə-teyn'] *vn.* pertenecer; ser de; atañer, competer.
appetite [a'pi-tayt] *n.* apetito, hambre, ganas; **to have an** —, tener ganas; **lack of** —, desgana. [el apetito.
appetize [a'pi-tais] *v. tr.* abrir
applaud [a-plood'] *va.* aplaudir, dar palmadas; celebrar.
appetizing [a'pi-tay-sing] *adj.* apetitoso; excitante; apetecible.

applause [a-ploos] *n.* aplauso, elogio, palmadas; aprobación, aclamación.
apple [a'pəl] *n.* manzana; (*of eye*) pupila, niña; —**tree**, manzano; **Adam's** —, nuez; — **orchard**, manzanar, pomar.
appliance [a-play'əns] *n.* instrumento, herramienta; aplicación.
applicant [a'pli-kənt] *n.* suplicante, solicitante, pretendiente, candidato.
application [a-pli-key'shən] *n.* (*for post*) solicitud; solicitación; (*industry*) aplicación.
apply [a-play'] *va. & n.* recurrir, dirigirse a; concernir; apropiar, aplicar; (*for post*) solicitar; (*paint, etc.*) dar; pretender a; **to** — **oneself to**, darse a, ponerse a.
appoint [a-poynt'; *va.* nombrar, designar; señalar; surtir; **to be appointed to**, colocarse; **to be appointed as**, ser nombrado.
appointment [a-poynt'mənt] *n.* nombramiento; decreto; cita, compromiso; (*job*) empleo, cargo, colocación; (*at dentist, etc.*) hora; **to make an** —, citar; **to have an** —, tener hora.
apportion [a-poo'shən] *va.* repartir, distribuir.
apposite [a'po-sayt] *adj.* a propósito, oportuno, ocurrente, atinado, justo.
appositeness [a'po-sit-nəs] *n.* conveniencia, oportunidad.
appraisal [a-prey'səl] *n.* valoración, tasa(ción); estimación.
appraise [a-preys'] *va.* apreciar, valuar, justipreciar, valorizar.
appreciable [a-prii-shə-bəl] *adj.* apreciable, notable, sensible.
appreciate [a-prii'syeyt] *va.* apreciar, darse cuenta de, encarecer; (*of price*) tener un alza.
appreciation [a-prii-syey'shən] *n.* apreciación, aprecio, ponderación; alza de precio; estima.
appreciative [a-prii'syə-tiv] *adj.* apreciativo.
apprehend [a-pri-jend'] *va.* asir, aprehender; prender (*crimi-*

*nal); coger, comprender; re-
celar, sospechar.*

apprehension [a-pri-jen'shən]
n. aprensión, temor, estremecimiento, recelo.

apprehensive [a-pri-jen'siv] *adj.*
receloso, temeroso, aprensivo,
solícito *(for others)*, perspicaz; **to grow —**, sobrecogerse.

apprentice [a-pren'tis] *n.* aprendiz, novicio; **to —**, ir de aprendiz.

apprenticeship [a-pren'tisship]
n. aprendizaje, noviciado; **to
serve an —**, hacer el aprendizaje.

apricate [a'pri-keit] *v. n.* tomar
el sol.

apprise [a-prays'] *va.* enseñar,
avisar, informar, comunicar,
hacer saber.

approach [a-prouch'] *n.* proximidad, llegada, entrada, paso;
the nearest —, lo más cercano,
apropiado; **to make an —**, intentar un acercamiento; *va. &
n.* llegar a, acercar, acercarse,
aproximar; *(age)* frisar, rayar
en; arrimar.

approachable [a-prou'chəbəl]
adj. accesible; comunicativo;
abordable.

approaching [a-prou-ching] *adj.*
próximo, cercano.

approbation [a-prəbeyíshən] *n.*
aprobación, beneplácito.

appropriate [a-prou-pryeyt] *adj.*
propio, conveniente, adecuado,
bueno, pertinente, idóneo, correspondiente; *va.* apropiar;
apropiarse, incautarse de; **to
be —**, cuadrar, caer bien.

appropriately [a-prou'pryeyt-li]
adj. convenientemente, propiamente, de modo adecuado.

appropriateness [a-prou'pryeyt-
nes] *n.* congruencia, idoneidad, propiedad.

appropriation [a-proupryey'-
shən] *n.* apropiación, incautación; *(financial)* crédito.

approval [a-pru-vəl] *n.* aprobación; **on —**, a prueba.

approve [a-pruv'] *va.* aprobar,
autorizar, sancionar; **to — of**,
estar de acuerdo con, dar el
beneplácito.

approximate [a-prok'simeyt]
adj. aproximado, cercano; *va.
& n.* aproximar, aproximarse.

approximation [a-prok-simey'-
shən] *n.* aproximación.

appurtenance [a-pəə'tə-nəns] *n.*
dependencia, accesorio; pertenencia.

apricot [ey'pri-kot] *n.* albaricoque; **— tree**, albaricoquero.

April [ey'pril] *n.* abril; **—fool**,
inocente.

apropos [a-pro'pou] *adv.* a propósito, oportunamente; *adj.*
pertinente.

apron [ey'prən] *n.* mandil, delantal; **tied to — strings**, cosi-
do a las faldas.

apse [aps] *n.* ábside.

apt [apt] *adj.* apto, idóneo, propenso a, inclinado, propio; listo, hábil; *(remark)* pertinente; **to be — to**, estar expuesto
a, ser pronto a.

aptitude [ap'ti-tiud] *n.* aptitud,
disposición, facilidad.

aptness [apt'nes] *n.* idoneidad.

aquamarine [ei-cua-ma-rin'] *s.*
aguamarina. [tico.

aquatic [a-kua'tik] *adj.* acuá-

aqueduct [a'kui-dəkt] *n.* acueducto. [lino; *(nose)* aguileño.

aquiline [a'kui-layn] *adj.* aqui-
Arab [a'rəb] *adj. & n.* árabe;
— quarter, morería; *(coll.)*
street — *(Madrid)*, chulo,
golfo.

arable [a'rə-bəl] *adj.* arable;
propio para labranza, *(tierra
de)* labrantío; **—land**, campiña. [& *n.* aragonés.

Aragonese [a-ra-go-niis'] *adj.*

arbiter [aa'bi-tə] *n.* árbitro.

arbitrary [aa'bi-trə-ri] *adj.* arbitrario; caprichoso; despó-
tico.

arbitrate [aa'bi-treyt] *va.* decidir como árbitro, arbitrar, terciar.

arbitration [aa-bi-trey'shən] *n.*
arbitramento; arbitraje, tercería; **court of —**, tribunal de
Arbitraje.

arbitrator [aa'bi-trey-tə] *n.* árbitro; arbitrador; tercero.

arboriculture [aa-bo'ri-kəl-chə]
n. arboricultura.

arbour [aa'bə] *n.* enramada, cenador; glorieta.

arc [aak] *n.* arco.

arcade [aa-keyd'] *n.* arcada, galería, soportal(es).

arch [aach] *adj.* astuto, cuco, socarrón; consumado, travieso; *n.* arco, bóveda; *va. & n.* arquear, abovedar.

archaic [aa-key'ik] *adj.* arcaico, desusado, caído en desuso.

archangel [aa'keyn-dyəl] *n.* arcángel.

archbishop [aach-bi'shəp] *n.* arzobispo, pontífice, metropolitano.

archbishopric [aach-bi'shəprik] *n.* arzobispado.   [duque.

archduke [aach'diuk] *n.* archiarched [aachd] *adj.* abovedado, arqueado; corvo.

archeological [aa-kyqo-lo'dyi-kəl] *adj.* arqueológico.

archeology [aa-kyo'lo-dyi] *n.* arqueología.

archer [aaichə] *n.* arquero, ballestero, saetero, flechero.

archetype [aa'chi-tayp] *n.* arquetipo, prototipo.

architectural [aa-ki-tek'tiurəl] *adj.* arquitectónico.

architecture [aa'ki-tek-chə] *n.* arquitectura.

archives [aa'kayvs] *n. pl.* archivos.

archivist [aa'chi-vist] *n.* archivero.

archly [aach'li] *adv.* graciosamente, sutilmente, con (tanto) salero, con socarronería.

archness [aach'nes] *n.* travesura; sutileza, gracia picaresca.

archpriest [aach-priist'] *n.* arcipreste.

archway [aach'wey] *n.* bóveda, pasaje abovedado, arcada.

arctic [aak'tik] *adj.* ártico.

ardent [aa'dənt] *adj.* ardiente, fogoso, vehemente, fervoroso; — spirits, bebidas espirituosas.

ardour [aa'də] *n.* ardor, calor; fogosidad, ahinco; celo, viveza.

arduous [aa'diu-əs] *adj.* arduo, trabajoso, difícil, recio, laborioso, escabroso.

arduously [aa'diu-əs-li] *adj.* trabajosamente.

area [e'ryə] *n.* área, ámbito; *(theat., etc.)* patio, corral.

arena [a-rii'nə] *n.* arena, liza, redondel, *(bullfights)* ruedo.

argue [aa'giu] *va. & n.* argüir, discurrir, razonar, sostener, argumentar; to — against, controvertir.

argufy [a'guiu-fai] *v. tr.* molestar con discusiones; *v. intr.* discutir por discutir, ergotizar.

argument [aa'giu-mənt] *n.* argumento, discusión; raciocinio, razón, *(of book)* argumento.

arid [a'rid] *adj.* árido, seco; estéril.   [quedad.

aridity [a-ri'di-ti] *n.* aridez, searise [a-rays] *vn.* elevarse, subir, surgir (de); *(in revolt)* sublevarse; *(from bed)* levantarse; *(origin)* proceder de, provenir.   [aristocracia.

aristocracy [a-ris-to'krə-si] *n.*

aristocrat [a'ris-tə-krat] *n.* aristócrata, hidalgo.

aristocratic [a-ris-ti-kra'tik] *adj.* aristocrático.   [mética.

arithmetic [a-riz'mə-tik] *n.* arit-

ark [aak] *n.* arca.

arm [aam] *n.* brazo; *(bot.)* rama, gajo; *(sea)* brazo; *(handle)* manga; arma; with—s folded, los brazos cruzados; —in—, de bracete, cogidos del brazo; infant in —s, niño de teta; call to —, rebato; —'s reach, alcance; at —'s length, a distancia; up in —s, sublevado; —chair, silla poltrona, sillón, butaca; one-armed, manco; armpit, sobaco; *va. & n.* armar, armarse.

armament [aa'mə-ment] *n.* armamento.

armful [aam'full] *n.* brazada.

arm(hole) (pit) [aam'(jol) (pit)] *n.* sobaco, axila.   [ticio.

armistice [aa'mis-tis] *n.* armisarmless [aam'les] *adj.* manco.

armlet [aam'let] *n.* brazalete.

armorial [aa-mou-ryəl] *adj.* heráldico.

armour [aa'mə] *n.* armadura, arnés; — plating, blindaje; *(ship's)* —, coraza; armoured *(car)*, blindado.

armoury [aa'mə-ri] *n.* arsenal; armería.

army [aa'mi] *adj.* castrense; *n.* ejército. [gancia.

aroma [a-rou'mə] *n.* aroma, fra-

aromatic [a-ro-ma'tik] *adj.* aromático, odorífero.

around [a-raund'] *prep. & adv.* por, alrededor, a la redonda; *(the corner)* a la vuelta de, en los contornos; **to be — *(age)*,** frisar con; **to put arm —,** tomar por el talle.

arouse [a-raus'] *va.* despertar, conmover, sacudir, ocasionar, suscitar, atizar. [procesar.

arraign [a-reyn'] *va.* acusar,

arraignment [a-reyn'mənt] *n.* acusación, denuncia.

arrange [a-reyndy'] *va.* arreglar, poner en orden, acomodar, colocar, ordenar, aprestar, alifiar, clasificar, negociar; **to — to meet,** citar.

arrangement [a-reyndy'mənt] *n.* arreglo, disposición; plan(es); ajuste, combinación, concierto, organización; habilitación; **to come to an —,** llegar a un acomodo.

arrant [a'rənt] *adj.* notorio, redomado.

arras [a'rəs] *n.* tapicería.

array [a-rey'] *n.* orden de batalla; aparato, pompa; ostentación, riqueza.

arrears [a-ri'əs] *n. pl.* atrasos, sumas por pagar vencidas.

arrest [a-rest'] *n.* detención, arresto, prendimiento, prisión; *va.* arrestar; *(police)* prender, detener; capturar; *(an advance)* contrarrestar, parar; *(attention)* llamar, traer.

arrival [a-ray'vəl] *n.* llegada, entrada; advenimiento; consecución; **a new —,** un recién llegado.

arrive [a-rayv'] *vn.* llegar; suceder, ocurrir; conseguir, llevar a cabo.

arrogance [a'rə-gəns] *n.* arrogancia, soberbia, señorío, entono.

arrogant [a'rə-gənt] *adj.* arrogante, orgulloso, altanero, altivo, valentón.

arrogate [a'ro-geyt] *va.* arrogarse, usurpar.

arrow [a'rou] *n.* flecha, dardo, virote; **— head,** punta de flecha. [maestranza, armería.

arsenal [aa'sə-nəl] *n.* arsenal,

arsenic [aa'sə-nik] *n.* arsénico.

arson [aa'sən] *n.* incendio provocado.

art [aat] *n.* arte; habilidad, maña, artificio; **fine —s,** bellas artes; *(Faculty of)* **Arts,** de Filosofía y Letras.

artery [aa'tə-ri] *n.* arteria.

artesian [a-tii'syən] *adj.* artesiano.

artful [aat'ful] *adj.* astuto, ladino, redomado, tacaño, solapado.

artfulness [aat'ful-nes] *n.* astucia; habilidad; maña, socarronería. [tis.

arthritis [aa-zray'tis] *n.* artri-

article [aa'ti-kəl] *n.* artículo, objeto, cosa; cláusula, estipulación; mercancía; renglón; *pl.* **— of marriage,** capitulaciones; **small —,** menudencias; *vn. pactar;* contratar.

articulate [aa-ti'kiu-leyt] *adj.* articulado, claro; sabe hablar; *va.* articular; vocalizar.

articulation [aa-ti-kiu-ley'shən] *n.* articulación, pronunciación; *(bot.)* nudo.

artifice [aa'ti-fis] *n.* artificio, engaño, fraude, ardid; invención, treta; destreza, sutileza.

artificer [aa-ti'fisə] *n.* artífice, inventor; mecánico.

artificial [aa-ti-fi'shəl] *adj.* artificial; ficticio; fingido; postizo, afectado.

artillery [aa-ti'lə-ri] *n.* artillería de campaña, de acompañamiento.

artilleryman [aa-ti'lə-ri-man] *n.* artillero.

artisan [aa'ti-san] *n.* artesano, oficial, menestral.

artist [aa'tist] *n.* artista.

artless [aat'les] *adj.* sencillo, simple; cándido, ingenuo.

artlessly [aat'ləs-li] *adv.* sin arte, sencillamente.

artlessness [aat'ləs-nes] *n.* sencillez, naturalidad, simplicidad.

arty [aa'ti] *adj.* (fam.) cursi, que presume de artístico sin serlo.

as [as] *conj.* como; a guisa de, según, ya que, a semejanza de, por, a fuer de; — (soon) —, tan (pronto) como; — for, por lo que toca a, tocante a, en cuanto a; such —, tal como; los que; — if nothing had happened, como si tal cosa; *adv.* conforme, hasta; — yet, todavía, aún; — it were, por decirlo así, en cierto modo.

ascend [a-send'] *va. & n.* subir; (*throne*) subir a; elevar(se), escalar.

ascendant [a-sen'dənt] *adj.* ascendente, superior; *n.* altura; predominio; (*astr.*) ascensión; to be in the —, ir en aumento.

ascendency [a-sen'dən-si] *n.* ascendiente, influjo, dominación. [sínid.]

ascension [a-sen'shən] *n.* ascensión.

ascent [a-sent'] *n.* subida, elevación; (*slope*) cuesta, pendiente.

ascertain [a-sə-teyn] *va.* cerciorarse, verificar, indagar, averiguar. [*n.* asceta.]

ascetic [a-se'tik] *adj.* ascético;

ascribe [as-krayb'] *va.* asignar, atribuir, imputar; (*blame*) achacar.

ascription [as-krip'shən] *n.* atribución, imputación.

ash [ash] *n.* (*bot.*) fresno; (*fire*) ceniza; — grove, fresnada; quaking —, álamo temblón; — Wednesday, miércoles de ceniza; — coloured, ceniciento; — tray, cenicero; *pl.* cenizas.

ashamed [a-sheymd'] *adj.* avergonzado, vergonzoso, cortado, corrido; to be —, tener vergüenza; cortarse. [cenizoso.]

ashen [a'shən] *adj.* ceniciento,

ashes [a'shəs] *n. pl.* cenizas.

ashore [a-sho'ə] *adv.* a tierra, en tierra; to go —, desembarcar; to run — (aground), encallar.

aside [a-sayd'] *adv.* a parte, al lado; a un lado; (*theat.*) aparte; to lay —, despreciar, omitir, arrimar, deponer, orillar,

retirar; to set —, anular; dejar de un lado.

ask [aask] *va.* (*question*) preguntar; (*favour, for*) pedir, suplicar, solicitar; (*requiere*) exigir, requerir; (*invite*) convidar; *vn.* buscar; to — after, preguntar por.

askance [ə-kans'] *adv.* oblicuamente, de soslayo; to look — at, mirar de reojo.

askew [ə-kiu'] *adj. & adv.* de soslayo, desviado, ladeado.

aslant [a-slant'] *adj.* sesgado; *adv.* al través, de soslayo.

asleep [a-sliip'] *adj.* dormido; to fall —, caer(se) dormido, dormirse; fast —, hecho un tronco.

asp (asp) *m.* áspid.

asparagus [as-pa'rəgəs] *n.* espárrago.

aspect [as'pekt] *n.* aspecto, apariencia; aire, semblante, faz, cara; exterior, traza, catadura; punto, fase; north —, vistas al norte.

aspen [as'pən] *n.* tiemblo, álamo temblón.

asperity [as-pe'ri-ti] *n.* aspereza; rudeza; (*of manner*) desabrimiento, acerbidad.

aspersión [as'pəə-shən] *n.* aspersión, difamación, calumnia; mancha.

asphalt [as'fəlt] *n.* asfalto, betún judaico.

asphodel [as'fo-del] *n.* asfodelo, gamón (blanco).

aspirant [as'pi-rənt] *n.* aspirante, pretendiente, candidato.

aspirate [as'pi-rəyt] *va.* aspirar.

aspiration [as-pi-rey'shən] *n.* aspiración; anhelo, deseo vehemente, prurito. [pretender.]

aspire [as-pay'ə] *vn.* aspirar a,

aspirin [as'pi-rin] *n.* aspirina.

aspiring [as-pay'ring] *adj.* ambicioso.

ass [as] *n.* asno, burro, jumento; mentecato, primo, ganso; to make an — of oneself, hacer el mentecato.

assail [a-seyl'] *va.* atacar, embestir, arremeter, asaltar; (*by doubts*) asaltar. [atacable.]

assailable [a-sey'lə-bəl] *adj.*

assailant [a-sey'ənt] n. asaltante, asaltador; (criminal) atracador; agresor.

assassin [a-sa'sin] n. asesino.

assassinate [a-sa'si-neyt] va. asesinar.

assault [a-soolt'] n. asalto, ataque; embestida, agresión, arremetida; (criminal) atraco; va. atacar, asaltar, saltar.

assay [a-sey'] n. ensayo; (metals) ensayo; prueba, toque; — office, oficina de ensayos; va. ensayar;)metal(acrisolar; probar, aquilatar.

assemblage [a-sem'bleydy] n. reunión, agrega, grupo, junta; concurso.

assemble [a-sem'bəl] va. congregar, convocar; reunir; (mech.) montar; vn. juntarse.

assembly [a-sem'bli] n. junta, asamblea, colonia, comité; concurso, conjunto; — room, sala de (sesiones, fiestas, etc.).

assent [a-sent'] n. consentimiento, venia, beneplácito; Royal —, sanción regia; vn. consentir, dar consentimiento; asentir.

assert [a-səət'] va. afirmar; aseverar; sostener, defender, aumentar.

assertion [a-səə'shən] n. aserción, afirmación, aseveración.

assertive [a-səə'tiv] adj. dogmático; self —, confiado.

assess [a-ses'] va. imponer (taxes); fijar, señalar; apreciar; to — at, fijar en.

assessment [a-ses'mənt] n. fijación de impuesto, contribución; tributo; avalúo.

assets [a'sets] n. pl. activo, haber; personal, real —, bienes muebles, inmuebles.

assiduity [a-si-diu'i-ti] n. asiduidad, diligencia, aplicación.

assiduous [a-si'diu-əs] adj. asiduo, constante; aplicado, concienzudo.

assign [a-sayn'] va. asignar, señalar; adscribir; (law) consignar; (goods) ceder, traspasar.

assignment [a-sayn'mənt] n. asignación; cesión.

assignor [a-si'nyor] m. asignante, cedente.

assimilate [a-si'mi-leyt] va. asimilar; asemejar.

assimilation [a-si-mi-ley'shən] n. asimilación.

assist [a-sist'] va. ayudar, auxiliar, socorrer; acudir, presenciar, estar presente, asistir; remediar.

assistance [a-sis'təns] n. asistencia, auxilio, apoyo, socorro, favor; Public —, Auxilio Social.

assistant [a-sis'tənt] n. auxiliar, ayudante, asistente; shop —, dependiente; grocer's —, hortero; doctor's —, practicante; teacher, auxiliar; — director, subdirector.

associate [a-sou'shyeyt] n. (com.) socio, individuo; copartícipe, cómplice; va. asociar, juntar; vn. asociarse, mancomunarse.

association [a-sou-shyay'shən] n. asociación, sociedad, mancomunidad, patronato.

assort [a-soot'] va. clasificar; compaginar, hacer juego; assorted packets, paquetes surtidos.

assortment [a-soot'mən] n. clasificación; surtido, variedad, acopio.

assuage [a-sueydy'] va. & n. aquietar, apaciguar; suavizar, templar, acallar, atemperar.

assume [a-sium'] va. tomar, poner; assumir, imaginarse, dar por sentado; creer; arrogarse, atribuir.

assumed [a-siumd'] adj. sentado; — virtue, virtud falsa; — name, nombre ficticio.

assuming [a-siu'ming] adj. pretencioso, arrogante; — that, dado que.

assumption [a-səmp'shən] n. pretensión, suposición; aire de suficiencia; (Feast of the) —, Asunción.

assurance [a-shu'ə rəns] n. seguridad, certeza; (com.) seguro; aplomo, arrojo, ánimo; despejo, desenvoltura.

assure [a-shu'ə] *va.* asegurar, garantizar, protestar; *vr.* cerciorarse de; *(com.)* asegurar.

assuredly [a-shu'rəd-li] *adv.* seguramente, de seguro.

astern [a-stəən'] *adv.* en popa, a popa; **to go —**, ciar; **to drop —**, caer para atrás.

asthma [asz'mə] *n.* asma.

astir [a-stəə'] *adv.* en pie; activo.

astonish [a-sto'nish] *va. & n.* sorprender, suspender, maravillar, admirar.

astonished [a-sto'nishd] *adj.* atónito, estupefacto.

astonishing [a-sto'ni-shing] *adj.* sorprendente.

astonishment [a-sto'nish-ment] *n.* asombro, sorpresa, embobamiento, pasmo.

astound [a-staund'] *va. & n.* maravillar, pasmar, helar, aturdir.

astray [a-strəə'] *adv.* fuera de la vía; extraviado, desviado, descarriado; **to go —** *(letters)*, extraviarse; *(persons)* errarse; **to lead —**, extraviar; seducir.

astrict [as'trikt] *va.* apretar, obligar, restringir.

astride [a-strayd'] *adv.* a horcajadas.

astringent [a-strin'dyənt] *adj.* astringente; áspero, austero.

astrology [as-tro'lo-dyi] *n.* astrología.

astronomer [as-tro'nə-mə] *n.* astrónomo. [astronomía.

astronomy [as-tro'nə-mi] *n.*

astute [as-tiut'] *adj.* astuto, mafioso, sagaz; *(coll.)* largo.

astuteness [as-tiut'nes] *n. (of gypsy dealer)* chalanería; astucia, sutileza.

asunder [a-sən'də] *adv.* en dos, separadamente; **to tear —**, despedazar, desgajar.

asylum [a-say'ləm] *n.* asilo, refugio, amparo; *(lunatic)* manicomio; *(in church)* sagrado; **to give — to**, dar acogida a.

at [at] *prep.* en, a, hacia; sobre, por; *(ambassador)* **— (the Court)**, cerca de.

atavism [a'tə-vi-səm] *n.* atavismo.

atheism [ey'zi-i-səm] *n.* ateísmo.

atheist [ey'zi-ist] *n.* ateo.

athlete [az'-lit] *n.* atleta.

athletic [az-le'tik] *adj.* atlético; fuerte, deportista.

athwart [a-zuoot'] *prep. & adv.* al través; al sesgo, al trasluz.

atlas [at'ləs] *n.* atlas.

atmosphere [at'mos-fi-ə] *n.* atmósfera, clima, ambiente, aire.

atoll [a'təl] *n.* atolón.

atom [a'təm] *n.* átomo. [rizar.

atomize [a'tə-mays] *va*, pulverizar.

atone [a-toon'] *vn.* expiar, purgar, pagar; compensar, reparar; aplacar.

atonement [a-toon'mənt] *n.* expiación, compensación, satisfacción. [atroz, espantoso.

atrocious [a-trou'shəs] *adj.*

atrocity [a-tro'si-ti] *n.* atrocidad, crueldad.

attach [a-tach'] *va.* adherir; ligar, pegar, conectar; *(property)* incautar; atraer, asirse; atribuir; *(importance)* dar.

attaché [a-ta'she] *n.* agregado (de embajada).

attached [a-tachd'] *adj.* **— to**, adicto a, aficionado a.

attachment [a-tach'mənt] *n.* adfesión, apego; aplicación; ligazón, enlace; secuestro.

attack [a-tak'] *n.* ataque, asalto; *(violent)* embestida; arremetida; agresión; **sudden —**, arrebato; **— of fever**, acceso de fiebre; *va.* atacar, acometer; impugnar; corroer.

attain [a-teyn'] *va.* lograr, alcanzar, conseguir.

attainable [a-tey'nəbəl] *adj.* asequible, accesible.

attainder [a-teyn'də] *n.* muerte civil.

attainment [a-teyn'mənt] *n.* adquisición, logro, obtención; *pl.* talentos, conocimientos.

attaint [a-teynt'] *v.* corromper, infamar, deshonrar.

attempt [a-tempt'] *n.* ensayo, intento, conato, tentación, empresa; *va,* ensayar, probar, tentar, intentar; **to make — on** *(criminal)*, atentar a; **to make — on** *(record)*, intentar batir (el record).

att

36

attend [a-tend'] *va. & n.* servir,
atender; *(sick)* asistir; presenciar, poner atención; concurrir; escuchar; *(lectures)* asistir, ir.

attendance [a-ten'dəns] *n.* servicio; asistencia; atención;
servidumbre, séquito; concurrencia; *(audience)* auditorio,
(in theatre) público; to dance
— on, cortejar; to be in —
(med.), asistir.

attendant [a-ten'dənt] *n.* criado,
servidor, asistente; *(cinema)*
acomodador. [—, concurrido.

attended [a-ten'dəd] *adj.* well

attention [a-ten'shən] *n.* atención; cuidado; miramiento;
esmero, ánimo; cumplido; obsequio; respeto; *(mil.)* at —,
cuadrado; to pay — to, hacer
caso de, parar mientes en,
prestar atención; to stand to
—, cuadrarse.

attentive [a-ten'tiv] *adj.* solícito; atento (con); galante.

attenuate [a-te'niu-eyt] *va.* atenuar, disminuir.

attenuation [a-te-niu-e'shən] *n.*
atenuación.

attest [a-test'] *va.* dar (fe, testimonio); atestiguar; autenticar;
deponer, afirmar.

attic [a'tik] *n.* guardilla, buhardilla, desván, ático.

attire [a-tay'ə] *n.* atavío, gala,
vestido, vestimenta, traje; *vn.*
ataviar, adornar, componer.

attitude [a'ti-tiud] *n.* actitud,
posición, ademán.

attorney [a-təə'ni] *n.* procurador, apoderado; power of —,
poder legal, procura; by —,
por poder.

attract [a-trakt'] *va. (magnet)*
atraer; ganarse, llamar *(attention)*.

attraction [a-trak'shən] *n.*
atracción; imán; encanto;
atractivo, seducción.

attractive [a-trak'tiv] *adj.*
atractivo; halagüeño, atrayente; *(coll.)* to be —, tener
tilín.

attractiveness [a-trak'tiv-nes] *n.*
atractivo, buena sombra,
fuerza atractiva.

attributable [a-tri'biu-təbəl]
adj. imputable.

attribute *n.* [a'tri-biut; *vb.*
a-tri'biut] *n.* atributo; *va.* atribuir, imputar; *(blame)* achacar. [ra, roce, desgaste.

attrition [a-tri-shən] *n.* rozadu-

attune [a-tiun'] *va.* templar, afinar *(instrument)*; acordar, armonizar. [rojizo.

auburn [oo'bən] *adj.* castaño

auction [ook'shən] *n.* subasta,
pregón, almoneda; public —,
subasta; *va.* subastar, rematar,
sacar a subasta.

audacious [o-dey-shəs] *adj.* audaz, resuelto, osado, arrojado;
descarado.

audacity [o-da'si-ti] *n.* audacia,
osadía, arrojo, atrevimiento;
descaro; demasía. [perceptible.

audible [o'di-bəl] *adj.* audible,

audience [o'dyəns] *n.* audiencia, auditorio; *(theat.)* público.

audit [o'dit] *n.* verificación (de
cuentas); *va.* intervenir.

auditor [o'di-tə] *n.* auditor, interventor, verificador de cuentas.

auditorium [o-di-too'ryəm] *n.*
sala de espectáculos; locutorio.

aught [ot] *n.* algo; nada.

augment [og-ment'] *va. & n.* aumentar; aumentarse, engrosar.

augmentation [oog-mentay'-
shən] *n.* aumento, acrecentamiento.

augur [oo'gə] *n.* augur, agorero;
vn. augurar; conjeturar, pronosticar; prometer.

augury [oo'gia-ri] *n.* augurio,
presagio, agüero.

August [*n.* o'gəst; *adj.* o-gəst']
n. agosto; *adj.* augusto.

auk [ok] *m.* pingüino.

aunt [aant] *n.* tía.

aura [oo'rə] *n.* ambiente, aire.

aurora [o-ro'rə] *n.* aurora; al-
bores; comienzo; — borealis,
aurora boreal.

auspice [o'spis] *n.* auspicio; presagio; under the —s of, bajo
el patrocinio de.

auspicious [o-spi'shəs] *adj.* favorable; de buen augurio,
prometedor, halagüeño, propicio.

austere [os-ti'ə] *adj.* austero, adusto; acerbo.

austerity [os-te'ri-ti] *n.* austeridad, rigor; estrechez, época de estrecheces. [tríaco.

Austrian [oo'stryən] *adj.* aus-

authentic [o-zen'tik] *adj.* auténtico; castizo, legítimo.

authenticate [o-zen'ti-keyt] *va.* autenticar, refrendar, legalizar.

authenticity [o-zen-ti'si-ti] *n.* autenticidad.

author [o'zə] *n.* autor, escritor; *f.* autora, escritora.

authorised [o'zo-raysd] *adj.* habilitado, apoderado; *(translation etc.)* autorizado.

authoritative [o-zo'ri-tə-tiv] *adj.* autoritario; autorizado, perentorio.

authority [o-zo'ri-ti] *n.* autoridad, poderío, poder, mando; texto; facultad; preeminencia; civil —, brazo secular; on good —, de buena tinta; (to have) — to, poder; *pl.* autoridades.

authorisation [o-zo-ray-sey'-shən] *n.* autorización; poder; sanción.

authorise [o'zo-rays] *va.* autorizar, conferir, poder, acreditar; sancionar.

autobiography [o-tou-bay-o'grafi] *n.* autobiografía. [crata.

autocrat [o'to-krat] *n.* autó-

autocratic [o-to-kra'tik] *adj.* autocrático. [grafo.

autograph [o'to-graf] *n.* autó-

automobile [o'to-mo-(bil)-bayl] *n.* automóvil. [nomía.

autonomy [o-to'no-mi] *n.* auto-

autopsy [o-top-si] *n.* autopsia.

autumn [oo'təm] *n.* otoño.

autumnal [o-təm'nəl] *adj.* otoñal. [xiliar.

auxiliary [og-si'liə-ri] *adj.* au-

avail [a-veyl'] *n.* provecho, ventaja; *vn.* aprovecharse de, (pre)valerse; to — nothing, no servir para nada; without —, sin prevalecer, sin resultado.

available [a-vey'lə-bəl] *n.* aprovechable, válido, disponible, a (su) disposición; not —, que no se puede obtener, no consta; — funds, fondos disponibles.

avalanche [a'va-laansh] *n.* alud, lurte.

avarice [a'va-ris] *n.* avaricia, codicia, mezquindad.

avaricious [a-va-ri'shəs] *adj.* avariento, codicioso, avaro.

avenge [a-vendy'] *va.* vengar, castigar.

avenger [a-ven'dyə] *n.* vengador.

avenue [a'və-niu] *n.* avenida, arboleda, alameda; pasadizo; vía, medio.

aver [a'vəə'] *va.* afirmar, certificar.

average [a'və-reydy] *n.* promedio; on an —, por regla general; general —, avería gruesa; *adj.* promedio, medio, ordinario, regular; *va & n.* tomar el promedio, promediar, llegar a un promedio.

averse [a-vəəs'] *adj.* contrario, adverso, opuesto.

aversion [a-vəə'syən] *n.* aversión, repugnancia, desgana, antipatía; *(coll.)* hincha.

avert [a-vəət'] *va.* alejar, desviar, conjurar.

aviary [ey'vyə-ri] *n.* pajarera.

aviation [ey-vyey'shən] *n.* aviación.

avidity [a-vi'di-ti] *n.* avidez. codicia, ansia.

avoid [a-voyd'] *va. & n.* evitar, (re)huir; guardarse de, librarse; not to be able to —, no poder menos de.

avoidable [a-voy'də-bəl] *adj.* evitable, eludible.

avow [a-vau'] *va.* confesar, declarar, manifestar.

avowal [a-vau'əl] *n.* confesión; profesión, declaración.

avowedly [a'vau'əd-li] *adj.* sin rebozo, abiertamente.

await [a-weyt'] *va.* esperar, aguardar.

awake [a-weyk'] *va. & n.* despertar(se); excitar; *adj.* despierto; despabilado, listo; to stay —, velar.

awaken [a-wey'kən] *va.* despertar.

awakening [a-weyk'ning] *n.* despertar.

award [a-wood'] n. fallo; premio, recompensa, honor; juicio, sentencia, laudo (of tribunal); va. & n. adjudicar; conferir, conceder (prize); otorgar; sentenciar, decretar.

aware [a-we'a] adj. vigilante; enterado; consciente; to be —, estar enterado; to be — of, percatarse; as far as I am —, que yo sepa.   [agua.

awash [a-wesh'] adv. a flor de

away [a-wey'] adj. ausente; a lo lejos; to be —, estar fuera; to go —, alejarse; — with you! ¡quita de allí!

awe [oo] n. horror, miedo; respeto; to stand in — of, tener miedo de.   [dor, pavoroso.

awesome [oo'som] adj. aterra-

awful [co'ful] adj. horrible, terrible, tremendo, espantoso, pavoroso; malísimo, pésimo.

awfully [oo'fu-li] adv. horriblemente, terriblemente.

awfulness [oo'ful-nes] n. terror, temor.

awhile [a-(j)wayl] adv. durante algún tiempo, un rato.

awkward [ook'wad] adj. torpe, desmañado, zurdo; (business) embarazoso, peliagudo.

awkwardness [ook'wad-nes] n. torpeza, falta de habilidad.

awn(on)s [bot] n. arista; (prov.) argaña.   [da.

awning [oo'ning] n. toldo, tien-

awry [a-ray'] adj. sesgado, torcido, atravesado; to look —, mirar de reojo.

axe [aks] n. hacha; pick —, zapapico, alcotana.   [postulado.

axiom [ak'syom] n. axioma,

axis [ak'sis] n. eje.

axle [ak'sol] n. eje; crank —, eje de codillo.

aye [ey, ay] adv. for ever and —, por siempre jamás.

azure [e'sya] n. azul, celeste; (her.) azur.

B

B.A. [Bi-ey] abbrev. Licenciado en Filosofía y Letras, Bachiller.

babble [ba'bol] n. charla, charlatanería; murmullo; rumor; vn. balbucear; hablar por los codos; garlar; (water) murmurar.

babbler [ba'blo] n. charlatán, parlanchín; (indiscreet) descosido.

babbling [ba'bling] n. charla, balbuceo.

babe [beyb] n. nene, criatura; (royal) infante.

babel [bey-bol] n. babel, tumulto, baraúnda.

baby [be'bi] n. nene, crío, criatura, chiquillo.

babyish [ba'bi-ish] adj. infantil.

bachelor [ba'cho-lo] n. (old) soltero, solterón; (acad.) bachiller, licenciado.

back [bak] adv. atrás, detrás; a espaldas de, trasero; de vuelta; otra vez; (movement) hacia atrás; n. espalda; revés, parte posterior; espaldas; (of hand) envés; (theat.) foro; (animal, book) lomo; (in football) defensa; (of seat) respaldar, respaldo; — shop, trastienda; va. & n. hacer retroceder; (of motor car) dar marcha atrás; respaldar; apoyar; to — out, down, desdecirse, volver atrás; retroceder; (books) aforrar, encuadernar; to — water, ciar; to get — again, rehacerse; backed (up) by, válido de; on one's —, a cuestas; (to lie) on one's back, boca arriba; to turn one's — to, volverse de espaldas a; to turn one's — on someone, volverle la espalda a, desairar.

backbite [bak'bayt] *va.* calumniar, difamar, morder.

backbiting [bak'bay-ting] *n.* maledicencia, detracción, murmuración.

backbone [bak'boon] *n.* espina (dorsal), cerro, columna vertebral; (*English*) to the —, hasta los tuétanos.

backdoor [bak-doo'] *n.* puerta trasera.

backdown [bak'daun] *s.* (fam.) retracción, palinodia; rendición.

background [bak'graund] *n.* fondo, último término.

backing [ba'king] *n.* forro; (*influence*) respaldo, apoyo.

backroom [bak-rum'] *n.* cuarto interior, recámara.

backside [bak-sayd'] *n.* trasero, parte trasera, espalda.

backslide [bak-slayd'] *vn.* (*beliefs, etc.*) reincidir, volver a las andadas.

backstairs [bak-ste'əs] *n.* escalera (secreta, excusada).

backward [bak'wəd] *adj.* atrasado, tardío; (*wit*) corto; tardo; —s, *adv.* hacia atrás.

backwardness [bak'wəd-nes] *n.* tardanza; ignorancia, atraso; (*delay*) retraso.   [manso.

backwater [bak'wo-tə] *n.* re-

backyard [bak-yaad'] *n.* patio interior; corral.

bacon [bey'kən] *n.* tocino; jamón; to save one's —, salvar la pelleja.

bad [bad] *adj.* mal, malo, nocivo; indispuesto; podrido; very —, pésimo; — blood, rencilla, mala sangre; from — to worse, de mal en peor; to go —, pasar, (*milk*) cortarse; with — grace, de mala gana, a regañadientes.

badly [bad'li] *adv.* mal, malamente.

badge [bady] *n.* insignia, marca, placa, condecoración; divisa.

badger [ba'dyə] *n.* tejón; — bristle, cerda; *va.* atormentar, provocar, fastidiar.

badinage [ba'di-nasy] *n.* burla, chanza.

badness [bad'nes] *n.* maldad.

baffle [ba'fəl] *va.* frustrar;

chasquear; confundir; desbaratar.

baft (baft) *adv.* y *prep.* detrás.

bag [bag] *n.* saco, bolsillo, bolsa; talega; (*leather*) zurrón; valija; (*game*) morral; (*small*) taleguilla; *pl.* equipaje; *va.* & *n.* entalegar, meter en un saco; (*clothes*) hacer bolsas; insacular; capturar; to pack one's bags, liar el petate.

bagatelle [ba-gə-tel'] *n.* fruslería, bagatela, puerilidad, friolera.   (*mil.*) bagaje.

baggage [ba'geydy] *n.* equipaje;

bagpipe [bag'payp] *n.* gaita, cornamusa.

bail [beyl] *n.* fianza, caución, afianzamiento; to go —, afianzar, caucionar, responder por; to give —, sanear.   [chete.

bailiff [bey'lif] *n.* alguacil, corbait [beyt] *n.* cebo; anzuelo, señuelo, carnada; *va.* & *n.* cebar, poner cebo; refrigerarse; hostigar, acosar.

baize [beys] *n.* bayeta.

bake [beyk] *va.* cocer (en el horno).

baker [bey'kə] *n.* panadero.

bakery [bey'kə-ri] *n.* panadería, tahona.

baking [bey'king] *n.* hornada; cocimiento; — pan, tortera.

balance [ba'ləns] *n.* balanza; cotejo; balance; contrapeso; resto; (*com.*) saldo; — sheet, balance; — of trade, balanza del comercio; — wheel, volante; *va.* to draw a —, echar un balance; equilibrar, hacer balance; *vn.* balancearse mecerse; to — up, igualar, pesar.

balancing [ba'lən-sing] *n.* balanceo, equilibrio.

balcony [bal-kə-ni] *n.* balcón, antepecho, mirador; (*theat.*) galería, anfiteatro.

bald [bold] *adj.* calvo; pelado; desnudo, escueto; — bead, calva.

balderdash [bol-də-dash] *n.* hojarasca, disparate.   [calva.

baldness [bold'nes] *n.* calvicie,

bale [beyl] *n.* fardo, bala, tercio, balón; *va.* empacar, enfardelar, empaquetar.

baleful [beyl'ful] *adv.* triste, funesto, pernicioso.

balk [bo'əl] *n.* viga, obstáculo; *va.* impedir, desbaratar, frustrar.

ball [bol] *n.* (*solid*) bola, globo, (*inflated*) pelota, balón; (*of wool*) ovillo; (*canon*) bala; baile; — **bearings**, cojinete de bolas; **fancy** —, baile de trajes (de máscaras).

balad [ba'ləd] *n.* romance; balada, canción, copla, trova; **corpus of** —s, romancero.

ballast [ba'ləst] *n.* lastre; *va.* lastrar.

ballet [ba'le] *n.* ballet; danza.

balloon [bə-lum] *n.* globo aerostático.

ballot [ba'lət] *n.* escrutinio, votación; — **box**, urna; *vn.* votar, sacar.

balm [baam] *n.* bálsamo; alivio.

balsam [bol'səm] *n.* bálsamo.

balustrad [ba'ləs-tryd] *n.* balaustrada, barandilla.

bamboo [bam-bu'] *n.* bambú.

ban [ban] *n.* edicto; prohibición, pregón, entredicho; *va.* proscribir. [dad, vulgaridad.

banality [bə-na'li-ti] *n.* vaciebanana [bə-na'nə] *n.* plátano.

banc [banc']s *dro.* tribunal; "court in banc", tribunal en pleno.

band [band] *n.* (*strip*) faja, cinta; tira, (*robbers*) cuadrilla, pandilla, partida; (*gypsies*) cáfila; (*mus.*) banda; farándula, bandada; franja, unión; *va.* & *n.* congregar, congregarse; **to** — **together** (*in league, etc.*) apandillarse, asociarse.

bandage [ban'dədy] *n.* venda(je); faja.

bandit [ban'dit] *n.* bandolero, bandido, forajido.

bandy [ban'di] *va.* & *n.* cambiar, trocar; disputar; *adj.* — **legged**, arqueado, patizambo.

bane [beyn] *n.* veneno; ruina, perdición.

baneful [beyn'ful] *n.* venenoso, destructivo, dañino, pestífero.

bang [bang] *n.* detonación; golpazo, ruido, puñada, golpe, porrazo; *va.* lanzar, cerrar con estrépito; **with a** —, (*i.e. success*) un exitazo.

bangle [bang'gəl] *n.* ajorca, pulsera.

banish [ba'nish] *va.* desterrar, confinar, deportar; (*care*) ahuyentar.

banishment [ba-nish-mənt] *n.* destierro, deportación, extrañación, exterminio.

banister [ba'nis-tə] *n.* baranda, pasamano.

bank [bangk] *n.* banco; casa de banca; (*earth*) terraplén; (*river*) orilla, ribera; (*flowers*) banco; —**note**, billete de banco; —**book**, libreta; **savings** —, caja de ahorro; **to** — **up**, representar, estancar.

banking [bang'king] *adj.* bancario, banca; — **house**, casa de banca.

bankrupt [bangk'rəpt] *adj.* insolvente, quebrado; *n.* fallido; **to become** —, quebrar, hacer bancarrota.

bankruptcy [bangk'rəpt-si] *n.* bancarrota, quiebra.

banner [ba'nə] *n.* bandera; estandarte.

banns [bans] *n.* amonestaciones; proclama, pregón; **to publish the** —, amonestar, hacer las proclamas.

banquet [bang'kuet] *n.* banquete, festín, convite; *va.* & *n.* banquetear.

banter [ban'tə] *n.* burla, chanza, zumba; *va.* burlarse, fisgar(se), tomar el pelo de.

baptism [bap'ti-səm] *n.* (*sacrament*) bautismo; (*action*) bautizo.

baptize [bap-tays] *va.* bautizar.

baptismal [bap-tis-məl] *adj.* bautismal; — **name**, nombre de pila.

bar [baa] *n.* barra, valla, barrera; tranca; (*mech.*) palanca; (*music*) raya; (*hotel*) mostrador; (*law*) tribunal; (*strip*) faja, lista; (*obstacle*) obstáculo, traba; *va.* cerrar el paso, impedir, interrumpir, excluir, estorbar, obstar; **to** — **up** (*a door*) atrancar.

barb [baab] *n.* púa; pincho;

(bot.) arista, barba; *(arrow)* lengüeta. [& *n.* bárbaro.
barbarian [baa-bee'ryən] *adj.*
barbarism [baa-bə-ri-səm] *n.* *(lang.)* barbarismo; *(savagery)* barbarie; *(enormity, etc.)* barbaridad. [baro.
barbarous [baa'bə-rəs] *adj.* bár-
barbed [baabd] *adj.* con púas; erizado; — wire, espino artificial. [luquero.
barber [baa'bə] *n.* barbero, pebare [be'ə] *adj.* seco, desnudo, llano, descubierto; *(stripped)* pelado; *(essential)* escueto; *va.* descubrir; to lay —, poner a descubierto; desnudar, revelar. [pelo.
barebacked [be'ə-bakd] *adj.* en
barefaced [be'ə-feysd] *adj.* descarado, impudente, desvergonzado, cínico. [calzo.
barefoot [be'ə-fut] *adj.* des-
bareheaded [be-ə-he'dəd] *adj.* descubierto.
barely [be'ə li] *adv.* apenas; simplemente, escasamente.
bareness [be'ə-nes] *n.* desnudez, miseria.
bargain [baa'gən] *n.* *(agreement)* ajuste, pacto, convenio; *(cheap)* ganga; estipulación; — sale, saldo; into the —, por más señas; *vn.* negociar; regatear. [gateo.
bargaining [baa'gə-ning] *n.* re-
barge [baady] *n.* barca, bote, lanchón.
bargee [baa'dyii] *s.* barquero.
bark [baak] *n.* *(tree)*, corteza, cáscara; oak —, casca; *(boat)* barco; *(dog)* ladrido; *va.* quitar la corteza; *vn.* ladrar.
barking [baa'king] *n.* ladrido.
barley [baa'li] *n.* cebada; milk —, cebadilla.
barmaid [baa'meyd] *n.* moza (de taberna), camarera.
barm [baam] *n.* levadura.
barn [baan] *n.* granero, pajar; *(fruit)* troj(e); *(in Asturias)* hórreo; patio de granja; —owl, lechuza. [percebe.
barnacle [baa'ni-kəl] *n.* lapa.
barometer [ba-ro'mi-tə] *n.* barómetro.

baronet [ba'ro-net] *n.* barón.
baroque [ba-rok'] *adj.* barroco.
barrack(s) [ba'rək(s)] *n.* *(mil.)* cuartel; barraca.
barrage [ba'raady] *n.* presa; *(mil.)* barrera.
barrel [ba'rəl] *n.* barril, barrica; — organ, manubrio, organillo; *(rifle)* cañón; *va.* envasar.
barren [ba'rən] *adj.* *(earth)* estéril, yermo; *(bare)*, pelado, calvo.
barrenness [ba'rən-nes] *n.* esterilidad, aridez, pobreza.
barricade [ba'ri-keyd] *n.* barricadas; — o's in, hacerse fuerte.
barrier [ba'ri-ə] *n.* valla, barrera; *(in bullring)*, contrabarrera; obstáculo.
barrister [ba'ris-tə] *n.* abogado.
barter [baa'tə] *n.* trueque, tráfico, barata, rescate, cambalache; *vn.* traficar, *va.* cambiar, permutar, conmutar.
bas-relief [baas'ri-liif] *n.* bajo-relieve.
base [beys] *n.* base; basa, pedestal; sedimento; *(origin)* raíz; *adj.* *(music)* bajo; vil, infame; ruín, innoble; *va.* fundar; — (on) calcar, *vn.* apoyarse.
baseless [beys'les] *adj.* infundado.
basemen [beys'ment] *n.* sótano.
baseness [beys'nes] *n.* bajeza, infamia, vileza, ruindad.
bashful [bash'ful] *adj.* tímido, vergonzoso, ruboroso, encogido.
bashfulness [bash'ful-nes] *n.* timidez, pudor, cortedad, recato, rubor, apocamiento.
basic [bey'sən] *n.* bacía, aljofaina; *(water)* estanque, represa; *(river)* cuenca, hoya; *(dock)* dársena; *(of fountain)* pilón; wash—, palangana; pudding—, molde, tartera.
basis [bey'sis] *n.* base; cimiento.
bask [baask] *vn.* tomar el sol.
basket [baas'gət] *n.* canasta, esportillo; *(large)* cesto; *(frail)* capacho; espuerta; *(small, low)* canastillo.
basket-maker [baas'kət-meykə] *n.* cestero.

basque [bask] *adj.* vasco, vizcaíno; *(language)* vascuence.

bass [bas] *adj.* *(mus.)* bajo; **deep, double —,** contrabajo.

bassoon [ba-sun'] *n.* fagot; bajón; **—player,** bajón.

bastard [bas'təd] *n. & adj.* bastardo; espurio.

baste [beyst] *va.* *(sew.)* hilvanar, bastear; *(meat)* pringar.

bastion [bas'tiən] *n.* bastión, baluarte.

bat [bat] *n.* *(orn.)* murciélago; palo; **off his own —,** de su propia cuenta; *va.* moverse, agitarse, pestañear.

batch [bach] *n.* *(oven)* hornada; porción; lote, tanda.

bath [baz] *n.* baño; cuarto de baño; **bird —,** bebedero; bañadera; **blood —,** carnicería.

bathe [beyz] *va.* bañar; *vn.* vañarse.

bather [bey'zə] *n.* bañista.

bathetic [ba-ze'tic] *adj.* ridículo.

bathing [bey'zing] *n.* baño; **— beach,** playa; **— dress,** bañador, traje de baño; **— wrap,** bata, albornoz.

baton [ba'ton] *n.* bastón de mando; *(mus.)* batuta.

battalion [ba-ta'liən] *n.* batallón.

batten [ba'tən] *n.* lata, listón; *vn.* engordar; **to — (on),** cebarse (en).

batter [ba'tə] *n.* batido; *va. & n.* apalear, golpear; demoler, cañonear; **to — a breach in,** batir en brecha.

battery [ba'tə-ri] *n.* batería; *(elect.)* acumulador.

battle [ba'təl] *n.* batalla, pelea, lid, combate; *vn.* batallar, luchar.

battlement [ba'təl-ment] *n.* muralla; almena, almenaje.

bauble [boo'bəl] *n.* bagatela, fruslería, baratija.

bawd [bood] *n.* alcahueta, tercera.   [obsceno.

bawdy [boo-di] *adj.* indecente,

bawl [bool] *vn.* chillar, gritar, vociferar, dar voces, desgañitarse; *va.* pregonar.

bay [bey] *n.* abra, bahía, ensenada; *(small)* anconada; pajar;

(howl) aullido; **— window,** mirador; *(tree)* laurel; **at —,** acorralado, en jaque; **to keep at —,** mantener a raya; *adj.* bayo; *vn.* aullar.

bayonet [be'yo-net] *n.* bayoneta; **fixed —,** bayoneta calada; **— thrust,** bayonetazo.

bazaar [ba-saa'] *n.* feria bazar; tómbola.

be [bi] *vn.* ser, existir; estar; *(someuchere)* quedar, encontrarse; **to — hungry,** tener hambre; **to — off,** hacer la maleta, largarse.

beach [bich] *n.* playa, orilla, costa.

beacon [bi'kən] *n.* *(light)* fanal; *(naut.)* boya; antorcha; *va.* iluminar.   [rosario.

bead [biid] *n.* cuenta; gota; pl.

beadle [bii'd¡l] *n.* bedel.

beagle [bii-gəl] *n.* sabueso.

beak [biik] *n.* pico.

beaker [bi'kə] *n.* vaso; copa.

beam [biim] *n.* *(wood)* viga, tablón, madero; *(in eye)* estaca; **tie —,** tirante; *(light)* rayo, destello; *vn.* destellar, dirigir.

beaming [bii'ming] *adj.* radiante, brillante.

bean [biin] *n.* *(broad)* haba, *(kidney)* habichuela, *(black)* frejol; habar; **without a —,** sin blanca; **he hasn't a —,** no tiene un cuarto.

bear [be'ə] *n.* oso; *(com.)* bajista; **Great —,** Osa mayor; **— cub,** osezno; **polar —,** oso blanco; **— like,** osuno.

bear [be'ə] *va.* *(trouble)* aguantar, sobrellevar, sufrir; *(weight)* cargar, sostener; *(com.)* jugar a la baja; *(arms)* ostentar; producir, devengar, dar; *vn.* padecer, dar fruto; *(sea)* enfilar el curso; **— down upon,** echarse sobre, vencer, aplastar **— on,** referirse a; atañer; **— out,** corroborar, confirmar; **— up,** hacer frente a; cobrar ánimo; **— towards,** dirigirse sobre; **— with,** conllevar, aguantar; **to — malice,** tener ojeriza.

bearable [be'rə-bəl] *adj.* soportable, tolerable, pasadero, llevadero.

beard [bi'əd] *n.* barba; *va.* desafiar.

bearded [bi'ə-ded] *adj.* barbudo.

beardless [bi'əd-les] *adj.* imberbe, barbilampiño.

bearing [be'ə-ring] *n.* situación; relación; conducta; talante, porte, actitud; orientación; **ball** —, cojinete de bolas; **to take a** —, arrumbar; **to find one's** —**s**, orientarse; **to lose one's** —**s**, desorientarse, desatinar; **to have a** — **on**, atañer, concernir.

beast [bist] *n.* bestia; res; *(of burden)* acémila; *(wild)* fiera.

beastliness [bist'li-nes] *n.* bestialidad.

beastly [bist'li] *adj.* bestial.

beat [biit] *n.* *(mus.)* compás; *(drum)* toque; *(heart)* latido, impulso; *(police)* ronda; *va.* *(eggs)* batir; *(games)* derrotar, ganar; *(with stick, etc.)* golpear, vapul(e)ar, zurrar, moler; **to** — **down**, atropellar; — **time**, llevar (marcar) el compás; —**about the bush**, andarse, por las ramas, con rodeos; *vn.* — **it** *(sl.)*, largarse; *(for game)* ojear; *(heart)* palpitar, latir; *(a retreat)* emprender la retirada; — **black and blue**, moler a palos.

beaten [bii'tən] *adj.* sacudido; *(games)* vencido; — **track**, camino (asendereado, trillado).

beating [bii'ting] *n.* *(of heart)* latido, pulsación; — **up**, palizada, meneo, tunda; *(cook)* batidura; **without** — **about the bush**, en puridad.

beau [bou] *n.* petimetre, lechuguino, guapo, cortejo.

beaurocracy [biu-ro'krə-si] *n.* burocracia.

beauteous [biu'ti-əs] *adj.* bello.

beautiful [biu'ti-ful] *adj.* bello, hermoso; guapo; vistoso; venusto.

beautifully [biu'ti-fu-li] *adj.* bellamente, bien; *(coll.)* estupendamente.

beautify [biu'ti-fay] *va.* embellecer, pulir, hermosear, adornar.

beauty [biu'ti] *n.* belleza; hermosura; primor; preciosidad; —**spot**, lunar.

beaver [bili'və] *n.* castor.

becall [bi-col'] *v.* insultar.

becalm [bi-kaam'] *va.* calmar; *vn.* *(sea)* encalmarse.

because [bi-koos'] *conj.* porque; — **of**, a causa de.

beckon [be'kən] *va.* & *n.* llamar por señas; invitar; hacer señas.

become [bi-kəm'] *va.* convenir, sentar, ir bien; *vn.* llegar a ser, volverse, convertirse en; ponerse; tomarse; hacerse; — **bankrupt**, hacer bancarrota; — **the rage**, popularizarse.

becoming [bi-kə'ming] *adj.* que sienta bien; correcto, propio, decoroso; **it is very**—**(on)** **(to)** **you**, le favorece mucho.

becomingly [bi-kə'ming-li] *adv.* convenientemente; con gracia.

bed [bed] *n.* cama, lecho *(camp)* catre; **double** —, cama matrimonial; *(wretched)* camastro; *(feather)* colchón (de pluma); *(ore)* yacimiento; *(river)* cauce, madre; *(mech.)* asiento; *(flower)* macizo, arriate; —**and breakfast**, pensión; — **and board, (to share)**, contigo pan y cebolla; **to put to** —, acostar; **to stay in** — *(sickness)* guardar cama; *(pleasure)* quedarse en la cama; —**cover**, cubertor; — **spread**, sobrecama, cobertura; — **side**, cabecera; *va.* acostar, meter en cama; **to bedazzle** [bi-da'səl] *va.* deslumgo **to** —, acostarse.   [brar.

bedding [be'ding] *n.* ropa, coberturas de cama.

bedeck [bi-dek'] *va.* adornar, ornamentar, engalanar.

bedew [bi-diu'] *va.* regar, rociar.   [ofuscar.

bedim [bi-dim'] *va.* obscurecer, **bedizen** [bi-day'sən] *va.* acicalar, adornar.

bedlam [bed'ləm] *m.* belén, casa de orates.

bedridden [bed'ri-dən] *adj.* postrado en cama.

bed-room [bed'rum] *n.* dormitorio, alcoba.

bedstead [bed'sted] *n.* cuja.

bee [bii] *n.* abeja; — **hive**, colmena; **bumble** —, moscón, abejarrón; abejorro; — **line**, línea recta. hayal, hayedo.

beech [biich] *n.* haya; — **grove**,

beef [biif] *n.* carne de vaca; **dried** —, cecina; **jerked** —, tasajo.

beer [bi'ə] *n.* cerveza; —**shop**, café, —**garden**, cervecería.

beet [biit] *n.* remolacha.

beetle [bii'təl] *n.* escarabajo; pisón; *(death-watch)* carcoma; — **browed**, cejijunto.

beetling [biit'ling] *adj.* salidizo, pendiente.

beetroot [biit'rut] *n.* remolacha.

befall [be-fool'] *vn.* suceder, acaecer, acontecer.

befit [bi-fit'] *va.* convenir, cuadrar, ser propio de.

befitting [bi-fi'ting] *adj.* propio, conveniente.

befool [bi-ful'] *va.* engañar, engatusar, entontecer.

before [bi-foo'] *prep. (in presence of)* ante; delante de, enfrente de; *adv. (place)* delante; *(time)* anteriormente, antes, precedentemente; **as** —, como antes, inalterado; **day**—, víspera; — **mentioned**, consabido.

beforehand [bi-foo-jand] *adv.* con anticipación, de antemano.

befriend [bi-frend'] *va.* favorecer, proteger.

beg [beg] *va.* pedir, rogar, suplicar; *vn.* mendigar.

begem [bi'dyem] *v.* enjoyar, alhajar.

beget [bi-get'] *va.* engendrar, procrear; suscitar.

beggar [be'gə] *n.* mendigo, pordiosero; *va.* empobrecer; reducir a la mendicidad; apurar, agotar; **to** — **description**, superar a toda calificación.

beggarly [b'gə-li] *adj.* indigente, pobre; mezquino.

beggary [be'gə-ri] *n.* mendicidad, pordiosería.

begging [be'ging] *adj.* mendicante; **to go a** —, andar mendigando; *n.* pordiosero.

begin [bi-gin'] *va.* comenzar, empezar, iniciar, abrir, em-

prender; *vn.* empezar; entrar; estrenar; **to** — **with**, para empezar.

beginner [bi-gi'nə] *n.* principiante, aprendiz, neófito, novato.

beginning [be-gi'ning] *n.* principio, comienzo, origen; **at the** —, al principio; **in the** —, en el principio; **from** — **to end**, de cabo a rabo, de pe a pa.

begotten [bi-go'tən] *adj.* engendrado; **only** —, unigénito.

begrimed [bi-graymd'] *adj.* ensuciado, enlodado; **soot** —, tiznado.

begrudge [bi-grədy] *va.* envidiar; escatimar, regatear.

beguile [bi-gay'] *va.* engañar; defraudar; entretener; — **the time**, solazarse.

behalf [bi-jaaf'] *n.* provecho; **on** — **of**, en nombre de, a favor de, de parte de.

behave [bi-jeyv'] *vn.* conducirse, manejarse, obrar.

behaviour [bi-jey'viə] *n.* conducta, porte, proceder; *(mech.)* marcha. [degollar.

behead [bi-jed'] *va.* decapitar,

beheading [bi-je'ding] *n.* decapitación, degüello, descabezamiento.

behind [bi-jaynd'] *prep. & adv.* atrás, (por) (hacia) detrás, **left** —, rezagado; **to be (fall)** —, retrasarse; **to be** — **(time)**, retrasarse; — **someone's back**, a espaldas de, sin saberlo.

behindhand [bi-jaynd'jand] *adj.* atrasado.

behold [bi-jould'] *va.* mirar, considerar, contemplar; *interj.* he aquí...

beholder [bi-jo'ul-dər] *s.* espectador, mirón.

behove [bi-jouv'] *vn.* convenir; ser propio; incumbir, tocar.

being [bii'ing] *n.* ser, estado, existencia; entidad; **divine** —, deidad; **human** —, ser humano.

belabour [bi-ley'bə] *va.* pegar, apalear, moler.

belated [bi-ley'ted] *adj.* tardío, atrasado.

belay [bi-ley'] *va.* amarrar, rodear.

belch [belch] n. regüeldo; vn.
& va. arrojar, vomitar; (vulg.)
regoldar.   [bloquear.
beleaguer [bi-lii'gə] va. sitiar,
belfry [bel'fri] n. campanario,
torre.
Belgian [bel'dyən] adj. bélgico;
n. belga.
belie [bi-lay'] va. engañar; desmentir, contradecir.
belief [bi-liif'] n. creencia, fe;
crédito; confianza; parecer.
believable [bi-lii-və-bəl] adj.
creíble, digno de fe.
believe [bi-liiv'] va. creer, entender, tener por, fiarse por,
fiarse de.
believer [bi-lii'və] n. creyente,
fiel; — in, partidario de.
belittle [bi-li'təl] va. empequeñecer, achicar, burlarse (de).
bell [bell] n. (church) campana; (elect., etc.) timbre; (hand)
esquila; (small) címbalo; (cow)
cencerro; (cattle) zumba;
(passing) toque de difuntos;
(flower) campanilla; —shaped,
acampanado; —clapper, badajo; stroke of —, campanada.
bellicose [be'li-kous] adj. belicoso, bélico.
bellied [bel'lid] adj. fat —, barrigudo; big —, panzudo.
belligerent [be-li'dyə-rənt] adj.
& n. beligerante.
bellow [be'lou] vn. mugir, bramar, rugir.   [do, bramido.
bellowing [be'lou-ing] n. mugi-
bellows [be'lous] n. fuelle.
bellringer [bel'ring-ə] n. cam-
panero.
belly [be'li] n. vientre, barriga,
panza, tripas; (bottle) barriga;
—band (horse) cincha, (man)
faja; vn. inflarse.
belong [bi-long'] vn. pertenecer; tocar a, competer; —to,
ser de.
belongings [bi-long'ings] n. pl.
bienes; bártulos.
beloved [bi-ləvd'] adj. amado,
querido, favorito; prenda;
well—, bienquisto.
below [bi-lou'] adv. & prep.
abajo, debajo (de), bajo; —
zero, bajo cero; here —, de tejas abajo; aquí abajo.

belt [belt] n. cinto, ceñidor, faja; (leather) correa, cinturón;
zona; va. ceñir, fajar, rodear;
(coll.) zumbar.
belting [bel'ting] n. (mech.) correa; correaje; (oll.) zurra.
bemoan [bi-moun'] va. lamentar, deplorar.
bemuse [bi-mius] va. confundir.
bench [bensh] n. banco; banca;
(stool) escabel; (settle) escaño; (law) tribunal; va. hacer
bancos.
bend [bend] n. curvatura, comba; (in road) recodo, vuelta;
(river) meandro; va. inclinar,
encorvar, dirigir, encaminar;
torcer, doblar, plegar; —the
elbow (coll.) empinar el codo;
—to one's will, doblegar, sujetar; (brows) enarcar, fruncir, (las cejas).
bended [ben'dəd] adj. on —
knees, de hinojos.
bending [ben'ding] n. curvatura, doblamiento, alabeo.
beneath [bi-niz'] adv. & prep.
debajo, bajo, abajo, debajo de;
— regard, indigno de consideración.
benediction [be-ne-dik'shən] n.
bendición; gracia divina.
benefaction [be-ne-fak'shən] n.
beneficio, merced.
benefactor [be'ne-fak-tə] n.
bienhechor, patrono.
benefice [be'ne-fis] n. beneficio, prebenda.
beneficence [be'ne-fi-səns] n.
beneficencia.
beneficent [be-ne'fi-sənt] adj.
benéfico, caritativo.
beneficial [be-ne-fi'shəl] adj.
benéfico; ventajoso, propicio.
benefit [be'ne-fit] n. beneficio,
ventaja, provecho; to derive —
from, sacar partido de; for the
— (of), en favor, en pro, (de);
va. & n. beneficiar, servir;
aprovecharse.   [trampar.
benet [bi-net'] v. enredar, en-
benevolence [be-ne'və-ləns] n.
benevolencia, humanidad; merced.
benevolent [be-ne'və-lənt] adj.
benévolo, caritativo; angélico.
benighted [bi-nay'ted] adj. des-

carriado, sorprendido por la noche, despistado.

benign [bi-nayn'] *adj.* benigno, afable; obsequioso.

benignen [be-nig'nənt] *adj.* propicio, saludable.   [ción.

benison [be'ni-sən] *n.* bendibent [bent] *n.* pliegue, doblez; inclinación, afición, tenaencia, propensión; curvatura, *adj.* encorvado, torcido; —upon, resuelto a.

benumb [bi-nəm'] *va.* (*with cold, etc.*) entumecer, aterir, entorpecer; (*with fear, etc.*) pasmar.

benzine [ben'sin] *n.* bencina.

bequeath [bi-kuiz'] *va.* legar, dejar (*herencia*).

bequest [bi-kuest'] *n.* legado, manda.

berate [bi-reyt'] *va.* reñir, rebereave [bi-riiv'] *va.* despojar, privar de, arrebatar; (*death*) arrebatar; acongojar; *n. pl.* los afligidos.

bereavement [bi-riiv'ment] *n.* privación, pérdida, despojo; (*death*) pérdida, aflicción; desgracia.

beret [be'ret] *n.* boina.

berry [be'ri] *n.* baya; grano.

berth [bəəz] *n.* (*bed*) litera, camarote; (*dock*) fondeadero; destino; *va.* proporcionar anclaje, litera; to give wide — to, apartarse de, dejar pasar (muy) de largo.

beseech [bi-siich'] *va.* suplicar, rogar, implorar.

beseem [bi-siim'] *vn.* cuadrar, parecer bien.

beset [bi-set'] *va.* (*town*) sitiar, rodear; (*enemy, trouble*) acosar, perseguir.

beside [bi-sayd'] *prep.* al lado de; en comparación con; — oneself, fuera de sí; to be — oneself (with joy), no caber en sí (de gozo).

besides [bi-sayds] *adv.* además, igualmente; asimismo; *prep.* amén de, aparte de, tras, fuera de, por encima de, sobre.

besiege [bi-siidy'] *vn.* bloquear, poner cerco a, sitiar; (*fig.*) asediar, acosar.

besieger [bi-sii'dyə] *n.* sitiador.

besieging [bi-sii'dying] *n.* sitio, cerco.

beslave [bis-le'if] *v.* esclavizar.

beslobber [bi-slo'bə] *va.* babosear; besuquear.

besmear [bi-smi'ə] *va.* ensuciar; (*with paint, etc.*) embadurnar.

besmirch [bi-sməəch'] *va.* manchar, ensuciar.

bespangle [bi-spang'gəl] *va.* adornar con lentejuelas.

bespatter [bi-spa'tə] *va.* salpicar; difamar.

bespeak [bi-spiik'] *va.* apalabrar; (*com.*) encargar, retener; indicar.

best [best] *adj. & adv.* óptimo; muy bueno, superior, mejor, del mejor modo; *n.* el mejor, lo mejor; to do one's —, esmerarse en, hacer cuanto se puede; — man, padrino; to make the — of a bad job, hacer de tripas corazón; sacar el mejor partido; the — in the world, lo mejor del mundo; at (the) —, en el mejor caso, cuando más; to get the — of, llevar ventaja, vencer.

bestial [bes'tiəl] *adj.* bestial, brutal.   [tialidad.

bestiality [bes-ti-a'li-ti] *n.* besbestir [bis-təə'] *va.* sacudir, remover, menear; *vr.* menearse.

bestow [bis-tou'] *va.* dar, conceder, otorgar, regalar; to — an honour on, decorar, conferir.

bestowal [bis-tou'əl] *m.* dádiva.

bestrew [bi-stru'] *va.* rociar, esparcir.

bestride [bis-trayd'] *va.* cabalgar a horcajadas; dar trancos.

bet [bet] *n.* parada, apuesta; *va.* apostar, parar, poner.

betake [bi-teyk'] *va.* recurrir (a), entregarse, darse (a); *vn.* —oneself off, largarse.

bethink [bi-zingk'] *va.* recapacitar; to — oneself, hacer memoria; reflexionar.

betide [bi-tayd'] *va.* acontecer, pasar, suceder; llegar a suceder; presagiar.

betime(s) [bi-taym(s) *adv.* en sazón, con tiempo, temprano.

betoken [bi-tou'kən] *va.* designar, significar, dar muestras de; presagiar, prometer.

betray [bi-trey'] *va.* engañar; traicionar, hacer traición; vender; revelar.

betrayal [bi-trey'əl] *n.* traición, perfidia, denuncia; violación.

betrayer [bi-trey'ə] *n.* traidor.

betroth [bi-troz'] *va.* desposarse; dar palabra de casamiento.

betrothal [bi-tro'zəl] *n.* petición de manos, esponsales, noviazgo. [metido.

betrothed [bi-trozd'] *adj.* prometido.

betrust [bi-trəst'] *va.* confiar.

better [be'tə] *adj.* superior, mejor; *adv.* mejor, más bien; *n.* ventaja, mejoría; —half (*coll.*), costilla; to get— (*after illness*) mejorar(se), reponerse, restablecerse, sanar; — ... than, más vale ... que; so much the —, tanto mejor; to get the — of superar a, vencer; it is — that, más vale que; — off, (más) acomodado; *va.* mejorar, adelantar.

betterment [be'tə-ment] *n.* mejora, mejoría.

betting [be'ting] *n.* apuesta.

bettor [be'tə] *n.* apostador.

between [bi-tuîin'] *adv.* en medio, de por medio, entre tanto; *prep.* entre; en medio de; — now and then, de aquí a entonces; to go —, terciar.

bevel [be'vəl] *n.* sesgo, bisel; *va.* biselar, sesgar.

beverage [be'və-ridy] *n.* brebaje, poción, bebida.

bevy [be'vî] *n.* (*birds*) bandada, (*sheep*) manada, hato; (*girls*) pandilla.

bewail [bi-weyl'] *va.* deplorar, llorar; *vn.* plañir.

bewailing [bi-wey'ling] *n.* lamento.

beware [bi-we'ə] *vn.* guardarse de, tener cuidado de, recelar; desconfiar de; *interj.* ¡Atención! cuidado con.

bewilder [bi-wil'də] *va.* desconcertar, encandilar, aturrullar, aturdir, distraer.

bewildered [bi-wil'dəd] *adj.* azorado, aturdido, desatinado.

bewilderment [bi-wil'də-ment] *n.* confusión, azoramiento, desconcierto, anonadamiento.

bewitch [bi-wich'] *va.* hechizar, maleficiar, fascinar, aojar, embrujar.

bewitching [bi-wi'ching] *adj.* hechicero, fascinador, encantador; *n.* hechizo, encanto.

beyond [bi-yound'] *prep. & adv.* allá lejos, allende, al lado de, allá; atrás, detrás de, fuera de, superior a, al otro lado; — doubt, fuera de duda, indiscutible; — measure, sobremanera; to be —, superar a; to go — (*what is right*), propasarse.

bias [bay'əs] *n.* sesgo, oblicuidad; prejuicio, parcialidad; preocupación; *va.* influir, torcer. [cioso; terciado.

biased [bæy'əsd] *adj.* tendencioso.

bib [bib] *n.* babero, babador.

bibler [bi'bər] *n.* bebedor, vinolento.

Bible [bay'bəl] *n.* biblia.

biblical [bib'li-kəl] *adj.* bíblico.

bibliophile [bib'li-o-fayl] *n.* bibliófilo. [reñir, disputar.

bicker [bi'kə] *vn.* querellarse.

bickering [bi'kə-ring] *n.* querella, rencilla, altercado.

bicycle [bay'si-kəl] *n.* bicicleta; motor —, motocicleta.

bid [bid] *n.* oferta, puja, postura; tentativa; *va.* ofrecer, pujar; pedir, rogar, mandar; — adieu, despedirse; —welcome, dar la bienvenida.

bidding [bi'ding] *n.* orden, invitación; mandato, deseo; postura.

bide [bayd] *va. & n.* sufrir, aguantar; aguardar.

bier [bi'ə] *n.* féretro, andas.

big [big] *adj.* grande, voluminoso, gordo; (*thick*) grueso; (*swollen*) (*fat*) abultado, hinchado; — hearted, magnánimo; — bellied, ventroso, ventrudo; boned, huesudo; to talk —, fanfarronear.

bigamy [bi'gə-mi] *n.* bigamia.

bight [bayt] *n.* ensenada, caleta.

bigness [big'nes] *n.* grandeza, tamaño.

big 48

bigot [bi'gət] *n.* fanático, beato.
bigotry [bi'gə-tri] *n.* fanatismo, beatería. [—, atrabilis.
bile [bay] *n.* bilis, hiel; black
bilge [bildy] *n.* sentina; *vn.* desfondar, hacer agua.
bilingual [bay-lin'guəl] *adj.* bilingüe.
bill [bil] *n.* (*com.*) cuenta, nota; (*invoice*) factura; (*menu*) lista; (*IOU*) pagaré; (*display*) cartel; billete; proyecto (de ley); (*bird*) pico; — **board** (*theat.*) cartelera; — of lading, conocimiento de embarque; **bank** —, billete de banco; **bills receivable**, obligaciones por cobrar; — of health, patente de sanidad; — head, encabezamiento; — poster, pegador de carteles; stick no —s, se prohíbe fijar carteles; *va.* cargar en cuenta; anunciar.
billet [bi'lət] *n.* billete; pedazo de leña; boleta; (*mil.*) acantonamiento; (*letter*) esquela; *va.* alojar.
billiards [bi'liəds] *n.* billar; (*ball*) bola; (*cue*) taco; (*room*) sala; (*table*) mesa; to play —, hacer carambolas.
Billingsgate [bi'lings-geyt] *n.* lenguaje de carretero.
billow [bi'lou] *n.* ola, oleada; *vn.* ondular. [ondeante.
billowy [bi'lou-i] *adj.* undoso.
bin [bin] *n.* (*bread, etc.*) hucha; cobre, arca.
bind [baynd] *va.* trincar, atar, ligar; aprisionar; unir, juntar; restriñir; (*tightly*) agarrotar; enlazar, ceñir; (*book*) encuadernar; (*sew.*) ribetear, guarnecer; (*in sheaves*) agavillar; *vr.* empeñarse, comprometerse a.
binder [bayn'də] *n.* encuadernador.
binding [bayn'ding] *n.* ligamiento, lazo, cinta, tira; ligadura; (*book*) encuadernación; (*sew*) refuerzo; in half —, holandés.
binocular [bi-no'kiu-lə] *adj.* binocular; —s, binóculo, gemelos. [grafo.
biographer [ba-yo'grəfə] *n.* biógrafo.
biographical [ba-yo-gra'fikəl] *adj.* — sketch, semblanza.

biography [ba-yo'grə-fi] *n.* biografía.
biology [ba-yo'lə-dyi] *n.* biología.
biped [bay'ped] *adj. & n.* bípedo.
birch [bəəch] *n.* abedul. [do.
bird [bəəd] *n.* pájaro (*large, domestic*), ave; — of prey, ave de rapiña; — cage, jaula; — call, reclamo; a — in the hand is worth two in the bush, más vale un toma que dos te daré; to be a night — (*coll.*), correrla.
birdlime [bəəd'laym] *n.* liga.
birl [bəəl] *v.* voltear; arrojar una moneda en pago de un escote.
birth [bəəz] *n.* nacimiento; origen; cuna; parto; (*litter*) camada; — certificate, partida de nacimiento; — day, cumpleaños, natalicio, día natal; to give — to, parir, dar a luz.
biscuit [bis'kit] *n.* galleta; (*sponge*) bizcocho; ship's —, costra.
bisect [bay-sekt'] *va.* dividir en dos, bisecar.
bishop [bi'shəp] *n.* pontífice, obispo; (*chess*) alfil.
bishopric [bi'shəp-rik] *n.* obispado.
bit [bit] *n.* pedazo, poco; (*of bread*) cacho; (*jot*) pizca, jota; trozo; (*horse*) bocado; (*mech.*) taladro; — by —, poco a poco; to take the — between one's teeth, desbocarse; he's a — of ..., es un tanto ...
bitch [bich] *n.* perra; ramera.
bite [bayt] *n.* mordedura; (*dog*) mordisco, picadura; (*sl.*) tentenpié; *va.* morder; (*fish*) picar; (*spices*) resquemar; corroer; hincar el diente en.
biting [bay'ting] *adj.* mordiente, picante; (*remark*) mordaz.
bitten [bi'tən] *adj.* picado; once — twice shy, escamado.
bitter [bi'tə] *adj.* amargo; (*smell*) acre; (*taste*) amargo, áspero; (*harsh*) duro; amargado, mordaz; cáustico; (*met.*) enconado; sañudo; — feeling, inquina; *n. pl.* licor.
bitterness [bi'tənes] *n.* amargura, rencor, hiel, inquina, en-

cono; amargor, acritud; mordacidad; angustia.

bitumen [bi-tiu-min] *n.* betún.

bivouac [bi'vuak] *n.* vivaque, vivac; *vn.* vivaquear.

bi-weekly [bay-uik'li] *adj.* quincenal.

blab [blab] *va. & n.* divulgar;

black [blak] *adj.* negro; tétrico; — **and blue,** lívido, amoratado; — **bread,** pan de centeno; — **list,** lista negra; — **Maria,** coche celular; — **market,** estraperlo; — **marketeer,** estraperlista; — **out,** oscurecimiento; — **pudding,** morcilla; *n.* el color negro; *vn.* dar de negro; **ennegrecer; ivory** —, negro de marfil.

blackberry [blak'be-ri] *n.* zarzamora; — **bush,** zarza.

blackboard [blak'bo-əd] *n.* encerado, pizarra.

blacken [bla'kən] *va.* atizar, ennegrecer; embetunar; denigrar.

blackguard [bla'gəd] *n.* tunante, pillo, canalla.

blacking [bla'king] *n.* betún (dezapatos); bola.

blacklead [blak-led'] *n.* lápizplomo, grafito.

blackleg [blak'leg] *n.* esquirol.

blackmail [blak'meyl] *n.* chantaje; *va.* hacer un chantaje.

blackness [blak'nes] *n.* negrura; oscuridad.

blacksmith [blak'smiz] *n.* herrero.

blackthorn [blak'zoon] *n.* endrino, espino negro.

bladder [bla'də[*n.* vejiga.

blade [bleyd] *n. (knife)* hoja, cuchilla; *(oar)* pala; *(grass)* brizna; **a gay** —, calavera, tronera.

blame ·[bleym] *va.* culpar; achacar, vituperar,, acusar, reprochar; **to throw (lay)** — **on,** achacar a, echar la culpa a; *n.* culpa; vituperio, censura, reproche.

blameless [bleym'les] *adj.* intachable, inculpado.

blameworthy [bleym'uəə-zi] *adj.* vituperable, tachable, culpable.

blanch [blaanch] *va.* blanquear; *vn.* destēñirse; palidecer, ponerse blanco.

bland [bland] *adj.* suave, complaciente, amable.

blandish [blan'dish] *va.* engatusar, lisonjear, halagar.

blandishment [blan'dish-ment] *n.* halago, zalamería.

blank [blank] *adj. (empty)* hueco; *(clean)* en blanco, vacuo; limpio; *(verse)* suelto; turbado; *n.* laguna, blanco, vacío; *to* **draw a** — *(met.),* quedarse in albis, no tocar.

blanket [blang'kət] *n.* manta, frazada, cobertor, cobertura, *(Mex.)* poncho; *(of dust)* capa; *va.* cubrir con manta; **to toss in** — **a,** mantear.

blankly [blangk'li] *adv.* sin comprender, atontado.

blare [ble'ə] *n.* trompetazo; *vn.* rugir, sonar como trompeta.

blasé [bla'se] *adj.* gastado.

blaspheme [blas-fim'] *va.* blasfemar; maldecir; *vn.* decir blasfemias.

blasphemous [blas'fə-məs] *adj.* blasfemo, impío.

blasphemy [blas'fə-mi] *n.* blasfemia, reniego.

blast [blaast] *n. (wind)* ráfaga, bocanada; explosión; *(trumpet)* llamada, tintirintín; *(bugle)* trompetazo; — **furnace,** alto horno; **in full** —, a toda marcha; *va.* arruinar, reventar; marchitar, agostar.

blasting [blaas'ting] *n.* voladura, explosión.

blatant [bley'tənt] *adj.* vocinglero, llamativo; bramante.

blaze [bleys] *n.* llama(rada), hoguera; brillo, ardor, furia; *va.* — **forth,** publicar, proclamar; *vn.* — **up,** llamear, flamear, arder.

blazing [bley'sing] *adj.* resplandeciente, en llamas, sobre excitado. [blasonar; publicar.

blazon [bley'sən] *n.* blasón; *va.*

bleach [bliich] *va. (in sun)* blanquear; desteñir, descolorir.

bleak [bliik] *adj.* pálido; helado, crudo; desamparado; *(prospect)* sombrío; raso, yermo; — **stretch of country,** paramera, páramo.

bleakness [bliik'nes] n. intemperie, destemplanza; palidez, frialdad; lo pelado.

bleat [bliit] vn. balar.

bleating [blii'ting] n. balido.

bleed [bliid] va. & n. sangrar; echar sangre; desangrar; to — to death, morir desangrado.

bleeding [blii'ding] n. sangría.

blemish [ble'mish] n. mácula, borrón, tacha; imperfección, lunar, defecto; va. echar a perder, dañar; infamar; (glass, honour) empañar.

blench [blench] v. cejar, recular, acobardarse.

blend [blend] n. mezcla; (colour) matiz; va. mezclar, fundir; casar; (colour) matizar.

blending [blen'ding] n. mezcla, fusión.

bless [bles] va. bendecir; alabar, congratularse; **Bless me!** ¡Caray!; **God bless** (of the dead), que en paz descanse.

blessed [ble'sed] adj. bienaventurado; dichoso, feliz, santo; (iron) maldito; **Well, I'm —!,** ¡canario!, ¡vaya!.

blessing [ble'sing] n. bendición; beneficio; bien, merced.

blight [blayt] n. pulgón, mancha; (on corn, etc.) tizón, roña; alheña; va, marchitar, agostar, añublar.

blind [blaynd] adj. ciego; tenebroso, oscuro; (passage) sin salida; (person) ignorante; **window —,** biombo, persiana; **— alley,** callejón (sin salida); n. Venetian —, celosía; va. cegar; deslumbrar.

blindfold [blaynd'fold] adj. a ciegas; va. vendar (los ojos).

blinding [blayn'ding] adj. (light) cegador, deslumbrante.

blindly [blaynd'li] adv. ciegamente, a ciegas, a ojos cerrados. [dad; (state of) ceguera.

blindness [blaynd'nes] n. cegueventuranza; gozo, éxtasis;

blink [blingk] vn. parpadear, pestañear, guiñar; esquivar.

bliss [blis] n. felicidad, biena- (relig.) gloria, arrobamiento.

blissful [blis'ful] adj. bienaventurado, en gloria.

blissfulness [blis'ful-nes] n. felicidad suprema, bienaventuranza.

blister [blis'tə] n. ampolla, vejiga; (on lip, etc.) pupa; — **plaster,** vejigatorio; vn. ampollarse; va. ampollar; poner cantáridas. [gozoso.

blithe [blayz] adj. alegre, jovial, **blithesomeness** [blayz-səmnes] n. alegría, júbilo.

blizzard [bli'səd] n. ventisca.

bloat [blout] va. hinchar.

blob [blob] n. gota, burbuja, ampolla.

block [blok] n. bloque, trozo; tabla; (buildings) manzana; (flats) casa de vecindad; **horse —,** apeadero; (hatmaker's) horma, construcción; (wood) viga, leño; (com.) lote; (fool) zoquete, zopenco; va. obstruir; bloquear; cerrar; (window, etc.) cegar; (view) obscurecer; — **up,** tapar; — **in** (sketch), esbozar.

blockade [blo-keyd'] m. bloqueo, cerco; va. bloquear, poner cerco a.

blocked [blokd] adj. cerrado, obstruido; — **up,** ciego, cegado.

blockhead [blok'jed] n. bruto, tonto de capirote, animal, zote.

block-house [blok'jaus] n. fortín.

blond(e) [blond] adj. & n. rubio.

blood [bləd] n. sangre; (met.) estirpe; **young —,** pimpollo; **bad —,** encono, hostilidad; — **hound,** sabueso; — **letter,** sangrador; **in cold —,** a sangre fría; — **shed,** efusión de sangre; — **shot,** ensangrentado, inyectado de sangre; — **sucker,** sanguijuela; — **vessel,** vaso sanguíneo. [güe; incruento.

bloodless [bləd'les] adj. exan-

bloodshed [bləd'shed] n. matanza, carnicería.

bloodthirsty [bləd'zəəs-ti] adj. sangriento, sanguinario.

bloody [blə'di] adj. sangriento, cruento, encarnizado, sanguinario.

bloom [blum] *n.* flor, florecimiento; *(on fruit)* vello; belleza, lozanía; *vn.* florecer.

blossom [blo'səm] *n.* floración, flor; *vn.* florecer, reventar.

blossoming [blo'sə-ming] *n.* floración.

blot [blot] *n.* mancha, borrón; *(of ill repute)* padrón, bochorno; *va. & n.* manchar, ennegrecer; — out, tachar, borrar, testar; *(ink)* secar; obscurecer.

blotch [bloch] *n.* mancha, borrón; *va.* manchar, ennegrecer.

blotting-paper [blo'ting-pey-pə] *n.* (papel) secante.

blouse [blaus] *n.* blusa.

blow [blou] *va. & n.* soplar; hinchar; abrir; resoplar; *(organ)* entonar; *(nose)* sonarse; — up *(balloon)* inflar, *(bridge)* volar, *(glass)* soplar; *(after exercise)* jadear, bufar; — down, echar por tierra; — out, apagar, matar de un soplo; — out *(cheeks, etc.)*, hinchar; to — out ones's brains, levantar la tapa de los sesos; *n.* golpe; choque, desdicha; *(fist)* puñetazo, *(sword)* sablazo; *(axe)* hachazo; *(butt-end)* culada; *(on face)* bofetada; to come to —s, venir (llegar) a las manos.

blower [blou'ə] *n.* soplador, fuelle; tapadera (de chimenea).

blowing [blou'ing] *n.* resoplido.

blow-pipe [blou'payp] *n.* soplete, cerbatana.

bludgeon [blə'dyən] *n.* clava, garrote, porra.

blue [bluu] *adj.* azul; *(with cold, etc.)* cárdeno, amoratado; out of the —, impensado, de manos a boca; once in a — moon, de higos a brevas; *(eyes)* garzo; light — *(eyes)*, zarco; navy —, azul marino; — blooded, linajudo; *n. pl.* morriña, hipocondria.

blue-stocking [bluu'sto-king] *n.* bachillera, marisabidilla.

bluff [bləf] *adj.* burdo, brusco, franco; *n.* morro, risco; *(boast)* fanfarronada.

bluffness [bləf'nes] *n.* rudeza.

blunder [blən'də] *n.* desatino,

desacierto, yerro; burrada, coladura; *vn.* desacertar, desatinar, errar; *(coll.)* meter la pata. [desatino, torpe.

blundering [blən'də-ring] *adj.*

blunt [blənt] *adj.* embotado; brusco, rudo, lerdo, obtuso; *va.* embotar, desafilar; despuntar; adormecer.

bluntly [blənt'li] *adv.* bruscamente, secamente, sin rodeos.

bluntness [blənt'nes] *n.* brusquedad, grosería.

blur [bləə] *n.* borrón; *va.* empañar, manchar, hacer borrones; entorpecer; **blurred**, *(outlines)* borroso, difuminado.

blurt [bləət] *va.* soltar, espetar, (torpemente, tontamente, con aturdimiento).

blush [bləsh] *n.* rubor, sonroseo; *(with shame)* bochorno; at first —, al primer vistazo; *vn.* ruborizarse, enrojecerse, ponerse colorado.

bluster [bləs'tə] *n.* ruido, estrépito; jactancia; *vn.* bravear, fanfarrear.

blusterer [bləs'tə-rə] *n.* fanfarrón; *(wind)* ráfaga.

blustering [bləs'tə-ring] *adj.* ruidoso, estrepitoso.

boar [bo'ə] *n.* jabalí.

board [bo'əd] *n.* tabla; mesa; *(ship)* bordo; black —, encerado, pizarra; notice — tablilla; consulting —, junta; *(food)* comida, pupilaje; — and lodging, pensión (completa); *pl.* —s, escenario, tablas; *va.* entablar; *(warfare)* abordar; hospedar; to go on —, ir a bordo; to sweep the — *(cards)*, dar capote.

boarder [bo'ə-də] *n.* pupilo, huésped; *(at school)* interno, pensionista, porcionista; —s *(Jesuit school)*, convictorio.

boarding [bo'ə-ding] *n. (floor)* entablado; *(wall)* tabique; pupilaje; — house, casa de huéspedes, pensión, pupilaje.

boarish [bo'ə-risch] *adj.* brutal, cruel.

boast [boust] *n.* jactancia, fanfarronada; alarde, ostentación; *va.* ostentar; — of, blasonar de, hacer alarde de; *vn.* jactarse, vanagloriarse; cacarear, presumir. [plantista.

boaster [bous'tə] *n.* fanfarrón.

boastful [boust'ful] *adj.* jactancioso, avalentonado, confiado.

boastfulness [boust'ful-nes] *n.* bravura.

boat [bout] *n.* barco, buque; *(small)* barca, bote, lancha; vapor; life —, lancha de socorro. [ir embarcado.

boating [bou'ting] *n.* ir en bote.

boatman [bout'mən] *n.* barquero, lanchero.

boatswain [bout'sweyn, bou'sən] *n.* contramaestre.

bob [bob] *n. (coll.)* chelín; *va.* & *n.* menear(se).

bobbin [bo'bin] *n.* carrete, bobina, carrilla; *(lace)* bobillo.

bode [boud] *va.* presagiar, pronosticar, prometer.

bodice [bo'dis] *n.* cuerpo, talle; corpiño, jubón.

bodied [bo'did] *adj.* corpóreo; big —, corpulento; full — *(wine),* de mucho cuerpo.

bodily [bo'di-li] *adj.* corporal, corpóreo; tan grande como era, todo.

body [bo'di] *n.* cuerpo; *(dead)* cadáver; materia; realidad, sustancia; individuo; fortaleza, densidad; *(of car)* armazón, carrocería; gremio, corporación; — guard, guardia de corps; main — *(army),* grueso; united —, conjunto.

bog [bog] *n.* pantano, fangal, ciénaga.

boggle [bo'gəl] *vn.* vacilar, cejar.

boggy [bo'gi] *adj.* pantanoso, cenagoso.

bohemian [bou-jii'myən] *adj.* bohemio.

boil [boyl] *va.* hervir; *vn.* bullir; to — down, reducir por cocción; to — over, *(fig.)* ponerse fuera de sí, *(milk, etc.)* irse.

boiler [boy'lə] *n.* caldera; marmita; steam —, caldera de vapor.

boiling [boy-ling] *n.* hervor, ebullición.

boisterous [boys'tə-rəs] *adj.* bullicioso, impetuoso, violento, tespestuoso.

bold [bould] *adj.* atrevido; arrojado, resoluto, intrépido, temerario; gallardo, audaz; — faced, descarado, desvergonzado; *(cliff, etc.)* arriscado.

boldly [bould'li] *adv.* atrevidamente.

boldness [bould'nes] *n.* temeridad, atrevimiento, intrepidez; animosidad, arrojo; descaro, descoco; desenvoltura, osadía.

bollard [bol'ləəd] *n.* (mar.) poste, estaca, bitón, noray, bolardo.

bolster [boul'stə] *n.* travesero, travesaño; *va.* — up, estribar, auxiliar.

bolt [boult] *n. (arrow)* flecha, dardo; *(door)* pestillo, cerraja, cerrojo; *(carp.)* perno; fuga; thunder —, rayo; *pl.* grillos; *adv.* — upright, enhiesto; *va.* echar el cerrojo; *vn.* saltar repentinamente, mostrar las herraduras, escaparse (como un rayo).

bomb [bom] *n.* bomba; granada, petardo; *va.* bombardear.

bombard [bom-baad'] *va.* bombardear.

bombardment [bom-baad'ment] *n.* bombardeo.

bombast [bom'baast] *n.* ampulosidad.

bombastic [bom-baas'tik] *adj.* ampuloso, retumbante, rimbombante.

bomber [bo'mə] *n.* bombardero; dive —, bombardero en picado. [deo, ataque aéreo.

bombing [bo'ming] *n.* bombar-

bond [bond] *n.* traba, lazo, vínculo; trabazón; *(moral)* obligación; *(money)* fianza; bono; —s, valores; prisión, cadena; *va.* dar fianza; dejar mercancías en depósito, aduanar. [tud, cautiverio.

bondage [bon'didy] *n.* esclavi-

bone [boun] *n.* hueso; *(fish)* raspa, espina; — setter, ensalmador, curandero; to have a — to pick (with), habérselas (con); to make on —s about, no tener empacho; **to be skin and —s**, estar en los huesos; **to set —s**, ensalmar; *va.* quitar los huesos; **— up** *(sl.)* empollar. [fogata.

bonfire [bon'fay-ə] *n.* hoguera,

bonnet [bo'net] *n.* gorro, toca, gorra; *(eccl. & acad.)* bonete; *(Doctor's)* borla; *(of car)* capó.

bonny [bo'ni] *adj.* resalado, guapo.

bony [bou'ni] *adj.* huesudo.

book [buk] *n.* libro; libreta; *va.* inscribir; anotar, retener; *(theat.)* sacar (tomar) localidades; **day —**, diario; **pocket —**, cartera; **cheque —**, libro talonario; **note —**, cuaderno; **— jacket**, cubierta; **— mark**, señal; **— satchel**, cartapacio; **— shop**, librería; **— stall**, puestos de libros.

book-binding [buk'bayn-ding] *n.* encuadernación.

book-case [buk'keys] *n.* librería, estantes.

booking-office [bu'king-o-fis] *n.* taquilla, expendeduría, despacho (de billetes).

bookish [bu'kish] *adj.* estudioso, aficionado a los libros; pedante; teórico.

book-keeping [buk'ki-ping] *n.* teneduría de libros, contabilidad.

booklet [buk'let] *n.* folleto, opúsculo, libreto. [ro.

bookseller [buk'se-lə] *n.* librebookshop [buk'shop] *n.* librería.

bookworm [buk'wəəm] *n.* *(pers.)* ratón de biblioteca; polilla.

boom [bum] *n.* *(ship)* botavara, botalón; *(noise)* estampido; *(com.)* auge repentino.

boon [bun] *n.* dádiva, presente; dicha; favor, merced, recompensa; ventaja, suerte; *adj.* íntimo, predilecto; jovial, festivo; afortunado.

boorish [bo'ə-rish] *adj.* rústico, tosco, grosero.

boot [but] *n.* bota, calzado; ganancia; **— black**, limpiabotas; **— laces**, cordones; *adv.* **to —**, además, a mayor abundamiento; *vn.* aprovechar; calzarse.

booth [buz] *n.* barraca, puesto.

booty [bu'ti] *n.* botín, presa.

bordel [bor'del] *n.* burdel, lupanar.

border [bo'ədə] *adj.* fronterizo; *n.* *(garment, river)* borde, orla, orilla; *(cloth)* cenefa; *(country)* extremidad, frontera; *vn.* orillar; **— on**, confinar (con), rayar (con); **to be on the —s of**, comarcar (con); *va.* guarnecer, orlar. [fe.

borderer [bo'ə-dərə] *n.* limítro-
bordering [bo'e-də-ring] *adj.* fronterizo, contiguo, lindante (con), vecino.

bore [bo'ə] *n.* taladro, barreno; *(pers.)* majadero, pelma; *va.* aburrir, cansar, dar la lata a, moler, molestar, incomodar, cargar; **— through**, horadar, taladrar.

bored [bo'əd] *adj.* mustio, aburrido; **to be —**, fastidiarse.

boredom [boo'dəm] *n.* tedio, cansancio, aburrimiento.

boring [boo'ring] *adj.* pesado, aburrido, cansado.

born [boon] *adj.* nacido; **newly —**, recién nacido; **— and bred**, de pura cepa, hasta los tuétanos.

borrow [bo'rou] *va.* pedir prestado.

borrower [bo'rou-ə] *n.* comodatario; el que pide prestado.

borrowing [bo'rou-ing] *n.* empréstito.

bosom [bu'səm] *n.* seno, corazón; *(met.)* regazo, pechos; **in the — of**, en el seno de.

boss [bos] *n.* amo; protuberancia, giba; **local political —**, cacique; *va.* dominar; *(metal)* repujar.

bossy [bo'si] *adj.* mandón; *f.* corregidora.

botany [bo'tə-ni] *n.* botánica.

botch [boch] *va.* chapucear, remendar, chafallar.

both [bouz] *adj.* ambos, uno u otro; **on — sides**, por ambos lados; *conj.* tanto ... como.

bother [bo'zə] *n.* molestia, fastidio; *va.* marear, molestar, incomodar; majar; *vn.* dar guerra a.

bothersome [bo'zə-səm] *adj.* engorroso, cargante, fastidioso.

bottle [bo'təl] *n.* botella, frasco; **wine —** *(of glass)* porrón; *(child's)* biberón; **water —,** cantimplora; *va.* embotellar.

bottling [bo'tling] *n.* envase.

bottom [bo'təm] *n.* fondo, cimiento; *(of skirt)* ruedo; *(hulk)* casco, nave; *(anat.)* trasero; *(river)* lecho; *(chair)* asiento; *(page)* pie; *(lees)* sedimento; **to go to the —,** irse a pique; **at —,** en el fondo.

bottomless [bo'təm-les] *adj.* sin fondo, impenetrable, insondable.

bough [bau] *n.* rama. [ble.

boulder [boul'də] *n.* canto rodado, peña, peñasco, pedrusco; piedra de rodada; **— strewn place,** roquedal.

bounce [bauns] *n.* salto, (re)bote, respingo; *vn.* (re)botar; saltar; hacer saltar. [robusto.

bouncing [baun'sing] *n.* fuerte,

bound [baund] *adj.* sujeto, ligado; **— for,** con rumbo a; *(sew.)* reforzado; **— in,** absorto; *n.* *(limit)* confín, término; *(jump)* brinco, corcovo, respingo; **at one —,** de un salto; *va.* deslindar; acotar; poner coto a; *vn.* saltar; **to be —,** apostar.

boundary [baun'də-ri] *n.* límite, confín; linde, término, raya; *(of estate)* aledaño; **— mark,** mojón, linde.

boundless [baund'les] *adj.* ilimi-

bounteous [baun'ti-əs] *adj.* largo, generoso, bondadoso.

bountiful [baun'ti-ful] *adj.* bondadoso, generoso, pródigo, liberal.

bounty [baun'ti] *n.* liberalidad, munificencia, largueza, . merced, subsidio; *(mil.)* enganche.

bouquet [bu-key'] *n.* ramillete, ramo; *(of wine)* aroma.

bourbon [bur'bən] *n.* whisky de maíz y centeno.

bourgeois [bur'syua] *n. & adj.* burgués. [término.

bourn [bou'ən] *n.* linde, límite.

bout [baut] *n.* turno; *(fencing, etc.)* asalto; *(illness)* ataque.

bow [*vb.* bau; *n.* bau, bou] *n.* inclinación, saludo; arco; *(rib-bon)* lazo, lazada; *(ship)* proa; *va. & n.* saludar, hacer una reverencia, inclinarse; *(weigh down)* agobiar, doblar; arquear, inclinar; ceder, someterse.

bowel [bau'əl] *n.* intestino; **—s,** entrañas. [nador.

bower [bau'ə] *n.* enramada, ce-

bowl [boul] *n.* escudilla; taza, bol, tazón; *(game)* bola; **sugar —,** azucarero; *va.* tumbar; lanzar la pelota; bolear; *vn.* jugar a las bolas.

bowler [bou'lə] *n.* jugador de bolos; **— (hat),** (sombrero) hongo.

bow-window [bou-win'dou] *n.* ventana saliente, mirador, balcón.

box [boks] *n.* caja; *(chest)* cofre, arca; *(jewel)* estuche; *(theat.)* palco; *(coach)* pescante; **ballot —,** urna; tribuna; **letter —,** buzón; **food —,** comedor; **— office,** contaduría, taquilla; *(blow)* puñetazo, revés, cachete; *(plant)* boj; *(P.O.)* apartado de correo; *va.* encajonar *vn.* boxear; abofetear.

boxer [bok'sə] *n.* boxeador.

boxing [bok'sing] *n.* boxeo; pugilato.

boy [boy] *n.* muchacho, chico, chiquillo; pollo; hijo, mozo; *(Amer.)* chino.

boycot [boy'kot] *n.* boicot; *va.* boicotear.

boyhood [boy'jud] *n.* niñez.

brase [breys] *n.* abrazadera; tirante; *(mech.)* hembra; *(two)* par; **—s,** tirantes; *va.* trabar, ligar; reforzar; vigorizar.

brabble [bra'bəl] *v.* armar camorra; *n.* camorra, riña, reyerta. [brazalete, ajorca.

bracelet [breys'lət] *n.* pulsera,

bracing [brey'sing] *adj.* tónico; *n.* trabazón.

bracken [bra'kən] *n.* helecho.

bracket [bra'kət] *n.* soporte, repisa, rinconera; **within —s,** entre corchetes.

brackish [bra'kish] *adj.* salobre.

brag [brag] *n.* jactancia, fanfarronada; *va. & n.* jactarse; alardear de.

braggart [bra'gət] n. fanfarrón, avalentonado, matasiete.

bragging [bra'giŋ] n. fanfarronería.

braid [breyd] n. fleco, galoncillo, galón; franja; (mil.) galón, trencilla; (hair) trenza; va. trenzar; galonear.

brain [breyn] n. cerebro, sesos; he is —y, es un talento: —,s trust, consultorio intelectual; — wave, idea luminosa; va. romper la crisma a, saltar la tapa de los sesos a; to rack one's—s, devanarse los sesos.

brainless [breyn'les] adj. insensato.

brake [breyk] n. (bot.) maleza, matorral, soto; (mech.) freno; va. frenar.

bramble [bram'bə] n. zaara, maleza; — patch, breña, brefial; zarzal, matorral, maleza.

bran [bran] n. salvado; afrecho.

branch [braansh] n. (tree, family) rama, ramal, ramo; brazo; — office, dependencia, sucursal; — line, ramal; vn. ramificar, bifurcar; — out, ramificarse.

branching [braan'shing] n. —off, bifurcación, ramificación.

brand [brand] n. tizón, (flaming) tea; (for animals) hierro; (stigma) baldón, (manufacture) marca; va. marcar; infamar, estigmatizar.

brandish [bran'dish] va. blandir, cimbrear.

brand-new [brand-niu'] adj. flamante, nuevecito.

brandy [bran'di] n. aguardiente, coñac.   [latonero.

brasier [brey'syə] n. brasero.

brass [braas] n. latón, bronce; (mus.) metal; (sl.) descaro; — band, banda, murga.

brassiere [bra-sie-ə] n. sostén.

brave [breyv] adj. valiente, intrépido, alentado; de pelo en pecho, bizarro, esforzado, animoso; va. desafiar, arrostrar.

bravery [brey'və-ri] n. valentía, valor, coraje; esplendor, magnificencia.   [matón, chulo.

bravo [bra'vo] interj. bravo; n.

brawl [bro'əl] n. querella, reyerta, camorra; vn. armar querella, alborotar; murmurar.

brawler [bro'ə-lə] n. camorrista.

brawn [bro'ən] n. carnosidad; músculo, nervio.

brawny [bro'ə-ni] adj. musculoso, membrudo.

bray [brey] n. risotada; (trumpet) tintirintín; (ass) rebuzno; vn. rebuznar.

brazen [brey'sən] adj. de bronce, broncino; (fig.) desahogado, desvergonzado.

Brazilian [bra-si'liən] adj. & n. brasileño.

breach [briich] n. (mil.) brecha; rompimiento; ruptura, violación; — of promise, quebranto de promesa, falta de palabra; (law) infracción; — of faith, abuso de confianza; — of the peace, alteración del orden público; — of duty, incumplimiento del deber; va. hacer brecha en.

bread [bred] n. pan; fine white —, pan candeal; (unleavened) ázimo; (new) tierno; (old) duro; slice of —, rebanada.

breadth [bredz] n. anchura, amplitud; (of ship's beam) manga; (vision) envergadura.

break [breyk] n. ruptura; (in parag.) aparte; (holiday) asueto; (crack) grieta; (geol.) falla; interrupción, blanco, laguna; (voice) quiebra; — down, avería; nervous — down, crisis de nervios; without a —, sin solución de continuidad, acto continuo, sin parar; va. estrellar, romper, quebrar, quebrantar; (heart) matar a disgustos; (a record) superar la marca; (burst) saltar, reventar; (day) apuntar; —off, tronchar; romperse; interrumpir; — in (door, etc.), forzar; — (animals), domar, amaestrar; — into (pieces), fraccionar; vn. — away from, romper con; — in upon, entrar de sopetón; — off, romper; hacer bancarrota; —down, prorrumpir en lágrimas; abatirse; consentir, no resistir más; —loose *(free)*, desasirse, soltarse; — out, estallar; evadir, salir *(storm)* desatarse; — *(into cries, etc)*, prorrumpir en; — up, deshacerse, *(school)* cerrarse, *(sitting)* levantar; *(plans)* desbaratar; *(ground)* roturar.

breakable [brey'kə-bəl] *adj.* frágil, quebradizo, rompedero.

breakage [brey'kədy] *n.* fractura, destrozo.

breaker [bry'kə] *n.* rompiente, golpe de mar.

breakfast [brek'fəst] *n.* desayuno; *va.* desayunarse, tomar el desayuno.

breaking [brey'king] *n.* fractura, rompimiento; ruptura.

break-up [breik' ap] *n.* desintegración, dispersión, derrumbamiento.

breakwater [breyk'woo-təl] *n.* rompeolas, malecón.

bream [briim] *n.* besugo.

breast [brest] *n.* pecho, seno; teta; *(bird)* pechuga; — plate, coraza; — wory, parapeto; to make a clean — of, desahogarse.

breath [brez] *n.* aliento, respiración, soplo; out of —, sin aliento; — of air, soplo de aire; to draw —, respirar; to waste one's — on, gastar saliva en.

breathe [briz] *va. & n.* respirar, inspirar, exhalar; tomar aliento; — one's last, exhalar el último suspiro, boquear; — heavily, resollar; *(tired)* jadear.

breathing [briizing] *n.* respiración; heavy —, resuello; —space, momento de descanso.

breathless [brez'les] *adj.* sin aliento, jadeante, falto de aliento.

breech [briich] *n.* codillo, trasero; *(gun)* recámara; *n. pl.* pantalones; knee —es, calzón corto; wide —, gregüescos.

breed [briid] *m.* casta, raza, progenie; half —, mulato; *(Amer.)* chino; *va. & n.* criar, procrear, educar; ocasionar; to — disturbances, meter cizaña.

breeder [brii'də] *n.* criador, ganadero.

breeding [bri'ding] *n.* crianza; educación, cultura; gentileza; instrucción, maneras; buena educación; *(of animals)* cría; a man of —, hidalgo; good — buena crianza.

breeze [briis] *n.* brisa; *(gentle)* aura, céfiro, viento flojo.

brethren [brez'rən] *n. pl.* hermanos, cofrades.   [rio.

breviary [bri'viə-ri] *n.* breviario.

brevity [bre'vi-ti] *n.* brevedad, concisión; *(time, etc.)* fugacidad.

brew [*bru*] *n.* pócima, poción; *va. hacer* (cerveza); mezclar; fermentar; *(tea)* infusionar.

brewing [bru'ing] *n.* cerveceo; to be —, estarse incubando, amenazando.   [vestre.

briar [bray'ə] *n.* zarza, rosal silbribe [brayb] *n.* cohecho; to take —s, tener manos puercas; *va.* sobornar, cohechar.

bribery [bray-bə-ri] *n.* cohecho, soborno.

brick [brik] *n.* ladrillo; icecream —, queso helado; —kiln, horno; —layer, albañil; *va.* enladrillar; to be like a cat on hot —s, estar en capilla ardiente, estar en brasas (ascuas).

brickbat [bric'bat] *n.* tejoleta, tejuela.

bridal [bray'dəl] *adj.* nupcial; — chamber (ber), tálamo; song, epitalamio.

bride [brayd] *n.* desposada, novia.   [novio.

bridegroom [brayd'grum] *n.*

bridge [bridy] *n.* puente; *(of nose)* puentecilla; draw—, puente levadizo; —of boats, puente de barcas.

bridle [bray-dəl] *n.* brida, freno; — path, camino de herradura; *va. & n.* embridar, refrenar; erguirse, sentirse picado.

brief [briif] *adj.* breҭe, corto, conciso; apresurado; fugitivo; *n.* compendio, alegato; *(law)* relación; informe.

briefly [briif'li] *adv.* en breve, en resumen.

briefness [briif'nes] *n.* brevedad, cortedad.

brigade [bri-geyd'] *n.* brigada; **fire —**, cuerpo de bomberos.

brigand [bri'gǝnd] *n.* bandido, bandolero.

bright [brayt] *adj.* brillante, luciente; vivo, agudo, ocurrente; **not too —** (*coll.*), cerrado de mollera.

brighten [bray'tǝn] *va.* iluminar, aclarar; pulir, dar lustre; **— up** (*sky, etc.*), despejarse; (*conversation*) animarse.

brightness [brayt-nes] *n.* brillo, esplendor, brillantez, nitidez; (*general*) resplandor; agudeza.

brilliance [bri'liǝns] *n.* lustre, brillantez, esplendor, nitidez, vivacidad.

brilliant [bri'liǝnt] *adj.* reluciente, brillante; (*idea*) luminoso; relumbrante; ilustre; lucido; genial; *n.* brillante.

brim [brim] *n.* labio (*of glass*); ala (*of hat*); borde, extremidad; **to the —**, hasta el borde.

brimful [brim'ful] *adj.* rebosante, lleno de bote en bote.

brimming [bri'ming] *adj.* rebosante.   [fre.

brimstone [brim'stoun] *n.* azubrine [brayn] *n.* salmuera.

bring [bring] *va.* traer, llevar; inducir; persuadir; **— about**, ocasionar, originar, provocar; **— back**, devolver; **— down**, abatir; **to — down the house**, hacer que se viene abajo el teatro; **— in**, producir, reportar; presentar, traer; **— into being**, realizar; **— forth**, producir, parir, sacar a luz; **—nearer**, arrimar; **—round** (*from faint*), sacar (de un desmayo); **— out** (*in revolt*), sublevar; sacar a luz, publicar; **— together**, avenir, juntar, reunir; **—to public notice**, pregonar; **— to one's knowledge**, hacer saber; **— up**, criar, (*a subject*) sacar a colación; **— upon oneself**, buscarse.

brink [bringk] *n.* borde, extremo, orilla, extremidad.

brisk [brisk] *adj.* vigoroso, vivaz; animado, gallardo.

briskness [brisk'nes] *n.* vivacidad, viveza, despejo.

bristle [bri'sǝl] *n.* cerdo; *vn.* erizar, erizarse, encresparse.

brittish [brit'tisch] *n.* británico.

brittle [bri'tǝ] *adj.* frágil, quebradizo, rompedero; friable, deleznable.   [gilidad.

brittleness [bri'tǝl-nes] *n.* fra-broach** [brouch] *n.* broche, imperdible; *va.* promover (un asunto); ensartar; (*barrel*) espitar.

broad [broǝd] *adj.* ancho, amplio; abierto, claro; extenso; **— brimmed**, de ala ancha; **— minded**, tolerante.

broadcast [broǝd'kaast] *adj.* al voleo; *n.* emisión; *va.* radiar.

broadcasting [broǝd'kaasting] *n.* radiodifusión; **— station**, emisor(a).

broaden [broǝ'dǝn] *va.* & *n.* ensanchar, ampliar.

broadening [broǝ'dǝ-ning] *n.* ampliación.

broadminded [broǝd-mayn'ded] *adj.* despreocupado, liberal; **to be —**, tener manga ancha, ser tolerante.

broadness [broǝd'nes] *n.* amplitud, anchura, ancho.

broadsheet [broǝd'shiit] *n.* pliego de cordel.

broadside [broǝd'sayd] *n.* costado; (*mil.*) andanada.

broadways, broadwise [broǝd'weys] *adv.* a lo ancho.

broil [broyl] *n.* pendencia, camorra; carne a la parrilla; *va.* asar (a la parrilla).

broke [brouk] *adj.* (*sl.*) sin blanca; quebrado.

broken [brou'kǝn] *adj.* quebrado, roto; (*voice*) cascada; imperfecto; (*speech*) chapurreado; (*country*) desigual, pelado; (*down*) quebrantado, deshecho, estropeado; (*split*) partido, inconexo; **—winded**, corto de resuello; **to speak — ly**, chapurrear.

broker [brou'kǝ] *n.* cambista, corredor, bolsista.   [bronquitis.

bronchitis [bron-kay'tis] *n.*

bronze [brons] *n.* bronce; *va.* broncear. [prendedero.
brooch [brouch] *n.* broche,
brood [brud] *n.* cría, camada, ralea; *va.* empollar, incubar, cobijar.
broody [bru'di] *adj.* clueco.
brook [bruk] *n.* riachuelo, arroyuelo; *va.* sufrir, aguantar, soportar, tolerar.
broom [brum] *n.* (*bot.*) retama; escoba; —stick, palo de escoba.
broth [broz] *n.* caldo.
brothel [bro'zəl] *n.* burdel.
brother [brə'zə] *n.* hermano; (*title*) Fray; —in-law, cuñado; foster —, hermano de leche; half —, hermanastro.
brotherhood [brə'zə-jud] *n.* fraternidad; (*relig.*) congregación; hermandad.
brow [brau] *n.* ceja, sienes, frente; (*of hill*) cima; knitted —s, ceño; to — beat, intimidar, mirar con ceño.
brown [braun] *adj.* (*skin, etc.*) moreno, castaño; grey—, pardo; —paper, papel de estraza; — study, ensimismamiento; — sugar, azúcar terciado; *va. & n.* teñir de moreno, tostar.
brownish [brau'nish] *adj.* que tira a moreno; dark —, trigueño.
browse [braus] *va. & n.* pacer, ramonear; — (around) rebuscar.
bruise [brus] *n.* magulladura, chichón, contusión, abolladura; (*black*) cardenal; *va.* magullar, golpear.
brunt [brant] *n.* choque, embate; to bear the — of, aguantar lo más recio de.
brush [brosh] *n.* (*clothes, etc.*) cepillo; (*paint.*) pincel, brocha; clothes —, cepillo para ropa; — stroke, pincelada; (*mil.*) pelea, escaramuza; (*shrub*) matorral; bosque; *va.* acepillar; —against, rozar; *vn.* —up, repasar, refrescar.
brussels sprouts [bre-səl-sprauts] *n.* repollita; col de Bruselas.
brutality [bru-ta'li-ti] *n.* brutalidad, bestialidad, grosería.

brutalise [bru'tə-lays] *va.* embrutecer. [rough —, patán.
brute [brut] *n.* bruto, bestia;
brutehood [brut'jud] *n.* brutalilidad, bruteza.
brutish [bru'tish] *adj.* brutal, bestial, sensual.
bubble [bəbəl] *n.* burbuja; pompa; *vn.* burbujear, *va.* retozar, hervir. [jeo; hervidero.
bubbling [bəb'ling] *n.* burbu-
bubbly [bəb'li] *adj.* espumoso.
buccaneer [bə-kə-ni'ə] *n.* filibustero.
buck [bək] *n.* (*goat*) macho cabrío; (*deer*) gamo; macho; (*pers.*) petimetre; (*of steer*) salto, corcovo; — skin, ante; *vn.* tirar por las orejas; to — up, animar, estimular.
bucket [bə'kit] *n.* cubo, caldero; to rain — fuls, llover a cántaros.
buckle [bə'kəl] *n.* hebilla, bucle; *va.* (en)hebillar, abrochar; *vn.* (*of wheel*) torcerse, (*of mudguard*) abollarse; to — down to, dedicarse (de lleno, con empeño a).
buckskin [bək'skin] *n.* piel de ante.
bucolic [biu-ko'lik] *adj.* pastoril, bucólico.
bud [bəd] *n.* botón, pimpollo, yema, capullo; *vn.* brotar, retoñar, abotonar; to nip in the —, ahogar en germen.
budding [bə'ding] *adj.* en cierne.
budge [bədy] *vn.* mover; moverse, menearse, apartarse.
budget [bədy'ət] *n.* presupuesto; *vn.* hacer el presupuesto.
buff [bəf] *n.* blind man's — (*game*), gallina ciega; piel de ante.
buffer [bə'fəl] *n.* almohadilla, muelle; tapón; (*railw.*) tope.
buffet [biu'fay] *n.* (*diningroom*) alacena, repostería; (*railway*) cantina; (*slop*) bofetada; *va.* abofetear, pegar. [tunda.
buffeting [bə'fə-ting] *n.* zurra,
bufoonery [bə-fu'nə-ri] *n.* bufonería.
bug [bəg] *n.* (*bed*) chinche; (*insect*) bicho; big —, señorón.

bugbear [bəg'be-ə] *n.* espanta- jo, cuco; pelma, molestia.

buggy [bə'gi] *n.* calesa, tartana.

bugle [biu'gəl] *n.* corneta; cuer- no de caza; *(mil.)* trompeta, clarín.

build [bild] *n.* hechura, presen- cia; forma; *va. & n.* edificar, construir, erigir, fabricar; — up, robustecer, elaborar; — again, rehacer.   [arquitecto.

builder [bil'də] *n.* constructor.

building [bil'ding] *n.* edificio; obra; construcción.

bulb [dalb] *n. (plant)* cebolla; bulbo; *(light)* bombilla; *(ba- rometer)* cubeta.   [lludo.

bulbous [bəl'bəs] *adj.* cebo-

bulge [bəldy] *n.* desplome, pan- deo; *vn.* combar(se).

bulk [bəlk] *n.* bulto, masa, mo- le, volumen; **in —,** en globo, a granel.

bulkiness [bəl'ki-nes] *n.* corpu- lencia, dimensión.

bulky [bəl'ki] *adj.* voluminoso, abultado, grueso.

bull [bull] *n.* toro; **—dog,** pe- rro de presa, dogo; *(papal)* bula; *(stocks)* alcista; **young—,** novillo.   [a prueba de bala.

bullet [bu'lət] *n.* bala; **—proof,**

bulletin [bu'lə-tin] *n.* boletín.

bullfight [bul'fayt] *n.* corrida de toros; *(amateur)* capea; *(of young bulls)* novillada; — **fighter,** torero; *(killer)* mata- dor; capeador; novillero; **to go to a —,** ir a los toros.

bullfighting [bul'fay-ting] *n.* to- reo; **the art of —,** el arte tau- rino, tauromaquia.

bullion [bu'liən] *n.* oro, plata en barras.   [nero.

bullock [bu'lək] *n.* buey, ter-

bullring [bul'ring] *n.* redondel, ruedo; plaza de toros.

bull's-eye [bul-say'] *n.* clarabo- ya, tragaluz; *(target)* blanco.

bully [bu'li] *n.* valentón, guapo, camorrista; espadachín, busca- rruidos, perdonavidas, matón; *va.* amenazar, fanfarronear, promover riña, amedrentar.

bulrush [bul'rəsh] *n.* junco.

bulwark [bul'uək] *n.* baluarte; *(ship)* antepecho.

bumble-bee [bəm'bəl-bi] *n.* abejarrón.

bump [bəmp] *n. (swelling)* chi- chón; tope, golpe, porrazo; *va.* — **into,** dar con, chocar contra.

bumpkin [bəmp'kin] *n.* patán, paleto.

bumptious [bəmp'shəs] *adj.* pre- suntuoso, engreído; **to grow—,** envanecerse.

bun [bən] *n.* bollo, buñuelo; *(hair)* moño; **—maker (seller),** buñolero.

bunch [bənsh] *n. (grapes)* ra- cimo; *(onions)* ristra; *(flowers)* manojo, ramillete, haz; *(fruit)* cuelga.

bundle [bən'dəl] *n.* bulto, lío, paquete, tercio; *(heavy)* far- do; *(large)* balón; *(documents)* legajo, fajo; *va.* empaquetar, liar; **—out,** poner en la puerta, despedir con cajas destempla- das.

bung [bəng] *n.* tapón, tarugo, buzón, taco, espita; **—hole,** bo- ca de tonel.

bungalow [bəng'gəl-lou] *n.* ca- sa de un solo piso, chalé.

bungle [bəng'gel] *va.* chapu- cear, echar a perder, estro- pear.

bungler [bəng'glə] *n.* chambón, zurdo, chapucero.

bunion [bə'niən] *n.* juanete.

bunker [bəng'kə] *n.* carbonera; **to be — ed,** estar en un ato- lladero.

bunny [ba'ni] *n. (fam.)* gazapo, conejito, ardilla.

bunting [bən'ting] *n.* lanilla; colgadura; *(ornith.)* calandria.

buoy [boy] *n.* boya; *va.* boyar, flotar; **— up (with hope),** rea- nimar, esperanzar.

buoyancy [boy'ən-si] *n.* livian- dad, arción de flotar.

buoyant [boy'ənt] *adj.* boyante, que flota; animado.

burden [bəə'dən] *n.* peso, porte, fardo, carga; aflicción; **beast of—,** bestia de carga; *(of song)* estribillo, retornelo; *va.* car- gar; oprimir, agobiar.

burdensome [bəə'dən-səm] *adj.* pesado, oneroso, premioso.

bureau [biu'ro] *n. (writing)* es-

critorio; *(cupboard)* armario;
(office) bufete, despacho, ofi
cina. [burocracia.
bureaucracy [biu-ro'krə-si] *n.*
burglar [bəə'glə] *n.* ladrón.
burglary [bəə'glə-ri] *n.* robo
con violencia.
Burgos [bəə'gəs] **native of** —,
adj. burgalés.
burial [be'riəl] *n.* entierro, en-
terramiento; — **niche**, nicho.
burlesque [bəə-lesk'] *adj.* burlesco; *n.* parodia.
burly [bəə'li] *n.* grueso, fornido, cuadrado.
burn [bəə] *n.* quemadura; *va.*
(flames) quemar, encender;
(spice, sun) picar, tostar; *vn.*
arder, consumirse; *(of fire)* tirar; —**to ashes,** reducir a cenizas.
burning [bəə'ning] *adj.* abrasador; vehemente; — **cuestion,**
cuestión candente, palpitante;
n. quema.
burnish [bəə'nish] *va.* bruñir,
pulir, dar lustre (a), pulimentar.
burnoose [bəə-nus'] *n.* albornoz.
burrow [bə'rou] *n.* conejera,
madriguera, cueva; *vn.* minar,
horadar, zapar.
burse [bərs] *n.* bolsa.
burst [bəəst] *n.* estallido, reventón; *va.* reventar, estallar; prc-
rrumpir; *vn.* —**open** *(a door),*
echar abajo; — **open,** romper;
quebrantar, forzar; —**out,** soltar; —**into tears,** deshacerse en
lágrimas; —**with laughing,** reventar (troncharse, desnudarse) de risa *(with pride)* reventar; **the heavens have** —, se ha
venido el cielo abajo.
bury [be'ri] *va.* enterrar, sepultar.
burying [be'ri-ing] *n.* entierro;
— **ground,** cementerio.
bus [bəs] *n.* autobús.
bush [bush] *n.* arbusto, mata;
matorral; *(fox)* hopo; **to beat
about the** —, andarse por las
ramas; **don't beat about the**—,
hable sin ambages.
bushel [bu'shəl] *n.* fanega.
bushy [bu'shi] *adj.* espeso, peludo; matoso; copudo.

business [bis'nes] *n.* negocio;
comercio; oficio; ocupación;
trabajo; asunto(s); **good** —;
buen negocio, negocio redondo; **to do** — **with,** comerciar
(con); **to send (someone) about
his** —, enviar (a uno) a paseo.
bust [bəst] *n.* *(statue)* busto;
(fem.) seno.
bustle [bə'səl] *n.* animación, bullicio; alboroto; *(of dress)* po-
lisón; *vn.* bullir, apresurarse,
menearse.
bustling [bəs'ling] *adj.* *(person)*
hacendoso; *(crowd)* hervidero.
busy [bi'si] *adj.* ocupado, activo; **to keep** —, ocupar.
busybody [bi'si-bo-di] *adj.* en-
trometido; chismoso; *n.* veedor, chisgarabís; **to be a**—, curiosear.
but [bət] *conj., adv. & prep.*
pero; más, más que; sino (with
negative); solamente, excepto,
menos; — **for,** menos, a no ser
que; —**all** — **that,** todo menos
eso.
butcher [bu'chə] *n.* carnicero,
jifero; *va.* matar (reses).
butchery [bu'chə-ri] *n.* carnicería, matanza; mortandad.
butler [bət'lə] *n.* mayordomo,
despensero.
butt [bət] *n.* *(wine)* bota, ba-
rral, pipa, tonel; *(cigarette)*
colilla; *(cigar)* punta; *(ferrule)* contera; extremo, objeto,
blanco, fin.
butter [bə'tə] *n.* mantequilla;
—**woman,** —**dish,** mantequera;
to — **up** *(coll.)* dar coba a.
butterfly [bə'tə-fly] *n.* mariposa.
buttery [bə'tə-ri] *adj.* manteco-
so; *n.* despensa.
buttock(s- [bə'tək(s)] *n.* trasero, asentaderas; *(animal)* an-
cas.
button [bə'tən] *n.* botón; —**hole,**
ojal; tirador; —**s** *(hotel),* botones; *vn.* abotonar.
buttress [bə'trəs] *n.* estribo,
contrafuerte; **flying** —, arbotante; apoyo, sostén.
buxom [bək'səm] *adj.* *(f.)* ro-
lliza, gorda, jovial.
buy [bay] *va.* comprar; —**over,**

sobornar; — ofi, librarse (de uno) con dinero.
buyer [bay'ə] n. comprador.
buzz [bəs] n. zumbido, susurro; vn. susurrar, cuchichear.
by [bay] prep. por, con, cerca de, a; adv. cerca; —law, estatuto, reglamento; — stander, circunstante, mirón; — path.

vereda; — roads, andurriales; — the dozen, por docenas; — Sunday, para el domingo; —day, de día; —train, en tren; —the way, de paso; —product, producto secundario.
bye-bye [bay'bay] hasta luego, abur (agur).
byre [bay'ə] n. establo.

C

cab [kab] n. cabriolé, coche (de alquiler, de punto); — rank, parada, punto de coches.
cabal [kə-bal] n. cábala; maquinación.
cabbage [ka'beydy] n. col; (cooked) repollo; red—, berza lombarda.
cabin [ka'bin] n. choza, cabaña; (naut.) camarote.   [mete.
cabin-boy [ka'bin-boy] n. grucabinet [ka'bi-net] n. gabinete; (display) escaparate, vitrina; caja, estuche; consejo de ministros, Gobierno; — maker, ebanista.
cable [ke'bəl] n. cable; (rope) maroma; va. telegrafiar.
cabman [kab'mən] n. cochero.
cackle [ka'kəl] n. cacareo; cháchara; vn. cacarear, cloquear.
cacophony [ka-ko'fə-ni] n. cacofonía.
cactus [kak'təs] n. cacto.
caddy [ka'di] n. caja de té; (golf) cadi.
cadence [key'dəns] n. cadencia, ritmo.
cadet [cə-det'] adj. segundón; n. cadete, voluntario.
cadre [ca'dər] n. (mil.) cuadro.
café [ka'fe] n. café; salón de té; — set, tertulia.
cage [keydy] n. jaula, prisión; na. enjaular; coger.
caisson [key'sən] n. cajón.
cajole [kə-dycol'] va. adular, lisonjear, requebrar, halagar, engatusar.

cajolery [kə-dyoo'lə-ri] n. zalamería, requiebro.
cake [keyk] n. pastel, bollo, (ring-shaped) rosca; (flat) tortilla; sponge —, bizcocho; (of soap) pastel, pan, pastilla; — shop, pastelería; wedding —, pastel de boda; to take the —, llevarse la palma.
calaboose [kə-la'mi-təs] adj. calabozo.
calamitous [kə-la'mi-tos] adj. calamitoso, desdichado, trágico.
calamity [kə-la'mi-ti] n. calamidad, adversidad, azote, infortunio.
calash [ka'lasch] n. calesa, carretela; capota (de coche o de señora).
calcium .[kal'syəm] n. calcio.
calculate [kal'kiu-leyt] va. calcular, computar, contar; hacer cálculos.
calculation [kal-kiu-ley'shən] n. cálculo, cómputo, cuenta; presupuesto.
caldron [kool'drən] n. caldera, (smaller) caldero.
calendar [ka'lən-də] n. calendario, almanaque; — of saints, santoral.
calf [kaaf] n. ternero, becerro; (of leg) pantorrilla; sea—, buey marino; the golden —, becerro de oro; (bound) in —, en piel.
calibre [ka'li-bə] n. calibre; capacidad.   [tona, percal.
calico [ka'li-kou] n. cálico, cre-

caliph [key'lif] n. califa.

call [kool] n. llamada; visita; (mil.) — up, llamamiento; bugle —, trompetazo, tintirintín; va. llamar, convocar; visitar; citar; (at port) tocar, hacer escala; (for article) recoger; (by name) apellidar; (for attention) requerir, exigir, pedir; — forth, provocar; — out, dar voces, gritar; — the roll, pasar lista; — into question, poner en duda; — upon, visitar; invocar; — up, evocar, recordar, despertar; (mil.) levantar; — to account, pedir cuentas de; to — names, tratar de; poner. [visita.

caller [koo'la] n. visitante, (f.)

calling [ko'ling] n. vocación, profesión, empleo.

callous [ka'les] adj. endurecido; insensible, córneo.

callousness [ka'les-nes] n. callosidad; endurecimiento, salvajismo.

callow [ka'lou] adj. inexperto, in — youth, en los años tontos.

calm [kaam] adj. tranquilo, sosegado, pausado, sereno, apacible, calmado; n. sosiego, quietud, tranquilidad, calma; va. & n. tranquilizar, calmar, pacificar; (weather) abonanzarse; componer; (pain) aplacar.

calmness [kaam'nes] n. tranquilidad, serenidad, sosiego.

calumniate [ka-lem'nyeyt] va. calumniar, denigrar.

calumny [ka-lebm-ni] n. calumnia, maledicencia.

Calvary [kal've-ri] n. calvario.

calve [kaav] n. (of cow) parir.

calx [kalks] n. (pl. calxes, calces) (min.) cenizas, residuos, cal, tiza, yeso.

camel [ka'mel] n. camello; — driver, camellero.

cameo [ka'mi-ou] n. camafeo.

camera [ka-me-re] n. máquina, aparato (fotográfico); folding —, cámara plegadiza.

camisole [ka'mi-soul] n. camiseta. [camuflaje.

camouflage [ka'mou-flaasy] n.

camp [kamp] n. campamento, ranchería, real; — bed, catrecillo; — stool, silla de tijera; va. & n. campar.

campaign [kam-peyn'] n. campaña.

campaigner [kam-pey'ne] n. veterano, (for rights, etc.) paladín.

campanile [kam'pe-nay] n. campanario.

camphor [kam'fe] n. alcanfor.

can [kan] n. lata; tin —, envase de latón; va. conservar en lata.

canal [ke-nal'] n. canal, conducto; irrigation —, acequia.

canalise [ka'ne-lays] va. canalizar. [— seed, alpiste.

canary [ke-nee'ri] n. canario;

cancel [kan'sel] va. cancelar, borrar, tachar; (math.) eliminar. [celación, anulación.

cancelling [kan'se-ling] n. cancancer [kan'se] n. cáncer.

candelabrum [kan-de-ley'brem] n. candelabro, hachero.

candid [kan'did] adj. cándido, sencillo, franco, abierto, ingenuo, veraz.

candidate [kan'di-deyt] n. candidato, aspirante; (examination) opositor.

candied [kan'diid] adj. (words) azucarado; — chestnut, marrón.

candle [kan'dell] n. (esp. relig.) vela; bujía — fat, grease, sebo, moco; — power, bugía; — stick, bugía, palmatoria.

candour [kan'de] n. candor, candidez, franqueza, sinceridad, sencillez, ingenuosidad.

candy [kan'di] n. confite; bombón, dulce; azúcar.

cane [keyn] n. bastón; caña, junco; — brake, cañaveral; — chair, silla de junco; — sugar, caña dulce.

canine [key'nayn] adj. canino, perruno; — tooth, colmillo.

canister [ka'nis-te] n. canasta, frasco, lata; caja de té.

canker [kang'ke] n. gangrena, úlcera; va. & n. roer, corromper. [conservas.

cannery [ka'ne-ri] n. fábrica de

cannibal [ka'ni-bel] n. caníbal; antropófago.

cannon [ka'nən] *n.* cañón; *(billiards)* carambola; — **ball**, bala de cañón.   [ñoneo.
cannonade [ka'no-neyd] *n.* ca-
canny [ka'ni] *adj.* socarrón.
canoe [kə-nu'] *n.* canoa, chalupa.
canon [ka'nən] *n.* canónigo; *f.* canonesa; *(mus.)* canon.
canonical [ka-no'ni-kəl] *adj.* canónico.
canopy [ka'nə-pi] *n.* dosel, baldaquín; *(eccl.)* palio.
cant [kant] *n.* jerigonza; hipocresía; *(slope)* desplome, sesgo, inclinación; *va.* ladear.
cantabank [kan'tə-bank] *n.* rapsoda, juglar, cantor errante.
cantankerous [kan-tang'kə-rəs] *adj.* criticón; pendenciero.
canteen [kan-tiin'] *n.* cantina; bote; *(cutlery)* juego; *(mil.)* cantimplora.   [lón.
canteloupe [kan'tə-lup] n. me-
canter [kan'tə] *vn.* ir al galope corto; *n.* medio galope.
cantonment [kan'tən-ment] *n.* acantonamiento.
canvas [kan'vəs] *n.* lona; *(coarse)* cañamazo; *(paint.)* lienzo; *va.* solicitar, pedir *(votos)*; *n.* investigación.
canvasser [kan'va-sə] *n.* vendedor, viajante; agente electoral.
canyon [kan'yən] *n.* garganta, desfiladero, cañón.
cap [kap] *n.* *(child, without peak)* porro, *(with peak)* gorra; sombrero, bonete; *(woman's indoor)* cofia; *(academik, cardinal's)* birrete; *(cloth, hunting)* montera; *(peaked)* gorra de visera; — **in hand,** gorra en mano; *(bottle)* tapa, cápsula, tapón; — **of liberty,** gorro frigio; *va.* tocar, cubrir la cabeza; coronar; dar la última mano; **if the — fits,** el que se pica, ajos come.
capability [key-pə-bi'li-ti] *n.* capacidad, competencia.
capable [key'pə bəl] *adj.* capaz, hábil, susceptible, potente; **to be — of,** poder; saber.
capacious [kə-pey'shəs] *adj.* capaz, espacioso, extenso; *(cloak, etc.)* holgado.

capacit [kə-pa'si-ti] *n.* capacidad, cabida; inteligencia, aptitud, facultad; puesto; porte.
caparison [kə-pa'ri-sən] *n.* caparazón; *va.* enjaezar.
cape [keyp] *n.* *(geogr.)* cabo, punta de tierra; capa *(corta)*, caperuza.
caper [key'pə] *n.* cabriola; *(bot.)* alcaparra; *vn.* hacer cabriolas, trenzar, cabriol(e) ar.
capital [ka'pi-təl] *adj.* capital; *(letter)* mayúscula; excelente; *n. f.* *(city)* capital; *m.* *(wealth)* capital, fondos; *(arch.)* capitel, chapitel; **to make — out of,** aprovecharse de.
Capitol [ka'pi-təl] *n.* capitolio.
capitulate [kə-pi'tiu-leyt] *vn.* capitular.
capitulation [kə-pi-tiu-ley'shən] *n.* capitulación.
capricious [ka pri'shəs] *adj.* caprichoso, antojadizo.
caprice [ka'priis, ka-priis'] *n.* antojo, capricho, fantasía; desvarío.
capricious [kə-pri'shəs] *n.* caprichoso, antojadizo.   [briola.
capriole [kə'prioul] corveta, ca-
capsize [kap-says'] *va. & n.* volcar(se); zozobrar.   [tante.
capstan [kap'stən] *n.* cabrestante.
capsule [kap'siu] *n.* cápsula.
captain [kap'tən] *n.* capitán, patrón.   [tulo, lema.
caption [kap'shən] *n.* título, ró-
captious [kap'shəs] *adj.* capcioso, regañón, delicado, caviloso.
captiousness [kap'shəs-nes] *n.* cavilosidad.
captivate [kap'ti-veyt] *va.* cautivar, seducir, captar.
captivating [kap'ti-vey-ting] *adj.* fascinador, encantador.
captivation [kap-ti-vey'shən] *n.* fascinación, encanto, seducción.
captivity [kap-ti'vi-ti] *n.* cautividad, cautiverio, prision.
captor [kap'tə] *n.* apresador, raptor.
capture [kap-chə] *n.* captura, toma; botín *(thing captured)*; presa; *va.* capturar, prender, apresar, tomar; hacer presa; *(fig.)* embelesar.

Capuchin [ka'piu-chin] *n.* capuchino; capucha.

car [kaa] *n.* (*motor*) coche; (*tram*) tranvía; sleeping —, cochecama; carro, carreta, vagón (de ferrocarril).

carabineer [ka-ra-bi-ni'ə] *n.* carabinero.

carafe [ka-raf'] *n.* garrafa.

carat [ka'rət] *n.* quilate.

caravel [ka-ra-vel'] *n.* carabela.

caraway [ka'rə-uey] *n.* alcaravea, comino.

carbide [kaa'bayd] *n.* carburo.

carbine [kaa'bayn] *n.* carabina.

carbon [kaa'bən] *n.* carbón; — **paper**, papel carbón.

carbonise [kaa'bə-nays] *va.* carbonizar.   [bunclo.

carbuncle [kaa'bən-bəl] *n.* carcarcass [kaa'kəs] *n.* res muerta; carroña; esqueleto.

card [kaad] *n.* (*playing*) naipe; (*visiting*) tarjeta; **index** —, ficha, papeleta; **identity** —, cédula personal; — **table**, tapete verde; —**catalogue**, fichero; **post** —, tarjeta postal; *va.* cardar.

cardboard [kaad'board] *n.* cartón, cartulina.   [jersé.

cardigan [kaa'di-gən] *n.* rebeca.

cardinal [kaa'di-nəl] *adj.* cardinal; *n.* cardenal.

care [ke'ə] *n.* (*attention*) aviso, pulso, precaución, detenimiento, cuidado; atención; parquedad; (*trouble*) cuita, ansiedad; (*charge*) cargo, tarea, cuidado; *vn.* cuidar de, cuidarse, tener cuidado, poner atención; **not to** — **a rap**, no importar un pepino; **to take great** —, preocupar, mirar mucho por; **take care!** ¡ojo! ¡cuidado!

career [kə-ri'ə] *n.* carrera, curso; *vn.* lanzarse, correr a carrera tendida.

carefree [ke'ə-fri] *adj.* inaprensible, despreocupado.

careful [ke'ə-ful] *adj.* cuidadoso, nimio, esmerado; próvido, providente; detenido; (*apparance*) acicalado, cuidado.

carefulness [ke'ə-ful-nes] *n.* cuidado, atención, cautela, ansia, esmero.

careless [ke'ə-les] *adj.* descuidado, negligente, remiso, inconsiderado.

carelessness [ke'ə-les-nes] *n.* descuido; indiferencia, dejo, negligencia, inadvertencia, improvidencia; incuria, desalifio.

caress [kə-res'] *n.* caricia; *va.* acariciar; regalar.

caressing [kə-re'sing] *adj.* halagüeño.

caretaker [ke'ə-tey-kə] *n.* conserje, guardián.

cargo [kaa'go] *n.* carga, cargazón, cargamento.

caricature [ka'ri-kə-tiu-əl *n.* caricatura; *va.* caricaturar, ridiculizar.

Carl(e) [kaal] *n.* patán, rústico, villano.   [melita.

Carmelite [kaa'mə-layt] *n.* car-carmine** [kaa'mayn] *n.* carmín.

carnage [kaa'neydy] *n.* carnicería, matanza, estrago.

carnal [kaa'nəl] *adj.* carnal, sensual.

carnation [kaa-ney'shən] *n.* clavel.

carnival [kaa'ni-vəl] *n.* carnaval.

carnivorous [kaa-ni'və-rəs] *adj.* carnívoro.

carol [ka'rəl] *n.* villancico, canción.

carousal [kə-rau'səl] *n.* festín, francachela, regodeo; borrachera.

carouse [kə-raus'] *vn.* jaranear, ir de juerga.

carp [kaap] *n.* carpa; *va. & n.* censurar, criticar.

carpenter [kaa'pən-tə] *n.* carpintero; **stage** —, tramoyista.

carpentry [kaa'pən-tri] *n.* carpintería.

carper [kaa'pə] *n.* reparón, criticón.

carpet [kaa'pət] *n.* alfombra, tapete; — **sweeper**, aspirador (de polvo); *va.* alfombrar.

carping [kaa'ping] *n.* crítica, censura; *adj.* capcioso, quisquilloso.

carriage [ka'ridy] *n.* coche, carruaje; transporte, porte, conducción, acarreo; **gun** —, cureña; — **door**, portezuela; — **en-**

trance, puerta cochera; **two-
wheeled** —, tartana; — **paid**,
porte pagado.
carried [ka'rid] p.p. **to be** —
away (by emotion), arrebatar-
se, transportarse.
carrier [ka'ri-ə] n. acarreador,
carretero, trajinante, portea-
dor, tractor.
carrion [ka'ryən] n. carroña;
adj. podrido.
carrot [ka'rət] n. zanahoria.
carry [ka'ri] va. llevar; (goods)
acarrear, trajinar; — **off**, llevar preso; (prizes, etc.) arram-
plar; — **on**, continuar, seguir;
— **out**, verificar, llevar a cabo;
seguir, cumplir; — **through**,
realizar; **to** — **on one's back**,
llevar a hombro(s); **to** — **coals
to Newcastle**, llevar leña al
monte.
cart [kaat] n. (country) carreta, carro(mato), carretilla.
carter [kaa'tə] n. carretero.
Carthusian [kaa-ziu'syən] adj.
cartujo.
cartoon [kaa-tun'] n. cartón;
(paint.) caricatura.   [cho.
cartridge [kaa'tridy] n. cartu-
carve [kaav] va. & n. tallar; labrar; grabar; entallar; (meat)
trinchar; **to** — **out** (career) la-
brarse.
carver [kaa'və] n. grabador; en-
tallador, escultor.
carving [kaa'ving] n. escultura,
obra de talla; trinchar; (applied to ceilings) artesón.
cascade [kas-keyd'] n. cascada,
catarata.
case [keys] n. caso; (box) caja;
(jewel) estuche; **show** —, vidriera, vitrina; (cloth, etc.),
(cover), funda, vaina; (law)
—, pleito, causa; **cigarette** —,
petaca; **in any** —, de todos modos; va. encerrar, guardar en
estuche, encajonar.
casement [keys'mən] n. (puerta)
ventana; cubierta.
cash [kash] n. efectivo, metálico; **ready** —, dinero contante; **for** —, al contado; — **book**,
libro de caja; — **register**, caja
registradora; va. pagar, descontar; convertir en efectivo.

cashier [ka-shi'ə] n. cajero; va.
destituir, degradar.
casing [key'sing] n. cubierta,
envoltura, (inner) forro.
cask [kaask] n. barril, tonel,
casco; — **maker**, cubero.
casket [kaas'kət] n. estuche, ar-
quilla .   [landrán.
cassock [ka'sək] n. sotana, ba-
cast [kaast] adj. de fundición,
fundido; — **iron**, hierro colado,
n. lanzamiento, tiro, tirada;
(metal) fundición, molde;
(features) estampa; (theat.)
reparto; (eye) defecto, tendencia; va. & vn. tirar, arrojar;
vaciar; — **aside**, **away**, desechar, desperdiciar; — **off**,
away, tirar, soltar, disipar; —
lots, echar suertes; — **tears**,
derramar; (metals) fundir.
castanet [kas-tə-net'] ·n. casta-
ñuelas, castañetas.
castaway [kaas'tə-uey] n. náufrago; abandonado, réprobo.
caste [kaast] n. casta, clase social; **to lose** —, desprestigiarse.
castigate [kas'ti-geyt] va. corregir, fustigar, castigar;
(style) pulir.
casting [kaas'ting n. cálculo;
plan, modelo; (metals) fundición, moldaje; (theat.) reparto,
distribución de papeles.
castle [kaa'səl] n. castillo;
(chess) roque, torre; vn.
(chess) enrocar.
castor-oil [kaas-tə-royl'] n.
aceite de ricino.
castral [kas'tral] adj. castrense.
casual [ka'siu-əl] adj. casual,
fortuito, ocasional; superficial,
ligero; (person) poco atento,
despreocupado.
casually [ka'siu-ə-li] adv. por
casualidad, (muy) por encima.
casualty [ka'siu-əl-ti] n. accidente, víctima, (mil.) baja.
cat [kat] n. gato, gata; **to rain**
—**s and dogs**, llover capuchi-
nos de bronce; — **like**, gatuño;
— **and dog life**, una vida de
perros y gatos.
cataclysm [ka'tə-kli-səm] n. cataclismo, hundimiento.
catacombs [ka'tə-kums] n. las
catacumbas.

catalogue [ka'tə-log] n. catálogo; va. catalogar, fichar; vn.
hacer catálogos.

Catalonian [ka-tə-lou'nyən] adj.
catalán; — peasant, payés.

catapult [ka'tə-pəlt] n. tirabe-
que, rompecabezas.

cataract [ka'tə-rakt] n. catarata, salto.

catarrh [kə-taa'] n. catarro.

catastrophe [kə-tas'trə-fi] n. catástrofe, cataclismo, desastre,
(theat.) desenlace.

catch [kach] n. (mech.) gatillo,
cierre; (in voice) quiebro; (of
fish) redada, cogida; va. agarrar, asir, atrapar, cazar; (ball,
cold, etc.) coger, pescar; (disease) contraer; (scent) olfatear; — out, sobrecoger; —
red-handed, coger con las manos en la masa.

catching [ka'ching] adj. contagioso; (tune) pegajoso.

catchy [ka'chi] adj. pegajoso;
to be — (mus.), pegar.

catchword [kach'wəd] n. reclamo, tópico, eslogan.   [tecismo.

catechism [ka'te-ki-səm] n. ca-

categorical [ka-te-go'ri-kəl] adj.
categórico, rotundo.

category [ka'te-go-ri] n. categoría, clase, tipo.   [tecer.

cater [key'tə] vn. proveer, abas-

caterpillar [ka'tə-pi-lə] n. oruga.   [sito.

cates [kei'tiz] n. manjar exqui-

catgut [kat'gət] n. cuerda.

cathedral [ka-zi'drəl] adj. epis-
copal; n. catedral, seo.

catholic [ka'zə-lik] adj. católico; non —, heterodoxo.

cattle [ca'təl] n. ganado, res,
cabeza de res; ganadería.

cauldron [kool'drən] n. caldera.

cauliflower [ko'li-flau-ə] n. coliflor.   [llar.

cauk [kook] va. calafatear, aco-

cause [koos] n. causa, motivo,
origen, fundamento; va. causar, obligar, ocasionar, producir, suscitar, dar, producir, dar
lugar a, promover, provocar,
operar; to be the — of, valer,
originar, motivar, to — huge
losses, hacer estragos; to — to
be made, mandar hacer.

causeway [koos-uey] n. calzada,
dique; (sea) arrecife.

caustic [koos'tik] adj. cáustico,
acerado.   [terizar.

cauterise [koo'tə-rays] va. cau-

caution [koo'shən] n. prudencia,
cautela, miramiento, precaución, caución; va. prevenir,
avisar, amonestar.

cautious [koo'shəs] adj. cuidadoso, precavido, disimulado,
avisado, cauto, ponderoso.

cautiousness [koo'shəs-nes] n.
circunspección, prudencia.

cavalcade [ka'vəl-keyd] n. cabalgata.

cavalier [ka-və-li'ə] n. caballero; adj. galante; desenvuelto;
descortés, grosero.

cavalry [ka'vəl-ri] n. caballería;
Household —, escolta real.

cave [keyv] n. cueva, antro,
guarida; vn. to — in, hundirse.

cavern [ka'vəən] n. caverna,
antro, gruta.

cavernous [ka'vəə-nəs] adj. cavernoso, tenebroso.

cavil [ka'vil] n. cavilosidad; vn.
cavilar, sutilizar.

caving-in [key-ving-in'] n. hundimiento.   [dad.

cavity [ka'vi-ti] n. hoyo; oque-

caw [koo] vn. graznar; cawing,
n. graznido.   [de.

cease [sis] va. & n. cesar, dejar

ceaseless [sis'les] adj. incesante,
continuo, sin parar.

cedar [si'də] n. cedro.

cede [siid] va. ceder; traspasar.

ceiling [si'ling] n. techado, techo, cielo raso.

celebrate [se'li-breyt] va. (mass,
etc.) celebrar; solemnizar,
conmemorar.

celebrated [se'li-brey-təd] adj.
insigne, afamado, renombrado.

celebrity [se-le'bri-ti] n. celebridad, fama.

celebration [se-li-brey'shən] n.
(of marriage) celebración; conmemoración.

celery [se'lə-ri] n. apio.   [tial.

celestial [se-les'tyəl] adj. celes-

celibacy [se'li-bə-si] n. celibato.

cell [sel] n. (biol.) célula;
(relig.) celda; (elect.) par, pila
eléctrica; (fig.) to be in the

condemned —, estar en capilla ardiente. [bodega, cueva.

cellar [se'lə] *n.* sótano; *(wine)*

Celtic [sel'tik, kel'tik] *adj.* celta, céltico.

cement [se-ment'] *n.* cemento; argamasa; *va. & n.* cementar, pegar con cemento; **to mix —**, argamasar.

cemetery [se'mə-tə-ri] *n.* cementerio, camposanto.

censer [sen'sə] *n.* incensario.

censor [sen'sə] *n.* censor; crítico.

censorious [sen-so'ryəs] *adj.* hipercrítico; severo. [sura.

censorship [sen'sə-ship] *n.* cen-

censurable [sen'siu-rə-bəl] *adj.* censurable.

censure [sen'shə] *n.* censura; *(severe)* catilinaria; reprensión, crítica; *va.* censurar, criticar, vejar, atildar, tachar; *(harshly)* zaherir. [cón.

censurer [sen'shə-rə] *n.* criti-

census [sen-səs] *n.* censo, empadronamiento.

cent [sent] *n.* céntimo, centavo; **per —**, por ciento.

centenary [sen-ti'nə-ri] *n.* centenario.

Centigrade [sen'ti-greyd] *n.* centigrado.

centipede [sen'ti-pid] *n.* ciempiés.

central [sen'trəl] *adj.* central, céntrico; **— steets**, calles céntricas.

centralise [sen'trə-lays] *va.* centralizar.

centre [sen'tə] *n.* centro, núcleo, eje, punto medio; *va. & n.* concentrar, fijar, determinar el centro: **to — upon, round**, girar en torno de, versar sobre, estribar en.

century [sen'chə-ri] *n.* siglo, centuria.

ceramic [se-ra'mik] *adj.* **— art**, la cerámica.

Cerberus [səə'bə-rəs] *n.* cancerbero.

cere [si'ər] *v.* encerar, embalsamar; *n.* cera, membrana del pico de algunas aves.

cereals [si'ryəls] *n.* granos.

ceremonial [se-re-mou'nyəl] *n.* ceremonial, ritual.

ceremonious [se-re-mou'nyəs] *adj.* ceremonioso, cumplimentero.

ceremony [se're-mə-ni] *n.* ceremonia, rito, honores; cumplido; función; **without —**, informal.

certain [səə'tən] *adj.* cierto, seguro, evidente, positivo; **for —**, sin falta.

certainly [səə'tən-li] *adv.* ciertamente, seguramente, por cierto, a buen seguro, sin falta; **— not**, de ningún modo.

certainty [səə'tən-ti] *n.* certidumbre, seguridad, convicción; **for a —**, a ciencia cierta.

certificate [sə-ti'fi-kət] *n.* certificado, acta; bono, obligación; *(of baptism)* fe de bautismo; *(birth)* partida; *(death)* partida (de defunción).

certification [səə-ti-fi-key'shən] *n.* atestado.

certify [səə'ti-fay] *va.* certificar, declarar, afirmar, dar fe.

cessation [se-sey'shən] *n.* cesación, paro.

cession [se'shən] *n.* traspaso, cesión.

chafe [cheyf] *va. & n.* frotar, calentar; *(against)* rozar, irritar.

chaff [chaf] *n.* paja, arista; *(fig.)* broza.

chaffinch [cha'finsh] *n.* pinzón.

chagrin [shə-grin'] *n.* resentimiento, desazón, sofoco; *va.* mortificar.

chain [cheyn] *n.* cadena; *(events)* serie, eslabonamiento; *pl.* prisiones; **guard —**, grillo; **— mail**, cota de malla; *va.* encadenar; aherrojar.

chair [che'ə] *n.* silla, asiento; *(University)* cátedra; *(chairman)* presidencia, mesa presidencial; *(easy)* butaca, sillón; **arm —**, poltrona; **rocking —**, mecedora. [dente (de junta).

chairman [che'ə-mən] *n.* presi-

chaise [shes] *n.* silla (volante, de posta); *(light)* calesín, carrocín; **— longue**, meridiana.

chalice [cha'lis] *n.* cáliz.

chalk [chook] *n.* greda, creta; *(writing)* tiza; *(stucco)* yeso;

French —, talco; white —, clarión; *va.* enyesar.

challenge [cha'ləndy] *n.* desafío, reto; *(law)* recusación; *va.* desafiar, retar; requerir; *(mil.)* dar el quien vive.

challenger [cha'lən-dyə] *n.* provocador; *(in sport)* retador; duelista.

chamber [cheym'bə] *n.* cámara, cuarto, alcoba; — of Commerce, Cámara de Comercio; — music, música de cámara; — maid, camarera, doncella, criada.

chamberlain [cheym'bəlayn] *n.* chambelán, camarero; Lord —, Camerlengo.

chamfer [cham'fər] *v.* acanalar, achaflanar, descantear, biselar; — *n.* ranura, canal, estría, bisel.

chamois [sham'uə] *n.* ante, gamuza; piel de ante.

champion [cham'pyən] *n.* campeón, paladín, adalid; *vn.* abogar por.

chance [chaans] *adj.* fortuito, casual; *n.* azar, suerte; accidente, lance, oportunidad, coyuntura, casualidad; by —, casualmente, acaso, por casualidad; no —, sin esperanza; *vn.* suceder por casualidad; to take a —, probar fortuna, aventurarse; to — to meet, topar con; to give (a) —, dar margen a, poner en condiciones de.

chancellor [chaan'-sə-lə] *n.* canciller; — of the Exchequer, Ministro de Hacienda; *(University)* Rector.

chandelier [shan-də-li'ə] *n.* candelabro, araña.

chandler [chaan'dlə] *n.* cerero; ship's —, proveedor de buques.

change [cheyndy] *n.* cambio, alteración; vueltas; *(money)* vuelta; *(small money)* suelto, calderilla; *(house, heart)* mudanza; *(trains)* transbordo; *(scene, theat.)* mutation; *(expression)* demudación; no —, sin novedad; *va. & n.* cambiar, trocar, permutar, tornar; *(house, opinion, clothes)* mudar de, variar, volver, reformar, *(of* *face)* inmutarse, demudarse; places with, trocarse con; — the subject, volver la hoja.

changeable [cheyn'dyə-bəl] *adj.* cambiante, variable, inconstante, novelero.

changeableness [cheyn'dyəbəlnes] *n.* inconstancia, variabilidad, mutabilidad.

changeful [cheyndy'ful] *adj.* inconstante, variable.

changeless [cheyndy'les] *adj.* invariable, inmutable.

channel [cha'nəl] *n.* canal; *(groove)* ranura; *(of river)* cauce, madre; *(trench)* zanja; irrigation —, acequia, caz; conducto; English —, Canal de la Mancha; the usual —s, los trámites reglamentarios; *va.* acanalar, encauzar.

chant [chaant] *n.* canto llano; *(singsong)* sonsonete; *va. & n.* cantar.

chaos [key'əs] *n.* caos, desorden.

chaotic [key-o'tik] *adj.* caótico.

chap [chap] *n.* grieta, hendidura; *(pers.)* mozo, tipo, sujeto, chico; — bone, quijada; *va. & n.* hender, rajar; *(of skin)* cortarse; *(of hands)* grietarse.

chapel [cha'pəl] *n.* capilla, ermita, santuario; *(Protest.)* templo.

chaperon [sha'pə-ron] *n.* acompañadora, dueña; *va* acompañar, escudar. [alicaído.

chapfallen [chap'fo-lən] *adj.*

chaplain [chap'lən] *n.* capellán; army —, capellán castrense.

chapter [chap'tə] *n.* capítulo; *(eccl.)* capítulo, cabildo.

char [chaa] *n.* tarea, trabajo a jornal; — woman, asistenta; *va.* carbonizar; *vn.* trabajar por días.

character [ka'rək-tə] *n.* carácter, personalidad; *(nature)* índole, genio; propeidad; *(print.)* letra; *(theat.)* personaje; man of —, hombre de (mucha) personalidad.

characteristic [ka-rək-tə-ris'tik] *adj.* característico; típico, propio, individual; *n.* peculiaridad, rasgo, característica.

characterise [ka'rək-tə-rays] *va.* caracterizar, representar.

charcoal [chaa'koul] *n.* carbón de leña; **brazier** —, cisco.

charge [chaady] *n. (post, duty)* cargo; *(care)* guarda, custodia; *(cosl)* coste; *(cavalry, weight, bull)* carga; embestida; ataque; **man in** —, encargado; *(task)* cometido, encargo; *(tax)* imposición, impuesto; *(com.)* gastos; *va.* cargar, recomendar, exhortar, encargar; acusar, presentar una denuncia; cobrar; **to be in** —, mandar, comandar, llevar la batuta.

charger [chaa'dyə] *n.* corcel.

chariness [che'ə-ri-nes] *n.* prudencia, cuidado, parquedad, desgana.

charitable [cha'ri-tə-bəl] *adj.* caritativo; — **works**, obras pías.   [mosna, piedad.

charity [cha'ri-ti] *n.* caridad, li-

charlatan [chaa'lə-tən] *n.* charlatán, curandero.

charm [chaam] *n.* encanto, gentileza, gracia, hechizo, atractico; *(object)* dije, talismán; *(for baby)* higa; *va.* hechizar, encantar, seducir, embelesar.

charmer [chaa'mə] *n.* hechicero; fascinador.

charming [chaa'ming] *adj.* encantador, precioso, gracioso; **to be very** —, tener ángel.

charnel-house [chaa'nəljaus] *n.* osario.

charpie [chaa'pi] *n.* hilas.

chart [chaat] *n.* mapa, carta de navegar.

charter [chaa'tə] *n.* título, escritura de concesión; *(of town, laws)* fuero; constitución; fletamento; *va (ship)* fletar; estatuir.   [cauteloso; parco.

chary [che'ə-ri] *adj.* cuidadoso,

chase [cheys] *n.* caza, persecución; *va.* cazar, perseguir, dar caza; *(jewel)* engastar; **to** — **away**, ahuyentar, disipar.

chasm [ka'səm] *n.* precipicio, sima; abertura; vacío.

chaste [cheyst] *adj.* casto, puro, virgen, púdico, honesto, continente.   [castigar.

chasten [chey'sən] *va.* corregir,

chastise [chas-tays'] *va.* corregir, castigar.

chastisement [chas-tays'mənt] *n.* castigo, corrección; pena, disciplina.

chastity [chas'ti-ti] *n.* castidad, honestidad, honra.

chat [chat] *n.* charla, conversación, plática; *vn.* charlar, platicar, departir.

chattels [cha'təls] *n. pl.* bienes muebles; efectos; aperos.

chatter [cha'tə] *n.* charla, cháchara, palabreo; *vn.* charlar, *(teeth)* rechinar.

chattering [cha'tə-ring] *adj.* gárrulo, clamoroso; *n. (teeth)* rechino; cotorreo.

chauffeur [cho'fəə] *n.* chófer, conductor.

cheap [chiip] *adj.* barato; vil, miserable; cursi; **dirt** —, tirado; **to go on the** —, ir de gorra; **to hold** —, tener en poco.

cheapen [chil'pən] *va.* abaratar; regatear.

cheapjack [chiip'dyak] *n.* buhonero, baratillero, pacotillero.

cheapness [chiip'nes] *n.* baratura, lo barato.

cheat [chiit] *n.* fraude, trampa; engaño, engatusamiento; *n.* timador; trampista, buscón; *va. (rob)* timar; defraudar, engañar; *(at school)* hacer trampas.

cheater [chii'tə] *n.* timador, petardista, fullero, estafador.

cheating [chii'ting] *n.* engaño, timo, defraudación, duplicidad.

check [chek] *n.* obstáculo; coto, dique, freno, represión; contrapeso, restricción; descalabro; *(receipt)* talón; **double**—, contramarca; *va.* reprimir, detener, parar, refrenar; contrarrestar, ahogar; castigar; confrontar, comprobar, revisar; **to** — **mate**, dar jaque mate; poner coto a.

checkered [che'kəd] *adj.* variado, pintarrajeado.

checkmate (chek'meyt] *va. (chess)* dar mate; desconcertar, desbaratar.

cheek [chiik] *n.* mejilla; *(fat)*

cachete; —bone, pómulo; insolencia, descaro, frescura.

cheeky [chii'ki] adj. petulante, descarado, fresco, desvergonzado.

cheer [chi'ə] n. banquete, festín; vivas; va. & n. consolar; alegrarse; alentar, reanimar; vitorear; —up! ¡ánimo! cheerío! ¡adiós!

cheerful [chi'ə-ful] adj. alegre, jovial, animado.

cheerfulness [chi'ə-ful-nes] n. alegría, buen humor.

cheering [chi'ə-ring] adj. animador; n. gritos, ovaciones.

cheerless [chi'ə-les] adj. frío, triste, melancólico, inhóspito.

cheery [chi'ə-ri] adj. animado, placentero, animoso.

cheese [chiis] n. queso; Dutch —, de bola; cream —, de nata, requesón; —maker, quesero; —cloth, estopilla.

chef [chef] n. cocinero jefe; relicario en forma de cabeza.

chemist [ke'mist] n. químico; farmacéutico; —'s shop, farmacia.

chemistry [ke'mis-tri] n. química.

cheque [chek] m. cheque; —book, libro talonario.

cherish [che'rish] va. querer, estimar; (hopes, ideas) acariciar, abrigar. [cerezo.

cherry [che'ri] n. cereza; —tree, cherry.

chess [ches] n. ajedrez; —board, tablero; —man, pieza.

chest [chest] n. (box) caja, cofre; — of drawers, cómoda; (anat.) pecho, seno.

chesnut [ches'nət] adj. castaño; trigueño; (horse) zaíno; n. castaña; —tree, castaño; horse—, castaña de Indias; dried —, pilonga.

chew [chiu] va. & n. mascar, masticar; chewing-gum, chicle. [trampa, embrollo.

chicanery [hi-key'nə-ri] n.

chicken [chi'kən] n. pollo, pollito; —coop, pollera; —pox, viruelas locas.

chicory [chi'kə-ri] n. achicoria.

chide [chayd] va. & n. regañar, reprender, reñir, refunfuñar.

chiding [chay'ding] n. increpación, reprensión.

chief [chiif] adj. principal, primero, mayor; n. jefe; caudillo.

chiefdom [chiif'dom] n. soberanía, caudillaje, jefatura.

chiefly [chiif'li] adv. principalmente, ante todo, mayormente.

chieftain [chiif'tən] n. caudillo, capataz, capitán.

chiffon [shi'fən] n. gasa.

chignon [shi'ñən] n. castaña, moño.

child [chayld] n. niño; hijo; (in arms) crío; (infant) párvulo; —bearing, parto.

childhood [chayld'jud] n. niñez, infancia; from —, desde niño.

childish [chayl'dish] adj. pueril, infantil, de niño.

childishness [chayl'dish-nes] n. puerilidad, niñería.

children [chil'drən] n. prole, hijos.

Chilean [chi'li-ən] adj. chileno.

chill [chil] adj. frío, helado, desapacible; n. escalofrío; constipado; va. enfriar, helar; vn. escalofriarse; to take the —off, entibiar; to catch a —, resfriarse.

chilliness [chi-li-nes] n. frialdad; escalofrío.

chilly [chi-li] adj. frío, helado.

chime [chaym] n. armonía (bells) repiqueteo; vn. sonar, tañer; (bells) repicar; concordar.

chimney [chim'ni] n. chimenea; — cowl, caballete; —piece, delantera de crimenea; —pot, caperuza de chimenea.

chin [chin] n. barba, barbilla; double —, papo, papada; —strap, carrillera. [loza.

china [chay'nə] n. porcelana, Chinese [chay-niis'] adj. chino; —lantern, farolillo de papel.

chink [chink] n. grieta, hendidura, resquicio, resquebrajo.

chip [chip] n. astilla, (shaving) viruta; brizna; (stone) lasca; va. cortar, desmenuzar; a—of the old block, de tal palo, tal astilla.

chirp [chəəp] n. gorjeo, chirrido, piada; vn. gorjear, piar.

chisel [chi'səl] *n.* cincel; formón; *va.* cincelar.

chit [chit] *n. (pers.)* chiquilla, rapaza; recado, notita.

chitchat [chit'chat] *n.* palique; charla.   [balleresco.

chivalrous [shi'vəl-rəs] *adj.* ca-

chivalry [shi'vəl-ri] *n.* caballería, hidalguía; caballerosidad.

chockful [chok-ful'] *adj.* colmado, atestado, de bote en bote.

choice [choys] *adj.* selecto, raro, escogido, granado, delicado; *n.* elección, alternativa; preferencia, escogimiento, selección; **to have no —**, no tener preferencia; **— but to**, no tener más alternativa que; **to make a — between**, entresacar, elegir.   [cadeza, primor.

choiceness [choys'nes] *n.* deli-

choir [kuy'ə] *n.* coro, orfeón; **—boy**, niño de coro; **—singer**, corista.

choke [chouk] *va.* sofocar, ahogar; estrangular; **to — up**, atorar, obstruir; **to — off**, poner término a.

choked [choukd] *adj. (vegetation)* tupido; *(emotion)* ahogado; **to be —** *(with emotion)*, tener un sofoco.

choler [ko'lə] *n.* furor, ira.

cholera [ko'lə-rə] *n.* cólera morbo, tifus asiático.

choleric [ko'lərik] *adj.* colérico, enojado, irascible.

choose [chus] *va.* escoger, elegir, preferir; optar por; *(by lot)* sortear.

chop [chop] *n.* tajada; chuleta; **mutton —**, chuleta de cordero; *va.* cortar; tajar, hacer trozos; **— up finely**, repicar; hender, rajar.   [carnicero, cortante.

chopper [cho'pə] *n.* cuchilla de

choppy [cho'pi] *n.* agitado, picado.

chord [kood] *n.* acorde, armonía; cuerda; fibra, cuerda sensible.   [hacer.

chore [cho-ə] *n.* faena, que-

choreography [ko-ryo'grə-fi] *n.* coreografía.   [tiple, corista.

chorus [ko'rəs] *n.* coro; **—girl**,

chosen [chou'sən] *adj.* predilecto, exquisito, escogido.

Christ [krayst] *n.* Cristo.

christen [kríisən] *va.* cristianar, bautizar.

christendom [kri'sən-dəm] *n. (people)* cristiandad.

christening [kris'ning] *n.* bautismo; *(act of —)* bautizo.

christian [kris'tyən] *adj.* cristiano; **—name**, nombre de pila.

Christianity [kris-tya'ni-ti] *n.* cristianismo.

Christmas [kris'məs] *n.* Navidad, pascua de navidad; **—present**, aguinaldo; **—carol**, villancico.

chronic [kro'nik] *adj.* crónico, inveterado.

chronicle [kro'ni-kəl] *n.* crónica; *va.* narrar, historiar.

chronicler [kro'nik-lə] *n.* cronista.

chronology [kro-no'lə-dyi] *n.* cronología.

chrysalis [kri'sə-lis] *n.* crisálida, ninfa.   [rechoncho, regordete.

chubby [chə-bi] *n.* gordiflón,

chuck [chək] *n. (under chin)* sopapo; *va.* **— out, away, up**, tirar, echar.

chuckle [cho'kəl] *va. & n.* reír entre dientes, *n.* risita.

chum [chəm] *n.* camarada; condiscípulo; compinche.

chunk [chənk] *n.* pedazo, zoquete, trozo; animalote.

church [chəəch] *n.* iglesia.

churchman [chəəch'mən] *n.* sacerdote, eclesiástico.

churchyard [chəə'chyad] *n.* cementerio, patio de la iglesia.

churlish [chəə'lish] *adj.* rudo, grosero; ruin.

churn [chəən] *n.* mantequera; *va.* batir; agitar, menear.

cider [say'də] *n.* sidra.

cigar [si-gaa'] *n.* cigarro, puro; **choice —**, breva; **—case**, petaca; **—holder**, boquilla.

cigarette [si-gə-ret'] *n.* cigarrillo, pitillo; **—end**, colilla; **—paper**, papel de fumar.

cinder [sin'də] *n.* ceniza, rescoldo; *(hot)* ascuas; **to burn to a —**, hacer un chicharrón.

Cinderella [sin-də-re'lə] *n.* cenicienta.

cinema [si'nə-mə] *n.* cine.

cipher [say'fə] *n.* cifra; *(arith.)* cero; **to be a —**, ser un cero a la izquierda; *va. & n.* numerar; calcular, escribir en cifra.

circle [səə'kəl] *n.* círculo, esfera; *(social)* tertulia, peña; cerco, rueda; *va. & n.* rodear, ceñir, moverse en círculo.

circuit [səə'kit] *n.* circuito, vuelta, radio, derredor.

circuitous [sə-kiu'i-təs] *adj.* tortuoso; desviado, *(road)* que da un (gran) rodeo.

circular [səə'kiu-lə] *adj.* circular, redondo; **—saw,** sierra circular.

circulate [səə'kiu-leyt] *va.* propalar, divulgar, esparcir; *vn* circular. [circulación.

circulation [səə'kiu-ley'shən] *n.*

circumcise [səə'kəm-says] *va.* circuncidar.

circumference [sə-kəm'fə-rens] *n.* circunferencia, ámbito, derredor.

circumlocution [səə-kəmlo-kiu'shən] *n.* circunlocución, circunloquio, rodeo.

circumnavigate [səə-kəm-na'vigeyt] *vn.* circunnavegar.

circumscribe [səə'kəm-skrayb] *va.* circunscribir, fijar, limitar.

circumspect [səə'kəm-spekt] *adj.* circunspecto, reservado, precavido, suspicaz, recatado.

circumspection [səə-kəm-spek'shən] *n.* mesura, pulso, miramiento, gravedad.

circumstance [səə'kəm-staans] *n.* circunstancia, detalle; *pl.* medios; **set of —s,** conjunción, oportunidad; **in easy —s,** acomodado, holgado.

circumstantial [səə-kəm-stan'syəl] *adj.* accesorio, detallado; **— evidence,** prueba de indicios.

circumvent [səə'kəm-vent] *va.* enredar, engañar, burlar.

circus [səə'kəs] *m.* circo, hipódromo.

ciselure [sis'liuər] *n.* cincelado.

cistern [sis'tən] *n.* cisterna, *(rainwater)* aljibe.

citadel [si'tə-del] *n.* ciudadela.

citation [si-tey'shən] *n.* emplazamiento, cita; mención.

cite [sayt] *va.* citar, aducir; llamar; emplazar.

citizen [si'ti-sən] *n.* ciudadano; vecino. [ciudadanía.

citizenship [si'ti-sən-ship] *n.*

city [si'ti] *n.* ciudad, *(large)* población; **— hall,** Ayuntamiento; **— dweller,** ciudadano.

civic [si'vik] *adj.* cívico; **—centre,** casa consistorial.

civil [si'vil] *n.* civil; político; atento, cortés, bien educado; *(lay)* laico; **— servant,** oficial.

civilian [si-vi'lyən] *adj.* (de) paisano; *n.* paisano.

civility [si-vi'li-ti] *n.* cortesía, civilidad, urbanidad, atención.

civilise [si'vi-lays] *va.* civilizar.

clack [klak] *vn.* hacer ruido; crujir; castañetéar.

claim [kleym] *n.* reclamación, demanda; derecho, exposición, pretensión; *va.* reclamar, exigir, demandar; pretender.

claimant [kley'mənt] *n.* reclamante; demandante, pretendiente.

clamber [klam'bə] *vn.* trepar, gatear, subir.

clammy [kla'mi] *adj.* *(hand)* viscoso, húmedo. [cosidad.

clamminess [kla-mi-nes] *n.* visclamorous** [kla'mə-rəs] *adj.* clamoroso, ruidoso, estruendoso.

clamour [kla'mə] *n.* clamor, griterío, vocerío, alboroto; *vn.* clamar, gritar, vociferar.

clamp [klamp] *n.* empalmadura; tenaza, prensa; *va.* fijar, encajar, empalmar.

clan [klan] *n.* tribu, casta, familia, estirpe.

clandestine [klan'des-tayn] *adj.* clandestino, furtivo, oculto.

clang [klang] *n.* sonido rechinante; estruendo, estrépito; *vn.* rechinar, resonar.

clanging [klang'ing] *n.* *(of bells)* campanillazo.

clank [klank] *n.* rechino.

clap [klap] *n.* golpe, palmada, aplauso; *(of thunder)* trueno; *va. & n.* golpear ligeramente; aplaudir; echar, pegar; *(in jail)* meter.

clapper [kla'pə] *n.* *(bell)* badajo, lengua; *(door)* aldaba.

clapping [kla'ping] n. (of hands) palmoteo, aplauso; (of heels) zapateo.

clarify [kla'ri-fay] va. aclarar, clarificar.   [nete.

clarinet [kla-ri-net'] n. clarinete.

clash [klash] n. choque, fragor; conflicto; contienda; va. & n. batir, golpear; estar en pugna, oponerse, chocar con.

clashing [kla'shing] n. (of weapons) estruendo.

clasp [klaasp] n. broche; (usu. on shoes) hebilla; raba, cierre; gancho; va. abrochar; abrazar, ceñir.

class [klaas] n. clase; orden, rango, estado, categoría, grado; low —, de baja estofa; middle —, burgués; — mate, condiscípulo; —room, aula; va. clasificar.

classic [kla'sik] adj. clásico; n. pl. las humanidades, los clásicos.

classify [klaa'si-fay] va. clasificar, ordenar.

clatter [kla'tə] n. ruido, alboroto, estrépito; gresca; vn. hacer ruido, gritar, meter bulla; (teeth) castañetear.

clattering [kla'tə-ring] n. estruendo; castañeteo.

clause [klos] n. cláusula, estipulación, artículo.

claviger [kla'vi-dyər] n. macero, llavero.

claw [kloo] n. garra; garfa; presa; pl. pinzas; va. gafar, arpar; arañar, rasgar, despedazar.

clay [kley] n. arcilla, greda; — pit, barrera; — coloured, barroso.

clean [kliin] adj. limpio, puro, neto, aseado; (bare) escueto; va. limpiar, asear; adv. —cut, bien definido.

cleanliness [klen'li-nes] n. limpieza, pureza, decencia, aseo.

cleanse [klens] va. limpiar, purificar, depurar; mondar.

cleansing [klen'sing] adj. —department, sección de sanidad.

clear [kli'ə] adj. claro, justo, evidente, manifiesto; llano; (water) limpio, cristalino;

(sky) sereno, despejado; (freed), exento, expedito, saneado; va. & n. aclarar, definir; esclarecer; saltar por; — up, serenarse; poner en claro, sacar en limpio; —off, largarse; —away difficulties, zanjar; —of, from (dues), eximir, vindicar; (debt) redimir; (table) levantar; to make —, patentizer; to be as — as, saltar a la vista; the coast is —, ya no hay moros en la costa.

clearing [kli'ə-ring] n. aclaración; (in wood) claro; —house, banco de liquidación.

clearness [kli'ə-nes] n. claridad, luz, perspicuidad.

cleavage [klii'vidy] n. hendidura, división.

cleave [kliiv] va. hender, rajar, partir, abrir; vn. pegarse, unirse, arrimarse.

clef [klef] n. llave, clave.

cleft [kleft] n. hendidura, grieta, resquicio.

clemency [kle'mən-si] n. clemencia, indulgencia, piedad.

clench [klensh] va. (fist) apretar.

clergy [klə'dyi] n. clero; clerecía; —man, pastor, ministro (protestante).

cleric, clerical [kle'rik, kle'rikəl] adj. clerical; n. clérigo.

clerk [kla'ək] n. escribiente; dependiente, empleado; oficial, covachuelista; clérigo.

clever [kle'və] adj. inteligente, hábil, listo, experto, aprovechado, avisado.

cleverness [kle'və-nes] n. habilidad, maña, talento, ingenio.

click [klik] n. golpe seco.

cliff [klif] n. risco, farallón, tajo; (sea) acantilado; peñasco.

climate [klay'mət] n. clima.

climax [klay'maks] n. culminación; crisis.

climb [klaym] n. subida; va. & n. subir, trepar; encaramarse.

clinch [klinsh] va. agarrarse; (bargain, etc.) remachar, rematar.

cling [kling] vn. agarrarse, pegarse, colgarse, adherirse.

clinic [kli'nik] n. clínica.

clink [klingk] *n.* tintín; choque; *va. & n.* resonar, hacer retintín; *(glasses)* chocar.

clip [klip] *va.* (re)cortar; *(sheep)* trasquilar; *(hedge)* podar, *(tickets)* picar.

clipped [klipd] *adj. (speech)* incisivo.

clipping [kli'ping] *n. (newspaper)* recorte; *(cloth)* retal; *(sheep)* trasquilón.

clique [kliik] *n.* pandilla, peña.

cloak [klouk] *n.* capa, manto; excusa, pretexto; *va.* cubrir, encubrir, embozar.

cloakroom [kluk'rum] *n.* guardarropa; sala de descanso.

clock [klok] *n.* reloj; —face, cuadrante; *(socks)* cuadrado; hands of —, agujas.

clockwork [klok'wəək] *n.* to go like —, ir como una seda.

clod [klod] *n.* césped, terrón; gaznápiro, bestia, palurdo.

clog [klog] *n. (footwear)* zoclo, zueco; traba, embarazo; carga; *va. & n.* impedir, entorpecer, embarazar; obstruir, atorar.

cloister [kloy'stə] *n.* claustro.

close [klous] *adj.* cerrado, *(tight)* ajustado, ceñido; denso; *(mean)* tacaño, agarrado; aproximado; — cropped, al rape; — lipped, premioso; — friend, de mucha confianza, íntimo; —to, cerca de, próximo; — by, contiguo; *n.* fin, clausura, conclusión; *va. & n.* cerrar, terminar, rematar; vedar; to be — to, aproximar; to put — together, arrimar; to — one's eyes to, hacer la vista gorda.

closely [klous'li] *adv.* estrechamente, de cerca; to fit —, ceñir.

closeness [klous'nes] *n.* estrechez; densidad; tacañería; contigüedad; intimidad.

closet [clo'sət] *n.* retrete, gabinete, camarín, armario, alacena, excusado.

closure [klou'siə] *n.* clausura, cierre.

cloth [kloz] *n.* tela; *(woollen)* paño, paños género; *(fine)* cendal; table —, mantel.

clothe [klouz] *va.* vestir; to — with *(authority)*, investir, revestir de; half-clothed, en paños menores.

clothes [klouzs] *n.* vestido, ropa, paños; bed —, ropa de cama; suit of —, traje; —hanger, percha; — horse, camilla; — moth, polilla; —rack, perchero.

clothing [klou-zing] *n.* vestidos, ropa; under—, roja interior.

cloud [klaud] *n.* nube; *(storm)* nubarrón; —cap, ceja; pl. *(of smoke)* humareda; *(fleecy)* celaje; *va. & n.* anublarse; *(glass, etc.)* empañar.

cloudless [klaud'les] *adj.* sin nubes, despejado, claro.

cloudy [klau'di] *adj.* nebuloso, obscuro, *(liquids)* turbio; to become —, encapotarse, enturbiarse.

clove [klouv] *n.* clavo (de especia).

cloven [klou'vən] *adj.* hendido; —footed, patihendido.

clover [klou'və] *n.* trébol.

clown [klaun] *n. (circus)* payaso, gracioso, bobo; majadero; patán.

clownish [klau'nish] *adj.* rústico; tosco, grosero.

cloy [kloy] *va.* empalagar, saciar; obstruir.

club [kləb] *n.* maza, porra; *(cards)* basto; *(society)* liceo, círculo; —foot, pie zambo; *va. & n.* contribuir, reunir; prorratear, escotar; pegar con un garrote.

cluck [klək] *v.* clocar, cloquear, enclocar, encloquecer; *n.* cloqueo.

clue [klu] *n.* indicio, pista, signo, clave; I haven't a —, no tengo idea.

clump [kləmp] *n.* grupo, mata, boscaje.

clumsiness [kləm'si-nes] *n.* tosquedad, desmaña; torpeza.

clumsy [kləm'si] *n.* tosco, desmañado, zafio, basto; torpe.

cluster [kləs'tə] *n. (grapes)* racimo; *(flowers)* ramo; *(swarm)* enjambre; *(houses in country)* caserío; *(trees)* mata; *vn.* agruparse, enracimarse.

clutch [kləch] *n. (mech.)* embrague; garra; palanca de engranaje; agarro; *va.* asir, empuñar.

coach [kouch] *n.* carroza, coche; *(heavy)* galera; —boy, zagal; — building, carrocería; — man, mayoral; *va.* amaestrar, adiestrar, enseñar, dar clase particular.

coagulate [ko-a'giu-leyt] *va. & n.* coagular(se), cuajar.

coal [koul] *n.* carbón de piedra; hit —s, brasa; —bunker, bucket, etc., carbonera; — seam, filón; —industry, industria hullera; —tar, alquitrán; *va.* proveer de carbón; to carry —s to Newcastle, llevar leña al monte.

coalman [koul-mən] *n.* carbonero.

coarse [koəs] *adj. (cloth)* basto; tosco, burdo; *(vulgar)* callejero, ordinario; — grained, grueso; inculto, ramplón; to grow —, embrutecerse.

coarseness [koəs'nes] *n.* tosquedad, grosería, crudeza.

coarsening [koə'sə-ning] *n.* embrutecimiento.

coast [koust] *n.* costa, playa, litoral; —guard, carabinero; the — is not clear, aun hay moros en la costa; *vn.* costear.

coastal [kous'təl] *adj.* litoral; — *(trade)* costanero, costeño, cabotaje.

coaster [kou'stə] *n.* piloto práctico, barco costanero.

coast-guard [koust'gaad] *n.* guardacosta.

coat [kout] *n. (jacket)* chaqueta, americana; top —, abrigo; frock—, levita; swallow-tail—, frac; — of arms, escudo; *(of paint)* baño; *(animals)* pelo, pelaje; cubierta; *va.* cubrir, revestir; *(with sugar)* confitar; to turn one's —, volver casaca.

coating [kou'ting] *n.* cubierta, capa, mano de pintura.

coax [kouks] *va.* acariciar, halagar, engatusar, conciliar.

coaxing [kouk'sing] *adj.* almibarado; ruegos, halagos, coba.

cobble [ko'bəl] *va.* remendar; —stone, guijarro.

cobbler [ko-blə] *n.* zapatero remendón.

cobweb [kob'ueb] *n.* telaraña.

cock [kok] *n.* gallo; *va. (pistol)* amartillar; *(ears)* erguir, enderezar; cocked hat, sombrero (apuntado, de tres picos); weather —, veleta; hay—, montón; — sure, segurísimo; —fight, riña de gallos.

cockle [ko'kəl] *n.* cúpula de horno; *(bot.)* yallico, zizaña; *(zool.)* coquina; *pl.* — of one's heart, entretelas del corazón.

Cockney [kok'ni] *n.* oriundo de Londres; (cf. Madrid, chulo).

cockpit [kok'pit] *n.* gallera; *(plane)* cabina.

cockroach [kok'rouch] *n.* cucaracha.

cocktail [kok'teil] *n.* caballo de carreras que no es pura sangre; caballero de mohatra; combinado.

cocoa [kou'kou] *n.* cacao.

coconut [kou'kou-nat] *n.* coco; —grove, cocotal.

cocoon [ko-kun'] *n.* capullo.

cod [kod] *n.* bacalao, abadejo.

coddle [ko'dəl] *va.* criar con mimo, mimar, consentir.

code [koud] *n.* código; clave.

coerce [ko-əəs'] *va.* forzar, obligar, ejercer coerción.

coercion [ko-əə'shən] *n.* coerción, fuerza, violencia.

coffee [ko'fi] *n.* café; —bean, grano; —grounds, posos; —yot, cafetera; —set, juego de café.

coffer [ko'fə] *n.* cofre, arca.

coffin [ko'fin] *n.* ataúd, féretro.

cog [kog] *n.* diente de rueda; —wheel, rueda dentada, rodezno; —railway, cremallera.

cogency [kou'dyən-si] *n.* fuerza lógica; evidencia.

cogent [kou-dyənt] *adj.* convincente, lógico.

cogitate [ko'dyi-teyt] *vn.* pensar, meditar, recapacitar.

cogitation [ko-dyi-tey'shən] *n.* cogitación, meditación.

cognate [kog'neyt] *adj.* pariente; afín, análogo.

coherence [kou-ji'ə-rəns] *n.* co-

coh   76

herencia, adhesión; relación,
consecuencia.
cohesion [kou-jii'sion] *n.* cohesión, conexión, enlace.
coif [kuaf] *n.* *(hair)* toca; cofia,
escofieta.
coiffure [kua-fiu-ə] *n.* peinado.
coil [koy] *n.* rollo; *va.* enrollar;
(cable) adujar; —around, enroscarse.
coin [koyn] *n.* moneda, metálico; *va.* acuñar, batir.
coinage [koy'nədy] *n.* acuña-
ción; invención; sistema mo-
netario.
coincide [kou-in-sayd'] *vn.* coincidir, concurrir.
coincidence [kou-in'si-dəns] *n.*
coincidencia, casualidad.
coiner [koy'nə] *n.* acuñador;
monedero falso.
coke [kouk] *n.* cok, coque.
cold [kould] *adj.* frío; indiferente; casto, reservado, seco;
—steel, arma blanca; *n.* frío;
(nose) constipado; *(chill)* resfriado; to get a —, resfriarse,
coger frío; to be —, (person)
tener frío, *(weather)* hacer
frío.
coldness [kould'nes] *n.* frialdad; indiferencia, despego.
collapse [ko-laps'] *n.* desplome,
hundimiento, derrumbamien-
to; fracaso, ruina; *(med.)* colapso; *vn.* derrumbarse, hundirse, venirse abajo, desbara-
tarse; desmayarse.
collar [ko'lə] *n.* cuello; *(dog)*
collar; *(horse)* collera; —bone,
asilla; *va.* apercollar, coger
(por el cuello).   [compañero.
colleague [ko'liig] *n.* colega,
collect [*vb.* ko-lekt', *n.* ko'lekt]
n. colecta; *va.* recoger, coger;
reunir; compilar, juntar, cobrar; *(taxes)* colectar, recaudar; *(antiques,* etc.) coleccio-
nar; *vn.* reunirse; congregarse; volver en sí.
collected [ko-lek'təd] *adj.* reu-
nido; juntado; calmado; vuelto en sí, sosegado.
collection [ko-lek'shən] *n.* colección; *(money)* recaudación,
cobro; *(for charity)* colecta;
(aws, etc.) compilación, reco-

pilación; *(poems)* floresta;
conjunto.
collector [ko-lek'tə] *n.* colector,
recaudador; *(antiques,* etc.)
coleccionador.
college [ko'ledy] *n.* colegio;
Training—, Escuela normal.
collie [ko'li] *n.* perro de pastor.
collide [ko-layd'] *va.* & *n.* chocar, topar con(tra).
colliery [ko'lyə-ri] *n.* mina de
carbón, hullera.
collision [ko-li'syən] *n.* choque,
colisión, encuentro.
colloquial [ko-lou'kui-əl] *adj.*
familiar, popular.
colloquialism [ko-lou'kui-ə-li-
səm] *n.* popularismo.
colloquy [ko'lo-kui] *n.* coloquio,
plática.
collusion [ko-liu'syən] *n.* connivencia, colusión.
colonel [kəə'nəl] *n.* coronel.
colonist [ko'lo-nist] *n.* colono.
colonise [ko'lo-nays] *va.* colonizar, poblar.
colony [ko'lo-ni] *n.* colonia.
colorature [co'lə-rə-chur o -tiur]
n. *(mis.)* floreo y cadencia.
colossal [ko-lo'səl] *adj.* titánico,
descomunal.
colour [kə'lə] *n.* color; —s, bandera; with ffiying —s, con
banderas desplegadas; *va.* dar
color, pintar; colorar; *vn.* —
up, ruborizarse; to change —,
mudar (de color, de semblante); to take the — out of, decolorar; to be off —, andar de
capa caída.
coloured [kə'ləd] *adj.* *(pencils,*
races) de color; *(art.)* policro-
mado; *(ms)* iluminado.
colourless [kə'lə-les] *n.* sin color, descolorido; incoloro, pá-
colt [koult] *n.* potro.   [lido.
column [ko'ləm] *n.* columna;
(twisted) —, salomónica; gossip —, crónica.
comb [koum] *n.* peine; *(high)*
peineta; *(for wool)* carda;
(honey) pañal; *va.* peinar;
(wool) cardar; rastrillar.
combat [kəm'bət] *n.* combate,
lidia, lucha, pelea; single —,
desafío; *va.* & *n.* combatir, luchar; resistir, impugnar.

combatant [kəm-bə-tənt] *adj.* combatiente.

combination [kom-bi-ney'shən] *n.* combinación; complot.

combine [kəm-bayn'] *va. & n.* combinar; unirse, juntarse, combinarse; tramar.

combined [kəm-baynd'] *adj. (forces, etc.)* mancomunado.

combustible [kom-bəs'təbəl] *adj. & n.* combustible.

combustion [kom-bəs'tyən] *n.* combustión; quema, incendio.

come [kəəm] *vn.* venir, llegar, aparecer, acercarse; resultar, suceder; — **about**, suceder, acontecer; — **across**, hallar, tropezar, dar con; atravesar; — **along**, ir con, venir con; — **apart**, deshacerse; —**back**, volver, regresar; — **by**, pasar (cerca de, junto a); alcanzar; — **down**, bajar; desplomarse; —**down in world**, venir a menos; — **forward**, adelantarse; medrar; —**in**, entrar, introducirse; ocurrir; —**in!** ¡adelante!; — **into** *(estate)*, heredar; —**loose**, soltarse, aflojarse; — **af age**, llegar a ser mayor de edad; — **off**, soltarse; zafarse; *(stain)* salir; — **off well**, salir airoso, lucirse; — **out**, salir, surgir; *(of stain)* salir; traslucirse, saberse; —**over to**, pagarse a; —**round**, volver en sí; —**to**, importar, montar a, rayar en; —**to blows**, venir a las manos; —**to grief**, salir mal (parado); — **together**, converger; reunirse; — **true**, realizarse; — **under**, figurar, caer bajo, entrar en; —**up**, salir; —**upon**, dar con, encontrar, sobrevenir, topar(se con).

comedian [ko-mii'dyən] *n.* cómico, actor; comediante.

comedy [ko'mə-di] *n.* comedia; musical —, zarzuela.

comeliness [kəm'li-nes] *n.* gracia, gentileza, donaire, hermosura.

comely [kəm'li] *adj.* donoso, gracioso; apuesto; hermoso, de buen parecer.

comet [ko'met] *n.* cometa.

comfort [kəm'foot] *no.* comodi-

dad, conveniencia, bienestar; consolación, consuelo; regalo; — **loving**, comodón; *va.* confortar, ayudar, fortalecer, consolar.

comfortable [kəm'fə-tə-bəl] *adj.* cómodo, conveniente, consolador.

comfortably [kəm'fə-tə-bli] *adj.* — **off**, holgado, acomodado.

comforter [kəm'fə-tə] *n.* consolador; *(scarf)* bufanda.

comfortless [kəm'fət-les] *adj.* desolado, triste; inconsolable.

comic, comical [ko'mik, ko'mikəl] *adj.* cómico, bufo; — **opera**, ópera bufa, — **paper**, diario humorístico.

coming [kə'ming] *n.* llegada, arribo; *(of age)* mayoría; advenimiento; *adj.* que llega, por venir, futuro; *(native)* oriundo de; — **and going**, vaivén, trajín, ajetreo.

comma [ko'mə] *n.* coma, inciso.

command [kə'maand'] *n.* mandato, orden; señorío, imperio, predominio; *(power of —)* mando; *va. & n.* mandar, ordenar; imponer respeto; imperar.

commandant [ko'məhdant] *n.* comandante.

commander [kə-maan'də] *n.* jefe, caudillo; *(mil. order)* comendador; *(naval)* teniente de navío.

commanding [kə-maan'ding] *adj.* imponente, dominante, *(presence)* señorial; *(mil.)* comandante.

commandment [kə-maand'-ment] *n.* mandamiento.

commemorate [ko-me'mo-reyt] *va.* celebrar, conmemorar.

commence [ko-mens'] *va. & n.* comenzar, empezar, dar principio a.

commencement [ko-mens'mənt] *n.* comienzo, principio, inauguración.

commend [ko-mend'] *va.* recomendar, alabar, encomiar; *(entrust)* confiar.

comment [ko'ment] *n.* comento, observación; *pl.* comentario; *va.* comentar, glosar.

commentary [ko'mən-tə-ri] *n.*

comentario, glosa; **to write, make — on**, glosar, comentar.

commerce [ko'məəs] *n.* comercio, negocio; trato, comunicación.

commercial [ko-məə'shəl] *adj.* comercial, mercantil; **—traveller**, viajante.

commiserate [ko-mi'səreyt] *va.* compadecer, apiadarse.

commiseration [ko-mi-sərey'-shən] *n.* conmiseración; piedad, compasión.

commission [ko-mi'shən] *n.* comisión, encargo, cometido; **— merchant**, comerciante comisionista; *va.* comisionar, encargar; facultar, autorizar, apoderar.

commissioner [ko-mi'shə-nə] *n.* **— for oaths**, notario público.

commit [ko-mit'] *va.* cometer; confiar; perpetrar; **— oneself**, dar prendas, obligarse; **— to writing**, poner por escrito.

committee [ko-mi'ti] *n.* junta, comisión, comité; **standing —**, comisión permanente. [unir.

commix [ko'mix'] *v.* mezclar,

commodious [ko-mou'dyəs] *adj.* cómodo, conveniente, espacioso, amplio.

commodity [ko-mo'di-ti] *n.* comodidad; interés, ventaja; *pl.* géneros; mercaderías, frutos.

common [ko'mən] *adj.* *(general)* común, corriente, habitual; ordinario; *(coarse)* callejero, chulo, villano; cursi; **in with**, de común con; *n.* *(land)* erial; **— law**, derecho consuetudinario; **— sense**, sentido común; **— soldier**, soldado raso; **— herd**, populacho; **to become —**, generalizarse.

commoner [ko'mə-nə] *n.* pechero, villano.

commonness [ko'mən-nes] *n.* vulgaridad.

Commons [ko'məns] *n.* **House of —**, Cámara de los Comunes; *(in Spain)* Cortes.

commotion [kə-mou'shən] *n.* conmoción, alteración, excitación; escándalo, revuelta.

communicate [kə-miu'ni'keyt] *va. & n.* comunicar, poner en

comunicación; comunicarse: *(relig.)* comulgar; *(disease)* contagiar; hacer saber, participar.

communication [ko-miu-ni-key'-shən] *n.* comunicación; acceso; participación; trato, comercio.

communion [ko-miu'nyən] *n.* comunión. [parte.

communique [ko-miu'ni-ke] *n.*

community [ko-miu'ni-ti] *n.* comunidad, sociedad.

compact [*n.* kom'pakt; *adj. & vb.* kom-pakt'] *adj.* compacto, sólido, apretado, denso; sucinto, breve; *n.* pacto; convenio, concierto; *va.* consolidar, pactar.

compactness [kom-pakt'nes] *n.* solidez; densidad; firmeza.

companion [kom-pa'nyən] *n.* compañero, camarada.

companionship [kom-pa'nyən-ship] *n.* compañerismo.

company [kəm'pə-ni] *n.* compañía; *(social)* visita; *(business)* empresa; asamblea; asociación; **joint-stock —**, sociedad anónima; **limited liability —**, sociedad de responsabilidad limitada; **to keep — (with)**, frecuentar, acompañar.

comparable [kom'pə-rə-bəl] *adj.* comparable, conmensurable.

comparative [kom-pa'rə-tiv] *adv.* comparativo; relativo.

compare [kom-pe'ə] *va.* comparar, equiparar, paragonar, conferir; *(texts)* cotejar, compaginar.

comparison [kom-pa'ri-sən] *n.* comparación, confrontación, parangón; **worthy of —**, conmensurable; **beyond —**, sin par, sin igual.

compartment [kom-paat'mənt] *n.* compartimiento, departamento.

compass [kəm'pəs] *n.* círculo, circuito; *(naut.)* brújula; ámbito, alcance; *va.* rodear; obtener, lograr.

compassion [kem-pa'shən] *n.* piedad, compasión, lástima, misericordia.

compassionate [kəm-pa'shə-

neyt] *adj.* compasivo, misericordioso.
compatibility [kəm-pa-ti-bi'li-ti] *n.* compatibilidad.
compel [kəm-pel'] *va.* forzar, obligar, compeler.
compendium [kəm-pen'diəm] *n.* epítome, resumen.
compensate [kom'pen-seyt] *va. & n.* compensar; indemnizar, resarcir, reparar.
compensation [kom-pen-sey'shən] *n.* compensación; desagravio, desquite, enmienda.
compete [kəm-piit] *vn.* competir, hacer competencia, concurrir, rivalizar.
competence [kom'pə-təns] *n.* competencia, capacidad; suficiencia.
competent [kom'pə-tənt] *adj.* competente, capaz; *(qualified)* calificado, habilitado.
competition [kom-pə-ti'shən] *n.* competidor, rival, candidato, *(com.)* concurrencia; rivalidad, competencia; *(sport, etc.)* concurso.
competitor [kom-pe'ti-tə] *n.* competidor, rival, candidato, contrincante; *(exams.)* opositor.   [pilar, recopilar.
compile [kom-payl'] *va.* com
complacent [kom-pley'sənt] *adj.* complaciente, condescendiente.
complain [kom-pleyn'] *vn.* quejarse; — **of,** llevar a mal; — **against,** reclamar.
complaint [kom-pleynt'] *n.* *(illness)* queja, enfermedad; *(law)* demanda; reclamación; agravio.
complaisance [kom-ple'səns] *n.* complacencia, afabilidad.
complaisant [kom-ple'sənt] *adj.* complaciente; cortés; condescendiente.
complement [kom'pli-ment] *n.* complemento, total.
complete [kəm-pliit'] *adj.* completo, entero, cabal; íntegro, perfecto; consumado; *va.* completar, acabar, llevar a cabo; *(forms)* levantar; rematar; *(years)* cumplir.
completely [kəm-pliit'li] *adv.*

hecho y derecho, completamente.
completion [kəm-plii'shən] *n.* terminación, consumación, plenitud.
complex [kom'pleks] *adj.* complejo; complicado; compuesto, múltiple; *n.* complejo.
complexion [kəm-plek'shən] *n.* tez, cutis; calidad, temperamento, índole.
complexionless [kam-plii'shənles] *adj.* descolorido, pálido.
complexity [kəm-plek'si-ti] *n.* complejidad, enredo.
compliance [kəm-play'əns] *n.* condescendencia, complacencia; facilidad, sumisión; **in — with,** a tenor de.
compliant [kəm-play'ənt] *adj.* complaciente, fácil, sumiso; obediente, dócil; obsequioso.
complicate [kom'pli-keyt] *va.* complicar; embrollar.
complicated [kom'pli-key-təd] *adj.* complicado; *(style)* enrevesado.
complicity [kom-pli'si-ti] *n.* connivencia, complicidad.
compliment [kom'pli-ment] *n.* cumplido, cumplimiento; fineza, lisonja; *(to woman)* piropo, requiebro; *va.* hacer cumplimientos; adular; saludar; **to give one's —s to,** mandar recuerdos.
complimentary [kom-plimen'təri] *adj.* lisonjero, halagüeño; regalado.
comply [kəm-play'] *vn.* cumplir, llenar; consentir, condescender; conformarse.
compose [kəm-pous'] *va.* hacer, componer, redactar; apaciguar, conciliar; ordenar; *vr.* reportarse.
composed [kəm-pousd'] *adj.* sosegado; compuesto; **to be — of,** constar de, consistir en.
composer [kəm-pou'sə] *n.* autor; compositor; *(print.)* cajista.
composition [kom-pə-si'shən] *n.* composición; ajuste, arreglo.
composture [kəm-pou-syə] *n.* serenidad, calma, compostura, presencia de ánimo, composición.

compound [n. & adj. kom'-paund; vb. kom-paund'] adj. compuesto; n. mezcla; combinación; va. combinar; componer, transigir; vn. avenirse.

comprehend [kom-pre-jend'] va. comprender, penetrar, alcantar; encerrar.

comprehensible [kom-prijen'sibəl] adj. comprensible, inteligible.

comprehension [kom-prijen'-shən] n. entendimiento, comprensión.

comprehensiveness [kom-prijen'siv-nes] n. cabida; extensión; comprensión.

compress [kəm-pres'] va. comprimir; condensar, sintetizar.

compressed [kəm-presd'] adj. comprimido, prieto.

comprise [kəm-prays] va. comprender; contener, incluir, abarcar.

compromise [kom'prə-mays] n. avenimiento, arreglo, término medio, transacción; va. transigir, arreglar; arriesgar, componer.

compulsion [kom-pəl'shən] n. compulsión, apremio, coacción.

compulsory [kəm-pəl'sə-ri] adj. obligatorio.

compunction [kəm-pangk'shən] n. compunción; remordimiento, cargo de conciencia.

compute [kəm-piut] va. computar; calcular.

comrade [kom'rəd] n. camarada, compañero.

concave [kon'kevy] adj. cóncavo; hueco.

conceal [kən-siil'] va. (materially) esconder; (supersensorily) ocultar; encubrir, tapar, recatar; celar.

concealment [kən-siil'ment] n. ocultación; encubrimiento; place of —, escondite, escondrijo. [der, admitir.

concede [kən-siid'] va. conce-

conceit [kənsiit'] n. vanidad, amor propio, engreimiento; ínfulas; capricho; idea, concepto.

conceited [kən-sii'təd] adj. vano, engreído, afectado, fatuo,

presentuoso; to be — about, pagarse de. [adj. concebible.

conceivable [kən-sii-və-bəl]

conceive [kən-siiv'] va. & n. concebir, engendrar, idear, imaginar.

concentrate [kon'sən-treyt] va. & n. concentrar(se); to — (hopes) on, cifrar en.

concentration [kon-sen-trey'-shən] n. concentración; recogimiento.

concentre [kon-sen'tər] v. reconcentrarse, concentrar, enfocar. [idea, noción.

concept [kon'sept] n. concepto,

conception [kən-sep'shən] n. concepción; noción, idea, imagen, sentimiento.

concern [kən-səən'] n. asunto, negocio; preocupación; cariño, interés, sentimiento; va. tocar, competer, interesar, corresponder; preocupar, inquietar; that's my —, eso me corresponde a mí.

concerning [kən-səə'ning] prep. respecto a, tocante a, acerca de, en cuanto a.

concert [kon-səət] n. concierto; va. & n. concertar, acordar, ajustar.

concession [kən-se'shən] n. cesión, gracia, privilegio.

conciliate [kən-si'lyeyt] va. conciliar, propiciar, ganar, granjear.

concise [kən-says'] adj. conciso, sucinto, breve, compendioso.

conciseness [kən-says'nes] n. concisión, laconismo, • brevedad.

conclude [kən-kluud'] va. & n. concluir, determinar, entender, decidir; fenecer, acabar, terminarse; sacar en limpio.

conclusión [kən-klu'syən] n. conclusión, terminación, remate; (lit.) desenlace; to draw a —, concluir.

conclusive [kən-klu'siv] adj. final, decisivo, terminante, concluyente.

conclusively [kən-klu'siv-li] adv. de una manera terminante.

conclusiveness [kən-klu'siv-nes] *n.* determinación.

concoct [kən-kokt'] *va.* mezclar, confeccionar; urdir, forjar, fraguar.

concoction [kən-kok'shən] *n.* mezcla; maquinación; guiso.

concord [kon'kood] *n.* concordia, armonía; acuerdo.

concourse [kon'ko-əs] *n.* concurso, concurrencia, muchedumbre.

concrete [kon'kriit] *adj.* concreto; *n.* hormigón; **reinforced —**, hormigón armado.

concretion [kon-cri'shən] *n.* concreción, cuajo.

concur [kən-kəə'] *vn.* concurrir; estar de acuerdo; acordarse, coincidir, conformarse.

concurrence [kən-kəə'rəns] *n.* coincidencia; acuerdo, aprobación; cooperación.

concurrent [kən-kə'rənt] *adj.* concurrente; coexistente.

concussion [kən-kə-shən] *n.* concusión; conmoción.

condemn [kən-dem'n] *va.* condenar, sentenciar; *(conduct)* afear, censurar.

condemned [kən-demd'] *adj.* maldito, condenado.

condemnation [kon-dem-ney'-shən] *n.* condenación, damnación.

condense [kən-dens'] *va. & n.* condensar, comprimir, condensarse; abreviar; **condensed milk,** leche condensada.

condescend [kon-di-send'] *vn.* condescender; dignarse, consentir.

condescendence [kon-di-sen'-dəns] *n.* condescendencia, complacencia.

condescension [kon-di-sen'shən] *n.* condescendencia.

condiment [kon'di-ment] *n.* condimento, aderezo.

condition [kən-di'shən] *n.* condición, circunstancia, estado, calidad, artículo, provisión, estipulación; *va.* condicionar.

conditional [kən-di'shə-nəl] *adj.* condicional.

condole [kən-doul'] *va. & n.* condolerse; deplorar.

condolence [kən-dou'ləns] *n.* pésame.

condone [kəm-doun'] *va.* personar, condonar, disimular.

conduce [kən-dius'] *vn.* tender (a), contribuir.

conducive [kən-diu'siv] *adj.* conducente, propenso a.

conduct [*n.* kon'dək]; *vb.* kən-dəkt't *n.* conducta, proceder; escolta; comportamiento; manejo, gestión; **safe —,** salvoconducto; *va.* conducir, guiar, dirigir; manejarse, comportarse; *(an orchestra)* dirigir.

conductor [kən-dək'tə] *n.* conductor; guía; *(music)* director; *(tramway)* cobrador.

conduit [kon'dit] *n.* conducto, caz, cacera, presa, zanja, atajía, canal, tubo, encañado.

cone [koun] *n.* cono; **pine —,** piña.

confection [kən-fek'shən] *n.* confección; dulce; *va.* confeccionar.

confectioner [kən-fek'shə-nə] *n.* confitero, pastelero, repostero.

confederacy [kən-fe'də-rə-si] *n.* condeferación; alianza, liga.

confer [kən-fəə'] *va. & n.* consultar; conferir; platicar, conferenciar; otorgar; *(honour)* condecorar.

conference [kon'fə-rəns] *n.* conferencia, consulta; vistas.

confess [kən-fes'] *va. & n.* confesar(se); reconocer.

confessed [kən-fesd'] *adj.* confesado, declarado; incontestable.

confessedly [kən-fe'səd-li] *adv.* manifiestamente.

confession [kən-fe'shən] *n.* confesión; **— box,** confesionario.

confidant [kon'fi-dənt] *n.* confidente, *(pop.)* compinche.

confide [kən-fayd'] *va. & n.* confiar(se); fiarse.

confidence [kon'fi-dəns] *n.* confianza, fe; seguridad; satisfacción; secreto, confidencia; **to gain —,** animarse.

confident [kon'fi-dənt] *adj.* confiado, seguro; resuelto; de buen ánimo.

confidential [kon-fi-den'shəl] *adj.* confidencial.

confine [*n.* kon'fayn; *vb.* kənfayn'] *n.* confín, límite, frontera; *va. & n.* confinar, limitar, restringir, reducir, limitarse; aprisionar, encerrar, enjaular; *vr.* contraerse.

confinement [kən-fayn'mənt] *n.* encierro, clausura, prisión; destierro; *(birth)* parto.

confirm [kən-fəəm'] *va.* confirmar, comprobar, corroborar; sancionar; *(status)* revalidar; fortalecer.

confirmation [kon-fə-mey'shən] *n.* confirmación, corroboración, ratificación.

confirmed [kən-fəəmd'] *adj.* comprobado; demostrado; inveterado, consumado.

confiscate [kon'fis-keyt] *va.* confiscar, (de) comisar.

confiscation [kon-fis-key'shən] *n.* confiscación, comiso.

conflagration [kon-flə-key'shən] *n.* conflagración; incendio.

conflict [*n.* kon'flikt; *vb.* kənflikt'] *n.* conflicto, lucha, pugna, choque; contienda; *va.* luchar, chocar, estar (en oposición, en desacuerdo con).

conflicting [kən-flik'ting] *adj.* opuesto, contrario, encontrado.

confluence [kon'flu-əns] *n.* confluencia; concurso.

conform [kon-foom'] *va. & n.* conformar(se), concordar; ajustarse, acomodarse, amoldarse, allanarse.

conformist [kən-foo'mist] *n.* conformista; **non** —, mal avenido; *(relig.)* Nonconformista.

conformity [kən-foo'mi-ti] *n.* conformidad, concordancia, consonancia; **in** — **with**, con arreglo a, conforme.

confound [kəm-faund'] *va.* confundir; turbar, enmarañar, desconcertar, atontar, sacar de tino.

confounded [kən-faun-dəd] *adj.* detestable, maldito; confuso.

confraternity [kon-frə-təə'ni ti] *n.* confradía; confraternidad.

confront [kən-frənt'] *n.* (a),

(con)frontar, enfrentar; *(face up to)* arrostrar; hacer frente a; *(documents)* cotejar, comparar.

confuse [kən-flus'] *va.* confundir, (per) turbar, aturrullar, desconcertar, trastornar.

confused [kən-fiusd'] *adj.* confuso, azorado; revesado; desconcertado.

confusion [kən-fiu'syən] *n.* confusión, belén; aturdimiento, atolondramiento, azoramiento, trastorno; desorden.

confutant [kon-fiu'tənt] *n.* confutador, refutador.

congeal [kən-dyiil'] *va. & n.* congelar, helar(se), cuajar(se).

congealment [kən-dyiil'mənt] *n.* congelación.

congenial [kən-dyii'nyəl] *adj.* congenial; natural; simpático.

congenital [kən-dyə'ni-təl] *adj.* congénito.

congest [kən-dyest'] *va.* amontonar, congestionar.

congestion [kən-dyes'tyən] *n.* congestión.

conglomerate [kon-glo'mə-reyt] *va.* conglomerar, redondear.

congratulate [kən-gra'tiu-leyt] *va.* felicitar, dar la enhorabuena, congratular.

congratulation [ken-gra-tiu-ley' shən] *n.* felicitación, enhorabuena, felicidades.

congregate [kong'gri-geyt] *va. & n.* reunir(se).

congregation [kon-gri-gey'shən] *n.* asamblea, concurso, congregación; *(of parish)* grey; *(in church)* fieles.

congress [kong'gres] *n.* congreso, asamblea, junta.

conjecture [kon-dyek'tiu-ə] *n.* conjetura, suposición, asomo; *va.* conjeturar, brujulear, columbrar, presumir, sospechar, vislumbrar.

conjoin [kən-dyoyn'] *va.* juntar; conectar; unir.

conjugate [kon'dyiu-geyt] *va.* conjugar.

conjunction [kon-dyəngk'shən] *n.* conjunción, unión.

conjuncture [kon-dyəngk'chə] *n.* coyuntura.

conjure [kən'dyə] *va. & n.* hechizar; conjurar; hacer juegos de manos; — **away,** exorcizar; — **up,** conjurar, evocar.

conjurer [kən'dyə-rə] *n.* prestidigitador, mago, ilusionista; nigromante.

connect [kə-nekt'] *va.* ligar, unir; enganchar, conectar; emparentar, relacionar; *(telephone)* poner en comunicación; *(elect.)* enchufar, *(train)* empalmar.

connection [kə-nek'shən] *n.* conexión, relación; trabazón, enlace; *(railway)* empalme; parentesco; afinidad; good —, *(sl.)* enchufe.

connivance [kə-nay'vəns] *n.* connivencia, consentimiento.

connive [kə-nayv'] *vn.* consentir, disimular, hacer la vista gorda.

connoisseur [ko-nua-səə'] *n.* perito, conocedor; *(wine)* catador.

conquer [kong'kə] *va.* conquistar, vencer, someter, dominar; *(a weakness)* superar.

conquering [kong'kə-ring] *adj.* victorioso, triunfante.

conqueror [kong'kə-rə] *n.* vencedor, conquistador.

conquest [kong'kuest] *n.* toma; conquista, triunfo.

conscience [kon'shəns] conciencia; — **stricken,** remordido por la conciencia; — **less,** desalmado.

conscientious [kon-syen'shəs] *adj.* escrupuloso, concienzudo, recto, cumplidor.

conscientiousness [kon-syen'-shəz-nes] *adj.* escrupulosidad, rectitud, conciencia.

conscious [kon'syəs] *adj.* consciente.

consciously [kon'syəs-li] *adv.* a sabiendas.

consciousness [kon'syəs-nes] *n.* conocimiento, sentido; **to lose** —, perder (el sentido, el conocimiento).

conscript [kon'skript] *n.* conscripto, recluta, quinto.

conscription [kən-skrip'shən] *n.* conscripción, reclutamiento.

consecrate [kon'si-kreyt] *va.* consagrar, dedicar; *(a priest)* ungir.

consecration [kon-sekrey'shən] *n.* consagración, dedicación.

consecutive [kən-se'kiu-tiv] *adj.* consecutivo, sucesivo.

consent [kən-sent'] *n.* (a), (con) sentimiento, acuerdo; aprobación, venia, permiso, beneplácito; *vn.* consentir en; avenirse a, otorgar.

consecuence [kon'se-kuens] *n.* consecuencia; importancia, trascendencia; secuela; entidad; **as a** —, de resultas de.

consequent [kon'si-kuent] *adj.* consiguiente, lógico.

consequential [kon-si-kuen'-shəl] *adj.* consiguiente, arrogante.

consequently [kon-si-kuent-li] *adv.* por consiguiente; en consecuencia.

conservation [kon-səə-vey'-shən] *n.* preservación, sostenimiento.

consertion [kon-sər'shən] *n.*

conservative [kən-səə'və-tiv] unión, adaptación. *adj. & n.* conservador, moderado.

conservatory [kən-səə'və-tə-ri] conservatorio; *(flowers)* invernadero.

conserve [kən-səəv'] *va.* conservar, cuidar, guardar.

consider [kən-si'də] *va. & n.* considerar, estimar, examinar, meditar; tener por, reconocer; opinar, ser de opinión; consultar; darse cuenta de; **to** — **carefully,** parar mientes en; **to** — **further,** dar (más) vueltas a.

considerable [kən-si'də-rə-bəl] *adj.* considerable; grande, importante, notable, respetable; cuantioso.

considerate [kən-si'dəə-reyt] *adj.* considerado, circunspecto, discreto, indulgente, fino.

consideration [kon-si-də-rey'-shən] *n.* consideración, ponderación, reflexión, deliberación; respeto; **to take into** —, tener en cuenta, hacerse cargo de, cargar con.

considering [kən-si'də-ring] *adv.* en atención a, visto (que).

considered [kən-si'dəəd] *adj.* ill —, desacordado; well—, bien considerado. [nar, ceder.

consign [kon-sayn'] *va.* consig-

consignment [kən-sayn'mənt] *n.* consignación, envío.

consist [kən-sist'] *vn.* consistir (en); comprender, constar de; componerse de.

consistence [kən-sis'təns] *n.* consistencia, densidad.

consistency [kən-sis'tən-si] *n.* consistencia; regularidad, consecuencia.

consistent [kən-sis'tənt] *adj.* consistente, constante; conforme; compatible, consonante, consecuente, compatible; *(texture)* firme, sólido, estable.

consolation [kon-sə-lay'shən] *n.* alivio, consuelo; consolación; solaz, quitapesares.

console [kon'soul, *vb.* kən-soul'] *n.* repisa; *va.* consolar.

consolidate [kən-so'li-deyt] *va.* & *n.* (con)solidar(se).

consonance [kon'sə-nəns] *n.* consonancia, conformidad.

consonant [kon'sə-nənt] *adj.* & *n.* consonante; conforme, armonioso.

consort [*n.* kon'soot; *vb.* kən-soot'] *n.* consorte, cónyuge; compañero; *vn.* asociarse, acompañar, juntarse.

conspicuous [kən-spi'kiu-əs] *adj.* conspicuo, visible, esclarecido, notable; llamativo.

conspiracy [kən-spi'rə-si] *n.* conspiración, conjuración, complot.

conspirator [kən-spi'rə-tə] *n.* conspirador, conjurado.

conspire [kən-spa'ə] *vn.* conspirar; conjurar(se), tramar; concurrir.

constable [kon'stə-bəl] *n.* policía; *(of castle)* condestable; special —, policía voluntario.

constabulary [kons-ta'biu-la-ri] *adj.* policíaco; *n.* el cuerpo de policía.

constancy [kon'stən-si] *n.* constancia, fidelidad, entereza, insistencia.

constant [kon'stənt] *adj.* constante, inmóvil, igual, firme.

constantly [kon'stənt-li] *adv.* sin parar.

constellation [kon-ste-ley'shən] *n.* constelación.

consternation [kon-stəə-ney'-shən] *n.* consternación, espanto.

constipate [kon'sti-peyt] *va.* & *n.* estreñirse; cerrar.

constituent [kən-sti'tiu-ənt] *n.* elector; poderdante, comitente; *(chem.)* componente; *adj.* constitutivo; — Parliament, Cortes Constituyentes.

constitute [kon-sti-tiut] *va.* constituir; componer; diputar.

constitution [kon-sti-tiu'shən] *n.* constitución; *(of society)* reglamento; *(person)* temperamento, condición.

constrain [kən-streyn'] *va.* forzar, obligar; compeler; restringir; constreñir; apretar; *vr.* contenerse.

constraint [kən-streynt'] *n.* apremio, fuerza; compulsión, represión.

constrict [kən-strikt'] *va.* constreñir, estrechar, apretar.

construct [kən-strəkt'] *va.* construir, edificar, erigir, montar.

construction [kən-strək'shən] *n.* *(action)* construcción, edificación; *(objet)* estructura, obra, edificio; *(impression)* interpretación, sentido.

construe [kən-stru'] *va.* interpretar, explicar; traducir.

consul [kon'səl] *n.* cónsul.

consular [kon'siu-lə] *adj.* consular; — invoice, factura consular.

consulate [kon-siu-leyt] *n.* consulado.

consult [kən-səlt'] *va.* & *n.* consultar, considerar, discutir.

consultation [kon-səl-tey'shən] *n.* consulta.

consulting [kən-səl'ting] *adj.* — hours, horas de consulta.

consume [kən-sium'] *va.* & *n.* consumir(se); (des)gastar(se), deshacerse; devorar, minar; aniquilar.

consumed [kən-siumd'] *adj.* **to
be —** *(passion)* abrasarse.
consummate [kon-sə-meyt] *adj.*
consumado, cabal, perfecto;
va. consumar.
consummation [kon-sə-mey'-
shən] *n.* consumación, perfección, fin.
consumption [kən-səmp'shən]
n. consunción; *(disease)* tisis;
(of food) consumo; *(wear)*
desgaste, uso.
contact [kon'takt] *n.* contacto;
acercamiento; *(mech.)* engranaje; **to be in — with,** estar en
relación con.
contagion [kən-tey'dyən] *n.*
contagio, infección; peste.
contagious [kən-tey'dyəs] *adj.*
contagioso, infeccioso; *(laughter)* pegajoso.
contain [kən-teyn'] *va.* contener, incluir, encerrar, abarcar,
reprimir; coger; *vr.* aguantar-
se, contenerse.
contained [kən-teynd'] *adj.* **to
be —,** resumirse, caber.
container [kən-tey'nə] *n.* recipiente, envase.
contaminate [kon-ta'mineyt]
va. contaminar; manchar, corromper, inficionar, viciar.
contamination [kon-ta-mi-ney'-
shən] *n.* contaminación, mancha.
contemplate [kon'təm-pleyt] *va.*
& *n.* contemplar; tener en mira, proponerse, proyectar; meditar.
contemplation [kon-tem-pley'-
shən] *n.* contemplación, meditación; proyecto, expectativa.
contemplative [kən-tem'plə-tiv]
adj. contemplativo.
contemporary [kən-tem'pə-rə-
ri] *adj.* & *n.* contemporáneo,
coetáneo.
contempt [kən-tempt'] *n.* desdén, desprecio, menosprecio,
(of court) contumacia.
contemptible [kən-temp'ti-bəl]
adj. despreciable, vil.
contemptuous [kən-temp'tiu-əs]
adj. desdeñoso, altivo, despectivo.
contend [kən-tend'] *va.* & *n.*

afirmar, aseverar, sostener;
luchar, disputar, pugnar (por).
contender [kən-ten'də] *n.* opositor, contendiente.
contending [kən-ten'ding] *adj.*
en lucha, rival, opuesto; **—parties,** partes litigantes.
contenement [kon-te'-ni-ment]
n. tierra contigua a una vivienda.
content [kən-tent'] *adj.* contento, satisfecho; *n.* contento,
agrado; *pl.* **table of —s,** índice; *va.* contentar, satisfacer,
complacer.
contented [kən-ten'təd] *adj.*
contento, satisfecho; tranquilo.
contention [kən-ten'shən] *n.*
aseveración, opinión, pendencia, disputa.
contentment [kən-tent'mənt] *n.*
contento, satisfacción, agrado,
alegría, placidez.
contentious [kən-ten'shəs] *adj.*
contencioso, litigioso; pendenciero, porfiado.
contest [*n.* kon'test; *vb.* kən-
test'] *n.* disputa, desafío; alter-
cación; conflicto, contienda,
pugna, lid; concurso; *va.* & *n.*
disputar, litigar.
contestant [kon-tes'tənt] *n.* contexto, sentido.
contiguous [kən-ti'giu-əs] *adj.*
contiguo, lindante, inmediato,
propincuo.
continent [kon'ti-nənt] *adj.* casto, continente, moderado; *n.*
continente.
contingency [kən-tin'dyən-si]
n. contingencia, caso, casualidad.
continual [kən-ti'niu-əl] *adj.*
continuo, incesante.
continually [kən-ti'niu-ə-li] *adv.*
sin parar.
continuance [kən-ti'niu-əns] *n.*
continuación, permanencia;
continuidad.
continuation [kən-ti-niu-ey'-
shən] *n.* continuación.
continue [kən-ti'niu] *va.* & *n.*
continuar, mantener, seguir;
perseverar; prolongar; durar,
quedar.
continued [kən-ti'niud] *adj.*

prolongado, seguido; **to be — a continuación.**

continuous [kən-ti'niu-əs] *adj.* continuo.   [torcer(se).

contort [kon-toot'] *va. & vr.* re-

contortion [kən-too'shən] *n.* retorcimiento, contorsión.

contraband [kon'trə-band] *adj.* ilegal, prohibido; *n.* contrabando.

contract [*n.* kon'trakt; *vb.* kən-tract'] *n.* contrato, concierto, ajuste; *(document)* contrata, escritura; **marriage —,** esponsales; *va. & n.* contraer, estrechar, apretar; contratar; *(of expression)* inmutarse; *(of muscles)* crispar; *(disease)* contraer, coger; *(promise)* comprometerse (por contrato) a; *(brows)* fruncir.

contraction [kon-trak'shən] *n.* contracción, abreviatura; encogimiento.

contradict [kon-trə-dikt'] *va.* contradecir, impugnar; implicar; llevar la contraria a.

contradiction [kon-trə-dik'shən] *n.* contradicción; oposición, contrariedad, repugnancia; — **in terms,** contrasentido.

contradictory [con-trə-dik'tə-ri] *adj.* contradictorio, contrario, opuesto.

contrarily [kən-tre'ə-ri-li] *adv.* al contrario.

contrariness [kən-tre'ə-rines] *n.* contrariedad, discrepancia.

contrary [kon-trə-ri] *adj.* contrario, encontrado, reñido, antagónico; divergente; **on the —,** al contrario, al revés, a la inversa.

contrast [*n.* kon'traast; *vb.* kən-traast'] *n.* contraste; contraposición; *va.* contrastar, oponer, hacer (un) contraste con; **in—,** haciendo contraste; (en, por) contraste.

contrate [kon'treit] *adj.* rueda cuyos dientes forman ángulo recto con su plano.

contravention [kon-trə-ven'-shən] *n.* contravención, infracción.

contravene [kon-trə-viin'] *va.* infringir, contravenir.

contribute [kən-tri'biut] *va. & n.* contribuir, poner, concurrir.

contribution [kon-tri-biu'shən] *n.* contribución, aportación; cooperación; cuota, tributo.

contributor [kən-tri-biu-tə] *n.* *(newpaper)* colaborador; *(money)* contribuyente.

contrite [kon'trayt] *adj.* contrito, penitente, arrepentido.

contrition [kən-tri'shən] *n.* contrición, compunción.

contrivance [kən-tray'vəns] *n.* invención, expediente, maquinación, aparato; *(artful)* maña, artificio, treta.

contrive [kən-travy'] *va. & n.* inventar, tratar de, acomodarse, idear, concertar, darse buenas mañas para.

control [kən-troul'] *n.* dominio, manejo, mando; inspección; gobierno, predominio; dirección; freno; control; **self —,** señorío de sí; *va.* dominar, dirigir, reprimir, regir, gobernar, predominar; fiscalizar.

controller [kən-troul'] *adj.* **— price,** precio de tasa.

controversial [kon-tro-vəə'shəl] *adj.* polémico, contencioso.

controversialist [kon-trə-vəə'-shə-list] *n.* polemista.

controversy [kən-trou'-və-si] *n.* controversia, polémica, disputa.   [controvertir, disputar.

controvert [kon'tro-vəət] *va.*

controvertible [kon-tro-vəə'te-bəl] *adj.* controvertible, discutible, disputable.

contumacy [kon-tiu-mə-si] *n.* contumacia, rebeldía, terquedad.

contund [kon-tənd'] *v.* contundir.

contusion [kən-tiu'syən] *n.* contusión.

convalescence [kon-və-le'-səns] *n.* convalecencia.

convene [kən-viin] *va. & n.* convocar, citar, reunir(se).

convenience [kən-vii'nyəns] *n.* conveniencia, comodidad.

convenient [kən-vii'nyənt] *adj.* conveniente, cómodo, oportuno.

convent [kon'vənt] *n.* convento.

convention [kən-ven'shən] *n.*
(social) convención, formali-
dades, conveniencia(s); asamblea; pacto, convenio.

conventional [kən-ven'shə-nəl]
adj. convencional, rutinario,
ordinario.

converger [kən-vəədy'] *va. &
n.* converger, dirigirse hacia;
(streets) desembocarse.

convergence [kən-vəə-dyəns] *n.*
convergencia.

conversant [kən-vəə'sənt] *adj.*
versado (en), experimentado,
entendido, conocedor; **to become — with,** familiarizarse
con.

conversation [kon-və-sey'shən]
n. conversación, plática, coloquio.

converse [*n.* kon'vəəs; *vb.* kən-
vəəs'] *n.* plática, trato; *vn.*
conversar, platicar, razonar,
departir; *(mil.)* parlamentar.

conversion [kən-vəə'syən] *n.*
conversión; *(into cash)* realización.

conversely [kən-vəəs'li] *ads.* recíprocamente, a la inversa.

convert [*n.* kon'vəət, *vb.* kən-
vət'] *n.* converso; *vn.* conver-
tir(se), transformar.

convexity [kən-vek'si-ti] *n.*
convexidad, comba(dura).

convey [kən-vee'] *va.* transportar, conducir, llevar; enviar,
transmitir.

conveyance [kən-vey'əns] *n.*
transporte, vehículo; *(property)* traspaso; conducta.

convict [*n.* kon'vikt; *vb.* kən-
vikt'] *n.* condenado, reo; convicto, preso; *va.* declarar culpable, convencer.

conviction [kən-vik'shən] *n.*
convicción.

convince [kən-vins'] *va.* persuadir, ganar, convencer; **to try
to —,** catequizar.

convinced [kən-vinsd'] *adj.* **to
be thoroughly — of,** estar poseído de.

convincing [kən-vin'sing] *adj.*
convincente, urgente.

convivial [kən-vi-vyəl] *adj.* sociable, convival, alegre, festivo.

convocation [kon-vo-key'shən]
n. convocación; claustro.

convoke [kən-vouk'] *va.* convocar, citar.

convoy [kon'voy] *n.* convoy, escolta; *va.* convoyar, conducir.

convulse [kən-vəls'] *va. (ner-
ves, etc.)* crispar; convulsar;
to be convulsed with laughter,
desternillarse de risa.

convultion [kən-vəl-shən] *n.*
convulsión, pasmo.

convulsive [kən-vəl'siv] *adj.*
convulsivo, espasmódico.

coo [ku] *vn.* arrullar.

cook [kuk] *n.* cocinero; *va.* cocer, guisar; **cooked dish,** guiso.

cooking [ku'king] *n.* guiso, cocina; **to do the —,** cocinar;
—stove, cocina económica.

cool [kul] *adj.* fresco; tibio; *n.*
fresco, frescura; **in the —,** al
fresco; *va. & n. (weather)* re-
.frescarse; **— down, — off** *(of
emotions, things,* etc.) enfriar-
se; templarse.

cooling [ku'ling] *adj.* refrescante; *n.* enfriamiento.

coolness [kul'nes] *n.* frescura;
fresco; serenidad, calma; *(attitude)* frialdad, indiferencia,
tibieza.

co-operate [ko-o'-pə-reyt] *vn.*
cooperar.

co-operation [ko-o-pə-rey'shən]
n. cooperación, concurso.

cop [cop] *n.* cumbre, cima, penacho, copo, canilla, captura,
redada *(fam.)* policía.

co-partner [kou-paat'nə] *n.* copartícipe, consocio.

cope [koop] *n.* arco, bóveda;
(eccl.) capa pluvial; *va. & n.*
cubrir; contender, rivalizar;
poder con.

copier [ko'pyə] *n.* copista.

copious [kou'pyəs] *adj.* copioso,
abundante, afluente, cuantio-
so, caudaloso.   [chorros.

copiously [kou'pyəs-li] *adv.* a

copiousness [kou'pyəs-nes] *n.*
copia, profusión; prolijidad.

copper [ko'pə] *n.* cobre; *(coin)*
calderilla; *(pan)* caldero; *pl.*
(coins) suelto; **—smith,** calde-
rero.   [cillo, maleza.

coppice [ko'pis] *n.* soto, bosque-

copse [kops] *n.* matorral, mata.

copulate [ko'piu-leyt] *va.* unir, juntar; acoplar; *vn.* ayuntarse.

copy [ko'pi] *n.* copia; *(superficial)* simulacro; *(close)* calco; *(unauthorized)* plagio, imitación, remedo; *(of book)* ejemplar; **rough —**, borrador; **a — of**, imitado de; *va.* copiar, imitar, calcar; **to make authentic —**, compulsar; **to — from life**, copiar al natural.

copyright [ko'pi-rayt] *n.* propiedad literaria.

coquet [ko-ket'] *vn.* coquetear; requebrar. [ría.

coquetry [ko'ke-tri] *n.* coquete-

cord [kood] *n.* cuerda; *(shoelace)* cordón; *(carryin)* cordel; **spinal —**, médula espinal.

cordial [koo'dyəl] *adj.* cordial, amistoso, sincero; *n.* cordial.

cordiality [koo-dya'li-ti] *n.* cordialidad.

core [koo] *n.* corazón, interioridad, centro, alma, foco; *va.* despepitar.

cork [kook] *n.* corchó, tapón; *va.* corchar; **—screw**, sacacorchos, tirabuzón; **— tree**, alcornoque. [espiral, en caracol.

corkscrew [kook'skru] *adj.* en

corn [koon] *n.* grano, cereal; *(heat)* trigo; *(Indian)* maíz; *(on foot)* clavo, callo; **standing —**, mies; **to develop—s on feet**, encallecer.

corner [koo'nə] *n.* *(projecting)* esquina; rincón; ángulo; **—stone**, piedra angular; **a quiet —**, remanso, escondrijo; *va.* arrinconar, poner en un aprieto; *(supplies)* copar.

cornet [koo'nət] *n.* corneta; cornetín.

coronation [ko-rə-ney'shən] *n.* coronación. [rense.

coroner [ko'rə-nə] *n.* médico fo-

corporal [koo'pə-rəl] *adj.* corpóreo; *n.* cabo.

corporation [koo-pə-rey'shən] *n.* *(town)* cabildo, ayuntamiento; gremio, cuerpo.

corporeal [koo-po'ri-əl] *adj.* corpóreo, tangible.

corpse [koops] *n.* cadáver, difunto, muerto.

corpulence [koo'piu-ləns] *n.* corpulencia.

corpulent [koo'piu-lənt] *adj.* corpulento, gordo, grueso, repleto.

Corpus Christi day [koopəs-kris'ti dey] *n.* día del Corpus, Corpus Christi.

correct [kə-rekt'] *adj.* correcto, exacto, justo; *va.* corregir, rectificar; *(style, etc.)* castigar, enmendar; censurar; remediar.

correction [kə-rek'shən] *n.* corrección, rectificación, emendación; castigo.

correctness [kə-rekt'nəs] *n.* corrección, exactitud.

correspond [ko-res-pond'] *vn.* corresponder, convenir; *(letters)* escribirse, cartear.

correspondence [ko-res-pon'dəns] *n.* correspondencia; correo; relación.

correspondent [ko-res-pon'dənt] *adj.* correspondiente; *n.* corresponsal.

corresponding [ko-res-pon'ding] *adj.* condigno, conforme, análogo.

corridor [ko'ri-doo] *n.* pasillo, corredor; pasadizo; *(main)* zaguán.

corroborate [kə-ro'bo-reyt] *va.* corroborar, apoyar.

corrode [kə-roud'] *va.* corroer, morder, *(car)* comer.

corrosive [kə-rou'siv] *adj.* corrosivo; mordaz.

corrugate [ko'riu-geyt] *va.* arrugar, acanalar, encarrujar.

corrugation [ko-riu-key'shən] *n.* arruga.

corrupt [kə-rəpt'] *va. & n.* corromper, seducir, viciar, pervertir; adulterar; relajarse, podrirse; infectar, inficionar, emponzoñar; *(manners)* estragar; *(with money)* sobornar.

corrupting [kə-rəp'ting] *adj.* corruptor.

corruption [kə-rəp'shən] *n.* corrupción, putrefacción.

corruptness [kə-rəpt'nes] *n.* corrupción, infección.

corsair [koo'se-ə] *n.* corsario, pirata.

corselet [koos'let] *n.* corselete; (*armour*) peto.

corset [koo'set] *n.* corsé.

Corsican [koo'si-kən] *adj.* corso.

coruscate [ko'rəs-keyt] *vn.* relucir, brillar.

cosmetics [kos-me'tiks] *n.* cosméticos, pinturas; afeites.

cost [kost] *n.* precio, costa; **to my —**, a mis expensas, por mi daño; **— of living**, coste de vida; **at all —s**, a todo trance, cueste lo que cueste; *pl.* costas, gastos; *vn.* costar, valer; **to pay the — of**, costear.

costiveness [cos'tiv-nes] *n.* constipado, estreñimiento, dureza, cerramiento de vientre.

costliness [kost'li-nes] *n.* suntuosidad.

costly [kost'li] *adj.* caro, costoso, valioso, suntuoso.

costume [kos'tium] *n.* traje, vestido; **bullfighter's —**, traje de luces.

cot [kot] *n.* cabaña, choza; (*shepherd'*) majada; (*bed*) catre.   [camarilla.

coterie [kou'tə-ri] *n.* corrillo.

cottage [ko'tedy] *n.* cabaña; (*Val.*) barraca; casa de campo; (*thatched*) choza; **— cheese**, requesón.

cotton [ko'tən] *n.* algodón; **raw —**, algodón en rama; **—plant**, algodonero; **— spool**, hilo de algodón; **— wool**, algodón hidrófilo.

couch [kauch] *n.* lecho; canapé, meridiana; silla poltrona; *va.* recostar(se); (*speech*) redactar, formular.   [unión.

couchee [cu'sei] *n.* sarao, recough [kof] *n.* tos; *vn.* toser.

coughing [ko'fing] *n.* **fit of —**, golpe de tos.

council [kaun'sil] *n.* consejo, concilio, concejo, ayuntamiento; **town —**, cabildo.

councillor [kaun'sə-lə] *n.* concejal, aconsejero.

counsel [kaun'səl] *n.* consejero; consultor; consejo, dictamen; (*for the defence*) defensor; *va.* aconsejar, guiar.

counsellor [kaun'sə-lə] *n.* consejero, abogado.

count [kaunt] *n.* (*noble*) conde; cuenta, cálculo; valor; atención; *va.* contar, calcular, estimar; (*votes*) escrutar; **— up**, enumerar; **to lose —** (*of ideas, etc.*), perder el hilo; **— upon**, contar con.

countenance [kaun'tə-nəns] *n.* semblante, figura, rostro; corte, apariencia, continente; talante; **out of —**, desconcertado, corrido, abochornado; *va.* favorecer, apoyar.

counter [kaun'tə] *adv.* contra, en oposición; *n.* (*shop*) mostrador, taquilla; (*in game*) tablero; *va.* neutralizar; **to run — to**, oponerse, contrariar.

counteract [kaun'tə-rakt] *va.* contrarrestar, contrariar, frustrar.

counter-attack [kaun'tə-ra-tak] *n.* contraataque.

counterfeit [kaun'tə-fiit] *n.* falsificación, imitación; *va.* falsear, imitar, contrahacer; forjar.

countermand [kaun'tə-maand] *va.* revocar; contramandar.

counterpane [kaun'tə-peyn] *n.* cubrecama, cobertor.

counterpart [kaun'tə-paat] *n.* duplicado, imagen, traslado, copia; contraparte.

counterpoise [koun'tə-poys] *n.* contrapeso; equilibrio.

countersign [kaun'tə-sayn] *n.* contraseña, consigna, santo y seña; *vn.* visar, refrendar.

countless [kaunt'les] *adj.* innumerable, inmenso, incontable.

country [kən'tri] *adj.* del campo, rústico, campestre; agreste; *n.* (*native*) patria; (*land*) gion) comarca; (*earth*) tierra; (*farming*) campiña; (*landscape*) paisaje; **— people**, campesinos, paisanos; labriego; **fellow — man**, compatriota; **local fellow — man**, paisano coterráneo; (*bumpkin*) pelo de la dehesa, paleto; **— house** (*Andalucía*) cortijo; alquería, granja; **— road**, camino vecinal; *pl.* **neighbouring —**, naciones limítrofes.

county [kaun'ti] *n.* condado, distrito.

couple [kə'pəl] *n.* (*per.*) pareja; (*two*) par; **married** —, matrimonio; *va. & n.* parear, acoplar, enganchar, enchufar; casar.

coupling [kə'pling] *n.* acopladura, ajuste, cópula, (*elect.*) enchufe.

courage [kə'redy] *n.* valor, coraje, fortaleza, animosidad, denuedo; *excl.* ánimo.

courageous [kə-rey'dyəs] *adj.* valeroso, valiente, bizarro.

course [ko'əs] *n.* (*way, direction*) curso, sentido, carrera, giro; (*naut.*) rumbo, derrotero; dirección; **on a** — **for**, con rumbo a; (*racing*) pista; (*meal*) plato, cubierto; (*of lectures*) cursillo; (*water*) corriente; (*time*) tránsito; lapso, marcha, transcurso; **to follow** — **of study**, cursar (en); **of** —, por cierto, desde luego, por supuesto, sí tal, ya lo creo, por de contado.

court [ko'at] *n.* (*royal*) corte; (*law*) tribunal; (*house*) patio; (*tennis*) tenis; (*fives*) frontón; — **martial**, consejo de guerra; — **plaster**, esparadrapo; *va.* cortejar, hacer la corte; requerir de amores; adular; (*col.*) amartelar; (*woo*) galantear.

courteous [kəə'tyəs] *adj.* cortés, afable, comedido, formal.

courteousness [kəə'tyəsnes] *n.* cortesía, urbanidad.

courtesy [kəə'tə-si] *n.* cortesía, gentileza, finura, cumplido; *vn.* hacer una cortesía.

courtier [ko'ə-tyə] *n.* cortesano; cortejo.

courtly [ko'ət-li] *adj.* elegante, galante, cortés, noble.

courtship [ko'ət-ship] *n.* corte; cortejo, festejo; noviazgo.

courtyard [ko-ət-yaad] *n.* patio, corral.

cousin [kə'sən] *n.* primo, prima; — **german**, primo carnal.

cove [kouv] *n.* abra, ancón, ensenada, cala.

covenant [kə'və-nənt] *n.* pacto, convenio, contrato; *va.* empeñar; concertar (con).

cover [kə-və] *n.* cubierta, tapa (de); (*place at table*) cubierta; (*top*) tapa; (*bed*) cobertura; (*book*) forro; (*shelter*) abrigo, albergue; (*hunt.*) guarida; (*case*) funda; (*table*) tapete; **under** — (**of**), al abrigo (de), so capa de, valido de, en pliego cerrado, disimulado; *va.* cubrir, tapar, abrigar; (*include*) abarcar; (*losses*) compensar (*expenses*) cubrir; (*distance*) saltar, montar; — **up**, paliar, disfrazar, correr el velo sobre, disimular; (*mil.*) dominar.

covered [kə'vəd] *adj.* **to be** —, coronarse; **half** — (*cloak*) embozado.

covering [kə-və-ring] *n.* cubierta, envoltura; vestido; tapadura; —**s**, envoltura.

covert [kə'vəət] *adj.* tapado, oculto, escondido; *n.* (*hunt.*) guarida; cubierta; refugio; abrigo.

coverlet [ko'vər-let] *n.* colcha, sobrecama, cubrecama, vánova, cobertor.

covet [kə'vet] *va.* codiciar, ambicionar, apetecer.

covetous [kə-ve-təs] *adj.* codicioso, ávido; sórdido.

covetousness [kə-ve-təs-nes] *n.* codicia, avaricia; avidez.

cow [kau] *n.* vaca; — **lick**, mechón; *va.* amilanar.

coward [kau'wəd] *n.* cobarde, menguado.

cowardice [kau'wə-dis] *n.* cobardía; timidez.

cowardly [kau'wəd-li] *adj.* poltrón, apocado, cobarde, medroso, miedoso. [acurrucarse.

cower [kau'wə] *vn.* agacharse;

cowl [kaul] *n.* cogulla, capuz, capucha; (*chimney*) caballete, campaña. [nel.

coxswain [koks'weyn] *n.* timo-

coy [koy] *adj.* modesto, recatado, esquivo; cuco.

coyness [koy'nes] *n.* modestia, recato, encogimiento; esquivez.

crab [krab] *n.* cangrejo; (*mech.*) cabrestante; — **apple**, manzana silvestre.

crabbed [krabd] *adj.* áspero, hosco; bronco, avinagrado, enojadizo, gruñón.

crack [krak] *adj.* agrietado; — **brained**, chiflado; — **shot**, tiro certero; *n.* hendedura, grieta, raja, intersticio; resquebrajo; *(whip, gun)* estallido, estampido, chasquido; *(with whip)* latigazo; rotura; *va.* hender, rajar, resquebrajar, saltar; chasquear, (r)estallar; *vn.* crujir; reventar; hendirse, agrietarse; estallar.

crackle [kra'kel] *vn.* crujir, crepitar, restallar, chasquear.

crackling [krak'ling] *n. (sound)* crepitación, crujido.

cradle [krey'dəl] *n.* cuna, *(arch.)* trompa.

craft [kraaft] *n.* oficio, profesión; artificio; *(ship)* bajel, embarcación; **air** —, avión; *(guile)* astucia, treta, maña.

craftiness [kraaf'ti-nes] *n.* astucia, socarronería, maña.

craftsman [kraafts'man] *n.* artesano, artífice.

crafty [kraaf'ti] *n.* astuto, ladino, socarrón, taimado, solapado, vulpino.   [co, peña.

crag [krag] *n.* despeñadero, riscraggy [kra'gi] *adj.* escarpado, rocalloso, arriscado, escabroso.

cram [kram] *va.* rellenar, embutir, henchir, atiborrar, recargar; *vn.* hartarse.

cramp [kramp] *n. (body)* calambre; agujetas; grapa, prensa; *va.* encalambrar; engrapar; sujetar.

crane [kreyn] *n. (orn.)* grulla; *(mech.)* grúa; *va.* **to** — **one's neck**, estirarse.

cranium [krey-nyəm] *n.* cráneo.

crank [krank] *n.* manivela; codo; *(person.)* maniático, chiflado, extravagante, lunático.

crape [kreyp] *n.* crespón.

crash [krash] *n.* estallido, estrépito; choque; *(financial)* quiebra; *va. & n.* estallar; quebrantar; *(air)* estrellarse.

crashing [kra'shing] *n.* estampido.   [tosco.

crass [kras] *adj.* craso, torpe,

crater [krey'tə] *n.* cráter, hoyo.

crave [krevy] *va.* implorar, solicitar; ansiar, suspirar (por).

craving [krey-ving] *adj.* insaciable; *n.* deseo vehemente, anhelo, sed, reconcomio.

crawl [krool] *vn.* arrastrarse; serpear; *(child)* ir a gatas, gatear.   [tas.

crawling [kroo'ling] *adj.* a gacrayon [krey'ən] *n.* lápiz, tiza; dibujo a lápiz.

craze [kreys] *n.* delirio, manía, capricho; *va. & n.* enloquecer(se).

crazed [kreysd] *adj.* alocado, poseído; demente, trastornado.

craziness [krey'si-nes] *n.* chifladura; locura; trastorno.

crazy [krey'si] *adj.* loco; insensato, demente; chiflado; *(idea)* disparatado, desatinado; **completely** —, loco rematado.

creak [kriik] *n.* chirrido; canto; *vn. (metal)* rechinar; *(wood)* crujir, gruñir; *(axles)* chirriar, cantar.   [crujido.

creaking [krii'king] *n.* ruido;

cream [kriim] *n.* crema; nata; *(of society, etc.)* la flor y nata; — **bun**, buñuelo de viento; **whipped** —, crema batida; — **cheese**, queso de nata.   [dora.

creamer [krii'mər] *n.* desnatacrease [kriis] *n.* pliegue, plegadura; *(untidy)* arruga; *va.* plegar, doblar, hacer pliegues, arrugar.

create [kri-eyt'] *va.* crear, producir, hacer, criar; ocasionar, originar.   [ción; naturaleza.

creation [kri-ey'shən] *n.* creacreative [kri-ey'tiv] *adj.* imaginativo.   [ser; hechura.

creature [kri'chə] *n.* criatura.

crèche [kresh] *n.* (Christmas) belén, nacimiento. [fe, crédito.

credence [kri'dəns] *n.* creencia.

credentials [krə-den'shəls] *n. pl.* credenciales, nombre, nombradía.   [ble, verosímil.

credible [kre'di-bəl] *adj.* creícredit [kre'dit] *adj. (balance)* activo; crédito; fe, creencia; *(exams.)* notable; **to do** — **to**, honrar; **on** —, al fiado, a plazos; *va.* creer, dar fe; dar crédito; *(com.)* abonar.

creditable [kre'di-tə-bəl] *n.* honorable, responsable, honroso; fidedigno; creíble.

credited [kre'di-təd] *adj.* acreditado; reputado; (*com.*) abonado en cuenta.

creditor [kre-di-tə] *n.* acreedor.

credulity [kre-diu'li-ti] *n.* credulidad.

credulous [kre'diu-ləs] *adj.* crédulo; **to be** —, comulgar con ruedas de molino.

creed [kriid] *n.* credo; creencia; religión, doctrina.

creek [kriik] *n.* (*coastal*) ensenada, caleta, abra; riachuelo.

creep [kriip] *vn.* arrastrarse; deslizarse, insinuarse; — **up**, trepar; **to give the** —**s to**, horripilar.

creeper [krii'pə] *n.* planta (rastrera, trepadora, enredadera).

crescent [kre'sənt] *n.* creciente; media luna.

cress [kres] *n.* berro; mastuerzo.

crest [krest] *n.* (*bird*) cresta, penacho, copete; (*helmet*) cimera; (*hill*) cima.

crestfallen [krest'fo-lən] *adj.* abatido, alicaído; orejas gachas; con el rabo entre las piernas.

crevice [kre'vis] *n.* grieta, abertura, resquicio. [da, horda.

crew [kru] *n.* tripulación; band-

crib [krib] *n.* pesebre; artesa; (*Christmas*) nacimiento; (*porter's*) cuchitril.

erick [krik] *n.* tortícolis.

cricket [kri'kət] *n.* grillo.

erier [kray'ə] *n.* pregonero, voceador.

crime [kraym] *n.* crimen; delito; (*general*) criminalidad.

criminal [kri'mi-nəl] *adj.* criminal; *n.* reo; **state** —, reo de traición.

crimson [krim'sən] *adj.* carmesí. [que.

crinoline [kri'no-lin] *n.* miriña-

cripple [kri'pəl] *n.* cojo, inválido; contrahecho; tullido; **to be a** —, ser cojo; *va.* mutilar, lisiar; estropear, baldar.

crippled [kri'pəld] *adj.* contrecho, tullido; (*naut.*) desarbolado; **to be** —, estar cojo.

crisis [kray'sis] *n.* crisis.

crisp [krisp] *adj.* crespo, rizado; erizado; (*food*) tostado; (*phrase*) cortado, decidido, vigoroso; mordaz; (*weather*) fresco; **to cook** —, achichar; *va.* encrespar, rizar.

crespness [krisp'nes] *n.* encrespadura; viveza, decisión, concisión.

criss-cross [kris-kros'] *adj.* cruzado; *adv.* en cruz.

criterion [kray-ti'ryən] *n.* criterio, juicio.

critic [kri'tik] *n.* crítico.

critical [kri'ti-kəl] *adj.* crítico, difícil; — **article**, crítica; — **point**, crisis; — **comment**, animadversión.

critically [kri'ti-kə-li] *adv.* **to be** — **ill**, estar de cuidado.

criticise [kri'ti-says] *va.* criticar, censurar, notar.

criticism [kri'ti-si-səm] *n.* crítica; juicio crítico.

croak [krouk] *n.* (*crow*) graznido; (*frog*) canto; chirrido; *vn.* graznar. [charros.

crockery [kro'kə-ri] *n.* loza, ca-

crocodile [kro'kə-dayl] *n.* cocodrilo.

crony [krou'ni] *n.* compinche, amigo íntimo; satélite.

crook [kruk] *n.* (*hook*) gancho, garfio; (*shepherd*) cayado; artificio, tramposo; criminal; *vn.* encorvarse.

crooked [kru'kəd] *adj.* encorvado, combo, torcido, giboso; avieso.

crop [krop] *n.* (*harvest*) cosecha, recolección, mieses; (*of animal*) buches; *va. & n.* cosechar, recolectar; (*hair*) rapar; (*animal*) esquilar; (*cow*) pacer.

cross [kros] *n.* cruz; **wayside** —, crucero; (*St. Andrew's*) aspa; aflicción; (*biol.*) cruzamiento; *adj.* atravesado; opuesto; de mal humor, arisco, picado; mohíno; (*direction*) transversal; — **bar**, barra, tranca, travesaño; — **bred**, cruzado; — **examination**, preguntas; — **eyed**, bizco; — **grained**, desabrido; **to be (get)** —, tener malas pulgas; molestarse; — **road**, atajo, trocha, travesía; — **wise**, terciado; *va.* atravesar, cruzar, (tras)pasar; *(person)* desbaratar; vejar; intersectarse; — **out**, borrar, rayar; **to** — **breed**, cruzar.

crossing [kro'sing] *n.* *(roads, strains)* cruce; *(arches)* crucero; *(sea)* travesía; *(mountains)* paso; *(ford)* vado; *(parting of ways)* encrucijada; **level** —, paso a nivel; **pedestrian** —, paso para peatones; **street** —, bocacalle.

crossness [kros'nes] *n.* mal humor.

crosswise [kros'ways] *adv.* (de, al) través, en cruz; de parte en parte.

crouch [krauch] *vn.* acurrucarse; acuclillarse; agacharse; rebajarse.   [cuclillas.

crouching [krau'ching] *adv.* en

crow [krou] *n.* corneja; marica; cuervo; *(cock)* canto; **as the** — **flies**, en derechura; *vn.* **to** —, cacarear.

crowbar [krou'baa] *n.* palanca.

crowd [kraud] *n.* multitud, gentío, montón, turba; rueda; gente; concurso; tropa; tropel; —**s of**, una nube de; **in** —**s, in a** —, a tropel; *va.* amontonar; *vn.* amontonarse; **to** — **together** agolparse; **to** — **around**, (ar)remolinarse.

crown [kraun] *n.* corona *(flowers)* guirnalda; *(head)* coronilla; *(hat)* copa; *(prize)* galardón; *(hill)* cima; *va.* coronar.   [(pastoral).

crozier [brou'siə] *n.* báculo

crucial [kru'shəl] *adj.* crítico, decisivo, conclusivo; atravesado.   [fijo, Cristo.

crucifix [kru'si-fiks] *n.* crucicrucifixión.

crucifixion [kru-si-fik'shən] *n.* crucifixión. [car; atormentar.

crucify [kru'si-fay] *va.* crucificrude [kruud] *adj.* crudo, áspero, bruto, tosco, indigesto.

crudity [kru'di-ti] *n.* rudeza.

cruel [kru'əl] *adj.* cruel, fiero, duro, feroz; sanguíneo, desapiadado, bárbaro.

cruelty [kru'əl-ti] *n.* crueldad,

tiranía, barbaridad, ensañamiento, barbarie.

cruise [kruus] *n.* viaje por mar; *vn.* navegar.

cruiser [kru'sə] *n.* crucero.

cruller [krə'lər] *n.* buñuelo, almojábana.

crumb [krəm] *n.* migaja, miaja; *(fig.)* pizca; *va.* desmenuzar.

crumble [krəm'bəl] *va. & n.* desmigajar(se), desmenuzar(se); *(stone)* desmoronarse, derrumbarse.

crumple [krəm-pəl] *va.* arrugar, manosear, ajar; — **up**, consentirse, deshacerse, desplomarse.

crunch [krənsh] *va.* cascar; *vn.* crujir.

crunching [krən'shing] *n.* crujido.

crusade [kru-seyd'] *n.* cruzada.

crusader [kru-sey'də] *n.* cruzado.

crush [krəsh] *n.* choque; aplastamiento; machacadura; *(of people)* gentío, agolpamiento; *va.* aplastar, machacar, moler, quebrantar; *(press)* prensar, estrujar; *(squeeze)* apretar, comprimir; *(overwhelm)* abrumar, trastornar, aniquilar, hundir; *(spoil)* ajar, deslucir.

crushing [krə-shing] *adj.* *(retort, blow, etc.)* fulminante.

crust [krəst] *n.* costra; capa; *(bread)* corteza, cuscurro; a — **of bread**, un mendrugo de pan; un cantero.

crustiness [krəs'ti-nes] *n.* dureza, mal genio, aspereza.

crusty [krəs'ti] *adj.* costroso; bronco; *(person)* de mal humor, brusco. [letilla.

crutch [krəch] *n.* muleta, mucry [kray] *n.* grito; clamor; lamento; *(of horror, pain)* aullido; *(of newborn baby)* vagido; *va.* gritar; exclamar; llorar; lamentar; *(wares)* pregonar; *vn.* llorar; — **out**, gritar; — **down**, rebajar, desacreditar; — **up**, encarecer; **to** — **out loudly**, poner el grito en el cielo.

crying [kray'ing] *adj.* urgente, atroz; llorón; *n.* lloro, llanto, plañido; pregoneo.

crypt [kript] *n.* cripta.

criptic [krip'tik] *adj.* oculto, enigmático.

crystal [kris'təl] *n.* cristal; — clear, cristalino, claro.

crystalize [kris'tə-lays] *va. & n.* cristalizar.

crystalline [kris'tə-layn] *adj.* transparente, cristalino.

cub [kəb] *n.* cachorro; bear —, osezno; wolf —, lobato.

cube [kiuub] *n.* cubo; — root, raíz cúbica; *va.* cubicar.

cuckoo [ku'ku] *n.* cuclillo.

cucumber [kiu'kəm-bəl] *n.* pepino, cohombro; cool as a —, fresco como una lechuga.

cuddle [kə'dəl] *va.* acariciar, abrazar.

cudgel [kə'dyəl] *n.* garrote, porra, palo; *va.* apalear, aporrear; to — one's brains, devanarse los sesos.

cue [kiu] *n.* cola, extremidad, apunte; *(billiards)* taco; *(theat.)* pie.

cueist [ki-u'ist] *n.* jugador de billar.

cuff [kəf] *(shirt)* puño; *(blow)* revés, sopapo, bofetada; — links, gemelos; *va.* dar una bofetada.

cuirass [kə-ras'] *n.* coraza.

cul-de-sac [kəl'də-sak] *n.* callejón (sin salida). [car, coger.

cull [kəl] *va.* escoger, entresacar culminate [kəl'mi-neyt] *vn.* culminar; conseguir.

culpable [kəl'pəbəl] *adj.* culpable, culpado.

culprit [kəl'prit] *n.* culpable, acusado, delincuente.

cult [kəlt] *n.* culto, devoción.

cultivate [kəl'ti-veyt] *va.* cultivar, lab(o)rar; beneficiar; estudiar.

cultivation [kəl-ti-vey'shən] *n.* cultivo, labranza; cultura.

cultivator [kəl'ti-vey-tə] *n.* cultivador, labrador; *(mech.)* cultivadora.

culture [kəl'chə] *n.* cultura, civilización; urbanidad; luz.

cultured [kəl'chəd] *adj.* culto, ilustrado.

culver [kəl'vər] *n.* paloma.

cumbersome [kəm'bə-səm] *adj.* embarazoso, incómodo; abultado. [gorroso, pesado.

cumbrous [kəm'brəs] *adj.* encunning [kə'ning] *adj.* astuto, mafioso; artero, solapado, socarrón, sabio, bellaco; — skill, malas artes; *n.* astucia, treta, ardid; cautela, sutileza, socaliña.

cup [kəp] *n.* taza; trago; *(for athletics)* copa, trofeo; *(communion)* cáliz; *(of chocolate)* jícara; *(of acorn)* capullo, cúpula; —bearer, copero; in one's —s, bebido; many a slip between — and lip, de la mano a la boca desaparece la sopa.

cupboard [kə'bəd] *n.* armario; alacena; — love, amor interesado. [cia; avidez.

cupidity [kiu-pi'di-ti] *n.* codicupula [kiu'piu-lə] *n.* cúpula; cimborrio. [rable, sanable.

curable [kiu'ə-rə-bəl] *adj.* curate [kiu'ə-rət] *n.* coadjutor.

curator [kiu-rey'tə] *n.* conservador, director (de museo).

curb [kəəb] *n.* brocal (de pozo); *(horse)* freno, brida; *(pavement)* orilla; *va.* refrenar, contener, reprimir, cortar.

curd [kəəd] *n.* cuajada, requesón; *pl.* cuajada; *va. & n.* cuajar(se).

curdle [kəə-dəl] *vr.* cortarse, cuajar; *(blood)* helar(se).

cure [kiu'ə] *n.* cura(ción); remedio; —all, panacea; *va. & n.* curar(se); recuperarse; *(food)* conservar, ahumar, salar.

curfew [kəə'fiu] *n.* (toque de) queda.

curiosity [kiu-ryo'si-ti] *n.* curiosidad, rareza.

curious [kiu'ryəs] *adj.* curioso, preguntón, entremetido; raro, peregrino, delicado, primoroso.

curl [kəəl] *n.* rizo, bucle, tirabuzón; *(of wood)* alabeo; *va. & n.* rizar, encrespar, retortijar; — up, acurrucarse; — around, enroscar(se); *(lips)* fruncir.

curled [kəəld] *adj.* *(hair)* rizado; — up, ensortijado.

curlew [kəə'liu] *n.* chorlito.

curling [kəə'ling] *n.* rizada; torcimiento; — tongs, tenacillas.

currant kə'rənt] *n.* pasa de Corinto; grosella.

currency [kə'rən-si] *n.* moneda en circulación, medio circulante; **paper —,** papel moneda; divisas.

current [kə'rənt] *adj.* corriente, común, en boga; popular, de actualidad; **— year,** el año en curso; *n.* (*air, water*) corriente; (*passage*) curso, marcha; *vn.* **to be —,** correr, ser de actualidad.

curry [kə'ri] *va.* curtir, adobar (el cuero); zurrar; **— favour,** adular.

curse [kəəs] *n.* maldición, juramento; vituperio, reniego, injuria, improperio; taco; *va. & n.* maldecir, echar maldiciones; renegar, vituperar, execrar, denostar, echar pestes.

cursed [kəəsd] *adj.* maldito, condenado, execrable.

cursory [kəə-sə-ri] *adj.* precipitado, sumario, por encima, de carrera.

curt [kət] *adj.* seco, breve, conciso.

curtail [kəə-teyl'] *va.* cortar, abreviar, cercenar, restringir, circuncidir.

curtain [kəə'tən] *n.* cortina; (*theat.*) telón; **to draw a — over,** correr un velo sobre.

curve [kəəv] *n.* curva, serpenteo, recodo; *va.* encorvar, torcer(se).

cushion [ku'chən] *n.* cojín, almohadilla; (*billiards*) banda; (*mech.*) cojinete.   [nino.

cuspid [kəs'pid] *n.* colmillo, ca-

custard [kəs'təd] *n.* natillas, leche crema; (*baked*) flan.

custody [kəs'tə-di] *n.* custodia, guardia; encierro, cárcel.

custom [kəs'təm] *n.* costumbre, moda, usanza, procedimiento, uso; impuesto; clientela, despacho; *pl.* aduana; **— duties,** impuestos de aduana; (*local*) fielato; **— officer,** aduanero.

costumary [kəs'tə-mə-ri] *adj.*

acostumbrado, usual, común, ritual, reglamentario, habitual.

customer [kə'tə-mə] *n.* parroquiano, cliente.

cut [kət] *n.* (*slice*) corte, tajo, cortadura, tajada; (*wound*) herida, incisión; (*cards*) alce; (*insult*) desaire; (*tailoring*) hechura, corte; **short —,** atajo, trocha; *va. & n.* cortar; tallar, cincelar; partir, dividir; (*cards*) alzar, cortar; **— down,** segar; **— off,** cortar; **— out,** recortar; suprimir, imposibilitar, cortar; **— short,** truncar, imposibilitar, interrumpir, atajar; **— up,** cortar; surcar, lastimar; **to — dead,** desairar; **to — dead,** desairar; **to — both ways,** ser una arma de dos filos; **to — across fields,** ir a campo traviesa; **to — a figure,** hacer (un) papel; **to — one's way through,** abrirse paso; **— off,** cortado, recortado, incomunicado, aislado.

cutlass [kət'ləs] *n.* machete, alfanje.

cutlery [kət'lə-ri] *n.* cuchillería; cubiertos.

cutlet [kət'lət] *n.* chuleta.

cutthroat [kət'zrout] *n.* asesino.

cutting [kə'ting] *adj.* cortante, mordaz, picante; *n.* cortadura, incisión; picadura; (*newspaper*) recorte; (*railway*) desmonte; (*cloth*) retazo; (*in rock*) tajo; (*snippets*) cortaduras.

cycling [say'kling] *n.* ciclismo.

cyclone [say'kloun] *n.* ciclón, huracán.

cylinder [si'lin-də] *n.* cilindro.

cymbal [sim'bəl] *n.* platillo.

cynical [si'ni-kəl] *adj.* impasible, frío, indiferente; cínico; desdeñoso.

cynicism [si'ni-si-səm] *n.* cinismo; impudor, descaro; frialdad.   [blanco.

cynosure [say'-no-siu-ə] *n.* foco,

cypress [say'prəs] *n.* ciprés.

Czar [saa] *n.* Zar.

D

dabble [da'bəl] *va. & n.* salpicar, mojar] chapotear, revolcarse; especular; ser aficionado de.

daffodil [da'fə-dil] *n.* narciso.

dagger [da'gə] *n.* puñal; daga.

daily [dey'li] *adj.* diario, cotidiano; *adv.* diariamente, todos los días, de un día a otro.

daintiness [deyn'ti-nes] *n.* delicadeza, elegancia, gracia, golosina; afectación.

dainty [deyn'ti] *adj.* delicado; donoso; gracioso; regalado; sabroso; *n.* golosina; gollería.

dairy [de'ə-ri] *adj.* lechería.

dais [deys] *n.* baldaquín, tablado, estrado.

daisy [dey'si] *n.* margarita, maya. [yada, valle.

dale [deyl] *n.* cañada, hoya, ho-

dally [da'li] *vn.* holgar, entretenerse; perder el tiempo, camelar.

dam [dam] *n.* presa, represa; dique; pantano; *va.* represar, embalsar, tapar.

damage [da'meydy] *n.* daño; perjuicio, deterioro, menoscabo; avería; pérdida; *pl. (law)* daños y perjuicios.

damage [da'meydy] *va.* dañar; damnificar; deteriorar; averiarse.

damaging [da'mey-dying] *adj.* dañino, dañoso, perjudicial.

damask [da'mask] *adj.* adamascado, damasquino; *n.* damasco; *va.* damasquinar. [tía.

dame [deym] *n.* dama, mujer;

damn [dam] *va.* condenar, reprobar, maldecir. [fame.

damnable [dam'nə-bəl] *adj.* in-

damnation [dam-ney'shən] *n.* condenación.

damned [damd] *adj.* maldito; condenado; *n. pl.* los condenados.

damp(en) [damp'p(ən)] *adj.* húmedo; mojado; *n.* humedad; *va.* humedecer; desanimar, apagar.

dampness [damp'nes] *n.* humedad.

damsel [dam'səl] *n.* damisela, doncella.

dan [dan] *n.* boya pesquera; señal de zona en el mar donde se han barrido las minas.

dance [daans] *n.* baile; *(old-world)* danza; **formal —**, baile de etiqueta; **St. Vitus' —**, baile de San Vicente; *vn.* bailar, danzar; **to — attendance on**, no dejar a sol ni a sombra.

dancer [daan'sə] *n.* danzante; *(professional)* bailarín(a).

dandy [dan'di] *n.* majo, petimetre, pisaverde; *(early XIXth cent.)* lechuguino.

danger [deyn'dyə] *n.* peligro, riesgo, trance; **without —**, sobre seguro.

dangerous [deyn'dyə-rəs] *adj.* apretado, aventurado; expuesto; peligroso, arriesgado; *(illness)* grave.

dangle [dang'gəl] *va. & n.* colgar, suspender, guindar; bambolearse.

Danish [dey'nish] *adj.* danés.

dapper [da'pə] *adj.* apuesto; gentil, gallardo.

dare [de'ə] *va.* arrostrar, desafiar; retar; *vn.* atreverse, osar; **I — say**, me figuro.

daring [de-ə'ring] *adj.* atrevido, osado; arriesgado, temerario; *n.* osadía, bravura, atrevimiento.

dark [daak] *adj.* oscuro, opaco; sombrío, hosco; fúnebre, ciego; **— haired**, moreno; **—lantern**, linterna sorda; **the —**, *n. pl.* tinieblas; **in the —**, a ciegas, a oscuras, a tientas; **to be left in**

the —, quedarse a buenas noches; **to grow** —, anochecer, oscurecer; **to keep** —, ocultar.
darken [daa'kən] *va.* enlutar; ennegrecer; obscurecer; *man*char, entristecer; *vn.* obscurecerse.
darkness [daak'nes] *n.* obscuridad; hosquedad; **outer** —, tinieblas.
darling [daa'ling] *adj.* querido, amado; *n.* favorito, predilecto; *(Amer.) (fam.)* chata; **my** —, mi bien, amor mío.
darn [daan] *n.* remiendo, zurcido; *va.* zurcir, remendar.
dart [daat] *n.* flecha; dardo; venablo; *va. & vr.* lanzar(se), arrojar(se); despedir, flechar.
dash [dash] *n.* ataque, arremetida; *(waves)* embate, choque; *(in writing)* guión, raya; *(food)* mezcla, sabor; *(of person)* coraje, garbo; fogosidad; **to make a** —, tirarse; *va. & vr.* lanzars(se), arrojar(se); hundir; acometer; **to — to pieces,** hacer(se) añicos, estrellarse; estallar; **to — to and fro,** trajinar, arremeter.
dashboard [das'board] *n.* guardafango, delantal, salpicadero.
dashing [da'shing] *adj.* brillante, fogoso; *(person)* garboso; *(fam.)* curro; *n.* embate; arremetida.   [barde, tímido.
dastardly [das'taad-li] *adj.* co-
data [dey'tə] *n. pl.* datos.
date [deyt] *n.* fecha; *(fruit)* dátil; **— coloured,** datilado; **out of** —, desusado, pasado de moda; **up to** —, al día, al tanto; *va.* datar, poner la fecha, fechar.
daub [doəb] *n.* mamarracho; birria; *va.* embadurnar; disfrazar.
daughter [doo'tə] *n.* hija; **grand** —, nieta; **—in-law,** nuera, hija política; **god—,** ahijada.
daunt [doont] *va.* acobardar, arredrar, atemorizar, intimidar, domar.
dauntless [doont'les] *adj.* intrépido, impávido.
dauntlessness [doont'les-nes] *n.* impavidez, denuedo.

dawdle [doo'dəl] *vn.* gastar tiempo, pasar el rato.
dawn [doon] *n.* alba, amanecer; **at** —, de madrugada; **from — to dusk,** de sol a sol; **to get up with the** —, madrugar; *vn.* amanecer, romper el día, alborear, apuntar.
day [dey] *n.* día; *(work)* jornada; **—book,** diario; **by** —, de día; **the — before,** la víspera; **the — before yesterday,** anteayer; **the — after tomorrow,** pasado mañana; **a — off,** un día de asueto; **— in — out,** día tras día; **— boy** *(in boarding school)* externo; **—school,** externado; **—labourer,** jornalero; **every other** —, cada tercer día, un día sí y otro no.
daybreak [dey'breyk] *n.* amanecer, alba; *at* —, al amanecer.
daylight [dey'layt] *n.* sol; luz del día.   [ofuscar, aturdir.
daze [deys] *n.* trastorno; *va.*
dazzle [da'sə] *va.* deslumbrar, ofuscar.   [so, relumbrante.
dazzling [das'ling] *adj.* luminoso
dead [ded] *adj.* muerto; difunto; *(sound)* sordo; *(matter)* inorgánico; *(light)* sordo; seguro; **—stop,** parada en seco; **in the — of night,** en las altas horas; **— certainty,** certeza absoluta; **— drunk,** perdido; **— end,** callejón sin salida; **—shot,** tirador certero; **—weight,** peso muerto.
deaden [de'dən] *va.* amortiguar; apagar.   [tífero.
deadliness [ded'li-nes] *n.* lo mor-
deadly [ded'li] *adj.* mortal; letal; fatal; **—sin,** pecado capital.
deadness [ded'nes] *n.* muerte, inercia.
deaf [def] *adj.* sordo; **to pretend to be** —, hacer el sueco; **—and dumb,** sordomudo; **stone —,** sordo como una tapia.
deafen [de'fən] *va.* ensordecer, aturdir.
deafness [def'nes] *n.* sordera.
deal [diil] *n.* cantidad, porción; *(wood)* pino en tablas; negocio, trato; **a great —,** mucho; **a good —,** bastante; *va. & n.*

distribuir; *(cards)* dar; tratar, negociar; **to — in,** comerciar; **to — with,** tratar de, versar sobre.

dealer [dii'lə] *n.* comerciante, expendedor; *(at cards)* mano.

dealings [dii'lings] *n.* trato; conducta, proceder.

dean [din] *n.* decano, deán.

dear [di'ə] *adj.* costoso, caro; querido, predilecto.

dearness [di'ə-nes] *n.* cariño, *(cost)* carestía; lo caro. [sez.

dearth [dəəz] *n.* carestía, escadeath [dez] *n.* muerte, fallecimiento, defunción; parca; **the pangs of —,** agonía; **war to the —,** guerra sin cuartel; — **dealing,** *adj.* fatal, mortífero; — **certificate,** partida de defunción.

deathless [dez'les] *adj.* imperecedero.

debar [di-baa'] *va.* excluir, privar, alejar.

debase [di-beys'] *va.* rebajar, envilecer, prostituir, pervertir; *(coinage)* depreciar; *vr.* humillarse.

debasement [di-beys'mənt] *n.* envilecimiento, adulteración.

debasing [di-bey'sing] *n. (of coinage)* alteración.

debate [di-beyt'] *n.* debate; discusión, contienda, controversia; *va. & n.* debatir; contender, disputar; deliberar.

debauch [di-booch'] *n.* crápula, orgía; *va.* corromper; relajar, sobornar.

debauchery [di-boo'chə-ri] *n.* crápula, lujuria, mal vivir.

debilitate [di-bi'li-teyt] *va.* debilitar, extenuar, postrar, quebrantar.

debility [de-bi'li-ti] *n.* debilidad, atonía, inanición, extenuación. [cargo; *va.* cargar.

debit [de'bit] *n.* debe, débito, **debonair** [de-bo-ne'a] *adj.* gallardo, afable, cortés.

debouch [di-bush', di-bauch'] *vn.* desembocar, salir.

debt [det] *n.* deuda.

debris [de'bri] *n.* escombros, ripio, desecho.

debtor [de'tə] *n.* deudor.

début [de-biu'] *n.* estreno; presentación en sociedad.

decade [de'keyd] *n.* década.

decadence [de'kə-dəns] *n.* ocaso, decadencia.

decamp [di-kamp'] *vn.* huir, escaparse, decampar; *(sl.)* zafarse. [botellón.

decanter [di-kan'tə] *n.* garrafa, **decapitate** [di-ka'pi-teyt] *va.* decapitar, degollar.

decay [di-key'] *n.* decadencia; descaecimiento; mengua; podredumbre, putrefacción seca; *vn.* decaer, declinar, empeorar, extenuarse, pudrir; venir a menos, degenerar; *(teeth)* cariarse.

decaying [di-key'ing] *n.* decadencia; descaecimiento.

decease [di-siis'] *n.* fallecimiento, defunción; *vn.* morir, fallecer.

deceit [di-siit'] *n.* fraude, engaño; impostura, duplicidad, trampa, camelo.

deceitful [di-sit'ful] *adj.* falso, engañoso; artificioso, bellaco, solapado.

deceitfulness [di-sit'ful-nes] *n.* perfidia, engaño, bellaquería.

deceive [di-siiv'] *va.* engañar, defraudar, burlar, camelar, embaucar.

December [di-sem'bə] *n.* diciembre.

decency [dii'sən-si] *n.* decencia; honestidad, pudor, recato.

decent [dii'sənt] *adj.* decente, acomodado, honrado; aseado.

deception [di-sep'shən] *n.* decepción, desengaño, desilusión.

deceptive [di-sep'tiv] *adj.* engañoso, especioso, falaz, ilusorio.

decide [di-sayd'] *va. & n.* decidir, resolver; —**on,** optar por; *vr.* decidirse, resolverse.

decided [di-say'dəd] *adj.* decidido, resuelto; asegurado; categórico; patente. [mar.

decimate [de'si-meyt] *va.* diez-**decipher** [di-say'fə] *va.* descifrar; aclarar; deletrear.

decision [di-si'siən] *n.* decisión, resolución, firmeza.

decisive [di-say'siv] *adj.* decisi-

vo, crítico, concluyente; —ly,
adv. de cabeza.
deck [dek] n. (ship) puente;
cubierta; plataforma; — chair,
silla de tijera; va. adornar(se),
ataviar(se).   [ornamento.
decking [de'king] n. adorno;
declaim [di-kleym'] va. & n. declamar, recitar, perorar, arengar.
declaration [de-klə-rey'shən] n.
declaración,   manifestación,
manifiesto.
declare [di-kle'ə] va. declarar,
manifestar; afirmar, testificar;
vr. pronunciarse.
declared [di-kle'əd] adj. calificado, declarado, abierto.
decline [di-klayn'] n. declinación, decadencia; mengua, menoscabo; va. rehusar, rechazar; vn. excusarse, evitar, negarse.
declivity [di-kli'vi-ti] n. declive, pendiente.   [hervir.
decoct [di-kokt'] va. cocer,
decode [di-ko'ud] v. descifrar.
decompose [de-kom-pous'] va.
descomponer, pudrir; vn. descomponerse.
decorate [de'ko-reyt] va. (con)-
decorar, adornar, hermosear.
decoration [de-ko-rey'shən] n.
(con)decoración; adorno, ornato, embellecimiento.
decorous [de'kə-rəs] adj. decoroso, púdico.
decorum [de-kou'rəm] n. decoro, decencia, corrección; pudor.
decoy [di-koy'] n. señuelo; —
pigeon, cimbel, señuelo; va.
atraer con señuelo, embaucar.
decrease [di-kriis'] n. disminución, mengua; merma; (knit.)
menguado; va. & n. disminuir,
menguar.
decree [di-kii'] n. decreto, estatuto; pragmática, ley; va. decretar, ordenar.
decrepit [di-kre'pit] adj. decrépito, chocho, caduco.
decry [di-kray'] va. desacreditar, afear; rebajar; zaherir.
dedicate [de'di-keyt] va. dedicar, consagrar, aplicar, dar-
(se) a.

dedication [de-di-key'shən] n.
(place) consagración; (book)
dedicatoria.
deduce [di-dius'] va. deducir,
inferir, sacar; vn. sacar en
limpio.
deduct [di-dəkt'] va. deducir;
descontar; (math.) restar.
deduction [di-dək'shən] n. deducción, reducción; (money)
descuento; absurd —, contrasentido.
deed [diid] n. acción; hecho,
acto; hazaña; (valorous) proeza; (youthful) pl. mocedades;
(law) escritura; documento.
deep [diip] adj. profundo, serio; (sorrow) hondo; (thought)
recóndito; (lowe) fuerte; (music) grave; (colour) oscuro; —
chested, ancho de pecho; —
spot, n. pozo; hondonada; (the
sea) piélago, fondo del mar,
alta mar; to go —, vn. ahondar, profundizar.
deepen [dii'pən] va. profundizar; (voice) ahuecar.
deeper [dii'pə] adv. to go ever
— into, vn. internarse en.
deepness [diip'nes] n. profundidad, intensidad.
deer [di'ə] n. ciervo, venado.
deface [di-feys'] va. estropear,
afear, mutilar; desfigurar.
defacement [di-feys'mənt] n.
destrucción, mutilación.
defame [di-feym'] va. amenguar, difamar, calumniar, infamar, menoscabar.
default [di-folt'] n. falta, omisión; culpa; defecto; by —, por
ausencia, etc.; en rebeldía; va.
faltar, no cumplir; vn. ponerse
en mora.
defeat [di-fiit'] n. derrota; descalabro, anulación; va. derrotar, frustrar; vencer; which—s
its own purpose, adj. contraproducente.
defect [di'fekt] n. defecto, vicio;
imperfección, tacha.
defective [di-fek'tiv] adj. defectuoso, defectivo, imperfecto; escaso.
defence [di-fens'] n. defensa,
apoyo, escudo, sostén; apología.

defenceless [di-fens'les] *adj.* indefenso, inerme, desamparado.
defend [di-fend'] *va.* defender, vindicar, amparar; *vr.* parapetarse; (res) guardar(se).
defendable [di-fen'də-bəl] *adj.* defendible, sostenible.
defendee [di-fen'di] *n.* defendido.
defender [di-fen'dəl] *n.* (*law*) defensor, abogado, protector, campeón; apologista.
defensive [di-fen'siv] *n.* defensiva; **to be on the —,** estar a la defensiva.
defer [di-fəə'] *va.* & *n.* diferir, aplazar, postergar, posponer, postergar; **—to,** deferir, ceder.
deference [de'fə-rəns] *n.* deferencia, respeto, consideración.
deferential [de-fə-ren'shəl] *adj.* respetuoso.
defiance [di-fay'əns] *n.* provocación; reto; (*law*) rebeldía; **in — of,** a despecho de; **to bid —,** desafiar.
defiant [di-fay'ənt] *adj.* provocativo, osado.
deficiency [di-fi'shən-si] *n.* deficiencia, insuficiencia, falta.
deficient [di-fi'shənt] *adj.* deficiente, defectuoso, incompleto.
deficit [de'fi-sit] *n.* déficit.
defile [*n.* di'fayl; *vb.* di-fayl'] *n.* desfiladero, hoz; *va.* manchar, profanar, ensuciar; infeccionar.
defilement [di-fayl'mənt] *n.* corrupción, contaminación, profanación.
define [di-fayn'] *va.* definir, determinar, delimitar.
definite [de'fi-nit] *adj.* definido, rotundo, terminante; (*promise, etc.*) formal; categórico; **quite —,** indudable.
definition [de-fi-ni'shən] *n.* definición; precisión.
definitive [de-fi'ni-tiv] *adj.* categórico, terminante.
deflate [di-fleyt'] *va.* deshinflar, desinchar.
deflect [di-flekt'] *va.* & *n.* desviar, separar del camino; *vr.* desviarse, apartarse.
deflection [di-flek'shən] *n.* desvío; declinación, torcimiento.
deform [di-foom'] *va.* desfigurar, deformar.
deformed [di-froomd'] *adj.* disforme, contrahecho, deforme.
deformity [di-foo'mi-ti] *n.* deformidad, malformación.
defraud [di-frood'] *va.* defraudar, engañar; frustrar.
defray [di-frey'] *va.* costear, sufragar (los gastos). [mañoso.
deft [deft] *adj.* diestro, hábil,
deftness [deft'nəs] *n.* destreza, habilidad, maña. [tar.
defy [di-fay'] *va.* desafiar, retar.
degeneration [di-dye-nə-rey'-shən] *n.* degeneración; empeoramiento.
degradation [de-grə-dey'shən] *n.* degradación; descenso.
degrade [di-greyd'] *va.* degradar, envilecer; hollar; humillar. [humillante.
degrading [di-grey'ding] *adj.*
degree [di-grii'] *n.* (*up or down*) grado, escalón; (*station*) casta, estirpe; (*university*) licenciatura; doctorado; **of low —,** *adj.* plebeyo.
deign [deyn] *vn.* dignarse, servirse, condescender.
deity [dey'i-ti] *n.* deidad, divinidad. [afligir, contristar.
deject [di-dyekt'] *va.* abatir,
dejected [di-dyek'təd] *adj.* abismado, afligido, abatido, triste, amilanado; **to be —,** andar (ir) de capa caída.
dejection [di-dyek'shən] *n.* abatimiento, desaliento; postración.
dekko [de'ko] *n.* (*pop.*) mirada, **let us have a dekko:** echemos una ojeada, veamos.
delay [di-ley'; *n.* tardanza, retardo, demora; (*railway*) retraso; **without —,** en seguida, sin demora; *va.* aplazar, (re)-tardar, posponer; demorarse, tardarse. [char.
delete [di-liit'] *va.* borrar, ta-
deleterious [di-li-ti'ri-əs] *adj.* deletéreo. [rrar; el tachar.
deletion [di-lii'shən] *n.* el bo-
deliberate [di-li'bə-reyt] *adj.* circunspecto; compasado, pausado, lento, deliberado; *vn.* deliberar, discurrir.

deliberately [di-li'bə-reyt-li] *adv.* a sabiendas, de propósito.
deliberation [di-li-bə-rey'shən] *n.* deliberación, ponderación.
delicacy [de'li-kə-si] *n.* delicadeza, elegancia; *(taste)* refinamiento; *(manner)* esmero; escrupulosidad; *(health)* flaqueza; *(of artistic work)* filigrana; *(food)* bocado de rey, manjar.
delicate [de'li-kət] *adj.* tierno, delicado; *(workmanship)* afiligranado; *(taste)* exquisito; *(feeling)* pudoroso; *(health)* enfermizo, alfeñique; *(sense)* suave, gentil, ligero; *(strength)* deleznable, quebradizo.
delicious [di-li'shəs] *adj.* delicioso, exquisito; *(food)* rico, sabroso.
delight [di-layt'] *n.* encanto, placer, delicia; gozo; atractivo; *va.* seducir, encantar, recrear; deleitarse, gozar; complacerse.
delighted [di-lay'təd] *adj.* gozoso, complacido, encantado; **to be —,** contentarse, tener mucho gusto en.
delightful [di-layt'ful] *adj.* delicioso, ameno, deleitoso, encantador, gracioso, regalado, sabroso.
delightfulness [di-layt'fulnes] *n.* delicia; suavidad; encanto; placer.
delineation [de-li-ni-ey'shən] *n.* trazo, bosquejo, delineamiento.
delinquency [de-ling'kwən-si] delincuencia; delito.
delirious [de-li'riəs] *adj.* delirante.
delirium [de-li'ryəm] *n.* delirio, desvarío.
deliver [di-li'və] *va.* entregar; *(from bondage)* librar, libertar; *(speech)* pronunciar; *(blow)* asestar; *(child)* partear; **to be — ed** *(of child)* parir; *vr.* desahogarse.
deliverance [di-li'və-rəns] *n.* liberación; rescate.   [tador.
deliverer [di-li'və-rə] *n.* libertador.
delivery [di-li'və-ri] *n.* entrega; *(letters)* reparto; *(from bondage)* libramiento, rescate;

(birth) parto, alumbramiento; *(speech)* dicción.
dell [del] *n.* valle, cañada, hondón, cañón.   [alucinar.
delude [de-liud'] *va.* engañar, deludir.
deluded [di'liu'dəd] *adj.* iluso.
deluge [de'liudy] *n.* diluvio; *va.* inundar, diluviar.
delusion [di-liu'siən] *n.* error, engaño; ilusión.
delve [delv] *va.* cavar; ahondar.
demand [di-maand'] *n.* demanda, reclamación, pedido, solicitud; *va.* pedir, exigir, demandar, reclamar.
demean [di-miin'] *vr.* degradarse, rebajarse.
demeanour [di-mii'nə] *n.* conducta, porte.
demise [di-mays] *n.* fallecimiento, defunción; óbito; *va.* legar, transferir, dar en arriendo.
demobilization [di-mo-bi-ley-sey'shən] *n.* desmovilización; licencia absoluta.
democracy [di-mo'krə-si] *n.* democracia.
democrat [de'mo-krat] *n.* demócrata.
democratic [de-mo-kra'tik] *adj.* democrático.
demolish [di-mo'lish] *va.* demolir, derribar; arruinar, batir, derrocar; reventar.
demolition [di-mo-li'shən] *n.* derribo.   [diablo.
demon [dii'mən] *n.* demonio.
demonstrate [de'mən-streyt] *va.* demostrar, probar, manifestar.
demonstration [de-mən-strey'shən] *n.* demostración; *(public, in street)* manifestación.
demonstrative [di-mon'strə-tiv] *adj.* demostrativo, abierto.
demoralise [di-mo'rəl-ays] *va.* desmoralizar, descorazonar.
demur [di-məə'] *n.* vacilación, duda; *vn.* vacilar, temporizar, poner inconvenientes.
demure [di-miu'ə] *adj.* recatado, modesto.
den [den] *n.* madriguera, caverna; antro; *(fam.)* cuchitril; *(hiding place)* escondrijo, rincón.
denial [di-nay'əl] *n.* denegación, negación; repudio.

denominate [di-no'mi-neyt] *va.* calificar, denominar, nombrar.

denote [di-nout'] *va.* denotar, significar, señalar.

denouement [dey-nou'mon] *n.* catástrofe, desenlace.

denounce [di-nauns'] *va.* denunciar, acusar, delatar.

denouncement [di-nauns'mənt] *n.* denuncia, denunciación.

dense [dens] *adj.* denso, espeso; compacto, cerrado; *(undergrowth)* tupido; *(person)* lerdo, torpe.

denseness [dens'nes] *n.* densidad, solidez; espesor; estupidez.

density [den'si-ti] *n.* densidad.

dent [dent] *n.* hoyo; abolladura; *va.* abollar; **to make a — in,** hacer mella en. [frico.

dentifrice [den'ti-fris] *n.* dentí-

dentist [den'tist] *n.* dentista; *(pop.)* sacamuelas.

denude [di-niud'] *va.* despojar, denudar, desnudar.

denunciate [di-nən'si-eyt] *va.* denunciar, acusar.

deny [di-nay'] *va.* negar, refutar, renegar, renunciar, negarse a; desdecirse.

depart [di-paat'] *vn.* salir, irse, marcharse; *(soul)* fallecer; *(from truth, etc.)* desviarse, apartarse; **the departed,** los difuntos.

department [di-paat'mənt] *n.* departamento; sección; *(of knowledge,* etc.), rama, ramo.

departure [di-paa'chə] *n.* salida, partida; el irse, desviación.

depend [di-pend'] *vn.* depender (de); **—on,** constar con, fiarse de; estribar en.

dependable [di-pen'də-bəl] *adj.* formal, seguro.

dependence [di-pen'dəns] *n.* dependencia; relación; confianza, seguridad.

dependent [di-pen'dənt] *adj.* dependiente; afiejo; *(fact)* consiguiente; necesitado; pendiente; *n.* dependiente, subalterno.

depict [di-pikt'] *va.* describir, pintar, representar.

deplete [di-pliit'] *va.* agotar; vaciar; mermar.

deplorable [di-plou'rə-bəl] *adj.* deplorable, lamentable; **it is—,** es de lamentar.

deplore [di-ploo'] *va.* deplorar, lamentar, llorar, dolerse de.

deploy [di-ploy'] *va.* desplegar.

deport [di-poot'] *va.* deportar, extrañar, desterrar; *vr.* conducirse, portarse.

deportation [di-poo-tey'shən] *n.* deportación, destierro.

deportment [di-poot'mənt] *n.* porte, conducta, proceder.

depose [di-pous'] *va.* deponer; *vn.* dar testimonio.

deposit [di-po'sit] *n.* depósito, sedimento; *(com.)* arras, prenda; *(ore)* yacimiento; *va.* depositar; poner (dinero); *(chem.)* precipitar.

deposition [di-po-si'shən] *n.* deposición; testimonio; depósito.

depot [de'pou] *n.* almacén; muelle.

deprave [di-preyv'] *va.* depravar, pervertir; *(taste)* estragar.

depravity [di-pra'vi-ti] *n.* depravación, corrupción, villeza, perversión.

deprecate [de'prə-keyt] *va.* rogar; lamentar; *vn.* oponerse.

depreciate [di-prii'syeyt] *va.* denigrar; despreciar, rebajar.

depreciation [di-prii-syey'shən] *n.* depreciación, rebaja.

depredation [de-prə-dey'shən] *n.* depredación, saqueo.

depress [di-pres'] *va.* deprimir, bajar, desanimar; sumir, abismar. [dante.

depressant [di-pre'sənt] *n.* se-

depressed [di-presd'] *adj.* alicaído, deprimido.

depression [di-pre'shən] *n.* *(mental,* etc.) abatimiento; depresión; *(hollow)* hueco.

deprivation [de-pri-vey'shən] *n.* pérdida, privación, carencia.

deprive [di-prayv'] *va.* privar (de), quitar (a), destituir.

depth [depz] *n.* profundidad; fondo; *(sound)* gravedad; *(colour)* viveza; *(in fathoms)* braceaje; **—s,** abismo; entrañas; **the —s of,** lo hondo de; **out of one's —,** sin dar pie.

deputy [de'piu-ti] *n.* delegado, suplente, diputado; comisionado.
derail [di-rey'] *vn.* descarrilar.
derange [di-reyndy'] *va.* desarreglar; *(mind)* trastornar.
derangement [di-reyndy'mənt] *n.* desarreglo, desconcierto; desbarajuste; trastorno; *(mental)* locura, desvarío.
derelict [de're-likt] *adj.* abandonado.
deride [di-rayd'] *va.* ridiculizar, burlarse (de), mofarse (de).
derision [di-ri'syən] *n.* irrisión; mofa, escarnio; **subjet of —**, ludibrio. [sorio, burlesco.
derisive [de-ray'siv] *adj.* irri-
derivation [de-ri-vey'shən] *n.* derivación, etimología.
derive [de-rayv'] *va.* derivar, deducir. [derogatorio.
derogatory [de-ro'gə-tə-ri] *adj.*
dern [dərn] *adj.* secreto, oculto.
derrick [de'rik] *n.* grúa, torre.
descend [di-send'] *vn.* descender, bajar; declinar; **to — to,** rebajarse a; **to — upon,** caer sobre; **to—from,** descender de.
descendant [di-sen'dənt] *n.* descendiente, vástago.
descent [di-sent'] *n.* origen, descenso; *(family)* cuna, abolengo, estirpe; descendencia; posteridad; *(from the Cross)* descendimiento; *(slope)* pendiente, declive; *(from mountain)* bajada; *(mil.)* incursión.
describe [des-krayb'] *va.* describir, pintar, definir.
description [de-scrip'shən] *n.* descripción, reseña; género, clase; **personal —,** *pl.* señas personales.
descriptive [des-krip'tiv] *adj.* descriptivo, narrativo.
descry [des-kray'] *va.* descubrir, divisar, columbrar.
desecrate [de'si-kreyt] *va.* profanar.
desert [*n.* de'sət; *vb.* di-səət'] *adj.* desierto; despoblado; solitario; *n.* páramo, yermo, desierto; soledad; merecimiento; *va. & n.* desertar; abandonar, dejar, desamparar; **to get one's —s,** llevar su merecido.

deserter [di-səə'tə] *n.* desertor, tránsfuga.
desertion [di-səə'shən] *n.* abandono; *(mil.)* deserción.
deserve [di-səəv'] *va.* merecer, ser digno de; incurrir (en).
deserving [di-səə'ving] *adj.* digno, benemérito, meritorio.
design [di-sayn'] *n.* designio, proyecto, plan, dibujo; trazo, patrón; mira, propósito, *va.* dibujar; proponerse, idear; delinear; *vn.* tener un designio.
designate [de'sig-neyt] *va.* designar, nombrar.
designedly [di-say'nəd-li] *adv.* adrede, de propósito, con intención.
designing [di-say'ning] *adj.* insidioso, intrigante.
desirability [di-say-rə-bi'li-ti] *n.* conveniencia.
desirable [di-say'rə-bəl] *adj.* deseable; conveniente, apetecible.
desire [di-say'ə] *n.* deseo; antojo; afán, comezón, aspiración, hambre; voluntad; *va.* desear, anhelar, ambicionar; suspirar por; suplicar, rogar.
desirous [di-say'rəs] *adj.* deseoso.
desist [di-sist'] *vn.* desistir de, dejar de, cesar de.
desk [desk] *n.* *(school)* pupitre; *(writing)* escritorio, papelera; *(lawyer's)* bufete; *(cashier)* caja.
desolate [de'so-lət] *adj.* desolado, solitario, despoblado; *va.* talar, devastar.
desolation [de-so-ley'shən] *n.* desconsuelo, tristeza, devastación, tala; desolación, páramo.
despair [des-pe'ə] *n.* desesperación; *va. & n.* desesperar(se).
despairing [des-pe'ə-ring] *adj.* desesperado, desesperante.
despatch [des-pach'] *n.* *(speed)* prisa, expedición; *(message)* mensaje, billete, pliego; *(mil.)* parte; *va.* mandar, enviar, despachar, expedir; *(letter, etc.)* endilgar.
desperado [des-pə-ra'do] *n.* desalmado, bandido.
desperate [des'pə-reyt] *adj.* de-

sesperado; furioso, arrojado, temerario, desesperanzado.

desperation [des-pə-rey'shən] n. desesperación; furor, rabia.

despicable [des-pi'kə-bəl] adj. despreciable, vil, ruin, infame.

despicableness [des-pi'kə-bəl-nes] n. bajeza, vileza, ruindad.

despise [des-pays'] va. despreciar, echar a mal, menospreciar.

despite [des-payt'] n. despecho; malignidad; prep. a pesar de, no obstante.

despoil [des-poyl'] va. despojar, robar.

despond [des-pond'] vn. desalentar, abatirse, decaer, decaer de ánimo.

despondency [des-pon'dənsi] n. desaliento, desabrimiento, abatimiento.

despondent [des-pon'dənt] adj. desanimado, desalentado; ⁴to be —, andar de capa caída.

despot [des'pot] n. déspota, tirano.

despotic [des-po'tik] adj. despótico, absoluto.

despotism [des'po-ti-səm] n. absolutismo; tiranía.

dessert [di-səət'] n. postres; dulce; fruta.

destination [des-ti-ney'shən] n. destino, paradero, meta.

destine [des'tin] va. destinar, designar, predestinar.

destiny [des'ti-n.] n. suerte, destino, sino, hada.

destitute [des'ti-tiut] adj. desamparado, desprovisto, necesitado, desvalido.

destitution [des-ti-tiu'shən] n. desamparo, abandono, miseria.

destroy [des-troy'] va. destruir, romper; destrozar, arrasar, devastar; exterminar, extirpar; acabar con.

destroyed [des-troyd'] adj. roto; desecho, destruido; minado, consumido.

destroyer [des-tro'yə] n. destructor; (naut.) destróyer, contratorpedo.

destruction [des-trək'shən] n. destrucción, demolición; desbarate, mortandad; estrago.

destructive [des-trək'tiv] adj. destructor, ruinoso; (animals) dañino.

desuetude [de'sui-tiud] n. desuso, deshabituación.

desultory [de'səl-tə-ri] adj. pasajero, mudable, inconstante, irregular, discontinuo.

detach [di-tach'] va. separar, desprender, despegar.

detachable [di-ta'chə-bəl] adj. de quita y pon.

detachment [di-tach'mənt] n. separación, desprendimiento; (mil.) destacamento; objetividad.

detail [di'teyl] n. detalle; punto, pormenor; the smallest —, prolijidad, ápice; excessive —, nimiedad; (mil.) destacamento; va. detallar, especificar.

detailed [di'teyld] adj. nimio.

detain [di-teyn'] va. detener, arrestar.

detect [di-tekt'] va. descubrir, averiguar, echar de ver.

detection [di-tek'skən] n. descubrimiento.

detective [de-tek'tiv] n. policía, detective; adj. —story, novela policiaca.

deter [di-təə'] va. desviar. disuadir, impedir; desanimar.

deteriorate [di-ti'ryo-reyt] va. empeorar, deteriorar; vn. empeorarse, deteriorarse.

deterioration [di-ti-ry-o-rey'-shən] n. deterioro, menoscabo, desperfecto.

determinate [di-təə'mi-neyt] adj. determinado, positivo, decidido, resuelto.

determination [di-təə-mi-ney'-shən] n. determinación, voluntad, resolución; empeño.

determine [di-təə'min] va. determinar, fijar, decidir, cerciorarse, señalar; vn. resolver(se), determinarse, decidirse.

deterrent [di-tə'rənt] n. contrapeso.

detest [di-test'] va detestar, aborrecer, execrar, odiar.

detestable [di-tes'tə-bəl] adj. detestable, aborrecible, odioso.

detestation [di-tes-tey'shən] n. horror, abominación.

dethrone [de-throun'] *va.* destronar.   [nar, estallar.
detonate [de'tə-neyt] *vn.* deto-
detour [di'tur] *n.* vuelta, rodeo.
detract [di-trakt'] *va.* quitar;
disminuir; denigrar, maldecir;
vn. menguar.
detraction [di-trak'shən] *n.* detracción; calumnia.
detriment [de'tri-mənt] *n.* detrimento, daño, perjuicio, menoscabo.
detrimental [de-tri-men'təl] *adj.*
perjudicial, desventajoso, nocivo.
devastate [de'vas-teyt] *va.* devastar, asolar.
devastation [de-vas-tey'shən] *n.*
asolación, tala.
develop [di-ve'ləp] *va.* desarrollar, explotar, fomentar, descubrir, echar; *(phot.)* revelar;
vr. hacerse; desarrollarse.
development [di-ve'ləp-ment]
n. desarrollo; evolución, fomento.
deviate [di'vyeyt] *vn.* desviarse,
disentir, volver, variar.
deviation [di-vyey'shən] *n.* desviación, divergencia; desviamiento, desvío.
device [di-vays'] *n.* invención;
expediente, recurso, ingenio,
ardid; leyenda, lema, mote.
devil [de'vil] *n.* el diablo, demonio.
devilish [de'vi-lish] *adj.* diabólico; endiablado.
deviller [de'vi-lər] *n.* obrero encargado de la máquina llamada "diablo".
devilry [de'vil-ri] *n.* diablura.
devious [di'vyəs] *adj.* extraviado, descarriado; tortuoso.
devise [di-vays'] *va.* trazar, proyectar, idear, inventar.
devoid [di-voyd'] *adj.* libre,
exento, horro, privado.
devolve [di'volv] *va.* transmitir,
entregar; — upon, on, tocar,
corresponder, incumbir.
devote [di-vout'] *va.* dedicar,
consagrar; *vr.* entregarse, con-
sagrarse.
devoted [di-vou'təd] *adj.* devoto; apasionado; rendido; con-
sagrado, destinado; adicto,

fiel; *(epist.)* your — servant,
suyo afmo.; s.s.q.e.l.m.
devotee [de-vo-ti'] *n.* devoto,
beato; aficionado.
devotion [di-vou'shən] *n.* devoción; fervor, celo, lealtad, consagración; afecto; *pl.* rezo, preces.   [piadoso, devoto.
devotional [di-vou'shə-nəl] *adj.*
devour [di-vau'ə] *va.* devorar,
engullir, tragar, consumir.
devout [di-vout'] *adj.* devoto,
fervoroso, piadoso; — lady,
beata.   [dad, devoción.
devoutness [di-vout'nes] *n.* pie-
dew [diu] *n.* rocío, relente.
dexterity [deks-te'ri-ti] *n.* destreza, habilidad; acierto, tino.
dexterous [deks'tə-rəs] *adj.*
diestro, hábil, ducho.
diabolic [da-yə-bo'lik] *adj.* diabólico.   [corona.
diadem [da'yə-dem] *n.* diadema;
diagnose [da'yag-hous] *va.* diag-
nosticar.   [gonal.
diagonal [da-ya'gə-nəl] *n.* dia-
diagram [da'yə-gram] *n.* mapa;
dibujo, plan, esquema.
dial [day'əl] *n.* esfera; sun —,
reloj de sol, cuadrante; to —,
(tel.), *va.* marcar, llamar, telefonear.   [habla.
dialect [day'əl-ekt] *n.* dialecto,
dialogue [day'əl-og] *n.* diálogo; *(lit.)* coloquio; to speak in
—, *vn.* dialogar.
diameter [da-ya'me-tə] *n.* diámetro.   [mante.
diamond [day'mənd] *n.* dia-
diaphanous [da-ya'fə-nəs] *adj.*
transparente, diáfano, terso.
diary [da'yə-ri] *n.* diario, memorandum; *(business)* dieta-
rio; libro de efemérides.
dice [days] *n.* *pl.* dados; — boy,
cubilete de dados.
dickens [di'kəns] *pr.* *n.* Who
the —? ¿Qué diablo —?; Why
the —? ¿Por qué diablos?
dictate [dick-teyt'] *n.* precepto,
dictado, máxima; *va.* & *n.* dictar, mandar.
dictation [dik-tey'shən] *n.* dictado.
dictator [dik-tey'tə] *n.* dictador.
dictatorship [dik-tey'tə-ship] *n.*
dictadura.

diction [dik'shən] *n.* estilo, lenguaje, dicción, expresión.

dictionary [dik'shə-nə-ri] *n.* diccionario, léxico.

dictum [dik'təm] *n.* dicho, aforismo.

didactic [day-dak'tik] *adj.* didáctico, preceptivo.

diddle [di'dəl] *v.* entrampar, engañar, vacilar.

die [day] *n. (print.)* cuño; matriz; *vn.* morir, fallecer; — down, extinguirse; **to be dying to,** tener muchas ganas de, anhelar; **the — is cast,** la suerte está echada.

die-hard [day'jaad] *adj.* cerrado, hasta no más, acérrimo, por los cuatro costados.

diet [day'ət] *n.* dieta, alimento, régimen.

differ [di'fə] *vn.* diferenciar, diferir, ser distinto, ser otro; *(of opinion)* no estar de acuerdo, no estar conforme, discrepar.

difference [di'fə-rəns] *n.* diferencia, desemejanza, disensión; **it makes no —,** es igual, igual da.

different [di'fə-rənt] *n.* diferente, vario, diverso, distinto; **to be —,** *vn.* contrastar.

difficult [di'fi-kəlt] *adj.* difícil, arduo; *(char.)* intratable; *(speech)* premioso; *(problem)* enrevesado, peliagudo; *(situation)* apurado, penoso.

difficulty [di'fi-kəl-ti] *n.* dificultad; obstáculo, inconveniente; apuro; *(speech)* premiosidad; **to get into — ies,** atollarse.

diffidence [di'fi-dəns] *n.* cortedad, vergüenza, modestia.

diffident [di'fi-dənt] *adj.* tímido, apocado, huraño.

diffuse [*vb.* di-flus; *adj.* di-flus'] *adj.* difundido, difuso; prolijo; *va.* difundir, propagar; verter; propagar.

diffusion [di-ffu'syən] *n.* difusión, prolijidad; propagación, esparcimiento, diseminación.

dig [dig] *va.* cavar, ahondar, escarbar; — up, excavar; *vn.* — deeper, profundizar.

digest [day-dyest'] *n.* recopilación; *va.* digerir, rumiar; ordenar, clasificar; asimilar.

digestible [day-dyes'ti-bəl] *adj.* digerible.

digestion [day-dyey'chən] *n.* digestión, asimilación.

dignified [dig'ni-fayd] *adj.* grave, serio, honorable.

dignify [dig'ni-fay] *va.* dignificar, exaltar, honrar.

dignitary [dig'ni-tə-ri] *n.* dignatario, dignidad.

dignity [dig'ni-ti] *n.* dignidad, mesura, nobleza; *(office)* cargo; *(rank)* rango.

digress [day-gres'] *vn.* divagar.

digression [day-gre'shən] *n.* digresión.

dike [dayk] *n.* dique, malecón, presa.

dilapidated [di-la'pi-dey-təd] *adj.* en ruina, arrumbado, derruido. [*n.* dilapidación.

dilapidation [di-la-pi-dey'shən]

dilate [day-leyt'] *va.* dilatar, extender, amplificar; — upon, *vn.* explayarse.

dilated [day-ley'təd] *adj.* hinchado; dilatado.

dilatoriness [di'lə-to-ri-nes] *n.* lentitud, tardanza.

dilatory [di'lə-to-ri] *adj.* tardo, lento; pesado. [apuro.

dilemma [di-le'mə] *n.* dilema, diligence [di'li-dyəns] *n.* industria, diligencia, aplicación; cuidado, solicitud.

diligent [di'li-dyənt] *adj.* diligente, aplicado, activo, hacendoso, laborioso, solícito, servicial. [hinojo, hediondo.

dill (dill) *n.* (bot.) eneldo, anega, **dilute** [day-liut'] *va.* diluir, aguar; enrarecer.

dim [dim] *adj.* obscuro, opaco, tenue; confuso; empañado; pobre; *(memories)* vago; *va.* obscurecer; empañar.

dimension [di-men'shən] *n.* medida; —s, tamaño.

diminish [di-mi'nish] *va.* amenguar, achicar, disminuir, mermar, rebajar; *vn.* declinar, disminuirse.

diminution [di-mi-niu'shən] *n.* rebaja, merma, rebaja.

diminutive [di-mi'niu-tiv] *adj.*
diminuto, pequeño, diminutivo; — *amount,* poquísimo.

diminutiveness [di-mi'niu-tiv-nes] *n.* pequeñez.

dimness [dim'nes] *n.* ofuscamiento, deslustre; obscuridad.

dimple [dim'pǝl] *n.* hoyuelo; *va.* & *n.* formar hoyuelos; *(sea)* ondear.

din [din] *n.* ruido, estrépito; baraúnda; *va.* clamorear, asordar; **to make a —,** *vn.* meter bulla; **to — it in,** *vn.* machacarlo.

dine [dayn] *vn.* comer, cenar.

dinginess [din'dyi-nes] *n.* obscuridad, suciedad; deslustre.

dingy [din'dy] *adj.* empañado, sucio; deslustrado, borroso, obscuro.

dining-car [day'ning-kaa] *n.* coche-comedor; **— room,** comedor; **— suite,** comedor.

dinner [di'nǝ] *n.* comida, cena; banquete; **after —** *(conversations, etc.),* (charlas) de sobremesa; **— jacket,** smoking; **— wagon,** carrito de comedor.

dint [dint] *n.* mella, abolladura; **by — of,** a fuerza de; *va.* mellar.

diocese [da'yo-sis] *n.* diócesis.

dip [dip] *n.* *(in sea)* inmersión, baño; *(candle)* bujía; *(in ground)* inclinación, hoyo; *va.* mojar, bañar, chapuzar, sumergir; *(food, into sauce, etc.)* mojar; *(flag)* saludar; *(into book)* hojear; *vn.* bajar; inclinarse.

diploma [di-plou'ma] *m.* diploma, título.

diplomacy [di-plou'mǝ-si] *n.* diplomacia, cautela; tacto.

diplomatist [di-plou'mǝ-tist] *n.* diplomático.

direct [day-rekt'] *adj.* directo, derecho; *(road)* seguido; *(answer)* claro, franco; *adv.* derecho, sin vacilar; *va.* dirigir, apuntar; encaminar; regir, sugestionar, encargar; orientar; *(into channel)* encauzar.

direction [day-rek'shǝn] *n.* curso, rumbo; *(order)* dirección;

gobierno, mandato; *(guidance)* indicación; señas; *(flow, tendency)* sesgo; sentido; **from this —,** de este lado; **a common —,** convergencia; *pl.* instrucciones.

directly [day-rekt'li] *adv.* directamente, inmediatamente, en seguida.

directness [day-rekt'nes] *n.* llaneza, franqueza; derechura.

director [day-rek'tǝ] *n.* director, administrador; **board of —s,** consejo de administración.

directory [day-rek'tǝ-ri] *n.* guía (de forasteros, de teléfonos).

dirge [dǝǝdy] *n.* canto fúnebre; endecha, plegaria.

dirk [dǝrk] *n.* puñal, daga.

dirt [dǝǝt] *n.* *(filth)* cieno, lodo; mugre; *(earth)* barro; miseria, porquería; *(rubbish)* basura; **— cheap,** *adj.* tirado; **— road,** camino de barro.

dirtiness [dǝǝ'ti-nes] *n.* suciedad; desaseo; cochinería, inmundicia; vileza.

dirty [dǝǝ'ti] *adj.* sucio, inmundo, asqueroso, indecente; **— joke, remark,** porquería; **— trick,** cochinada; *va.* ensuciar, enlodar, manosear.

disability [di-sǝ-bi'li-ti] *n.* inhabilitación, incapacidad.

disable [di-sey'bǝl] *va.* imposibilitar, incapacitar, inutilizar; indisponer.

disabled [di-sey'bǝld] *adj.* incapacitado, baldado, mutilado.

disadvantage [di-sǝd-vaan'-tey-dy] *n.* desventaja; detrimento, menoscabo.

disagree [di-sǝ-gri'] *vn.* discrepar, no estar de acuerdo; diferir, disentir; *(of food)* sentar (le) mal (a uno).

disagreeable [di-se-gri'ǝ-bǝl] *adj.* desagradable, repugnante; ingrato, antipático.

disagreement [di-sǝ-gri'-mǝnt] *n.* desacuerdo, discordia, discordancia, discrepancia.

disappear [di-sǝpir'] *vn.* desaparecer.

disappoint [dis-a-poynt'] *va.* chasquear; frustrar; desilusionar.

dis   108

disappointment [dis-a-poynt-mǝnt] *n.* chasca; desilusión.

disarray [di-sa-rey'] *n.* desarreglo, desorden; desaliño.

disaster [di-saas'tǝ] *n.* desastre siniestro, catástrofe, calamidad; *(unforseen)* azar.

disastrous [di-saas'trǝs] *adj.* desastroso, funesto; fulminante, calamitoso.

disavow [di-sǝ-vau'] *va.* repudiar, desautorizar, retractar.

disavowal [di-sǝ-vou'el] *n.* repudiación.

disband [dis-band'] *va.* licenciar, despedir; *vn.* desbandarse.

disbelief [dis-bi-lif'] *n.* incredulidad; infidelidad.

disbelieve [dis-bi-liiv'] *va.* no creer, no dar fe (en); *vn.* ser escéptico.   [*adj.* incrédulo.

disbelieving [dis-bi-lii'ving]

disburse [dis-bǝǝs'] *va.* desembolsar, pagar.

discard [dis-kaad'] *va.* despedir renunciar; descartar, desechar.

discern [di-sǝǝn'] *va.* percibir, columbrar, descernir, distinguir, entrever.

discernible [di-sǝǝ'nǝ-bǝl] *adj.* discernible, perceptible, sensible.

discerning [di-sǝǝ'ning] *adj.* sagaz, entendido, perspicaz.

discernment [di-sǝǝn'ment] *n.* discernimiento, penetración; caletre.

discharge [dis-chaady'] *va.* descargar; relevar, absolver, *(mil.)* licenciar; *(from hospital)* dar de alta; separar; *(from job)* despedir, desacomodar; *(duty)* cumplir, desempeñar, actuar, actual de; *(wound)* despedir.

discharge [dis-chaady'] *adj.* — certificate, alta; — ed civil servant, cesante; *n.* *(gun)* descarga; quita; *(water)* desagüe; *(army)* licencia absoluta; *(from job)* desacomodo; *(of wound)* derrame; *(duty)* desempeño; in — of, en descargo de.

disciple [di-say'pǝl] *n.* discípulo, alumno, apóstol.

discipline [di'si-plin] *n.* disciplina, enseñanza; orden, castigo;

va. disciplinar, educar, corregir.

disclaim [dis-kleym'n] *va.* rechazar, negar, desconocer, repudiar, recusar.

disclose [dis-klous] *va.* descubrir, desabrochar, revelar, exponer, propalar.

disclosure [dis-klou'siǝ] *n.* descubrimiento, revelación.

discomfit [dis-kǝm'fit] *va.* frustrar, desbaratar.

discomfort [dis-kǝm'fǝt] *n.* incomodidad; malestar; *va.* incomodar, molestar.

discommon [dis-ko'mǝn] *n.* cercar, (bienes comunes); convertirlos en particulares.

disconcert [dis-kǝn-sǝǝt'] *va.* desconcertar, confundir, descomponer.

disconcerted [dis-kǝn-sǝǝ'tǝd] *adj.* to be —, alterarse.

disconnect [dis-kǝ-nekt'] *va.* desconectar; desunir, disociar.

disconsolate [dis-kon'sǝ-lǝt] *adj.* desconsolado, inconsolable, cabizbajo.

discontent [dis-kǝn-tent'] *va.* descontentar, desagradar; *n.* descontento, desagrado; disgusto, malestar, descomodo.

discontented [dis-kǝn-ten'tǝd] *adj.* descontentadizo; malcontento.

discontentedness [dis-kǝn-ten'-tǝd-nes] *n.* descontento.

discontinue [dis-kǝn-ti'niu] *va.* interrumpir, cesar, suspender.

discord [dis'kood] *n.* discordia, rencilla, disensión; desacuerdo; to sow —, cizañar, enzarzar.

discordant [dis-koo'dǝnt] *adj.* incóngruo, desacordado; — sound, cacofonía.

discount [*n.* dis'kaunt; *vb.* dis-kaunt'] *n.* descontento, rebaja; *va.* descontar, rebajar; *(story, etc.)* desconfiar de.

discourage [dis-kǝ'reydy] *va.* desanimar, disuadir.

discouragement [dis-kǝ'reydy-mǝnt] *n.* desánimo, desaliento, desmayo.

discourse [*n.* dis'boos; *vb.* dis-koos'] *n.* discurso, plática;

dis

(pompous) declamación; raciocinio; *va.* & *n.* discurrir, hablar, pronunciar, razonar.

discourteous [dis-kəə'tyos] *adj.* descortés, grosero; poco fino.

discourtesy [dis-kəə'tə-si] *n.* descortesía, grosería, falto de atención.

discover [dis-kə-və] *va.* descubrir, hallar, revelar.

discoverer [dis-kə'-və-rə] *n.* descubridor, explotador; conquistador.

discovery [dis-ko-və-ri] *n.* descubrimiento, hallazgo, revelación; *(of truth)* averiguación.

discredit [dis-kre'dit] *n.* descrédito; mengua, deshonra; *va.* dudar, desacreditar; deslustrar.

discreditable [dis-kre'di-tə-bəl] *adj.* vergonzoso, ignominioso.

discreet [dis-kriit'] *adj.* discreto, circunspecto; sano, sesudo.

discrepancy [dis-kre'pən-si] *n.* desacuerdo; discrepancia, desajuste.

discretion [dis-kre'sən] *n.* discreción, prudencia, reserva, circunspección; **at the — of,** a merced de.

discriminate [dis-kri'mineyt] *va.* diferenciar, distinguir, entresacar.

discriminating [dis-kri'mi-neyting] *adj.* fino, penetrante, escogido.

discrimination [dis-kri-miney'-shən] *n.* discernimiento.

discursive [dis-kəə'siv] *adj.* razonador; amplio, difuso.

discuss [dis-kəs'] *va.* discutir, ventilar, debatir; versar (sobre).

discussion [dis-kə'shən] *n.* discusión; argumento, consultorio.

disdain [dis-deyn'] *n.* desdén, menosprecio; desprecio; altivez; *va.* desdeñar, despreciar.

disdainful [dis-deyn'ful] *adj.* desdeñoso, altanero, despreciativo; hurón.

disease [di-siis'] *n.* enfermedad; mal, achaque.

diseased [di-siisd'] *adj.* enfermo; mórbido.

disembark [di-sem-baak'] *va.* & *n.* desembarcar.

disembarkation [di-sem-baakey'shən] *n.* desembarco.

disengage [di-sen-geydy'] *va.* desunir; desenganchar; *vn.* soltarse, librarse, romper el contacto con.

disengaged [di-sen-geydyd'] *adj.* desocupado, suelto.

disentangle [di-sen-tan'gəl] *va.* desenredar, desligar.   [ma.

disfame [dis-feim'] *n.* mala fa-

disfavour [dis-fey'və] *n.* disfavor, desaprobación.

disfigure [dis-fi'gə] *va.* desfigurar, afear.

disgrace [dis-greys'] *n.* ignominia, desvergüenza, afrenta; oprobio; baldón, mancha; *va.* deshonrar, envilecer.

disgraceful [dis-greys'ful] *adj.* vergonzoso, ignominioso, indigno.

disgruntled [dis-grən'təld] *adj.* malhumorado.

disguise [dis-gays] *n.* máscara, disfraz; *(theat.)* embozo; *va.* disfrazar, tapar, enmascarar; disimular.

disgust [dis-gəst'] *n.* sinsabor, disgusto, hastío; aversión, desgana; *va.* repugnar, enfadar, hastiar, sublevar.

disgusting [dis-gəs'ting] *adj.* repugnante, asqueroso, ofensivo; espeluznante.

dish [dish] *n.* plato, fuente; *(portion)* consumición; *(cold)* fiambre; **— cloth,** estropajo; **— water,** agua de lavar los platos; **fruit —,** compotera; **— es,** vajilla; *va.* servir.

disharmony [dis-jaa'mə-ni] *n.* discordancia, desarmonía.

dishearten [dis-jaa'tən] *va.* desanimar, descorazonar, abatir.

dishevelled [di-she'vəld] *adj.* greñudo, desmelenado.

dishonest [di-so'nəst] *adj.* fraudulento, engañoso, falso, malo.

dishonesty [di-so'nəs-ti] *n.* engaño, falsedad, dolo, fraude.

dishonour [di-so'nə] *n.* deshonor; ignominia; mancha; *va.* deshonrar, afrentar, profanar.

dishonourable [di-so'nə-rə-bəl]

adj. malo, engañoso; malvado; deshonroso; que deshonra.

disillusion [di-si-liu'syən] *n.* desengaño; *va,* desengañar.

disinclination [di-sin-kli-ney'-shən] *n.* aversión; desgana, desamor.

disincline [di-sin-klayn'] *va.* malquistar, indisponer; **to be disinclined to,** estar poco dispuesto a.

disinfect [di-sin-fekt'] *va.* desinfectar, descontagiar.

disinherit [di-sin-je'rit] *va.* desheredar.

disintegrate [di-sin'te-greyt] *va.* disgregar; *vn.* desmoronarse.

disintegration [di-sin-te-grey'-shən] *n.* disolución, pulverización.

disinterested [di-sin'tə-restəd] *adj.* desinteresado; platónico; imparcial.

disinterestedness [di-sin'tərestəd-nes] *n.* desinterés; garbo; imparcialidad; desapego.

disjoint [dis-dyoynt'] *va.* desarticular, descoyuntar, dislocar. [(*identity*) placa.

disk [disk] *n.* disco; plato, tejo;

dislike [dis-layk'] *n.* aversión, antipatía, repugnancia; *va.* no gustar de; — **him,** no me gusta; me es antipático; me repugna.

disliked [dis-laykd'] *adj.* malquisto.

dislocate [dis'lo-keyt] *va.* dislocar, descoyuntar.

dislodge [dis-lody'] *va.* desalojar; quitar, descolgar, desanidar.

disloyal [dis-loy'əl] *adj.* desleal, infiel, pérfido, alevoso.

disloyalty [dis-loy'əl-ti] *n.* deslealtad, traición, perfidia.

dismal [diš-məl] *adj.* triste, lúgubre, lóbrego.

dismantle [dis-maant'təl] *va.* desmantelar, desguarnecer; (*mech.*) desmontar.

dismast [dis-mast'] *v.* (*mar.*) desarbolar, desamparar.

dismay [dis-mey] *n.* espanto, desaliento, pavor, consternación, congoja; *va.* aterrar, desanimar, aplanar, espantar; **to**

be filled with —, estar apurado; desesperarse.

dismiss [dis-mis'] *va.* despedir, remover, deponer, destituir, echar, despachar; licenciar.

dismissal [dis-mi'səl] *n.* destitución,. deposición, separación; (*from job*) despedida.

dismissed [dis-misd'] *adj.* echado, despedido; — **civil servant,** cesante.

dismount [dis-maunt'] *vn.* apearse, bajar; *va.* desmantelar, desmontar; desarmar.

disobedient [di-sou-bii'dyənt] *adj.* desobediente, rebelde, insumiso, desmandado.

disobey [di-so-bey'] *va.* desobedecer; no cumplir.

disorder [di-soo'də] *n.* desorden, descompostura, desarreglo, trastorno, barullo, confusión; (*illness*) indisposición, destemplanza; **in** —, (en) (de) tropel; (*mental*) enajenación, enfermedad.

disorderly [di-soo'də-li] *adj.* desordenado, desaforado, turbulento, escandaloso.

disorganisation [di-soo-gə-nay'sey'shən] *n.* desorganización, confusión. [desorganizar.

disorganise [di-soo'gə-nays] *va.*

disown [di-soun'] *va.* repudiar; (re)negar, renunciar.

disparage [dis-pa'reydy] *va.* rebajar, menospreciar, desacreditar.

disparagement [dis-pa'reydymənt] *n.* detracción, menosprecio, postergación.

disparity [dis-pa'ri-ti] *n.* desigualdad, desemejanza.

dispart [dis-part'] *v.* departir, separar, apartar, dividir. — *n.* (art.) punto de mira.

dispassionate [dis-pa'shə-neyt] *adj.* imparcial.

dispatch [dis-pach'] *n.* prisa, prontitud; pliego, billete, mensaje; *va.* consignar, expedir, mandar; despachar; acabar con.

dispel [dis-pel'] *va.* disipar; dispersar.

dispensary [dis-pen'sə-ri] *n.* dispensario, clínica.

dispensation [dis-pen-say'shən] *n.* dispensa; exención.

dispense [dis-pens'] *va.* distribuir, repartir, administrar; — **with**, hacer caso omiso de, prescindir de.

dispersal [dis-pəə'səl] *n.* dispersión, esparcimiento, difusión.

disperse [dis-pəəs'] *va.* desparramar, disgregar; *vn.* dispersar; disipar(se).

dispirit [dis-pi'rit] *va.* desanimar, oprimir. [*va.* desánimo.

dispiritedness [dis-pi'ri-təd-nes]

displace [dis-pleys] *va.* desalojar; remover, quitar; desplazar.

displacement [dis-pleys'mənt] *n.* desalojamiento, remoción; *(ship)* desplazamiento; coladura; *(geol.)* quiebra, falla.

display [dis-pley'] *n.* ostentación; fausto; exposición, exhibición; *(extravagant)* derroche; *adj.* — **case**, vitrina; — **window**, muestrario; *va.* lucir, ostentar, exhibir, presentar; *(proudly)* hacer alarde de, hacer gala de.

displease [dis-plíis'] *va.* desagradar, ofender, enojar, disgustar; **to be displeasing**, desagradar, no gustar.

displeased [dis-plíisd'] *adj.* desagradado, molesto; **she is —** **with it**, no le gusta nada.

displeasure [dis-ple'syə] *n.* disgusto, pena, desagrado, sinsabor.

disport [dis-poot'] *vr.* divertirse, explayarse, recrearse.

disposal [dis-pou'səl] *n.* disposición, arreglo; distribución, reparto; venta; **I am at your —**, estoy a su disposición.

dispose [dis-pous] *va.* distribuir, disponer; dirigir, colocar, arreglar; — **of**, desprenderse de; vender, enajenar.

disposed [dis-pousd] *adj.* **to be well — towards**, simpatizar (con); **to be — to**, inclinarse a.

disposition [dis-po-si'shən] *n.* disposición, método, arreglo, fondo; carácter, índole, naturaleza, genio; tendencia.

dispossess [dis-po-ses'] *va.* desposeer, privar (de); *(of house, etc.)* desahuciar.

disproportionate [dis-pro-poo'-shə-neyt] *adj.* desigual, desmesurado.

disproportionately [dis-pro-poo'-shə-neyt-li] *adv.* sobremanera; desmesuradamente.

disprove [dis-pruv'] *va.* refutar.

disputable [dis-piu'tə-bəl] *adj.* contencioso, controvertible.

dispute [dis-piut'] *n.* pleito, litigio; riña, querella; disputa, contienda; debate; *va.* disputar; argumentar, discutir; litigar; pelear.

disqualified [dis-kuo'li-fayd] *adj.* inhábil, incapacitado.

disqualify [dis-kuo'li-fay] *va.* inhabilitar, incapacitar; *(games)* descualificar.

disquiet [dis-kuay'ət] *n.* inquietud, malestar; *va.* (per)turbar, malestar, ocupar.

disregard [dis-ri-gaad'] *n.* desprecio; desatención, desaire; **with complete — (for)**, sin poner la menor atención (a); *va.* desatender, descuidar; prescindir de; omitir.

disrepair [dis-ri-pe'ə] *n.* **in —**, en malas condiciones; sin remendar.

disreputable [dis-re'piu-təbəl] *adj.* despreciable, mal reputado, infame.

disrepute [dis-ri-piut'] *n.* descrédito, ignominia; **in —**, mal considerado.

disrespect [dis-ri-spekt'] *n.* incivilidad, falta de atención, falta de respeto; *va.* desairar.

disrespectful [dis-ri-spekt'ful] *adj.* irreverente, poco atento, faltando al respeto.

disrupt [dis-rəpt'] *va.* quebrantar, romper, hacer pedazos; partir, separar.

dissatisfaction [dis-sa-tis-fak'-shən] *n.* descontento; *(audible)* murmuración.

dissatisfy [dis-sa'tis-fay] *va.* desagradar, descontentar, no satisfacer.

dissect [di-sekt'] *va.* anatomizar; disecar, analizar; — **ing knife**, escalpelo.

dissemble [di-sem'bəl] *va. & vn.* disimular, fingir; *vn.* ser hipócrita. [crita, embustero.

dissembler [di-sem'blə] *n.* hipó-

disseminate [di-se'mi-neyt] *va.* diseminar, propagar, sembrar, propalar.

dissension [di-sen'shən] *n.* disensión; discordia; oposición.

dissent [di-sent'] *n.* disentimiento; *vn.* disentir, diferir, no estar conforme.

dissertation [di-səə-tey'shən] *n.* tesis, memoria; discurso.

disservice [dis-səə'vis] *n.* **to do a — (to),** perjudicar.

dissight [di-sait'] *n.* adefesio, esperpento.

dissimilar [di-si'mi-lə] *adj.* diferente, desigual, desemejante.

dissimilarity [dis-si-mi-la'ri-ti] *n.* desemejanza, disparidad, diferencia.

dissimulation [di-si-miu-ley'-shən] *n.* disimulo.

dissipate [di'si-peyt] *va.* disipar, desperdiciar, desparramar; *(fortune)* malgastar; esparcirse, evaporarse, desaparecer.

dissipated [di'si-pey-təd] *adj.* disoluto, pródigo; perdido; crapuloso, libertino.

dissipation [di-si-pey'shən] *n.* evaporación *(life)* vida relajada, libertinaje.

dissolute [di'so-liut] *adj.* disoluto, crapuloso, licencioso, libertino.

dissoluteness [di'so-liut-nes] *n.* relajación, liviandad, crápula.

dissolution [di-so-liu'shən] *n.* disolución; descomposición; muerte.

dissolve [di-solv'] *va.* deshacer, derretir, disolver; *(marriage, etc.)* anular, abrogar; *vn.* disolverse, derretirse, evaporarse, deshacerse; **to — into tears,** deshacerse en lágrimas.

dissuade [di-sueyd'] *va.* disuadir, desaconsejar, retraer, apartar.

distaff [dis'taf] *n.* rueca; **on the — side,** por parte de la madre; por la línea femenina.

distance [dis'təns] *n.* distancia, lejanía; **in the —,** a lo lejos,

en la lontananza; **from a —,** de lejos; **to keep one's —,** mantenerse a distancia; **What's the — from A to B?** ¿Cuánto hay de A a B?; **the — between,** intervalo, espacio.

distant [dis'tənt] *adj.* distante, lejano, apartado; *(character)* huraño, esquivo, frío; *(relative)* lejano.

distaste [dis-teyst'] *n.* aversión, tedio, disgusto.

distasteful [dis-teyst'ful] *adj.* desagradable, poco grato, ingrato, enfadoso, malsonante.

distemper [dis-tem'pə] *n.* enfermedad; mal humor; *(painting)* templa, temple; *va.* pintar al temple.

distil [dis-til'] *va.* destilar, alambicar; *vn.* gotear, destilar.

distillation [dis-ti-ley'shən] *n.* destilación, gasificación.

distinct [dis-tinkt'] *adj.* distinto, diferente; *(voice, etc.)* preciso, claro; *(tendency, etc.)* fuerte; **a — advantage,** una gran ventaja.

distinction [dis-tingk'shən] *n.* distinción, honor, fama, brillo; discernimiento; *(in examination)* sobresaliente.

distinctive [dis-tingk'tiv] *adj.* característico, distintivo.

distinctness [dis-tingkt'nes] *n.* claridad, nitidez.

distinguish [dis-ting'guish] *va.* discernir, percibir, distinguir; señalar, clasificar; honrar; *vn.* caracterizar; *vr.* singularizarse.

distinguished [dis-ting'guishd] *adj.* eminente, preclaro, ilustre, honorable; **very —,** preeminente, eximio; **—personage,** eminencia; **—citizen,** prócer.

distort [dis-toot'] *va.* torcer, desfigurar, tergiversar, deformar.

distortion [dis-too'shən] *n.* contorsión, tergiversación, desviamiento.

distract [dis-trakt'] *va.* distraer, enloquecer, confundir.

distracted [dis-trak'təd] *adj.* distraído, demente, apurado, frenético.

distraction [dis-trak'shən] *n.*

distracción, perturbación; alboroto; locura, extravío, diversión, recreo; **to** —, con locura.
distraint [dis-treint'] *n. (dro.)* embargo, secuestro.
distraught [dis-trot'] *adj.* frenético, demente, loco, desesperado.
distress [dis-tres'] *n.* miseria; zozobra, apuro, pena, angustia; **in** — *(ship)*, en peligro; *(person)* desamparado; *va.* afligir, desolar, poner en aprieto, angustiar, congojar.
distressing [dis-tre'sing] *adj.* aflictivo, congojoso; lastimoso, que da pena.
distribute [dis-tri'biut] *va.* distribuir, repartir, suministrar.
distribution [dis-tri-biu'shən] *n.* distribución, repartición, suministro.
district [dis'trikt] *n.* distrito, cantón, región, térmnio, comarca, territorio; *(of town)* barrio.
distrust [dis-trəst'] *n.* desconfianza, recelo; *va.* desconfiar, sospechar; *vn.* escamar.
distrustful [dis-trəst'ful] *va.* desconfiado, receloso; *(coll.)* escamado.
disturb [dis-təəb'] *va.* perturbar, estorbar, revolver, incomodar, alterar, excitar, interrumpir.
disturbance [dis-təə-bəns] *n.* disturbio, tumulto, barullo, alboroto; *(of mind)* confusión, trastorno.
disunite [di-siu-nayt'] *va.* enajenar, disolver, desunir; *vn.* separarse.
disuse [di-sius'] *n.* desuso; **to fall into** —, caducar; pasar de moda.
ditch [dich] *n.* zanja, foso; *(irrigation)* acequia; *(roadside)* cuneta.
divan [di-van'] *n.* diván, sofá, otomana; cama turca; sala de consejo.
dive [dayv] *n.* buceo; *(sl.)* garito, tasca; *adj.* — **bombing**, bombardeo en picado; *vn.* zambullirse, bucear.
diver [day'və] *n.* buzo.

diverge [day-vəədy'] *vn.* divergir, desviarse.
divergence [day-vəə'dyəns] *n.* divergencia.
divers [day'vəs] *adj.* varios, diversos, distintos, unos cuantos.
diverse [day-vəəs'] *adj.* diferente, diverso, multforme.
dipersify [day-vəə'si-fay] *va.* variar, cambiar.
diversion [day-vəə'shən] *n.* diversión, holganza, entretenimiento, cambio, ocio; deporte; *(of traffic)* desviación.
diversity [day-vəə'si-ti] *n.* diversidad, variedad, diferencia.
divert [day-vəət'] *va.* desviar, apartar, divertir; *(mind, etc.)* distraer, entretener.
divest [day-vest'] *va.* despojar, desnudar.
divide [di-vayd'] *va. & n.* dividir, compartir; deslindar; separarse; *(equally)* comediar; *(share)* repartir.
divine [di-vayn'] *adj.* divino, sublime; *n.* teólogo; *vn.* adivinar, vaticinar.
diviner [di-vay'nə] *n.* agorero, vate.
diving [day'ving] *n.* buceo.
divinity [di-vi'ni-ti] *n.* divinidad; *(study)* teología.
division [di-vi'syən] *n.* división, (re)partición, distribución; *(section)* ramo; *(between rooms)* tabique; *(opinion, vote)* votación, escisión; *(mil.)* división.
divorce [di-voəs] *n.* divorcio, separación, repudio; *va.* divorciar. [divorciada.
divorcee [di-vər-si'] *n.* persona
divulge [day-vəldy'] *va.* divulgar, propalar, publicar; *(coll.)* cantar.
dizziness [di'si-ñes] *n.* aturdimiento, desvanecimiento, vértigo, mareo.
dizzy [di'si] *adj.* mareado, desvanecido; **to make** —, marear.
do [du] *va. & n.* hacer, obrar, ejecutar, practicar, despachar; *(duty)* cumplir con; *(for first time)* estrenar; —**up** *(parcel)*, envolver; —**well**, lucir; **to have to** — **with**, habérselas con, te-

ner que ver con; — **to death,** matar; to — **away with,** suprimir; — **with,** componérselas; — **without,** prescindir de, pasar sin; **to say how — you — to,** saludar a; **how — you —? ¿Cómo está Ud.?; that will —,** eso sirve, eso basta; **that won't —,** eso no sirve, no cuenta, no conviene; now **I've done it,** metí la pata; **Well done! ¡bien!; well done** (food), bien asado; n. (sl.) cuchipanda.

docile [dou'sayl] adj. dócil, sumiso. [obediencia.

docility [do-si'li-ti] n. docilidad.

dock [dok] n. dársena, dique; (in court) banquillo; **dry —,** astillero; va. cortar, reducir, cercenar; poner en dique.

doctor [dok'tə] n. doctor, médico, facultativo; va. recetar; curar.

doctrine [dok'trin] n. doctrina.

document [do'kiu-mənt] n. documento, expediente; **the present —,** el presente.

doddering [do-də-ring] adj. chocho, decrépito.

dodge [dody] n. evasiva; (fam.) truco; va. evadir, regatear; vn. tergiversar; **to — the consequences,** escurrir el bulto; **to be dodging about,** andar a saldoe [dou] n. gama, corza. [tos.

doe [dou] n. gama, corza.

doer [du'ə] n. hacedor, agente.

doeskin [dou'skin] n. ante.

dog [dog] n. perro; **good —! ¡cuz, cuz!; —star,** sirio, can, canícula; **—days,** canícula; — **Latin,** latín macarrónico; **—watch,** guardia de cuartillo; — **in the manger,** perro del hortelano; — **rose,** rosa silvestre, zarzarrosa; —'s **eared** (of book), sobado, muy usado; **gay —,** calavera; **gay old —,** viejo verde; **lazy —,** pasante, zángano; **every — has his day,** a cada puerco su San Martín; va. seguir, perseguir. [mático.

dogmatic [dog-ma'tik] adj. dog-

doing [dou'ing] part. **to be up and —,** ser activo; **—s,** n. pl. hechos, actividades, acciones; aventuras.

dogged [do'gəd] adj. terco, tenaz; **—ly,** adv. con tenacidad.

doggedness [do'gəd-nes] n. tenacidad.

doggerel [do'gə-rəl] n. coplas de ciego, versos de almanaque.

dogma [dog'mə] n. dogma, axioma.

doleful [doul'ful] adj. lastimero, triste, adusto, lúgubre.

doll [dol] n. muñeca; va. **—up,** ataviar, endomingar.

dollar [do-lə] n. dólar.

dolorous [do'lə-rəs] adj. lamentable, doloroso, plañidero.

dolphin [dol'fin] n. delfín.

dolt [doult] n. bobo, burro, camueso, imbécil, mentecato, zopenco.

domain [do-meyn'] n. dominio, imperio, territorio, señorío, heredad, finca. [borio.

dome [doum] n. cúpula, cim-

domestic [do-mes'tik] adj. doméstico, casero; (animals) manso, del corral; (strife, etc.) intestino, nacional; n. criado.

domesticate [do-mes'ti-keyt] va. amansar, desembravecer.

domicile [do'mi-sayl] n. domicilio. [sidente.

domiciled [do'mi-sayld] adj. redominate [do'mi-neyt] va. mandar, dominar.

domineer [do-mi-ni'ə] vn. dominar, señorear.

domineering [do-mi-ni'ə-ring] adj. mandón.

dominion [do-mi'nyən] n. poder, autoridad, imperio, potestad, dominio, señorío, soberanía.

domino [do'mi-nou] n. dómino; disfraz, máscara; **to play —s,** jugar al dómino.

don [don] n. caballero, hidalgo español; profesor, académico, catedrático; va. vestirse, ponerse.

donate [do-neyt'] va. dar, contribuir.

donation [do-ney'shən] n. donación, dádiva.

donkey [dong'ki] n. asno, burro, borrico, rucio; **— ride,** borricada.

donor [do'nə] n. donador.

do-nothing [du-no'zing] *n.* haragán, gandul.

doom [dum] *n.* condena, juicio; suerte, hado, sino; ruina; **the crack of —**, el juicio final.

doomed [dumd] *adj.* predestinado.

doomsday [dums'dey] *n.* día del juicio.

door [doo'ə] *n.* puerta, entrada; *(carriage)* portezuela; *(main)* puerta cochera; *(on stage)* puerta practicable; **trap —**, trampa; **—handle (knob)**, picaporte, aldaba; **back —**, puerta trasera; **to lay at someone's —**, echar la culpa a; **behind—s**, a puerta cerrada; **to be at death's —**, estar a dos dedos de la muerte; **you make a better — than a window**, no te claro reas.   [ro, conserje.

doorman [doo'ə-man] *n.* porte-

dormant [doo'mənt] *adj.* durmiente, inactivo.

doorway [doo'ə-wey] *n.* portal.

dormitory [doo'mi-tə-ri] *n.* dormitorio.

dose [dous] *n.* porción, dosis; trago; *va.* dosificar; administrar una dosis.

dossier [do'sye] *n.* expediente, documentación, legajo.

dot [dot] *n.* punto; **on the —**, en punto; *va.* puntear.

dotage [dou'tedy] *n.* chochera, chochez; **to be in one's —**, *vn.* chochear, ser chocho.

dote [dout] *vn.* chochear; **— upon**, estar loco por.

double [də'bəl] *n.* doble; *(theat.)* contrafigura; *adj.* doble, falso; duplicado; **—bass**, violón; **— check**, contramarca; **— intent**, sorna, **— meaning**, segunda intención; **at the —**, al trote; **— dealing**, doblez, fraude; **—faced**, hipócrita; **Dutch**, algarabía; *va. & n.* duplicar, doblar.

doubt [daut] *n.* reparo, incertidumbre, escepticismo; duda; **no —**, no cabe duda; **without —**, a punto fijo; *va. & n.* dudar, desconfiar; temer.

doubtful [daut'ful] *adj.* dudoso, problemático; incierto, caviloso; ambiguo.

doubtless [daut'les] *adj.* indudable; *adv.* probablemente; sin duda.

dough [doo] *n.* masa, pasta, amasijo; *(sl.)* dinero, pasta.

doughty [dau'ti] *adj.* valeroso.

dove [dəv] *n.* paloma; **—cot(e)**, palomar.

dowlass [dau'ləs] *n.* *(tej.)* crea.

down [daun] *n.* plumón, pelo, vello; *(on lips)* bozo; *n. pl.* **ups and —s**, vaivenes, altibajos; *prep. & adv.* abajo, hacia abajo; **—stream**, río abajo; **—stairs**, abajo; *adj.* pendiente, descendente; **to come — in the world**, venir a menos; *(to be)* **—in the mouth**, (estar) cariacontecido; *va.* derribar, echar por tierra; **to—tools**, declararse en huelga.

downcast [daun'kaast] *adj.* deprimido, alicaído.

downfall [daun'fol] *n.* caída, ruina, hundimiento.

downhearted [daun-jaa'təd] *n.* alicaído, abatido, desanimado.

downhill [daun'jil] *adv.* cuesta abajo; *n.* pendiente, declive.

downpour [daun'poo-ə] *n.* aguacero, lluvia torrencial.

downright [doun'rayt] *adj.* categórico; llano; extremo; *adv.* extremamente.

downstairs [daun-stey'əs] *adv.* abajo.

downward [daun-wəd] *adj.* inclinado, pendiente; **—s**, *adv.* hacia abajo; **face —**, de bruces.

dowry [dau'ri] *n.* dote, arras.

doze [dous] *vn.* dormitar.

dozen [də'sən] *n.* docena; **to talk twenty to the —**, hablar más que siete; **baker's —**, docena de fraile.

drab [drab] *adj.* pardusco; gris; monótono; *n.* burra; ramera.

draft [draaft] *n.* expediente; plano, dibujo, delineación; *(rough)* borrador; *(recruitment)* quinta; giro, libranza; *(liquid)* trago; **—horse**, caballo de tiro; *va.* trazar, diseñar; destacar, expedir.

drag [drag] *n.* draga; traba, obstáculo; *va.* *(rivers, etc.)* dragar; arrastrar; *vn.* arrastrarse, rastrearse; **to — into**

(conversation), sacar a colación; —**behind**, ir a la zaga.
dragon [dra'gən] *n.* dragón.
dragonfly [dra'gən-flay] *n.* libélula. [*va.* intimidar.
dragoon [dra-gun'] *n.* dragón;
drain [dreyn] *n.* desagüe, albañal; *(gutter)* alcantarilla; *(channel)* zanja; *va.* desaguar; apurar, desecar, escurrir; *(land)* avenar; — **(grief) to dregs**, apurar el cáliz del dolor; **to — off**, agotar, chorrear.
drainage [drey'nedy] *n.* desagüe, desecación; saneamiento; *(water)* derivación.
drake [dreyk] *n.* pato; **to play ducks and —s**, hacer cabrillas.
drama [draa'mə] *n.* drama; **Spanish —**, el teatro español.
dramatist [draa'mə-tist] *n.* dramaturgo. [tir, colgar.
drape [dreyp] *va.* tapizar, vestir.
draper [drei'pər] *n.* pañero.
drastic [draas'tik] *adj.* severo, duro, enérgico.
draught [draaft] *n.* corriente (de aire); tiro (de chimenea); trazo, boceto; *(ship)* calado; *(liquid)* trago, sorbo, pócima; brebaje; tracción; —**horse**, caballo de tiro; *pl.* juego de damas.
draughtsman [draafts'mən] *n.* dibujante.
draw [droo] *n.* tirada; *(lottery)* sorteo; empate; *va.* tirar; atraer; dibujar; *(outline)* perfilar; *(sword)* desenvainar; *(money)* cobrar; librar, girar; *(curtain)* descorrer; *(bow)* tender; *(fowl)* destripar; — **along**, arrastrar; — **out**, sacar; — **up** *(terms, etc.)* levantar, extender, formalizar; — **off**, sustraer; —**out** [**person**], sonsacar; — **together** (sew.) zurcir; **to — a veil over**, correr el velo sobre; *(lots)* echar (suertes); *(bills)* librar; *vn.* (of fire) tirar; *(games)* empatar; — **back**, retirarse; —**up to**, arrimar(se) a; —**near**; acercarse a.
drawback [droo'bak] *n.* desventaja, inconveniente.
drawbridge [droo'bridy] *n.* puente levadizo.

drawer [droo'ə] *n.* *(com.)* girador, tirador; *(furniture)* gaveta, cajón; *pl.* calzoncillos; pantalones (de mujer); **chest of —s**, cómoda.
drawing [droo'ing] *n.* dibujo, plan; *(lottery tickets, etc.)* extracción; saca; —**board**, tablero de dibujo.
drawing-room [droo'ing-room] *n.* sala, salón.
drawl [drool] *n.* voz lánguida; *vn.* arrastrar las palabras.
drawn [droon] *adj.* estirado; apenado; *(fam.)* chupado; —**thread**, obra de calado; *(sports)* empatado; **long—** *(cry)*, sostenido, alargado.
dread [dred] *adj.* horrible, pavoroso, tremendo, temible; *n.* asombro, miedo, pavor, terror; *va.* temer, tener miedo a.
dreadful [dre'ful] *adj.* terrible, temible, horroroso, horrendo, aterrador, horripilante; **penny —**, cuento de miedo.
dream [driim] *n.* *(sleep)* sueño; imaginación; *(fancy)* ensueño; quimera; *va. & n.* soñar, fantasear.
dreamer [drii'mə] *n.* soñador, visionario; **day —**, iluso.
dreamy [drii'mi] *adj.* soñador, fantástico.
dreary [dri'əri] *adj.* triste, lúgubre, monótono; pesado.
dregs [dregs] *n.* poso, sedimento, hez (pl. heces); solada; *(wine)* madre; escoria, desperdicio; *(people)* canalla, gentuza; **to drink to the —**, apurar.
drench [drensh] *va.* mojar, empapar, calar, recalar.
drenching [dren'shing] *n.* **to get a —**, mojarse, empaparse; **a — shower**, un chaparrón.
dress [dres] *n.* vestido(s); traje, arreos; **evening —**, traje de etiqueta; **in full —**, de gala, de tiros largos; *va.* ataviar, componer, vestir, adornar; *(wounds)* vendar; *(food)* adobar, aliñar; *vr.* **to — up**, atusarse, endomingarse, componerse; *adj.* —**rehearsal**, ensayo general; —**circle** *(theat.)* anfi-

dru

teatro; **in — clothes,** de smoking, de etiqueta.
dressing [dre'sing] *n.* adorno; *(food)* salsa, adobo; *(for wounds)* hila, vendaje; **—case,** necesser; **—gown,** bata; **—table,** tocador.
dressmaker [dres'mey-kə] *n.* costurera, modista.
dressmaking [dres'mey-king] *m.* costurería.
dried [drayd] *adj.* seco; secado; paso; pilongo; **—up,** enjuto.
drift [drift] *n.* rumbo; *(conversation)* giro; impulso; *(in meaning)* móvil, significado; **—ice,** hielo a deriva; **snow —,** ventisca, ventisquero; **—wood,** madera de deriva; *vn.* impeler, amontonar; *(mar.)* derrotar, derivar; dejarse (llevar, arrastrar), ir a la deriva.
drill [dril] *n.* surco; ejercicio; taladro; *(cloth)* dril; *va. (bore)* taladrar, barrenar, horadar; *(mil.)* instruir; *vn.* ejercer; *(mil.)* hacer el ejercicio.
drink [drink] *n.* bebida; *(mouthful)* trago; *(sip)* sorbo; *(refreshing)* cordial; *(iced)* horchata; **to have a —,** tomar una copita; *va. & n.* beber; *(healths)* trincar, brindar (a); *(coll.)* empinar; ser bebedor; (ab)sorber, embeber.
drinkable [drink'kə-bəl] *adj.* potable.
drip [drip] *adj.* **— spout,** chorrera; *n.* gota, gotera; **—drop,** chorrillo; *va. & n.* gotear, verter gota a gota, manar.
drive [drayv] *n.* paseo en coche; *(tennis, etc.)* saque; ímpetu, viveza, urgencia, pujanza; *va,* impeler, impulsar, empujar, inducir, guiar; *(car)* conducir; *(stake, etc.)* hincar; *vn.* ir en coche; **to — a mine under,** zapar; **to — on,** acuciar; **— away,** disipar, ahuyentar; **— back,** rechazar; **— out,** expulsar; **to — mad,** volver loco.
river [drayívə] *n.* cochero, carretero; *(car)* conductor, chófer; *(train)* maquinista.
rizzle [dri'səl] *n.* llovizna, ca-

labobos, rocío; *vn.* lloviznar; *(slightly)* chispear.
droll [drou] *adj.* gracioso, raro, chistoso, chusco.
dromedary [dro'me-də-ri] *n.* dromedario.
droop [drup] *n.* caída; *vn.* entristecerse, desanimarse; cabecear; consumirse, marchitarse.
drone [dro'un] *v.* zanganear, haraganear, gandulear; *n. (ento.)* zángano, abejón, gandul, haragán, zumbido.
drone-fly [dro'un-flai] *n.* abejorro, moscardón.
drop [drop] *n.* gota, lágrima; chispa; caída, pendiente; **— curtain,** telón de boca; **— by,** gota a gota; *va. & n.* gotear, caer gota a gota; renunciar a, desistir de; derribar; bajar, *(venom)* destilar; caer, dejar caer; **to — flat,** caer a plomo; **to — into** *(chair, etc.),* tumbarse; **— off,** quedar dormido; dispersarse; **— a hint,** soltar (una indirecta); **— a subject,** cambiar (de asunto), (de disco); **— a line,** escribir, poner dos letras.
dropsy [drop'si] *n.* hidropesía.
dross [drous] *n.* escoria, basura, granza.
drought [draut] *n.* sequía, seca.
drove [drouv] *n. (sheep)* rebaño; *(beasts)* manada, arria; *(horses)* piara; *(mules)* recua; gentío.
drown [draun] *va.* ahogar, inundar; *(sorrow)* anegar; sofocar; *vn.* ahogarse.
drowsiness [draw'si-nes] *n.* somnolencia, modorra, letargo, pesadez.
drowsy [drau'si] *adj.* soñoliento; **to grow —,** amodorrarse.
drudgery [dro'dyə-ri] *n.* trabajo penoso, faena, perrera, trabajo, reventador.
drug [drəg] *n.* droga; *(on market)* plaga; **—store,** farmacia; *va.* mezclar drogas; narcotizar.
druggist [drə'gist] *n.* droguista, farmacéutico.
druggy [drə'gui] *adj.* género invendible.

drum [drəm] *n.* *(mil.)* tambor, atabal; *(com.)* bidón, cuñete; *(car)* tímpano; zambomba; *adj.* —head, parche; *va.* redoblar; — in, into, machacar, insistir.
drummer [drə'mə] *n.* *(mil.)* tambor; tamborilero.
drunk [drəngk] *adj.* borracho, embriagado; —as a lord, borracho como una cuba; to get —, emborracharse.
drunkenness [drəng'kən-nes] *n.* borrachera; *(often spiritual, etc.)* embriaguez.
dry [dray] *adj.* seco; *(as a bone)* reseco; enjuto; ávido; —nurse, aya seca; —shod, a pie enjuto; *va.* secar, desecar; *(tears)* enjugar; *vn.* secarse.
dryness [dray'ness] *n.* sequedad, aridez.
dubious [diu'biəs] *adj.* incierto, dudoso, irresoluto, problemático.
duchy [də'chi] *n.* ducado.
duck [dək] *n.* ánade, pato; to play —s and drakes, hacer cabrillas; *va.* *(in water)* chapuzar; *(head)* agacharse; *vn.* zambullir.
dudgeon [də'dyən] *n.* ojeriza, cólera, enojo; in high —, enojadísimo.
due [diu] *adj.* debido, vencido, cumplido; propio, oportuno, legítimo, justo, conveniente; it is — to him, se debe a él; it is his —, le compite; — respect, consideración; to fall—, correr, vencer; *n.* deuda, obligación; *pl.* derechos.
duel [diu'əl] *n.* duelo, lance de honor; challenge to —, desafío; to engage in —, batirse.
duelling [diu'ə-ling] *n.* duelo, desafío.
duke [diuk] *n.* duque.
dull [dəl] *adj.* obtuso; *(person)* lelo, lerdo; *(speech, etc.)* aburrido, pesado; *(surface)* mate; *(view)* opaco; *(style)* prosaico; *(sound)* apagado, sordo; *(taste)* soso; *(point)* embotado; *(light)* apagado; *(brain)* flojo, tardo; *(colour)* bajo, obscuro; *(hearing)* duro; *(pain)* sordo; *(wit)*

lerdo, estúpido; *va.* embotar; apagar, mitigar; empañar.
dullness [dəl'nes] *n.* estupidez, cortedad; embotamiento; depresión; torpeza; prosaísmo; pesadez. [a su tiempo.
duly [diu'li] *adv.* debidamente.
dumb [dəm] *adv.* mudo, callado; deaf and —, sordomudo; —waiter, montacargas;— show, pantomima; *va.* to strike —, pasmar, asombrar.
dumbfound [dəm-faund'] *va.* plantar, aturdir. [mo, mudez.
dumbness [dəm'nes] *n.* mutis
dummy [də'mi] *adj.* postizo, fingido; *n.* testaferro; *(tailor's)* papagayo; *(baby's)* chupete; *(dressmaker's)* maniquí.
dump [dəmp] *n.* escorial; vertedero; *pl.* modorra, morriña; *va.* descargar de golpe, vaciar.
dun [dən] *adj.* pardo, castaño, obscuro; *n.* acreedor importuno; *va. & n.* importunar, apremiar.
dunce [dəns] *n.* bobo, tonto.
dune [diun] *n.* duna. [zote.
dung [dəng] *n.* estiércol; *vn.* estercolar. [zo, mazmorra.
dungeon [dən'dyən] *n.* calabo
dupe [diup] *n.* primo, simple, simplón; *va.* engañar, embaucar.
duped [diupd] *adj.* engañado; to be —, tragar el anzuelo.
duplicate [diu'pli-keyt] *n* duplicado, copia; *va.* duplicar, copiar.
duplicity [diu-pli'si-ti] *n.* doblez, engaño, segunda intención. [rabilidad.
durability [diu-rə-bi'li-ti] *n.* du
durable [diu'rə-bəl] *adj.* durable, resistente, duradero.
duration [diu-re'shən] *n.* duración.
duress [diu-res'] *n.* compulsión, obligación; encierro.
durgan [dar'gən] *n.* enano, pigmeo. [te, por.
during [diu'ring] *prep.* duran
dusk [dəsk] *adj.* obscuro; *n.* crepúsculo, anochecer.
dust [dəst] *n.* polvo; *(rubbish)* basura; harina; escombros;

(human) restos mortales, cenizas; *adj.* —cover, guardapolvo;
— pan, basurero, cogedor; **to
knock the** — out of, sacudir el
polvo a; *va.* sacudir el polvo.
duster [dəs'tə] *n.* trapo, *(feather)* plumero; guardapolvo;
(blackboard) borrador.
dustman [dəst'man] *n.* basurero.
dusty [dəs'ti] *adj.* polvoriento,
polvoroso.
Dutch [dɔch] *adj.* holandés; —
cheese, requesón; **to go—,**
compartir los gastos.
dutiful [diu'ti-ful] *adj.* obediente, sumiso, respetuoso, hon-
rado.
duty [diu'ti] *n.* deber, obligación; faena; función; imposición; *(on goods)* carga; *(mil.)*
deber, servicio; *pl.* derechos;
as in — bound, honradamente;
to be on —, estar (de servicio,
de guardia).

dwarf [duo'əf] *n.* enano; *va.*
empequeñecer, achicar.
dwell [duel] *vn.* morar, permanecer, habitar, residir anidar;
to — (on, upon) explayarse,
hacer hincapié (sobre), espaciarse (en, sobre); ensimismarse en.
dweller [due'lə] *n.* habitante,
morador.
dwelling [due'ling] *n.* habitación, domicilio, vivienda, morada; techo.
dwindle [diun'dəl] *vn.* disminuirse, consumirse, mermar,
menguar.
dye [day] *adj.* — works, tinto-
rería; fast —, tinte fijo; *n.*
tinte, coıor; *va.* teñir.
dyed [dayd] *adj.* tinto, teñido.
dying [day'ing] *adj. (light, etc.)*
mortecino, moribundo; agonizante; *(person)* agonizante;
(with thirst) sediento.

E

each [iich] *pron. & adj.* cada,
cada uno, todo; one —, sendos.
eager [ii'gə] *adj.* deseoso, ávido, vehemente, impaciente.
eagerness [ii'gə-nes] *n.* anhelo,
vehemencia, sed, fervor, entusiasmo, afán.   [lince.
eagle [ii'gəl] *n.* águila; — eyed,
eanling [in'ling] *n.* corderito.
ear [ii'ə] *n. (organ)* oreja; *(sense)* oído; **inner —,** oído; —
drum, tímpano; — **ring,** pendiente, zarcillo; arete; **to have
a good —,** tener buen oído; **to
play by —,** tocar de oído; **to
turn a deaf —,** hacerse el sordo; — ache, dolor de oídos; *pl.*
— down, orejas gachas.
earliness [əə'li-nes] *n.* lo temprano; precocidad; presteza,
prontitud, anticipación.
early [əə'li] *adj.* temprano; precoz; *(morning)* matutino; adelantado, *(fruit)* temprano; *adv.*

temprano, con tiempo; — **in
the morning,** de madrugada;
as — as possible, lo más pronto posible.
earn [əən] *va.* ganar, obtener,
merecer; lucrarse; *(praise)*
granjear; *(one's living)* mantenerse, sostenerse.
earnest [əə'nəst] *adj.* serio, formal; cuidadoso, diligente; *n.*
arras, prenda, señal; seriedad;
not in —, de broma.
earnestness [əə'nəst-nes] *n.* buena fe, formalidad, seriedad, encarecimiento.
earnings [əə'nings] *n.* paga, estipendio; *(com.)* ganancias, ingresos.   [desaforado.
earsplitting [ii'ə-spli-ting] *adj.*
earth [əəz] *n.* tierra, globo;
(fox) madriguera; *(radio)* tierra.
earthenware [əə'zən-we-ə] *n.*
loza de barro, cacharros.

earthly [eez'li] *adj.* terrestre, mundano, terrenal.

earthquake [əəz'kueyk] *n.* temblor de tierra, terremoto.

earthwork [əəz'wəək] *n.* terraplén. [so; grosero.

earthy [əə'zi] *aaj.* térreo, terroease [iis] *n.* quietud, ocio, comodidad, holgura; libertad; soltura, rapidez; tranquilidad, regalo; **at —**, a pierna suelta, a sus anchas, descansadamente; **ill at —**, incómodo; *va.* aliviar, aligerar, suavizar, descargar; **to take one's —**, espaciar-

easel [ii'səl] *n.* caballete. [se.

easiness [ii'si nes] *n.* facilidad, soltura; holgura, bienestar; desembarazo.

East [iist] *n.* este, oriente; **Near —**, Próximo Oriente; **Middle —**, Medio Oriente; **Far —**, Extremo **or** Lejano Oriente; **— wind** *(Spain)*, levante.

Easter [ii'tə] *n.* pascua (de resurrección, florida).

easy [ii'si] *adj.* fácil, cómodo, complaciente, negligente; despacio; suelto, lato, como seda; **— to please**, contentadizo; **— as wink**, burla burlando; cosa de coser y cantar; **— going**, plácido; imprevisor; como una seda, ancho de conciencia; **— chair**, butaca, sillón.

eat [iit] *va. & n.* comer; roer; **— away**, carcomer; *(income, etc.)* mermar; **— into**, minar; **— up**, comer, morder.

eatable [ii'tə-bəl] *n.* comestible; *adj.* comestible.

eating [ii'ting] *n.* comida; **fit for —**, comedero; **— house**, hostería, bodegón.

eaves [iivs] *n.* alero. [near.

eavesdrop [iivs'drop] *vn.* fisgo-

ebb [eb] *n.* reflujo; bajamar; *vn.* bajar.

ebony [e'bə-ni] *n.* ébano.

eccentric [ek-sen'trik] *adj.* excéntrico, estrafalario, raro, extravagante.

echo [e'kou] *n.* eco; *va. & n.* resonar, repercutir, repetir.

eclat [ay-kla'] *n.* esplendor.

eclipse [i-klips'] *n.* eclipse; *va.* eclipsar, superar.

economical [i-ko-no'mi-kəl] *adj.* económico, frugal.

economise [i-ko'nə-mays] *va.* economizar.

economy [i-ko'nə-mi] *n.* economía; *pl.* ahorros.

ecstasy [ek'stə-si] *n.* éxtasis, exaltación, arrobamiento, rapto; **in —**, transportado.

eddy [e'di] *n.* remolino, remanso; *vn.* arremolinar, remansarse.

edge [edy] *n.* filo, borde; *(river)* orilla; *(sword)* hilo, corte; *(table, book)* canto; lado, extremidad; extremo, esquina; **on its —**, (side), de canto; **to set one's teeth on —**, dar dentera; *va.* afilar; *(sew.)* ribetear; guarnecer; *vn.* **— along**, avanzar de lado.

edging [e'dying] *n.* *(dress)* guarnición; orla.

edict [ii'dikt] *n.* edicto, auto.

edify [e'di-fay] *va.* edificar, ilustrar.

edit [e'dit] *va.* redactar, dirigir un periódico.

editing [e'di-ting] *n.* redacción.

edition [e-di'shən] *n.* edición, tirada.

editor [e'di-tə] *n.* editor; *(newspaper)* director, redactor.

editorial [e-di-tou'riəl] *n.* *(office, etc.)* redacción; *(article)* artículo de fondo, comentario político.

educate [e'diu-keyt] *va.* instruir, educar.

educated [e'diu-key-təd] *adj.* ilustrado, culto.

education [e-diu-key'shən] *n.* educación; enseñanza; cultura; **Ministry of —**, Ministerio (de Instrucción Pública, de Educación); **higher —**, enseñanza superior; **secondary —**, segunda enseñanza; **elementary —**, primera enseñanza.

educator [e'diu-key-tə] *n.* educador, institutor.

eel [ii] *n.* anguila; **conger —**, congrio.

eel [iil] *n.* anguila; **conger —**, trico.

efface [i-feys'] *va.* borrar, tachar, testar.

effect [i-fekt'] *n.* efecto, impresión, consecuente; fuerza; resultado; *va.* efectuar, ejecutar, llevar a cabo; **to take —**, salir bien, producir su efecto; **to feel the — of,** estar resentido de.

effective [i-fek'tiv] *adj.* efectivo, real, eficaz; de mucho efecto.   [caz.

effectual [i-fek'tiu-əl] *adj.* eficaz.

effeminate [i-fe'mi-neyt] *adj.* afeminado; **— man,** marica; *va. & n.* afeminar, afeminarse.

effervescent [e-fəə-ve'sənt] *adj.* efervescente.   [tado.

effete [i-fiit'] *adj.* usado, gastado.

efficacious [e-fi-key'shəs] *adj.* eficaz.

efficient [i-fi-shənt] *adj.* capaz, eficaz, competente.

effigy [e'fi-dyi] *n.* efigie, imagen.

efflux [ef'flocs] *n.* efusión, flujo, derrame, emanación, efluvio, exhalación, efluxión.

effort [e'foot] *n.* esfuerzo, empeño, gestión, conato; *(violent)* forcejeo; **to make an —,** esforzarse; **by one's own —s,** por sus puños.

effrontery [e-fron'tə-ri] *n.* descaro, atrevimiento, insolencia, desgarro.

effusive [i-fiu'siv] *adj.* expansivo, efusivo, empalagoso.

egg [eg] *n.* huevo; *(beaten)* batido; *(fried or poached)* estrellado; *(boiled)* pasado por agua; *(scrambled)* revuelto; **— shell,** cáscara; *vn.* **to — on,** instigar, provocar.

egotist [e'go-tist] *n.* egoísta.

egregious [e-grii'dyəs] *adj.* insigne, ínclito, ilustre.

eight [eyt] *adj.* ocho.

either [ay'zə] *conj.* o, sea; en todo caso; tampoco; *pron.* uno u otro.   [*n.* exclamación.

ejaculation [i-dya-kiu-ley'shən]

eject [i-dyekt'] *va.* arrojar, expulsar, excluir, vomitar.

eke [iik] *va.* **— out,** suplir las deficiencias de ... con.

elaborate [i-la'bə-reyt] *adj.* detallado, complicado, primoroso, rebuscado, esmerado; *va.* elaborar, labrar.

elapse [i-laps'] *vn.* pasar, transcurrir, andar.   [ticidad.

elasticity [i-laas-ti'si-ti] *n.* elas-

elate [i-leyt'] *va. & n.* regocijar(se), exaltar, endiosar, engreír.

elation [i-ley'shən] *n.* gozo, júbilo, regocijo.

elbow [el'bou] *n.* codo, *(fig.)* recodo; *va. & n.* codear, dar codazos, formar recodos.

elder [el'də] *adj.* mayor; *n.* saúco; *pl.* **— and betters,** mayores.   [edad, mayor.

elderly [el'də-li] *adj.* de cierta

eldest [el'dəst] *adj.* el mayor; **— son,** primogénito.

elect [i-lekt'] *va.* elegir, escoger.

election [i-lek'shən] *n.* elección.

electricity [i-lek-tri'si-ti] *n.* electricidad.

electrify [i-lek'tri-fay] *va.* electrizar; entusiasmar.

elegance [e'le-gəns] *n.* elegancia, refinamiento, gala, gracia, donaire; *(of speech)* gracia, donosura.

elegant [e'le-gənt] *adj.* elegante, gallardo, apuesto, garboso.

elegy [e'le-dyi] *n.* elegía.

element [e'li-ment] *n.* elemento; *(chem.)* cuerpo simple; *pl.* principios; nociones.

elemental [e-le-men'təl] *adj.* elemental, primordial.

elementary [e-le-men'tə-ri] *adj.* elemental; *(education)* primario.   [ción lógica.

elenchus [i-len'kəs] *n.* refuta-

elephant [e'le-fənt] *n.* elefante; **white —,** carabina de Ambrosio.

elevate [e'le-veyt] *va.* elevar, exaltar; *(in rank)* encumbrar; *(the Host)* alzar.

elevated [e'le-vey-təd] *adj.* excelso, levantado, encumbrado.

elevation [e-le-vey'shən] *n.* eminencia, altura; altitud; elevación; exaltación; *(archit.)* alzado.

elevator [e'le-vey-tə] *n.* ascensor, montacargas.   [cimo.

eleventh [e-le'vənz] *adj.* undé-

elf [elf] *n.* duende, trasgo, enano.   [car.

elicit [e-li'sit] *va.* sacar, sonsa-

eli 122

eligible [e'li-dyi-bəl] adj. elegible.
eliminate [e-li'mi-neyt] va. eliminar, quitar, suprimir.
elite [e-liit'] n. la flor (y nata),
lo mejor.   [olmedo.
elm [elm] n. olmo; — grove,
elocution [e-lo-kiu'shən] n. elocución, 'eclamación.
elope [i-lcup'] vn. fugarse; escaparse, huirse.   [to, fuga.
elopement [i-loup'mənt] n. rap-
eloquence [e'lo-kuens] n. elocuencia.   [cuente.
eloquent [e'lo-kuent] adj. elo-
else [els] pron. otro; adv. (ade)-
más; or —, en otro caso.
elsewhere [els'jue-ə] adv. en
(cualquiera) otra parte.
elucidate [e-liu'si-deyt] va.
aclarar, ilustrar, delucidar.
elude [e-liud'] va. eludir, evitar, substraerse.
elusive [-liu'siv] adj. evasivo,
fugaz, esquivo, huraño.
emaciate [e-mey'sieyt] va. & n.
extenuar, adelgazar; to become
emaciated, demacrarse.
emanate [i'mə-neyt] vn. emanar, proceder.
emanation [i-mə-ney'shən] n.
emanación; efluvio; tufo.
emancipate [i-man'si-peyt] va.
emancipar, libertar.   [samar.
embalm [em-baam'] va. embal-
embankment [em-bank'mənt] n.
(sea) malecón; (railway) terraplén; (water) presa, dique;
(London) ría.
embargo [em-baa'gou] n. embargo; traba.
embark [em-baak'] va. & n. em-
barcar(se), lanzarse.
embarkation [em-baa-key'shən]
n. embarque.
embarrass [em-ba'rəs] va. turbar, desconcertar, avergonzar,
poner en aprieto.
embarrassment   [em-ba'rəs-
mənt] n. (per)turbación, perplejidad; compromiso, embarazo, aprieto, apuro; estorbo.
embassy [em'bə-si] n. embajada.
embellish [em-be'lish] va, embellecer, hermosear, esmaltar,
guarnecer.

embellishment   [em-be'lish-
mənt] n. embellecimiento, ornato.
ember [em'bə] n. ascua, rescoldo, chispazo.
embezzle [em-be'səl] va. apropiarse, desfalcar.
embitter [em-bi'tə] va. agriar,
irritar, amargar.
embittered [em-bi'təd] adj.
amargado, avinagrado.
emblem [em'bləm] n. emblema,
símbolo.
embodiment [em-bo'di-ment] n.
personificación, encarnación.
embody [em-bo'di] va. incorporar.   [valentonar.
embolden [em-boul'dən] va. en-
embossed [em-bosd'] adj. —
leather, guadamecí.
embossment [em-bos'mən] n.
realce, relieve.
embrace [em-breys'] n. abrazo;
va. & n. abrazar; (with vision,
etc.) abarcar; (tightly) ceñir;
(contain) encerrar, aceptar.
embrasure   [em-brey'si-ə] n.
tronera, cañonera.
embroider [em-broy'də] va.
bordar, recamar.
embroidery [em-broy'də-ri] n.
bordado.
embroil [em-broyl'] va. embrollar, confundir, enredar.
embryonic [em-bri-o'nik] adj.
incipiente, embrionario.
emend [i-mend'] v. enmendar,
corregir.
emendation [i-men-dey'shən] n.
enmienda, enmendación.
emerald [e'mə-rəld] n. esmeralda.
emerge [i-məədy'] vn. surgir,
brotar, aparecer; to — with
credit, salir airoso.
emergency [i-məə'dyən-si] n.
aprieto, necesidad urgente,
contingencia, trance, apuro.
emigrate [e'mi-greyt] vn. emigrar.   [emigración.
emigration [e-mi-grey'shən] n.
eminence [e'mi-nəns] n. eminencia; (geog.) altura; encum-
bramiento.
eminent [e'mi-nən] adj. eminente, ilustre, distinguido, esclarecido, eximio, prestigioso.

emit [i-mit'] *va.* emitir, exhalar; *(sparks)* arrojar, despedir.

emolument [e-mo'liu-mənt] *n.* emolumento, gaje.

emotion [i-mou'shən] *n.* emoción, sentimiento; *(strong)* alteración.   [dor.

emperor [em'pə-rə] *n.* emperaemphasis [em'fə-sis] *n.* fuerza, énfasis, intensidad.

emphasise [em'fə-says] *va.* recalcar, acentuar, subrayar, hacer resaltar, hacer hincapié en, insistir en.

emphatic [em-fa'tik] *adj.* enfático, cargado, enérgico.

emphatically [em-fa'ti-kə-li] *adv.* a pies juntillas.

empire [em'pa-ə] *adj.* imperial; *n.* imperio.

employ [em-ploy'] *n.* empleo; *va.* emplear, ocupar, colocar; servirse, valerse de.

employee [em-plo-yi'] *n.* dependiente; *(railway)* obrero; empleado.

employer [em-plo'yə] *n.* amo, patrón.

employment [em-ploy'mənt] *n.* empleo, ocupación, cargo; acomodo, plaza.

empress [em'prəs] *n.* emperatriz.

emptiness [emp'ti-nes] *n.* vacío, vaciedad, hueco.

empty [emp'ti] *adj.* vacío, vacuo; frívolo, hueco; desocupado, vacante; *va.* vaciar, desaguar, verter, descargar.

emulate [e'miu-leyt] *va.* emular, rivalizar.

emulation [e-miu-ley-shən] *n.* emulación, rivalidad, envidia.

enable [e-ney'bəl] *va.* habilitar, poner en capacidad, facilitar, permitir.

enact [e-nakt'] *va.* decretar, ejecutar; *(laws)* legislar; *(scene)* realizar, desempeñar, desarrollar.

enactment [e-nakt'mənt] *n.* ley, estatuto, promulgación.

enamel [e-na'mel] *v.* esmaltar, charolar. — *n.* esmalte, charol.

enamelike [e-na'may-laik] *adj.* acharolado.

enamour [e-na'mə] *va.* enamorar, amartelar.

encamp [en-kamp'] *va. & n.* acampar.

encampment [en-kamp'mənt] *n.* campamento.

encase [en-keys'] *va.* encajar.

enchain [en-cheyn'] *va.* encadenar.

enchant [en-chaant'] *va.* encantar; *(by spells)* ensalmar, hechizar; deleitar, fascinar.

enchanter [en-chaan'tə] *n.* hechicero.

enchanting [en-chaan'ting] *adj.* encantador, delicioso.

enchantment [en-chaant'mənt] *n.* encanto, encantamiento, embeleso, hechizo; hechicería, ensalmo.

enchantress [en-chaan'trəs] *n.* bruja, encantadora.

encircle [en-səə'kəl] *va.* cercar, rodear; *(waist)* ceñir.

enclose [en-klous'] *va.* cerrar, cercar, encerrar, circunscribir.

enclosed [en-klousd'] *adj. (in letter)* adjunto; *(land)* vedado.

enclosure [en-klou'syə] *n.* cerca; *(fenced)* cercado, anexo, coto, recinto; *(fence)* barrera, valla(do), tapia.

encompass [en-kəm'pəs] *va.* rodear, encerrar, abarcar.

encore [en'ko-ə] *n.* repetición; *excl.* ¡que se repita!

encounter [en-kaun'tə] *n.* encuentro, choque, pelea, refriega; *va. & n.* encontrar, acometer; tropezar con.

encourage [en-kə'ridy] *va.* animar, alentar, esforzar, fortalecer, nutrir, reforzar.

encouragement [en-kə'ridy-mərt] *n.* estímulo, incentivo, incitación.

encroach [en-krouch'] *va.* usurpar, pasar los límites.

encumber [en-kəm'bə] *va.* estorbar, embarazar, sobrecargar.

encumbrance [en-kəm'brəns] *n.* impedimento, estorbo, traba.

end [end] *n.* extremo, fin, cabo, remate; fenecimiento; *(of play)* desenlace; *(cigarette)* colilla; *(street)* bocacalle; *(upper — of table, bed)* cabecera; at the — of, al cabo de; in the —, en definitiva; **towards the — of,** a últimos de; **from — to —,** de cabo a rabo; **to come to an —,** terminar(se); **to make an — of,** acabar con; **to have at one's finger-ends,** saber al dedillo; va. & n. — **in, by,** acabar, terminar, terminarse, cerrar.

endanger [en-deyn'dʒə] va. poner en peligro, comprometer.

endearing [en-di'ə-ring] adj. almibarado; cariñoso.

endearment [en-di'ə-mənt] n. quiebro, ternura, encariñamiento.

endeavour [en-de'və] n. esfuerzo, empeño, seguimiento; vn. esforzarse, tratar de, pretender, procurar.

ending [en'ding] n. fin, conclusión; (book) desenlace.

endive [en'div] n. escarola, endibia.

endless [end'ləs] adj. sin fin, infinito, eterno, continuo, inagotable, inacabable; **an — number,** un sinnúmero.

endorse [en-doos'] va. endosar, respaldar; rubricar.

endow [en-dau'] va. dotar, fundar.

endowment [en-dau'mənt] n. dotación; dote, talento; prendas.

endurance [en-diu'ə-rəns] n. paciencia, duración, fortaleza, sufrimiento; **past all —,** inaguantable.

endure [en-diu'ə] va. & n. soportar, resistir, aguantar, (sobre) llevar; continuar, durar.

enduring [en-diu'ə-ring] adv. constante; sufrido.

endwise [end'ways] adv. de punta, de pie, de canto.

enemy [e'nə-mi] n. enemigo, adversario.

energetic [e-nəə-dye'tik] adj. enérgico, esforzado.

energy [e'nəə-dyi] n. energía, vigor, viveza, nervio. [tar.

enfeeble [en-fii'bəl] va. debili-

enforce [en-foos'] va. hacer cumplir, obligar, imponer, poner en vigor.

enforcement [en-foos'mənt] n. compulsión, ejecución.

enfranchise [en-fraan'shays] va. franquear, emancipar.

engage [en-geydy'] va. & n. (hire) ajustar, apalabrar, comprometer; (battle) librar; (to marry) comprometerse; emplear; (mech.) engranar; empeñarse, dar palabra; (conversation) entretener, ocupar.

engaged [en-geydyd'] adj. (person, telephone) ocupado; (woman) prometida.

engagement [en-geydy'mən] n. compromiso; combate; (of maid) ajuste; (period of betrothal) noviazgo; empeño; contrato; (to meet) cita, compromiso.

engaging [en-gey'dying] adj. atractivo, agraciado, simpático.

engine [en'dyin] n. máquina; ingenio; (railway) locomotora; **— driver,** maquinista.

engineer [en-dyə-ni'ə] n. ingeniero; mecánico; va. gestionar.

engineering [en-dyə-ni'ə-ring] n. ingeniería.

engrave [en-grevy'] va. grabar, burilar, esculpir, entallar.

engraver [en-grey'və] n. grabador.

engraving [en-grey'ving] n. grabado, estampa.

engross [en-grous'] va. (leg. & com.) poner en limpio; absorber, monopolizar.

enhance [en-jans'] va. encarecer, mejorar, realzar.

enigmatic [e-nig-ma'tik] adj. enigmático.

enjoy [en-dyoy'] va. saborear, divertirse, pasarlo bien, gozar de, lograr; (taste) paladear.

enjoyable [en-dyo'yə-bəl] adj. agradable, divertido.

enjoyment [en-dyoy'mənt] n. gozo; gusto, placer; goce; fruición; (use) usufructo.

enlarge [en-laady'] va. & n. ensanchar, agrandar, aumentar; **— upon,** explayar; engrosar.

enlargement [en-laady'mənt] n. aumento; (film) ampliación; (broad) ensanche; expansión.

enlighten [en-lay'tən] va. iluminar, ilustrar, instruir.

enlightenment [en-lay'tən-mənt] n. ilustración, entendimiento, luces.

enlist [en-list'] va. & n. enganchar, alistarse, sentar plaza.

enliven [en-lay'vən] va. animar, alegrar, avispar, regocijar, vivificar.

enmity [en'mi-ti] n. enemistad, hostilidad.

ennui [on-nui'] n. aburrimiento, fastidio.

enquire etc. **See inquire** etc.

enormity [e-noo'mi-ti] n. enormidad.

enormous [e-noo'məs] adj. enorme, descomunal.

enough [i-nəf'] adv. bastante, harto; **to be more than —,** sobrar.

enrage [en-reydy'] va. exasperar, ensañar; enfurecer; **to become enraged** (sea), embravecerse.

enrapture [en-rap'chə] va. transportar, arrobar, enajenar.

enraptured [en-rap'chəd] adj. **to be —,** estar prendado, embebido.

enrich [en-rich'] va. enriquecer, fertilizar, fecundar; abonar.

enrol [en-roul'] va. alistar; (in school, etc.) matricular; (mil.) sentar plaza.

enshrine [en-shrayn'] va. & n. guardar como reliquia; grabar, consagrar.

ensign [en'sin] n. bandera, enseña; (mil.) alférez, abanderado.   [zar.

enslave [en-sleyv'] va. esclavizar.

ensnare [ens-ne'ər] v. entrampar, embabar, atrapar, enredar, insidiar, engañar.

ensue [en-siu'] vn. seguir(se), sobrevenir.

ensuing [en-siu'ing] adj. resultante, siguiente.

ensure [en-shu'ə] va. asegurar(se), hacer (que).

entail [n. en'teyl; v. en-teyl'] n. vinculación, herencia; va. vincular, legar.

entailed [en-teyld'] adj. hereditario; **— estate,** mayorazgo.

entangle [en-tan'gəl] va. enmarañar, embrollar; **to be entangled in,** enfrascarse en.

entanglement [en-tang'gəl-mənt] n. embrollo, enredo.

enter [en'tə] va. & n. entrar, introducir(se); anotar; (school) ingresar; (university) matricularse; (theat.) salir; **to — upon,** emprender, empezar.

enterprise [en'tə-prays] n. empresa.

enterprising [en'tə-pray-sing] adj. aprovechado; emprendedor.

entertain [en-tə-teyn'] va. entretener, hospedar, tomar en consideración, agasajar; (idea) concebir.

entertaining [en-tə-tey'ning] adj. divertido, distraído, entretenido.

entertainment [en-tə-teyn'mənt] n. entretenimiento; hospitalidad; agasajo, convite; función.

enthusiasm [en-ziu'sia-səm] n. entusiasmo, fervor, ánimo.

enthusiast [en-ziu'siast] n. entusiasta, fanático.

enthusiastic [en-ziu-sias'tik] adj. lleno de entusiasmo, animoso, delirante.

entice [en-tays'] va. atraer, seducir, tentar.

entire [en-tay'ə] adj. entero, perfecto, total, cabal, íntegro.

entirety [en-tay'ə-ti] n. todo; **in its —,** completamente ,enteramente.

entitle [en-tay'təl] va. intitular, dar derecho.   [fias.

entrails [en'treyls] n. pl. entrañas.

entrance [n. en'trəns; vb. en-traans'] n. entrada; (river) embocadura; ingreso; **— fee,** cuota; vn. extasiar, hechizar.

entreat [en-triit'] va. & n. suplicar, rogar, implorar.

entreaty [en-trii'ti] n. súplica, petición, ruego, conjuro.

entrust [en-trəst'] va. confiar, cometer, encargar, fiar; vr. encomendarse.

entry [en'tri] n. entrada, ingreso; (fee) derecho de ingreso; (in book) minuta; **to make an —,** entrar; **no —,** prohibida la entrada.

entwist [en-tuist'] v. torcer alrededor, ensortijar.
enumerate [e-niu'mə-reyt] va. enumerar, puntualizar, detallar.
enunciate [i-nən'sieyt] va. enunciar, pronunciar.
enunciation [i-nən-siey'shən] n. enunciación; articulación.
envelop [en-ve'lop] va. envolver, poner bajo sobre, cubrir.
envelope [en'və-loup] n. sobre; envoltura.
envious [en'viəs] adj. envidioso.
environs [en-vay'rəns] n. pl. alrededores, contornos, inmediaciones.
envisage [en-vi'sədy] va. concebir, imaginarse, enfocar.
envoy [en'voy] n. enviado, mensajero.
envy [en'vi] n. ojeriza, envidia; va. envidiar.
ephemeral [e-fi'mə-rəl] adj. transitorio, efímero.
epic [e'pik] adj. épico; n. — poetry, la épica, epopeya.
epidemic [e-pi-de'mik] n. epidemia.
Epiphany [e-pi'fə-ni] n. epifanía, noche de Reyes, los Reyes.
episode [e'pi-soud] n. episodio, lance; pl. peripecias.
epistle [e-pi'səl] n. epístola, carta, misiva.
epitaph [e'pi-taf] n. epitafio.
epithet [e'pi-zet] n. epíteto.
epitome [e-pi'to-me] n. epítome, breviario, compendio.
epitomise [e-pi'to mays] va. compendiar, extractar; resumir. [tiempo.
epoch [i'pok] n. época, edad, equable [e'kuə-bəl] adj. igual, uniforme; plácido.
equal [ii'kuəl] adj. igual, equivalente; justo; to be—to, igualarse a, ser a propósito para, empatar, saber cumplir.
equality [i-kuo'li-ti] n. igualdad, uniformidad.
equanimity [i-kuə-ni'mi-ti] n. ecuanimidad,. serenidad.
equator [i-kuey'tə] n. ecuador.
equestrian [e-kues'triən] adj. ecuestre. [n. equilibrio.
equilibrium [e-kiu-li'bri-əm]

equip [i-kuip'] va. aprestar, aparejar, pertrechar.
equipage [e'kui-peydy] n. equipage, tren.
equipment [i-kuip'mənt] n. equipo, apresto, arreos, material. [litación.
equipping [i-kui'ping] n. habiequitable [e'kui'tə-bəl] adj. justo, equitativo.
equivalent [i-kui'və-lənt] n. equivalente.
equivocal [e-kui'və-kəl] adj. equívoco, ambiguo.
era [ii'rə] n. era, época, período.
eradicate [e-ra'di-keyt] va. extirpar, desarraigar.
erase [i-reys'] va. borrar, rayar, tachar. [goma.
eraser [i-rey'sə] n. borrador, erect [e-rekt'] adj. derecho, erguido, enhiesto; va. & n. erigir, erguir, levantar, enderezar; (mech.) montar.
erection [e-rek'shən] n. erección, elevación, construcción; (mech.) montaje.
ermine [əə'min] n. armiño.
erne [ərn] n. águila.
erode [i-roud] vn. desgastarse.
erosion [ii-rou-siən] n. erosión, desgaste.
err [əə] vn. errar, engañarse, equivocarse, no dar en el blanco; pecar de.
errand [e'rənd] n. recado, mensaje, encargo.
errant [e-rənt] adj. errante.
erratic [e-ra'tik] adj. errático, excéntrico.
erring [əə'ring] adj. errado; descarriado, extraviado.
erroneous [e-rou'niəs] adj. erróneo, falso, errado.
error [e'rə] n. error, yerro; equivocación, desacierto; desatino; hideous —, herejía.
erudite [e'riu-dayt] adj. erudito, instruido.
escapade [es'kə-peyd] n. escapada, calaverada, travesura.
escape [es-keyp'] n. fuga, escape, huida; (liquid) derrame; va. & n. escapar(se), evadirse, huir de, rehuir; (gas) desprenderse; to — notice, pasar inadvertido.

escort [es'kout] *n.* escolta; pareja; *va.* escoltar, convoyar, acompañar.

eskimo [es'ki-mou] *n.* esquimal.

esoteric [e-so-te'rik] *adj.* esotérico, oculto.

especial [es-pe'shəl] *adj.* especial, particular.

especially [es-pe'shə-li] *adv.* especialmente, sobre todo, máxime, sumamente.

espionage [es'piə-nə-neydy] *n.* espionaje.

espouse [es-paus'] *va.* casar, desposar(se) con; *(idea)* abrazar.

esquire [es-kuay'ə] *n.* caballero, escudero.

essay [*n.* e'sey; *vt.* e-sey'] *n.* ensayo, composición; *va.* ensayar, tentar.

essayist [e'say-ist] *n.* ensayista.

essence [e'səns] *n.* esencia, quintaesencia, constitución, médula.

essential [e-sen'shəl] *adj.* esencial, constitutivo, radical, de rigor, imprescindible, indispensable, preciso, capital.

establish [es-tab'lish] *va.* establecer, fundar, acreditar, plantear; *(argument)* sentar; verificar.

establishment [es-tab'lish-mənt] *n.* establecimiento, fundación; *(staff)* escalafón.

estate [es-teyt'] *n.* *(land)* finca, *(property)* hacienda, bienes, herencia, *(hunting)* coto; real — bienes raíces.

esteem [es-tiim'] *n.* estima, consideración, acatamiento, aprecio; *va.* honrar, estimar, apreciar, tener (en, por).

estimate [es'ti-meyt] *va.* estimar, valuar, apreciar, calcular, calificar, reputar, opinar.

estimate [es'ti-meyt] *n.* *(com.)* tasa, cálculo, cómputo, opinión, apreciación, estimación, calificación, graduación.

estimation [es-ti-mey'shən] *n.* estimación, estima, valuación, presupuesto.

estrange [es-treyndy'] *va.* alejar, apartar, enajenar.

estranged [es-treyndyd'] *adj.* to

become —, estrañarse, malquistarse.

estrangement [es-treyndy'mənt] *n.* estrañamiento, desvío.

estray [es-trei'] *v.* extraviarse, descarriarse; *n.* animal descarriado o mostrenco.

estuary [es'tiu-ə-ri] *n.* estuario; abra; *(Galicia)* ría.

etching [e'ching] *n.* grabado.

eternal [i-təə'nəl] *adj.* eterno, sempiterno, perpetuo.

eternity [i-təə'ni-ti] *n.* eternidad.

ether [ii'zə] *n.* éter.

ethereal [e-zi'ə-riəl] *adj.* etéreo; sutil, vaporoso.

ethic [e'zik] *adj.* ético, moral.

ethics [e'ziks] *n.* la moral, ética, filosofía moral.

Ethiopian [i-ziou'piən] *atj.* etíope.

etiquette [e'ti-ket] *n.* etiqueta, ceremonia.

etymology [e-ti-mo'lə-dyi] *n.* etimología.

eulogisze [iu'lə-dyays] *va.* elogiar, encomiar, preconizar, loar.

eulogy [iu'lə-dyi] *n.* encomio, elogio, incienso.

eunuch [iu'nək] *n.* eunuco, capón, castrado.

euphuistic [iu-fiu-is'tik] *adj.* gongorino, alambicado.

evacuate [i-va'kiu-eyt] *va.* evacuar, vaciar; hacer del cuerpo.

evade [i-veyd'] *va.* & *n.* escapar, rehuir, esquivar, burlar, evadir.

evaluate [i-va'liu-eyt] *va.* evaluar.

evanescent [i-va-ne'sənt] *adj.* que se desvanece, evanescente.

evaporate [i-va'pə-reyt] *va.* & *n.* evaporar(se), disipar.

evasion [i-vey'syən] *n.* evasión, subterfugio; escape, rodeo.

evasive [i-vey'siv] *n.* evasivo, esquivo.

eve [iiv] *n.* víspera, tarde; on the — of, la víspera de.

even [ii'vən] *adj.* unido, igual, plano; liso; sereno; *(number)* redondo; *adv.* aún, hasta, todavía, tan siquiera; not —, ni siquiera; *va.* igualar, aplanar, nivelar; to get — with, desquitarse.

evening [ii'və-ning] *adj.* crepuscular, vespertino; *(theat.)*

de la noche; *n.* tarde, noche, atardecer, anochecer.

evenness [ii'vən-nes] *n.* igualdad, serenidad.

event [i-vent'] *n.* acontecimiento, suceso, caso; **at all —s,** en todo caso, sea lo que fuera; **in the — of,** en caso de.

eventful [i-vent'ful] *adj.* memorable.

eventual [i-ven'tiu-əl] *adj.* eventual, final, fortuito.

ever [e'və] *adv.* siempre, jamás; en cualquier grado; **for —,** para siempre; **for — and —,** por siempre jamás; **— since,** desde entonces; **as —,** como siempre.

evergreen [e'və-griin] *adj.* vivaz; *n.* siempreviva.

everlasting [e-və-laas'ting] *adj.* perpetuo, sempiterno, perenne.

every [e'və-ri] *adj.* cada, todo; **— day,** todos los días, cada día; **— body,** todo el mundo; **—mother's son,** cada hijo de vecino; **— other day,** cada dos días.

evidence [e'vi-dəns] *n.* prueba(s); evidencia; **a piece of —,** una prueba; *(law)* **to give —,** dar testimonio, deponer; *va.* evidenciar, probar, mostrar.

evident [e'vi-dənt] *adj.* evidente, aparente, visible; palmario; **quite—,** notorio; **to be—,** constar, resaltar; **to make —,** demostrar.

evidently [e'vi-dənt-li] *adv.* a las claras; por lo visto.

evil [ii'vil] *adj.* malo, maligno, perverso; **—smelling,** maloliente; **— eye,** a ojo; *n.* mal, malignidad, maldad; **— doer,** malhechor.

evoke [i-vouk'] *va.* evocar.

evolution [i-və-liu'shən] *n.* evolución, desenvolvimiento.

evolve [i-volv'] *va. & n.* desenvolver, desarrollar; hacer evolución.

ewe [iu] *n.* oveja.

exacerbate [eg-sa'səə-beyt] *va.* exacerbar.

exact [eg-sakt'] *adj.* exacto, preciso; concreto, cortado, cabal; *va.* exigir, imponer.

exacting [eg-sak'ting] *adj.* severo, exigente.

exactly [eg-sakt-li] *adv.* en punto, al pie de la letra, en concreto; **more —,** propiamente dicho.

exactness [eg-sakt-nes] *n.* precisión, exactitud, definición, cuidado.

exaggerate [eg-sa'dyə-reyt]' *va.* exagerar; ponderar.

exaggeration [eg-sa-dyə-rey'-shən] *n.* exageración, encarecimiento; **beyond all —,** sobre todo encarecimiento, hasta no más. [tar, ensalzar.

exalt [eg-solt'] *va.* elevar, exal-

exaltation [eg-sol-tey'shən] *n.* exaltación, elevación.

examination [eg-sa-mi-ney'-shən] *n.* examen, verificación; *(for public post)* oposiciones; indagación; registro.

examine [eg-sa'min] *va.* examinar, verificar, probar, requerir; *(question)* ventilar; *(carefully)* escudriñar, indagar.

examiner [eg-sa'mi-nə] *n.* examinador; inspector.

example [eg-saam'pəl] *n.* ejemplo, modelo, dechado; caso, lección, demostración; **for —,** e.g., verbigracia.

exasperate [eg-saas'pə-reyt] *va.* exasperar, irritar, sacar (de tino, de quicio).

exasperation [eg-saas-pə-rey'-shən] *n.* exasperación, irritación, rabia. [var, excavar.

excavate [eks'kə-veyt] *va.* ca-

exceed [ek-siid'] *va.* exceder, pasar; *(expectations, etc.)* superar; propasarse; rebasar.

exceeding [ex-sii'ding] *n.* excedente, extremo; *adv.* en extremo.

exceedingly [ek-sii-ding-li] *adv.* sobremanera.

excel [ek-sel'] *va. & n.* sobresalir, superar, sobrepasar, señorear, resplandecer.

excellence [ek'sə-ləns] *n.* excelencia, superioridad; *(title)* alteza.

excellent [ek'sə-lent] *adj.* excelente, precioso, admirable.

except [ek-sept'] *va. & n.* exceptuar, excluir, omitir; hacer caso omiso de; *prep. & adv.* excepto, a menos que, salvo, menos, fuera de.

excepting [ek-sep'ting] *prep.* excepto, a excepción de, salvo.

exception [ek-sep'shən] *n.* excepción; **to take — to,** resentirse de.

excess [ek-ses'] *n. (quantity)* exceso, sobrante, sobra; *(action)* desmán, desafuero; **—of care,** nimiedad; **to be in —,** sobrar.

excessive [ek-se'siv] *adj.* excesivo; **— detall,** nimiedad; exorbitante, sobrado, recargado, violento.

exchange [eks-cheyndy'] *n.* cambio; intercambio; *(financial)* Bolsa; *(barter)* trueque; *(corn, etc.)* lonja; *(prisoners, documents)* canje; *(telephone)* oficina de teléfonos; *va.* cambiar; *(prisoners, etc.)* canjear; conmutar. [cienda.

exchequer [eks-che'kə] *n.* hacitable

excitable [ek-say'tə-bəl] *adj.* neurasténico, entusiasta.

excite [ek-sayt'] *va.* excitar, provocar, incitar, ocasionar, sobreexcitar; **to get excited (about),** alborotarse, acalorarse, entusiasmarse; agitarse.

excitement [ek-sayt'mənt] *n.* emoción, conmoción, excitación.

exciting [ek-say'ting] *adj.* estimulante, provocativo, conmovedor, apasionante, apasionado, incitante.

exclaim [eks-kleym'] *vn.* exclamar, gritar.

exclamation [eks-klə-mey'shən] *n.* exclamación, grito; **—mark,** punto de admiración.

exclude [eks-klud'] *va.* excluir, exceptuar.

exclusion [eks-klu'syən] *n.* exclusión, excepción, eliminación.

exclusive [eks-klu'siv] *adj.* exclusivo, privativo; **—rights,** la exclusiva.

excommunicate [eks-kə-miu'ni-

keyt] *va.* excomulgar, anatematizar.

excruciating [eks-kru'shey-ting] *adj.* agudísimo; sobremanera.

excursion [eks-kəə'shən] *n.* excursión, gira; *(on foot)* caminata; día de campo.

excuse [eks-kius'] *n.* excusa, disculpa; salvedad, pretexto, salida; *va.* excusar, disculpar; dispensar; disimular; perdonar, eximir.

exeat [e'xi-at] *n.* permiso de salida.

execute [ek'sə-kiut] *va.* ejecutar; llevar a cabo, cumplir; *(theat.)* trabajar, desempeñar; *(hang, etc.)* ajusticiar; *(document)* otorgar.

execution [ek-sə-kiu'shən] *n.* ejecución, ejercicio; *(of document)* otorgamiento; *(death)* suplicio. [*n.* verdugo.

executioner [ek-sə-kiu'shənə]

executive [ek-se'kiu-tiv] *adj.* ejecutivo; *n.* gerente.

exemplary [eg-sem'plə-ri] *adj.* ejemplar.

exempt [eg-sempt'] *adj.* exento, excusado, libre; *va.* exceptuar, excusar, libertar, dispensar.

exemption [eg-semp'shən] *n.* exención; *(from taxes)* franquicia; inmunidad.

exequies [ek'se-kuis] *n. pl.* funerales.

exercise [ek'sə-says] *n.* ejercicio; práctica, ensayo; *va. & n.* ejercitar(se); hacer ejercicios; practicar; atarear, preocupar; *(career)* ejercer.

exert [eg-səət'] *va.* esforzar(se); *(influence)* ejercer. [fuerzo.

exertion [eg-səə'shən] *n.* es-

exhalation [eg-sə-ley'shən] *n.* exhalación, vaho; *(unpleasant)* tufo.

exhaust [eg-soost'] *n.* escape; *va.* agotar, gastar, fatigar, postrar; vaciar.

exhausted [eg-soos'təd] *adj.* rendido, transido, apurado; **to be —,** no poder más.

exhaustion [eg-soos'chən] *n.* agotamiento; evacuación; postración.

exhaustive [eg-soos'tiv] adj.
agotador; minucioso, exhaustivo.

exhibit [eg-si'bit] va. exhibir,
mostrar, exponer; presentar,
ofrecer.

exhibition [eg-si-bi'shən] n. exhibición; (art) exposición; demostración; to make an — of oneself, ponerse en ridículo.

exhilarate [eg-si'lə-reyt] va.
regocijarse, alborozar, exaltar,
excitar.

exhilaration [eg-si-lə-rey'shən]
n. alegría, alborozo, excitación, acción or efecto vivificador(a).

exigence [eg'si-dyəns] n. exigencia, necesidad, demanda.

exile [eg'sayl] n. (state) destierro; (person) desterrado; va.
desterrar, proscribir, expatriar.

exist [eg-sist'] vn. existir.

existence [eg-sis'təns] n. existencia, vivir, ser.

exit [eg'sit] n. salida; partida;
(theat.) hace(n) mutis, va(n)se.

exonerate [eg-so'ne-reyt] va.
exonerar, disculpar, aliviar.

exorbitant [eg-soo'bi-tənt] adj.
exorbitante, excesivo, desproporcionado.

exorcise [eg'soo-says] va. exorcizar, conjurar.   [pintoresco.

exotic [eg-so'tik] adj. exótico,

expand [eg-spand'] va. & n. extender, ensanchar; engrosar,
(of metals) dilatarse.

expanse [ek-spans'] n. extensión, envergadura.

expansion [ek-span'shən] n. expansión; (metals) dilatación;
(town, etc.) ensanche; desarrollo.

expatiate [eks-pay'shieyt] vn.
extender, alargar; espaciarse,
explayarse.

expect [ek-spekt'] va. esperar;
contar con; suponer.

expectation [ek-spek-tey'shən]
n. expectativa, esperanza.

expedience [ek-spi'diəns] n.
conveniencia, oportunidad, aptitud, propiedad.

expedient [ek-spi'diənt] adj.
oportuno, conveniente, prudente; n. expediente; medio,
recurso.

expedite [ecs'pi-dait] v. acelerar, apresurar, facilitar, desembarazar, orillar, despachar,
expedir, cursar, dar curso.

expedition [ek-spə-di'shən] n.
expedición; prisa.

expeditious [ek-spə-di'shəs] adj.
expedito, expeditivo, suelto.

expel [ek-spel'] va. arrojar, despedir, expulsar, echar.

expenditure [ek-spen'di-chə] n.
gasto, desembolso.

expense [ek-spens'] n. gasto, expensas; desembolso; at any—,
a toda costa.

expensive [ek-spen'siv] adj.
costoso, caro, dispendioso.

experience [ek-spi'riəns] n. experiencia, práctica; experimento; tentativa; aventura; va. experimentar, sentir.

experienced [ek-spi'riənsd] adj.
experimentado; práctico, experto, adiestrado, versado, curtido.

experiment [ek-spe'ri-mənt] n.
experimento, ensayo; va. experimentar, hacer experimentos, probar.

expert [ek'spəət] adj. experto,
perito, hábil, autorizado; n. conocedor de, perito, trujimán.

expertness [ek'spəət-nes] n.
destreza, maña, habilidad.

expire [ek-spay'ə] va. & n. expirar, fallecer; expeler; (com.)
vencer, complir(se).

explain [ek-spleyn'] va. explicar, exponer ,interpretar, ilustrar; (problem) plantear; vr.
sincerarse.

explanation [eks-plə-ney'shən]
n. explicación, aclaración, interpretación.

explanatory [ek-spla'nə-tə-ri]
adj. explicativo.

expletive [ek-splii'tiv] n. reniego.

explicit [ek-spli'sit] adj. explícito, formal, categórico.

explode [ek-sploud'] va. & n.
volar, hacer saltar; reventar,
desbaratar; estallar; hacer explosión; (with anger) reventar.

exploit [n. ek'sployt; vn. ek-

sployt'] *n.* hazaña; proeza; youthful —, mocedad; *va.* explotar. [*n. exploración.*
exploration [ek-splo-rey'shən]
explore [ek-sploo'] *va.* explorar; buscar, sondar. [rador.
explorer [ek-sploo'rə] *n.* explo-
explosion [ek-splou'syən] *n.* explosión, disparo, detonación.
explosive [ek-splou'siv] *n.* & *adj.* explosivo.
export [*n.* ek'spoot; *vb.* ek-spoot'] *n.* exportació*n*; *va.* exportar, extraer.
expose [ek-spous'] *va.* exponer, exhibir, manifestar; divulgar.
expostulate [ek-spos'tiu-leyt] *vn.* altercar; to — with, reprochar.
exposure [ek-spou'syə] *n.* divulgación; escándalo; north —, orientación al norte; *(phot.)* exposición.
expound [ek-spaund'] *va.* exponer, manifestar; explicar, comentar, explanar, desarrollar.
express [ek-spres'] *adj.* expreso; formal, terminante, categórico; rápido, de encargo; — train, tren expreso; — letter, continental; *va.* expresar, manifestar; denotar; expiicarse; to — one's sorrow *(on bereavement),* dar el pésame.
expression [ek-spre'shən] *n.* expresión, manifestacién; semblante; *(word)* término, vocablo.
expressive [ek-spre'siv] *adj.* expresivo, vivo; *(eyes)* parleros.
expressly [ek-spres'li] *adv.* expresamente, terminantemente; de propósito.
expulsion [ek-spəl'shən] *n.* expulsión. [(ex)purgar.
expurgate [ek'spee-geyt] *va.*
exquisite [eks'kui-sit] *adj.* exquisito, excelente, esmerado, primoroso, rico; elegante.
exquisiteness [eks'kui-sit-nəs] *n.* excelencia, primor, perfección, delicadeza.
exsiccate [ec'si-keit] o [ecsi'-keit] *v.* desecar, secar, resecar.
extempore [eks-tem'po-rey] *adj.* improvisado; *adv.* sin preparación; to speak —, improvisar.

extend [ek-stend'] *va.* extender, ensanchar, ampliar, prolongar; tender; *(offer)* ofrecer. otorgar; *(pull out)* estirar; *vn.* tener correa; extenderse; estirarse.
extension [ek-sten'shən] *n.* extensión, prolongación, ensanche, ampliación; *(building)* anexo; *(com.)* prórroga.
extensive [ek-sten'siv] *adj.* extenso, vasto; extensivo, extendido, dilatado.
extent [ek-stent'] *n.* extensión, alcance, amplitud, capacidad; to some —, hasta cierto punto.
extenuate [ek-ste'niu-eyt] *va.* disminuir, minorar, atenuar, paliar.
extenuation [ek-ste-niu-ey'-shən] *n.* atenuación.
exterior [ek-sti'ə-ri-ə] *adj.* exterior, externo; *n.* rough —, corteza.
exterminate [ek-stəə'mi-neyt] *va.* exterminar, extirpar.
extermination [ek-stee-mi-ney'-shən] *n.* exterminio.
external [eks-təə'nəl] *adj.* externo; —trade, comercio exterior.
extinct [ek-stingkt'] *adj.* *(volcano)* extinto; extinguido, abolido.
extinction [ek-stingk'shən] *n.* extinción, abolición, aniquilación.
extinguish [ek-sting'guish] *va.* extinguir, apagar; *(flame)* matar; suprimir.
extirpate [ek-stəə-peyt] *va.* extirpar, desarraigar.
extol [ek-stoul'] *va.* exaltar, celebrar, encarecer, encomiar, ensalzar.
extort [ek-stoot'] *va.* arrancar, arrebatar.
extortion [ek-stoo'shən] *n.* extorsión, exacción.
extra [ek'strə] *adj.* suplementario, extraordinario; *(as spare)* de repuesto; *adv.* de sobra; *n.* exceso; *(on theat.)* comparsa; contrafuerte.
extract [*n.* ek'strakt; *vb.* ek-strakt'] *n.* extracto; resumen;

va. extraer; *(teeth)* sacar; arrancar.

extraneous [ek-strey'niəs] *adj.* extraño, extrínseco exótico.

extraordinary [ek-strə-oo'di-nə-ri] *adj.* extraordinario, pasmoso, raro, prodigioso.

extravagance [ek-strä'və-gəns] *n.* extravagancia; prodigalidad, derroche.

extravagant [ek-stra'və-gənt] *adj.* extravagante, exorbitante; disparatado, pródigo, manirroto.

Extremaduran [ek-stre-mə-du'rən] *adj. & n.* extremeño.

extreme [ek-striim'] *adj.* extremo, sumo; riguroso; *n.* extremo, extremidad.

extremely [ek-striim'li] *adv.* sumamente; *(bored, etc.)* hasta las cejas; hasta no más.

extremist [ek-strii'mist] *n.* exaltado.

extremity [ek-stre'mi-ti] *n.* extremidad, cabo, punta; *(trouble)* apuro.

extricate [ek'stri-keyt] *va. & n.* desembarazar(se), zafar(se), librar(se). [desalojar.

extrude [eks-trud'] *v.* empujar,

exuberance [eg-su'bə-rəns] *n.* exuberancia.

exuberant [eg-su'bə-rənt] *adj.* exuberante, superfluo.

exude [eg-siud'] *va.* *(juice, etc.)* rezumarse; transpirar.

exult [eg-selt] *vn.* regocijarse, exultar.

eye [ay] *n.* ojo; —**ball,** globo del ojo; *(sew)* corcheta; *(bot.)* yema; *(mech.)* ojal; mirada; —**brow,** ceja; —**lash,** pestaña; —**lid,** párpado; —**one-eyed,** tuerto; —**shade,** visera; —**socket,** cuenca; —**tooth,** colmillo; **evil —,** mal de ojo; **to be all—s,** ser todo oídos; **to cry one's —s out,** llorar (a mares, a moco tendido); **to keep an — on,** vigilar; **to give black — to,** poner el ojo como un tomate; **up to one's —s in,** hasta las cejas; **with one's —s open,** con conocimiento de causa; **blue-eyed,** zarco; *va.* mirar (detenidamente), ojear.

eyeglass [ay'glaas] *n.* anteojo; quevedos.

eyesight [ay'sayt] *n.* vista.

eyewitness [ay'wit-nes] *n.* testigo presencial.

F

fable [fey'bəl] *n.* fábula, consejo, argumento, apólogo.

fabric [fa'brik] *n.* tejido, paño, fábrica; textura; edificio.

fabulous [fa'biu-ləs] *adj.* fabuloso.

façade [fa-saad'] *n.* portada, fachada.

face [feys] *n.* cara, semblante, rostro; superficie; frente; *(coll.)* facha; *(vulg.)* pinta; *(of earth.)* faz; **smiling —,** cara de Pascua(s); **sullen, gloomy —,** —**of misery,** cara de viernes; *(mining)* tajo; **— to —,** cara a cara; **— upwards,** boca arriba; —**—downwards,** boca abajo, de bruces; —**guard** *(fencing, etc.)* careta; *(cheeky)* descaro; desfachatez; *(grimace)* mueca; —**value,** valor nominal; **to shut door in someone's —,** darle con la puerta en las narices; *va.* afrontar, enfrentar, arrostrar, hacer (cara a, frente a); *(sew.)* guarnecer, revestir; *vn.* dar a; **to — up to,** arrostrar, enfrentar, dar el pecho; **to — the music,** escurrir el bulto.

facer [fei'sər] *n.* torta, puñetazo (en la cara); atolladero, berengenal, mal paso; descarado.

facetiousness [fa-sii'shəs-nes] *n.* chiste, gracia, donaire.

facile [fa'sayl] *adj.* fácil, vivo, ágil; obediente.

facilitate [fa-si'li-teyt] *va.* facilitar, allanar, posibilitar; conseguir.

facing [fey'sing] *n.* revestimiento, cubierta; *adv.* en frente; frente a.

fact [fakt] *n.* hecho, realidad, dato; **in** —, en realidad, de hecho; **the** — **of the matter**, la pura verdad.

faction [fak'shən] *n.* facción, pandilla, bando.

factory [fak'tə-ri] *n.* fábrica, taller; factoría, manufactura.

faculty [fa'kəl-ti] *n.* facultad, potencia, poder, privilegio; *(univ.)* profesorado.

fad [fad] *n.* capricho; chifladura.

fade [feyd] *vn.* marchitar(se), desmejorarse, — **away**, — **out**, morir, extinguirse, ajarse.

fail [feyl] *n.* *(exam.)* suspenso; **without** —, sin falta; sin remedio; *va.* abandonar, faltar a; *(exam.)* suspender; *vn.* abortar, frustrarse, no lograr; fracasar; *(fin.)* hacer bancarrota; *(exam.)* dar calabazas; — **to**, dejar de.

failing [fey'ling] *n.* debilidad, falta, defecto.

failure [fey'liu-ə] *n.* fracaso, quiebra, malogro, falla; *(exam.)* suspenso.

faint [feynt] *adj.* imperceptible, tenue; débil; *n.* deliquio, soponcio; desmayo; —**hearted**, pusilánime; *vn.* desanimarse, desvanecerse, desmayarse.

faintness [feynt'nes] *n.* debilidad, desfallecimiento, desaliento.

fair [fe'ə] *adj.* claro, limpio; bello, hermoso; honesto, honrado, justo; *(colour)* blondo, rubio; próspero; razonable; regular; —**play**, juego limpio; **to make a** — **copy of**, poner en limpio; *n.* feria, —**ground**, real.

fairness [fe'ə-nes] *n.* lo rubio; hermosura; equidad, justicia, imparcialidad; **in all** —, para ser justo.

fairy [fe'ə-ri] *n.* hada; — **tale**, cuento de hadas.

faith [feyz] *n'.* fe, lealtad; religión; crédito, **as un article of** —, **a pies juntillas; to break** —, faltar a la palabra.

faithful [feyz'ful] *adj.* fiel, sincero; leal; recto; legal; puntual; **to be** —, confiar, ser leal.

faithfully [feyz'fu-li] *adv.* honradamente; **yours** —, quedo de Vd. s.s.q.e.l.m.

faithfulness [feyz'ful-nes] *n.* lealtad, fidelidad, honradez.

faithless [feyz'les] *adj.* desleal, infiel, fementido.

faithlessness [feyz'les-nes] *n.* deslealtad, perfidia, infidelidad.

fake [feyk] *adj.* falso, postizo; — **jewelry**, culos de vaso.

falcon [fal'kən] *n.* halcón.

fall [fool] *n.* caída; *(in ground)* bajada, declive, desnivel, descenso; *(morals)* desliz; *(water)* salto, cascada; *(ruin)* decadencia, degradación; *(price)* baja; *(music)* cadencia; inclinación; *vn.* caer, bajar; disminuir, rendirse; corresponderle; echar por tierra; *(of face)* inmutarse; **to** — **asleep**, dormirse; —**in love**, enamorarse; **to**—**to** *(one's lot)*, tocar; **away**, enflaquecer, desfallecer; — **back**, retroceder, hacerse atrás; — **back on**, recurrir a; — **down**, caerse; *(rock, picture, etc.)* desplomarse, desprenderse; — **due**, vencer; — **headlong**, caer de bruces; — **ill**, indisponerse; — **in** *(with idea)*, coincidir (con); —**into**, dar en, sumirse (en), incurrir; — **into** *(error)*, incidir; —**out** *(with)*, extrañarse (con), indsponerse (con); —**on**, acometer; echarse sobre, asaltar; — **short**, escasear; — **through** *(plans)*, fracasar, naufragar.   [lacia, error.

fallacy [fa'lə-si] *n.* engaño, fafalling [foo'ling] *n.* caída, deserción; —**in**, desplome; —**star**, estrella fugaz.

fallow [fa'lou] *adj.* *(colour)* flavo, leonado; *(land)* en barbecho; *n.* barbecho; —**deer**, gamo.

false [fools] *adj.* falso, fementido, traidor, pérfido, ilegal, hipócrita, postizo.

falsehood [fools'jud] *n.* falsedad, embuste; *(lie)* mentira.

falsify [fool'si-fay] *va.* falsificar, falsear, forjar.

falter [fool'tə] *vn.* temblar, vacilar, titubear; *(speech)* balbucir.

fame [feym] *n.* fama, renombre, honra, gloria, prestigio, nombradía; *(after death)* posteridad.

familiar [fə-mi'liə] *adj.* conocido, íntimo; presumido, fresco; — with, conocedor de.

familiarise [fə-mi'liə-rays] *va.* familiarizar(se), acostumbrarse.

familiarity [fa-mi-lia'ri-ti] *n.* familiaridad, confianza, intimidad; llaneza; conocimiento; *(coll.)* frescura.

family [fa'mi-li] *adj.* familiar, casero; *n.* familia, linaje, estirpe. [restía.

famine [fa'min] *n.* hambre, ca-
famish [fa'mish] *vn.* morir de hambre; to be —ed, comerse los codos de hambre.

famous [fey'məs] *adj.* famoso, célebre, celebrado, eximio, prestigioso, preclaro.

fan [fan] *n.* abanico; *(coll.)* aficionado, entusiasma; *va.* abanicar, ventilar, aventar, soplar.

fanatic [fa'nə-tik, fə na'tik] *adj.* & *n.* fanático.

fancied [fan'siid] *adj.* imaginario, imaginado.

fancier [fan'siər] *n.* criador y vendedor de aves y animales; aficionado a ellos; visionario, soñador.

fanciful [fan'si-ful] *adj.* fantástico, bizarro, caprichoso, imaginario, imaginativo.

fancy [fan'si] *n.* fantasía; imaginación, quimera; idea, ilusión; *(fam.)* magín; *vn.* imaginarse, creer; *va.* figurarse, antojarse, encapricharse por; to take a — to, prenderse de; — dress, disfraz.

fang [fang] *n.* colmillo, garra.

fantastic [fan-tas'tik] *adj.* fantástico, quimérico, ilusorio.

fantasy [fan'tə-si] *n.* fantasía, ensueño, imaginación.

far [faa] *adj.* lejano, distante; — reaching, trascendente, remoto; — away *(fig.)* distraído; — fetched, traído por los pelos; — seeing, perspicaz; *adv.* (a lo) lejos; en alto grado; by —, (con, por) mucho; from —, de(sde) lejos; — from, lejos de.

farce [faas] *n.* farsa, sainete, entremés.

farcical [faa'si-kəl] *adj.* burlesco, bufo, ridículo.

fare [fe'ə] *n.* *(price)* pasaje, precio (del billete); *(scale of)* —s, tarifa; vianda, comida; bill of —, lista de platos; *vn.* pasarlo, suceder, acontecer.

farewell [fe-ə-wel'] *adj.* de despedida; *n.* adiós; to bid —, despedirse (de).

farm [faam] *n.* granja; *(Andal.)* cortijo; *(Amer.)* hato; — hand, gañán, labrador; — house, alquería, granja, casa; — yard, corral; *va.* cultivar, labrar la tierra, dar en arriendo.

farmer [faa'mə] *n.* labrador, cultivador, colono, hacendado, agricultor.

farther [faa'zə] *adv.* más lejos, más allá; además.

farthing [faa'zing] *n.* *(equiv.)* maravedí, cuarto, cuartillo.

fascinate [fa'si neyt] *va.* fascinar, encantar, embelesar.

fascinating [fa'si-ney-ting] *adj.* hechicero.

fascination [fa-si-ney'shən] *n.* encanto, fascinación, hechicería.

fascist [fa-s(h)ist] *n.* fascista.

fash [flash] *n.* molestia, incomodidad.

fashion [fa'shən] *n.* manera, forma, moda; buen tono; uso; to be in —, estilarse; in —, de moda; out of —, pasado de moda; *va.* formar, dar forma, ajustar; forjar; modelar.

fashionable [fa'shə-nə-bəl] *adj.* a la moda, de buen tono, al uso; to be —, estar de boga.

fast [faast] *n.* vigilia; — day, día de abstinencia; *adj.* firme; *(pace, etc.)* apretado, rápido, veloz; *(dye, etc.)* fijo, insoluble, inalterable; constante, duradero; ligero; *(watch)* adelantado; — **and loose**, ten con ten, tira y floja; **to be — friends**, ser uña y carne; **to make —**, *va*. trincar, sujetar, asegurar; *vn*. ayunar.

fasten [faa'sən] *va*. fijar, afirmar, asegurar; pegar; atarugar; — **down**, sujetar; amarrar; — **on** *(like leech)*, cebarse en; *vn*. agarrarse, asirse, cerrarse.

fastener [faa'sə-nə] *n*. fiador; cerrojo; **zip —**, cremallera.

fastening [faa'sə-ning] *n*. unión, ligazón, cierre.

fastidious [fas-ti'diəs] *adj*. delicado; quisquilloso; exigente; descontentadizo, melindroso.

fastness [faast'nes] *n*. firmeza; plaza fuerte; velocidad; pl. **—s of (mountain)**, lo más, intrincado, apartado.

fat [fat] *adj*. gordo, grasiento; grueso; lerdo; opulento, lucrativo; *(money, etc.)* pingüe; **to get —**, engordar, echar carnes; *n*. grasa; sebo; *(animal)* unto.

fatal [fey'təl] *adj*. fatal, funesto, mortal; **— moment**, hora menguada.

fatality [fa-ta'li-ti] *n*. fatalidad; desgracia; sino.

fate [feyt] *n*. hado, destino, suerte; awful —, fatalidad.

father [faa'zə] *n*. padre; **— in-law**, suegro; *va*. prohijar, reconocer; **to — upon**, achacar, imputar.

Fatherland [faa'zə-land] *n*. madre) patria.

fathom [fa'zəm] *n*. braza, toesa, brazada; *va*. sondar, sondear, tantear.

fathomless [fa'zəm-les] *adj*. sin fondo, insondable; impenetrable.

fatigue [fə-tiig'] *n*. fatiga, cansancio; pesadez; *(mil.)* faena; *va*. fatigar, rendir, reventar.

fatness [fat'nes] *n*. grasa, carnosidad; *(land)* fecundidad.

fatten [fa'tən] *va*. engordar; *(land)* abonar; **— up** *(animals)*, cebar.

fatuous [fa'tiu-əs] *adj*. fatuo, necio, insensato, majadero.

faucet [fo'set] *n*. espita, canilla, llave, grifo.

fault [folt] *n*. falta; culpa; desliz, tropiezo; .*(geol.)* falla; *(blot)* defecto, lunar, imperfección; **to find — with**, tachar.

faultless [folt'les] *adj*. perfecto, sin tacha, acabado, impecable.

faulty [fol'ti] *adj*. defectuoso, deficiente, imperfecto.

favour [fey'və] *n*. favor, servicio, gracia; honra; protección; *(at Court)* privanza; popular **—**, aura popular; *(token)* prenda; *va*. favorecer; sufragar, secundar.

favourable [fey'və-rə-bəl] *adj*. conveniente, favorable, propicio.

favoured [fey'vəd] *adj*. favorito; **well —**, bien parecido.

favourite [fey'və-rit] *n*. favorito, predilecto, preferido, válido.

fawn [foon] *n*. cervato; *va*. **— on**, acariciar, adular, lisonjear.

fawning [foo'ning] *n*. adulación, lisonja(s).

fear [fi'ə] *n*. miedo, recelo, aprensión, espanto, *(great)* pavor; **— of God**, temor de Dios; **for —**, por miedo; *va*. temer; tener miedo.

fearful [fi'ə-ful] *adj*. *(thing, etc.)* pavoroso, terrorífico, horrendo, miedoso, horrible; *(person)* miedoso, temeroso, aprensivo, espantadizo, tímido.

fearless [fi'ə-les] *adj*. intrépido, atrevido, impávido, audaz.

fearlessness [fi'ə-les-nes] *n*. intrepidez, impavidez.

fearsome [fi'ə-səm] *adj*. medroso; *(thing)* espantoso.

feasible [fi'sə-bəl] *adj*. factible, posible, dable, hacedero.

feast [fiist] *n*. fiesta, festín; *(relig.)* pascua; banquete; *va*. & *n*. festejar, agasajar, comer opíparamente.

feat [fiit] *n*. hazaña, hecho, proeza.

feather [fe'zə] *n*. pluma; **— brained**, casquivano, ligero de casco(s); **— brain**, *n*. baldaque, cabeza de chorlito; **— quilt**, **— duster**, plumazo; *va*.

adornar con plumas, emplumar.

feature [fii'chə] *n.* *(of face)* facción; *(of character)* rasgo, característica; *pl.* semblante.

February [fe'bru-ə-ri] *n.* febrero.

fed [fed] *v.* **to be — up,** estar hasta la coronilla; fastidiarse; estar harto (de).

federation [fe-də-rey'shən] *n.* federación.

fee [fii] *n.* honorarios; gratificación; derechos; **membership —,** cuota; **entrance —s,** matrícula; *va.* pagar, retener.

feeble [fii'bəl] *adj.* débil, lánguido, endeble; impotente, flojo; *(from age)* chocho.

feebleminded [fii-bəl-mayn'dəd] *adj.* fiofio, idiota, imbécil.

feebleness [fii'bəl-nes] *n.* debilidad, tenuidad.

feed [fiid] *n.* comida; *(sl.)* cuchipanda; *(for animals)* pienso; *va.* alimentar, dar de comer a; *(furnace)* cebar; *vn.* mantenerse; *(pasture)* pacer; **—upon,** comer.

feeding [fii'ding] *n.* alimento, forraje, alimentación; **—bottle,** biberón.

feel [fiil] *n.* tacto, tocamiento; sensación; *va.* sentir, tocar, palpar, percibir; experimentar; **to — for,** (con)dolerse de; buscar a tientas; tantear, tentar; *vn.* *(ill)* encontrarse, hallarse; **— like,** tener ganas de.

feeling [fii'ling] *adj.* sensible, patético; *n.* *(emotion)* sentimiento; *(senses)* sensación; sensibilidad; **to have a —,** presentir; **to hurt one's —s,** tocar en lo vivo, herir el amor propio. [mular, disimular.

feign [feyn] *va.* & *n.* fingir, si-
feint [feynt] *n.* ficción, treta, artificio; *(fencing)* finta; *vn.* hacer finta.

felicide [fi'li-said] *n.* matador de gatos.

felicity [fe-li'si-ti] *n.* felicidad, bienaventuranza, dicha.

fell [fel] *adj.* cruel; *n.* *(hide)* piel; *(moor)* páramo; *va.* derribar; *(trees)* talar; tumbar, tronchar; *(cattle)* acogotar.

fellow [fe'lou] *n.* compañero, compadre; camarada; individuo; **young —,** chico; **old —,** tío; *(coll.)* tipo; **— guest,** comensal; **— countryman,** compatriota; **— townsman,** paisano; **— member,** consocio; *(of special groupe)* contertuliano; **— creature,** semejante, prójimo; **— partner,** consocio; **— me-land** *(Madrid),* chulo; **to have a — feeling for,** simpatizar con.

felon [fe'lon] *n.* criminal, felón.

felt [felt] *adj.* **deeply —,** sentido; *n.* fieltro; **— hat,** fieltro.

female [fii'meyl] *adj.* femenino, propio de la hembra; *n.* mujer, hembra.

feminine [fe'mi-nin] *adj.* femenino, femenil, mujeril.

fen [fen] *n.* pantano, marjal.

fence [fens] *n.* cerca, valla, defensa; estacada; seto; esgrima; *va.* & *n.* defender, encerrar, cercar; esgrimir; **to sit on the —,** estar a ver venir.

fencing [fen'sing] *n.* *(sport)* esgrima; valladar.

fend [fend] *va.* parar golpes; **to — for oneself,** defenderse.

ferment [fəə'ment] *n.* fermento; levadura; agitado; *va.* & *n.* fermentar, revenirse.

fern [fəən] *n.* helecho.

ferocious [fə-rou'shəs] *adj.* feroz, fiero, salvaje.

ferocity [fə-ro'si-ti] *n.* ferocidad, fiereza, ensañamiento.

ferret [fe'rət] *n.* hurón; *va.* huronear, indagar; **— out,** husmear.

ferry [fe'ri] *n.* pasaje, embarcadero; **— boat,** barca; *(large)* barcaza; *vn.* **— across,** cruzar (un río).

fertile [fəə'tayl] *adj.* fértil; feraz; *(brain)* imaginativo.

fertility [fəə-ti'li-ti] *n.* fertilidad, abundancia.

fertilise [fəə'ti-lays] *va.* fertilizar, fecundizar; *(manure)* abonar.

fervent [fəə'vənt] *adj.* fervoroso, fogoso, ardiente.

fervour [fəə'və] n. fervor, ardor, calor, celo, devoción.

fester [fes'tə] vn. ulcerar(se); enconar(se). [tividad.

festival [fes'ti-vəl] n. fiesta, fes-

festive [fes'tiv] adj. festivo, regocijado, de fiesta.

festivity [fes-ti'vi-ti] n. fiesta, regocijo, alborozo.

fetch [fech] va. ir a traer, recoger, ir por; venderse por.

fetid [fii'tid] adj. hediondo, fétido.

fetter [fe'tə] n. pl. grillos, cadenas, prisiones, esposas; va. encadenar, trabar.

feud [fiud] n. feudo; enemiga; riña, enemistad, pendencia, rencilla. [dalismo.

feudalism [fiu'də-li-səm] n. feu-

fever [fii'və] n. fiebre; calentura, dengue; **typhoid** —, tifoidea; **quartan** —, cuartana; — (of excitement), sobreexcitación.

feverish [fii'və-rish] adj. febril, calenturiento; ardiente.

few [fiu] adj. pocos; **quite a** —, algún que otro; **the** —, los menos; —**er**, menos. [mero.

fewness [fiu'nəs] n. corto, nú-

fiancé [fi-an'se] n. novio; f. novia, prometida.

fib (fib) v. mentir, engañar, trapacear, trufar; n. mentira, embuste, filfa, bola, trola.

fibre [fay'bə] n. fibra, hebra.

fickle [fi'kəl] adj. voluble, inconstante, novelero, veleidoso, antojadizo.

fickleness [fi'kəl-nes] n. inconstancia, volubilidad, mudanza.

fiction [fik'shən] n. fábula, ficción; embuste.

fictitious [fik-ti'shəs] adj. imaginario, falso; contrahecho.

fidelity [fi-de'li-ti] n. fidelidad, lealtad.

fidget [fi'dyət] va. & n. molestar, inquietar, afanarse; don't —!, ¡estáte quieto!

fidgety [fi'dyə-ti] adj. inquieto, agitado, impaciente.

field [fiild] n. campo, campaña; (meadow) prado, pradera; **iceberg** —, banco de hielo; **wheat** —, trigal; **sports** —, campo de deportes; — **mouse**, ratón, campañol; va. recoger (la pelota).

fiend [fiind] n. demonio, diablo, arpía.

fierce [fi'əs] adj. feroz, torvo, acérrimo, furioso, fogoso.

fierceness [fi'əs-nes] n. ferocidad, fiereza.

fiery [fay'ə-ri] adj. fogoso, ardiente, caliente, vehemente, furibundo, brioso, fiero.

fifteen [fif-tiin'] adj. quince.

fifty [fif'ti] adj. cincuenta; **about** —, una cincuentena, unos cincuenta.

fig [fig] n. higo; **early** —, breva; — **tree**, higuera; **to be not worth a** —, no valer un bledo; (fig.) — **leaf**, hoja de parra.

fight [fayt] n. pelea, lucha, combate; **sea** —, combate; va. & n. luchar, batirse, combatir; — **with bare fists**, luchar a brazo partido; **to** — **to**, pugnar por, batallar.

fighter [fay'tə] n. combatiente, guerrero, luchador.

fighting [fay'ting] adj. aguerrido, guerrero; — **cock**, gallo de pelea.

figure [fi'gə] n. forma, figura, cuerpo; tipo, talla; **lay** —, figurín; va. figurar, dar forma, representar; **to cut a** —, hacer papel.

file [fayl] n. (mech.) lima; (papers) expediente, legajo; carpeta; (mil.) fila; va. limar; archivar, legajar; (mil.) desfilar; ensartar.

filigree [fi'li-gri] n. afiligranado.

fill [fil] n. terraplén; abundancia, hartura; colmo; va. llenar; saturar; hartar; —**in, up**, terraplenar, llenar un hueco; colmar; (form) llenar, cubrir; (with emotion) imbuir; (to brim) colmar; — **a vacancy**, cubrir una vacante.

filling [fi'ling] n. envase; relleno; (dental) empaste; **gold** —, orificación.

film [film] n. película; cinta; (of dirt) capa; vn. (cinema) rodar; **to** — **over**, empañar.

fifth [filz] *n.* suciedad; basura, inmundicia, roña, mugre; miseria; cochinería, porquería.

filthiness [fil'zi-nes] *n.* porquería, asquerosidad.

filthy [fil'zi] *adj.* sucio, inmundo, grasiento, cochino, guarro; **what a — mess!** ¡qué porquería! ¡qué asco!

fimbriate [fim'brieit] *v.* orlar, franjear, ribetear.

fin [fin] *n.* aleta.

final [fay'nəl] *adj.* final, decisivo, definitivo, terminante; — **exam.** *(before University)* reválida.

finally [fay'nə-li] *adv.* en fin, finalmente, en conclusión, en definitiva, por último, ya.

finance [fay-nans'] *n.* hacienda; fondos; **Minister of —,** Ministro de Hacienda.

financial [fay-nan'shəl] *adj.* financiero, bancario, rentístico; bursátil.

find [faynd] *n.* hallazgo; *va.* encontrar, hallar, descubrir, dar con; *(supply)* abastecer, surtir; — **out,** hallar, llegar a saber, enterarse; **I found out,** supe; averigüé.

fine [fayn] *adj.* bello, primoroso, hermoso; fino, refinado, escogido, elegante; — **work,** *(sew.)* labor fina; tenue, sútil; agudo; — **arts,** bellas artes; *n.* multa; *va.* multar; purificarse.

fineness [fayn'nes] *n.* elegancia, delicadeza, fineza, sutileza; *(of thread, sand, etc.)* grossor, grueso. [galas.

finery [fay'nə-ri] *n.* adorno(s),

finesse [fi-nes'] *n.* tino, tacto.

finger [fing'gə] *n.* dedo; **fore —,** dedo índice; **middle —,** dedo del corazón; **ring —,** dedo anular; **little —,** dedo meñique; — **nail,** uña; — **prints,** huellas (dactilares, digitales); — **stall,** dedil; **light-fingered,** ligero de manos; **to have at one's — tips,** saber al dedillo; *va.* *(instrument)* pulsar, tañer; *(to mark, spoil)* manosear, sisar.

finish [fi'nish] *n.* fin, final; remate; brillo; colmo; *va.* acabar, completar, rematar; *(mil. ser-*

vice) cumplir; — **off,** rematar, ultimar, completar; acabar con; *(vulg.)* despachar; dar la última mano a.

finished [fi'nishd] *adj.* acabado; — **off,** rematado; *(vulg.)* matado, muerte.

fir [fəə] *n.* abeto, pino.

fire [fay'ə] *n.* fuego; incendio; *(in house)* lumbre; ardor, viveza; *(shot)* descarga, tiro; — **arm,** arma de fuego; — **brand,** incendiario; — **eater,** matamoros; — **engine,** bomba de incendios; — **escape,** escala de incendios; — **place,** hogar, chimenea; — **proof,** infractario; — **proof curtain,** telón de incendios; — **screen,** pantalla; — **wood,** leña; **to set on —,** inflamar, incendiar; **to set —** **to,** pegar fuego a; **to get on —,** prender fuego, quemarse; encenderse; *va.* abrasar, quemar, enardecer; tirar; **to — on,** disparar sobre, hacer fuego sobre; *(fig.)* enfadarse, descargar.

fireman [fay'ə-mən] *n.* bombero; *(railway)* fogonero.

fireworks [fay'ə-wəəks] *n.* pl. fuegos artificiales; **the art of making —,** pirotécnica; **maker of —,** cohetero.

firing [fay'ə-ring] *n.* incendio, fuego; ignición; — **on,** disparo; — **party,** pelotón de ejecución, piquete.

firm [fəəm] *adj.* firme, fuerte, seguro, estable, sólido; consistente; tenaz; *n.* casa de comercio; empresa; entidad.

firmness [fəəm'nes] *n.* firmeza, constancia, decisión; solidez.

first [fəəst] *adj.* primero; original; — **night performance,** estreno; — **kick, turn** *(in games),* saque; — **fruit,** primicia; — **class** *(quality),* de primera (clase); **sobresaliente;** — **cousin,** primo hermano; *adv.* en primer lugar; — **and foremost,** principalmente; **at — blush, a** primera vista, de primer intento; — **hand,** de primera mano.

fish [fish] *n.* pez; *(caught)* pescado; **flying —,** pez volador;

neither — nor flesh, ni es chicha ni limonada; — hook, hamo; va. pescar.

fisherman [fi'shə-mən] n. pescador.

fishing [fi'shing] n. pesca; — rod, caña de pescar; — tackle, aparejo de pescar.

fissure [fi'shə] n. grieta, hendidura, raja, resquebrajo.

fist [fist] n. puño; — ful, puñado; with —s, a bofetadas.

fisticuff [fis'ti-cəf] n. puñetazo, puñada, (pl.) riña a puñetazos.

fit [fit] adj. conveniente, propio, apto, bueno, adecuado, apropiado, compatible; — to eat, comedero; — to drink, potable; to be — (physically), estar fuerte, en buenas condiciones; n. (illness, etc.) ataque, acceso; (clothes) ajuste; (box, etc.) encaje; (sudden desire) arranque; ímpetu; (fainting) desmayo, síncope; by fits and starts, a tontas y a locas; subject to —s, cataléptico; va. ajustar, acomodar, adaptar; disponer; entallar (un vestido); vn. cuajar; convenir, venir bien; ser a propósito; — in (into), caber; — in with, cuadrar; — into, entrar en; — closely, ceñir, entallar; — perfectly, venir como anillo al dedo; — out (ship), armar.

fitful [fit'ful] adj. caprichoso.

fitness [fit'nes] n. conveniencia, idoneidad; propiedad; condición.

fitting [fi'ting] n. ajuste, entalladura; — on (clothes), prueba; — out, habilitación; pl. guarniciones.

fix [fiks] n. (sl.) lío; to be in a —, hallarse en un (apuro, aprieto); va. colocar; estampar; (attention, date, etc.) fijar; señalar; (eyes) clavar; (blame) colgar; (price) tasar; (in one's mind) precisar, puntualizar; (bayonet) calar; (colour, etc.) imprimir; — on, señalar, determinar; — up, componer, arreglar; — up (with), citarse, arreglarlo (con).

fixed [fiksd] adj. fijo, inmutable; asentado.

flabby [fla'bi] adj. flojo, lacio, blanducho.

flag [flag] n. bandera, estandarte; (small) banderín; (national) pabellón, colores, — stone, losa, baldosa; — staff, asta de bandera; to strike the —, arriar la bandera; vn. flaquear.

flagrant [fley'grənt] adj. notorio, flagrante, público.

flake [fleyk] n. cascajo, hojuela; (snow) copo; (scale) escama.

flame [fleym] n. llama; fuego; vn. llamear, flamear, encenderse, inflamarse.

flange [flandy] n. pestaña; reborde, brida, oreja.

flank [flangk] n. (mil.) flanco; costado; (animal) ijar, ijada; va. orillar; (mil.) flanquear; vn. lindar con.

flannel [fla'nəl] n. franela.

flap [flap] n. falda, faldilla; (mech.) lengüeta; va. batir, agitar; — wings, vn. aletear.

flare [fle'ə] n. (sew.) ensanche, vuelo; — up, arrebato de cólera; vn. resplandecer, fulgurar; — up, encolerizarse.

flash [flash] n. (lightning) relámpago; (flame) llamarada; (of wit) rasgo de ingenio; (light) ráfaga, destello; (gun) fogonazo; va. & n. relampaguear, centellear, fulgurar.

flask [flaask] n. frasco, redoma, pomo.

flat [flat] adj. llano, raso, liso; igual, insípido, soso; monótono; adv. to sing —, desafinar; n. (land) llano, llanura; (of hand) palma; (mus.) bemol; (sword) plano, (dwelling) piso, cuarto.

flatness [flat'nes] n. llanura; ininsipidez; insulsez.

flatten [fla'tən] va. aplastar, apisonar; aplanar, nivelar; igualar; achatar, deprimir; (pop.) reventar; vn. aplanarse.

flatter [fla'tə] va. lisonjear, adular, requebrar, dar coba a.

flattering [fla'tə-ring] adj. lisonjero, halagüeño; galán; — phrase, piropo.

flattery [fla'tə-ri] n. (often pl.) adulación, halago, lisonja, piropo.

flaunt [flont] va. hacer alarde, ostentar, lucir.

flavour [fley'və] n. sabor, olor; (speech) dejo; va. saborear, sazonar.

flaw [flo] n. tacha, imperfección; deficiencia; (complexion) lunar; grieta; (in argument) falla.

flax [flaks] n. lino.

flay [fley] va. desollar, excoriar.

flea [flii] n. pulga.

fleck [flek] v. abigarrar, motear; n. pinta o lista de color, mancha, lunar, copo; lonja de tocino.

flee [flii] va. huir de, esquivar; vn. huir, fugarse.

fleece [fliis] n. vellón; Golden —, vellocino de oro; va. esquilar, despojar.

fleecy [flii'si] adj. lanoso, lanudo; (clouds) aborregadas.

fleet [fliit] adj. veloz, ligero; — footed, rápido; n. flota; armada.

fleeting [flii'ting] adj. efímero, fugaz, pasajero.

fleetness [fliit'nes] n. rapidez, velocidad, ligereza.

flesh [flesh] n. carne; (fruit) pulpa; — pot, olla.

fleshy [fle'shi] adj. carnal; (fruit) carnoso.

flexible [flek'si-bəl] adj. flexible, dúctil, plástico.

flicker [fli'kə] n. parpadeo; vn. vacilar, fluctuar, aletear.

flight [flayt] n. (bird, plane) vuelo; (escape) huída, fuga; (bullet, etc.) trayecto; (arrows, etc.) descarga; (of planes) escuadrilla; (of birds) bandada; (of fancy) ilusión, exaltación.

flimsy [flim'si] adj. endeble, sutil, baladí, frívolo.

flinch [flinch] vn. vacilar, retroceder, acobardarse, titubear.

fling [fling] n. tiro; brinco; bravata; va. lanzar, arrojar, botar; — away, tirar; — out (nets, etc.), tender; (into face) zaherir; — oneself, tirarse, arrojarse; — oneself down, tumbarse; to have a —, correrla.

flippant [fli'pənt] adj. poco serio, ligero, petulante.

flirt [fləət] n. coqueta; (lower class) maja; vn. coquetear; camelar; pelar la pava; burlarse.

float [flout] n. cosa que flota, balsa, boya; (fishing) corcho, bote; carromato; va. mantener a flote; poner en circulación; vn. (person) hacer la plancha, flotar.

floating [flou'ting] adj. flotante.

flock [flok] n. (sheep) rebaño, hato; (birds) bandada; (relig.) grey; vn. congregarse, juntarse.

floe [flou] n. masa de hielo flotante, témpano. [zurrar.

flog [flog] va. azotar, vapulear.

flood [fləd] n. inundación, diluvio, riada, avenida; (fig.) plétora; — tide, pleamar; — gates, compuertas; va. inundar.

flooding [flə'ding] n. inundación.

floor [flou'ə] n. piso, suelo, pavimento; fondo; ground —, planta baja; first —, piso principal; (dance, etc.) pista; va. tumbar; derrotar, aplanar.

flooring [flou'ə-ring] n. piso, suelo; tablado, entarimado.

flop [flop] v. latir, sacudir, aletear; n. batacazo, fracaso de una obra de arte.

florid [flo'rid] adj. florido; (colour) bermejo, colorado, vivo.

florist [flou'rist] n. florista.

flotsam [flot'səm] n. precio(s); resto, deshecho.

flounce [flauns] n. volante, fleco; vn. brincar (de impaciencia).

flour [fla'ə] n. harina.

flourish [flə'rish] n. boato, gallardía; trompeteo; prosperidad, vigor; (writing) rasgo; va. blandir, menear, vibrar; vn. florecer, prosperar; preludiar; (writing) rasguear.

flourishing [flə'ri-shing] adj. floreciente; — ly, viento en popa.

flout [flaut] va. & n. burlarse de; ridiculizar; despreciar.

flow [flou] n. curso, corriente; flujo; caudal; copia; vn. fluir,

141   foo

correr; dimanar, proceder; **to — into,** desaguar, desembocar; **— together,** confluir.

flower [flau'ə] *n.* flor; **— bed,** cuadro, arriate; **— pot, tiesto;** canastillo; *vn.* florecer.

flowing [flou'ing] *adj.* corriente; (*hair*) suelto; fácil; fluido; **full —,** caudaloso.

fluctuate [flək-tiu-eyt] *vn.* fluctuar; balancearse.

fluctuation [flək-tiu-ey'shən] *n.* vaivén, incertidumbre, variación.

fluency [flu'ən-si] *n.* fluidez; (*speech*) soltura, facilidad; afluencia.

fluent [flu'ənt] *adj.* corriente, abundante; copioso; (*language*) fluido, suelto, fácil.

fluff [fləf] *n.* pelusa, lanilla.

flurry [flə'ri] *n.* conmoción; barullo; (*snow*) ráfaga, racha; *va.* agitar, aturrullar.

flush [fləsh] *adj.* ras, nivelado; adinerado; *n.* (*water*) flujo; (*shame*) sonrojo, rubor; abundancia, copia; *va.* inundar; *vn.* brotar; ruborizarse, sonrojarse; (*with triumph*) engreírse.

fluster [fləs'tə] *va.* bullir; embriagar, aturdir.

flute [flut] *n.* flauta; acanaladura; (*archit.*) estría.

flutter [flə'tə] *n.* batir de alas; agitación; *va.* menear, agitar; *vn.* mover sin ton ni son; agitarse; **— around,** revolotear.

fly [flay] *n.* mosca; **—leaft,** anteportada; **—wheel,** rueda volante; (*theat.*) bambalina; *vn.* escaparse, huir; volar, saltar; precipitarse; **to — into passion,** montar en cólera; **—off,** desprenderse; **to let —,** descargar.

flying [flay'ing] *adj.* volante, volador, veloz; **—boat,** hidroavión; **— buttress,** arbotante; **with — colours** (*mil.*), con banderas desplegadas; *n.* volar, vuelo. **[echar espuma.**

foam [foum] *n.* espuma; *vn.*

fodder [fo'də] *n.* forraje.

foe [fou] *n.* enemigo, adversario.

fog [fog] *n.* (*sea*) bruma; (*land*) niebla; (*thin*) neblina; (*heavy*) cerrazón.

foggy [fo'gi] *adj.* brumoso, nebuloso; (*sea*) abrumado.

foil [foyl] *n.* florete; *va.* frustrar, deshacer, chasquear.

fold [fould] *n.* pliegue, doblez; (*sheep, etc.*) majada; corral, redil; *va.* arrugar, plegar; envolver; doblar; enlazar; **to — one's arms,** cruzar los brazos.

folding [foul'ding] *adj.* plegable; plegadizo; **—bed,** catre de tijera; **—chair,** silla de tijera; *n.* pliegue. **[copa.**

foliage [fou'liedy] *n.* follaje,

folk [fouk] *n.* gente, gentes; raza, pueblo; **—song,** canción popular.

follow [fo'lou] *va.* seguir, acompañar; seguir la pista a; perseguir; (*profession*) ejercer; acatar; copiar; *vn.* resultar, sobrevenir, suceder; **— suit,** (*cards*) asistir.

follower [fo'lou-ə] *n.* compañero, partidario, discípulo; secuaz; (*eager*) entusiasta; **—s,** comitiva; estela; **camp—,** vivandera.

following [fo'lou-ing] *n.* séquito.

folly [fo'li] *n.* necedad, tontería, insensatez; disparate; locura.

foment [fou-ment'] *va.* fomentar; nutrir; provocar.

fond [fond] *adj.* aficionado, muy dado a, tierno, cariñoso; **to be — of,** querer; ser amigo de; **I am — of coffee,** me gusta el café.

fondle [fon'dəl] *va.* acariciar, arrollar.

fondness [fond'nes] *n.* ternura, terneza, inclinación, afición, afecto, pasión, apego.

font [font] *n.* pila bautismal, fuente; forja, fundición.

food [fud] *n.* alimento; pasto; (*mushy*) papas; (*for thought*) pábulo; comida, víveres, provisiones.

fool [ful] *n.* necio, tonto, loco, imbécil, idiota; (*theat.*) gracioso; **to play the —,** hacer el oso; *va.* engañar, hacer (el bobo, el ridículo); **to make a — of oneself,** ponerse en ridículo; **all —s, day,** día de inocentes.

foolhardy [ful'jaa-di] *adj.* temerario.

foolish [fu'lish] *adj.* tonto, necio, imbécil; *(action)* indiscreto; *(remark)* inepto, disparatado.

foolishness [fu'lish-nes] *n.* simpleza, necedad, idiotismo, tontería; *(act)* bobería, insensatez.

foot [fut] *n.* *(human)* pie; *(animal)* pata; *(mil.)* infantería; — **rule**, codilla; **to put one's —in it**, meter la pata, colarse; **on, by —**, a pie, en marcha; **to trample under —**, pisotear, atropellar; **—bridge**, pasadera; **—fall, step**, pisada, paso; **—hill**, falda; **—hold**, asidero; **—loose**, andariego; **—mark**, huella; **—pad**, salteador de caminos; **—sore**, los pies doloridos; **—stool**, escabel, tarima, banquete; **—wear**, calzado.

football [fut'bol] *n.* balón; *(game)* fútbol.

footing [fu'ting] *n.* pie; entrada; condición; **on equal —**, igualmente, con igualdad; **to lose one's —**, perder tierra.

footlights [fut'layts] *n. pl.* candilejas.

footpath [fut'step] *n.* *(sound)* pisada; *(space)* paso; peldaño; escabel.

footwear [fut'we-ə] *n.* calzado.

foppery [fo'pə-ri] *n.* fatuidad; afectación; perifollos.

for [foo] *prep.* por, para, a causa de; *conj.* porque, por cuanto, pues; **as —**, tocante a; **— ever**, para siempre; **—cash**, al contado; **— oneself**, por su cuenta.

forage [fo'reydy] *n.* forraje; *vn.* forrajear.

foray [fo'rey] *n.* incursión.

forbear [*n.* foo'be-ə; *vb.* foo-beə] *n.* antepasado, abuelo; *va. & n.* abstenerse de, no mencionar; sufrir con paciencia, reportarse; no poder menos de

forbearance [foo-be'ə-rəns] *n.* indulgencia, paciencia, sobriedad.

forbid [foo-bid'] *va.* prohibir; **—entry**, vedar, negar; **God —**, no quiera Dios.

forbidding [foo-bi'ding] *adj.* repugnante.   [ominoso.

forboding [foo-bou'ding] *adj.*

force [foos] *n.* fuerza, vigor; impulso, vehemencia; validez; **motive —**, fuerza motriz; **to be in —**, regir, imperar, estar vigente; *va.* precisar, forzar, obligar, hacer; violentar; **to join —s with**, relacionarse con.

forceful [foos'ful] *adj.* contundente, potente.

forcible [foo'si-bəl] *adj.* violento; enérgico, recio; fuerte; **—entry**, entrada a viva fuerza.

ford [food] *n.* vado; *va.* vadear, pasar a vado.   [deable.

fordable [foo'də-bəl] *adj.* va-

foreboding [foo-bou'ding] *n.* presentimiento, presagio, amago.

forecast [foo'kaast] *n.* pronóstico; predicción, previsión; *va.* prever; proyectar.

forego [foo-gou'] *va.* renunciar a, ceder.

foreground [foo'graund] *n.* primer término.

forehead [foo'jed, fo'red] *n.* frente, sienes.

foreign [fo'ren] *adj.* extranjero, extraño, ajeno; advenedizo; **—trade**, comercio exterior; **— Office**, Ministerio (de Estado, de Asuntos Exteriores).

foreigner [fo're-nə] *n.* extranjero; forastero.   [montorio.

foreland [foo'lənd] *n.* cabo, pro-

forelock [foo'lok] *n.* copete, guedeja; **to take time by the —**, tomar la ocasión por los cabellos (pelos).

foreman [foo'mən] *n.* capataz; mayoral, encargado.

forementioned [foo-men'shənd] *adj.* susodicho, precitado.

foremost [foo'most] *adj.* delantero, principal.

forenoon [foo'nun] *n.* mañana.

foresee [foo-si'] *va.* prever, barruntar.

foresight [foo'sayt] *n.* previsión, sagacidad; **lack of —**, improvidencia.   [*pical)* selva.

forest [fo'rest] *n.* bosque; *(tro-*

forestall [foo-stool'] *va.* anticipar; prevenir; acaparar.

foretell [foo-tel'] va. predecir, pronosticar; conjeturar.

forethought [foo'zot] n. prevención, premeditación; precaución; presciencia; **lack of —**, imprevisión; **lacking in —**, imprevisor.

forever [fo-re'və] adv. para siempre; **—and ever**, por siempre jamás.

forewarn [foo-woon'] va. prevenir, intimar; avisar, precautelar.   [tencia.

foreword [foo'wəəd] n. advertencia.

forge [foody] n. fragua; va. forjar, fraguar; (fig.) falsificar, contrahacer; tramar.

forgery [foo'dyə-ri] n. falsificación.

forget [foo-get'] va. olvidar; vn. olvidarse, distraerse; **to — oneself**, perder los estribos; **I completely forgot it**, me quedó en el tintero.

forgetful [foo-get'ful] adj. olvidadizo, descuidado.

forgetfulness [foo-get'ful-nes] n. olvido, negligencia; mala memoria.

forgive [foo-giv'] va. perdonar, remitir, dispensar.

forgiveness [foo-giv'nes] n. perdón, remisión, indulto.

fork [fook] n. (table) tenedor; (garden) horca; (road) bifurcación; (river) confluencia.

forlorn [foo-loon'] adj. abandonado, desamparado, olvidado.

form [foom] n. forma, figura; talle; manera; formalidad; estilo; sombra; (seat) banco; va. & n. formar, componer, dar forma; formarse; **—an association**, coligarse.

formal [foo'məl] adj. formal, en regla; (style) plástico; (dance) de etiqueta; ceremonioso, afectado.

formality [foo-ma'li-ti] n. formalidad, requisito.

formation [foo-mey'shən] n. formación; desarrollo.

former [foo'mə] adj. primero; anterior, precedente; pron. aquél.

formerly [foo'mə-li] adv. antes, en otro tiempo, antaño.

formidable [foo'mi-də-bəl] adj. tremendo, imponente, dificilísimo; temible.

formulate [foo'miu-leyt] va. formular, plantear.

forsake [foo-seyk'] va. abandonar, desamparar, renegar de.

forspent [fors'pent] adj. rendido, despeado.

forswear [foo-swe'ə] va. abjurar, desdecirse.

fort [foot] n. fuerte, fortín.

forth [fooz] adv. en adelante, hacia adelante; fuera; **and so —**, y así de lo demás, así sucesivamente.

forthcoming [fooz'kə-ming] adj. venidero, próximo.

forthwith [fooz-wiz'] adv. en el acto, sin dilación.

fortification [foo-ti-fi-key'shən] n. fortificación.

fortify [foo'ti-fay] va. fortificar; corroborar; reforzar.

fortitude [foo'ti-tiud] n. fortaleza, valor, entereza, firmeza.

fortnight [foot'nayt] n. quincena.

fortnightly [foot'nayt-li] adj. quincenal, cada dos semanas.

fortress [foo'trəs] n. fortaleza, plaza fuerte, alcázar.

fortuitous [foo-tiu'i-təs] adj. fortuito, accidental, impensado.

fortunate [foo'tiu-neyt] adj. afortunado, feliz, venturoso.

fortune [foo'tiun] n. fortuna; bienandanza; suerte; (riches) peculio; **to cost a —**, valer un sentido; **—teller**, pitonisa.

forty [foo'ti] adj. num. cuarenta.

forward [foo'wəd] n. (sport) delantero; adj. delantero; precoz; atrevido; audaz; (fam.) desahogado, descarado, impertinente; adv. adelante; **to be —**, tener mucho copete; **to go —**, adelantarse, avanzar; va. (enterprise) promover; (scheme, etc.) favorecer; adelantar; expedir, encaminar; (letter) remitir, expedir.

forwardness [foo'wəd-nes] n. progreso; premura; descaro.

foster [fos'tə] adj. **— brother**, hermano de leche; **—brothers**, hermanos colactáneos; va.

criar, alimentar; minar; promover, fomentar.

foul [faul] *adj.* sucio, indecente; *(air)* viciado; asqueroso, puerco; — **play**, juego sucio, trampa; —**smelling**, hediondo; *va.* ensuciar, deshonrar; manchar; *vn.* ensuciarse.

foulness [faul'nəs] *n.* suciedad, impureza, asquerosidad, cochinería.

found [faund] *va.* fundar, establecer, basar, cimentar; originar.

foundation [faun-dey'shən] *n.* fundamento; raíz; fundación; base, cimiento; **to lay the —s**, asentar los cimientos; —**stone**, primera piedra.

founder [faun'də] *n.* fundador.

foundling [faund'ling] *n.* (niño) expósito; hijo del agua; inclusero; —**s' home**, incluso, cuña.

fount [faunt] *n.* fuente, manantial.

fountain [faun'tən] *n.* surtidor, fuente; — **pen**, pluma estilográfica.

four [foo] *num. adj.* cuatro; **set of** — *(cards)*, cuarta; —**sided**, cuadrangular; **on all —s**, a gatas. [torce.

fourteen [foo'tin] *num. adj.* catorce.

fourth [fooz] *num. adj.* cuarto; *(mus.)* cuarta. [latería.

fowl [faul] *n.* ave de corral; **vo-fox** [foks] *n.* raposo, zorro; — **hound**, sabueso; — **glove**, digital. [diar, preocupar.

frab [frab] *v.* molestar, fastifractious** [frak'shəs] *adj.* arisco, rebelón; de mal humor; vidrioso.

fracture [frak'chə] *n.* quebradura, rotura; *(bone)* fractura; *va.* quebrar, romper, fracturar.

fragile [fra'dyayl] *adj.* frágil, quebradizo, deleznable.

fragment [frag'mənt] *n.* fragmento, retazo, trozo.

fragrance [frey'grəns] *n.* fragancia, aroma, perfume.

fragrant [frey'grənt] *adj.* fragante, perfumado, aromático, odorífero. [ble, delicado.

frail [freyl] *adj.* frágil, ende-

frailty [freyl'ti] *n.* fragilidad; debilidad, flaqueza.

frame [freym] *n.* forma; *(picture)* marco; *(embroidery)* bastidor; estructura; —**work**, armadura; contextura, enrejado; — **of mind**, talante; *va.* formar; enmarcar; ajustar, arreglar; inventar.

framework [freym'wək] *n.* armazón, armadura.

frank [frank] *adj.* franco, liberal, campechano; *va.* franquear.

frankly [frank'li] *adv.* con franqueza, en verdad, francamente, con el corazón en la mano; **quite —**, con toda franqueza.

frankness [frank'nes] *n.* franqueza, candor, sinceridad; ingenuosidad.

frantic [fran'tik] *adj.* frenético, furioso. [ternizar.

fraternise [fra'təə-nays] *vn.* fra-fraud** [frood] *n.* fraude, engaño, impostura, trama, petardo, superchería.

fraught [froot] *adj.* cargado, preñado; **to be — with**, impregnarse de. [trifulca.

fray [frey] *n.* querella ruidosa, freak** [friik] *n.* capricho, fantasía, extravagancia; fenómeno, aborto.

freckle [fre'kəl] *n.* peca.

free [fri] *adj.* libre, desocupado; suelto; horro, franco; expedito; limpio, despejado; *(country, etc.)* independiente, autónomo; *(of tax, etc.)* exento; liberal; desatado; *(no payment)* de balde; — **of**, horro; — **and easy**, fácil, desahogado; — **hand drawing**, dibujo a mano alzada; —**trade**, libre cambio; —**will**, albedrío; *va.* libertar, librar, poner en libertad; *(from burden)* eximir; quitar, desembarazar; **to be — with**, no gastar cumplidos.

freed [friid] *adj.* libertado, liberado, saneado.

freedom [frii'dəm] *n.* libertad, latitud; soltura; *(conversation, etc.)* franqueza; licencia; *(of manners, etc.)* desenfado, frescura; —of worship, press, libertad de cultos (imprenta).

freethinker [fri-zin'kə] *n.* libre pensador.

freeze [friis] *va.* helar, congelar; *vn.* helarse, congelarse; to — to death, morir de frío.

freezing [frii'sing] *adj.* congelado, helado; —point, punto de congelación.

freight [freyt] *n.* carga; flete.

French [frensh] *adj.* francés; —man, francés; gabacho; —bean, judía verde; — ified (*Spaniard*), afrancesado.

frenzy [fren'si] *n.* frenesí, furor, manía.

frequent [*adj.* fri'kuent; *vt.* fri-kuent'] *adj.* frecuente, común, habitual; *va.* frecuentar.

frequented [fri-kuen'təd] *adj.* concurrido; trillado, asendereado.

fresh [fresh] *adj.* fresco, nuevo, reciente; (*bread*) tierno; (*water*) dulce; (*air*) puro; novicio; *n.* riada.

freshen [fre'shən] *va.* refrescar; *vn.* refrescarse.

freshman [fresh'mən] *n.* novicio, estudiante de primer curso.

freshness [fresh'nes] *n.* frescura, verdor.

fret [fret] *va.* rozar, irritar, molestar; inquietarse, torturarse, apurarse. [displicente.

fretful [fret'ful] *adj.* mohíno,

friar [fray'ə] *n.* fraile, monje; —(John, *etc.*), Fray (Juan).

friction [frik'shən] *n.* roce, frote, refregón, rozadura.

Friday [fray'dey] *n.* viernes; Good — Viernes Santo.

friend [frend] *n.* amigo, allegado, compañero; —! (*response*), gente de paz; boy —, novio; girl —, novia; to have a — at court, tener el padre alcalde.

friendliness [frend'li-nes] *n.* amistad, cordialidad, amabilidad, simpatía.

friendly [frend'li] *adj.* amigable, simpático, amable.

friendship [frend'ship] *n.* amistad, hermandad; (*close*) intimidad.

fright [frayt] *n.* susto, espanto,

temor, pavor, terror; a —, estantigua; she looks a —, ¡qué facha!

frighten [fray'tən] *va.* espantar, asustar, aterrorizar, sobresaltar; to — away, ahuyentar.

frightful [frayt'ful] *adj.* espantoso, terrible, horroroso, aterrador, horrible, monstruoso; — deed, enormidad; how —! ¡qué barbaridad!

frigid [fri'dyid] *adj.* frígido, frío, helado. [dad, frigidez.

frigidity [fri-dyi'di-ti] *n.* frialdad, frigidez.

fringe [frindy] *n.* orla, franja; cenefa, borde; (*with tassels*) fleco; (*hair*) flequillo; *va.* franjear, orillar, orlar.

frisky [fris'ki] *adj.* juguetón, vivaracho, enrevesado.

fritter [fri'tə] *n.* buñuelo; fragmento; *va.* hacer pedazos; disipar. [lo, trivial, liviano.

frivolous [fri'və-ləs] *adj.* frívolo

frizzled [fri'səld] *adj.* (*air*) rizado; (*food*) achicharrado.

frock [frok] *n.* vestido; —coat, levita.

frog [frog] *n.* rana; (*horse's foot*) horquilla; (*in throat*) carraspera; the big — in the little pond, en tierra de ciegos el tuerto es rey; "Froggie", gabacho.

frolic [fro'lik] *n.* gira; retozo; *vn.* retozar, juguetear.

frolicsome [fro'lik-səm] *adj.* juguetón, alegre, travieso.

from [from] *adv.* hacia atrás; to and —, hacia adelante y hacia atrás; *prep.* de, desde, para, de parte de.

front [front] *n.* (*polit. & mil.*) frente; (*theat.*) delantera; (*shirt*) pechera; (*house*) fachada; in — of, delante de; *va.* hacer frente a.

frontier [fron'ti-ə] *n.* frontera; — district, marco; — guard (officer), carabinero.

frontispiece [fron'tis-pis] *n.* frontispicio; (*book*) portada; fachada.

frost [frost] *n.* helada; (*hoar*) escarcha; —bitten, tumido, helado; *va.* to — over, deslustrar; — bite, congelación(es).

frosty [fros'ti] *adj.* glacial, escarchado. [frívolo.

frothy [fro'zi] *adj.* espumoso;

froward [frou'wəd] *adj.* obstinado, contumaz, díscolo.

frown [fraun] *n.* ceño; entrecejo; *va.* mirar con ceño; *vn.* fruncir el ceño, arrugar la fuente. [co, torvo; *n.* ceño.

frowning [frau'ning] *adj.* hosfrugal

frugal [fru'gəl] *adj.* frugal, económico; sobrio.

frugality [fru-ga'li-ti] *n.* frugalidad, sobriedad, parsimonia.

fruit [frut] *n.* (*product*) fruto; (*from trees*) fruta, fruto; (*from work*) provecho, resultado; (*stewed*) compota; **to yield —**, dar frutos, **to give —**, fructificar; *vn.* producir fruta; **dar fruto.**

fruitful [frut'ful] *adj.* fructífero, fértil, fecundo; fructuoso, productivo.

fruitless [frut'les] *adj.* infructuoso, estéril; inútil; improvidente. [bruja.

frump [frəmp] *n.* mujer arpía,

frustrate [rəs-treyt] *va.* frustrar, burlar, defraudar.

fry [fray] *n.* **small —**, morralla; gentecilla; *va.* freír. [sartén.

frying-pan [fray'ing-pan] *n.*

fuel [fiu'əl] *n.* combustible; (*of flames*) pasto, pábulo.

fugitive [fiu'dyi-tiv] *adj.* fugitivo, fugaz; *n.* prófugo, tránsfuga.

fulfil [ful-fil'] *n.* cumplir, desempeñar, llenar; verificar; **to — orders,** ejecutar pedidos, órdenes.

fulfilment [ful-fil'mənt] *n.* cumplimiento, ejecución; plenitud.

full [ful] *adj.* lleno, completo, cabal, amplio, harto, pleno, plenario; (*river*) caudaloso; (*skirt*) de mucho vuelo; (*vehicle*) completo; (*satisfied*) harto; (*detailed*) extenso, detallado; (*mature*) maduro; (*member*) de número; **—house,** está lleno; **—up, (with people)** de bote en bote; **the place is —,** no cabe(n) más; **— dress,** uniforme de gala; **— grown,** crecido; **—length,** de tamaño na-

tural, tan largo como (es); **— moon,** plenilunio; **— powers,** plenos poderes; *adv.* del todo.

fullness [ful'nes] *n.* plenitud; amplitud; preñez; holgura.

fully [fu'li] *adv.* por entero, del todo, de lleno.

fulsome [ful'səm] *adj.* grosero, ramplón, repugnante; (*praises*) fastidioso.

fumble [fəm'bəl] *vn.* revolver torpemente; ir a tientas; manosear. [migar.

fumigate [fiu'mi-geyt] *va.* fumaing

fuming [fiu'ming] *adj.* humeante; (*coll.*) **to be —,** reventar.

fun [fən] *n.* diversión, buen humor, gracia; **in —,** de broma; **to le —,** ser divertido; **to make — of,** burlarse de.

function [fəngk'shən] *n.* función; desempeño; *vn.* marchar, andar, funcionar; *sl.* pitar.

fund [fənd] *n.* fondo, capital; **sinking —,** fondo de amortización.

fundamental [fən-də-men'təl] *adj.* fundamental; radical; preliminar; *n.* principio fundamental.

funeral [fiu'nə-rəl] *adj.* funeral, fúnebre; *n.* entierro, funerales; duelo.

fungus [fən'gəs] *n.* hongo; fungo.

funk [fənk] *n.* yesca, chispa, miedo, canguelo; *adj.* miedoso; *v.* asfixiar con humo, atemorizar.

funnel [fə'nəl] *n.* (*filtering etc.*) embudo; (*ship*) chimenea.

funny [fə'ni] *adj.* cómico, divertido, gracioso; chistoso, humorístico; curioso; **— man,** zumbón. [de pieles.

fur [fəə] *n.* piel; **—coat,** abrigo

furious [fiu'riəs] *adj.* furioso, furibundo, frenético, sañudo, airado; **to be —,** ensañarse, enfurecerse.

furnace [fəə'nəs] *n.* horno; **blast —,** alto horno.

furnish [fəə'nish] *va.* suministrar, equipar, surtir, proveer; (*furniture*) amueblar; (*opportunity*) proporcionar, deparar.

furnishing(s) [fəə'ni-shing(s)]
n. menaje, avíos; **set of —,** mobiliario.
furniture [fəə'ni-chə] *n.* muebles, mueblaje; *(unwieldy)* armatoste.
furrow [fə'rou] *n.* surco; **first
—,** besana; *(face, etc.)* arruga;
va. surcar, abrir surcos.
further [fəə'zə] *adj.* ulterior,
adicional; *adv.* además; aun;
más allá; **in — support,** por
más señas; *va.* promover, adelantar, fomentar; servir.
furtherance [fəə'zə-rəns] *n.* fomento, promoción, apoyo.
furtive [fəə'tiv] *adj.* furtivo,
oculto.
fury [fiu'ri] *n.* rabia, furor, saña, berrinche; *(elements)* braveza.

furze [fəəs] *n.* jaramago, aliaga,
aulaga.
fuse [fius] *n.* mecha; *(elect.)*
corta-circuitos; *(explosive)* es-
poleta; *va. & n.* fundir; fun-
dirse.   [ga cerrada.
fusillade [fiu'si-leyd] *n.* descar-
fusion [fiu'siən] *n.* fusión, fundición; unión.
fuss [fəs] *n.* alboroto, ruido,
desasosiego, remilgos.
fussy [fə'si] *adj.* fastidioso; remilgado, exigente.
fusty [fəs'ti] *adj.* mohoso, rancio, a moho.
futile [fiu'tayl] *adj.* vano, fu-
til, frívolo.   [futilidad.
futility [fiu-ti'li-ti] *n.* futileza,
future [fiu'chə] *adj.* futuro, por
venir; *n.* futuro, porvenir; **for,
in, the —,** en adelante.

G

gabble [ga'bəl] *n.* algarabía,
charla; *vn.* charlar, farfullar.
gad [gad] *vn.* corretear; **—fly,**
tábano.
gag [gag] *n.* morzada; *(joke)* timo; *va.* amordazar, hacer callar; *(theat.)* meter morcillas.
gage [geydy] *n.* regla, calibre;
caucho, prenda; *(fruit)* **green
—,** ciruela claudia; *va.* medir,
apreciar.
gaiety [gey'ə-ti] *n.* alegría, gozo, vivacidad, festividad.
gain [geyn] *n.* ganancia, ventaja; logro; beneficio; *va.* ganar,
conseguir, cobrar; vencer; *vn.*
crecer, medrar.
gainer [gey'nə] *n.* **to be the —,**
salir ganando.
gainsay [geyn-sey'] *va.* contradecir, desdecir.
gait [geyt] *n.* porte, andar(es);
paso; **at a good —,** a buen paso.
gale [geyl] *n.* ventarrón, viento fresco, ráfaga, temporal;
(southerly) vendaval.
gall [gol] *n.* bilis, hiel; sinsabor;

amargura; *va.* irritar, rozar,
atormentar, hostigar.
gallant [ga'lənt] *adj.* valiente,
intrépido, valeroso, garboso,
galano, majo; *n.* galán, guapo.
gallantry [ga'lən-tri] *n.* bravura, valentía, bizarría, heroísmo; galanteo, cortesanía.
gallery [ga'lə-ri] *n.* galería; corredor, tribuna; *(theat.)* paraíso.   [galeote.
galley [ga'li] *n.* galera; **—slave,**
gallop [ga'ləp] *n.* galope; **at a—,**
a uña de caballo; **at full —,** a
galope tendido, a rienda suelta; *vn.* galopar.
gallows [ga'lous] *n.* horca, patíbulo; **—bird,** carne de horca.
galvanise [gal'və-nays] *va.* galvanizar, excitar.
gamb [gəmb] *n.* pierna, pata.
gamble [gam'bəl] *vn.* jugar(se).
gambler [gam'blə] *n.* jugador,
tahúr.
gambling [gam'bling] *n.* juego;
—(gaming) table, tablero.
gambol [gam'bəl] *n.* cabriola,

retozo, travesura; *vn.* hacer cabriolas, retozar.

game [geym] *adj.* valiente; cojo; *n.* juego; partido; partida; caza; **big**—(*i.e. bears, wolves*), caza mayor; **small** — (*i.e. rabbits, etc.*), caza menor; (*bird*) pieza; — **of chance**, juego de azar; —**keeper**, guardabosque, guarda de coto; —**pouch**, escarcela, morral; **to return to old** —, volver a las andadas; **to make** — **of**, tomar el pelo a.

gamester [geym'stə] *n.* tahúr, jugador.

gamut [ga-mət'] *n.* gama.

gang [gang] *n.* tropa, pandilla, banda; horda; (*workmen*) tanda; (*oxen*) huebra.

gangrene [gang'rin] *va.* grangrenar.

gangster [gang'stə] *n.* atracador.

gangway [gang'wey] *n.* pasamano; (*naut.*) portalón; pasillo; **to make a** —, abrir paso.

gap [gap] *n.* portillo, brecha; quebradura; vacío, hueco, claro; —**toothed**, mellado.

gape [geyp] *n.* boqueada; hendidura; *vn.* bostezar; embobarse.

gaping [gey'ping] *adj.* boquiabierto; *n.* bostezo.

garb [gaab] *n.* vestido, vestidura, traje.

garbage [gaa'beydy] *n.* basura, inmundicia(s).

garden [gaa'dən] *n.* jardín; (*orchard and kitchen*) huerto; (*large area, kitchen and orchard*) huerta; **pleasure** — (*in Toledo*), cigarral; **nursery** —, criadero.

gardener [gaa'də-nə] *n.* jardinero; (*market*) hortelano; (*landscape*) plantista.

gardening [gaa'də-ning] *n.* jardinería, horticultura.

gargle [gaa'gəl] *n.* gárgara; enjuagadientes; *va.* hacer gárgaras.

garish [ge'ə-rish] *adj.* brillante, deslumbrador, llamativo.

garlic [gaa'lick] *n.* ajo; **clove of** —, diente de ajo.

garment [gaa'mənt] *n.* prenda, vestido, traje.

garnish [gaa'nish] *n.* aderezo, guarnición; *va.* (*food*) aderezar, guarnecer; adornar.

garret [ga'rət] *n.* guardilla, desván, zaquizamí.

garrison [ga'ri-sən] *n.* guarnición; presidio; *va.* acantonar, presidiar, guarnecer; **to be on** — **duty**, estar de guarnición.

garrulity [ga-riu'li-ti] *n.* locuacidad, garrulería.

garrulous [ga'riu-ləs] *adj.* gárrulo, locuaz, boquirroto.

garter [gaa'tə] *n.* liga; **order of the** —, orden de la Jarretera.

gas [gas] *n.* gas; — **fire**, estufa de gas; —**jet**, mechero de gas.

gash [gash] *n.* herida, incisión, cortadura; (*knife*) cuchillada, chirlo; *va.* dar cuchilladas a.

gasp [gaasp] *n.* suspiro, agonía; **last** —, boqueada; *vn.* boquear; (*for breath*) jadear.

gate [geyt] *n.* puerta; (*iron*) **garden** —, verja; (*wooden*) barrera; —**way**, portal; **to**—**crash**, colarse.

gather [ga'zə] *n.* pliegue; *va.* coger, amontonar; (*crops*) cosechar; (*meaning*) colegir, inferir (*strength*) cobrar, tomar fuerzas; (*money*) recaudar; (*sew.*) fruncir; *vn.* —**together**, reunirse, congregarse, condensarse.

gathering [ga'zə-ring] *n.* reunión, tertulia; (*lit.*) cenáculo; — **in** (*harvest*), (re)colección, cosecha; — **together** (*people*), afluencia.

gaudy [goo'di] *adj.* chillón, brillante, lucido, suntuoso.

gauge [geydy] *n.* regla de medir, medida; calibrador; *va.* medir, computar, aforar, evaluar; (*ship*) arquear.

gaunt [goont] *adj.* descarnado, flaco.

gauntlet [goont'lət] *n.* manopla, guantelete; **to throw down the** —, arrojar el guante.

gauze [goz] *n.* gasa, cendal.

gay [gey] *adj.* (*person*) alegre, gozoso, de buen humor; (*event*) festivo; (*clothes*) alegre, guapo; — **time**, fiesta.

gaze [geys] *n.* mirada; *vn.* —**on**,

at, mirar (fijamente), contemplar.

gazette [gə-set'] n. gaceta, diario; official —, boletín oficial.

gear [gi'ə] n. (mech.) engranaje, encaje, mecanismo; (clothes) atavíos; (kit) aperos, aparejo; to put into —, engranar; in —, en juego, encajado; va. aparejar. [ciosa.

gem [dyem] n. joya, piedra preciosa.

general [dye-nə-rəl] adj. general, común, usual, de uso, de costumbre; ordinario; extendido; in —, por lo común, por regla general; to become —, extenderse, generalizarse; n. general, jefe.

generalise [dye'nə-rə-lays] va. generalizar.

generally [dye'nə-rə-li] adv. generalmente, en general, por lo general, por lo común.

generate [dye'nə-reyt] va. producir; (elect.) generar.

generation [dye-nə-rey'shən] n. generación, raza; casta; the coming —, la posteridad.

generosity [dye-nə-ro'si-ti] n. liberalidad, largueza; bizarría, caballerosidad.

generous [dye'nə-rəs] adj. generoso, franco, liberal, pródigo, holgado, amplio, abundante.

genial [dyi'niəl] adj. genial, afable, campechano, cordial.

genius [dyi'niəs] n. genio, numen. [genovés.

Genoese [dye-nou-iis'] adj. & n.

genteel [dyen-tiil'] adj. elegante, apuesto, gentil, decente; over —, cursi.

gentle [dyen'təl] adj. benigno, dulce, manso, blando, apacible, tranquilo, pausado.

gentleman [dyen'təl-man] n. caballero, señor; (of lineage) hidalgo; (court) gentilhombre; young —, señorito; fashionable young —, señorito.

gentlemanly [dyen'təl-man-li] adj. caballeroso, civil.

gentleness [dyen'təl-nes] n. blandura, dulzura, suavidad; nobleza.

gentlewoman [dyen'təl-wu-mən] n. dama de honor.

gently [dyent'li] adv. suavemente, pasito, despacio, quedo; quedito.

gentry [dyen'tri] n. clase acomodada, la baja nobleza.

genuine [dye'niu-in] adj. genuino, auténtico, legítimo, verdadero; típico; (language) corriente y moliente; — li national, castizo.

genuineness [dye'niu-in-nes] n. pureza, legitimidad, autenticidad.

genus [dyi'nəs] n. género.

geographer [dyi-o'grə-fə] n. geógrafo. [grafía.

geography [dyi-ó'grə-fi] n. geografía.

geology [dyi-o'lo-dyi] n. geología. [metría.

geometry [dyi-o'me-tri] n. geometría.

germ [dyəəm] n. germen, renuevo, embrión, yema; microbio. [alemán, tudesco.

German [dyəə'mən] adj. & n.

germinate [dyəə'mi-neyt] vn. germinar, apimpollarse.

gesticulate [dyes-ti'kiu-leyt] vn. gesticular, accionar.

gesticulation [dyes-ti-kiu-ley'shən] n. gesticulación.

gesture [dyes'chə] n. gesto, acción; (heroic) rasgo; (movement) ademán; (facial) mueca.

get [get] va. (ob)tener, recibir, conseguir, adquirir, llevar, hacer que, procurar, agenciar, contraer; (for someone) proporcionar; (what you are after) (coll.) cazar, flechar; — at (enemy), entrar; — on (vehicle), subir a; — ready, aviar, aprestar; — (in emergency), improvisar; vn. (ill, etc.) ponerse; meterse; — on, medrar, montar; — along well with, avenirse con, llevarse bien con, entenderse con, hacer buenas migas con; — away, escapar(se); — about, (news, etc.) divulgarse, (person) viajar; — dark, oscurecer; — along, adelantar, medrar, ir tirando; — better, mejorar; — clear (of), salir bien, librarse de; — down, bajar; — even with, desquitarse; — in, entrar, (by stealth) colarse; — into, intro-

ducirse, meterse; — into passion, montar en cólera; — out, salir, sacar; — out of the way, apartarse; — out of order, descomponerse; — over, (an illness) reponerse, (an obstacle) salvar, (fear) sobreponerse a; (surprise) no poder menos de; — the better of, llevar ventaja a; — through (with), conectar; despachar; acabar con; aprobar; — up, ponerse de pie, (from bed) levantarse; — to know, enterarse de; — used to, avezarse; — a job, colocarse; — going, menearse.
getting [ge'ting] n. adquisición.
ghastliness [gaast'li-nes] n. palidez, aspecto cadavérico.
ghastly [gaast'li] adj. lívido, cadavérico, horrible, horripilante.
ghost [goust] n. (departed spirit) sombra; alma; espíritu; (visible) fantasma, espectro, aparecido; no the — of a (doubt), ni asomo de (duda).
giant [dyay'ənt] n. & adj. gigante. [bulo.
gibbet [gi'bət] n. horca, patíbulo.
gibe [dyayb] n. escarnio, burla; va. escarnecer, mofarse (de), burlar.
giblet [dyi'blet] n. menudillos de ave, despojo. — pl. guiñapos, andrajos.
giddiness [gi'di-nes] n. (med.) vértigo, vahído; devaneo; vaivén.
giddy [gi'di] adj. vertiginoso, atolondrado, veleidoso; aturdido; casquivano.
gift [gift] n. (object) don; (Christmas) —, aguinaldo, regalo, presente; (charitable, etc.) donativo; (mental, etc.) genio, don, ingenio, gracia; —s, calidades, dotes; prendados; va. to makes a — of, hacer merced de; a —, (coll.) tirado; it's a gift, (coll.) es una cucaña; I wouldn't take it as a —, no lo quiero ni regalado; va. dotar, dar. [talentoso.
gifted [gif'təd] adj. prendado.
gigantic [dyay-gan'tik] adj. gigantesco, titánico, colosal.

giggle [gi'gəl] n. falsa risa; retozo de risa; vn. reírse.
gild [gild] va. dorar, dar brillo a; to — the pill, dorar la píldora.
gilt [gilt] adj. áureo; — edged stock, valores de toda confianza; n. dorado.
gin [dyin] n. ginebra; (mech.) trampa.
ginger [dyin'dyə] n. jengibre.
gingerly [dyin'dyəə-li] adv. con mucho pulso, precavidamente.
gipsy [dyip'si] n. gitano.
giraffe [dyi-raf'] n. jirafa.
gird [gəəd] va. — on (sword, etc.), ceñir; to — oneself, arremangarse los faldones.
girdle [gəə'dəl] n. cinto, ceñidor; faja; corsé; va. ceñir, rodear.
girl [gəəl] n. niña, chica, moza, muchacha; (servant) muchacha, criada, doncella; (Amer.) china; — friend, novia.
girlish [gəə'lish] adj. juvenil.
girth [gəəz] n. cincha; grueso, corpulencia.
gist [dyist] n. substancia, quid; busilis.
give [giv] va. dar, otorgar, conceder; (as gift) regalar; (aid) prestar; (blow) pegar, arrear; (hopes) esperanzar; (lecture) explicar; (sigh, slap) largar; (slap) (coll.) propinar; (word) empeñar; — and take, toma y daca; vn. tener correa; — away, dar, enajenar; — back, (de)volver; — comfort (to), confortar; — forth, publicar, divulgar; proferir; — in(to), ceder (a), darse por vencido; off, echar, despedir; — out, revelar; agotarse, fallar; repartir; — over, up, cesar, entregar, renunciar, ceder; — rise to, prestarse a; — up, ceder, vacar, entregar, cejar, dimitir, devolver; — up hope (med.) desahuciar; — way, plegar; ceder; resignarse.
given [gi'vən] adj. — to, propenso a, dado a; — away, tirado.
giver [gi'və] n. donador, dador.
glacier [gla'siə] n. ventisquero.

glad [glad] *adj.* contento, alegre; **to be** —, alegrarse.
gladden [gla'dən] *va.* dar gusto a, alegrar, regocijar, dar gusto.
glade [gleyd] *n.* claro. [to a.
gladly [glad'li] *adv.* de buena gana, gustosamente, alegremente.
gladness [glad'nes] *n.* alegría, gozo, contentamiento.
glamour [gla'mə] *n.* fascinación, hechizo.
glance [glaans] *n.* mirada; *(at, off)* ojeada, vistazo; **at first** —, a primera vista; *va.* — **at**, lanzar miradas a, echar la mirada sobre; *vn.* — **back**, *(bullet)* rebotar; — **round**, echar una mirada atrás; — **off**, resbalar, desviarse.
glancing [glaan'sing] *adj.* *(blow, etc.)* oblicuo; de soslayo.
glare [gle'ə] *n.* resplandor; fulgor, brillantez; *va.* & *n.* deslumbrar, relumbrar; echar fuego por los ojos.
glaring [gle'ə-ring] *adj.* deslumbrador, brillante; notorio, manifiesto, chillón.
glass [glaas] *n.* *(material)* vidrio, cristal; *(window)* cristal; *(mirror)* espejo; *(binoculars)* gemelos; *(beer)* caña; *(wine)* vaso, copa; *pl.* gafas, lentes; *(horn-rimmed)* quevedos; **cut** —, cristal tallado; **magnifying** —, lente de aumento; **plate** —, luna, cristal de espejo; **powdered** —, polvo de vidrio; **spy** —, catalejo; **stained** —, vidrio de color; — **case**, vidriera, escaparate; — **shop**, cristalería; — **window**, vidriera; — **full**, copa, vaso; — **ware**, cristalería, vajilla de cristal.
glassy [glaa'si] *adj.* de vidrio, cristalino; frío.
glazer [glei'zər] *n.* satinador, muela de esmeril, disco plano para pulir.
gleam [gliim] *n.* fulgor; destello, brillo, centelleo; *vn.* lucir, brillar, resplandecer.
gleaming [glii'ming] *adj.* brillante, deslumbrante, nítido.
glean [gliin] *va.* & *n.* respigar, recoger, arrebañar.

gleaning [glii'ning] *n.* rebusca.
glee [glii] *n.* alegría, gozo, júbilo. [pronto, prevenido.
glib [glib] *adj.* voluble, locuaz,
glibness [glib'nəs] *n.* volubilidad, fluidez, facilidad.
glide [glayd] *vn.* deslizarse, resbalar suavemente; — **away**, escurrirse. [lomotor.
glider [glay'də] *m.* velero; ve-
glimmer [gli'mə] *n.* vislumbre, claror; *(coll.)* pizca; **last** — **of day**, las postrimerías; *va.* vislumbrar; *vn.* rielar; *(daylight)* alborear.
glimpse [glimps] *n.* ojeada, vistazo, vislumbre; **to catch a** — **of**, vislumbrar.
glint [glint] *n.* reflejo; *vn.* reflejar, brillar.
glisten [gli'sən] *vn.* brillar, relucir, resplandecer.
glitter [gli'tə] *n.* brillo, esplendor; *vn.* relucir, centellear, coruscar, titilar.
glittering [gli'tə-ring] *n.* brillo, resplandor; *adj.* reluciente.
gloat [glout] *vn.* gozar (con el daño ajeno). [tierra, bulbo.
globe [gloub] *n.* globo, esfera,
gloom [gluum] *n.* obscuridad, tenebrosidad; tristeza, hosquedad.
gloomy [glu'mi] *adj.* obscuro, tenebroso, sombrío; hosco, lóbrego, tétrico.
glorify [glou'ri-fay] *va.* glorificar, exaltar.
glorious [glou'riəs] *adj.* glorioso, soberbio, ilustre, espléndido.
glory [glou'ri] *n.* gloria, esplendor; fama, honor; honra; *vn.* — **in**, gloriarse, jactarse; **to be in ones's** —, estar en sus glorias.
gloss [glos] *n.* lustre, viso; *(on text)* glosa; *va.* & *n.* glosar, comentar, postillar; —**over**, *va.* cohonestar, paliar; **to put a** — **on**, sacar brillo a.
glossy [glo'si] *adj.* lustroso; terso, especioso.
glove [gləv] *n.* guante; **to be hand in** — **with**, ser uña y carne con; **to put** —**s on**, calzarse los guantes.

glow [glou] *n.* *(light)* brillo, trasluz, fulgor, resplandor, refulgencia; *(red, pink)* arrebol; *(warm)* calor; — **worm,** luciérnaga, gusanillo de luz; *vn.* brillar, relucir.

glowing [glou'ing] *n.* resplandeciente; caluroso, entusiasta.

glum [gləm] *adj.* malhumorado; — **face,** cara de viernes.

glutton [glə'tən *n.* glotón, comilón. [ría, gula.

gluttony [glə'tə-ni] *n.* glotonegría.

gnarl [naal] *v.* refunfuñar, gruñir, rezongar; nudo en la madera.

gnarled [naald] *adj.* nudoso.

gnash [nash] *va.* & *n.* rechinar (los dientes).

gnashing [na'shing] *n.* rechinamiento, crujir (de dientes).

gnat [nat] *n.* cínife, jején.

gnaw [noo] *vo.* & *n.* roer, carcomer, morder.

gnawing [noo'ing] *adj.* roedor.

go [gou] *n.* energía; giro; **it's all the** —, hacer furor; *vn.* *(person)* ir, marchar, andar; encaminarse; *(machine, etc.)* andar, funcionar; *(coll.)* pitar; — **about,** intentar; rodear, ponerse a; — **across,** cruzar, pasar; — **after,** *va.* seguir la pista de; — **astray,** extraviarse; — **away,** marcharse, irse; largarse; — **ahead,** continuar, seguir, no parar; —**back,** retroceder, volverse atrás; — **back on,** decidirse; — **by,** pasar por (alto); atenerse a; — **for,** *(coll.)* meterse con; — **off,** marcharse, largar, *(of gun)* dispararse; — **out,** salir; — **out to meet,** salir al encuentro de; — **out of fashion,** pasar de moda; — **over,** *(work, etc.)* *va.* repasar, *(ground)* recorrer, atravesar, *(to enemy)* pasarse a; — **through** *(forest, etc.)* atravesar, *(search)* escudriñar, *(pain)* sufrir, *(town)* pasar por, *(pockets, etc.)* registrar; — **with,** acompañar; *(clothes)* hacer juego con; — **to, towards,** concurrir, contribuir; — **well with,** armonizar con; convenir (a), sentar bien (a); — **without,** pasarse (de, sin); —

without saying, sobreentenderse; **who goes there?** ¿quién vive? **on the** —, vivaracho; **to be forever on the** —, trajinar; **to let** —, soltar, dejar ir; — **between,** *n.* tercero; — **ahead,** *adj.* emprendedor.

goad [goud] *n.* aguijón; garrocha, puya; *va.* picar, excitar, incitar.

goal [goul] *n.* blanco, objetivo, término; *(sport)* meta, portería; *(scored)* tanto; — **keeper,** portero; — **net,** posto, portería.

goat [gout] *n.* cabra, chivo; he-—, cabrón. [chivo.

goatee [gou-ti'] *n.* barba de

goblet [gob'lət] *n.* copa.

God [god] *n.* Dios; —**s** (theat.) paraíso.

goddess [go'dəs] *n.* diosa.

godforsaken [god'fo-sey-kən] *adj.* dejado de la mano de Dios.

godliness [god'li-nes] *n.* piedad, santidad, devoción.

goggle [go'gə] *vn.* abrir los ojos desmesuradamente; — **eyes,** ojos saltones.

going [gou'ing] *n.* paso, andadura, marcha, ida; salida; —**s-on,** zaragata.

goitre [goy'tə] *n.* bocio, papera.

gold [gould] *n.* oro; — **bearing,** aurífero; — **beater,** batihoja; — **standard,** patrón de oro; **to be as good as** —, ser más bueno que el pan.

golden [goul'dən] *adj.* de oro, áureo, amarillento; — **mouth-ed,** pico de oro.

goldsmith [gould'smiz] *n.* orfebre, orifice, platero.

good [gud] *adj.* bueno; conveniente, adecuado; bondadoso, amable; hábil; piadoso; a — **turn,** un favor; **in** — **time,** a tiempo, previamente; **all in** — **time,** paciencia; **to hold** —, valer, subsistir; **to make** —, indemnizar; cumplir; salir bien, llevar a cabo; **he's no** —, es un farsante; **a** — **while,** un buen rato; — **for nothing,** paseante, farsante; — **will,** buena voluntad, clientela; — **looking,** bien parecido, guapo; — **natured,** bueno, bonachón, amable; —

old, famoso; — **standing**, crédito; **with right** — **will**, con buena voluntad; *n.* bien, provecho; *pl. (com.)* géneros, mercancías; *(in shop)* surtido; *(train)* mercancías; —s **and chattels**, bienes muebles, bártulos; **for** — **and all**, de una vez para siempre.

good-bye [gud-bay'] *interj.* adiós, hasta la vista; **to say** — **to**, despedirse de.

goodness [gud'nes] *n.* bondad. virtud; favor; —! *(excl.)* ¡caray! — **gracious!** ¡Ave María!

goofy [gu'fi] *adj.* necio, tonto.

goose [guus] *n.* oca, ganso, ánade; — **flesh**, carne de gallina.

gooseberry [goos'bə-ri] *n.* grosella (blanca), uva espín.

gore [go'ə] *n. (from horns)* cornada; *(dressmaking)* cuchillo; *(blood)* sangre; *va.* cornear, coger.

gorge [goody] *n.* garganta, cañada, hoz, abra, barranco; *va. & n.* engullir, tragar, atiborrar, hartarse.

gorgeous [goo'dyəs] *adj.* espléndido, magnífico, suntuoso.

goring [go'ə-ring] *n. (bullfight)* cogida, cornada.

gory [gou'ri] *adj.* ensangrentado, sangriento.

gospel [gos'pəl] *n.* evangelio.

gossamer [go'sə-mə] *adj.* ligero, sutil, delgado; *n.* telaraña; cendal, gasa.

gossip [go'sip] *n. (talk)* charla, murmuración, habladuría, chismografía; *(person)* corredevile, chismoso, comadre; **scraps of** —, hablilla(s), gacetilla; — **column**, gacetilla; *vn.* charlar, chismear, comadrear.

Gothic [go'zik] *adj.* gótico, ojival.

gout [gaut] *n.* gota; *(in feet)* podagra.

govern [gə'vən] *va.* gobernar, regir, comandar, regentar; moderar; *vn.* comedirse.

governess [gə'və-nes] *n.* institutriz, aya.

government [gə'vən-mənt] *n.* gobierno, dirección; manejo.

governor [gə'və-nə] *n.* gobernador; tutor; *(of province)* adelantado; gobernador civil.

gown [gaun] *n. (evening)* traje de noche, vestido; *(academic)* toga.

grab [grab] *va.* asir, coger, agarrar; *(snatch away)* arrebatar, posesionarse de.

grace [greys] *n.* gracia, bondad; elegancia; *(of address)* galantería; *(speech)* cortapisa; *(relig.)* indulgencia; **good** —s, valimiento; *va.* adornar, agraciar, favorecer.

graceful [greys'ful] *adj.* gracioso, gentil, garrido, elegante.

gracefully [greys'fu-li] *adv.* con gracia.

gracefulness [greys'ful-nes] *n.* donaire, garbo; sandunga.

gracious [grey'shəs] *adj.* benigno, benévolo, afable.

gradation [grə-dəy'shən] *n.* gradación, graduación.

grade [greyd] *n.* grado, escalón; *(mil.)* promoción; *va.* graduar; *(land)* explanar.

graded [grey'dəd] *adj.* graduado; — **list** *(professors, etc.)* escalafón.

gradient [grey'dyənt] *n.* desnivel, pendiente, declive, rampa, inclinación.

gradually [gra'dyuə-li] *adv.* por grados, poco a poco, con el tiempo; paulatinamente.

graft [graaft] *n.* injerto, plantón; (hacer) chanchullos; *va. & n.* injertar, injerir, insertar.

grail [gre'il] *n.* grial, cáliz.

grain [greyn] *n.* grano; *(in wood)* veta; **against the** —, a contrapelo; *va.* granular, granear.

grammar [gra'mə] *n.* gramática, retórica.

granary [gra'nə-ri] *n.* granero; *(Galicia and Asturias)* hórreo.

grand [grand] *adj.* grande, sublime; — **piano**, piano de cola.

grandee [gran-di'] *n.* grande; ricohombre.

grandeur [gran'diə] *n.* grandeza, magnificencia, grandiosidad.

grandchild [grand'chayld] *n.* nieto; **great** —, tataranieto, bisnieto.

grandfather [grand'faa-zə] *n.* abuelo; **great —,** bisabuelo; **great great —,** tatarabuelo.

grange [greyndy] *n.* granja, cortijo, alquería.

granite [gra'nit] *n.* granito.

grant [graant] *n.* concesión, privilegio; *(acad.)* beca; *(state)* subvención; *va.* hacer merced de, conceder, otorgar; admitir importar.

grape [greyp] *n.* uva; — **juice,** mosto; — **vine,** vid, parra.

grapefruit [greyp'frut] *n.* toronja, pomelo.

graphic [gra'fik] *adj.* gráfico, pintoresco, a lo vivo.

grapple [gra'pəl] *va. & n.* agarrar, amarrar, aferrarse; — **(with),** forcejear.

grappling [gra'pling] *n.* — **iron,** cloque, rezón.

grasp [graasp] *n.* apretón; *(fig.)* dominio; *va.* agarrar; *(in fist)* empuñar; prender; *(by the hand)* estrechar, asir; *vn.* echar la zarpa. [codicioso; ávido.

grasping [graas'ping] *adj.* avaro,

grass [graas] *n.* hierba, césped; — **eating,** herbívoro.

grasshopper [graas'jo-pə] *n.* saltamontes, saltón, langosta.

grassland [graas'land] *n.* pradera. [verde, herbáceo.

grassy [graa'si] *adj.* herboso,

grate [greyt] *n.* reja, verja; *(cooking)* parrilla; *va. & n.* rallar, raspar, cortar.

grateful [greyt'ful] *adj.* reconocido, agradecido; **to be — for,** agradecer; reconocer.

gratefulness [greyt'ful-nes] *n.* gratitud, agradecimiento.

gratification [gra-ti-fi-key'shən] *n.* satisfacción, complacencia; recompensa.

gratify [gra'ti-fay] *va.* satisfacer, agradar, complacer, dar gusto a.

gratifying [gra'ti-fay-ing] *adj.* grato, agradable.

grating [grey'ting] *adj.* *(sound)* rechinante, discordante; ofensivo, áspero; *n.* verja, reja; **—s** *(cheese, etc.),* ralladuras.

gratis [gra'tis] *adv.* de balde, de gorra.

gratitude [gra'ti-tiud] *n.* gratitud, agradecimiento, reconocimiento. [gratuito.

gratuitous [gra-tiu'i-təs] *adj.*

gratuity [gra-tiu'i-ti] *n.* gratificación, propina.

grave [greyv] *adj.* grave, serio, compasado, ponderoso;*n.* tumba, hoya, sepulcro; — **stone,** lápida mortuoria; **beyond the —,** ultratumba; — **digger,** sepulturero, enterrador.

graveness [greyv'nəs] *n.* gravedad, señorío, compostura.

graveyard [greyv'yaad] *n.* camposanto. [vitar.

gravitate [gra'vi-teyt] *vn.* gra-

gravity [gra'vi-ti] *n.* gravedad, pesantez, mesura, seriedad; **specific —,** peso específico.

gravy [grey'vi] *n.* salsa, jugo.

gray [grey] *adj.* gris, pardo; — **hair,** cana(s).

graze [greys] *n.* roce; *va.* rozar; *(skin)* raspar; *vn.* pacer, pastar.

grease [griis] *n.* grasa; *(filthy)* mugre; *va.* engrasar; untar; — **the palms of,** untar las manos de. [craso; untuoso.

greasy [grii'si] *adj.* grasiento;

great [greyt] *adj.* grande, grueso, eminente, sumo; — **hall** *(university, etc.)* paraninfo; — **age,** edad avanzada.

greatness [greyt'nes] *n.* grandeza, amplitud; nobleza.

grebe [grib] *n.* colimbo, somormujo o somorgujo.

Grecian [grii'shən] *adj.* greco.

greed(iness) [grii'd(i)-nes] *n.* voracidad; codicia, concupiscencia, rapacidad.

greedily [grii'di-li] *adv.* **to look — at, upon,** codiciar.

greedy [grii'di] *adj.* comilón; voraz, glotón, codicioso, insaciable.

Greek [griik] *adj.* griego.

green [griin] *n.* lo verde, verdura, pradera; **—s,** verdura(s), hierbas, hortalizas; *adj.* verde, fresco; **sea —,** glauco; **bright —,** verde limón, verdegay; **—,** *sl.* novel; — **house,** conservatorio, invernadero. [verdura.

greenness [griin'nes] *n.* verdor,

greet [griit] va. & n. saludar, felicitar, dar la bienvenida a.

greeting [grii'ting] n. salutación, saludo, recado; —s, (in letters) un abrazo, saludos (cariñosos); (Christmas) felicitaciones navideñas.

gregarious [gre-ga'ə-riəs] adj. gregario. [bomba.

grenade [grə-neyd'] n. granada,

grey [grey] adj. gris; — brown, pardo; — beard, barbicano.

grid [grid] n. elec. —, tendido eléctrico.

grief [griif] n. pena, dolor, pesadumbre, tristeza, sentimiento.

grievance [grii'əvans] n. agravio, perjuicio, ofensa.

grieve [griiv] va. agraviar, oprimir; lastimar; contristar, penar; vn. afligirse, entristecerse, gemir, apenarse; it —s me to say ..., me cuesta decir ...

grievous [griil'vəs] adj. gravoso, cruel, sensible, aflictivo.

grievousness [grii'vəs-nəs] n. aflicción, calamidad; enormidad. [sollamar.

grill [gril] va. asar en parrillas,

grille [gril] n. reja, verja.

grim [grim] adj. torvo, ceñudo; odioso, horroroso.

grimace [gri'məs] n. mueca, visaje, mohín.

grime [graym] n. tizne, mugre.

grimly [grim'li] adj. espantoso, horrible; firme; adv. horriblemente, ásperamente.

grimness [grim'nəs] n. horror, tesón. [mugriento.

grimy [gray'mi] adj. tiznado,

grin [griin] n. (unpleasant) mueca, visaje; sonrisa; vn. sonreírse.

grind [graynd] va. moler, triturar, dar vueltas; —out (words), mascular; —rown, agobiar; vn. rozar, frotar.

grindstone [graynd'stoun] n. piedra de afilar, asperón.

grip [grip] n. apretón; (hold) asidero, puño; (bag) maletín; va. & n. agarrar, empuñar; (by emotion) poseer.

grit [grit] n. arena, cascajo; impureza; firmeza, ánimo, entereza.

groan [groun] n. gemido, grufiido; vn. gemir, gruñir, suspirar.

groat [grout] n. maravedí; not worth a —, no valer un ardite.

grocer [grou'sə] n. especiero, tendero (de ultramarinos, de comestibles).

grocery [grou'sə-ri] n. tienda de comestibles; pl. ultramarinos. [lica.

grog [grog] n. bebida alcohó-

grogshop [grog'shop] n. taberna, figón.

groom [grum] n. mozo de caballos, lacayo; head—, caballerizo; va. cuidar (los caballos); acicalar.

groove [gruuv] n. muesca, acanaladura; surco; (wood) ranura, hoyo; (stone) estría; va. acanalar.

grope [group] vn. andar a tientas, palpar, tentar.

groping [grou'ping] n. tiento; —ly, adv. a tientas.

gross [grous] adj. grueso; (ignorance) craso; denso; (weight) bruto; descortés, pesado; n. gruesa; by the —, por gruesas.

grossness [grous'nəs] n. grosería, tosquedad.

grotesque [grou-tesk'] adj. grotesco, monstruoso.

grotto [gro'tou] n. gruta, antro, covacha.

ground [graund] n. (earth) tierra; (land) terreno; (floor) piso, suelo; (plot) solar, heredad; (reason) motivo, pie, fundamento; back —, fondo; fore —, primer término; stony —, cantorral; pl. heces, sedimento; terrenos; to fall to the —, venirse abajo; malograrse; adj. —floor (planta, piso) bajo; va. & n. funda(menta)r, cimentar; (sea) embarrancar, encallar.

groundless [graund'ləs] adj. infundado, gratuito.

group [group] n. grupo; (people) reunión, corro; (friends) peña, tertulia; (bullfighters) cuadrilla (houses) caserío; (stage) comparsa; (artistic) conjunto; va. agrupar.

grove [grouv] n. arboleda, boscaje; enramada, soto; (orange) naranjal, huerto; (maples) arcedo; (myrtles) arrayanal; (oaks) robledo; ·(pines) pinar.

grovel [grɔ'vǝl] vn. arrastrarse; envilecerse.

grow [grou] va. cultivar; vn. crecer, brotar; desarrollarse; hacerse, llegar a; —green, (re)-verdecer; — overproud, encumbrarse.

growl [graul] n. gruñido; vn. gruñir; regañar.

growth [grouz] n. crecimiento, desarrollo, aumento, progreso; generación; vegetación.

grudge [grǝdy] n. rencor, resentimiento; ojeriza, envidia, mala gana; va. envidiar, codiciar; regatear.

gruel [gru'ǝl] n. (oats) avenate; (corn) atole; (mush) gachas.

gruesome [gru'sǝm] adj. horrendo, horripilante, horrible.

gruffness [grǝf'nǝs] n. rudeza, brusquedad, aspereza.

grumble [grǝm-bǝl] n. regaño; queja; vn. quejarse; refunfuñar, murmurar.

grumbling [grǝm'bling] n. murmuración, queja, descontento.

grume [grum] n. grumo, cuajarón, coágulo.

grunt [grǝnt] n. gruñido; vn. gruñir, refunfuñar.

guarantee [ga-rǝn-ti'] n. abono; fianza; seguridad; va. garantizar, dar fianza, patrocinar.

guarantor [ga-rǝn-too'] n. fiador.

guard [gaad] n. guarda, guardia; (mil.) vigilia; (sword) cazoleta; —sman, guardia; dragón; —rail, contracarril; to be on one's —, estar alerta; to be off one's —, estar desprevenido; rear—, retaguardia; —'s van, furgón; va. & n. preservar(se), guardar, vigilar; (res)-guardarse.

guarded [gaa'dǝd] adj. circunspecto, cauteloso, precavido.

guardian [gaa'diǝn] adj. tutelar; —angel, ángel custodio; ángel de la guarda; n. guardián, custodio, tutor.

guardianship [gaa'diǝn-ship] n. tutela, protección.

guerrilla [gue-ri'lǝ] n. guerrilla; (man) guerrillero.

guess [ges] n. conjetura; sospecha; va. & n. adivinar, columbrar, conjeturar; (accurately) atinar; brujulear.

guest [gest] n. huésped, convidado; to have —(s), tener visita(s); — house, hospedería; fellow —, comensal.

guidance [gay'dǝns] n. conducta, guía, gobierno.

guide [gayd] n. guía, conductor; — lines, pauta; — book, guía; — post, hito; norte; va. guiar, orientar, conducir, dirigir; gobernar.

guile [gayl] n. dolo, engaño, artificio, sorna.

guileless [gayl'les] adj. inocente, sencillo, cándido.

guilt [gilt] n. delito, crimen, culpa; delincuencia; culpabilidad. [libre de culpa.

guiltless [gilt'les] adj. inocente, **guilty** [gil'ti] adj. culpable, delincuente, convicto; not —, inculpable; to plead —, confesarse culpable.

guinea [gi'ni] n. guinea (21 chelines); —fowl, pintada, gallina de guinea; — pig, conej(ill)o de Indias.

guise [gays] n. modo, manera; pretexto; forma; under the — of, so color de, so capa de.

guitar [gi-taa'] n. guitarra; — player, guitarrista.

gulf [gǝlf] n. golfo; abismo, sima; — stream, corriente del golfo.

gullible [gǝ'li-bǝl] adj. bobo, crédulo, fácil de engañar.

gully [gǝ'li] n. barranca, quebrada, tajo, hondonada.

gulp [gǝlp] n. trago; (fam.) chisguete; va. tragar, engullir.

gum [gǝm] n. goma; (of teeth) encía; chewing—, chicle; va. engomar.

gun [gǝn] n. arma de fuego, fusil; (hunting) escopeta; cañón; machine —, ametralladora; — barrel, cañón; —carriage, cureña.

gunner [gə'nə] *n.* artillero.
gunpowder [gən'pau-də] *n.* pólvora.
gunshot [gən'shot] *n.* tiro; *(distance)* alcance; —**wound**, escopetazo; trabucazo.
gurgle [gəə'gəl] *n.* gorgoteo; *vn.* murmurar, gorgotear.
gush [gəsh] *n.* chorro, borbotón; *(water from spring)* buey de agua; efusión; *vn.* brotar, manar, borbotar, borbollar.
gust [gəst] *n.* ráfaga, racha, bocanada de viento, borrasca; *(of temper)* arrebato.

gusty [gəs'ti] *adj.* tempestuoso, borrascoso.
gutter [gə'tə] *n.* *(house)* gotera, canal; canalón; *(street)* arroyo; *va. & n.* acanalar.   [sio.
guy [gay] *n.* hazmerreír, adefeguzzle [gə'səl] *va. & n.* tragar, engullir; *(coll.)* *(drink)* soplar.
gymnasium [dyim-ney'siəm] *n.* gimnasio.   [gimnasia.
gymnastics [dyim-nas'tiks] *n.*
gypsy [dyip'si] *gitano*, húngaro; —cant, caló.
gyrate [dyay-reyt'] *vn.* girar, dar vueltas, remolin(e)ar(se).

H

habit [ja'bit] *n.* práctica, costumbre, rutina, hábito; *(dress)* hábito, vestido; **riding** —, traje de montar; **monk's** —, cogulla; *pl.* costumbres, mañas; **bad** —**s**, malas costumbres; **to form the** —, contraer la costumbre; soler.   [bitable.
habitable [ja'bi-tə-bəl] *adj.* ha-
habitation [ja-bi-tey'shən] *n.* morada, habitación.
habitual [ja-bi'tiu-əl] *adj.* habitual, acostumbrado.
habitué [ja-bi'tiu-e] *n.* asiduo; aficionado, parroquiano; *(of tertulia)* contertulio.
hack [jak] *n.* brecha, corte; *(nag)* cuártago, rocín; *va.* — at, tajar, picar, cortar.
hacking [ja'king] *adj.* —**cough**, tos seca; *n.* montar.
hackly [jak'li] *adj.* áspero, escabroso, desigual.
hackney [jak'ni] *n.* caballo de alquiler; —**carriage**, simón.
hackneyed [jak'niid] *adj.* trillado.   [agarradero.
haft [jaft] *n.* mango, asa, astil.
haggard [ja'gəd] *n.* macilento, ojeroso, trasnochado; zahareño.
haggle [ja'gəl] *vn.* regatear.
hail [jeyl] *n.* granizo; llamada;

within —, al habla; *va. & n.* saludar, llamar.
hair [je'ə] *n.* pelo, cabello; *(long, loose)* melena, cabellera; *(down)* vello; hebra; —**brush**, cepillo de cabeza; —**shirt**, cilicio, *(outer)* sambenito; —**less**, calvo; —**raising**, horripilante; **to a** —, al pelo; —**cut**, corte de pelo; —**pin**, horquilla; —**splitting**, quisquilloso, puntilloso; *n.* ergotista.
hairbreadth [je'ə-bredz] *n.* —**escape**, escape por un pelo.
hairdresser [ja'ə-dre-sə] *n.* peluquero; —**'s**, peluquería.
hairy [ja'ə-ri] *n.* cabelludo, peludo, velloso, velludo, hirsuto.
hake [jeyk] *n.* merluza.
halcyon [jal'siən] *adj.* sereno, apacible; *n.* alción.
hale [jeyl] *adj.* robusto, sano.
half [jaaf] *adj.* medio; casi; *adv.* a medias; **to go halves**, ir a medias; —**awake**, —**asleep**, entre sueños; **better** —, cara, mitad, costilla; —**baked**, a medio cocer; — **blood**, mestizo; —**hearted**, flojo, desanimado; —**length**, de medio cuerpo; —**open(ed)**, entreabierto, entornado; —**price**, a mitad de precio; —**statement**, indirecta; —

way, a medio camino, no del todo; — and —, mitad mitad; **witted**, imbécil; **to** — open, entreabrir; **to** — close, entornar; **to be** — way between, mediar entre; *n.* mitad.

hall [jool] *n.* salón; **entrance** —, recibimiento, vestíbulo; **lecture** —, aula; sala; **great** —, paraninfo.

hallow [ja'lou] *va.* consagrar, bendecir, santificar.

hallucination [ja-liu-si-ney'-shən] *n.* alucinación, error, ilusión.

halt [joolt] *adj.* cojo, lisiado; *n.* alto *(place)*; paradero; *(railway)* apeadero; parada; *va. & n.* detenerse, hacer alto; parar.

halve [jaav] *va.* dividir en dos, partir por mitad, dimidiar.

ham [jam] *n.* jamón, pernil.

hamlet [jam'lət] *n.* aldea, caserío, villorrio.

hammer [ja'mə] *n.* martillo, maza; *(for stones)* almadana; **sledge** —, macho; **tuning** —, templador; *(gun)* rastrillo; *va.* amartillar, forjar, golpear.

hammock [ja'mək] *n.* hamaca.

hamper [jam'pə] *n.* canasto, cesta, capazo; *va.* embarazar, estorbar.

hand [jand] *n.* mano; *(meas. of horse)* palmo; *(worker)* mano de obra, obrero; *(clock)* aguja, manecilla; *(writing)* letra; *(cards)* mano, juego; — **bag**, bolsa, saco de noche; **—basin**, (al)jofaina; **—book**, compendio; **—sbreadth**, palmo; **—made**, hecho a mano; **—writing**, letra, carácter; **—shake**, apretón de manos; **—guard** *(sword)*, cazoleta; **at** —, a mano, al lado; **by** —, a mano; **in**—, entre manos; **on** —, entre manos; presente, disponible; **on the one**—, por una parte; **on the other**—, al contrario, en cambio; por otra parte; **to have** — **in**, tener parte en, participar; — **to** — *(fighting)*, cuerpo a cuerpo; **to lend a**—, echar una mano, arrimar el hombro; — **to mouth existence**, vida (arrastrada, precaria); **to go** — **in** —, concertarse; **ir de mano con**; **to be** — **in glove with**, ser uña y carne con; **second** —, de segunda mano, de lance; *va.* dar la mano a; alargar, pasar; **—over**, entregar; transmitir; — **out** *(slap, ets.)*, *(coll.)* propinar, largar; **—in**, entregar.

handcuff [jand'kəf] *n.* esposas; *va.* maniatar.

handful [jand'ful] *n.* puñado, manojo; **to be a** —, ser de cuidado.

handicap [jan'di-kap] *n.* obstáculo; compensación.

handkerchief [jan'kə-chif] *n.* pañuelo.

handle [jan'dəl] *n.* mango, asa; agarradero, cogedero, tirador; *va.* manejar; manosear; trazar; dirigir; *(subject)* tratar; *(ship, etc.)* maniobrar.

handling [jan'dling] *n.* manejo, dirección; *(subject)* tratamiento, trato; manoseo.

handsome [jand'səm] *adj.* hermoso, guapo, bello; garrido; generoso; distinguido.

handy [jan'di] *adj.* hábil; cómodo, manual; a mano, a propósito.

hang [jang] *n.* *(dress)* caída; **not to care a** —, no importar un pepino; *va.* colgar, suspender; *(man)* ahorcar; *(flag)* enarbolar; *vn. (of things)* colgar; pender; *(men)* ser ahorcado; *(in suspense)* zozobrar; **—on to**, pegarse a, agarrarse a.

hanging [jang'ing] *adj.* pendiente, dependiente, suspendido, en vilo; *n.* colgadura(s), tapicería; tapiz.

hangman [jang'man] *n.* verdugo.

hanker [jɛng'kə] *va.* — after, ansiar, anhelar, ambicionar.

handsel [jand'sel] *v.* estrenar, persignarse; *n.* estrena, estreno, prenda, peñal, arras.

haphazard [jap-ja'səd] *adj.* fortuito, sin ton ni son.

happen [ja'pən] *vn.* suceder, ocurrir, acontecer, caer; **as if nothing had** — **ed**, como si tal cosa; **as it happens**, da la casualidad.

happening [ja'pə-ning] n. suceso, acontecimiento.

happiness [ja'pi-nes] n. felicidad, ventura, gozo.

happy [ja'pi] adj. dichoso, alegre, bienaventurado, feliz, afortunado, oportuno; to make —, encantar, alegrar; to be—, alegrarse; — go-lucky, atolondrado; —birthday, felicidades.

harangue [ja-rang'] v. arengar, hablar, declamar, perorar.

harass [ja'rəs] va. acosar, vejar; (mil.) hostigar, merodear; apretar; incomodar; to be — ed, zozobrar.

harbinger [jaa'bing-ə] n. precursor.

harbour [jaa'bə] n. puerto, asilo; albergue; va. abrigar, amparar; (hopes, etc.) acariciar, abrigar.

hard [jaad] adj. duro, firme; (stiff) tieso, difícil, penoso; riguroso, severo; áspero, ímprobo, rudo; (water) cruda, gorda; —of hearing, duro de oído; — hearted, sin entrañas; — fisted, agarrado; —headed, terco, duro de mollera; perspicaz; — set, rígido; —working, aplicado, trabajador, hacendoso; — wearing, resistente, duradero, sufrido; — words, injurias; — to please, mal contentadizo; — to hold, escurridizo; adv. to drink —, beber de firme; to look — at, mirar (de hito en hito, de cerca, detenidamente); to be — up, estar a la cuarta pregunta; difícilmente, con (ahinco, empeño), duro.

harden [jaa'dən] va. endurecer; curtir; templar; vn. endurecerse.

hardiness [jaa'di-nes] n. intrepidez, vigor, ánimo.

hardly [jaad'li] adv. difícilmente, no del todo; duramente; apenas.   [rigor, penuria.

hardness [jaad'nes] n. dureza;

hardship [jaad'ship] n. penalidad, fatiga; to experience great —s, pasar crujías.

hardy [jaa'di] adj. fuerte, bravo, robusto, endurecido, resistente.

hare [je'ə] n. liebre; —brained, descabellado.

haricot [ja'ri-kət] n. judía, habichuela.

harm [jaam] n. mal, daño, ofensa; va. hacer daño, dañar, maleficiar.

harmful [jaam'ful] adj. dañoso, nocivo, deletéreo, malo.

harmless [jaam'les] adj. inofensivo.

harmonious [jaa-mou'niəs] adj. armonioso, sonoro, inocente.

harmonise [jaa'mə-nays] va. & n. poner de acuerdo, acordar, armonizar, concertar, concordar; (colour) entonar.

harmony [jaa'mə-ni] n. armonía, acuerdo, concierto, consonancia, concordia.

harness [jaa'nes] n. arnés, arreos, guarniciones; va. enjaezar.

harp [jaap] n. arpa; vn. tocar el arpa, porfiar; — on (a subject), machacar, recalcar(se).

harpoon [jaa-poun'] n. arpón; cloque; va. arponear.

harpsichord [jaap'si-kood] n. clavicordio.

harpy [jaa'pi] n. arpía.

harrow [ja'rou] n. traílla; va. atormentar, perturbar, conmover.

harrowing [ja'rou-ing] adj. lastimoso, lacerante, conmovedor.

harsh [jaash] adj. áspero, (taste) agrio, acerbo; duro, ingrato, cruel, sacudido; — words, regaño; (colours) chillón.

harshness [jaash'nes] n. aspereza, rigor, severidad; (weather) inclemencia.

harvest [jaa'vəst] n. cosecha, siega, agosto; (grapes) vendimia; va. cosechar, segar; (grapes) vendimiar.

harvester [jaa'vəs-tə] n. segador, segadora.   [colección.

harvesting [jaa'vəs-ting] n. rehaslet [jaa'slet] n. asadura.

haste [jeyst] n. prisa, premura, diligencia, precipitación, impaciencia; to make —, apresurarse, darse prisa.

hasten [jey'sən] va. apresurar, abreviar, activar.

hastily [jeys'ti-li] *adv.* apresuradamente, de prisa, de manos a boca.

hasty [jeys'ti] *adj.* premuroso, inconsiderado, precipitado, apresurado, temerario, precipitoso.

hat [jat] *n.* sombrero; **shovel—**, sombrero de teja; **threecoinered —**, tricornio, sombrero de tres picos; **to put on one's —**, cubrirse.

hatch [jach] *n. (chickens)* pollada; *(door)* portezuela; cuartel; *va. & n.* incubar, empollar; tramar.

hatchet [ja'chət] *n.* hacha, destral.

hate [jeyt] *n.* odio, aversión; *va.* odiar, detestar, aborrecer; **I— (*doing*)** it, me repugna.

hateful [jeyt'ful] *adj.* odioso, aborrecible, infame; **— thing,** abominación.

hatred [jey'trəd] *n.* odio, enemistad; *(fierce)* saña; *(bitter)* inquina.

haughtiness [jo'ti-nes] *n.* altanería, soberbia, altivez, ínfulas, orgullo.

haughty [jo'ti] *adj.* altivo, arrogante, imperioso, orgulloso, entonado, empingorotado, encopetado.

haul [jool] *n.* (es)tirón; arrastre; hala; *va.* tirar, arrastrar; *(naut.)* halar; *(goods)* acarrear; **—down,** arriar.

haunch [joonsh] *n.* anca, culada, grupa.

haunt [joont] *n.* sitio preferido, guarida, nido, escondrijo, querencia; *va.* rondar, frecuentar; obsesionar.

haunted [joon'təd] *adj.* encantado.

have [jav] *va.* tener, poseer; obtener; *(drink)* tomar; pasar; **to — (*made, etc.*),** mandar hacer, hacer que; **to — to,** tener que, haber de; **to — about one,** llevar consigo; **to — out (with)** decir(le) cuatro verdades, pedir(le) cuentas a, arreglárselas con, despachar (a).

haversack [ja'və-sak] *n.* mochila, morral.

havoc [ja'vək] *n.* ruina, estrago(s), destrozo(s).

hawk [jook] *n.* halcón; **sparrow —**, gavilán; **—nosed,** de nariz aguileña.

hawker [joo'kə] *n.* vendedor ambulante, buhonero; revendedor. [acerolo.

hawthorn [joo'zoon] *n.* espino,

hay [jey] *n.* heno; **—stack,** almiar; **—fork,** horca, **to make — while the sun shines,** cuando pasan rábanos, comprarlos.

hazard [ja'səd] *n.* acaso, azar; riesgo; *va. & n.* arriesgar, aventurarse.

hazardous [je'sə-dəs] *adj.* arriesgado, peligroso; azaroso, aventurado.

haze [jeys] *n.* bruma, niebla, neblina.

hazel [jay'səl] *adj.* garzo; *n.* avellano; **—plantation,** avellaneda.

haziness [jey'si-nes] *n.* vaguedad; *(poet.)* calígine; obscuridad.

hazing [jei'zing] *n.* imposición de trabajos pesados o ingratos; culebrazo, novatada, tunda, capuana, zurra, somanta.

hazy [jey'si] *adj.* brumoso; confuso, borroso; elemental.

head [jed] *adj.* principal; **— dress,** tocado, toca; *n.* cabeza, *(fam.)* crisma; *(tree)* copa; *(bed, table)* cabecera; *(stick)* puño; jefe; cabo; *(of cattle)* res; *(of hair)* mata; *(of water)* salto; *(of column)* capitel; **—s and tails,** cara y cruz; **a per, —,** por barba; **from — to foot,** de pies a cabeza; **neither — nor tail,** ni pies ni cabeza; **to fall over heels,** caer patas arriba; **(in love)** enamorarse pérdidamente; **to bring to a —,** ultimar, provocar; **to fall — first,** caer de cabeza; *va.* encabezar; mandar.

headache [je'deyk] *n.* dolor de cabeza; *(fig.)* quebradero de cabeza.

heading [je'ding] *n.* encabezamiento, título, epígrafe.

headland [jed'lənd] *n.* cabo, promontorio.

headline [jed'layn] *n.* epígrafe, encabezamiento, título.

headquarters [jed'kuoo-təs] *n.* cuartel general; casa central.

headstrong [jed'strong] *adj.* obstinado, testarudo, aferrado, voluntarioso, impetuoso.

heal [jiil] *va.* curar, componer, sanar; *vn.* curarse.

healing [jii'ling] *adj.* sanativo; *n.* curación.

health [jelz] *n.* salud; —**officer,** médico de sanidad.

healthy [jel'zi] *adj. (person)* sano, robusto; saludable, bueno.

heap [jiip] *n.* montón, tropel, hacina, cúmulo; **in a —,** a granel; *va.* amontonar, apilar; — **up,** colmar; —**favours upon,** colmar de favores.

hear [ji'ə] *va. & n.* oír, sentir, hacer caso; oír decir.

hearing [ji'ə-ring] *n.* oído; presencia, alcance del oído; **harr of —,** corto de oído.

hearsay [ji'ə-sey] *n.* rumor, dicho, voz pública; **by —,** de oídas

hearse [jəss] *n.* carro fúnebre, féretro.

heart [jaat] *n.* corazón; *(cards)* copas; *(lettuce)* cogollo; *(of country)* riñón; **at —,** en el fondo; **to one's —'s content,** a pedir de boca, a gusto; **by —,** de memoria; **to take to —,** tomar a pechos; **to have one's — in one's mouth,** tener el alma en un hilo; —**ache,** aflicción, congoja; — **beat,** latido; —**failure,** colapso cardíaco; — **of hearts,** entretelas del corazón; **big-hearted,** magnánimo; **weak of —,** cardíaco.

hearten [jaa'tən] *va.* animar, estimular, alentar.

heartfelt [jaat'felt] *adj.* sincero, hondo.

hearth [jaaz] *n.* hogar; horno.

heartiness [jaa'ti-nes] *n.* sinceridad, cordialidad; campechanía.   [ruin, desalmado.

heartless [jaat'les] *adj.* cruel,

heart-rending [jaat'ren-ding] *adj.* congojoso, desgarrador.

hearty [jaa'ti *adj.* sincero, cordial; robusto, campechano.

heat [jiit] *n.* calor; ardor, fuego, acaloramiento; temperatura; vivacidad; —**stroke,** insolación; *va.* — **up,** (re)calentar; *vn.* acalorarse.

heath [jiiz] *n.* brezo, brezal, matorral.   [gano, idólatra.

heathen [jii'zən] *n. & adj.* pa-

heather [je'zə] *n.* brezo.

heating [jii'ting] *n.* calefacción.

heave [jiiv] *n.* esfuerzo; levantamiento, henchidura; *(sickness)* náusea, basca; *va.* cargar, alzar, levantar; *(sigh)* exhalar; *vn.* suspirar, jadear.

heaven [je'vən] *n.* cielo; paraíso; **seventh —,** gloria, éxtasis; **good —s!** ¡hombre! **the —s have burst,** se ha venido el cielo abajo.   [angélico.

heavenly [je'vən-li] *adj.* celeste,

heavily [je'vi-li] *adv.* pesadamente; **to breathe —,** resoplar.

heaviness [je'vi-nes] *n.* pesadez, peso; pesadumbre; modorra; torpeza; opresión.

heaving [jii'ving] *n.* palpitación; jadeo; *(sea)* oleada.

heavy [je'vi] *adj.* pesado, fuerte, denso; *(footed, mental)* lento, torpe, lerdo; *(colour)* recargado; indigesto; *(silence)* opresivo; nutrido; **to make heavier,** agravar; — **weather,** cargazón.

heddle [je'dəl] *n.* lizo, malla.

hedge [jedy] *n.* seto, valla.

heed [jiid] *n.* cuidado, guardia, atención; **to take —,** precaverse; **to pay no —,** to desoir; *va. & n.* atender, escuchar, prestar atención a, hacer caso de.

heedful [jiid'ful] *adj.* cuidadoso, atento, vigilante.

heedless [jiid'les] *adj.* distraído, atolondrado; desatento.

heedlessness [jiid'les-nes] *n.* impetuosidad, imprudencia; descuido, olvido.

heel [jii] *n.* talón; calcañal; *(of boot)* tacón; **Achilles' —,** tendón; **to take to one's —s, to show a clean pair of —s,** tomar las de Villadiego; **to be down at —s,** andar de capa caída; *vn.* **to — over,** zozobrar, recalcar.

height [jayt] *n.* *(above sea)* altura; *(altitude)* altitud; *(person)* estatura, talla; *(position)* elevación; *(horses)* alzada; *(ambition, etc.)* cumbre; *(a hill)* eminencia, cerro; extremo; **what is** (your) —? ¿cuánto mide Vd.?

heighten [jay'tən] *va.* realzar, poner en relieve; *(colours)* avivar, perfeccionar.

heinous [jii-nəs] *adj.* atroz, grave, odioso, nefando.

heir [e'ə] *n.* heredero, sucesor; **—s,** sucesión; **— apparent,** heredero presunto.

heirloom [e'əlum] *n.* herencia; cosa heredada.

held [jeld] *adj.* tenido; **to be — up,** estancarse; estar parado.

hell [jel] *n.* infierno, abismo; *(poet.)* averno.

helm [jelm] *n.* timón; yelmo; **to be at the —,** timonear.

helmet [jel'mət] *n.* casco, yelmo. [nero, timonel.

helmsman [jelsm'man] *n.* timo-

help [jelp] *n.* ayuda, socorro; apoyo, auxilio, favor; *(domestic)* servidumbre **there is no — for it,** no hay remedio; *va.* servir, ayudar, auxiliar; socorrer; remediar; **he cannot — it,** no lo puede remediar, no puede menos de.

helpful [jelp'ful] *adj.* útil, saludable, servicial.

helpless [jelp'ləs] *adj.* desvalido, abandonado, irremediable; desmañado.

helter-skelter [jel-tə-shel'tə] *adv.* a trochemoche, a trompón, atropelladamente.

hem [jem] *n.* dobladillo, borde, orla; *va.* bastillar, dobladillar, repulgar.

hemisphere [je'mis-fi-ə] *n.* hemisferio.

hen [jen] *n.* gallina.

hence [jens] *adv.* de aquí, por ende; por tanto, luego.

henceforth [jens-fooz'] *adv.* de aquí, (hoy) en adelante, en lo sucesivo. [lite.

henchman [jensh'mən] *n.* satélite [jər] *pron.* (caso oblicuo de *she*) le, la, (a) ella: **"I saw her"**, la vi; su, de ella; **"her house"**, su casa (de ella).

herald [je'rəld] *n.* heraldo, precursor; *va.* anunciar.

heraldry [je'rəld-ri] *n.* heráldica, blasón.

herb [jəəb] *n.* hierba.

herculean [jəə-kiu-li'ən] *adj.* hercúleo; **— task,** obra de romanos.

herd [jəəd] *n.* rebaño; tropa; banda; *(turkeys, wolves, etc.)* manada; *(swine)* piara; — **instinct,** instinto gregario; *va.* acorralar; *vn.* vivir en rebaño, ir en manadas.

herd(s)man [jəəd'(s)mən] *n.* *(sheep)* pastor; *(cattle)* vaquero.

here [ji'ə] *adv.* aquí, acá; ¡presente! — **and there,** acá y allá; — **I am,** heme aquí.

hereabouts [ji'ə-reə-bauts] *adv.* cerca de aquí, por aquí.

hereafter [ji'ə-raaf-tə] *adv.* en lo futuro; *n.* posteridad.

hereditary [je-re'di-tə-ri] *adj.* hereditario.

heresy [je'rə-si] *n.* herejía.

heretic [je'rə-tik] *n.* hereje.

heritage [je'ri-teydy] *n.* herencia, patrimonio.

hermit [jəə'mit] *n.* ermitaño, solitario, eremita.

hermitage [jəə'mi-teydy] *n.* ermita; rábida.

hero [jii'rou] *n.* héroe. [épico.

heroic [je-rou'ik] *adj.* heroico.

heroism [je'rou-i-səm] *n.* heroísmo, heroicidad.

herring [je'ring] *n.* arenque.

hesitant [je'si-tənt] *adj.* indeciso, vacilante, irresoluto; *(speech)* tardo.

hesitate [je'si-teyt] *vn.* vacilar, dudar.

hesitation [je-si-tey'shən] *n.* vacilación, duda; escrúpulo; balbuceo.

hew [jiu] *va.* tajar, hachear, desbastar; *(down)* abatir.

hewn [jiun] *adj.* labrado, desbastado; **rough —,** basto.

hidden [ji'dən] *adj.* ignoto; escondido; guardado; oculto.

hide [jayd] *n.* piel, cuero; **bundle of —s,** pelambre.

hide [jayd] *va. (from view)* esconder; *(from knowledge)* ocultar, encubrir, tapar, velar; sepultar; *vn.* ocultarse, esconderse; — **and seek,** escondite.
hideous [ji'dyəs] *adj.* horroroso, horrible, espantoso.
hideousness [ji'dyəs-nes] *n.* fealdad, deformidad, horror.
hiding [jay'ding] *n.* a good —, zurra, paliza; **in** —, escondido, a escondite; — **place,** escondite, escondrijo.
high [jay] *adj.* alto; *(raised)* elevado; *(colour, price)* subido; *(wind)* tempestuoso; *(meat)* pasado, podrido; *(music)* agudo; — **hat,** *sl.* (en)copetado; — **born,** linajudo; — **handed,** arbitrario; — **road,** camino real, carretera; — **sounding,** altisonante; — **spirited,** bullicioso, bizarro; — **tide,** pleamar; — **and mighty,** encopetado; — **table,** mesa presidencial; — **and dry,** en seco, varado; **to be** —, *(of meat)* oliscar; *adv.* — **and low,** por todas partes.
highly [jay'li] *adv.* sumamente, en sumo grado, altamente; — **strung,** impresionable.
highness [jay'nes] *n.* altura; *(rank)* alteza.
highway [jay'wey] *n.* camino real; — **man,** salteador, bandido, bandolero, forajido.
hill [jill] *n.* alto, cerro, colina; *(rocky)* peñascal; *(wooded)* monte; *(slope)* cuesta; **up** —, cuesta arriba; **down** —, cuesta abajo.
hillock [ji'lək] *n.* otero, altillo.
hillside [jil'sayd] *n.* ladera.
hilly [ji'li] *adj.* montañoso; quebrado.
hilt [jilt] *n.* empuñadura, guarnición, puño; **up to the** —, hasta las cachas.
hind [jaynd] *adj.* trasero, posterior; *n.* cierva.
hinder [jin'də] *va.* impedir, obstruir, estorbar, negar.
hindrance [jin'drəns] *n.* obstáculo, impedimento, estorbo, quite, rémora.
hinge [jindy] *n.* gozne, bisagra; *vn.* (de)pender.

hinny [ji'ni] *v.* relinchar; *n.* romo, mulo, burdégano.
hint [jint] *n.* indirecta, indicación, insinuación, sugestión; **with a** — **of,** con asomo de, con (sus) ribetes de; **to take a** —, darse por entendido; *va. & n.* apuntar, insinuar, aludir.
hip [jip] *n.* cadera.
hire [jay'ə] *n.* alquiler, arriendo; jornal; *va.* alquilar, arrendar, contratar; *(servant)* ajustar. [nico.
Hispanic [jis-pa'nik] *adj.* hispáhiss [jis] *n.* silbido; *va. & n.* silbar; rechiflar; *(theat.)* chichear.
hissing [ji'sing] *n.* silba, siseo.
historian [jis-too'riən] *n.* historiador. [tórico.
historical [jis-to'ki-kəl] *adj.* hishistory [jis-tə-ri] *n.* historia, narrativa.
hit [jit] *n.* golpe, choque; **a** — **(at),** una indirecta; acierto; *va.* pegar, golpear; *(aim)* atinar, acertar; chocar; — **the mark,** dar en el blanco, dar en el clavo; **to** — **it off with,** hacer buenas migas con.
hither [ji'zə] *adv.* — **and thither,** de aquí para allá. [aquí.
hitherto [ji'zəə-tu] *adv.* hasta
hive [jayv] *n.* colmena; *va.* enjambrar. [frost, escarcha.
hoar [jo'ə[*adj.* blanco, cano; —
hoard [jo'əd] *n.* montón, tesoro; repuesto; *va.* — **up,** atesorar, amontonar, almacenar; recoger.
hoarding [jo'ə-ding] *n.* — **up,** hacinamiento; *(wooden)* valla, cartelera. [co.
hoarse [jo'əs] *adj.* ronco, bronhoarseness [jo'əs-nes] *n.* ronquera, ronquedad.
hoary [jo'ə-ri] *adj.* blanco, blanquecino; — **joke,** castaño.
hoax [jo'əks] *n.* mistificación, mentira; burla, timo; *va.* mistificar, engañar.
hobble [jo'bəl] *n.* menea, traba; *vn.* cojear; — **along,** renquear.
hobby [jo'bi] *n.* tema, manía, afición.
hobgoblin [job-gob'lin] *n.* trasgo, estantigua; enano.

hoe [jou] n. azada, azadón, sacho; va. cavar, azadonar, sachar.

hog [jog] n. puerco, marrano; (fig.) guarro; —'s hair, cerda.

hogshead [jogs'jed] n. pipa, bocoy.

hoist [joyst] n. cabria, grúa, montacargas; va. — up, levantar, elevar, eslingar.

hold [jould] n. (on object) asidero; mango, asa; (holding) presa, agarro; (influence) dominio; (ship) bodega; to lay — of, agarrar, adueñarse de; va. tener, coger, agarrar; tener cabida para; — back, contener, refrenar, reprimir; — down, sujetar; — fast, asegurar(se); — forth, perorar; — in high respect, estimar; — one's tongue, callarse (el pico); — out, proponer; mantenerse firme; — out gainst, resistir; — over, tener suspendido; aplazar; — to a course, singlar; — up, levantar; apoyar; atracar; parar; saltear; mantener, sostener; — with, convenir con, estar de acuerdo con; — within, encerrar.

holder [joul'də] n. poseedor, dueño; (cigarette) boquilla; mango, estuche.

holding [joul'ding] n. posesión, pertenencia.

hole [joul] n. hueco, agujero, orificio, boquerón; (in clothes) roto, descosido; (in stocking) carrera, punto; button —, presilla; filthy —, zaquizamí.

holiday [jo'li-dey] n. día de fiesta, día festivo, festividad; (short) asueto; half — media fiesta; pl. vacaciones; summer —, veraneo; to spend the summer —, veranear.

Holland [jo'lənd] pr. n. Holanda, Países Bajos.

hollow [jo'lou] adj. hueco; vacío; — eyed, ojos hundidos; n. concavidad, hueco; (eye) aquedad; (in hills) nava.

holly [jo'li] n. acebo.

holm [jou(l)m] n. mejana, isleta de río, vega ribereña; acebo.

holy [jou'li] adj. santo, pío, sagrado; — water, agua bendita.

homage [jo'meydy] n. homenaje, culto.

home [joum] n. hogar, casa; hospedería; nido; (ancestral, family) morada, solar; casa solariega; (for children) hospicio; (for aged) asilo; — address, domicilio; adj. doméstico; solariego; natal; indígena; — country, patria; — loving, casero; — made, casero; — Office, Ministerio de la Gobernación; — thrust, estocada certera; at —, adv. en casa, en su casa; to strike —, dar en el blanco; herir en lo vivo.

homeland [joum'land] n. patria, tierra, patria chica; (Galicia) terruño.

homeless [joum'les] adj. destituido, sin techo, sin hogar.

homeliness [joum'li-nes] n. sencillez, llaneza.

homely [joum'li] adj. familiar, hogareño, casero, llano, grosero. [tálgico.

homesick [joum'sik] adj. nos-
homesickness [joum'sik-nes] n. nostalgia; añoranza; (Galicia) morriña.

homeward [joum'wəəd] adv. hacia la casa; de regreso.

homily [jo'mi-li] n. sermón, plática.

honest [o'nest] adj. honrado, sincero; (morals) honesto; leal, íntegro, bueno, equitativo; — man, hombre de bien; — to goodness, corriente y moliente.

honesty [o'nes-ti] n. honradez, lealtad, sinceridad, rectitud.

honey [jə'ni] n. miel; to make —, (bees) melar; — ed (words), azucarado, almibarado.

honeymoon [jə'ni-mun] n. viaje de novios, luna de miel.

honour [o-nə] n. honor; (reputation) honra; fama, dignidad, gloria; (purity) honestidad, pudor, castidad; (position) dignidad, cargo; (award) lauro; va. honrar, venerar; enaltecer; condecorar; (cheque) honrar; maid of —, camarista; dama;

in — of, en obsequio de; **affair of —,** lance de honor; **bringing —,** honroso.

honourable [o'nǝ-rǝ-vǝl] *adj.* honorable; ilustre; honrado; honorífico.

hood [jud] *n.* capucha, caperuza, tocar; *(doctor's, hawk's)* capirote; *(car)* cubierta; **Little Red Riding —,** Caperucita Roja.

hoodwink [jud'wink] *va.* vendar los ojos, engañar.   [zuña.

hoof [juf] *n.* casco; *(cloven)* pe-

hook [juk] *n.* gancho, garfio; *(for hanging)* colgadero; *(clothes)* prendedero; *(reaping)* hoz; *(writing)* garabato; *(games)* zancadilla; **— and eye,** corchete; **by — or by crook,** a tuertas o a derechas; *va.* enganchar, engatusar, pescar.

hooked [jukd] *adj.* encorvado; **— nose,** aguileño.

hoop [jup] *n.* *(child's)* aro; círculo, anillo, sortija.

hooping-cough [ju'ping-kof] *n.* tos ferina.

hoot [jut] *n.* grita, rechifla; *vn.* gritar; *(owl)* ulular.

hop [jop] *n.* brinco, salto; *(bot.)* lúpulo; *vn.* danzar, brincar, saltar.

hope [joup] *n.* esperanza, expectativa; *va.* **— for,** esperar; *vn.* **to give —,** dar esperanzas, confiar.

hopeful [joup'ful] *adj.* esperanzado, confiado; optimista, halagüeño.

hopeless [joup'les] *adj.* desesperado, imposible; perdido; *(illness)* desahuciado.

hopelessness [joup'les-nes] *n.* *(sensation)* desesperación; *(situation)* imposibilidad.

hoping [jou'ping] *adj.* **— for,** en espera de.

hopsack [jop'sak] *n.* esterilla, arpillera.

horde [jood] *n.* horda, cáfila; *(gypsies)* aduar.   [te.

horizon [jo-ray'sǝn] *n.* horizon-

horn [joon] *n.* cuerno, asta; trompa, corneta; *(fog. car)* bocina; *(drinking)* colodra; *(shoe)* calzador; **— shaped,** corniforme; **— thrust,** *(gore)*

cornada; **—s of a dilemma,** términos de un dilema.

horned [jood] *adj.* cornudo.

hornet [joo'nǝt] *n.* avispa, moscardón.

horny [joo'ni] *adj.* córneo; calloso.

horrible [jo'ri-bǝl] *adj.* horrible, horroroso, espantoso.

horrid [jo'rid] *adj.* horroroso, hórrido.   [zar, horripilar.

horrify [jo'ri-fay] *va.* horrori-

horror [jo'ro] *n.* horror, espanto, pavor; detestación, repugnancia.

horse [joos] *n.* caballo, caballería; **to be on high —,** ensoberbecerse: **—fly,** tábano; **—hair,** cerda; **— laugh,** risotada; **— racing,** concurso(s) hípico(s); **— sense,** gramática parda; **— power,** caballo; **—shoe,** herradura; **clothes —,** tendedor; *pl.* **white —,** cabrillas.

horseback [joos'bak] *n.* lomo de caballo; **on —,** a caballo.

horseman [joos'man] *n.* jinete, caballero.

hose [jous] *n.* calceta; *(men's)* **half —,** calcetín; manguera, manga de riego.   [hospedería.

hospice [jos'pis] *n.* hospicio,

hospitable [jos'pi-tǝ-bǝl] *adj.* hospitalario, acogedor.

hospital [jos'pi-tǝl] *n.* hospital; **field —,** hospital de campaña; **emergency —,** hospital de sangre.   [hospitalidad, agasajo.

hospitality [jos-pi-ta'li-ti]   *n.*

host [joust] *n.* *(inn)* hospedero, patrón, mesonero; *(meal)* anfitrión; *(army)* hueste; *(house)* huésped; *(relig.)* hostia; **to elevate the —,** alzar la hostia.

hostage [jos'teydy] *n.* rehén.

hostelry [jos'tǝl-ri] *n.* hotel, parador, hostería; pensión.

hostess [jous'tǝs] *n.* patrona, huéspeda, ama, señora.

hostile [jos'tayl] *adj.* hostil, enemigo.   [dad.

hostility [jos-ti'li-ti] *n.* hostili-

hothead [jot'jed] *n.* exaltado.

hot [jot] *adj.* *(climate)* cálido; *(sun)* ardiente; *(substance)* caliente; *(day)* caluroso; *(dispute)* acalorado; *(mustard,* *etc.)* picante; **to be** —, tener calor.

hotbed [jot'bed] *n.* criadero, vivero.

hot-house [jot'haus] *n.* invernadero.

hound [jaund] *n.* sabueso, podenco; *va.* **to — down**, acosar, perseguir.

hour [a'ə] *n.* hora; **critical —**, trance; **by the —**, por horas; **the small —s**, las altas horas.

hourly [a'ə-li] *adv.* de hora en hora, de un momento a otro, a cada hora.

house [*n.* jaus; *vb.* jaus] *n.* casa, habitación; *(business)* empresa, casa de comercio; **boarding —**, pensión, casa de huéspedes; **chop —**, figón; **public —**, taberna; **— of Commons,** *(Spain)* Cortes; *(England)* Cámara de los Comunes; **—of Lords,** Cámara de los Lores; **— coat,** bata; *va. & n.* albergar, almacenar, residir.

household [jaus'jould] *n.* casa, familia; **royal —,** Corte; **—Cavalry,** Escolta Real.

housewife [jaus'wayf] *n.* ama de casa, ama de gobierno; la mujer casada.

housework [jaus'wəək] *n.* faenas, quehaceres (de la casa).

housing [jau'sing] *n.* alojamiento, vivienda.

hovel [jo'vəl] *n.* cobertizo, cabaña, choza, casucha, tugurio.

hover [jo'və] *vn.* revolotear; *(hawk, etc.)* cerner(se).

how [jau] *adv.* como; **— dull,** *(etc.)!* ¡qué aburrido!; **— are things?** ¿Qué tal?; **— much?** ¿cuánto?; **— many?** ¿cuántos?; **to say — do you do to,** saludar a; **the — and the why,** el como y el porque.

howbeit [jau'biit] *adv.* sea como fuere, así como así, no obstante.

however [jau-e'və] *conj.* sin embargo, no obstante, con todo; *adv.* de cualquier modo, cualquiera que.

howl [jaul] *n.* grito, aullido, bramido; alarido; *vn.* aullar, gritar, ulular, rugir, mugir.

howling [jau'ling] *n.* *(wind)* bramido, silbido, aullido.

hub [jəb] *n.* eje; cubo.

hubbub [jə'bəb] *n.* grita, alboroto, batahola.

hurdle [jə'dəl] *n.* tropel, montón; *va. & n.* mezclar(se), amontonar(se), arracimar(se).

hue [jiu] *n.* color, matiz, tinte; **—and cry,** alarida.

huff [jəf] *n.* bufido, enfado, enojo, resentimiento; **— y,** *adj.* enojadizo, irascible, malhumorado, resentido.

hug [jəg] *n.* abrazo; *va.* abrazar, acariciar.

huge [jiudy] *adj.* enorme, inmenso, tremendo, ingente.

hugeness [jiudy'nes] *n.* enormidad, grandeza.

hulk [jəlk] *n.* casco de navío; armatoste. [cara, corteza.

hull [jəl] *n.* *(ship)* casco; cáscara, corteza.

hullaballoo [jə-lə-bə-lu'] *n.* zaragata, vocería, gritería.

hum [jəm] *n.* zumbido, murmullo; *vn.* zumbar, susurrar; *va. & n.* *(tune)* canturrear, tararear.

human [jiu'mən] *adj.* humano; **to become —,** humanizarse.

humane [jiu-meyn'] *adj.* humanitario, compasivo.

humanity [jiu-ma'ni-ti] *adj.* humanitario, compasivo; *n.* humanidad; *pl.* humanidades.

humble [jəm'bəl] *adj.* humilde, modesto; sumiso; **to make —,** humillar; **to eat — pie,** achicarse; *va.* abatir, humillar; **— oneself,** doblar la cérviz.

humbled [jəm'bəld] *adj.* sumiso.

humbug [jəm'bəg] *n.* charlatán; farsante; hipocresía; impostura; embeleco.

humid [jiu'mid] *adj.* húmedo.

humidity [jiu-mi'di-ti] *n.* humedad.

humiliate [jiu-mi'lieyt] *va.* humillar, abatir, mortificar, mortiferar.

humiliation [jiu-mi-liey'shən] *n.* humillación, degradación.

humility [jiu-mi'li-ti] *n.* humildad, sumisión.

humming [jə'ming] *n.* zumbido, susurro; *(of song)* canturreo.

humorist [jiu'mə-rist] n. humorista, chancero.

humorous [jiu'mə-rəs] adj. festivo, jocoso, divertido, chistoso.

humour [jiu'mə] n. humor; índole; genio; sal, agudeza; va. complacer, dar gusto, mimar.

hump [jəmp] n. (camel) joroba; giba; — backed, jorobado, giboso.

hundred [jən'drəd] num. adj. cien(to); in —s, a centenares.

Hungarian [jən-ge'ə-riən] adj. húngaro.

hunger [jən'gə] n. hambre; vn. tener hambre; —for. ansiar.

hungry [jən'gri] adj. hambriento, famélico, con hambre; I am —, tengo hambre, tengo ganas.

hunks [jənks] n. avaro.

hunt [jənt] n. caza, cacería; va. cazar, perseguir; —for, buscar. ir en busca de; ansiar; va. cazar, ir de caza.

hunter [jən'tə] n. cazador.

hunting [jən'ting] n. caza; cacería; —party, partida de caza.

hurdle [jəə'dəl] n. zarzo, encañado; valla.

hurdy-gurdy [jəə-di-gəə'di] n. organillo, manubrio.

hurl [jəəl] n. tiro; va. lanzar; (from above) precipitar, (from position) derrocar; —away, tirar; — back, rechazar; —oneself on, abalanzarse sobre, precipitarse sobre, arrojarse a.

hurrah! [jə-raa'] excl. ¡bravo! ¡viva!

hurricane [jə'ri-keyn] n. huracán; (Philippines) baguío.

hurried [jə'rid-li] adv. de prisa, precipitadamente, a la carrera.

hurry [jə'ri] n. prisa, priesa, precipitación; va. apurar, apresurar, urgir; vn. apretar el paso, apresurarse, darse prisa, apurarse, triscar; to be in a—; llevar (tener) prisa.

hurt [jəət] n. daño, herida; to get —, lastimarse; adj. (morally) picado, indignado, herido; (phys.) tullido, lastimado, herido; va. herir, hacer (daño, mal) a, dañar.

hurtful [jəət'ful] adj. nocivo, pernicioso, dañino.

husband [jəs'bənd] n. marido, esposo, consorte, cónyuge; va. medir, economizar.

husbandry [jəs'bən-dri] n. agricultura, economía doméstica; frugalidad.

hush [jəsh] n. quietud, silencio; va. & n. sosegar, hacer callar, callarse; —! excl. ¡chist!, ¡chito! ¡chitón!

hushed [jəshd] adj. callado, silencioso; to be —, enmudecer.

husk [jəsk] n. vaina, cáscara; (pod) vainilla.

huskiness [jəs'ki-nes] n. carraspera, ronquedad.

husky [jəs'ki] adj. cascarudo; ronco; —dog, perro de trineo.

hustle [jə'səl] n. actividad; va. empujar; mezclar; vn. triscar, menearse, andar a empellones.

hut [jət] n. cobertizo; choza, cabaña, borda; tugurio.

hyacinth [jay'ə-sinz] n. jacinto.

hybrid [jay'brid] adj. & vn. híbrido.   [riego.

hydrant jay'drənt] n. boca de

hyena [jay-i'nə] hiena.

hygiene [jay'dyin] n. higiene.

hymn [jim] n. himno.

hyperbole [jay-pəə'bə-le] n. hipérbole.

hypocrisy [ji-po'kri-si] n. hipocresía, disimulación, gazmofiería.

hypocrite [ji'po-krit] n. hipócrita, mojigato, camandulero, comediante; (relig.) beata.

hypocritical [ji-po-kri'ti-kəl] adj. mojigato, gazmoño.

hypothesis [jay-po'zə-sis] n. hipótesis, suposición.

hysteria [jis-ti'ə-riə] n. histeria, histerismo.

I

I (ay) *pron.* yo.
Iberian [ay-bii'riən] *adj.* ibérico.
ice [ays] *n.* hielo; —box, nevera; — cream, helado, mantecado; —field, banco de hielo; —merchant's, nevería; *va.* helar, congelar; to break the —, romper el hielo.
iceberg [ays'bəəg] *n.* témpano.
Icelandic [ays-lan'dik] *adj.* islandés.
icicle [ay'si-kə] *n.* carámbano.
icy [ay'si] *adj.* helado, glacial, álgido.
id [id] *n.* unidad de plasma germinal; en psicoanálisis, impulsos instintivos del individuo.
idea [ay-di'ə] *n.* idea, noción, ocurrencia; imagen; plan.
ideal [ay-di'əl] *n. & adj.* ideal, utópico; modelo.
identify [ay-den'ti-fay] *va.* identificar.
identity [ay-den'ti-ti] *n.* identidad; —card, cédula personal.
idiocy [i'diə-si] *n.* idiotez, imbecilidad, necedad.
idiom [i'diəm] *n.* idioma; modismo, idiotismo, locución, giro.   [cretino.
idiot [i'diət] *n.* idiota, imbécil,
idle [ay'dəl] *adj.* ocioso, perezoso, desocupado; fútil; haragán; — fellow, zángano, majadero; to be —, cruzarse de brazos, estar (con) los brazos cruzados; vagar; *va.* holgazanear, holgar, gastar.
idleness [ay'dəl-nes] *n.* ociosidad, pereza, desocupación, holgazanería.   [zón, zángano.
idler [ayd'lə] *n.* holgazán, poli-
idol [ay'dəl] *n.* ídolo.   [tría.
idolatry [ay-do'lə-tri] *n.* idolatría.
idolise [ay'də-lays] *va.* idolatrar, adorar.
idyl [ay'dil, i'dil] *n.* idilio.

if [if] *con.* si, con tal que, como que, como si.
ignite [ig-nayt'] *va.* encender, poner fuego a, inflamar; *vr.* inflamarse.
ignoble [ig-nou'bəl] *adj.* innoble; afrentoso, indigno; plebeyo.
ignominious [ig-nə-mi'niəs] *adj.* ignominioso, afrentoso.
ignominy [ig-no'mi-ni] *n.* oprobio, infamia.
ignorance [ig'nə-rəns] *n.* ignorancia; desconocimiento.
ignorant [ig'nə-rənt] *adj.* ignorante, lego; necio; —of, inconsciente de.
ignore [ig-no'ə] *va.* hacer caso omiso; desconocer; *(a person)* desairar.
ill [il] *n.* mal, desgracia; *adj.* malo, enfermo; to fall —, ponerse enfermo; to make—, marear; *adv.* mal, malamente; bred, mal criado; —breeding, mala crianza; —favoured, feo; —favoured wench, maritornes; — mannered, grosero; — manners, grosería; —omened, infausto; — starred, malogrado; —tempered, malhumorado; — timed, intempestivo; — jest, chanza pesada.
I'll [ail] contracción de "I shall" o "I will".
illegal [i-lii'gəl] *adj.* ilegal, indebido.
illegible [i-le'dyi-bəl] *adj.* ilegible, borroso.
illegitimate [i-lə-dyi'ti-meyt] *adj.* ilegítimo, bastardo.
illicit [i-li-sit] *adj.* ilícito.
illiteracy [i-li'tə-rə-si] *n.* ignorancia; analfabetismo.
illiterate [i-li'tə-reyt] *adj.* indocto, iliterato, analfabeto.
illness [il'nes] *n.* enfermedad, indisposición.

illogical [i-lo'dyi-kəl] *adj.* ilógico, descabellado.

illtreat [il-triit'] *va.* maltratar.

illuminated [i-liu'mi-ney-təd] *adj.* iluminado.

illumination [i-liu-mi-ney'shən] *n.* iluminación; *(lighting)* alumbrado.

illumine [i-liu'min] *va.* ilustrar; alumbrar.

illusion [i-lu'siən] *n.* ilusión, ensueño; engaño, quimera, espejismo.

illusive [i-lu'siv] *adj.* ilusorio, engañoso.

illustrate [i'ləs-treyt] *va.* explicar, ilustrar, (a)clarar.

illustration [i-ləs-trey'shən] *n.* ilustración; *(moral)* ejemplo; *(in book)* lámina.

illustrious [i-ləs'triəs] *adj.* célebre, ilustre, glorioso, ínclito, preclaro.

image [i'mədy] *n.* imagen, figura, impresión, representación, trasunto; **the very — of**, pintiparado.

imaginary [i-ma'dyi-nə-ri] *adj.* imaginario, ficticio, hipotético; fantástico; ideal.

imagination [i-ma'dyi-ney'shən] *n.* imaginación, magín; inventiva.

imaginative [i-ma'dyi-nə-ɹiv] *adj.* imaginativo; **—power**, invención.

imagine [i-ma'dyin] *va.* imaginar, imaginarse, figurarse, suponer. [idiota.

imbecile [im'bə-sil] *n.* imbécil,

imbecility [im-bə-si'li-ti] *n.* imbecilidad, debilidad, idiotismo.

imbibe [im-bayb'] *va.* (ab)sorber, (em)beber.

imbue [im-biu'] *va.* imbuir, inspirar, calar.

imitate [i'mi-teyt] *va.* imitar, copiar, remedar, contrahacer.

imitation [i-mi-tey'shən] *n.* imitación, copia, traslado.

imitator [i'mi-tey-tə] *n.* imitador, remedador.

immaculate [i-ma'kiu-leyt] *adj.* inmaculado, puro, depurado.

immaterial [i-mə-ti'ə-riəl] *adj.* inmaterial, de poca importancia.

immature [i-mə-tiu'ə] *adj.* inmaduro, verde, prematuro; *(youth)* lampiño, imberbe, impúbero. [falta de sazón.

immaturity [i-mə-tiu'ri-ti] *n.*

immediate [i-mi'dieyt] *adj.* inmediato, urgente; cercano.

immediately [i-mi'dieyt-li] *adv.* inmediatamente, en seguida, al instante.

immense [i-mens'] *adj.* inmenso, ilimitado, infinito, vasto.

immerse [i-məəs'] *va.* sumergir, zambullir. [inmigración.

immigration [i-mi-grey'shən] *n.*

immobile [i-mou'bayl] *adj.* fijo, inmóvil.

immoderate [i-mo'də-reyt] *adj.* inmoderado, excesivo, desmesurado.

immodesty [i-mo'dəs-ti] *n.* impudor; deshonestidad.

immoral [i-mo'rəl] *va.* inmoral, depravado, pervertido.

immorality [i-mo-ra'li-ti] *n.* inmoralidad. [inmortalidad.

immortality [i-moo-ta'li-ti] *n.*

immortalise [i-moo'tə-lays] *va.* inmortalizar.

immovable [i-mou'və-bəl] *adj.* inmóvil, inmovible, fijo, firme.

immunity [i-miu'ni-ti] *n.* inmunidad, privilegio, exención.

immutable [i-miu'tə-bəl] *adj.* inmutable, invariable, inconmutable.

imp [imp] *n.* demonio, diablillo, duende, gnomo; **—of the devil**, piel del diablo.

impact [im'pakt] *n.* choque, golpe.

impair [im-pe'ə] *va.* perjudicar, disminuir, lastimar, deteriorar.

impalpable [im-pal'pə-bəl] *adj.* impalpable.

impart [im-paat'] *va.* comunicar, conceder, hacer saber, prestar.

impartial [im-paa'shəl] *adj.* imparcial, indiferente.

impartiality [im-paa-shia'li-ty] *n.* imparcialidad, desinterés.

impassable [im-paa'sə-bəl] *adj.* impracticable, intransitable.

impasse [im'pas] *n.* callejón sin salida. [*n.* insensibilidad.

impassibility [im-pa-si-bi'li-ti]

impassioned [im-pa'shənd] *adj.* apasionado.

impassive [im-pa'siv] *adj.* impasible, insensible.

impaste [im-peist'] *v.* hacer pasta, empastar.

impatience [im-pey'shəns] *n.* impaciencia, desasosiego.

impatient [im-pey'shənt] *adj.* impaciente, mal sufrido.

impeach [im-piich'] *va.* acusar; residenciar; poner en tela de juicio.

impede [im-piid'] *va.* impedir, estorbar; dificultar.

impediment [im-pe'di-mənt] *n.* impedimento, obstáculo, embarazo, cortapisa.

impel [im-pel'] *va.* impeler, empujar, obligar, incitar.

impending [im-pen'ding] *adj.* inminente, próximo; to be —, amenazar.

impenetrable [im-pe'ne-trə-bəl] *adj.* impenetrable; (*forest*) fragoso.

imperfect [im-pəə'fekt] *adj.* imperfecto, defectuoso, manco.

imperfection [im-pəə-fek'shən] *n.* imperfección, deficiencia, tacha.

imperil [im-pe'ril] *va.* ponerse en peligro.

imperious [im-pi'ə-riəs] *adj.* imperioso, perentorio; —ly, *adv.* imperativamente.

imperiousness [im-pi'ə-riəs-nes] *n.* señorío; arrogancia.

imperishable [im-pe'ri-shə-bəl] *adj.* imperecedero.

impersonate [im-pəə'sə-neyt] *va.* personificar, contrahacer; representar.

impertinence [im-pəə'ti-nəns] *n.* impertinencia, descaro; (*pop.*) frescura.

impertinent [im-pəə'ti-nənt] *adj* impertinente, malintencionado; desvergonzado; (*pop.*) fresco; to be (very) —, tener (mucho) copete. [impenetrable.

impervious [im-pəə-viəs] *adj.*

impetuosity [im-pe-tiu-o'si-ti] *n.* impetuosidad, viveza, ímpetu.

impetuous [im-pe'tiu-əs] *adj.* impetuoso, arrebatado, fogoso.

impetus [im'pə-təs] *n.* ímpetu, impulsión. [sacrílego.

impious [im'piəs] *adj.* impío,

impinge [im-pin'dy] *v.* tocar, golpear, tropezar, chocar, incidir.

impish [im'pis] *adj.* travieso.

implacable [im-pla'kə-bəl] *adj.* sañudo, cruento.

implement [im'pli-ment] *n.* herramienta, utensilio; —s, enseres, trastos; *va.* cumplir.

implicate [im'pli-keyt] *va.* comprometer, embarazar.

implication [im-pli-key'shən] *n.* implicación; deducción.

implicit [im-pli'sit] *adj.* implícito, tácito; ciego.

implore [im-plo'ə] *va.* implorar, suplicar, deprecar.

imply [im-play'] *va.* implicar, significar, envolver, connotar, dar a entender; sobreentender.

impolite [im-po-layt'] *adj.* descortés, mal educado, poco fino.

import [*n.* im'poot; *vb.* impoot'] *n.* importancia; significado; (*com.*) importación; *va.* importar; significar; convenir.

importance [im-poo'təns] *n.* importancia, peso, consecuencia; of —, de bulto; of some —, de categoría; to be of some —, importar; of little —, de poco fuste.

important [im-poo'tənt] *adj.* importante; calificado, de categoría.

importation [im-poo-tey'shən] *n.* importación.

importunate [im-poo'tiu-neyt] *adj.* importuno, insistente; porfiado; urgente; —request, clamoreo.

importune [im-poo'tiun] *va.* importunar, perseguir, solicitar; marear.

impose [im-pos'] *va.* imponer, cargar; to — on, embaucar; molestar.

imposing [im-pou'sing] *adj.* considerable, importante; imponente; to be —, imponer.

impossible [im-po'si-bəl] *adj.* imposible.

impostor [im-pous'tə] *n.* impostor, engañador, embustero.

impotence [im'po-təns] *n.* impotencia.

impotent [im'po-tənt] *adj.* impotente.

impoverish [im'po'və-rish] *va.* empobrecer; *(land)* esquilmar.

impoverishment [im-po'və-rishmənt] *n.* empobrecimiento.

impracticable [im-prak'ti-kəbəl] *adj.* impracticable, imposible.

impregnable [im-preg'nə-bəl] *adj.* invulnerable, inexpugnable.

impregnate [im'preg-neyt] *va.* impregnar; imbuir.

impress [*n.* im'pres; *vb.* impres'] *n.* huella, impresión; *va.* —on, imprimir, inculcar, hacer mella; —on mind, grabar.

impression [im-pre'shən] *n.* impresión; to make an —, hacer mella, imponer; to make an — on, impresionar.

impressive [im-pre'siv] *adj.* impresionante, conmovedor; imponente.

imprint [*n.* im'print; *vb.* imprint'] *n.* imprenta, impresión; huella; *(foot)* pisada; pie de imprenta; *va.* imprimir, grabar; impresionar; *(kiss)* estampar.   [celar.

imprison [im-pri'sən] *va.* encarcelar.

imprisonment [im-pri'sən-mənt] *n.* encarcelamiento, prisión; term of —, condena.

improbable [im-pro'bə-bəl] *adj.* improbable, inverosímil.

impromptu [im-promp'tiu] *adj.* repentino; — addition, improvisación.

improper [im-pro'pə] *adj.* impropio, inconveniente; indecoroso.

impropriety [im-pro-pray'ə-ti] *n.* inconveniencia; indecoro.

improve [im-pruv'] *va.* mejorar, perfeccionar; reformar, aventajar, beneficiar; *(by cross-breeding)* encastar; *vn.* mejorarse, ganar, avanzar, hacer progresos.

improvement [im-pruv'mənt] *n.* mejora, progreso; alivio; reforma.

improver [im-pru'vər] *n.* adelantador, mejorador, beneficiador, aprendiz, meritorio.

improvident [im-pro'vi-dənt] *adj.* impróvido, imprevisor, desprevenido.

improvise [im'pro-vays] *va.* improvisar, repentizar.

improviser [im'pro-vay-sə] *n.* repentista.

imprudence [im-pru'dəns] *n.* imprudencia, indiscreción, descuido.

imprudent [im-pru'dənt] *adj.* imprudente, indiscreto, incauto, temerario.

impudence [im'pu-dəns] *n.* desvergüenza, descaro, procacidad, cinismo; desenvoltura.

impudent [im'piu-dənt] *adj.* impudente, descarado, insolente; cínico; fresco.

impugn [im-piun'] *va.* impugnar, atacar, poner (en duda, en tela de juicio).

impulse [im'pəls] *n.* impulsión, ímpetu; impulso, arranque; corazonada.

impulsive [im-pəl'siv] *adj.* impulsivo.

impunity [im-piu'ni-ti] *n.* impunidad.

impure [im-piu'ə] *adj.* impuro, sucio; adulterado; deshonesto.

impurity [im-piu'ri-ti] *n.* impureza; adulteración; torpeza.

impute [im-piut'] *va.* imputar, reprochar, achacar.

in [in] *adv.* adentro, entre; *prep.* en, a, para, por, sobre; —the afternoon, por la tarde; —the night, de noche; to know the —s and outs of a question, conocer los recovedos de una cuestión; —law, político.

inability [i-na-bi'li-ti] *n.* incapacidad, impotencia.

inaccessible [i-nak-se'si-bəl] *adj.* inaccesible, inabordable.

inaccuracy [i-na'kiu-rə-si] *n.* inexactitud; descuido.

inaccurate [i-na'kiu-rət] *adj.* inexacto, impreciso, erróneo.

inactive [i-nak'tiv] *adj.* inactivo, ocioso.

inadequate [i-na'di-kuət] *adj.* inadecuado, insuficiente, inconcluso, deficiente.

inadvertence [i-nəd-vəə'təns] *n.* inadvertencia.

inalienable [i-ney'liə-nə-bəl] *adj.* inajenable.

inane [i-neyn'] *adj.* vano, vacío, soso; —**remark,** sandez.

inappropriate [i-na-prou'pri-ət] *adj.* impertinente, impropio.

inasmuch [i-nas-məch'] *adv.* como (quiera) que, en vista de; (por, en), cuanto.

inattention [i-nə-ten'shən] *n.* desatención, negligencia, distracción.

inattentive [i-nə-ten'tiv] *adj.* desatento, indiferente, distraído. [jo, inaudible.

inaudible [i-noo'di-bəl] *adj.* ba-

inaugurate [i-noo'giu-reyt] *va.* inaugurar; estrechar, iniciar.

inauspicious [i-no-spi'shəs] *adj.* infeliz, poco propicio; nefasto.

inborn [in'boon] *adj.* innato, ingénito.

inbreed [in-brid'] *v.* producir, crear, reproducir con padres de la misma raza.

incapable [in-key'pə-bəl] *adj.* incapaz, inhábil, incompetente; **to be, make** —, incapacitar.

incapability [in-key-pə-bi'li-ti] *n.* incapacidad, impotencia.

incapacitate [in-kə-pa'si-teyt] *va.* incapacitar, debilitar, imposibilitar.

incapacity [in-kə-pa'si-ti] *n.* ineptitud, insuficiencia.

incautious [in-koo'shəs] *adj.* indiscreto, negligente, descuidado.

incense [*n.* in'sens; *vb.* in-sens'] *n.* perfume, incienso; *va.* incensar; irritar.

incentive [in-sen'tiv] *n.* incentivo, cebo, estímulo.

incessant [in-se'sənt] *adj.* incesante, continuo.

incest [in'sest] *n.* incesto.

inch [insh] *n.* pulgada; —**by**—, palmo a palmo.

incidence [in'si-dəns] *n.* incidencia; gravamen; carga.

incident [in'si-dent] *n.* acontecimiento, episodio, suceso, lance; *adj.* incidente.

incidental [in-si-den'təl] *adj.* accidental, incidental.

incipient [in-si'piənt] *adj.* incipiente, principiante.

incision [in-si'siən] *n.* incisión, tajón, corte.

incisive [in-say'siv] *adj.* incisivo, mordaz.

incite [in-sayt'] *va.* incitar, instigar, estimular, espolear, concitar.

incivility [in-si-vi'li-ti] *n.* incivilidad, desacato, descortesía.

inclemency [in-kle'men-si] *n.* inclemencia, rigor; (weather) intemperie.

inclination [in-kli-ney'shən] *n.* inclinación, predilección, tendencia, gana(s); (land) declive; reverencia.

incline [*n.* in'klayn; *vb.* in-klayn'] *n.* ranura, talud, declive, pendiente; *va.* inclinar; (to one side) ladear; *vn. & vr.* ladearse; inclinarse, estar dispuesto a; —**towards,** tirar a.

inclined [in-klaynd'] *adj.* dispuesto, propenso, afecto; ladeado; **to be** —, inclinarse.

include [in-klud'] *va.* incluir, comprender, abrazar, envolver.

included [in-klu'dəd] *adj.* everything —, todo comprendido.

inclusive [in-klu'siv] *adj.* inclusive.

incoherence [in-ko-ji'ə-rəns] *n.* incoherencia.

income [in'kəm] *n.* ingreso(s), renta(s); **person living on** —, rentista; — **tax,** impuesto sobre la renta.

incompetence [in-kom'pi-təns] *n.* incompetencia, insuficiencia, incapacidad.

incompetent [in-kom'pi-tənt] *adj.* incompetente, incapaz, insuficiente; — **person,** nulidad.

incomplete [in-kom-pliit'] *adj.* incompleto, imperfecto, inconcluso; —**ly,** *adv.* a medias.

incomprehensible [in-kom-pri-jen'si-bəl] *adj.* incomprensible.

inconceivable [in-kən-sii'və-bəl] *adj.* inconcebible.

incongruous [in-kon'gru-əs] *adj.* incongruo, absurdo, incongruente.

inconsiderable [in-kən-si'də-rə-bəl] *adj.* insignificante.

inconsiderate [in-kən-si'də-rəyt] adj. desconsiderado.

inconsistence [in-kən-sis'təns] n. inconsecuencia, incompatibilidad.

inconsistent [in-kən-sis'tənt] adj. inconsecuente, incompatible, contradictorio, disparatado.

inconstancy [in-kon'stən-si] n. inconstancia, veleidad, mudanza, vaivén.

inconstant [in-kon'stənt] adj. inconstante, mudable, vario.

inconvenience [in-kən-vii'niəns] n. incomodidad, inconveniencia; molestia; va. causar inconveniencias, molestar, incomodar.

inconvenient [in-kən-vii'niənt] adj. inconveniente, incómodo, molesto, inoportuno.

incorporate [in-koo'pə-reyt] adj. incorporado; va. & n. incorporar, incorporarse, asociarse, reunir(se).

incorrect [in-ko-rek'] adj. incorrecto, informal; falso, erróneo.

incorrectness [in-ko-rekt'nes] n. incorrección, inexactitud.

incorruptible [in-ko-rəp'ti-bəl] adj. entero.

increase [n. in'kriis; vb. inkriis'] n. aumento; (knitting) crecido; ganancia; va. aumentar; acrecer; (prices) cargar; vn. tomar cuerpo.

increasing [in-krii'sing] part. to go on —, ir en aumento; —ly, adv. con creces. [increíble.

incredible [in-kre'di-bəl] adj.

incredulous [in-kre'diu-ləs] adj. incrédulo.

incremate [in-cri-meit'] v. incinerar.

incriminate [in-kri'mi-neyt] va. incriminar.

incubate [in'kiu-beyt] va. incubar; madurar.

inculcate [in'kəl-keyt] va. inculcar.

incur [in-kəə'] va. incurrir en; atraerse; contraer.

incurable [in-kiu'rə-bəl] n. & adj. incurable. [rrería.

incursion [in-kəə'shən] n. co-

indebted [in-de'təd] adj. endeudado; reconocido.

indecency [in-di'sən-si] n. indecencia, indecoro, grosería.

indecent [in-di'sənt] n. indecente, obsceno, grosero.

indecision [in-di-si'siən] n. indecisión, irresolución.

indecorous [in-de-kou'rəs] adj. indecoroso.

indecorum [in-di-kou'rəm] n. ignominia, indecencia.

indeed [in-diid'] adv. en verdad, verdaderamente, de veras.

indefatigable [in-di-fa'ti-gə-bəl] adj. infatigable.

indefensible [in-di-fen'si-bəl] adj. indefensible.

indefinite [in-de'fi-nit] adj. indefinido, indeterminado.

indelible [in-de'li-bel] adj. indeleble.

indelicate [in-de'li-keyt] adj. grosero, indecoroso.

indemnify [in-dem'ni-fay] va. indemnizar, resarcir, compensar.

indemnity [in-dem'ni-ti] n. resarcimiento, indemnidad.

independence [indi-pen'dəns] n. independencia; holgura.

independent [in-di-pen'dənt] adj. independiente; libre, (money) acomodado, adinerado; to form an — group, (pop.) hacer rancho aparte.

indescribable [in-des-kray'-bə-bəl] adj. indescriptible.

indeterminate [in-di-təə'-mi-neyt] adj. indeterminado.

indetermination [in-di-təə-mi-ney'shən] n. irresolución, indecisión.

index [in'deks] n. índice, — band, manecilla; — mark, llamada; señal.

india-rubber [in-diə-rə'bə] n. goma elástica, caucho.

Indian [in'diən] adj. & n. indio.

indicate [in'di-keyt] va. indicar, denotar, significación, señalar; intimar.

indication [in-di-key'shən] n. indicación, indicio; señal; asomo.

indictment [in-dayt'mənt] n. acusación, sumario, proceso.

indifference [in-di'fə-rəns] *n.* indiferencia; imparcialidad, despego; apatía, desvío.

indifferent [in-di'fə-rənt] *adj.* indiferente, imparcial, igual.

indigenous [in-di'dyə-nəs] *adj.* indígena; *n.* natural.

indigestible [in-di-dyes'ti-bəl] *adj.* indigesto.

indigestion [in-di-dyes'tiən] *n.* indigestión, ahíto.

indignant [in-dig'nənt] *adj.* indignado. [indignación, ira.

indignation [in-dig-ney'shən] *n.*

indignity [in-dig'ni-ti] *n.* indignidad, afrenta; baldón, oprobio. [turquí, índigo.

indigo [in'di-go] *n.* añil, azul

indirect [in-day-rekt'] *adj.* indirecto, extraviado, desleal, tortuoso.

indiscreet [in-dis-kriit'] *adj.* indiscreto, imprudente, malaconsejado.

indiscretion [in-dis-kre'shən] *n.* indiscreción, imprudencia.

indiscriminate [in-dis-kri'mineyt] *adj.* confuso, indistinto.

indispensable [in-dis-pen'sə-bəl] *adj.* indispensable, imprescindible, forzoso.

indispose [in-dis-pous'] *va.* indisponer(se).

indisposition [in-dis-po-si'shən] *n.* indisposición, destemplanza, achaque.

indisputable [in-dis-piu'tə-bəl] *adj.* indiscutible, indisputable, incontestable.

indistinct [in-dis-tingkt'] *adj.* indistinto, confuso, vago.

indistinctness [in-dis-tingkt'nes] *n.* confusión, falta de claridad, incertidumbre.

individual [in-di-vi'diu-əl] *adj.* individual; *(private)* particular; único, singular; *n.* individuo, sujeto, tío.

indolence [in'do-ləns] *n.* indolencia, holgazanería, abandono, descuido, dejadez.

indolent [in'do-lənt] *adj.* indolente, haragán, dejado, desmañado.

indoor [in'do-ə] *adj.* — **suit** *(i.e. old),* traje casero; —**s,** *adv.* en casa, dentro (de casa).

indorsement [in-do'əs-mənt] *n.* endorso; garantía.

induce [in-dius'] *va.* inducir, persuadir, convidar, inclinar, inspirar, *(sleep, etc.)* conciliar.

inducement [in-dius'mənt] *n.* móvil, aliciente, reclamo.

induction [in-dək'shən] *n.* inducción; ingreso.

inductive [in-dək'tiv] *adj.* inductivo.

indulge [in-dəldy'] *va.* consentir; condescender, gratificar, entregarse a; acariciar; seguir(le).

indulgence [in-dəl'dyəns] *n.* *(self)* abandono; *(others)* mimo; *(relig.)* indulgencia.

indulgent [in-dəl'dyənt] *adj.* indulgente, complaciente.

industrious [in-dəs'triəs] *adj.* laborioso, industrioso, aprovechado, hacendoso.

industry [in'dəs-tri] *n.* industria; actividad, diligencia, aplicación. [bitar, morar.

indwell [in-duel'] *v.* residir, habitar.

ineffective [i-ne-fek'tiv] *adj.* ineficaz, inútil.

inefficacy [i-ne'fi-kə-si] *n.* insuficiencia, ineficacia.

inefficient [i-ne-fi'shənt] *adj.* ineficaz, incapaz.

inept [i'nept'] *adj.* inepto.

inequality [i-ni-kuo'li-ti] *n.* desigualdad, diferencia, disparidad; aspereza. [tivo.

inert [i-nəət'] *adj.* inerte, inactivo.

inertia [i-nəə'shə] *n.* inercia, inacción, abulia; desgana.

inescapable [i-nes-key'pə-bəl] *adj.* forzoso.

inestimable [i-nes'ti-mə-bəl] *adj.* incalculable.

inevitable [i-ne'-vi-tə-bəl] *adj.* inevitable.

inexcusable [i-nek-skiu'sə-bəl] *adj.* inexcusable, imperdonable.

inexhaustible [i-neg-so'sti-bəl] *adj.* inagotable.

inexorable [i-neg'sə-rə-bəl] *adj.* implacable.

inexpensive [i-nek-spen'siv] *adj.* barato, módico.

inexperienced [i-nek-spii'-riənsd] *adj.* inexperto, novel.

inexpressive [i-nek-sprè'siv]

adj. insignificante, inexpresivo.

infallibility [in-fa-li-bi'li-ti] *n.* infalibilidad.

infallible [in-fa'li-bəl] *adj.* infalible, cierto, indefectible.

infamous [in'fə-məs] *adj.* infame, indigno, vil, odioso.

infamy [in'fə-mi] *n.* infamia, deshonra, baldón.

infancy [in'fən-si] *n.* infancia, menor edad; **to be in one's —**, estar en pañales.

infant [in'fənt] *n.* niño, nene, crío, criatura, infante;. **— school**, escuela de párvulos.

infantile [in'fən-tayl] *adj.* infantil; pueril; **— paralysis**, polio.   [tería.

infantry [in'fən-tri] *n.* infan-

infatuate [in-fa'tiu-eyt] *va.* cegar, atontar, tener (ciego, atontado).   [encapricharse.

infatuated [in-fa'tiu-ey-təd] *adj.* encaprichado; **to be —**,

infatuation [in-fa-tiu-ey'shən] *n.* infatuación, apasionamiento, encaprichamiento.

infect [in-fekt'] *va.* infectar, contagiar, contaminar, inficionar, pegar.

infected [in-fek'təd] *adj.* **to become —**, contagiarse.

infection [in-fek'shən] *n.* infección, afección, contagio.

infectious [in-fek'shəns] *adj.* infeccioso, pestilencial, infecto, contagioso.

infer [in-fəə'] *va.* concluir, deducir, inferir.

inference [in'fə-rəns] *n.* conclusión, indeferencia, consecuencia.

inferior [in-fi'ə-riə] *adj. & n.* inferior, subalterno.

inferiority [in-fi-ə-rio'ri-ti] *n.* inferioridad.   [nal.

infernal [in-fəə'nəl] *adj.* infer-

infest [in-fest'] *va.* infestar, plagar; atormentar.

infidel [in'fi-del] *n.* infiel, pagano.   [finito.

infinite [in'fi-nit] *adj. & n.* in-

infirm [in-fəəm'] *adj.* débil, achacoso; poco firme.

infirmary [in-fəə'mə-ri] *n.* enfermería, hospital.

infirmity [in-fəə'mi-ti] *n.* debilidad, dolencia, achaque, flaqueza.   [jar, inculcar.

infix [in-fiks'] *v.* clavar, enca-

inflame [in-fleym'] *va.* encender, inflamar, acalorar, enardecer; *vn.* inflamarse.

inflamed [in-fleymd'] *adj.* encendido; enardecido, acalorado; *(swollen)* inflamado, infectado.

inflammable [in-fla'mə-bəl] *adj.* inflamable; deflagrante.

inflammation [in-flə-mey'shən] inflamación.

inflate [in-fleyt'] *va.* inflar, hinchar.

inflation [in-fley'shən] *n.* hinchazón, inflación.

inflect [in-flekt'] *va.* doblar; *(gram.)* declinar; *(tone)* modular.

inflection [in-flek'shən] *n.* inflexión; acento; *(voice)* modulación; *(speech)* dejo.

inflexible [in-flek'si-bəl] *adj.* rígido, terco, tieso.

inflict [in-flikt'] *va.* infligir, imponer.

infliction [in-flik'shən] *n.* imposición; pena.

influence [in'fiu-əns] *n.* influjo, ascendiente; influencia; *(coll.)* enchufe; *va.* influir, inclinar, sugestionar.

influenced [in'flu-ənsd] *adj.* **easily —**, impresionable.

influential [in-flu-en'shə] *adj.* influyente.

influenza [in-flu-en'sə] *n.* influenza, dengue, gripe.

influx [in'fləks] *n.* afluencia.

inform [in'foom'] *va. & n.* informar, comunicar, notificar; instruir; **— against**, denunciar.

informal [in-foo'məl] *adj.* informal; corriente; *(dance, etc.)* de confianza.

informality [in-foo-ma'li-ti] *n.* informalidad.

informant [in-foo'mənt] *n.* informante, acusador, denunciador.

information [in-foo-mey'shən] *n.* información, aviso, noticia(s), datos.

informed [in-foomd'] *adj.* **well**

—, entendido **to be** —, **estar enterado.**

informer [in-foo'mə] *n.* denunciador; soplón.

infraction [in-frak'shən] *n. (of rules)* rompimiento.

infrequent [in-fri'kuent] *adj.* infrecuente, raro, contado.

infringe [in-frindy'] *va.* infringir, violar, quebrantar.

infringement [in-frindy'mənt] *n.* infracción, transgresión.

infuriate [in-fiu'rieyt] *va.* enfurecer. [inspirar.

infuse [in-fius'] *va.* infundir,

ingenious [in-dyi'niəs] *adj.* ingenioso, discreto, inventivo, artificioso; *(of style)* conceptista.

ingenuity [in-dyə-niu'i-ti] *n.* ingeniosidad, inventiva; maña, industria.

ingenuous [in-dye'niu-əs] *adj.* ingenuo, sincero, natural, simple.

ingenuousness [in-dye'niu-es-nes] *n.* naturalidad, candidez.

ingrain [in-greyn'] *va.* impregnar, arraigar.

ingratiate [in-grey'shieyt] *vr.* congraciarse, insinuarse.

ingratitude [in-gra'ti-tiud] *n.* ingratitud.

ingredient [in-grii'diənt] *n.* ingrediente; —s *(seasoning)*, adobo.

ingulf [in'gəlf] *v.* sumir, engolfar, tragar(se).

inhabit [in-ja'bit] *va.* habitar.

inhabitant [in-ja'bi-tənt] *n.* habitante, vecino. [aspirar.

inhale [in-jeyl'] *va.* respirar,

inharmonious [in-jaa-mou'niəs] *adj.* discordante; destemplado.

inherent [in-ji'rənt] *adj.* inherente, natural, intrínseco.

inherit [in-je'rit] *va.* heredar.

inheritance [in-je'ri-təns] *n.* herencia, patrimonio, abolengo.

inhibit [in-ji'bit] *va.* inhibir, detener.

inhospitable [in-jos'pi-təbəl] *adj.* inhospitalario.

inhuman [in-jiu'mən] *adj.* inhumano, atroz, despiadado.

inhumanity [in-jiu-ma'ni-ti] *n.* inhumanidad, barbarie.

inimical [i-ni'mi-kəl] *adj.* enemigo, hostil. [inimitable.

inimitable [i-ni'mi-tə-bəl] *adj.*

iniquitous [i-ni'kui-təs] *adj.* inicuo, malvado. [dad, maldad.

iniquity [i-ni'kui-ti] *n.* iniqui-

initial [i-ni'shəl] *adj.* inicial.

initiate [i-ni'shieyt] *va.* iniciar, comenzar; *(conversation, etc.)* entablar. [introducir.

inject [in-dyekt'] *va.* inyectar,

injudicious [in-dyiu-di'shəs] *adj.* indiscreto, imprudente.

injunction [in-dyəngk'shən] *n.* requerimiento, precepto.

injure [in'dyə] *va.* dañar, lastimar; perjudicar, ofender; descalabrar.

injurious [in-dyiu'ə-riəs] *adj.* nocivo, dañoso, pernicioso.

injury [in'dyə-ri] *n.* daño, herida, lesión; perjuicio, deterioro; ofensa, injuria, afrenta.

injustice [in-dyəs'tis] *n.* injusticia, entuerto.

ink [ingk] *n.* tinta; — **stain,** chapón; — **pot,** tintero.

inkling [ingk'ling] *n.* insinuación, atisbo; **he hasn't an** —, no sabe ni pizca, no tiene idea.

inkstand [ingk'stand] *n.* tintero.

inland [in'land] *n.* interior; *adv.* tierra adentro.

inlet [in'let] *n.* entrada, vía; *(sea)* abra, ensenada; *(Galicia)* ría.

inmate [in'meyt] *n.* inquilino, huésped; *(asylum)* interno.

inmost [in'moust] *adj.* íntimo, recóndito.

inn [in] *n.* posada, mesón, fonda; *(poor)* venta.

innate [ineyt'] *adj.* innato, natural, ingénito.

innkeeper [in'kii-pə] *n.* posadero, ventero, hospedero, fondista.

innocence [i'no-səns] *n.* inocencia, ingenuosidad, candor.

innocent [i'no-sənt] *adj.* inocente, simple, libre.

innovation [i-no-vey'shən] *n.* innovación, novedad.

innuendo [i-niu-en'do] *n.* indirecta.

inoculate [i-no'kiu-leyt] *va.* inocular, inficionar; imbuir.

inoffensive [i-no-fen'siv] *adj.* inofensivo, discreto.

inopportune [i-no'poo-tiun] *adj.* inoportuno, inconveniente, intempestivo.

inordinate [i-noo'di-neyt] *adj.* desmesurado, excesivo.

inquest [in'kuest] *n.* indagación, pesquisa; sumario.

inquire [in-kuay'ə] *vn.* inquirir, preguntar, informarse, examinar, enterarse.

inquiry [in-kuay'ri] *n.* pregunta, examen, indagación, encuesta. [Santo Oficio.

inquisition [in-kui-si'shən] *n.*

inquisitive [in-kui'si-tiv] *adj.* curioso, preguntón. [quisidor.

inquisitor [in-kui'si-tə] *n.* in-

inroad [in'roud] *n.* incursión, irrupción; **to make —s,** *(emotion)* hacer estragos.

insane [in-seyn'] *adj.* insano, loco, insensato, frenético.

insanitary [in-sa'ni-tə-ri] *adj.* malsano. [demencia.

insanity [in-sa'ni-ti] *n.* locura, insatiable [in-sey'shiə-bəl] *adj.* insaciable. [bir, grabar.

inscribe [in-skrayb'] *va.* inscri-

inscription [in-skrip'shən] *n.* inscripción, leyenda, letrero.

inscrutable [in-skru'tə-bəl] *adj.* insondable.

insect [in'sekt] *n.* insecto.

insecurity [in-sə-kiu'ri-ti] *n.* inseguridad, incertidumbre.

insensible [in-sen'sibəl] *adj.* insensible; sordo; *(from blow)* inconsciente.

insensitive [in-sen'si-tiv] *adj.* insensible, grosero.

insensitiveness [in-sen'si-tiv-nes] *n.* insensibilidad.

inseparable [in-se'pə-rə-bəl] *adj.* entrañable; **to be —,** ser uña y carne.

insert [in-səət'] *va.* insertar, introducir, intercalar.

insertion [in-səə'shən] *n.* inserción, injerencia.

inshrine [in-shrain'] *v.* guardar como una reliquia.

inside [in-sayd'] *adj.* interior; *adv.* en el interior, adentro; **— out,** al revés; *n.* interior; *pl.* entrañas.

insidious [in-si'diəs] *adj.* insidioso, engañoso, solapado.

insight [in'sayt] *n.* conocimiento, perspicacia, penetración.

insignificance [in-sig-ni'fi-kəns] *n.* insignificancia, bagatela.

insignificant [in-sig-ni'fi-kənt] *adj.* insignificante, despreciable.

insincere [in-sin-si'ə] *adj.* disimulado, falso, hipócrita.

insincerity [in-sin-se'ri-ti] *n.* falta de sinceridad.

insinuate [in-si'niu-eyt] *va.* insinuar, sugerir; *vr.* insinuarse.

insinuation [in-siniu-ey'shən] *n.* insinuación; pulla.

insipid [in-si'pid] *adj.* insípido, desabrido.

insipidity [in-si-pi'di-ti] *n.* insipidez, insulsez.

insist [insist'] *vn.* insistir en, porfiar, afirmar, exigir.

insistent [in-sis'tənt] *adj.* pertinaz, porfiado; **to be —,** empeñarse en.

insolence [in'sə-ləns] *n.* insolencia, procacidad, descaro.

insolent [in'sə-lənt] *adj.* insolente, atrevido, descomedido.

insoluble [in-so'liu-bəl] *adj.* insoluble.

insolvable [in-sol'və-bəl] *adj.* indisoluble, inexplicable.

insomnia [in-som'niə] *n.* insomnio.

inspect [in-spekt'] *va.* examinar, inspeccionar, registrar.

inspection [in-spek'shən] *n.* inspección, vigilancia, reconocimiento; *(final)* repaso.

inspector [in-spek'tə] *n.* inspector, interventor; *(police)* comisario; *(ticket)* revisor; *(price control)* tasador.

inspiration [in-spi-rey'shən] *n.* inspiración, numen; *(poet.)* estro.

inspire [in-spay'ə] *va.* inspirar, animar, imbuir, sugerir, inflar.

inspired [in-spay'əd] *adj.* genial. [(mech.) montar.

instal [in-stol'] *va.* instalar;

instalment [in-stol'mənt] *n.* entrega; **by —,** a plazos.

install [ins-tol'] *v.* instalar, posesionar, colocar, mentar.

instance [in'stəns] *n.* ejemplo, caso, circunstancia; *(law)* instancia; *va. poner* (por caso, por ejemplo).

instant [in'stənt] *adj.* urgente, presente, perentorio; *n.* momento, instante, punto; **the 5th inst.**, el 5 del corriente.

instantaneous [in-stən-tey'niəs] *adj.* instantáneo.

instantly [in'stənt-li] *adv.* inmediatamente, al punto, incontinente.

instead [in-sted'] *prep.* en lugar de, en cambio, en vez de.

instigate [in'sti-geyt] *va.* instigar, incitar, soliviantar, fomentar. [instigación.

instigation [in-sti-gey'shən] *n.*

instil [in-stil'] *va.* instilar, inculcar, infundir.

instinct [*n.* in'stingkt; *adj.* instingkt'] *adj.* animado, impulsado, movido por; *n.* instinto; **fine —,** hidalguía.

institute [in'sti-tiut] *n.* instituto, precepto; *va.* instituir, establecer; entablar, iniciar.

institution [in-sti-tiu'shən] *n.* institución; *(endowed)* fundación.

instruct [in-strəkt'] *va.* instruir; (a)doctrinar, enterar.

instruction [in-strək'shən] *n.* instrucción, enseñanza; doctrina.

instrument [in'stru-mənt] *n.* instrumento, herramienta; agente.

insubordinate [in-sə-boo'di-neyt] *n.* **to bo —,** insubordinarse.

insufferable [in-sə'fə-rə-bəl] *adj.* intolerable, insoportable, inaguantable.

irsufficient [in-sə-fi'shənt] *adj.* insuficiente, incapaz.

insular [in'siu-lə] *adj.* insular, isleño.

insulate [in'siu-leyt] *va.* aislar.

insult [*n.* in'səlt; *vb.* in-səlt'] *n.* insulto, ofensa, indignidad, humillación, agravio, atropello, ultraje; *va.* insultar, ofender, atropellar, denostar.

insuperable [in-su'pə-re-bəl] *adj.* insuperable.

insurance [in-siu'ə-rəns] *n. (com.)* seguro; garantía; seguridad; **fire —,** seguro de incendio.

insure [in-siu'ə[*va.* asegurar; garantizar, abonar.

insurgent [in-səə'dyənt] *n.* insurgente, rebelde.

insummountable [in-səə-maun-tə-bəl] *adj.* insuperable.

insurrection [in-sə-rek'shən] *n.* insurrección, sublevación, motín. [íntegro.

intact [in-takt'] *adj.* intacto,

intangible [in-tan'dyi-bəl] *adj.* impalpable.

integrate [in'te-greyt] *va.* integrar.

integrity [in-te'gri-ti] *n.* integridad, probidad, limpieza.

intellect [in'tə-lekt] *n.* inteligencia, intelecto, entendimiento, talento.

intelligence [in-te'li-dyəns] *n.* sagacidad, talento, inteligencia; noticia, acuerdo; **piece of —,** aviso, noticia.

intelligent [in-te'li-dyənt] *adj.* inteligente, sesudo, hábil, talentoso.

intemperate [in-tem'pə-reyt] *adj.* inmoderado, intemperante, desenfrenado, bebedor.

intend [in-tend'] *va.* querer, pensar, tener intención, proponerse.

intended [in-ten'dəd] *adj.* **to be — for,** encaminarse a, destinarse par(a).

intense [in-tens'] *adj.* intenso, vehemente, fuerte; extremado, reconcentrado.

intenseness [in-tens'nes] *n.* violencia, intensidad.

intensify [in-ten'si-fay] *va.* intensificar; *vn.* subir, crecer.

intensity [in-ten'si-ti] *n.* intensidad, energía, vigor, violencia; tensión.

intensive [in-ten'siv] *adj.* intensivo; entero, completo.

intent [in-tent'] *adj.* asiduo, dedicado, atento, preocupado; *n.* intento, designio, propósito; todos los fines y efectos.

to all —s and purposes, para todos los fines y efectos.

intention [in-ten'shən] *n.* intención, idea, ánimo, mira.
intentional [in-ten'shə-nəl] *adj.*
intencional, premeditado, querido.
intentionally [in-ten'shə-nə-li]
adv. aposta, adrede, querién-
dolo.   [sepultura a.
inter [in-tə'] *va.* enterrar, dar
interact [in-tə-act'] *n.* entreacto, intermedio.
intercede [in-tə-siid'] *va.* interceder, abogar por, mediar.
intercept [in-tə-sept'] *va.* inter-
ceptar, atajar, captar.
interchange [*n.* in'tə-cheyndy;
vb. in-tə-cheyndy'] *n.* intercambio, correspondencia; *va.*
cambiar, permutar; *(prisoners)*
canjear.
interchangeable [in-tə-cheyn'-
dyə-bəl] *adj.* mutuo, recíproco; **not —**, impermutable.
intercourse [in'tə-kou-əs] *n.*
comunicación, comercio, tráfico; *(social)* trato, roce, relaciones.   [hibir, vedar.
interdict [in-tə-dikt'] *va.* pro-
interest [in'tə-rest] *n.* interés,
beneficio, ganancia; emoción;
to take an — (in), interesarse
(en, por); **to take a great —**,
preocuparse; **to take no —**, des-
interesarse, hacerse el sueco;
va. interesar.
interested [in'tə-res-təd] *adj.*
— in, *(sport, etc.)* aficionado a:
— party, interesado; **are you
—?**, ¿le interesa?
interesting [in'tə-res-ting] *adj.*
interesante; de (mucho) inte-
rés.
interfere [in-tə-fi'ə] *vn.* (entre)-
meterse, inmiscuirse, mezclar-
se; estorbar; **to — in other
people's business**, meterse en
camisa de once varas.
interference [in-tə-fi'ə-rəns] *n.*
intervención, ingerencia; obstáculo.   [entrometido.
interfering [in-tə-fi'ə-ring] *adj.*
interim [i'tə-rim] *adj.* interino;
in the —, entretanto.
interior [in-ti'ə-ryə] *n. & adj.*
interior; *(of country)* tierra
adentro; **Ministry of the —**,
Ministerio de la Gobernación.

interloper [in'təə-lou-pə] *n.* en-
trometido, intruso.
interlude [in'təə-liud] *n.* intermedio, entremés; rato, des-
canso.
intermediate [in-təə-mii'dieyt]
adj. intermedio.
interment [in-təə'mənt] *n.* entierro, sepelio, sepultura.
intermission [in-təə-mi'shən] *n.*
pausa, tregua, intermitencia;
(theat.) descanso, entreacto.
intermittent [in-təə-mi'tənt]
adj. intermitente, entrecortado.
internal [in-təə'nəl] *adj.* interno.
interplay [in'təə-pley] *n.* acción
recíproca; cruce.
interpose [in-təə-pous'] *va.* interpretar, descifrar; ilustrar.
interpretation [in-təə-prə-tey'-
shən] *n.* interpretación, traducción, exposición.
interpreter [in-təə'prə-tə] *n.* intérprete, trujimán.
interrogate [in-te'ro-geyt] *va.
& n.* interrogar, preguntar; *va.
(witness)* articular.
interrupt [in-tə-rəpt'] *va. & n.*
interrumpir, quebrar, (entre)-
cortar.
interruption [in-tə-rəp'shən] *n.*
interrupción, suspensión; solución de continuidad.
intersect [in-təə-səkt'] *va. & n.*
(entre)cortarse, intersectar,
cruzar(se).
intersperse [in-təə-spəəs'] *va.*
esparcir, entremezclar, salpicar.
interstice [in-təə'stis] *n.* intersticio, resquicio.
interval [in'tə-vəl] *n.* intervalo,
espacio; *(theat.)* descanso;
(school) recreo; **at —s**, a tre-
chos; **bright —**, clara.
intervene [in-tə-viin'] *vn.* intervenir, meter baza; sobrevenir, acontecer.
intervening [in-tə-vii'ning] *adj.*
mediante, de en medio, inter-
puesto.
interview [in-tə-viu] *n.* entrevista, conferencia; *va. & n.* ver,
consultar con, entrevistarse
con.
intimacy [in'ti-mə-si] *n.* intimidad, familiaridad, confianza.

intimate [in'ti-mət] *adj.* íntimo, entrañable, estrecho, de mucha confianza.

intimate [in'ti-meyt] *va.* intimar, anunciar; *(law)* requerir.

intimation [in-ti-mey'shən] *n.* intimación, aviso; *(hint)* indirecta, pulla; *(law)* requerimiento.

intimidate [in-ti'mi-deyt] *va.* intimidar, amedrentar, acobardar. [adentro.

into [in'tou] *(prep.)* en, entre,

intolerable [in-tou'lə-rə-bəl] *adj.* insufrible, insoportable, inaguantable.

intonation [in-tə-ney'shən] *n.* entonación, dejo.

intoxicate [in-tok'si-keyt] *va.* embriagar, excitar; envenenar.

intoxication [in-tok-si-key'shən] *n.* embriaguez, excitación; borrachera; arrebato.

intractable [in-trak'tə-bəl] *adj.* intratable, huraño.

intransigent [in-tran'si-dyənt] *adj.* intransigente.

intrepid [in-tre'pid] *adj.* intrépido, impertérrito, arrojado, impávido.

intrepidity [in-tre-pi'di-ti] *n.* denuedo, osadía.

intricacy [in'tri-kə-si] *n.* complicación, embarazo, enredo.

intricate [in'tri-keyt] *adj.* complicado, enredado, revuelto.

intrigue [in'triig] *n.* intriga, trama; love —, galanteo, lío; *(theat.)* enredo; *vn.* intrigar, tramar. [trínseco, real.

intrinsic [in-trin'sik] *adj.* in-

introduce [in-trə-dius'] *va.* *(objects)* introducir, meter; ingerir; *(people)* presentar.

introduction [in-trə-dək'shən] *n.* introducción; *(people)* presentación; *(book)* prólogo; letter of —, recomendación.

introductory [in-trə-dək'tə-ri] *adj.* preliminar.

intruder [in-tru'dər] *n.* intruso, entremetido, metomentodo.

intrusion [in-tru'syən] *n.* intrusión, entrometimiento.

intuition [in-tiu-i'shən] *n.* intuición. [tivo.

intuitive [in-tiu'i-tiv] *adj.* intui-

inundate [i-nən-deyt] *va.* inundar, abrumar.

inundation [i-nən-dey'shən] *n.* inundación, desbordamiento.

inure [in-yo'ə] *va.* acostumbrar, habituar, hacer a.

inured [in-yo'əd] *adj.* endurecido, avezado, hecho a, curtido.

invade [in-veyd'] *va.* invadir, usurpar. [usurpador.

invader [in-vey'də] *n.* invasor,

invalid [in'və-lid; *adj.* in-va'-lid] *adj. & n.* inválido, enfermo. [validar, anular.

invalidate [in-va'li-deyt] *va.* in-

invaluable [in-va'liu-ə-bəl] *adj.* precioso, inestimable, imprescindible, no tener precio.

invariable [in-ve'ə-ryə-bəl] *adj.* invariable, fijo, constante.

invasion [in-vey'syən] *n.* invasión, usurpación. [perio.

invective [in-vek'tiv] *n.* vitu-

inveigle [in-vey'gəl] *va.* seducir, engatusar, engañar.

invent [in-vent'] *va.* inventar, crear, componer, tramar.

invention [in-ven'shən] *n.* invención, ficción; embuste; *(powers of —)* inventiva, ingeniosidad.

inventive [in-ven'tiv] *adj.* inventivo, ingenioso; — power, invención; — gift (skill), inventiva.

inventor [in-ven'tə] *n.* inventor, autor.

invert [in-vəət'] *va.* invertir, volver (al revés), trastrocar.

invest [in-vest'] *va.* *(money)* invertir; *(siege)* poner cerco a; — with, revestir, investir; condecorar.

investigate [in-ves'ti-geyt] *va.* investigar, explorar, buscar, examinar; *vn.* inquirir, ahondar.

investigation [in-ves-ti-gey - shən] *n.* investigación, indagación, pesquisa.

investment [in-vest'mənt] *n.* *(siege)* cerco, sitio; *(com.)* inversión, empleo.

inveterate [in-ve'tə-reyt] *adj.* inveterado, encarnizado, arraigado. [so, aborrecible.

invidious [in-vi'diəs] *adj.* odio-

invigorate [in-vi'gə-reyt] *va.* fortificar, fortalecer.

invincible [in-vin'si-bəl] *adj.* invencible.

inviolable [in-vay'o-lə-bəl] *adj.* inquebrantable, sagrado.

inviolate [in-vay'o-leyt] *adj.* intacto, íntegro; inviolado.

invisible [in-vi'si-bəl] *adj.* invisible.

invitation [in-vi-tey'shən] *n.* invitación; *(to food)* convite.

invite [in-vayt'] *va.* invitar; *(to food, drink)* convidar; *(to dance)* sacar a bailar; atraer, pedir, requerir.

inviting [in-vay'ting] *adj.* atractivo, apetecible, acogedor.

invoice [in'voys] *n.* factura; *va.* facturar.

invoke [in-vouk'] *va.* invocar, implorar, rogar; *(law)* traer a la vista.

involuntary [in-vo'lən-tə-ri] *adj.* involuntario, sin querer.

involve [in-volv'] *va.* envolver, traer consigo; implicar.

involved [in-volvd'] *adj.* complicado; **to get —**, meterse, inmiscuirse, enfrascarse; **to be — in**, estar comprometido.

inward [in'uəd] *adj.* interno, interior; oculto; *adv.* hacia dentro, *(buses)* al centro.

inwrap [in-rap'] *v.* envolver.

irate [ay-reyt'] *adj.* encolerizado, de bastante malhumor.

ire [ay'ə] *n.* cólera, ira.

irked [əək d] *adj.* resentido.

irksome [əək'səm] *adj.* molesto, fastidioso, penoso, tedioso, enfadoso.

iron [ay'ən] *adj.* férreo; **— ore**, mineral de hierro; **— work**, obra de hierro; *n.* hierro; **corrugated —**, hierro en carrujado; **clothes —** plancha; **—s**, grillos; *va.* planchar, aplanchar; aherrojar; **to strike while the — is hot**, a hierro caliente, batir de repente.

ironical [ay-ro'ni-kəl] *adj.* irónico.

irony [ay'rə-ni] *n.* ironía, sorna, guasa.

irreconcilable [i-re-kon-say'lə-bəl] *adj.* incompatible, intransigente.

irregularity [i-re-giu-la'ri-ti] *n.* irregularidad, anomalía; extravagante; desigualdad.

irrelevant [i-re'li-vənt] *adj.* fuera de propósito; desatinado, ajeno, traído por los pelos; **to be —**, no hacer al caso.

irreligious [i-re-li'dyəs] *adj.* profano, impío.

irresistible [i-re-sis'tə-bəl] *adj.* irresistible, hechicero.

irresolute [i-re'so-liut] *adj.* irresoluto, vacilante.

irresponsible [i-ri-spon'si-bəl] *adj.* irresponsable, inconsecuente.

irreverence [i-re'və-rəns] *n.* desacato.

irreverent [i-re'və-rənt] *adj.* irreverente, irrespetuoso.

irrigate [i'ri-geyt] *va.* regar.

irrigation [i-ri-gey'shən] *n.* riego; *(med.)* irrigación; **— channel**, reguera, acequia.

irritable [i'ri-tə-bəl] *adj.* irritable, irascible, nervioso.

irritate [i'ri-teyt] *va.* irritar, molestar, exasperar, exacerbar, azucarar; poner (furioso, etc.).

irritation [i-ri-tey'shən] *n.* irritación, ataque de nervios.

island [ay'lənd] *n.* isla.

islander [ay'lən-də] *n.* isleño.

isle [ayl] *n.* isleta; *(barren)* islote.

isolate [ay'sə-leyt] *va.* aislar, apartar.

isolated [ay'sə-ley-təd] *adj.* aislado; incomunicado, solitario.

isolation [ay-sə-ley'shən] *n.* aislamiento.

issue [i'siu] *n.* resultado, salida, conclusión; decisión; *(children)* prole; *(bonds)* emisión; *(happy)* éxito; *(newspaper)* número; *(of book magazine)* impresión, tirada, entrega; *(of blood)* pérdida de sangre; **point at —**, punto en cuestión; **to avoid the —**, esquivar la pregunta; *va.* publicar; *(edict, etc.)* promulgar; *(bonds)* emitir; *vn. (ooze)* manar; salir, brotar, terminarse.

itch [ich] *n.* sarna; *(to write, etc.)* comezón, prurito; *vn.* picar; sentir comezón, antojarse, comerse.

itching [i'ching] *n.* picor; comezón; **to be — to**, rabiar por; **an — desire**, comezón.

itinerant [i-ti'nə-rənt] *adj.* ambulante, viandante, peripatético. [rario.

itinerary [i-ti'nə-rə-ri] *n.* itineraits [its] *pron. pos. nent.* (genit. de "it"), su, de él, de ella, de ello. — **it's** *abrev.* de "it is".

ivory [ay'və-ri] *n.* marfil.

ivy [ay'vi] *n.* hiedra.

J

jackal [dya'kəl] *n.* chacal.

jackass [dya'kəs] *n.* asno; bestia, imbécil.

jackdaw [dyak'doo] *n.* grajo.

jacket [dya'kət] *n. (lounge)* americana; *(dinner)* smoking; chaqueta, jubón, calesera; *(book)* cubierta.

jade [dyeyd] *n. (nag.)* rocín; *(min.)* nefrita; *va.* cansar; *vn.* desalentarse.

jagged [dya'gəd] *adj.* aserrado; mellado.

jail [dyeyl] *n.* calabozo, prisión; **— bird**, presidiario.

jailer [dyey'lə] *n.* carcelero; *(arch.)* alcaide.

jake [dyeik] *n.* patán, palurdo, dinero, retrete; *adv.* bien, de büten.

jam [dyam] *n.* confitura conserva, compota; *(traffic)* congestión, aglomeración (de tráfico]; *sl.* lío; **what a —!** ¡qué lío!; *va.* apretar, oprimir, estrujar, entallar.

janitor [dya'ni-tə] *n.* portero; *(university)* bedel.

January [dya'niu-ə-ri] *n.* enero.

Japanese [dya-pə-niis'] *n.* japonés.

jar [dyaa] *n.* cántaro; vasija; *(with spout and handle)* botijo; *(two-handled)* jarra, terraza; *(jam, etc.)* pote; choque, sacudida; chirrido; *va.* & *n.* sacudir, hacer vibrar; agitar, trepidar, vibrar, chocar.

jarring [dyaa'ring] *adj.* discordante, estridente.

jasmin [dyas'min] *n.* jazmín.

jaundiced [dyoon'disd] *adj.* cetrino; **to look at with — eye**, mirar de reojo.

jaunt [dyoont] *va.* & *n.* corretear, ir y venir; *n.* excursión, paseo; **to go for a —**, ir de excursión. [garbo, soltura.

jauntiness [dyoon'ti-nes] *n.*

jaunty [dyoon'ti] *adj.* gentil, gracioso, ligero, garboso.

jaw [dyoo] *n.* quijada; mandíbula; maxilar.

jealous [dye'ləs] *adj.* celoso, envidioso, suspicaz.

jealousy [dye'lə-si] *n.* celos; desconfianza.

jeer [dyi'ə] *n.* befa, escarnio, injurias; *va.* mofar(se), escarnecer; **— at**, burlarse de; mofarse de.

jeopardise [dye'poo-days] *va.* exponer, comprometer.

jeopardy [dye'poo-di] *n.* riesgo, peligro.

jerk [dyeek] *n.* sacudida, tirón; brinco, respingo; *va.* arrojar, dar un tirón, sacudir; *(beef)* atasajar. [dico.

jerky [dyəə'ki] *adj.* espasmójest [dyest] *n.* chanza, burla, guasa; *vn.* chancearse, reírse.

jester [dyes'tə] *n.* burlón, chancero, bufón; *(theat.)* gracioso.

Jesuit [dye'siu-it] *n.* Jesuita; **— Order**, Compañía de Jesús.

jet [dyet] *n. (jewel)* azabache; *(liquid)* surtidor, chorro; *(gas)* boquilla; *va.* arrojar; *vn.* **to — out**, sobresalir, proyectar; plane, reactor, avión (a chorro, a reacción).

jetty [dye'ti] n. muelle, malecón, rompeolas.

Jew [dyiu] n. judío; converted —, confeso.

jewel [dyiu'el] n. joya, alhaja, presea; prenda.]

jewellery [dyiu'əl-ri] n. joyería.

jilt [dyilt] n. coqueta; va. & n. plantar, dar calabazas a.

jingle [dying'gəl] n. retintín, cascabel; va. & n. hacer retintín, rimar.

job [dyob] n. trabajo, puesto, empleo; (household) quehacer; (duty) ocupación; enchufe; odd —, (paid) chapuza; to get a —, colocarse.

jocose [dyo-kous'] adj. jocoso, festivo, burlesco.

jocular [dyo'kiu-lə] adj. guasón, burlesco.

jog [dyog] n. golpecito; trote (corto); va. & n. sacudir, empujar; andar despacio; to be jogging along, ir tirando.

join [dyoyn] va. juntar, unir; maridar; reunir, trabar, aunar; (metals) fundir; (railway) empalmar; — forces with, relacionarse con; — up with, unirse con; (mil.) — up, alistarse.

joiner [dyoy'nə] n. carpintero, ebanista.   [tería.

joinery [dyoy'nə-ri] n. carpin-

joining [droy'ning] n. unión, juntura, cópula.

joint [dyoynt] n. juntura; unión; (bot.) nudo; coyuntura, articulación; adj. unido, combinado, junto, asociado, colectivo; copartícipe; — appearance, conjunción; — owner, condueño; — stock company, compañía por acciones; vn. unirse por articulaciones.

jointed [dyoin'təd] adj. articulado; not —, inarticulado.

joke [dyouk] n. chanza; (pun) chiste, gracia; (coarse) chocarrería; (practical) broma, humorada; (gone too far) broma pesada; (hoary) fiambre.

joker [dyou'kə] n. (practical) bromista.   [tido.

jolly [dyo'li] adj. alegre, diver-

jolt [dyoult] n. traqueteo, sacudida; va. & n. traquetear, sacudir, sacar de quicio, dar sacudidas.

jolting [dyoul'ting] n. traqueteo.

Jordan [dyor'dən] n. (vulg.) orinal.   [llones, empujar.

jostle [dyo'səl] va. dar empe-

jot [dyot] n. jota, pizca, tilde; to — down, tomar nota de, apuntar.

journal [dyəə'nəl] n. periódico, diario.

journalist [dyəə'nə-list] n. periodista, redactor.

journey [dyəə'ni] n. viaje; tránsito, camino; — man, jornalero; vn. viajar; ir de viaje, recorrer.   [vn. ajustar.

joust [dyaust] n. justa, torneo;

jovial [dyou'vyə] adj. jovial, festivo.

joviality [dyou-vya'li-ti] n. festividad; regocijo.

joy [dyoi] n. alegría, delicia, regocijo, gozo, gusto; what —! ¡albricias!

joyful [dyoi'ful] adj. gozoso, regocijado, alegre.

joyfulness [dyoi'ful-nes] n. gozo, júbilo.

joyousness [dyoi'əs-nes] n. felicidad, alegría.

joystick [dyoi'stik] n. palanca.

jubilant [dyiu'bi-lənt] adj. alborozado.

jubilation [dyiu-bi-ley'shən] n. júbilo, regocijo.

judge [dyədy] n. juez; (arch.) oidor; conocedor; va. juzgar; medir; vn. estimar; conceptuar, opinar.

judgment [dyədy'mənt] n. juicio, dictamen, entendimiento, opinión, sentencia; discernimiento; Day of —, Día del Juicio; to the best of one's —, según el leal saber y entender de uno.

judicious [dyiu-di'shəs] adj. juicio, cuerdo, sesudo, sensato; fino.

jug [dyəg] n. cántara, (larger) cántaro; (earthenware), botija, botijo; jarro.

juggle [dyə'gəl] n. juego de

manos, escamoteo; *vn.* escamotear, hacer juegos de manos.

juggler [dyə'glə] *n.* juglar, titiritero, jugador de manos, ilusionista, histrión.

juice [dyius] *n.* jugo, zumo; **gastric —**, jugo gástrico; **orange —**, jugo de naranja.

juicy [dyiu'si] *adj.* jugoso, suculento.

July [dyiu-lay'] *n.* julio.

jumble [dyəm'bəl] *n.* mezcla, revoltijo, enredo; cajón de sastre; tropel; *va.* revolver, enredar, confundir.

jumbled [dyəm'bəld] *adj.* confuso, atropellado, embarullado.

jump [dyəmp] *n.* salto, brinco; **— over,** *va.* saltar, salvar, brincar, dar un salto, dar saltos (brincos).

jumpy [dyəm'pi] *adj.* **he is very —**, no le cabe el corazón en el pecho; **to be—**, estar en ascuas.

junction [dyəngk'shən] *n.* unión, trabadura; *(of rivers)* confluente; *(railway)* empalme.

June [dyuun] *n.* junio.

jungle [dyən'gəl] *n.* selva; *(Cuba)* manigua.

junior [dyu'niə] *n.* más joven.

junk [dyank] *n.* junco, champán, jarcia trozada, chatarra, hierro viejo, tasajo, cecina.

jurisdiction [dyu-ris-dik'shən] *n.* jurisdicción, fuero; poderío.

jury [dyu'ə-ri] *n.* jurado; los jurados; **—box,** tribuna.

just [dyəst] *adj.* justo, justiciero, razonable, exacto, cabal, honrado, fiel; *adv.* justamente, precisamente, ahora mismo, de nuevo, apenas; **to have —,** acabar de; **—out,** *adj.* reciente.

justice [dyəs'tis] *n.* justicia, equidad; **to do oneself —,** quedar bien; **to do full — to,** hacer los debidos honores a.

justifiable [dyəs-ti-fay'ə-bəl] *adj.* justificable, legítimo.

justify [dyəs'ti-fay] *va.* justificar, probar, vindicar; **— oneself,** sincerarse, santificarse; *(selection, appointment, etc.)* acreditarse.

justness [dyəst'nes] *n.* justicia, exactitud, precisión, rectitud.

jut [dyət] *vn.* **— out,** proyectar, sobresalir; combarse.

juvenile [dyu'və-nayl] *adj.* juvenil, joven; **—Court,** Tribunal de Menores.

K

keel [kiil] *n.* quilla; *va.* surcar el mar, dar carena.

keen [kiin] *adj.* *(point)* agudo, penetrante; ladino; sutil; mordaz, incisivo; **—edged,** cortante, afilado.

keenness [kiin'nes] *n.* agudeza, perspicacia; aspereza; entusiasmo. [lince, agudo.

keen-witted [kiin-ui'təd] *adj.*

keep [kiip] *n.* *(fortif.)* alcázar, guardia, torre; *(food)* manutención, pensión, lo que come; *va.* guardar, tener, mantener; quedarse con, preservar; *(house)* llevar; celebrar; rete-

ner; *vn.* quedar, conservarse, guardarse; **— away,** mantener-(se) a distancia; **—back,** retener, reservar, suprimir; **—up,** mantener, mantenerse firme, no cejar; **—someone waiting,** dar (a uno) un plantón; **—accounts,** llevar los libros; **to — someone (too long),** entretener; **—up appearances,** salvar las apariencias; **—to one's bed,** guardar cama; **—at bay,** mantener a raya; **—time,** marcar el compás.

keeper [kii'pə] *n.* guardián, conservador; *(of turkeys)* pavero;

(of books) tenedor; guardabosque.

keeping [kii'ping] *n.* custodia, guarda, cuidado, conservación; armonía; **to be in — with**, rimar con; **in — with**, de acuerdo con.

ken [ken] *n.* alcance (de la vista), conocimiento. [toquilla.

kerchief [kəə'chif] *n.* pañuelo,

kernel [kəə'nəl] *n.* almendra; *(pip)* pepita; meollo; *(dried coconut)* copra.

kettle [ke'təl] *n.* caldera; *(large)* caldero, tetera, palma.

kettledrum [kə'təl-drəm] *n.* timbal.

key [kii] *n.* llave; *(—to cipher, code)* contracifra; *(piano)* tecla; *(mech.)* cuña; *(mus.)* clave; tono; **latch —**, llavín; **master —**, llave maestra, ganzúa; **—hole**, ojo.

keystone [kii'stoun] *n.* clave, llave.

kibe [ka'ib] *n.* grieta en la piel; sabañón enconado.

kick [kik] *n.* patada, puntapié; respingo, protesta; *(of animal)* coz; *va. & n.* dar (coces, puntapiés), cocear; *(repeatedly)* patalear; **— over the traces**, mostrar las herraduras.

kicking [ki'king] *n.* pataleo.

kid [kid] *n.* cabrit(ill)o; *(leather)* cabritilla.

kidnap [kip'nap] *va.* secuestrar.

kidnapper [kip'na-pə] *n.* ladrón de niños, secuestrador.

kidney [kid'ni] *n.* riñón, lomo; índole; **— bean**, judía verde, habichuela, alubia.

kill [kil] *va.* matar, destruir, neutralizar; *(by blow on neck)* acogotar; *(at one blow)* birlar; despachar; **to — two birds with one stone**, matar dos pájaros de un tiro. [**—**, tenorio.

killer [ki'lə] *n.* matador; **lady**

kiln [kiln] *n.* horno.

kilogram [ki'lo-gram] *n.* kilogramo.

kilometre [ki-lou-mi-tə] *n.* kilómetro.

kin [kin] *adj.* pariente, emparentado, aliado, análogo, afín, allegado; *n.* parentesco, víncu-

lo; parientes; **next of —**, pariente próximo.

kind [kaynd] *adj.* amable, cariñoso, bondadoso; propicio; **very —**, angélico; **—hearted**, benévolo, bondadoso; *n.* género, especie, clase, suerte; *(com.)* **in —**, en especie.

kindle [kin'dəl] *va.* encender, iluminar, inflamar; *vn.* prender, arder, encenderse, inflamarse.

kindliness [kaynd'li-nes] *n.* benevolencia, bondad, humanidad.

kindling [kind'ling] *n.* ignición; **—wood**, leña.

kindly [kaynd'li] *adv.* bondadosamente; *adj.* benévolo; **—accept**, dígnese aceptar.

kindness [kaynd'nes] *n.* bondad, benevolencia, amabilidad, gracia.

kindred [kin'drəd] *adj.* consanguíneo; congenial; *n.* parentela, afinidad.

king [king] *n.* rey; **the three—s**, los reyes magos; **—'s son, daughter** *(Spain)*, Infante, Infanta; **—cup**, botón de oro.

kingdom [king'dəm] *n.* reino.

kingly [king'li] *adj.* real, regio; *adv.* regiamente. [tad.

kingship [king'ship] *n.* majes-

kinship [kin'ship] *n.* parentela, familiaridad. [te, allegado.

kinsman [kins'mən] *n.* parien-

kiss [kis] *n.* beso; *(of peace, ceremonial)* ósculo; **to cover with — es**, besuquear; *va.* besar; **to — the ground**, morder el polvo.

kit [kit] *n.* cubo, caja de herramientas; avíos.

kitchen [ki'chən] *n.* cocina; **— garden**, huerta; **—maid**, fregona; **—range**, cocina económica.

kite [kayt] *n.* *(bird)* milano; *(paper)* cometa, birlocha.

knack [nak] *n.* maña, habilidad, ingenio, tino, acierto; **knick—**, chuchería.

knapsack [nap'sak] *n.* mochila.

knarled [naald] *adj.* nudoso, torcido.

knave [neyv] *n.* pícaro, bribón, bellaco; *(cards)* sota.

knavery [ney'və-ri] *n.* sorna, picardía.

knavish [ney'vish] *adj.* bribón, picaresco, bellaco, travieso.

knead [niid] *va.* amasar.

kneading [nii'ding] *n.* amasadura, amasijo; — trough, artesa.

knee [nii] *n.* rodilla; *(arch.)* hinojo; *(mech.)* codillo; on one's —s, de rodillas; — breeches, calzón corto.

kneel [niil] *vn.* arrodillarse, hincar la rodilla, ponerse (de rodillas, *(arch.)* de hinojos).

knell [nel] *n.* tañido fúnebre, clamoreo; *va.* doblar.

knickers [nk'kəs] *n.* pl. bragas.

knick-knack [nik'nak] *n.* chuchería, baratija, fruslería.

knife [nayf] *n.* cuchillo; *(large)* cuchilla; *(hunting)* cuchillo de monte; *(jack)* navaja; *(pocket)* cortaplumas.

knight [nayt] *n.* caballero; *(chess)* caballo; — Templar, hospitalario, templario; *va.* armar caballero.

knight-errant [nayt-e'rənt] *n.* caballero andante.

knight-errantry [nayt-e'rən-tri] *n.* caballería andante.

knightly [nay'li] *adj.* caballeresco, de caballero.

knit [nit] *va. & n.* hacer (punto, calceta), anudar, ligar; entretejer; *(brows)* fruncir (las cejas).

knitted [ni'təd] *adj.* (garment) de punto; —brows, ceño.

knitting [ni'ting] *n.* calceta, punto; obra de punto.

knob [nob] *n.* prominencia, nudo, botón; *(door)* tirador.

knock [nok] *n.* golpe; *(on door)* aldabazo; —kneed, zambo, befo; *va. & n.* golpear, llamar a la puerta; —off, *va.* rebajar;

—down, derribar, abatir, *(by vehicle)* atropellar, *(at auction)* rematar; —further in, remachar.

knocker [no'kə] *n.* llamador, golpeador; *(door)* aldaba.

knoll [noul] *n.* loma, otero, prominencia; *va. & n.* doblar, tocar a muerto.

knot [not] *n.* nudo; atadura; *(of ribbons)* moño; *(of people)* corro, corrillo; running—, lazo escurridizo; slip —, lazo; *va. & n.* anudar, echar nudos, atar.

knotty [no'ti] *adj.* nudoso, duro, difícil, espinoso; —point, busilis.

know [nou] *va. (facts)* saber; *(people, language)* conocer; — how, saber; — by sight, conocer de vista; to be in the—, estar enterado; to get to—, llegar a saber, enterarse de; *(people)* relacionarse con; he knows more than Old Nick, sabe más que Lepe; to — better than to, guardarse de; for all I —, que yo sepa; a mi juicio.

knower [no'uər] *n.* sabio, conocedor.

knowing [nou'ing] *adj.* instruido; astuto; diestro; avisado, entendido; *n.* conocimiento, inteligencia.

knowledge [no'ledy] *n.* conocimiento(s), saber, instrucción; with —, a ciencia cierta; to the best of my —, según mi leal saber y entender.

known [noun] *adj.* conocido; well —, de notoriedad, notorio; *(already)* consabido; little —, obscuro; to make —, publicar, comunicar; to become —, llegarse a saber, trascender.

knuckle [no'kəl] *n.* nudillo, artejo; —bones, taba; *vn.* to — under, someterse, doblarse.

L

label [ley'bəl] *n.* rótulo, etiqueta, letrero; tarjeta; *va.* rotular,
marcar.

laboratory [la'bə-rəitə-ri] *n.* la-
boratorio, taller.

laborious [la-bou'riəs] *adj.* laborioso, penoso, ímprobo; asiduo.

labour [ley'bə] *n.* trabajo, labor, obra; *(workmen)* mano de
obra; *(med.)* dolores de parto;
hard —, trabajos forzados; **—
party,** partido laborista; *va.*
trabajar, elaborar, fabricar;
vn. afanarse, esforzarse, forcejear.

labourer [ley'bə-rə] *n.* trabajador; jornalero, bracero; *(farm.)*
gañán.

labyrinth [la'bi-rinz] *n.* laberinto, embrollo, dédalo.

lac [ləc] *n.* laca, barniz; la mar,
gran número.

lace [leys] *n.* encaje; *(for tying)*
cordón; **shoe —,** cordón; *va.*
hacer encaje; bordar; **— up,**
atar.

lack [lak] *n.* necesidad, escasez,
falta, carencia; ausencia; **—of
spirit,** pobreza; **— of movement,** inacción; **—of taste, tact,
etc.,** desacierto; **— of enthusiasm,** tibieza; *va.* tener necesidad de; *vn.* carecer, faltar.

lacking [la'king] *adj.* falto de,
defectivo en.

laconic [la-ko'nik] *adj.* lacónico,
breve, conciso.

lacquer [la'kə] *n.* laca, barniz;
va. barnizar.

lad [lad] *n.* joven, muchacho,
chiquillo, rapaz, chaval, pollo;
young-fellow-me —, pollito.

ladder [la'də] *n.* escala, escalera; *(in stockings)* carrera;
rope —, escala de cuerda.

laden [ley'dən] *p.p.* cargado,
colmado.

ladle [ley'dəl] *n.* cucharón, cazo.

lady [ley'di] *n.* dama, señora;
fine young —, damisela; **—in-
waiting** *(Spanish Royal Household),* menina; **—killer,** tenorio; **—ship,** señoría.

ladylike [ley'di-layk] *adj.* delicado, elegante; *(applied to
men)* afeminado.

lag [lag] *n.* retraso; *va.* **—
behind,** rezagarse, quedarse
atrás.

laggard [la'gəd] *adj. & n.* tardo, rezagado, holgazán.

lair [le'ə] *n.* guarida, madriguera; escondrijo, cubil.

laity [le'i-ti] *n.* la gente lega,
los seglares.

lake [leyk] *adj.* lacustre; *n.* lago; *(ornamental)* estanque.

lamb [lam] *n.* cordero, borrego.

lame [leym] *adj.* cojo, cojuelo;
tullido; *(excuse, etc.)* débil;
va. estropear, lisiar; **to walk
—,** cojear.

lameness [leym'nes] *n.* cojera.

lament [lə-ment'] *n.* queja, lamento; llanto; *va. & n.* deplorar, lamentarse, quejarse, sentir.

lamentable [la'mən-tə-bəl] *adj.*
deplorable, lamentable, lastimero; funesto.

lamp [lamp] *n.* lámpara; *(heating)* quemador; **oil —,** candil;
street —, farol; **— glass,** tubo
de lámpara; **—shade,** pantalla.

lance [laans] *n.* lanza; *(med.)*
lanceta; **—wound,** lanzada; *va.*
lancear, atravesar, cortar.

land [land] *n. (earth, country)*
tierra; *(ground)* terreno(s);
(nation) país; *(area, region)*
comarca; *(on boundary)* terreno limítrofe; *va. & n.* desembarcar; tomar tierra; *(aircraft)*
aterrizar; *va. (slap, etc.) (coll.)*
propinar, arrear.

landing [lan'ding] *n.* desembarco; *(aircraft)* aterrizaje; *(stairs)* descanso; *(dock)* desembarcadero.

landlady [land'ley-di] *f.* señora, patrona.

landlord [land'lood] *n.* propietario, huésped, dueño, patrón.

landmark [land'maak] *n.* *(stone, etc.)* mojón, hito, coto.

landowner [lan'dou-nə]. *n.* proprietario, terrateniente, hacendado.

landscape [land'skeyp] *n.* paisaje, campiña, vista.

landslide [land'slayd] *n.* *(mining)* revestimiento; desprendimiento de tierra, lurte.

lane [leyn] *n.* *(town)* callejuela, callejón; *(country)* camino vecinal, senda.

language [lang'gueydy] *n.* lengua, idioma; lenguaje.

languid [lang'guid] *adj.* lánguido, débil, lacio.

languidness [lang'guid-nes] *n.* entorpecimiento, desmayo.

languish [lang'guish] *vn.* languidecer, extenuarse, consumirse.

languor [lang'gə] *n.* dejadez, languidez.

lank [langk] *adj.* flaco, descarnado, delgado; *(hair)* lacio.

lantern [lan'tən] *n.* linterna; *(big)* farola; *(paper)* farolillo; *(magic)* linterna mágica; *(dark)* linterna sorda.

lap [lap] *n.* falda, seno, regazo; — dog, perro faldero; *va. & n.* sobreponer, plegar; envolver; lamer.

lapel [lə'pel] *n.* solapa. [lamer.

lapicide [la'pi-said] *n.* cantero, grabador en piedra.

lapse [laps] *n.* *(of time)* lapso, transcurso; traspié, falta; *vn.* pasar, transcurrir; caducar, (re)caer en.

larceny [laa'sə-ni] *n.* *(petty)* hurto; ratería.

larch-tree [laach'tri] *n.* alerce.

lard [laad] *n.* manteca (de cerdo). [repostería.

larder [laa'də] *n.* despensa.

large [laady] *adj.* grande, grueso, amplio; *(number)* nutrido; extenso; *(clothes)* holgado; —

headed, cabezudo; — **hearted,** desprendido.

largeness [laady'nes] *n.* extensión, amplitud, generosidad.

lark [laak] *n.* alondra; *(coll.)* holgorio.

lasciviousness [la'si'viəs-nes] *n.* lascivia, incontinencia.

lash [lash] *n.* látigo; *(with whip)* latigazo; *(with tail)* coletazos; azote; eye —, pestaña; *va. & n.* azotar; *amarrar,* *(with tail)* dar coletazos.

lass [las] *n.* chavala, moza, doncella, muchacha; *(fam.)* polla; **bonny** —, moza garrida; **country** —, zagala.

lasso [la-su'] *n.* lazo; *(Arg.)*

last [laast] *adj.* último, postrero; supremo; pasado; *(gasp)* postrero, último; *(Monday)* pasado; *(one)* último, otro; — **night,** anoche; — but one, penúltimo; — **man in** *(games)*, porra; at —, en fin, finalmente; *adv.* at the —, a la zaga, al fin; **at long** —, a la postre; **to the** —, hasta lo último; *(mil.)* — **post,** retreta; **on one's** — **legs,** a no poder más; — **moments** *(of life)* postrimerías; *n.* horma; *v.* (per)durar; — **out,** subsistir; sostenerse.

lasting [laas'ting] *adj.* duradero, durable.

lastly [laast'li] *adv.* (en, por) fin; finalmente, por último.

latch [lach] *n.* aldaba, aldabilla, picaporte, cerrojo; — **key,** llavín.

late [leyt] *adj.* *(flowers, etc.)* tardío; *(train)* retrasado; — **king,** el difunto rey; tardo, lento; reciente, *(hours)* altas horas; **to be** —, llegar (tarde, retrasado), retrasarse, llevar un retraso de (10 *mins.*); **of** —, lately, recientemente, de poco tiempo acá, últimamente; **too** —, demasiado tarde; **as** — **as Monday,** el lunes mismo, el lunes sin ir más lejos.

lately [leyt'li] *adv.* ha poco, recientemente. [do.

latenes [leyt'nes] *n.* lo avanzado.

latent [ley'tənt] *adj.* oculto, latente, secreto.

later [ley'tə] *adv.* con posterioridad, más tarde, posteriormente.   [a más tardar.
latest [ley'təst] *adv.* at the —,
lather [la'zə] *n.* espuma de jabón; *va.* enjabonar; hacer espuma.
latitude [la'ti-tiud] *n.* latitud, extensión; **in the — of,** en las alturas de.
latter [la'tə] *adj.* último, éste, posterior; **the — part,** la segunda parte.   [glorificar.
laud [lood] *va.* alabar, celebrar,
laudable [loo'də-bəl] *adj.* loable.   [laudatorio.
laudatory [loo-də-tə-ri] *adj.*
laugh [laaf] *n.* risa; *vn.* reír; **— at,** reírse de, ridiculizar; **to — out loud,** reír a carcajadas; **to — up one's sleeve,** reírse por dentro.
laughable [laa'fə-bəl] *adj.* risible, divertido.
laughing [laa'fing] *adj.* risueño; **— gas,** gas hilarante; **— stock,** hazmerreír.   [cajada.
laughter [laaf'tə] *n.* risa, carlaunch [loonch] *n.* botadura, lanzamiento; lancha; *va.* lanzar, botar al agua; *vn.* arrojarse, lanzarse, acometer.
launder [loon'-dər] *v.* lavar la ropa, lavar una tela.
laundress [loon'dres] *n.* lavandera.
lavatory [la'və-tə-ri] *n.* lavatorio, lavadero; *(w.c.)* retrete.
lavender [la'vən-də] *n.* espliego, alhucema.
lavish [la'vish] *adj.* lujoso; fastuoso, manirroto, pródigo; *va.* prodigar.
lavishness [la'vish-nes] *n.* prodigalidad, despilfarro, derroche.
law [loo] *n.* ley; *(study)* derecho; *(fundamental)* constitución; **canon —,** derecho canónico; *(civil)* civil; *(comercial)* mercantil; *(criminal)* penal; **— student,** estudiante de derecho; **beyond the —,** fuera de la ley; *pl.* **the — of,** las leyes de; **according to the —,** según le ley; **— officer,** policía; golilla; **brother-in —,** cuñado;

mother-in- — suegra; daughter-in- —, nuera; **to go to —,** poner pleito; **to take the — into one's own hands,** tomarse la justicia por su mano; **— abiding,** pacífico, morigerado.
lawful [loo'ful] *adj.* legal, legítimo, lícito.
lawless [loo'les] *adj.* desordenado, ilegal, desaforado.
lawlessness [loo'les-nes] *n.* licencia, ilegalidad.
lawn [loon] *n.* césped; *(sew.)* linón.   [ción.
lawsuit [loo'sut] *n.* pleito, acción.
lawyer [lo'yə] *n.* abogado, letrado; *(petty)* —, leguleyo; **—'s office,** bufete; **to set up as —,** abrir bufete.
laxity [lak'si-ti] *n.* holgura; *(morals)* relajamiento.
lay [ley] *va.* poner, colocar, (ex)tender; echar, acabar con; *(eggs, table)* poner; *(fears, etc.)* sosegar, aquietar; achacar; *(bet)* apostar; *(gun)* apuntar; *vn.* **— about one,** dar palos de ciego; **— aside,** poner a un lado, desechar; arrinconar; guardar; **— bare,** revelar; **— before,** exponer (ante los ojos); **— down,** posar; *(corn)* acostar, *(arms)* deponer; dictar, sentar, establecer, imponer; *(in earth)* enterrar; **— (oneself) open,** exponer(se) a, descubrir; **— out,** trazar; **— out** *(corpse),* amortajar; **— out** *(money),* invertir; gastar.
layer [ley'ə] *n.* capa, yacimiento.
laystall [le'is-tol] *n.* establo, muladar, montón de basura.
laziness [ley'si-nes] *n.* pereza.
lazy [ley'si] *adj.* perezoso, descuidado, lánguido; **— dog,** paseante.   [sonda, plomada.
lead [led] *n.* plomo; *(naut.)*
lead [liid] *n.* primer lugar, primacía; *(theat.)* protagonista, primer actor; *(cards)* mano; *va.* llevar, guiar; *(procession, etc.)* ir a la cabeza; encauzar, inducir; *(expedition)* capitanear; *vn.* llevar la delantera; tender; *(cards)* ser mano; **— into error,** inducir a error; —

to, salir a; **to take the —**, adelantarse, tomar la delantera.

leader [lii'də] *n.* guía; jefe; cabecilla, adalid; caudillo; *(newspaper)* editorial, artículo de fondo; *(gang)* cuadrillero.

leading [lii'ding] *adj.* principal, capital, primero; conducta; conducción.

leaf [liif] *n.* hoja; *(tobacco)* en rama; *(table)* pala; *(door)* ala, batiente; *(gold)* oro batido; **to turn over a new —**, enmendarse, volver la hoja. [doso.

leafy [lii'fi] *adj.* coposo, frondoso.

league [liig] *n.* liga; confederación; legua; *vn.* ligarse, confederarse.

leak [liik] *n.* gotera, escape; *vn.* gotear, hacer agua, rezumar; **— out**, trascender.

leaky [lii'ki] *adj.* roto, averiado; **it is —**, hace agua.

lean [liin] *adj.* flaco, magro, enjuto; *n.* carne magra; **— to**, colgadizo, cobertizo; *va. & n.* inclinar(se), apoyar(se); **— back**, reclinarse; **— against**, arrimar(se) a. [magrura.

leanness [liin-nes] *n.* flaqueza,

leap [liip] *n.* salto, brinco; corcovo; **— year**, año bisiesto; *pl.* **by —s and bounds**, a pasos agigantados; *va. & n.* saltear, brincar *(heart)* latir; **— over**, salvar.

learn [ləən] *va. & n.* aprender, darse cuenta; enterarse de, averiguar.

learned [ləə'ned] *adj.* docto, erudito; versado en; sabio; *(style)* culto.

learner [ləə'nə] *n.* escolar, estudiante; aprendiz; principiante.

learning [ləə'ning] *n.* saber; **superficial —**, erudición a la violeta.

lease [liis] *n.* arriendo, arrendamiento; *va.* arrendar, dar en arriendo.

least [liist] *adj.* ínfimo, el menor; *adv.* lo menos; **at —**, por lo menos; **when you — expect it**, cuando menos se piensa; de hoy a la mañana; **not in the**

—, de ningún modo, ni mucho menos. [—, cordobán.

leather [le'zə] *n.* cuero; **Spanish**

leave [liiv] *n.* permiso, licencia; **by your —**, con perdón, con su permiso; **without so much as by your —**, de buenas a primeras; *va.* dejar, abandonar; irse, salir; *(money, etc.)* legar; **— out**, omitir; **— the priesthood**, colgar los hábitos.

leaving [lii'ving] *n.* salida, partida; despedida; *pl.* sobras, desperdicios.

lecture [lek'chəl] *n.* *(speech)* conferencia, discurso; reprimenda; **— hall**, aula, salón; *va.* dar (una) conferencia; sermonear, regañar. [renciante.

lecturer [lek'chə-rə] *n.* conferenciante.

led [led] *part.* **to be —**, guiarse; **easily — astray**, malaconsejado.

ledge [ledy] *n.* borde, capa; saliente; **window —**, alféizar.

lee [li] *n.* sotavento, socaire.

leer [li'ə] *n.* mueca.

lees [liis] *n. pl.* sedimento, heces; *(wine)* poso. [tavento.

leeward [lii'uəd] *adj. & adv.* sotavento.

left [left] *adj.* izquierdo; **— handed**, zurdo; **— hand**, siniestra; **to be —**, quedar; **— behind**, rezagado; **on the —**, a la izquierda; **—out**, omitido; olvidado.

leg [leg] *n.* pierna; pantorrilla; *(animals, furniture)* pata; **long —**, zanca; **on one's last —s**, a la cuarta pregunta; preguntar; **to pull one's —**, tomarle el pelo. [rencia.

legacy [le'gə-si] *n.* legado, herencia.

legal [lii'gəl] *adj.* legal, legítimo, judicial, constitucional.

legality [li-ga'li-ti] *n.* legalidad.

legate [le'gət] *n.* legado; embajador.

legend [le'dyənd] *n.* leyenda, fábula; *(notice)* letrero.

legion [lii'dyən] *n.* legión, multitud. [leyes, legislar.

legislate [le'dyis-leyt] *vn.* hacer

legislature [le'dyis-lə-chə] *r.* legislatura, cuerpo legislativo.

legitimacy [le-dyi'ti-mə-si] *n.* legitimidad.

legitimate [le-dyi'ti-meyt] *adj.* legítimo.

leisure [le'syə] *n.* ocio, holganza, desocupación, comodidad; **at —**, holgado, a gusto; **to be at —**, holgar, estar (libre, desocupado); **— time**, ratos perdidos.   [loured, cetrino.

lemon [le'mən] *n.* limón; **— co-lemonade** [le-mə-neyd'] *n.* limonada.

lend [lend] *va.* prestar; **— at interest**, prestar a rédito; **— a hand**, echar una mano; **— oneself**, prestarse.

lending [len'ding] *n.* empréstito, préstamo.

length [lengz] *n.* longitud, extensión; *(time)* espacio, duración; *(of cloth)* corte; **to go to great —s**, extremar; **at —**, a la larga; **full —**, de cuerpo entero.   [extender, crecer.

lengthen [leng'zen] *va.* alargar, **lengthy** [leng'zi] *adj.* difuso, prolongado, extenso.

leniency [li'nyən-si] *n.* clemencia, lenidad.

lenient [li'nyənt] *adj.* clemente, benigno.   [luneta.

lens [lens] *n.* lente; *(spectacles)*

lent [lent] *n.* cuaresma.

lentil [len'til] *n.* lenteja.

leper [le'pə] *n.* leproso, lazarino.

leprosy [le'prə-si] *n.* lepra.

less [les] *adj. & adv.* menor, menos; **to grow —**, decrecer.

lessen [le'sən] *va.* disminuir, mermar; *vn.* disminuirse; aminorar; *(wind)* amainar.

lesson [le'sən] *n.* lección; enseñanza; reprimenda; *(moral)* moraleja; **to teach a — to**, aleccionar.

lest [lest] *conj.* no sea que; para que no.

let [let] *n.* estorbo; *va.* dejar; *(rooms, etc.)* alquilar; *vn.* **— into**, dejar entrar; enterar; **— fly, free, loose**, soltar, desencadenar; **— off** *(gun)*, disparar; perdonar; **— out** *(rope)*, aflojar, soltar, *(slap)* largar; **to — know**, hacer saber, advertir, hacer presente.

lethargy [le'zə-dyi] *n.* inactividad, estupor.

letter [le'tə] *n.* carta; letra; carácter; **small —**, minúscula; **— writing**, correspondencia, epistolería; **— perfect**, al pie de la letra; **— box**, buzón.

letting [le'ting] *n.* arrendamiento.

lettuce [le'tis] *n.* lechuga.

level [le'vəl] *adj.* igual, plano, llano, liso; *n.* nivel; **above sea —**, sobre el nivel del mar; **— crossing**, paso a nivel; *va.* nivelar, allanar, explanar; arrasar; **— (gun) at**, apuntar.

levelling [le'və-ling] *n.* nivelación, aplanamiento; *(site)* desmonte.   [viandad; risa.

levity [le'vi-ti] *n.* ligereza, li-**levy** [le'vi] *n.* leva, enganche; exacción de tributos; *va.* reclutar; imponer, exigir (tributos).   [incontinencia.

lewdness [liud'nes] *n.* lujuria, **ley** [ley] *n.* pradera temporal.

liability [lay-ə-bi'li-ti] *n.* responsabilidad, compromiso; *pl.* *(com.)* pasivo; tendencia.

liable [lay'ə-bəl] *adj.* responsable; expuesto; propenso a; **to become —**, incurrir en.

liaison [li-ay'sən] *n.* enredo.

liar [lay'ə] *n.* embustero, mentiroso.

libel [lay'bəl] *n.* libelo, difamación; *va.* difamar, calumniar, infamar.

liberal [li'bə-rəl] *adj.* liberal, generoso, largo, desprendido.

liberality [li-bə-ra'li-ti] *n.* liberalidad.

liberate [li'bə-reyt] *va.* libertar, librar, redimir.

libertine [li'bə-tiin] *n.* burlador, libertino.

liberty [li'bə-ti] *n.* libertad; libre albedrío; licencia, desembarazo.

librarian [lay-bre'ə-ryən] *n.* bibliotecario.   [teca.

library [lay'brə-ri] *n.* biblio-**license** [lay'səns] *n.* licencia, permiso; título, diploma; libertinaje, desenfreno; *va.* autorizar, conceder (un permiso, una licencia).

licentious [lay-sen'shəs] *adj.* licencioso, desahogado.

lick [lik] *va.* lamer; pegar, *(coll.)* cascar.

licorice [li'kə-ris] *n.* regaliz.

lie [lay] *n.* mentira, embuste, falsedad; **white —,** mentirilla; *(of land, etc.)* caída; *vn.* mentir; *(be situate)* ubicar; **— about,** estar esparcido, desparramado, tumbado; **— against,** arrimarse a; **— between,** mediar; **— down,** echarse, acostarse, tenderse; **— in wait for,** acechar; **— low,** agacharse; **— on,** pesar sobre; *(in grave)* yacer; **to give the — to,** dar el mentís, desmentir, contradecir.

lieutenant [lef-te'nənt] *n.* teniente; **second —,** alférez; **— colonel,** teniente coronel.

life [layf] *n.* vida; vivacidad; vivir, conducta; **to the —,** al vivo; **for —,** vitalicio, de por vida; **painted from —,** pintado del natural; **— belt,** salvavidas; **— boat,** lancha de socorro, bote salvavidas.

lifeless [layf'les] *adj.* sin vida, inanimado, desanimado, exánime.

lifelike [layf'layk] *adj.* muy parecido; vívido.

lift [lift] *n.* elevación, alzamiento; *(mech.)* ascensor, montacargas; *va.* levantar, elevar, subir; *(coll.)* sisar.

light [layt] *n.* luz, claridad; **signal —,** farol; *(met.)* **shining —,** lumbrera; iluminar; *va.* *(heat)* encender; *vn.* encenderse; **— on,** posarse.

light [layt] *adj. (colour)* claro; *(weight)* ligero, leve; delgado, sutil; fácil, frívolo; brillante; **— headed,** ligero de cascos.

lighten [lay'tən] *va. (weight)* aligerar; aclarar, iluminar, alumbrar; *vn.* relampaguear.

lighter [lay'tə] *n.* encendedor; *(cigarette)* mechero; *(boat)* lancha, barcaza, pontón.

lighthouse [layt'jaus] *n.* faro.

lightness [layt'nəs] *n.* ligereza, levedad.

lighting [lay'ting] *n. (street)* alumbrado (público).

lightning [layt'ning] *n.* relámpago, rayo; **— conductor, — pararrayos.**

like [layk] *adj.* semejante, parecido; igual; *n.* semejante, igual; *adv.* como, del mismo modo; **a semejanza de; what I —,** de mi agrado; **— it or not,** mal que le pese; **— father — son,** cual padre tal hijo; *va. & n.* gustar, gustar de, estimar, apreciar, simpatizar con; **to be —,** semejar a, parecerse a.

likely [layk'li] *adj. & adv.* probable, posible, idóneo, verosímil, dable, a propósito; **— as not,** a lo mejor; **to be — to,** deber de; **it isn't —,** es improbable; **not —!** claro que no.

likeness [layk'nəs] *n.* semejanza, parecido, retrato, semejante; **to be a good —,** estar parecido; **family —,** aire de familia.

likewise [layk'uays] *adv.* también, del mismo modo, igualmente.

liking [lay'king] *n.* gusto, grado, inclinación, afición.

lily [li'li] *n.* lirio; **water —,** nenúfar.

lilt [lilt] *v.* cantar alegremente. **— n.** jácara.

limb [lim] *n.* miembro; *(tree)* rama.

limit [li'mit] *n.* límite; *(end)* término; **—s,** frontera; **that's the —,** es el colmo; **to the —,** hasta no más; *va.* limitar, circunscribir.

limitation [li-mi-tey'shən] *n.* limitación, restricción.

limited [li'mi-təd] *adj.* limitado, poco; escaso; **de responsabilidad limitada.**

limp [limp] *adj.* flojo, lacio; *n.* cojera; *vn.* cojear, claudicar.

limpid [lim'pid] *adj.* límpido, cristalino, transparente.

limping [lim'ping] *n.* cojera; *adj.* cojo.

line [layn] *n.* línea, fila; *(print.)* renglón; *(poetry)* verso; *(writing)* raya; *(on face)* surco; *(mil.)* **behind the —s,** a la retaguardia; *va.* alinear, revestir; *(clothes)* forrar; **— up,** alinear.

lob

lineage [li'nieydy] *n.* raza, linaje, abolengo; genealogía; (gentlemanly), hidalguía.
linen [li'nən] *n.* lino, lienzo; ropa blanca.
liner [lay'nə] *n.* transatlántico.
linger [ling'gə] *vn.* tardar, demorarse, ir despacio.
lingering [ling'gə-ring] *adj.* prolongado, dilatado, moroso.
lining [lay'ning] *n.* (a)forro.
link [lingk] *n.* eslabón; enlace; — boy, paje de hacha; *va.* enlazar, eslabonar; — together, encadenar.
linnet [li'nət] *n.* jilguero.
lint [lint] *n.* hilas, clavo, gasa.
lintel [lin'təl] *n.* dintel, lintel; (house) umbral.
lion [lay'ən] *n.* león.
lip [lip] *n.* labio; (of cup, etc.) borde; pico.
liquid [li'kuid] *n. & adj.* líquido; límpido.
liquidate [li'kui-deyt] *va.* saldar, pagar (cuentas).
liquor [li'kə] *n.* licor. [cear.
lisp [lisp] *va. & n.* balbucir; celist [list] *n.* lista; tabla; pecho; fichero; minuta; (students) matrícula; (ship) banda, inclinación; (salary, promotion) escalafón; to put on —, matricular; *vn.* recalcar; *va.* facturar.
listen [li'sən] *vn.* escuchar; oír; to — to reason, atender a razones. [te.
listener [lis'nə] *n.* (radio) oyenlistless [list'ləs] *adj.* desatento, negligente; desanimado.
listlessness [list'les-nes] *n.* desatención, indiferencia, apatía, abulia.
literal [li'tə-ral] *adj.* literal, al pie de la letra.
literature [li'tə-rə-chə] *n.* literatura; bellas letras; light —, literatura amena.
lithe [layz] *adj.* delgado, flexible, ágil; mimbreante.
litigant [li'ti-gənt] *n.* litigante, contendiente.
litigation [li-ti-gey'shən] *n.* litigio, pleito, proceso.
litre [lii'tə] *n.* litro.
litter [li'tə] *n.* litera; (bier) andas, camilla; (enclosed) palanquín; (animal) cría; (paper, etc.) desorden, basura, desperdicios; (animal bedding) cama de paja.
little [li'təl] *adj.* poco, pequeño, chico; escaso, limitado; *adv.* poco, escasamente.
littleness [li'təl-nes] *n.* poquedad, pequeñez; mezquindad.
live [*adj.* layv; *vb.* liv] *adj.* vivo, ardiente, brillante; (elect.) cargado; — coal, ascua, brasa; *vn.* vivir; subsistir, morar, habitar; — on, subsistir; — up to, corresponder; to manage to —, vivir de milagro, vivir al día.
livelihood [layv'li-jud] *n.* mantenimiento, subsistencia, vida.
liveliness [layv'li-nes] *n.* vivacidad, brío, salero, vida, prontitud.
lively [layv'li] *adj.* vivo, vivaz, fogoso, animado, despabilado, brioso, enérgico, resalado; to make — animar (with drink), refocilar.
liver [li'və] *n.* hígado.
livid [li'vid] *adj.* lívido, amoratado, cárdeno, pálido.
living [li'ving] *adj.* viviente, vivo; *n.* to earn one's —, sostenerse; (eccles.) beneficio; — together, convivencia; to purchase a —, beneficiar; — in, *adj.* interno.
load [loud] *n.* carga; peso; fardo; *va.* cargar, cubrir.
loading [lou'ding] *n.* cargo; — place, cargadero.
loaf [louf] *n.* pan; (small) bollo; *vn.* bribonear, haraganear, zanganear.
loafer [lou'fə] *n.* desocupado, holgazán, vago, gandul.
loan [loun] *n.* préstamo; (finan.) (em)préstito; uso; *va.* prestar.
loathe [looz] *va.* detestar, cobrar aversión a, aborrecer, repugnar(se).
loathing [loo'zing] *n.* disgusto, asco, repugnancia, hastío.
loathsome [looz'səm] *adj.* repugnante, aborrecible, asqueroso.
lob [lob] lombriz para cebo; masa, mezcla; voleo de pelota.

lobby [lo'bi] *n.* pasillo, corredor; pórtico, antecámara.

lobe [loub] *n.* lóbulo; *(of ear)* lobo.

lobster [lob'stə] *n.* langosta.

local [lou'kəl] *adj.* local; del dario.
barrio; — **inhabitants,** vecindad.

locality [lou-ka'li-ti] *n.* localidad.

locate [lou-keyt'] *va.* colocar, situar; ubicar; dar con.

located [lou-key'təd] *adj.* sito.

location [lou-key'shən] *n.* situación, ubicación.

lock [lok] *n.* cerradura, cerraja; *(canal)* esclusa; **love** —, tirabuzón; *(hair)* trenza, mecha, guedeja; bucle; **under** — **and key,** bajo llave; *va. & n.* cerrar con llave, echar la llave a; — **up,** recoger; encerrar(se).

locket [lo'ket] *n.* medallón, relicario.

lock-out [lo'kaut] *n.* cierre (de fábrica).

locomotive [lou-ko-mou'tiv] *n.* locomotora.

locust [lou'kəst] *n.* langosta, saltamontes.

lode [loud] *n.* venero, filón, veta.

lodge [lody] *n.* casa de guarda, pabellón; *va.* alojar, albergar, acomodar; *(complaint)* presentar; *vn.* habitar, fijarse, posar. [quilino.

lodger [lo'dyə] *n.* huésped, in-

lodging [lo'dying] *n.* hospedaje, habitación, vivienda; acomodo; pensión; — **house,** casa de huéspedes; posada, pensión.

loftiness [lof'ti-nes] *n.* altura, elevación; magnificencia; *(pride)* altivez.

lofty [lof'ti] *adj.* elevado, alto, excelso, ilustre, encumbrado.

log [log] *n.* leño, tronco; *(naut.)* — **book,** cuaderno de bitácora; **to sleep like a** —, dormir como un tronco.

loggerheads [lo'gə-jeds] *adv.* **at** —, en desacuerdo; **to be at** —, andar de puntas.

logic [lo'dyik] *n.* lógica.

loin [loyn] *n.* lomo, ijar; *(of beef)* filete, solomillo; — **cloth,** taparrabo.

loiter [loy'tə] *vn.* holgazanear, mangonear, hacer tiempo, vagar.

loll [loul] *vn.* recostarse, apoyarse, tenderse; *(tongue)* colgar, sacar.

loin [lo'in] *n.* ijada, íjar.

loneliness [loun'li-nes] *n.* soledad, aislamiento, hueco.

lonely [loun'li] *adj.* solitario.

long [long] *adj.* largo, extendido, extenso; lento, tardo, pausado; **in the** — **run,** a la larga, al fin y al cabo; **so** — (coll.), hasta luego; — **winded,** prolijo; — **suffering,** sufrido; *adv.* largo tiempo, largo rato; **as** — **as,** mientras; **before** —, en breve, sin tardar (mucho), si se descuida; — **lived,** duradero; *vn.* tener nostalgia; — **for,** suspirar por; apetecer; antojarse; — **to have,** codiciar.

longing [long'ing] *n.* deseo ardiente, ansia, antojo, anhelo, hambre.

longitude [lon'dyi-tiud] *n.* longitud.

longwise [long'uays] *adv.* a lo largo.

look [luk] *n.* mirada; *(appearance)* aire, aspecto, parecer; *(coll.)* facha, pinta, traza; *(of disapproval)* ceño; *(of inspection)* ojeada, vistazo; *va. & n.* mirar; contemplar; aparentar; **to** — **well,** tener buena cara; — **alive** *(coll.),* darse prisa; — **at,** mirar; — **into,** examinar, inquirir; — **out of,** asomarse a; — **over,** mirar por encima; revisar, repasar, hojear; — **like,** parecerse a; — **here!** oiga; — **out!** ¡cuidado! ¡atención!

looker-on [lu-kə-ron'] *n.* mirón.

looking [lu-king] *adj.* **good** —,

(usu. fem.), guapo; bien pare-cido, gallardo.

looking-glass [lu'king-glaas] *n.* espejo, cristal.

look-out [lu'kaut] *n. (man)* vi-gía; *(tower)* vigía, mirador, atalaya; **to keep a sharp —,** avizorar; **to be on the —,** estar (a la expectativa, a la mira).

loom [lum] *n.* telar; *vn.* mos-trarse, aparecer, amenazar.

loop [lup] *n.* lazo, ojal, lazada; *(road)* vuelta; *(aviation)* rizo; *va.* asegurar, formar festones, curvas; hacer el rizo.

loophole [lup'joul] *n.* aspillera; tronera, salida.

loopy [lu'pi] *adj. (pop.)* gui-llado, chiflado.

loose [lus] *adj.* suelto, flojo, holgado; relajado; **— fitting,** ancho; **— living,** incontinente, relajado; remiso, descuidado; *va.* aflojar, soltar, desatar; **to break —,** desatarse, zafarse; estallar; **to work —,** aflojarse, desprenderse.

loosen [lu'sən] *va. & n.* soltar, desprender, deshacerse.

looseness [lus'nes] *n.* relajación, holgura, soltura, flojedad.

loot [lut] *n.* botín; *va. & n.* sa-quear, pillar.

lop [lop] *va.* descabezar, cortar; *(trees)* podar; **—off,** cercenar, truncar.

loquacious [lo-kuey'shəs] *adj.* locuaz, hablador.

lord [lood] *n.* señor; lord; **— Chamberlain,** camarero ma-yor; **—'s Prayer,** padre nues-tro; *vn.* **—it over,** señorear.

lordship [lood'ship] *n.* señoría; *(power or estate)* señorío.

lorgnette [lor-net'] *n.* imperti-nentes.

lorry [lo'ri] *n.* camión, tractor.

lose [lus] *va.* extraviar, perder, malograr, desperdiciar; **—sight of,** perder de vista; **—patience, temper,** salirse de sus casillas; **—self control,** perder los estri-bos; **— oneself** *(in thoughts)*, abismarse.

loss [los] *n.* pérdida; *(article, etc.)* extravío; disipación; da-ño; *(reputation)* menoscabo;

(bank) quiebra; perdición; **profit and —,** pérdidas y ga-nancias; **at a —,** perplejo, in-deciso; perdiendo.

lost [lost] *adv.* extraviado; des-carriado; malogrado; desper-diciado; inaccesible, ignoto; **to get —,** perderse, extraviar-se; **to be —** *(in wonder, etc.)*, enajenarse; **—to,** insensible a.

lot [lot] *n.* suerte; *(auction)* lote; porción; *(ground)* solar; **a — of** *(money)*, la mar de; **to cast —s,** echar suertes; **it fell to his —,** le tocó.

lottery [lo'tə-ri] *n.* lotería, rifa.

loud [laud] *adj.* alto, recio; rui-doso, estrepitoso; *(colours)* subido, chillón; *(taste)* chaba-cano; **—speaker,** *n.* altavoz.

loudly [laud'li] *adv.* en voz al-ta, reciamente, recio.

loudness [laud'nəs] *n.* ruido, so-noridad, chabacanería.

lounge [laundy] *n.* salón; **—suit,** traje; *vn.* holgazanear; poner-se cómodo.

lovable [lə'və-bəl] *adj.* amable, encantador.

love [ləv] *n.* amor, pasión, de-voción, galanteo; **—of,** afición a, cariño por; **lady —,** querida, novia, dama; **— at first sight,** flechazo; **— affair,** relaciones amorosas, *(coll.)* plan; **for — or money,** por las buenas o las malas; **— token,** prenda de amor; **to make — to,** galantear, requerir (de amores), enamo-rar, pelar la pava; **to be in —,** estar enamorado de, *(madly)* beber los vientos por; *va.* amar, querer; tener afición a, entusiasmarse, deleitarse.

loveliness [ləv'li-nes] *n.* amabi-lidad; belleza, primor, hermo-sura, pulcritud.

lovely [ləv'li] *adj.* primoroso, bello, hermoso; venusto; pul-cro; atractivo; **how —!** ¡qué preciosidad!

lover [lə'və] *n.* amante; enamo-rado; querido; **—of,** aficionado a, amigo de.

love-sick [ləv'sik] *adj.* enamo-rado.

loving [lə'ving] *adj.* tierno, cariñoso, afectuoso; — ly, adv. con amor.

low [lou] adj. bajo; hondo; común, innoble, rastrero; despreciable, ruín; (spirited) deprimido, abatido, amilanado; humilde, sumiso; —necked, escotado; —spirits, abatimiento; — type, chulo; — trick, mala pasada; adv. bajo, en voz baja, quedo; n. mugido; va. mugir, berrear.

lower [lou'ə] adj. inferior; in —ed tones, bajo; —ed (ears), agachadas; va. bajar, rebajar, menguar; deprimir; humillar, abatir; (sky) encapotarse.

lowering [lou'ə-ring] adj. sombrío, amenazante; (sky) encapotado; n. depresión; (of pride) humillación.

lowing [lou'ing] n. mugido; (calf) berro.

lowliness [lou'li-nes] n. humildad; ruindad.

loyal [lo'yəl] adj. leal, fiel.

loyalty [lo'yəl-ti] n. lealtad, fidelidad.

lucid [lu'sid] adj. luminoso, claro; lúcido, límpido.

lucidity [lu-si'di-ti] n. perspicuidad; lucidez, esplendor.

luck [lək] n. fortuna, azar; suerte; good —, buena sombra, dicha; to be in —, tener suerte; to try one's —, probar (ventura, fortuna).

luckless [lək'les] adj. infeliz, infausto, desdichado.

lucky [lə'ki] adj. feliz, dichoso, afortunado.

lucrative [lu'krə-tiv] adj. lucrativo, ventajoso.

ludicrous [lu'di-krəs] adj. burlesco, ridículo, cómico, risible.

lug [ləg] n. (fam.) estirón, cosa lenta y pesada, lóbulo de la oreja, asa.

luggage [lə'gədy] n. equipaje; — van, furgón; left — office, consigna; — rack, red, rejilla.

lugubrious [lu-gu'briəs] adj. fúnebre, lóbrego.

lukewarm [luk'wəəm] adj. tibio; templado; indiferente.

lull [ləl] va. arrullar, adormecer; calmar, sosegar; to be — ed, apaciguarse, arrullarse.

lumber [ləm'bə] n. tablas; tablones; madera de construción; (fig.) piece of —, trasto; — room, trastera.

luminous [lu'mi-nəs] adj. luminoso; perspicuo.

lump [ləmp] n. bulto, masa; (swollen) hinchazón; (in throad) nudo; (sugar) terrón.

lunatic [lu'nə-tik] adj. lunático; orate; raving —, loco de atar.

lunch [lənch] n. almuerzo; (light) colación; (open-air) merienda; —basket, fiambrera; vn. almorzar.

lung [ləng] n. pulmón; pl. bofes; at the top of one's —s, a voz en cuello.

lurch [ləəch] n. sacudida, vaivén; embarazo; (naut.) bandazo; to leave in the —, dejar en las astas del toro.

lure [liu'ə] n. señuelo, cebo; va. tentar, inducir.

lucid [liu'rid] adj. lívido, espeluznante, hórrido.

lurk [ləək] vn. ocultarse, acechar.

luscious [lə'shəs] adj. sabroso, delicioso, meloso.

lush [ləsh] adj. lozano, jugoso.

lust [ləst] n. codicia, lujuria; concupiscencia; vn. codiciar.

lustful [ləst'ful] adj. lujurioso, voluptuoso, salaz, carnal.

lustre [ləs'tə] n. reflejo, lustre, brillo; esplendor; take the — off, empañar.

lusty [ləs'ti] adj. robusto, vigoroso, lozano, fornido.

lute [lut] n. laúd; (ant.) vihuela.

Lutheran [lu'zə-rən] adj. & n. luterano.

luxuriance [lək-shu'ə-riəns] n. exuberancia, superabundancia, lozanía, demasía.

luxuriant [lək-shu'ə-riənt] adj. exuberante, lozano, ubérrimo; (foliage) frondoso.

luxurious [lək-shu'riəs] adj. lujoso; suntuoso; exuberante;

(coll.) de postín; dado al lujo.
luxury [lǝk'shǝ-ri] *n.* lujo, fausto; molicie.
lye [lai] *n.* lejía; *(Ingl.)* desviadero de ferrocarril.
lying [lay'ing] *adj.* falso, mentiroso; *n.* mentira; —tale, embuste; —down, back, tumbado, echado; *(situated)* sit(uad)o.
lyre [lay'ǝ] *n.* lira.
lyric [li'rik] *adj.* lírico; *n.* poesía lírica, cantiga, canción.

M

macaroni [ma-kǝ-rou'ni] *n.* macarrones.
mace [meys] *n.* maza, porra.
machination [ma-shi-ney'shǝn] *n.* maquinación, conjura(ción).
machine [mǝ-shiin'] *n.* máquina, artefacto; aparato; —gun, ametralladora; — made, hecho a máquina.
machinery [mǝ-shii'nǝ-ri] *n.* mecanismo, maquinaria.
mackerel [ma'kǝ-rǝl] *n.* caballa; —sky, cielo aborregado.
mackintosh [ma'kin-tosh] *n.* impermeable.
mad [mad] *adj.* loco, furioso; rabioso; demente, maniático; quite —, loco rematado; to go —, enloquecer(se).
madam [ma'dǝm] *n.* señora.
madden [ma'dǝn] *va.* enloquecer.
mad-house [mad'jaus] *n.* manicomio, casa de orates.
made [meyd] *part.* — up, fabricado, hecho, inventado; *(face)* maquillado; *(story)* ficticio, *(clothes)* confeccionado; I had it — up, lo hice hacer; to be — up of, consistir en; integrarse de.
madman [mad'mǝn] *n.* loco, maniático, insensato.
madness [mad'nǝs] *n.* locura, demencia; delirio, furor, furia.
Madonna [mǝ-do'nǝ] *n.* la Virgen.
Madrid [mǝ-drid'] of —, *adj.* madrileño; matritense.
magazine [ma-gǝ-siin'] *n. (store)* almacén; *(gunpowder)* polvorín; *(naut.)* Santa Bárbara; *(periodical)* revista.

magic [ma'dyik] *n.* magia; — lantern, sombras chinescas; — formula, polvo de la madre Celestina; by —, por ensalmo.
magical [ma'dyi-kǝl] *adj.* mágico, encantador.
magician [mǝ-dyi'shǝn] *n.* mago, brujo, nigromante.
magistrate [ma'dyis-treyt] *n.* magistrado, juez.
magnanimous [mag-na'ni-mǝs] *adj.* magnánimo, generoso.
magnet [mag'nǝt] *n.* imán.
magnificence [mǝg-ni'fi-sǝns] *n.* esplendor, suntuosidad, grandeza.
magnificent [mǝg-ni'fi-sǝnt] *adj.* magnífico, soberbio, real, regio, rumboso.
magnify [mag'ni-fay] *va.* amplificar, aumentar; magnificar, engrandecer.
magnifying-glass [mag'ni-fay-ing-glaas] *n.* lente de aumento.
magnitude [mag'ni-tiud] *n.* magnitud, grandeza; importancia, extensión.
magot [ma'got] *n.* mono de Berbería, figura grotesca en tapas de vasos, etc.
magpie [mag'pay] *n.* urraca, picaza, marica.
mahogany [mǝ-jo'gǝ-ni] *n.* caoba.
Mahommedan [mǝ-jo'me-dǝn] *adj. & n.* moro, mahometano.
maid [meyd] *n.* doncella, virgen; *(servant)* muchacha, criada; sirvienta; —of honour, camarista; lady's—, camarera; old —, soltera, solterona.
maiden [mey'dǝn] *n.* doncella, virgen; soltera; —name, ape-

llido de soltera; *adj.* virginal; primero, incial.

mail [meyl] *n.* correo; —**bag**, valija; — **coach**, coche correo; — **train**, (tren) correo; cota de malla; **air** —, correo aéreo.

maim [meym] *va.* estropear, lisiar, mutilar.   [lisiado.

maimed [meymd] *adj.* manco,

main [meyn] *adj.* principal, primero, mayor, maestro; —**mast**, palo mayor; —**road**, carretera; —**street**, calle mayor.

maintain [meyn-teyn'] *va.* guardar, mantener, conservar; sostener; (*argument*) alegar.

maintenance [meyn'tə(nəns] *n.* mantenimiento, conservación, sostén; entretenimiento.

maize [meys] *n.* maíz.

majestic [mə-dyes'tik] *adj.* majestuoso, augusto; pomposo.

majesty [ma'dyəs-ti] *n.* majestad, soberanía.

major [mey'dyə] *adj.* mayor, principal; *n.* comandante.

Majorcan [mə-dyoo'kən] *n.* & *adj.* mallorquín.

majority [mə-dyo'ri-ti] *n.* mayoría, mayor edad; mayor parte.

make [meyk] *n.* (*clothes*) hechura, confección; — of, (*articles*) marca, (*making*) fábrica, fabricación; *va.* hacer, producir; elaborar; causar; inclinar a, completar; (*speech*) pronunciar; (*copy*) sacar; (*rhymes*) trovar; *vn.* to — **believe**, fingir, aparentar; to — **clear**, patentizar, poner en limpio, dejar establecido; to — **for**, dirigirse, encaminarse a; to — **good**, subsanar, resarcir; cumplir, salir airoso de; to—**known**, comunicar; to — **little of**, sacar poco (mucho) en claro; hacer poco caso de; to — **much of**, festejar, apreciar; to — **merry**, divertirse, (*at night*) trasnochar; to — **most of**, sacar el mayor partido de; to — **off**, huir, largarse; to — **off with**, llevarse, hurtar, quedarse con; to — **one's way**, abrirse paso, salir bien, medrar; to — **out**, distinguir, columbrar, vislumbrar, otear; sacar (en limpio, en claro), descifrar; to — **over**, traspasar, transferir; to — **up**, (*face*) componer, pintar, (*number*) completar, (*loss*) subsanar, (*level*) ajustar, (*min*) decidirse, (*lies*) fabricar, (*parcel*) empaquetar; to— **it up**, componérselas, hacer las paces; to — **up to**, congraciarse con.   [creador, artífice.

maker [mey'kə] *n.* hacedor,

makeshift [meyk'shift] *n.* expediente, recurso, improvisación, substituto.

make-up [mey'kəp] *n.* compostura, modo de ser; (*face*) maquillaje.

making [mey'king] *n.* creación, forma, composición, trabajo, confección; **the —s of**, puntos y collares de.

maladroit [ma'lə-droit] *adj.* torpe, desmañado.

malady [ma'lə-di] *n.* enfermedad, dolencia.

malcontent [mal'kən-tent] *adj.* descontento, malcontento.

male [meyl] *n.* & *adj.* macho; masculino.

malefactor [ma'le-fak'tə] *n.* malhechor.

malevolence [ma-le'və-ləns] *n.* malevolencia, rencor, inquina.

malice [ma'lis] *n.* malicia, malignidad, ruindad.

malicious [mə-li'shəs] *adj.* malicioso, maligno, rencoroso, pícaro.

malign [mə-layn'] *adj.* maligno, dañino; *va.* difamar, calumniar.

malignant [mə-lig'nənt] *adj.* malvado, maligno, safiudo, virulento.   [ción.

malison [ma'li-sən] *n.* maldi-

maltreat [mal-triit'] *va.* maltratar.

mammal [ma'məl] *n.* mamífero.

man [man] *n.* hombre; **a real** —, muy hombre; — **of the world**, hombre de mundo; **merchant** —, buque mercante; **to a** —, todos a uno; *va.* equipar, tripular.

manacles [ma'nə-kəls] *n. pl.* esposas; *va.* maniatar.

manage [ma'neydy] va. manejar, conducir, regir; (house, etc.) regentar, administrar; —to, lograr; procurar; gestionar; vn. ingeniarse (para), componérselas; —to live, vivir de milagro.

manageable [ma'ney-dyə-bəl] adj. manejable, dócil, tratable.

management [ma'neydy-mənt] n. manejo; dirección, administración; gerencia; goce.

Manchegan [man-che'gən] adj. & n. manchego. [to, orden.

mandate [man'deyt] n. mandamane [meyn] n. crin, guedeja.

manful [man'ful] adj. valiente, viril, esforzado.

manger [meyn'dyə] n. pesebre, comedero; dog in the —, perro del hortelano.

mangle [mang'gəl] n. calandria; va. mutilar, despedazar, desgarrar; alisar.

mangy [meyn'dyi] adj. sarnoso.

manhood [man'jud] n. virilidad, hombradía; valentía.

mania [mey'niə] n. manía, obsesión.

maniac [mey'niak] n. maníaco.

manifest [ma'ni-fest] adj. manifiesto, patente, notorio; va. manifestar, demostrar patentizar.

manifestation [ma-ni-fes-tey'-shən] n. public —, demostración; manifestación, alarde.

manifold [ma-ni-fould] adj. numeroso, múltiple.

manipulate [ma-ni'piu-leyt] va. manipular, manejar.

mankind [man-kaynd'] n. el género humano, el hombre, los hombres.

manliness [man'li-nes] n. valentía, fuerza, hombradía, bravura.

manly [man'li] adj. vigoroso, valiente, hombruno, viril.

manner [ma'nə] n. manera, método, procedimiento; hábito; género; aire; pl. modales, trato; good —s, corrección, buen tono, finura, buena educación; in a —, en cierto modo, hasta cierto punto. [atento.

mannerly [ma'nə-li] adj. cortés,

manoeuvre [mə-nu'və] n. maniobra; evolución, manejo; va. & n. maniobrar.

manor [ma'nə] n. casa solariega, quinta, solar.

mansion [man'shən] n. mansión, residencia, morada; castillo. [cornisa, repisa.

mantelpiece [man'təl-piis] n.

mantle [man'təl] n. manto, capa, saya; manguito, incandescente; va. & n. cubrir.

(manu)factory [(ma-niu)-fak'-tə-ri] n. fábrica.

manufacture [ma-niu-fak'chə] n. fabricación; confección; (i.e. not natural) preparado; producto; va. fabricar, labrar.

manufacturer [ma-niu-fak'chə-rə] n. fabricante.

manure [mə-niu'ə] n. abono, estiércol; va. abonar, estercolar.

manuscript [ma'niu-skript] n. manuscrito, códice.

many [me'ni] adj. varios, muchos; --coloured, multicolor, abigarrado; n. muchedumbre; las masas. [plano.

map [map] n. mapa, carta,

maple [mey'pəl] n. arce, meple.

mar [maa] va. echar a perder, desfigurar; frustrar, malear.

marble [maa'bəl] adj. marmóreo, jaspeado; n. mármol.

march [maach] n. (month) marzo; marcha; va. & n. hacer marchar; lindar.

marconi [mar-cou'ni] n. radiograma; v. poner un radiograma, radiografiar.

mare [me'ə] n. yegua.

margin [maa'dyin] n. borde; (on page) margen; extremidad; (com.) reserva, sobrante.

marine [mə-riin'] adj. marino; n. soldado de marina; merchant —, marina mercante.

mariner [ma'ri-nə] n. marinero.

marionette [ma-riə-net'] n. fantoche, títere.

mark [maak] n. (stain, etc.) tacha, borrón; (sign) señal, indicio; amago; indicación, huella; (target) blanco, nivel; marca; (of boundary, etc.) mojón; distinción; (money) marco; (games) tanto; (exam-

ination) nota, calificación; *(silversmith)* cuño; **beside the —,** incongruente; **to hit the—,** atinar, dar en el blanco; **to make one's —,** firmar con una cruz; señalarse; *va.* señalar, rotular; observar; marcar; **— out,** trazar; *(examination)* calificar; **—time,** marcar el paso.

market [maa'kət] *n.* mercado; **to go to — (***i.e. shopping***),** ir a la plaza; **—town,** plaza; **—place,** mercado, plaza; **black —,** estraperlo; **black —eer,** estraperlista.

marksman [maaks'mən] *n.* (buen) tirador.

marmalade [maa'mə-leyl] *n.* conserva de naranja.

marquis [maa'kwis] *n.* marqués.

marriage [ma'redy] *n. (state)* matrimonio; *(action)* enlace, casamiento; *(poet.)* himeneo; *(ceremony)* boda, bendición.

marriageable [ma're-dyə-bəl] *adj.* casero, casadero.

marry [ma'ri] *va.* casar; *vn.* contraer matrimonio; casarse, enlazarse (con).

marsh [maash] *n.* pantano, ciénaga, marjal; marisma.

marshal [maa'shəl] *n.* mariscal; bastonera.

marshy [maa'shi] *adj.* pantanoso, cenagoso; **—tract,** marisma.

mart [maat] *n.* mercado, feria, emporio.

martial [maa'shəl] *adj.* marcial, bélico; **court —,** consejo de guerra. [de San Martín.

Martinmas [maa'tin-məs] *n.* día

martyr [maa'tə] *n.* mártir.

martyrdom [maa'tə-dəm] *n.* martirio.

marvel [maa'vəl] *n.* maravilla, portento; *vn.* maravillarse, asombrarse, pasmarse.

marvellous [maa'və-ləs] *adj.* maravilloso, portentoso; estupendo, prodigioso. [zapán.

marzipan [maa'si-pən] *n.* ma-

masculine [mas'kiu-lin] *adj.* masculino, varonil.

mash [mash] *v.* amasar, magullar, majar, triturar; *n.* amasijo, masa; *(fam.)* conquista amorosa.

mask [maask] *n.* máscara; embozo; *(plays)* carátula; disfraz; caja, color, pretexto; *va.* enmascarar, ocultar, encubrir; disfrazar; *vn.* disfrazarse.

masked [masskd] *adj.* en disfraz; **—bail,** baile de máscaras.

mason [mey'sən] *n.* albañil, cantero; **Free—,** masón.

masonry [mey'sən-ri] *n.* albañilería, mampostería; masonería.

masquerade [maas-kə-reyd'] *n.* mascarada, comparsa; *vn.* enmascararse, disfrazarse de.

masquerader [mas-kə-rey'də] *n.* máscara.

mass [mas] *n.* misa; **high—,** misa mayor; **Christmas —,** misa del gallo; **to go to —,** oir misa; masa, montón, mole, cúmulo; **—es of,** miles de, montones de; *va.* juntar(se) en masas.

massacre [ma'sə-kə] *n.* carnicería, matanza, mortandad; *va.* destroza.

massage [ma-saady'] *n.* masaje.

massive [ma'siv] *adj.* macizo, sólido; abultado; coposo.

mast [maast] *n.* palo, mástil; **et half —,** a media asta.

master [maas'tə] *n.* maestro; *(owner)* amo, dueño; *(ship)* capitán, patrón; *(young —)* el señorito; jefe; **school —,** maestro, preceptor; *(debate)* águila; diestro, perito; **—key,** llave maestra; **to be — of,** dominar, domar, conocer bien, poseer; sobreponerse a.

masterful [maas'tə-ful] *adj.* imperioso, arbitrario, dominante.

masterly [maas'tə-li] *adj.* magistral, imperioso.

masterpiece [maas'tə-pis] *n.* obra maestra.

mastery [maas'tə-ri] *n. (power)* dominio, poder, predominio; *(skill)* maestría, destreza; superioridad.

masticate [mas'ti-keyt] *va.* mascar. [alano.

mastiff [mas'tif] *n.* mastín,

mat [mat] *n.* estera, felpudo; *vn. (hair)* desgreñar.

match [mach] *n. (wax)* cerilla, mixto; matrimonio; *(game)* partida; pareja, competidor; a **good —,** buena pareja; *va.* igualar, emparejar, *(colours)* casar, competir; equiparar; corresponder; *va.* hacer juego.

matchless [mach'les] *adj.* incomparable, sin par.

mate [meyt] *n.* pareja, cónyuge; compañero; **school —, class —,** compañero de clase, condiscípulo; *(naut.)* oficial; *va.* aparear; igualar; casar; *(chess)* dar mate.

material [mə-ti'ə-riəl] *adj.* material; considerable; *n.* material, materia, materiales; *(sewing)* avío (de coser); *(cloth)* género, tela; **raw —,** materia prima. [matemáticas.

mathematics [ma-zə-ma'tiks] *n.*

matins [ma'tins] *n.* maitines.

matriculation [mə-tri-kiu-ley'-shən] *n.* matriculación, matrícula. [matrimonio

matrimony [ma'tri-mə-ni] *n.*

matter [ma'tə] *n.* cuestión; consecuencia; *(med.)* pus; materia, substancia, asunto; **it's a — of...,** se trata de...; **What is the—?** ¿Qué pasa?; *vn.* importar, convenir; hacer; **it doesn't —,** no importa; **it doesn't— a bit,** no tiene la menor importancia.

matting [ma'ting] *n.* esterado.

mattress [ma'trəs] *n.* colchón.

mature [mə-tiu'ə] *adj.* maduro; *(knowledge)* proyecto, sentado, juicioso; *va.* & *n.* madurar; *(bills)* vencer. [rez; sazón.

maturity [mə-tiu'ri-ti] *n.* madu-

maul [mool] *va.* aporrear, maltratar; manosear.

mawkish [moo'kish] *adj.* nauseabundo, sensiblero; cursi.

mawkishness [moo'kish-nes] *n.* sensiblería.

maxim [mak'sim] *n.* máxima, apotegma, sentencia; axioma.

maximum [mak'si-məm] *n.* máximo.

may [mei] *v. (pret. "might")* poder, tener facultad, ser posible o lícito; poderse.

May [mey] *n.* mayo; *(bot.)* espino blanco. [mayo.

maypole [mey'poul] *n.* cruz de

mayor [me'ə] *n.* alcalde, corregidor. [maya.

may-queen [mey-kuiin'] *n.*

maze [meys] *n.* laberinto; enredo; perplejidad.

meadow [me'dou] *n.* pradera, prado.

meagre [mi'gə] *adj.* escaso, deficiente, mezquino; flaco, magro.

meagreness [mi'gə-nes] *n.* pobreza, escasez; flaqueza.

meal [miil] *n.* comida; *(light)* refresco, colación; *(flour)* harina.

mean [miin] *adj.* agarrado, tacaño; humilde, basto; ruin, indigno, menguado, despreciable; trivial, mediocre, mezquino; *n.* término medio; *pl. (funds)* recursos, medios, bienes, fondos, medio, recurso, resorte; **by all —,** positivamente; no faltaba más; por todos los medios; **by no —,** de ninguna manera, de ningún modo; **by — of,** por conducto (medio) de; **to live on one's —,** vivir de sus rentas; *va.* querer decir, significar; dar a entender; pretender, intentar; hacer; *vn.* tener intención.

meanest [mii'nəst] *adj.* ínfimo.

meander [mi-an'də] *n.* meàndro; *vn.* serpear, serpentear.

meaning [mii'ning] *n. (words, etc.)* sentido, significación, significado, conotación; *(purpose)* intención; voluntad, designio; **double —,** equívoco; **—ly,** *adv.* con intención.

meanness [miin'nes] *n.* tacañería, ruindad; miseria; humildad; infamia; cortedad.

meantime [miin'taym] *adv.* entretanto.

measles [mii'səls] *n.* sarampión.

measure [me'siə] *n.* medida; *(wine)* colodra; capacidad, cuantía; *(mus.)* compás; **in good —,** con creces; **in abundant —,** a fanegadas; *va.* medir, tomar medidas, graduar; **to — one's length,** caer cuan largo se es.

measurement [me'siə-ment] *n.* medida, medición.

meat [miit] *n*. vianda, carne; *(cold)* fiambre; *(tinned)* conserva; **minced —**, picadillo; **— chopper**, cortante, **— ball**, croqueta.

mechanic [me-ka'nik] *n*. mecánico, artesano, menestral.

mechanism [me'ka-ni-səm] *n*. mecanismo.

medal [me'dəl] *n*. medalla, condecoración. [dallón.

medallion [me-da'lyən] *n*. medalla.

meddle [me'dəl] *vn*. curiosear, mezclarse, entremeterse.

meddlesome [me'dəl-səm] *adj*. curioso, importuno, oficioso.

meddling [me'dling] *adj*. oficioso; *n*. interposición.

mediation [mil-die'shən] *n*. tercería, interposición, intercesión.

mediator [mii'die-tə] *n*. tercero, mediador. [dico.

medical [me'di-kəl] *adj*. médico.

medicine [me'di-sin] *n*. medicina; medicamento; **— man**, curandero.

mediocre [mi'diou-kə] *adj*. mediano, vulgar.

meditate [me'di-tet] *vn*. pensar; meditar; proyectar, tramar; **—on**, contemplar.

meditation [me-di-tey'shən] *n*. meditación, contemplación.

Mediterranean [me-di-tə-rey'niən] *adj*. mediterráneo; **—regions**, *(Spain)* levante.

medium [mi'diəm] *adj*. mediano, regular; corriente; *n*. medio, órgano, manera; intermediario.

medley [me'dli] *n*. mezcla, mescolanza, potaje, baturrillo, cajón de sastre, fárrago.

meek [miik] *adj*. dulce, manso, dócil.

meekness [miik'nes] *n*. benignidad, mansedumbre, humildad.

meet [miit] *va*. encontrar, hallar, chocar, tocar; *(danger)* afrontar; *(debts, etc.)* satisfacer, honrar, saldar, sufragar; *(person)* conocer; *(arguments, etc.)* refutar, combatir; **to arrange to —**, citar; **to — the eye**, saltar a la vista; *vn*. juntarse, reunirse, encontrarse,

concurrir; *(rivers)* confluir; **to go to —**, ir (salir) al encuentro de; **that doesn't — the case**, no hace al caso.

meeting [mii'ting] *n*. *(unexpected)* encuentro; *(many people)* reunión, asamblea; *(arranged)* entrevista, cita; *(rivers, etc.)* confluencia; *(political)* mitin.

megaphone [me'gə-foun] *n*. bocina, altavoz, portavoz.

megrim [mi'grim] *n*. hemicránea, jaqueca.

melancholic [me-lən-ko'lik] *adj*. melancólico, fúnebre.

melancholy [me'lən-ko-li] *adj*. lúgubre, desconsolado, deprimente; *n*. melancolía, hipocondría.

mellow [me'lou] *adj*. maduro, sazonado, blando, madurado, dulce, jugoso; *va. & n.* madurar.

mellowness [me'lou-nes] *n*. madurez, dulzura, suavidad.

melodious [me-lou'diəs] *adj*. melodioso, armonioso.

melody [me'lo-di] *n*. melodía, aire; copla.

melon [me'lən] *n*. melón; **water —**, sandía, melón de agua.

melt [melt] *va. & n.* *(ice)* derretir; fundir; deshacer(se),

member [mem'bə] *n*. miembro; *(of guild)* cófrade; *(tertulia)* tertuliano; *(society)* socio, individuo; **voting —**, socio vocal; **full —** *(of Academy, etc.)* socio de número; **—of Parliament**, diputado; **— ship fee**, cuota. [informe, reseña.

memoir [me'mua] *n*. memoria,

memorable [me'mə-rə-bəl] *adj*. memorable.

memorandum [me-mə-ran'dəm] *n*. nota, memorandum, prontuario.

memorial [me-mo'riəl] *adj*. conmemorativo; *n*. memoriad.

memory [me'mə-ri] *n*. *(faculty)* memoria, retentiva; recuerdo; conmemoración; **from —**, de memoria. [*va*. amenazar.

menace [me'nəs] *n*. amenaza;

mend [mend] *va*. arreglar, componer; *(socks, etc.)* remendar; *(met.)* mejorar; *vn*. reformarse, restablecerse; —one's ways, reformarse; he's on the—, está restableciéndose.

mending [men'ding] *n.* adobo, composición; — wool, lana de zurcir.   [co, servil.

menial [mii'niəl] *adj.* doméstimental **mental** [men'təl] *adj.* mental, intelectual.

mention [men'shən] *n.* mención, alusión; *va.* hacer mención, mencionar, mentar, nombrar.

menu [me'niu] *n.* lista (de platos).

mercantile [məə'kən-tayl] *adj.* mercantil, mercante.

mercenary [məə-sə-ne-ri] *adj.* venal, mercenario.

merchandise [məə'chən-days] *n.* mercancía(s), géneros.

merchant [məə'chənt] *n.* comerciante, negociante, mercader.

merciful [məə'si-ful] *adj.* misericordioso, compasivo, piadoso.

mercifulness [məə'si-ful-nes] *n.* piedad, misericordia, compasión.

merciless [məə'si-les] *adj.* despiadado, cruel, inhumano, desalmado, fiero.

mercury [məə'kiu-ri] *n.* azogue.

mercy [məə'si] *n.* misericordia; gracia; piedad, compasión; no — shown, (*war*) sin cuartel.

mere [mi'ə] *adj.* solo, sencillo, mero; *n.* charca.

merge [məədy] *va.* sumergir; fundir; *vn.* sumergirse, absorberse, perderse, hundirse.

merino [me-ri'no] *n.* merino.

merit [me'rit] *n.* mérito, excelencia; *va.* merecer.

meritorious [me-ri-to'riəs] *adj.* meritorio, benemérito.

merluce [mər'lius] *n.* merluza, pescada.   [(del mar).

mermaid [məə'meyd] *n.* sirena

merrily [me'ri-li] *adv.* alegre; (*to sail*) — along, viento en popa.

merriment [me'ri-ment] *n.* alegría, gozo; fiesta, festividad; alborozo.   [to, alegría.

merriness [me'ri-nes] *n.* contenmerry **merry** [me'ri] *adj.* alegre, divertido, festivo, bullicioso, gozo-

so, chancero; — marking, alborozo, zambra; holgorio; festividad; fiesta; to be —, echar una cana al aire; — maker, bromista.

merry-go-round [me'ri-gouraund] *n.* tíovivo.

mesh [mesh] *n.* malla; trampa; (*mech.*) engranaje.

mesmerise [mes'mə-rays] *va.* magnetizar, hipnotizar.

mess [mes] *n.* (*mil.*) ración, rancho; lío, confusión; desorden; mamarracho, revoltijo; what a —!, ¡qué birria! ¡qué lío!; to get into a —, liarse; to — up, manosear, ensuciar; desbaratar.

message [me'sedy] *n.* mensaje, comunicación; recado, aviso, nota.

messenger [me'sən-dyə] *n.* mensajero, recadero.

messiah [me-say'ə] *n.* mesías.

metal [me'təl] *n.* metal.

metallic [me-ta'lik] *adj.* metálico.

metamorphosis [me-tə-moo'fosis] *n.* metamorfosis.

metaphor [me'tə-foo] *n.* metáfora, tropo.

method [me'zəd] *n.* método, procedimiento, práctica; orden

methodical [me-zo'di-kəl] *adj.* metódico, ordenado.'

meticulous [me-ti'kiu-ləs] *adj.* meticuloso.

meter [mii'tə] *n.* gas —, contador (de gas).

metropolis [me-tro'pə-lis] *n.* metrópoli.

metropolitan [me-trə-po'li-tən] *adj.* metropolitano.

mettle [me'təl] *n.* temple, brío, bizarría.

mettlesome [me'təl-səm] *adj.* brioso, fogoso, vivo, ardiente.

Michaelmas [mi'kəl-məs] *n.* día de San Miguel.

microbe [may'kroub] *n.* microbio.   [dio.

mid [mid] *adj.* medio, del me**middle** [mi'dəl] *n.* punto medio, centro; (*of month*) mediados; the — Ages, la edad media; — aged, de edad madura; — class, n. burguesía;

adj. burgués; — **East**, Oriente medio.

midnight [mid'nayt] *n.* medianoche; — **Mass**, misa del gallo.

midriff [mi'driff] *n.* diafragma (del cuerpo humano).

midst [midst] *n.* punto medio; medio; **in the — of**, en medio de, entre.

midsummer [mid'sə-mə] *n.* canícula.

midway [mid'wey] *n.* medio (mitad) del camino; *adv.* a medio camino.

midwife [mid'wayf] *n.* comadrona, matrona, comadre, partera.

mien [miin] *n.* semblante, porte, empaque, figura.

might [mayt] *n.* poder, fuerza; **with — and main,** a todo trapo, a más no poder.

mighty [may'ti] *adj.* poderoso, vigoroso, soberbio.

migrate [may'greyt'] *vn.* emigrar, trasplantarse.

migration [may-grey'shən] *n.* migración.

mild [mayld] *adj.* benigno, suave, dulce, manso; tierno; discreto; moderado.

mildew [mil'diu] *n.* moho, tizón; (*cereals*) roya.

mildewed [mil'diud] *adj.* mohoso; **to get —,** enmohecerse.

mildness [mayld'nes] *n.* dulzura, benignidad, templanza; (*treatment*) lenidad.

mile [mayl] *n.* milla; — **stone,** mojón.

military [mi'li-tə-ri] *adj.* militar, castrense; guerrero, marcial; *n.* tropa(s), militares.

militia [mi-li'shə] *n.* milicia.

milk [milk] *n.* leche; — **maid,** lechera; *va.* ordeñar; apurar.

milky [mil'ki] *adj.* lechoso, dulce; — **Way,** vía láctea; camino de Santiago.

mill [mil] *n.* molino; fábrica; — **dam,** esclusa, represa; — **pond,** alberca; — **race,** caz; *va.* moler, desmenuzar.

miller [mi'lə] *n.* molinero.

milliner [mi'li-nə] *n.* modista.

millinery [mi'li-nə-ri] *n.* sombrerería.

mime [maym] *n.* mimo, bufón; pantomima.

mimic [mi'mik] *adj.* mímico, iniciativo; *n.* mimo, remedador; *va.* imitar, contrahacer.

mince [mins] *va.* desmenuzar, hacer picadillo, (re)picar; **he doesn't — words,** no se muerde la lengua.

mincing [min'sing] *adj.* minucioso, afectado, remilgado.

mind [maynd] *n.* entendimiento, inteligencia, espíritu; (*fam.*) magín; mente; parecer; deseo; propensión, afición; **to call to —,** recordar; **to go out of one's —,** volverse loco; **to give someone a piece of one's —,** decirle cuantas son cinco; **to bear in —,** tener presente; **to put in — of,** recordar; **to change one's —,** cambiar de opinión; **presence of —,** presencia de ánimo; **to make up one's —,** decidirse; *va.* tratar de cuidar (de), atender a, velar, ocuparse; *vn.* tener deseo; escuchar; atender, acordarse; **I don't —,** me es igual; lo mismo me da; **to — one's p's and q's,** poner los puntos sobre las íes.

minded [mayn'dəd] *adj.* dispuesto, inclinado; **evil —,** perverso. [to, cuidadoso.

mindful [maynd'ful] *adj.* atenmine [mayn] *n.* mina; *pron.* mío; *va. & n.* cavar, socavar, minar, destruir, zapar; (*metals*) extraer.

miner [may'nə] *n.* minero.

mineral [mi'nə-rəl] *n. & adj.* mineral.

mingle [ming'gəl] *va.* mezclar; incorporar(se); confundir; *vn.* mezclarse en, entrometerse.

miniature [mi'nə-tiu-ə] *n.* miniatura. [mo.

minimum [mi'ni-məm] *n.* míni-

mining [may'ning] *n.* (*coal, etc.*) extracción.

minion [mi'fiən] *n.* privado, válido; **police —,** esbirro.

minister [mi'nis-tə] *n.* ministro; **Prime —,** (*Spain*) Presidente del Consejo; *vn.* administrar, servir; (*eccl.*) oficiar, celebrar.

ministry [mi'nis-tri] *n.* ministerio; comisión, sacerdocio, clero.   [edad).
minor [may'nə] *n.* menor (de
minority [may-no'ri-ti] *n.* menor edad; minoría.
minstrel [min'strəl] *n.* trovador, cantor, juglar.
mint [mint] *n.* casa de moneda;
(*bot.*) menta, ceca, hierbabuena; *va.* (a)cuñar.   [inventor.
minter [min'tər] *n.* acuñador,
minus [may'nəs] *adv.* menos.
minute [*n.* mi'nit; *adj.* mayñut']
adj. minucioso, nimio, escrupuloso, menudo; — detail(s),
menudencia(s); *n.* expediente;
minuta; (*time*) minuto; —
book, libro de minutas.
minuteness [may-ñut'nes] *n.*
minuciosidad; primor.
miracle [mi'rə-kəl] *n.* milagro;
portento, prodigio; (*theat.*)
auto.   [milagroso.
miraculous [mi ra'kiu-ləs] *adj.*
mire [may'ə] *n.* fango, lodo.
mirror [mi'rə] *n.* espejo, cristal;
va. reflejar.
mirth [məəz] *n.* alegría, alborozo, jovialidad.
miry [ma'ə-ri] *adj.* fangoso, cenagoso, lodoso.
misadventure [mi-səd-ven'chə]
n. revés, infortunio.
misapprehend [mi-sa-pri-jend']
va. entender mal.
misapprehension [mi-sa-pri-
jen'shən] *n.* error, engaño,
equivocación, aprensión.
misbehave [mis-bi-jeyv'] *vn.*
conducirse mal.
misbehaviour [mis-bi-jey'viə]
n. mala conducta, desmán.
miscalculation [mis-kal-kiu-
ley'shən] *n.* error.
miscarry [mis-ka'ri] *vn.* (*plans*)
encallar, salir mal, fracasar;
(*birth*) abortar; (*letters*) extraviarse.
miscellaneous [mi-sə-ley'ñəs]
adj. misceláneo, diverso.
miscellany [mi-se'lə-ni] *n.* miscelánea, mesa revuelta, cajón
de sastre.
mischance [mis-chaans'] *n.* contratiempo; desventura, fatalidad, percance.

mischief [mis'chif] *n.* daño, mal;
diablura, picardía; travesura.
mischievous [mis'chi-vəs] *adj.*
dañino; malicioso; pícaro, travieso; chismoso.
mischievousness [mis'chi-vəs-
nes] *n.* picardía, travesura.
misconduct [*n.* mis-kon'dəkt;
vb. mis-kon-dəkt'] *n.* mala
conducta; *va.* dirigir mal, portarse mal.   [fechoría.
misdeed [mis-diid'] *n.* delito,
misdemeanour [mis-di-mii'nə]
n. delito; mala conducta; calaverada.
misdirect [mis-day-rekt'] *va.*
extraviar, dirimir mal.
miser [may'sə] *n.* avaro, tacaño,
roñoso.
miserable [mi'sə-rə-bəl] *adj.*
miserable, desgraciado, calamitoso; menguado, mísero,
lastimoso.
miserliness [may'səə-li-nes] *n.*
miseria.
miserly [may'səə-li] *adj.* avariento, tacaño, transido, miserable, mezquino, agarrado.
misery [mi'sə-ri] *n.* desdicha,
infortunio, miseria; desgracia;
aflicción, infelicidad.
misfortune [mis-foo'tiun] *n.*
infortunio, calamidad, desventura, desgracia, contratiempo.
misgiving [mis-gi'ving] *n.* sospecha, esquivez; duda; temor,
aprehensión, presentimiento,
recelo.
misgovernment [mis-gə'vəən-
ment] *n.* desgobierno.
misguidance [mis-gay'dəns] *n.*
extravío, mala dirección.
misguided [mis-gay'dəd] *adj.*
perdido, desatinado.
mishap [mis'jap] *n.* accidente,
contratiempo, desgracia.
mishit [mis'jit] *n.* pifia; *v.* pi-
fiar.
misinterpret [mi-sin-təə'prət]
va. interpretar mal.
misjudge [mis-dyədy'] *va.* juzgar erradamente, juzgar mal.
mislaid [mis-leyd'] *adj.* extraviado.
mislay [mis-ley'] *va.* extraviar;
(*papers, etc.*) traspapelar.
mislead [mis-liid'] *va.* extra-

viar, seducir, despistar, pervertir.
mismanagement [mis-ma'nedy-
ment] *n.* mala administración,
desbarajuste, desconcierto.
misplace [mis-pleys'] *va.* colocar mal, traspapelar. •
misprint [mis'print] *n.* mala impresión, error de imprenta.
misrepresent [mis-rep-rə-sənt]
va. desfigurar, desnaturalizar.
miss [mis] *n.* extravío, malogro, fracaso; señorita; *va. & n.*
(fire) fallar, perder; *(aim)*
errar; echar de menos, faltar
(a); *(occasion)* malograr; —
out, omitir, pasar por alto.
missal [mi'səl] *n.* misal.
misshapen [mis-shey'pən] *adj.*
contrahecho.·
missile [mi'say] *n.* proyectil.
missing [mi'sing] *adj.* que falta,
perdido, ausente, extraviado;
to be —, faltar, no constar.
mission [mi'shən] *n.* misión.
missive [mi'siv] *n.* carta, misiva.
mist [mist] *n.* niebla, neblina;
vapor, vaho.
mistake [mis-teyk'] *n.* equivocación, error, yerro; to make a
—, confundirse.
mistaken [mis-tey'kən] *adj.*
erróneo, errado; to be —,
equivocarse, confundirse.
mistletoe [mi'səl-tou] *n.* muér-
dago.
mistress [mis'trəs] *n. (address)*
dueña, señora; querida, con-
cubina; *(school)* maestra, pro-
fesora.
mistrust [mis-trəst'] *n.* desconfianza; esquivez, recelo; *va.*
desconfiar de, recelar.
mistrustful [mis-trəst'ful] *adj.*
desconfiado, sospechoso; escamado.
misty [mis'ti] *adj.* nebuloso,
brumoso.
misunderstand [mi-sən-dəə-
stand'] *va.* entender mal; *vn.*
equivocarse.
misunderstanding [mi-sən-dəə-
stan'ding] *n.* error, engaño,
mala inteligencia, equivocación; desavenencia.
misuse [*n.* mis-yius'; *vb.* mis-

yius'] *n.* abuso; *va.* abusar de,
maltratar; **misused,** maltrecho.
mite [mayt] *n.* óbolo; triza,
blanca, pizca.
mitigate [mi'ti-geyt] *va.* mitigar, ablandar, moderar, suavizar.
mitigation [mi-ti-gey'shən] *n.*
mitigación, alivio.
mitre [may'tə] *n.* mitra.
mix [miks] *va.* mezclar; *(salad)*
aderezar; confundir; combi-
nar; *vn.* inmiscuirse, meterse,
entremeterse.
mixed [miksd] *adj.* mixto, mezclado; to get — up, *(in)* inmiscuirse (en); liarse.
mixture [miks'chə] *n.* mezcla;
mezcolanza; *(heterogeneous)*
conglomeración.
mizzle [mi'zəl] *v.* lloviznar, cerner o cernir, confundir, aturdir.
moan [moun] *n.* gemido, lamento, queja; *vn.* gemir, quejarse,
lamentarse; *va.* lamentar, deplorar.
moat [mout] *n.* foso, fonsado.
mob [mob] *n.* populacho, turba;
canalla, chusma; *va.* atropellar,
promover alborotos.
mobile [mou'bay] *adj.* móvil;
movedizo, instable.
mobilise [mou'bi-lays] *va.* movilizar.
mock [mok] *adj.* imitado, falso,
postizo; *n.* burla; *va. (at)* mo-
far(se) de, escarnecer, ridiculizar, burlar, remedar; señalar con el dedo; burlarse de,
reírse de.
mockery [mo'kə-ri] *n.* burla,
chifleta, mofa; **hollow** —, simulacro; **subject of** —, ludibrio; *(representation of)* remedo.
mode [moud] *n.* manera, modo,
uso; *(mus.)* modo; *(fashion)*
moda.
model [mo'dəl] *n.* modelo; parangón, tipo, prototipo;
(block) horma; *(figure)* figurín; — **of perfection,** dechado;
va. modelar, formar, bosquejar.
moderate [mo'də-reyt] *adj.* moderado; *(price)* módico; arre-

glado, comedido, regular, suave; *va. & n.* moderar(se), entibiar, morigerar, templar, reprimir, serenarse.

moderation [mo-də-rey'shən] *n.* moderación, mesura; frugalidad.

modern [mo'dən] *adj.* moderno, reciente, actual; *(languages)* vivas.

modest [mo'dəst] *adj. (moral)* modesto, recatado, pudoroso, honesto; moderado, decente, regular.

modesty [mo'dəs-ti] *n.* modestia, pudor, compostura, discreción, humildad.

modify [mo'di-fay] *va.* modificar, templar, moderar; circuncidar.

modulate [mo'diu-leyt] *va.* modular; *(voice)* entonar.

Mohammedan [mo-ja'me-dən] *adj. & n.* mahometano, árabe, moro; *(subject to Christian rule, Spain)* morisco.

moist [moyst] *adj.* húmedo, mojado.

moisten [moy'sən] *va.* humedecer, mojar.

moistness [moyst'nes] *n.* humedad.

mole [moul] *n. (animal)* topo; *(on skin)* lunar, mancha; *(harbour)* muelle, rompeolas, malecón.

molest [mo-lest'] *va.* molestar, vejar, estorbar; incomodar, acosar, perseguir.

mollify [mo'li-fay] *va.* ablandar, suavizar. [derretido.

molten [moul'tən] *adj.* fundido,

moment [mou'mənt] *n.* momento, rato, ocasión; **of great —,** de gran importancia.

momentarily [mou'mən-ta-ri-li] *adv.* momentáneamente.

momentous [mo-men'təs] *adj.* trascendente, grave.

momentum [mo-men'təm] *n.* impulsión, momento, ímpetu.

monarch [mo'nək] *n.* monarca, rey.

monarchist [mo'nə-kist] *adj.* realista, monárquico; *n.* monárquico. [quía.

monarchy [mo'nə-ki] *n.* monar-

monastery [mo'nəs-tə-ri] *n.* monasterio.

monastic [mo-nas'tik] *adj.* monástico, mónacal.

Monday [mən'dey] *n.* lunes.

money [mə'ni] *n.* dinero, plata; *(coin)* moneda; fondos; **— box,** hucha, alcancía; **— lender,** prestamista; **— order,** giro.

monger [mon'gər] *n.* tratante, traficante.

mongrel [məng'grəl] *n. & adj.* mestizo, cruzado.

monk [məngk] *n.* monje, religioso. [mico.

monkey [məng'ki] *n.* mono.

monkish [məng'kish] *adj.* monacal, monástico.

monogram [mo'nə-grəm] *n.* monograma.

monologue [mo'nə-log] *n.* monólogo, soliloquio.

monopolise [mə-no'pə-lays] *va.* monopolizar, acaparar, abarcar.

monopoly [mə-no'pə-li] *n.* monopolio, exclusiva.

monotonous [mə-no'tə-nəs] *adj.* monótono.

monotony [mə-no'tə-ni] *n.* monotonía; *(of voice)* sonsonete.

monster [mon'stə] *n.* monstruo, aborto, prodigio; **foul —,** vestigio.

monstrosity [mon-stro'si-ti] *n.* monstruosidad.

monstrous [mon'strəs] *adj.* monstruoso; prodigioso; horrendo, disforme; inaguantable; **— thing,** enormidad.

month [mənz] *n.* mes.

monthly [mənz'li] *adj. & adv.* mensual(mente).

monument [mo'niu-mənt] *n.* monumento; recuerdo.

mood [mud] *n.* modo; estado de ánimo, humor; genio; **(not) to be in the —,** (no) tener ganas.

moodiness [mu'di-nes] *n.* mal humor, capricho, cavilación.

moody [mu'di] *adj.* triste, caprichoso, malhumorado, taciturno.

moon [mun] *n.* luna; **full —,** plenilunio. [la luna.

moonlight [mun-layt] *n.* luz de

moor [mo'ə] *n.* páramo, paramera, marjal; *(pers.)* moro; *va.* & *n.* anclar, amarrar.

Moorish [mo'ə-rish] *adj.* moro, moruno.

moorland [mo'ə-land] *n.* páramo, paramera; **waste —**, breñas, breñal.

mop mop] *n.* estropajo; *va.* & *n.* lavar, limpiar, fregar; *(mil.)* **to — up**, liquidar.

mope [moup] *va.* dormitar, atontar, estar cabisbajo.

moral [mo'rəl] *adj.* moral virtuoso; *n.* moral; *(of story)* moraleja; moralidad; *pl.* costumbres, honestidad.

morality [mo-ra'li-ti] *n.* moralidad.

moralise [mo'rə-lays] *vn.* moralizar.

morass [mo-ras'] *n.* ciénaga, aguazal, marisma.

morbid [moo'bid] *adj.* mórbido, malsano, enfermizo.

morbidness [moo'bid-nes] *n.* estado (mórbido, morboso).

mordant [moo'dənt] *adj.* mordaz, cáustico, acre.

more [mer] *adv.* más; *adj.* más; **— or less**, tal cual.

moreover [mo-ə-rou'və] *adv.* además, por otra parte, sobre (que).

morning [moo'ning] *n.* mañana; **early —**, madrugada; *(early)* matutino; **— coat**, levita.

moroccan [mə-ro'kən] *adj.* &. *n.* marroquín.

moron [mo'rən] *n.* adulto de inteligencia infantil.

morose [mə-rous'] *adj.* mal humorado, triste, arisco.

moroseness [mə-rous'nes] *n.* aspereza de genio, acrimonia.

morphia [moo'flə] *n.* morfina.

morsel [moo'fsəl] *n.* bocado; pedazo; presa; **dainty —**, bocado de rey.

mortal [moo'təl] *adj.* & *n.* mortal; **— man**, humanidad.

mortality [moo-ta'li-ti] *n.* mortalidad; *(slaughter)* mortandad.

mortar [moo'tə] *n.* mezcla, argamasa; *(cannon)* mortero; *(apothecary's)* almirez, pilón.

mortgage [moo'gedy] *n.* hipoteca; *va.* hipotecar.

mortify [moo'ti-fay] *va.* mortificar; abochornar; *(flesh)* macerar, castigar; domar; *vn.* gangrenarse; humillar.

mortuary [moo'tiu-ə-ri] *adj.* mortuorio; *n.* osario, cementerio. [mosaico.

mosaic [mo-sey'ik] *adj.* & *n.*

mosque [mosk] *n.* mezquita.

mosquito [mos-kii'tou] *n.* mosquito, cínife; **— net**, mosquitero.

moss [mos] *n.* musgo, moho.

most [moust] *adj.* & *adv.* lo más, la mayor parte, muy, sumamente; *n.* la mayor parte; la mayoría de; **at —**, a lo sumo; **to make the — of**, sacar todo el partido posible de.

mostly [moust'li] *adv.* más frecuentemente, en su mayor parte, mayormente.

moth [moz] *n.* polilla, mariposa nocturna.

moth-eaten [mo'zii-tən] *adj.* apolillado; **to get —**, apolillarse.

mother [mə'zə] *adj.* materno, nativo; *n.* madre; **— in-law**, suegra, Madre política; **— Superior**, Madre Superiora, prelada; **step —**, madrasta.

motherly [me'zə-li] *adj.* materno.

motif [mou-tif'] *adj.* motivo.

motion [mou'shən] *n.* movimiento, moción; ademán; **in —**, en marcha; *vn.* hacer señas.

motionless [mou'shən-les] *adj.* inmóvil, sin mover.

motive [mou-tiv'] *adj.* motor; **— power**, fuerza motriz; *n.* motivo; principio; margen; móvil; pie.

motor [mou'tə] *n.* motor; **— car**, automóvil; **— cycle**, motocicleta.

mottle [mo'təl] *va.* motear; **mottled**, *adj.* veteado, jaspeado. [epígrafe.

motto [mo'tou] *n.* divisa, lema,

mould [mould] *n.* molde, matriz; forma, horma; *(earth)* tierra vegetal; *(rotting)* moho, verdín, mancha de orín.

moulder [moul'də] *vn.* reducirse a polvo, desmoronarse; consumirse.

moulding [moul'ding] *n.* moldura; **the art of —**, la plástica, artesonía.

mouldy [moul'di] *adj.* mohoso, enmohecido.   [pluma].

moult [moult] *vn.* mudar (de

moulting [moul'ting] *n.* muda.

mound [maund] *n.* montículo, terrón, terraplén; baluarte.

mount [maunt] *n.* monte, caballería, cabalgadura, montura; *va.* montar; armar; *(jewels)* engarzar; *(horse)* subir a; elevarse; *vn.* subir; ascender a.

mountain [maun'tən] *n.* montaña; **— range**, cordillera, sierra; **— bred**, montañés.

mountaineer [maun-tə-ni'ə] *n.* montañés; alpinista.

mountainous [maun'tə-nəs] *adj.* montañoso.

mountebank [maun'ti-bangk] *n.* saltimbanqui.

mounting [maun'ting] *n.* subida; *(picture)* montaje; *(jewels)* engarce, engaste.

mourn [mou'ən] *va.* deplorar, lamentar, llorar; *vn.* llorar, afligirse, estar de luto.

mournful [mou'ən-ful] *adj.* triste, lúgubre, lastimero.

mournfulness [mon'ən-ful-nes] *n.* pesar, desconsuelo, duelo, aflicción.

mourning [mou'ə-ning] *n.* lamentación; duelo, luto; **deep —**, luto rigoroso; **to be in —**, estar de luto.

mouse [maus] *n.* ratón, ratoncito; fiesta —, campañol.

moustache [məs-tash'] *n.* mostacho, bigote; **heavily — ed**, bigotudo.

mouth [mauz] *n.* boca; *(snout)* hocico; entrada, abertura; *(face)* mueca; *(river)* embocadura; **down in the —**, deprimido, alicaído; **to make one's — water**, hacerse agua la boca; **— wash**, enjuagadientes; **by word of —**, de palabra; **golden — ed**, pico de oro.

mouthful [mauz'ful] *n.* bocado; *(liquid)* bocanada, trago.

mouthpiece [mauz'piis] *n.* portavoz; *(mus.)* boquilla.

mouthy [mau'zi] *adj.* ampuloso, rimbombante.

movable [mu'və-bəl] *adj.* movible, móvil; *n. pl.* mobiliario.

move [muv] *n.* movimiento; **bold —**, temeridad; *(games)* juego, jugada; **on the —**, en marcha; *vn.* moverse; marchar(se); trasladarse, obrar; *va.* mover, agitar; *(house)* mudar de; *(debate)* presentar; *(emotions)* agitar, excitar, inclinar, conmover, enternecer; **to — along**, correr; **to — away**, alejarse, quitar; **to — on**, (hacer) circular; **to — (a)round**, dar vueltas, rodar.

movement [muv'mənt] *n.* movimiento, meneo; *(mil.)* maniobra; juego.

moving [mu'ving] *adj.* commovedor, emocionante; patético; *(staircase, etc.)* movedizo; **— pictures**, cine; *n.* movimiento; motivo; *(house)* mudanza.

mow [mou] *va.* segar, guadañar.

much [məch] *adj. & adv.* mucho, abundante; **as —**, tanto; **as — as**, tanto como; **so — the better**, tanto mejor; **as — more**, otro tanto más; **to make — of**, festejar.

mud [məd] *n.* lodo, barro, fango; *(filthy)* légamo; **to stick in the —**, atollarse.

muddle [mə'dəl] *va.* enturbiar, entontecer; *vn.* estar atontado.

muddy [mə'di] *adj.* lodoso, barroso; fangoso, turbio, turbulento.

mudguard [məd'gaad] *n.* alero, guardabarros.

muezzin [mue'sin] *n.* almuecín.

muffle [mə'fəl] *va.* envolver, embozar; *(sound)* apagar; **— d**, *adj.* embozado; *(noise)* sordo.   [paboca, embozo.

muffler [mə'flə] *n.* bufanda, tamulatto [miu-la'to] *n.* cuarterón, mulato.

mulberry [məl'bə-ri] *n.* mora; **— tree**, morera.

mule [miul] *n.* mula; **pack —**, acémila.   [ro, muletero.

muleteer [miu-lə-ti'ə] *n.* arrie-

mul   **210**

multiple [məl'ti-pəl] *adj.* múltiple; *n.* múltiplo.
multiply [məl'ti-play] *va.* multiplicar; *vn.* pulular.
multitude [məl'ti-tiud] *n.* multitud, sinnúmero, muchedumbre; chusma.
mumble [məm'bəl] *va. & n.* refunfuñar, rezongar, balbucear, mascullar.
mummy [mə'mi] *n.* momia; (*coll.*) mamá.
mump [məmp] *v.* morder, mordiscar, mascar, farfullar, mendigar, estafar; mumping-day, el día de Santo Tomás (22 diciembre).
munch [mənsh] *va. & n.* mascar a dos carrillos.
mundane [mən-deyn'] *adj.* del mundo, mundano.
municipality [miu-ni-si-pa'li-ti] *n.* municipalidad, consistorio.
munificent [miu-ni'fi-sənt] *adj.* liberal, munífico, generoso.
munition [miu-ni'shən] *n.* municiones, pertrechos.
murder [məə'də] *n.* asesinato; homicidio; *va.* asesinar, matar.
murdered [məə'dəd] *adj.* — person, interfecto.
murderer [məə'də-rə] *n.* asesino, matador, homicida.
murderous [məə'də-rəs] *adj.* homicida, cruel, bárbaro.
murky [məə'ki] *adj.* sombrío, obscuro, tenebroso, lóbrego.
murmur [məə'mə] *n.* rumor, murmullo; susurro; (*criticism*) murmuración; *va. & n.* murmurar, susurrar; quejarse de.
muscle [mə'səl] *n.* músculo.
muscular [məs'kiu-lə] *adj.* muscular, fornido, membrudo.
muse [mius] *n.* musa; *vn.* meditar, musitar; cavilar; distraerse.
museum [miu-si'əm] *n.* museo.
mushroom [məsh'rum] *n.* seta, hongo.
music [miu'sik] *n.* música; melodía; — stand, atril; — stool, taburete; not to face the —, escurrir el bulto; to face the —, pagar el pato.
musical [miu'si-kəl] *adj.* musi-

cal, sonoro, armonioso; —comedy, zarzuela.
musician [miu'si-'shən] *n.* músico.
musing [miu'sing] *adj.* pensativo, meditabundo, caviloso.
musket [məs'kət] *n.* fusil, mosquete.
musketeer [mes-kə-ti'ə] *n.* mosquetero.
musketry [məs'ket-ri] *n.* mosquetería.   [percal.
muslin [məs'lin] *n.* muselina.
must [məst] *vn.* deber, necesitar.
mustard [məs'təd] *n.* mostaza.
muster [məs'tə] *n.* revista, reunión, lista; *vn.* pasar revista, mostrar, exhibir; reunir.
mustiness [məs'ti-nes] *n.* humedad, moho.
musty [məs'ti] *adj.* mohoso; rancio; mustio.
mute [miut] *adj.* mudo, callado, silencioso; *n.* (*mus.*) sordina.
muted [miu'təd] *adj.* sordo, apagado.
mutilate [miu'ti-leyt] *va.* mutilar, estropear, truncar, tronchar.   [mutilación.
mutilation [miu-ti-ley'shən] *n.*
mutineer [miu-ti-ni'ə] *n.* rebelde, amotinado.
mutinous [miu'ti-nəs] *adj.* sedicioso, turbulento.
mutiny [miu'ti-ni] *n.* motín, insurrección; *vn.* amotinarse, alzarse.
mutter [mə'tə]. *n.* murmullo; gruñido; *va. & n.* murmurar, gruñir, refunfuñar, rezongar, decir entre dientes.
mutton [mə'tən] *n.* carne de (carnero, cordero); to sell — as lamb, dar gato por liebre.
mutual [miu'tiu-əl] *adj.* mutuo, recíproco.
muzzle [mə'səl] *n.* (*gag*) bozal, mordaza; (*snout*) hocico, morro; (*gun*) boca; *va.* embozalar, amordazar.
myopia [myou'piə] *n.* miopía.
myrmidon [məə'mi-dən] *n.* esbirro.   [yán.
myrtle [məə'təl] *n.* mirto, arramysterious [mis-ti'ə-riəs] *adj.* misterioso.

mystery [mis'tə-ri] *n.* misterio, arcano; —**play**, misterio, auto religioso.
mystic [mis'tik] *adj.* místico.
mysticism [mis'ti-si-səm] *n.* misticismo.
mystify [mis'ti-fay] *va.* misti-ficar, confundir, desconcertar.
myth [miz] *n.* mito, fábula, ficción.
mythological [mi-zə-lo'dyi-kəl] *adj.* mitológico.
mythology [mi-zo'lə-dyi] *n.* mitología.

N

nag [nag] *n.* rocín; *va.* regañar, hostigar.
nail [neyl] *n.* clavo; *(finger)* uña; **wire —**, punta de París; **to hit the — on the head**, dar en el clavo; —**file**, lima para las uñas; *va.* clavar, clavetear; **to — down**, sujetar con clavos.
naïve [na-iv'] *adj.* cándido, ingenuo.
naked [ney'kəd] *adj.* desnudo, en cueros, en pelota; descubierto; *(land)* pelado; simple; —**eye**, simple vista.
nakedness [ney'kəd-nes] *n.* desnudez.   [bor antiguo.
naker [nei'kər] *n.* nácara, tam-
name [neym] *n.* nombre; *(Christian)* nombre de pila; **sur —**, apellido; *(good or bad)* prestigio, reputación, fama; *(of firm)* razón social; denominación; **nick —**, apodo; **to give a dog a bad —**, tildar; **in the — of**, en nombre de; **to call —s**, injuriar, poner motes a; *va.* nombrar, apellidar, llamar; designar; indicar; señalar; *(fix)* fijar.
nameless [neym'ləs] *adj.* sin nombre; innominado; desconocido.
namely [neym'li] *adv.* a saber, esto es, señaladamente.
namesake [neym'seyk] *n.* homónimo, tocayo.
nap [nap] *n.* siesta, sueño ligero; **to have a —**, descabezar el sueño; *(of cloth)* borra, lanilla; vello; **to catch napping**, coger desapercibido.
nape [neyp] *n.* nuca, cogote.
napkin [nap'kin] *n.* *(table)* servilleta; *(baby's)* culero, pañal.
narrate [na-reyt'] *va.* contar, narrar, referir, relatar.
narration [na-rey'shən] *n.* narración, historia, relato.
narrative [na'rə-tiv] *adj.* narrativo; *n.* narrativa, cuento, relación.
narrow [na'rou] *adj.* estrecho, angosto, escaso; apretado; *(mean)* tacaño, mezquino; —**minded**, apocado, mojigato; —**gauge**, vía estrecha; *va. & n.* estrechar, limitar; encogerse.
narrowness [na'rou-nes] *n.* estrechez, angostura; pobreza.
nastiness [nas'ti-nes] *n.* suciedad, obscenidad, inmundicia, porquería.
nasty [nas'ti] *adj.* sucio, asqueroso; indecente, desagradable, malintencionado, sórdido; *(beast, etc.)* *n.* zaíno, sabandija.   [pueblo, país.
nation [ney'shən] *n.* nación,
nationality [na-shə-na'li-ti] *n.* nacionalidad.
native [ney'tiv] *adj.* natural, nativo, oriundo (de), originario (de); habitante (de); natal; *n.* indígena, natural; — *(of Santiago)* compostelano; *(of Alcalá de Henares)* complutense.
nativity [nə-ti'vi-ti] *n.* natividad; — **scene**, belén, nacimiento.
natural [na'chə-rəl] *adj.* natural, nato, sencillo.

naturalise [na'chə-rə-lays] *va.* naturalizar.

naturally [na'chə-rə-li] *adv.* naturalmente, desde luego.

nature [ney'chə] *n.* naturaleza, índole, constitución; condiciones; natural, temperamento; género, laya; *(drawn) from—*, del natural; **good natured**, afable, bueno, bondadoso, llano.

naught [noot] *n.* nada, cero; **to come to —**, malograr, naufragar, fracasar.

naughty [noo'ti] *adj.* malo, travieso, perverso, pícaro.

nausea [noo'siə] *n.* náusea, mareo, asco. [tico.

nautical [noo'ti-kəl] *adj.* náu-

Navarrese [na-və-riis'] *adj.* navarro.

nave [neyv] *n.* nave.

navel [nei'vəl] *n.* ombligo, centro, medio.

navigate [na'vi-geyt] *va. & n.* navegar. [navegación.

navigation [na-vi-gey'shən] *n.*

navigator [na'vi-gey-tə] *n.* navegante.

navy [ney'vi] *n.* armada, flota; **—blue**, azul marino.

near [ni'ə] *adj.* cercano, próximo; inmediato, vecino; estrecho; *adv.* cerca; **to be —** *(age)*, frisar con; **on the — side**, citerior; **—by**, al lado, a mano; **— East**, Próximo Oriente; *va. & n.* acercar, acercarse.

nearly [ni'ə-li] *adv.* aproximadamente, casi, poco más o menos, por poco; íntimamente.

nearness [ni'ə-nes] *n.* cercanía, proximidad.

neat [niit] *adj.* neto, limpio, hermoso, aseado, cuidadoso, repulido; *(clever)* mañoso, hábil, diestro; puro.

neatness [niit'nəs] *n.* limpieza, pulcritud, aseo, orden.

necessaries [ne'se-sə-ris] *n. pl.* utensilios, materias primas, lo esencial.

necessary [ne'se-sə-ri] *adj.* necesario, preciso, esencial, reglamentario, indispensable.

necessitate [ne-se'si-teyt] *va.* necesitar, ser necesario, requerir.

necessity [ne-se'si-ti] *n.* necesidad, precisión; exigencia; indigencia.

neck [nek] *n.* cuello, pescuez; *(throat)* garganta; *(bottle)* gollete; *(of land)* lengua; **low —**, escote; **stiff —**, tortícolis.

necklace [nek'ləs] *n.* collar.

need [niid] *n.* necesidad; penuria; falta; **bodily —s**, menesteres; *va.* necesitar, requerir, tener necesidad de, ser necesario, exigir; carecer de; **I — it**, me falta, me hace falta; **in —**, necesitado; **in — of**, falto de.

needle [nii'dəl] *n.* aguja; *(compass)* brújula; **to be on pins and —s**, estar en brasas.

neerless [niid'les] *adj.* inútil, superfluo.

needlewoman [nii'dəl-wu-mən] *n.* costurera.

needy [nii'di] *adj.* necesitado, pobre, indigente.

nefarious [ne-fe'ə-riəs] *adj.* malvado, abominable, nefando.

negative [ne'gə-tiv] *n.* negativa; *adj.* negativo; *va.* negar, rechazar, desaprobar.

neglect [ni-glekt'] *n.* descuido, negligencia; abandono, desalifio; **to fall into —**, caer en desuso; *va.* descuidar, dejar de, desatender; arrinconar.

neglectful [ni-glekt'ful] *adj.* descuidado, negligente.

negligence [ne'gli-dyəns] *n.* descuido, omisión; incuria; dejadez; desaliño.

negligible [ne'gli-dyə-bəl] *adj.* tenue, poquísimo, desdeñable.

negotiate [ni-gou'shiet] *va.* negociar, agenciar.

negotiation [ni-gou-shiey'shən] *n.* negociación, negocio, gestión.

neigh [ney] *n,* relincho; *vn.* relinchar.

neighbour [ney'bə] *n.* (con)vecino, prójimo; matrona.

neighbourhood [ney'bə-jud] *n.* vecindad, alrededores, cercanía; **in the —**, en los contornos.

neighbouring [ney'bə-ring] *adj.* limítrofe, (con)vecino, rayano, próximo.

neighing [ney'ing] *n.* relincho.

neither [nay'tə] *conj.* ni ... ni; *pron.* ni uno ni otro; tampoco.

nephew [ne'viu] *n.* sobrino.

nerve [nəəv] *n.* *(med.)* nervio; vigor, valor, fortaleza; *(cheek)* descaro; *pl.* nerviosidad, ataque de nervios.

nervous [nəə'vəs] *adj.* temeroso, miedoso, tímido.

nervousness [nəə'vəs-nes] *n.* agitación, perturbación.

ness [nes] promontorio, cabo.

nest [nest] *n.* nido; —of tables, juego de mesas; *va.* & *n.* anidar, alojar(se).

nestle [ne'səl] *vn.* anidarse, apiñarse, acurrucarse.

net [net] *n.* red; malla; tul; *(wide-meshed)* manga; **drag** —, poliche; *(for tunny)* almadraba.

Netherlands [ne'zə-lands] *n.* Holanda.

nett [net] *adj.* neto, puro, sin descuento; líquido; — **weight**, peso neto.

nettle [ne'təl] *n.* ortiga; *va.* picar.

network [net'uəək] *n.* malla; *(oars, etc.)* red.

neutral [niu'trəl] *adj.* neutro, neutral, indiferente.

never [ne'və] *adv.* nunca, jamás; en la vida; —again, nunca jamás; —failing, inagotable.

nevertheless [ne-və-zə-les'] *conj.* no obstante, sin embargo, con todo (eso); todavía.

new [niu] *adj.* nuevo; distinto; **brand** —, nuevecito, flamante.

newborn [niu-boon] *adj.* recién nacido.

newcomer [niu'kə-mə] *n.* recién llegado; forastero; novato; advenedizo.

newly [niu'li] *adv.* de nuevo, nuevamente, recientemente; —elected, arrived, etc., novel.

newness [niu'nes] *n.* novedad.

news [nius] *n.* noticia(s); novedad; —film, — reel, *(película de)* actualidades; **to spread** —, divulgar la noticia; dar un cuarto al pregonero; **piece of** —, noticia.

newspaper [nius'pey-pə] *n.* periódico, diario.

next [nekst] *adj.* próximo, siguiente, que sigue, inmediato; *adv.* luego, en seguida, después; — **door**, contiguo, de al lado; —day, día siguiente; —to, junto a, al lado de.

nice [nays] *adj.* agradable, delicado, primoroso, simpático; minucioso; fino, sutil, escrupuloso; —looking, guapo.

nicety [nays'ti] *n.* esmero; sutileza, atildamiento, delicadeza; to a —, con la mayor precesión.

nickname [nik'neym] *n.* apodo, mote, sobrenombre; *va.* motejar.

niece [niis] *n.* sobrina.

niggardliness [ni'gəd-li-nes] *n.* parsimonia, tacañería.

niggardly [ni'gəd-li] *adj.* mezquino, cicatero, miserable.

nigger [ni'gər] *n.* *(desp.)* negro, negra; oruga negra.

nigh [nay] *adj.* próximo, cercano; *prep.* cerca de; *adv.* casi.

night [nayt] *adj.* nocturno; —cap, gorro de dormir; *n.* noche; *(of ignorance)* tinieblas; at, by—, de noche; last—, anoche; to—, esta noche; **sleepless** —, noche toledana; — **bird**, trasnochador; **to be a — bird** *(fam.)*, correrla; — **dress**, camisón.

nightfall [nayt'fool] *n.* anochecida; at —, al anochecer.

nightingale [nay'ting-geyl] *n.* ruiseñor, filomela.

nightly [nayt'li] *adv.* por la(s) noche(s), cada noche; *adj.* nocturno.   [dilla.

nightmare [nayt'me-ə] *n.* pesa-

nimble [nim'bəl] *adj.* ágil, activo, pronto, veloz, ligero; — witted, vivo, despierto.

nimbleness [nim'bəl-nes] *n.* agilidad, ligereza, expedición, destreza.   [veno.

ninth [naynz] *adj.* nono, no-

nip [nip] *n.* pellizco; rasguño; *va.* morder, pellizcar.

nippers [ni'pəs] *n.* *pl.* pinzas, tenazas.

nipple [ni'pəl] *n.* teta, pezón.

no [nou] *adj.* ninguno; *adv.* no; — **one** *(fam.)*, maldito; nadie.

nobility [nop-bi'li-ti] *n.* noble-za, hidalguía; dignidad; (*of heart, etc.*) caballerosidad; **to prove —**, calificarse.

noble [nou'bəl] *adj.* noble, hidalgo, ilustre, generoso.

nobleman [nou'bəl-man] *n.* caballero, noble.

nobleness [nou'bəl-nes] *n.* nobleza, magnanimidad, caballerosidad.

noblesse [nou'bles] *n.* **— oblige,** la nobleza obliga.

nobody [nou'bə-di] *pron.* nadie, ninguno; nulidad.

nocturnal [nok-təə'nəl] *adj.* nocturno.

nod [nod] *n.* seña, signo; (*with sleep*) cabezada; saludo; **a—is as good as a wink,** por el hilo se saca el ovillo; *vn.* hacer señas con la cabeza; cabecear, dar cabezadas.

noise [noys] *n.* ruido, clamor, estrépito, alboroto; rumor; *va.* **to — abroad,** propalar.

noised [noysd] *adj.* **to be — abroad,** susurrarse.

noiseless [noys'les] *n.* silencioso, callado, sin ruido, quedo.

noisiness [noy'si-nes] *n.* alboroto, estrépito.

noisome [noys'səm] *adj.* nocivo, fétido; dañino, apestado; apestoso. [bulento.

noisy [noy'si] *adj.* ruidoso, turnomad [nou'mad] *adj.* (*of flocks*) trashumante; nómada.

nomadic [nou-ma'dik] *adj.* errante.

nominate [no'mi-neyt] *va.* nombrar, designar, señalar.

nomination [no-mi-ney'shən] *n.* nombramiento, propuesta; adscripción.

nonconformist [non-kən-foo'mist[*n.* disidente. [die.

none [non] *pron.* ninguno, na-nonplus [non-pləs'] *va.* confundir, dejar (estupefacto, patidifuso).

nonsense [non'səns] *n.* necedad, contrasentido, impertinencia, disparate, desatino, absurdo, adefesio; **what —! ¡quiá!**

nook [nuk] *n.* rincón(cito).

noon [nun] *n.* mediodía.

noose [nus] *n.* lazo corredizo; (*halter*) dogal.

nor [noo] *conj.* ni; **— neither,** tampoco.

normal [noo'məl] *adj.* normal, usual, regular; **to become —,** normalizarse. [lo regular.

normally [noo'mə-li] *adv.* por **Norman** [noo'mən] *adj.* normando, románico. [navo.

norse [nors] *n.* y *adj.* escandi-**north** [nooz] *n.* norte; *adj.* del norte, septentrional; **—Star,** la polar.

northerly [noo'zə-li] *adj.* septentrional, norteño.

Norwegian [noo-wi'dyən] *adj.* noruego.

nose [nous] *n.* nariz, narices; (*animals*) hocico; (*sense of smell*) olfato; **with large —,** narigudo; **—bag,** morral, cebadera. [rreveidile.

nosey [nou's] *adj.* **—Parker,** co-**nostalgia** [nos-tal'dyə] *n.* añoranza. [la nariz.

nostril [nos'tril] *n.* ventana de **not** [not] *adv.* no; **—at all,** de ningún modo.

notable [nou'tə-bəl] *adj.* notable, relevante, subido, insigne, aventajado; **— person,** notabilidad. [mente.

notably [nou'tə-bli] *adv.* suma-**notched** [nochd] *adj.* recortado.

note [nout] *n.* nota; observación; tono; marca; (*mus.*) tecla; (*written*) billete; (*lectures, etc.*) apunte; **to take —s,** sacar apuntes; *va.* notar, anotar, observar, advertir, reparar.

note-book [nout'buk] *n.* cuaderno, memorial.

noted [nou'təd] *adj.* célebre; insigne; notable, señalado, conocido; **let it be — that,** conste que.

nothing [no'zing] *n.* nada; **for —,** de balde; **—at all,** nonada; friolera; **a bit of —,** fruslería; **to come to —,** fracasar, malograrse.

notice [nou'tis] *n.* noticia, advertencia; comunicación, anuncio; consideración, conocimiento; aviso, letrero; **—board,** tablón de avisos; **to take — of,** notar; *va.* notar, caer en la cuenta (de); observar, percatarse, hacer caso de; **it's worth — ing,** es de notar; **to give —,** advertir, avisar; **at the shortest —,** en el plazo más breve; tan pronto como sea posible.

noticeable [nou'ti-sə-bəl] *adj.* notable.

notify [nou'ti-fay] *va.* notificar, dar parte, prevenir, avisar.

notion [nou'shən] *n.* noción, idea, concepto; ocurrencia.

notoriety [no-to-ray'e-ti] *n.* notoriedad, fama.

notorious [no-to'riəs] *adj.* muy conocido; famoso, de mala fama, ruin.

notoriously [no-to'riəs-li] *adv.* notoriamente, públicamente.

notwithstanding [not-wiz-stan'ding] *prep. & conj.* no obstante, empero, sin embargo, a despecho de; bien que.

nought [noot] *n.* cero, nada.

nourish [nə'rish] *va.* alimentar; *(emotion)* cebar; *(hopes)* sustentar, abrigar.

nourishing [nə'ri-shing] *adj.* nutritivo **very —,** de mucha alimentación.

nourishment [nə'rish-mənt] *n.* alimento, alimentación; pábulo; **spiritual —,** pasto espiritual. [novela.

novel [no'vəl] *adj.* original; *n.*

novelist [no'və-list] *n.* novelista.

novelty [no'vəl-ti] *n.* novedad; **fond of — ies,** novelero.

November [no-vem'bə] *n.* noviembre.

novice [no'vis] *n. (relig.)* novicio; principiante; neófito, aprendiz, novato.

now [nau] *adv.* ahora; ya; **by—,** ya; **from — on,** de hoy en adelante; **— and then,** de cuando en cuando; **every — and then,** a cada momento; **just —,** ahora mismo; **—that,** ya que, puesto que.

nowadays [nau'ə-deys] *adv.* hoy día, en la actualidad.

nowhere [nou'jue-ə] *adv.* en ninguna parte.

noxious [nok'shəs] *adj.* nocivo; *(animal)* dañino; pernicioso, pestífero, malsano.

noz(z)le [no'zəl] lanza, boquerel, boca, boquilla, gollete, pitón, cuello, embocadura, inyector, punta de soplete.

nucleus [niu'kliəs] *n.* núcleo.

nude [niud] *adv.* desnudo.

nudge [nəədy] *n.* codal, codazo; *va.* dar codazos a.

nuisance [niu'səns] *n.* incomodidad, molestia, estorbo, contravención; **what a —!** ¡qué fastidio!

null [nəl] *adj.* nulo, sin valor, inválido. [invalidar.

nullify [nə'li-fay] *va.* anular,

numb [nəm] *adj.* aterido, entumecido, entorpecido; *va.* entumecer, entorpecer.

number [nəm'bə] *n.* número; cifra; suma; *(magazine)* ejemplar; *va.* contar, numerar; sumar.

numberless [nəm'bə-les] *adj.* innumerable, innúmero.

numbness [nəm'nes] *n.* torpor, letargo; entumecimiento.

numeral [niu'mə-rəl] *n.* guarismo, cifra.

numerous [niu'mə-rəs] *adj.* numeroso, muchos.

nun [nən] *n.* monja, religiosa.

nunnery [nə'nə-ri] *n.* convento.

nuptial [nəp'shəl] *adj.* nupcial; *n.* **—s,** nupcias, esponsales.

nurse [nəəs] *n. (sick)* enfermera; *(children's)* nodriza, ama, aya; **wet —,** ama de leche; **—s' home,** enfermera; **—maid,** niñera; *va. (suckle)* amamantar, criar; cuidar; *(met.)* fomentar, abrigar.

nursery [nəə'sə-ri] *n.* cuarto de niños; almáciga; *(plants)* pimpollar, criadero, vivero; **—maid,** niñera; **—rhymes,** cuentos de niños.

nursing [nəə'sing] *n.* crianza, lactancia; *(of sick)* cuidar; **— home,** clínica, sanatorio.

nurture [nəə'chə] *n.* alimentación; educación, crianza; *(met.)* fomento; *va.* alimentar, nutrir.

nut [nət] *n.* nuez; *(mech.)* hembra, tuerca; *(sl.)* crisma; —

brown, castaño, trigueño; **to go —ting,** coger nueces; **in a —shell,** en pocas palabras.
nutcrackers [nət'kra-kəs] *n.* cascanueces.
nutriment [niu'tri-ment] *n.* alimento, nutrición.

nutrition [niu-tri'shən] *n.* alimentación.
nutritious [niu-tri'shəs] *adj.* nutritivo, alimenticio.
nymph [nimf] *n.* ninfa; zagala, doncella, joven; *(entom.)* crisálida.

O

oak [ouk] *n.* roble; *(evergreen)* encina; **—forest, clump of —s,** robledo.
oar [o'ə] *n.* remo; **to rest on one's —s,** cesar de trabajar.
oarsman [o'əs-man] *n.* remero, remador.
oasis [o-ey'sis] *n.* oasis.
oat [out] *n.* **—s,** avena; **—field,** avenal; **to sow one's wild —s,** correrla.
oath [ouz] *n.* juramento; *(swear-word)* taco, improperio, blasfemia; **to take —,** prestar juramento.
oatmeal [out'miil] *n.* harina de avena.
obdurate [ob'diu-rət] *adj.* obstinado, inflexible, impertinente, terco.
obedience [o-bii'diəns] *n.* obediencia, sumisión.
obedient [o-bii'diənt] *adj.* obediente, sumiso, dócil.
obeisance [o-be'səns] *n.* saludo, reverencia; homenaje.
obey [o-bey'] *va.* obedecer; *(rules, etc.)* observar; *(respond)* cumplir con.
obituary [o-bi'tiu-ə-ri] *n.* **—notice,** necrología; *(in press)* esquela.
object [*n.* ob'dyekt; *vb.* ob-dyekt'] *n.* objeto, cosa, asunto; *(purpose)* fin, propósito, intento; *(grammar)* complemento; *va. & n.* objetar, oponer; oponerse; poner tacha (a).
objection [ob-dyek'shən] *n.* objeción, réplica, dificultad, in-

conveniente; **to raise an —,** poner reparos (a).
objectionable [ob-dyek'shə-nə-bəl] *adj.* reprensible, censurable; antipático.
objective [ob-dyek'tiv] *adj.* objetivo; *n.* punto, fin, meta, destinación.
objure [ob-dyu'ər] *v.* jurar.
obligation [o-bli-gey'shən] *n.* obligación, deber, compromiso; **to be under an — (to),** deber favores; agradecer.
obligatory [o-bli'gə-tə-ri] *adj.* obligatorio, forzoso, imprescindible.
oblige [o-blaydy'] *va.* obligar, compeler, precisar; *(with favour)* complacer, agradar, servir; **to be —d to,** no poder menos de; **I am —d to,** me toca; **I am much —d to you,** le estoy muy agradecido.
obliging [o-blay'dying] *adj.* obsequioso, cortés, atento, servicial.
oblique [o-bliik'] *adj.* sesgado; diagonal; indirecto; **—ly,** *adv.* de soslayo.
obliterate [o-bli'tə-reyt] *va.* borrar, cancelar, tachar; *(town, etc.)* arrasar, destruir; **to be —d,** extinguirse, apagarse.
obliteration [o-bli-tə-rey'shən] *n.* canceladura; el tachar; el arrasar; destrucción.
oblivion [o-bli'viən] *n.* olvido.
oblivious [o-bli'viəs] *adj.* distraído, olvidadizo; inconsciente (de).
obnoxious [ob-nok'shəs] *adj.*

dañoso, nocivo, impertinente, ofensivo.

obscene [ob-siin'] *adj.* obsceno, indecente, grosero, verde, sucio.

obscenity [ob-se'ni-ti] *n.* obscenidad, indecencia, suciedad.

obscure [ob-skiu'ə] *adj.* obscuro, vago, confuso; tenebroso; *(language, etc.)* enigmático, revesado; *(origin, etc.)* humilde; *va.* borrar, enturbiar; anublar, obscurecer.

obscurity [ob-skiu'ə-ri-ti] *n.* obscuridad; tinieblas; humildad; olvido.

obsequious [ob-si'kui-əs] *adj.* obsequioso, complaciente, zalamero, servil.

observance [ob-səə'vəns] *n.* observancia, respeto; rito, ceremonia; costumbre, práctica.

observant [ob-səə'vənt] *adj.* perspicaz, alerto, atento, vigilante.

observation [ob-sə-vey'shən] *n.* *(faculty)* observación; *(act)* examen; *(remark)* reparo; **to be under —**, estar vigilado.

observatory [ob-səə'və-tə-ri] *n.* observatorio.

observe [ob-səəv'] *va.* observar, notar; apuntar, marcar; *(remark)* decir, comentar; *(person)* vigilar; *(festival, etc.)* celebrar; *(law, order, etc.)* cumplir.

observer [ob-səə'və] *n.* observador.

obsess [ob-ses'] *va.* obsesionar.

obsolete [ob'so-liit] *adj.* inusitado, arcaico, anticuado; pasado de moda; *(matter, etc.)* atrofiado.

obstacle [ob'stə-kəl] *n.* obstáculo, tropezón, contrariedad, inconveniente, estorbo.

obstinacy [ob'sti-nə-si] *n.* obstinación, terquedad, porfía.

obstinate [ob'sti-neyt] *adj.* obstinado, aferrado, tozudo, contumaz, testarudo, rebelde.

obstruct [ob-strəkt'] *va.* *(road, etc.)* obstruir, poner obstáculos (a); *(scheme, etc.)* baldar, estorbar, dificultad; *(pipe, etc.)* atorar.

obstruction [ob-strək'shən] *n.* obstáculo, obstrucción, estorbo, dificultad.

obtain [ob-teyn'] *va.* obtener, conseguir; *(desire, etc.)* lograr; *(for someone)* facilitar; *vn.* existir, prevalecer.

obtainable [ob-tey'nə-bəl] *adj.* asequible; a mano.

obtest [ob-test'] *v.* citar como testigo; protestar.

obstrusive [ob-tru'siv] *adj.* importuno, intruso.

obviate [ob'vieyt] *va.* obviar, allanar, impedir, evitar.

obvious [ob'viəs] *adj.* obvio, evidente, manifiesto, palpable, transparente.

obviously [ob'viəs-li] *adv.* claro; a todas luces, claramente, bien a las claras.

obviousness [ob'viəs-nes] *n.* evidencia.

occasion [o-key'siən] *n.* ocasión; oportunidad, coyuntura; sazón, tiempo; causa; motivo; pie; **on —**, en caso necesario, a su debido tiempo; **on the —** of, con motivo de; **to fit the —**, venir a cuento; *va.* ocasionar, mover, causar, dar lugar a, acarrear.

occasional [o-key'siə-nəl] *adj.* ocasional, casual, fortuito; poco frecuente.

occasionally [o-key'siə-nə-li] *adv.* de tarde en tarde, tal cual vez. [noto.

occult [o-kəlt'] *adj.* oculto; ig-

occupant [o'kiu-pənt] *n.* ocupante, poseedor; *(house)* inquilino.

occupation [o-kiu-pey'shən] *n.* ocupación, empleo, oficio.

occupy [o'kiu-pay] *va.* ocupar; emplear; entretener; *vn.* ocuparse, atarearse.

occur [o-kəə'] *vn.* ocurrir, acontecer, suceder.

occurrence [o-kəə'rəns] *n.* suceso, acontecimiento; lance.

ocean [ou-shən] *n.* océano.

October [ok-tou'bə] *n.* octubre.

octopus [ok'tə-pəs] *n.* pulpo.

oculist [o'kiu-list] *n.* oculista.

odd [od] *adj.* *(queer)* raro, extravagante, fantástico, singu-

lar, curioso, estrafalario; extraño; (uneven) impar; (occasional) suelto; an — volume,
un tomo suelto; —s and evens,
pares y nones; at — moments,
de rato en rato; an — peseta,
tal cual peseta; at —s, reñido;
—s and ends, chismes, menudencias; —job, chapuza.

oddity [o'di-ti] n. rareza, singularidad; pajarraco.

odds [ods] n. desigualdad; ventaja; probabilidades; against
—, desventajosamente, contra
la suerte; —and ends, retazos;
to be at — with, estar reñido
con; to set at—, malquistar.

odious [ou'diəs] adj. odioso, detestable, infame.

odium [ou'diəm] n. odio, infamia, baldón.

odour [ou'də] n. olor, perfume.

odourless [ou'də-les] adj. inodoro.

of [ov] prep. de, con, tocante a,
según; — late, últimamente.

off [of] prep. distante de; day
—, día libre; adv. lejos, a distancia; (sea) a la altura de;
well —, acomodado; — print,
suelto, separata.

offal [o'fəl] n. despojos de reses, residuo, desperdicio, bazofia.

offence [o-fens'] n. ofensa, culpa, delito; atentado; to take—,
incomodarse.

offend [o-fend'] va. ofender,
enfadar, fastidiar, irritar;
(senses, etc.) desagradar, herir; vn. pecar, cometer faltas,
disgustar, enojar, deshonrar.

offended [o-fen'dəd] adj. indignado, lastimado; to be —, picarse; sentirse herido.

offender [o-fen'də] n. delincuente, culpado, ofensor.

offense [o-fens'] n. ofensa.

offensive [o-fen'siv] adj. ofensivo, injurioso; — remark, una
importinencia; n. ofensiva.

offer [o'fə] n. oferta; propuesta,
proposición; to make free —
of, franquear; va. ofrecer, prometer; (as candidate) presentar; (prospect) brindar; vn.

ofrecerse, presentarse, prestarse.

offering [o'fə-ring] n. ofrenda,
obsequio; (church) oblación;
(votive) ex-voto; burnt —, holocausto.

off-hand [of-jand'] adj. informal; de repente.

office [o'fis] n. oficina, despacho; empleo; oficio; (eccl.)
oficios; in —, en el poder; box
—, contaduría; booking —, taquilla; Home —, Ministerio de
la Gobernación; Foreign —,
Ministerio de A. Exteriores.

officer [o'fi-sə] n. (mil.) oficial;
funcionario; body of —s, oficialidad.

official [o-fi'shəl] adj. oficial;
— price, precio de tasa; n. (public) funcionario, empleado.

officiate [o-fi'shieyt] va. & n.;
oficiar; (eccl.) celebrar; ejercer, desempeñar (un cargo).

officious [o-fi'shəs] adj. oficioso, entremetido.

officiousness [o-fi'shəs-nes] n.
oficiosidad.

offing [o'fing] (naut.) in the —,
mar afuera.

offshoot [of'shut] n. ramal, renuevo.

offspring [of'spring] n. prole,
linaje, vástago.

oft, often [oft, o'fən] adv. frecuentemente, a menudo, comúnmente.

oil [oil] n. aceite; (sacramental)
crista; (lubricating) grasa; —
painting, pintura (cuadro) al
óleo; va. engrasar; untar.

oilskin [oil'skin] n. impermeable.

oily [oi'li] adj. oleaginoso, aceitoso, grasiento; untuoso; craso.

ointment [oint'mənt] n. ungüento, untura.

old [ould] adj. (people) viejo;
(long established, etc.) antiguo; rich — (wine), añejo;
very —, rancio; — fashioned,
pasado de moda; — world, muy
chapado a la antigua; the —
country (Galicia), la tierruña;
(worn) usado, gastado; — man,
anciano; — Joe (etc.), el tío

Pepe; **to grow** —, envejecer; **to be** —, peinar canas.

older [oul'də] *adj.* mayor.

oldness [ould'nəs] *n.* vejez, ancianidad.

olive [o'liv] *n. (tree)* olivo, *(fruit)* aceituna, oliva; — **grove**, olivar; — **oil**, aceite de oliva; — **coloured**, aceitunado; — **branch**, rama de oliva.

olivet [o'li-vet] *n.* perla artificial.

omelet [om'let] *n.* tortilla. [cial.

omen [ou'men] *n.* agüero, augurio, presagio, portento; **ill-omened**, fatídico.

ominous [o'mi-nəs] *adj.* ominoso, siniestro, nefasto, aciago.

omission [o-mi'shən] *n.* omisión, supresión, abstracción, olvido.

omit [o-mit'] *va.* omitir, suprimir, pr__cindir, pasar por alto, pasar en claro, hacer caso omiso de.   [bus.

omnibus [om'ni-bəs] *n.* ómni-

omnipotent [om-ni'pətənt] *adj.* omnipotente, todopoderoso.

omniscient [om-ni'shənt] *adj.* omnisciente.

on [on] *adv.* sobre, encima; (en) adelante; **and so** —, y así sucesivamente; *prep.* según; por parte de; **later** —, más tarde; **what's** —? *(theat.)* ¿qué ponen?

once [uons] *adv.* una vez; antiguamente; **at** —, de una vez, sin demora, en el acto, desde luego; **all at** —, de (un) golpe; — **for all**, de una vez; **for** —, una vez siquiera; **Once upon a time** ... Érase que se era.

one [uon] *adj. & pron.* uno, solo, único, cierto; — **armed**, manco; — **eyed**, tuerto; **to be the** — **to**, ser el más indicado para; — **for each**, sendos; **such a** —, un tal.   [pesado.

onerous [o'nə-rəs] *adj.* oneroso,

oneself [uon-self'] *pron.* sí; **to say to** —, decir para su sayo.

onion [ə'niən] *n.* cebolla.

only [oun'li] *adv.* solamente, sólo; *adj.* solo, único.

onset [on'set] *n.* asalto, ataque, arremetida.

onslaught [on'sloot] *n.* arremetida, asalto.

onward [on'uəəd] *adv.* hacia adelante.

ooze [us] *n.* fango, légamo, limo; *vn.* rezumar, filtrar, manar.

opaque [ou-pek'] *adj.* opaco.

open [ou'pən] *adj.* abierto; *(fan, etc.)* extendido; *(disposition)* franco, llano; dispuesto a; susceptible; **half** —, entreabierto, entornado; **wide** —, de par en par; — **house**, puerta franca; — **secret**, secreto a voces; — **minded**, sin prejuicio; **in the** —, al aire libre, al raso; **to force** —, violentar; *va.* abrir; *(exhibition)* inaugurar; empezar; revelar; — **out**, ensanchar; — **up**, franquear; *vn.* abrirse; asomarse; — **in to**, dar a, salir a.

opening [ou'pə-ning] *n.* abertura; *(wide)* boquerón; *(of street)* bocacalle; *(in wall)* vano; agujero; *(exhibitions, etc.)* inauguración; *(of wood)* claro; comienzo; *(opportunity)* ocasión, coyuntura.

openly [ou'pən-li] *adv.* abiertamente, con el corazón en la mano.

openness [ou'pən-nes] *n.* confianza, franqueza; frescura.

opera [o'pə-rə] *n.* ópera; **comic** —, ópera bufa; — **hat**, clac; — **glasses**, gemelos.

operate [o'pə-reyt] *va.* manejar, gobernar; efectuar, producir; explotar; *vn.* obrar, funcionar; *(med.)* operar.

operation [o-pə-rey'shən] *n. (med.)* operación; acción, efecto; *(mech.)* funcionamiento.

operator [o'pə-rey-tə] *n.* operador, operario.

opinion [o-pi'niən] *n.* opinión, parecer, persuasión; juicio, fama, estimación; **other people's** —, el qué dirán; **he said that in his** —, daba a entender que.

opponent [o'pou'nənt] *n.* antagonista, contrario, rival; opositor.

opportune [o'po-tiun] *adj.* oportuno, conveniente.

opportunity [o-po-tiu'ni-ti] *n.* ocasión, tiempo, caso, coyuntura; pie.

oppose [o-pous'] *va.* oponer, combatir; hacer frente a; impugnar; *vn.* oponerse.

opposed [o-pousd'] *adj.* opuesto; encontrado.

opposer [o-pou'sə] *n.* adversario, antagonista, rival.

opposite [o'pə-sit] *adj.* opuesto; al frente; encontrado, adverso; directly —, frente a frente.

opposition [o-po-si'shən] *n.* oposición, contradicción, repugnancia; in —, en contra, en contraste.

oppress [o-pres'] *va.* oprimir, acongojar, agobiar, sofocar, vejar, abrumar.

oppression [o-pre'shən] *n.* opresión, yugo; ahogo, pesadez.

oppressive [o-pre'siv] *adj.* opresivo, abrumador; sofocante.

oppressor [o-pre'sə] *n.* opresor, tirano.

opprobrium [o-prou'briəm] *n.* oprobio, deshonra, ignominia.

optician [op-ti'shən] *n.* óptico.

optional [op'shə-nəl] *adj.* facultativo, discrecional.

opulence [o'piu-ləns] *n.* opulencia, riquezas.

opulent [o'piu-lənt] *adj.* rico, pudiente, acaudalado.

or [oo] *conj.* o, sea.

oracle [o-rə'kəl] *n.* oráculo.

orange [o'rəndy] *n.* naranja; *(tree)* naranjo; — blossom, azahar.

oration [o-rey'shən] *n.* oración, discurso, arenga.

orator [o'rə-tə] *n.* orador; eloquent —, pico de oro.

oratorial [o-rə-tou'riəl] *adj.* oratorio.

oratory [o'rə-tə-ri] *n.* oratoria, elocuencia; *(eccl.)* oratorio.

orb [oob] *n.* orbe, esfera.

orbit [oo'bit] *n.* órbita.

orchard [oo'chəd] *n.* huerto, vergel; pleasure —, *(Toledo)* cigarral.

orchestra [oo'kəs-trə] *n.* orquesta; — stall, platea.

ordain [oo-deyn'] *va.* ordenar, establecer, decretar; to be — ed, *(priest)* ordenarse.

ordeal [oo'diil] *n.* prueba.

order [oo'də] *n.* order *(f. comband, sect, knightly, religious, commercial); (m. orderliness, comparison);* método, arreglo; mandado; clase, medida; régimen; *(business)* pedido; — of St. James, orden de Santiago; Jesuit —, Compañía de Jesús; in good —, en buen estado; en regla; till further —s, hasta nueva orden; out-of- —, descompuesto, no funciona; desarreglado; *pl.* standing —, reglamento; *va. (arrange)* ordenar, arreglar; *(mil.)* mandar; disponer; *(com.)* pedir, encargar; to put in —, ordenar, reglamentar; to be the — of the day, imperar; to give —s, mandar, preceptuar.

ordinary [oo'di-nə-ri] *adj.* ordinario, vulgar, trivial, común; *(wine)* corriente.

ordnance [ood'nəns] *n.* artillería.

ore [ouə] *n.* mineral, ganga; — deposit, yacimiento.

orfe [orf] *n.* carpa dorada.

organ [oo'gən] *n.* órgano; — player, organista; — blower, intonador; barrel —, organillo, manubrio.

organist [oo'gə-nist] *n.* organista.

organisation [oo-gə-nay-sey'-shən] *n.* organización, entidad.

organise [oo'gə-nays] *va.* organizar, disponer, arreglar.

orgy [oo'dyi] *n.* orgía.

Orient [o'riənt] *n.* oriente, levante; *va.* orientar.

orientate [o'riən-teyt] *va. & r.* orientar(se).

origin [o'ri-dyin] *n.* origen, principio, precedencia, procedencia, cuna, raíz; —s, ascendencia.

original [o-ri'dyi-nəl] *adj.* original, primitivo, primordial, primero; *n.* original; ejemplar.

originality [o-ri-dyi-na'li-ti] *n.* singularidad, originalidad.

originate [o-ri'dyi-neyt] *va. &*

n. originar, causar, provenir; — **from**, derivar de, provenir de.

ornament [oo'nə-mənt] *n.* ornamento; adorno, decoración; hanging —, colgante; *va.* adornar; embellecer.

ornamental [oo-nə-men'təl] *n.* ornamental, decorativo.

ornamentation [oo-nə-men-tey'-shən] *n.* decorado.

ornate [oo-neyt'] *adj.* adornado; recargado; aparatoso.

orphan [oo'fən] *n.* huérfano, inclusero.

orphanage [oo'fə-neydy] *n.* orfelinato, hospicio.

orthodox [oo'zə-doks] *adj.* ortodoxo; admitido.   [todoxia.

orthodoxy [oo'zə-dok-si] *n.* oroscillate [o'si-leyt] *vn.* oscilar, vibrar, desviar(se).

ostensible [os-ten'si-bəl] *adj.* ostensible, aparente, declarado, al aparecer.

ostentation [os-ten-tey'shən] *n.* ostentación, aparato, alarde, boato.

ostentatious [os-ten-tey'shəs] *adj.* ostentoso, suntuoso, fastuoso, pomposo.   [tracismo.

ostracism [oo'strə-si-səm] *n.* ostrich [os'trich] *n.* avestruz.

other [ə'zə] *pron. & adj.* otro; every — day, un día sí y otro no; **this, that and the** —, esto, lo otro y lo de más allá.

otherwise [ə'zə-uays] *adv.* de otra manera, de lo contrario; si no.   [ser menester.

ought [out] *vn.* deber, convenir, our [au'ə] *pron.* nuestro.

ourselves [auə-selvs'] *pron.* nosotros, nosotros mismos.

oust [aust] *va.* desalojar, echar fuera, desahuciar.

out [aut] *adv.* fuera, afuera; *prep.* fuera de; *adj. (book)* terminado, publicado; **just** —, reciente; *(the voyage)* —, de ida; — **and** —, de cabo a rabo, acérrimo, incondicional, redomado; — **of**, sin, por; — **of doors**, al fresco; — **of hand**, al momento; **six — of seven**, de cada siete, seis; — **of sight**, fuera del alcance de la vista; —

— **of sorts**, indispuesto; — **going**, ida; **to be** —, estar fuera; haberse acabado; haberse apagado; publicarse; **to be — of office**, ser un cesante; **to be — of print**, estar agotado; **to speak** —, hablar claro; — **of place**, inadecuado, impropio; — **of the question**, inadmisible; — **of the way**, *(event, etc.)* extraordinario, raro, *(place)* inaccesible; — **of the way places**, andurriales.

outbreak [aut'brek] *n.* erupción, estallido, rompimiento; *(disease)* foco.

outburst [aut'bəəst] *n.* demasía, desahogo, explosión.

outcast [aut'kaast] *n.* desterrado, desechado, paria.

outcome [aut'kəm] *n.* resultado, producto, solución, éxito.

outcry [aut'kray] *n.* clamor, gritería, alarido, vocerío.

outdo [aut-du'] *va.* sobrepasar, exceder, sobrepujar.

outdoor [aut'doə] *adj.* exterior, al aire libre.

outer [au'tə] *adj.* exterior, de afuera; — **most**, extremo.

outfit [aut'fit] *n.* equipo; avíos, pertrechos; **to be — of — ting**, habilitación; *va.* equipar.

outflow [aut'flou] *n.* derrame; desagüe.   [gira, vuelta.

outing [au'ting] *n.* excursión, outlandish [aut-lan'dish] *adj.* extranjero, extraño, raro.

outlaw [aut'loo] *n.* proscrito, bandido, forajido; *va.* proscribir.   [bolso.

outlay [aut'ley] *n.* gasto, desembolet [aut'let] *n.* salida, escape; *(pipe)* toma, desagüe.

outline [aut'layn] *n.* contorno, traza, silueta; esquema; **to draw — of**, perfiles, bosquejar; reseñar.

outlook [aut'luk] *n.* aspecto, apariencia, prospecto, perspectiva, vista.

outlying [aut-lay'ing] *adj.* lejano, exterior, excéntrico, extrínseco.   [rroquia rural.

outparish [aut-pa'rish] *n.* paoutpost [aut'poust] *n.* avanzada.

output [aut'put] *n.* rendimiento.

outrage [*n.* aut'redy; *vb.* aut-reydy'] *n.* ultraje; desaguisado, atropello; *va.* ultrajar, insultar, violentar.

outrageous [aut-rey'dyəs] *adj.* ultrajante, injurioso, atroz, inaudito, descarado.

outright [aut'rayt] *adv.* immediatamente, al instante; sin más ni más; sin vacilar; francamente.

outset [aut'set] *n.* principio, salida.

outside [aut'sayd'] *n.* (la parte) exterior; *(of vehicle)* imperial; lo de afuera; *adj.* exterior; *prep.* fuera de; *adv.* por de fuera; **at the —**, a lo sumo, cuando más.

outsider [aut-say'də] *n.* forastero, intruso, profano.

outskirts [aut'skəəts] *n.* *(town)* suburbio; ensanche, inmediaciones, cercanías, extrarradio; *(wood, etc.)* lindes, bordes, orilla.

outstanding [aut-stan'ding] *adj.* *(fin.)* por pagar; pendiente; relevante; *(person)* aventajado, sobresaliente; **to be —**, brillar.

outstretch [aut-strech'] *va.* extender, alargar.

outstrip [aut-strip'] *va.* dejar atrás, aventajar.

outward [aut'uəəd] *adj.* exterior, externo; aparente; *adv.* (hacia de), fuera, de ida.

outwards [aut'uəəds] *adv.* hacia afuera.

outworn [aut-uoon'] *adj.* usado, gastado; caído en desuso, desechado.

oval [ou'vəl] *n.* óvalo; *adj.* ovalado, oval.

ovation [ou-vey'shən] *n.* ovación, aplausos.

over [ou'və] *prep.* sobre, encima de; al otro lado de; *adv.* sobre, de sobra; a demás; pasado, excesivamente; **— and —**, repetidas veces; **— again**, de nuevo; **to be —** *(concert, etc.)*, terminar; **to be — and done with**, terminar.

overall [ou'və-rool] *n.* mono.

overawe [ou-və-roo'] *va.* intimidar; **to be —d**, sobrecogerse.

overbalance [ou-və-ba'ləns] *n.* preponderancia; *va. & vn.* preponderar; perder el equilibrio.

overbear [o-vər-beər] *v.* sojuzgar, subyugar, sujetar, reprimir, oprimir, agobiar, abrumar.

overbearing [ou-və-be'ə-ring] *adj.* arrogante, dominante; abrumador, agobiante.

overburden [ou-və-bəə'dən] *va.* sobrecargar.

overcast [*n.* ou'və-kaast; *vb.* ou-və-kaast'] *adj.* nublado, cerrado; *va.* obscurecer, anublar-(se).

overcharge [ou-və-chaady'] *n.* sobrecarga; *(price)* recargo; *va.* sobrecargar, clavar, hincar la uña; *(price)* recargar.

overcloud [ou-və-klaud'] *va.* anublar, cerrarse.

overcoat [ou'və-bout] *n.* abrigo, gabán; *(S.A.)* poncho.

overcome [ou-və-kəm'] *adj.* rendido; *va. & n.* vencer, superar, domar, sobreponerse a; dominar, salvar.

overflow [*n.* ou'və-flou; *vb.* ou-və-flou'] *n.* desbordamiento; inundación, riada, superabundancia, desborde; *va. & n.* inundar, desbordar; **to be —ing**, superabundar, derramarse.

overgrown [ou-və-groun'] *adj.* tupido.

overhang [ou-və-jang'] *va.* dar sobre, colgar, sobresalir.

overhaul [ou-və-jool'] *n.* revisión; recorrido; *va.* repasar, examinar; revisar; alcanzar.

overhead [ou-və-jed'] *adv.* superior, elevado, arriba.

overhear [ou-və-ji'ə] *va.* entreoír; oír por casualidad.

overjoyed [ou-və-dyoyd'] *adj.* gozoso, alborozado, enajenado de alegría.

overland [ou'və-land] *adv.* por tierra.

overload [*n.* ou'və-loud; *vb.* ou-və-loud'] *n.* recargo; *va.* sobrecargar, recargar.

overlook [ou-və-luk'] *va.* *(po-*

sition) predominar, dominar, mirar de arriba; pasar (en, por) alto, descuidar, hacer caso omiso de; tolerar; hacer la vista gorda; repasar; **I — ed it,** se me escapó.

overnight [ou-və-nayt'] *adv.* de la noche a la mañana; una noche.

overpower [ou-və-pau'ə] *va. (person)* sujetar; dominar, forzar, subyugar; sobreponerse a; vencer.

override [ou-və-rayd'] *va.* supeditar, atropellar.

overrun [ou-və-rən'] *va.* invadir, asolar, infestar; desbordarse; excederse.

overseer [ou-və-si'ə] *n.* inspector, amo, contramaestre, veedor, mayoral.

overshadow [ou-və-sha'dou] *va.* eclipsar, obscurecer, hacer sombra a.

oversight [ou'və-sayt] *n.* equivocación, omisión, olvido; vigilancia, inspección.

overstep [ou-və-step'] *va.* propasarse, excederse.

overt [ou'vəət] *adj.* abierto, patente, manifiesto.

overtake [ou-və-teyk'] *va.* sorprender; alcanzar; *vn.* tomar la delantera.

overthrow [*n.* ou'və-zrou] *vb.* ou-və-zrou'] *n.* vuelco, destronamiento, trastorno; *va.* echar

abajo; destruir; derrocar; vencer.

overtop [ou-və-top'] *va.* sobrepasar, sobresalir, sobrepujar, descollar.

overture [ou'və-cho-ə] *n.* preludio, obertura; insinuación, propuesta.

overturn [ou-və-təən'] *va.* volcar, trastornar, trastrocar.

overweening [ou-və-uii'ning] *adj.* avalentonado, encumbrado, mandón; **— pride,** soberbia.

overwhelm [ou-və-juelm'] *va.* agobiar, reventar, anonadar, abrumar.

overwhelming [ou-və-juel'ming] *adj.* grandioso, abrumador, irresistible.

overworn [ou-və-uorn'] *adj.,* agotado por el trabajo, abrumado de fatiga.

owe [ou] *va.* deber.

owing [ou'ing] *adj.* **— to,** debido a, a causa de, con motivo de; **it is — to him,** le compite; es por causa de él.

owl [aul] *n.* búho, mochuelo.

own [oun] *adj.* propio, suyo propio; peculiar; real; *va.* poseer; confesar; reconocer.

owner [ou'nə] *n.* dueño, propietario, patrón, poseedor, teniente; **joint —,** condueño.

ownership [ou'nə-ship] *n.* propiedad, dominio.

ox [oks] *n.* buey.

oyster [oy'stə] *n.* ostra.

P

pace [peys] *n.* paso; *(speed)* marcha, velocidad; *va. & n.* recorrer, medir a pasos, andar al paso; **to mend one's —,** apretar el paso.

pacific [pə-si'fik] *adj.* pacífico, conciliador; sosegado.

pacify [pa'si-fay] *va.* pacificar, amansar, apaciguar, sosegar.

pack [pak] *n.* paquete, fardo,

lío; *(cards)* baraja; *(on back)* mochila; *(sl.)* farándula; *(mules)* recua; *(dogs)* jauría; *va.* empaquetar, enfardelar, envasar; *(fill)* atestar, colmar; *(in trunk)* embaular; *vn.* hacer el equipaje; **— up,** hacer la maleta; **— off,** despachar; **to — up one's traps,** liar el petate, coger el hatillo.

package [pa'kədy] *n.* fardo, paquete, bulto.

packer [pa'kə] *n.* embalador.

packet [pa'ket] *n.* paquete, fardo pequeño; *(boat)* paquebote; *(cigarettes)* cajetilla.

packing [pa'king] *n.* embalaje, envase, empaque; — **case**, envase; *(stuffing)* relleno; **to send** —, enviar a paseo, despedir a cajas destempladas.

pact [pakt] *n.* (con)trato, pacto; *va.* pactar.

pad [pad] *n.* cojinete, cojinillo, colchoncillo; peto; **writing** —, bloque; **scribbling** —, borrador, *va.* forrar, rellenar.

padding [pa'ding] *n.* relleno; *(lit.)* paja, relleno.

paddle [pa'dəl] *n.* canalete; — **wheel**, rueda de paleta; *vn.* impeler, remar, chapotear.

paddock [pa'dək] *n.* dehesa, cercado.

padlock [pad'lok] *n.* candado.

pagan [pey'gən] *n.* pagano, idólatra.

page [peydy] *n.* *(book)* página; *(newspaper)* plana; *(servant)* paje; — **boy**, botones; *vn.* paginar, numerar.

pageant [pa'dyənt] *n.* espectáculo, procesión, pompa.

pageantry [pa'dyən-tri] *n.* fasto, parada, pompa.

pain [peyn] *n.* dolor; *(mental, emotional)* pena; *(great)* angustia; tristeza; castigo, pena; *pl.* trabajo, fatiga, incomodidad, sinsabores; solicitud; **to feel** —, sentir dolor, padecer, sufrir, adolecer; **to be at great** —**s**, esmerarse, apurarse, afanarse; **it** —**s me**, siento (en el alma); *va.* doler, afligir; costar, molestar.

painful [peyn'ful] *adj.* penoso, doloroso, trabajoso, angustioso, laborioso.

painfulness [peyn'ful-nes] *n.* pena, dolor.

painless [peyn'les] *adj.* sin dolor, insensible.

painstaking [peyns'tey-king] *adj.* laborioso, esmerado, nimio, cuidadoso.

paint [peynt] *n.* pintura, color;

(cosmetic) colorete, arrebol, pigmento; *va. & n.* pintar, pintarse; *(favourably)* colorear.

painter [peyn'tə] *n.* pintor; *(house)* pintor (de brocha gorda, de casas).

painting [peyn'ting] *n.* pintura, cuadro; *(action)* el pintar; **oil** —, pintura al óleo.

pair [pe'ə] *n.* par, pareja; *(oxen)* yunta; *va. & n.* emparejar, acoplar, igualar.

palace [pa'ləs] *n.* palacio.

palatable [pa'lə-tə-bəl] *adj.* sabroso, apetitoso, aceptable; *(pop.)* potable.

palate [pa'lət] *n.* paladar.

palaver [pə-la'vər] *v.* adular, lisonjear, engatusar; *n.* labia, palabrería, zalamería, lisonja, embustes.

pale [pey] *adj.* pálido, mortecino, claro; *n.* estaca; palizada; **to go beyond the** —, pasar de la raya; *va.* palidecer.

paleness [peyl'nes] *n.* palidez.

palisade [pa-li-seyd'] *n.* palizada, estacada, valla.

pall [pool] *n.* paño mortuorio; *(eccl.)* palio; *va.* saciar, hartar, empalagar.

palliate [pa'lieyt] *va.* paliar, excausar, mitigar.   [colorido.

pallid [pa'lid] *adj.* pálido, despallor [pa'lə] *n.* palidez.

palm [paam] *n.* *(hand)* palma; *(tree)* palmera; — **Sunday**, Domingo de Ramos; *va.* escamotear; engañar, colar.

palmy [paa'mi] *adj.* próspero, floreciente.

palpable [pal'pə-bəl] *adj.* palpable, palmario.

palpitate [pal'pi-teyt] *vn.* palpitar, latir, agitarse.

paltry [pol'tri] *adj.* mezquino, bajo, despreciable, pobre.

pamper [pam'pə] *va.* mimar, regalar, consentir.

pamphlet [pam'flet] *n.* folleto, opúsculo, impreso.

pan [pan] *n.* cacerola, caldero, olla, paila; **stew** —, cazuela; **frying** —, sartén; **dust** —, cogedor; **warming** —, calentador; *(of balance)* platillo; *(of musket)* cazoleta.

panache [pa-nash'] *n.* plumero.
pane [peyn] *n.* hoja de vidrio, vidriera; *(window)* cristal.
panegyric [pa-ne-dyi'rik] *n.* panegírico, apología.
panel [pa'nəl] *n.* entrepaño, tablero.
panelled [pa'nəld] *adj.* entrepañado; *(ceiling)* artesonado.
pang [pang] *n.* angustia, tormento, congoja; remordimiento, dolor.
panic [pa'nik] *n.* pánico, consternación.
pansy [pan'si] *n.* pensamiento.
pant [pant] *n.* resuello; *vn.* jadear, resollar, palpitar, echar el bofe; **to — for,** suspirar por, ansiar.
panther [pan'zə] *n.* pantera, leopardo.
pantomime [pan-to-maym'] *n.* pantomima.
pantry [pan'tri] *n.* despensa.
pap [pap] *n.* pezón, teta, mogote, papilla, gachas, puches, pulpa.
papa [pa'pa, pa-paa'] *n.* papá, padre.
papacy [pey'pə-si] *n.* papado, pontificado.
papal [pey'pəl] *adj.* pontifical, papal; **— jurisriction,** la curia romana.
paper [pey'pə] *n.* papel; *(news)* periódico; **brown —,** papel de estraza, papel de añafea; **— knife,** cortapapel; **— weight,** pisapapeles; **in — covers** *(book)* en rústica; *va.* empapelar. [mo.
papistry [pey'pis-tri] *n.* papis-
par [paa] *n.* par; **at —,** a la par; **to be on a — with,** correr parejas con; **below —,** debajo de la par.
parable [pa'rə-bəl] *n.* parábola.
parachute [pa'rə-shut] *n.* paracaídas.
parade [pə-reyd'] *n.* desfile, parada, fasto; revista; ostentación, alarde, lucimiento; *va. & n.* desfilar; hacer gala, alardear, lucir, pasear.
paradise [pa'rə-days] *n.* paraíso, edén.
paradox [pa'rə-doks] *n.* paradoja.

paragon [pa'rə-gon] *n.* dechado, ejemplar.
parallel [pa'rə-lel] *adj.* paralelo, igual; *n.* paralelo, semejanza; copia; *va.* correr parejas con; cotejar.
paralyse [pa'rə-lays] *va.* paralizar; *(speech with emotion)* embargar.
paralysis [pə-ra'li-sis] *n.* parálisis, perlesía. [lítico.
paralytic [pa-re-li'tik] *n.* para-
paramount [pa'rə-maunt] *adj.* superior, importante, eminente, supremo.
parapet [pa'rə-pet] *n.* (*mil.*) parapeto; pretil, antepecho; *vr.* parapetarse.
paraphrase [pa'rə-freys] *n.* paráfrasis; *va.* hacer un resumen.
parasite [pa'rə-seyt] *n.* parásito.
parcel [paa'səl] *n.* paquete, lío; porción; *va.* **— out,** repartir; **— up,** liar, empaquetar.
parch [paach] *va.* (re)secar, asolanar, (re)quemar, agostar; *(with thirst)* morirse de sed.
parched [paachd] *adj.* abrasado, quemado, mustio.
parchment [paach'mənt] *n.* pergamino, vitela.
pardon [paa'dən] *n.* perdón, *(law)* indulto, gracia; *va.* perdonar, disculpar, dispensar; **Pardon me.** Dispénseme.
pardonable [paa'də-nə-bəl] *adj.* perdonable, venial.
pare [pe'ə] *va.* **— off, down,** cercenar; (re)cortar; *(fruit)* mondar; *(potatoes)* pelar.
parent [pe'ə-rənt] *n.* padre, madre; *pl.* padres.
parentage [pe'ə-rən-teydy] *n.* parentela; alcurnia.
parental [pə-ren'təl] *adj.* paterno.
parish [pa'rish] *n.* parroquia; **— priest,** párroco, cura.
parishioner [pə-ri'shə-nə] *n.* feligrés, parroquiano.
parity [pa'ri-ti] *n.* igualdad.
park [paak] *n.* parque, jardín.
parley [paa'li] *n.* plática, parlamento; *va.* parlamentar.
parliament [paa'lə-mənt] *n.* parlamento, cortes; **member of —,** miembro, diputado.

parlour [paa'lə] n. sala de recibo, salón; (in convent) locutorio. [rroquial.

parochial [pə-ru'kiəl] adj. paparody [pa'rə-di] n. parodia.

parole [pə-roul'] n. on—, (mil.) bajo palabra.

paroxysm [pa'rok-si-sem] n. paroxismo, arrebato.

parrot [pa'rət] n. loro, cotorra, papagayo.

parry [pa'ri] n. parada, quite, reparo; va. parar; evitar.

parsimonious [paa-si-mou'niəs] adj. parco, frugal, tacaño.

parson [paa'sən] n. clérigo, sacerdote.

part [paat] n. (share) parte, porción; (of book) entrega; (actor's) papel; (place) lugar, sitio; cuidado, deber; pl. mucho valor; for my —, por mi parte; for the most —, por la mayor parte; in good —, en buena parte; va. partir; (hair) hacer la raya; vn. separarse, desprenderse, despedirse; to— with, deshacerse de.

partial [paa'shəl] adj. parcial; —to, aficionado (a).

partiality [paa-sha'li-ti] n. parcialidad; preferencia, predilección. [participar.

participate [paa-ti'si-peyt] vn.

particular [pə-ti'kiu-lə] adj. particular; exacto, cuidadoso; quisquilloso; singular; predilecto; detallado; n. particularidad, detalle, pormenor; to be very —, hilar delgado, esmerarse, cuidarse.

parting [paa'ting] n. separación; despedida; (hair) raya; (road) bifurcación.

partisan [paa'ti-sən] adj. parcial; n. partidario, secuaz, devoto, allegado.

partition [paa-ti'shən] n. partición, división; (sharing out) reparto; (wooden) tabique; va. partir, repartir, cortar.

partly [paat'li] adv. en parte, parcialmente, en cierto modo.

partner [paat'nə] n. socio, compañero; (sleeping) comanditario; (dancing) pareja; (wife) consorte, cónyuge.

partridge [paat'ridy] n. perdiz.

party [paa'ti] n. (politics, game) partido; (hunting) partida; (mil.) pelotón; parte; facción; —to, partícipe en; evening —, tertulia, velada; sarao; parcialidad; (polit.) partido, frente, facción; gay dinner —, (coll.) cuchipanda.

pass [paas] n. (mountain) puerto, desfiladero, hoz, paso; (fencing) pase, estocada; (permit) permiso, salvoconducto, pase; (theat.) billete de favor; (exam.) aprobado; critical —, coyuntura, estorbo; vr. pasar, llevar; aventajar, superar; (allow) consentir, tolerar; (time) pasar; (sentence) dictar; (exam.) aprobar; (counterfeit money, etc.) colar; —on (orders, etc.) cursar; —over (in promotion), postergar; (mountains) cruzar; —by (coast, on other side, etc.), pasar de largo; cruzar, alcanzar; —off as, dar como legítimo; —on, decidir sobre; —the can, escurrir el bulto; —through, atravesar; traspasar; atravesar; (omit) saltar; omitir; vn. —away, fallecer, expirar; to come to —, acaecer, acontecer.

passable [paa'sə-bəl] adj. transitable, pasable; practicable; mediano.

passage [pa'sədy] n. paso, pasaje, entrada; (across rivers, etc.) travesía; tránsito; (in house) pasillo; (in story) episodio; (book) trozo.

passenger [pa'sən-dyə] n. pasajero, viajero.

passer [paa'sə] n. — by, transeúnte.

passim [pə'sim] adv. pásim, aquí y allá.

passing [paa'sing] n. muerte, paso; fallecimiento; —bell, posa, toque de difuntos; in —, de paso.

passion [pa'shən] n. pasión, ardor, cólera, coraje, enardecimiento, furor; — play, misterio, auto.

passionate [pa'shə-net] adj. apasionado, ardiente, colérico.

passive [pa'siv] *adj.* pasivo, inerte. [porte.

passport [paas'poot] *n.* pasa-

password [paas'uəəd] *n.* consigna, seña, santo y seña.

past [paast] *adj.* pasado, último; —**master**, consumado; *n.* pasado, historia; *prep.* más de; — **hope**, sin esperanza; *(invalid)* desahuciado.

paste [peyst] *n.* pasta; argamasa; **sugar —**, alfeñique; *va.* pegar.

pastime [paas'taym] *n.* pasatiempo, recreo, recreación.

pastoral [paas'tə-rəl] *adj.* pastoral; *(novel)* pastoril.

pastry [peys'tri] *n.* pastelería; pasteles; pastas; **puff —**, hojaldre.

pasture [paas'chə] *n.* dehesa, pradera, pasto; *va.* pastar.

pat [pat] *adj.* oportuno; **to come** —, venir como anillo al dedo; *n.* caricia; *va.* acariciar, pasar la mano por, tentar.

patch [pach] *n.* remiendo, parche; *(on face)* lunar postizo; **elbow —**, codera; *(of land)* parcela; *va.* remendar, pegar.

patent [pey'tənt] *n.* patente, privilegio, diploma; *adj.* patente, visible, manifiesto; palmario; —**leather**, charol, hule; *va.* dar (privilegio, patente).

paternity [pe-təə'ni-ti] *n.* paternidad.

path [paaz] *n.* sendero, senda *(of virtue)*; *(footpath)* vereda; *(fig.)* paso, huella, camino, trayecto; **bridle —**, camino de herradura.

pathetic [pə-ze'tik] *adj.* patético, tierno, conmovedor.

pathless [paaz'ləs] *adj.* intrincado, intransitable.

pathos [pey'zəs] *n.* sentimiento, ternura, lástima.

patience [pey'shəns] *n.* paciencia, sufrimiento.

patient [pey'shənt] *adj.* paciente, sufrido, sumiso; *n.* enfermo.

patly [pat'li] *adv.* a propósito, conveniente, cómodamente.

patriot [pey'triət] *n.* patriota.

patriotic [pey-trio'tik] *adj.* patriótico.

patrol [pə-troul'] *n.* patrulla; ronda; *va. & n. (streets)* rondar, hacer la ronda; *(mil.)* patrullar.

patron [pey'trən] *n.* patrón, protector, padrino; *(saint)* patrón; protector, mecenas.

patronage [pey'trə-neydy] *n.* protección, amparo, patrocinio; *(eccl.)* patronato; **under the —of**, bajo los auspicios de.

patronise [pey'trə-nays] *va.* patrocinar, proteger, apoyar, fomentar.

pattern [pa'təən] *n.* modelo, tipo, ejemplar; *(cloth)* muestra; *(dressmaking)* patrón; *(design)* diseño, dibujo; *va. & n.* modelarse sobre.

pauper [poo'pə] *n.* pobre (de solemnidad).

pause [poos] *n.* pausa; hesitación; *(mus.)* calderón; *(for response during funeral)* posa; *vn.* hacer una pausa, parar(se); detenerse, reflexionar, interrumpirse.

pave [peyv] *va.* pavimentar, adoquinar, enlosar; —**the way**, preparar el terreno.

pavement [peyv'mənt] *n. (traffic)* pavimento; *(sidewalk)* acera; andén.

pavilion [pə-vi'liən] *n.* pabellón, quiosco, cenador.

paw [poo] *n.* pata; *(sharp)* garra, zarpa; *va. & n. (horses)* piafar; **to —about**, manosear.

pawn [poon] *n.* prenda, empeño; *(chess)* peón; —**shod**, casa de préstamos, monte de piedad; *va.* empeñar, dar en prenda.

pawnbroker [poon'brou-kə] *n.* prendero, prestamista.

pay [pey] *n.* paga; *(daily)* jornal; *(wages, salary)* sueldo; *(mli.)* paga; *va.* pagar; *(debt)* saldar; *(subscription)* abonar(se); — **attention to**, parar mientes en, prestar atención a, atender; — **back**, reembolsar, devolver (con creces); desquitar(se); — **in advance**, adelantar, pagar adelantado; — **respects**, ofrecer respetos; — **off**, amortizar, *(scores)* desquitarse; —the piper, pagar el pato; —out (rope), largar; (grudge) ajustarle (a uno) las cuentas.

payable [pey'ə-bəl] adj. pagadero, por pagar, vencido.

payer [pey'ə] n. pagador.

paying [pey'ing] part. without —, sin pagar; to go about without —, ir de gorra.

paymaster [pey'maas-tə] n. pagador, habilitado; —'s office, pagaduría.

payment [pey'mənt] n. pago, paga; recompensa; in—for, en pago de; in full — for, en saldo de. [cahuete, maní.

pea [pii] n. guisante; — nut, ca-

peace [piis] n. paz, sosiego, reposo, serenidad; — on this house, Ave María; n. —maker, adj. —making, conciliador; to hold one's —, guardar silencio, callarse.

peaceable [pii'sə-bəl] adj. pacífico, sosegado; bonachón.

peaceful [piis'ful] adj. tranquilo, apacible, reposado.

peacefulness [piis'ful-nes] n. tranquilidad, sosiego, quietud.

peach [piich] n. melocotón, durazno; —tree, pérsico, melocotonero, alberchiquero.

peacock [pii'kok] n. pavo real, pavón; to act the —, pavonear.

peak [piik] n. cumbre, cima, peña; (sharp) pico, picacho; (of cap) visera; (of achievement) cúspide.

peal(ing) [pii'ling] n. repique, repiqueteo; (of laughter) carcajada; vn. repicar, echar las campanas a vuelo.

pear [pe'ə] n. pera; —tree, — orchard, peral.

pearl [pəəl] n. perla; margarita; —shell, margente; mother of —, nacre, nácar; to cast —s before swine, echar margaritas a los puercos.

peart [pirt] adj. (fam.) jovial, alegre, animado.

peasant [pe'sənt] n. campesino, labriego, aldeano; villano.

peasantry [pe'sən-tri] n. los villanos, los campesinos.

pebble [pe'bəl] n. guija, china, guijarro.

peck [pek] n. (bird) picotazo; va. picotear.

peculiar [pe-kiu'liə] adj. (odd) singular, peculiar; (to person) propio, privativo, particular.

peculiarity [pe-kui-lia'ri-ti] n. singularidad, peculiaridad, particularidad.

pedagogue [pe'də-gog] n. pedagogo, pedante.

pedantic [pe-dan'tik] adj. pedante(sco).

pedantry [pe'dən-tri] n. pedantería.

pedestal [pe'dəs-təl] n. pedestal, basa.

pedestrian [pe-des'triən] adj. pedestre, rastrero; n. caminante; —crossing, paso a peatones.

pedigree [pe'di-gri] n. genealogía, linaje, ejecutoria.

peel [piil] n. (orange) cáscara, pellejo; (fruit) corteza; (potato) peladuras; (apple) piel; va. & n. pelar, mondar.

peelings [pii'lings] n. pl. mondaduras, peladuras, ralladuras, raspaduras, cortaduras.

peep [piip] n. (birds) pío; atisbo, ojeada; — show, retablo, sombras chinescas; vn. mirar, atisbar, asomarse; (birds) piar.

peer [pi'ə] n. par, noble; va. — at, escudriñar, fisgar.

peerage [pi'ə-reidy] n. los grandes.

peerless [pi'ə-les] adj. incomparable, sin par, sin igual.

peevish [pi'vish] adj. malhumorado, displicente, enojadizo, mohíno, quisquilloso, bronco, desabrido.

peevishness [pi'vish-nes] n. displicencia, mal humor, mal genio.

peg [peg] n. (mus. instrument) clavija; (excuse) pretexto; (for hanging) colgadero; clothes —, pinza; — leg, pata de palo; —top, peonza.

pelican [pe'li-kən] n. pelícano, alcatraz.

pell-mell [pel-mel'] adv. confusamente, a troche y moche, (en) (de) tropel.

pelt [pelt] n. pellejo, piel, cuero, zalea; golpe, trastazo; *v.* apedrear, tirar, arrojar.

pen [pen] *n.* pluma; **fountain—**, pluma estilográfica; **pig —**, pocilga; **bull—** *(in ring)*, toril; **— holder**, mango de pluma, plumero; **child's play—**, pollera; **—in**, *va.* enjaular, encerrar, acorralar.

penalty [pe'nəl-ti] *n.* castigo; multa; *(football)* penalty.

penance [pe'nəns] *n.* penitencia, castigo.

pencil [pen'sil] *n.* lápiz, pincel; **—box**, lapicero.

pendent [pen'dənt] *adj.* pendiente, suspendido, colgado.

pendulum [pen'diu-ləm] *n.* péndulo. [penetrable.

penetrable [pe'ne-trə-bəl] *adj.*

penetrate [pe'ne-treit] *va.* pasar por, entrar a, atravesar; *(deep)* calar; penetrar; *(substance)* horadar; *vn.* penetrar; **— inland**, internarse.

penetrating [pe'ne-trey-ting] *adj.* agudo.

penetration [pe-ne-trey'shən] *n.* penetración, viveza, sutileza, agudeza. [península.

peninsula [pe-nin'siu-lə] *n.*

penitence [pe'ni-təns] *n.* penitencia, arrepentimiento.

penitent [pe'ni-tənt] *n. & adj.* penitente, compungido.

penitential [pe-ni-ten'shəl] *adj.* penitencial; **—garb**, sambenito.

penitentiary [pe-ni-ten'shə-ri] *adj.* penitenciario; *n.* penitenciaría. [mas.

penknife [pen'naif] *n.* cortaplu-

pennant [pe'nənt] *n.* banderola, flámula, jirón.

penniless [pe'ni-les] *adj.* sin blanca; sin dinero; *(pop.)* a la cuarta pregunta.

pension [pen'shən] *n.* pensión, subvención; alimentos; **life —**, pensión vitalicia; cesantía; *(mil.)* retiro; *va.* pensionar.

pensioner [pen'shə-nə] *n.* pensionado, pensionista; *(mil.)* inválido.

pensive [pen'siv] *adj.* pensativo, meditabundo; triste.

pensiveness [pen'siv-nes] *n.* melancolía, meditación.

pentecost [pen'te-kost] *n.* pentecostés.

penury [pe'niu-ri] *n.* estrechez, estrecheces, inopia.

people [pi'pəl] *n.* pueblo, gente; plebe, gentuza, vulgo; **my —**, mi familia; **the (French) —**, el pueblo (francés); *va.* poblar.

pepper [pe'pə] *n.* pimienta; **red —**, guindilla; *va.* condimentar, sazonar con pimienta.

perambulate [pə-ram'biu-leit] *va.* caminar, transitar, deambular.

perambulator *(abbrev.)* **pram** [pə-ram'biu-ley-tə] *n.* cochecito para niños.

perceivable [pə-sii'və-bəl] *adj.* perceptible.

perceive [pə'siiv] *va.* notar, percibir; entender; *(dimly)* columbrar.

percentage [pe-sen'teidy] *n.* tanto por ciento, porcentaje.

perceptibility [pə-sep-ti-bi'li-ti] *n.* perceptibilidad.

perceptible [pə-sep'ti-bəl] *n.* perceptible, palpable, sensible.

perception [pə-sep'shən] *n.* percepción, idea, perspicacia.

perceptive [pə-sep'tiv] *adj.* perceptivo.

perch [pəəch] *n.* percha; posar(se), encaramarse, pararse.

perchance [pəə-chaans'] *adv.* por ventura, acaso, quizá(s).

perclose [pəə-clouz'] *n.* barandilla, enverjado.

percolate [pəə'ko-leit] *va. & n.* colar, filtrar, rezumarse.

percussion [pə-kə-shən] *n.* percusión, choque.

perdition [pəə-di'shən] *n.* perdición, ruina, infierno.

peremptory [pə-remp'tə-ri] *adj.* perentorio, terminante, absoluto.

perennial [pə-re'niəl] *adj.* perenne, perpetuo; *(bot.)* vivaz.

perfect [*adj.* pəə'fekt; *vb.* pəə-fekt'] *adj.* perfecto, completo; acabado, cabal, consumado; *(fruit, etc.)* maduro, en su punto; *va.* perfeccionar, completar, redondear.

perfection [pəə[fek'shən] *n.* perfección.

perfectly [pəə'fekt-li] *adv.* perfectamente, a la perfección; a fondo; de perlas, a las mil maravillas, de lo (más) lindo.

perfidious [pəə-fi'diəs] *adj.* pérfido, fementido, traidor.

perfidy [pəə'fi-di] *n.* perfidia, traición; felonía, alevosía.

perform [pəə-foom'] *va.* ejecutar, realizar, desempeñar, llevar a cabo; practicar; *(theat.)* representar; *(mus.)* tocar.

performance [pəə-foo'məns] *n.* ejecución; representación; *(theat.)* función; *(deed)* hazaña.

performer [pəə-moo'mə] *n.* artista.

perfume [pəə'fium]. *n.* perfume; fragancia; *va.* perfumar.

perfumery [pəə-fiu'mə-ri] *n.* perfumería.

perfunctory [pəə-fənkk'tə-ri] *adj.* superficial, descuidado, rutinario. [acaso.

perhaps [pəə-japs'] *adv.* tal vez,

peril [pe'ril] *n.* peligro, riesgo.

perilous [pe'ri-ləs] *n.* peligroso, arriesgado, expuesto.

period [pi'ə-riəd] *n.* período, época; término; punto final.

periodical [pi-ə-rio'di-kəl] *adj.* & *n.* periódico; *n.* revista; weekly —, semanario; fortnightly —, quincenal. [necer.

perish [pe'rish] *vn.* perecer, fe-

perishable [pe'ri-shə-bəl] *adj.* perecedero, marchitable, frágil.

perjure [pəə-dyə] *va.* perjurar.

perjury [pəə'dye-ri] *n.* perjurio.

permanence [pəə'mə-nəns] *n.* permanencia, duración, estabilidad.

permanent [pəə'mə-nənt] *adj.* permanente, estable, duradero, fijo.

permeate [pəə'mi-eit] *va.* penetrar, calar, impregnar.

permissible [pəə-mi'sə-bəl] *adj.* permitido, admisible.

permission [pəə-mi'shən] *n.* permiso, permisión, tolerancia, licencia.

permit [*n.* pəə'mit; *vb.* pəəmit'] *n.* permiso, licencia, pase, guía; *va.* permitir, consentir, dejar, autorizar, sancionar.

permitted [pəə-mi'təd] *adj.* lícito.

pernicious [pəə-ni'shəs] *adj.* pernicioso, pestilente, funesto.

pernickety [pəə-ni'ke-ti] *adj.* quisquilloso, vidrioso, susceptible.

peroration [pe-ro-rey'shən] *n.* peroración.

perpendicular [pəə-pen-di'kiulə] *adj.* perpendicular, a plomo.

perpetrate [pəə'pe-treit] *va.* perpetrar, cometer.

perpetual [pəə-pe'tiu-əl] *adj.* perpetuo, perenne, incesante; — motion, movimiento continuo.

perpetuate [pəə-pe'tiu-eyt] *va.* perpetuar, eternizar.

perpetuity [pəə-pe-tiu'i-ti] *n.* perpetuidad.

perplex [pəə-pleks'] *va.* confundir, aturdir, embrollar, causar perplejidad.

perplexity [pəə-plek'si-ti] *n.* perplejidad, embarazo, zozobra, irresolución.

perquisite [pəə'kui-sit] *n.* percance; —s, gajes, regalías, buscas.

persecute [pəə'sə-kiut] *va.* perseguir, hostigar, acosar; molestar, vejar, acuciar.

persecution [pəə-se-kiu'shən] *n.* persecución.

perseverance [pəə-seə-vi'ə-rəns] *n.* persistencia, constancia, firmeza.

persevere [pəə-se-vi'ə] *vn.* perseverar, persistir.

persevering [pəə-se-vi'ə-ring] *adj.* perseverante, pacienzudo.

persist [pəə-sist'] *vn.* persistir; porfiar; — in, obstinarse en, empeñarse en.

persistence [pəə-sis'təns] *n.* persistencia, porfía; — in, error, contumacia.

persistent [pəə-sis'tənt] *adj.* pertinaz, porfiado, resuelto.

person [pəə'sən] *n.* persona; individuo; *(coll.)* tipo, cristiano, sujeto; *(theat.)* personaje; responsible—, — in charge, encargado.

personage [pəə-sə-neidy] *n.* personaje.

personal [pəə'sə-nəl] *adj.* personal; **lack of — touch**, impersonalidad.

personality [pəə-sə-na'li-ti] *n.* personalidad.

personify [pəə-so'ni-fay] *va.* personificar. [perspectiva.

perspective [pəə-spek'tiv] *n.*

perspicacious [pəə-spi-key'shəs] *adj.* perspicaz, penetrante, sagaz, sutil.

perspicuity [pəə-spi-kiu-i-ti] *n.* perspicuidad, lucidez.

perspire [pəə-spay'ə] *vn.* sudar, transpirar.

persuade [pəə-sueid'] *va.* persuadir, convencer; inducir.

persuasion [pəə-suey'syən] *n.* persuasión, creencia.

persuasive [pəə-suey'siv] *adj.* persuasivo, influyente, incitante, convincente.

pert [pəət] *adj.* listo, vivo; desparpajado, respondón, fresco, petulante, impertinente.

pertain [pəə-tein'] *vn.* pertenecer; competer, incumbir.

pertaining [pəə-tey'ning] *adj.* pertinente, perteneciente.

pertinacious [pəə-ti-ney'shəs] *adj.* pertinaz, terco, porfiado.

pertinent [pəə'ti-nənt] *adj.* pertinente, oportuno, atinado.

pertness [pəət'nes] *n.* vivacidad; frescura, impertinencia, petulancia.

perturb [pəə-təəb'] *va.* perturbar, inquietar, soliviantar.

perturbation [pəə-təə-bey'shən] *n.* perturbación, alteración, azoramiento.

peruse [pə-rus'] *va.* recorrer, leer, examinar.

pervade [pəə-veid'] *va.* ocupar, penetrar.

pervaded [pəə-vey'dəd] *adj.* **to be —**, impregnarse, compenetrarse.

perverse [pəə-vəəs'] *adj.* perverso, endiablado, avieso, contumaz, intratable, travieso.

perversion [pəə-vəə'shən] *n.* corrupción, tergiversación, terquedad, perversión, contrariedad.

perversity [pəə-vəə'si-ti] *n.* perversidad malignidad, contrariedad.

pervert [pəə-vəət'] *va.* pervertir, depravar, viciar, infectar, malear; desnaturalizar.

pessimist [pe'si-mist] *n.* pesimista. [plaga.

pest [pest] *n.* peste; *(of insects)*

pester [pes'tə] *va.* importunar, molestar, cansar, atormentar; *(coll.)* dar la lata a.

pestilence [pes'ti-ləns] *n.* peste, pestilencia.

pestilential [pes-ti-len'shəl] *adj.* pestilente, pestífero, maligno.

pestle [pe'səl] *v.* majar, machacar, pistar, moler; *n.* mano de almirez, majadero, pistadero.

pet [pet] *n.* favorito, querido; *va.* mimar, acariciar.

petal [pe'təl] *n.* pétalo, hoja.

petition [pe-ti'shən] *n.* solicitud, recurso, instancia; petición; *va.* suplicar; demandar, hacer petición.

petrify [pe'tri-fay] *va. & n.* petrificar(se). [solina.

petrol [pe'trəl] *n.* esencia, gasolina.

petroleum [pə-trou'liəm] *n.* petróleo, aceite mineral.

petticoat [pe'ti-kout] *n.* saya, enagua, zagalejo; **—s**, bajos.

petty [pe'ti] *adj.* pequeño, mezquino, despreciable; insignificante; **—thief**, ratero;; **—cash**, gastos menores; **— larceny**, hurto; **— officer**, subalterno de marina. [lla de estaño.

pewter [piu'tə] *n.* peltre, vajilla de estaño.

phantom [fan'təm] *n.* fantasma, coco, espectro, sombra.

phase [feys] *n.* fase, aspecto.

phenomenon [fə-no'me-nəm] *n.* fenómeno. [filantropía.

philanthropy [fi-lan'zro-pi] *n.*

philippic [fi-li'pik] *n.* catilinaria. [lólogo.

philologist [fi-lo'lo-dyist] *n.* filólogo.

philosopher [fi-lo'so-fə] *n.* filósofo.

philosophic [fi-lo-so'fik] *adj.* filosófico, sereno.

phlegm [flem] *n.* flema.

phlegmatic [fleg-ma'tik] *adj.* flemático. [*adj.* fenicio.

Phoenician [fi-nii'shən] *n. &*

phoenix [fii'niks] *n.* fénix.
phonetics [fo-ne'tiks] *n.* fonética.
photograph [fou'to-graf] *n.* foto(grafía); retrato; **to have one's — taken,** retratarse; *va.* fotografiar.   [fotógrafo.
photographer [fo-to'grə-fə] *n.*
phrase [freys] *n.* frase, locución; **stock —,** frase hecha.
physical [fi'si-kəl] *adj.* físico, material.
physician [fi-si'shən] *n.* médico, físico, facultativo.
physics [fi'siks] *n.* física.
physiognomy [fi-sio'nə-mi] *n.* fisonomía; semblante, facciones.
physique [fi-siik'] *n.* presencia, físico; *(coll.)* planta.
pianist [pii'ə-nist] *n.* pianista.
piano [pia'nou] *n.* piano; **upright —,** piano vertical; **grand —,** piano de cola.
pick [pik] *n.* —axe, pico, azadón; *(fig.)* la flor y nata, lo escogido; *va.* picar; escoger; **—out,** entresacar, escoger; **—up,** recoger; pescar; *(stray ears of corn)* espigar; **—one's nose,** hurgarse las narices; **— clean,** mondar, roer; *vn.* arrancar.
pickle [pi'kəl] *n.* escabeche, adobo, salmuera; *(sl.)* enredo, lío; *pl.* encurtido; *va.* escabechar, adobar.
pickpocket [pik'po-kət] *n.* ratero, cortabolsas.
picnic [pik'nik] *n.* comida de campo, merienda; **to have a—,** merendar; *vn.* merendar.
picture [pik'chə] *n.* pintura; *(on canvas)* lienzo; cuadro, tela; grabado, imagen; *(of person)* retrato; **the —s,** el cine; **word —,** *(of person)* semblanza; *va.* pintar, imaginarse.
picturesque [pik'chə-resk] *adj.* pintoresco.
pie [pay] *n. (sweet)* pastel; *(meat, fish)* empanada; **to have finger in—,** meter (cuchara, baza).
piece [piis] *n.* pieza; pedazo, fragmento; *(bread)* pedazo, cacho; *(cloth)* retal; *(bits)*

añicos; *(coll.)* **smart little —,** pizpireta; *(of news)* noticia; *(of advice)* consejo; *(of ground)* solar; **to take to —s,** desmontar.
pier [pii'ə] *n.* muelle, malecón, embarcadero; *(archit.)* estribo.
pierce [pii'əəs] *va.* atravesar, penetrar, taladrar, clavar; acribillar; conmover.
piercing [pii'əə-sing] *adj.* penetrante, agudo, cortante.
piety [pay'ə-ti] *n.* piedad, devoción; **lack of —,** impiedad.
pig [pig] *n.* marrano, cerdo; puerco; **— killing,** matanza; **guinea —,** conejo de Indias.
pigeon [pi'dyən] *n.* pichón, paloma; **carrier —,** paloma mensajera.
pig-headed [pig-je'dəd] *adj.* terco, cabezudo.
pigtail [pig'teyl] *n.* trenza; *(esp. bullfighter's)* coleta.   [lucio.
pike [payk] *n.* pica, lanza; *(fish)*
pilcorn [pil'corn] *n.* avena.
pile [payl] *n. (wood)* estaca; *(cloth)* pelo, pelillo; pila, montón, cúmulo; **building —,** zampa; *va.* apilar, amontonar; *(arms)* poner en pabellón.
pilfer [pil'fə] *va. & n.* hurtar, ratear; *(esp. from housekeeping accounts)* sisar.
pilfering [pil'fə-ring] *adj.* ratero; sisón; *n.* ratería; sisa.
pilgrim [pil'grim] *n.* peregrino, romero.
pilgrimage [pil'gri-meidy] *n.* peregrinación, romería; **to make a —,** peregrinar.
piling [pay'ling] **— up,** *n.* hacinamiento.
pill [pil] *n.* píldora; sinsabor.
pillage [pi'ledy] *n.* pillaje; rapiña; *va. & n.* saquear, entrar a saco.
pillar [pi'lə] *n.* pilar, columna; sostén; **from — to post,** de la ceca a la Meca; de Herodes a Pilatos; **— box,** buzón.
pillow [pi'lou] *n.* almohada; cojin(ete).
pilot [pay'lət] *n.* piloto, práctico; *va.* pilotear, timonear.
pimple [pim'pəl] *n.* grano, botón.

pin [pin] *n.* alfiler; **like a new —,** como una plata; **safety —,** imperdible; *(of axle)* clavija; **it's not worth two —s,** no vale un comino; **to be on —s,** estar, impaciente, sobre ascuas; **to have —s and needles,** tener agujetas; *va.* prender con alfileres.

pinafore [pi'nə-foo] *n.* delantal.

pincers [pin'səəs] *n. pl.* tenazas, pinzas, tenacillas.

pinch [pinsh] *n. (nip)* pellizco; *(pain)* aprieto, apuro; **at a —,** en caso de apuro; *va.* pellizcar; *(sl.)* sisar, hurtar; escatimar; *vn.* privarse.

pine [payn] *n.* pino; **— wood,** pinar; **— cone,** piña, pinocho; **— kernel,** piñón; *vn.* desfallecer, languidecer; **— for,** anhelar, perecerse (por).

pineapple [pay'na-pəl] *n.* piña, ananá.

ping [ping] *n. (of bullets)* zumbido, silbido.   [vel.

pink [pingk] *adj.* rosado; *n.* clavel.

pinnacle [pi'nə-kəl] *n.* pináculo; *(archit.)* chapitel, remate, cumbre.

pioneer [pay-ə-ni'ə] *n. (mil.)* zapador; explorador.

pious [pay'əs] *adj.* pío, piadoso, religioso, devoto.

pipe [paip] *n. (water)* tubo, tubería, cañón; *(smoking)* pipa, cachimba; *(Moorish)* añafil; **bag —,** gaita; *(wine)* carral; *vn.* silbar; tocar el caramillo.

piper [pay'pə] *n.* flautista, gaitero; **to pay the —,** pagar el pato.

piping [pay'ping] *n.* cañería; *(dress)* ribete, guarnición.

piquancy [pii'kən-si] *n.* picante, acrimonia.

pique [piik] *n.* pique, desazón; rencilla; *va.* picar, irritar, herir; jactarse de.

piracy [pay'rə-si] *n.* piratería.

pirate [pay'rət] *n.* pirata; *va.* piratear, robar, pillar; *(lit.)* contrahacer.

pirated [pay-rey'təd] *adj.* **— edition,** edición furtiva.

pistol [pis'təl] *n.* pistola.

pish [pish] *interj.* ¡Bah! ¡Quita allá!

pit [pit] *n.* foso, hoyo; *(theat.)* patio; *(frt.)* hueso; **arm —,** sobaco; **coal—,** mina; **—-a-pat,** tic-tac.

pitch [pich] *n.* pez, betún, resina; *(voice, etc.)* tono; *(ground)* inclinación; *(games)* saque, tiro; extremo; *va.* embrear; tirar, arrojar; **to — forwards,** caer (de cabeza, de bruces; *vn. (naut.)* cabecear.

pitcher [pi'chə] *n.* cántaro; *(games)* botador.

piteous [pi'tiəs] *adj.* lastimoso, lastimero, clamoroso.

pitiful [pi'ti-ful] *n.* compasivo; lastimoso, lastimero.

pitiless [pi'ti-les] *adj.* desapiadado, encarnizado, cruel, implacable.

pity [pi'tii] *n.* compasión, piedad; **what a —!** ¡qué lástima!; *va.* compadecer, apiadarse de.

pivot [pi'vət] *n.* gorrón, eje, espigón.

placard [pla'kaad] *n.* cartel.

place [pleys] *n.* lugar, sitio; puesto; *(of employ)* empleo; *(theat.)* localidad; butaca; *(fortified)* plaza; *(ancestral)* solar; *(at table)* cubierto; *(job)* puesto; **dwelling —,** hogar, domicilio; *(space)* espacio, asiento; **out of —,** impertinente, incongruo; **to give — to,** ceder el paso; **to take —,** tener lugar, verificarse; *va.* colocar, fijar, poner; *(chess)* entablar; acomodar; cifrar en.

placid [pla'sid] *adj.* plácido; tranquilo, soñoliento.

plague [pleyg] *n.* peste, plaga; pestilencia; **bubonic —,** tifo de oriente; *va.* atormentar; dar guerra, atufar.

plain [pleyn] *adj. (land, etc.)* llano, plano; *(statement, etc.)* claro, sin adornos, evidente; *(food, etc.)* sencillo; *(people, custom, etc.)* humilde, bueno; *(of appearance)* feo, ordinario; **— and simple,** liso y llano; *(mil.)* **in — clothes,** de paisano; **— truth,** pura verdad; **to speak — English,** hablar claro, hablar en romance, en cristiano; *n.* llano, llanura, vega; *(S. A.)* pampa.

plainness [plein'nes] *n.* claridad; sinceridad; llaneza; fealdad. [dante.

plaintiff [plein'tif] *n.* deman-

plaintive [plain'tiv] *adj.* lamentoso, quejoso, dolorido, plañidero, querelloso.

plait [plat] *n.* pliegue; *(hair)* trenza; *va.* trenzar, (entre)tejer, plegar.

plan [plan] *n.* plan, esquema, proyecto; *(coll.)* combinación; **rough —**, bosquejo; trazado; *va.* proyectar; contemplar; urdir, trazar, bosquejar.

plane [plein] *n.* plano; *(carp.)* cepillo; **— tree**, plátano; *va.* allanar; acepillar, desbastar.

plank [plangk] *n.* tablón, tabla, madero.

plant [plaant] *n.* planta; **—pot**, maceta; instalación; *va.* plantar, establecer; *(line)* comarcar; *(set up)* sentar.

plantation [plan-tey'shən] *n.* plantío, plantación; arboleda.

plash [plash] *v.* chapalear, chapotear, enramar, manchar; *n.* chapaleteo, chapoteo, charco, aguazal.

plaster [plaas'te] *n.* yeso, emplasto; **sticking —**, esparadrapo; **—of paris**, yeso mate, **— saint**, santurrón; *va.* enyesar.

plastic [plaas'tik] *adj.* plástico; *n.* **—s**, plástica.

plate [pleit] *n.* plato; tabla; plancha; *(coloured)* cromo; *(phot.)* placa; *(in book)* lámina; *va.* platear, planchear.

plateau [pla'tou] *n.* meseta.

platform [plat'foom] *n.* plataforma; *(railway)* andén; tablado; *(meeting)* tablado, tribuna, estrado. [tino.

platinum [plá-ti-nəm] *n.* pla-

platitude [pla'ti-tiud] *n.* perogrullada, verdad de Pero Grullo.

platoon [plə-tun'] *n.* pelotón.

plausible [ploo'si-bəl] *adj.* plausible.

play [pley] *n.* juego, recreo; *(theat.)* comedia, pieza; *(alle-*

gorical) auto; *(mech.)* operación; **free —**, movimiento libre, libertad; *(reflection)* reflejo; *(on words)* juego de palabras; **fair —**, juego limpio; **foul —**, trampa; **to give free —to**, dar rienda suelta a, dar cuerda a; *va. (theat.)* hacer un papel, representar; *(mus.)* ejecutar, tocar; **— a trick**, engañar, hacer una jugada; **— truant**, hacer novillos; *vn.* jugar, divertirse, chancear(se), holgar(se).

player [pley'ə] *n.* jugador; actor, cómico; **strolling —**, cómico de la legua; músico; *(cards)* mano.

playful [pley'ful] *adj.* juguetón, travieso.

playhouse [pley'jaus] *n.* teatro; *(arch.)* corral.

plea [plii] *n.* alegato, defensa, excusa, pretexto, recurso; instancia; **on the — of**, so color de.

plead [pliid] *vn.* abogar, argüir, pleitear; **—for**, abogar por.

pleasant [ple'sənt] *adj.* agradable, alegre; alegre; *(varied)* ameno; entretenido; gustoso, grato; *(person)* simpático; **very—**, encantador; **—journey!** ¡feliz viaje!

pleasantness [ple'sənt-nes] *n.* contento, agrado.

please [pliis] *va.* gustar, complacer, contentar, caer en gracia, encantar, causar agrado; *vn.* gustar de; querer, agradar, dignarse; **— (request)**, sírvase, haga el favor de; **easy to—**, bien contentadizo; **hard to—**, mal contentadizo.

pleased [pliisd] *adj.* satisfecho; **to be —**, estar contento; **to be — with**, pagarse de.

pleasing [plii'sing] *adj.* agradable, amable; deleitoso, grato; armonioso; placentero; **to be — to**, complacer.

pleasure [ple'syə] *n.* placer, deleite, gusto, agrado, satisfacción. [gue.

pleat [pliit] *n.* plegadura, plie-

plebeian [ple-bi'ən] *n.* plebeyo, pechero.

pledge [pledy] *n.* empeño, prenda; arras, rehén; brindis; *va.* empeñar, dar en prenda, prendar; brindar.

plentiful [plen'ti-ful] *adj.* abundante, copioso, fértil; nutrido.

plenty [plen'ti] *n.* abundancia, copia, caudal, raudal, fertilidad.

pliable [play'ə-bəl] *adj.* flexible, blando.

pliers [pla'iərz] *n.* tenazas, alicates, tenacillas, pinzas.

plight [plait] *n.* condición, apuro, aprieto.

plod [plod] *vn.* andar con dificultad, adelantar laboriosamente.

plot [plot] *n.* (*ground*) lote, terreno; (*scheme*) conjuración, complot; (*dram.*) enredo, acción, trama, intriga; *va. & n.* tramar, intrigar; trazar.

plotter [plo'tə] *n.* conspirador, intrigante.

plotting [plo'ting] *n.* maquinación, conspiración.

plough [plau] arado; *va. & n.* arar, labrar; (*in exams.*) (*coll.*) hacer calabazas.

ploughing [plau'ing] *n.* labranza.

pluck [plək] *n.* resolución, ánimo, valor; *va.* (*flowers*) (re)coger; (*birds*) pelar; (*mus.*) pulsar; —**out violently,** arrancar; —**up courage,** recobrar el ánimo.

plug [pləg] *n.* taco; tapón; **spark** —, bujía; (*elect.*) enchufe; *va.* tapar; — **in** (*elect.*) enchufar.

plum [pləm] *n.* ciruela.

plumage [plu'medy] *n.* plumaje.

plumb [pləm] *adj.* plomo, recto; —**line,** plomada; *va.* aplomar; sond(e)ar.

plumber [plə'mə] *n.* fontanero.

plume [plum] *n.* penacho; plumero; gloria; pluma; *vr.* vanagloriarse.

plump [pləmp] *adj.* gordo, regordete, rollizo; (*cheeks*) cachetudo.

plumpness [pləmp'nes] *n.* gordura; corpulencia.

plunder [plən'də] *n.* pillaje, botín; *va.* pillar, despojar, saquear, entrar a saco.

plunderer [plən'də-rə] *n.* saqueador.

plundering [plən'də-ring] *n.* pillaje, saqueo; expoliación; rapiña.

plunge [pləndy] *n.* zambullida; *va.* sumergir; chapuzar; *vn.* sumergirse, zambullirse.

ply [play] *n.* pliegue; inclinación; *va.* ejercer; (*needle*) menear; conducir; importunar; *vn.* trabajar, ocuparse; —**between...,** servicio de...

pneumonia [niu-mou'niə] *n.* pulmonía.

poach [pouch] *vn.* cazar en vedado.

pock [pok] *n.* —**mark,** hoyo.

pocket [po'kət] *n.* bolsillo; receptáculo; **in** —, con ganancia, — **size,** (*book, etc.*) portátil; —**book,** portamonedas; *va.* embolsar.

pod [pod] *n.* vaina, cápsula.

poem [pou'əm] *n.* (*epic, etc.*) poema; (*usu. shorter*) poesía, rima; (*mediaeval heroic* —) cantar de gesta.   [bardo.

poet [pou'et] *n.* poeta, vate.

poetic [pou-ə'tik] *adj.* poético; *n.* —**s,** poética.

poetry [pou'e-tri] *n.* poesía; (*art of*) poética; **troubadour** —, gaya ciencia.

poignancy [poy'nən-si] *n.* resquemor, sentimiento, acerbidad.

poignant [poy'nənt] *adj.* sentido, sensible; agudo, amargo, sutil, picante.

point [point] *n.* punto; (*tip*) punta; cabo; (*object*) fin, propósito; (*of contact*) toque; (*of character, etc.*) rasgo; (*sharp*) espigón, punzón; (*time*) sazón, momento; (*in games*) tanto; **knotty** —, punto espinoso, (*coll.*) busilis; *pl.* (*railway*) agujas; **in** —, al caso, a propósito; **on the** — **of,** a pique de, **a punto de; to the** —, acertado, **to come to the** —, dejar de historias, andar sin ambages, ir al grano; **to keep to the** —, concretarse; **to see the** —, caer en la cuenta; *va.* apuntar; (*pencil, etc.*) apuntar, afilar, sacar

punta; — at (scornfully), señalar con el dedo; —to, señalar.

point-blank [poynt-blank'] adj.
categórico; adv. a boca de jarro, a quemarropa.

pointed [poyn'təd] adj. (object)
puntiagudo, afilado; (remark,
etc.) intencional, intencionado, malintencionado.

pointless [poynt'ləs] adj. (remark) anodino.

poise [poys] n. peso, equilibrio;
contrapeso; vn. balancear,
equilibrar.

poison [poy'sən] n. veneno, tó-
sigo; va. envenenar.

poisonous [poy'sə-nəs] adj. venenoso, ponzoñoso.

pokal [pou'kəl] n. vaso de lujo.

poke [pouk] va. hurgar; (fire)
atizar; vn. andar a tientas; —
about, hurgar; — **one's nose
into**, (entre)meterse, meter el
hocico.

poker [pou'kə] n. hurgón, atiza-
dor; (cards) póker; —**backed**
(coll.), tieso.

polar [pou'lə] n. polar; —**bear**,
oso blanco.

pole [poul] adj. —**star**, norte; n.
vara, palo; percha; **greasy** —,
cucaña; **north** —, polo norte;
under bare —s, a palo seco;
(of Poland) polaco.

polemics [po-le'miks] n. polémica.

police [po-liis'] n. policía; guardia; **traffic**—, agente; **shock**—,
guardias de asalto; **revenue or
frontier** —, carabinero.

policeman [po-liis'mən] n. agente de policía, guardia.

policy [po'li-si] n. sistema; prudencia; política; (insurance)
póliza.

Polish [pou'lish] adj. polaco.

polish [po'lish] n. lustre, nitidez, pulimento; va. pulir, lustrar, acicalar, limar; (shoes)
limpiar, sacar brillo.

polished [po'lishd] adj. ilustrado; urbano; nítido; elegante;
pulido; desasnado.

polite [po-lait'] adj. cortés, atento, bien educado, correcto.

politeness [po-lait'nes] n. cortesía, urbanidad.

politics [po'li-tiks] n. política.

poll [poul] n. lista, matrícula,
elección; padrón; lista electoral; va. descabezar; registrar,
votar.

polling [pou'ling] n. votación,
escrutinio.

pollute [po-liut'] va. corromper, contaminar, viciar.

pome [poum] n. pomo, fruto de
pipa. [granada.

pomegranate [po'mi-gra-nit] n.

pommel [pə'məl] n. pomo; va.
zurrar, cascar.

pomp [pomp] n. pompa, fasto,
atuendo, rumbo.

pompous [pom'pəs] adj. pomposo, aparatoso, rumboso; **to
be** —, darse importancia.

pompousness [pom'pəs-nes] n.
ostentación, ampulosidad.

pond [pond] n. (park) estanque;
charca, alberca; **fish**—, vivero.

ponder [pon'də] va. & n. meditar, pesar; — **on**, meditar sobre.

ponderous [pon'də-rəs] adj. pesado, grave. [estoque.

poniard [pou'niaad] n. puñal,

pontiff [pon'tif] n. pontífice.

pony [pou'ni] n. haca, jaca,
poney.

pool [pul] n. charca, laguna, pozo; (in card games, etc.) polla;
swimming —, piscina.

poop [pup] n. popa.

poor [pu'ə] adj. (in wealth) pobre; (quantity) escaso; (origin,
etc.) humilde, infeliz; mezquino; inútil, viciado; —**spirited**,
apocado.

pop [pop] adj. — **eyes**, ojos saltones; —**gun**, cerbatana; n. ta-
ponazo, ruido seco; va. espetar, disparar; — **in**, (coll.)
caer por.

Pope [poup] n. papa, su santidad.

popery [pou'pə-ri] n. papismo.

poplar [pop'lə] n. álamo; (white) pobo; (black) chopo.

poppy [po'pi] n. amapola, adormidera.

popular [po'piu-lə] adj. estima-
do, apreciado; predilecto; (gathering, etc.) concurrido; popular.

popularity [po-piu-la'ri-ti] *n.* estimación, reputación, crédito; popularidad. [blar.

populate [po'piu-leit] *va.* poblar.

population [po-piu-ley'shən] *n.* población. [lana.

porcelain [poo'sə-lein] *n.* porcelana.

porch [pooch] *n.* pórtico; porche; *(church)* atrio; *(house)* entrada, portal.

pore [poo] *n.* poro; *vn.* —over, quemarse las cejas.

pork [pook] *n.* carne de cerdo; — sausage, longaniza.

porridge [po'ridy] *n.* gachas (de avena); *(maize)* polenta.

port [poot] *n.* puerto, ensenada; —hole, tronera; —side, babor.

portable [poo'tə-bəl] *adj.* portátil. [trillo.

portcullis [poot-kə'lis] *n.* rastrillo.

portend [poo-tend'] *va.* pronosticar; amenazar, amagar.

portent [poo'tent] *n.* portento; mal agüero.

portentous [poo-ten'təs] *adj.* prodigioso, portentoso.

porter [poo'tə] *n. (station)* mozo (de cordel); *(in building)* portero; *(esp. in University, etc.)* bedel.

portfolio [poo-fou'liou] *n.* cartapacio, carpeta; *(ministerial)* cartera.

portion [poo'shən] *n.* parte, porción; *(at meals)* consumición; cuota; *va.* (re)partir.

portly [poot'li] *adj.* corpulento, grueso; majestuoso, grave.

portmanteau [poot-man'tou] *n.* baúl; portamanteo.

portrait [poo'treit] *n.* retrato; word —, semblanza; to make a — of, retratar a.

portrayal [poo-trey'əl] *n.* representación.

Portuguese [poo-tiu-giis] *n. & adj.* portugués, lusitano.

pose [pous] *n.* postura, posición; suposición; pose; *va.* poner, embarazar, proponer; *vn.* darse importancia, fingir, echárselas de.

poser [pou'zər] *n.* papeleta, pega, examinador.

position [po-si'shən] *n.* posición; *(job)* puesto, situación, colocación; circunstancia; categoría.

positive [po'si-tiv] *adj.* positivo, absoluto, cierto, categórico; *n. (phot.)* positiva.

possess [po-ses'] *va.* poseer, tener, haber; *(qualities, etc.)* reunir.

possessed [po-sesd'] *adj.* poseído; *(by devil)* endemoniado.

possession [po-se'shən] *n.* posesión; poder; *pl.* bienes; to take — of, apoderarse de; incautar.

possessor [po-se'sə] *n.* poseedor.

possibility [po-si-bi'li-ti] *n.* posibilidad, contingencia.

possible [po'si-bəl] *adj.* posible; dable; permitido.

possibly [po'si-bli] *adv.* quizá, acaso, tal vez.

post [poust] *n. (mail)* correo; *(upright)* poste, pilar; *(job)* puesto, colocación, destino; *(mil.)* puesto, avanzada; — card, (tarjeta) postal; —office, casa de correos, posta, correos; small *(branch)* —office, estafeta; — office box number, apartado; from pillar to —, de Herodes a Pilatos; by return of —, a vuelta de correo; — free, franco de porte; —haste, apresurado, con toda urgencia; *va. (letters)* echar; *(mil.)* mandar; *(bills)* pegar; *(notice)* anunciar; to keep — ed about, tener al corriente; *vn.* viajar en silla de posta.

postage [pous'tedy] *n.* porte de carta, franqueo.

postal [pous'təl] *adj.* postal; — order, giro.

poster [pous'tə] *n.* cartel, anuncio, cartelón; bill —, pegador de carteles.

poste-restante [poust-res'tənt] *n.* lista de correos. [ridad.

posterity [pos-te'ri-ti] *n.* posteridad.

postern [pos'təən] *adj.* —gate; *n.* puerta excusada, puerta falsa; postigo, poternal.

posthumous [pos'tiu-məs] *adj.* póstumo.

postman [poust'mən] *n.* cartero.

postpone [poust-poun'] *va.* posponer, aplazar, demorar, retrasar, postergar.

postponement [poust-poun'-mənt] *n.* aplazamiento.

postscript [poust'skript] *n.* posdata, coleta.

posture [pos'chə] *n.* postura, actitud, ademán.

pot [pot] *n. (cooking)* olla, marmita, puchero; *(any old—)* cacharro; **to take — luck**, hacer penitencia; **flower —**, tiesto; **to wash the —s**, lavar la vajilla; *va.* envasar; tirar.

potato [po-tey'tou] *n.* patata; *(sweet)* batata.

potency [pou'tən-si] *n.* potencia, poderío, poder.

potent [pou'tənt] *adj.* potente, fuerte, poderosoú influyente.

potentate [pou'ten-teit] *n.* potentado.

potential [po-ten'shəl] *adj.* posible, potencial, potente.

pot-hole [pot'joul] *n. (in road)* bache. [brebaje, pócima.

potion [pou'shən] *n.* poción,

potter [po'tə] *n.* alfarero.

pottery [po'tə-ri] *n.* alfarería; loza; cacharros.

pouch [pauch] *n.* bolsa, zurrón; **game—**, escarcela; **mail—**, valija.

poultice [poul'tis] *n.* cataplasma, compresa, bizma.

poultry [poul'tri] *n.* volatería, aves de corral. [calar.

pounce [pauns] *vn.* caer sobre,

pound [paund] *n.* libra; depósito; *va.* moler, machacar; taporrear; *(in mortar)* majar.

pour [pou'ə] *va.* derramar, verter; *(wine, etc.)* escanciar; esparcir; **— out**, vaciar; **— out (over)**, volcar; *vn.* llover a cántaros, a chuzos; diluviar; echarse.

pout [paut] *n.* pucherito; mueca; *vn.* amohinarse, hacer pucheros.

poverty [po'vəə-ti] *n.* pobreza; *(squalor)* miseria; *(lack)* carencia, poquedad; **—of speech**, cortedad; **— stricken**, miserable; **the — stricken**, los pobres de solemnidad.

powder [pau'də] *n. (face, etc.)* polvo(s); **gun—**, pólvora; **— bowl**, polvera; **to reduce to —,**

pulverizar, polvorizar; convertirse en polvo; *vr.* **ponerse polvos.**

power [pau'ə] *n.* poder; *(physical)* energía; *(mat.)* potestad; *(of argument, etc.)* vehemencia; *(over people)* influjo, poderío; mando; *(gift)* facultad; *(rights)* fuero; *(drive)* empuje, pujanza; *(engine, motion)* potencia; fuerza motriz; **reigning —**, potentado; **Great —s**, grandes potencias; **all in one's —**, lo posible; **—of attorney**, poder, procuración; **angelic —s**, potestades.

powerful [pau'əə-ful] *adj.* poderoso, pujante; intenso; *(engine)* potente; *(argument)* contundente, convincente.

powerless [pau'əə-les] *adj.* impotente.

pox [pocs] *n.* enfermedad pustulosa, sífilis, viruelas.

practicable [prak'ti-kə-bəl] *adj.* *(road, etc.)* practicable, transitable; *(action, etc.)* viable, hacedero; *(idea)* dable.

practical [prak'ti-kəl] *adj.* práctico.

practically [prak'ti-kə-li] *adv.* casi, punto menos (que).

practice [prak'tis] *n.* práctica, costumbre, uso; *(professional)* clientela; formalidad; **to put into —**, poner en obra.

practise [prak'tis] *va.* practicar; *(profession)* profesar; ejercer.

practised [prak'disd] *adj.* experimentado.

practitioner [prak-ti'shə-nə] *n.* práctico, practicante, médico.

prairie [pre'ə-ri] *n.* pampa, sabana.

praise [preys] *n.* elogio, alabanza; ponderación; *(arch.)* loor; *va.* elogiar, celebrar, alabar; ponderar; **— to the skies**, encarecer, poner por las nubes.

praiseworthy [preys'uəə-ži] *adj.* loable, digno de alabanza, honroso, notable, plausible.

prance [praans] *vn.* encabritarse, hacer corvetas.

pray [prey] *vn.* rezar; *vn.* rogar, pedir; suplicar.

prayer [pre'ə] *n.* rezo, oración;

ruego; súplica; petición; — **book**, horas, devocionario.
preach [priich] *va.* & *n.* predicar; sermonear. [dor.
preacher [prii'chə] *n.* predica-
precarious [pri-kə'ə-riəs] *adj.* precario, inseguro, azaroso.
precaution [pri-koo'shən] *n.* precaución, cuidado, cautela; desconfianza.
precede [pri-siid'] *va.* preceder, antepasar; *vn.* ir delante.
precedence [pre'se-dens] *n.* precedencia, prioridad.
precedent [pre'se-dent] *adj.* precedente, anterior; *n.* precedente, anterior; *n.* precedente.
precept [pri'sept] *n.* precepto, regla, mandato.
precinct [prii'sinkt] *n.* límite, lindero; recinto.
precious [pre'shəs] *adj.* precioso; *(style)* rebuscado.
precipice [pre'si-pis] *n.* precipicio, despeñadero.
precipitate [pre-si'pi-teit] *n.* & *adj.* precipitado; arrebatado; *va.* precipitar; *(chem.)* depositar; — **oneself**, lanzarse; despeñarse.
precipitous [pre-si'pi-təs] *adj.* escarpado, pendiente, cortado a pico.
precise [pri-sais'] *adj.* preciso, exacto, puntual; escrupuloso; singular; clavado.
preciseness [pri-sais'nes] *n.* precisión, exactitud, rigor.
precocious [pri-kou'shəs] *adj.* precoz. [sor.
precursor [pri-kəə'sə] *n.* precur-
predecessor [pri'di-se-sə] *n.* predecesor, antecesor.
predella [pri-de'lə] *n.* grada de altar; anaquel elevado a espalda del altar.
predestine [pri-des'tin] *va.* predestinar.
predicament [pre-di'kə-ment] *n.* predicamento, apuro, trance, compromiso; categoría.
predict [pri-dikt'] *va.* predecir, pronosticar, vaticinar.
prediction [pri-dik'shən] *n.* predicción, profecía, pronóstico; adivinanza.

predispose [pri-dis-pous'] *va.* predisponer.
predominance [pri-ðo'mi-nəns] *n.* predominio, ascendiente.
pre-eminent [pri-e'mi-nent] *adj.* preeminente, supremo, distinguido; sobresaliente, preclaro.
prefabricated [pri-fab'rikey-təd] *adh.* desmontable.
preface [pre'fəs] *n.* prefacio, preámbulo prólogo; proemio; *va.* poner prólogo a; introducir.
prefect [pri'fekt] *n.* prefecto.
prefer [pri-fəə'] *va.* preferir, anteponer; ascender.
preferably [pre'fə-rəb-li] *adv.* mejor (dicho).
preference [pre'fə-rəns] *n.* inclinación, preferencia, predilección.
preferment [pri-fəə'mənt] *n.* promoción; preferencia.
pregnant [preg'nənt] *adj.* preñada, encinta; grávido.
prejudice [pre'dyu-dis] *n.* prejuicio; preocupación; **lack of** —, imparcialidad; *va.* perjudicar, prevenir, indisponer.
prejudicial [pre-dyu-di'shəl] *adj.* perjudicial, nocivo.
preliminary [pri-li'mi-nə-ri] *adj.* preliminar.
prelude [pre'liud] *n.* preludio; *(theat.)* loa; *va.* & *n.* preludiar.
premature [pre'mə-tiu-ə] *adj.* prematuro, precoz; temprano.
premier [pri'miə] *adj.* primero; *n.* primer ministro; presidente (del consejo de ministros).
premise [pre'mis] *n.* premisa; *pl.* local, edificio.
premium [prii'miəm] *n.* premio; *(insurance)* prima; at a —, estar sobre la par.
premonition [prii-mo-ni'shən] *n.* prevención, advertencia.
preoccupation [prii-o-kiu-pey'shən] *n.* preocupación.
preoccupy [prii-o'kiu-pay] *va.* preocupar; **to be preoccupied**, estar abimismado, estar ocupadísimo con.
preparation [pre-pə-rey'shən] *n.* preparación, apresto; habili-

tación; *(food)* guiso; *(drug)* confección; —s, preparativos.

preparative [pre-pa'rə-tiv] *adj.* preparatorio, previo.

prepare [pri-pe'ə] *va.* preparar; *(meal)* hacer, guisar; *(person, condition)* acondicionar; — quickly, aprontar; *vn.* prepararse, aprestarse, disponerse a.

preparedness [pri-pe'əd-nes] *n.* preparación, prevención; prontitud.

prepayment [prii-pey'ment] *n.* pago adelantado; franqueo.

preponderate [prii-pon'də-reit] *vn.* preponderar, predominar.

prepossess [prii-po-ses'] *va.* predisponer, prevenir; preocupar.

prepossessing [prii-po-se'sing] *adj.* atractivo, bonito, cautivador.

prepossession [prii-po-se'shən] *n.* prevención, preocupación; simpatía.

preposterous [pri-pos'tə-rəs] *adj.* absurdo, descabellado.

prerequisite [prii-re'kiu-sit] *n.* requisito previo.

presage [pre'sedy] *n.* presagio; *va.* amagar.

Presbyterian [pres-bi-tii'ə-riən] *adj.* presbiteriano.

prescribe [prii-skraib'] *va.* prescribir, ordenar; *(medicines)* recetar.

prescript [pris'cript] *n.* mandamiento, orden, ley.

prescription [pre-skrip'shən] *n.* prescripción, ordenar; receta.

presence [pre'səns] *n.* presencia; asistencia; *(dignified)* empaque; **fine** —, buena planta; — **of mind**, entereza, serenidad; **in the** — **of**, delante de, ante.

present [*n. & adj.* pre'sənt; *v.* pri-sent'] *n.* regalo, presente; agasajo; *(New Year)* aguinaldo; *(time)* presente, actualidad; *adj.* presente; — **day**, actual; **those** —, los presentes, la asistencia; **at** —, actualmente, al presente; **to be** —, *vn.* estar presente), concurrir; presentarse; **to be** — **at,** *va.* presenciar, asistir; — **and future**, ha-

bido(s) y por haber; — **company excepted**, con perdón de los presentes, mejorando lo presente; *va.* dar, ofrecer; presentar; — **with**, obsequiar; hacer un obsequio; *(occasion)* deparar; *(a case)* exponer, manifestar; *(arms)* presentar; — **itself**, ofrecerse.

presentiment [pri-sen'ti-mənt] *n.* presentimiento; **to have a** —, presentir.

presentation [pre-sen-tey'shən] *n.* presentación; entrega; *adj.* con dedicatoria.

presently [pre'sənt-li] *adv.* al instante, dentro de poco, en breve, luego.

preservation [pre-sə-vey'shən] *n.* conservación; *(grounds, etc.)* entretenimiento.

preserve [pri-səəv'] *n.* conserva, confitura; —s, *(shooting)* coto; *va.* conservar, preservar.

preside [pri-said'] *va.* presidir; llevar la batuta.

president [pre'si-dənt] *n.* presidente; —'s **chair**, presidencia.

press [pres] *n. (printing)* prensa; *(clothes)* armario; *(hurry)* prisa, urgencia; **cutting**, recorte de periódico; — **stud**, botón de presión; *va.* apretar, abrumar, obligar, apremiar; *(troops)* hacer levas; *(grapes)* prensar; *(clothes)* planchar; *(hasten)* instar, apretar; *(print)* imprimir; *vn.* urgir; — **down**, apretar, pisar.

pressing [pre'sing] *adj. (situation)* urgente, apremiante; *(person)* importuno; *n.* expresión.

pressure [pre'shə] *n.* presión, urgencia; apremio; empuje, impulso; — **gauge**, probeta.

prestige [pres-tisy'] *n.* prestigio, renombre, fama.

presume [pri-sium'] *va.* presumir, suponer, atreverse.

presumption [pri-səmp'shən] *n.* presunción, arrogancia, orgullo, soberbia; tubo, humos.

presumptiousness [pri-səmp'-shəs-nes] *n.* soberbia, engreimiento.

presumptuous [pri-səmp'tiuəs] *adj.* presuntuoso, presumido, encopetado, temerario.

presuppose [pri-sə-pous'] *va.* presuponer.

pretence [pri-tens'] *n.* pretención; pretexto; colorido; designio; **it is a complete —, es** una comedia; **under — of,** bajo pretexto de, so capa de; **on false —s,** ilegalmente.

pretend [pri-tend'] *va. & n.* aparentar, pretextar, fingir; pretender; **to — to be,** hacerse (el tonto).   [tendiente.

pretender [pri-ten'də] *n.* pre-
pretension [pri-ten'shən] *n.* pretensión, demanda; **—s (to elegance, etc.)** cursilería.

pretentious [pri-ten'shəs] *adj.* pretencioso, presumido, cursi.

pretext [pri'tekst] *n.* pretexto; título; especie; **under — of,** so color de, con motivo de.

pretty [pri-ti] *adj.* bonito; lindo, precioso, mono; **— thing,** prenda; *adv.* bastante, un poco, algo.

prevail [pri-veil'] *vn.* prevalecer, predominar, influir, reinar, preponderar; **— upon,** influir, valer, convencer.

prevalent [pre'və-lənt] *adj.* predominante, corriente.

prevarication [pri-va-ri-key'-shən] *n.* prevaricación, falsedad.

prevent [pri-vent'] *va.* impedir, evitar, obtar, imposibilitar, estorbar.

prevention [pri-ven'shən] *n.* prevención, impedimento, rémora.

preventive [pri-ven'tiv] *adj.* protector; *n.* preservativo.

preview [pri'viu] *n.* examen de una obra antes de darla al público.

previous [pri'viəs] *adj.* previo, anterior, temprano.

previously [pri'viəs-li] *adv.* con anterioridad, previamente, con anticipación.

previousness [pri'viəs-nes] *n.* prioridad, anterioridad.

prey [prey] *n.* presa; **bird of —,** ave de rapiña; *vn.* **— on,** pillar, devorar, consumir, remorder, agobiar.

price [prais] *n.* precio, valor; **controlled —,** precio de tasa; **current —,** cotización; **at a high —,** caro; **without —,** inapreciable; **— list,** tarifa; **to set — to,** valuar; **of great —,** de gran coste; **at any —,** cueste lo que cueste.

priceless [prais'les] *adj.* inapreciable, sin precio.

prick [prik] *n.* punzada; *(of pin)* alfilerazo; **to kick against the —s,** dar coces contra el aguijón; *va.* picar, estimular; aguzar, avivar; **up one's ears,** aguzar las orejas.

pricking [pri'king] *n.* **— of conscience,** compunción.

prickly [prik'li] *adj.* espinoso, hirsuto; *(subject)* delicado.

pride [praid] *n.* orgullo; soberbia, fiereza, altivez; jactancia; dignidad; *vr.* **— oneself on,** preciarse de.

priest [priist] *n.* sacerdote; *(parish)* cura, párroco; preste; **— in charge,** vicario.

priesthood [priist'jud] *n.* sacerdocio, cura; **to leave the —,** colgar los hábitos.

prim [prim] *adj.* afectado, estirado, peripuesto; **— and proper,** relamido, almidonado.

primary [pray'mə-ri] *adj.* primario, originario.

prime [praim] *adj.* principal, primero; escogido, selecto; primitivo.

primeval [pray-mi'vəl] *adj.* primitivo, pristino.

primitive [pri'mi-tiv] *adj.* primitivo, primordial; radical.

prince [prins] *n.* príncipe.

princely [prins'li] *adj.* de príncipe, munífico.

principal [prin'si-pəl] *adj.* principal, primario, cardinal; *n.* principal, director.

principality [prin-si-pa'li-ti] *n.* principado.

principle [prin'si-pəl] *n.* principio, fundamento; axioma, máxima; **in —,** en principio.

prink [prink] *v.* ataviar(se), adornar(se), acicalarse, contonearse, fachendear.

print [print] *n.* impresión, marca; grabados; **in —**, en letras de molde, impreso; **foot —**, huella; **out of —**, agotado; **printed matter**, impresos; *(cloth)* estampados; *va.* imprimir; *(copies)* tirar; estampar; publicar, dar a la estampa.

printing [prin'ting] *n. (art. craft of)* imprenta, tipografía; *(act, result)* impresión, tirada; **— works**, imprenta; **— press**, rotativa.

prior [pray'oo] *adj.* anterior; previo; **— to**, antes de; *n.* prior.

priority [pray-o'ri-ti] *n. (in time)* anterioridad; prioridad; *(in choice, privilege, etc.)* preferencia, precedencia.

prison [pri'sən] *n.* cárcel; prisión; **to put in —**, encarcelar, llevar a la cárcel.

prisoner [pri'sə-nə] *n. (mil.)* prisionero; *(criminal)* preso; **no —s taken**, sin cuartel.

pristine [pris'tiin] *adj.* primitivo, prístino.

privacy [pray'və-si] *n.* retiro; secreto.

private [pray'vət] *adj.* privado; **— room**, reservado; *(home)* particular; secreto, clandestino; *(land)* vedado; *(views, etc.)* individual, particular; esotérico; **— home**, casa particular; **— road**, camino reservado; **—!** *(no entrance)*, prohibida la entrada; **in —**, en secreto; particularmente; **in — life**, en la intimidad; *n.* soldado raso.

privateer [prayy-və-ti'ə] *n.* corsario.

privation [pray-vey'shən] *n.* privación, pérdida, estrechez.

privilege [pri'vi-ledy] *n.* privilegio, título, prerrogativa; **—s**, honores.

privileged [pri'vi-ledyd] *p.p. adj.* privilegiado, excusado.

privy [pri'vi] *adj.* particular, sigiloso, secreto; enterado; *n.* letrina, retrete.

prize [prays] *n.* premio; galardón; *(naval)* presa.

prize [prays] *va.* apreciar, valuar, estimar, reputar.

probability [pro-bə-bi'li-ti] *n.* probabilidad.

probable [pro'bə-bəl] *adj.* probable, verosímil.

probation [pro-bey'shən] *n.* prueba, ensayo; probación.

probe [proub] *n.* tienta, sonda; *va.* sondar, tentar; indagar.

problem [prob'ləm] *n.* problema, cuestión; **what a —!** ¡qué lío!

problematical [prob-lə-ma'ti-kəl] *adj.* problemático, dudoso.

procedure [pro-sii'dyə] *n.* procedimiento, proceder; protocolo.

proceed [pro-siid'] *vn.* seguir, avanzar, adelantar; portarse; ponerse a; **— against**, *va.* procesar; **— from**, porvenir; **— to**, recurrir a; **— gingerly**, andar con pies de plomo.

proceeding [pro-siid'ing] *n.* procedimiento; *pl.* proceso, pleito, auto; *(minutes, etc.)* actas.

proceeds [prou'siids] *n. pl.* productos, renta; rédito.

process [prou'ses] *n.* proceso; progreso; procedimiento; obra; **in — of time**, con el tiempo.

procession [pro-se'shən] *n.* *(relig.)* procesión; *(for display)* desfile; *(mil.)* convoy; *(funeral)* cortejo.

proclaim [pro-kleim'] *va.* proclamar, declarar, publicar; declararse.

proclamation [pro-klə-mey'shən] *n. (public)* bando, edicto; proclama(ción).

proclivity [pro-kli'vi-ti] *n.* inclinación, propensión.

proclivous [pro-klai'vos] *adj.* inclinado hacia delante.

procrastinate [pro-kras-ti-neit] *va. & n.* dejar para mañana, diferir.

procrastination [pro-kras-ti-ney'shən] *n.* dilación, tardanza, demora.

procure [pro-kiu'ə] *va.* procurar, lograr, obtener, gestionar.

prod [prod] *n.* aguijón; *va.* punzar, picar.

prodigal [pro'di-gəl] *adj. & n.*

pródigo; *(with money)* manirroto, derrochador.

prodigious [pro-di'dyəs] *adj.* prodigioso, portentoso, ingente.

prodigy [pro-di-dyi] *n.* prodigio, portento, pasmo.

produce [*n.* pro'dius; *v.* pro-dius'] *n.* producto; *(of earth, labour, thought)* fruto; resultado; víveres; *va.* producir, hacer, llevar, rendir; motivar; fabricar; dar frutos; *(theat.)* poner en escena, dirigir.

producer [pro-diu'sə] *n.* productor; *(theat.)* director de escena.

product [pro'dəkt] *n.* producto, efecto, resultado; rendimiento; **farm —**, frutos.

production [pro-dək'shən] *n.* producción, producto; *(theat.)* representación.

productive [pro-dək'tiv] *adj.* productivo, producente; feraz, prolífico.

profane [pro-fein'] *adj.* profano; impío, sacrílego; *va.* profanar; desprestigiar.

profanity [pro-fa'ni-ti] *n.* reniegos, impiedad; profanidad.

profess [pro-fes'] *va.* & *n.* profesar; manifestar; asegurar, declarar; hacer profesión de.

professed [pro-fesd'] *adj.* declarado; presunto, ostensible.

profession [pro-fe'shən] *n.* profesión, carrera, declaración.

professional [pro-fe'shə-nəl] *adj.* profesional; *(med.)* facultativo.

professor [pro-fe'sə] *n.* profesor; *(Univ.)* catedrático.

proffer [pro'fə] *va.* ofrecer, proponer, brindar.

proficiency [prə-fi'shən-si] *n.* pericia, aprovechamiento.

proficient [prə-fi'shənt] *adj.* aventajado, diestro, experimentado, perito. [te; silueta.

profile [prou'fail] *n.* perfil; cor-

profit [pro'fit] *n.* provecho, beneficio, ganancia, fruto; utilidad; partido; **— and loss**, ganancias y pérdidas; **to make —**, beneficiarse; **to take his —**, hacer su agosto; *va.* aprove-

char, mejorar; servir; fructificar; **— by**, sacar partido de.

profitable [pro'fi-tə-bəl] *adj.* provechoso, útil, lucrativo, ventajoso, aventajado, productivo; **— business**, negocio redondo.

profligate [pro'fli-geit] *adj.* & *n.* libertino, relajado, calavera.

profound [pro-faund'] *adj.* profundo; *(sleep)* pesado; *(grief)* hondo; *(problem)* recóndito.

profuse [pro-fius'] *adj.* abundante, profuso, pródigo.

profusion [pro-fiu'siən] *n.* prodigalidad, exceso.

progeny [pro'dyə-ni] *n.* progenie, prole, descendientes.

prognosticate [prog-nos'ti-keit] *va.* pronosticar, predecir, presagiar.

programme [prou'gram] *n.* programa.

progress [prou'gres] *n.* progreso; marcha; mejoramiento, carrera; *vn.* avanzar, adelantar, hacer progresos, progresar, marchar.

progressive [pro-gre'siv] *adj.* progresivo; *(polit.)* progresista.

prohibit [pro-ji'bit] *va.* prohibir.

prohibition [pro-ji-bi'shən] *n.* proscripción, interdicto; *(U.S.A.)* prohibición.

project [*n.* pro'dyekt; *v.* pro-dyekt'] *n.* proyecto, designio; plan; *va.* idear, proyectar; *vn.* destacarse, sobresalir; resaltar.

projecting [pro-dyek'ting] *adj.* saliente, saledizo.

projection [pro-dyek'shən] *n.* proyección; salida.

prolapse [pro-laps'] *v.* caer hacia delante o hacia fuera.

prolixity [pro-lik'si-ti] *n.* prolijidad, nimiedad.

prologue [prou'log] *n.* prólogo, proemio, prefacio; *(to play)* loa.

prolong [prou-long'] *va.* prolongar, alargar, dilatar.

promenade [pro'mə-neid] *n.* paseo.

prominence [pro'mi-nəns] *n.* eminencia; altura; influencia, preeminencia.

prominent [pro'mi-nənt] *adj.*
prominente, saliente; distinguido, notable; conspicuo; *(eyes)* saltones.

promiscuous [prə-mis'kiuəs] *adj.* promiscuo; confuso, mezclado.

promise [pro'mis] *n.* promesa; estipulación, palabra; esperanza; *va.* prometer; pronosticar, augurar, asegurar, ofrecer; brindar, dar la palabra.

promised [pro'misd] *adj.* — land, tierra de Promisión.

promising [pro'mi-sing] *adj.* prometedor; lisonjero.

promontory [pro'mən-tə-ri] *n.* promontorio, cabo.

promote [prə-mout'] *va. (projects, etc.)* promover, fomentar, adelantar; *(discussion)* suscitar, acalorar; gestionar, facilitar; *(mil.)* ascender.

promotion [prə-mou'shən] *n. (of activity)* promoción; *(of project, etc.)* fomento; *(in rank)* ascenso.

prompt [prompt] *adj.* pronto, presto, veloz; puntual; resuelto; diligente; *va.* sugerir, soplar, incitar, inspirar; *(theat.)* apuntar.

promptly [prompt'li] *adv.* al instante, aprisa.

promptness [prompt'nes] *n.* prontitud, presteza; puntualidad.

promulgate [pro'məl-geit] *va.* promulgar, proclamar.

prone [proun] *adj. (temperament)* inclinado, dispuesto, propenso; *(position)* tumbado, postrado.

proneness [proun'nes] *n.* propensión, inclinación.

pronounce [pro-nauns'] *va.* pronunciar, declarar; *(sentence)* fallar.

pronounced [pro-naunsd'] *adj.* marcado, fuerte, notable; *(pop.) (accent)* clavado.

pronunciation [pro-nən-siey'-shən] *n.* pronunciación; articulación; science of —, ortología.

proof [pruf] *n.* prueba, ensayo; evidencia; probanza, probación, demostración, confirma-

ción; toque; impenetrabilidad; — reader, corrector; page —s, capilla; *adj.* — against, a prueba de.

prop [prop] *v.* sostener, apoyar, apear, apuntalar; *n.* apoyo, puntual, paral, apeo, asnilla, mástel.

propagate [pro'pə-geit] *va. & n.* propagar; propalar, diseminar.

propel [prə-pel'] *va.* impulsar, propulsar, impeler.

propensity [prə-pen'si-ti] *n.* propensión.

proper [pro'pə] *adj.* propio, idóneo, conveniente; a propósito, adecuado, acertado; pulcro; decente; prim and —, relamido; what is —, lo que está bien; to have a sense of what is —, tener vergüenza.

property [pro'pə-ti] *n.* propiedad, bienes, hacienda; dominio; cualidad; man of —, hacendado; *(theat.)* aderezo; real —, bienes inmuebles.

prophecy [pro'fə-si] *n.* profecía, predicción.

prophesy [pro'fə-say] *va. & n.* profetizar.

prophet [pro'fet] *n.* profeta.

prophetic [pro-fe'tik] *adj.* profético.

propinquity [pro-ping'kui-ti] *n.* propincuidad; parentesco.

propitiate [pro-pi'shieit] *va.* aplacar, conciliar, propiciar.

propitious [pro-pi'shəs] *adj.* propicio, feliz.

proportion [pre-poo'shən] *n.* proporción, relación, medida.

proposal [pre-pou'səl] *n.* proposición, oferta, propuesta; *(of marriage)* declaración.

propose [prə-pous] *va.* ofrecer, proponer; pensar; *vn.* declararse.

proposition [pro-pə-si'shən] *n.* proposición; oferta.

propound [prə-paund'] *va.* proponer, asentar.

proprietor [prə-pray'ə-tə] *n.* propietario, dueño, señor.

propriety [pra-pray'ə-ti] *n.* conveniencia, decoro, decencia, vergüenza; corrección.

prosaic [pro-sey'ik] *adj.* prosaico, insípido.

proscribe [pro-skraib'] *va.* prescribir, reprobar.

prose [prous] *adj.* en prosa; *n.* prosa; — **writer**, prosista.

prosecute [pro'se-kiut] *va.* (pro)seguir; continuar; enjuiciar; procesar; encausar.

prosecution [pro-se-kiu'shən] *n.* causa, proceso; *(law)* parte actora, fiscal.

prosecutor [pro'se-kui-tə] *n.* acusador, actor; **public —**, fiscal.

prospect [pros'pekt] *n.* vista; perspectiva; probabilidad; esperanza; — **south**, orientación al sur; *va. & n.* explorar.

prospective [pros-pek'tiv] *adj.* probable, por venir, anticipado.

prosper [pros'pə] *va.* favorecer; *vn.* prosperar, medrar.

prosperity [pros-pe'ri-ti] *n.* prosperidad, bonanza.

prosperous [pros'pə-rəs] *adj.* próspero, floreciente, venturoso.

prostitute [pros'ti-tiut] *n.* prostituta, ramera, zorra; *va.* prostituir, vender.

prostrate [*adj.* pros'treit; *v.* pros-treit'] *adj.* postrado, tendido, abatido; *va.* humillar, abatir, postrar; *vn.* postrarse, prosternarse.

prostration [pros-trey'shən] *n.* postración, abatimiento.

protect [pro-tekt'] *va.* proteger, defender, garantizar; — **from**, resguardar, poner al abrigo de.

protection [pro-tek'shən] *n.* protección, defensa, apoyo, amparo; — **from**, resguardo; *(by patron)* patrocinio; **to claim —**, ampararse.

protective [protek'tiv] *adj.* protector.   [tor, padrino.

protector [pro-tek'tə] *n.* protec-

protest [*n.* prou'test; *v.* prou-test'] *n.* protesta; *va. & n.* protestar.

protestant [pro'tes-tənt] *n. & adj.* protestante, evangélico.

protestation [pro-tes-tey'shən] *n.* protesta.

protoplast [prou'to-plast] *n.* el primer hombre; original modelo; unidad de una masa del protoplasma.

protracted [prou-trak'təd] *adj.* largo, prolijo.

protrude [pro-trud'] *vn.* salir fuera, asomarse, sobresalir.

protruding [pro-tru'ding] *adj. (eyes)* reventón.

proud [praud] *adj.* orgulloso, soberbio, engreído, encopetado; altanero, envanecido; **to grow over —**, encumbrarse.

prove [pruv] *va.* (com)probar; demostrar, acreditar, experimentar, poner a prueba; *vn.* dar fe; — **to be**, mostrarse; encontrarse; ser; salir, resultar; **to — the rule**, confirmar la regla.

proverb [pro'vəəb] *n.* refrán, proverbio, dicho, apotegma.

proverbial [pro-vəə-biəl] *adj.* proverbial, famoso, notorio.

provide [pro-vaid'] *va.* proporcionar, ofrecer, surtir, apercibir, prevenir; proveer; — **against**, precaver; *vn.* abastecer; *vr.* proveerse.

provided [pro-vay'dəd] — **that,** *conj.* con tal que; dado que.

providence [pro'vi-dəns] *n.* providencia; provisión.

provident [pro'vi-dənt] *adj.* previsor, prudente, providente, próvido.

province [pro'vins] *n.* provincia; jurisdicción; competencia; **to fall within one's —**, incumbir a.

provision [pro-vi'siən] *n.* provisión; disposición; **—s**, abastecimiento, comestibles.

provisional [pro-vi'siə-nəl] *adj.* provisional, pasajero, interino; — **stop**, parada discrecional.

provocative [pro-vo'kə-tiv] *adj.* provocativo, sugestivo.

provoke [pro-vouk'] *va.* provocar, excitar, irritar, incitar; indignar; promover; *vn.* enojar.

provoker [pro-vou'kə] *n.* ofensor, provocador.

provoking [pro-vou'king] *adj.*

enojoso, fastidioso; provocativo.

prow [prau] *n.* proa, tajamar.

prowess [pro'ues] *n.* bravura,
proeza; **deeds of —,** hazañas.

prowl [praul] *vn.* rondar, vagar,
merodear.

proximity [prok-si'mi-ti] *n.* proximidad, cercanía, inmedia-
ción.

proxy [prok'si] *n. (power)* procuración, poder; *(person)* apoderado, comisionado; **to marry
by —,** casarse por poder.

prudence [pru'dəns] *n.* prudencia, cordura, circunspección,
decoro, tino.

prudent [pru'dənt] *adj.* prudente; precavido, previsor; considerado, sesudo, discreto, recatado.   [ño, mojigato.

prudish [pru'dish] *adj.* gazmo-

pruning [pru'ning] *n.* poda; —
knife, —hook, podadera.

Prussian [prə'shən] *n.* & *adj.*
prusiano.

pry [pray] *vn.* espiar, acechar,
curiosear, fisgar.

psalm [saam] *n.* salmo.

pseudonym [siu'do-nim] *n.* seudónimo.

psychologist [say-ko'lə-dyist]
n. psicólogo.

psychology [say-ko'lo-dyi] *n.*
psicología.

pubes [piu'bis] *n.* pubis o pubes; **"pubes hair",** pendejo.

public [pəb'lik] *adj.* público,
notorio; **—house,** taberna; —
spirit, civismo; *n.* público.

publication [pəb-li-key'shən] *n.*
publicación; edición.

publicise [pəb'li-sais] *va.* dar
publicidad a, anunciar.

publicity [pəb-li-siti] *n.* publicidad, notoriedad.

publish [pəb'lish] *va.* publicar,
dar a luz, promulgar, sacar a
luz.

publisher [pəb'li-shə] *n.* editor.

pucker [pə'kə] *n.* arruga, pliegue; *(clothes)* buche; *va.*
(eyes) fruncir; *(dress)* plegar.

puerility [piu-ə-ri'li-ti] *n.* puerilidad, niñería.

Puerto Rican [puer-tou-ri'kən]
n. & *adj.* puertorriqueño.

puff [pəf] *n.* soplo, bufido; *(of
smoke)* bocanada; *(of wind)*
racha; *va.* & *n.* soplar, hinchar; bufar; *(out of breath)*
jadear.

puffed [pofd] *adj.* hinchado;
(out of breath) jadeante; **to
be — up,** hincharse, entume-
cerse, ensoberbecerse.

pugilist [piu'dyi-list] *n.* boxeador.

pugnacious [pəg-ney'shəs] *adj.*
belicoso; pendenciero.

pugnacity [pəg-na'si-ti] *n.* pugnacidad.

pull [pul] *n. (with hand, etc.)*
sacudida, tirón; *(fam.)* buenas
aldabas; **a stiff —,** estirón; **the
— of the...,** la llamada; **bell—,**
tirador; *va.* tirar; **— along,**
arrastrar; **— down,** hundir; —
away, off, up, tirar, arrancar;
— out, *(teeth)* extraer, sacar,
(length) estirar; **—up** *(roots,
etc.)* extraer; **—up** *(car),* pararse; **—on** *(naut.),* halar; —
on *(oar),* remar; *vn.* tirar; dar
un tirón; **—away** *(at oars),* remar fuerte; **the blankets —,** se
(le) pegan (a uno) las sába-
nas; **—down,** derrocar, derribar; abatir; **—to pieces,** despedazar, hacer cisco; **—up,** *(interrupt)* atajar; **— through**
(illness), salir; **—one's leg,** tomar el pelo.

Pullman-car [pul-mən-kaa'] *n.*
cochepullman.

pulp [pəlp] *n.* pulpa, pasta;
(fruit) carne.

pulpit [pul'pit] *n.* púlpito, tribuna.

pulsate [pəl-seit'] *vn.* latir, batir.

pulse [pəls] *n.* pulso, pulsación;
to feel the —, tomar el pulso.

pulverise [pəl'vəə-rays] *va.* triturar.

pump [pəmp] *n.* bomba; pompa; **village —,** mentidero; *va.*
darle a la bomba; sonsacar.

pun [pən] *n.* equívoco, retruécano; chiste, juego de palabras.

punch [pənsh] *n. (blow)* puñetazo, revés; *(tool)* punzón;
(drink) ponche; **— and Judy**

show, títeres; — and **Judy showman,** titiritero; *va. (with holes)* horadar; *(ticket)* picar; *(with fist)* dar puñetazos a.

punctilious [pənk-ti'liəs] *adj.* puntilloso, etiquetero.

punctiliousness [pənk-ti'liəsnes] *n.* honrilla, pundonor; puntualidad.

punctual [pənk'tiu-əl] *adj.* puntual, preciso, a la hora.

punctuality [pənk-tiu-a'li-ti] *n.* puntualidad, fidelidad.

punctuate [pənk'tiu-eit] *va.* puntuar.

puncture [pənk'chə] *n.* puntura, punzadura; *(tyre)* pinchazo; *(skin)* punción; *va.* punzar; pinchar, picar.

pungency [pən'dyən-si] *n.* resquemor, mordacidad.

pungent [pən'dyənt] *adj.* picante, áspero; *(phrase)* lapidario, corrosivo; *(smell)* acre.

punish [pənish] *va.* castigar; *(as example)* escarmentar.

punishable [pə'ni-shə-bəl] *adj.* punible.

punishment [pə'nish-mənt] *n.* castigo, punición; **capital —,** pena capital.

punt [pənt] *n.* barco llano; batea; *vn.* ir en barco llano.

puny [piu'ni] *adj.* pequeño; ruín, mezquino.

pupil [piu'pil] *n. (eye)* niña, pupilar; *(of teacher)* alumno, discípulo; *(of high school)* colegial.

puppet [pə'pət] *n.* títere, muñeca, fantocha; **—master,** titiritero; **—show,** títeres, retablo.

purchase [pəə'chəs] *n.* compra; *(mech.)* aparejo; *va.* comprar, lograr.   [prador.

purchaser [pəə-chə-sə] *n.* compure [piu'ə] *adj.* puro, casto, virgen; *(style, etc.)* castizo; *(charact.)* genuino; *(wine, etc.)* refinado; *(friendship)* platónico.

purge [pəədy] *va.* purgar, purificar, acrisolar; *vr.* purgarse.

purification [piu-ri-fi-key'shən] *n.* purificación, depuración; expiación.

purify [piu'ri-fay] *va.* purificar; clarificar; *(wine, etc.)* refinar; defecar; purgar, expiar; *(metals)* acrisolar; *vn.* purificarse.

Puritan [piu'ri-tən] *n.* puritano.

purity [p'u'ri-ti] *n.* pureza, honra; *(esp. fig. of blood)* limpieza.

purl [pərl] *v.* arremolinar, envolver, orlar, adornar con fleco; murmurar un arroyo; *n.* murmullo, susurro, ondulación.

purple [pəə'pəl] *adj.* purpúreo, de púrpura; **dark —,** morado, *n.* púrpura; **the —,** imperio.

purport [pəə'poot] *n.* intención, intento; sentido, tenor; substancia; *va.* significar; dar a entender; pretender.

purpose [pəə'pos] *n.* intención, voluntad, propósito; **on —,** de propósito, de intento; **all to no —,** en vano; en balde; *va. & n.* proyectar, determinar, proponer(se).

purposely [pəə'pəs-li] *adv.* de propósito, adrede, expresamente.

purse [pəəs] *n.* bolsa, bolsillo; portamonedas; **— strings,** cordones de la bolsa.

pursuance [pə-siu'əns] *n.* continuación; cumplimiento; **in — of,** con arreglo a, siguiendo, cumpliendo.

pursue [pə-siu'] *va.* perseguir, proseguir, eseguir, seguir la pista de, cazar; *(closely)* acosar; *(fiercely)* ensañarse en.

pursuer [pə-siu'ə] *n.* perseguidor.

pursuit [pə-siut'] *va.* persecución, seguimiento, busca; interés; **in — of,** en pos de.

purvey [pəə-vey'] *va. & n.* proveer, suministrar, abastecer.

purveyor [pəə-vey'ə] *n.* abastecedor, proveedor.

push [push] *n.* empujón, impulso; energía; *(mil.)* ofensiva, avance; *va.* empujar; promover, activar, urgir; apretar; *vn.* dar un empujón, esforzarse; apresurarse; **—away,** apartar, rechazar; **— in,** encajar, meter.

pushing [pu'shing] *adj.* agresivo, emprendedor, entremetido.
put [put] *adj.* puesto; — **away**, arrinconado, guardado; —**out**, *(wariness)* escamado; — **out**, *(surprise)* estupefacto; — **out**, *(irritation)* enojado, incomodado; to be — **out**, incomodarse; *va.* poner; *(in position)* colocar; *(in words)* redactar; — **aside**, deponer; — **away** *(in corner)* arrinconar; apartar; *corner;* —**back**, retardar; devolver; —**between**, interponer; — **by**, poner aparte; — **by**, *(money)* ahorrar; —**down**, soltar; reprimir; deprimir; anotar; rebajar; —**forth**, *(leaves)* poblarse, brotar, *(hand)* alargar; *(notice)* publicar; — **in**, insertar, introducir, *(naut.)* tocar en; *(claim)* presentar, *(in writing)* poner (por escrito); — **off**, *(in time)* aplazar, demorar, diferir, posponer, *(reject)* desechar, molestar, *(person)* quitar, entretener; — **on**, *(clothes, etc.)* poner(se), *(shoes, spurs, etc.)* calzar, *(person)* imponer, *(airs)* echárselas de; — **out**, *(hand, etc.)* alargar, *(head)* asomar(se), *(tongue)* sacar, *(light)* apagar, matar, *(bone)* dislocar, *(offhand)* fastidiar, contrariar, enojar, desconcertar, *(of temper)* sacar de quicio; —**right**, arreglar, componer; — **to sea**,

hacerse a la vela, tomar la mar; — **two and two together**, atar cabos; — **up**, *(building)* construir, *(object)* subir, *(stay)* hospedarse; — **up to**, incitar, instigar; *va.* — **up with**, tolerar, aguantar, acomodarse; — **a stop to**, poner coto a; — **to the test**, poner a prueba, acrisolar; — **together**, articular.
putrefaction [piu-tre-fak'shən] *n.* putrefacción.
putrid [piu'trid] *adj.* podrido, putrefacto, corrompido; — **matter**, podredumbre.
putrify [piu'tri-fay] *vn.* pudrirse.
putty [pət'ti] *v.* enmasillar; *n.* masilla, cemento, pasta, almáciga.
puzzle [pə'səl] *n.* embarazo, enigma; *(guessing)* adivinanza; **word** —, anagrama; **crossword** —, palabras cruzadas, crucigrama; *va.* confundir, embarazar, enmarañar.
puzzling [pəs'ling] *adj.* enigmático.
pygmy [pig'mi] *n.* pigmeo.
pyjamas [pə-dya'mas] *n.* pijama.
pyramid [pi'rə-mid] *n.* pirámide.
pyrotechnics [pay-ro-tek'niks] *n.* pirotécnica, fuegos artificiales.
python [pay'zən] *n.* serpiente boa.

Q

quack [kuak] *n.* charlatán, curandero, saltimbanqui; *(of duck)* graznido; *vn.* graznar.
quadrangle [kuod'rang-gəl] *n.* cuadrángulo; patio.
quaff [kuof, kuaf] *va. & n.* apurar, echarse uno a pechos.
quagmire [kuag'may-ə] *n.* tremedal, cenagal.

quail [kueil] *n.* codorniz; *vn.* temblar, acobardarse.
quaint [kueint] *adj.* raro, típico, pintoresco, anticuado.
quaintness [kueint'nəs] *n.* encanto singular, extrañeza.
quake [kueik] *n.* temblor; *vn.* temblar, trepidar.
Quaker [kuey'kə] *n.* cuáquero.

qualification [kuo-li-fi-key'- shən] *n.* calificación, requisito; capacidad; restricción.

qualified [kuo'li-faid] *adj.* habilitado, competente.

qualify [kuo'li-fay] *va.* calificar, moderar; limitar; habilitar; *vn.* capacitarse, llenar los requisitos.

quality [kuo'li-ti] *n.* *(type)* clase, calibre, calidad; *(moral)* cualidad; carácter; first-class —, de la mejor calidad, *(pop.)* de marca mayor; *pl.* *(moral)* calidades.

qualm [kuoom] *n.* náusea, desmayo; escrúpulo.

quandary [kuon'də-ri] *n.* incertidumbre, apuro, perplejidad.

quantity [kuon'ti-ti] *n.* cantidad, número; unknown —, incógnita. [mala, aguamar.

quarl [cuaal'] *n.* medusa, agua-

quarrel [kuo'rəl] *n.* *(blows)* pendencia, reyerta; *(words)* querella, altercado, disputa; *(disagreement)* desavenencia; *vn.* pelear, querellarse, disputar; batirse; — with, meterse con.

quarrelsome [kuo'rəl-səm] *adj.* pendenciero, querelloso.

quarry [kuo'ri] *n.* cantera; *(hunting)* presa.

quart [kuoot] *n.* cuarta, media azumbre; cuarto de quintal.

quarter [kuoo'tə] *n.* cuarta parte, cuarto; *(wheat)* arroba, cuartillo; *(in war)* cuartel; *pl.* vivienda, morada; *(mil.)* cuartel, alojamiento; *(of town)* barrio; *(of year)* trimestre; — deck, alcázar; *va.* descuartizar; *(mil.)* acuartelar; hospedar, alojar.

quarterly [kuoo'tə-li] *adv.* & *adj.* por trimestres.

quartet [kuoo-tet'] *n.* cuarteto.

quash [kuosh] *va.* anular; sofocar.

quaver [kuey'və] *vn.* gorjear, trinar; vibrar.

quay [ki] *n.* muelle, malecón.

queen [kuin] *n.* reina; — bee, reina; *(cards)* caballo.

queer [kui'ə] *adj.* bizarro, extraño, original, raro; extrava-

gante; extrafalario; — fellow, extravagante.

queerness [kui'ə-nes] *n.* rareza.

quell [kuel] *va.* domar, reprimir; aquietar.

quench [kuensh] *va.* apagar, extinguir; *(feeling)* ahogar; *(thirst)* calmar.

querulous [kue'riu-ləs] *adj.* quejoso, qejumbroso.

querulousness [kue'riu-ləs-nes] *n.* queja.

query [kui'ri] *n.* pregunta, cuestión; *va.* & *n.* preguntar, inquirir.

quest [kuest] *n.* pesquisa, busca, búsqueda.

question [kues'chən] *n.* cuestion, pregunta; asunto; *(pop.)* busilis; burning —, cuestión candente; out of the—, descartado; *va.* & *n.* preguntar; interrogar; poner en duda, desconfiar de; cuestionar.

queue [kiu] *n.* cola; *(hair)* coleta; *vn.* hacer la cola.

quibble [kui'bəl] *n.* retruécano, juego de palabras; sutileza; *vn.* argüir; jugar del vocablo.

quick [kuik] *adj.* rápido, pronto; vivo, ágil, vivaz; the —, lo(s) vivo(s); —tempered, de genio vivo; to cut to the —, herir en lo vivo; *n.* carne viva.

quicken [kui'kən] *va.* vivificar, (re)animar, acelerar.

quickness [kuik'nəs] *n.* viveza, prontitud, presteza.

quiet [kuay'ət] *adj.* quieto, reposado, tranquilo; pausado; sencillo; suave, retirado; all—, sin novedad; on the—, a la sordina; *n.* tranquilidad, holganza; *va.* calmar, tranquilizar; — down, *va.* callar; *vn.* reposarse.

quieten [kuay'ə-tən] *va.* callar, calmar.

quietness [kuay'aṭ-nes] *n.* quietud, serenidad, reposo, sosiego, descanso.

quilt [kuilt] *n.* sobrecama, cubrecama, cobertor; *(down)* colcha; *va.* estofar.

quintessence [kuin-te'səns] *n.* quintaesencia.

quip [kuip] *n.* pulla.

quit [kuit] *adj.* libre, quito; absuelto; *n.* —s, en paz; *va.* quitar, dejar, desocupar; absolver.

quite [kuait] *adv.* enteramente, completamente; bastante, harto, totalmente; —a man, todo un hombre.

quiver [kui'və] *n.* *(arrows)* carcaj; temblor; *vn.* (re)temblar, palpitar; *(with fear)* estremecer(se).

quixotic [kuig-so'tik] *adj.* quijotesco.

quop [cuop'] *v.* moverse, latir el corazón. [tingente.

quota [kuou'tə] *n.* cuota, con-

quotation [kuou-tey'shən] *n.* *(lit.)* cita, citación; acotación; *(fin.)* cotización.

quote [kuout] *va.* citar; *(prices)* cotizar; *pl.* between —s, entre comillas.

R

rabbit [ra'bit] *n.* conejo; — warren, conejero.

rabble [ra'bəl] *n.* canalla, chusma, gentuza, populacho; — rouser, demagogo.

rabid [ra'bid] *adj.* rabioso, furioso, fanático.

race [reis] *n.* raza; casta; linaje; carrera; horse —, concurso hípico; mill —, caza; — horse, caballo de carrera; — course, hipódromo; *vn.* correr; competir, hechar contra.

rack [rak] *n.* *(for hanging)* colgadero, tendedor; *(lance)* astillero; *(torture)* potro, tortura; *va.* torturar, atormentar; *(wine)* trasegar; vejar; —one's brains, calentarse (devanarse) los sesos.

racket [ra'ket] *n.* raqueta; *(noise)* estrépito, baraúnda; *(pelota)* cesta, cremallera.

racy [rey'si] *adj.* *(language)* chispeante, fuerte, rancio.

radiance [rey'diəns] *n.* brillo, brillantez, esplendor, claror.

radiant [rey'diənt] *adj.* radiante, alborozado, resplandeciente. [centellear.

radiate [rey'dieit] *vn.* radial,

radio [rey'dio] *n.* radio; —station, radio, emisora.

radius [rey'diəs] *n.* radio.

raffle [ra'fəl] *n.* lotería, rifa; *(for charity)* tómbola; *va.* rifar, sortear.

raft [raaft] *n.* balsa.

rag [rag] *n.* trapo, trapito, harapo; in —s, harapiento; bundle of —s, estropajo; —market, Rastro.

rage [reidy] *n.* rabia, saña, cólera; enojo; *vn.* rabiar, enfurecerse, encolerizarse.

ragged [ra'ged] *adj.* haraposo, harapiento, andrajoso.

raging [rey'dying] *adj.* rabioso, bramador.

raid [reid] *n.* incursión, irrupción, correría; air —, ataque aéreo.

rail [reil] *n.* *(enclosure)* barrera; *(altar, window)* reja; baranda, cerca; *(railway)* rail; *va. & n.* cercar; —against, injuriar; burlarse de.

railer [re'[lər] *n.* maldiciente, murmurador.

railing [rey'ling] *n.* reja; baranda, antepecho, pasamano; cerca.

railway [reil'wey] *n.* ferrocarril, vía férrea; — company, compañía ferroviaria; —man, ferroviario.

raiment [rey'mənt] *n.* vestidos, ropaje.

rain [rein] *n.* lluvia; *(sudden downpour)* chaparrón; *(downpour)* aguacero; —storm, chubasco; — bow, arco iris; *vn.* llover; *(gently)* lloviznar; — cats and dogs, bucketfuls, torrents, llover a cántaros, a chuzos; *(sl.)* menudear.

raincoat [rein'kout] *n.* impermeable.   [vial.

rainy [rey'ni] *adj.* lluvioso, plural.

raise [reys] *va. (on high)* alzar; *(stand up)* poner en pie, enderezar; *(stiffen up)* erguir· *(banner)* enarbolar; *(building)* levantar, erigir; *(hopes, etc.)* promover, suscitar; excitar, dar lugar a; *(the voice)* hablar alto; *(young)* criar, educar; *(in rank)* ascender; *(siege)* levantar; *(pay)* subir; — up, levantar; *vr.* to — oneself up *(from horizontal)*, incorporarse.

raisin [rey'sin] *n.* uva pasa.

rake [reik] *n.* rastro, rastrillo; *(man)* calavera; *va.* rastrillar; rastrear, hurgar; *(with volley of shots)* barrer.   •

rally [ra'li] *n.* reunión; manifestación, reanimar(se); *va. & n.* reunir(se); *(mil.)* replegarse.

ram [ram] *n.* morueco; carnero; *(mil.)* ariete; *va.* atacar; — down, apisonar, meter a viva fuerza.

ramble [ram'bəl] *n.* paseo, excursión; *vn.* vagar, divagar, discurrir, andarse por las ramas; *(walking)* salir de excursión.

rambler [ram'blə] *n.* vago; andarín, excursionista.

rampant [ram'pənt] *adj.* exuberante; desenfrenado; *(herald)* rampante.

rampart [ram'paat] *n.* terraplén; muralla.

ramshackle [ram'sha-kəl] *adj.* desvencijado.

ranch [raansh] *n.* hacienda, rancho, estancia; —owner, estanciero, ranchero.

rancid [ran'sid] *adj.* rancio.

rancour [ran'kə] *n.* rencor, inquina, encono.

random [ran'dəm] *n.* ventura, acaso; at —, al azar, a la ventura, impensado, al buen tuntún. ·

range [reindy] *n.* extensión, alcance; *(of goods)* surtido; *(te-*rritory, etc.)* recorrido; carrera; **cooking** —, hornillo, foco, cocina económica; *(line)* fila; **mountain**—, cordillera, sierra; **within** — of, al alcance de; *va.* ordenar, arreglar, alinear; *(walk, etc., over)* recorrer; *vn.* alinearse; variar; *(shell)* alcanzar.

rang [rank] *n.* condición, calidad; rango, grado; *(mil.)* promoción; *(row)* fila; *(worldly)* honores; *adj.* vigoroso; tupido; fétido, rancio; *va. & n.* alinear; alinearse; equipararse con; to — over, tener derecho de, precedencia, sobre.

rankle [ran'kəl] *vn.* enconar(se), carcomer, mordiscar.

rankness [rank'nəs] *n.* vigor, exuberancia; fetidez, tupidez.

ransack [ran'sak] *va.* saquear, pillar; rebuscar.

ransom [ran'səm] *n.* rescate; *(prisoner's)* talla; redención; *va.* rescatar, redimir.

ranter [ran'tə] *n.* energúmeno.

rap [rap] *n.* golpe; *va. & n.* golpear; *(out orders)* espetar.

rapacious [rə-pey'shəs] *adj.* rapaz.

rapid [ra'pid] *adj.* rápido; veloz; *n.* catarata.

rapidity [rə-pi'di-ti] *n.* rapidez, velocidad, ligereza.

rapier [rey'piə] *n. (ceremonial)* espadín; *(fencing)* florete; estoque.

rapine [ra'pain] *n.* rapiña.

rapt [rapt] *adj.* transportado, arrebatado.

rapture [rap'chə] *n.* transporte, arrebato, rapto, éxtasis, embeleso.

rapturous [rap'chə-res] *adj.* estático, arrebatador, arrobado, entusiástico, apoteósico.

rare [re'a] *adj.* raro, exquisito, fénix, bizarro, peregrino, precioso; *(meat)* medio crudo.

rarely [re'ə-li] *adv.* rara vez, por rareza.

rarity [re'ə-ri-ti] *n.* rareza, fenómeno.

rascal [ras'kəl] *n.* bribón,·pícaro, galopín, pillo.

rascally [ras'kə-li] *adj.* arrastrado, vil, canallesco; pícaro, tunante. [truir.

rase [reiz'] *v.* arrasar, raer, desrash [rash] *adj.* *(person)* imprudente, arrojado, temerario; arrebatado; *(scheme, etc.)* precipitado, aventurado; *n.* erupción.

rashness [rash'nəs] *n.* temeridad, precipitación, indiscreción. [buesa.

rashberry [raas'bə-ri] *n.* fram-rasping [raas'ping] *adj.* *(voice)* ronco, áspero; raedor; *n.* —s, raspaduras.

rat [rat] *n.* rata; I smell a —, aquí hay gato encerrado; to smell a —, oler. el poste.

rate [reit] *n.* tasa; proporción, precio; impuesto, contribución; at the — of, a razón de; at any —, de todos modos, en todo caso; *va.* valuar, tasar.

rather [raa'žə] *adv.* mejor, primero, más bien; un poco, algo, bastante; —! *excl.* ¡claro que sí! [sancionar.

ratify [ra'ti-fay] *va.* ratificar, ration [ra'shən] *n.* ración; — card, cartilla de racionamiento; —s, suministro.

rational [ra'shə-nəl] *adj.* racional; cuerdo. [namiento.

rationing [ra'shə-ning] *n.* racio-rattle [ra'təl] *n.* ruido, fracaso; *(dance-band, etc.)* matraca; *(drum)* rataplán; *(child's)* sonajero; death —, estertor; *va.* *(castanets)* castañetear; zurrir; *vn.* rechinar, hacer ruido; — on, articular sin parar; — snake, serpiente cascabel.

rattling [rat'ling] *adj.* ruidoso; ruido; estertor; magnífico.

raucous [roo'kəs] *adj.* estridente, ronco, bronco.

ravage [ra'veidy] *n.* destrozo; *(of illness, etc.)* estrago; *va.* asolar, destrozar, talar.

rave [reiv] *vn.* delirar, desvariar, encolerizarse; — about, morirse por.

ravenous [ra'və-nəs] *adj.* voraz, hambriento, rapaz.

ravine [rə-viin'] *n.* barranca, garganta, quebrada.

raving [rey'ving] *adj.* furioso, alocado; — mad, loco rematado, loco de atar; *n.* delirio.

ravish [ra'vish] *va.* forzar, violar; arrebatar, embelesar.

raw [roo] *adj.* crudo; verde; *(cotton, etc.)* en rama; — material, materia prima; — recruit, soldado bisoño, soldado raso; —boned, huesudo; *(weather)* desapacible, crudo; — fiesh, carne viva.

rawness [roo'nəs] *n.* crudeza.

ray [rey] *n.* rayo; —fish, raya.

raze [reis] *v.* arrasar, asolar; borrar; desmantelar.

razor [rey'sə] *n.* (navaja, máquina) de afeitar.

reach [riich] *n.* extensión, alcance, capacidad; *(mil.)* potencia; within — of, al alcance de; *va.* lograr, alcanzar; *(age)* cumplir; *(terminus)* morir; to — out, alargar, tender la mano.

react [ri-akt'] *vn.* reaccionar.

reaction [ri-ak'shən] *n.* reacción.

reactionary [ri-ak'shə-nə-ri] *n.* retrógrado; extreme —, exaltado; rabid —, cavernícola.

read [riid] *va.* & *n.* leer, descifrar; *(for degree)* estudiar, cursar; *p.p.* to be well —, ser ilustrado; to — out, leer en alta voz.

reader [rii'də] *n.* lector; corrector (de pruebas).

readily [re'di-li] *adv.* de buena gana, fácilmente, luego.

readiness [re'di-nes] *n.* prontitud, buena disposición, desembarazo.

reading [rii'ding] *n.* lectura, lección, modo de entender; — through, hojeada.

ready [re'di] *adj.* listo, pronto, preparado, a (la) mano, dispuesto; fácil; *(anwer, etc.)* fácil; — for action, lanza en ristre; *(money)* contante; to be —, estar a punto, estar dispuesto; to be — for, estar a la expectativa; — made, hecho; — made clothes, ropa hecha.

reaffirm [ri-a-fəəm'] *va.* remachar, reiterar.

real [ri'əl] *adj.* real, verdadero,

positivo, verídico, auténtico; not —, teórico.

realise [ri'ə-lais] *va. & n.* realizar, efectuar, darse cuenta, llevar a cabo, verificar(se); cumplirse.   [mo.

realism [ri'ə-li-səm] *n.* realisreality [ri-a'li-ti] *n.* realidad.

realisation [ri-ə-lay-sey'shən] *n.* realización, verificación.

really [ri'ə-li] *adv.* realmente, efectivamente, en realidad, de veras.   [do.

realm [relm] *n.* reino; el estareannex [ria-necs'] *v.* reunir, volver a juntar.

reap [riip] *va. & n.* segar, cosechar; — the harvest, hacer su agosto, recolectar.

reaping [rii'ping] *n.* siega; — machine, rastra.

reappear [ri-ə-pi'ə] *vn.* reaparecer.

rear [ri'ə] *adj.* posterior, trasero, último; *n. (mil.)* retaguardia; parte de atrás; in the —, *(mil.)* en la retaguardia; a la zaga; *va.* criar, cultivar; *vn.* encabritarse; *(building)* levantarse.

reason [ri'sən] *n.* razón, argumento; motivo; for that —, por lo mismo; to be the — for, consistir; to bring to —, meter en cintura; I see no — why... not, no veo inconveniente; *va. & n.* razonar.

reasonable [ri'sə-nə-bəl] *adj.* razonable, discreto, decente; *(price)* módico.

reasonableness [ri'sə-nə-bəlnes] *n.* razón, moderación, racionalidad, sensatez.

reasoning [rii'sə-ning] *n.* razonamiento, raciocinio.

reassemble [ri-a-sem'bəl] *va. & n.* reunir(se).

reassure [ri-a-sho'ə] *va.* alentar, tranquilizar; *vn.* animarse.

rebel [re'bəl] *n.* rebelde, faccioso, insurgente; *(XVIth cent.)* comunero; *vn.* rebelarse, sublevarse.

rebellion [ri-be'liən] *n.* rebelión, pronunciamiento, sublevación.

rebellious [ri-be'liəs] *adj.* rebelde, faccioso; indómito, indócil.

rebelliousness [ri-be'liəs-nes] *n.* rebeldía.

rebound [ri-baund'] *n.* rebote; on the —, de rechazo; *vn.* rebotar.

rebuff [ri-bəf'] *n.* desaire, repulsa; *va.* rechazar, desairar.

rebuke [ri-biuk'] *n.* reprensión, censura, reproche; *va.* reprender, increpar, castigar.

rebus [ri'bəs] *n.* jeroglífico, logogrifo, acertijo, quisicosa.

recalcitrant [ri-kal'si-trənt] *adj.* refractario, reacio.

recall [ri-kol'] *n.* revocación; *va.* revocar, hacer presente; — to mind, recordar; *(from position)* deponer.

recantation [ri-kan-tey'shən] *n.* adjuración; public —, palinodia.   [va. recapitular.

recapitulate [ri-ka-pi'tiu-leit]

recapture [ri-kap'shə] *n.* represa; *va.* represar; volver a tomar.

recasting [ri-kaas'ting] *n. (pay)* refundición.   [retroceder.

recede [ri-siid'] *vn.* retirarse, receding [ri-sii'ding] *adj.* — forehead, frente huyente.

receipt [ri-siit'] *n.* recibo; entrada; receta; — book, libro talonario; —s, ingresos; *va.* dar recibo; to acknowledge —, acusar recibo.

receive [ri-siiv'] *va.* recibir, aceptar, admitir, acoger; *(money)* cobrar.

recent [ri'sənt] *adj.* reciente; nuevo; most —, último.

recently [ri'sənt-li] *adv.* recientemente, ha poco, de nuevo.

receptacle [ri-sep'tə-kəl] *n.* recipiente.

reception [ri-sep'shən] *n.* recepción, audiencia, recibo; Royal —, besamanos.

recess [ri-ses'] *n.* retiro; receso; *(school)* recreo; *(in wall)* nicho; innermost — of mind, recoveco; hidden —, entraña, escondrijo; *(mech.)* ranura.

recipe [re'si-pi] *n.* receta, recipe; *(med.)* fórmula.

recipient [ri-si'piənt] *n.* recipiente; *(of grant)* concesionario.

rec 254

reciprocate [ri-si'pro-keyt] *va.* & *n.* usar de reciprocidad, corresponder, alternar; *(mech.)* oscilar.

recital [ri-say'təl] *n.* narración; referencia; *(mus.)* concierto, recital.

recite [ri-rayt'] *va.* referir, narrar, relatar; declamar.

reckless [rek'ləs] *adj.* atolondrado, descuidado, temerario, precipitado.

recklessness [rek'ləs-nəs] *n.* atolondramiento, atrevimiento, descuido, arrojo.

reckon [re'kən] *va.* & *n.* contar, calcular, tantear; — up, computar; — on, fiar(se de), contar con; estimar.

reckoning [re'kə-ning] *n.* cálculo; reputación; tanteo, cómputo, cuenta; day of —, día de ajuste de cuentas.

recline [ri-klayn'] *va.* & *n.* reclinar(se); recostar(se).

recluse [ri-klus'] *n.* recluso, solitario; eremita.

recognise [re'kəg-nays] *va.* reconocer, admitir.

recognition [re-gəg-ni'shən] *n.* reconocimiento.

recoil [ri-koyl'] *n.* rechazo, reculada; *(gun)* rebufo; *vn.* recular, retroceder; *(gun)* rebufar.

recollect [re-kə-lekt'] *va.* recordar; hacer memoria, acordarse de; *vn.* recobrarse, volver en sí.

recollection [re-kə-lek'shən] *n.* recordación, recuerdo, reminiscencia, memoria.

recommend [re-kə-mend'] *va.* recomendar, encarecer, encomendar.

recommendation [re-kə-men-dey'shən] *n.* recomendación.

recompense [re'kəm-pens] *n.* retribución, recompensa; *va.* recompensar, gratificar, indemnizar.

reconcile [re-kən-sayl] *va.* & *n.* reconciliar, componer, avenir(se), compaginar, acomodar(se), allanar(se).

reconciliation [re-kən-si-liey'shən] *n.* reconciliación.

reconnaissance [re-ko'ne-səns] *n.* reconocimiento.

reconnoitre [re-kə-noy'tə] *vn.* batir, reconocer.

record [*n.* re'kəəd; *vb.* ri-kood'] *n.* registro; recuerdo, acta; *(gramophone)* disco; *(sport)* record, marca; *pl.* archivos; *va.* registrar, hacer constar, apuntar; to break a —, batir el record.

recount [ri-kaunt'] *va.* relatar, referir, recontar.

recourse [ri-koos'] *n.* recurso, refugio; to have — to, recurrir, apelar a.

recover [ri-kə'və] *vn.* restablecerse, convalecer, sanar; *va.* (re)cobrar; *(health)* recuperar; rescatar, redimir; *(money)* reembolsar, cobrar.

recovery [ri-kə'və-ri] *n.* *(health)* mejoría, convalecencia, cura; *(from prison, vice, loss, etc.)* redención, rescate; *(money)* reembolso, recobro.

recreate [ri-kri-eyt'] *va.* recrear; *vn.* recrearse, divertirse.

recreation [re-kri-ey'shən] *n.* recreación; esparcimiento, entretenimiento, recreo; distracción. [cruzar o a pasar.

recross [ri'cross] *v.* volver a

recruit [ri-kruit'] *n.* recluta; raw —, bisoño; *va.* reclutar; *(by lots)* quintar; *vn.* rehacerse.

recruiting [ri-kru'ting] *n.* reclutamiento; *(by lot)* quinta; — depot, banderín.

rectify [rek'ti-fay] *va.* rectificar, corregir. [rroco.

rector [rek'tə] *n.* rector; párecumbent** [ri-kəm'bənt] *adj.* recostado, reclinado; *(statue)* yacente.

recuperate [ri-kui'pə-reyt] *va.* recuperar, recobrar; *vn.* restablecerse.

recur [ri-kəə] *vn.* repetirse, presentarse de nuevo, acudir.

recurrence [ri-kə'rəns] *n.* repetición, retorno, vuelta, reaparición.

red [red] *adj.* & *n.* rojo, encarnado, colorado, encendido; *(wine)* tinto; — hot, candente, extremo; **infra** —, ultrarrojo, — **tape,** balbuque, papeleo; **to grow** —, colorear, ponerse colorado.

redden [re'dən] va. enrojecer; vn. & vr. ponerse colorado, ruborizarse; — **the face** (with rouge), ponerse arrebol.

redeem [ri-diim'] va. redimir, rescatar, resarcir; (debt) amortizar.

redemption [ri-demp'shən] n. redención, rescate; amortización; **beyond** —, sin esperanza.

redness [red'nəs] n. rojez, lo rojo; (of sky) arrebol.

redouble [ri-dəə'bəl] va. redoblar, reduplicar.

redoubtable [ri-dau'tə-bəl] adj. temible, formidable.

redress [ri-dres'] n. reparación; satisfacción; va. reparar, desagraviar, rectificar; (wrongs) enderezar.

reduce [ri-dius'] va. reducir, disminuir, menguar; mermar, contraer, marchitar, escatimar; sintetizar; — **to fact,** concretar; — **to ranks,** degradar.

reduction [ri-dək'shən] n. reducción; (price) rebaja; contracción; (fortress) conquista.

redundance [ri-dən'dəns] n. redundancia; (wordy) hojarasca.

redundant [ri-dən'dənt] adj. redundante; superfluo; **to be** —, estar de más.

re-echo [ri-e'kou] vn. resonar, repercutir.

reed [riid] n. junco, caña; — **pipe,** caramillo; (mus.) lengüeta.

reef [riif] n. arrecife; va. rizar.

reel [riil] n. devanadera; carrete; va. devanar; vn. titubear, bambolear, tambalear, hacer eses.

reenable [rie-nei'bəl] v. rehabilitar, capacitar de nuevo.

re-enforce [ri-in-foos'] va. reforzar.

re-enforced [ri-in-foosd'] adj. — **concrete,** hormigón armado.

re-enforcement [ri-in-foos'-mənt] n. refuerzo.

refer [ri-fəə'] va. referir; deferir; vn. referirse (a), hacer

alusión (a), concernir, acudir a; — **to,** mentar.

referee [re-fə-ri'] n. (sport) árbitro; ponente, tercero.

reference [re'fə-rəns] n. referencia,, alusión; — **book,** libro de consulta; **terms of** —, puntos de consulta.

refine [ri-fayn'] va. refinar, purificar; (sugar) clarificar; (metals) acendrar.

refined [ri-faynd'] esmerado, pucro; depurado; exquisito; **over** —, decadente.

refinement [ri-fayn'mənt] n. refinamiento, delicadeza, esmero; sutileza; gentileza.

reflect [ri-flekt'] va. reflejar; mirar; (light) reverberar; vn. reflejarse; reflexionar; meditar.

reflected [ri-flek'təd] adj. (light) trasluz; **to be** —, rielar.

reflection [ri-flek'shən] n. reflexión, imagen; (of self) espejismo; (light) reflejo; (thought) reconsideración; observación desfavorable, reparo, tacha.

reform [ri-foom'] n. reforma; mejora; va. reformar, reconstituir; vn. reformarse, volver la hoja.

reformation [re-foo-mey'shən] n. (relig.) reforma; **counter** —, contrarreforma; enmienda.

reformer [ri-foo'mə] n. reformador.

refrain [ri-freyn'] n. refrán; (song. poem) estribillo; va. contener, reprimir; vn. abstenerse, guardarse, reportarse.

refresh [ri-fresh'] va. refrescar; aliviar; vr. cobrar nuevas fuerzas.

refreshing [ri-fre'shing] adj. refrescante.

refreshment [ri-fresh'mənt] n. refresco; — **room,** cantina.

refrigerator [ri-fri'dyə-rey-tə] n. nevera; — **ship, car,** etc., frigorífico.

refuge [re'fludy] n. refugio, puerto, amparo, abrigo, (mountain) albergue; (relig.) retiro, asilo; **to take** —, refugiarse, acogerse.

refugee [re-fiu'dyi'] *n.* refugiado, expatriado.

refund [ri-fəənd'] *va.* reembolsar, restituir.

refusal [ri-fiu'səl] *n.* repulsa, negativa, negación, desaire; opción.

refuse [*n.* re'fius; *vb.* ri-fius'] *n.* desecho, desperdicio; inmundicia, basura; *va.* negarse (a); renunciar a, rehusar, resistirse; *vr.* privarse.

refute [ri-fiut'] *va.* refutar, impugnar, rebatir.

regal [ri'gəl] *adj.* real, regio.

regale [ri-geyl'] *va.* regalar, festejar, agasajar.

regalia [ri-gey'lyə] *n.* galas; insignias reales.

regard [ri-gaad'] *n.* miramientq, consideración, respeto; aprecio, estimación; observancia; **to have — for**, considerar; *pl.* recuerdos, respetos; **as —s**, bajo el aspecto; **with, in — to**, con relación a, con respecto a, por lo que; *va.* estimar, respetar; observar, considerar; **— as**, mirar como; **— as privilege**, honrarse de.

regardless [ri-gaad'les] *adj.* negligente, sin miramientos; *adv.* a troche y moche, prescindiendo de.

regenerate [ri-dye'nə-reyt] *adj.* regnerado; *va.* regenerar.

regent [ri'dyənt] *n.* regente.

regicide [re'dyi-sayd] *n.* regicidio.

regime [re-syiim'] *n.* régimen, sistema; orden, dieta.

regiment [re'dyi-mənt] *n.* regimiento; tercio.

region [rii'dyən] *n.* región; territorio; comarca, provincia; **in the — of**, alrededor de.

register [re'dyis-tə] *n.* registro, inscripción, *(church)* becerro; *va.* inscribir, registrar; *(letters, luggage, etc.)* certificar, facturar; recomendar; *(as student)* matricular.

registration [re-dyis-trey'shən] *n.* registro, inscripción; *(letters)* certificación.

registry [re'dyis-tri] *n.* registro, asiento; *(naut.)* matrícula.

regnancy [rek'nan-si] *n.* reino, reinado, predominio.

regret [ri-gret'] *n.* pesar, sentimiento; remordimiento; *va.* sentir (pena), lamentar.

regretful [ri-gret'ful] *adj.* pesaroso; **to be —**, sentir mucho.

regular [re'giu-lə] *adj.* regular, ordinario, uniforme; *(attender, etc.)* asiduo, metódico.

regularity [re-giu-la'ri-ti] *n.* regularidad, orden.

regulate [re'giu-leyt] *va.* reglamentar, ordenar, gobernar, ajustar, reglar, regular; *(price)* tasar.

regulation [re-giu-ley'shən] *adj.* de reglamento, de rigor; *n.* reglamento, arreglo.

rehearsal [ri-jəə'səl] *n.* ensayo; recitación; **dress —**, ensayo general.

rehearse [ri-jəəs'] *va.* ensayar, repasar, recitar.

reign [reyn] *n.* reinado; *vn.* reinar; prevalecer.

reimburse [ri-im-bəəs'] *va.* reembolsar.

rein [reyn] *n.* rienda, freno; **to give free — to**, dar rienda suelta a.

reinforce [ri-in-foos'] *va.* reforzar; estrechar.

reinforced [ri-in-foosd'] *adj.* reforzado; **— concrete**, hormigón armado.

reinforcement [ri-in-foos'mənt] *n.* contrafuerte.

reinstate [ri-in-steyt'] *va.* restablecer, rehabilitar.

reiterate [ri-i'tə-reyt] *va.* reiterar, reduplicar.

reject [ri-dyekt'] *va.* rechazar, desechar, renunciar a, descartar.

rejection [ri-dyek'shən] *n.* repulsa, repudiación, exclusión, desestimación.

rejoice [ri-dyoys'] *va.* & *n.* regocijar(se), alegrar(se).

rejoicing [ri-dyoy'sing] *n.* regocijo, fiesta, júbilo.

rejoin [ri-dyoin'] *va.* & *n.* reunirse con, volver a juntarse con; replicar

rejoinder [ri-dyoin'də] *n.* réplica, respuesta.

257 rem

rejuvenate [ri-dyu'və-neyt] rejuvenecer, remozar.
relapse [ri-laps'] *n.* recaída; *vn.* recaer, reincidir.
relate [ri-leyt'] *va.* referir; *(story)* narrar, contar; relatar; *vn.* relacionarse con, referirse, emparentar con.
related [ri-ley'təd] *adj.* — to, pariente de; — by blood, consanguíneo; **afine,** relacionado con.
relating [ri-ley'ting] *adj.* — to, concerniente, referente a.
relation [ri-ley'shən] *n. (family)* pariente; *(connection)* trato, comunicación; respecto, relación; *(story)* relato; near —, distant —, cercano, lejano.
relationship [ri-ley'shən-ship] *n.* parentesco; trato, intimidad.
relative [re'lə-tiv] *adj.* relativo; *n.* pariente.
relax [ri-laks'] *va. (rules)* relajár; *(cord)* aflojar; *vn.* relajarse, aflojarse, ceder.
relaxation [ri-lak-sey'shən] *n.* relajación; aflojamiento; *(ease)* recreo, descanso, solaz.
relay [ri-lei'] *n.* parada, posta, suelta, tanda.
release [ri-liis'] *n.* escape; *(from restriction)* soltura, libertad; *va.* libertar, absolver, soltar; *(pressure)* desapretar; *(gas)* desprender; *(tension)* aflojar.
relent [ri-lent'] *vn.* ablandarse, enternecerse; cejar.
relentless [ri-lent'les] *adj.* inexorable, implacable, rencoroso; encarnizado.
relevant [re'le-vənt] *adj.* pertinente, a propósito.
reliable [ri-lay'ə-bəl] *adj.* digno de confianza, de fiar; serio; puntual; de buena ley; fidedigno; he is —, es de fiar. [za.
reliance [ri-lay'əns] *n.* confian-
relic [re'lik] *n.* resto, vestigio, rastro; *(holy)* reliquia.
relief [ri-liif'] *n. (aid)* socorro, alivio, consuelo; *(mil.)* relevo; **public** —, auxilio social; **to throw into high** —, hacer resaltar; *(paint.)* relieve, realce.
relieve [ri-liiv'] *va. (mil.)* rele-

var; *(pain)* aliviar; *(need)* socorrer; aligerar.
religion [ri-li'dyən] *n.* religión.
religious [ri-li'dyəs] *adj.* religioso, devoto, concienzudo; — house, convento; *n.* monje.
relinquish [ri-lin'kuish] *va.* abandonar, ceder, renunciar, desistir de.
relish [re'lish] *n.* sabor; fruición, goce; *va.* saborear; gustar de, relamerse, saber bien, ser sabroso.
reluctance [ri-lək'təns] *n.* repugnancia, renuencia, desgana; with —, de mala gana, con reservas, a su pesar.
reluctant [ri-lək'tənt] *adj.* recalcitrante; reacio, maldispuesto; to be —, tener pocas ganas, estar poco dispuesto.
reluctanly [ri-lək'tənt-li] *adv.* de mala gana, a conpelo, a regañadientes, a su pesar.
rely [ri-lay'] *vn.* — on, descansar en, contar con, (con)fiar de.
remain [ri-meyn'] *n. pl. (human)* restos; *(civilisation, etc.)* vestigios; *(food)* sobras; *(bits)* desperdicios; cadáver; ruinas; *vn.* permanecer, quedar, quedarse.
remainder [ri-meyn'də] *n.* resto, residuo; restante, *(arith.)* remanente.
remake [ri-meyk'] *va.* rehacer.
remark [ri-maak,] *n.* observación; *pl.* comentario; **pointed** —, animadversión, reparo; *va. & n.* observar, notar; — (unfavourably) on, poner reparos en, hacer notar.
remarkable [ri-maa'kə-bəl] *adj.* notable, considerable; insigne; marcado.
remedy [re'mə-di] *n.* remedio; cura, medicamento; *va.* remediar, sanar; reparar.
remember [ri-mem'bə] *va.* acordarse de, recordar; hacer memoria, tener presente; — me to her, déle Vd. recuerdos míos.
remembrance [ri-mem'brəns] *n.* recuerdo, conmemoración, memoria.

remind [ri-maynd'] *va.* recordar, avisar, hacer presente.

reminder [ri-mayn'də] *n.* advertencia, aviso.

remise [re-miz'] *v.* *(dro.)* entregar, traspasar.

remiss [ri-mis'] *adj.* remiso, negligente, omiso, descuidado.

remit [ri-mit'] *va.* remitir, perdonar; enviar; *(money)* girar.

remnant [rem'nənt] *n.* resto, residuo; *(cloth)* retal, retazo; *pl.* *(food)* bazofia.

remonstrate [re'mən-streyt] *va.* protestar; objetar, poner reparos, reconvenir.

remorse [ri-moos'] *n.* remordimiento; **to feel —,** compungirse.

remorseful [ri-moos'ful] *adj.* arrepentido compungido.

remorseless [ri-moos'ləs] *adj.* implacable, despiadado.

remote [ri-mout'] *adj.* remoto, ajeno, lejano, apartado; leve.

removal [ri-mu'vəl] *n.* eliminación, separación; transporte; *(esp. household)* mudanza; *(roots, etc.)* extirpación; apartamiento.

remove [ri-muv'] *va.* quitar, trasladar; *(business)* trasladar; *(need)* obviar; sacar, apartar, extraer, substraer; *vn.* *(house)* mudarse; alejarse.

remuneration [ri-miu-nə-rey'shən] *n.* remuneración; recompensa.

renaissance [rə-ne'səns] *n.* renacimiento.

rend [rend] *va.* desgarrar, hender; *(cloth)* rasgar; *(split)* rajar; lacerar.

render [ren'də] *va.* rendir, lacerar, devolver; *(aid)* prestar; traducir; verter; hacer.

rendez-vous [rən'de-vu] *n.* cita, compromiso, punto de reunión.

renew [ri-niu'] *va.* renovar; *(contact)* reanudar.

renewal [ri-niu'əl] *n.* renovación, prolongación, renuevo, reanudación.

renounce [ri-nauns'] *va.* renunciar a, abnegarse, abjurar.

renovate [re'no-veyt] *va.* renovar, rehacer.

renown [ri-naun'] *n.* (re)nombre, fama, gloria, nombradía.

renowned [ri-naund'] *adj.* inclito, renombrado.

rent [rent] *n.* *(cloth, etc.)* desgarradura, raja, desgarrón; *(payment)* renta, alquiler; *va.* alquilar, arrendar, rentar.

renting [ren'ting] *n.* arrendamiento.

reorganise [ri-oo'gə-nays] *va.* reorganizar.

repair [ri-pe'ə] *n.* reparación; restauración; *(shoe)* remiendo; *va.* rehabilitar, reparar; remendar, arreglar; *(losses, etc.)* subsanar; *vn.* encaminarse, recorrer (a).

reparation [re-pə-rey'shən] *n.* reparación, satisfacción.

repartee [re-paa-ti'] *n.* réplica, agudeza, ocurrencia.

repay [ri-pey'] *va.* reembolsar, pagar, reintegrar.

repayment [ri-pey'mənt] *n.* reembolso.

repeal [ri-piil'] *n.* revocación,, abrogación; *va.* revocar, abrogar, alzar.

repeat [ri-piit'] *va.* repetir; decorar; repasar.

repeatedly [ri-pii'təd-li] *adv.* con empeño, repetidamente.

repel [ri-pel'] *va.* repeler, rechazar.

repellent [ri-pe'lənt] *adj.* repugnante, repelente; repulsivo.

repent [ri-pent'] *vn.* arrepentirse, dolerse (de).

repentance [ri-pen'təns] *n.* arrepentimiento.

repentant [ri-pen'tənt] *adj.* arrepentido, penitente.

reperuse [ri-pi-ruz'] *v.* releer.

repetition [re-pe-ti'shən] *n.* repetición, vuelta; insistencia.

repetitious [re-pe-ti'shəs] *adj.* prolijo.

replace [ri-pleys'] *va.* reemplazar; reponer. [colmar.

replenish [ri-ple'nish] *va.* llenar,

replete [ri-pliit'] *adj.* repleto, lleno, preñado, harto.

reply [ri-play'] *n.* respuesta, réplica; *va. & n.* contestar, replicar, responder.

report [ri-poot'] *n.* informe, relación, rumor, voz; *(mil.)* parte; *(of meeting, etc.)* memoria; *(newspaper)* crónica; *(gunshot, etc.)* estampido, cañonazo, estallido; reputación; *va. & n.* referir, informar, divulgar, manifestar; dar parte de, denunciar; **it is reported**, corre la voz, se dice.

reporter [ri-poo'tə] *n. (newspaper)* redactor; cronista, reportero.

repose [ri-pous] *n.* reposo; *va. & n.* — **upon**, descansar sobre; *vr.* reclinarse.

reprehend [re-pri-jend'] *va.* reprender, reñir, increpar, censurar.

represent [re-pre-sent'] *va.* representar, significar, figurarse, suponer.

representation [re-pre-sen-tey'-shən] *n.* representación; *(theat.)* función.

representative [re-pre-sen'tə-tiv] *adj.* típico, representativo; *n.* representante, portavoz, delegado, encargado.

repress [ri-pres'] *va.* reprimir, comprimir; *(smile)* contener, sofocar.

repression [ri-pre'shən] *n.* represión.

reprieve [ri-priiv'] *n.* aplazamiento, indulto, suspensión; *va.* indultar, aliviar.

reprimand [re'pri-maand] *n.* regaño, censura, reprensión; *va.* reprender, reñir, regañar.

reprint [ri-print'] *n.* reimpresión; *va.* reimprimir.

reprisal [ri-pray'səl] *n.* represalia.

reproach [ri-prouch'] *n.* reproche, reconvención; baldón, *va.* reprochar, increpar, zaherir, dar en cara.   [producir.

reproduce [re-pro-dius'] *va.* re

reproduction [re-pro-dək'shən] *n.* reproducción; copia; *(exact)* traslado.

reproof [ri-pruf'] *n.* reproche; reprimenda.

reprove [ri-pruv'] *va.* reprender; reprobar, censurar, refregar, reñir.

reptile [rep'tayl] *n.* reptil.

repudiate [ri-piu'dieyt] *va.* repudiar, rechazar, desechar.

repugnance [ri-pəg'nəns] *n.* repugnancia, desgana, aversión.

repugnant [ri-pəg'nənt] *adj.* repugnante, antipático, opuesto, incompatible; **to be —**, repugnar.

repulse [ri-pəls] *n.* repulsa, rechazo; *va.* rechazar, repulsar, repeler.

repulsive [ri-pəl'siv] *adj.* repugnante; *(smell)* hediondo.

reputable [re'piu-tə-bəl] *adj.* honrado, honroso; estimable.

reputation [re-piu-tey'shən] *n.* reputación, fama, prestigio, nombre, honor, honra.

repute [ri-piut'] *n.* reputación, estimación; **of ill —**, de mala fama; *va.* reputar, tener por.

reputed [ri-piu'təd] *adj.* supuesto, putativo; **to be —**, pasar por, tener fama de.

request [ri-kuest'] *n.* demanda, solicitud, súplica, mandado; **— stop**, parada discrecional; *va.* demandar, solicitar, pedir, suplicar.

require [ri-kua'ə] *va.* requerir, pedir, exigir, solicitar.

requirement [ri-kua'ə-mənt] *n.* formalidad; requisito, exigencia.

requisite [re'kui-sit] *adj.* necesario, indispensable; preciso; *n.* requisito, formalidad. ,

requite [ri-kuayt'] *va.* premiar, pagar; desquitarse.

resale [ri-seil'] *n.* reventa.

rescind [re-sind'] *va.* anular, abrogar.

rescue [res'kiu] *n.* rescate, salvamento, socorro; *va.* rescatar, salvar, libertar.

rescuer [res'kiu-ə] *n.* libertador, salvador.

research [ri-səəch'] *n.* investigación, indagación; *va.* investigar.

resemblance [ri-sem'bləns] *n.* semejanza, parecido, imagen, similitud, afinidad, traslado, analogía.

resemble [ri-sem'bəl] *va.* semejar, parecerse a, salir a.

resent [ri-sent'] *va.* **I — his re-**

res   260

mark, me (hiere, molesta), su observación; ofenderse por.

resentful [ri-sent'ful] *adj.* resentido, ofendido.

resentment [ri-sent'mənt] *n.* resentimiento.

reservation [re-səə-vey'shən] *n.* reserva, restricción; *(mental)* salvedad.

reserve [ri-səəv'] *n.* reserva; *va.* reservar, *(seat)* guardar, retener.

reserved [ri-səəvd'] *adj. (seat)* de preferencia; *(character)* reservado, cerrado, taciturno; sigiloso, circunspecto.

reservoir [re'səə-vuaa] *n.* depósito, surtidero, pantano, alcubilla.

reside [ri-sayd'] *vn.* residir, habitar, morar.

residence [re'si-dəns] *n.* residencia, domicilio, vivienda, morada.

resident [re'si-dənt] *adj.* residente; *n.* habitante, inquilino, vecino.

residue [re'si-diu] *n.* residuo, superávit, remanente.

resign [ri-sayn'] *va.* renunciar, ceder; *(post)* dimitir; *vn.* darse de baja; —oneself, conformarse, resignarse.

resignation [re-sig-ney'shən] *r (of mind)* resignación; *(of post)* dimisión, renuncia.

resilient [ri-si'liənt] *adj.* elástico, resaltante.

resist [ri-sist'] *va.* resistir, oponerse a, soportar; sufrir.

resistance [ri-sis'təns] *n.* resistencia, oposición.

resolute [re'so-liut] *adj.* resuelto, resoluto, denodado.

resolution [re-so-liu'shən] *n.* resolución, fortaleza, tesón; propósito; *(of meetings)* acuerdo, solución.

resolve [ri-solv'] *n.* determinación; *va. & n.* resolver(se), decidir(se), tomar un acuerdo, aprobar; dar solución a.

resolved [ri-solvd'] *adj.* resuelto; it is —, queda acordado.

resonant [re'so-nənt] *adj.* resonante, retumbante, sonoro, hueco.

resort [ri-soot'] *n.* concurso; sitio; recurso, medio; holiday—, lugar de veraneo; *va.* acudir, concurrir; —to, acudir a, tener recurso a, recurrir a, echar mano de.

resound [ri-saund'] *va.* repercutir; *vn.* resonar, formar eco.

resounding [ri-saun'ding] *adj.* sonoro; famoso, celebrado.

resource [ri-sou'əs] *n.* recurso, expediente; inventiva, ingenio; pl. recursos, medios.

respect [ri-spekt'] *n.* respecto, respeto; out of — for, en obsequio de, en consideración de; due —, consideración; to treat with —, considerar; *va.* respetar, acatar, guardar.

respectable [ri-spek'tə-bəl] *adj.* respetable, honrado, decente.

respected [ri-spek'təd] *adj.* considerado.   [respetuoso.

respectful [ri-spekt'ful] *adj.*

respecting [ri-spek'ting] *adj.* tocante a, en cuanto a.

respiration [res-pi-rey'shən] *n.* respiración, aliento.

respite [res'payt] *n.* tregua, plazo; respiro.

resplendence [ri-splen'dəns] *n.* brillo, resplandor.

resplendent [ri-splen'dənt] *adj.* resplandeciente, flamante, refulgente.

respond [ri-spond'] *vn.* (cor)-responder; *(to request)* obedecer; *(in words)* replicar.

response [ri-spons'] *n.* respuesta, réplica; *(welcome)* acogida; —s. *(relig.)* responso.

responsibility [res-pon-si-bi'li-ti] *n.* responsabilidad, carga, preocupación, fideicomiso; to take —, cargar (de), hacerse cargo (de), encargarse de.

responsible [ri-spon'sə-bəl] *adj.* responsable; cumplidor; —person, encargado; to be — for, cargar con.

rest [rest] *n.* reposo; descanso; *(remainder)* residuo; at —, reposado; . resto; *(moment of)* alto, parada; *(support)* apoyo, base; *(others)* los demás; *vn.* reposar, holgar, descansar; apoyarse; —upon, estribar so-

261
ret

bre; — on, residir en; to set at —, tranquilizar.
restart [ris-tart'] v. marchar de nuevo, volver a poner en marcha. [da, restaurante.
restaurant [res'tə-roont] n. fonda, restaurante.
restful [rest'ful] adj. sosegado, tranquilo, descansado.
restive [res'tiv] adj. alborotadizo, inquieto, nervioso.
restless [rest'ləs] adj. inquieto, andariego; desasosegado, revoltoso, revuelto; —night, noche toledana.
restlessness [rest'ləs-nes] n. inquietud, desazón, turbulencia, desvelo.
restoration [res-to-rey'shən] n. restauración, devolución.
restore [ri-stoo'] va. restaurar, restituir, devolver, reintegrar; (spirits) reanimar; to be restored, rehacerse.
restrain [ri-streyn'] va. refrenar, moderar, contener, coartar, comprimir.
restrained [ri-streynd'] adj. to be —, templarse; (in speech) comedirse.
restraint [ri-streynt'] n. restricción, dominio de sí mismo, sobriedad, moderación.
restrict [ri-strikt'] va. restringir, contener, ceñir(se) a.
restricted [ri-strik'təd] adj. limitado, reducido; — to, peculiar de, privativo.
restriction [ri-strik'shən] n. restricción, limitación; cortapisa.
result [ri-səlt'] n. resultado; fruto, éxito, secuela, consiguiente; —s, fruto; as a —, por consiguiente; vn. resultar; — in, montar a; parar en.
resume [ri-sium'] va. volver a empezar; reanudar, resumir.
resurrect [re-sə-rekt'] va. resucitar.
retail [n. ri'teyl; vb. ri-teyl'] n. al por menor; va. revender; vender al por menor.
retain [ri-teyn'] va. retener, guardar, quedarse con, conservar; (lawyer) ajustar.
retainer [ri-tey'nə] n. deudo; partidario; dependiente.

retaliate [ri-ta'liet] vn. tomar represalias, desquitarse.
retaliation [ri-ta-liey'shən] n. represalia, desquite, venganza, talión, desagravio. [demorar.
retard [ri-taad'] va. retardar,
retell [ri-tel'] v. repetir, redecir, volver a decir.
retention [ri-ten'shən] n. retención, conservación; retentiva. [cia, reserva.
reticence [re'ti-səns] n. reticencia.
retina [re'ti-nə] n. retina.
retinue [re'ti-niu] n. séquito, comitiva.
retire [ri-tay'ə] va. recoger, retirar; vn. retirarse, recogerse; (from post) jubilarse.
retired [ri-tay'əd] adj. (place) recogido, apartado; (person) jubilado; — officer, retirado, —civil servant, cesante.
retirement [ri-tay'ə-mənt] n. retiro, reclusión; (from career) jubilación; (mil.) retirada.
retiring [ri-tay'ə-ring] adj. retirado, modesto, retraído, recatado.
retort [ri-toot'] n. réplica; (chem.) retorta; va. & n. redargüir, replicar.
retrace [ri-treys'] va. (lines) volver a trazar; (steps) volver sobre sus pasos, desandar; relatar.
retract [ri-trakt'] va. & n. volver atrás, cantar la palinodia, desmentirse, retractar(se), encoger.
retreat [ri-triit'] n. retirada; (bugle call) retreta; (relig.) retiro, clausura; encierro, refugio; vn. retirarse; (mil.) batirse en retirada; retroceder; retraerse, refugiarse.
retrenchment [ri-trensh'mənt] n. atrincheramiento; reducción; economías.
retribution [re-tri-biu'shən] n. retribución, justo castigo.
retrieve [ri-triiv'] va. recobrar, recuperar; (hunt) cobrar.
retrograde [re'tro-greyd] adj. retrógrado; vn. retroceder.
retrogression [re-tro-gré'shən] n. retroceso.

return [ri-təən'] *n.* vuelta, regreso, llegada; *(for effort, etc.)* recompensa, paga; *(election)* acta; *(ticket)* de ida y vuelta; *(of goods, etc.)* restitución; *(on investment)* renta; *(for insult)* desagravio; *(mil.)* relación; *(tax)* rendimiento; *(to view)* reaparición; *(a form)* hoja, blanco; censo; **by — of post,** a vuelta de correo; *va.* *(thing lent, etc.)* devolver; pagar; remitir; corresponder; rendir; *vn.* volver, regresar; reaparecer; *(speech)* responder. [tertulia.

reunion [ri-yu'niən] *n.* reunión;

reunite [ri-yu-nayt'] *va. & n.* reunir(se), reconciliarse.

reveal [ri-viil'] *va.* revelar, patentizar, propalar, manifestar, hacer patente.

revel [re'vəl] *n.* orgía; *vn.* regocijarse; entregarse a (la alegría).

revelation [re-və-ley'shən] *n.* revelación; apocalipsis.

revenge [ri-vendy'] *n.* venganza; desagravio, desquite; *va.* vengarse, desquitarse.

revengeful [ri-vendy'ful] *adj.* vengativo.

revengefulness [ri-vendy'fulnes] *n.* encono.

revenue [re'və-niu] *n.* renta(s), rédito, ingreso(s), entrada; **— police,** carabinero(s).

reverberate [ri-vəə'bə-reyt] *va. & n.* reverberar; retumbar; resonar. [honrar, acatar.

revere [ri-vi'ə] *va.* reverenciar,

revered [ri-vi'əd] *adj.* honorable, venerado.

reverence [re'və-rəns] *n.* reverencia, veneración; acatamiento; *va.* honrar, reverenciar, venerar.

reverend [re'və-rənd] *adj.* reverendo.

reverent [re'və-rənt] *adj.* reverente, piadoso.

reverie [re'və-ri] *n.* ensueño; meditación, arrobamiento.

reverse [ri-vəəs'] *n.* *(upset)* revés, contrariedad, mudanza, trastorno; *(of paper)* dorso, reverso; **the —,** lo contrario, lo

opuesto; *va.* trastrocar, invertir, revocar, volcar.

reversible [ri-vəə'sə-bəl] *adj.* revocable; de dos caras.

review [ri-viu'] *n.* revista, examen; *(lit.)* reseña; *va.* inspeccionar, repasar; *(mil.)* revistar; *(book)* reseña.

revile [ri-vay'] *va.* injuriar, ultrajar, denigrar, denostar.

revise [ri-vays'] *va.* revisar, corregir, rever; *(studies)* repasar; *(play)* refundir.

revision [ri-vi'syən] *n.* revisión, repaso.

revival [ri-vay'vəl] *n.* renacimiento, restauración, renovación; *(theat.)* reposición.

revive [ri-vayv'] *va.* reanimar, resucitar, avivar, rehacer; *vn.* *(hopes)* reverdecer; regenerar, despertar; *(from faint)* volver en sí.

revivify [ri-vi'vi-fai] *v.* revivificar, hacer revivir; *v.* restablecerse, reanimarse, revivir.

revoke [ri-vouk'] *va.* revocar, *(cards)* renunciar.

revolt [ri-voult'] *n.* rebelión, revuelta, levantamiento, pronunciamiento; *vn.* pronunciarse, rebelarse, levantarse, amotinarse, sublevar.

revolting [ri-voul'ting] *adj.* espeluznante, asqueroso; **to be —,** dar asco.

revolution [re-vo-liu'shən] *n.* revolución; *(mech.)* vuelta, giro.

revolutionise [re-vo-liu'shənays] *va.* revolucionar, trastornar.

revolve [ri-volv'] *va. & n.* dar vueltas; girar, revolver; depender de.

revolver [ri-vol'və] *n.* revólver.

revulsion [ri-vəl'shən] *n.* repugnancia; reacción.

reward [ri-wood'] *n,* recompensa; gratificación; premio, galardón; *va.* recompensar, remunerar, premiar.

rhetorical [re-to'rikəl] *adj* retórico. [reumatismo.

rheumatism [riu'mə-ti-səm] *n.*

rhyme [raym] *n.* rima, poesía, versos; **without — or reason,** sin ton ni son, a troche y moche, a tontas y a locas; *va.* & *n.* rimar.

rhythm [ri'ż∂m] *n.* ritmo, medida.

rhythmical [riż'mi-k∂l] *adj.* rítmico, numeroso.

rib [rib] *n.* costilla; *(vaulting)* nervadura; *(beam)* viga; *(umbrella)* varilla.

ribald [ri'boold] *adj.* soez(impúdico, obsceno, bajo.

ribbon [ri'b∂n] *n.* cinta, filete; *(narrow silk)* colonia.

rice [rays] *n.* arroz; — field, arrozal.

rich [rich] *adj.* rico, opulento; *(stuff)* precioso, suntuoso, exquisito; *(earth)* fértil; *(in possibilities)* pudiente; *(profits, etc.)* pingüe; *(food)* suculento; empalagoso; copioso; **to grow** —, enriquecerse.

riches [ri'ch∂s] *n. pl.* riqueza, opulencia, caudales.

richness [rich'n∂s] *n. (soil)* fertilidad; primor, suntuosidad; sabor.

rick [ric] *n.* niara, fajina, hacina, morena, balaguero, mogote.

rickety [ri'k∂-ti] *adj.* desvencijado; destartalado; *(med.)* raquítico; **to be** —, *(furniture, etc.)* cojear.

rid [rid] *va.* desembarazar, librar; **to get — of,** desembarazarse de, zafarse de, quitarse de encima.

riddle [ri'd∂l] *n.* adivinanza, logogrifo; enigma; *(or sifting)* tamiz, criba; *va. (with bullets, etc.)* acribillar, cribar.

ride [rayd] *n.* paseo a caballo; **to take for a** —, pasear; *va.* montar; *(waves)* surcar; *vn.* montar, ir a caballo, cabalgar; — *(horse to death)* reventar; — **down,** atropellar, pisotear; —**rough-shod over,** imponerse, atropellar.

rider [ray'd∂] *n.* caballero, jinete; adición.

ridge [ridy] *n.* lomo; cerro, cresta; **mountain** —, sierra, serranía; *(along mountain-top)* ceja; *(roof)* caballete.

ridicule [ri'di-kiul] *n.* ridículo;

burla, ridiculez; *va.* ridiculizar, mofarse de, rechiflar.

ridiculous [ri-di'kiu-l∂s] *adj.* grotesco; ridículo; — **pretensions,** cursilería; — **person,** adefesio.

riding [ray'ding] *n.* equitación; — **boot,** bota de montar;**to go** —, ir montado, pasear a caballo.

rife [rayf] *adj.* frecuente, endémico, reinante; **to be** —, reinar, privar, cundir.

rifle [ray'f∂l] *n.* fusil; *va.* pillar, robar; rayar, estriar.

rift [rift] *n.* hendedura, grieta, rendija.

rigging [ri'ging] *n.* agujero, cordaje, jarcia.

right [rayt] *adj. (corret)* correcto, justo, exacto; *(just)* sincero, razonable; *(proper)* indicado, conveniente; *(true)* verdadero, genuino, legítimo; *(straight)* derecho, honrado; *(sane)* cuerdo; **angle,** ángulo recto; —**side,** lado derecho, *(of cloth)* haz; **all** —, conforme, bueno, bien; *adv.* bien, exacto, en derechura; — **or wrong,** a tuerto o a derecho, con razón o sin ella; **just** —, acertado; *(of food)* en su punto; *n.* derecho; justicia; rectitud, dominio; título; autoridad; privilegio; **by** —, de derecho; **to the** —, a la derecha; **to put to** —**s,** arreglar, reconciliar; *va.* enderezar, hacer justicia; ajustar; **to**—**a wrong,** corregir un abuso; *excl.* de acuerdo, muy bien.

righteous [ray'ch∂s] *adj.* justo, equitativo, honrado, probo.

rightful [rayt'ful] *adj.* legítimo, justo.

rightly [rayt'li] *adv.* bien; —**or wrongly,** a tuertas o a derechas, por fas o por nefas.

rigid [ri-dyid] *adj.* rígido, tieso; *(custom, etc.)* austero, estricto.

rigour [ri'g∂] *n.* rigor; *(weather)* inclemencia; dureza; exactitud; tesón.

rim [rim] *n.* canto; *(of cup)* borde, margen.

rind [raynd] *n.* peladura; corteza; *(apple)* piel; *(orange)* cáscara.

ring [ring] *n. (finger), (jewels)* sortija, *(plain)* anillo; *(larger)* aro, argolla; *(hair)* rizo; *(sport)* circo, arena; *(boxing, bullfight)* plaza, ruedo; *(circle)* círculo; *(of mountains)* cerco; *(under eyes)* ojera; *(of people)* corro; camarilla; *(on door)* llamada; *(bells)* tañido, repique; *va.* cercar; *(bells)* tañer, repicar; *(bell)* tocar; *vn.* sonar, resonar; *(in ears)* zumbar; *(telephone)* llamar.

ringing [ring'ing] *n. (bells)* toque; *(in ears)* zumbido.

ringlet [ring'let] *n.* rizo, bucle, tirabuzón, sortija.

rinse [rins] *va.* enjuagar.

riot [ray'ət] *n.* motín, asonada, bullanga, alboroto; bullicio; *vn.* alborotar(se), amotinarse.

rioter [ray'ə-tə] *n.* amotinador; alborotador.

riotous [ray'ə-təs] *adj.* faccioso; libertino; bullicioso.

rip [rip] *n.* rasgadura; descosido; *va.* rasgar, desgarrar; descoser, arrancar.

ripe [rayp] *adj.* maduro; —**for picking,** cogedero.

ripen [ray'pən] *va. & n.* madurar.

ripeness [raip'nes] *n.* madurez.

ripple [ri'pəl] *n.* onda; rizo; murmullo; *vn.* encresparse, cabrillear, rizarse.

rise [rays] *n. (slope)* cuesta, subida, elevación, altura; *(promotion)* ascenso; *(price)* aumento; *(source)* fuente, origen, principio; *(sun)* salida; **to give — to,** motivar, ocasionar; *vn.* subir, ponerse (en) (de) pie, levantarse; *(begin)* nacer; suscitarse, surgir; *(revolt)* alzarse, sublevarse; *(in rank)* ascender, medrar; *(swelling)* hincharse; *(in price)* subir; *(with the lark)* madrugar; **above,** sobreponerse a; **— to,** estar a la altura de.

rising [ray'sing] *n. (sun)* salida, orto; levantamiento.

risk [risk] *n,* riesgo, peligro;

without —, a mansalva; *va.* arriesgar, exponer(se a).

risky [ris'ki] *adj.* aventurado, temerario. [exequias.

rite [rayt] *n.* rito; **funeral —s,**

ritual [ri'tiu-əl] *adj. & n.* ritual.

rivage [rai'vidy] *n.* costa, orilla, playa.

rival [ray'vəl] *n.* rival; contrincante, competidor; *va.* rivalizar (con), competir, emular.

rivalry [ray'vəl-ri] *n.* rivalidad, pugna; **to be in —,** pugnar.

river [ri'və] *adj.* fluvial; *n.* río; **up, down —,** río arriba, abajo.

rivulet [ri'viu-let] *n.* arroyo, riachuelo.

road [roud] *n.* camino, vía, ruta; *(main)* carretera; *(in town)* calle; *(for vehicles)* calzada; *(side)* camino vecinal; *(way)* paso, curso; *pl. (naut.)* rada, ensenada; **by —,** atajo, trocha; **cross —,** encrucijada; **—house,** parador; **no —,** paso prohibido; **—side,** orilla, borde del camino.

roam [roum] *vn.* vagar, andar al caso, errar; **— the streets,** callejear.

roar [ro'ə] *n.* rugido, bramido; estruendo; gritería; *vn.* rugir, bramar.

roaring [ro'ə-ring] *n. (animals, elements)* bramido.

roast [roust] *adj. & n.* asado; guiso; *va.* asar, tostar. [tar.

rob [rob] *va.* robar, hurtar, qui-

robber [ro'bə] *n. (town)* ladrón; *(country)* bandido.

robbery [ro'bə-ri] *n.* robo, hurto; latrocinio.

robe [roub] *n.* manto, vestido; vestidura; *(judge)* toga; **—s,** ropaje, hábito; *(eccles.)* vestimentas; *va. & n.* vestir(se) de gala, de ceremonia.

robin [ro'bin] *n.* petirrojo.

robust [ro-bəst'] *adj.* robusto, vigoroso, recio, fornido.

rock [rok] *n.* roca, peña, peñasco; **to be on the —s,** estar a la cuarta pregunta; *va.* mecer, arrullar; bambolear; balancear.

rocket [ro'ket] *n.* cohete.

rocking [ro'king] *n.* balanceo;

— **chair**, silla mecedora, silla de columpio.

rocky [ro'ki] *adj.* rocalloso, pedregoso; — **place**, roquedal.

rod [rod] *n.* varilla, baqueta; *(fishing)* caña, vara; *(of office)* vara; *(punishment)* férula, disciplinas; *(mech.)* barra.

rodster [rods'tər] *n.* pescador de caña.   [pillo.

rogue [roug] *n.* bribón, pícaro,

roguery [rou'gə-ri] *n.* bribonada, ruindad; travesura, picardía.

roguish [rou'gish] *adj.* pícaro, picaresco, juguetón, travieso.

role [roul] *n.* papel; actuación; **to play a —**, hacer un papel.

roll [roul] *n.* *(bread)* panecillo; *(cylinder)* rollo; rodillo; *(turn)* vuelta; *(of names)* lista; *(for promotion)* escalafón; *(of lint)* mecha; *(of drum)* redoble; *(thunder)* retumbo; *(movement)* balanceo; *va.* *(cigarettes)* liar; *(eyes)* entornar, poner en blanco; *(on tongue)* saborear; *(tongue)* vibrar; — **around, above, back**, arrollar; — **up**, arrollar, envolver; —**up sleeves**, arremangarse; — **out**, desenrollar; *vn.* rodar; girar; dar vueltas; envolverse; *(waves)* rodar; *(drum)* redoblar; — **about (in)**, revolcarse.

rolling [rou'ling] *n.* rodadura, rodadero, laminación; —**stock**, material móvil.

romance [rou-mans'] *n.* novela, historia, fábula, cuento.

romantic [rou-man'tik] *adj.* romántico; novelesco, pintoresco, sentimental.

roof [ruf] *n.* tejado, techo; *(lofty)* techumbre; *(of vehicle)* impérial; *(of mouth)* cielo, paladar; *(flat)* azotea; *(fig.)* techo, hogar; **he hasn't a — to his head**, no tiene sobre qué caerse muerto; *va.* techar.

rook [ruk] *n.* grajo; *(chess)* torre, roque.

room [rum] *n.* cuarto, habitación, pieza; sala; *(large)* aposento, cámara; *(space)* sitio, espacio, cabida; *(cause)* motivo, ocasión; *(for complaints, etc.)* margen; **bed —**, habitación, alcoba; **lecture —**, aula; **to make —**, hacer lugar; abrir paso, dar cabida a; **there is —**, cabe(n); — **mate**, compañero de cuarto.

roomy [ru'mi] *adj.* espacioso, amplio, holgado.

root [rut] *n.* raíz, origen, cimiento, base; *va.* & *n.* arraigar, echar raíces; — **out**, extirpar.

rope [roup] *n.* cuerda; soga; *(naut.)* maroma; cable; — **of**, *(pearls, etc.)*, hilo, sarta; **to know the —s**, *(coll.)* conocer el tinglado; *va.* amarrar.

rose [rous] *n.* rosa; — **bush** (tree), rosal; — **window**, rosetón; —**bay**, adelfa; **dog —**, zarzarrosa.

rosemary [rous'mə-ri] *n.* romero.

roster [ros'tər] *n.* lista, rol; orden del día; registro, matrícula, nómina; escalafón.

rosy [rou'si] *adj.* rosado, color de rosa, sonrosado; *(prospect, etc.)* lisonjero.

rot [rot] *n.* podredumbre; disparate; *vn.* pudrir, pudrirse *(or)* podrir.

rote [rout] **to learn by —**, decorar, aprender decoro.

rotate [rou-teyt'] *va.* girar, rodar.

rotten [ro'tən] *adj.* pútrido, podrido, corrompido, carcomido.

rottenness [ro'tən-nes] *n.* corrupción; mezquindad.

rotter [ro'tə] *n.* canalla, granuja.

rotund [ro-tənd'] *adj.* rotundo, redondo.

rouge [rusy] *n.* colorete, arrebol; *vr.* arrebolarse, darse colorete.

rough [rəf] *adj.* *(country)* quebrado, fragoso, desnivelado; *(words)* rudo, duro, agrio, áspero; *(unpolished)* bruto, crudo, grosero, inculto, brusco, tosco; *(weather)* borrascoso, desapacible, tempestuoso; *(indefinite)* aproximado, general, borroso; —**hewn**, — **and ready**, desbastado, de brocha gorda;

—exterior, corteza; *n.* **in the** —, en bruto, sin pulir; — **draft,** boceto, croquis, borrador; *vn.* —**it,** pasar apuros.

roughly [rəf'li] *adv.* a bulto; en números redondos; más o menos; ásperamente.

roughness [rəf'nes] *n.* aspereza, dureza, brusquedad, rudeza, escabrosidad; *(of manner)* desabrimiento, brutalidad, grosería.

round [raund] *adj.* redondo; rollizo; circular, *(statement)* categórico; *(number)* redondo; *(sound)* sonoro; *(dozen, etc.)* cabal, completo, todo un; — **shouldered,** cargado de espaldas; *adv.* alrededor; a la redonda; **to go** — **and round a question,** dar vueltas a la noria; *n.* *(bullets)* descarga, disparo; *(turn)* vuelta, giro; *(dance)* ronda, *(of drinks)* ronda, turno; **to go the** —**s,** rondar, ir de ronda; *va.* doblar; —**off,** dar cima a; —**out,** redondear; — **up,** acorralar.

roundabout [raun'də-baut] *adj.* indirecto; —**phrases,** ambajes, —**way,** rodeo; *n.* tiovivo.

rounded [raun'dəd] *adj.* redondeado; — **off,** rematado.

roundly [raund'li] *adv.* hecho y derecho; duramente.

roundness [raund'nes] *n.* redondez.

rouse [raus] *va.* despertar, animar, excitar, provocar, levantar.

rout [raut] *n.* derrota, rota, asonada; sarao; *va.* derrotar.

route [rut] *n.* ruta, rumbo, vía, derrotero.

routine [ru-tin'] *n.* rutina.

roving [rou-ving] *adj.* ambulante; *(disposition)* andariego; inquieto.

row [rau] *n.* querella, pendencia; bronca, alboroto; *(noise)* barullo, escándalo, estrépito; *vn.* pelearse con.

rowdiness [rau'di-nes] *n.* escándalo.

rowing [rou'ing] *n.* remar; — **boat,** bote, lancha.

royal [roy'əl] *adj.* real, regio, soberano.

royalist [ro'yə-list] *adj.* realista, monárquico.

royalty [ro'yəl-ti] *n.* realeza, soberanía, dignidad real; derechos (de autor).

rub [rəb] *n.* frotamiento, roce; embarazo; *va. & n.* frotar; — **against,** rozar; *(eyes)* restregar; —**out,** borrar; —**up against,** rozarse con; — **shoulders with,** rozarse con; —**the wrong way,** frotar a contrapelo.

rubber [rə'bə] *n.* goma, caucho; borrador; *pl* chanclos.

rubbing [rə'bing] *n.* frote, fricción, roce.

rubbish [rə'bish] *n.* porquería, basura, desperdicio; desatino; disparate.

rubble [rə'bəl] *n.* ripio, cascote; cantos rodados, mampuestos.

ruby [ru'bi] *v.* rubificar, enrojecer; *n.* rubí, carbúnculo, carmín, rojo vivo.

rudder [rə'də] *n.* timón, gobernalle.

ruddy [rə'di] *adj.* rosado; rubicundo; rojizo, encendido.

rude [rud] *adj. (manners)* ofensivo, descortés; *(unpolished)* rudo, basto, grosero, tosco; informal.

rudeness [rud'nəs] *n.* grosería, informalidad; ignorancia; rudeza, incivilidad.

rudiment [ru'di-ment] *n.* —**s,** nociones, elementos.

rudimentary [ru-di-men'tə-ri] *adj.* rudimentario; elemental; embrionario.

rueful [ru'ful] *adj.* lamentable; **to look** —, hacer pucheros.

ruffle [rə'fəl] *n.* golilla; *va. (sew)* fruncir, rizar; arrugar; agitar, descomponer, perturbar.

ruffled [rə'fəld] *adj.* incomodado, desazonado; **to get** —, enojarse, incomodarse.

rug [rəg] *n.* alfombra; alfombrilla; felpo, tapete; **travelling** —, manta.

rugged [rə'gəd] *adj.* escabroso,

escarpado, abrupto; tosco, robusto.

ruggedness [rə'gəd-nes] *n.* tosquedad, escabrosidad, lo escarpado.

ruin [ru'in] *n.* ruina, pérdida, caída, perdición; —s, escombros, ruinas; *va.* arruinar. perder; asolar, destruir, matar; *(taste)* estragar; *(clothes. fun, etc.)* estropear, echar a perder.

ruinous [ru'i-nəs] *adj.* ruinoso, en ruinas, destartelado; funesto.

rule [rul] *n.* mando, dominio, régimen; *(of life)* regla, norma, pauta, precepto; reglamento, estatuto; costumbre; regularidad; as a —, por regla general; *va.* gobernar, regir, mandar; establecer; *(lines)* reglar, trazar rayas; — out, no admitir, desestimar.

ruler [ru'lə] *n.* *(person)* gobernador, potentado, soberano; *(instrument)* regla.

ruling [ru'ling] *n.* regente, imperante; decisión; *(classes)* directoras; *(law)* fallo.

rum [rəm] *n.* ron, aguardiente.

rumble [rem'bəl] *n.* ruido sordo, estruendo; *vn.* retumbar.

rummage [rə'meydy] *va. & n.* revolver (buscando), registrar, escudriñar.

rumour [ru'mə] *n.* rumor; ruido, fábula; decir, hablilla, voz; it is **rumoured,** corre la voz, se dice.

run [rən] *n.* carrera, curso, dirección; *(distance)* recorrido; *(naut.)* singladura; *(repetition)* duración; *(freedom)* libre uso; *(theat.),* *(of luck)* serie; *(of game)* suerte, desarrollo; **chicken** — corral; *(theat.)* **to have a** —, representarse; *(theat.)* mantenerse en el cartel; **in the long** —, a la larga, tarde o temprano; *va.* dirigir, sostener; pasar; *vn.* correr, funcionar, andar; *(liquids)* verter, manar, fluir, gotear; *(risk)* correr; — across, into, topar con, tropezar con; —up against, dar contra, chocar con; —after, seguir, perseguir;

— aground, encallar; — ahead, adelantarse; — away, huir, escaparse, *(of horse)* desbocarse, *(of car)* dispararse; —away with, arrebatar, fugarse con; —counter to, contrariar a, ir en contra; — down, *(health)* quebrantar, *(reputation)* difamar, *(accident)* atropellar, *(by police)* acorralar, *(of watch)* acabarse la cuerda; —into, extenderse; sumar; chocar con; — off, *(liquid)* vaciar(se); repetir; —out, salirse; escurrirse; —out of, acabarse, agotarse; — over, *(accident)* atropellar, *(liquids)* derramarse, *(papers)* repasar, hojear; *(money)* derrochar, disipar, *(person)* espetar, penetrar; —to, acudir a; tender; alcanzar a; sumar; —up, enmendar, incurrir en, *(flag)* izar.

runaway [rə'nə-wey] *adj.* *(horse)* desbocado; *n.* fugitivo; tránsfuga.

running [rə'ning] *adj.* corredor; corredizo; *n.* carrera, marcha; funcionamiento; marcha, servicio; dirección; — aground, varada.

runt [rant] *n.* redrojo, enano. variedad de paloma.

rupture [rəp'chə] *n.* ruptura; quebradura; desavenencia; *(med.)* hernia; *va. & n.* romper; quebrar(se), reventar(se).

rural [ru'ə-rəl] *adj.* rural, campestre, rústico.

ruse [rus] *n.* treta, ardid.

rush [rəsh] *n.* *(bot.)* junco; *(forward)* precipitación, ímpetu; embestida; prisa, apuro; *(crowd)* tropel, agolpamiento; *vn.* arrojarse, precipitarse, lanzarse; apurar; — against, embestir; — at, arremeter; *(of people)* agolparse; *va.* activar, despachar al momento.

Russian [rə'shən] *n. & adj.* ruso.

rust [rəst] *n.* orín, herrumbre, moho; *va. & n.* enmohecerse.

rustic [res'tik] *adj.* rústico, campestre, agreste, aldeano; *n.* patán, labriego, gañán, palurdo, villano.

rustle [rə'səl] *vn. (dry leaves, etc.)* crujir; rechinar; *(leaves in wind)* susurrar, murmurar.
rusty [rəs'ti] *adj.* oxidado, mohoso; *(coll.)* torpe; **to be —, grow —,** enmohecerse.

rut [rət] *n.* carril; rodada; surco; *(in road)* bache; *(fig.)* rutina; *vn.* estar en calor.
ruthless [ruz'les] *adj.* desapiadado, inhumano, implacable.
rye [ray] *n.* centeno.

S

Sabbath [sa'bə] *n.* sábado; domingo, día de descanso.
sabre [sey'bə] *n.* sable.
sack [sak] *n.* saco, costal, talego; *(of town, etc.)* saqueo; *va. (town)* saquear, poner a saco; embolsar, poner a saco; embolsar, ensacar, envasar; despedir, *(coll.)* mandar de paseo.
sacrament [sak'rə-mənt] *n.* sacramento; **Holy —,** Eucaristía; manifiesto; **to receive the —,** comulgar, recibir los (santos) sacramentos.
sacre [sa-crei'] *v.* jurar, proferir juramento.
sacred [sey'krəd] *adj.* sagrado, (sacro)santo.
sacrifice [sak'ri-fays] *n.* sacrificio; víctima; renunciación; *va.* inmolar, sacrificar; *vn.* sacrificarse, abnegarse.
sacrilegious [sak-ri-li'dyəs] *adj.* sacrílego.
sad [sad] *adj.* triste, melancólico, sombrío, pesado; lastimoso, lastimero; lóbrego; aciago.
sadden [sa'dən] *va.* entristecer.
saddle [sa'dəl] *n.* silla; **pack —,** albarda; *(hill)* collado; **—bag,** alforja; *va.* ensillar; **— with,** cargar con.
sadness [sad'nəs] *n.* tristeza, pesadumbre, melancolía.
safe [seyf] *adj.* seguro, salvo; ileso, intacto, imperdible; **— conduct,** salvaconducto; **—and sound,** sano y salvo; *n.* caja, arca (de hierro); guardacomidas.
safeguard [seyf'gaad] *n.* salvaguardia, resguardo; defensa.

safely [seyf'li] *adv.* sano y salvo, sin daño, sin tropiezo; **to arrive —,** llegar sin novedad.
safety [seyf-ti] *n.* seguridad; salvamento; **—pin,** prendedor, imperdible.
sag [sag] *vn.* doblegarse, combarse, hundirse; aflojar(se), flaquear.
sagacious [sa-gey'shəs] *adj.* sagaz, perspicaz, avisado.
sagacity [sa-ga'si-ti] *adj.* sagacidad, penetración, sutileza.
sage [seidy] *adj.* sabio; prudente, cuerdo, sagaz; *n.* sabio; *(bot.)* salvia.
sail [seyl] *n.* vela; *(windmill)* aspa; excursión (paseo) en barco; **to set —,** hacerse a la vela; *vn.* darse a la vela; zarpar, navegar, flotar; *(bird in sky)* cernerse.
sailing [sey'ling] *n.* navegación; **— boat,** barco de vela. [nero.
sailor [sey'lə] *n.* marino, marisaint [seint] *adj.* santo, bendito.
saintliness [seint'li-nəs] *n.* santidad.
sake [seik] *n.* causa, objeto; **for God's—,** por (el) amor de Dios; **for mercy's —,** por piedad; **for the — of,** por, por amor de, en obsequio (atención) a.
salad [sa'ləd] *n.* ensalada, ensaladilla.
Salamanca [sa-lə-man'kə] *pr. n.* **of —,** salmantino.
salary [sa'lə-ri] *n.* sueldo, honorario, paga.
sale [seil] *n.* venta; realización; **bargain —,** saldo; **public —,** almoneda, remate; **ready—,** ven-

ta fácil; auction —, subasta; on —, de venta.

saleable [sey'lə-bəl] *adj.* vendible, realizable.

sallow [sa'lou] *adj.* cetrino, lívido.

salmon [sa'mən] *n.* salmón.

saloon [sə-lun'] *n.* salón; taberna, bar; (*naut.*) cámara.

salt [solt] *adj.* salado; salobre; *n.* salar; (*dry meat*) acecinar; sazonar.   [dable.

salutary [sa'liu-tə-ri] *adj.* salusalute [sə-liut'] *n.* saludo; *va.* saludar; (*mil.*) cuadrarse.

salvage [sal'veidy] *n.* salvamento.

salvation [sal-vey'shən] *n.* salvación, redención.

salve [salv] *n.* ungüento, remedio, bálsamo; *va.* aplicar ungüentos; socorrer.

same [seym] *adj.* mismo, idéntico; idem, igual; the —, igual; the — to you, igualmente; to be the — as, valer; ac the —, con todo, sin embargo.

sameness [seym'nəs] *n.* identidad; igualdad; monotonía.

sample [saam'pəl] *n.* muestra, modelo, ejemplar, prueba; *va.* probar.   [sanatorio.

sanatorium [sa-nə-too'riəm] *n.*

sanctify [sangk'ti-fay] *va.* santificar.

sanctimonious [sangk-timou'niəs] *adj.* devoto; mojigato, beato.

sanction [sangk'shən] *n.* sanción, beneplácito; *va.* sancionar, ratificar, autorizar.

sanctuary [sangk'chwə-ri] *n.* santuario; refugio, sagrado; to take —, acogerse a sagrado.

sand [sand] *n.* arena; —bank, arenal, barra; —shoe, playera; —paper, papel de lija.

sandal [san'dəl] *n.* sandalia; (*peasant*) abarca; playera; hemp-soled —, alpargata; — factory, alpargatería; — wood, sándalo.

sandwich [sand'wich] *n.* bocadillo, emparedado.

sane [sein] *adj.* sano, cuerdo.

sanguinary [sang'gui-nə-ri] *adj.* sanguinario, sangriento.

sanguine [sang'guin] *adj.* sanguíneo; confiado, esperanzado.

sanity [sa'ni-ti] *n.* razón, juicio; cordura; salud mental.

Santander [san-tan-de'ə] *pr. n.* of the province of —, montañés.

Santiago [san-tia'gou] *pr. n.* of —, santiaɔués.

sap [sap] *n.* savia, jugo, zumo; *va. & n.* zapar, socavar, minar; restar.   [pido.

sapid [sa'pid] *adj.* sabroso, sásarcasm [saa'ka-səm] *n.* sarcasmo.

sarcastic [saa-kas'tik] *adj.* sarcástico, mordaz, intencionado.

sardine [saa-diin'] *n.* sardina.

Sardinian [sa-di'niən] *adj. & n.* sardo.

sardonic [saa-do'nik] *adj.* burlón, con sorna.

sash [sash] *n.* faja; banda; cinturón, ceñidor; cíngulo; —frame, bastidor; (*window*) marco de ventana.   [tador.

Satan [sey'tən] *n.* Satanás, tensatellite [sa'tə-lait] *n.* satélite.

satiate [sey'shieit] *va.* saciar, hartar, ahitar.

satiety [sa-tay'i-ti] *n.* saciedad, hartura, colmo.   [raso.

satin [sa'tin] *adj.* de raso; *n.* satire [sa'tay-ə] *n.* sátira.

satiric [sə-ti'rik] *adj.* satírico, mordaz.

satirise [sa'ti-rays] *va.* satirizar.

satisfaction [sa-tis-fak'shən] *n.* satisfacción, agrado, complaciencia; paga, recompensa; amendación; desquite; to give — for, desagraviar.

satisfactory [sa-tis-fak'tə-ri] *adj.* satisfactorio, suficiente.

satisfied [sa'tis-faid] *adj.* harto; (*duty, etc.*) cumplido; to be —, contentarse; self —, pagado de sí mismo.

satisfy [sa'tis-fay] *va.* satisfacer, contentar, gratificar, dar gusto a, hartar; cumplir con.

saturate [sa'chə-reit] *va.* saturar; *vr.* impregnar; empaparse.

Saturday [sa'tə-dey] *n.* sábado.

sauce [soos] *n.* salsa; aderezo; (*coll.*) impertinencia; — boat, salsera.

saucer [soo'sə] *n.* platillo.

sauciness [soo'si-nəs] *n. (coll.)* impertinencia, descaro; gracia, desparpajo.

saucy [soo'si] *n. (coll.)* respondón, deslenguado, descarado, impudente.

saunter [soon'tə] *va.* vagar, pasearse.

sausage [soo'sədy] *n.* salchicha, salchichón, embutido; *(pork)* longaniza, chorizo; *(black)* morcilla; *(Catal.)* butifarra.

savage [sa'veidy] *adj.* salvaje, feroz, fiero; bárbaro; inculto, inhumano; *n.* salvaje; indígena.

savagery [sa'vey-dyə-ri] *n.* salvajez; ferocidad; barbarie, brutalidad; **piece of —**, salvajada.

save [seiv] *va.* salvar; *(from sin)* redimir; *(from danger)* preservar, guardar; *(money)* economizar, ahorrar; **— for**, excepto, salvo, fuera de.

saving(s) [sey'vings] *n.* ahorro(s), economía(s); **—s bank**, caja de ahorros.

saviour [sey'viə] *n.* salvador.

savour [sey'və] *n.* sabor; gust(ill)o; *va.* saborear; gustar; *vn.* **—of**, sɔ̆bɔ̃ɔ̆r a.

savoury [sey'və-ri] *adj.* apetitoso, rico, sabroso, salado.

savoy [sa-vo'i] *n.* berza de hojas arrugadas.

saw [soo] *n.* sierra; dicho, refrán, proverbio; *va.* serrar.

sawdust [soo'dəst] *n.* serrín.

Saxon [sak'sən] *adj. & n.* sajón.

say [sey] *n.* palabra, dicho; turno; *va.* decir, recitar; *(inscriptions)* rezar; **— to oneself**, decir para sí, decir para su capa.

saying [sey'ing] *n.* dicho, refrán, proverbio.

scab [skab] *n.* costra; roña.

scabbard [ska'bəd] *n.* vaina.

scaffold [ska'fould] *n. (for execution)* cadalso; *(for building)* andamio.

scaffolding [ska'foul-ding] *n.* andamio, andamiaje.

scald [skold] *n.* escaldadura; *va.* escaldar, quemar.

scale [skeil] *n. (map, etc.)* escala; *(fish)* escama; *(balance)* platillo; *(mus.)* escala; *(of charges)* tarifa; **pair of —s**, balanza, báscula; *va.* balancear, pesar; *(mountain)* escalar; **— down**, rebajar; graduar.

scalp [skalp] *n.* cuero cabelludo; *va.* escalpar. [bisturí.

scalpel [skal'pəl] *n.* escalpelo,

scaly [skey'li] *adj.* escamoso, tiñoso, incrustado.

scamper [skam'pə] *n.* fuga, escapada; *vn.* **— off**, escabullirse.

scan [skan] *va.* escudriñar; *(verse)* medir; *(book)* hojear.

scandal [skan'dəl] *n.* escándalo; calumnia; ignominia; **— monger**, correvedile. [candalizar.

scandalise [skan'də-lais] *va.* es-

scandalous [skan'də-ləs] *adj.* escandaloso, indecente, vergonzoso.

Scandinavian [skan-di-ney'viən] *adj.* escandinavo.

scant [skant] *adj.* escaso, corto, insuficiente.

scantiness [skan'ti-nes] *n.* estrechez, insuficiencia, exigüidad.

scanty [skan'ti] *adj.* exiguo, reducido, estrecho, escaso, poco.

scar [skaa] *n.* cicatriz; *(on face)* chirlo; *(cliff)* farallón; *va.* cicatrizar. [contado.

scarce [ske'əs] *adj.* raro, escaso,

scarcely [ske'əs-li] *adv.* con dificultad, no bien, apenas; **—ever**, casi nunca.

scarcity [ske'ə-si-ti] *n.* escasez, inopia, carestía; rareza.

scare [ske'ə] *n.* susto, sobresalto; **to have a —**, llevar un susto; *va.* asustar, atemorizar, espantar; **— out of wits**, horripilar; **to — away**, ahuyentar.

scarf [skaaf] *n.* bufanda; banda; tapabocas; pañuelo.

scarlet [skaa'lət] *n. & adj.* escarlata, grana.

scatter [ska'tə] *va.* dispersar, esparcir, diseminar, derramar; *(seed, etc.)* sembrar; *vn.* esparcirse, huir.

scattered [ska'təd] *adj.* disperso, desparramado.

scene [siin] *n.* escena; perspectiva; panorama; incidente, escándalo; *(of events)* teatro; *(of action)* escenario; *(of play)* cuadro, escena; — **shifter,** tramoyista; **behind the —s,** entre bastidores.

scenery [sii'nə-ri] *n.* paisaje, vista; *(theat.)* decorado.

scent [sent] *n.* olor, perfume; *(track)* rastro, pista; — **bottle,** pomar; **to catch — of,** olfatear; *va.* perfumar; *(track)* ventear; — **out,** olfatear.

scented [sen'təd] *adj.* oloroso, perfumado.   [escepticismo.

scepticism [skep'ti-si-səm] *n.*

sceptre [sep'tə] *n.* cetro.

schedule [she'diul] *n.* horario; cédula, inventario, plan; anexo.

scheme [skiim] *n.* proyecto, designio, plan; intriga, ardid; **grandiose —,** máquina; **wellaid —,** sabia combinación; *va.* proyectar, planear; tramar, intrigar; *vn.* urdir, planear.

schism [ski'səm] *n.* cisma.

scholar [sko'lə] *n. (school)* escolar, estudiante; erudito, sabio.

scholarship [sko'lə-ship] *n.* erudición; *(for study)* beca.

school [skul] *adj.* — **fellow,** — **mate,** compañero de clase; — **life,** escolar; *n.* escuela; **boarding —,** colegio de internos; **grammar —,** instituto; — **book,** libro de texto; *(of fish)* majal, banco; *va.* enseñar, amaestrar.

schooling [sku'ling] *n.* instrucción; enseñanza.

science [say'əns] *n.* ciencia; sabiduría; pericia; arte (de).

scientific [say-ən-ti'fik] *adj.* científico.

scintillate [sin'ti-leit] *vn.* centellear; chispear.

scintillation [sin-ti-ley'shən] *n.* centelleo.

scion [say'ən] *n.* vástago.

scissors [si'səs] *n. pl.* tijeras.

scissure [si-shiu'ər] *n.* cisura, hendedura, cortadura, ruptura, escisión, cisura.

scoff [skof] *va. & n.* burlarse (de), escarnecer, mofárse (del).

scold [skould] *va.* reprender, regañar, reñir, increpar.

scope [skoup] *n.* designio; espacio, campo de acción; importancia, radio, extensión, alcance; **fug —,** amplio campo; carta blanca.

scorch [skooch] *va.* quemar, chamuscar, tostar; agostar, abrasar.

scorching [skoo'ching] *adj.* ardiente, abrasador, que quema.

score [skoo'ə] *n. (groove)* muesca, entalladura; motivo; *(games)* tanteo, veintena; **to pay off old —s,** ajustar cuentas viejas; *va. (carp.)* escoplear; *(games)* hacer puntos; marcar; — **out,** rayar; **to — over,** llevar una ventaja.

scorn [skoon] *n.* desdén, desprecio; escarnio, mofa; *va.* desdeñar, despreciar, menospreciar.

scorpion [skoo'piən] *n.* escorpión, alacrán.

Scot(ch) [skot, skoch] *n. & adj.* escocés; **Scot-free,** con impunidad.

scoundrel [skaun'drəl] *n.* bribón, pícaro, malvado, canalla.

scour [skau'ə] *va.* fregar, estregar, rascar.

scourge [skəədy] *n.* azote; disciplinas; plaga, calamidad; castigo; *va.* azotar, hostigar.

scout [skaut] *n.* explorador, batidor; **Boy —,** explorador; *va. & n.* explorar, reconocer; desdeñar.

scowl [skaul] *n.* ceño; sobrecejo; *vn.* mirar con ceño.

scramble [skram'bəl] *n.* trepa; pendencia; *vn.* — **up,** trepar, subir gateando; *(eggs)* revolver; —**d eggs,** huevos revueltos.

scrap [skrap] *n.* pedazo; *(bread)* mendrugo, cacho, fragmento; — **iron,** desperdicios de hierro; **not a —,** ni pizca; *(fam.)* maldito; *pl.* despojos, sobras, desperdicios; — **book,** álbum de recortes; *va.* deshacerse de, desechar.

scrape [skreip] *n.* raedura, raspadura; embarazo, lío, apuro, aprieto; *va.* raer, rascar; *(earth)* escarbar.

scratch [skrɑch] *n.* rasguño,

araño; *(dcep)* arañazo; *(on stone, etc.)* estría, raya; *va.* raspar; arañar, rasguñar; *(earth)* escarbar; *(glass)* rayar; — out, borrar.

scrawl `[es-cral']` *v.* garabatear, garrapatear, borrajear.

scream [skriim] *n.* chillido; *vn.* chillar.   [do, vocería.

screaming [skrii'ming] *n.* alari-

screech [skriich] *n.* chirrido, chillido; *vn.* dar gritos, chillar; *(of hinges)* chirriar.

screen [skriin] *n.* biombo; mampara; *(cinema, etc.)* pantalla; antipara; *(wooden)* cancel; *(wrought-iron)* reja; *(riddle)* criba, tamiz; *va.* abrigar, ocultar; resguardar; cribar.

scripture [skrip'chə] *n.* la Sagrada Escritura, la Biblia.

scrub [skrəb] *n.* maleza; *va.* frotar, fregar; *vn.* darse trabajo.

scruff [skrəf] *n. (of neck)* cogote, pescuezo.

scruple [skru'pəl] *n.* escrúpulo; rescoldo, aprensión; *vn.* tener escrúpulos, vacilar.

scrupulous [skru'piu-ləs] *adj.* escrupuloso, delicado, fino, riguroso, concienzudo; exacto; **not very** —, ancho de conciencia.   [nes] *n.* delicadeza.

scrupulousness [skru'piuləs-

scrutinise [skru'ti-nais] *va.* examinar, escudriñar, atisbar, reconocer.

scrutiny [skru'ti-ni] *n.* escrutinio.

sculptor [skəlp'tə] *n.* escultor; *(of religious images)* imaginero.

sculpture [skəlp'chə] *n.* escultura; estatuaria; *va.* esculpir, cincelar.

scum [skəm] *n.* lapa; *(of metal)* escoria; *(of pond)* verdoyc; *(people)* hez, heces; *va.* espumar.

scurf [skəəf] *n.* caspa, costra.

scurrilous [ske'ri-ləs] *adj.* chabacano, procaz, deslenguado.

scutcheon [skə'chən] *n.* escudo, blasón.

scuttle [skə'təl] *n.* escotillón; **coal** —, cubo de carbón; *va.*

barrenar, echar a pique; *vn.* echar a correr.

scythe [sayž] *n.* guadaña; *va.*

sea [si] *n.* mar, océano; *(swell, etc.)* oleada, marejada, golpe de mar; **open** —, piélago; **at** —, en el mar; perplejo, perdido; — **horse**, hipocampo; — **dog**, lobo de mar; — **fight**, combate naval; — **side**, orilla del mar, playa.

seagull [si'gəl] *n.* gaviota.

seal [sil] *n.* sello; *(zool.)* foca; becerro marino; *va. (with seal)* sellar; estampar; *(with wax)* lacrar.

sealing-wax [si'ling-waks] *n.* lacre.

seam [sim] *n. (sew)* costura; sutura; filón; *(coal)* capa; *(metal)* venero; *va.* coser.

seaman [si'mən] *n.* marinero.

seamstress [sim'stres] *n.* costurera.   [avión.

seaplane [si'plein] *n.* hidro-

search [səəch] *n.* busca, pesquisa; indagación, búsqueda, demanda; *(customs, etc.)* registro; **in** — **of**, en busca de, en demanda de; *va. & n.* buscar, examinar, indagar, tentar; *(below sea-surface)* bucear; *(for arms)* cachear.

seasick [si'sik] **to be** —, marearse.   [reo.

seasickness [si'sik-nəs] *n.* ma-

season [si'sən] *n.* estación, sazón; hora; *(sport, entertainment, etc.)* temporada; época; **out of** —, fuera de sazón; **close** —, veda; — **tickets**, abono; — **ticket holder**, abonado; *va.* sazonar; habituar; *(food)* condimentar, aliñar.

seasonable [si'sə-nə-bəl] *adj.* oportuno, a propósito.

seasoned [si'sənd] *adj.* sazonado; **highly** —, picante; *(wood)* secado, endurecido.

seasoning [si'sə-ning] *n.* condimento, adobo.

seat [sit] *n.* silla, asiento, sitio; —s *(in rows)* gradería; *(theat.)* localidad; **judgment** —, tribunal; **country** —, quinta; *(of war)* teatro; *va.* (a)sentar, colocar, fijar.

seaworthy [si'wəə-ži] *adj.* marinero.

secluded [si-klu'dəd] *adj.* apartado, recogido, desviado.

seclusion [si-klu'syən] *n.* retiro, retraimiento, reclusión, soledad, recogimiento; **to live in —,** encerrarse.

second [se'kənd] *n.* segundo; *(duel)* padrino; *adj.* segundo; **— sight,** doble vista; **— hand dealer,** prendero; **— hand market** *(Madrid)*, Rastro; **— lieutenant,** sub-teniente; **— hand,** de segunda maño; de ocasión, usado; *va.* secundar, apoyar; *(in duel)* apadrinar.

secondary [se'kən-də-ri] *adj.* secundario, subalterno; **— school,** instituto.

secrecy [si'krə-si] *n.* secreto, discreción, sigilo, misterio.

secret [si'krət] *adj.* secreto, clandestino; recóndito, privado, oculto; *n.* secreto; **dark —,** busilis; **confided —,** confidencia.   [tario.

secretary [se'krə-tə-ri] *n.* secre-

secrete [si-krit'] *va.* (med.) secretar; esconder, ocultar, reservar.

secretive [si'krə-tiv] *adj.* cerrado, sigiloso, callado.

secretly [si'krət-li] *adv.* en secreto, a puerta cerrada.

sect [sekt] *n.* secta; partido, pandilla.

section [sek'shən] *n.* sección; *(of orange)* gajo; *(of law)* artículo; **cross —,** corte.

secular [se'kiu-lə] *adj.* secular, temporal; *n.* secular, seglar, laico, profano.

secularise [se'kiu-lə-rais] *va.* secularizar, exclaustrar.

secure [si-kiu'ə] *adj.* seguro, fijo; confiado, descuidado; firme; *va.* asegurar, amarrar, poner en lugar seguro; obtener, lograr, conseguir, procurar; hacerse con; afianzar.

security [si-kiu'ri-ti] *n.* seguridad; protección; descuido; afianzamiento, prenda; **to stand — for,** salir por; *pl.* títulos, valores.

sedan [sə-dan'] *n.* silla de ma-nos, litera, toldillo, automóvil cerrado para cuatro personas.

sedateness [si-deit'nəs] *n.* compostura, tranquilidad, formalidad, sosiego.

sediment [se'di-mənt] *n.* sedimento, asiento, depósito, poso.

sedition [se-di'shən] *n.* sedición, tumulto, rebeldía, levantamiento.

seditious [se-di'shəs] *adj.* sedicioso, turbulento.

seduce [si-dius'] *va.* seducir, pervertir, burlar; deshonrar.

seduction [si-dək'shən] *n.* seducción; deshonra.

see [sii] *n.* Holy **—,** Santa Sede; *va. & n.* ver; *(glimpse)* columbrar, vislumbrar; percibir; columbrar; percibir; comprender; **to — that,** procurar, cuidar de que; **— about, to,** encargarse de; atender a; reflexionar; cuidar de; **— into,** examinar, informarse de; **— off,** despedir(se de); **— through** *(obstacle, idea, pose)*, calar.

seed [siid] *n.* grano, semilla, simiente; gérmen; **— bed,** sementera; **— time,** siembra; *vn.* granar, despepitar; **to sow —,** sembrar.   [to que.

seeing [sii'ing] *part.* **— that,** vis-

seek [siik] *va. & n.* buscar, solicitar; tratar de, intentar; pretender; acudir.

seem [siim] *vn.* parecer; **— like,** *(person)* parecerse a, *(name, etc.)* sonar a.

seeming [sii'ming] *adj.* aparente, parecido; *n.* apariencia, fingimiento.

seemly [siim'li] *adj.* decente, propio, pulcro, adecuado, decoroso.   [trar.

seep [siip] *va.* rezumarse, fil-

seer [si'ə] *n.* veedor, profeta; vidente.

seesaw [si'so] *v.* balancear, columpiarse; **—s,** vaivén, balanceo, vibración, columpio.

seethe [siiž] *vn.* hervir.

seething [sii'žing] *adj.* hirviente; *n.* hervor.   [gregar.

segregate [se'gre-geit] *va.* se-

seize [siis] *va.* *(object)* agarrar, coger, asir; *(power, etc.)* apoderarse de; (person) prender; (property) incautar, secuestrar. [captura.

seizure [sii'syə] n. secuestro,

seldom [sel'dəm] adv. (pocas, raras) veces, rara vez, de cuando en cuando.

select [si-lekt'] adj. selecto, escogido; exquisito; va. escoger, elegir, seleccionar; optar por.

selection [si-lek'shən] n. selección, elección, surtido; muestra.

self [self] pron. mismo, sí mismo; idéntico, puro; automático; — same, mismo, mismísimo; — command, dominio sobre sí mismo; — satisfied, pagado, engreído; to have — respect, tener vergüenza; — evident, patente; — possession, sangre fría; — sacrifice, abnegación.

selfish [sel'fish] adj. egoísta, interesado; agarrado.

selfishness [sel-fish-nes] n. egoísmo, amor propio, tacañería.

sell [sel] n. (col.) chasco; va. & n. vender, despachar, traficar, comerciar; — cheap, malbaratar; tickets are sold out, están agotadas las localidades.

seller [se'lə] n. vendedor; (of turkeys) pavero.

semblance [sem'bləns] n. apariencia, semejanza, semblante; outward —, exterior, vislumbre; cariz; máscara, ficción; pizca. [minario.

seminar(y) [se'mi-nə-ri] n. se-

senate [se'nət] n. senado; (Univ.) profesorado; junta directiva.

send [send] va. enviar, mandar, remitir; — away, despedir, echar fuera; — back, devolver; — down, suspender, expedir; expulsar; — out (smoke), emitir, arrojar; despachar, publicar; — packing, mandar a paseo; to — word, mandar recado. [pedidor.

sender [sen'də] n. remitente, ex-

sending [sen'ding] n. envío, remesa. [duco.

senile [si-nail] adj. senil, ca-

senior [si'niə] n. & adj. mayor, de mayor edad, decano; más antiguo.

seniority [si-nio'ri-ti] n. antigüedad.

sensation [sen-sey'shən] n. sensación, sentimiento, emoción; escándalo.

sensational [sen-sey'shə-nəl] adj. sensacional, colosal, efectista.

sense [sens] n. sentido, razón; juicio; common —, sentido común; out of ones's —s, trastornado; in any —, por ningún concepto.

senseless [sens'les] adj. sin sentido; sin conocimiento; insensible; insensato, disparatado; — thing, gansada.

sensible [sen'si-bəl] adj. sensato, razonable, juicioso, cuerdo; to be — of, estar persuadido de.

sensitive [sen'si-tiv] adj. sensible, sensitivo; sentido, impresionable, tierno; (prickly(quisquilloso; susceptible.

sensory [sen'so-ri] adj. sensorio.

sensual [sen'siu-əl] adj. sensual, carnal.

sensuous [sen-siu'əs] adj. sensual.

sentence [sen'təns] n. (gram.) frase, cláusula, período, oración; (law) condenación; fallo, sentencia, juicio; va. dar sentencia; sentenciar.

sentiment [sen'ti-ment] n. sentimiento, afecto; opinión, concepto; emoción.

sentimental [sen-ti-men'təl] adj. sentimental, tierno, dulzón.

sentry [sen'tri] n. centinela, plantón; — box, garita.

separate [se'pə-reit] adj. separado; independiente, aparte, distinto; va. & n. segregar, separar, desprender; alejar, apartar; separarse, desprenderse, desasociarse.

separation [se-pə-rey'shən] n. separación, escisión, desunión.

September [sep-tem'bə] n. se(p)tiembre. [cro.

sepulchre [se'pəl-kə] n. sepul-

sequel [si'kuel] *n.* secuela, consecuencia; *(story, etc.)* continuación.

sequence [si'kuens] *n.* serie, continuación, sucesión.

sequin [si'cuin o se'cuin] *n.* cequí(n).

serenade [se-re-neid'] *n.* serenata; **serenading party,** ronda.

serene [se-riin'] *adj.* sereno; despejado, sosegado, apacible; impávido, impetérrito.

serenity [se-re'ni-ti] *n.* serenidad, sosiego; sangre fría, presencia de ánimo.

serf [səəf] *n.* siervo, esclavo.

sergeant [saa'dyənt] *n.* sargento.

serial [si'ə-riəl] *adj.* en serie; — **story,** novela por entregas.

series [si'ris] *n.* serie; encadenamiento; *(math.)* progresión.

serious [si'ə-riəs] *adj.* serio, grave, importante, de peso.

seriously [si'ə-riəs-li] *adv.* seriamente, en serio.

seriousness [si'ə-riəs-nes] *n.* seriedad, gravedad.

sermon [səə'mən] *n.* sermón, prédica, plática.   [sierpe.

serpent [səə'pənt] *n.* serpiente,

serried [se'rid] *adj.* apretado.

servant [səə'vənt] *n.* criado; servidor.

serve [səəv] *va. & n.* servir; asistir; notificar; ser útil; *(wine)* escanciar, abastecer; *(sentence)* cumplir; *(as soldier)* militar; *(ball)* sacar; **to — one right,** estarle a uno bien empleado.

service [səə'vis] *n.* servicio; uso, auxilio; **at your —,** servidor de Vd.; **dinner —,** vajilla.

serviceable [səə'vi-sə-bəl] *adj.* útil; servicial.

servile [səə'vail] *adj.* servil, abyecto, adulador, rastrero.

servility [səə-vi'li-ti] *n.* servilismo; bajeza.

servitude [səə'vi-tiud] *n.* esclavitud; servidumbre; **penal —,** trabajos forzados.   [ta.

session [se'shən] *n.* sesión, junset [set] *adj.* reglamentario; prescrito; resuelto, terco; colocado; rígido; yerto; *n. (ards, etc.)* serie, juego; *(people)*

pandilla, compañía, grupo, los medios; surtidos; *(of sun)* ocaso; curso; *(of mind)* tendencia, inclinación; conjunto; **toilet —, perfume —,** juego de tocador; *(theat.)* decoración; *(dance)* tanda; **radio —,** receptor; *(jewels)* aderezo; **— of circumstances,** conjunción; **to have a real — to,** *(pop.)* armarse la de San Quintín; *va.* poner, colocar; fijar; establecer; precisar, definir; *(bones)* reducir; *(saw)* triscar; *(type)* componer; *(jewels)* engarzar; *(music)* poner en; *vn.* congelar(se); endurecerse; *(sun)* ponerse; **— about,** ponerse a; emprender; **— against,** malquistar; **— aside,** hacer a un lado; orillar; apartar, dar de mano, destinar; desechar, poner de lado; guardar; **— before,** presentar; **— down,** establecer, formalizar; poner por escrito; poner en tierra; **— before,** presentar; **— fire to,** pegar fuego a; **— forth,** salir; manifestar, exponer; **— going,** operar; poner en marcha, echar a andar; **— in** *(night)*, cerrar; **— off,** salir; poner en relieve, realzar; *(train)* arrancar; **— on,** *(dogs)* azuzar; incitar; **— in,** *(winter, etc.)* comenzar; **— out,** ponerse en camino, salir, emprender; exponer; señalar; **— over,** tener autoridad sobre; dominar; **— right,** rectificar, encarrilar, enmendar; enderezar, colocar bien; **— sail,** largarse, hacerse a la vela; **— to,** aplicarse, darse a; **— up,** basar, instalar, erigir, instituir, levantar; *(shout)* pegar; instalarse; *(shop)* poner tienda; *(house)* poner casa; **— up as,** constituirse en; echárselas de; **— upon,** acometer; **— at loggerheads,** *va.* liar.

setback [set'bak] *adj.* estupefacto; *n.* revés, contrariedad, rémora.

settee [se-tii'] canapé, sofá.

setter [se'tər] *n.* el que monta, pone, etc.; perro de ojeo o muestra, perdiguero.

setting [se'ting] *n. (sun)* puesta, ocaso; establecimiento;

(jewels) guarnición, engaste; *(scenery)* fondo, escena, escenario, telón de fondo.

settle [se'təl] *n.* escaño; *va.* fijar, establecer, colocar; *(disputes, etc.)* concertar, ajustar; *(debt)* saldar; arreglar; sosegar; **—on,** *(money on)* dotar; *(people)* avecinar; poblar; *vn.* establecerse, instalarse; posarse, fijarse, echar raíces; *(chem.)* depositar, sedimentar; **— down,** normalizarse, arraigarse.

settled [se'təld] *adj.* arreglado, asentado, determinado; arraigado, establecido.

settlement [se'təl-ment] *n.* establecimiento; arreglo, ajuste; *(village)* caserío; dotación; acomodo; *(com.)* saldo; *(building)* hundimiento.

settler [set'lə] *n.* colono.

sever [se'və] *va.* separar; cortar; *vn.* romper; cercenar; separarse.

several [se'və-rəl] *adj.* varios, diversos, distintos.

severally [se'və-rə-li] *adv.* cada uno de por sí, separadamente.

severe [sə-vi'ə] *adj.* severo, rígido, austero, recio, áspero, fuerte, intenso.

severity [se-ve'ri-ti] *n.* severidad, rigor, exactitud.

Sevillian [se-vi'liən] *n. & adj.* sevillano, hispalense.

sew [sou] *va. & n.* coser; **— up,** zurcir; **— on,** pegar.

sewer [sou'ə] *n.* costurera.

sewer [siu'ə] albañal, cloaca.

sex [seks] *n.* sexo; **fair —,** bello sexo.

sexton [seks'tən] *n.* sacristán, sepulturero.

sexual [sek'siu'əl] *adj.* sexual.

shabby [sha'bi] *adj.* raído, mal trajeado, desharrapado; gastado, muy usado; ruín; poco honrado.

shade [sheid] *n.* sombra; penumbra; *(art)* medio tono; matiz, tono; un poco; *(lamp)* pantalla; fantasma; **to put in the —,** hacer sombra a; *vn.* sombrear, dar sombra, resguardar; amparar.

shadow [sha'dou] *n.* sombra; oscuridad; aparecido; pizca; amparo; *va. & n.* anublar, obscurecer(se); ensombrecer; **— forth,** anunciar; espiar.

shadowy [sha'dou-i] *adj.* umbroso; vago, indefinido, obscuro.

shady [shey'di] *adj.* sombreado, sombrío, umbroso; sospechoso.

shaft [shaaft] *n. (arrow)* flecha; *(cart)* vara, eje; *(i.e. handle)* mango; árbol; *(mine)* tiro; pozo; *(lance)* asta; *(of column)* fuste; virote; *(ventilation)* manguera; *(light)* rayo.

shake [sheyk] *n.* sacudida, meneo, zarandeo; agitación, vibración; *(hands)* apretón; *va. & n.* sacudir, menear; *(sword)* blandir; *(earth, etc.)* (re)temblar; *(head)* mover, menear; *(switch)* cimbrear; *(weaken)* debilitar, desalentar, amilanar; *(hands)* estrechar; *vn.* (with *fear)* estremecer; *(with laughter)* desternillarse; *(with cold)* tiritar; *(unsteady)* bambolear; **— off,** sacudir(se), zafarse de, deshacerse de; **— up,** remover, descomponer; **difficult to — off,** pegajoso.

shaking [shey'king] *n.* vibración,, sacudimiento, meneo, (re)temblar, traqueteo; *adj.* oscilante, temblón.

shallow [sha'lou] *adj. (water)* poco profundo, vadoso; superficial, baladí, ligero; *n.* bajío.

shallowness [sha'lou-nes] *n.* poca profundidad; vanidad, superficialidad.

sham [sham] *adj.* fingido; supuesto, postizo; *n.* impostura, *(battle)* simulacro; *va. & n.* fingir(se), simular.

shame [sheim] *n.* vergüenza, infamia, bochorno; baldón, afrenta; **to be covered with —,** abochornarse; **to lose all sense of —,** perder la vergüenza; *va.* avergonzar.

shamefaced [sheim'feisd] *adj.* vergonzoso, tímido.

shameful [sheim'ful] *adj.* escandaloso, vergonzoso; ignominioso; impúdico, indecente.

shameless [sheim'les] *adj.* desvergonzado, impudente, sinvergüenza; descarado.

shanty [shan'ti] *n.* cabaña, choza, tabuquillo.

shape [sheip] *n.* forma, figura; configuración, contorno; cuerpo; sesgo; to give —, configurar; *va.* formar, figurar(se), modelar; dirigir; *(metals, etc.)* forjar, labrar; ajustar.

shaped [sheipd] *adj.* hecho; wec —, bien tallado, torneado.

shapeless [sheip'les] *adj.* informe, disforme.

shapely [sheip'li] *adj.* bien formado, proporcionado, elegante, simétrico.

share [she'ə] *n. (com.)* acción; parte, porción; participación; *(money)* cuota; *va. & n.* dividir, *(com.)* partir, participar de, alcanzar; — out among, repartir; — in, tener parte en, terciar; — with, unirse con; — all with *(i.e. marry)*, contigo pan y cebolla; to go —s with, ir a (medias, partes iguales) con. [participe.

sharer [she'ər] *n.* participante.

sharing [she'ə-ring] *n.* repartición; — out, reparto.

shark [shaak] *n.* tiburón; *(fig.)* estafador.

sharp [shaap] *adj.* agudo; *(pointed)* puntiagudo; *(edged)* afilado, cortante; *(pain)* agudo, punzante; *(mind, etc.)* listo, fino, vivo; *(clever)* astuto, mafioso; *(taste)* picante, desabrido, agrio; *(smell)* acre; *(language)* incisivo, mordaz; *(sound)* penetrante, fino; *(outline)* definido; *(harsh)* acerbo; duro; *(mus.)* sostenido; — eyed, lince.

sharpen [shaa'pən] *va.* afilar, aguzar; *(pencil)* sacar punta a.

sharpness [shaap'nes] *n.* agudeza, sutileza, viveza.

shatter [sha'tə] *va.* hacer pedazos, romper, reventar, estrellar; *vn.* estrellarse, hacerse pedazos, *(minute pieces)* añicos; *(health)* quebrantar.

shave [sheiv] *va.* afeitar; hacer la barba a; — off, rapar; *vn.*

afeitarse, hacerse la barba; *(fig.)* pasar rozando.

shaving [shey'ving] *n.* afeite; afeitada; *(wood)* viruta; acepilladura; *pl.* —s, raspaduras; *(metal)* cizalla.

shawl [school] *n.* toquilla, chal; *(large embroidered)* mantón (de Manila); head —, mantilla.

sheaf [shif] *n.* haz, gavilla; *(papers)* fajo, lío, pliego; hoja.

shear [shi'ə] *n.* —s, cizalla; *va.* esquilar; recortar, rapar.

shearing [shi'ə-ring] *n.* esquila, esquileo.

sheath [shiz] *n.* vaina, funda, cubierta; forro.

shed [shed] *n.* cobertizo, colgadizo, tinglado, sombreja; water —, vertiente; *va.* derramar, esparcir, mudar; despojarse de.

sheep [shiip] *n.* oveja; ganado de lana; carnero; flock of —, rebaño; —fold, aprisco, majado; —like, ovejuno; —dog, perro de pastor.

sheepishness [shii'pish-nes] *n.* timidez, cortedad.

sheer [shi'ə] *adj.* puro, claro, completo, consumado; escarpado, cortado a pico; of — old age, de puro viejo; *adv.* de una vez; *vn.* — off, alejarse, virar, desviar, zafarse.

sheet [shiit] *n.* hoja; *(bed)* sábana; *(water)* extensión; *(metal)* lámina, plancha; *(paper)* cuartilla; ballad —s, pliegos de cordel.

sheik [shic o sheic] *n.* jeque.

shelf [shelf] *n.* anaquel; *pl.* *(shelvec)* estantería.

shell [shell] *n. (sea)* concha; *(egg)* cáscara, cascarón; scallop- —, venera; *(beetle, turtle, etc.)* carapacho; *(mil.)* bala de cañón), bomba, granada; *(pea)* vaina; — fish, crustáceo; *va.* pelar, mondar, descortezar; bombardear.

shelter [shel'tə] *n.* abrigo; resguardo; *(i.e., shed)* colgadizo; cobertizo; *(for tramps)* cotarro; air-raid—, refugio; *(mountain)* albergue; *(met.)* hogar; to take —, cobijarse; *va.* abrigar, resguardar; encubrir; acoger, albergar; proteger; —from, guarecerse de, abrigarse de.

sheltered [shel'təəd] adj. — from, a cubierto de, resguardado.

shelve [shelv] va. dar carpetazo; postergar; arrinconar; vn. estar en declive, inclinarse.

shepherd [she'pəd] n. pastor; chief —, mayoral. [yor.

sheriff [she'rif] n. alguacil ma-

sherry [she'ri] n. vino de Jerez; (very dry type) manzanilla.

sheth [shez] n. dental del arado.

shield [shiild] n. escudo; (leather) adarga; resguardo, defensa; va. proteger, defender, escudar, resguárdar; — oneself, abroquelarse.

shift [shift] n. cambio, desviación; recurso; (of workers) equipo, tanda; artificio; astucia; trueq e; va. cambiar; transportar; vn. variar, mudar; girar; —for oneself, bandearse, arreglárselas como pueda, to make — with, apañarse, ingeniarse.

shifting [shif'ting] adj. movedizo; n. mudanza, transporte.

shimmer [shi'mə] n. reflejo vibrante; vn. rielar. [tibia.

shin [shin] n. capilla; —bone,

shine [shain] n. brillo, resplendor; va. sacar brillo a; vn. brillar, lucir, coruscar, relumbrar; sobresalir.

shining [shay'ning] adj. brillante, lustroso, reluciente, nítido; resplandeciente, pulido; (met.) heroico.

shiny [shay'ni] adj. lustroso, acharolado.

ship [ship] n. buque, barco; war —, navío, buque; merchant —, buque mercante; va. & n. embarcar, transportar.

shipment [ship'mənt] n. cargamento, embarque, envío.

shipping [shi'ping] n. embarque, expedición; buques; — bill, factura de embarque; — charges, gastos de embarque.

shipwreck [ship'rek] n. naufragio; siniestro; to be —ed, naufragar, zozobrar.

shipyard [ship'yaad] n. astillero.

shirk [shəək] va. eludir, rehuir, esquivar, evitar; —consequences, escurrir el bulto.

shirt [shəət] n. camisa; —front, pechera; — maker's shop, camisería; stuffed —, (sl.) pelele; in — sleeves, en mangas de camisa.

shiver [shi'və] n. temblor; the —s, escalofrío; to break into —s, romper (en pedazos, en fragmentos); va. & n. tiritar, temblar; cascar(se), quebrantar; estrellar(se), hacer(se) (añicos, astillas).

shock [shok] n. choque, sacudida; (med.) shock; sobresalto; (of hair) guedeja, madeja, mata; —troops, tropas de asalto; va. & n. sacudir; chocar, causar, sobresaltar; horrorizar; to be — ed, asombrarse, (pop.) quedar hecho polvo.

shocking [sho'king] adj. ofensivo, chocante, horroroso.

shoe [shu] n. zapato; (horse) herradura; — horn, calzador; va. calzar; (horse) herrar; — shine (boy), vn. limpiabotas.

shoemaker [shu'mey-kə] n. zapatero.

shoot [shut] n. retoño, plantón, vástago; (for corn, etc.) artesa inclinada; va. disparar, tirar; (person) pasar por las armas, fusilar; —down, derribar; off, disparar; — out, arrojar; —up, vn. brotar, dar un estirón; (of pain) punzar; (bolt) correr, echar.

shooting [shu'ting] n. tiro(s), tiroteo; (of man, etc.) fusilamiento; auj. — star, exhalación, estrella fugaz.

shop [shop] n. tienda; almacén; back—, trastienda; —boy, hortera, mancebo; vn. hacer compras; to go shopping, ir a tiendas, ir de compras; (for food) ir a la plaza.

shore [shoo] n. playa; costa, ribera; (river) orilla, margen.

shoreward [shoo-uard'] adj. hacia la costa.

short [shoot] adj. corto, reducido, limitado; escaso, breve, sucinto; (cut —) seco, brusco; próximo; (memory) flaco; (pastry, etc.) quebradizo, vidrioso; — breathed, corto de resuello; — cut, atajo; to go by —cuts, atrochar; — lived, efímero; —sighted, corto de vista; —sightedness, miopía; (fig.) falta de alcances; —tempered, enojadizo; — hand, taquigrafía; adv. in —, en resumen, en una palabra, en suma; in a — time, luego, pronto; —of cash, escaso de medios; —while, rato; to cut —, cortar en seco, para abreviar, atajar; cercenar; abreviar; to fall — of, no alcanzar, no corresponder; quedarse corto; to be—, faltar; n. (elect.) corte.

shortage [shoo'tedy] n. falta, escasez,(carestía.

shortcoming [shoot'kə-ming] n. defecto, descuido deficiencia.

shorten [shoo'tən] va. acortar, abreviar, reducir.

shortly [shoot'li] adv. dentro de poco, en breve, luego.

shot [shot] adj. (silk, etc.) tornasolado, batido; n. tiro, descarga; (in games) jugada; (pellets) perdigones.

shoulder [shoul'də] n. hombro, espalda; (mountain) lomo; — blade, omoplato, espaldilla; — pad, hombrera; — joint, codillo; — yoke, charretera; broad —ed, ancho de espaldas; round —ed, cargado de espaldas; va. echar, cargar al hombro; cargar con; to set one's— to the wheel, arrimar el hombro, tomar sobre sí.

shout [shaut] n. grito, exclamación; vn. gritar, vociferar, exclamar, dar gritos, hablar a gritos, huchear.

shouting [shau'ting] adv. a voz en cuello, a gritos; n. vocería.

show [shou] n. (theat.) función, espectáculo; (art.) exposición; (display) exhibición; ostentación, boato, aparato; manifestación, promesa, apariencia; demostración; pretexto; trade —, feria de muestras; —case,

vitrina, escaparate; — room, sala de exposición; to make a — of, hacer gala de; va. mostrar, enseñar; probar, demostrar; manifestar; (art) exponer, exhibir; guiar; to — to advantage, lucir; vn. parecer; aparecer; dar señal de; —off, lucir; — up, descubrir, poner en ridículo; aparecer; —trough, transparentarse.

shower [shau'ə] n. aguacero, chaparrón; rociada; a — of money, un chorro de pesetas; —bath, duc:a; va. & n. hacer llover, llover; derramar; (with gifts, etc.) llenar.

showery [shau'ə-ri] adj. lluvioso, chubascoso.

showy [shou'i] adj. llamativo, vistoso; rozagante, fastuoso, aparatoso, de postín.

shram [shram] v. aterir, arrecir de frío.

shred [shred] n. jirón, jira; ápice, triza, fragmento; va. desmenuzar, hacer tiras; to wear oneself to a —, hacerse añicos.

shrewd [shrud] adj. astuto, sagaz, socarrón, zorro, ladino.

shrewdness [shrud'nes] n. astucia, sagacidad.

shrewish [shru'ish] adj. regañón, chillón.

shriek [shriik] n. grito penetrante, alarido, chillido; vn. dar chillidos, chillar.

shrill [shril] adj. penetrante, chillido, agudo; chillón.

shrine [shrain] n. relicario, urna, templo, capilla.

shrink [shringk] vn. encogerse; marchitar(se), contraer(se); (met.) retroceder, rehuir.

shrivel [shri'vəl] va. & n. arrugar(se), encoger, avellanarse.

shroud [shraud] n. sudario; mortaja; va. amortajar.

shrub [shrəb] n. arbusto, mata, matorral, maleza.

shrug [shrəg] va. (shoulders) encoger(se) (de hombros).

shudder [shə'də] n. temblor, estremecimiento; escalofrío; vn. (re)temblar, estremecerse.

shuffle [shə'fəl] n. evasiva, embuste; (cards) barajadura; va.

& *n. (cards)* barajar; eludir; revolver; *(ffet)* arrastrar los pies.

shun [shən] *va.* esquivar, eludir, rehuir, retraerse de.

shut [shət] *va.* cerrar; *(eyes, doors)* entornar; — in, (en)cerrar; —out, excluir; negar la entrada; —up, obstruir; callar(se); tapar la boca; encerrar; recluir; to — one's eyes to, hacer la vista gorda a.

shutter [shə'tə] *n.* postigo, contraventana, puerta ventana; hoja; *(phot.)* obturador.

shy [shay] *adj.* asustadizo, huraño, esquivo, hurón, tímido, asombradizo, corto; *(from experience)* escamado; recatado; *vn.* asustarse, respingarse.

shyness [shay'nes] *n.* reserva, timidez, recato, cortedad, esquivez.

sick [sik] *adj.* enfermo, malo; *(sea, air)* mareado; —bay, enfermería; —of, fastidiado, harto; to be—, vomitar; estar enfermo, mareado, marearse.

sicken [si'kən] *va.* marear, enfermar; extenuar; dar asco; *vn.* marearse, enfermarse.

sickliness [sik'li-nes] *n.* mareo, achaque; sensiblería.

sickly [sik'li] *adj.* enfermizo, enclenque, achacoso, doliente; indigesto, nauseabundo, empalagoso.

sickness [sik'nes] *n.* enfermedad, dolencia; náusea.

side [said] *adj.* lateral, de lado; — door, puerta (lateral, accesoria); —saddle, a sentadillas, a mujeriegas; *n.* lado, costado, fase, cara; *(water)* orilla, margen; *(hill)* ladera, vertiente; *(ship)* banda; *(group)* bando, parte, facción, lado; *(billiards)* efecto; *(swagger)* tono; by the — of, al lado; on all —s, por todas partes; this — op, siempre de canto; *vn.* — with, tomar partido, ponerse al lado de; decidirse por.

sidelong [said'long] *adj.* lateral, oblicuo; *(glance)* de soslayo.

sideways [said'weis] *adv.* de lado, oblicuamente, al través.

siege [siidy] *n.* sitio, asedio, cerco.

sieve [siv] *n.* cedazo, tamiz, criba; harnero; to carry water in a —, coger agua en cesto; *va.* acribar.

sift [sift] *va.* cerner, cribar, tamizar; separar; *(grain)* aechar; sondar, indagar.

sigh [say] *n.* suspiro; *vn.* suspirar; — for, anhelar, ansiar.

sight [sait] *n.* vista; espectáculo, escena; cuadro, puntería; at —, a primera vista; by —, de vista; to lose — of, perder de vista; —s *(rifle)*, alza; what a —!, *(coll.)* ¡qué facha!, ¡qué mamarracho!, ¡qué birria!; *va.* avistar; poner miras (al fusil); to catch — of, divisar.

sign [sain] *n.* signo; asomo, indició, señal, indicación, prueba; rastro; sombra; *(written, printed)* letrero; electric —, anuncio luminoso; with authority to —, apoderado; by —s and spells, por arte de birlibirloque; *va.* & *n.* firmar, poner firma, rubricar.

signal [sig'nəl] *adj.* señalado, insigne; *n.* señal, seña, signo; *(railway)* banderín.

signalise [sig'nə-lays] *va.* distinguir; singularizar.

signature [sig' nə-chə] *n.* firma, rúbrica.

significance [sig-ni'fi-kəns] *n.* significación; significado, importancia, trascendencia.

significant [sig-ni'fikənt] *adj.* significante, considerable, enfático, de peso.

signify [sig'ni-fay] *va.* significar, importar, manifestar, hacer saber, dar a entender, simbolizar.

silence [say'ləns] *n.* silencio; to maintain —, guardar silencio; — gives consent, quien calla, otorga; *va.* silenciar (mandar, hacer) callar.

silent [say'l¡nt] *adj.* callado, mudo, sordo, silencioso, tácito; to be —, callar(se); to grow —, enmudecerse.

silhouette [si-lou-et'] *n.* silueta.

silk [silk] *n.* seda; —worm, gusano de seda; — hat, sombrero de copa.

silliness [si'li-nes] n. tontería, necedad; simpleza.

silly [si'li] adj. mentecato, necio, bobo, imbécil, idiota, abobado, simple.

silver [sil'və] adj. plateado, argentino, de plata; n. plata; — work, orfebrería; va. platear; azogar.

silvery [sil'və-ri] adj. plateado, argentino.

similar [si'mi-lə] adj. semejante, igual; parejo, parecido; — ly, adv. igualmente, talmente.

similarity [si-mi-la'ri-ti] n. semejanza, homogeneidad; simpatía.

simper [sim'pə] n. sonrisa de necios; remilgo; vn. remilgarse.

simple [sim'pəl] adj. simple; mero; ordinario; (easy) sencillo, fácil; (innocent) simple, bueno, cándido; (silly) bobo, tonto; (manner) llano, sencillo; familiar.

simpleness [sim'pəl-nes] n. simpleza.

simplicity [sim-pli'si-ti] n. (directness, ease) sencillez; (silly phrase) simpleza; (simple candour) simplicidad; inocencia; (of manners) llaneza; modestia.

simplify [sim'pli-fay] va. simplificar.

simulate [si'miu-leit] va. simular, aparentar, fingir.

simultaneous [si-miul-tey'niəs] adj. simultáneo.

sin [sin] n. pecado, transgresión, falta; deadly —, pecado capital; vn. pecar, faltar.

since [sins] adv. desde (que); conj. puesto que, como que; prep. después.

sincere [sin-si'ə] adj. sincero, leal, franco, cordial; hondo, venidero; formal.

sincerity [sin-se'ri-ti] n. sinceridad, candor, lealtad, franqueza.

sinecure [say'ne-kui-ə] n. sinecura; (pop.) mina, enchufe; of confer a —, beneficiar.

sinew [si'niu] n. nervio, tendón; —s (of war), nervio.

sinewy [si'niu-i] n. nervudo, nervoso, vigoroso.

sinful [sin'ful] n. pecador, pecaminoso; impío, depravado.

sing [sing] n. —song, sonsonete; va. & n. cantar; (ears) zumbar.

singe [sindy] va. chamuscar, sollamar; quemar las puntas del pelo.   [tante.

singer [sing'ə] n. cantor, cansinging [sing'ing] n. canto; (in the ears) silbidos, zumbido.

single [sing'gəl] adj. singular; aislado, individual; único; (person) célibe, soltero, (ticket) sencillo; solo, solitario; va. — out, separar, escoger; particularizar.

singular [sing'giu-lə] adj. singular, insólito, peculiar.

sinister [si'nis-tə] adj. siniestro; aciago, funesto.

sink [singk] n. (house) pila, fregadero; desagüe, albañal; va. hundir; (ship) hundir, echar a pique; (shaft) abrir, cavar; — (teeth, etc.) into, (earth, etc.) hincar, clavar; (mark) grabar; vn. hundirse, sumirse; (ship) naufragar, perderse, zozobrar; —down, hundirse, derrumbarse; —into, penetrar, grabarse; caer(se) en; — in, deprimir, abatir; (sun) ponerse; menguar.

sinker [sin'kər] n. plomada, grabador, buñuelo (de comer).

sinner [si'nə] n. pecador.

sinuous [si'niu-əs] adj. sinuoso, tortuoso, serpentino.

sip [sip] n. sorbo, sorbito; va. & n. sorber, chupar, saborear.

sir [səə] n. señor; noble —, su señoría.

sire [say'ə] n. padre, progenitor, anciano, señor.

siren [say'rən] n. sirena; —suit, mono.

sister [sis'tə] n. hermana; — -in-law, cuñada, hermana política.

sit [sit] vn. sentarse, estar sentado; — (hens) empollar; (meeting) celebrar sesión;

(clothes) sentar (bien); —**down**, sentarse; descansar — **up** *(in bed)*, incorporarse; *(through night.)* velar; trasnochar; *va.* sentar, colocar en un asiento.

site [sait] *n.* sitio, situación, asiento, planta, local; **building** —, solar, terrenos; *va.* situar.

sitting [si'ting] *adj.* sentado; *n.* postura; sesión; *(eggs)* nidada.

situated [si'tiu-ey-təd] *adj.* situado, sito; **to be** —, ubicarse, estar, hallarse.

situation [si-tiu-ey'shən] *n.* situación; sitio, lugar; posición; *(job)* colocación, puesto; peripecia; **the** — **being what it is**, (a, en) estas alturas.

six [siks] *num.* seis; **to set at sixes and sevens**, aturrullar.

size [sais] *n.* tamaño; talla; grandor; *(paper)* cola; *(shoes)* número; *va.* colar; clasificar por tamaños.

skate [skeit] *n.* patín; **roller** —**s**, patines de ruedas; *vn.* patinar.

skeleton [ske'le-tən] *n.* esqueleto; armazón; esquema; — **key**, ganzúa.

sketch [skech] *n.* bosquejo, delineación, traza, dibujo, boceto, diseño; *va.* diseñar; bosquejar, delinear, apuntar.

skid [skid] *vn.* patinar; arrastrar.

skiful [skil'ful] *adj.* práctico, diestro, hábil, sabio, inteligente, ingenioso, redomado, apañado; industrioso.

skill [skil] *n.* mafia, habilidad, destreza; artificio, arte, maestría, soltura; sutileza, gracia; conocimiento; **lack of**—, impericia.

skilled [skild] *adj.* práctico, hábil, experto, versado.

skin [skin] *n.* piel; *(complexion)* tez; *(animal)* pellejo; *(pelt)* cuero; *(wine)* odre, pellejo, cuero; *(potato)* cáscara; *(on milk)* nata; —**tight**, ajustado como un guante; **to save one's** —, salvar el pellejo; *va.* desollar; *(fruit, etc.)* pelar, mondar; **to** — **alive**, desollar vivo; *vn.* **to** — **over**, cicatriz.

skip [skip] *n.* salto, brinco; *va.*

saltar, omitir, pasar por alto; *vn.* saltar a la cuerda.

skipper [ski'pə] *n.* patrón, capitán; saltador.

skirmish [skəə'mish] *n.* escaramuza, refriega; *vn.* escaramuzar.

skirmishing [skəə'mi-shing] *adj.* —**troops**, tropa ligera.

skirt [skəət] *n.* falda, saya; *(silk)* brial; *(hopped)* miriñaque; **under** —, enagua; *(of coat)* faldillas; cenefa, orilla; *va.* orillar, ladear, poner cenefa.

skit [skit] *n.* libelo, pasquín; burla.

skittish [ski'tish] *adj.* espantadizo; caprichoso, tornadizo.

skull [skəl] *n.* cráneo, calavera.

skunk [skəngk] *n.* hediondo.

sky [skay] *n.* cielo, firmamento; — **scraper**, rascacielos; *(to praise)* **to the skies**; — **high** *(prices)*, por las nubes.

skylark [skay'laak] *n.* alondra.

skylight [skay'lait] *n.* claraboya, tragaluz, lumbrera.

slab [slab] *n.* *(stone)* losa; plancha, tabla.

slack [slak] *adj.* flojo; *(lax)* negligente, remiso, descuidado; *(in fit)* ancho; *n.* *(coal)* cisco; flojedad.

slacken [sla'kən] *va.* aflojar, soltar; relajar; retardar, descuidar; *(wind)* amainar; *(speed)* disminuir; *vn.* tardarse, entibiarse, cejar.

slackness [slak'nes] *n.* relajamiento, flojedad; *(in studies)* desaplicación.

slake [sleik] *va.* extinguir; apagar; *(lime)* azogar, matar.

slam [slam] *va.* cerrar de golpe; —**door (in someone's face)**, dar un portazo a.

slander [slaan'də] *n.* calumnia, murmuración; denigración; *va.* calumniar, difamar.

slanderous [slaan'də-rəs] *adj.* calumnioso.

slang [slang] *n.* lenguaje poco culto o de mal gusto; jerga, jerigonza, argot, caló, germanía; faja de tierra; cadena de reloj.

slant [slaant] *n.* oblicuidad, sesgo, declive; *va. & n.* inclinar, sesgar, inclinarse.

slanting [slaan'ting] *adj.* inclinado, sesgado, oblicuo, de soslayo.

slap [slap] *n.* manotada, palmada; *(on face)* bofetada, cachete; *(with back of hand)* revés; *(coll.)* torta; *va.* abofetear; pegar; — **dash**, *adj.* de brocha gorda.

slash [slash] *n. (knife)* cuchillada; *(whip)* latigazo; *va.* acuchillar; *vn.* tirar tajos.

slaughter [slo'tə] *n.* mortandad, carnicería; *(by cutting throat)* degüello, degollación; —**house**, matadero; *(pop.)* degollina; *va.* matar, degollar.

Slav [slaav] *adj. & n.* eslavo.

slave [sleiv] *n.* esclavo; **freed** —, liberto; — **traffic**, trata; *vn.* trabajar como un negro, sudar tinta.

slavish [sley'vish] *adj.* servil.

slay [sley] *va.* matar, asesinar.

slaying [sley'ing] *n.* matanza; *(by slitting throat)* degollación, degüello.

sledge [sledy] *n.* trineo.

sleek [sliik] *adj.* liso, suave; untuoso, zalamero; *va.* alisar, pulir.

sleep [sliip] *n.* sueño, reposo; adormecer; **light** —, duermevela; — **walker**, sonámbulo; *vn.* dormir(se), descansar; **to** — **like a top**, dormir como un lirón; **to** — **over**, **on** *(idea, etc.)*, consultar con la almohada.

sleeper [slii'pə] *n.* durmiente; *(railway)* traviesa, travesaño; *(coach)* coche-cama.

sleeping [slii'ping] *adj.* dormido; **without** —, en vela; — **coach**, — **car**, coche-cama; — **partner**, comanditario.

sleepless [sliip'les] *adj.* desvelado, insomne, en vela.

sleeplessness [sliip'les-nes] *n.* insomnio.

sleepy [slii'pi] *adj.* soñoliento, amodorrado, soporífero; **to be** —, tener sueño.

sleet [slit'] *n.* aguanieve, nevada, ventisca, cellisca, granizada; *v.* caer aguanieve, cellisquear.

sleeve [sliiv] *n.* manga; **to laugh up one's** —, reírse con disimulo.

sleigh [sley] *n.* trineo.

sleight [sleit] *n.* habilidad, pericia, astucia, maña; — **of hand**, prestigio, escamoteo.

slender [slen'də] *adj.* delgado, sutil, fino, débil, escaso, corto, limitado, remoto.

slenderness [slen'də-nes] *n.* delgadez; *(of hope, etc.)* tenuidad.

slice [slais] *n.* tajada, rebanada; *(bread)* rodaja; *(ham, etc.)* rueda; *va.* cortar en lonjas; rebanar; **to** — **into**, tajar.

slide [slaid] *n.* resbalón; *(mech.)* muesca, encaje; *(geol.)* falla; *(phot.)* placa; *vn.* resbalar, deslizarse.

slight [slait] *adj.* ligero, leve, limitado, fútil, liviano, tenue, flojo; — **est**, mínimo; **only** — **ly**, poco; *n.* desaire, desprecio; *va.* desairar, desatender, desdeñar, menospreciar.

slim [slim] *adj.* delgado, esbelto, fino, tenue, escaso.

slimness [slim'nes] *n.* delgadez.

slimy [slay'mi] *adj.* viscoso, fangoso.

sling [sling] *n.* honda; *(for arm)* cabestrillo; *va.* lanzar; poner en cabestrillo, eslingar; *(diagonally)* terciar.

slip [slip] *n. (physically)* resbalón, traspié; *(mistake)* error, lapso; *(moral)* desliz, equivocación; *(paper)* hoja; tira; *(botany)* esqueje, vástago; *(naut.)* grada; — **knot**, lazo corredizo; **pillow** —, funda; — **of tongue**, lapsus linguae; **to give the** — **to**, dar esquinazo a; **a** — **between cup and lip**, de la mano a la boca desaparece la sopa; *va.* — **in**, deslizar; — **off**, soltar; *(bone)* dislocarse; *vn.* resbalarse, irse los pies; patinar; salirse; cometer un desliz; equivocarse; largarse; — **away**, escurrirse; — **down**, dejarse caer; — **into**, introducirse, caer en, insinuarse; — **in**, colarse; — **off**, quitarse; escabullirse.

slipper [sli'pə] *n. (low heeled)*

zapatilla, babucha; *(high heeled)* chinela, chancleta.

slippery [sli'pə-ri] *adj.* resbaladizo; escurridizo, voluble.

slipshop [slip'shop] *adj.* descuidado.

slit [slit] *n.* hendedura, quebradura, hendido; *(for peeping)* raja; resquicio; *va.* rajar, hender, cortar, rasgar; *(cloth)* desgarrar.

slob [slob] *n.* cenagal, lodazal.

sloop [slup] *n.* chalupa, balandra; *(naval)* corbeta.

slope [sloup] *n.* declive, pendiente, inclinación; bajada; sesgo; falda, ladera, vertiente; *va. & n.* sesgar; formar en declive; inclinarse, declinar.

sloping [slou'ping] *adj.* sesgado, en cuesta, inclinado.

slot [slot] *n.* ranura, muesca.

sloth [slouz] *n.* pereza; *(zool.)* perezoso.

slovenliness [slə'vən-li-nes] *n.* dejadez, desgaire.

slovenly [slə'vən-li] *adj.* desaliñado, dejado, desastroso, descuidado.

slow [slou] *adj.* lento, pausado; despacio; *(wits, etc.)* torpe, pesado, lerdo; *(with difficulty)* premioso; *(behind time)* atrasado, tarde; —witted, lelo, cerrado de mollera; —in the uptake, duro de mollera; *(of watch)*, it goes —, atrasa; *va.* retardar, ir más despacio.

slowness [slou'nes] *n.* lentitud; detención; forma, tardanza, retraso; torpeza.

sluggish [slə'gish] *adj.* perezoso, indolente; poltrón; tardo, lento, pesado.

slumber [sləm'bə] *n.* sueño; heavy —, modorra; *vn.* dormir.

slur [sləə] *n.* borrón, mancha; paro; *va.* manchar; — over, pasar por encima, desatender, comerse *(sílabas, etc.).*

sly [slay] *adj.* astuto, bellaco, malicioso, socarrón; redomado; taimado; insidioso, pícaro, cuco; furtivo; on the —, a hurtadillas; to get in on the —, colarse; — bird, pajarraco.

slyness [slay'nes] *n.* astucia, disimulo; malicia; bellaquería, socarronería.

smack [smak] *n. (on face)* cachete; *(whip, etc.)* chasquido, restallido; *(of taste)* gusto, sabor; *(of speech)* dejo; *va. & n.* saborear; saborearse; *(lips)* relamerse; castañetear; — of, saber a.

smacking [sma'king] *n.* zurra; *part.* — of, con sus resabios de.

small [smol] *adj.* pequeño, chico, menudo, diminuto; poco; corto, de poco bulto; — fry, gente menuda; — hours, altas horas; — change, suelto; — talk, vulgaridades.

smallness [smol'nes] *n.* pequeñez, insignificancia.

small-pox [smol'poks] *n.* viruelas.

smart [smaat] *adj. (clever)* vivo, listo, despejado, hábil; *(sharp taste, etc.)* picante, acerbo; *(pain)* punzante; de buen tono, elegante; majo; *vn.* escocer, doler, resquemar, picar; — for, quedar resentido.

smart(ing) [smaa't(ing)] *n.* resquemo, escozor, resentimiento.

smartness [smaat'nes] *n.* vivacidad; elegancia; inteligencia; agudeza, viveza, ingenio; astucia.

smash [smash] *n.* destrozo; fracaso; *(train)* choque; *va.* quebrantar, romper; aplastar; destrozar; hacer pedazos; romperse, saltar en pedazos; *(fin.)* fracasar, quebrar.

smashing [sma'shing] *adj. (coll.)* estupendo.

smattering [sma'tə-ring] *n.* tintura; erudición a la violeta, conocimiento somero.

smell [smel] *n. (sense of)* olfato; olor; *(animals)* vaho; traza; to give out (offensive) —, apestar; *va.* oler, olfatear; to — a rat, oler el poste; — out, husmear; percibir; — of, oler a.

smelling [sme'ling] *adj.* oloroso, aromático; maloliente.

smelt [smelt] *va.* fundir, derretir.

smile [smail] *n.* sonrisa; *vn.* sonreír; — on, favorecer.

smiling [smay'ling] *sdj.* risueño; — **face**, cara de Pascua.

smirk [smək] *n.* visaje.

smitch [smich] *n.* partícula, mota, polvo.

smite [smait] *va.* golpear, herir; asolar; *vn.* aplastar; *(conscience)* remorder.

smith [smiz] *n.* herrero; forjador; artífice.

smithy [smi'ži] *n.* fragua, forja.

smoke [smouk] *n.* humo; screen, cortina de humo; **to end in** —, volverse (humo, agua de borrajas); **to have a** —, echar un pitillo; *va. (cigars, etc.)* fumar; *(fish, etc.)* ahumar; sahumar; *vn.* humear, echar humo.

smoking [smou'king] *n.* fumar; — **room**, cuarto de fumar; — **car**, vagón para fumadores; *adj.* humeante; **no** —, se prohibe fumar.   [humo.

smokeless [smou'kles] *adj.* sin

smoky [smou'ki] *adj.* humeante; lleno de humo; ahumado; **to be** —, humear.

smooth [smuž] *adj. (flat)* llano, plano; *(hair)* liso; *(polished)* pulido, terso; *(even)* unido, igual; armonioso; *(easy)* fácil, suave; *(talk, etc.)* untuoso, fluido, meloso; — **chined**, barbilampiño; — **shaven**, (bien) afeitado; *va.* allanar, igualar; pulir, alisar; *(wood, etc.)* desbastar; — *(way)* facilitar; *(temper)* pacificar, ablandar; — **running**, corredizo.

smoothness [smuž'nes] *n.* suavidad, igualdad; destreza.

smother [smo'žə] *va.* extinguir, ahogar; apagar; *vn.* ahogarse, asfixiarse.

smug [sməg] *adj.* relamido, presumido, comodín.

smuggle [smə'gəl] *va.* pasar de contrabando.

snack [snak] *n.* merienda, refresco, tentempié.

snag [snag] *n.* tropezón.

snail [sneil] *adj.* — **pace**, paso de tortuga; *n.* caracol.

snake [sneik] *n.* culebra, serpiente.

snap [snap] *n. (bite)* mordisco; *(fastener)* cierre; *(of fingers)*

castañeteo; *(whip, etc.)* chasquido; *(smartness)* vigor, viveza; *(photo)* instantánea; *adj.* de golpe, repentino; — **shot**, rápido, sin apuntar; *va.* chasquear; romper; *(photo)* sacar una instantánea; *vn.* partirse, saltar, quebrarse; estallar; — **at**, mordisquear.

snare [sne'ə] *n.* trampa, lazo; red, trapisonda; *(birds)* orzuelo; asechanza, artimaña; *va.* poner trampas, enmarañar, enredar.   [gañar, gruñir.

snarl [snaal] *n.* gruñido; *vn.* re-

snatch [snach] *va.* — **away**, **up**, arrebatar, quitar, raptar.

sneak [sniik] *n.* soplón, hombre vil; *vn.* — **away**, **off**, arrastrarse, escabullirse; — **in**, colarse.

sneaking [snii'king] *adj.* bajo, arrastrado, rastrero.

sneer [sni'ə] *n.* desdén, mofa, escarnio; *vn.* hablar desdeñosamente; — **at**, escarnecer, burlarse de.   [estornudar.

sneeze [sniis] *n.* estornudo; *vn.*

sniff [snif] *n.* sorbetón; *va.* — **out**, husmear, olfatear; *vn.* husmear; sorberse los mocos.

snobbishness [sno'bish-nes] *n.* tufo.   [roncar.

snore [sno'ə] *n.* ronquido; *vn.*

snort [snoet] *n.* bufido, refunfuño; *vn.* resoplar, refunfuñar.

snout [snaut] *n.* hocico, trompa, morro.

snow [snou] *n.* nieve; — **storm**, nevasca; — **drift**, ventisquero; *vn.* nevar; — **gently**, neviscar.

snowdrop [snou'drop] *n.* campanilla de invierno.

snowfall [snou'fel] *n.* nevada.

snowflake [snou'fleik] *n.* copo de nieve.

snub [snəb] *n.* desaire; — **nosed**, chato; *va* desairar.

snug [snəg] *adj.* abrigado, cómodo; *(fit)* ajustado.

snuff [snəf] *v.* olfatear, oler, oliscar, ventear, sorber por la nariz, atizar, *(pop.)* matar, aspirar. *n.* moco, seta, pabilo o pavesa de vela, tufo, rapé.

so [sou] *adv.* así, tan; así como; — **big**, tamaño, así de grande;

— long (*fam.*), hasta luego; — that, de modo que, de forma que, de suerte que; — and —, un tal; Mr. — and —, don fulano de Tal; Zutano; and —, conque.

soak [souk] *va. & n.* remojar, soturar, empapar; macerar; (*peas*) poner a remojo; — up, chupar, absorber, coger; — through, calar.

soaked [soukd] *adj.* — to the skin, hecho una sopa; to be —, (*in subject*) empaparse, embeberse. [bón.

soap [soup] *n.* jabón; *va.* dar jaboar [so'ə] *vn.* cernerse, remontarse, elevarse, encumbrarse.

sob [sob] *n.* sollozo, suspiro; *vn.* sollozar, suspirar.

sober [sou'bə] *adj.* sobrio, serio, parco, templado; abstemio; (*colour*) sombrio, apagado.

soberness [sou'bə-nes] *n.* sobriedad.

sobriety [so-bray'i-ti] *n.* seriedad, gravedad, moderación, cordura. [ciable.

sociable [sou'shə-bəl] *adj.* sosociety [so-say'ə-ti] *n.* sociedad, asociación, consorcio; compañía.

sock [sok] *n.* calcetín.

socket [so'kət] *n.* (*eye*) cuenca; (*tooth*) alvéolo; (*collarbone*) hoyuela; (*wall*) toma; (*elect.*) enchufe.

sodden [so'dən] *adj.* empapado, saturado, hecho unas papas.

sofa [sou'fə] *n.* sofá, canapé.

soft [soft] *adj.* suave, blando, muelle, mullido, quedo; (*silly*) tocado de la cabeza; (*shell*) blando; (*water*) dulce; dúctil; manso; débil; afeminado; — as silk, como una seda; — option, canonjía.

soften [so'fən] *va.* suavizar, ablandar, endulzar, moderar; (*colour*) apagar; templar; enternecer.

softness [soft'nes] *n.* suavidad, blandura, dulzura; ductilidad; molicie.

soil [soil] *n.* terreno, tierra, suelo; *va.* ensuciar; manchar, empañar.

soiree [sua'rə] *n.* sarao, velada.

solace [so'ləs] *n.* solaz, alivio; *va.* solazar, consolar.

sold [sould] *pp. of sell;* to be — out, (*edition*) agotarse.

soldier [soul'dyə] *n.* soldado, militar, guerrero; (*of Foreign Legion*) legionario.

soldiery [soul'dye-ri] *n.* tropas, soldadesca.

sole [soul] *adj.* solo, único; mero; absoluto; — right, exclusiva; *n.* (*shoe*) suela; (*fish*) lenguado; *va.* poner suela, solar.

solemn [so'ləm] *adj.* solemne, ponderoso. [lemnizar.

solemnise [so'ləm-nays] *va.* sosolemnity [so-lem'ni-ti] *n.* solemnidad, importancia, mesura.

solicit [so-li'sit] *va.* solicitar, pedir, implorar, importunar, demandar.

solicitous [so-li'si-təs] *adj.* solícito, cuidadoso, ansioso.

solicitude [so-li'si-tiud] *n.* solicitud, diligencia.

solid [so'lid] *adj.* sólido, duro, firme, macizo.

solidity [so-li'di-ti] *n.* sustancia, solidez, consistencia.

soliloquy [so-li'lo-kui] *n.* soliloquio; monólogo.

solitary [so'li-tə-ri] *adj.* solitario, señero; retirado, aislado, único; in — confinement, incomunicado.

solitude [so'li-tiud] *n.* soledad.

solution [so-liu'shən] *n.* solución.

solve [solv] *va.* (dis)solver, resolver, aclarar; (*riddle*) adivinar.

sombre [som'bə] *adj.* tétrico, sombrío, lóbrego.

some [səm] *adj.* algún, alguno; — sort of, tal cual, un poco de; *pron.* algunos; alguna persona.

somebody [səm'bə-di] *n.* alguien; — or other, un cualquiera.

somehow [səm'jau] *adv.* en cierto modo, de algún modo.

somersault [sə'mə-solt] *n.* salto mortal, vuelco, tumbo.

something [səm'zing] *n.* algo, alguna cosa; — like, algo como;

— **and nothing,** un sí es no es; there is — of the (poet) in him, tiene sus ribetes de (poeta).

sometime [səm'taim] *adv.* en algún tiempo, algún día.

sometimes [səm'taims] *adv.* en ocasiones, (a) (algunas) veces.

somewhat [səm'juot] *adv.* algo, algún tanto, en cierto modo.

somewhere [səm'jue-ə] *adv.* en alguna parte.

son [sən] *n.* hijo; — **and heir,** mayorazgo; — **in-law,** yerno.

song [song] *n.* canto, cantar, cantiga, canción, copla; *(birds)* gorjeo; — **book,** cancionero; — **of —s,** Cantar de los Cantares.

songful [song'ful] *adj.* melodioso.

sonnet [so'net] *n.* soneto. . [so.

sonorous [so'nə-rəs, sə-nou'rəs] *adj.* sonoro, resonante, retumbante.

sonorousness [so'nə-rəs-nes; sə-nou'rəs-nes] *n.* sonoridad, armonía.

soon [sun] *adv.* pronto, prontamente, presto; **as — as,** en cuanto, así que, no bien; **some time —,** un día de estos, temprano.

sooner [su'nə] *adv.* más pronto; **no — than,** apenas; — **or later,** tarde o temprano, a la larga.

soothe [suž] *va. (person)* calmar, ablandar, acariciar; *(pain)* aliviar.

soothing [su'žing] *adj.* calmante, sedante, consolador.

soothsayer [suz'sey-ə] *n.* adivino, agorero.

sophistry [so'fis-tri] *n.* sofistería, argucia.

soporific [so-po-ri'fic] *adj.* soporífero, narcótico.

soprano [so-pra'nou] *n.* tiple.

sorcerer [soo'sə-rə] *n.* hechicero, brujo, encantador.

sorcery [soo'sə-ri] *n.* hechicería, brujería. ,

sordid [soo'did] *adj.* sórdido, mezquino, asqueroso, sucio, avariento, interesado.

sordidness [soo'did-nes] *n.* sordidez, bajeza, vileza.

sore [sou'ə] *adj.* dolorido; resentido, quejoso; delicado; *n.* llaga, úlcera.

soreness [sou'ə-nes] *n.* dolor, dolencia, llaga; amargura.

sorrow [so'rou] *n.* dolor, pena, aflicción; cuita; pesar, sentimiento; **to my —,** con gran sentimiento mío; — **stricken,** agobiado de dolor; **to express —,** dar el pésame; *vn.* afligirse, apenarse.

sorrowful [so'rou-ful] *adj.* afligido, pesaroso, desconsolado.

sorry [so'ri] *adj.* triste, desconsolado, apenado, funesto; *(nag, etc.)* raquítico, ruín, despreciable; **I am —,** lo siento, me pesa; **usted dispense; to be — for,** compadecer.

sort [soot] *n.* suerte, clase, especie, condición; **a good —,** un buen tipo, buen elemento; **after a —,** de cierto modo; **out of —s,** indispuesto, malhumorado, deprimido, malucho; *va.* clasificar, separar, repartir, escoger; arreglar.

sortie [soo'ti] *n.* rebato; salida.

sot [sot] *v.* atontar, aturdir, atolondrar, embriagarse, empinarse; — *n.* borrachín, zaque, tumba-cuartillos, pellejo.

soul [soul] *n.* alma, espíritu, ánima; esencia; corazón; criatura, ser; *(fam.)* cristiano, hijo de Dios; **All —s Day,** día de las ánimas.

sound [saund] *adj.* sano, ileso, perfecto, bueno, entero; autorizado; seguro, firme, válido; cabal; **safe and —,** sano y salvo; *n.* sonido, son; *(naut.)* estuario, ría; — **wave,** onda sonora; *va.* sonar; tocar; entonar; *(med.)* auscultar; *(take soundings)* fondear, sond(e)ar; *(fig.)* tentar el pulso, tantear; *vn.* sonar, resonar.

sounding [saun'ding] *n.* sonda; **to take —s,** sondear; *adj.* sonoro, retumbante; **high- —,** rimbombante; campanudo.

soundness [saund'nes] *n.* salud; solidez, validez, rectitud, firmeza, seguridad.

soup [sup] *n.* sopa.

sour [sau'ə] *adj.* agrio, ácido; *(fig.)* acre, áspero; desabrido, rancio; *va. & n.* agriar(se), *(milk)* cortarse; *(wine)* torcerse; *(land)* malearse; indisponer.

source [soos] *n.* fuente, origen, manantial, germen, procedencia, cuna, foco; **reliable —,** buena tinta.

soured [sau'əd] *adj.* amargado.

sournness [saü'ə-nes] *n.* acedía, acidez; acritud, acrimonia.

south [sauz] *adj.* meridional, austral; *n.* sud, sur, mediodía.

souvenir [su'və-ni-ə] *n.* recuerdo.

sovereign [so'və-rein] *adj.* soberano, supremo, singular; *n.* soberano, potentado, monarca; *(coin)* libra metálica.

sovereignty [so'və-rein-ti] *n.* soberanía, corona.

sow [sou] *va.* sembrar, esparcir, desparramar; *(seed)* sementar; **to — wild oats,** correrla.

sowing-time [sou'ing-taim] *n.* tiempo de siembra.

spa [spaa] *n.* balneario.

space [speis] *n.* espacio, extensión; intervalo; cabida; plaza; huelgo; ocasión, sazón; *va.* espaciar.

spacious [spey'shəs] *adj.* espacioso, extenso, amplio, holgado.

spaciousness [spey'shəs-nes] *n.* extensión, amplitud, holgura.

spade [speid] *n.* azada; *(mil.)* zapa, pala; **to call a — a —,** llamar al pan pan y al vino vino.

span [span] *n.* palma; *(bridge)* ojo, luz; tramo, trecho; *(time)* lapso; instante; *(wings)* envergadura; *va.* medir (a palmos); alcanzar, cruzar; tender, extender(se). [águas.

spaniel [spa'niəl] *n.* perro de

Spanish [spa'nish] *adj.* español, hispano, hispánico; *n.* español, castellano; **to talk —,** *(coll.)* hablar cristiano; **— studies,** hispanismo; **— scholar,** hispanista.

spar [spaa] *n.* *(naut.)* palo, berlinga; *(min.)* espato; *(boxing)* lucha, riña.

spare [spe'ə] *adj.* escaso; *(body)* enjuto; *(pieces)* de repuesto;

(extra) disponible; suplementario; de repuesto, de reserva; sobrio; **— time,** tiempo desocupado, ratos perdidos; **— parts,** piezas de recambio; *va. & n.* ahorrar; escatimar; prescindir de, pasarse sin; hacer gracia de; *(time)* dedicar; disponer de; desistir; refrenarse.

sparger [spaa'dyer] *n.* regadera, rociadera, rociador.

sparing [spe'ə-ring] *adj.* escaso, frugal, parco; **to be —,** escasear, escatimar, ser frugal.

spark [spaak] *n.* chispa, centella, chispazo; **— plug,** bujía.

sparkle [spaa'kəl] *n.* chisporroteo; centelleo, destello; *vn.* chisporrotear, centellear; relampaguear, rutilar.

sparkling [spaak'ling] *adj.* centelleante, rutilante, brillante; *(eyes)* chispeante; *(wine)* espumoso.

sparse [spaas] *adj.* desparramado; *(hair, grass)* ralo; frugal.

spasm [spa'səm] *n.* espasmo.

spasmodic [spas-mo'dik] *adj.* espasmódico. [ciar.

spatter [spa'tə] *va.* salpicar, ro-

speak [spiik] *va. &. n.* hablar; articular; proferir; arengar; conversar; interceder por; explicarse; **you may —,** vd. tiene la palabra; **— ill of,** murmurar de; **X speaking,** *(tel.)* X al habla; **— out,** hablar, claro; **— up,** hablar alto.

speaker [spii'kə] *n.* orador; portavoz.

speaking [spii'king] *n.* **— trumpet,** bocina; **— terms,** relaciones superficiales.

spear [spi'ə] *n.* lanza; *(javelin)* venablo; arpón; *va. & n.* alancear; brotar.

special [spe'shəl] *adj.* especial, particular; notable; privativo; predilecto; sumo, subido.

speciality [spe-shia'li-ti] *n.* especialidad, particularidad.

species [spi'shis] *n.* especie, género.

specific [spe-si'fik] *adj.* expreso, preciso, determinado.

specify [spe'si-fay] *va.* especificar, detallar.

specimen [spe'si-men] *n.* ejemplar, muestra.

specious [spi'shəs] *adj.* artificioso; — **arguments**, retórica.

speck [spek] *n.* mota, mancha, mácula, chispa; peca; pizca; *va.* manchar; espolvorear.

spectacle [spek'tə-kəl] *n.* espectáculo, exhibición.

spectacles [spek'tə-kəls] *n.* *vl.* anteojos, lentes, gafas; (*horn-rimmed*) quevedos.

spectator [spek-tey'tə] *n.* espectador; —**s**, concurrencia, auditorio, público.

spectre [spek'tə] *n.* espectro, visión, fantasma.

speculate [spe'kiu-leit] *va.* especular, considerar, reflexionar.

speculation [spe-kiu-ley'shən] *n.* especulación, raciocinio, meditación, teoría.

speech [spiich] *n.* idioma, habla, lengua; oración, discurso; (*theat.*) parlamento; lenguaje; **local —**, habla; **to lose one's —**, perder el hablar; **after dinner —**, brindis; **part of —**, parte de la oración.

speechless [spich'les] *adj.* mudo, cortado, desconcertado; **to leave —**, aturdir.

speed [spiid] *n.* velocidad, prisa; (*despatch*) rapidez, expedición, celeridad, diligencia; marcha, carrera, andar; **at full —**, a toda velocidad; a carrera tendida; de corrida, a todo correr; **to make —**, apresurarse, darse prisa; *va.* despachar; expedir; ayudar; **to — up**, acelerar, activar; *vn.* apresurarse; progresar.

speedy [spii'di] *adj.* veloz, diligente, expedito, rápido.

spell [spel] *n.* (*magic*) hechizo, ensalmo; (*attraction*) fascinación; (*fame*) prestigio; (*turn*) turno, tanda; (*time*) rato, temporada; — **bound**, hechizado, arrobado, embobado; *va.* deletrear.

spelter [spel'tə] *n.* cine, peltre.

spend [spend] *va.* gastar, disipar, emplear, consumir(se); —

oneself against, estrellarse contra; (*time*) pasar.

spendthrift [spend'zrift] *adj.* *and n.* manirroto, pródigo, derrochador. [be; astro.

sphere [sfi'ə] *n.* espera, bola, or-

sphinx [sfingks] *n.* esfinge.

spice [spais] *n.* condimento; especia; picante; *va.* condimentar, aliñar, sazonar.

spick [spik] *adj.* —**and span**, repulido, flamante.

spider [spay'də] *n.* araña.

spike [spaik] *n.* espiga; espigón; clavo; *va.* (*gun*) clavar, afianzar.

spill [spil] *n.* vuelco, caída; *va.* & *n.* derramar, verter, esparcir; —**over**, *vn.* (*liquids*) rebosar; volcarse en.

spin [spin] *va.* (*thread*) hilar; torcer; (*top*) bailar; hacer girar; *vn.* — **out**, alargar; girar; — **round**, remolinarse.

spinach [spi'nəch] *n.* espinaca.

spinal [spay'nəl] *adj.* —**colum**, columna vertebral.

spine [spain] *n.* espinazo, espina dorsal. [tico.

spineless [spain'les] *adj.* raquí-

spinet [spi'nət] *n.* clavicordio, espineta.

spinning [spi'ning] *n.* filatura, acción de hilar; — **wheel**, rueca; — **top**, peonza.

spinster [spin'stə] *n.* soltera, solterona.

spiral [spay'rəl] *adj.* espiral; (*archit.*) salomónico; — **staircase**, escalera de caracol.

spire [spay'ə] *n.* aguja, flecha.

spirit [spi'rit] *m.* espíritu, alma; (*departed*) alma, sombra; (*vigour, etc.*) ánimo, aliento, brío; (*liveliness*) viveza, fogosidad; (*ghost*) visión, aparecido, espíritu; (*nature*) temple, talento; **to undertake with —**, apechugar; *pl.* licor, aguardiente; **good —**, buen humor; **low —**, desalentado; **to pick up —**, cobrarse ánimos; *va.* — **away**, arrebatar, hacer desaparecer.

spiriter [spi'ri-təd] *adj.* brioso, fogoso, alentado, animoso, gallardo, valiente, arrogante;

low —, abatido, deprimido, amilanado.

spiritualist [spi'ri-tiu-ə-list] *n.* espiritista.   [chispear.

spit [spit] *vn.* escupir; *(rain)*

spite [spait] *n.* despecho, ojeriza, rencilla, rencor; **(in) — of,** a pesar de, a despecho de; **in —of myself,** a pesar mío; *vr.* vejar, causar pena.

spiteful [spait'ful] *adj.* rencoroso, malévolo, maligno.

spitefulness [spait'ful-nes] *n.* malevolencia, encono, inquina.

spiv [spiv] *n. (sl.)* holgazán.

splash [splash] *n.* salpicadura; chispa; *va.* estrellar, salpicar; chapotear.   [llado.

splattered [spla'təəd] *adj.* estre-

spleen [spliin] *n.* bazo; ira, rencor, coraje; melancolía, hipocondría, resentimiento.

splendid [splen'did] *adj.* espléndido, heroico; magnífico, fastuoso, lucido; ilustre.

splendidness [splen'did-nes] *n.* esplendidez, bizarría.

splendour [splen'də] *n.* esplendor, brillantez, magnificencia, refulgencia; gloria, fausto.

splice [splais'] *v.* ayustar, empalmar, entrelazar, reforzar, empotrar, unir, juntar; *n.* ayuste, empalme, unión.

splint [splint] *n.* astilla.

to put on a —, entablar; *va.* entablillar; *va.* romperse en astillas.

split [split] *adj.* partido, hendido; *n.* hendedura; grieta; resquebradura; raja; *(among people)* división, rompimiento; *va.* tajar, hender, rajar; partir, dividir, resquebrajar; *vn.* agrietarse, hendirse; abrirse, estrellarse.

splutter [splə'tə] *n.* chisporroteo; *vn.* farfullar; *(candle)* chisporrotear.

spoil [spoil] *n. pl.* despojo, botín, trofeo; *(of office)* gajes; *va.* estropear; arruinar, dañar, *(taste)* estragar; *(appearance)* ajar; *(plans)* desbaratar, dar al traste con; *(fruit)* echar a perder, perderse; *(child)* mimar, consentir; *(sack)* despo-

jar, robar; *(by handling)* manosear.

spoiled, spoilt [spoild, spoilt] *adj.* averiado, roto; estropeado; *(child)* consentido, mimado.   [tavoz.

spokesman [spouk'mən] *n.* por-

sponge [spəndy] *n.* esponja; **to throw in the —,** to give up the **—,** *(coll.)* rajarse; *va.* pasar la esponja, lavar con esponja; **— on,** comer (etc.) de gorra.

sponsor [spon'sə] *n.* fiador; *(weddings, etc.)* padrino.

spontaneous [spon-tey'niəs] *adj.* espontáneo.

spool [spul] *n. (film)* carrete; bobina.

spoon [spun] *n.* cuchara; *(tea, cofee, etc.)* cucharita, cucharilla; *(large)* cucharón.

spoonful [spun'ful] *n.* cucharada; *(tea, coffee, etc.)* cucharadita.

sport [spoot] *n.* deporte; recreo; holgorio; diversión; juego; *va. (coll.)* gastar; *vn.* holgar.

sporting [spoo'ting] *adj.* de caza; deportista.

sportive [spoo'tiv] *adj.* juguetón.   [portista.

sportsman [spoots'mən] *n.* de-

spot [spot] *n. (place)* sitio, lugar, paraje; *(stain)* mancha, lunar, tacha; *(shame)* baldón, tacha; **on the —,** en el acto, al punto; *va.* abigarrar, manchar; salpicar; notar, descubrir.

spotless [spot'les] *adj.* puro, limpio, virgen, sin mancha; inmaculado.

spouse [spaus] *n.* esposo.

spout [spaut] *n. (drain)* caño, cañería, tubo; surtidor; *(of water)* chorro; *(teapot)* pico; **water —,** tromba; *va. & n.* lanzar, arrojar; chorrear.

sprain [sprein] *n.* torcedura; *va.* torcer; *vn.* dislocarse.

sprawl [sprool] *vn.* tenderse, tumbarse (cuan largo es).

spray [sprey] *n.* espuma; ramita de árbol; rociada; *va.* rociar.

spread [spred] *adj.* extendido, desparramado; *n.* extensión, dilatación, amplitud; desarrollo; *(of news)* difusión, diseminación; *(of branches)* ramaje; *(of wings)* envergadura; *(meal)* *(fam.)* festín, cuchipanda; **bed-—,** cobertor; *va.* extender, esparcir; *(wings)* desplegar, desenvolver; *(table)* poner; sembrar, difundir, propalar; *vn.* extenderse, popularizarse, generalizarse; *(of news, etc)* cundir; *(in speech)* explayarse; **— abroad,** esparcirse, propalar; **—over, with,** untar, dar una capa de; **—out,** separar, extender, distanciar; ramificarse; *vr.* esparcirse, ponerse a sus anchas.

spreading [spre'ding] *n.* propagación.

sprightly [sprait'li] *adj.* vivo, vivaz, despejado, listo, vivaracho.

spring [spring] *adj.* primaveral; elástico; *n. (season)* primavera; *(mech.)* resorte, muelle; *(jump)* salto, bote; *(water)* fuente, venero, manantial; *(of action)* móvil, germen; **— board,** trampolín; *va. (trap)* soltar; *(mine)* volar; *(arch.)* arrancar; *(a suggestion, etc.)* presentar de golpe; **— over,** pasar saltando, saltar por encima; **—a leak,** hacer agua; *vn.* saltar, brincar; *(liquid)* manar; *(arise)* provenir, seguirse, hacer; *(rise)* levantar(se), elevarse; **— at,** lanzarse sobre; **— back,** saltar atrás, recular; **— forth,** brotar, precipitarse; **— up,** brotar, desarrollarse, surgir.   [maveral.

springlike [spring'laik] *adj.* pri-

springy [spring'i] *adj.* elástico, muelle, esponjoso.

sprinkle [spring'kəl] *va.* asperjar, rociar, salpicar.

sprinkling [spring'kling] *n.* aspersión, rociada; **a — of,** unos cuantos.

sprite [sprait] *n.* duende, hada.

sprout [spraut] *n.* **Brussels —,** col de Bruselas; renuevo, botón; vástago; *vn.* brotar, germinar; surgir.

spry [sprai'] *adj.* ágil, vivo, listo, activo.

spur [spəə] *n.* espuela; *(of cock)* garrón, espolón; *(mountain)* estribación, risco; estímulo; *va.* espolear; impeler, instar, incitar.

spuriousness [spiu'riəs-nes] *adj.* falsedad.

spurn [spəən] *va.* desdeñar, despreciar, hollar.

spurt [spəət] *n.* chorro; esfuerzo repentino; *vn.* arrojar, brotar, surgir, salir a chorros.

spy [spay] *n.* espía; **—glass,** catalejo; *va. & n.* espiar; columbrar; **—on,** acechar; **—out,** explotar, reconocer.

squadron [skoud'rən] *n. (naut.)* escuadra; *(mil.)* escuadrilla aérea.

squalid [skou'lid] *adj.* inmundo, mugriento, escuálido, tiñoso.

squall [skuol] *n. (cry)* chillido; *(wind, rain)* borrasca, aguacero, racha; *vn.* chillar.

squalor [skuo'lə] *n.* escualidez, porquería.

squanter [skuon'də] *va.* malgastar, disipar, prodigar, despilfarrar, tirar.

square [skue'a] *adj.* cuadrado; justo, redondo, íntegro; **— built,** cuadrado; **— dealing,** honrado; **— root,** raíz cuadrada; **to get — with,** desquitarse; **four — feet,** cuatro pies cuadrados; **to be all —,** estar iguales; *n. (math.)* cuadro, cuadrado; *(town)* plaza; *(games)* casilla; *(mil.)* cuadro; *va.* cuadrar; elevar al cuadrado; *(com.)* saldar; ajustar, arreglar; *(fam.)* sobornar; *vn.* encajar, ajustarse, acomodar(se).

squash [skuosh] *n.* calabaza; *va.* aplastar, magullar.

squat [skuot] *adj.* rechoncho; *vn.* agacharse, ponerse en cuclillas; acurrucarse; establecerse.

squeak [skuik] *n.* chirrido; *vn.* crujir, chirriar; restallar; **to have a narrow—,** escaparse por un pelo.

squeal [skuiil] *n.* chillido; *vn.* chillar, berrear; *(sl.)* cantar.

squeamish [skuii'mish] *adj.* escrupuloso, delicado, nimio, cosquilloso, fastidioso.

squeeze [skuiis] *n.* presión, apretón; *(fam.)* **tight**—, aprieto; *va.* apretar, comprimir, oprimir, estrujar; — **out**, exprimir; — **in.** *vn.* recalcar; — **into**, pasar apretando.

squib [scuib'] *n.* suelto, satírico, entrefilete, carretilla.

squint [skuint] *adj.* bizco; *n.* estrabismo, mirada bizca; *vn.* bisquear, mirar de través.

squire [skuay'ə] *n.* escudero, propietario.

squirm [skuəəm] *vn.* retorcerse.

squirrel [skui'rəl] *n.* ardilla.

squirt [skuəət] *n.* chorro; jeringazo; jeringa; *va.* *jeringar*, hacer saltar a chorros.

stab [stab] *n.* herida, puñalada; estocada; *va.* dar de puñaladas, apuñalar.

stability [stə·bi'li-ti] *n.* estabilidad; firmeza, solidez.

stable [stey'bəl] *adj.* estable, firme, fijo; inalterable; *n.* establo, caballeriza, cuadra; *va.* poner en la cuadra.

stack [stak] *n.* *(grain, etc.)* niara; pila; *(arms)* pabellón; *(chimney)* cañón; *va.* hacinar.

stadium [stey'diəm] *n.* estadio.

staff [staaf] *n.* *(stick)* báculo, porra; *(shepherd)* cayado; *(flag)* asta; *(of office)* bastón; *(support)* apoyo, sostén; *(mil.)* estado mayor; *(household)* servidumbre; *(factory)* plantilla, personal; *(university)* profesorado.

stag [stag] *n.* ciervo, venado.

stage [steidy] *n.* *(boards)* escenario, tablas; teatro; *(platform)* tablado, plataforma, estrado; *(point)* punto; etapa, jornada, estado; fase; *(in promotion)* escalón; —**coach**, diligencia; — **manager**, director de escena; **in** —**s**, a tragos, por etapas; **by short**—**s**, a cortas jornadas, poco a poco; *va.* poner en escena, representar.

stagger [sta'gə] *vn.* hacer eses, tambalear, vacilar, titubear.

staging [stey'dying] *n.* andamiaje, tablado; representación.

stagnant [stag'nənt] *adj.* encharcado, estancado.

stagnate [stag-neit'] *vn.* estancar(se), detener(se).

staid [steid] *adj.* sosegado, (a)-sentado, almidonado.

stain [stein] *n.* mancha, lunar, mácula, tinte, tintura; *(oil)* lámpara; *va.* & *n.* manchar, teñir; mancharse; ensuciar, desdorar, empañar.

stained [steind] *adj.* —**glass**, vidrio de color.

stainless [stei:n'les] *adj.* inmaculado, limpio; *(steel, etc.)* inoxidable.

stair [ste'ə] *n.* peldaño, grada; *pl.* escalera; **spiral** —, c· lera de caracol; **flight of**—**s**, tramo; **up**—**s**, arriba, en el piso superior; **down**—**s**, abajo, en el piso inferior.

staircase [ste'ə-keis] *n.* cscalera; *(stone)* escalinata.

stake [steik] *n.* estaca, ɩ·ɔste; postura; *(betting)* apuesta, parada, puesta; pira; **at** —, en peligro, en juego; *va.* estacar; apostar; parar; arriesgar.

stale [steil] *adj.* pasado, rancio; *(air)* viciado; *(bread)* duro; *(wine)* picado.

staleness [steil'nes] *n.* insulsez.

stalk [stook] *n.* tallo; tronco, pedúnculo; pezón; *va.* acechar, seguir la pista de; *vn.* —**along.** **up**, andar, taconear, dar zancadas.

stall [stool] *n.* *(animal)* pesebre; establo; *(theat.)* butaca (de patio), luneta; *(shop)* barraca, puesto; —**s**, *(eccles.)* sillería; *va.* encerrar en establo, poner obstáculos; atascar(se); *(aviation)* atascarse, pararse.

stallion [sta'llən] *n.* caballo padre, semental, garañón, grullo.

stalwart [stol'uət] *adj.* forzudo, fornido; leal.

stamina [sta'mi-nə] *n.* resistencia.

stammer [sta'mə] *vn.* tartamudear, trabarse la lengua, balbucir.

stamp [stamp] *n.* *(official)* sello, timbre; *(design)* estampa, impresión; *(imprint)* impresión;

sello, marca; *(die)* cuño; *(of foot)* pisada; *(quality)* temple, suerte, calaña; *(postage)* sello; *(of truth)* sello; — duty, de timbre; — collecting, filatelia; *va. (officially)* timbrar, sellar; *(design)* imprimir; *(with die)* acuñar; *(mark)* señalar; *(postage)* poner, pegar un sello; *(with feet)* patear; *(disapprovingly)* patalear; *(with heels)* taconear; *(smash)* triturar; — on, pisar, hollar; —on, *(mind)* grabar; — down, apisonar; — out, extirpar, sofocar.

stampede [stam-piid'] *n.* estampida; *va.* ahuyentar, salir de estampida.

stanch [stonsh] *va. & n.* restañar; estancar.

stand [stand] *n. (at fairs)* puesto; *(at games)* estrado, tribuna; *(platform)* tarima, plataforma; *(support)* sostén; pedestal, peana; *(stop)* parada, alto; *(resistaine)* oposición, resistencia; *(fig.)* situación, actitud, posición; to take a firm—, resistir, mantenerse firme; *va. (bear)* resistir, aguantar, tolerar, someterse a; colocar (de pie); — up, poner derecho, poner de pie de canto; I can't — —him, no le puedo ver; *va.* estar de pie; levantarse, erguirse; resistir; detenerse, pararse, quedar suspenso; estar situado; (per)durar, quedar en pie; — against, hacer frente a; aloof, mantenerse apartado; —aside, apartarse, quitarse de en medio; — back, estar apartado, retroceder; —by, apoyar, sostener; — for, representar, significar; presentarse; tolerar; —in need, necesitar; —in good stead, servir, militar en (su) favor; — in way, impedir, dificultar, cerrar el paso; —on, estar (colocado) sobre; interesar; picarse de; — on ceremony, hacerse pedir; — on end, ponerse de punta; mantenerse derecho; —out, sobresalir, destacar(se), resaltar; oponerse; separarse; — up, levantarse, ponerse de pie; — up for, abo-

gar por, volver por; abrazar; — still, estarse quieto; estancarse.

standard [stan'dəd] *adj.* normal, ejemplar; típico; clásico, de ley; *n.* modelo, patrón, estándar, norma, tipo; nivel; poste, pilar; *(banner)* pabellón *(weight)* marco; *(in exam.)* calificación; gold —, patrón de oro; —bearer, alférez.

standing [stan'ding] *adj.* de pie, derecho; duradero, constante; *(law)* vigente; *(water)* encharcado; —room, *(in theat.)* sitio para estar de pie; — committee, comisión permanente; *n.* posición; *(social)* reputación, crédito, rango; sitio; duración; to be —, estar de pie; be still—, quedar todavía; to remain —, tenerse en pie.

standpoint [stand'point] *n.* punto de vista.

standstill [stand'stil] *n.* alto, parada; at a —, parado.

stanza [stan'sə] *n.* estrofa, copla, verso.

stapes [stei'pis] *n. (anat.)* estribos.

staple [stey'pəl] *adj.* corriente, principal; *n.* grampa; aro; — product, artículo principal, elemento, materia prima.

star [staa] *n.* estrella, astro; *(destiny)* sino; *(decoration)* cruz; shooting —, estrella fugaz; exhalación; under the—s, al sereno, a cielo raso.   [bor.

starboard [staa'bood] *n.* estribor.

starched [staachd] *adj.* almidonado, estirado, tieso, entonado.

stare [ste'ə] *n.* mirada fija; *vn.* ojear, clavar los ojos en; — straight at, mirar de hito en hito.

stark [staak] *adj. & adv.* rígido, fuerte; fuertemente; *(truth, etc.)* desnudo, escueto; —naked, desnudo, en cueros; — raving mad, loco rematado, loco de remate.

starling [staa'ling] *n.* estornino.

starry [staa'ri] *adj.* estrellado, constelado.

start [staat] *n. (surprise)* sobresalto; bote; respingo; *(begin-*

ning) comienzo, principio; salida, ímpetu, arranque *(advantage)* delantera, ventaja; **by —s,** a saltos; **for a—,** para empezar; *va.* empezar, comenzar; iniciar; poner en marcha, hacer andar, funcionar; *(task)* suscitar; *(game)* levantar; *vn.* sobrecogerse, dar un salto; *(surprise)* botar, sobresaltarse; *(train, etc.)* arrancar; principiar; salir; emprender; originar, iniciarse; **— back,** emprender el regreso; **— for,** ponerse en marcha hacia; **—off,** marcharse; **— up,** empezar a funcionar.

starting [staa'ting] *adj.* **—point,** punto de partida.

startle [staa'təl] *va.* asustar, espantar, sobresaltar.

starvation [staa-vey'shən] *n.* muerte de hambre, inanición.

starve [staav] *va. & n.* matar, morir, de hambre.

starving [staa'ving] *adj.* famélico, hambriento.

state [steit] *n.* estado, situación, condición; fausto, gala; **in great —,** con gran pompa; *(of weather)* temperie; **— paper,** documento de estado; **to lie in —,** yacer (estar) en capilla ardiente; *va.* exponer, explicar, manifestar, afirmar, declarar, citar; *(problem)* plantear, sentar; *(explicitly)* consignar, poner de bulto.

stated [stey'təd] *adj.* establecido, fijo, periódico.

stately [steit'li] *adj.* magnífico, solemne, imponente, áugusto.

statement [steit'ment] *n.* declaración, exposición, expresión, informe; estado, resumen; **self-evident —,** perogrullada.

statesman [steits'man] *n.* estadista, hombre de estado.

station [stey'shən] *n. (railway)* estación; *(in life, etc.)* puesto, situación; **field dressing —,** hospital de campaña; *(mil.)* apostadero; **— of Cross,** estaciones del Calvario); *vn.* apostar, colocar; *vr.* situarse.

stationary [stey'shə-nə-ri] *adj.* estacionario, fijo.

stationery [stey'shə-nə-ri] *n.* útiles de escritorio; papelería.

statistics [stə-tis'tik] *n.* estadística.

statute [sta'tiu] *n.* estatua; *(esp. relig.)* imagen. [maño, talla.

stature [sta'chə] *n.* estatura, ta-

status [stey'təs] *n.* rango; estado civil; condición; honores.

staunch [stoonsh] *adj.* fiel, acérrimo; *va.* restañar, estancar.

stave [steiv'] *v.* romper las dudas; abrir boquete; desfondar, hundir, quebrantar, destrozar, conjurar, diferir, retardar.

stay [stey] *n.* estancia, visita; *(law)* sobreseimiento temporal; freno; apoyo, sostén, demora; *pl. (corset)* corsé, ballenas de corsé; *va.* impedir, contener, detener, sostener; diferir; *vn.* quedar(se); visitar, pasar una temporada, parar; **— at,** hospedarse en; **—away,** ausentarse; **—up** *(night),* velar.

steadfast [sted'faast] *adj.* firme, estable, fijo, resuelto.

steadiness [ste'di-nes] *n.* constancia, firmeza, estabilidad; **— of hand,** pulso.

steady [ste'di] *adj.* constante, fijo, estable, regular; formal; quieto, compasado, sentado; *va.* fijar, sostener.

steal [still] *va. & n.* robar, hurtar; **— away,** along, deslizarse, escurrirse; **— into,** *(good graces, etc.)* insinuarse; colarse.

stealing [stii'ling] *n.* latrocinio; robo, hurto.

stealth [stelz] *n.* cautela, recato; **by —,** a hurtadillas, a escondidas.

stealthy [stel'zi] *adj.* furtivo, clandestino; oculto.

steam [stiim] *n.* vapor; *(from animals, etc.)* vaho; *va. & n.* cocer al vapor; echar vapor.

steamer [stii'mə] *n.* (buque de) vapor.

steel [stiil] *n.* acero; **cold —,** arma blanca; **cast —,** acero fundido; *adj.* acerado; de acero; *va.* acerar; fortalecer.

steep [stiip] *adj.* escarpado, en declive; precipitoso, abrupto, acantilado, empinado; *va.* remojar, empapar.

steeple [stii'pǝl] *n.* campanario; aguja; — **chase**, carrera con obstáculos.

steepness [stiip'nǝs] *n.* declive, precipicio; lo precipitoso.

steer [sti'ǝ] *n.* novillo; *va.* dirigir, conducir; (*ship*) gobernar; *vn.* hacer rumbo a, navegar; —**ing wheel** *n.* volante.

steerage [sti'ǝ-reidy] *n.* proa.

stem [stem] *n.* tronco, tallo; **from — to stern**, de cabo a rabo; *va.* oponerse a; resistir, restañar; contener; navegar contra la corriente.

stench [stensh] *n.* hediondez, hedor, pestilencia.

stenographer [ste-no'grǝ-fǝ] *n.* estenógrafa, taquígrafa.

step [step] *n.* (*walk*) paso; (*stair*) peldaño; grada; (*for mounting horse*) estribo; (*door*) umbral; (*sound of*) pisada; (*mark of*) huella; —**child**, alnado; — **mother**, madrasta; *pl.* (*means, etc.*) diligencias, gestiones; (*terraced*) gradería; (*of stone*) escalinata; **first** —, pinitos; **at every** —, a cada momento, a cada trinquete; *va.* poner, sentar el pie; (*mast*) plantar; — **on**, pisar; *vn.* dar un paso, pisar; avanzar; —**aside**, apartarse; —**down**, bajar; **darse de baja**; —**out**, apretar el paso; —**up**, (*elect.*) elevar la tensión.

stepping [ste'ping] *adj.* —**stone**, pasadera.

sterile [ste'rail] *adj.* estéril, infecundo, yermo.   [dad.

sterility [ste-ri'li-ti] *n.* sequesterling [stǝǝ'ling] *adj.* esterlino, de buena ley; **pound** —, libra esterlina; — **silver**, plata de ley.

stern [stǝǝn] *adj.* grave, serio, severo, austero, rígido; *n.* popa.

sternness [stǝǝn'nes] *n.* severidad, austeridad, rigidez, seriedad, rigor.

stew [stiu] *n.* guisado, guisote, cocido, platillo; olla; *va. & n.* guisar, estofar.

stewpan,   stewpot   [stiu'pan

(*pot*)] *n.* olla, marmita, cacerola.

steward [stiu'wǝd] *n.* mayordomo; (*of farm*) ranchero; **ship's** —, camarero.

stewed [stiud] *adj.* —**fruit**, compota.

stick [stik] *n.* (*walking*) caña, bastón; báculo; vara, estaca; (*heavy*) porra, garrote; **broom** —, mango; **blind man's** —, tiento; *pl.* (*fire*) leña; *va.* pegar, unir, fijar; —**out**, (*head, etc.*) asomarse, sacar; — **into**, hundir, clavar; (*teeth*) hincar; (*to prick*) pinchar, picar, punzar; — **together**, pegar, juntar; *vn.* estar (prendido, pegado); —**at**, persistir; **not to** — **at trifles**, no reparar en pelillos, no tener escrúpulos; — **in**, (*throat*) atravesarse (le); —**in the mud**, atascarse; atollarse; — **to**, pegarse; persistir; —**out**, proyectar, (sobre)salir.

sticking [sti'king] *adj.* —**plaster**, esparadrapo.

sticky [sti'ki] *adj.* pegajoso, glutinoso, pegadizo.

stiff [stif] *adj.* tieso, duro, rígido, tenso; (*of test, etc.*) difícil, fuerte; (*after exercise*), (músculos) resentidos; (*with cold*) aterido, entumecido; (*clumsy, slow*) torpe, entorpecido; (*manner*) formal, almidonado, estirado, entonado; (*opposition*) duro, terco; (*paste*) espeso; — **necked**, estirado, terco, erguido.

stiffen [stifǝn] *va. & n.* atiesar, endurecer; ponerse rígido, erguirse; robustecer; (*spirits*) levantar la moral.

stiffness [stif'nǝs] *n.* rigidez, dureza; engreimiento; (*med.*) rigor.

stifle [stay'fǝl] *va.* sofocar, ahogar; apagar, suprimir.

stigma [stig'mǝ] *n.* estigma, oprobio, baldón, borrón.

still [stil] *adj.* inmóvil, fijo, quieto; apacible, quedo, suave, sordo, silencioso, sereno; (*water*) durmiente; — **life**, bodegón; — **born**, aborto; *adv.* todavía, hasta ahora, siempre, no obstante, aun; *n.* quietud, calma, sosiego; *va.* acallar, enmudecer, apaciguar, calmar, tranquilizar, detener.

stillness [stilnəs] *n.* calma, tranquilidad, quietud ,silencio, inactividad.

stilt [stilt] *n.* zanco, trípode de barro, soporte.

stilted [stil'təd] *adj.* hinchado, campanudo, pomposo.

stimulant [sti'miu-lənt] *n.* acicate, estimulante.

stimulate [sti'miu-leit] *va.* estimular, incitar, esforzar, excitar, avivar.

stimulating [sti'miu-ley-ting] *adj.* incitante, inquietante.

stimulation [sti-miu-ley'shən] *n.* excitación.

stimulus [sti'miu-ləs] *n.* aguijón, estímulo, incentivo.

sting [sting] *n.* aguijón, picadura; *(of bee)* espigón; *(conscience)* remordimiento; *va.* picar, punzar; *(sl.)* clavar, hincar la uña.

stinginess [stin'dyi-nes] *n.* avaricia, tacañería.

stink [stingk] *n.* mal olor, peste; *vn.* apestar.

stipulate [sti'piu-leit] *vn.* estipular, pactar.

stir [stəə] *n.* movimento, agitación; bulla, alboroto; *va.* mover, remover; *(liquid)* revolver, ι.gitar; — **up**, *(passions, etc.)* concitar; — **up**, *(rebellion, etc.)* levantar, fomentar, suscitar, soliviantar; *vn.* menearse, agitarse.

stirrup [sti'rəp] *n.* estribo.

stock ιstok] *n.* *(family)* estirpe; *(tree)* tronco; *(rifle)* caja; *(handle)* mango; *(neck)* collarín; *(cattle)* ganadería; *(store)* provisión, surtido, existencias, acopio; *(fin.)* valor, acción; — **broker**, bolsista; — **farm**, rancho; — **farmer**, ranchero, ganadero; — **phrase**, lugar común, muletilla; **rolling** —, material móvil; *pl.* *(for punishment)* cepo; *va.* proveer, abastecer, surtir; — **up**, almacenar; **to take** —, hacer inventario, asesorarse de.

stockade [sto-keid'] *n.* estacada, valla.

stocking [sto'king] *n.* media; *(knee-length)* calceta.

stocky [sto'ki] *adj.* rechoncho.

stoical [stou'i-kəl] *adj.* estoico; *n.* estoico.

stoke [stouk] *va.* cargar.

stoker [stou'kə] *n.* fogonero.

stolid [sto'lid] *adj.* estólido, insensible, imperturbable.

stomach [stə'mək] *n.* estómago; *va.* digerir, aguantar.

stone [stoun] *adj.* pétreo, de piedra; *n.* piedra; canto; grave — lápida; *(rough)* pedrusco; *(fruit)* hueso; — **mason**, picapedrero; — **deaf**, sordo como una tapia; **corner**—, piedra angular; **stepping** —, pasadera; —**fight**, pedrea; —**work**, mampostería; **to leave no** — **unturned**, revolver Roma con Santiago; *va.* apedrear, lapidar.

stony [stou'ni] *adj.* pedregoso, pétreo; *(glance)* glacial, de suficiencia; *(fig.)* marmóreo, insensible; — grιund, cantorral.

stook [stuk] *n.* grupo de doce gavillas; *v.* disponer las gavillas en grupos.

stool [stul] *n.* taburete, escabel, banqueta; *(three-legged)* tajuela; bufete.

stoop [stup] *n.* cargazón de espaldas; *(liquids)* pila; inclinación; *vn.* inclinarse, ir encorvado, agacharse; someterse; ser cargado de espaldas.

stop [stop] *n.* *(bus)* parada; request —, parada discrecional; cesación; alto; *(work)* paro; obstáculo, embarazo; *(mus.)* tecla; **full** —, punto final; **to put a** — **to**, poner (coto, fin) a; **to come to a** —, venir a parar, estancarse; **dead** —, parada en seco; *va.* parar, detener, interrumpir, terminar, contener, cesar de; *(payment)* suspender; *(flow)* restañar; *(hole)* tapar, cegar, obturar; *(pipe)* atascar; *(tooth)* empastar; *vn.* parar(se), plantarse; hacer (alto, punto, parada); acabarse; — **at**, hospedarse a, alojarse; — **short**, quedarse cortado.

stoppage [sto'peidy] *n.* cesación, detención; suspensión, obstrucción.

stopped [stopd] *adj.* **to be — up,** (*pipes, etc.*) atascarse, estancarse.   [pón.

stopper [sto'pə] *n.* tapadura, ta-

store [sto'ə] *n.* almacén, tienda; copia; provisión, abundancia; (*private*) escondrijo; **— room,** bodega; (*ship*) pañol; *pl.* pertrechos, provisiones; *va.* proveer, surtir, almacenar; **— up,** amontonar; **—away,** archivar.

storey [sto'ri] *n.* piso.

storm [stoom] *n.* temporal, tormenta; tempestad; **snow—,** nevasca; **— in a teacup,** tempestad en un vaso de agua; **to take by —,** expugnar; *va.* tomar por asalto; **— at,** fulminar.

stormy [stoo'mi] *adj.* tempestuoso, borrascoso.

story [sto'ri] *n.* historia, cuento, leyenda, relación; fábula; rondalla; (*sl.*) patraña.

stout [staut] *adj.* grueso; robusto; gordo, panzudo; recio, forzudo; resuelto, animoso.

stoutheartedness [staut-haa'tədnəs] *n.* constancia.

stoutness [stout'nəs] *n.* robustez, gordura.

stowaway [stou'ə-wey] *n.* polizón.

straggle [stra'gəl] *vn.* vagar, estraviarse, rezagarse.

straggler [strag'lə] *n.* rezagado; disperso.

straight [streit] *adj.* derecho, recto; tieso; (*hair*) lacio; **— ahead,** enfrente; **— away,** de buenas a primeras; **in a — line,** rectamente.

straighten [strey'tən] *va.* **— up,** enderezar, arreglar; *vn.* enderezarse.

straightness [streit'nəs] *n.* rectitud; probidad.

straightway [streit'uey] *adv.* de buenas a primeras, seguido, incontinenti, al instante.

strain [strein] *n.* tensión; (*mus.*) tonada, aire; estilo; tema; (*of madness*) vena; (*breed*) raza; (*twist*) torcedura; (*archit.*) es-

guince; *va. & n.* colar, filtrar; esforzar(se); lastimar, torcer, forzar.

strained [streind] *adj.* violento, forzado; (*relations*) tirante.

strainer [strey'nə] *n.* colador, filtro, cedazo, tamiz.

strait [streit] *adj.* angosto; estrecho; exacto; **—laced,** estirado; *n.* estrecho, aprieto, apuro; (*geog.*) **—s,** estrecho.

straiten [strey'tən] *va.* estrechar, acortar.

straitened [strey'tənd] *adj.* **— circumstances,** estrecheces.

strand [strand] *v.* envarar, encallar, varar, embarrancar; *n.* costa, marina, playa, ribera; cabo, cordón, hebra, cable.

strange [streindy] *adj.* extraño, raro, fantástico, sorprendente, peregrino, desconocido; esquivo.

strangeness [streindy'nes] *n.* extrañeza, novedad, rareza, singularidad, esquivez.

stranger [strein'dyə] *n.* extraño, forastero, desconocido, profano; **to be a — to,** desconocer.

strangle [strang'gəl] *va.* estrangular, dar garrote a, ahogar.

strap [strap] *n.* (*leather*) correa; (*waist*) cinturón; (*harness*) contrafuerte; **chin —,** carrillera; **shoe —,** tirante; precinto.

strapping [stra'ping] *adj.* gordo, abultado, rozagante; **— youth,** mocetón.

stratagem [stra'tə-dyem] *n.* estratagema, arteria, ardid, treta.

strategic [stra-tii'dyik] *adj.* estratégico.   [trato.

stratum [strey'təm] *n.* capa, es-

straw [stroo] *adj.* pajizo; de paja; *n.* paja; **that's the last —,** es el colmo; **I don't care a —,** no me importa un bledo (un pito) **—loft, pajar; —coloured,** pajizo.

strawberry [stroo'bə-ri] *n.* fresa.

stray [strey] *adj.* extraviado, descarriado; (*animal*) mostrenco; *vn.* descarriarse, extraviarse; (*of thoughts*) divagar.

streak [striik] *n.* raya, lista; *(of light)* rayo; *va.* rayar, listar; abigarrar.

streaky [strii'ki] *adj.* abigarrado; listado, rayado.

stream [striim] *n.* corriente; afluente; arroyo; chorro; *(of words)* flujo; —lined, aerodinámico; up —, agua arriba, contra corriente; *vn.* fluir, manar, correr, salir a torrentes.

streamer [stri'mər] *n.* flámula, gallardete, banderola, titular que ocupa todo el ancho del periódico.

street [striit] *n.* calle; *(Galicia)* rúa; by —, callejuela; cross —, bocacalle; — lamp, reverbero.

strength [strengz] *n.* fuerza, vigor; fortaleza, energía, solidez, pujanza; brío; *(wine)* cuerpo; nervio, nervosidad; alma; to gather —, cobrar fuerzas; by the — of one's arm, a pulso; on the — of, en atención a; respaldado por, fiándose de.

strengthen [streng'zən] *va.* fortificar, reforzar, consolidar, cimentar; alentar; fortalecer, robustecer; *vn.* fortalecerse.

strengthening [streng'zəning] *n.* refuerzo.

strenuous [stre'niu-əs] *adj.* fuerte, activo, enérgico; agotador.

strenuousness [stre'niu-əs-nes] *n.* energía, fortaleza, celo.

stress [stres] *n.* fuerza, peso, entidad, acento; tensión; coacción; carga; to lay — on, insistir en, hacer hincapié en.

stretch [strech] *n.* extensión; ensanche; ensanchamiento; *(of time)* tirada; at a —, de una tirada; *(of land)* llano; *va.* (ex)tender; alargar; ensanchar, forzar; —out, tender; *vn.* extenderse, desperezarse, estirarse; —out, tenderse.

stricken [stri'kən] *adj.* agobiado, herido; — in years, añoso, entrado en años.

strict [strikt] *adj.* estricto, severo, premioso, riguroso.

strictly [strikt'li'] *adv.* —speaking, en rigor.

strictness [strikt'nes] *n.* severidad, rigidez, rigor, exactitud, puntualidad.

stride [straid] *n.* tranco, zancada; *vn.* — along, trancar, pasar a zancadas, andar a trancos, caminar.

strident [stray'dənt] *adj.* estrepitoso, estridente.

strife [straif] *n.* lucha, contienda, altercado; disensión; porfía.

strike [straik] *n.* huelga; *va.* golpear, pegar, herir; *(colours)* arriar; *(match)* encender; *(coin)* acuñar; *(light)* sacar lumbre; *(attitude)* asumir; *(tent)* desmontar; —up, *(conversation)* entablar; — up against, chocar con, tropezar con, dar (con, contra", estrellarse contra; it strikes me, se me ocurre; it strikes home, me toca de cerca, da en lo vivo; to go on—, declararse en huelga; *vn.* golpear; chocar; *(bell)* sonar; *(ship on reef)* embarrancar; *(of plants)* arraigar; —at, acometer; to — blind, cegar de repente; —down, derribar; —off, borrar, tachar; cercenar; cerrar; —out for, arrojarse; — through, traspasar, atravesar; —up, *(music)* tañer, iniciar.

striker [stray'kə] *n.* golpeador; huelguista.

striking [stray'king] *adj.* relevante, llamativo, chocante.

string [string] *n.* cuerda, cordón, hilo; *(of people, etc.)* fila; *(ontons)* ristra, horca; *(lies)* sarta; *(curses)* retahíla; *va.* encordar, ensartar.

stringed [stringd] *adj. (instrument)* de cuerda.

stringent [strin'dyənt] *adj.* estricto, riguroso, apurado.

strip [strip] *n.* banda; tira; *(meat, etc.)* lonja; *(land)* lengua; *(cloth)* tira, jirón; *va.* despojar, quitar, desnudar; *(mech.)* desmontar; *vn.* desguarnecer, desnudarse, ponerse en cueros.

stripe [straip] *n.* raya, lista,

banda; *(mil.)* galón, galoncillo; veta; *(bruise)* cardenal; *va.* rayar.

striped [straipd] *adj.* rayado, listado.

strive [straiv] *vn.* esforzarse, forcejear, competir, afanarse, apurarse.

stroke [strouk] *n.* golpe; pase; *(with whip)* latigazo; *(of bell)* campanada; *(med.)* ataque fulminante; caricia; *(of genius, etc.)* rasgo; *(paint.)* pincelada; *(of pen)* plumada; *va.* acariciar.

stroll [stroul] *n.* paseo; **to take a —,** dar una vuelta.

strolling [strou'ling] *adj.* errante; **player,** cómico de la legua, comediante.

strong [strong] *adj.* fuerte, vigoroso, nervioso, recio; intenso, emocionante; violento; vivo, brillante; *(accent)* marcado, pronunciado; generoso; *(colours)* subido; *(liquids)* cargado; **—minded,** de creencias arraigadas; **— willed,** voluntarioso; cabezudo.

stronghold [strong'jould] *n.* fortaleza.

struck [strək] *adj.* **to be —,** *(by idea)* ocurrir(le) (a uno).

structure [strək'chə] *n.* construcción, edificio, estructura.

struggle [strə'gəl] *n.* lucha, esfuerzo; conflicto; *vn.* luchar, debatirse, esforzarse, pugnar; **—against,** resistir.

struggling [strə'gling] *n.* forcejeo, resistencia.

strung [strəng] *adj.* **highly —,** neurasténico, muy nervioso.

strut [strət] *n.* *(build.)* tirante; *vn.* pavonearse, contonearse.

stub [stəb] *n.* *(cigarette)* colilla; *(cigar)* chicote.   [bozo.

stubble [stə'bəl] *n.* rastrojo.

stubborn [stə'bən] *adj.* obstinado, terco, tenaz, testarudo, pertinaz, porfiado, inexpugnable.

stubly [stə'bi] *adj.* rechoncho, regordete, gordo, bajo y fuerte; cerdoso, hirsuto.

student [stiu'dənt] *n.* estudiante, alumno; investigador; *(of*

a course) cursante; **— band, — wake, — merry-making,** estudiantina.

studio [stiu'diou] *n.* taller.

studious [stiu'diəs] *adj.* estudioso, aplicado.

study [stə'di] *n.* estudio; despacho, oficina, taller; investigación; ensayo; **to be in a brown —,** ensimismarse; *va.* & *n.* estudiar, aplicarse; **— law,** cursar leyes; **— hard,** empollarse.

stuff [stəf] *n.* tela; material; *(woollen)* paño; cosa, chisme; *va.* henchir, llenar, atiborrar, atestar; *(foods)* embutir; *(fowl)* rellenar; **— away,** zampar; **— up,** *(pipes)* atorar; *vn.* atracarse, llenarse.

stumble [stəm'bəl] *n.* traspié, tropezón; desliz; *vn.* dar traspiés, tropezar (con).

stun [stən] *va.* aturdir, anonadar, pasmar.

stupefied [stiu'pe faid] *adj.* atontado, turulato; *(fam.)* patidifuso.

stupefy [stiu'pe-fay] *va.* atontar, atolondrar; causar estupor, pasmar.

stupendous [stiu-pen'dəs] *adj.* prodigioso, sorprendente, estupendo.

stupid [stiu'pid] *adj.* estúpido, torpe, lelo, abobado, insensato; **to make —,** entorpecer; **—action,** gansada; **— remark,** sandez.

stupidity [stiu-pi'di-ti] *n.* estupidez, insensatez, idiotez, bobería.

sturdy [stəə'di] *adj.* fornido, rollizo, robusto, atrevido, vigoroso, porfiado.

stutter [stə'tə] *n.* tartamudeo; *va.* balbucear; *vn.* tartamudear.

sty [stai'] *n.* pocilga, zahurda, tabuco, cuchitril, zaquizamí, lupanar, burdel.

style [stail] *n.* *(writing)* estilo, lenguaje; *(type)* género; *(way)* manera; *(construction)* redacción; *(of speech)* tono; *(of address)* tratamiento; *(dress)* moda; **dignified —,** empaque; **she has —,** tiene elegancia.

stylish [stay'lish] *adj.* elegante, a la moda. [melifluo.

suave [sueiv] *adj.* manso, fino.

subdue [səb-diu'] *va.* subyugar, someter, dominar; amansar.

subdued [səb'diud] *adj.* subyugado, sometido; templado; *(tone)* sumiso; *(colour)* amortiguado.

subject [səb'dyekt] *adj.* sujeto, expuesto; supeditado; —to, sin prejuicio de; propenso a; *n.* *(of King)* súbdito; *(of study)* materia, asignatura; *(of talk)* tema, materia; *(of story)* argumento, asunto; — to fits, cataléptico; to be — to, *(illness)* adolecer de; *va.* sujetar, someter, sojuzgar; supeditar, subordinar.

subjection [səb-dyek'shən] *n.* sujeción, sumisión, yugo.

subjugate [səb'dyiu-geit] *va.* subyugar; dominar.

sublime [səb-laim'] *adj.* sublime, excelso, exaltado.

sublimity [səb-li'mi-ti] *n.* exaltación, alteza.

submerge [səb-məədy'] *va.* sumergir, inundar.

submission [səb-meesh'ən] *n.* sumisión, obediencia; sometimiento, humillación.

submissive [səb-mi'siv] *adj.* sumiso, rendido, sometido, humilde.

submit [səb-mit'] *vn.* someter; *(document)* presentar; *(opinion)* exponer; — to, diferir; *vn.* someterse, conformarse, doblarse; ceder, rendirse; sujetarse a.

subordinate [sə-boo'di-neit] *adj.* inferior, subordinado; subalterno; to be — to, depender de; *va.* posponer.

subscribe [səb-skraib'] *va. & n.* subscribir(se); *(to newpaper)* abonarse a.

suscription [səb-skrip'shən] *n.* suscripción, cuota, abono.

subscription [səb'si-kuent-li] *adv.* con posterioridad.

subside [səb-said'] *vn.* *(noise, etc.)* apaciguarse, calmarse; *(movement)* bajar; *(ground, etc.)* hundirse.

subsidence [səb-say'dəns] *n.* apaciguamiento; submersión; *(ground, etc.)* desplome, derrumbamiento, hundimiento.

subsidiary [səb-si'diə-ri] *adj.* auxiliar, subsidiario, incidental, anejo.

subsidise [səb'si-dais] *va.* subvencionar.

subsist [səb-sist'] *vn.* subsistir; vivir, perdurar.

substance [səb'stəns] *n.* su(b)stancia; materia; esencia, ser, médula; soft —, *(dough, mud, etc.)* plasta; *(properly)* hacienda, bienes.

substantial [səb-stan'shəl] *adj.* substancial, importante, de pro; sólido; valioso; cuantioso; esencial.

substantiate [səb-stan'shiet] *va.* comprobar, justificar, atestar, substanciar, fundamentar.

substitute [səb'sti-tiut] *n.* suplente, sustituto; interino, reemplazo; to act as —, reemplazar, hacer las veces (de); *va.* su(b)stituir, suplir.

substitution [səb-sti-tiu'shən] *n.* sustitución, reemplazo.

subterfuge [səb'tər-fiudy] *n.* pretexto, subterfugio.

subterraneous [səb-te-rey'niəs] *n.* subterráneo.

subtle [sə'təl] *adj.* astuto; penetrante, mañoso, ingenioso; sutil, tenue, fino; refinado.

subtlety [sə'təl-ti] *n.* sutileza, agudeza, argucia.

subtract [səb-trakt'] *va.* sustraer, quitar; *(math.)* restar.

suburb [sə'bəəb] *n.* suburbio, arrabal; —s, afueras.

subway [səb'uey] *n.* galería, paso, subterráneo ,túnel.

succeed [sək-siid'] *va.* *(inherit)* suceder, reemplazar a; *vn.* salir bien, vencer, tener éxito, lograr, conseguir.

success [sək-ses'] *n.* éxito, prosperidad, bienandanza, triunfo.

successful [sək'ses'full] *adj.* *(person, plan)* próspero; *(scheme)* fructífero; airoso, dichoso; to be —, tener éxito.

succession [sək-se'shən] *n.* sucesión; serie; descendencia.

successively [sək-se'siv-li] *adv.* de seguida, en serie.

successor [sək-se'sə] *n.* sucesor, heredero.

succint [sə-singt'] *adj.* conciso, lacónico.

succory [sə'cori] *n.* (*bot.*) achicoria dulce, ajonjera juncal, husillos, almirón dulce.

succour [sə'kə] *n.* socorro, asistencia; (*mil.*) refuerzo; *va.* socorrer, ayudar, asistir, acudir.

succulent [sə'kiu-lənt] *adj.* suculento, jugoso. [bir.

succumb [sə-kəm'] *vn.* sucumbir.

such [səch] *adj.* tal; — and — (*person*), un tal.

suck [sək] *va.* —up, away, in, chupar; (*liquids*) sorber; —up, (*air, etc.*) absorber, aspirar; (*as bees*) libar; to give—, amamantar.

suckle [sə'kəl] *va.* dar de mamar, criar, atetar.

sudden [sə'dən] *adj.* repentino, súbito, imprevisto.

suddenly [sə'dən-li] *adv.* de repente, repentinamente, de pronta. [cipitación.

suddenness [sə'dən-nes] *n.* pre-

suffer [sə'fə] *va.* comportar, sufrir; aguantar; — from, aquejar, adolecer (de); —from the effects of, resentirse (de); *vn.* sufrir, tener dolor; consentir.

sufferer [sə'fə-rə] *n.* paciente, víctima.

suffering [sə'fə-ring] *adj.* long —, paciente, sufrido; *n.* sufrimiento, calvario; pena, suplicio. [gar, alcanzar.

suffice [sə-fais'] *vn.* bastar, lle-

sufficiency [sə-fi'shən-si] *n.* suficiencia, capacidad; holgura.

sufficient [sə-fi'shənt] *adj.* suficiente; harto, competente; to be —, alcanzar, bastar.

suffocate [sə'fo-keit] *va.* sofocar, asfixiar; *vn.* asfixiarse.

suffrage [səf'reidy] *n.* sufragio, voto; to be on —, tolerarse(le). [bañar.

suffuse [sə-fius'] *va.* esparcir,

sugar [shu'gə] *n.* azúcar; —cane, caña, —lump, terrón de azúcar; lump —, azúcar de pilón; — bowl, azucarero; *va.*

azucarar, endulzar; to — the truth, dorar la píldora.

suggest [sə-dyest'] *va.* sugerir, soplar, insinuar, intimar.

suggestion [sə-dyes'chən] *n.* sugestión, punta, idea, sugerencia.

suicide [siu'i-said] *n.* (*act*) suicidio; (*person*) suicida; to commit —, quitarse la vida.

suit [sut, siut] *n.* (*cards*) palo; serie; (*law*) instancia; pleito, petición; (*in love*) galanteo; petición; (*clothes*) traje; to follow—, jugar el mismo palo; seguir el ejemplo; *va.* convenir, cuajar; (*appearance*) sentar bien, favorecer; acomodar; contentar; corresponder; concertar; *vn.* hacer juego.

suitability [su-tə-bi'li-ti] *n.* idoneidad; conveniencia.

suitable [su'tə-bəl] *adj.* conveniente, congruente, apropiado, adecuado, propio; idóneo; a propósito; competente; de provecho; to be —, cuajar, convenir.

suitcase [sut'kays] *n.* maleta.

suite [suit] *n.* serie; (*of kings, etc.*) séquito, tren, comitiva; three-piece —, tresillo.

suitor [su'tə] *n.* demandante; pretendiente, cortejo.

sulfur [səl'fər] *v.* azufrar, sulfurar; *n.* azufre. [raño.

sulky [səl'ki] *adj.* arisco, hu-

sullen [sə'lən] *adj.* hosco, cazurro, sombrío, tétrico.

sullenness [sə'lən-nes] *n.* malhumor, ceño, hosquedad.

sully [sə'li] *va.* manchar, empañar.

sulphur [səl'fə] *n.* azufre.

sultry [sət-tri] *adj.* bochornoso, sofocante.

sum [səm] *adj.* —total, total; *n.* suma, total; cifra; *va.* adicionar, sumar; — up (*argument, etc.*) concretar, recapitular; *adv.* to — up, en resumidas cuentas. [recopilación.

summary [sə'mə-ri] *n.* sumario,

summer [sə'mə] *adj.* estival, veraniego, de verano; *n.* verano; estío; Indian —, veranillo de San Martín.

summing [sə'ming] *n.* — **up**, recapitulación, epílogo.
summit [sə'mit] *n.* cumbre, cima, cresta, picado; altura cúspide.
summon [sə'mən] *va.* citar, emplazar, convocar; — **up**, requerir.
summons [sə'məns] *n. (police)* citación, requerimiento, intimación, llamamiento.
sumptuous [səmp'shəs] *adj.* suntuoso, regio; *(meal)* opíparo.
sun [sən] *n.* sol; —**beam**, rayo de sol; —**blind**, toldo; —**dial**, cuadrante, reloj de sol; —**stroke**, insolación; *va.* to—**oneself**, tomar el sol. [el sol.
sun-bathe [sən'beiẑ] *vn.* tomar
sunburn [sən'bəən] *n.* solanera, quemadura del sol.
sunburnt [sən'bəənt] *adj.* tostado.
Sunday [sən'dəy] *n.* domingo; **Palm** —, de Ramos.
sundries [sən'dris] *n.* varios, varias cosas, géneros diversos.
sundry [sən'dri] *adj.* varios, diversos. [sol.
sunflower [sən'flaa-ə] *n.* girasol.
sunk [səngk] *adj.* to **be** —, sumirse. [gre, risueño.
sunny [sə'ni] *adj* asoleado; ale-
sunrise [sən'rays] *n.* salida del sol, amanecer.
sunset [sən'set] *n.* puesta del sol, ocaso. [sol; toldo.
sunshade [sən-sheid] *n.* para-
sup [səp] *n.* sorbo; *va. & n.* sorber; cenar.
superb [su-pəəb'] *adj.* soberbio; magnífico, excelente; *(coll.)* estupendo; *(idea, etc.)* genial.
supercilious [su-pəə-si'liəs] *adj.* altanero, altivo, arrogante.
superficial [su-pəə-fi'shəl] *adj.* superficial, somero.
superficially [su-pəə-fi'shə-li] *adv.* por encima; a la ligera.
superfluous [su-pəə'flu-əs] *adj.* superfluo; excusado; to **te** —, estar de más.
superintend [su-pəə-rin-tend'] *va.* vigilar, dirigir, celar por.
superior [su-pi'ə-rio] *adj.* superior; soberbio.

superiority [su-pi-ə-rio'ri-ti] *n.* superioridad, predominio.
supernatural [su-pəə-na'chə-rəl] *adj.* sobrenatural.
supersede [su-pəə-si'd'] *va.* reremplazar, invalidar.
superstition [su-pəə-sti'shən] *n.* superstición.
superstitious [su-pəə-sti'-shəs] *adj.* supersticioso.
supervene [su-pəə-vin'] *v.* sobrevenir, supervenir, acaecer, suceder, acontecer, ocurrir.
supervise [su'pəə-vays] *va.* vigilar, revisar, examinar.
supervision [su-pəə-vi'syən] *n.* vigilancia, intervención.
supper [sə'pə] *n.* cena.
supplant [sə-plaant'] *va.* suplantar. [cimbreante.
supple [sə'pəl] *adj.* flexible,
suppleness [sə'pəl-nes] *n.* agilidad, flexibilidad.
supplication [səp-le-key'-shən] *n.* suplicación; —**s**, preces, votos.
supply [sə-play'] *n.* suministro, provisión, abastecimiento; — **and demand**, oferta y demanda; *pl.* pertrechos, víveres, provisiones, existencias; *va.* surtir, abastecer, suministrar; facilitar; suplir; — **with**, proveer de.
support [sə-poot'] *n.* sostén, apoyo, sustento, socorro; respaldo, favor; *(archit.)* soporte, estribo, pilar; **in** — **of**, en apoyo de; *va.* sostener, apoyar; proveer; entretener, mantener; respaldar, patrocinar, secundar; abogar por; fortalecer.
supported [sə-poo'təd] *adj.* sostenido; to **be** — **by**, estribar en.
supporter [sə-poo'tə] *n.* sostén, apoyo; allegado, defensor; apologista; *(sport)* aficionado.
suppose [sə-pous'] *va.* suponer, figurarse, imaginarse, presumir, poner por caso.
supposed [sə-pousd'] *adj.* presunto, pretendido.
supposition [sə-pə-si'shən] *n.* suposición, supuesto.
suppress [sə-pres'] *va.* suprimir, sofocar; ahogar, contener.
suppressed [sə-presd'] *adj.* eli-

minado, sofocado; — **laughter,** el retozo de la risa.

suppression [sə-pre'shən] *n.* represión, destrucción, supresión.

supremacy [su-pre'mə-si] *n.* supremacía, dominio.

supreme [su-priim'] *adj.* supremo.

sure [sho'ə] *adj.* seguro, cierto, positivo; imperdible, certero, firme; **to make —,** cerciorarse de.

surely [sho'ə-li] *adv.* seguramente, con seguridad, en seguridad; cierto.

sureness [sho'ə-nes] *n.* seguridad, certidumbre.

surety [shu'rə-ti] *n.* fiador, garante; fianza, garantía; **to stand — for,** abonar, salir garante.

surf [səəf] *n.* los rompientes; resaca.

surface [səə'fəs] *n.* superficie; sobrehaz.

surfeit [səə'fit] *n.* empacho, ahíto, exceso; *va.* empalagar, ahitar, hartar; *vn.* hartarse, saciarse.

surge [səədy] *n.* oleaje, oleada; *vn.* agitarse, hervir.

surgeon [səə'dyən] *n.* cirujano, quirúrgico.

surgery [səə'dyə-ri] *n.* cirujía; (doctor's) clínica.

surliness [səə'li-nes] *n.* malhumor, murria, desabrimiento.

surly [səə'li] *adj.* malhumorado, áspero, agrio, arisco.

surmise [səə-mays'] *n.* conjetura, vislumbre, sospecha; admiración; *va.* sospechar, conjeturar, presumir, barruntar.

surmount [səə-maunt'] *va.* vencer, sobrepujar, salvar.

surmountable [səə-maun'te-bəl] *adj.* superable.

surname [səə'neim] *n.* apellido; *va.* apellidar.

surpass [səə-paas'] *va.* (sobre) pasar, prevalecer, superar, exceder, aventajar, descollar sobre.

surpassing [səə-paa'sing] *adj.* sobresaliente, eminente, sin par.

surplus [səə'pləs] *n.* excedente, superávit, sobrante, remanente.

surprise [səə-prais'] *n.* sorpresa; novedad; (mil.) copo; *va.* sorprender, admirar, chocar; **to take by —,** sobrecoger; (mil.) copar.

surprised [səə-praisd'] *adj.* **I am —,** me extraña; **to be —,** descubrirse, coger (le a uno).

surprising [səə-pray'sing] *adj.* sorprendente, inesperado.

surrender [sə-ren'də] *n.* rendición, abandono; (documents, etc.) entrega; **— of property,** cesión de bienes; renuncia; sumisión.

surrender [sə-ren'də] *va.* rendir, renunciar a; (documents) entregar; ceder; *vn.* rendirse, entregarse, arriar la bandera; darse a.

surreptitious [sə-rep-ti'shəs] *adj.* subrepticio.

surround [sə-raund'] *va.* circundar, cercar, ceñir, acompañar, rodear.

surroundings [sə-raun'dings] *n. pl.* ambiente; alrededores, contornos.

surtax [sər'tax] *n.* recargo, impuesto progresivo que grava ciertas rentas.

survey [səə'vey] *n.* deslindamiento, reconocimiento, mensura; examen, informe; *va.* medir, deslindar, inspeccionar; vigilar; pasar en revista, reconocer, registrar.

survival [səə-vay'vəl] *n.* supervivencia; reliquia; perduración.

survive [səə-vaiv'] *va. & n.* sobrevivir, resistir, seguir (vivo, en vida). [viviente.

survivor [səə-vay'və] *n.* sobre**susceptible** [sə-sep'ti-bəl] *adj.* sensible, delicado; susceptible; cosquilloso.

suspect [*n.* səs'pekt; *vb.* səs'pekt'] *n.* persona sospechosa; conjeturar, presumir, barruntar; temerse, dudar.

suspend [səs-pend'] *va.* suspender, colgar; interrumpiir, aplazar.

suspended [səs-pen'dəd] *adj.* en vilo; **to be** —, colgar.

suspense [səs-pens'] *n.* suspensión, duda, incertidumbre, suspenso; zozobra; **in** —, en vilo.

suspicion [səs-pi'shən] *n.* sospecha, recelo, suspicacia, aprensión, escama; sombra, asomo, pizca.

suspicious [səs-pi'shəs] *adj.* (*situation, etc.*) sospechoso; (*feeling*) suspicaz, desconfiado; (*character*) maleante; **to be** — **of**, recelar.

suspiciousness [səs-pi'shəs-nes] *n.* suspicacia, recelo.

sustain [səs-tein'] *va.* sostener, mantener; resistir, sufrir; apoyar, animar, alimentar.

sustenance [səs'tənəns] *n.* sostenimiento, sustancia, subsistencia; sustento, manutención, alimentos.

swaddling-cloth [suod'lin-kloz] *n.* faja, mantilla, pañal; — **clothes**, envoltura, pañales.

swagger [sua'gə] *n.* fanfarronada; *vn.* fanfarrear, echárselas de.

swallow [suo'lou] *n.* (*bird*) golondrina; (*drink*) sorbo; trago; (*food*) bocado; *va.* tragar, engullir; ingerir; sorber, deglutir, beber; (*insult*) aguantar; (*one's words*) desdecirse; **to** — **the bait**, tragar el anzuelo.

swamp [suomp] *n.* pantano, cenagal; (*S. Amer.*) manigua; *va.* sumergir, encenagar, hundir, empantanar, echar a pique.

swampy [suom'pi] *adj.* pantanoso. [canto del cisne.

swan [suon] *n.* cisne; — **song**,

swap [suop'] *v.* permutar, cambiar, cambalachear. — *n.* cambalache, trueque, cambio.

sward [suood] *n.* césped.

swarm [suoom] *n.* enjambre; (*people*) hormiguero, gentío; *vn.* enjambrar, hervir, pulular, hormiguear; — **up**, trepar a.

swarthy [suo'ʒi] *adj.* atezado, tostado. [*va.* fajar.

swathe [sueyʒe] *n.* faja, pañal;

sway [suey] *n.* poder, dominio, imperio; influjo; vaivén, balanceo; *va.* inclinar, influir, in-

ducir; llevar (tras sí); cimbrear; *vn.* inclinarse; moverse; oscilar, mecerse.

swear [sue'ə] *n.* — **word**, taco, voto, reniego; *vn.* jurar; renegar; — **at**, maldecir.

sweat [suet] *n.* sudor; (*fig.*) trabajo, fatiga; *va.* sudar.

sweating [sue'ting] *adj.* (*brow*) sudoroso; *n.* transpiración.

Swedish [sui'dish] *adj.* sueco.

sweep [suiip] *n.* extensión, recorrido; curso, carrera; vuelta; barrida; **a clean** —, limpieza; **chimney** —, deshollinador; (*of wings*) envergadura; *va. & n.* — **away, up, out**, barrer; arrollar, arrebatar, arrastrar; — **along**, pasar (al vuelo, volando, arrastrándose, majestuosamente); — **the boards**, (*cards*) dar capote; — **chimneys**, deshollinar, (*floors*) barrer.

sweet [suiit] *adj.* dulce, azucarado; sabroso; grato; bonito; suave, amable, encantador; (*of babies, etc.*) rico; **honey** —, meloso; — **tothed**, goloso; — **maker**, confitero; — **shop**, confitería; — **tongued**, melifluo; — **smelling**, odorífero, fragante; *n.* dulzura, deleite; *pl.* dulces, confites, golosinas.

sweeten [suii'tən] *va.* endulzar; azucarar.

sweetheart [suiit'jaat] *n.* novio, amante, galán, cortejo, *f.* novia, querida.

sweetness [suiit'nes] *n.* dulzura; suavidad, ternura.

swell [suel] *n.* hinchazón; (*sea*) oleada, marejada, oleaje; mar de fondo; prominencia; (*fam.*) pisaverde, majo; *va.* hinchar, hendir; (*numbers*) engrosar; *vn.* — **out**, hincharse, crecer, subir, dilatarse; (*with pride*) enorgullecerse, envanecerse.

swelling [sue'ling] *n.* hinchazón, inflación, tumefacción, bollo; (*from below*) chichón.

swelter [suel'tə] *vn.* sofocar, abrasarse.

swerve [suəəv] *n.* esquince; *va. & n.* desviar(se); apartarse, torcer.

swift [suift] *adj.* veloz, ligero,

presto, raudo, vivo, diligente, repentino; *n*. vencejo.

swiftness [suift'nes] *n.* velocidad, rapidez, prontitud, celeridad.

swim [suim] *vn.* nadar, flotar, sobrenadar; *(of head, etc.)* tener vértigo; — across, pasar a nado.

swimmer [sui'mə] *n.* nadador.

swimming [sui'ming] *n.* natación; — bath, piscina; *adv.* a nado.

swindle [suin'dəl] *n.* estafa, timo; superchería; *va.* timar, estafar, engañar, dar un timo.

swindler [suin'dlə] *n.* estafador, petardista, caballero de industria.

swine [sua'in] *n.* marrano, puerco, cerdo, cochino, verrón, gorrino.

swing [suing] *n.* balanceo, oscilación, vaivén; *(child's)* columpio; in full —, en plena operación; — bridge, puente giratorio; *va.* balancear, mecer, columpiar; *(weapon)* blandir; *vn.* vibrar, oscilar, columpiarse, balancearse.

swinging [suing'ing] *adj.* oscilante; *n.* oscilación, vibración, balanceo.

swirl [suəəl] *n.* torbellino, remolino; *vn. (skirt, etc.)* remolinarse.

Swiss [suis] *adj.* suizo.

switch [suich] *n. (cane)* varilla, bagueta; *(elect.)* conmutador, interruptor; *(railway)* cambiavía; apartadero; *(in radio, etc.)* botón; *(hair)* añadido, postizo; *va.* azotar, fustigar; *(railway)* desviar; — on, *(light)* poner; encender; — off, *(light)* apagar; *(current)* cerrar; — over, conmutar.

swollen [suou'lən] *adj.* hinchado, abultado; tumido; *(disease)* entumecido; *(fig.)* pomposo.

swoon [swun] *n.* desvanecimiento; desmayo, soponcio; deliquio; *(relig.)* rapto; *vn.* desvanecerse, desmayarse.

sword [sood] *n.* espada, acero; *(ceremonial)* espadín; poder militar; — stick, estoque; to put to the —, pasar a cuchillo.

sycamore [si'kə-mo-ə] *n.* sicomoro.

syllable [si'lə-bəl] *n.* sílaba.

sylvan [sil'vən] *adj.* silvestre, selvático.

symbol [sim'bəl] *n.* símbolo, emblema; carácter.

symbolise [sim'bə-lais] *va.* simbolizar.   [simétrico.

symmetrical [si-met'ri-kəl] *adj.*

symmetry [si'met-ri] *n.* simetría, proporción.

sympathetic [sim-pə-ze'tik] *adj.* compadecido; simpático; cariñoso; afín; to feel — with, compadecer con, simpatizar(se) con.

sympathise [sim'pə-zais] *vn.* simpatizar; — with, *(sorrow)* condolerse; sentir por simpatía; congeniar con.

sympathy [sim'pə-zi] *n.* simpatía; compasión, sentimiento; to be in — with, simpatizarse; to express —, *(at loss, illness, etc.) (death)* dar el pésame, condolerse.

symptom [simp'təm] *n.* síntoma.

synonym [si'nə-nim] *n.* sinónimo.   [sinopsis.

synopsis [si-nop'sis] *n.* sumario,

synthetic [sin-ze'tik] *adj.* sintético.   [ríaco.

Syrian [si-riən] *adj.* sirio, si-

syringe [si-rindy'] *n.* jeringa, clister; *va.* jeringar, poner lavativas.

syrup [si'rəp] *n.* jarabe; fruit —, arrope.

system [sis'təm] *n.* sistema, régimen; orden, clasificación.

systematic [sis-tə-ma'tik] *adj.* sistemático.

tab **306**

T

table [tey'bəl] *n.* mesa; catálogo, elenco; cuadro sinóptico; tabla, tablero; — **of contents,** índice de materias; — **cloth,** mantel; — **spoon,** cuchara de sopa; — **land,** altiplanicie, meseta; *va.* catalogar; presentar.

tablet [tab'lət] *n.* (*writing*) tabla, tableta, tarjeta, bloc; (*commem.*) lápida; (*soap*) pastilla.

tabloid [ta'bloid] *n.* tableta, pastilla, comprimido; periódico de noticias resumidas.

tackle [ta'kəl] *n.* aparejo, maniobra, jarcia; **fishing —,** avíos de pescar; *va.* agarrar, asir; emprender; apechugar; (*football*) atajar.

tact [takt] *n.* tacto, discreción, tino, ten con ten.

tactful [takt'ful] *adj.* circunspecto, discreto.

tactics [tak'tiks] *n.* táctica.

tactless [takt'ləs] *adj.* desmañado, sin tacto, torpe.

tactlessness [takt'ləs-nəs] *n.* indiscreción, torpeza.

tag [tag] *n.* (*luggage*) etiqueta; marbete, marca; (*in speech*) muletilla.

tail [teil] *n.* cola, rabo; **bushy —,** hopo; (*hair*) trenza; (*peacock's*) copete; (*comet's*) cabellera; (*of story, etc.*) coda; **coat —s,** faldillas; **to turn —,** volver la espalda.

tailor [tey'lə] *n.* sastre; — **made,** de hechura, hecho a medida.

tailoring [tey'lə-ring] *n.* (*cut*) hechura; (*trade*) sastrería.

taint [teint] *n.* mancha, infección, borrón; *va.* manchar, viciar, corromper.

take [teik] *n.* toma(dura), cogida; — **off,** caricatura; *va.* tomar, coger, llevar; (*collect*) percibir, cobrar; (*chess*) comer; (*capture*) posesionarse; prender; (*use*) adoptar; considerar; necesitar; (*catch*) coger, atrapar; (*photo*), sacar; (*exercise*) hacer; (*obstacle*) saltar; *vn.* pegar, prender, ser eficaz; — **after,** parecerse a; — **aim at,** apuntar; — **away,** quitar remover; (*maths.*) restar; — **care of,** cuidar de; — **charge of,** encargarse de; — **down,** descolgar; (*mech.*) desmontar; humillar, quitar los humos a; — **for,** tomar por; — **for granted,** dar por sentado; — **from,** quitar, privar de; — **in,** acomodar; abarcar; engañar, timar; — **notice,** tomar nota; darse por enterado; — **off,** (*hat*) quitarse; (*mimic*) remedar; (*'plane*) despegar; — **out,** sacar (de paseo); quitar; — **place,** sobrevenir, tener lugar, ocurrir; acontecer; **as prize,** apresar; — **root,** prender; — **refuge,** guarecerse, abrigarse; — **seriously,** tomar a pecho; — **to,** tomar afición a, ponerse a, darse a; — **to pieces,** desmontar, desarmar; — **a stroll,** tomar el fresco, dar un paseo; — **turns,** turnar; — **in tow,** remolcar; — **up,** (*space*) ocupar; abarcar, comprender; (*job*) tomar posesión de; (*criticise*) censura; empezar; — **up short,** cortar la palabra; —**upon trust,** tomar a crédito; — **upon oneself,** tomar (a su cargo, por su cuenta), asumir; — **an hour to get there,** tardar una hora en llegar.

taken [tey'kən] *adj.* **to be — in,** tragar el anzuelo; **to be easily — in,** mamar los dedos.

taking [tey'king] *adj.* encantador, seductor, atractivo; *n.* toma; embargo; inclinación, afecto; *pl.* ingresos; — out, *(of roots)* extracción.

tale [teil] *n.* cuento, relación, fábula, historia, historieta, ficción; embuste; — teller, cuentista; soplón; — telling, chismografía; hablilla.

talent [ta'lənt] *n.* talento, capacidad, cerebro; —s, prendados.

talented [ta'lən-təd] *adj.* talentoυo, dotado.

talk [took] *n.* (*pleasant*) conversación, charla; (*speech*) plática; (*way of talking*) habla; (*between two persons*) coloquio; (*slanderous*) habladuría; (*rumour*) voz común, fama; big, —, fanfarronada; it was the subject of much —, fue muy comentado; *va.* —Spanish, hablar cristiano; — nonsense, decir disparates, desbarrar; *vn.* hablar, charlar, conversar; (*esp. moral talk*) platicar; — in whispers, cuchichear; — into, convencer; — one's head off, through one's ears, hablar por los codos; — loudly, hablar alto; — for talking's sake, hablar por hablar; — out of, disuadir; — without rhyme or reason, hablar a tontas y a locas; — on, seguir hablando; — to, reprender; — too much, hablar (más que siete, por los codos).

talkative [too'kə-tiv] *adj.* locuaz, parlero, parlanchín, parlador, charlatán; — woman, cotorra.

tall [tool] *adj.* alto, elevado, grande.

tallness [tool'nəs] *n.* altura, estatura.

tally [ta'li] *n.* chapa; — stick, tara; *va. & n.* llevar la cuenta; cuadrar, casar, concordar.

talon [ta'lən] *n.* garra, presa.

tame [teim] *adj.* manso; doméstico, domesticado; amansado, domado; *va.* domesticar; domar, amansar, desbravar.

tamer [tey'mə] *n.* domador.

tamis [ta'mis] *n.* tamiz, cedazo.

tamper [tam'pə] *vn.* entremeterse.

tan [tan] *n.* color de tostado;

casca; *va.* (*leather*) curtir, adobar, aderezar; (*skin*) tostar.

tang [tang] *n.* gustillo, sabor.

tangible [tan'dyi-bəl] *adj.* tangible, real.

tangle [tang'gəl] *n.* nudo, ovillo; (*fig.*) embrollo, enredo; *va.* enredar, embrollar, enmarañar.

tangled [tang'gəld] *adj.* revesado.

tank [tangk'] *n.* tanque, depósito de agua, alcubilla; rain—, cisterna, aljibe; (*mil.*) tanque.

tanker [tang'kə] *n.* petrolero.

tannery [ta'nə-ri] *n.* tenería.

tanning [ta'ning] *n.* curtimiento, curtido.

tantalise [tan'tə-lais] *va.* atormentar, dar dentera, poner los dientes largos. equivalente.

tantamount [tan'tə-mount] *adj.*

tap [tap] *n.* canilla, llave, espita; water —, grifo; *va.* decentar, perforar, *vn.* (*hands*) dar palmaditas; (*with heels*) to — dance, zapatear.

tape [teip] *n.* cinta; galón; — measure, cinta métrica; red, balbuque; papeleo, burocracia.

taper [tey'pə] *n.* bujía, candela, cirio; *va.* afilar, ahusar.

tapering [tey'pəə-ring] *adj.* cónico, afilado.

tapestry [ta'pəs-tri] *n.* tapicería; — worker, — maker, tapicero.

tar [taa] *n.* alquitrán, pez, brea; *va.* alquitranar, embrear.

tardiness [taa'di-nəs] *n.* lentitud, indolencia, tardanza.

tardy [taa'di] *adj.* tardío, rezagado, pesado.

tare [te'aa] *v.* destarar, restar tara, tarar. — *n.* cizaña, veza, algarrobilla.

target [taa'gət] *n.* blanco; — practice, tiro al blanco.

tariff [ta'rif] *adj.* arancelario; *n.* tarifa; (*dues*) arancel.

tarnish [taa'nish] *va.* deslustrar, deslucir; empañar, mancillar; *vn.* deslucirse, deslustrarse.

tarpaulin [taa'po-lin] *n.* lienzo alquitranado, encerado.

tarry [*adj.* taa'ri; *vb.* ta'ri] *adj.* alquitranado; *vn.* tardar.

tart [taat] *adj.* acre, agrio, ácido; mordaz; *n.* tarta, pastel.
tartan [taa'tən] *n.* tartán; (*vehicle*) tartana.
tartar [taa'tə] *n.* tártaro.
tartness [taat'nəs] *n.* acidez, acedía; acrimonia.
task [taask] *n.* tarea, faena, tanda; — **work**, destajo; **to take to** —, reprender, regañar.
tassel [ta'səl] *n.* borla, campanilla.
taste [teist] *n.* gusto; sabor; (*sip*) sorbo; (*remains*) dejo; (*bit*) pizca; (*sample, etc.*) muestra; prueba; — **for**, afición a, inclinación; (*on palate*) paladar; **in poor** —, de mal gusto; cursi; *va.* gustar de; saborear, paladear; (*to try*) catar; (*wine*) probar; *vn.* tener gusto; — **of**, saber a.
tasteful [teist'ful] *adj.* sabroso; elegante.
tasteless [teist'ləs] *adj.* insípido, sin gusto, soso, insulso.
tastelessness [teist'ləs-nəs] *n.* desabor, insipidez.
tasty [teis'ti] *adj.* sabroso, rico, apetitoso, suculento.
tatter [ta'tə] *n.* andrajo, harapo; trapo; **in —s**, andrajoso, harapiento, desastrado.
tattoo [tə-tu'] *n.* (*bugle call*) retreta; (*design*) tatuaje; *va.* tatuar.
tattooing [ta-tu'ing] *n.* tatuaje.
taunt [toont] *n.* befa, insulto, reprimenda, vituperio, improperio; *va.* vilipendiar, vituperar.
taut [toot] *adj.* tirante, tieso, tenso.
tavern [ta'vəə] *n.* taberna, mesón; (*fam.*) tasca; — **keeper**, bodegonero, tabernero, mesonero.
tawdry [too'dri] *adj.* charro; deslucido, desdorado, cursi.
tax [taks] *n.* contribución(es), impuesto, tributo; —**collector**, recaudador; —**payer**, pechero; **to pay —es**, pechar, tributar; *va.* imponer contribuciones, tasar; (*fig.*) cargar, acusar, tachar; — **with**, imputar.
taxation [tak-sey'shən] *n.* im-

puestos; imposición de contribuciones. [punto.
taxi [tak'si] *n.* taxi, coche de
tea [tii] *n.* té; **to have** —, tomar (el) té; **afternoon** —, merienda; —**set**, servicio, juego, de té; —**party**, té; —**pot**, tetera; —**spoon**, cucharilla.
teach [tiich] *va.* enseñar, instruir, inculcar, aleccionar; — **a lesson to**, escarmentar; *vn.* ejercer el magisterio.
teacher [tii'chə] *n.* (*primary, music, etc.*) maestro; (*secondary*) profesor; **assistant** —, **pupil** —, pasante.
teaching [tii'ching] *n.* instrucción, enseñanza; doctrina.
team [tiim] *n.* (*horses*) pareja, par; (*games*) equipo.
tear [ti'ə] *n.* lágrima.
tear [te'ə] *n.* rasgón, roto, descosido; rasgadura; **wear and** —, desgaste, desmejoramiento; *va.* romper, rasgar; (*heart*) desgarrar; (*flesh*) lacerar; rasguñar; — **off**, **away**, arrancar; desgajar; — **down**, demoler, derribar; *vn.* rasgarse; —**along**, **on**, **up**, volar por, correr a todo trapo; — **up**, (*paper, etc.*) romper.
tearful [ti'ə-ful] *adj.* lacrimoso, hecho una magdalena.
tease [tiis] *va.* enojar, importunar; atormentar, molestar; (*wool*) cardar; (*coll.*) jorobar.
technique [tek-niik'] *n.* técnica.
tedious [ti'dyəs] *adj.* pesado, prolijo, aburrido, cansado, fatigoso.
tediousness [ti'dyəs-nəs] *n.* fatiga, prolijidad, hastío.
tedium [ti'dyəm] *n.* tedio.
teem [tiim] *vn.* hormiguear, polular, rebosar.
teeming [tii'ming] *adj.* ubérrimo, fecundo. [cente.
teenager [tin-ei'dyər] *n.* adolescente.
teens [tins] *n.* abriles, los números que terminan en "teen", como "sixteen" = dieciséis.
teetotaller [tii-tou'tə-lə] *n.* abstemio.
telegram [te'li-gram] *n.* telegrama.

telegraph [te'li-graf] n. telégrafo; va. telegrafiar.
telegraphy [te-le'grə-fi] n. telegrafía.
telephone [te'li-foun] n. teléfono; — call, llamada; long-distance — call, conferencia; va. telefonear, llamar por teléfono.
telescope [te'les-koup] n. telescopio, catalejo.
tell [tel] va. decir; (story) contar, referir; participar, manifestar, determinar, distinguir; — off, despachar; reñir, instruir; vn. — one's hidden thoughts, etc., franquear; it tells, tiene su efecto.
temerity [te-me'ri-ti] n. temeridad.
temper [tem'pə] n. mal genio; índole, humor, genio, natural, disposición; bad —, coraje, atrabilis, berrinche; (metal) temple; va. templar, moderar, mitigar, atemperar.
temperament [tem'pə-rə-ment] n. temperamento, humor, disposición, natural.
temperence [tem'pə-rəns] n. sobriedad; templanza.
temperate [tem'pə-rət] adj. morigerado, abstemio, sobrio; (climate) templado; benigno.
temperateness [tem'pə-ret-nes] n. templanza, mesura; serenidad.
temperature [tem'pə-rə-chə] n. temperatura; high —, calentura; he has a high —, tiene fiebre.
tempest [tem'pest] n. tempestad, tormenta; temporal.
tempestuous [tem-pes'tiu-əs] adj. tempestuoso, proceloso; turbulento.
templar [tem'plə] n. templario.
temple [tem'pəl] n. templo, iglesia.
temporal, [tem'pə-rəl] adj. temporal, transitorio.
temporary [tem'pə-rə-ri] adj. provisional, interino, improvisado.
temporise [tem'pə-rais] vn. contemporizar, ganar tiempo.
tempt [tempt] va. tentar, poner a prueba; inducir; provocar.

temptation [tem(p)-tey'shən] n. tentación, aliciente.
tempter [tem(p)'tə] n. tentador.
tempting [tem(p)'ting] adj. tentador.
tenable [te'nə-bəl] adj. sostenible, defensible.
tenacious [tə-ney'shəs] adj. tenaz, porfiado.
tenacity [te-na'si-ti] n. tenacidad, tesón, porfía.
tenant [te'nənt] n. arrendatario, inquilino; teniente; roint —, (of land) comunero.
tend [tend] va. (look after) cuidar; (watch over) velar, vigilar; guardar; —to, tirar a, llevar, dar en, tender a; — towards, dirigirse a.
tendency [ten'dən-si] n. tendencia, inclinación, giro, propensión; natural —, proclividad.
tender [ten'də] adj. tierno, blando; cariñoso; amable, benigno; — hearted, compasivo; — spot, sensible; —of, cuidadoso de, solícito de; n. propuesta, oferta; (boat) falúa; va. ofrecer, presentar, proponer; (resignation) presentar; (thanks) dar.
tenderness [ten-də-nes] n. terneza, ternura; suavidad; cariño, afecto.
tendon [ten'dən] n. tendón, nervio.
tenement [te'nə-ment] n. — house, casa de vecindad.
Tenerife [te-nə-rif] pr. n. inhabitant of —, tinerfeño.
tenet [te'net] n. dogma, credo, principio. [pista de tenis.
tennis [ten'is] n. tenis; —court,
tenor [te'nə] n. tenor.
tense [tens] n. (gran.) tiempo; adj. tenso, tirante, tieso; crítico, de mucha emoción.
tenpins [ten'pinz] n. juego con diez bolos.
tension [ten'shən] n. tensión, tirantez.
tent [tent] n. tienda; bell —, pabellón; toldo.
tentacle [ten'tə-kəl] n. tentáculo.
tentative [ten'tə-tiv] adj. de prueba, de ensayo, tentador,

tentativo; provisional; *n.* prueba, tanteo, ensayo.

tenuous [te'niu-əs] *adj.* tenue, sutil, ingrávido.

tenure [te'niu-ə] *n.* tenencia, posesión, pertenencia.

tepid [te'pid] *adj.* tibio, templado.

term [təəm] *n.* *(word)* término, vocablo, voz técnica; *(period)* plazo, período; *(limit)* raya, límite; *(university)* trimestre; *(of imprisonment)* condena; *pl.* condiciones, estipulaciones; *(payment)* honorarios; *(of sale)* condiciones; *(of friendship)* relaciones; familiaridad; **set —,** términos escogidos; **to be on good —s with,** llevarse bien con; **to come to —s,** llegar a un arreglo, hacer las paces; *va.* nombrar.

termagant [təə'mə-gənt] *n.* fiera, mala pécora.

terminate [təə'mi-neit] *va. & n.* terminar, rematar, poner fin a.

termination [təə-mi-ney'shən] *. n.* terminación, final, conclusión.

terminus [təə'mi-nəs] *n.* término; estación final.

terrace [te'rəs] *n.* terraplén; plataforma, terraza; *(of steps)* escalinata, gradería; *(in amphitheatre)* grada; **sun —,** solana.

terrain [te'rein] *n.* terreno.

terrestrial [te-res'triəl] *adj.* terrestre, terrenal.

terrible [te'ri-bəl] *adj.* terrible, tremendo, aterrador, pavoroso, hórrido.

terrier [te'riə] *n.* perro de busca.

terrific [tə-ri'fik] *adj.* terrífico, estupendo, enorme.

terrify [te'ri-fay] *va.* aterrar, espantar, azorar, amilanar.

territory [te'ri-tə-ri] *n.* territorio, comarca, región; dominio.

terror [te'rə] *n.* terror, espanto, pavor. [to, breve.

terse [təəs] *adj.* conciso, sucin-

test [test] *n.* prueba, ensayo, examen; tentativa; piedra de toque, reactivo; **—tube,** probeta; **to put to the —,** soportar la prueba; *va.* probar, ensayar,

someter a prueba; *(sight)* graduar. [tamento.

testament [tes'tə-mənt] *n.* tes-

testify [tes'ti-fay] *va. & n.* atestiguar, atestar, dar testimonio, aseverar.

testimonial [tes-ti-mou'niəl] *n.* certificado, atestado; *(to distinguished scholar, etc.)* homenaje.

testimony [tes'ti-mə-ni] *n.* testimonio, declaración.

testiness [tes'ti-nəs] *n.* destemple, desabrimiento. [sayo.

testing [tes'ting] *n.* cata, en-

tête-á-tête [tet-a-tet'] *adv.* cara a cada; *n.* *(momento)* a solas con.

tether [te'ðə] *n.* traba, atadura, correa; **to be at the end of one's—,** no saber ya qué hacer.

tew [tiu'] *v.* agramar, espadillar, espadar.

text [tekst] *n.* texto; tema; tesis; **—book,** libro de texto.

textile [teks'tail] *adj.* textil.

texture [teks'chə] *n.* tejido, (con) textura.

than [żan] *conj.* que.

thank [zangk] *n. pl.* gracias; agradecimiento; *va.* dar gracias, agradecer; **—God, a,** Dios gracias.

thankful [zangk-ful] *adj.* agradecido; **I am — to say,** me es grato decir.

thankfulness [zangk'ful-nəs] *n.* agradecimiento, gratitud, reconocimiento.

thankless [zangk'ləs] *adj.* desagradecido, ingrato; *(task)* improbo.

thanksgiving [zangks'giving] *n.* acción de gracias.

that [żat] *adj.* eso, aquello; *pron.* ése, aquél; **—is,** es decir, a saber; *conj.* que, a fin de que, para que; *relat.* que.

thatch [zach] *n.* *(roof)* empaja; *(wall)* barda; *va.* empajar, bardar.

thaw [zoo] *n.* deshielo; *va. & n.* deshelar, derretir.

theatre [zi'ə-tə] *n.* teatro; arte dramático.

theatrical [zi-a'tri-kəl] *adj.* teatral.

theft [zeft] *n.* hurto, robo; latrocinio.

theme [ziim] *n.* (*study, research, talk, etc.*) tema, materia, tesis; (*action*) motivo.

then [żen] *adv.* entonces, en aquel tiempo; luego, después; *conj.* pues, en tal caso; por consiguiente, por tanto; **now —**, ahora bien; **— and there**, en seguida, en el acto; **so —**, conque.

thence [żens] *adv.* de allí, por eso, luego, desde aquel momento.

theologian [zi-ə-lou'dyən] *n.* teólogo.   [logía.

theology [zi-o'lə-dyi] *adj.* teo-

theorist [zi'o-rist] *n.* teórico; hombre de teorías.

theory [zi'o-ri] *n.* teoría; **in —**, teóricamente.

there [że'ə] *adv.* allí, allá, ahí; **here and —**, acá y acullá, de allá para acá; **—is, —are**, hay.

therefore [że'ə-fo-ə] *conj. & adv.* por (lo) tanto, por, en, consecuencia.

thereupon [że'ə-rə-pon] *adv.* por (lo) tanto, sobre; después de lo cual, por consiguiente.

thermometer [zə-mo'mi-tə] *n.* termómetro.

thermos [zee'məs] *n.* **— flask,** termos.

thesis [zii'sis] *n.* tesis.

thew [ziu] *n.* tendón, músculo.

thick [zik] *adj.* espeso; (*fat*) grueso, corpulento; (*strong*) fuerte, recio; (*matted*) tupido, apretado; (*fog, etc.*) denso; (*beard*) poblado, crecido; (*coarse, etc.*) basto, tosco; torpe; (*indistinct*) borroso, apagado; (*fam.*) íntimo; exagerado; **—set**, rechoncho; espeso; **— skinned**, de pellejo espeso; **through — and thin**, incondicionalmente; **to be as — as thieves**, ser uña y carne; *n.* grueso, espesor.

thicken [zi'kən] *va. & n.* engrosar, espesar, aumentar.

thicket [zi'kət] *n.* malcza, matorral, espcsura, monte.

thickness [zik'nəs] *n.* espesor, grueso, densidad, consistencia.

thief [ziif] *n.* ladrón; **petty —**, pillo, ratero.

thieving [zii'ving] *n.* hurto; *adj.* rapaz.

thig [zig] *v.* pordiosear, vivir de limosna.

thigh [zay] *n.* muslo.

thimble [zim'bəl] *n.* dedal.

thin [zin] *adj.* (*fine*) delgado, fino, tenue, sutil; (*skinny*) flaco, magro; (*fog, etc.*) raro, claro, ligero, enrarecido; **very —**, consumido; (*fam.*) chupado; **as — as a rake**, ser un hueso; **to grow —**, enflaquecer; afilarse; **to make—**, adelgazar; **— skinned**, sensible; *va.* enrarecer; aclarar; entresacar; *vn.* (*air*) rareficarse.

thing [zing] *n.* cosa, objeto, asunto, hecho; tipo; **for one —**, en primer lugar; **no such —**, no hay tal cosa; **with one — and another**, entre unas cosas y otras; **as —s stand**, tal como están las cosas.

think [zingk] *va.* penser (en), creer, estimar, meditar, contemplar; discurrir; opinar; *vn.* **— on, of, over**, pensar (en), acordarse de; (*imagine*) figurarse; (*of doing something*) pensar, proponerse; **—little of**, tener en poco; **—well of**, tencr buen concepto de; **as you—fit**, como Ud. quiera; **one migth—**, podría creerse; **I should — so**, ya lo creo.

thinker [zing'kə] *n.* pensador.

thinking [zing'king] *part.* **way of —**, parecer, modo de pensar; **without —**, maquinalmente.

thinness [zin'nəs] *n.* delgadez, tenuidad, sutileza; flaqueza.

third [zəəd] *n.* tercero; (*mus.*) tercera; **—part**, tercio; **—party rights**, tercería.

thirst [zeest] *n.* sed; *vn.* tener sed; **—for**, ansiar, codiciar.

thirsty [zəəs'ti] *adj.* sediento; **I am—**, tengo sed.

thirteenth [zəə-tiinz'] *adj.* decimotercero; **— day**, el día trece.

thistle [zi'səl] *n.* cardo.

thither [zi'żə] *adv.* allí, allá; **hither and —**, acá y allá.

thong [zong] *n.* correa.

tho 312

thorn [zoon] *n.* espina, púa, abrojo; **—brake,** espinar.

thorny [zoo'ni] *adj.* espinoso, difícil; complicado; *(subject)* escabroso.

throrough [zə'rə] *adj.* completo, formal, acabado, perfecto, concienzudo; **— paced,** redomado.

throroughbred [zə'rə-bred] *adj.* de raza; *adv.* por los cuatro costados.

thoroughfare [zə'rə-fe-ə] *n.* vía pública, calle céntrica; **no —,** calle cerrada.

thoroughgoing [ze'rə-gou-ing] *adj.* cabal, perfecto; *adv.* por los cuatro costados.

those [žous] *adj.* esos, aquellos; *pron.* ésos, aquéllos.

though [žou] *conj.* aunque; bien que, sin embargo, si bien; **as —,** como si.

thought [zoot] *part.* to have—, tener pensado; *n.* pensamiento, reflexión, meditación; idea; intención; recuerdo) solicitud; **on second —s,** pensándolo mejor.

thoughtful [zoot'ful] *adj.* pensativo; meditabundo, bien pensado; considerado, precavido; previsor; **to be —,** comedirse.

thoughtfulness [zoot'ful-nes] *n.* cuidado, atención, previsión, reflexión.

thoughtless [zoot'les] *adj.* irreflexivo, atolondrado, desatento, incauto, inconsiderado.

thoughtlessness [zoot'les-nes] *n.* atolondramiento, incuria, ligereza, descuido.

thousand [zau'sənd] *adj. num.* mil, un millar; **—things,** la mar de cosas.

thrash [zrash] *va. & n.* trillar, desgranar; *(fam.)* zurrar.

thrashing [zra'shing] *n.* trilla; *(fam.)* paliza; **— machine,** trilladora; **—floor,** era.

thread [zred] *n.* hilo, hebra, filete; *va.* enhebrar; *(beads, etc.)* ensartar.

threadbare [zred'be-ə] *adj.* raído, gastado.

threat [zret] *n.* amenaza, amago.

threaten [zre'tən] *va.* amenazar;

three [zri'] *n.* tres. [amagar.

threshold [zre'should] *n.* umbral.

thrift [zrift] *n.* ahorro, economía, frugalidad.

thrifty [zrif'ti] *adj.* parco, frugal, económico, aprovechado.

thrill [zril] *n.* exaltación, excitación, seducción, emoción; estremecimiento, temblor; *va.* excitar, emocionar; embelesar; *vn.* sentir pasión por; temblar, estremecerse, conmoverse.

thrilling [zri'ling] *adj.* emocionante, apasionante, sensacional. [medrar.

thrive [zraiv] *vn.* prosperar,

throat [zrout] *n.* garganta, cuello; **sore —,** dolor de garganta; **to cut the — of,** degollar.

throb [zrob] *n.* latido, pulsación; *vn.* latir, palpitar, vibrar.

throe [zrou] *n.* angustia; **death—,** agonía, dolores.

throne [zroun] *n.* trono; *(canopied)* solio; corona.

throng [zrong] *n.* tropel, turba; hervidero; *va. & n.* atestar, apretar; amontonarse, apiñarse.

thronged [zrongd] *adj.* concurrido.

throttle [zro'təl] *n.* gaznate; *(of engine)* gollete; *va.* estrangular, ahogar, sofocar.

through [zrou] *prep.* por, entre, al través de, de un lado a otro, por medio de; *adv.* (de, al) través, de parte a parte; **and—,** de pies a cabeza, de cabo a rabo, de una parte a otra; **to carry—,** llevar a cabo; **to fall—,** fracasar.

throughout [zrou-aut'] *prep. & adv.* de todo en todo, a lo largo de; en todas partes; siempre; de parte a parte, de arriba abajo.

throw [zrou] *n.* tiro, tirada; jugada, lance; *(unlucky, at cards)* azar; *va.* arrojar, tirar, echar, lanzar; **— away,** tirar, arrojar; *(a chance)* desperdiciar; *(rubbish)* desechar; **— back,** devolver; **— down,** derribar, tender, echar (abajo, por tierra); **—off,** sacudir(se), quitarse, despedir; **— open,**

313

abrir de par en par; — out *(words)*, proferir; excluir; — up, echar al aire; renunciar a; vomitar; —up, *(career)* colgar los hábitos.

thrush [zrəsh] *n.* tordo.

thrust [zrəst] *n. (archit.)* empuje; *(with dagger, sword)* estocada; arremetida; *(machine)* impulso; *va. & n.* empujar, impeler; — into, introducir, hundir; clavar; —aside, rechazar; — out, echar fuera, sacar; — through, atravesar de parte a parte; — upon, imponer.

thud [zəd] *n.* tras; golpazo.

thumb [zem] *n.* pulgar.

thunder [zən'də] *n.* trueno; estampido, estruendo; *va. & n.* tronar; fulminar, retumbar.

thunderbolt [zən'də-boult] *n.* rayo.

thunder-storm [zən'də-stoom] *n.* tempestad y truenos.

thunderstruck [zən'də-strək] *adj.* herido de rayo; fulminado, estupefacto, aturdido, helado.

Thursday [zəəs'dey] *n.* jueves.

thus [ðəs] *adv.* así, de este modo, en estos términos, siendo así.

thwart [zuoot] *va.* contrarrestar, desbaratar, impedir, frustrar.

thyme [taim] *n.* tomillo.

tick [tik] *n.* tic tac, golpecito, contramarca; momento.

ticket [ti'kət] *n. (theat., etc.)* billete, localidad; entrada; *(label)* rótulo, etiqueta; single —, billete sencillo; return —, billete de ida y vuelta; season —, abono; — office, taquilla, despacho.

tickle [ti'kəl] *va.* hacer cosquillas; halagar; divertir, retozar.

ticklish [tik'lish] *adj. (person)* cosquilloso; *(situation)* peliagudo, espinoso; to be —, tener cosquillas.

tidal [tay'dəl] *adj.* de marea.

tide [taid] *n.* marea; flujo, marcha; **time and —,** tiempo y sazón; **high —,** pleamar; **ebb —,** bajamar.

tidiness [tay'di-nes] *n.* aseo, pulcritud, atildamiento.

tidings [tay'dings] *n. pl.* noticias, nuevas.

tidy [tay'di] *adj.* pulcro, decente, aseado, ordenado; to — up, arreglar.

tie [tay] *n.* corbata; lazo; *(bond)* apego, vínculo; *(games)* empate; *va.* atar, ligar, enlazar, unir; — up, *(ships)* abordar, *(parcel, etc.)* envolver.

tier [ti'ə] *n.* fila, ringlera; —s, *(of seats)* gradería.

tiff [tif] *v.* picarse, enfurruñarse, fugarse, refiir; *n.* pique, disgusto, desavenencia.

tiger [tay'gə] *n.* tigre; —nut, chufa.

tight [tait] *adj.* estrecho, tirante; *(box)* bien cerrado; *(packed)* apretado; *(clothes)* ajustado; *(situation)* premioso; ater —, impermeable; air —, herméticamente cerrado; — rope dancer, equilibrista; to be in a—spot, estar en un aprieto.

tighten [tay'tən] *va. & n.* estrechar, apretar.

tightness [tait'nes] *n.* tensión, tirantez, impermeabilidad; estrechez; tacañería.

tile [tail] *n.* teja, baldosa; *(coloured)* azulejo; *va.* enlosar, tejar.

till [til] *n. (money)* caja, cajón, gaveta; *va.* — the soil, labrar, cultivar.   [ta que.

till [til] *prep.* hasta; *conj.* has-

tiller [ti'lə] *n.* labrador; *(naut.)* caña del timón.

tilt [tilt] *n.* inclinación; tienda, toldillo; *(joust)* torneo; *va.* inclinar; *(hat)* ladear; justar.

timber [tim'bə] *n.* madera (de construcción), árbol(es) de monte.

time [taim] *n. (measure of)* tiempo, época; plazo; *(occasion)* vez, turno; momento; *(mus.)* compás; what — is it?, ¿qué hora es?; at —s, a veces; many —s, a menudo; in —, a tiempo; from — to —, de cuando en cuando, a ratos; at one —, de una vez, de una tirada; in good —, con tiempo; in (his) own good —, a (su) tiempo; — limit, plazo; —spent in, temporada; —**table**, horario; **for so-me** — **past**, de algún tiempo a esta parte; **at any** —, a cualquier hora; **at that** —, entonces, en aquel tiempo; **this** — **a month hence**, de aquí a un mes; **for the** — **being**, de momento, por ahora; **behind** —, atrasado, retardado; **behind the** —**s**, atrasado; **to keep** —, guardar (el) compás; **to beat** —, marcar el compás; **to have a lovely** —, divertirse (horrores); *va.* medir el tiempo.

timely [taim'li] *adj.* oportuno, conveniente.

timetable [taim-te'bəl] *n. f.* guía; horería.

timid [ti'mid] *adj.* tímido, medroso, espantadizo, corto; temeroso, miedoso.

timidity [ti-mi'di-ti] *n.* timidez; cortedad; **excessive** —, miedo cerval.

tin [tin] *n.* estaño; (*manufactured*) hoja de lata, hojalata; (*container*) lata; *va.* estañar; envasar en lata; **tinned goods**, conservas.

tincture [tingk'chə] *n.* tinte, tintura; *va.* teñir, impregnar.

tinge [tindy] *n.* tinte, matiz, dejo; punta; *va.* teñir, matizar.

tingle [ting'gəl] *vn.* sentir picazón, hormiguear. [gueo.

tingling [ting'gling] *n.* hormiguero.

tinkle [ting'kəl] *va. & n.* hacer sonar, sonar.

tinkling [tingk'ling] *adj.* resonante; *n.* retintín; campanilleo.

tinned [tind] *adj.* (*fish, fruit, etc.*) en conserva.

tinsel [tin'səl] *n.* oropel.

tinsmith [tins'miz] *n.* hojalatero.

tint [tint] *n.* tinta, tinte; (*painting*) media tinta; *va.* teñir, matizar.

tiny [tay'ni] *adj.* minúsculo, menudo; — **fragment of**, poquísimo; —**tots**, (*fam.*) gente menuda.

tip [tip] *n.* (*land*) punta, extremidad, cabo; (*tongue*) punta; (*finger*) yema; (*money*) propina, gratificación; (*foil*) bo-tón; (*moon*) cuerno; (*top*) cúspide; (*advice*) aviso; **on** — **toe**, a hurtadillas; **to go on** — **toe**, andar de puntillas; *va.* ladear, inclinar; —**over**, volcar; dar propina; (*advice*) dar informes confidenciales.

tipsy [tip'si] *adj.* ebrio, achispado, a dos velas.

tiptoe [tip'tou] *n.* punta del pie.

tirade [tay-reyd'] *n.* andanada, invectiva, diatriba.

tire [tay'ə] *n.* adorno, diadema; *va. & n.* fatigar(se); aburrir, fastidiar; — **out**, reventar.

tired [tay'əd] *adj.* cansado; (*of food*) mustio; — **out**, agotado; **to be** —, fatigarse.

tiredness [tay'əd-nes] *n.* cansancio, fatiga.

tireless [tay'ə-les] *adj.* incansable, infatigable.

tiresome [tay'ə-səm] *adj.* cansado, aburrido, molesto, fastidioso; **to be** —, molestar, fastidiar.

tissue [ti'shu] *n.* tejido; —**paper**, papel de seda.

tit [tit] —**for tat**, tal para cual.

tit-bit [tit'bit] *n.* bocado delicado, bocado de rey, golosina, manjar; **extra**—, (*in convents, etc.*) platillo.

tithe [tayż] *n.* diezmo.

title [tay'təl] *n.* (*person*) título, denominación; (*heading*) epígrafe, rótulo; —**page**, portada, frontispicio; (*to*) derecho; **to give a** — **to**, intitular; titular.

titter [ti'tə] *n.* risa entre dientes, risita; *vn.* reír entre dientes.

to [tu] *prep.* a, hacia, de, que, hasta, en comparación con.

toady [to'u-di] *v.* adular, ser zalamero; *adj.* pelotillero, adulador, zalamero.

toast [toust] *n.* tostada; brindis; *va.* tostar; (*health*) brindar.

toaster [tous'tə] *n.* tostadera, parrillas; brindador.

tobacco [tə-ba'kou] *n.* tabaco; **loose** —, tabaco picado; —**firm** (**industry**), compañía, (industria tabacalera; —**kiosk**, estanco; —**pouch**, petaca.

tobacconist [tə-ba'kə-nist] *n.*

vendedor de tabaco; (small shop, kiosk) estanquero; —'s estanco.   [tualmente.
to-day [tə-dey'] adv. hoy, ac-toe [tou] n. dedo del pie; (animal) pezuña; (sock) punta.
toffee [to'fi] n. dulce, caramelo.
together [tə-ge'žə] adv. junto, juntamente, al unísono; a la vez; de seguida, seguido; va. to get —, reunir; vn. to come (get) —, convergir, reunirse; to work —, colaborar.
toil [toil] n. faena, labor, pena, afán(es); vn. sufrir, sudar, afanarse, matarse.
toilet [toy'lət] n. tocado, atavío; — table, tocador; — articles, enseres de tocador; — paper, papel higiénico; (lavat.) retrete.
token [tou'kən] n. indicación, señal, muestra; prenda; prueba, favor; recuerdo.
Toledo [to-li'dou] pr. n. inhabitant of —, toledano.
tolerable [tou'lə-rə-bəl] adj. pasadero, soportable, llevadero; regular, pasable.
tolerant [tou'lə-rənt] adj. tolerante, paciente; despreocupado; to be — of admitir.
tolerate [tou'lə-reit] va. tolerar, aguantar; ver; consentir.
toleration [tou-lə-rey'shən] n. tolerancia, indulgencia.
toll [toul] n. (to pay) peaje, pontazgo; (bell) clamor, doble, tañido; va. & n. sonar, tañer, doblar.   [doblar.
tolling [tou'ling] n. son, clamor,
tomato [tə-maa'tou] n. tomate.
tomb [tum] n. tumba, sepulcro, sepultura.
tombstone [tum'stoun] n. lápida sepulcral, losa.
tome [toum] n. tomo, volumen; (fig.) mamotreto.
tomorrow [tə-mo'rou] n. mañana; the day after —, pasado mañana.
ton [tən] n. tonelada.
tone [toun] n. tono, timbre, tónico; (of voice) metal; pl. (paint.) matices.
tongs [təngs] n. pl. tenazas, pinzas, tenacillas.

tongue [təng] n. lengua; (speech) habla; (fam.) la sin hueso; (i.e. language) idioma; (mech.) lengüeta; to hold one's —, callarse, (coll.) callar el pico; — twister, trabalenguas; — tied, premioso; loose —ed, suelto de lengua.
to-night [tu-nait'] adv. esta no-tonic [to'nik] n. tónico. [che.
tonk [tonc] v. pegar duro, derrotar fácilmente.
tonnage [tə'nidy] n. tonelaje, porte; derecho de tonelada.
tonsure [ton'shə] n. tonsura, corona.
too [tu] adv. demasiado; asimismo, también, igualmente; — much, excesivo; —well, de sobra; to be — (kind), pecar de (generoso).
tool [tul] n. herramienta, utensilio, instrumento; pl. útiles, aperos, aparejos, bártulos.
tooth [tuz] n. diente, (molar) muela; (of comb) púa; eye —, colmillo; to have a sweet —, ser goloso; —and nail, con tesón.
toothed [tuzd] adj. dentado; aserrado.   [tado.
toothless [tuz'les] adj. desdentoothpaste [tuz'peist] n. pasta dentrífica, polvos dentríficos.
top [top] n. (height) cima, pico, cumbre; (height, fig.) punta, cúspide; (finish) remate; coronilla; (lid) tapa; (tree) copa; (wall) coronamiento; (of vehicle) imperial; primero, cabeza; auge; spinning—, peonza; from — to bottom, de arriba abajo; — hat, chistera; — boots, botas de campaña; — floor, ático; va. descabezar; — off, rematar; aventajar.
topic [to'pik] n. asunto, tópico, tema, materia.
topical [to'pi-kəl] adj. actual.
topmost [top'moust] adj. el más alto; (stone, etc.) remate.
topple [to'pəl] va. derribar; vn. caer, volcarse, venirse abajo.
torch [tooch] n. antorcha, hacha, tea.
torment [too'ment] n. tormento, martirio, tortura, suplicio; va. atormentar, afligir, dar guerra.

tornado [too-ney'dou] *n.* huracán, torbellino.

torpedo [too-pii'duo] *n.* torpedo; *va.* torpedear.

torpor [too'pə] *n.* letargo, estupor; torpeza.

torrent [to'rənt] *n.* torrente, raudal.

torrid [to'rid] *adj.* tórrido, ardiente.

tortoise [too'tois] *n.* tortuga; — shell, concha; — shell glasses, quevedos.

tortuous [too'tiu-əs] *adj.* tortuoso, sinuoso.

torture [too'chə] *n.* tortura; tormento, suplicio; *va.* torturar, crucificar.

toss [tos] *n.* meneo, sacudimiento, sacudida; (*of coin*) cara o cruz; **I don't care a** —, no me importa un bledo; *va.* tirar, lanzar al aire; (*in blanket*) mantear; (*tail, etc.*) menear, agitar, sacudir; *vn.* — up, jugar a cara y cruz.

tossing [to'sing] *n.* traqueteo; agitación, meneo.

total [tou'təl] *n.* total; *adj.* entero, todo; **sum** —, (*of people*) colectividad; *va.* sumar, ascender a.

totter [to'tə] *vn.* vacilar, tambalearse, bambolear.

tottering [to'tə-ring] *adj.* vacilante; ruinoso.

touch [təch] *n.* tacto, toqueteento, contacto; (*art*) ejecución, pincelada; (*of pain*) punzada; (*shade of*) punta, sombra; (*proof*) prueba, examen; (*sense of*) tacto; **with a — of**, con sus ribetes de; **final** —, remate; **to put the final** — **to**, ultimar; **in** — **with**, al tanto de; *va.* tocar; (*with hand*) palpar, manosear; (*brush*) rozar; alcanzar; (*mus.*) pulsar, tocar; (*sentiment*) enternecer, conmover; (*prick*) aguijonear; — up, adornar, embellecer; *vn.* (*at port*) hacer escala; — off, descargar.

touching [tə'ching] *n.* tiento; conmovedor, tierno, emocionante; *prep.* tocante a, en cuanto a.

touchstone [təch'stoun] *n.* toque, piedra de toque.

touchy [tə'chi] *adj.* irritable, quisquilloso, vidrioso, receloso.

tough [təf] *adj.* duro, árduo, recio, sufrido, tenaz; duradero; (*leathery*) coriáceo; resistente.

toughen [tə'fən] *va.* curtir, endurecer; — up, *vn.* endurecerse.

toughly [təf'li] *adj.* tenazmente.

toughness [təf'nes] *n.* tenacidad; rigidez; dureza.

tour [tu'ə] *n.* viaje, vuelta, gira, excursión.

tourist [tu'rist] *n.* turista.

tournament [too'nə-ment] *n.* torneo.

tow [tou] *n.* (*rope*) estopa; remolque; *va.* **to take in** —, remolcar.

toward, towards [to-uood(s)] *prep.* hacia, del lado de, para con, cosa de. —, toalla sin fin.

towel [tau'əl] *n.* toalla; roller **tower** [tau'ə] *n.* torre; torreón; *vn.* elevarse, descollar, dominar.

town [taun] *n.* ciudad; población, pueblo; lugar; **my home** —, mi pueblo; — **council**, cabildo, municipio; — **dweller**, ciudadano; — **hall**, casa consistorial, casa del concejo.

toy [toy] *n.* juguete; chuchería; *vn.* — **with**, jugar, juguetear con, divertirse.

trace [treis] *n.* (*trail*) rastro, pista; (*imprint*) huella, pisada; (*sign*) señal, indicio, pizca; *pl.* (*of horse*) guarniciones; *va.* (*follow*) rastrear, seguir la pista; (*draw*) trazar, delinear; — **exactly**, calcar; (*derive*) imputar, achacar, inferir; (*study*) descubrir.

track [trak] *n.* ruta, rastro, vestigio; (*railway*) vía; (*racing, etc.*) pista; (*over rough ground*) trocha; **beaten** —, camino trillado; **wheel** —, rodada; **to set on right** —, encarrilar; *va.* — **down**, rastrear, seguir la pista (a).

trackless [trak'les] *adj.* fragoso.

tract [trakt] *n.* trecho, región; serie; folleto.

tractable [trak'tə-bəl] *adj.* tratable, dócil, blando.

trade [treid] *n.* comercio, industria, oficio; **he is a ( ) by —,** es ( ) de oficio; **free —,** libre cambio; **— winds,** vientos generales; **— union,** gremio, sindicato; *vn.* traficar, comerciar, negociar.

trader [trey'də] *n.* comerciante.

tradesman [treids'mən] *n.* tendero, artesano, mercader; **—'s entrance,** puerta de servicio.

trading [trey'ding] *adj.* mercantil; *n.* comercio; **— house,** casa, factoría.   [ción.

tradition [trə-di'shən] *n.* tradi-

traditional [trə-di'shən-nəl] *adj.* tradicional; *(home of family)* solariego.

traduce [trə-dius'] *va.* denigrar, difamar, calumniar.

traffic [tra'fik] *n.* tráfico, comercio; *(stret)* circulación; comerciar.

tragedy [tra'dyə-di] *n.* tragedia.

tragic [tra'dyik] *adj.* trágico.

trail [treil] *n.* huella, rastro; pista; cola; *(i.e. path)* sendero; **—of powder,** reguero de pólvora; *va.* seguir la pista; arrastrar(se).

train [trein] *n. (railway)* tren; **through —,** tren directo; **mail, excursion, goods, passenger and goods —** tren de correo, de recreo, de mercancías, mixto; *(mules)* recua; *(servants, etc.)* séquito; *(dress)* cola; *va.* disciplinar, amaestrar, adiestrar, *vn.* entrenarse.

training [trey'ning] *n.* educación, instrucción; *(sport)* entrenamiento; **without —,** imperito; **— college,** escuela normal; **— ground,** *(sport)* estadio; **— ship,** buque escuela.

trait [trey] *n.* rasgo, toque.

traitor [trey'tə] *n.* traidor; faccioso.

traitorous [trey'tə-rəs] *adj.* pérfido, traicionero, desleal, alevoso.

tramcar [tram'kaar] *n.* tranvía.

trammel [tra'məl] *n.* estorbo; traba; *va.* poner trabas a.

tramp [tramp] *n.* vagabundo, polizón; marcha, ruido de pisadas.

trample [tram'pəl] *va.* **— on, — underfoot,** pisar, hollar, pisotear; *vn.* pisar.

trance [traans] *n.* catalepsia; *(relig.)* arrobamiento, éxtasis.

tranquil [tran'kuil] *adj.* tranquilo, apacible, sosegado, suave.

tranquility [tran-kui'li-ti] *n.* tranquilidad, serenidad, sosiego.

transact [tran-sakt'] *va. & n.* llevar a cabo, tramitar, desempeñar; **— business,** evacuar, despachar.

transaction [tran-sak'shən] *n.* gestión, negociación, transacción, negocio, trámite; *pl.* memorias.

transcend [tran-send'] *va.* superar, exceder, rebasar.

transcribe [tran-skraib'] *va.* transcribir, copiar.

transfer [*n.* trans'fə; *vb.* trans-fəə'] *n. (goods, etc.)* transporte; *(title to property)* alienación, traspaso; transbordo; cesión; *va.* transferir, transbordar, enajenar, traspasar.

transferable [trans'fə-rə-bəl] *adj.* transferible; **not —,** inalienable.   [sar.

transfix [trans-fiks'] *va.* traspa-

transform [trans-foom'] *va.* transformar; *(expression)* demudar, transfigurar; convertir; *vn.* transformarse, parar en.

transformation [trans-foo-mey'-shən] *n.* transformación; *(of features)* demudación; metamorfosis.

transfuse [trans-fiuz'] *v.* transfundir, transvasar, trasegar, decantar.

transgress [trans-gres'] *va.* violar, contravenir, delinquir, propasarse, transgredir.

transgression [trans-gr'shən] *n.* transgresión, atentado; pecado; ofensa; extralimitación.

transient [tran'siənt] *adj.* transitorio, pasajero, transeúnte.

transition [tran-si'shən] *n.* transición, paso, mudanza.

transitory [tran'si-tə-ri] *adj.* transitorio, fugitivo, fugaz.

translate [tran-sleit'] *va.* traducir, volver, verter.

translation [tran-sley'shən] *n.* traducción; *(eccl.)* translación.

translator [tran-sley'tə] *n.* traductor.

transmit [trans-mit'] *va.* transmitir, remitir; *(orders)* cursar.

transmitter [trans-mi'tə] *n.* transmisor; — **board** *(teleg.),* manipulador.

transparency [trans-pe'ə-rən-si] *n.* transparencia, diafanidad.

transparent [trans-pe'ə-rənt] *adj.* transparente; cristalino; franco; **to be** —, clarear.

transpire [trans-pay'ə] *vn.* transpirar, sudar; divulgarse.

transport [traans'poot] *n.* *(goods, etc.)* transporte; conducción, acarreo; *(of joy, etc.)* transporte, éxtasis; acceso; *(mystical)* rapto.

transport [trans-poot'] *va.* *(goods, etc.)* transportar, acarrear, conducir; *(with joy)* arrebatar, transportar; *(relig.)* raptar.

transportation [trans-poo-tey'-shən] *n.* transporte; destierro.

trap [trap] *n.* trampa, cepo; *(ambush)* celada, asechanza; zancadilla; **to lay a** —, tender una red; —**s,** *(sl.)* equipaje; — **door,** escotillón; **to be caught in a** —, caer en el garlito; *va.* coger en trampa.

trappings [tra'pings] *n.* adorno; arnés, arreos; *(horse)* jaeces.

trashy [tra'shi] *adj.* despreciable, sin valor; baladí.

travel [tra'vəl] *n.* viaje; *vn.* viajar; caminar; *(of vehicle)* ir; — **empty,** ir de vacío.

traveller [tra'və-lə] *n.* viajero, viajador, caminante; **commercial** —, viajante.

travelling [tra'və-ling] *n.* (los) viajes; (el) viajar; — **companion,** compañero de viaje.

traverse [tra'vəəs] *va.* atravesar, cruzar; pasar por, recorrer.

travesty [tra'ves-ti] *n.* parodia.

tray [trey] *n.* bandeja, batea; *(wicker)* azafate.

treacherous [tre'chə-rəs] *adj.* traicionero, traidor, alevoso.

treachery [tre'chə-ri] *n.* traición, perfidia, defección; deslealtad.

tread [tred] *n.* pisada, paso; *va.* — **down, (underfoot),** hollar; — **on,** pisotear, pisar; *vn.* dar pasos.

treadmill [tred'mil] *n.* molino con rueda de escalones, empleado como castigo en las cárceles; *(fig.)* tráfago.

treason [trii'sən] *n.* traición.

treasonable [trii'sə-nə-bəld] *adj.* traidor, pérfido.

treasure [tre'syə] *n.* tesoro; caudal; *va.* atesorar; ahuchar.

treasurer [tre'syə-rə] *n.* tesorero.

treasury [tre'syə-ri] *n.* tesoro, tesorería; Hacienda Pública; — **bill,** vale de tesorería.

treat [triit] *n.* trato, convite; *(fam.)* convidada; *va. & n.* tratar, negociar; *(mil.)* parlamentar; *(hospitably)* festejar; — **with,** *(chem.)* tratar con; — **on,** — **of,** versar sobre.

treatise [trii'tis] *n.* tratado.

treatment [triit'mənt] *n.* trato; *(med.)* tratamiento; procedimiento.

treaty [trii-ti] *n.* tratado, asiento, pacto.

treble [tre'bəl] *adj.* triple; *n.* tiple; *va. & n.* triplicar.

tree [trii] *n.* árbol; **fruit** —, árbol frutal.

treeless [trii'les] *adj.* pelado.

tremble [trem'bəl] *vn.* temblar, estremecerse; trepidar, vibrar.

trembling [trem'bling] *adj.* temblante, trémulo; *n.* estremecimiento, temblor.

tremendous [tri-men'dəs] *adj.* tremendo, formidable, estupendo. [bración.

tremor [tre'mə] *n.* temblor, vibremulous [tre'miu-ləs] *adj.* tembloroso, trémulo.

trench [trensh] *n.* *(mil.)* trinchera; cauce; *(foundation)* zanja; *(water)* acequia; *va.* excavar, atrincherar.

trenchant [tren'shənt] *adj.* cortante, tajante, mordaz.

trend [trend] *n.* tendencia, inclinación, giro.

trepidation [tre-pi-dey'shən] *n.* azoramiento.

trespass [tres'pəs] *n.* transgresión; *vn.* — **upon**, violar; *(on time, etc.)* abusar de; faltar, delinquir.

tresses [tre'səs] *n.* trenzas, rizo (mata) de pelo.

trevet [tre'vet] *n.* trípode, atifle.

trial [tray'əl] *n. (effort)* esfuerzo; prueba, tentativa; *(by touch)* toque; *(law)* juicio, proceso, vista; experiencia; *(sorrow, etc.)* desgracia, aflicción; **on** —, a prueba; — **shot**, tiento; — **trip**, viaje de prueba.

triangle [tray'ang-gəl] *n.* triángulo.   [da.

tribe [traib] *n.* tribu, casta; hor-

tribulation [tri-biu-ley'shən] *n.* tribulación, pena, congoja.

tribunal [tray-biu'nəl] *n.* tribunal, juzgado, mesa presidencial.

tributary [tri'biu-tə-ri] *adj.* tributario; *n.* afluente.

tribute [tri'biut] *n.* tributo; impuesto.

trice [trais] *n.* momento, instante; **in a** —, en un tris, de manos a boca.

trick [trik] *n.* trampa, engaño; *(fraud)* timo, fraude, estafa, superchería; *(stratagem)* ardid, maniobra, truco; *(cards)* baza; **smart** —, suerte, faena; **skilful** —, habilidad, maña; **dirty** —, cochinada; **low** —, burla pesada, pillería; *va.* engañar, burlar; estafar; camelar; timar; — **out**, ataviar; — **out of**, defraudar.

trickery [tri'kə-ri] *n.* fraude, fullería, escamoteo, malas artes.   [escurrir, gotear.

trickle [tri'kəl] *n.* reguero; *vn.*

tricky [tri'ki] *adj.* fraudulento, tramposo; vicioso; difícil.

trifle [tray'fəl] *n.* bagatela, fruslería, niñería, miseria, nada, cosita, insignificancia; **a mere** —, tortas y pan pinto; **not to stop at** —s, no reparar en pelillos; *vn.* chancear(se); no to-

mar en serio; — **with**, jugar con, burlarse de.

trifling [tray'fling] *adj.* insignificante, baladí, fútil.

trigger [tri'gə] *n.* gatillo, disparador; fiador.

trill [tril] *n. (mus.)* quiebro; *(birds)* trino, gorjeo; *vn.* trinar, gorjear.

trim [trim] *adj.* adornado, ataviado, elegante; ajustado; *va.* adornar; cortar; podar; *(stick, etc.)* tajar; *(sails)* templar; *(hair)* atusar; *(with studs)* tachonar; *(wick)* despabilar.

trimming [tri'ming] *n. (on dress, etc.)* guarnición, adorno; *(piece of woo-, etc.)* desbaste; *(of hedge)* poda.

trinket [tring'kət] *n.* baratija, bagatela, mirifiaque.

trip [trip] *n.* viaje; excursión; tropezón; *(of foot)* zancadilla; **to go on a** —, viajar, hacer excursiones; *va.* hacer caer; echar la zancadilla; *vn.* tropezar, dar un tropezón; descuidarse.

trite [trait] *adj.* trivial, común; trillado, gastado, socorrido.

triumph [tray'əmf] *n.* triunfo; victoria; *vn.* triunfar, vencer, sobreponerse a.

trivial [tri'viəl] *adj.* trivial, frívolo, baladí.

triviality [tri-via'li-ti] *n.* menudencia, poca cosa.

trollop- [tró-lop] *n.* zangarilleja, gorrona, ramera.

trombone [trom-boun'] *n.* trombón, corneta de llaves.

troop [trup] *n.* tropa; turba; cuadrilla; *(soldiers)* mesnada; *(actors)* compañía; *vn.* reunirse; formar tropa; ir en tropel.

trop [trou] **to be de** —, sobrar, estar de más.

trophy [trou'fi] *n.* trofeo.

tropic [tro'pik] *n.* trópico.

tropical [tro'pi-kəl] *adj.* tropical.

trot [trot] *n.* trote; *vn.* trotar; andar al trote.

troth [trouz] *n.* fe; **to plight one's** —, comprometerse.

troubadour [tru'bə-du-ə] *n.* trovador; —**'s art**, gaya, ciencia.

trouble [trə'bəl] *n.* confusión, trastorno; desazón, desconsuelo; sinsabor, disgusto, afflicción, pena; molestia, incomodidad, apuro; **to be in** —, estar afligido, verse en un apuro; *va.* turbar, trastornar, desazonar, incomodar, enfadar; *(be nuisance)* molestar.

troubled [trə'bəld] *adj.* apenado; *(times, etc.)* turbulento; **in** — **waters**, a río revuelto.

troublesome [trə'bəl-səm] *adj.* molesto, enfadoso: importuno; penoso; fatigoso; fastidioso.

troublous [trə'bləs] *adj.* turbulento, tumultuoso, revuelto, inquieto.

trough [trof] *n.* artesa; **food** —, comedero; **kneading** —, armadera; **drinking** —, abrevadero.

trousers [trau'səs] *n.* pantalón(es).

trousseau [tru'sou] *n.* ajuar.

trout [traut] *n.* trucha.

truant [tru'ənt] *adj.* novillero; **to play** —, hacer novillos.

truce [trus] *n.* tregua; suspensión de hostilidades.

truck [trək] *n.* camión; — **farmer**, hortelano.

truculence [trə'kiu-ləns] *n.* fiereza, crueldad

truculent [trə'kiu-lənt] *adj.* cruel, truculento.

trudge [trədy] *vn.* andar trabajosamente.

true [tru] *adj.* verdadero, positivo; hecho y derecho; verídico; a plomo; genuino, leal; legítimo. [da; axioma.

truism [tru'i-səm] *n.* perogrullada

trumpery [trəm'pə-ri] *n.* engaño, fraude; hojarasca; baratija.

trumpet [trəm'pet] *n.* trompa, trompeta, corneta de llaves; *va.* pregonar

trumpeter [trəm'pə-tə] *n.* trompetero, trompeta.

truncheon [trən'shən] *n.* porra.

trunk [trəngk] *n.* *(tree)* tronco; *(elephant)* trompa; *(travelling)* baúl; — **call**, *(teleph.)* conferencia.

trust [trəst] *n.* confianza; crédito; cometido; fideicomiso; asociación de compañías; **in** —, en administración; **on** —, a ojos cerrados; *va.* & *n.* confiar, tener confianza; fiarse, dar crédito. [rio, administrador.

trustee [trəs-tii'] *n.* fideicomisa-

trustful [trəst'ful] *adj.* confiado.

trustworthiness [trəst'uəə-żi-nəs] *n.* integridad, honradez, probidad.

trustworthy [trəst'uəə-żi] *adj.* digno de confianza; fidedigno, de mucha confianza; —**servant**, confidente.

trusty [trəs'ti] *adj.* fiel, constante, leal, íntegro, seguro.

truth [truz] *n.* verdad; fidelidad, veracidad; **the honest** —, la pura verdad; **in** —, (a la, en) verdad, de veras.

truthful [truz'ful] *adj.* verdadero; verídico.

truthfulness [truz'ful-nes] *n.* veracidad.

try [tray] *n.* prueba, ensayo, tentativa; *va.* ensayar, probar, tratar de; procurar; poner a prueba, fatigar; (in)tentar; *(law)* conocer, procesar; juzgar; — **on**, *(clothes, etc.)* probar; *(for first time)* estrenar; — **to**, tratar (de), esforzarse (a), hacer (por); — **one's luck**, probar fortuna.

trying [tray'ing] *adj.* fatigoso.

tub [təb] *n.* cuba, gamella, tina, cubeta, bañera, buque malo.

tube [tiub] *n.* tubo; caño, conducto; metro.

tuberculosis [tiu-bəə-kiu-lou'-sis] *n.* tuberculosis, tisis.

tuck [tək] *n.* pliegue, (re)cogido; filete; alforza; *va.* — **up**, *(sleeves)* arremangar; — **into**, zampar; — **up**, arregazar; *vn.* plegar, hacer alforzas.

Tuesday [tius'dey] *n.* martes.

tuft [təft] *n.* *(on hats)* penacho, borla; *(on birds)* cresta; *(of grass)* manojo, mechón.

tug [təg] *n.* (es)tirón; *(boat)* remolcador; *va.* & *n.* remolcar; tirar de, halar.

tuition [tiu'i-shən] *n.* instrucción, enseñanza.

tulip [tiu'lip] *n.* tulipán.

tumble [təm'bəl] *n.* caída, tumbo; *va.* & *n.* caer, dar en tierra;

venirse abajo, derrumbarse;
(to an idea) caer en la cuenta,
entender.
tumbledown [təm'bəl-daun] *adj.*
decrépito, destartalado.
tumbling [təm'bling] *part.* **to
come — down**, venirse abajo.
tumour [tiu'mə] *n.* tumor, apostema; *(small)* buba.
tumult [tiu'mʌlt] *n.* tumulto, alboroto, revuelta; conmoción,
fragor, bullanga, griterío, motín.
tumultuous [tiu-məl'tiu-əs] *adj.*
tumultuoso, alborotado.
tune [tiun] *n.* tono; tonadilla;
tonada; **out of —**, destemplado;
in —, templado, afinado; *va.*
afinar, templar; acordar, concertar.
tuneful [tiun'ful] *adj.* melodioso, armonioso
tunic [tiu'nik] *n.* túnica, blusa.
tunnel [tə'nəl] *n.* túnel.
tunny [tə'ni] *n.* atún; **striped
—**, bonito.
turbid [təə'bid] *adj.* turbio, espeso; borroso; turbulento.
turbine [təə'bain] *n.* turbina.
turbulent [təə'biu-lənt] *adj.*
turbulento, revoltoso, faccioso.
turf [təəf] *n.* césped; el hipódromo; *va.* encespedar.
turgid [təə'dyid] *adj.* turgente,
hinchado, ampuloso.
Turk [təək] *n. & adj.* turco.
turkey [təə-ki] *n.* pavo.
turmoil [təə'moil] *n.* estruendo,
disturbio, baraúnda.
turn [təən] *n.* vuelta; *(walk)*
paseo, vuelta; *(mech.)* revolución, giro, vuelta; *(duty)* turno,
vez, tanda; *(cards)* mano;
(change) mudanza, marcha;
(character) genio, inclinación;
(twist) sesgo, giro; *(of speech)*
giro, idiotismo; rodeo; cambio;
hechura; proceder; *(good, bad)*
pasada, jugada; **good —**, favor,
servicio; **to do an ill —**, hacer
un flaco servicio; **at every —**;
a cada instante; **to take —s**,
alternar; *va.* volver, dar vueltas a, hacer (rodar, girar);
(years) cumplir; *(head)* trastornar; *(adrift)* abandonar;
(stomach) revolver, causar as-

co; **— one's coat**, cambiar de
casaca; **— aside**, desviar; trasladar; **— away**, despedir, apartar; **— down**, doblar; *(gas)* bajar; *(fam.)* dar calabazas a; **—
into**, transformar en; **— off**,
cerrar; **— on**, abrir; depender
de; volverse contra; **— out**,
despedir; producir; **— over**,
volver; revolver; *(in mind)* dar
vueltas a; volcar; *(round)* volver; rodar; **— up**, revolver;
(sleeves) arremangarse; presentarse; **— upside down**, revolver, trastornar, volver patas arriba, **— upon**, fundarse
en; recaer sobre; **P.T.O.**, a la
vuelta; *vn.* volver; torcer, desviarse; hacerse, venir a ser;
(tide) repuntar; **— away**, apartarse; **— out**, salir; **— out to be**,
resultar; **— round**, volverse; **—
round and round**, dar vueltas;
— up, (a)parecer, personarse;
— upon, depender de; **— over**,
revolverse; **— to**, recurrir a;
tirar hacia.
turnabout [tarn'ə-baut] *n.* tiovivo.
turning [təə'ning] *n. & adj.*
vuelta, rodeo; cambio; ángulo,
esquina; desviación; **— point**,
punto decisivo, crisis.
turnip [təə'nip] *n.* nabo.
turnout [təə'naut] *n.* *(people)*
concurrencia; *(show)* tren.
turnstile [təən'stail] *n.* torniquete.   [za, vileza.
turpitude [təə'pi-tiud] *n.* torpe-
turret [tə'rət] *n.* torreón, mirador, torre; **ship's gun —**, cúpula.   [tola.
turtle [təə'təl] *n.* **—dove**, tórtusk** [təsk] *n.* colmillo.
tussle [tə'səl] *n.* lucha, pelea.
tutor [tiu'tə] *n.* tutor; ayo; *va.*
instruir; hacer de tutor.
twang [tuang] *n.* nasalidad, gangosidad; *va.* rasguear.
twelfth [tuelfz] *num.* **— Night**,
epifanía, noche de Reyes.
twice [tuais] *adj.* dos veces.
twig [tuig] *n.* ramo, varilla, vara; *(small)* vergeta.
twilight [tuay'lait] *n.* crepúsculo; **in the —**, entre dos luces.
twin [tuin] *aaj.* mellizo, gemelo.

twine [tuain] *n.* cuerda, hilo, pita; guita; *va. & n.* enroscar(se).

twinge [tuindy] *n.* dolor punzante, punzada; *vn.* sentir dolor.

twinkle [tuing'kəl] *n.* titilación, centelleo; *vn.* titilar, rutilar, centellear.

twinkling [tuingh'ling] *n.* in a—, en un santiamén; in the — of an eye, en un abrir y cerrar de ojos.

twirl [tuəəl] *n.* giro, vuelta; *va.* enroscar; *vn.* girar, dar vueltas.

twist [tuist] *n.* torsión, quiebro, sacudida; tirón; *va.* (con)torcer, enroscar, trenzar, retortizar, entretejer; *vn.* retorcerse, contorcerse.

twisting [tuist'ing] *n.* — and turning, sinuosidad.

twitch [tuich] *n.* contracción nerviosa; tirón, sacudida; *va.*

crispar; *vn.* crispar(se), tirar.

twitter [tui'tə] *n.* gorjeo; *vn.* gorjear, trinar.

two [tu] *num.* —edged, de dos filos; —faced, de dos caras; **to put — and — together,** atar cabos; — **headed,** bicéfalo; — **syllabled,** bisílabo.

type [taip] *n.* tipo, modelo, ejemplar; *(print)* carácter, tipo; —**writer,** máquina de escribir.

typical [ti'pi-kəl] *adj.* típico, característico; *(national)* castizo.

typist [tay'pist] *n.* mecanógrafa.

tyrannise [ti'rə-nais] *va.* tiranizar, oprimir.

tyranny [ti'rə-ni] *n.* tiranía, despotismo, rigor.

tyrant [tay'rənt] *n.* tirano, déspota.

tyre [tay'ə] *n.* llanta, calce; *(outer)* cubierta.

tyro [tay'rou] *n.* novato, principiante, bisoño.

U

ubiquity [yu-bi'kui-ti] *n.* ubicuidad.

ugliness [ə'gli-nes] *n.* fealdad, deformidad; perversidad.

ugly [ə'gli] *adj.* feo, mal parecido; repugnante; *(wound)* peligroso; fiero.

ulcer [əl'sə] *n.* úlcera, llaga.

ulna [əl'na] *n.* (anat.) cúbito.

ulterior [əl-ti'ə-riə] *adj.* ulterior, posterior.

ultimate [əl'ti-meit] *adj.* último, postrimero; primario; esencial.

ultimately [əl'ti-meit-li] *adv.* al fin y al postre; en fin; a la larga.

umbrage [əm'breidy] *n.* pique; resentimiento; **to take —,** incomodarse.

umbrella [əm-bre'lə] *n.* paraguas; sombrilla.

unabashed [ə-nə-bashd'] *adj.* descocado, cínico, fresco,

unable [ə-ney'bəl] *adj.* incapaz, impotente; **to make —,** incapacitar.

unacceptable [ə-nak-sep'tə-bəl] *adj.* inaceptable, incompatible, inadmisible.

unaccountable [ə-na-kaun'tə-bəl] *adj.* inexplicable, irresponsable, extraño.

unaccustomed [ə-nə-kəs'təmd] *adj.* no usual, insólito; no acostumbrado.

unadorned [ə-nə-doond'] *adj.* sencillo, sin adornos, llano.

unadulterated [ə-nə-dəl'tə-rey-təd] *adj.* puro, sin mezcla.

unaffected [ə-nə-fek'təd] *adj.* llano, natural.

unafraid [ə-nə-freid'] *adj.* impertérrito.

unanimity [iu-nə-ni'mi-ti] *n.* unanimidad.

unanimous [iu-na'ni-məs] *adj.* unánime.

unanswerable [ə-naan'sə-rə-bəl] *adj.* indisputable, incontrovertible, incontestable.

unarmed [ə-naamd'] *adj.* inerme, desarmado.

unassailable [ə-nə-sey'lə-bəl] *adj.* entero, inexpugnable, *(argument)* irrebatible.

unassuming [ə-nə-siu'ming] *adj.* modesto, sencillo.

unauthorised [ə-noo'zə-raisd] *adj.* sin autorización, desautorizado.

unavailing [ə-nə-vey'ling] *adj.* vano, infructuoso.

unavoidable [ə-nə-voy'də-bəl] *adj.* inevitable, ineludible, ineluctible.

unaware [ə-nə-ue'ə] *adj.* inconsciente, sin percatarse; **to be — of**, ignorar; *adv.* **—s**, de sorpresa, inopinadamente, de improviso; **to catch —**, sorprender.

unbalanced [ən-ba'lənsd] *adj.* desequilibrado.

unbearable [ən-be'ə-rə-bəl] *adj.* insoportable, insufrible, inaguantable.

unbecoming [ən-bi-kə'ming] *adj.* impropio, que sienta mal.

unbelievable [ən-bi-li'və-bəl] *n.* incrédulo; descreído; heterodoxo.

unbend [ən-bend'] *va. & n.* enderezar; soltarse.

unbending [ən-ben'ding] *adj.* inflexible, estirado.

unbind [ən-ba'ind] *v.* desatar, desligar, destrabar, desamarrar, desencuadernar.

unbosom [ən-bu'səm] *va.* desahogarse, franquearse; *(coll.)* desembuchar.

unbound [ən-baund'] *adj.* suelto; *(book)* sin encuadernar; en rústica.

unbounded [ən-baun'dəd] *adj.* ilimitado, infinito, inconmensurable.

unbreakable [ən-bre'kə-bəl] *adj.* irrompible.

unbridled [ən-bray'dəld] *adj.* desenfrenado, licencioso.

unbroken [ən-brou'kən] *adj.* intacto, íntegro; *(horse)* indómito, cerril; no interrumpido.

unburden [ən-bəə'dən] *va.* descargar; aliviar(se); **to — oneself**, franquearse, explayarse, desahogarse.

uncalled [ən-kold'] *adj.* **— for**, indebido; gratuito; impropio.

uncanny [ən-ka'ni] *adj.* pavoroso; incauto.

unceremoniously [ən-se-remou'niəs-li] *adv.* sin empacho, familiarmente.

uncertain [ən-səə'tən] *adj.* incierto, perplejo, dudoso, indeciso, equívoco; indeterminado; precario, irresoluto.

uncertainty [ən-səə'tən-ti] *n.* incertidumbre, duda, ambigüedad, irresolución.

unchanging [ən-chein'dying] *adj.* igual, inmutable, inalterable.

uncharitable [ən-cha'ri-tə-bəl] *adj.* poco caritativo.

uncivil [ən-si'vil] *adj.* incivil, descortés, grosero.

uncivilised [ən-si'vi-laisd] *adj.* no civilizado, inculto, bárbaro.

uncle [əng-kəl] *n.* tío.

unclean [ən-kliin'] *adj.* sucio, desaseado; impuro.

unclouded [ən-klau'dəd] *adj.* despejado, claro.

uncomely [ən-kəm'li] *adj.* feo, desgarbado.

uncomfortable [ən-kəm'fe-tə-bəl] *adj.* incómodo, molesto, penoso.

uncomfortableness [ən-kəm'fə-tə-bəl-nes] *n.* incomodidad, malestar; molestia.

uncommon [ən-ko'mən] *adj.* desusado, poco común, raro.

uncomplimentary [ən-kom-plimen'tə-ri] *adj.* desfavorable, poco halagüeño.

uncompromising [ən-kom'promay-sing] *adj.* inflexible, firme, intransigente.

unconcern [ən-kən-səən'] *n.* indiferencia, desapego.

unconcerned [ən-kən-səənd'] *adj.* indiferente, despreocupado, despegado, desinteresado.

unconditional [ən-kən-di'shənəl] *adj.* incondicional.

uncongenial [ən-kən-dyii'niəl] *adj.* incompatible, antipático.

unconquerable [ən-kong'kə-rə-bəl] *adj.* indómito, invencible.

unconscious [ən-kon'shəs] *adj.* inconsciente, insensible; sin sentido.

unconsciously [ən-kon'shəs-li] *adv.* inconscientemente, sin saber, sin darse cuenta.

unconsciousness [ən-kon'shəs-nes] *n.* inconsciencia, insensibilidad.

uncontrollable [ən-kən-trou'lə-bəl] *adj.* indomable, irrefrenable.

unconventional [ən-kən-ven'shə-nəl] *adj.* informal, despreocupado.

unconventionality [ən-kən-ven-shə-na'li-ti] *n.* informalidad.

uncork [ən-kook'] *va.* descorchar, destapar.

uncouth [ən-kuz'] *adj.* torpe, desmañado; tosco; grotesco; extraño.

uncover [ən-kəə'və] *va. & n.* descubrir(se), desnudar.

unction [əngk'shən] *n.* unción, ungüento; extreme —, extremaunción. [maleza.

uncultivated [ən-kəl'ti-vey-təd] *adj.* inculto, sin cultivar, baldío, yermo.

uncurb [ən'cərb'] *v.* desenfrenar.

undamaged [ən-da'meidyd] *adj.* indemne, incólume, ileso.

undaunted [ən-doon'təd] *adj.* intrépido, impávido.

undecided [ən-di-say'dəd] *adj.* indeciso, caviloso.

undefended [ən-di-fen'dəd] *adj.* indefenso.

undefiled [ən-di-faild'] *adj.* impoluto, inmaculado, virgen.

undefined [ən-di-faind'] *adj.* indefinido.

undeniable [ən-di-nay'ə-bəl] *adj.* innegable.

under [ən-də] *adj.* inferior, subalterno, bajo; *adv.* debajo, abajo, más abajo, menos; *prep.* debajo de; menos de; en tiempo de; conforme a; según; —him, a su mando, a sus órdenes; —age, menor de edad; —arms, bajo las armas; —cover, a cubierto; —cover of, al abri-

go de; —consideration, en consideración.

underclothes [ən'də-klouźs] *n.* ropa interior; (*coll.*) paños menores.

undercurrent [ən'də-kə-rənt] *n.* resaca; —of gossip, murmuración.

underestimate [ən-də-res'ti-meit] *va.* estimar mal; menospreciar.

undergo [ən'də-gou] *va.* experimentar, sufrir, padecer.

underground [ən'də-graund] *adj.* subterráneo; clandestino; *adv.* bajo tierra; oculto; —railway, (in city) metro; *n.* subterráneo. [maleza.

undergrowth [ən'də-grauz] *n.*

underhand [ən'də-jand] *adj.* clandestino; solapado, poco limpio; *adv.* clandestinamente, bajo cuerda.

underlie [ən'də-lay] *vn.* servir de base. [brayar.

underline [ən'də-lain] *va.* su-

undermentioned [ən-də-men'shənd] *adj.* abajo citado.

undermine [ən'də-main] *va.* minar, socavar.

underneath [ən-də-niiz'] *adv.* debajo.

underrate [ən-də-reit'] *va.* rebajar, menospreciar.

underskirt [ən'də-skəət] *n.* enagua, refajo; (*country girl's*) zagalejo.

understand [ən-də-stand'] *va.* entender, comprender, concebir, conocer, sobrentender; sacar (en limpio); *vn.* comprender, caer en la cuenta, tener entendido; that is understood, (está) entendido, por supuesto.

understandable [ən-də-stan'də-bəl] *adj.* comprensible, inteligible.

understanding [ən-də-stan'ding] *n.* entendimiento, inteligencia, mente, intelecto, sentido; comprensión, interpretación; presupuesto; *adj.* comprensivo.

undertake [ən'də-teik] *va. & n.* emprender, acometer; comprometerse a.

undertaker [ən'də-tey-kə] *n.* director de pompas fúnebres.

undertone [ən'də-toun] *n.* voz baja; rumor; resabio.

undertow [ən'də-tou] *n.* resaca, contracorriente submarina.

undervalue [ən-də-va'liu] *va.* menospreciar, despreciar, tasar en menos.

underwear [ən'də-ue-ə] *n.* ropa interior.

undeserved [ən-di-səəvd'] *adj.* inmerecido.

undeserving [ən-di-səə'ving] *adj.* indigno.

undesirable [ən-di-say'rə-bəl] *adj.* indeseable.

undeveloped [ən-di-ve'ləpd] *adj.* sin desarrollar, rudimentario.

undigested [ən-day-dyes'təd] *adj.* indigesto, no digerido, sin digerir.

undigestible [ən-day-dyes'ti-bəl] *adj.* indigesto.

undignified [ən-dig'ni-faid] *adj.* poco digno, ordinario, sin dignidad.

undiminished [ən-di-mi'nishd] *adj.* íntegro, completo, sin disminución.

undiscovered [ən-dis-kə'vəəd] *adj.* ignorado, ignoto.

undismayed [ən-dis-meid'] *adj.* impertérrito.

undisputed [ən-dis-piu'təd] *adj.* incontestable.

undisturbed [ən-dis-təəbd'] *adj.* impasible, tranquilo, sereno.

undivided [ən-di-vay'dəd] *adj.* indiviso, entero, íntegro.

undo [ən-du'] *va.* deshacer, arruinar; afligir.

undoubted [ən-dau'təd] *adj.* fuera de duda, indubitable, indudable.

undress [ən-dres'] *n.* desabillé; paños menores; *(mil.)* traje de cuartel; *va. & n.* desnudar, desnudarse.

undue [ən-diu'] *adj.* indebido, desmedido; injusto.

undulate [ən'diu-leit] *vn.* ondular, fluctuar.

undulating [ən'diu-ley-ting] *adj.* ondulante, undoso; *(land)* ondulado, quebrado.

undying [ən-day'ing] *adj.* imperecedero, perpetuo.

unearth [ə-nəəz'] *va.* desenterrar.

uneasiness [ə-ni'si-nes] *n.* incomodidad, intranquilidad, malestar, desasosiego, desazón.

uneasy [ə-nii'si] *adj.* desasosegado, inquieto, intranquilo, molesto; trabajoso.

uneducated [ə-ne'diu-key-təd] *adj.* poco instruido, sin educación, lego; indocto; inculto.

unemployed [ə-nem-ploid'] *adj.* parado; sin empleo; *(Civil Servant)* cesante; desocupado.

unemployment [ə-nem-ploy'-mənt] *n.* desocupación, paro; *(of white-collar workers)* cesantía.

unending [ə-nen'ding] *adj.* infinito, inacabable, sin fin.

unenviable [ə-nen'viə-bəl] *adj.* poco envidiable.

unequal [ə-ni'kuəl] *adj.* desigual, dispar; parcial; .to be—to, no tener fuerzas para.

unequalled [ə-ni'kuəld] *adj.* inmejorable.

unerring [ə-ne'ring] *adj.* infalible; seguro.

uneven [ə-ni'vən] *adj.* desigual, desnivelado, escabroso, quebrado; *(number)* impar.

unevenness [ə-ni'vən-nes] *n.* escabrosidad, desigualdad, abolladura, desajuste, desnivel.

unexpected [ə-nək-spek'təd] *adj.* inesperado, de improviso, repentino, inopinado, impensado.

unexpectedly [ə-nek-spek'ted-li] *adv.* inesperadamente, de manos a boca, a la improvista, de rondón.

unfading [ən-fey'ding] *adj.* inmarcesible; inmarchitable.

unfailing [ən-fey'ling] *adj.* infalible, indefectible, inagotable.

unfair [ən-fə'ə] *adj.* doble, falso, injusto, sin equidad; *(play)* sucio.

unfairness [ən-fe'ənes] *n.* mala fe, deslealtad.

unfaithful [ən-feiz'ful] *adj.* infiel, pérdido.   [*n.* infidelidad.

unfaithfulness [ən-feiz'fulnes]

unfamiliar [ən-fə-mi'liə] *adj.*

poco común, desconocido, extraño.

unfasten [ən-faa'sən] va. soltar, aflojar, desatar.

unfathomable [ən-fa'ʐə-mə-bəl] adj. insondable, sin fondo.

unfavourable [ən-fey'və-rə-bəl] adj. desfavorable, contrario, adverso.

unfinished [ən-fi'nishd] adj. inacabado, inconcluso, incompleto; imperfecto; crudo.

unfit [ən-fit'] adj. impropio; inepto; incapaz, inhábil, inoportuno; va. descalificar.

unfitness [ən-fit'nes] n. ineptitud, impropiedad.

unflesh [ən-flesh'] v. descarnar.

unfold [ən-fould'] va. desplegar; desdoblar; (system) desarrollar; (idea) exponer, explanar.

unforeseen [ən-fo-sin'] adj. imprevisto, inopinado.

unforgiving [ən-fo-gi'ving] adj. implacable, intransigente.

unfortunate [ən-foo'chə-net] adj. (person) infortunado, desgraciado, desafortunado; cuitado, malogrado; (event) inconveniente, funesto, malhadado.

unfortunately [ən-foo'chə-net-li] adv. por desgracia.

unfounded [ən-faun'dəd] adj. sin fundamento; infundado.

unfrequented [ən-fri-kuen'təd] adj solitario, poco trillado, de poco tránsito.

unfriendly [ən-frend'li] adj. poco amistoso, hostil.

unfurl [ən-fəəl] va. desplegar.

ungainly [ən-gein'li] adj. torpe, sin gracia, desmañado.

ungentlemanly [ən-dyen'təl-man-li] adj. impropio de un caballero.

ungodly [ən-god'li] adj. impío, malvado.

ungovernable [ən-go'və-nə-bəl] adj. ingobernable, díscolo.

ungracious [ən-grey'shəs] adj. poco afable, desagradable, ofensivo.

ungrateful [ən-greit'ful] adj. ingrato, desagradecido.

ungrounded [ən-graun'dəd] adj. inmotivado.

unguarded [ən-gaa'dəd] adj. desguarnecido; indefenso; desprevenido, desapercibido; incauto.

unhappiness [ən-ja'pi-nes] n. desdicha, infortunio, pena, desgracia.

unhappy [ən-ha'pi] adj. (person) infeliz, desdichado, desgraciado; (event) infausto, aciago.

unharmed [ən-jaamd'] adj. incólume, ileso, sano y salvo.

unhealthy [ən-jel'zi] adj. malsano; (person) achacoso.

unheard [ən-jəəd'] adj. — of, inaudito.

unheeded [ən-jii'dəd] adj. inadvertido.

unhesitatingly [ən-je-si-tey'-ting-li] adv. sin vacilación, resueltamente.

unhinge [ən-jindy'] va. desquiciar; sacar de quicio, quitar los goznes.

unhook [ən-juk'] va. descolgar, desenganchar; desabrochar.

unhorse [ən-joos'] va. desarzonar, desmontar. [ne, ileso.

unhurt [ən-jəət'] adj. indemne,

uniform [iu'ni-foom] n. librea; (mil.) uniforme; adj. igual, uniforme; constante.

unify [iu'ni-fay] va. unificar.

unimpaired [ə-nim-pəəd'] adj. inalterado, sin menoscabo, ileso.

unimportant [ə-nim-poo'tənt] adj. insignificante, baladí, trivial.

uninformed [ə-nin-foomd'] adj. inculto, poco al tanto, poco enterado.

uninhabited [ə-nin-ja'bi-təd] adj. inhabitado.

uninhibited [ə-nin-ji'bi-ted] adj. desahogado.

uninjured [ə-nin'dyəd] adj. ileso, incólume, intacto, sin dañar.

unintelligible [ə-nin-te'li-dyi-bəl] adj. ininteligible.

unintentional [ə-nin-ten'shə-nəl] adj. involuntario.

unintentionally [ə-nin-ten'shə-nə-li] *adv.* sin querer.

uninteresting [ə-nin'tə-res-ting] *adj.* soso, falto de interés, insípido.

uninterrupted [ə-nin-te-rəp'ted] *adj.* continuo, seguido.

union [iu'niən] *n.* unión, fusión, enlace; trabazón; mancomunidad; gremio, nudo.

unique [iu-nik'] *adj.* único, excepcional, singular, fénix, sin par.

unison [iu'ni-sən] *adj.* unísono.

unit [iu'nit] *n.* unidad.

unite [iu-nait'] *va. & n* combinar, juntar(se), unir(se), coligarse. [junto.

united [iu-nay'ted] *adj.* con-

unitedly [iu-ney'ted-li] *adv.* a una, de acuerdo, juntamente.

unitize [iu'ni-taiz] *v.* reducir a la unidad.

unity [iu'ni-ti] *n.* unidad, unión, concordia.

universal [iu-ni-vəə'səl] *adj.* universal, católico. [verso.

universe [iu'ni-vəəs] *n.* uni-

university [ıu-ni-vəə'si-ti] *n.* universidad. [inocuo.

unjust [ən-dyəst'] *adj.* injusto,

unjustifiable [ən-dyəs-ti-fay'ə-bəl] *adj.* injustificable, sin base.

unkempt [ən-kempt'] *adj.* desgreñado; descuidado.

unkind [ən-kaind'] *adj.* áspero, poco amable, antipático, poco generoso, cruel.

unkindness [ən-kaind'nes] *n.* maltrato, falta de compasión; desafecto, malignidad, aspereza.

unknowingly [ən-nou'ing-li] *adv.* sin saber.

unknown [ən-noun'] *adj.* (*person*) desconocido; incógnito; (*fact*) ignorado; (work) inédito; incierto.

unlatch [ən-lach'] *va.* abrir, quitar el cerrojo

unlawful [ən-loo'ful] *adj.* ilegal, ilegítimo; — **interest**, usura.

unlearned [ən-ləə'nəd] *adj.* indocto, iliterado, ignorado.

unleavened [ən-le'vənd] *adj.* ázimo.

unless [ən-les'] *conj.* a menos que; a no ser que, salvo.

unlike [ən-laik'] *adj.* diferente, distinto, desemejante, dispar.

unlikelihood [ən-laik'li-jud] *n.* improbabilidad.

unlikely [ən-laik'li] *adj.* improbable, remoto; (*to be true*) inverosímil.

unlimited [ən-li'mi-ted] *adj.* ilimitado

unload [ən-loud'] *va.* descargar.

unlock [ən-lok'] *va.* abrir; dar libre acceso; revelar.

unlooked [ən-lukd'] *adj.* —**for**, imprevisto, inesperado.

unloose [ən-lus'] *va.* soltar, desatar, aflojar.

unlucky [ən-lə'ki] *adj.* desgraciado, desdichado, infeliz, desafortunado, malogrado; funesto, nefasto.

unmaiden [ən-me'i-dən] *v.* desflorar, (*vulg.*) desvirgar.

unmanageable [ən-ma'ne-dyə-bəl] *adj.* inmanejable, indómito, indomable.

unmannerly [ən-ma'nə-li] *adj* descortés, grosero, desatento.

unmarried [ən-ma'rid] *adj.* soltero, célibe.

unmerited [ən-me'ri-ted] *adj.* inmerecido.

unmindful [ən-maind'ful] *adj.* olvidadizo, desatento, descuidado.

unmistakable [ən-mis-tey'kə-bəl] *adj.* claro, neto, inequívoco, inconfundible.

unmitigated [ən-mi'ti-gey-ted] *adj.* duro; (*rogue*) redomado.

unmixed [ən-miksd'] *adj.* puro, sin mezcla.

unmoved [ən-muvd'] *adj.* inmoble, fijo, impasible, sordo.

unnatural [ən-na'chə-rəl] *adj* desnaturalizado, antinatural, monstruoso, inhumano, forzado, ficticio.

unnecessary [ən-ne'sə-sa-ri] *adj.* innecesario, superfluo, gratuito, excusado; **to make—**, obviar; **to be —**, estar de más.

unnerve [ən-nəəv'] *va.* enervar, desalentar; aturdir.

unnoticed [ən-nou'tisd] *adj.* desapercibido, inadvertido.

unobservant [ə-nəb-səə'vənt] *adj.* inobservante, inatento.

unobserved [ə-nəb-səəvd'] *adj.* inadvertido; *adv.* con disimulación, sin ser visto.

unoccupied [ə-no'kiu-paid] *adj.* desocupado, vacante, vacío, vacuo. [oficial.

unofficial [ə-no-fi'shəl] *adj.* no

unostentatious [ə-nos-ten-tey'-shəs] *adj.* modesto, sencillo, sin ostentación.

unorthodox [ə-noo'zo-doks] *adj.* heterodoxo.

unpack [ən-pak'] *va. (luggage)* deshacer; *(goods)* desambalar.

unpaid [ən-peid'] *adj.* no pagado; *(post)* honorario; — **bills**, cuentas por pagar.

unparalleled [ən-pa'rə-leld] *adj.* incomparable, sin igual, no igualado.

unpardonable [ən-paa'də-nə-bəl] *adj.* imperdonable.

unperceived [ən-pəə-siivd'] *adj.* inadvertido.

unperturbed [ən-pəə-təəbd'] quieto, sereno.

unpleasant [ən-ple'sənt] *adj.* desagradable, malsonante, desabrido, enfadoso, ingrato; *(subject)* escabroso.

unpleasantness [ən-ple'sənt-nes] *n.* desagrado, sinsabor, disgusto; *(weather)* desapacibilidad; *(quarrel)* desavenencia.

unpleasing [ən-plii'sing] *adj.* desagradable, displicente, ofensivo, molesto.

unpolished [ən-po'lishd] *adj.* en bruto, mate, sin brillo; áspero, tosco.

unpopular [ən-po'piu-lə] *adj.* antipático; malquisto; impopular.

unprecedented [ən-pre'se-den-təd] *adj.* inaudito, sin ejemplo

unprejudiced [ən-pre'dyudisd] *adj.* imparcial, despreocupado.

unpremeditated [ən-pri-me'di-tey-ted] *adj.* impremeditado, indeliberado.

unprepared [ən-pri-pe'əd] *adj.* sin preparación, desprevenido, descuidado.

unpretentious [ən-pri-tenshəs] *adj.* modesto, sin pretensiones.

unprincipled [ən-prin'si-pəld] *adj.* chulo, sin principios, poco escrupuloso.

unproductive [ən-prə-dək'tiv] *adj.* improductivo, estéril, infructífero.

unprofitable [ən-pro'fi-tə-bəl] *adj.* desventajoso, poco provechoso, no lucrativo, improductivo

unprotected [ən-pro-tek'təd] indefenso, desvalido; *(mil.)* a cureña rasa.

unpublished [ən-pəb'lishd] *adj.* inédito.

unpunished [ən-pə'nishd] *adj.* impune.

unqualified [ən-kuo'li-faid] *adj.* incapaz, desautorizado; incompetente; incondicional, absoluto, entero, inhabilitado.

unquenchable [ən-kuen'shə-bəl] *adj.* inextinguible, inapagable, insaciable.

unquestionable [ən-kues'chə-nə-bəl] *adj.* incuestionable, indubitable, indiscutible.

unquiet [ən-kuay'ət] *adj.* inquieto, desasosegado, turbado.

unravel [ən-ra'vəl] *va.* desenredar, desenmarañar, deshilar

unreadiness [ən-re'di-nes] *n.* lentitud, desprevención.

unready [ən-re'di] *adj.* desprevenido, desapercibido.

unreal [ən-ri'əl] *adj.* irreal, ilusorio, quimérico, ideal; fantástico, incorpóreo.

unreasonable [ən-rii'sə-nə-bəl] *adj.* inmoderado; irracional, inconsecuente, exorbitante.

unreasonableness [ən-rii'sə-nə-bəl-nes] *n.* sinrazón, despropósito.

unreconcilable [ən-re-kən-say'-lə-bəl] *adj.* irreconciliable.

unrecognisable [ən-re-kəg-nay'-sə-bəl] *adj.* desconocido.

unreeve [ən-riv'] *v.* despasar

unrelenting [ən-ri-len'ting] *adj.* inexorable.

unreliable [ən-ri-lay'ə-bəl] *adj.* caprichoso, poco serio.

unrepentant [ən-ri-pen'tənt] *adj.* impenitente.

unrequited [ən-ri-kuay'təd] *adj.* no correspondido.

unreserved [ən-ri-səəvd'] *adj.* ingenuo, sin reserva, comunicativo.

unrest [ən-rest'] *n.* inquietud, intranquilidad, desazón.

unrestrained [ən-ri-streind'] *adj.* desenfrenado; *adv.* a rienda suelta

unrestricted [ən-ri-strik'təd] *adj.* sin restricción.

unrewarded [ən-ri-uoo'dəd] *adj.* sin recompensa.

unripe [ən-raip'] *adj.* verde, crudo, inmaturo.

unrivalled [ən-ray'vəld] *adj.* sin rival, incomparable.

unroll [ən-roul'] *va.* desarrollar, desenvolver.

unruffled [ən-rə'fə'd] *adj.* tranquilo, impasible, sin dar(se) por aludido, sereno, sin inmutarse.

unruly [ən-ru'li] *adj.* indócil, rebelde, levantisco; indomable; revoltoso.

unsafe [ən-seif'] *adj.* inseguro

unsatisfactory [ən-sa-tis-fak'tə-ri] *adj.* insuficiente, inconcluso, poco convincente.

unsavoury [ən-sey'və-ri] *adj.* insípido, soso; desabrido; de mala fama, indeseable; *(smell)* hediondo.

unscalable [ən-skey'lə-bəl] *adj.* infranqueable.

unscathed [ən-skeiźd'] *adj.* ileso.

unscrupulous [ən-skriu'piu-ləs] *adj.* poco escrupuloso, desaprensivo, sin miramientos.

unseal [ən-siil'] *va.* detallar.

unseasonable [ən-sii'sə-nə-bəl] *adj.* intempestivo, inoportuno.

unseasonably [ən-sii'sə-nəb-li] *adv.* en agraz; a deshora, a destiempo.

unseaworthy [ən-sii'uəə-źi] *adj.* innavegable, sin condiciones marineras.

unseemly [ən-siim'li] *adj.* indecoroso, indecente.

unseen [ən-siin'] *adj.* invisible, inadvertido.

unselfish [ən-sel'fish] *adj.* desinteresado, desprendido, abnegado.

unsettle [ən-se'təl] *va.* perturbar, alterar; trastornar.

unsettled [ən-se'təld] *adj.* inestable, inconstante; incierto; *(weather)* variable; pendiente, revuelto.

unsex [ən-sex'] *v.* quitar las cualidades o rasgos propios del sexo.

unshakeable [ən-shey'kə-bəl] *adj.* impertérrito, inmóvil.

unsheltered [ən-shel'təd] *adj.* desabrigado, desamparado.

unsightliness [ən-sait'li-nes] *n.* fealdad, deformidad.

unsightly [ən-sait'li] *adj.* disforme, feo, antiestético.

unskilled [ən-skild'] *adj.* inhábil, imperito, lego, torpe.

unsociable [ən-sou'shə-bəl] *adj.* insociable, huraño, intratable; — **person**, búho.

unsound [ən-saund'] *adj.* insano, defectuoso; *(beliefs)* heterodoxo; erróneo; **of — mind**, extraviado; podrido; inseguro.

unsparing [ən-spe'ə-ring] *adj.* pródigo, liberal; implacable.

unspeakable [ən-spii'kə-bəl] *adj.* inefable, inexpresable; indecible, inaudito.

unstable [ən-stey'bəl] *adj.* inestable, vacilante, mudable, fugitivo.

unsteadily [ən-ste'di-li] *adv.* irregularmente, sin constancia.

unsteadiness [ən-ste'di-nes] *n.* inconstancia, ligereza, movilidad.

unsteady [ən-ste'di] *adj. (affections)* inconstante; *(belief, etc.)* incierto; *(ground, etc.)* movedizo, poco firme.

unsubstantial [ən-səb-stan'shəl] *adj.* ilusorio, imaginario.

unsuccessful [ən-sək-ses'ful] *adj.* infeliz, sin efecto, fracasado, desgraciado; **to be —**, tener (poco, ningún) éxito.

unsuccessfully [ən-sək-ses'fu-li] *adv.* sin éxito.

insuitability [ən-siu-tə-bi'li-ti] *n.* impropiedad.

unsuitable [ən-siu'tə-bəl] *adj.* inconveniente, inadecuado, impropio, indigno, incongruo.

unsuitableness [ən-siu'tə-bəl-nes] n. inconveniencia.

unsullied [ən-sə'lid] adj. puro, sin mancha.

unsurmountable [ən-səə-maun'-tə-bəl] adj. insuperable, infranqueable.

unsurpassable [ən-səə-paa'sə-bəl] adj. inmejorable.

unsurpassed [ən-səə-paasd'] adj. insuperado, inmejorable.

unsuspecting [ən-səs-pek'ting] adj. desprevenido; confiado, sin recelo.

unsympathetic [ən-sim-pə-ze'-tik] adj. poco simpático, antipático, poco amable.

untameable [ən-tey'mə-bəl] adj. indomable.

untamed [ən-teimd'] adj. bravío, indomado. [sembarazar.

untangle [ən-tang'gəl] va. desuntasted [ən-teis'təd] adj. sin (gustar, probar).

untenable [ən-te'nə-bəl] adj. insostenible.

unthinking [ən-zing'king] adj. descuidado, desatento.

untidy [ən-tay'di] adj. desaliñado; (in dress) estrafalario; desarreglado, desordenado.

untie [ən-tay'] va. soltar, desatar.

until [ən-til'] prep. & conj. hasta, hasta que.

untilled [ən-tild'] adj. inculto, baldío; — land, erial.

untimely [ən-taim'li] adj. intempestivo; inoportuno; prematuro, inesperado.

unto [ən'tu] prep. a, hasta, para, en, dentro.

untold [ən-tould'] adj. no dicho, incalculable; to leave —, dejar en el tintero.

untouched [ən-təəchd'] adj. incólume, sin tocar.

untoward [ən-to-uəəd] adj. indócil, terco; embarazoso, desgraciado; enojoso; funesto.

untrained [ən-treind'] adj. indisciplinado, indócil; inexperto.

untransferable [ən-traans-fəə'-rə-bəl] adj. inajenable.

untranslatable [ən-traans-ley'-tə-bəl] adj. intraducible.

untrimmed [ən-trimf'] adj. desadornado, sin guarniciones, sin cortar, sin arreglar.

untrodden [ən-tro'dən] adj. no pisado.

untroubled [ən-trə'bəld] adj. tranquilo, apacible.

untrue [ən-tru'] adj. falso, mendaz; pérfido.

untrustworthy [ən-trəst'uəə-ži] adj. indigno de confianza.

untruth [ən-truz'] n. mentira, falsedad.

untutored [ən-tiu'təd] adj. ignorante, llano, inculto.

unused [ən-yusd'] adj. no acostumbrado, desusado.

unusual [ən-yu'siu-əl] adj. insólito, inusitado, extraordinario, excepcional.

unutterable [ə-nə'tə-tə-bəl] adj. indecible, inefable, imponderable.

unvanquished [ən-vang'quishd] adj. invicto.

unvarnished [ən-vaa'nishd] adj. sencillo, sin barniz(ar).

unvail [ən-veil'] va. descubrir.

unwariness [ən-we'ə-ri-nes] n. imprudencia, impresión.

unwarranted [ən-wo'rəntəd] adj. injustificado, inmotivado.

unwary [ən-we'ə-ri] adj. incauto, imprudente, aturdido.

unwelcome [ən-wel'kəm] adj. importuno, mal acogido.

unwell [ən-wel'] adv. indispuesto.

unwieldy [ən-wil'di] adj. pesado, ingente; — object, armatoste.

unwillingly [ən-wi'ling-li] adv. sin gana, de mala gana; a regañadientes, con repugnancia.

unwillingness [ən-wi'ling-nes] n. mala voluntad; repugnancia.

unwise [ən-wais'] adj. imprudente, indiscreto.

unwitting [ən-wi'ting] adj. inconsciente.

unwittingly [ən-wi'ting-li] adv. sin saber; a ciegas, ignorantemente.

unwonted [ən-woun'təd] adj. raro, no usual, inusitado.

unworthiness [ən-wəə'ži-nes] n. indignidad.

unwounded [ən-wun'dəd] *adj.*
ileso, sin herida. [ver.

unwrap [ən-rap'] *va.* desenvol-

unwritten [ən-ri'tən] *adj.* no escrito; — **letters,** cartas por escribir.

unyielding [ən-yiil'ding] *adj.*
implacable, refractario, inquebrantable, terco.

up [əp] *adj.* levantado, derecho;
well — in, bien enterado; a la
altura de; — **train,** tren ascendente; *adv.* (hacia) arriba, en
lo alto, (en, de) pie; encima;
— **to,** dispuesto para; capaz de;
hasta; **what's —?** ¿qué pasa?,
¿de qué se trata?; **to sit —,** *(in
bed)* incorporarse; **it's all —,**
todo se acabó; **drink it —,** bé-
belo todo; — **hill,** cuesta arriba; trabajoso; — **stream,** río
arriba; — **stairs,** arriba; — **to-
date,** al día; — **and down,** por
todas partes, arriba y abajo;
interj. arriba; *n.* —**s and downs,**
altibajos, peripecias; *prep.* hacia arriba, en lo alto de; —
country, en el interior del país,
tierra adentro; **to go — country,** internarse; **to sail — a river,** remontar un río.

upbraid [əp-breid'] *va.* reprochar, reconvenir, echar en cara, zaherir.

upheaval [əp-jii'vəl] *n.* trastorno; sublevación.

uphill [əp'jil] *adj.* trabajoso;
adv. cuesta arriba.

uphold [əp-jould'] *va.* sostener,
proteger, apoyar.

upholder [əp-joul'də] *n.* defensor, sostenedor, sustentáculo,
apoyo.

upholster [əp-joul'stə] *va.* al-
mohadillar, entapizar.

upkeep [əp'kiip] *n.* entretenimiento.

upland [əp'land] *n.* tierras altas,
tierra adentro; **bare —s,** estepa.

uplift [əp-lift'] *va.* levantar, alzar, soliviantar.

upmost [əp'moust] *adj.* super.
de "up": lo más alto; lo último.

upon [ə-pon'] *prep.* sobre, encima, en, cerca de; — **oath,**
bajo juramento; — **pain of
death,** so pena de muerte.

upper [ə'pə] *adj.* superior, más
alto; — **House,** cámara alta;
— **Orinoco,** el alto Orinoco; *pl.*
(shoes) pala.

uppermost [ə'pə-moust] *adj.* supremo, el más alto; predominante.

upright [əp'rait] *adj.* vertical,
derecho, a plomo; *(person)*
probo, íntegro, honrado.

uprightness [əp'rait-nəs] *n.* rectitud, integridad, honradez.

uprising [əp'ray-sing] *n.* levantamiento, pronunciamiento.

uproar [əp'roo-ə] *n.* tumulto,
grita; batahola, alboroto; **to
cause —,** escandalizar, alborotar.

uproarious [əp-roo'riəs] *adj.* tumultuoso, ruidoso, clamoroso.

uproot [əp-rut'] *va.* desarraigar,
arrancar de cuajo.

upset [əp-set'] *adj.* trastornado,
escamado, preocupado; contra-
riado; *n.* trastorno; vuelco;
contrariedad; *va.* trastornar,
turbar, alterar, inquietar; *(objects)* volcar, tumbar.

upside-down [əp-said-daun']
adv. boca abajo, en sentido in-
verso.

upstart [əp'staat] *n.* advenedizo.

upward(s) [əp'wəd(s)] *adv.* hacia arriba, en adelante; en alto.

urban [əə'bən] *adj.* ciudadano.

urbanity [əə-ba'ni-ti] *n.* urbanidad, cortesía, civilidad, cultura, comedimiento.

urchin [əə'chin] *n.* pillo, pilluelo, granuja, golilla.

urge [əədy] *n.* impulso; *va.* urgir, apremiar, instigar, estimular; — **on,** instar, impeler,
apresurar; importunar.

urgency [əə'dyən-si] *n.* urgencia, premura.

urgent [əə'dyənt] *adj.* urgente,
premioso, apremiante, perentorio, importante.

urn [əən] *n.* urna.

usage [iu'sedy] *n.* uso, costumbre, usanza; **ill —,** maltrato.

use [*n.* ius; *vb.* ius] *n.* uso, costumbre, hábito, práctica em-
pleo; provecho, disfrute; *(law)*
usufructo; **out of —,** inusitado,
fuera de moda; **to be of —,** ha-

cer uso de, servirse de, valerse de, prevalerse de; **to make good — of,** aprovecharse de; de; **to make no good — of,** desaprovechar; **to put to —,** poner en uso, sacar partido de; **to put to full —,** explotar; *va.* usar, emplear, gastar, estilar, valerse de; hacer uso de; tratar; **to — up,** gastar, agotar; *vn.* acostumbrar; soler.

used [iusd] *adj.* gastado; **to get — to,** habituarse a, acostumbrarse; **to be — to,** soler.

useful [ius'ful] *adj.* útil, cómodo, de provecho; fructuoso.

usefulness [ius'ful-nes] *n.* utilidad, provecho.

useless [ius'ləs] *adj.* inútil; inválido; (*person*) inepto, ocioso; (*of no avail*) excusado, vano.

uselessness [ius'ləs-nes] *n.* inutilidad, vanidad.

usher [ə'shə] *n.* ujier, conserje; (*theat.*) acomodar; *va.* introducir; acomodar.

usual [iu'siu-əl] *adj.* usual, acostumbrado, corriente, ordinario.

usually [iu'siu-ə-li] *adv.* de or-dinario, ordinariamente; **it — happens,** suele ocurrir.

usurer [iú-siu-rər] *n.* usurero, logrero, renovero, judío, hebreo, vampiro.

usurp [iu-səəp'] *va.* usurpar; arrogarse.   [dor.

usurper [iu-səə'pə] *n.* usurpa-

usury [iu'siu-ri] *n.* usura; logro.

utensil [iu-ten'sil] *n.* utensilio, apero, herramienta.

utility [iu-ti'li-ti] *n.* utilidad, beneficio, partido, provecho.

utilise [iu'ti-lays] *va.* utilizar; aprovechar, emplear, explorar.

utmost [ət'moust] *adj.* extremo; el mayor sumo; **to the —,** hasta no más; **the — ends,** las extremidades; **to be of the —,** importance, urgir.   [co, ideal.

Utopian [iu-tou'piən] *adj.* utópi-

utter [ə'tə] *adj.* total; cabal, sumo, perentorio; *va.* proferir, articular; manifestar, emitir; **to — a sound,** chistar; (*sigh*) exhalar.

utterance [ə'tə-rəns] *n.* expresión, pronunciación.

utterly [ə'tə-li] *adv.* hasta no más, del todo, completamente, enteramente.

V

vacancy [vey'kən-si] *n.* vacío, hueco; vacuidad, vacancia; (*employment, etc.*) vacante.

vacant [vey'kənt] *adj.* vacante, desocupado, libre, vacío, hueco; (*stupid*) vago, insólito.

vacate [və-keit'] *va.* evacuar; vaciar; dejar, dejar vacante.

vacation [və-key'shən] *n.* vacación, asueto; vacaciones.

vaccinate [vak'si-neit] *va.* vacunar.

vacuous [va'kiu-əs] *adj.* vacuo, vacío, fatuo, majadero.

vacuum [va'kiu-əm] *n.* vacuo; vacío; **— flask,** termos; **— cleaner,** aspirador.

vagabond [va'gə-bond] *adj.* vagabundo, errante, gandul; *n.* vago, vagamundo.

vagary [vey'gə-ri] *n.* desvarío, capricho, humorada, antojo.

vague [veig] *adj.* vago, confuso, indefinido, brumoso, dudoso.   [dad.

vagueness [veig'nes] *n.* vague-

vail- [ve'il] *v.* ceder, inclinarse.

vain [vein] *adj.* (*pride*) vano, vanidoso, presumido, presuntuoso; confiado; (*show*) ostentoso; (*useless*) vano, inútil; (*empty*) hueco, fútil; **in —,** en vano, de balde; **to grow —,** envanecerse.

vainglorious [vein-glou'riə] *adj.* vanaglorioso, jactancioso, ufano.

vale [veil] *n.* valle, cañada; — **of tears**, valle de lágrimas.

valiant [va'liənt] *adj.* valiente, valeroso, alentado, esforzado.

valid [va'lid] *adj.* válido, valedero.

validity [və-li'di-ti] *n.* validez.

valise [va-lūs] *n.* maleta.

Valladolid [va-lia'do-lid] *pr. n.* *(native)* **of** —, vallisoletano.

valley [va'li] *n.* valle; **high** —, nava; **river** —, cuenca.

valour [va'lə] *n.* valor, valentía, coraje, ánimo, animosidad, braveza, brío, bizarría.

valuable [va'liu-əbəl] *adj.* valioso, costoso, preciado, precioso.

valuation [va-liu-ey'shən] *n.* valuación; *(legal)* tasa(ción), justiprecio, estimación; *(goods at customs)* aforo.

value [va'liu] *n.* valor, valía, mérito; importe, monta; aprecio, estimación; **of great** —, de gran coste, valiosísimo; *va.* (a)valuar, valorar, tasar; estimar, apreciar, tener en mucho, dar importancia a.

valued [va'liud] *adj.* apreciable.

valve [valv] *n.* válvula, sopapo; **cafety** —, válvula de escape.

vampire [vam'pay-ə] *n.* vampiro; *(coll.)* vampiresa.

van [van] *n.* *(motor)* camión; *(horse)* carro; *(railway)* furgón; *(mil.)* vanguardia.

vanguard [van'gaad] *n.* vanguardia.

vanish [va'nish] *vn.* desvanecerse, disiparse, desaparecer.

vanity [va'ni-ti] *n.* vanidad, hinchazón; humos; fatuidad, presunción, engreimiento; alarde.

vanquish [vang'quish] *va.* vencer, conquistar, rendir.

vapid [vey'pid] *adj.* insípido, insulso.

vaporous [vey'pə-rəs] *adj.* vaporoso, etéreo; quimérico.

vapour [vey'pə] *n.* vapor; vaho, exhalación; hálito.

variable [ve'ə-ri-ə-bəl] *adj.* variable, vario, inconstante, mudable; veleidoso, versátil.

variance [ve'ə-ri-əns] *n.* discrepancia, desavenencia; variación; **at** —, reñido(s), de punta, discordes.

variation [ve-ə-ri-ey'shən] *n.* variación, cambio, variedad.

varied [ve'ə-rid] *adj.* ameno.

variegated [ve'ə-ri-gey-təd] *adj.* vario, abigarrado, matizado.

variety [və-ray'i-ti] *n.* variedad, diversidad; *(goods)* surtido; **to add pleasant** — **to**, amenizar.

various [ve'ə-ri-əs] *adj.* vario, diverso; mudable.

varnish [vaa'nish] *n.* barniz; *(for face)* chapa; *va.* barnizar; vidriar; encubrir.

vary [ve'ə-ri] *va. & n.* variar, modificar, cambiar; discrepar, estar en desacuerdo.

vase [vaas] *n.* vaso, jarrón.

vassal [va'səl] *n.* vasallo, súbdito; esclavo.

vast [vaast] *adj.* vasto, enorme, inmenso, ilimitado, dilatado.

vastness [vaast'nes] *n.* vastedad, inmensidad.

vat [vat] *n.* tina, tanque, cubo, carral, alberca, caldera.

vault [voolt] *n.* bóveda; cripta; bodega; *va. & n.* abovedar.

vaulted [vool'təd] *adj.* abovedado.

vaunt [voont] *va. & n.* cacarear, hacer gala de.

veer [vi'ə] *vn.* — **round**, virar, revirar, girar, dirigir.

vegetable [ve'dyə-tə-bəl] *n.* vegetal, legumbre; — **seller**, verdulera; **green** —**s**, verduras; — **garden**, huerta.

vegetate [ve'dye-teit] *vn.* vegetar.

vegetation [ve-dye-tey'shən] *n.* vegetación.

vehemence [vi'ji-mens] *n.* viveza, impetuosidad, ardor.

vehement [vi'ji-ment] *adj.* vehemente, impetuoso, vivo, caluroso, acalorado, fogoso.

vehicle [vi'i-kəl] *n.* vehículo; *(any two-wheeled)* carruaje.

veil [veil] *n.* velo; cortina; *(heavy)* redujo; **to take the** —, tomar el velo; profesar; *va.* velar, esconder, disfrazar, encubrir, disimular.

vein [vein] *n.* (*blood*) vena; (*mineral*) veta, filón; *vn.* vetear. [vitela.

vellum [ve'ləm] *n.* pergamino.

velocity [və-lo'si-ti] *n.* velocidad, celeridad.

velvet [vel'vət] *adj.* aterciopelado; *n.* terciopelo.

veneer [və-nii'ə] *n.* chapa; capa exterior, baño, barniz; *va.* (en) chapar; revestir; tapar.

venerate [ve'nə-reit] *va.* venerar, reverenciar.

veneration [ve-nə-rey'shən] *n.* veneración, culto.

Venetian [və-nii'shən] *adj.* — **blind**, persiana, celosías.

vengeance [ven'dyəns] *n.* venganza.

vengeful [vendy'ful] *adj.* vengativo, rencoroso.

venial [vii'niəl] *adj.* venial, leve.

venison [və'ni-sən] *n.* (carne de) venado.

venom [ve'nəm] *n.* veneno, ponzoña; (*fig.*) rencor, inquina.

venomous [ve'nə-məs] *adj.* venenoso, ponzoñoso; maligno, rencoroso.

vent [vent] *n.* respiradero; tronera, lumbrera; resolladero; (*artil.*) fogón; venteo; **to give — to**, dar (rienda suelta a, expresión, salida a), dejar escapar; expresar, desahogar(se); *va.* descargar, desahogar; (*fury*) ensañarse en.

ventilate [ven'ti-leit] *va.* ventilar, airear, orear.

ventriloquist [ven-tri'lo-kuist] *n.* ventrílocuo.

venture [ven'chə] *n.* riesgo, pelogro; empresa; albur; **at a —**, al azar, a la ventura; *va. & n.* aventurar; osar, aventurarse, atreverse, arriesgarse; **— on**, arrojarse a, probar suerte.

venturesome [ven'chə-səm] *adj.* atrevido, osado, arrojado, emprendedor. [dad.

veracity [və-ra'si-ti] *n.* veracidad.

verandah [və-ran'də] *n.* (*round inner court*) cenador; galería, balcón.

verbatim [və-bey'tim] *adv.*

palabra por palabra, al pie de la palabra.

verbose [və-bous'] *adj.* verboso, locuaz, hinchado, difuso.

verbosity [və-bo'si-ti] *n.* ampulosidad, palabrería, labia, verbosidad.

verdant [və'dənt] *adj.* verde, fresco.

verdict [və'dikt] *n.* decisión, juicio; (*law*) fallo, sentencia.

verdure [və'dyə] *n.* verdura; lo verde.

verge [vədy] *n.* borde, margen; **on the —**, a punto de, a dos dedos de, en vísperas de.

verger [və'dyə] *n.* sacristán, pertiguero.

verify [ve'ri-fay] *va.* verificar, comprobar, cerciorarse de; depurar; cumplir. [dadero.

veritable [ve'ri-tə-bəl] *adj.* verdadero.

vermilion [və-mi'liən] *n.* bermellón, bermejo.

vermin [və'min] *n.* bichos, sabandija; ratones, parásitos; (*foxes, etc.*) alimaña.

vernacular [və-nakiu-lə] *adj.* vernáculo, nativo.

versatile [və'sətail] *adj.* versátil, voluble.

versatility [və-sə-ti'li-ti] *n.* versatilidad; inconstancia.

verse [vəs] *n.* verso; versículo; **blank —**, verso suelto; (*cheap*) aleluya; **to make —s**, rimar.

versed [vəsd] *adj.* versado; práctico; **well — in**, curtido, conocedor de.

versify [və'si-fay] *va.* trovar, metrificar. [traducción.

version [və'shən] *n.* versión.

vertical [və'ti-kəl] *adj.* vertical; (*geom.*) cenital.

vertiginous [və-ti'dyi-nəs] *adj.* vertiginoso.

vertigo [və'ti-gou] *n.* vértigo.

very [ve'ri] *adj.* mismo; mismísimo; verdadero, real, idéntico; **— clean**, relimpio; **this — night**, esta misma noche; **that — moment**, aquel mismísimo momento; *adv.* muy, sumamente; **— much**, muchísimo.

vesper [ves'-pə] *n.* tarde, anochecer, campana de vísperas.

vespers [ves'pəs] *n.* vísperas.

vessel [ve'səl] n. (ship) barco, buque, bajel, navío, nao; recipiente, vaso.

vest [vest] n. corpiño; under—, camiseta; va. — in, conferir; — with, revestir de.

vestibule [ves'ti-biul] n. vestíbulo, zaguán, portal, recibimiento.

vestige [ves'tidy] n. vestigio, rastro, huella, señal.

vestment [vest'mənt] n. vestidura; (eccl.) vestimenta.

vestry [ves'tri] n. sacristía; vestuario.

veteran [ve'tə-rən] n. veterano.

veterinary [ve'tə-ri-nə-ri] adj. veterinario.

veto [vii'tou] n. veto; va. poner el veto; vedar.

vex [veks] va. vejar, molestar, enfadar, hostigar, fatigar, marear, apesadumbrar, atufar, contrariar, baquetear; to be vexed, incomodarse, picarse.

vexation [vek-sey'shən] n. vejación, vejamen, enfado, sofoco, quemazón.

vexatious [vek-sey'shəs] adj. vejatorio, enfadoso, molesto, engorroso. [ducto.

viaduct [vay'ə-dəkt] n. viaviand [vay'ənd] n. carne, vianda; pl. manjares.

vibrate [vay-breit'] vn. vibrar, oscilar; trepidar, retemblar.

vibrating [vay-brey'ting] adj. palpitante, vibrante.

vibration [vay-bray'shən] n. vibración, vaivén, trepidación.

vicar [vi'kə] n. vicario.

vicarage [vi'kə-redy] n. casa del cura.

vicarious [vi-ke'ə-ri-əs] adj. vicario, suplente.

vice [vais] n. (mech.) tornillo, prensa; vicio; defecto; (prefix) vice.

vice-chancellor [vais-chaan'sə-lə] n. (University) Rector.

viceroy [vais'roy] n. virrey.

viceroyalty [vais-roy'əl-ti] n. virreinato.

vicinity [vi-si'ni-ti] n. vecindad, proximidad, cercanía, contorno, alrededores.

vicious [vi'shəs] adj. vicioso, resabiado, depravado, rencoroso; (horse) zaíno.

viciousness [vi'shəs-nes] n. resabio, vicio.

vicissitude [vi-si'si-tiud] n. vicisitud, vaivén, revés, mudanza, altibajo.

victim [vik'tim] n. víctima; (of occident, etc.) herido; (law) interfecto; to be — of hoax, caer en la trampa.

victor [vik'tə] n. vencedor.

victorious [vik-tou'riəs] adj. vencedor, triunfante; to be —, triunfar.

victory [vik'tə-ri] n. victoria, triunfo.

victress [vic'tres] n. vencedora.

victual [vi'təl] n. víveres, vitualla, comestibles; va. abastecer, avituallar.

vie [vay] vn. —with, disputar (con) (a), competir (con), rivalizar (con) (a).

Viennese [vi-ə-niis'] adj. & n. vienés.

view [viu] n. (look) ojeada, mirada, inspección; (sight) vista, escena, panorama, paisaje, perspectiva; (opinion) ver, idea, opinión, parecer; (aspect) fase; (intention) mira, intento, propósito; sectional —, corte; (polit.) plataforma; in—of, a la vista, se expone; with a — to, con vistas a, pensando en, con miras a; at first —, a primera vista; point of—, punto de vista; to have a commanding — over, (pre)dominar; va. contemplar, considerar, mirar. [desvelo.

vigil [vi'dyil] n. vela, vigilia.

vigilance [vi'dyi-ləns] n. desvelo, vigilancia, precaución.

vigilant [vi'dy-lənt] adj. vigilante, despabilado, desvelado, mira.

vigorous [vi'gə-rəs] adj. vigoroso, recio, fuerte, enérgico, nervioso, nervudo; (effort) esforzado.

vigour [vi'gə] n. vigor, fuerza, brío, energía, braveza, nervosidad; ardor.

vile [vail] adj. vil, infame, soez, despreciable, ruin.

vileness [vail'nəs] *n.* vileza, bajeza, infamia.

vilify [vi'li-fay] *va.* envilecer, vilipendiar.

villa [vi'lə] *n.* quinta, casa de campo, chalé.

village [vi'ledy] *n.* pueblo, aldea, lugar.

villager [vi'lə-dyə] *n.* aldeano, lugareño.

villain [vi'lən] *n.* malvado, villano, bellaco, pícaro.

villainous [vi'lə-nəs] *adj.* villano, vil, ruin.

villan [vi'lə-ni] *n.* villanía, bellaquería, infamia, ruindad.

vindicate [vin'di-keit] *va.* vindicar, justificar; *vr.* sincerarse.

vindication [vin-di-key'shən] *n.* vindicación, justificación, desagravio. [gativo.

vindictive [vin-dik'tiv] *adj.* venvindictively [vin-dik'tiv-li] *adv.* por venganza, con (tanta), inquina.

vine [vain] *n.* vid, parra; — dresser, viñador; —grower, vinicultor; — disease, filoxera; —stock, cepa; —shoot, codal.

vinegar [vi'ne-gə] *n.* vinagre.

vineyard [vin'yaad] *n.* viñedo, viña. [cosecha.

vintage [vin'tedy] *n.* vendimia,

violate [vay'ə-leit] *va.* (*rules, etc.*) violar, infringir, violentar, quebrantar; forzar; (*town*) entrar a degüello; (*respect, etc.*) atropellar, profanar.

violation [vay-ə-ley'shən] *n.* violación, rompimiento, contravención; infracción; estupro.

violence [vay'ə-ləns] *n.* violencia, fuerza, ímpetu; to do oneself —, violentarse.

violent [vay'ə-lənt] *adj.* violento, arrebatado, furioso, vehemente; severo, fulminante.

violet [vay'ə-let] *n.* violeta.

violin [vay'ə-lin'] *n.* violín.

violinist [vay-ə-li'nist] *n.* violinista. [violonchelo.

violoncello [vi-o-lon-che'lou] *n.*

viper [vay'pə] *n.* víbora.

virago [vi-rey'gou] *n.* virago, marimacho.

virgin [vəə'dyin] *adj.* virginal, virgen; casto; *n.* virgen, doncella. [ginidad.

virginity [vəə-dyi'ni-ti] *n.* virvirile [vi'rail] *adj.* viril, varonil, hombruno, de pelo en pecho.

virility [vi-ri'li-ti] *n.* virilidad; to lose —, afeminarse.

virtual [vəə'tiu-əl] *adj.* virtual, en efecto.

virtue [vəə'tiu] *n.* virtud; by — of, en virtud de.

virtuous [vəə'tiu-əs] *adj.* virtuoso, púdico, honesto.

virulence [vi'riu-ləns] *n.* virulencia, acrimonia, malignidad.

virulent [vi'riu-lənt] *adj.* virulento, maligno.

visa [vi'sə] *n.* visado.

visage [vi'sədy] *n.* semblante, cara, faz, rostro. [conde.

viscount [vay'kaunt] *n.* vizviscous [vis'kəs] *adj.* viscoso, pegajoso, glutinoso.

vise [va'is] *n.* tornillo; cárcel; prensa.

visible [vi'si-bəl] *adj.* visible, patente, palmario, manifiesto.

vision [vi'syən] *n.* visión, vista; ensueño; perspectiva; fantasma.

visionary [vi'syə-nə-ri] *n. & adj.* visionario, iluso, ilusorio, quimérico.

visit [vi'sit] *n.* visita, inspección; *va. & n.* visitar, inspeccionar, ir de visita, ir a saludar.

visitation [vi-si-tey'shən] *n.* visitación, reconocimiento.

visitor [vi'si-tə] *n.* visita, visitante; (*not from district*) forastero; (*casual, e.g. at lecture*) oyente; to be a —, estar de paso.

visor [vay'sə] *n.* visera.

vista [vis'tə] *n.* perspectiva, paisaje, panorama.

visual [vi'siu-əl] *adj.* visual, óptico.

vital [vay'təl] *adj.* vital, esencial.

vitality [vay-ta'li-ti] *n.* vitalidad, vida.

vitiate [vi-shieit] *va.* viciar, corromper; contaminar, invalidar; (*taste*) estragar.

vivacious [vi-vey'shəs] *adj.* animado, vivaz, resalado, vivaracho, despejado.
vivacity [vi-ʋa'si-ti] *n.* vivacidad, despejo, viveza, vida.
vivid [vi'vid] *adj.* vívido, gráfico; intenso, brillante, intenso.
vividness [vi'vid-nes] *n.* vivacidad, brillo, intensidad.
vivify [vi'vi-fay] *va.* vivificar.
vocabulary [və-ka'biu-lə-ri] *n.* vocabulario, léxico.
vocalist [vou'kə-list] *n.* cantor, cantante.
vocation [vou-key'shən] *n.* vocación, carrera, profesión.
vociferate [vo-si'fə-reit] *vn.* vociferar, vocear, desgañitarse.
vociferous [vo-si'fə-rəs] *adj.* vocinglero, clamoroso, chillón.
vogue [voug] *n.* moda, boga.
voice [vois] *n.* voz, voto; habla; *(met.)* portavoz; *(singing)* cuerda; loss of—, afonía; with one —, al unísono; *va.* expresar, interpretar, hacerse eco de.
void [void] *adj.* vacío, hueco, inválido, nulo; *n.* vacío.
volcano [vol-key'nou] *n.* volcán.
volition [vo-li'shən] *n.* volición, voluntad.
volley [vo'li] *n.* descarga, salva; *(tennis)* voleo.
voltage [vul'tedy] *n.* tensión.
voluble [vo'liu-bəl] *adj.* voluble, versátil.
volume [vo'lium] *n.* volumen; masa; bulto; *(book)* tomo; cuantía.
voluminous [vo-liu'mi-nəs] *adj.* voluminoso, abultado.
voluntary [vo'lən-tə-ri] *adj.* voluntario, espontáneo.
volunteer [vo-lən-ti'ə] *n.* voluntario; *vn.* ofrecerse, servir como voluntario.
voluptuous [vo-ləp'tiu-əs] *adj.* voluptuoso, lujurioso.

voluptuousness [vo-ləp'tiu-əs-nes] *n.* voluptuosidad, sensualidad, lujuria.
vomit [vo'mit] *n.* vómito; *va.* volver, rendir, arrojar, vomitar; *vn.* vomitar.
voodoo [vu'du] *n.* brujería americana; mago, brujo.
voracious [vo-rey'shəs] *adj.* voraz, tragón.
voracity [vo-ra'si-ti] *n.* voracidad, tragazón.
vortex [voo'teks] *n.* vórtice, remolino, torbellino.
votary [vou'tə-ri] *adj.* & *n.* votivo; devoto, adorador.
vote [vout] *n.* voto; sufragio; general —-, plebiscito; to put to the —, poner a votación; casting —, voto decisivo; *va.* & *n.* votar, sufragar.
voter [vou'tə] *n.* votante, elector.
votive [vou'tiv] *adj.* votivo; — offering, exvoto.
vouch [vauch] *va.* & *n.* atestiguar, afirmar, comprobar, testificar; — for, salir garante de, responder de.
voucher [vau'chə] *n.* resguardo; talón, vale.
vouchsafe [vauch-seef'] *va.* & *n.* conceder, permitir, dignarse.
vow [vau] *n.* voto, ofrenda; to take religious —s, profesar; *va.* & *n.* hacer votos, jurar.
voyage [voy'edy] *n.* viaje; sea —, navegación, travesía; *vn.* navegar, viajar por mar.
vulgar [vəl'gə] *adj.* vulgar, común, cursi, chulo, chabacano, ordinario; grosero, tabernario.
vulgarity [vəl-ga'ri-ti] *n.* vulgaridad, chocarrería, grosería, mal tono.
vulnerable [vəl'nə-rə-bəl] *adj.* vulnerable.
vulture [vəl'chə] *n.* buitre.

W

wad [wod] *n. (artil.)* taco; estopa, guata; *(papers)* pliego.

waddle [wa'dəl] *va.* anadear.

wade [weid] *vn.* — across, vadear.

wading [wey'ding] *adj. (bird)* zancudo.

waft [waft] *va. & n.* mecer, flotar, llevar por el aire.

wag [wag] *n.* ganso; zumbón; *va.* mover, agitar; *(tail)* sacudir, menear, colear; *vn.* moverse, agitarse, menear, colear.

wage [weidy] *n.* paga, salario, sueldo; — **earner**, jornalero; *va.* emprender; — **war**, hacer guerra.

wager [wey'dyə] *n.* apuesta; *va. & n.* apostar.

waggish [wa'gish] *adj.* guasón, zumbón.

waggon [wa'gən] *n.* carro, carreta, coche; *(train)* vagón; chirrión.

waif [weif] *n.* niño (desamparado, huérfano, sin hogar, extraviado).

wail [weil] *n.* gemido, lamento; *va.* llorar, lamentar; *vn.* quejarse, gimotear, clamar.

wailing [wey'ling] *adj.* plañidero; *n.* gemido, quejumbre.

wain [we'in] *n.* (Arthur's o Charles') **wain'** *(astr.)* el Carro, la Osa Mayor.

wainscot [weins'kot] *n.* friso, enmaderado; *va.* maderar.

waist [weist] *n.* cintura, talle; *(sew.)* corpiño.   [leco.

waistcoat [weist'kout] *n.* chaleco.

wait [weit] *n.* espera; pausa, dilación, tardanza; *(choir)* murga; **in** —, al acecho; **to lie in** —, acechar, asechar; *va.* — **for**, esperar, aguardar; *vn.* esperar, estar en expectativa, estar listo; *(at table)* servir; —**on**, servir, presentar sus respetos a; *(in shop)* despachar; seguirse; velar sobre; —**and see**, paciencia y barajar.

waiter [wey'tə] *n.* camarero, mozo; **dumb** —, montacargas.

waiting [wey'ting] *n.* espera, servicio; *adv.* — **for**, en espera de; **to be** — **for**, estar a la expectativa.

waive [weiv] *va.* no tomar en cuenta, desistir de, renunciar.

wake [weik] *n. (ship)* estela; *(over invalid)* vela, velación; *(feast, etc.)* verbena, romería; *va.* despertar; *vn* velar; —**up**, despertarse, despabilarse.

wakeful [weik'ful] *adj.* insomne; desvelado; — **nights**, vigilia, noches toledanas.

wakefulness [weik'ful-nes] *n.* insomnio; desvelo, vigilia.

waken [wey'kən] *va. & n.* despertar; despertarse.

Wales [weils] *pr. n.* gales; **Prince of** —, Príncipe de Gales.

walk [wook] *n.* paseo, vuelta; *(manner)* andar; *(of horse)* paso; *(place)* paseo, alameda; *(work)* carrera; tipo de vida; **to go for a** —, ir de paseo; dar una vuelta; **to take for a**— *va.* pasear; (sacar a) pasear; *(horse)* llevar al paso; *vn.* andar, caminar, ir a pie, pasear, ir al paso; portarse; — **away with**, llevarse; — **quickly**, apretar el paso; — **the streets**, callejear; — **to and fro**, andar de un lado para otro.

walker [woo'kə] *n.* paseante, peatón, caminante; **a great** —, gran andarín.

walking [woo'king] *n.* paseo; **fond of** —, andarín; — **stick**, bastón, caña; —**on part** *(theat.)* maldito.

wall [wool] *n.* muro; *(interior)* pared; **dry** —, albarrada; **mud**

—, garden—, tapia; *(partition)* tabique; *(fort.)* muralla.

wallet [wo'lət] *n.* bolsa; *(for papers)* cartera; *(for game)* zurrón.

wallow [wo'lou] *vn.* revolcarse; — (in riches), nadar.

walnut [wool'nət] *n.* nuez; *(tree)* nogal; — grove, nogueral.

wan [won] *adj.* pálido, descolorido, desmayado, mortecino.

wand [wond] *n.* varita; **magic** —, varilla mágica.

wander [won'də] *vn.* — about, vagar, errar, andar sin objeto; *(mind)* delirar; *(from point)* salirse (del asunto).

wanderer [won'də-rə] *n.* vagabundo; errante, viandante.

wandering [won'də-ring] *n.* viaje; extravío, divagación; aberración, delirio; — Jew, judío errante.

wane [wein] *vn.* decrecer; *(hopes)* desvanecerse; *(moon)* menguar.

waning [wey'ning] *n.* mengua, menguante; *adj.* — moon, menguante.

want [wont] *n.* *(need)* necesidad; *(lack)* falta, carencia; *(scarcity)* escasez, apuro; *(poverty)* privación, indigencia; estrechez; *(requirement)* solicitud; **to be in** —, estar necesitado (de); **for** — **of,** por falta de; *va.* necesitar; carecer de; desear, querer exigir; *vn.* estar necesitado; faltar; **wanted,** se solicita, se necesita.

wanting [won'ting] *adj.* falto, deficiente; necesitado; de menos; **to be** — **in,** carecer de; **to be** —, escasear.

wanton [won'tən] *adj.* desenfrenado, voluntarioso; travieso; lascivo, salaz; suelto; atrevido; inconsiderado; *n.* prostituta.

war [woo] *n.* guerra; — **without quarter,** guerra a muerte; —horse, corcel de guerra; *vn.* guerrear.

warble [woo'bəl] *n.* trino; *va.* & *vn.* trinar, gorjear.

warbling [woo'bling] *adj.* melodioso; *n.* trino, gorjeo.

ward [wood] *n.* pupilo; pupilaje; tutela; guarda, guardián; *(of city)* barrio; *(hosp.)* crujía; *(barrack)* cuadra; *va.* proteger, guardar; — off, evitar, desviar, rechazar, conjurar.

warden [woo'dən] *n.* custodio, guardián; *(prison)* alcaide.

warder [woo'də] *n.* guarda, guardia.

wardrobe [woo'droub] *n.* guardarropa, armario; vestuario.

warehouse [we'ə-jaus] *n.* almacén, depósito; *va.* almacenar.

warfare [woo'fe-ə] *n.* guerra, operaciones militares.

wariness [we'ə-ri-nes] *n.* prudencia, precaución, suspicacia.

warlike [woo'laik] *adj.* guerrero, belicoso; bélico.

warlock [woo'lok] *n.* hechicero, brujo.

warm [woom] *adj.* *(object)* caliente; *(day, greeting, etc.)* caluroso, ardiente; *(argument)* acalorado; *(belief)* fervoroso, ardiente; vivo; fogoso; **to be** —, *(person)* tener calor; *(weather)* hacer calor; **to get** —, calentarse; *(temper, etc.)* acalorarse; — hearted, generoso; *va.* **to** —, (re)calentar; encender; **to** — **up,** refocilar.

warmth [woomz] *n.* calor; *(fig.)* simpatía, cordialidad, fervor, encarecimiento, ardor.

warn [woon] *va.* prevenir; avisar, advertir, intimar; encargar, amonestar; —against, precaver; *vn.* servir de escarmiento.

warning [woo'ning] *n.* advertencia; amonestación; *(moral)* escarmiento; *(spoken)* reparo; **to give** —, advertir.

warp [woop] *n.* alabeo, torcedura; *(weaving)* urdimbre; *va.* & *n.* alabear, torcer; alabearse, encorvarse, combarse; *(naut.)* remolcar.

warrant [wo'rənt] *n.* auto; autorización; orden, boletín, mandato; patente, testimonio, fianza, garantía *va.* garantizar, asegurar, fiar; justificar; dar pie a.

warrantable [wo'rən-tə-bəl] *adj.* abonado, abonable.

warren [wo'rən] *n.* conejera.

warrior [wo'riə] *n.* guerrero.

wary [we'ə-ri] *adj.* prudente, cauto; cauteloso; suspicaz, precavido, escaldado; astuto.

wash [wosh] *n.* lavado; ropa (para lavar); loción; *(paint)* lavado; —**bowl**, aljofaina, palangana; — **leather**, gamuza; —**stand**, lavabo, aguamanil; **it will all come out in the** —, todo saldrá en la colada; *va.* lavar; bañar; dar un baño; *(paint)* lavar; *(dishes)* fregar; *vn.* lavarse; —**one's hands of**, lavarse las manos de, desentenderse.

washerwoman [wo'shə-wu-mən] *n.* lavandera.

washstand [wosh'stand] *n.* aguamanil, palangana.

wasp [wosp] *n.* avispa; —**'s nest**, avispero.

wassail [wo'sel] *n.* orgía, francachela, juerga, gaudeamus, borrachera, brindis.

wastage [weis'tedy] *n.* merma, desgaste.

waste [weist] *adj.* desechado; superfluo; baldío, desolado, desierto; *n.* *(misuse)* despilfarro, derroche, disipación; *(lessening)* mengua, consunción; *(wearing away)* desgaste, merma; *(liquid)* derrame, desagüe; *(remains)* desperdicios, despojos, restos; *(bodily, etc.)* consumo; estrago; *(destruction)* desbarate, asolamiento, destrozo; *(desert)* páramo, estepa, yermo; *(South America)* bleak —, puna; —**paper basket**, cesto; *va.* malgastar, desperdiciar, tirar; derrochar, derramar; consumir; echar a perder; desbaratar; dar al traste (con); *vn.* (des)gastarse; — **away**, *(material)* atrofiarse, mermar; *(human)* demacrarse, consumirse.

wasteful [weist'ful] *adj.* despilfarrado; pródigo, malgastador.

wastefulness [weist'ful-nes] *n.* improvidencia.

wastrel [weis'trəl] *n.* calavera.

watch [woch] *n.* *(mil.)* vigilia; *(naut.)* cuarto, guardia; *(over invalid, etc.)* vela; *(attention)* desvelo, cuidado, vigilancia; *(group)* ronda, patrulla; *(individual)* vigilante, guardia, sereno, atalaya; *(time)* reloj; **wrist**—, reloj de pulsera; **pocket**—, reloj de bolsillo; **stop**—, cronómetro; — **tower**, atalaya, vigía; **to be on the** —, estar a la mira; *va.* mirar, observar; *(sport, etc.)* ver, mirar; *(mil.)* hacer (guardia, centinela; asechar; — **over**, velar, vigilar; guardar, celar; *vn.* velar.

watchful [woch'ful] *adj.* vigilante, despabilado, desvelado, cuidadoso.

watchfulness [woch'ful-nes] *n.* vigilancia; desvelo.

watchmaker [woch'mey-kə] *n.* relojero; —**'s shop**, relojería.

watchman [woch'man] *n.* sereno.

watchword [woch'wəəd] *n.* consigna; *(mil.)* santo y seña; lema.

water [woo'tə] *adj.* acuático; *n.* agua; *(jewel)* agua; **drinking** —, agua potable; **cold** —, agua fresca; **rain** —, agua de lluvia; **spring** —, agua de manantial; **mineral** —, (agua) gaseosa; **salt** —, agua salada; **high** —, pleamar, marea alta; **low** —, bajamar; **running** —, agua corriente; —**bottle**, cantimplora; —**closet** *(w.c.)*, retrete, excusado; — **carrier**, aguador; — **colour**, acuarela; — **course**, arroyo; madre, lecho; — **jar**, tinaja, jarro; — **jug**, aguamanil; — **lily**, nenúfar; — **line**, *(naut.)* línea de flotación; — **mark**, *(paper)* filigrana; nivel del agua; — **power**, fuerza hidráulica; — **proof**, impermeable; — **shed**, vertiente; — **tank**, aljibe, cisterna; — **wheel**, azud, noria; **to carry** — **in a sieve**, coger agua en cesta; *va.* *(plants)* regar, humedecer;

(cattle) abrevar; *(wine)* aguar; **my mouth** —s, se me hace agua la boca.

water-colour [woo'tə-kə-lə] *n.* pintura a la aguada, acuarela.

waterfall [woo'tə-fool] *n.* cascada, salto, catarata.

watering [woo'tə-ring] *n.* riego, irrigación; — **can**, regadera; — **place**, balneario.

waterspout [woo'tə-spaut] *n.* tromba.

watery [woo'tə-ri] *adj.* húmedo, acuoso; aguanoso; insípido.

wave [weiv] *n.* ola, onda; — **tidal** —, aguaje; **permanent** —, ondulación permanente; *(of hand)* movimiento, agitación; *(of cold)* ola; *(of sound)*, onda sonora; — **length**, longitud de onda; **short** —, onda corta; *va.* menear; *(hands)* agitar; *vn.* flotar, ondear, tremolar.

waver [wey'və] *vn.* vacilar, titubear; tambalearse.

waving [wey'ving] *n.* ondulación.

wavy [wey'vi] *adj.* ondulante, undoso; *(hair)*, *(not natural)* ondulado; *(natural)* rizado.

wax [waks] *n.* cera; **shoemaker's** —, cerote; *(in ear)* cerilla; **sealing** —, lacre; *va.* encerar; *vn.* — **strong**, crecer; desarrollarse; aumentar; — **warm**, *(argument)* enardecerse.

way [wey] *n.* vía, camino, paso; distancia; *(direction)* rumbo, curso, dirección; *(movement)* marcha, andar, velocidad; *(method)* modo, medio, manera; *(custom)* uso, hábito; conducta; comportamiento; — **in**, entrada; — **out**, salida; — **through**, paso; **to make one's** —, orientarse, caminar; abrirse camino; **make** —!, ¡paso!; **to get one's (own)** — imponerse, salirse con la suya; **to get in the** —, estorbar, estar de más; **to get out of the** —, apartarse; apartarse; **to go out of ones's** — **to**, desvivirse por; **there is no** — **out**, no hay (salida, escape); **any** —, de cualquier modo; **come this** —, ven por acá; **in a** —, hasta cierto punto, en cier-

to modo; **across (over) the** —, (justo) enfrente, al otro lado; **by the** —, a propósito, incidental, dicho sea de paso; **on the** —, en camino; **on the** — **to**, en camino de, con rumbo a; para en vías de; **out of the** —, apartado, aislado, arrinconado, insólito, raro; **in every** —, a todas luces; *pl.* —s **and means**, combinaciones.

wayfarer [wey'fe-ə-rə] *n.* caminante, peregrino.

waylay [wey-ley'] *va.* asechar; atajar.

wayside [wey'said] *n.* borde del camino, cuneta.

wayward [wey'wəəd] *adj.* caprichoso; voluntarioso; vacilante.   [voluntariedad.

waywardness [wey'wəəd-nes] *n.*

weak [wiik] *adj.* débil, enteco, flojo, flaco; delicado, lánguido; alicaído; *(heart)* cardíaco.

weaken [wii'kən] *va.* debilitar, enflaquecer; atenuar.

weakening [wii'kə-ning] *n.* debilitación; resentimiento.

weakness [wiik'nes] *n.* debilidad, achaque; imperfección; futilidad.

weal [wiil] *n.* bienestar, felicidad; **common** —, bien público; *(on flesh)* cardenal.

wealth [welz] *n.* riqueza, oro; caudal; opulencia; **worldly** —, poderío.   [lento, caudaloso.

wealthy [wel'zi] *adj.* rico, opu-

wean [wən] *u. t.* destetar; *(from)* desviar, apartar, disuadir.

weapon [wə'pən] *n.* arma.

wear [we'pən] *n.* uso, desgaste, deterioro; — **and tear**, uso, desgaste; **for evening** —, para llevar de noche; **the worse for** —, bien usado; *vr. (clothes)* llevar, ponerse; *(for first time)* estrenar; *(sword)* ceñir; exhibir; — **out**, gastar, usar, desgastar; cansar; extenuar; mermar, marchitar; *vn.* — **out, away**, deteriorarse, consumirse; — **oneself out**, matarse; (per)durar.

wearer [we'ə-rə] *n.* el que (lleva, usa, gasta), una cosa.

wearied [we'ə-rə] *adj.* cansado, fastidiado, aburrido.

weariness [wi'ə-ri-nes] *n.* fatiga, lasitud, cansancio; fastidio.

wearing [we'ə-ring] *adj.* de uso; *n.* uso, desgaste, deterioro; — down, merma.

wearisome [wi'ə-ri-səm] *adj.* aburrido, fastidioso, tedioso, laborioso.

wearisomeness [wi'ə-ri-səm-nes] *n.* fastidio, cansancio, hastío.

weary [wi'ə-ri] *adj.* cansado, fatigado, rendido; fastidioso; abrumado; *va.* moler, cansar; empalagar.

weasel [wi'səl] *n.* comadreja.

weather [we'zə] *n.* tiempo; *(harsh)* intemperie; — beaten, curtido; — vane, veleta; *vn.* aguantar, sobrevivir a; *(wood)* secar al aire; *(a cape)* doblar.

weatherglass [we'zə-glas] *n.* barómetro.

weave [wiiv] *va.* tejer, entretejer; trenzar, urdir; *(plot)* tramar.

weaver [wii'və] *n.* tejedor.

weaving [wii'ving] *n.* tejido.

web [web] *n.* tela, tejido; *(plot)* urdimbre; — footed; *adj.* palmado; cob —, tela de araña, telaraña.

wed [wed] *va. & n.* casar, casarse con.

wedding [we'ding] *n.* boda, casamiento; — ring, anillo nupcial.

wedge [wedy] *n.* cuña, calce; chaveta; *va.* meter cuñas, atarugar, calzar.

wedlock [wed'lok] *n.* matrimonio, himeneo; out of —, ilegítimo.   [coles.

Wednesday [wens'dey] *n.* miércoles.

weed [wiid] *n.* mala hierba, cizaña; — patch, maleza; —s, ropa de luto; *va.* desyerbar.

week [wiik] *n.* semana; — day, día (de trabajo, laborable).

weekly [wiik'li] *adj.* semanal; *n.* — paper, semanario; *adv.* semanalmente.

weep [wiip] *va. & n.* llorar; lamentar.

weeping [wii'ping] *n.* llanto;

dolor; lágrimas; — willow, sauce llorón.

weigh [wey] *va. & n.* pesar; *(words)* sopesar; — down, gravitar; *(fig.)* agobiar; — anchor; *vn.* levar anclas.

weight [weit] *n.* peso; carga; momento; gross —, peso bruto; by —, al peso; —s and measures, pesos y medidas; to give short —, sisar; to lend — to, militar en (su) favor; *va.* cargar.

weighty [wey'ti] *adj.* pesado, grave, ponderoso; importante, sesudo, poderoso.

weir [wi'ə] *n.* esclusa, presa.

weird [wi'əd] *adj.* ominoso, inquietante; siniestro; extraño, fantástico.

welcome [wel'kəm] *adj.* bienvenido; grato; *interj.* ¡bienvenido!; *n.* bienvenida, buena acogida; recibiento; enhorabuena; *va.* dar la bienvenida.

welcoming [wel'kə-ming] *adj.* acogedor.

welfare [wel'fe-ə] *n.* bienestar, felicidad, prosperidad.

well [wel] *adv.* pues, bien; as —, inclusivo; very —, a fondo; de primera; — built, — done, bien hecho; — -to-do, acomodado, pudiente; — worn, cansado; — and good, enhorabuena; *n.* pozo; manantial; — maker, pocero; *va. & n.* verter, manar.

Welsh [welsh] *adj.* galés.

welter [wel-təə] *n.* desorden, confusión. — *v.t.* batirse, bañarse.

wend [wend] *vn.* encaminarse.

west [west] *adj.* occidental; *n.* oeste, occidente; poniente, ocaso; — wind, poniente.

westerly [wes'tə-li] *adj. & adv.* hacia el occidente.

wet [wet] *adj.* mojado, húmedo, lluvioso; to be — through, estar empapado, hecho una sopa; *n.* humedad, lluvia; *va.* mojar, empapar.

wetness [wet'nes] *n.* humedad.

whale [weil] *n.* ballena, cachalote; — bone, ballena.

wharf [(j)uoof] *n.* muelle, an-

dén; malecón; (loading) cargadero.
what [(j)uot] pron. rel. lo que;
— a ...!, ¡qué...!; — a lot!,
¡cuánto!; ¿qué?
whatever [(j)uo-te'və] pron.
cualquiera que, todo lo que.
wheat [(j)uiit] n. trigo.
wheedle [(j)uii-'dəl] va. halagar; sonsacar, embromar, engatusar.
wheel [(j)uiil] n. rueda; (potter's) torno; va. & n. hacer rodar, rodar.
wheelwright [(j)uiil'rait] n. carretero.
wheeze [(j)uiis] vn. roncar jadear.
wheezing [(j)uii'sing] n. resuello.
when [(j)uen] adv. cuando; al
tiempo que, tan pronto como.
whence [(j)uens] adv. por lo
cual, por consiguiente, de
donde.
whenever [(j)ue-ne'və] conj.
cuando quiera que, siempre
que.
where [(j)ue'ə] adv. donde.
whereabouts [(j)ue'ə-rə-bauts]
n. paradero.
whereas [(j)ue'ə-ras] conj. por
cuanto; considerando; mientras que; por el contrario.
whereby [(j)ue'ə-bay] adv. por
la cual, por donde.
whereupon [(j)ue'ə-rə-pon] adv.
sobre que, entonces.
wherever [(j)ye-ə-re'və] adv.
dondequiera que.
whet [juet] va. amolar, afilar;
aguzar; (appetite) abrir.
whether [(j)ue'žə] conj. si, sea
que.
which [(j)uich] rel. pron. el
que, el cual, que; —?, ¿cuál?
whiff [(j)uif] n. bocanada, soplo, vaho.
while [(j)uail] n. rato, temporada; conj. en tanto que; a la
vez que; va. — away, (time,
etc.) entretener, pasar (el rato).
whim [(j)uim] n. capricho, antojo, fantasía, manía.
whimper [(j)uim'pə] n. quejido, queja; vn. lloriquear, gimotear, plañir.

whimsical [(j)uim'si-kəl] adj.
caprichoso, antojadizo, fantástico.
whine [(j)uain] n. quejido; vn.
quejarse; lloriquear, piar.
whinny [(j)ui'ni] vn. relinchar.
whip [(j)uip] n. látigo, zurriago; —stroke, — lash, latigazo;
va. & n. azotar, flagelar, zurrar, fustigar; (cream) batir.
whipping [(j)ui'ping] n. vapu-
leo, zurra, tunda.
whirl [(j)uəəl] n. giro; remolino; va. & n. girar, revolotear,
remolinar(se), voltear, arre-
molinar(se).
whirlpool [(j)uəəl'pul] n. vórtice, remolino.   [bellino.
whirlwind [(j)uəəl'wind] n. tor-
whiskers [(j)uis'kəs] n. patillas;
barbas; (of cat) bigotes.
whisper [(j)uis'pə] n. cuchicheo; (leaves, etc.) susurro;
(of gossip) hablilla; va. soplar;
vn. cuchichear; musitar; (leaves) susurrar.
whispering [(j)uis'pə-ring] n.
cuchicheo, murmullo, susurro.
whist [(j)uist] interj. ¡silencio!
n. juego de cartas.
whistle [(j)ui'səl] n. (instrument) silbato; (penny, tin)
pito; (sound) silbo, silbido; (of
disapproval) rechifla; to wet
one's —, remojar el gaznate;
va. — at, silbar, rechiflar; vn.
silbar.
whit [(j)uit] n. ápice, jota,
pizca.
white [(j)uait] adj. blanco; pálido, lívido; cándido; (herald.)
plata; —hot, candente; — lie,
mentirilla; — hair, canas; —
horses, cabrillas;n. (egg.) clara; (of eye) blanco; blancura;
(half-breed) half—, cuarterón;
to go —, blanquearse; ponerse
(pálido, lívido).
whiteness [(j)uait'nəs] n. blancura, albura.
whitewash [(j)uait'wosh] n. jal-
beque; blanqueo, banquete;
va. blanquear, encubrir, encalar, enjalbegar; —oneself, santificarse.
whither [(j)ui'žə] adv. adonde;
hacia; ¿hasta dónde?

whi

whitish [(j)uay'tish] *adj.* blanquecino.

Whit-Sunday [(j)uit-sən'dey] *n.* domingo de Pentecostés.

Whitsuntide [(j)wit'sən-taid] *n.* Pascua de Pentecostés.

whizz [(j)uis] *n.* zumbido, silbido; *vn.* silbar.

who [ju] *pron.* quien.

whoever [ju-e'və] *pron.* quienquiera que.

whole [jool] *adj.* todo, total, entero, intacto, íntegro; sano; **as a —**, en conjunto; **the—blessed day**, todo el santo día; *n.* todo; conjunto, totalidad.

wholeness [jool'nes] *n.* plenitud, entereza, integridad.

wholesale [jool'seil] *adj. & adv.* al por mayor. a bulto.

wholesome [jool'səm] *adj.* sano, salubre, saludable.

whomsoever [jum-sou-e'və] *pron.* a quien quiera que.

whoop [jup] *n.* alarido; *vn.* huchear.

whooping [ju'ping] *adj.* **—cough,** tosferina.

whore [jo'ə] *n.* puta, ramera.

whose [jus] *pron.* cuyo.

whosoever [ju-sou-e'və] *pron.* quienquiera que.

why [(j)uay] *conj. adv.* por que, para que; con que; **—?** ¿por qué?; *interj.* ¡cómo!, vaya, si.

wick [wik] *n.* mecha.

wicked [wi'kəd] *adj. (person)* malvado, *(deed, thing)* perverso, impío, inicuo; enorme; malicioso, travieso.

wickedness [wi'kəd-nes] *n.* maldad, perversidad; malicia; vicio, impiedad.

wicket [wi'kət] *n.* portillo, postigo; *(cricket)* terreno, portería; **—gate,** postigo de barrera.

wide [waid] *adj.* ancho, amplio; holgado, dilatado; **one foot —,** un pie de ancho; *adv.* lejos, a gran distancia; *(of mark)* errado; **allá por los cerros de Úbeda; —open,** de par en par.

widen [way'dən] *va. & n.* ensanchar, ampliar, dilatar.

wideness [waid'nes] *n.* amplitud, anchura, ancho.

widespread [waid'spred] *adj.* extenso, extendido; esparcido, generalizado; *(influences, etc.)* envergadura; **to become —,** extenderse.

widow(er) [wi'dou(-ə)] *n.* viuda, viudo.

widowhood [wi'dou-jud] *n.* viudez; *(pension, etc.)* viudedad.

width [widz] *n.* anchura, ancho; holgura; *(of knowledge)* amplitud.

wield [wiild] *va.* manejar, esgrimir; empuñar.

wife [waif] *n.* esposa, mujer, cónyuge; *(fam.)* costilla.

wig [wig] *n.* peluca, peluquín.

wild [waild] *adj. (space, land)* salvaje, agreste, desierto, inculto, despoblado; *(flowers)* silvestre, campestre; selvático; *(animals)* salvaje, bravo; *(fierce)* fiero; feroz, montés; *(in character)* impetuoso, violento, desenfrenado; *(with rage)* furibundo, loco; *(ideas, etc.)* descabellado, loco, desatinado, estrafalario, extravagante; *(crazy)* alocado, disparatado, insensato; *(untrained)* cerril, bravío, zahareño; *(scene)* alborotado, desenfrenado, desordenado; **— est** *(hopes)*, las más lisonjeras.

wilderness [wil'də-nes] *n.* desierto, páramo, yermo.

wildly [waild'li] *adv.* **to talk —,** *vn.* delirar.

wildness [waild'nes] *n.* tosquedad, rusticidad; ferocidad; desvarío.

wile [wail] *n.* fraude, superchería, astucia, treta; *va.* engatusar, embaucar.

wilful [wil'ful] *adj.* voluntarioso, impetuoso, testarudo; arbitrario, intencionado, premeditado.

wilfulness [wil'ful-nes] *n.* terquedad, obstinación.

will [wil] *n.* voluntad, querer; discreción, placer; resolución, ánimo; testamento; free —, libre albedrío; **at —,** a voluntad, a discreción; **against (his) —,** a la fuerza; **— power,** fuerza de voluntad; **— o' the wisp,**

fuego fatuo; *va. & n.* legar, dejar en testamento; querer, resolver; disponer.

willing [wi'ling] *adj.* gustoso, dispuesto; *(to accept another's opinion)* deferente; complaciente; **to be —**, querer; estar dispuesto.

willingly [wi'ling-li] *adv.* de buena gana, de grado.

willingness [wi'ling-nes *n.* buena voluntad, complacencia.

willow [wi'lou] *n.* sauce; **weeping—**, sauce llorón.

willowy [wi'lou-i] *adj.* esbelto.

willy-nilly [wi-li-ni'li] *adv.* a la fuerza.   [rrullero.

wily [way'li] *adj.* astuto, mawilt [wilt] *va. & n.* marchitar(se), ajar(se); agostar(se).

win [win] *va. & n.* ganar; vencer; *(after effort)* lograr; *(lottery)* tocar(le a uno); *(sympathy)* captar; *(person) (sl.)* soplar; *(favour, etc.)* cazar; **— over**, conquistar, ganar; *(sympathy, etc.)* granjear; **—round**, sonsacar; *vn.* triunfar.

wince [wins] *vn.* estremecerse.

wind [wind] *va. (wool)* devanar; *(watch)* dar cuerda a; *(handle)* dar vueltas a; **— around**, enrollar, liar; tejer; *vn.* **— around**, enroscarse, serpentear, (re)torcerse; ir con rodeos; hacer meandros.

windfall [wind'fol] *n.* ganga; fruta caída del árbol.

winding [wain'ding] *adj.* tortuoso, sinuoso; **— sheet**, sudario, mortaja; *n.* vuelta, revuelta, rodeo; recodo, tortuosidad; *pl.* **—s and turnings**, recovedos, vueltas y revueltas.

windmill [wind'mil] *n.* molino de viento.

window [win'dou] *n.* ventana; **show —**, vidriera; **display —**, muestrario; escaparate; **— blinds, persianas; —glass**, cristal; **— sill**, alféizar; **— frame**, bastidor, marco.

windscreen [wind'skriin] *n.* cortaviento, *(car)* parabrisa.

windward [wind'wəəd] *adv.* a barlovento.

windy [win'di] *adj.* ventoso,

tempestuoso; *(day)* de (mucho) viento; *(speech)* hinchado; **it is —**, hace viento.

wine [wain] *n.* vino; **red—**, vino tinto; **—shop**, taberna; *(fam.)* tasca; **—skin**, bota, odre, pellejo.

wing [wing] *n.* ala; *(mil.)* flanco; **—s**, *(for swimming)* nadadera; **in the —s**, *(theat.)* entre bastidores; **on the —**, al vuelo; en marcha.

wink [wingk] *n.* guiño, parpadeo; *vn.* guiñar; parpadear; titilar; **as easy as —**, es cosa de coser y cantar; **not to have a — of sleep**, no cerrar los ojos, pasar la noche de claro en claro; **to — at** *(crime, etc.)* hacer la vista gorda.

winner [wi'nə] *n.* ganador, vencedor.

winning [wi'ning] *adj.* victorioso, triunfante; ganancioso; encantador; *n.* triunfo; *n. pl.* ganancias.

winnow [wi'nou] *va.* aventar, apalear; entresacar.

winsome [win'səm] *adj.* atractivo, simpático, salado.

winter [win'tə] *adj.* de invierno; *n.* invierno; *vn.* invernar.

wintry [win'tri] *adj.* invernal, helado, glacial.

wipe [waip] *va.* limpiar, secar, frotar; **—dry**, enjugar, restregar; **—out, off**, borrar; extirpar; **— the floor with**, poner como un trapo.

wire [way'ə] *n.* alambre; telegrama; **—work**, filigrana; **barbed —**, espino artificial; *va.* alambrar; *va. & n.* telegrafiar.

wireless [way'ə-les] *adj.* **—telegraphy**, telegrafía sin hilos; **— set**, radio.

wiry •[way'ə-ri] *adj.* nervudo, delgado y fuerte, resistente.

wisdom [wis'dəm] *n.* sabiduría, prudencia, buen criterio; erudición.

wise [wais] *adj.* sabio, docto; cuerdo, prudente; **the three — men**, los reyes magos; **to be no—r**, quedarse en albis, quedarse en ayunas.

wish [wish] *n.* deseo, anhelo;

súplica, ruego; *va. & n.* desear, querer, anhelar; **just as one would** —, a pedir de boca; **I wish!** ¡ojalá —!

wishful [wish'ful] *adj.* **—thinking**, ilusión; **—thinker**, iluso.

wisp [wisp] *n.* puñado.

wistful [wist'ful] *adj.* anhelante, pensativo, tierno.

wit [wit] *n.* chiste, rasgo de ingenio, dicho gracioso; ingenio, gala, sal, gracia, agudeza; *(pers.)* conceptista; **to keep one's —s about one**, tener ojo; **to lose one's —s**, perder la razón; **to —**, a saber; esto es; **gentleman living on his —s**, caballero de industria; **to live on one's —s**, vivir a salto de mata.

witch [wich] *n.* bruja, hechicera.

witchcraft [wich'kraft] *n.* brujería, hechicería, fascinación.

with [wiz, wiž] *prep.* con, de, en, acompañado de.

withdraw [wiž-droo'] *va.* retirar, quitar, sacar; separar; *vn.* retirarse, encerrarse, substraerse, quitarse; *(home)* recogerse; rehuir, esquivarse.

withdrawal [wiž-dro'əl] *n.* *(money)* retiro; *(mil.)* retirada; recogida, abandono.

wither [wi'žə] *va. & n.* marchitar, ajar; marchitarse.

withered [wi'žəəd] *adj.* mustio, marchito; seco.

withhold [wiž-jould'] *va.* retener, contener, rehusar, ocultar, negar.

within [wi-žin'] *prep. & adv.* dentro, dentro de; **—an inch of**, pulgada más o menos; por poco.

without [wi-žaut'] *prep.* sin, falto de, fuera de; *adv.* afuera, fuera; *conj.* si no, a menos que.

withstand [wiž-stand'] *va.* resistir, aguantar, contrarrestar.

witness [wit'nes] *n.* testigo; declarante; espectador; **in—thereof**, en fe de lo cual; **eye —**, testigo ocular; *va. & n.* declarar, dar testimonio (como testigo), atestiguar; presenciar; ver; concurrir a.

witticism [wi'ti-si-səm] *n.* rasgo de ingenio, chiste, agudeza, donaire.

wittiness [wi'ti-nes] *n.* gracia, gracejo, sal, ingenio.

witty [wi'ti] *adj.* chistoso, agudo, ingenioso, ocurrente, chancero; conceptista.

wive's tale [waivs teil'] *n.* **old — —**, rondalla.

wizard [wi'səəd] *adj.* *(sl.)* estupendo; *n.* hechicero, brujo.

woe [wou] *n.* dolor, pesar; pena, aflicción; calamidad, miseria.

woebegone [wou'bi-gon] *adj.* doloroso, desconsolado; raquítico.

woeful [wou'ful] *adj.* calamitoso, afligido, lastimero.

wolf [wulf] *n.* lobo; **— cub**, lobato; **—hound**, alano.

woman [wu'mən] *n.* mujer; hembra; **talkative —**, cotorra.

womankind [wu'mən-kaind] *n.* sexo femenino, bello sexo.

womanly [wu'mən-li] *adj.* mujeril, femenino.

womb [wum] *n.* útero, matriz, madre; entrañas.

wonder [wən'də] *n.* milagro, maravilla; portento; espanto, admiración, prodigio; **to work —s**, hacer milagros; **—struck**, pasmado, atónito; *va.* desear saber, extrañar, preguntarse; *vn.* maravillarse; **I — if he has come?**, ¿si habrá venido?

wonderful [wən'də-ful] *adj.* maravilloso, sorprendente, pasmoso, peregrino, prodigioso.

wondering [wən'də-ring] *adj.* sorprendido, estupefacto.

wondrous [wən-drəs] *adj.* maravilloso, pasmoso; **—ly**, a las mil maravillas.

wont [wount] *n.* uso, costumbre; **to be — to**, soler.

wonted [woun'ted] *adj.* acostumbrado, usual.

woo [wu] *va.* cortejar, hacer la corte a, requerir de amores a; pretender; festejar; *(to sleep)* arrullar.

wood [wud] *n.* *(material)* madera; *(trees)* bosque; monte; **fire —**, leña; **dead —**, broza;

— **cut,** grabado en madera; —
cutter, leñador; — **louse,** cochinilla.
wooded [wu'dəd] *adj.* arbolado.
woody [wu'di] *adj.* leñoso; arbolado; *(poet.)* nemoroso.
wooing [wu'ing] *n.* cortejo, festejo.
wool [wul] *n.* lana; — **dealer,**
merchant, lanero; **to be** —
gathering, estar en Babia; en-
simismado, distraído; **dyed in
the** —, acérrimo.
woolly [wu'li] *adj.* lanudo, lanoso; *(flacks)* lanar; *(ideas)*
borroso, vago.
word [wəəd] *n.* palabra, vocablo; *(of song)* letra; **by** — **of
mouth,** de palabra; **to send** —,
mandar recado; **on the** — **of a**
(gentleman, etc.) palabra de,
a fuer de; **to get a** — **in** *(edge-
wise),* meter baza; **not to lose
a single** —, no perder ripio;
fine —**s,** galantería; **wild and
whirring** —**s,** galimatías; *va.*
redactar; expresar, enunciar.
wording [wəə'ding] *n.* fraseología, redacción, términos.
wordless [wəəd'les] *adj.* tácito,
mudo.
wordy [wəə'di] *adj.* verboso,
palabrero.
work [wəək] *n.* trabajo, faena,
tarea; *(of art)* obra; *(sew.)* labor; *(house)* quehaceres; acto,
ocupación; — **men,** obreros;
fine —, labor fina; *pl.* engranaje, motor; fábrica, taller;
dramatic —, teatro; *va.* trabajar; *(mine)* explotar; *(dough)*
bregar, amasar; *(ground)* laborar; *(sew.)* bordar; *(wood)*
tallar; *(machine)* operar, manejar, hacer funcionar; poner
en juego; obrar, elaborar; —
on, influir, trabajar; *vn.* trabajar, surtir, efecto, obrar;
(machine) funcionar, andar,
marchar; *(medicine, etc.)*
obrar, ser eficaz, tener fuerza;
(coll.) pitar; — **one's way,**
abrirse camino; — **one's head
off,** devanarse los sesos; —
one's way into, ingerirse; —
out, agotar; ejecutar; subir; —
through, horadar; estudiar

(etc.), trabajosamente; — **up,**
trabajar; excitar; — **oneself
up,** exaltarse; — **upon,** obrar
sobre; estar ocupado en; mover a.
workable [wəə'kə-bəl] *adj.* factible.
worked [wəəkd] *adj.* labrado;
— **up,** excitado.
worker [wəə'kə] *n.* obrero, trabajador, operario.
working [wəə'king] *n.* obra;
juego, operación, funcionamiento, marcha; *pl. (min.)*
cuenca; **not** —, no funciona;
—**day,** día de trabajo; —**capital,** capital de explotación; —
drawing, montea, borrador; —
man, obrero, jornalero; —**class,**
clase obrera.
workman [wəək'mən] *n.* obrero, trabajador.
workmanlike [wəək'mən-laik]
adj. práctico, experto, trabajado.
workmanship [wəək'mən-ship]
n. trabajo; pericia, arte, habilidad; confección, hechura; artificio.
workshop [wəək'shop] *n.* taller,
fábrica.
workroom [wəək'rum] *n.* taller.
world [wəəld] *n.* mundo; **in
this** —, de tejas abajo; *(relig.)*
in the —, en el siglo; —**without
end,** para siempre jamás.
worldly [wəəld'li] *adj.* munda-
nal, mundano; profano.
worm [wəəm] *n.* gusano, lombriz; **book**—, polilla; —**eaten,**
carcomido; apolillado; *va.* —
(secrets) out of, sonsacar; sacar a (uno) el buche; *vn.* —
way along, insinuarse, arrastrarse.
worn [woon] *adj.* — **(out),** usado; gastado; rendido; agotado;
well —, cansado; **well** — **path,**
derrotero; — **thin,** usado; **to be**
—, usarse; **to get** — **out,** *(pers.)*
extenuarse.
worried [wə'rid] *adj.* inquieto,
preocupado.
worry [wə'ri] *n.* cuidado, molestia, zozobra; preocupación,
carcoma; quebradero de cabeza; *va.* inquietar, molestar, zo-

zobrar, perturbar; solicitar; apurar; *(dog)* ensañarse; *vn.* apurarse, preocuparse.

worse [wəəs] *adj. & adv.* peor; ínfimo; **from bad to —**, de mal en peor, cada vez peor.

worship [wəə'ship] *n. (relig.)* culto; veneración; adoración; *va.* adorar, honrar; rendir culto.

worshipful [wəə'ship-ful] *adj.* adorable. adoración, culto.

worshipping [wəə'shi-ping] *n.*

worst [wəəst] *n.* lo peor, lo más malo; **at the —**, en el peor de los casos; **to get the — of**, llevar la peor parte; *va.* aventajar, vencer.

worsted [wəəs'təd] *n.* estambre; **—stockings,** medias de estambre.

worth [wəəz] *n.* valor, mérito, valía; preciosidad; entidad, monta; *adj.* equivalente a; **well — seeing,** digno de verse, notable; **it is (not) — while,** (no) vale la pena; **it is — noting,** es de notar.

worthiness [wəə'ži-nes] *n.* mérito, merecimiento.

worthless [wəəz'les] *adj.* inútil, sin valor, baladí, de poca monta, fútil.

worthy [wəə'ži] *adj.* digno, meritorio, debido, benemérito; acreedor (de); **to be — of,** merecer.

would-be [wud'bi] *adj.* supuesto, que presume de, presunto.

wound [wund] *n.* herida; *(sore)* llaga; ofensa; **knife—,** cuchillada; **sabre—,** sablazo; *va.* herir, lastimar; agraviar.

wounded [wun'dəd] *adj.* **—man,** herido.

wrangle [ran'gəl] *n.* reyerta, camorra, altercado; *vn.* reñir.

wrap [rap] *n.* manta; bata; *va.* envolver; **— around,** enroscar; **—up,** empapelar, envolver; **— oneself up,** *(in bedclothes)* arrebujarse.

wrapped [rapd] *adj.* **to be — up (in),** *(fig.)* ensimismarse.

wrapper [ra'pə] *n.* envoltura, funda, cubierta; *(newspaper)* faja.

wrapping [ra'ping]*adj.* **— paper,** papel de estraza; *n.* **—s,** envolturas.

wrath [roz] *n.* cólera, furor.

wrathful [roz'ful] *adj.* colérico, encolerizado, rabioso.

wreak [riik] *va. (anger)* descargar; **— havoc,** hacer estragos, ensañarse en.

wreath [riiz] *n.* guirnalda; corona (fúnebre).

wreathe [riiž] *va.* tejer, enguirnaldar; hacer (guirnalda); enroscar(se).

wreck [rek] *n.* desecho, ruina; *(naut.)* naufragio; **I am a —,** estoy hecho un desastre; *va.* hacer naufragar, echar a pique; *vn.* naufragar, zozobrar.

wreckage [re'kedy] *n.* naufragio, restos.

wrench [rensh] *n.* torcedura; arranque, tirón; **monkey —,** llave (inglesa); *va.* arrancar, (re)torcer; dislocar; sacar de quicio.

wrest [rest] *va.* arrancar, forzar, arrebatar.

wrestle [re'səl] *vn.* luchar a brazo partido, combatir; **— with,** bregar; **— (to be free)** forcejear.

wretch [rech] *n.* desgraciado, miserable, menguado.

wretched [re'chəd] *adj. (person)* infeliz, miserable, desgraciado, pobre, cuitado; *(thing, etc.)* pobre, ruin, mezquino.

wretchedness [re'chəd-nes] *n.* desdicha, miseria, escualidez.

wriggle [ri'gəl] *vn.* menearse, retorcerse.

wring [ring] *va.* (re)torcer(se); *(cloth)* escurrir, estrujar; **— out,** *(water)* exprimir; *(cry)* forzar.

wrinkle [ring'kəl] *n.* arruga, surco; *va. (brow)* fruncir; arrugar; *vn.* arrugarse.

wrist [rist] *n.* muñeca; **—watch,** reloj de pulsera.

writ [rit] *n.* escrito, mandamiento, orden; auto; notificación, ejecución; **Holy —,** Sagrada Escritura.

write [rait] *va.* escribir; *(arti-*

cle, etc.) redactar, componer; tener correspondencia con; poner por escrito; **something/ nothing to — home about,** (*coll.*) cosa (nada) del otro jueves.

writer [ray'tə] *n.* escritor, autor; (*by profession*) literato; **the present —,** el que esto escribe.

writhe [raiż] *vn.* (re)torcer, contorcerse.

writhing [ray'żing] *n.* retorcimiento, contorsiones.

writing [ray'ting] *n.* (*hand*) escritura, letra; (*paper, etc.*) escrito, documento; (*act, art of*) redacción; **— case,** cartera; **— desk,** papelera; **in one's own —,** de puño y letra.

wrong [rong] *adj.* equivocado, erróneo, falso; injusto; inoportuno; **— side,** envés, revés, vuelta; **— side out,** al revés; *adv.* mal, sin causa, al revés; **to go —,** extraviarse, malearse, torcerse; **right or —,** a tuertas o a derechas; *n.* (*insult, etc.*) injuria, agravio; desaguisado, entuerto; mal, daño; culpa; error; **to be (in the) —,** no tener razón, estar equivocado; equivocarse; **— doer,** malhechor; *va.* injuriar; perjudicar, causar perjuicio, ofender.

wrongful [rong'ful] *adj.* inicuo, injusto.

wroth [rouz] *adj.* colérico.

wrought [root] *adj.* labrado, trabajado; **highly—,** depurado; **— iron,** hierro batido, hierro forjado; **over—,** sobreexcitado.

wry [ray] *adj.* torcido; **— face,** mueca; **— mouthed,** boquituerto.

X

Xmas (abrev. de Christmas.)

X-ray(s) [eks-rey(s)'] *n.* rayo(s) X.

Y

yacht [yot] *n.* yate.

yachting [yo'ting] *n.* excursión en yate.

yam [yam] *n.* ñame.

Yankee [yang'ki] *n.* yanqui.

yard [yaad] *n.* (*measure*) yarda; (*equiv.*) vara; corral, patio; (*naut.*) verga.

yarn [yaan] *n.* hilaza, hilo; (*coll.*) cuento.

yawn [yoon] *n.* bostezo; *vn.* bostezar.

yawning [yoo'ning] *adj.* bostezante; *n.* bostezo; **the — gulf,** el abismo abierto.

year [yi'ə] *n.* año; **this —,** hogaño; **leap —,** año bisiesto.

yearling [yi'ə-ling] *adj.* primal, añal, añojo; **—lamb,** borrego.

yearly [yi'ə-li] *adj.* anual; *adv.* anualmente, una vez al año.

yearn [yəən] *vn.* anhelar, ambicionar, suspirar por.

yearning [yəə'ning] *n.* anhelo, prurito.

yeast [yiist] *n.* levadura.

yell [yel] *n.* alarido, aullido; *vn.* vociferar, gritar, chillar, decir (hablar) a gritos.

yellow [ye'lou] *adj.* amarillo, gualdo.   [rillento.

yellowish [ye'lou-ish] *adj.* amayelp [yelp] *v.* latir, chillar; *n.* latido, aullido, chillido.

yeoman [you'mən] n. hacendado, labrador rico.

yes [yes] adv. sí; — it is, sí tal; to say —, dar el sí.

yesterday [yes'tə-dey] adv. ayer; the day before —, anteayer.

yet [yet] conj. aunque, sin embargo, con todo; adv. todavía, hasta ahora, hasta aquí, not—, todavía no.

yew [yiu] n. tejo.

yield [yiild] n. (fin.) rendimiento, rédito; beneficio; (crops) cosecha, cogida; va. (produce) producir, rendir; rentar, dar de sí; (give away) dar, ceder; deferir; (give up) entregar, devolver, conceder; vn. rendir, ceder, sucumbir; conformarse, consentir; doblegarse.

yoke [youk] n. yugo; — strap, coyunda; va. enyugar, uncir, acoyundar; someter al yugo, oprimir; to throw off the —, sacudir el yugo.

yokel [you'kəl] n. patán, pelo de la dehesa.

yolk [youk] n. yema.

yon, yonder [yon, yon-də] adj. & adv. allá, a lo lejos.

yore [yoo-ə] adv. antaño.

young [yəng] adj. joven; juvenil; tierno, verde, fresco; very —, imberbe; — man, fellow, (coll.) pollo, pollito; — blood, pimpollo; —er son, segundón; with —, encinta, preñada; n. (of animals) cría; los jóvenes.

youngish [yəng'ish] adj. juvenil.

youngster [yəng'stə] n. mocito; jovencito; —s, gente menuda.

your [yoo'ə] adj. suyo, de Ud.; vuestro.

yours [yoo'əs] pron. el suyo de Ud., el vuestro.   [vosotros.

yourself [yoo-ə-self'] pron. Ud.,

youth [yuz] n. (abstract) juventud, mocedad; (person) joven, mozo; pollo, pollito; country—, zagal.

youthful [yuz'ful] adj. juvenil, joven.

youthfulness [yuz'ful-nes] n. mocedad, juventud.

yowl [yaul] n. aullido; vn. aullar.

yule [yiul] n. tiempo de Navidad.

Z

Z [sed] (letter) zeta.

zeal [siil] n. celo, ardor; furia.

zealot [se'lət] n. fanático.

zealous [se'ləs] adj. celoso, fervoroso; apasionado; (in work) hacendoso.

zebra [se'brə] n. cebra.

zenith [se'niz] n. cenit; at the — of, al apogeo de.

zephyr [se'fə] n. céfiro.

zero [sii'rou] n. cero; below —, bajo cero.

zest [sest] n. gusto, sabor, deleite; aliciente.

zigzag [sig'sag] n. zigzag; adj. —course, meandro; vn. andar haciendo eses; (of horses, going uphill) cuartear.

zinc [singk] n. zinc.

zone [soun] n. zona.

zoo [su] n. parque (jardín) zoológico.

zoological [su-ə-lo'dyi-kəl] adj. zoológico.

zoologist [su-o'lə-dyist] n. zoólogo.

zoology [su-o'lə-dyi] n. zoología.

zounds [saunds] interj. (obs.) ¡canario!; por los clavos de nuestro Señor.

zulu [su'lu] n. zulú.

VERBOS IRREGULARES INGLESES

El asterisco (*) indica que existe también la forma regular; los dos asteriscos (**), que la forma regular es la más usual.

Presente	Pretérito	Participio
Abide	abode	abode
Be, am	was	been
Bear	bore	borne (porté)
		born (né)
Beat	beat	beaten, beat
Become	became	become
Beget	begot	begot(ten)
Begin	began	begun
Behold	beheld	beheld
Bend	bent	bent
Beseech	besough	besought
Beset	beset	beset
Bespeak	bespoke	bespoke(n)
Betake	betook	betaken
Bid	bid, bade	bidden, bid
Bind	bound	bound
Bite	bit	bitten, bit
Bleed	bled	bled
Blow	blew	blown
Break	broke	broken
Breed	bred	bred
Bring	brought	brought
Build	built	built
Burst	burst	burst
Buy	bought	bought
Cast	cast	cast
Catch	caught	caught
Choose	chose	chosen
Cleave	clove, cleft, cleaved	cleft, cloven
Cling	clung	clung
Clothe	clad (**)	clad (**)
Come	came	come
Cost	cost	cost
Creep	crept	crept
Crow	crew (**)	crowed
Cut	cut	cut
Dare	durst (**)	dared

Presente	Pretérito	Participio
Deal	dealt	dealt
Dig	dug (*)	dug (*)
Do	did	done
Draw	drew	drawn
Dream	dreamt (*)	dreamt (*)
Drink	drank	drunk
Drive	drove	driven
Dwell	dwelt (*)	dwelt (*)
Eat	ate, eat	eaten
Fall	fell	fallen
Feed	fed	fed
Feel	felt	felt
Fight	fought	fought
Find	found	found
Flee	fled	fled
Fling	flung	flung
Fly	flew	flown
Forbear	forbore	forborne
Forbid	forbade	forbidden
Forget	forgot	forgotten
Forgive	forgave	forgiven
Forsake	forsook	forsaken
Freeze	froze	frozen
Get	got	got, gotten
Gild	gilt (**)	gilt (*)
Gird	girt (*)	girt (*)
Give	gave	given
Go	went	gone
Grave	graved	graven
Grind	ground	ground
Grow	grew	grown
Hang	hung	hung
Have	had	had
Hear	heard	heard
Heave	hove (**)	heaved
Hew	hewed	hewn (*)
Hide	hid	hid, hidden
Hit	hit	hit
Hold	held	held
Hurt	hurt	hurt
Keep	kept	kept
Kneel	knelt (*)	knelt (*)
Knit	knit (*)	knit (*)
Know	knew	known
Lade	laded	ladens (*)
Lay	laid	laid
Lead	led	led
Lean	leant (**)	leant (**)
Leave	left	left
Lend	lent	lent
Let	let	let
Lie	lay	lain
Light	lit (**)	lit (**)
Lose	lost	lost
Make	made	made

Presente	Pretérito	Participio
Mean	meant	meant
Meet	met	met
Mow	mowed	mown (*)
Pay	paid	paid
Put	put	put
Quit	quit (*)	quit (*)
Read	read	read
Rend	rent	rent
Rid	rid (*)	rid
Ride	rode	ridden
Ring	rang, rung	rung
Rise	rose	risen
Run	ran	run
Saw	sawed	sawn (*)
Say	said	said
See	saw	seen
Seek	sought	sought
Sell	sold	sold
Send	sent	sent
Set	set	set
Shake	shook	shaken
Shave	shaved	shaven (*)
Shear	sheared	shorn (*)
Shed	shed	shed
Shine	shone	shone
Shoe	shod	shod
Shoot	shot	shot
Show	showed	shown (*)
Shred	shred	shred
Shrink	shrank, shrunk	shrunk
Shut	shut	shut
Sing	sang, sung	sung
Sink	sank, sunk	sunk
Sit	sat	sat
Slay	slew	slain
Sleep	slept	slept
Slide	slid	slid, slidden,
Sling	slung	slung
Slink	slunk, slank	slunk
Slit	slit (*)	slit (*)
Smell	smelt (*)	smelt (*)
Smite	smote	smitten
Sow	sowed	sown
Speak	spoke	spoken
Speed	sped	sped
Spend	spent	spent
Spill	spilt (*)	spilt (*)
Spin	spun	spun
Spit	spat	spit
Split	split	split
Spoil	spoilt	spoilt
Spread	spread	spread
Spring	sprang	sprung
Stand	stood	stood
Steal	stole	stolen

Presente	Pretérito	Participio
Stick	stuck	stuck
Sting	stung	stung
Stink	stank, stunk	stunk
Strew	strewed	strewn (*)
Stride	strode	stridden
Strike	struck	struck
String	strung	strung (*)
Strive	strove	striven
Swear	swore	sworn
Sweep	swept	swept
Swell	swelled	swollen (*)
Swim	swam	swum
Swing	swung	swung
Take	took	taken
Teach	taught	taught
Tear	tore	torn
Tell	told	told
Think	thought	thought
Thrive	throve	thriven (*)
Throw	threw	thrown
Thrust	thrust	thrust
Tread	trod	trodden, trod
Understand	understood	understood
Undertake	undertook	undertaken
Underwrite	underwrote	underwritten
Undo	undid	undone
Uphold	upheld	upheld
Upset	upset	upset
Wake	woke (*)	waked, woken, woke
Wear	wore	worn
Weave	wove	woven
Weep	wept	wept
Win	won	won
Wind	wound	wound
Withdraw	withdrew	withdrawn
Withhold	withheld	withheld
Withstand	withstood	withstood
Work	wrought (**)	wrought (**)
Wring	wrung	wrung
Write	wrote	written

INTRODUCTION

We have attempted to produce a Dictionary combining maximum utility with minimum size and price, with the following characteristics:

a) It contains a complete basic vocabulary, but excludes certain technical terms, archaisms and highly specialized vocabulary not in common use;

b) it avoids definitions, but, instead, offers an equivalent or approximation in the other language;

c) in most cases, when secondary or derivative forms, such as adjectives or adverbs, are clearly implied by the root, these forms are not given;

d) an unusual feature in this kind of Dictionary is the simplified figurative pronunciation given in *both* languages.

Thus we consider that it will be an efficient travelling companion fitting easily into one's luggage, pocket or brief-case, and useful to students who can always have it to hand amongst text-books and notes.

Where the figurative pronunciation is concerned, we have only attempted to express the original phonetics of each language as far as it is necessary to be understood. With languages so diverse in this aspect as English and Spanish an exact figurative pronunciation demands either a profound knowledge of the other language (in which case it is pointless) or the employment of complicated signs which are beyond the scope of the present work. We recommend that the reader should pronounce the figured word as if it were written in his own language. The English speaking reader should bear in mind ·the following points:

1st, the stressed or accented syllable is marked with an apostrophe;

2nd, Spansih *b* and *v* are really the same essential sound, a softened form of the English *b*, except when this sound is initial in a word, and the word initial in a sentence, or when it comes immediately after the letters *n* or *m*, where the pronuntiation is that of the English *b* in *Bible;*

3rd, Spanish *ch* has the sound found in the English word *church;*

4th, *g* always represents the *g* of *gold;*

5th, *h* (Spanish *j* or *g*) represents a guttural sound like the *ch* of the Welsh words *loch* or *bach;*

6th, Spanish *ll* is represented by *ly,* with a sound like the *lli* in *pillion;*

7th, the Spanish *ñ* is represented by *ny,* with a sound like the *ny* in *canyon;*

8th, *r* is always a trilled *r,* the trill being repeated when the Spanish word has a double *rr;*

9th, the Spanish *z* is represented by *th,* with a sound like the *th* of the English word *thick;*

10th, *y* is a consonant, not a vowel, pronounced as the *y* of *yet,* and thus cannot form a separate syllable.

In this Dictionary, the Castillian pronunciation has been taken as the standard, although in several Spanish-speaking countries certain deviations in the sounds of consonants like *ll, z* or *c* before *e* and *i* are found.

Acclaratory abbreviations used are the same in both languages. They are as follows:

abbrev. abbreviation	*med.* medicine
adj. adjective	*met.* metaphorical
Amer. S. American	*mil.* military
anat. anatomical	*min.* mining
approx. approximately	*mus.* music
arch. archaic	*naut.* nautical
archit. architecture	*ornit.* ornithology
art art	*o's* oneself
astr. astronomical	*p.n.* Proper noun
bot. botany	*paint.* painting
chem. chemistry	*photo.* photography
coll. colloquial	*pl.* plural
com. commercial	*poet.* poetical, poetry
conj. conjunction	*polit.* political
eccl. ecclesiastical	*pop.* popular
elect. electricity	*pr.* pronoun
eng. engineering	*print.* printing
excl. exclamation	*relig.* religion
f. feminine	*s.* singular
fam. familiar	*sew.* sewing
her. heraldry	*sl.* slang
hosp. hospital	*usu.* usually
hunt. hunting	*va.* transitive verb
interj. interjection	*va. & n.* transit. & intrans. verb
iron. irony.	*vn.* intransitive verb
m. masculine	*vr.* reflexive verb
maths. mathematics	*zool.* zoology
mech. mechanics	

SPANISH - ENGLISH

In the Spanish alphabet, the symbols *ch* and *ll* have the value of separate letters, and therefore words beginning with them will be found after those beginning with c and l. Similarly, within a word, *ch* is alphabetized after *cz*, not *cg*, and *ll* after *lz*, not *lk*. The symbol *ñ* is alphabetized after *n*, so that *caña* follows *canturrear*.

A

a [ah] *prep.* to, in, at, by.

abacá [ah-ba-ka'] *m.* manilla, hemp.

abacería [ah-bah-thay-ree'ah] *f.* retail grocery.

abacero [ah-bah-thay'ro] *m.* retail grocer.

abad [ah-bad'] *m.* abbot.

abadejo [ah-ba-day'ho] *m.* codfish.

abadía [ah-ba-dee'a] *f.* abbey.

abajo [ah-ba'ho] *adv.* under, below; downstairs.

abalanzar [ah-ba-lan-thar'] *va.* to balance, weigh; *vr.* to rush on; — **sobre**, to hurl oneself on.

abanderado [ah-ban-day-ra'do] *m.* ensign.

abandonado [ah-ban-do-na'do] *adj.* forlorn; slovenly, careless, left behind; desolate.

abandonar [ah-ban-do-nar'] *va.* to abandon, give up, leave, desert.

abandono [ah-ban-do'no] *m.* abandonment, desertion; ease, indolence; abandon.

abanicar [ah-ba-nee-kar'] *va.* to fan; *vr.* to fan oneself.

abanico [ah-ba-nee'ko] *m.* fan; derrick.

abaratar [ah-ba-ra-tar'] *va.* to cheapen.

abarca [ah-bar'ka] *f.* (peasant) sandal.

abarcar [ah-bar-kar'] *va.* to embrace (*with vision, ambition,* *etc.*); to include, contain; to monopolise.

abarrotar [ah-ba-ro-tar'] *va.* to stow a cargo; to overstock.

abastecer [ah-bas-tay-thayr'] *va.* to supply (*town with water, etc.*), purvey.

abastecimiento [ah-bas-tay-thee-myen'to] *m.* supply, supplies, provisions.

abasto [ah-bas'to] *m.* supply, provision; *pl.* —s, rations.

abate [ah-ba'tay] *m.* abbé, minor cleric.

abatido [ah-ba-tee'do] *adj.* depressed, dejected; spiritless; dull; crestfallen.

abatimiento [ah-ba-tee-myen'-to] *m.* depression; discouragement, low spirits.

abatir [ah-ba-teer'] *va.* to knock down; to discourage, depress; to humble.

abdicación [ab-dee-ka-thyon'] *f.* abdication.

abdicar [ab-dee-kar'] *va. & n.* to abdicate; to abandon (*rights, etc.*).

abdomen [ab-do'men] *m.* abdomen, belly.

abecé [ah-bay-thay'] *m.* alphabet, ABC.

abecedario [ah-bay-thay-da'-ryo] *m.* alphabet-card; primer.

abedul [ah-bay-dool'] *m.* birch-tree.

abeja [ah-bay'ha] *f.* bee; — **reina**, Queen.

abejón [ah-bay-hon'] m. bumble-bee, drone.

abejorro [ah-bay-ho'ro] m. bumble-bee.

aberración [ah-bay-ra-thyon'] f. aberration; error.

abertura [ah-bayr-too'ra] f. opening, crevice; aperture, fissure.

abeto [ah-bay'to] m. silver fir, spruce.

abierto [a-byayr'to] adj. open, frank; candid.

abigarrado [ah-bee-ga-ra'do] adj. motley, variegated.

abigeo [ah-bee-hay'o] m. cattle-thief.

abintestato [ah-been-tes-ta'to] adv. intestate; m. intestacy.

abiselar [ah-bee-say-lar'] va. to bevel. [Abyssinian.

abisinio [ah-bee-see'nyo] adj.

abismado [ah-bees-ma'do] adj. dejected, lost (in thoughts, etc.).

abismar [ah-bees-mar'] va. to depress; vr. — en, to lose o's in (thought, etc.).

abismo [ah-bees'mo] m. abyss, gulf; hell; dephts.

abjuración [ab-hoo-ra-thyon'] f. abjuration, recantation.

abjurar [ab-hoo-rar'] va. to abjure, forswear.

ablandar [a-blan-dar'] va. to soften; to mollify; to mitigate.

ablución [a-bloo-thyon'] f. ablutions (usually religious).

abnegación [ab-nay-ga-thyon'] f. abnegation, self-sacrifice, devotion.

abnegar [ab-nay-gar'] vr. to renounce, sacrifice o's.

abobado [ah-bo-ba'do] adj. silly, stupid, stupefied.

abocar [ah-bo-kar'] va. to catch with the mouth; vr. — con, to meet.

abochornar [ah-bo-tchor-nar'] va. to shame; to be covered with shame.

abochornado [ah-bo-tchor-na'-do] adj. mortified, shamed.

abofetear [ah-bo-fay-tay-ar'] va. to box; to cuff.

abogacía [ab-bo-ga-thee'a] f. profession of a lawyer.

abogado [ah-bo-ga'do] m. lawyer, advocate, barrister.

abogar [ah-bo-gar'] vn. — por, to advocate, plead support.

abolengo [ah-bo-len'go] m. ancestry, lineage; inheritance.

abolición [ah-bo-lee-thyon'] f. abolition, extintion.

abolir [ah-bo-leer'] va. to abolish, annul.

abolladura [ah-bo-lya-doo'ra] f. unevennes; dent. bruise.

abollar [ah-bo-lyar'] va. to emboss, dent.

abominación [ah-bo-mee-na-thyon'] f. abhorrence, hateful thing, abomination.

abonado [ah-bo-na'do] m. subscriber, season-ticked holder; adj. well-accredited.

abonanzar [ah-bo-nan-thar'] vn. to crear up, to calm (of weather).

abonar [ah-bo-nar'] va. to credit; to subscribe; to stand surety for; to manure.

abonaré [ah-bo-na-ray'] m. promissory note.

abono [ah-bo'no] m. guarantee; manure; season-ticket.

abordar [ah-bor-dar'] va. to board, to tie up (of ship); to accost (person).

abordo [ah-bor'do] m. boarding (a ship), attack.

aborígenes [ah-bo-ree'hay-nays] m. or. f. pl. aborigines.

aborrecer [ah-bo-ray-thayr'] va. to hate, abhor.

aborrecible [ah-bo-ray-thee'-blay] adj. hateful.

abortar [ah-bor-tar'] vn. to miscarry; to fail, to come to noting.

aborto [ah-bor'to] m. miscarriage, abortion; monster.

abotonar [ah-bo-to-nar'] va. to button; vn. to bud.

abovedado [ah-bo-vay-da'do] adj. arched, vaulted.   [ge.

abra [ah'bra] f. bay, cove; gor-

abrasar [ah-bra-sar'] va. to burn; vr. to be consumed (passion).

abrazadera [ah-brah-thah-day'-ra] f. clasp, clamp, band, cleat, brace, bracket.

abrazar [ah-bra-thar'] *va*. to embrace, clasp; to comprise, include.

abrazo [ah-bra'tho] *m*. embrace, warm greetings *(in letters)*.

abrevadero [ah-bray-va-day'ro] *m*. watering-place.

abrevar [ah-bray-var'] *va*. to water cattle.

abreviar [ah-bray-vyar'] *va*. to abbreviate, cut short, shorten, abridge; to hasten.

abreviatura [ah-bray-vya-too'-ra] *f*. abbreviation.

abrigar [ah-bree-gar'] *va*. to shelter, cover, shield; to cherish *(hopes, etc.)*.

abrigo [ah-bree'go] *m*. shelter, protection, cover; overcoat; al — de, protected by, under (the) shelter of.

abril [ah-breel'] *m*. April.

abrir [ah-breer'] *va*. to open; to unfold; to begin; to cleave, split.

abrochador [ha-bro-tcha-dor'] *m*. button-hook.

abrochar [ah-bro-tchar'] *va*. to button, fasten.

abrogación [ah-bro-ga-thyon'] *f*. abrogation, repeal.

abrogar [ah-bro-gar'] *va*. to repeal, annul.

abrojo [ah-bro'ho] *m*. thistle; thorn.

abroquelar [ah-bro-kay-lar'] *vr*. to shield o's.

abrumado [ah-broo-ma'do] *adj*. weary, oppressed, over-whelmed.

abrumar [ah-broo-mar'] *va*. to overwhelm, crush, weigh down.

abrupto [ah-broop'to] *adj*. rugged, steep.

absceso [abs-thay'so] *m*. abscess.

ábside [ab'see-day] *f*. apse.

absolución [ab-so-loo-thyon'] *f*. absolution, acquittal.

absolutismo [ab-so-loo-tees'mo] *m*. absolutism, despotism.

absoluto [ab-so-loo'to] *adj*. absolute; **en** —, not at all, certainly not.

absolver [ab-sol-vayr'] *va*. to absolve, acquit.

absorber [ab-sor-bayr'] *va*. to absorb, imbibe, talse in.

absorción [ab-sor-thyon'] *f*. absorption.   [absorbed.

absorto [ab-sor'to] *adj*. amazed,

abstemio [abs-tay'myo] *adj*. abstemious.   [abstention.

abstención [abs-ten-thyon'] . *f*.

abstenerse [abs-tay-nayr'say] *vr*. to abstain, refrain.

abstinencia [abs-tee-nen'thya] *f*. abstinence, forbearance; **día de** —, fast day.

abstracción [abs-trak-thyon'] *f*. omission; absence of mind.

abstraer [ab-stra-ayr'] *va*. to abstract; *vn*. to refrain from; *vr*. to become thoughtful.

abstruso [abs-troo'so] *adj*. abstruse.

absuelto [ab-swel'to] *adj*. acquitted, absolved.

absurdo [ab-soor'do] *adj*. absurd, stupid, pointless; *m*. absurdity.   [mother.

abuela [ah-bway'la] *f*. grand-

abulense [ah-boo-len'say] *m*. & *adj*. *(native)* of Avila.

abuelo [ah-bway'lo] *m*. grandfather; *pl*. —s, grandparents.

abultado [ah-bool-ta'do] *adj*. bulky, swollen.

abultar [ah-bool-tar'] *va*. & *n*. to increase in size, in appearance; to enlarge, fill out.

abundancia [ah-boon-dan'thya] *f*. plenty, abundance.

abundante [ab-boon-dan'tay] *adj*. abundant, plentiful, copious.

abundar [ah-boon-dar'] *vn*. to abound, be full, plenty of.

abur [ah-boor'] *excl*. bye-bye.

aburrido [ah-boo-ree'do] *adj*. weary, bored; tedious, boring.

aburrimiento [ah-boo-ree-myen'to] *m*. weariness, tediousness, boredom.

aburrir [ah-boo-reer'] *va*. to' bore, annoy. weary; *vr*. to become weary.

abusar [ah-boo-sar'] *vn*. to take undue advantage of, trespass, misuse; to abuse.

abuso [ah-boo'so] *m*. misusage, misuse; abuse.

abyecto [ab-yek'to] *adj*. abject.

acá [ah-ka'] *adv.* here, hither; — y **allá**, here and there.
acabado [ah-ka-ba'do] *adj.* perfect, faultless.
acabar [ah-ka-bar'] *va. & n.* to finish, conclude, end; — **con**, to finish off; — **de**, to have just; — **en**, to end (in, by).
academia [ah-ka-day'mya] *f.* academy.
académico [ah-ka-day'mee-ko] *m.* academician; *adj.* academic.
acaecer [ah-ka-ay-thayr'] *vn.* to happen, fall out.
acallar [ah-ka-lyar'] *va.* to silence; to assuage (*pain*).
acaloramiento [ah-ka-lo-ra-myen'to] *m.* heat (*of argument*).
acalorar [an-ka-lo-rar'] *va.* to warm, heat; to inflame, promote; *vr.* to grow excited.
acampamento [ah-kam-pa-ment'to] *m.* camp.
acampanado [ah-kam-pa-na'do] *adj.* bell-shaped.
acampar [ah-kam-par'] *va.* to encamp.
acanalado [ah-ka-na-la'do] *adj.* grooved, fluted; corrugated.
acanalar [ah-ka-na-lar'] *va.* to groove.
acantilado [ah-kan-tee-la'do] *m.* (*sea*) cliff; *adj.* steep.
acanto [ah-kan'to], *m.* prickly thistle, acantus leaf.
acantonar [ah-kan-to-nar'] *va.* to quarter troops.
acaparamiento [ah-ka-pa-ra-myen'to] *m.* cornering, monopoly, monopolising.
acaparar [ah-ka-pa-rar'] *va.* to monopolise, corner, buy up.
acariciar [ah-ka-ree-thyar'] *va.* to caress, fondle; to cherish (*ideas, etc.*)
acarrear [ah-ka-ray-ar'] *va.* to carry, transport; to occasion; to cause.
acarreo [ah-ka-ray'o] *m.* transport; conveyance.
acaso [ah-ka'so] *adv.* perhaps, by chance; *m.* chance, destiny.
acatamiento [ah-ka-ta-myen'to] *m.* reverence, respect, esteem; obedience to.

acatar [ah-ka-tar'] *va.* to respect, revere; to acknowledge, accept (*ruling, etc.*).
acatarrarse [ah-ka-ta-rar'say] *vr.* to catch a cold.
acaudalado [ah-kow-da-la'do] *adj.* wealthy.
acaudillar [ah-kow-dee-lyar'] *va.* to head, command (*troops*).
acceder [ak-thay-dayr'] *vn.* to agree, accede; to comply, give way to (*pleas, etc.*)
accesible [ak-thay-see'blay] *adj.* accessible.
acceso [ak-thay'so] *m.* access, admittance.
accesorio [ak-thay-so'ryol] *adj.* accessory, incidental.
accidental [ak-thee-den-tal'] *adj.* accidental, casual.
accidente [ak-thee-den'tay] *m.* accident.
acción [ak-thyon'] *f.* action; feat; battle; plot (*of play*); stock; lawsuit; — **de gracias**, thanksgiving.
accionar [ak-thyo-nar'] *va.* to gesticulate.
accionista [ak-thyo-nees'ta] *m.* shareholder.
acebo [ah-thay'bo] *m.* hollytree.
acebuche [ah-thay-boo'tchay] *m.* wild olive-tree.
acecinar [ah-thay-thee-nar']' *va.* to salt and dry meat.
acechar [ah-thay-tchar'] *va.* to waylay; *vn.* to lie in ambush, wait (*for an opportunity*).
acecho [ah-thay'tcho] *m.* waylaying, lurking; **en** —, in ambush.
aceitar [ah-thay-tar'] *va.* to oil, lubricate.
aceite [ah-thay'tay] *m.* (olive) oil; — **mineral**, petroleum.
aceitera [ah-thay-tay'ra] *f.* oil jar, oil cruet; oil can.
aceitoso [ah-thay-to'so] *adj.* oily, greasy. [olive.
aceituna [ah-thay-too'na] *f.*
aceitunado [ah-thay-too-na'do] *adj.* olive-coloured.
acelerar [ah-thay-lay-rar'] *va.* to accelerate, hurry, expedite.
acémila [ah-thay'mee-la] *f.* mule, beast of burden.

acendrado [ah-then-dra'do] *adj.* purified, noble, exalted, finely-wrought, devoted, selfless.

acendrar [ah-then-drar'] *va.* to refine *(metals)*; to purify.

acento [ah-then-to] *m.* accent, stress.

acentuar [ah-then-twar'] *va.* to accentuate, lay stress on.

acepción [ah-thep-thyon'] *f.* meaning, acception.

acepillar [ah-thay-pee-lyar'] *va.* to plane; to brush.

aceptación [ah-thep-ta-thyon'] *f.* acceptation; acceptance; approbation.

aceptar [ah-thep-tar'] *va.* to accept, agree.

acequia [ah-thay'kya] *f.* irrigation ditch, drain, canal.

acera [ah-they'ra] *f.* pavement.

acerado [ah-thay-ra'do] *adj.* steel; caustic *(comment)*.

acerbo [ah-thayr'bo] *adj.* bitter; sharp, cruel, harsh.

acerca de [ah-thayr'ka day] *prep.* about, relating to, concerning.

acer·~r [ah-thayr-kar'] *va.* to approach; put, place near, bring near; *vr.* — a, to come near.

acerico [ah-thay-ree'co] *m.* pincushion.

acero [ah-thay'ro] *m.* steel, sword; — **fundido**, cast steel.

acérrimo [ah-thay'ree-mo] *adj.* fierce, out-and-out, staunch *(partisan, etc.)*.

acertado [ah-thayr-ta'do] *adj.* just right, to the point, correct.

acertar [ah-thay-tar'] *va.* to bit the mark; to succeed; to be right, successful.

acervo [ah-thayr-vo] *m.* heap, store.   [acetic.

acético [ah-thay'tee-ko] *adj.*

aciago [ah-thya'go] *adj.* unfortunate, of ill omen, ill-starred, lowering.

acíbar [ah-thee'bar] *m.* aloes; bitterness.   [make bitter.

acibarar [ah-thee-ba-rar'] *va.* to

acicalar [ah-thee-ka-lar'] *va.* to polish; *vr.* to spruce up.

acicate [ah-thee-ka'tay] *m.* spur; stimulant.

acidez [ah-thee-dayth'] *f.* acidity; sourness.

ácido [ah'thee-do] *m.* acid; *adj.* sour, tart.

acierto [ah-thyayr'to] *m.* success, knack; good (hit, thing, point).

aclamación [ah-kla-ma-thyon'] *f.* acclamation, applause; **por** — unanimously.

aclamar [ah-kla-mar'] *va.* to applaud, acclaim.

aclaración [ah-kla-ra-thyon'] *f.* explanation.

aclarar [ah-kla-rar'] *va.* to make clear, explain; to clarify.

aclimatación [ah-klee-ma-ta-thyon'] *f.* acclimation; acclimatisation.

aclimatar [ah-klee-ma-tar'] *va.* to acclimatise.

acobardar [ah-ko-bar-dar'] *va.* to intimidate, daunt.

acogedor [ah-ko-hay-dor'] *adj.* welcoming, hospitable.

acoger [ah-ko-hayr'] *va.* to receive; to admit; *vr.* to take refuge, shelter, to shelter (behind, etc.).

acogida [ah-ko-hee'da] *f.* reception, welcome.

acolchar [ah-kol-tchar'] *va.* to quilt.

acólito [ah-ko'lee-to] *m.* acolyte.

acometer [ah-ko-may-tayr'] *va.* to assault, attack; to undertake.

acometida [ah-co-may-tee'da] *f.* attack; assault.

acomodado [ah-ko-mo-da'do] *adj.* well-to-do.

acomodador [ah-ko-mo-da-dor'] *m.* usher; *(lit.)* adaptor.

acomodar [ah-ko-mo-dar'] *va.* to accommodate; to make comfortable, to reconcile.

acomodo [ah-ko-mo'do] *m.* accommodation; employment; compromise, arrangement.

acompañamiento [ah-kom-pa-nya-myen'to] *m.* attendance, retinue; accompaniment.

acompañar [ah-kom-pa-nyar'] *va.* to accompany, go with; to keep company; to attend.

acompasar [ah-kom-pah-sar'] *va.* to measure with a compass.

acondicionar [ah-kon-dee-thyo-nar'] va. to arrange, prepare.

acongojar [ah-kon-go-har] va. to afflict, oppress, grieve.

aconsejar [ah-kon-say-har'] va. to advise, counsel.

acontecer [ah-kon-tay-thayr'] vn. to happen, occur.

acontecimiento [ah-kon-tay-thee-myen'to] m. event.

acorazado [ah-kor-ra-tha'do] m. ironclad (battleship).

acordar [ah-kor-dar'] va. to agree to; to concert; to tune; vr. — de to remember, recollect

acorde [ah-kor'day] adj. in conformity with; m. chord.

acordeón [ah-kor-day-on'] m. accordion.

acorralar [ah-ko-ra-lar'] va. to shut up cattle, corral; to corner.

acortar [ah-kor-tar'] va. to shorten, cut short.

acosar [ah-ko-sar'] va. to pursue closely; to importune, harass.

acostar [ah-kos-tar'] va. to lay down; put to bed; vr. to go to bed, to lie down.

acostumbrar [ah-kos-toom-brar'] va. to use, to accustom; vn. to be in the habit; vr. —a, to get used to.

acotación [ah-ko-ta-thyon'] f. marginal note; annotation.

acotar [ah-ko-tar'] va. to set the bounds (of land).

acre [ah'kray] adj. bitter, sour; acrid (smoke); mordant; m. acre.

acrecentar [ah-kray-then-tar'] va. to increase.

acreditar [ah-kray-dee-tar'] va. to credit; to give assurance; to establish, answer for; to prove.

acreedor [ah-kray-ay-dor'] m. creditor; — de, worthy of, deserving.   [sieve.

acribar [ah-kree-bar'] va. to

acribillar [ah-kree-bee-lyar'] va. to riddle.

acriminar [ah-kree-mee-nar'] va. to incriminate, accuse.

acrimonia [ah-kree-mo'nya] f. acrimony.

acrisolar [ah-kree-so-lar'] va. to assay (metals); to purify, put to the test.

acritud [ah-kree-tood'] f. sourness; mordancy, bitterness.

acta [ak'ta] f. record, minute; election return; pl. libro de — s, minute-book; levantar acta, drawn up affidavit, etc.

actitud [ak-tee-tood'] f. attitude.

activar [ak-tee-var'] va. to speed up, set in motion.

actividad [ak-tee-vee-dad'] f. activity; quickness.

activo [ak-tee'vo] adj. active; diligent, nimble; m. assets, credit-balance.

acto [ak'to] m. act, action; — continuo, immediately, afterwards; en el —, at once.

actor [ak-tor'] m. actor; plaintiff, claimant.

actriz [ak-treeth'] f. actress.

actuación [ak-twa-thyon'] f. acting, performance of judicial or legal acts, rôle.

actual [ak-twal'] adj. present-day, topical; actual.

actualidades [ak-twa-lee-da-days] f. news; en la actualidad, nowadays.

actuar [ak-twar'] va. to act; to discharge (duty); to put in action.

actuario [ak-twa'ryo] m. actuary, clerk (in court).

acuantiar [ah-kuan-tyar'] va. to to determine a quantity.

acuarela [ah-kwa-ray'la] f. water-colour.

acuático [ah-kwa'tee-ko] adj. aquatic, water-.

acuchillado [ah-koo-tchee-lya'-do] adj. slashed (face and doublet).

acuciar [ah-koo-thyar'] va. to drive on; to long for; to be persecuted by (remorse, etc.).

acuclillarse [ah-koo-klee-lyar'-say] vr. to squat, crouch.

acudir [ah-koo-deer'] vn. to have recourse to; to gather around; va. to assist, succour; to come.   [m. aqueduct.

acueducto [ah-kway-dook'to]

acuerdo [ah-kwayr'do] m.

agreement; decree; resolution;
¡de —! ¡Right! [der.
acullá [ah-koo-lya'] *adv.* yon-
acumulación [ah-koo-moo-la-
thyon'] *f.* accumulation.
acumulador [ah-koo-moo-la-
dor'] *m.* accumulator.
acumular [ah-koo-moo-lar'] *va.*
to accumulate; to heap up.
acuñar [ah-koo-nyar'] *va.* to
coin, mint; to wedge.
acuoso [ah-knowo'so] *adj.* watery, aqueous.
acurrucarse [ah-koo-roo-kar'-
say] *vr.* to curl up.
acusación [ah-koo-sa-thyon'] *f.*
accusation, charge.
acusar [ah-koo-sar'] *va.* to accuse, blame; — recibo, to acknowledge receipt.
acústica [ah-koos'tee-ka] *f.*
acoustics.
achacar [at-scha-kar'] *va.* to
impute, blame, lay blame on.
achacoso [at-tcha-ko'so] *adj.*
sickly, full of ailments, ailing.
achaque [ah-tcha'kay] *m.* ailment; habitual indisposition;
weakness.
achicar [ah-tchee-kar'] *va.* to
diminish; *vr.* to eat humble
pie.
achicharrar [ah-tchee-tcha-rar']
va. to cook crisp.
achicoria [ah-tchee-ko'rya] *f.*
chicory.
adagio [ah-da'hyo] *m.* proverb,
saying, adage. [champion.
adalid [ah-da-leed'] *m.* leader,
adaptación [ah-dap-ta-thyon'] *f.*
adaptation.
adaptar [ah-dap-tar'] *va.* to
adapt, fit.
adarga [ah-dar'ga] *f.* shield.
adecuado [ah-day-kaw'do] *adj.*
adequate, fit, appropriate,
seemly.
adefesio [ah-day-fay'syo] *m.*
nonsense; ridiculous person.
adelantado [ah-day-lan-ta'do]
adj. advanced; *m.* governor (*of
province*).
adelantamiento [ah-day-lan-ta-
myen'to] *m.* progress, advance.
adelantar [ah-day-lan-tar'] *va.*
to advance, go ahead; *vr.* to
go forward, before.

adelante [ah-day-lan'tay] *adv.*
forward, onward; Come in!;
en—, henceforth, from now on.
adelanto [ah-day-lan'to] *m.* progress; advance (*payment*).
adelfa [ah-del'fa] *f.* rose-bay.
adelgazar [ah-del-ga-thar'] *va.*
to attenuate, make thin, slim.
ademán [ah-day-man'] *m.* gesture, look; *pl.* manners.
además [ah-day'mas'] *adv.* besides, moreover, further.
adentro [ah-den'tro] *adv.* inside, within.
adepto [ah-dep'to] *m.* adept.
aderezar [ah-day-ray-thar'] *va.*
to prepare, adorn, make ready.
aderezo [ah-day-ray'tho] *m.*
dressing; set of jewels.
adeudar [ha-dayoo-dar'] *va.* to
debit, charge; to be in debt.
adherir [ah-day-reer'] *vn.* to
adhere, stick.
adhesión [ah-day-syon'] *f.*
adhesion; support.
adición [ah-dee-thyon'] *f.* addition, sum.
adicionar [ah-dee-thyo-nar'] *va.*
to add; to make additions.
adicto [ah-deek'to] *adj.* addicted, attached; *n.* supporter.
adiestrar [ah-dyay-strar'] *va.*
to train; to teach; to make
skilful.
adinerado [ah-dee-nay-ra'do]
adj. wealthy, moneyed.
adiposidad [ah-dee-po-see-dad']
f. adiposity. [adieu.
adiós [ah-dyos'] *int.* good-bye,
aditamento [ah-dee-ta-men'to]
m. increase, addition.
adivinanza [ah-dee-vee-nan'tha]
f. prediction; riddle.
adivinar [ah-dee-vee-nar'] *va.*
to foretell the future, guess; to
solve (riddle).
adivino [ah-dee-vee'no] *m.*
soothsayer.
adjudicación [ad-hoo-dee-ka-
thyon'] *f.* adjudication, allotment.
adjudicar [ad-hoo-dee-kar'] *va.*
to allot, to adjudge, award.
adjunto [ad-hoon'to] *adj.* joi-
ned, attached, enclosed (*in
letter*); *m.* (*senior*) Lecturer
(*University*).

administración [ad-mee-nees-tra-thyon'] *f.* management, administration; en —, in trust.

administrador [ad-mee-nees-tra-dor'] *m.* manager, administrator, trustee.

administrar [ad-mee-nees-trar'] *va.* to manage, govern, administer.

administrativo [ad-mee-nees-tra-tee'vo] *adj.* administrative.

admirable [ad-mee-ra'blay] *adj.* admirable.

admiración [ad-mee-ra-thyon'] *f.* wonder, admiration.

admirar [ad-mee-rar'] *va.* to admire; to astonish; *vr.* to be surprised.

admisible [ad-mee-see'blay] *adj.* admissible.

admitir [ad-mee-teer'] *va.* to admit, concede; to receive.

admonición [ad-mo-nee-thyon'] *f.* warning.

adobar [ah-do-bar'] *va.* to dress *(food)*; to pickle.

adobo [ah-do'bo] *m. (seasoning, dressing)* ingredients.

adolecer [ah-do-lay-thayr'] *vn.* to ail, be ill; to fail in; to be subject to; to suffer from.

adolescente [ah-do-les-then'tay] *adj.* adolescent.

adonde [ah-don'day] *adv.* whither, where.

adopción [ah-dop-thyon'] *f.* adoption.

adoptar [ah-dop-tar'] *va.* to adopt.

adoquín [ah-do-keen'] *m.* paving stone, sett.

adoración [ah-do-ra-thyon'] *f.* adoration; worship.

adorar [ah-do-rar'] *va.* to adore, worship.

adormecer [ah-dor-may-thayr'] *va.* to lull one asleep; *vn.* to fall asleep.

adormidera [ah-dor-mee-day'-ra] *f.* poppy.

adornar [ah-dor-nar'] *va.* to adorn, ornament; to garnish.

adorno [ah-dor'no] *m.* ornament, finery.

adquirir [ad-kee-reer'] *va.* to. acquire, get.

adquisición [ad-kee-see-thyon']

f. acquisition, attainment, acquiring, getting.

adrede [a-dray'day] *adv.* on purpose, purposely.

adscribir [ads-kree-beer'] *va.* to ascribe; to appoint *(to a post)*.

aduana [ah-dwa'na] *f.* customhouse; *pl.* customs.

aduanero [ah-dwa-nay'ro] *adj.* customs; *m.* customs-officer.

aduar [ah-dwar'] *m.* horde *(gipsies, etc.)*.

aducir [ah-doo-ther'] *va.* to bring forward, adduce, cite.

adueñarse [ah-dway-nyar'say] *vr.* to take possession of, lay hold of; to seize.

adulación [ah-doo-la-thyon'] *f.* flattery.

adular [ah-doo-lar'] *va.* to flatter, compliment; fawn on.

adulteración [ah-dool-tay-ra-thyon] *f.* adulteration.

adulterar [ah-dool-tay-rar'] *vr.* to adulterate, falsify, corrupt.

adulterio [ah-dool-tay'ryo] *m.* adultery.

adulto [ah-dool'to] *m.* adult, grown up.

adulzorar [ah-dool-tho-rar'] *va.* to dulcify, to mollify.

adusto [ah-doos'to] *adj.* gloomy, doleful; austere, severe.

advenedizo [ad-vay-nay-dee'-tho] *m.* upstart, newcomer; *adj.* parvenu, foreign, upstart.

advenimiento [ad-vay-nee-myen'to] *m.* advent, arrival, coming.

adventicio [ad-ven-tee'thyo] *adj.* adventitious.

adversario [ad-vayr-sa'ryo] *m.* opponent, adversary.

adversidad [ad-vayr-see-dad'] *f.* misfortune, calamity.

adverso [ad-vayr'so] *adj.* adverse, contrary.

advertencia [ad-vayr-ten'thya] *f.* advice, warning; *(in book)* foreword.

advertir [ad-vayr-teer'] *va.* to advise, warn; to notice, note; to instruct, give warning.

adviento [ad-vyen'to] *m.* advent.

adyacente [ad-ya-then'tay] *adj.* adjacent.

aéreo [ah-ay'ray-o] adj. aerial, fantastic; correo —, air mail.

aeronáutica [ah-ay-ro-now'tee-ka] f. aeronautics.

aeroplano [ah-ay-ro-pla'no] m. aeroplane.

afabilidad [ah-fa-bee-lee-dad'] f. affability, courtesy, courteousness, kindliness.

afable [ah-fa'blay] adj. courteous, affable, condescending.

afamado [ah-fa-ma'do] adj. renowned, celebrated, famous.

afán [ah-fan'] m. anxiety, solicitude; eagerness, desire.

afanar [ah-fa-nar'] vn. to try hard, strive; to toil, labour.

afanoso [ah-fa-no'so] adj. anxious, solicitous, restive, painstaking.

afear [ah-fay-ar'] va. to deform, make ugly; to condemn. decry.

afección [ah-fek-thyon'] f. fondness; disease, afection.

afectación [ah-fek-ta-thyon'] f. affectation, daintiness.

afectado [ah-fek-ta'do] adj. conceited.

afectar [ah-fek-tar'] va. to affect; to produce effect; to feign.

afecto [ah-fek'to] m. affection, fondness; adj. affectionate, inclined.

afectuoso [ah-fek-two'so] m. loving, affectionate.

afeitar [ah-fay-tar'] va. to shave; to make up; to embellish.

afeite [ah-fay'tay] m. paint, rouge; pl. personal adornments. [adj. effeminate.

afeminado [ah-fay-mee-na'do]

afeminar [ah-fay-mee-nar'] va. to make effeminate, lose virility; vr. to become effeminate.

aferrado [ah-fay-ra'do] adj. headstrong, obstinate; deeply attached to.

aferrar [ah-fay-rar'] va. to grapple, grasp; to furl.

afianzamiento [ah-fyan-tha-myen'to] m. security, bail.

afianzar [ah-fyan-thar'] va. to fasten, fix; to secure (by bond), go bail; to guarantee.

afición [ah-fee-thyon'] f. interest; liking, affection.

aficionado [ah-fee-thyo-na'do] m. amateur, fan; adj. fond of, interested in.

aficionarse [ah-fee-thyo-nar'-say] vr. to take a liking, a fancy to.

afilado [ah-fee-la'do] adj. keen, sharp; tapering.

afilar [ah-fee-lar'] va. to sharpen; to whet; to taper.

afiligranado [ah-fee-lee-gra-na'do] adj. filigree; delicate.

afin [ah-feen'] adj. related, akin; m. relation by affinity.

afinación [ah-fee-na-thyon'] f. tuning (of instrument).

afinar [ah-fee-nar'] va. to make fine, purify; (mus.) to tune.

afincar [ha-feen-car'] va. to buy up real estate.

afinidad [ah-fee-nee-dad'] f. affinity; resemblance.

afirmación [ah-feer-mathyon'] f. assertion, positive statement; declaration.

afirmar [ah-feer-mar'] va. to affirm, state positively, insist; to make fast; to (sit) more firmly.

afirmativo [ah-feer-ma-tee'vo] adj. positive, affirmative.

aflicción [ah-fleek-thyon'] f. grief, sorrow, anguish.

afligir [ah-flee-heer'] va. to grieve, afflict, pain.

aflojar [ah-flo-har'] va. to loosen, relax, slacken.

afloramiento [ah-flo-ramyen'to] m. outcrop (coal, etc.).

afluencia [ah-flwen'thya] f. gathering together (of people), crowd.

afluente [ah-fluen'tay] adj. copious; m. tributary, stream.

afluir [ah-flweer'] vn. to flow in, run into; to stream; to congregate.

afonía [ah-fo-nee'a] f. loss of voice.

aforismo [ah-fo-rees'mo] m. aphorism.

aforrar [ah-fo-rar'] va. to line (clothes); to back (books); vr. to put on heavy clothing.

afortunado [ah-for-too-na'do] adj. lucky, fortunate, happy.

afrancesado [ah-fran-thay-sa'-

do] *m.* Frenchified Spaniard (*19th century*).

afrenta [ah-fren'ta] *f.* affront, insult, disgrace.

afrentar [ah-fren-tar'] *va.* to affront, abuse.

afrentoso [ah-fren-to'so] *adj.* ignominious.

afrontar [ah-fron-tar'] *va.* to confront, put face to face.

afuera [ah-fway'ra] *adv.* outside, abroad; *f. pl.* outskirts, environs, suburbs.

agacharse [ah-ga-tchar'say] *vr.* to stoop, squat, crouch.

agareno [ah-ga-ray'no] *m.* Mohammedan.

agarradero [ah-ga-ra-day'ro] *m.* anchorage; handle, haft.

agarrado [ah-ga-ra'do] *adj.* closefisted, mean.

agarrar [ah-ga-rar'] *va.* to grasp, seize, lay hold of, grip.

agarrotar [ah-ga-ro-tar'] *va.* to pinion, bind tightly.

agasajar [ah-ga-sa-har'] *va.* to entertain, regale, fête.

agasajo [ah-ga-sa'ho] *m.* kind reception, present, hospitality, party (*sherry, etc.*).

agavillar [ah-ga-vee-lyar'] *va.* to bind or tie in sheaves.

agencia [ah-hen'thya] *f.* agency.

agenciar [ah-hen-thyar'] *va.* to manage; to get; to negotiate.

agenda [ah-hen'da] *f.* memorandum.

agente [ah-hen'tay] *m.* agent; traffic policeman; — de cambios, stockbroker; —de policía, policeman.

agigantado [ah-hee-gan-ta'do] *adj.* gigantic.

ágil [ah'heel] *adj.* nimble, agile, brisk, alert.

agiotista [ah-hyo-tees'ta] *m.* stock-jobber.

agitación [ah-hec-ta-thyon'] *f.* agitation, disturbance, uneasiness.

agitar [ah-hee-tar'] *va.* to agitate; ruffle; to wave (*hands, etc.*); *vr.* to be upset; to flutter.

aglomerar [ah-glo-may rar'] *va.* to agglomerate, heap up.

agobiar [ah-go-byar'] *va.* to oppress, weigh down.

agolparse [ah-gol-par'say] *vr.* to crowd together.

agonía [ah-go-nee'a] *f.* agony, violent pain; death pangs.

agonizante [ab-go-nee-than'tay] *f.* dying person; monk.

agonizar [ah-go-nee-thar'] *vn.* to be dying.

agorero [ah-go-ray'ro] *m.* soothsayer, diviner.

agostar [ah-gos-tar'] *va.* to parch, wither.

agosto [ah-gos'to] *m.* August; harvest; hacer su —, to take his profit.

agotado [ah-go-ta'do] *va.* to exhaust; to drain off (*liquid*); *vr.* to be sold out (*of edition, etc.*).

agraciar [ah-gra-thyar'] *va.* to adorn, make graceful; to grant a favour; to grace.

agradable [ah-gra-da'blay] *adj.* agreable, enjoyable, pleasant.

agradar [ah-gra-dar'] *va.* to please; to like; to gratify.

agradecer [ah-gra-day-thayr'] *va.* to thank, be grateful, thankful for.

agradecimiento [ah-gra-day-thee-myen'to *m.* gratefulness, gratitude, thanks.

agrado [ah-gra'do] *m.* pleasure; agreeableness; de mi—, what I like.

agrandar [ah-gran-dar'] *va.* to enlarge, increase.

agrario [ah-gra'ryo] *adj.* of. the land, agrarian.

agravar [ah-gra-var'] *va.* to make heavier; to aggravate.

agraviar [ah-gra-vyar'] *va.* to wrong, offend.

agravio [ah-gra'vyo] *m.* offence, insult.

agraz [ah-grath'] *m.* unripe grape; juice of this graje; en —; unseasonably.

agredir [ah-gray-deer'] *va.* to attack, assault.

agregado [ah-gray-ga'do] *m.* attaché; aggregate.

agregar [ah-gray-gar'] *va.* to add, aggregate.

agresión [ah-gray-syon] *f.* assault, attack (*personal*).

agresivo [ah-gray-see'vo] *adj.* aggressive.

agriar [ah-gryar'] va. to make sour; vr. to become sour.

agrícola [ah-gree'kola] adj. agricultural.

agricultor [ah-gree-kool-tor'] m. husbandman, farmer.

agridulce [ah-gree-dool'thay] adj. between sweet and sour; bitter sweet.

agrietarse [ah-gryay-tar'say] vr. to crack, split.

agrio [ah'gryo] adj. sour; rough; bitter, tart.

agronomia [ah-gro-no-mee'a] f. rural economy, husbandry.

agrónomo [ah-gro'no-mo] m. agricultural expert.

agrupar [ah-groo-par] va. to group, cluster.

agua [ah'gwa] f. water; —dulce, fresh water; — potable, drinking water; — salada, salt water; —de manantial, spring-water.

aguacero [ah-kwa-thay'ro] m. heavy shower, squall.

aguachirle [ah-gua-cheer'lay] f. inferior wine, slipslop, low quality liquor.   [colour.

aguada [ah-gwa'da] f. water-
aguado [ah-gwa'do] adj. watered (of wine, etc.).

aguador [ah-gwa-dor'] m. water-carrier.

aguamanil [ah-gwa-ma-neel'] m. ewer, water jug; wash-stand.

aguantar [ah-gwan-tar'] va. to endure, bear, (with)stand; vr. to contain o's, to put up with.

aguar [ah-gwar'] va. to dilute, water.

aguardar [ah-gwar-dar'] va. to wait, expect, await.

aguardiente [ah-gwar-dyen'tay] m. aquavitæ, brandy, whisky.

aguarrás [ah-gwa-ras'] m. turpentine.

agudeza [ah-goo-day'tha] f. sharpness, keenness; subtlety; witticism, repartee.

agudo [ah-goo'do] adj. sharp, keen; witty; penetrating.

agüero [ah-gway'ro] m. omen, prognostication.

aguijar [ah-gee-har'] va. to spur, incite.

aguijón [ah-gee-hon'] m. sting (of wasp, etc.); dar coces contra el —, to kick against the pricks.

aguijonear [ah-gee-ho-nay-'ar'] va. to spur on.

águila [ah'gee-la] f. eagle; master (of debate, etc.).

aguileño [ah-gee-lay'nyo] adj. aquiline, hawk-nosed.

aguilucho [ah-gee-loo'tcho] m. eaglet.

aguinaldo [ah-gee-nal'do] m. Christmas (or Epiphany) present.

aguja [ah-goo'ha] f. needle; hand (of watch); switch; steeple.

agujerear [ah-goo-hay-ray-ar'] va. to make holes; to bore, pierce.

agujero [ah-goo-hay'ro] m. hole.

agujetas [ah-goo-hay'tas'] f. pins and needles, cramp.

agustino [ah-goos-tee'no] m. Augustinian.

aguzar [ah-goo-thar'] va. to sharpen; — las orejas, to prick up the ears.

aherrojar [ah-ay-ro-har'] va. to chain, put in irons.

ahí [ah-ee'] adv. there, in that place.   [son.

ahijado [ah-ee-ha'do] m. godahinco [ah-een'ko] m. earnestness, eagerness, ardour.

ahijar [ah-ee-har'] va. to adopt.

ahito [ah-ee'to] m. indigestion, surfeit; adj. satiated.

ahogar [ah-o-gar'] va. to suffocate, smothed, drown; to quench; vr. to be drowned.

ahogo [ah-o-go] m. anguish, affliction.

ahondar [ah-on-dar'] vn. to go deep, investigate.

ahora [ah-o'ra] adv. now, at present; por —, for the moment.   [present.

ahorca [ah-or'kah] f. birthday
ahorcajadas [ah-or-ka-hah'das] adv. a —, astride (horse).

ahorcar [ah-or-kar'] va. to hang (a man).

ahorrar [ah-o-rar'] va. to save (money, trouble).

ahorro [ah-o'ro] m. saving,

thrift; **caja de —s,** savings
bank.

ahuecar [ah-way-kar'] *va.* to
hollow, to make hollow; to
deepen *(voice).*

ahumar [ah-oo-mar'] *va.* to
smoke *(fish, etc.).*

ahuyentar [ah-oo-yen-tar'] *va.*
to drive away, banish *(care,
etc.).*

airado [ahee-ra'do] *adj.* furious,
wrathful.

airarse [ahee-rar'say] *vr.* to
grow angry.

aire [a'ee-ray] *m.* air, aspect,
look; **al — libre,** in the open
air.

airoso [ahee-ro'so] *adj.* graceful; airy; successful; **salir—de,**
to emerge with credit from.

aislador [ahees-la-dor'] *m.* in-
sulator.

aislar [ahees-lar'] *va.* to isolate,
cut off; to insulate.

ajar [ah-har'] *va.* to fade, tarnish; to spoil.

ajedrez [ah-hay-drayth']   *m.*
chess.

ajenjo [ah-hen'ho] *m.* worm-
wood; absinth.

ajeno [ah-hay'no] *adj.* another's;
foreign, strange, remote.

ajetreo [ah-haq-tray'o] *m.* much
coming and going.

ají [ah-hee'] *m.* red-pepper.

ajímez [ah-hee'mayth] *m.* ogive
window.

ajo [ah'ho] *m.* garlic.

ajorca [ah-hor'ka] *f.* bracelet
(Moorish).

ajuar [ah-hwar'] *m.* apparel,
household furniture; trousseau.

ajustado [ah-hoos-ta'do] *adj.*
exact, right; *(clothes)* close-
fitting, tight.

ajustar [ah-hoos-tar'] *va.* to
adjust, agree, concert, settle;
to hire *(servant, etc.);* to fit
(clothes).

ajuste [ah-hoos'tay] *m.* agreement, settlement; fit; engagement *(of maid, etc.).*

ajusticiar   [ah-hoos-tee-thyar']
va. to put to deat, execute.

ala [ah'la] *f.* wing; brim *(of hat).*

alabanza   [ah-la-ban'tha]   *f.*
praise.

alabar [ah-la-bar'] *va.* to praise, extol.   [berd.

alabarda [ah-la-bar'da] *f.* hal-

alabastro [ah-la-bas'tro] *m.* alabaster.   [to warp.

alabearse [ah-la-bay-ar'say] *vr.*

alacena [ah-la-thay'na] *f.* cupboard, closet, locker.

alacrán [ah-la-kran'] *m.* scorpion.

alado [ah-la'do] *adj.* winged;
feathered; light.

alambicado [ah-lam-bee-ka'do]
adj. distilled; euphuistic.

alambicar [ah-lam-bee-kar'] *va.*
to distil.

alambre [ah-lam'bray] *m.* wire;
—para cercas, fencing—; **—erizado,** barbed —.

alameda [ah-la-may'da] *f.* grove, promenade, avenue.

álamo [ah'la-mo] *m.* poplar; —
temblón, aspen.

alancear [ah-lan-thay-ar'] *vn.*
to dart, spear.

alano [ah-la'no] *m.* mastiff.

alar [ah-lar'] *m.* overhanging
roof. *See* **alero.**

alarde [ah-lar'day] *m.* ostentation, boasting; **hacer — de,** to
boast of, show off, display.

alargar [ah-lar-gar'] *va.* to lengthen; to prolong; to put out
(hand).

alarido,   a [ah-la-ree'do]   *m.*
shout, outcry; *f.* hue and cry.

alarma [ah-lar'ma] *m.* alarm.

alba [al'ba] *f.* dawn.

albacea [al-ba-thay'a] *m.* testa-
mentary executor.

albañal [al-ba-nyal'] *m.* sewer.

albañil [al-ba-nyeel'] *m.* mason,
bricklayer.

albarca [al-bar'ka] *f. (peasant)*
sandal. *See* **abarca.**   [le.

albarda [al-bar'da] *f.* packsadd-

albaricoque   [al-ba-ree-ko'kay]
m. apricot.

albedrío [al-bay-dree'o] *m.* free-
will.

albéitar [al-bay'ee-tar] *m.* farrier, veterinary surgeon.

alberca [al-bayr'ka] *f.* pond,
pool, tank, vat.

albérchigo [al-bayr'tchee-go] *m.*
peach.

albergar [al-bayr-gar'] *va.* to

lodge, shelter, harbour (*hopes, etc.*)

albergue [al-bayr'gay] *m.* shelter, (mountain) hut, refuge.

albis [al'bees] *met.* quedarse in —, to draw a blak, to remain as ignorant (*after explanation, etc.*).

albo [al'bo] *adj.* white.

albóndiga [al-bon'dee-ga] *f.* spiced meat-ball.

albor [al-bor'] *m.* whiteness; dawn.

alborada [al-bo-ra'da] *f.* dawn of day; reveillé.

alborear [al-bo-ray-ar'] *vn.* to dawn.

albornoz [al-boar-noth'] *m.* burnoose.

alborotar [al-bo-ro-tar'] *va.* to disturb, make noise; *vr.* to get excited, riot.

alboroto [al-bo-ro'to] *m.* hubbub, tumult, row, riot, noisy scenes.

alborozar [al-bo-ro-thar'] *va.* to exhilarate; *vr.* to be merry.

alborozo [al-bo-ro'tho] *m.* merriment; noisy joy, merrymaking.

albricias [al-bree'thyas] *f. pl.* reward for good news; *interj.* what joy!

album [al'boom] *m.* album.

alcachofa [al-ka-tcho'fa] *f.* artichoke.

alcahuete, a [al-ka-way'tay] *m.* pimp, procurer; *f.* bawd.

alcaide [al-ka'ee-day] *m.* jailer; governor of a castle.

alcalde [al-kal'day] *m.* mayor.

alcaldía [al-kal-dee'a] *f.* office, jurisdiction and house of mayor.

alcance [al-kan'thay] *m.* overtaking; deficit; reach; range; supplement; **al — de**, within reach of; *pl.* capacity.

alcantarilla [al-kan-ta-ree'-lya] *f.* drain; sewer.

alcanzar [al-kan-thar'] *va.* to reach; to attain, obtain; to overtake; to be sufficient.

alcatraz [al-ka-trath'] *m.* pelican.

alcázar [al-ka'thar] *m.* castle; fortress; quarter-deck.

alcoba [al-ko'ba] *f.* bedroom; alcove.

alcohol [al-ko-ol'] *m.* alcohol.

alcornoque [al-kor-no'kay] *m.* cork-tree; blockhead.

alcubilla [al-koo-bee'lya] *f.* reservoir, water-tank.

alcurnia [al-koor'nya] *f.* lineage, race.

aldaba [al-da'ba] *f.* knocker, door handle, latch.

aldabazo [al-da-ba'tho] *f.* knock (*on the door*).   [let.

aldea [al-day'a] *f.* village, hamaldeano** [al-day-a'no] *m.* villager countryman.

aleación [ah-lay-a-thyon'] *f.* alloy.

aleccionar [ah-lek-thyo-nar'] *va.* to teach, teach a lesson to.

aledaño [ah-lay-da'nyo] *m.* boundary (*of estate*).

alegación [ah-lay-ga-thyon'] *f.* argument; allegation.

alegar [ah-lay-gar'] *va.* to allege, maintain, adduce.

alegato [ah-lay-ga'to] *m.* allegation.

alegoría [ah-lay-go-ree'a] *f.* allegory, emblem.

alegrar [ah-lay-grar'] *va.* to make merry, enliven; *vr.* to rejoice, be happy, be glad.

alegre [ah-lay'gray] *adj.* merry, gay, in high spirits.

alegría [at-lay-gree'a] *f.* merriment, mirth, joy.

alejamiento [ah-lay-ha-myen'-to] *m.* removal, withdrawal.

alejar [ah-lay-har'] *va.* to remove (to a distance), take away, separate; *vr.* to go away.

aleluya [ah-lay-loo'ya] *amb.* alleluia; cheap verse.

alemán [ah-lay-man'] *adj.* German.

alentado [ah-len-ta'do] *adj.* brave, spirited; encouraged.

alentar [ah-len-tar'] *va.* to breathe; to encourage, cheer.

alerce [ah-layr'thay] *m.* larchtree.

alero [ah-lay'ro] *m.* eaves, gable-end; mudguard (*car*).

alerta [ah-layr'ta] *adv.* vigilantly; **estar —**, to be on the watch.

aleta [ah-lay'ta] *f.* small wing; fin *(of fish).*

aletargar [ah-lay-tar-gar'] *va.* to benumb; *vr.* to fall into a lethargy.

aleve [ah-lay'vay] *adj.* treacherous, perfidious.

alevosía [ay-lay-vo-see'a] *f.* perfidy, treachery, breach of faith.

alfabeto [al-fa-bay'to] *m.* alphabet. [scimitar.

alfanje [al-fan'hay] *m.* cutlass.

alfarero [al-fa-ray'ro] *m.* potter.

alfeñique [al-fay-nyee'kay] *m.* sugar paste; delicate person.

alférez [al-fay'rayth] *m.* ensign, 2nd Lieutenant; standard bearer. [*chess*).

alfil [al-feel'] *m.* bishop *(in*

alfiler [al-fee-layr'] *m.* pin.

alfilerazo [al-fee-lay-ra'tho] *m.* prick of a pin.

alfombra [al-fom'bra] *f.* carpet; floor carpet.

alfombrar [al-fom-brar'] *va.* to carpet; to spread carpet.

alfombrilla [al-fom-bree'lya] *f.* rug.

alforja [al-for'ha] *f.* saddlebag; provisions.

alga [al'ga] *f.* seaweed.

algarabía [al-ga-ra-bee'a] *f.* gabble, jargon.

algarroba [al-ga-ro'ba] *f.* carob.

algazara [al-ga-tha'ra] *f.* noise of a crowd, hubbub.

algo [al'go] *pron.* something; *adv.* somewhat.

algodón [al-go-don'] *m.* cotton, cotton wool; géneros de —, cotton goods.

algodonero [al-go-do-nay'ro] *m.* cotton plant.

alguacil [al-gwa-theel'] *m.* constable.

alguien [al'gyayn] *pron.* somebody, someone.

alguno [al-goo'no] *pron. & adj.* some person, some thing; some; alguna vez, sometimes; — que otro, a few, quite a few.

alhaja [ah-la'ha] *f.* jewel.

aliado [ah-lya'do] *m.* ally.

aliaga [ah-lya'ga] *f.* furze.

alianza [ah-lyan'tha] *f.* alliance, league.

aliarse [ah-lyar'say] *vr.* to be allied, to enter a league.

alias [ah'lyas] *adv.* otherwise, alias.

alicaído [ah-lee-ka-ee'do] *adj.* weak, crestfallen, downcast.

alicantino [ah-lee-kan-tee'no] *m. & adj.* of Alicante.

alicates [ah-lee-ka'tays] *m. pl.* pincers.

aliciente [ah-lee-thyen'tay] *m.* incitement, inducement.

alienación [ah-lyay-nathyon'] *f.* alienation *(of mind);* transfer of title to property.

aliento [ah-lyen'to] *m.* breath; courage.

aligerar [ah-lee-hay-rar'] *va.* to alleviate, lighten.

alimaña [ah-lee-ma'nya] *f.* vermin *(foxes, etc.)*

alimentación [ah-lee-men-tathyon'] *f.* nourishment; nutrition; feeding; de mucha —, very nourishing.

alimentar [ah-lee-men-tar'] *va.* to feed, nourish; to nurture.

alimenticio [ah-lee-men-tee'-thyo] *adj.* nourishing.

alimento [ah-lee-men'to] *m.* food, nourishment, nutriment; *pl.* alimony, pension.

aliñar [ah-lee-nyar'] *va.* to dress, season *(food);* to arrange.

alinear [ah-laa-nay-ar'] *va.* to line up; *(mil.)* to dress (ranks); to straighten (a line).

aliño [ah-lee'nyo] *m.* dress, preparation; condiment; cleanliness.

alisar [ah-lee-sar'] *va.* to plane; to polish, smooth; to slick (hair).

aliso [ah-lee'so] *m.* alder.

alistamiento [ah-lees-ta-myen'-to] *m.* enrolment; conscription.

alistar [ah-lees-tar'] *va. & r.* to prepare, make ready; to enlist.

aliviar [ah-lee-vyar'] *va.* to lighten, alleviate, soothe.

alivio [ah-lee'vyo] *m.* alleviation, ease; recovery; relief.

aljibe [al-hee'bay] *m.* raintank, rainwater cistern.

aljofaina [al-ho-fa-ee-na] *f.* hand-basin, wash-basin.

alma [al'ma] *f.* soul, strength; inhabitant; **llegar al** —, to strike home.

almacén [al-ma-thayn'] *m.* store, shop; warehouse, depository; magazine.

almacenar [al-ma-thay-nar'] *va.* to store, hoard.

almadía [al-mah-dee'ah] *f.* almady o -die; raft.

almadraba [al-ma-dra'ba] *f.* tunny-fishing net.

almanaque [al-ma-na'kay] *m.* almanac.

almeja [al-may'ha] *f.* mussel.

almena [al-may'na] *f.* battlement.

almendra [al-men'dra] *f.* almond, kernel; *pl.* — **garapiñadas,** sugared almonds; — **de cacao,** cocoa beans.

almendro [al-men'dro] *m.* almond-tree.

almiar [al-myar'] *m.* haystack.

almibarado [al-mee-ba-ra'do] *adj.* endearing, coaxing; **lenguaje** —, honeyed words.

almidón [al - mee - don'] *m.* starch, fecula.

almidonar [al-mee-do-nar'] *va.* to starch.

almirantazgo [al-mee-rantath'go] *m.* Admiralty, Board of Admiralty.   [admiral.

almirante [al-mee-ran'tay] *m.*

almohada [al-mo-a'da] *f.* pillow, cushion; **-dón,** *m.* bolster.

almohadilla [al-mo-a-dee'lya] *f.* cushion; pad; hassock.

almoneda [al-mo-nay'da] *f.* auction.

almorzar [al-mor'thar'] *vn.* to breakfast; to lunch.

almuerzo [al-mwayr'tho] *m.* luncheon, breakfast.

almuecín [al-mway'theen'] *m.* muezzin.   [child.

alnado, a [a[-na'do] *m. & f.* step-

alocado [al-lo-ka'do] *adj.* crazed, wild.   [allocution.

alocución [a-lo-koo-thyon'] *f.*

áloe [ah'loay] *m.* (*bot.*) aloes-tree, aloes, lignaloes.

alojamiento [ah-lo-ha-myen'to] *m.* lodging; billet.

alojar [ah-lo-har'] *va.* to lodge; to quarter troops.

alondra [ah-lon'dra] *f.* lark.

alpargata [al-par-ga'ta] *f.* hemp-soled sandal.

alpargatería [al-par-ga-tay-ree'a] *f.* sandal factory.

alpiste [al-pees'tay] *m.* canary seed.

alquería [al-kay-ree'a] *f.* grange, country house.

alquilar [al-kee-lar'] *va.* to let, hire, rent.

alquiler [al-kee-layr'] *m.* letting, hiring; hire, rent.

alquimia [al-kee'mya] *f.* alchemy.

alquimista [al-kee-mees'-ta] *m.* alchemist.

alquitrán [al-kee-tran'] *m.* tar; liquid pitch.

alrededor [al-ray-day-dor'] *adv.* around, about; — **de,** about.

alrededores [al-ra-day-do'rays] *m. pl.* environs, outskirts; surroundings.

alta [al'ta] *f.* discharge certificate (*hospital*); **dar de** —, to discharge.   [speaker.

altavoz [al-ta-voth'] *m.* loud-

altanería [al-ta-nay-ree'a] *f.* hawking; haughtiness, pride, arrogance.

altanero [al-ta-nay'ro] *adj.* haughty, arrogant, highhanded.

altar [al-tar'] *m.* altar.

alterable [al-tay-ra'blay] *adj.* alterable.

alteración [al-tay-ra-thyon'] *f.* alteration, change; strong emotion, perturbation; debasing (*coinage*).

alterar [al-tay-rar'] *va.* to alter; to upset, disturb; *vr.* to be disconcerted.

altercado [al-tayr-ka'do] *m.* controversy, wrangle, quarrel; strife.

alternar [al-tayr-nar'] *va. & n.* to alternate, take turns.

alternativa [al-tayr-na-tee'va] *f.* alternative; **tomar la** —, to alternate (in bullring with established matador).

alternativo [al-tayr-na-tee'vo] *adj.* alternate.

alteza [al-tay'tha] *f.* highness; sublimity, excellence.

alt   372

altibajo [al-tee-ba'ho] m. unevenness (of ground); pl. ups
and downs.
altisonante [al-tee-so-nan'tay]
ad. high sounding.
altivez [al-tee-vayth'] f. haughtiness, pride.
altivo [al-tee'vo] adj. haughty,
proud, arrogant.
alto [al'to] adj. high, tall, elevated; loud; m. height; halt;
pasar por —, to omit, overlook.
altura [al-too'ra] f. height; pl.
en las — de, in the latitude of;
a estas —, the situation being
what it is.
alubia [ah-loo'bya] f. kidney
bean, French bean.
alucinación [ah-loo-thee-na-
thyon'] f. hallucination.
alud [ah-lood'] m. avalanche.
aludir [ah-loo-deer'] vn. to allude, refer to.
alumbrado [ah-loom-bra'do] m.
lighting, illumination; — pu-
blico, public lighting.
alumbramiento [ah-loom-bra-
myen'to] m. (child)birth.
alumbrar [ah-loom-brar'] va. to
light, enlighten.
aluminio [ah-loo-mee'nyo] m.
aluminium.
alumno [ah-loom'no] m. pupil,
student.
alusión [ah-loo-syon'] f. allusion, reference.
alusivo [ah-loo-see'vo] adj. allusive, referring to.
aluvión [ah-loo-vycn'] m. alluvion.
alza [al'tha] f. rise, advance in
price; sights (on rifle).
alzada [al-tha'da] f. height (of
horses); juez de —s, judge of
appeal.
alzamiento [al-tha-myen'to] m.
(the act of) lifting; uprising,
revolt.
alzar [al-thar'] va. to raise, lift
up; to repeal; to cut (cards);
to elevate (the Host); vr. to
rise in rebellion; to get up.
allá [ah-lya'] adv. there, yonder.
allanar [ah-lya-nar'] va. to make even, level; to remove difficulties; vr. to acquiesce.

allegado [ah-lyay-ga'do] m. supporter.
allegar [ah-lyay-gar'] va. to gather, collect.
allende [ah-lyen'day] adv. on
the other side, beyond.
allí [ah-lyee'] adv. there; in
that place.
ama [ah'ma] f. mistress (of a
house), landlady; — de llaves,
housekeeper.
amabilidad [ah-ma-bee-lee-
dad'] f. amiability, kindness,
friendliness.
amable [ah-ma'blay] adj. kind.
amaestrar [ah-ma-ays-trar'] va.
to train, teach; to break in
(animals).
amagar [ah-ma-gar'] va. to presage, threaten, portend.
amago [ah-ma'go] m. foreboding, threat.
amainar [ah-maee-nar'] va. to
relax; to lower the sails; vn. to
lessen (of wind).
amalgama [ah-mal-ga'ma] f.
amalgam.
amalgamar [ah-mal-ga-mar']
va. to amalgamate.
amamantar [ah-ma-man-tar']
va. to give suck, nurse.
amanecer [ah-ma-nay-thayr']
vn. to dawn; al —, at daybreak.
amaneramiento [ah-mah-nay-
ra-meeayn'to] m. mannerism.
amansar [ah-man-sar'] va. to
tame; to pacify.
amante [ah-man'tay] m. & f. lover.
amapola [ah-ma-po'la] f. poppy.
amar [ah-mar'] va. to love, be
fond of, cherish.
amargado [ah-mar-ga'do] adj.
embittered, soured.
amargar [ah-mar-gar'] va. to
make bitter; to embitter.
amargo [ah-mar'go] adj. bitter;
acrid; embittered.
amargura [ah-mar-goo'ra] f.
bitterness; affliction.
amarillento [ah-ma-ree-lyen'to]
adj. yellowish, golden.
amarillo [ah-mah-ree'lyo] adj.
yellow.
amarrar [ah-ma-rar'] va. to
lash, fasten; to bind; to tie up
(of ship).

amartelar [ah-mar-tay-lar'] *va.* to enamour, court.

amartillar [ah-mar-tee-lyar'] *va.* to hammer; to cock *(pistol).* [knead.

amasar [ah-ma-sar'] *va.* to

amasijo [ah-ma-see'ho] *m.* dough; mash.

amatista [ah-ma-tees'ta] *m.* amethyst.

amazona [ah-ma-tho'na] *f.* amazon; riding skirt.

ambages [am-ba'hays] *m. pl.* circumlocution, roundabout phrases; sin —, openly, to the point; habla sin —, don't beat about the bush.

ámbar [am'bar] *m.* amber.

ambición [am-bee-thyon'] *f.* ambition; aspiration.

ambicionar [am-bee-thyonar'] *va.* to covet, desire strongly.

ambicioso [am-bee-thyo'so] *adj.* ambitious, aspiring.

ambiente [am-byen'tay] *m.* atmosphere, air, surroundings, aura.

ambigüedad [am-bee-gway-dad'] *f.* ambiguity, double meaning.

ambiguo [am-bee'gwo] *adj.* ambigous, doubtful, undefined.

ámbito [am'bi-to] *m.* compass, area.

ambos, ambas [am'bos, am'bas] *adj. pl.* both; the one and the other.

ambulancia [am-boo-lan'thya] *f.* field hospital, ambulance.

ambulante [am-boo-lan'tay] *adj.* roving, itinerant.

amedrentar [ah-may-dren-tar'] *va.* to frighten, intimidate.

amenaza [ah-may-na'tha] *f.* threat, menace.

amenazar [ah-may-na-thar'] *va.* to threaten; to be impending.

amenguar [ah-men-gwar'] *va.* to diminish; to defame.

amenidad [ah-may-nee-dad'] *f.* amenity, agreeableness.

amenizar [ah-may-nee-thar'] *va.* to render pleasant or agreeable, to add a pleasant variety to.

ameno [ah-may'no] *adj.* pleasant, delightful; varied.

americana [ah-may-ree-ka'na] *f.* jacket, lounge coat.

americano [ah-may-ree-ka'no] *adj.* American, South-American. [amethyst.

ametista [ah-may-teesíta] *f.*

ametralladora [ah-may-tra-lya-do'ra] *f.* machine-gun.

amigable [ah-mee-ga'blay] *adj.* friendly; amicable.

amigo [ah-mee'go] *m.* friend.

amilanar [ah-mee-la-nar'] *va.* to terrify, cow.

aminorar [ah-mee-no-rar'] *va.* to lessen.

amistad [ah-mees-tad'] *f.* friendship, amity.

amistoso [ah-mees-to'so] *adj.* friendly, cordial.

amnistía [am-nees-tee'a] *f.* amnesty.

amo [ah'mo] *m.* master, propietor; overseer, boss.

amodorrarse [ah-mo-do-rar-say] *vr.* to grow drowsy.

amolar [ah-mo-lar'] *va.* to whet, grind, sharpen.

amoldar [ah-mol-dar'] *va.* to mould, fashion; *vr.* to adapt o's, fit into.

amonestación [ah-mo-nays-ta-thyon'] *f.* admonition, warning; banns.

amonestar [ah-mo-nays-tar'] *va.* to warn, admonish.

amontonar [ah-mon-to-nar'] *va.* to heap up, hoard.

amor [ah-mor'] *m.* love affection; fondness; — propio, conceit. [adj. livid.

amoratado [ah-mo-ra-ta'do]

amordazar [ah-mor-da-thar] *va.* to gag, muzzle.

amoroso [ah-mo-ro'so] *adj.* loving, affectionate.

amortajar [ah-mor-ta-har'] *va.* to shroud *(corpse).*

amortiguar [ah-mor-tee-gwar'] *va.* to temper, weaken; *vn.* to deaden.

amortización [ah-mor-tee-tha-thyon'] *f.* amortisation; redemption; fondo de —, sinking fund.

amotinar [ah-mo-tee-nar'] *va.* to excite rebellion; *vr.* to mutiny.

amparar [am-pa-rar'] va. to shelter, protect; vr. to claim protection.

amparo [am-pa'ro] m. shelter, protection, asylum.

ampliación [am-play-thyon'] f. enlargement, broadening.

ampliar [am-plyar'] va. to amplify, enlarge, extend.

amplificación [am-plee-fee-ka-thyon'] f. amplification, enlargement.

amplificar [am-plee-fee-kar'] va. to amplify, enlarge.

amplio [am'plyo] adj. ample, wide, large, broad, full.

amplitud [am-plee-tood'] f. largeness, width, extend, fullness.

ampo [am'po] m. brilliant whiteness; ampo de nieve (am'po day neeay'vay): snow-white.

ampolla [am-po'lya] f. blister; cruet.

ampulosidad [am-poo-lo-see-dad'] f. verbosity, pompousness. [to furnish.

amueblar [ah-mway-blar'] va.

amurallar [ah-moo-ra-lyar'] va. to wall, surround with ramparts.

anacoreta [ah-na-ko-ray'ta] m. anchorite.

anacronismo [ah-na-kronees'-mo] m. anachronism.

ánade [ah'na-day] m. & f. duck.

anadón [ah-na-don'] m. mallard. [nals.

anales [ah-na'lays] m. pl. an-

analfabeto [ah-nal-fa-bay-to] m. illiterate person.

análisis [ha-na'lee-sees] f. analysis.

analítico [ah-na-lee'tee-ko] adj. analytic.

analizar [ah-na-lee-thar'] va. to analyse; to parse.

analogía [ah-na-lo-hee'a] f. analogy. [logous; similar.

análogo [ah-na'lo-go] adj. ana-

ananá [ah-na-na'] f. (or ananás m.) pineapple. See piña.

anaquel [ah-na-kel'] m. shelf.

anarquia [ah-nar-kee'a] f. anarchy.

anárquico [ah-nar'kee-ko] adj. anarchic, anarchical.

anatema [ah-na-tay'ma] m. anathema, excommunication.

anatomía [ah-na-to-mee'a] f. anatomy.

anca [an'ka] f. croup; rump, haunch.

anciano [an-thya'no] adj. old, ancient; m. old man.

ancla [an'kla] f. anchor; pl. levar —s, to weigh anchor.

ancladero [an-kla-day'ro] m. anchorage, anchoring place.

anclar [an-klar] va. to anchor.

anconada [-an-ko-na'da] f. small bay.

ancho [an'tcho] adj. wide, broad; loose-fitting, slack.

anchoa [an-tcho'a] f. anchovy.

anchura [an-tchoo'ra] f. width, breadth, extension, latitude.

anchuroso [an-tchoo-ro'so] adj. spacious, broad.

andada [an-da'da] f. track, haunt; pl. volver a las —s, to return to the old game (vice etc.).

andadura [an-da-doo'ra] f. gait, pacing; amble.

andaluz [an-da-looth'] adj. & m. Andalusian. [folding.

andamio [an-da'myo] m. scaf-

andanada [an-da-na'da] f. broadside; reprimand.

andar [an-dar'] vn. to go, walk, move along; to elapse; a poco —, within a short time; — de cabeza, to be topsy-turvy.

andariego [an-da-ryay'go] adj. roving, restless.

andarín [an-da-reen'] adj. very fond of walking.

andas [an'das] f. pl. litter, bier.

andén [an-den'] m. (railway) platform; horse-path.

andrajo [an-dra'ho] m. rag.

andrajoso [an-dra-ho'so] adj. ragged, in tatters.

anécdota [ah-nek'do-ta] f. anecdote, tale.

andurriales [an-doo-rya'lays] m.pl. by-roads, out-of-the-way place.

anegar [ah-nay-gar'] va. to inundate, flood, drown (sorrow, etc.).

anejo [ah-nay'ho] adj. dependent, subsidiary.

anemia [ah-nay'meea] *f. (med.)* anæmia.

anexar [ah-nek-sar'] *va.* to annex; to join.

anexión [ah-nek-syon'] *f.* annexation, union.

anexo [ah-nek'so] *adj.* annexed; *m.* schedule.

anfibio [an-fee'byo] *adj.* amphibious.

anfiteatro [an-fee-tay-a'tro] *m.* amphitheatre, (theat.) (pop.) 'gods'.   [host.

anfitrión [an-fee-tryon'] *m.*

ángel [an'hel] *m.* angel; **tener — to be very charming**, to have a certain 'something'.

angélico [an-hay'lee-ko] *adj.* angelic; benevolent, very kind.

angina [an-hee'na] *f.* quinsy; pharyngitis.

anglicano [an-glee-ka'no] *adj.* Anglican.

angosto [an-gos'to] *adj.* narrow, limited; strait.

angostura [an-gos-too'ra] *f.* narrowness; distress.

anguila [an-gee'la] *f.* eel.

angular [an-goo-lar'] *adj.* angular; **piedra —**, corner stone.

angustia [an-goos'tya] *f.* anguish, anxiety, afliction.

angustiar [an-goos-tyar'] *va.* to cause anguish, afflict, distress.

anhelar [a-nay-lar'] *va.* to long; to covet, desire.

anidar [ah-nee-dar'] *vn.* to nestle; to dwell.

anillo [ah-nee'lyo] *m. (plain)* ring; small hoop; **— de boda,** wedding ring; **venir como — al dedo,** to fit perfectly, to come pat.

ánima [ah'nee-ma] *f.* soul, ghost; spirit; *pl.* **día de las —,** All Souls' Day.

animación [ah-nee-ma-thyon'] *f.* animation, liveliness, bustle.

animado [ah-nee-ma'do] *adj.* lively; enthusiastic, keen.

animadversión [ah-nee-mad-vayr-syon'] *f.* animadversion, critical comment, pointed remark.

animal [ah-nee-mal'] *m.* animal; brute; blockhead.

animar [ah-nee-mar'] *va.* to encourage, incite, animate, enliven; *vr.* to gain confidence, be reasured, take courage.

ánimo [ah-nee-mo] *m.* courage; mind, intention; enthusiasm.

animosidad [ah-nee-mo-see-dad'] *f.* animosity, courage, valour, boldness.

animoso [ah-nee-mo'so] *adj.* brave, courageous, enthusiastic, spirited.

aniquilación [an-nee-kee-la-thyon'] *f.* annihilation, extinction.

aniquilar [ah-nee-kee-lar'] *va.* to annihilate, destroy, crush.

anís [ah-nees'] *m.* aniseed; anise; anise liqueur.

anisado [ah-nee-sa'do] *m.* aniseed brandy; aniseed spirit.

aniversario [ah-nee-vayr-sa'ryo] *m.* anniversary.

anoche [ah-no'tchay] *adv.* last night.

anochecer [ah-no-tchay-thayr'] *vn.* to grow dark; **al —,** at nightfall; anochece, night is falling, it is growing dark.

anodino [ah-no-dee'no] *adj.* anodyne; pale, colourless.

anomalía [ah-no-ma-lee'a] *f.* anomaly; irregularity.

anómalo [ah-no'ma-lo] *adj.* anomalous, irregular.

anonadamiento [ah-no-na-da-myen'to] *m.* bewilderment, stupefaction.

anonadar [ah-no-na-dar'] *va.* to annihilate, stun, overwhelm.

anónimo [ah-no'nee-mo] *adj.* anonymous.

anormal [ah-nor-mal'] *adj.* abnormal.

anotation [ah-no-ta-thyon'] *f.* note; annotation.

anotar [ah-no-tar'] *va.* to note down; to comment.

ansia [an'sya] *f.* anxiety; longing, ardent desire; greediness.

ansiar [an-syar'] *va.* to desire anxiously, long for, hanker after.   [xiety; longing.

ansiedad [an-syay-dad'] *f.* anxiety.

ansioso [an-syo'so] *adj.* anxious; desirous.

antagónico [an-ta-go'nee-ko] *adj.* antagonistic.

ant

376

antagonista [an-ta-go-nees'ta]
m. antagonist; competitor.

antaño [an-ta'nyo] *adv.* last
year; in olden times, of old.

ante [an'tay] *prep.* before; —
todo, to begin with, above all;
m. dressed buckskin.

anteanoche [an-tay-a-no'tchay]
adv. night before last.

anteayer [an-tay-a-yayr'] *adv.*
day before yesterday.

antebrazo [an-tay-bra'tho] *m.*
forearm.

antecámara [an-tay-ka'ma-ra]
f. ante-chamber; lobby.

antecedente [an-tay-thay-den'-
tay] *m. & adj.* antecedent; *adj.*
previous, earlier.

anteceder [an-tay-thay-dayr']
va. to precede, go before.

antecesor [an-tay-thay-sor'] *m.*
predecessor, forefather.

antedicho [an-tay-dee'tcho] *adj.*
aforesaid; above-mentioned.

antelación [an-tay-la-thyon'] *f.*
precedence (in order of time).

antemano [an-tay-ma'no] *adv.*
beforehand; de—, beforehand,
previously.

antena [an-tay'na] *f.* lateen
yard; *(wireless)* ærial; feeler
(of insect).

anteojo [an-tay-o'ho] *m.* spy-
glass; *m. pl.* eyeglasses, spectacles.

antepasados [an-tay-pa-sa'dos]
m. pl. forefathers, ancestors.

antepecho [an-tay-pay'tcho] *m.*
breastwork, parapet, sill, balcony; poitrel.

anteponer [an-tay-po-nayr'] *va.*
to put before; to prefer.

anteportada [an-tay-por-ta'da]
f. fly-leaf.

anterior [an-tay-ryor'] *adj.* anterior, former, before, earlier,
previous.

anterioridad [an-tayryo-ree-
dad'] *f.* priority; con—, previously.

antes [an-tays] *adv.* before;

antesala [an-tay-sa'la] *f.* ante-
chamber.

antiaéreo [an-tee-ah-ay'ray-o]
adj. anti-aircraft (gun, fire,
etc.).

anticipación [an-tee-thee-pa-

thyon'] *f.* anticipation, fore-
taste.

anticipado [an-tee-three-pa'do]
adj. premature, in advance.

anticipar [an-tee-three-par']
ba. to anticipate; to advance
(money); to forestall.

anticuado [an-tee-kwa'do] *adj.*
antiquated, obsolete.

anticuario [an-tee-kwa'ryo] *m.*
antiquarian, antique dealer.

antídoto [an-tee'do-to] *m.* antidote; counterpoison.

antifaz [an-tee-fath'] *m.* veil,
mask.

antífona [an-tee'fo-na] *f.* anti-
phony, anthem.

antigualla [an-tee-gwa'lya] *f.*
antique; a 'fright', outmoded
clothes, *etc.*

antiguamente [an-tee-gwamen'-
tay] *adv.* in olden times, formerly.

antigüedad [an-tee-gwaydad']
f. antiquity, oldness; seniority;
pl. antiques.

antiguo [an-tee'gwo] *adj.* ancient, old, antique; former.

antílope [an-tee'lo-pay] *m.* antelope.

Antillas [an-tee'lyas] *f. pl.* W.
Indies, Antilles.

antipara [an-tee-pa'ra] *f.* screen.

antiparras [an-tee-pa'ra] *f. pl.*
eyeglasses, spectacles.

antipatía [an-tee-pa-tee'a] *f.*
antipathy, aversion, lack of
appeal, dislike.

antipático [an-tee-pa'tee-ko]
adj. displeasing; repugnant,
disagreeable, unpleasant, un-
helpful, not congenial.

antípodas [an-tee'po-das] *m. pl.*
Antipodes.

antiquísimo [an-tee-kee'see-mo]
adj. sup. very ancient.

antítesis [an-tee'tay-sees] *f.* antithesis; opposition; opposite,
contrary.

antófago [an-to'fa-go], *adj.* an-
thophagous.

antojadizo [an-to-ha-dee'tho]
adj. whimsical, capricious,
faddy, difficult to please.

antojarse [an-to-har'say] *vr.* to
desire, long, have a fancy for;
to assume, to think.

antojo [an-to'ho] *m.* whim, vehement desire, caprice fancy.

antología [an-to-lo-hee'a] *f.* anthology.

antorcha [an-tor'tcha] *f.* torch, taper.

antro [an-tro] *m.* cavern, cave, den.   [*m.* cannibal.

antropófago [an-tro-po'fa-go]

antropología [an-tro-po-lo-hee'-a] *f.* anthropology.

anual [ah-nwal'] *adj.* annual; yearly.

anualidad [ah-nwa-lee-dad'] *f.* annuity; annual recurrence.

anuario [ah-nwa'ryo] *m.* annual; year book.

anublar [ah-noo-blar'] *va.* to cloud; to darken, obscure.

anudar [ah-noo-dar'] *va.* to knot; to unite.

anulación [ah-noo-la-thyon'] *f.* annulment, cancellation, abrogation.

anular [ah-noo-lar'] *va.* to annul, rescind; *adj.* annular.

anunciación [an-noon-thya-thyon'] *f.* annunciation.

anunciar [ah-noon-thyar'] *va.* to announce, state; to advertise.

anuncio [ah-noon'thyo] *m.* announcement, omen, forerunner; advertisement, notice.

anverso [an-vayr'so] *m.* obverse.

anzuelo [an-thway'lo] *m.* fishhook; bait; tragar el —, to be duped, swallow the bait.

añadido [ah-nya-dee'do] *m.* hair-switch.

añadidura [an-nya-dee-doo'ra] *f.* addition.

añadir [ah-nya-deer'] *va.* to add, join.

añafea [an-nya-fay'a] *f.* papel de —, brown paper.

añafil [ah-nya-feel'] *m.* Moorish musical pipe.

añagaza [ah-nya-ga'tha] *f.* lure.

añal [ah-nyal'] *adj.* cordero —, yearling lamb.

añejo [ah-nyay'ho] *adj.* old, musty, rich old (*wine*).

añicos [ah-nyee'kos] *m. pl.* small pieces; bits; hacerse —, to wear oneself to a shred.

año [ah-nyo] *m.* year; —bisiesto, leap-year.

añoranza [ah-nyo-ran'tha] *f.* homesickness, nostalgia, longing.

añoso [ah-nyo'so] *adj.* aged, stricken in years.

aojar [ah-o-har'] *va.* to bewitch.

apacentamiento [ah-pa-then-ta-myen'to] *m.* grazing (of cattle).

apacentar [ah-pa-then-tar'] *va.* to graze, feed.

apacible [ah-pa-thee'blay] *adj.* peaceable, meek, serene, calm.

apaciguamiento [ah-pa-thee-gwa-myen'to] *m.* pacification, calming.

apaciguar [ah-pa-thee-gwar'] *va.* to appease, pacify; *vn.* to abate, grow calm.

apadrinar [ah-pa-dree-nar]' *va.* to act as godfather, as second (*in duel*); to support.

apagado [ah-pa-ga-'do] *ad.j* (*colours*) sober, lustreless, dull, (*sound*) dull, muted; (*fire*) out.

apagar [ah-pa-gar'] *va.* to put out, quench; to soften (*colours*).

apalabrar [ah-pa-la-brar'] *va.* to agree verbally, to bespeak; to engage beforehand.

apalear [ah-pa-lay-ar'] *va.* to beat, cudgel; to winnow.

apaleo [ah-pa-lay'o] *m.* beating.

apandillarse [ah-pan-deelyar'-say] *vr.* to band togetter (*in league or faction*).

apañado [ah-pa-nya'do] *adj.* skilful.   [ze, grasp.

apañar [ah-pa-nyar'] *va.* to sei-

aparador [ah-pa-ra-dor'] *m.* sideboard, buffet.

aparato [ah-pa-ra'to] *m.* apparatus, instrument; ostentation, show.

aparatoso [ah-pa-ra-to'so] *adj.* show, pompous.

aparcar [ah-par'kar] *v. tr.* to park (as cars).

aparecer [ah-pa-ray-thayr'] *vn.* to appear; to come up, turn up.   [*m.* ghost.

aparecido [ah-pa-ray-thee'do]

aparejado [ah-pa-ray-ha'do] *adj.* ready, fit, equipped.

aparejar [ah-pa-ray-har'] *va.* to get ready; to saddle or harness (horses) to rig (ship).

aparejo [ah-pa-ray'ho] *m.* apparel, harness, gear; *pl.* tools.

aparentar [ah-pa-ren-tar'] *va.* to affect, feign, to seem (*to have, etc.*).

aparente [ah-pa-ren'tay] *adj.* apparent, convenient, evident.

aparición [ah-pa-ree-thyon'] *f.* apparition, appearance.

apariencia [ah-pa-ryen'thya] *f.* appearance, aspect; **salvar las —s**, to keep up appearances.

apartado [ah-par-ta'do] *m.* P.O. box number; *adj.* retired, secluded, out of touch.

apartamiento [ah-par-ta-myen'-to] *m.* isolation, separation.

apartar [ah-par-tar'] *va.* to separate, put (aside, on one side)] to divide.

aparte [ah-par'tay] *m.* break (in line, paragraph); an aside (theatre); *adv.* separately, outside of, distant.

apasionado [ah-pa-syo-na'do] *adj.* passionate.

apasionar [ah-pa-syo-nar'] *va.* to inspire passion; *vr.* to become impassioned; to become passionately fond of.

apatía [ah-pa-tee'a] *f.* apathy.

apático [ah-pa'tee-ko] *adj.* apathetic.

apeadero [ah-pay-a-day'ro] *m.* halt (on railway); horseblock.

apearse [ah-pay-ar-say] *vr.* to alight, dismount.

apechugar [ah-pay-tchoo-gar'] *va.* to undertake with spirit, to tackle. [to stone.

apedrear [ah-pay-dray'ar'] *va.*

apegarse [ah-pay-gar'say] *vr.* to adhere to; to be much taken by a thing.

apego [ah-pay'go] *m.* attachment, fondness.

apelación [ah-pay-la-thyon'] *f.* appeal.

apelante [ah-pay-lan'tay] *m.* appellant.

apelar [ah-pay-lar'] *va.* to appeal, have recourse to.

apellidar [ah-pay-lyee-dar'] *va.* to call by name.

apellido [ah-pay-lyee'do] *m.* surname; family name.

apenado [ah-pay-na'do] *adj.* sorry; troubled.

apenar [ah-pay-nar'] *va.* to cause pain; *vr.* to grieve.

apenas [ah-pay'nas] *adj.* scarcely, hardly; no sooner than.

apéndice [ah-pen'dee-thay] *m.* appendix, supplement.

apercibimiento [ah-payr-thee-bee-myen'to] *m.* preparation; providing; summons (law).

apercibir [ah-payr-thee-beer'] *va.* to make ready; to provide.

apergaminarse [ah-payr-ga-mee-nar'say] *vr.* to become dry and withered.

aperitivo [ah-pay-ree-tee'vo] *adj. & m.* appetiser, aperitive.

apero [ah-pay'ro] *m.* equipment; implements, tools.

apertura [ah-payr-too'ra] *f.* opening.

apesadumbrar [ah-pay-sa-doombrar'] *va.* to afflict; grieve, vex.

apestar [ah-pes-tar'] *va.* to infect (with disease); to emit offensive smell; to nauseate.

apetecer [ah-pay-tay-thayr'] *va.* to wish, long for, have a taste, urge (for, to).

apetecible [ah-pay-tay-thee'-blay] *adj.* desirable, tasty, appetising.

apetencia [ah-pay-tayn'thya] *f.* appetite; desire.

apetito [ah-pay-tee'to] *m.* appetite, hunger.

apetitoso [ah-pay-tee-to'so] *adj.* appetising, savoury, desirable.

apiadarse [ah-pya-dar'say] *vr.* to pity, have mercy on.

ápice [ah'pee-thay] *m.* apex, summit; smallest detail, shred.

apiñar [ah-pee-nyar'] *va.* to press together; *vr.* to crowd.

apio [ah'phyo] *m.* celery.

apisonar [ah-pee-so-nar'] *va.* to ram down, flatten.

aplacar [ah-pla-kar'] *va.* to placate, appease.

aplanamiento [ah-pla-na-myen'-to] *m.* levelling.

aplanar [ah-pla-nar'] va. to make even, level, roll; to dismay.

aplastar [ah-plas-tar'] va. to crush, flatten; to floor (opponent). [applaud.

aplaudir [ah-plowdeer'] va. to aplauso [ah-plow'so] m. applause, praise.

aplazamiento [ah-pla-tha-myen'to] m. postponement, adjournment; convocation, citation.

aplazar [ah-pla-thar'] va. to adjourn, put off, postpone; to make an appointment for the future.

aplicación [ah-plee-ka-thyon'] f. assiduity, industry, diligence; employment, use, application.

aplicado [ah-plee-ka'do] adj. studious, hard-working.

aplicar [ah-plee-kar'] va. to apply; vr. to devote oneself to; to put to use.

aplomo [ah-plo'mo] m. selfpossession, coolness.

apocado [ah-po-ka'do] adj. pusilanimous, cowardly, spiritles, spineless.

apocalipsis [ah-po-ka-leep'sees] m. Apocalypse.

apocamiento [ah-po-ka-myen'-to] m. bashfulness, meanness of spirit.

apocar [ah-po-kar'] va. to lessen, cramp; vr. to humble oneself.

apócrifo [ah-po'kree-fo] adj. apocryphal.

apodar [ah-po-dar'] va. to give nickname.

apoderado [ah-po-day-ra'do] m. attorney, proxy; with authority to sign; adj. empowered, authorised.

apoderar [ah-po-day-rar'] va. to empower, grant a power of attorney; vr. to take possession of, seize.

apogeo [ah-po-hay'o] m. summit, height (of success, etc.).

apolillarse [ah-po-lee-lyar'say] vr. to become moth eaten.

apología [ah-po-lo-hee'a] f. defence (in speech, writing) of (person, idea, etc.), eulogy.

apólogo [ah-po'lo-go] m. fable, apologue.

apoplejía [ah-po-play-hee'a] f. apoplexy.

apoplético [ah-po-play'tee-ko] adj. apoplectic.

aporrear [ah-po-ray'ar] va. to beat, cudgel.

aporreo [ah-po-ray'o] m. beating, pommelling.

aportar [ah-por-tar'] va. to bring.

aposentar [ah-po-sen-tar'] va. to lodge; vr. to take a lodging.

aposento [ah-po-sen'to] m. chamber, room, apartment.

aposta [ah-pos'ta] adv. intentionally.

apostar [ah-pos-tar'] va. to bet; to post soldiers; vr. to emulate. [apostasy.

apostasía [ah-pos-ta'sya] f.

apostilla [ah-pos-tee'lya] f. marginal note.

apóstol [ah-pos'tol] m. apostle.

apóstrofe [ah-pos'tro-fay] m. apostrophe.

apostura [ah-pos-too'ra] f. gentleness, neatness (in appearance).

apotegma [ah-po-teg'ma] m. apothegm, maxim.

apotema [ah - po - tay'ma] f. (geom.) apothem.

apoteosis [ah-po-tay-o'sees] f. apotheosis.

apoyar [ah-poy-yar'] va. to support, corroborate, back up; vr. to rest on, lean; to base.

apoyo [ah-poy'yo] m. support, protection, help, backing.

apreciable [ah-pray'thya-blay] adj. appreciable, respectable, valued.

apreciación [ah - pray - thya - thyon'] f. estimation.

apreciar [ah-pray-thyar'] va. to appreciate, value, appraise, assess.

aprecio [ah-pray'thyo] m. esteem; appreciation.

aprehender [ah-pren'dayr'] va. to apprehend, seize.

aprehensión [ah-pren-syon'] f.

apprehension, misgiving; seizure; acuteness.

apremiante [ah-pray-myan'tay] *adj.* urgent, pressing.

apremiar [ah-pray-myar'] *va.* to press, compel, urge.

apremio [ah-pray'myo] *m.* pressure, construction; judicial compulsion.

aprender [ah-pren-dayr'] *va.* to learn.

aprendiz [ah-pren-deeth'] *m.* apprentice; beginner, novice.

aprendizaje [ah-pren-dee-tha'hay] *m.* apprenticeship.

aprensión [ah-pren-syon'] *f.* apprehension, scruple, unfounded fear, misapprehension.

aprensivo [ah-pren-see'vo] *adj.* apprehensive, fearful.

apresamiento [ah - pray - sa -myen'to] *m.* capture.

apresar [ah-pray-sar'] *va.* to seize, to grasp; to take (ship) as prize.

aprestar [ah-pres-tar'] *va.* to prepare; *vr.* to get ready.

apresto [ah-pres'to] *m.* preparation.

apresurado [ah-pray-soo-ra'do] *adj.* brief, hasty, hurried.

apresuramiento [ah-pray-soora-myen'to] *m.* hurry.

apresurar [ah-pray-soo-rar'] *va.* to accelerate, hurry on; *vr.* to make haste.

apretado [ah-pray-ta'do] *adj.* tight, fast; close, mean; dangerous; thick (growth, etc.).

apretar [ah-pray-tar'] *va.* to compress, tighten, press down; (hands) to squeeze, shake; to harass, to constrain; — **el paso**, to hurry on.

apretón [ah-pray-ton'] *m.* pressure; — **de manos**, handshake.

apretura [ah-pray-too'ra] *f.* crowd; narrowness, tightness.

apriesa [ah-pryay'sa] *adv.* in haste, hastily.

aprieto [ah-pryay'to] *m.* stringency, (pop.) jam, difficulty; **hallarse en un —**, to be in a fix.

aprisa [ah-pree'sa] *adv.* hurriedly, fast, promptly.

aprisionar [ah-pree-syo-nar']

va. to imprison; to bind, confine.

aprobación [ah-pro-ba-thyon'] *f.* approval, consent.

aprobar [ah-pro-bar'] *va.* to approve; to pass (examination).

aprontar [ah-pron-tar'] *va.* to prepare quickly, get ready.

apropriación [ah - pro - prya -thyon'] *f.* appropriation.

apropiado [ah-pro-pya'do] *adj.* proper, convenient, fit suitable.

apropiar [ah-pro-pyar'] *va.* to appropriate; *vr.* to appropriate.

aprovechado [ah-pro-vay-tcha'do] *adj.* thrifty; industrious, clever; enterprising.

aprovechamiento [ah-pro-vaytcha-myen'to] *m.* advantage, profit; progress.

aprovechar [ah-pro-vay-tchar'] *va.* to profit by, to take advantage of; *vr.* to avail oneself, make good use of.

aproximación [ah-prok-see-mathyon'] *f.* approximation.

aproximado [ah-prox-see-ma'do] *adj.* close.

aproximar [ah-prok-see-mar'] *va.* & *vr.* to approach, draw on, draw nearer; to be close to.

ápterix [ap'tay-reex] *f.* (orni), apterix.

aptitud [ap-tee-tood'] *f.* aptitude, fitness, ability, gift (for).

apto [ap'to] *adj.* apt, competent, able, likely, suitable. [ger.

apuesta [ah-pwes'ta] *f.* bet, wa

apuesto [ah-pwes'to] *adj.* spruce, genteel.

apuntación [ah-poon-ta-thyon'] *f.* annotation, note, memorandum, remark.

apuntador [ah-poon-ta-dor'] *m.* prompter; marker.

apuntar [ah-poon-tar'] *va.* to aim; to point out; to note, write down; to prompt (theatre).

apunte [ah-poon'tay] *m.* note; *pl.* **sacar —s**, to take notes.

apuñalar [ah-poo-nya-lar'] *va.* to stab.

apurado [ah-poo-ra'do] *adj.* hard up; in trouble; exhausted; distracted.

apurar [ah-poo-rar'] *va.* to exhaust, consume, drain; to urge, press; to hurry, rush; *vr.* to worry; to strive, be at great pains to.

apuro [ah-poo'ro] *m.* want; trouble; quandary, dilemme, straits.

aquejar [ah-kay-har'] *va.* to afflict, ail; to suffer from.

aquél [ah-kel'] *pron.* that, that one, the former.

aquí [ah-kee'] *adv.* here, in this place; de — en adelante, henceforth, hereafter; he —, behold.

aquiescencia [ah-kyes-then'-thya] *f.* consent, acquiescence.

aquietar [ah-kyay-tar'] *va.* to quiet down, allay; *vr.* to be quiet.

aquilatar [ah-kee-la-tar'] *va.* to examine closely; to assay; to appraise.

ara [ah'ra] *f.* altar.   [appraise.

árabe [ah'ra-bay] *adj.* Arabian, Arabic.

arado [ah-ra'do] *m.* plough.

aragonés [ah-ra-go-nays'] *m.* Aragonese.

arancel [ah-ran-thayl'] *m.* tariff (of duties, fees, etc.)

arandela [ah-ran-day'la] *f.* socket-pan of a candlestick; rivetplate.

araña [ah-ra'nya] *f.* spider; chandelier, lustre.

arañar [ah-ra-nyar'] *va.* to stratch, scrabble.   [scratch.

arañazo [ah-ra-nya'tho] *m.* deep

araño [ah-ra'nyo] *m.* scratch.

arar [ah-rar'] *va.* to plough.

arbitraje [ar-bee-tra'hay] *m.* arbitration.

arbitrar [ar-bee-trar'] *va.* to arbitrate; to award; to raise (funds).

arbitrariedad [ar-bee-tra-ryay-dad'] *f.* arbitrariness.

arbitrario [ar-bee-tra'ryo] *adj.* arbitrary.

arbitrio [ar-bee'tyro] *m.* free will; expedient; resource.

arbitrista [ar-bee-trees'ta] *m.* Utopian political economist (18th century).

árbitro [ar'bee-tro] *m.* arbitrator; arbiter; (sport) referee.

árbol [ar'bol] *m.* tree; mast; shaft.

arbolado [ar-bo-la'do] *m.* woodland; *adj.* wooded.

arboladura [ar-bo-la-doo'ra] *f.* mast and yards (ship).

arbolar [ar-bo-lar'] *va.* to hoist.

arboleda [ar-bo-lay'da] *f.* grove, plantation, avenue.

arbotante [ar-bo-tan'tay] *m.* flying-buttress.

arbusto [ar-boos'to] *m.* shrub.

arca [ar'ka] *f.* chest, coffer, safe; ark.   [quebuse.

arcabuz [ar-ka-booth'] *m.* hararcada [ar-ka'da] *f.* arcade; nausea.   [dian.

árcade [ar'ka-day] *adj.* Arcaarcaduz [ar-ka-dooth'] *m.* conduit pipe. [chaic, antiquated.

arcáico [ar-ka'ee-ko] *adj.* ararcángel [ar-kan'hayl] *m.* archangel.   [mystery.

arcano [ar-ka'no] *m.* arcanum.

arce [ar'thay] *m.* maple-tree.

arcediano [ar-thay-dya'no] *m.* archdeacon.

archipiélago [ar-tchee-pyay'-lago] *m.* archipelago.

archivar [ar-tchee-var'] *va.* to file, deposit in an archive; to store away.

archivo [ar-tchee'vo] *m.* archives.

arcilla [ar-thee'lya] *f.* clay.

arco [ar'ko] *m.* arch; bow; hoop; — iris, rainbow.

arder [ar-dayr'] *vn.* to burn, glow with fire.   [tagem.

ardid [ar-deed'] *m.* trick, straardiente [ar - dyen'tay] *adj.* burning; fervid.

ardilla [ar-dee'lya] *f.* squirrel.

ardite [ar-dee'tay] *m.* no valer un —, not worth a groat.

ardor [ar-dor'] *m.* ardour, enthusiasm, great heat, valour.

ardoroso [ar-do-ro'so] *adj.* fiery, fervid, ardent.   [difficult.

árduo [ar'dwo] *adj.* arduous, área [ah-'ray-a] *f.* area; 100 square metres.

arena [ah-ray'na] *f.* sand; arena.

arenal [ah-ray-nal'] *m.* sandy ground, sandy beach; sand bank.

arenga [ah-ren'ga] *f.* harangue.
arengar [ah-ren-gar'] *va. & n.* to harangue; to hold forth.
arenisca [ah-ray-nees'ka] *f.* sandstone. [gritty.
arenisco [ah-ray-nees'ko] *adj.*
arenoso [ah-ray-no'so] *adj.* sandy, gravelly. [ring.
arenque [ah-ren'kay] *m.* her-
arete [ah-ray'tay] *m.* ear-drop, ear-ring, hoop.
argamasa [ar-ga-ma'sa] *f.* cement, mortar.
argamasar [ar-ga-ma-sar'] *va.* to mix cement.
argelino [ar-hay-lee'no] *adj. & m.* Algerian.
argentino [ar-hen-tee'no] *adj.* argentine; silver; *m.* Argentinian.
argolla [ar-go'lya] *f.* iron ring.
argucia [ar-goo'thya] *f.* subtlety, sophistry. [infer.
argüir [ar-gweer'] *vn.* to argue;
argumentación [ar-goo-men-ta-thyon'] *f.* argument.
argumentar [ar-goo-mentar'] *vn.* to argue, dispute.
argumento [ar-goo-men'to] *m.* argument; plot (*of book*).
aridez [ah-ree-dayth'] *f.* aridity; dryness.
árido [ah'ree-do] *adj.* arid, dry.
ariete [ah-ryay'tay] *m.* battering-ram.
ario [ah'ryo] *adj.* Aryan.
arisco [ah-rees'ko] *adj.* shy, wild, surly, coltish.
aristócrata [ah-rees-to'kra-ta] *m.* aristocrat.
aritmética [ah-reet-may'tee-ka] *f.* arithmetic.
arlequín [ar-lay-keen'] *m.* harlequin, buffoon; Neapolitan ice.
arma [ar'ma] *f.* arm, weapon; *pl.* armorial ensigns; — blanca, steel arms, cold steel.
armada [ar-ma'da] *f.* navy, fleet. [set.
armado [ar-ma'do] *adj.* armed;
armadura [ar-ma-doo'ra] *f.* framework, structure, armour.
armamento [ar-ma-men'to] *f.* armament.
armar [ar-mar'] *va.* to arm; to put together, mount; to fit out

(*ship*); — caballero, to knight; *vr.* to arm oneself.
armario [ar-ma'ryo] *m.* cupboard; commode, cabinet.
armatoste [ar-ma-tos'tay] *m.* unwieldy furniture, unwieldy object.
armazón [ar-ma-thon'] *f.* frame, skeleton.
armería [ar-may-ree'a] *f.* armoury, arsenal. [stoat.
armiño [ar-mee'nyo] *m.* ermine,
armisticio [ar-mees-tee'thyo] *m.* armistice.
armonía [ar-mo-nee'a] *f.* harmony; peace; chord.
armonioso [ar-mo-nyo'so] *adj.* armonious, pleasing.
armonizar [ar-mo-nee-thar'] *va.* to harmonise, match, bring into agreement.
arnés [ar-nays'] *m.* harness, gear; defensive armour.
aro [ah'ro] *m.* hoop; staple.
aroma [ah-ro'ma] *m.* aroma, scent, fragrance.
aromático [ah-ro-ma'tee-ko] *adj.* aromatic, fragrant.
arpa [ar'pa] *f.* harp.
arpía [ar-pee'a] *f.* harpy; shrew.
arpón [ar-pon'] *m.* harpoon, harping-iron.
arquear [ar-kay-ar'] *va.* to arch; to gauge (*ships*).
arqueología [ar-kay-o-lo-hee'a] *f.* archæology.
arquero [ar-kay'ro] *m.* archer.
arquitecto [ar-kee-tek'to] *m.* architect.
arquitectónico [ar-kee-teck-to'-nee-ko] *adj.* architectural.
arrabal [ah-ra-bal'] *m.* suburb; *pl.* outskirts.
arracimarse [ah-ra-thee-mar'-say] *vr.* to cluster.
arraigado [ah-raee-ga'do] *adj.* rooted, inveterate.
arraigar [ah-raee-gar'] *vn.* to root, take root; *vr.* to establish; to settle down.
arrancar [ah-ran-kar'] *va.* to uproot; to pull out; *vn.* to originate; to proceed; to set off (*of train*).
arranque [ah-ran'kay] *m.* extirpation; (*of feeling*) burst; start.

arras [ah'ras] *f. pl.* earnest money, pledge; dowry.

arrasar [ah-ra-sar[] *va.* to demolish, to level, to raze; *vr.* — **en lágrimas**, to weep copiously, be blinded with tears.

arrastrado [ah-ras-tra'do] *adj.* rascally; **vida — a**, hand-to-mouth existence.

arrastrar [ah-ras-trar'] *va.* to drag; to carry away; to lead a trump (*card*); *vr.* to crawl.

arrayán [ah-ra-yan'] *m.* myrtle.

arrear [ah-ray-ar'] *va.* to drive (*mules, horses* or *cattle*).

arrebatado [ah-ray-ba-ta'do] *adj.* rapid; rash, violent, impetuous.

arrebatar [ah-ray-ba-tar'] *va.* carry off, snatch; *vr.* to be carried away by passion.

arrebato [ah-ray-ba'to] *m.* sudden attack; surprise, start; paroxysm; sudden fit of passion, rapture.

arrebol [ah-ray-bol] *m.* glow of the sky; red (pink) glow; rouge, cosmetic.

arrebujarse [ah-ray-boo-har'say] *vr.* to wrap o's up in the bed-clothes.

arreciar [ah-ray-thyar'] *vn.* to grow stronger, increase in strength (*of fever, wind*).

arrecife [ah-ray-thee'fay] *m.* causeway; reef.

arredrar [ah-ray-drar'] *v. tr.* to remove, separate; to terrify, to scare.

arreglado [ah-ray-gla'do] *adj.* in order, ordered, moderate; arranged, settled.

arreglar [ah-ray-glar'] *va.* to arrange, settle, regulate; to mend, put right; to make tidy, to tidy.

arreglo [ah-ray'glo] *m.* arrangement, settlement; order; **con — a**, according to.

arremangar [ah-ray-mangar'] *va.* to roll up, turn up (*sleeves*).

arremeter [ah-ray-may-tayr'] *va.* to attack, assail, rush at.

arremetida [ah-ray-may-tee'da] *f.* attack, assault.

arrendador [ah-ren-da-dor'] *m.* landlord; lessor.

arremolinar [ah-ray-mo-leenar'] *va. & vn.* to eddy, whirl around.

arrendamiento [ah-ren-da-myen'to] *m.* lease, renting, letting.

arrendar [ah-ren-dar'] *va.* to rent, lease.

arrendatario [ah-ren-da-ta'-ryo] *m.* tenant, lessee.

arreo [ah-ray'o] *m.* ornament; *pl.* trappings, harness, equipment.

arrepentimiento [ah-ray-pen-tee-myen'to] *m.* repentance.

arrepentirse [ah-ray-pen-teer'-say] *vr.* to repent, regret, rue.

arrestado [ah-rays-ta'do] *adj.* intrepid, daring.

arrestar [ah-rays-tar'] *va.* to arrest, detain, imprison.

arresto [ah-rays'to] *m.* detention.

arriar [ah-r▮▮ar'] *va.* to lower, to strike (*sails, colours*).

arriate [ah-rya'tay] *m.* flower-bed.

arriba [ah-ree'ba] *adv.* above, over, on top; **de — abajo**, from top to bottom.

arribar [ah-ree-bar'] *vn.* to arrive; to put into a harbour.

arribo [ah-ree'bo] *m.* arrival.

arriendo [ah-ryen'do] *m.* lease, rental.   [teer.

arriero [ah-ryay'ro] *m.* mule-

arriesgado [ah-ryes-ga'do] *adj.* perilous, dangerous, daring.

arriesgar [ah-ryes'gar] *va.* to hazard, risk, venture; *vr.* to expose oneself of danger; to dare.

arrimar [ah-ree-mar'] *va.* to put close(-r); to lay aside; **— el hombro**, to put one's shoulder to the wheel; *vr.* to lean upon; to draw up to (*fire, etc.*).

arrimo [ah-ree'mo] *m.* shelter, protection.

arrinconado [ah-reen-ko-na'do] *adj.* put avay, neglected, discarded.

arrinconar [ah-reen-ko-nar'] *va.* to put in a corner; to corner.

arriostrar [ah-ree-os-trar'] *v. tr.* to brace (a frame), strut.

arrizar [ah-ree-thar'] *va.* to reef, stow.   [*wheat, etc.*).

arroba [ah-ro'ba] *f.* quarter (*of*

arrobamiento [ah-ro-ba-myen'-to] *m.* rapture, bliss, ectasy.

arrodillarse [ah-ro-dee-lyar'-say] *vr.* to kneel down.

arrogancia [ah-ro-gan'thya] *f.* arrogance.

arrogante [ah-ro-gan'tay] *adj.* arrogant, spirited, haughty.

arrogarse [ah-ro-gar'say] *vr.* to arrogate, claim, usurp, assume.

arrojado [ah-ro-ha'do] *adj.* daring, rash, intrepid.

arrojar [ah-ro-har'] *va.* to throw, throw away, fling; to emit, shoot out; *vr.* to venture on, hurl o's into.

arrojo [ah-ro'ho] *m.* boldness, audacity.

arrojar [ah-ro-lyar'] *va.* to roll up (round, along, back); to rout.

arropar [ah-ro-par'] *va.* to wrap up well, swathe, dress.

arrope [ah-ro'pay] *m.* (*fruit*) syrup.

arrostrar [ah-ros-trar'] *va.* to face, face up to, confront; *vr.* — con, to fight face to face.

arroyo [ah-ro'yo] *m.* rivulet, stream; gutter.

arroz [ah-roth'] *m.* rice.

arruga [ah-roo'ga] *f.* wrinkle, crease, line (on face); corrugation.

arrugar [ah-roo-gar'] *va.* to crease, fold, wrinkle; —la frente, to frown.

arruinar [ah-rwee-nar'] *va.* to ruin, demolish.

arrullar [ah-roo-lyar'] *va.* to lull; to bill and coo (*doves*); to woo.

arrullo [ah-roo'lyo] *m.* lullaby; cooing.

arrurruz [ah-roo-rooth'] *m.* arrowroot.   [dock-yard.

arsenal [ar-say-nal'] *m.* arsenal.

arsénico [ar-say'nee-ko] *m.* arsenic.

arte [ar'tay] *m.* art, skill, ability; *pl. f.* arts, means; malas —, trickery, cunning, skill; bellas —, fine arts.

artefacto [ar-tay-fak'to] *m.* manufacture; handiwork; machine; contraption.

artejo [ar-tay'ho] *m.* joint, knuckle.

artería [ar-tay'rya] *f.* artery; cunning; artifice, stratagem.

artesa [ar-tay'sa] *f.* kneading-trough; canoe.

artesano [ar-tay-sa'no] *m.* artisan; mechanic.

artesonado [ar-tay-so-na'do] *m.* panelled (*ceiling*).

ártico [ar'tee-ko] *adj.* Arctic.

articulación [ar-tee-koo-la-thyon'] *f.* joint; pronunciation.

articulado [ar-tee-koo-la'do] *adj.* articulate; jointed.

articular [ar-tee-koo-lar'] *va.* to articulate; to pronounce distinctly; to put together.

artículo [ar-tee'koo-lo] *m.* article, condition; joint.

artífice [ar-tee'fee-thay] *m.* artificer, maker, artist.

artificio [ar-tee-fee'thyo] *m.* artifice, trick; workmanship, craft, skill.

artificioso [ar-tee-fee-thyo'so] *adj.* artful, crafty, ingenious, deceitful, specious.

artilugio [ar-tee-loo'heeo] *m.* (coll.) an artifact, a gadget.

artillería [ar-tee-lyay-ree'a] *f.* artillery.

artillero [ar-tee-lyay'ro] *m.* gunner, artillery-man.

artimaña [ar-tee-ma'nya] *f.* trap, snare.   [tist; artiste.

artista [ar-tees'ta] *m.* or *f.* ar

artritis [ar-tree'tees] *f.* arthritis, gout.

arzobispado [ar-tho-bees-pa'do] *m.* archbishopric.

arzobispo [ar-tho-bees'po] *m.* archbishop.

arzón [ar-thon'] *m.* bow of a saddle; saddle-tree.

as [as] *m.* ace.

asa [ah'sa] *f.* handle.

asado [ah-sa'do] *m.* roast.

asador [ah-sa-dor'] *m.* spit, roasting-jack.

asalariar [ah-sa-la-ryar'] *va.* to put on a salary; to pay a fixed salary, hire.

asaltador [ah-sal-ta-dor'] *m.* assailant, highwayman.

asaltar [ah-sal-tar'] va. to assail, fall upon, assault.

asalto [ah-sal'to] m. surprise attack; bout (fencing); **guardias de —**, shock police.

asamblea [ah-sam-blay'a] f. assembly, meeting.

asar [ah-sar'] va. to roast; vr. to be roasting. [quite.

asaz [ah-sath'] adv. enough;

asbesto [as-bays'to] m. asbestos.

ascendencia [as-then-den'thya] f. ancestry, ancestors, origins.

ascender [as-then-dayr'] vn. to be promoted, rise (in rank); **— a**, to amount to.

ascendiente [as-then-dyen'tay] m. ancestor; ascendency, influence.

ascensión [as-then-syon'] f. ascension.

ascenso [as-then'so] m. promotion. [elevator.

ascensor [as-then-sor'] m. lift;

asceta [as-thay-ta] m. ascetic.

ascético [as-thay'tee-ko] adj. ascetic.

asco [as'ko] m. disgust; nausea; **dar —**, to be revolting.

áscua [as'kwa] f. red-hot coal; **estar en —s**, to be jumpy.

aseado [ah-say-a'do] adj. neat, tidy, clean.

asear [ah-say-ar'] va. to clean; to polish.

asechanza [ah-say-tchan'tha] f. way-laying, trap.

asechar [ah-say-tchar'] va. to lie in ambush; to watch.

asediar [ah-say-dyar'] va. to invest, besiege.

asedio [ah-say'dyo] m. investment, blockade, siege.

asegurado [ah-say-goo-ra'do] m. insured party; adj. assured, decided.

asegurador [ah-say-goo-ra-dor'] m. insurer, underwriter.

asegurar [ah-say-goo-rar'] va. to insure, assure; to ensure; to secure, fasten; vr. to make sure, be certain.

asemejarse [ah-say-may-har'-say] vr. to resemble.

asendereado [ah-sen-day-ray-a'do] adj. frequented, beaten (track).

asenso [ah-sayn'so] m. assent, consent, grant.

asentado [ah-sen-ta'do] adj. steeled, fixed, agreed.

asentar [ah-sen-tar'] va. to place, affirm, establish; to book, to enter; to seat; to settle; to set don; **— los cimientos**, to lay the foundations.

asentimiento [ah-sen-tee-myen'-to] m. assent, consent.

asentir [ah-sen-teer'] vn. to assent, acquiesce; to be of the same opinion. [neatness.

aseo [ah-say'o] m. cleanliness,

asequible [ab-say-kee'blay] adj. attainable, obtainable, available.

aserción [ah-sayr-thyon'] f. assertion.

aserrado [ah-say-ra'do] adj. serrated, toothed, jagged.

aserrar [ah-say-rar'] va. to saw.

aserrín [ah-say-reen'] m. sawdust.

aserto [ah-sayr'to] m. assertion, the act of asserting.

asesinar [ah-say-see-nar'] va. to assassinate, murder.

asesinato [ah-say-see-na'to] m. murder.

asesino [ah-say-see'no] m. assassin, murderer, cut-throat.

asesor [ah-say-sor'] m. counsellor, adviser, assessor.

asesorarse [ah-say-so-rar'say] vr. to take the advice or assistance of counsel; to be advised; to take stock of.

asestar [ah-says-tar'] va. to aim, point; to strike (with a weapon).

aseveración [ah-say-vay-ra-thyon'] f. asseveration.

aseverar [ah-say-vay-rar'] va. to affirm, to declare solemnly.

asfalto [as-fal'to] m. asphalt.

asfixiar [as-feek-syar'] va. to suffocate.

así [ah-see'] adv. so, thus; therefore; **—que**, as soon as.

asiático [ah-sya'tee-ko] m. Asiatic.

asidero [ah-see-day'ro] m. handle; occasion, pretext.

asiduidad [ah-see-dwee-dad'] f. assiduousness.

asiduo [ah-see'dwo] *adj.* assiduous, steady, regular.

asiento [ah-syen'to] *m.* seat, chair; situation; treaty; sediment; prudence.

asignación [ah-seeg-na-thyon'] *f.* assignment, distribution.

asignar [ah-seeg-nar'] *va.* to assign, ascribe.

asignatura [ab-seeg-na-too'ra] *f.* subject *(of study)*, curriculum.

asilla [ah-see'lya] *f.* armpit.

asilo [ah-see'lo] *m.* asylum, shelter, home *(for aged helpless, etc.).*

asimilación [ab-see-mee-la-thyon'] *f.* assimilation.

asimilar [ah-see-mee-lar'] *va.* to assimilate; to make one thing like another.

asimismo [ah-see-mees'mo] *adv.* equally, likewise.

asir [ah-seer'] *va.* to grasp, seize.

asistencia [ah-sees-ten'thya] *f.* those present, audience; help, assistance.

asistir [ah-sees-teer'] *vn.* to be present, to follow suit *(cards);* *va.* to help, assist; to attend *(the sick).*

asno [as'no] *m.* ass, donkey.

asociación [ah-so-thya-thyon'] *f.* association; society; fellowship.

asociado [ah-so-thya'do] *m.* associate, comrade.

asociar [ah-so-thyar'] *va.* to associate, put, together; *vr.* to associate with.

asolación [ah-so-lathyon'] *f.* desolation, devastation.

asolar [ah-so-lar'] *va.* to level with the ground, raze; to make desolate, devastate.

asolear [ah-so-lay-ar'] *va.* to sun; *vr.* to expose o's to the sun, get sunburnt.

asomar [ah-so-mar'] *vn.* to appear; *vr.* to put (stick, look) out.

asombradizo [ah-som-bra-dee'-tho] *adj.* shy, timid, easily frightened.

asombrar [ah-som-brar'] *va.* to frighten; to astonish, amaze.

asombro [ah-som'bro] *m.* amazement; dread.

asombroso [ah-som-bro'so] *adj.* wonderful, amazing, astonishing.

asomo [ah-so'mo] *m.* sign, token, hint, inkling, suspicion.

asonada [ah-so-na'da] *f.* riot, commotion.

asonancia [ah-so-nan'thya] *f.* assonance.

aspa [as'pa] *f.* sail *(of windmill);* St. Andrew's cross.

aspar [as'par] *va.* to wind *(wool).*

aspaviento [as-pa-vyen'to] *m.* forced or exaggerated display *. (of wonder, etc.).*

aspecto [as-pek'to] *m.* aspect; appearance, looks; outlook; bajo el —, as regards.

aspereza [as-pay-ray'tha] *f.* asperity; gruffness, harshness.

asperjar [as-payr-har'] *va.* to sprinkle.

áspero [as-pay'ro] *adj.* rough, harsh, raw, severe.

aspersión [as-payr-syon'] *f.* aspersion, sprinkling.

áspid [as'peed] *m.* aspic, asp.

aspillera [as-pee-lyay'ra] *f.* battlement, embrasure.

aspiración [as-pee-ra-thyon'] *f.* aspiration; desire.

aspirar [as-pee-rar'] *va.* to draw in breath; to aspire; to aim at, covet.

asquerosidad [as-kay-ro-see-dad'] *f.* foulness, filthiness.

asqueroso [as-kay-ro'so] *adj.* nasty, disgusting, loathsome.

asta [as'ta] *f.* horn, antler; staff, pole, flagstaff; shaft *(of lance, etc.).*

asterisco [as-tay-rees'ko] *m.* asterisk, star (*).

astilla [as-tee'lya] *f.* splinter; splint; de tal palo, tal —, a chip of the old block.

astillero [as-tee-lyay'ro] *m.* shipwright's yard, dock-yard; rack *(for lances, pikes, etc.).*

astringente [as-treen-hen'tay] *adj.* astringent.

astringir [as-treen-heer'] *va.* to contract; to compress.

astro [as'tro] *m.* star, planet.

astrólogo [as-tro'lo-go] *m.* astrologer. [*f.* astronomy.
astronomía [as-tro-no-mee'a]
astrónomo [as-tro'no-mo] *m.* astronomer. [slyness.
astucia [as-too'thya] *f.* cunning;
asturiano [as-too-rya'no] *m.* & *adj.* Asturian.
astuto [as-to'to] *adj.* astute, cunning, sly, crafty.
asueto [ah-sway'to] *m.* short holiday, break; **dia de —,** day off.
asumir [ah-soo-meer'] *va.* to assume, take up, adopt.
asunción [ah-soon-thyon'] *f.* assumption.
asunto [ah-soon'to] *m.* subject; subject matter; affair, business.
asustadizo [ah-soos-ta-dee'tho] *adj.* shy; timid; easily frightened.
asustar [ah-soos-tar'] *va.* to frigten, startle, scare; *vr.* to be frightened. [drum.
atabal [at-a-bal'] *m.* tympanum.
atacar [ah-ta-kar'] *va.* to attack, storm. [cel.
atado [ah-ta'do] *m.* bundle, par-
atadura [ah-ta-doo'ra] *f.* tying; ligature; knot.
atafea [ah-ta-phay'ah] *f.* surfeit.
atajar [ah-ta-har'] *vn.* to take a short cut; *va.* to intercept; to obstruct; to cut short *(speech, etc.).*
atajo [ah-ta'ho] *m.* short cut.
atalaya [ah-ta-la'ya] *f.* watchtower; *m.* watchman.
atañer [ah-ta-nyayr'] *vn.* to appertain.
ataque [ah-ta'kay] *m.* attack, assault; fit *(of illness).*
atar [ah-tar'] *va.* to tie; to bind; **loco de —,** raving lunatic.
atareado [ah-ta-ray-a'do] *adj.* exceedingly busy.
atarear [ah-ta-ray-ar'] *va.* to task; to exercise; *vr.* to be very busy, work hard.
atarugar [ah-ta-roo-gar'] *va.* to fasten, wedge, plug.
atasajar [ah-ta-sa-har'] *va.* to cut meat into pieces; to "jerk" beef.

atascamiento [at-tas-ka-myen'-to] *m.* impediment, obstruction.
atascar [ah-tas-kar'] *va.* to stop a leak; to stop up *(pipes); vr.* to get bogged down; to get stopped up.
ataúd [ah-ta-ood'] *m.* coffin.
ataviado [ah-ta-vya'do] *adj.* embellished; ornamented, adorned.
ataviar [ah-ta-vyar'] *va.* to embellish, ornament, trim, dress up.
atavío [ah-ta-vee'o] *m.* embellishment; dress, ornament.
atavismo [ah-ta-vees'mo] *m.* atavism.
ateísta [ah-tay-ees'ta] *m.* atheist.
atemorizar [ah-tay-mo-ree-thar'] *va.* to frighten, daunt.
atemperar [ah-tem-pay-rar'] *va.* to temper, allay, assuage.
atención [ah-ten-thyon'] *f.* attention; civility; care; *interj.* Look out! Beware!
atender [ah-ten-dayr'] *va.* & *n.* to attend; to look after; to take care, mind, heed.
ateneo [ah-tay-nay'o] *m.* Athenæum; *adj.* Athenian.
atenerse [ah-tay-nayr'say] *vr.* to adhere; to depend upon; to abide by.
atentado [ah-ten-ta'do] *m.* transgression; attempt, offence, crime, attack.
atentar [ah-ten-tar'] *va.* to attempt or to make an attempt on *(as crime);* to attack.
atento [ah-ten'to] *adj.* attentive, polite.
atento [ah-ten'to] *adj.* attentive, polite.
atenuación [ah-tay-nwathyon'] *f.* attenuation; extenuation.
atenuante [ah-tay-nwan'tay] *adj.* extenuating.
atenuar [ah-tay-nwar'] *va.* to attenuate, extenuate, to diminish.
ateo [ah-tay'o] *m.* atheist.
aterido [ah-tay-ree'do] *adj.* stiff with cold.
aterrador [ah-tay-ra-dor'] *adj.* frightful, terrible.

ate   388

aterrar [ah-tay-rar'] *va.* to frighten, scare.

aterrizar [ah-tay-ree-thar] *va. n.* to land *(aeroplane)*.

aterrorizar [ah-tay-ro-ree-thar'] *va.* to terrify, terrorise.

atesorar [ah-tay-so-rar'] *va.* to treasure, hoard up.

atestación [ah-tes-ta-thyon'] *f.* testimony, affidavit.

atestar [ah-tes-tar'] *va.* to fill up; to cram, stuff; to testify, substantiate.

atestiguar [ah-tes-tee-gwar'] *va.* to depose, give evidence.

atezar [ah-tay-thar'] *va.* to blacken.

atiborrar [ah-tee-bo-rar'] *va.* to stuff, cram, gorge.

ático [ah'tee-ko] *m.* attic; *adj.* of Athens, Athenian.

atildamiento [ah-teel-damyen'-to] *m.* tidiness, nicety, punctilio.

atildar [ah-teel-dar'] *va.* to censure; to clean, polish.

atinado [ah-tee-na'do] *adj.* pertinent, apposite, shrewd.

atinar [ah-tee-nar'] *va.* to hit the mark; to guess accurately.

atisbar [ah-tees-bar'] *va.* to pry; to scrutinise; to waylay.

atizar [ah-tee-thar'] *va.* to stir the fire; to stir up, arouse.

atlántico [at-lan'tee-ko] *adj.* Atlantic.

atlas [at-las] *m.* atlas.

atleta [at-lay'ta] *m.* athlete, wrestler.

atlético [at-lay'tee-ko] *adj.* athletic; robust.

atmósfera [at-mos'fay-ra] *f.* atmosphere, air.

atolladero [ah-to-lya-day'ro] *m.* quagmire; blind alley, deadlock.

atollarse [ah-to-lyar'say] *vr.* to fall into the mire, get into difficulties.

atolón [ah-to-lon'] *m.* atoll.

atolondrado [ah-to-lon-dra'do] *adj.* harebrained, thoughtless, giddy.

atolondramiento [ah-to-lon-dra-myen'to] *m.* confusion, amazement; witlessness.

átomo [ah'to-mo] *m.* atom.

atónito [ah-to'nee-to] *adj.* amazed, astonished, stunned.

atontado [ah-ton-ta'do] *adj.* stunned, stupefied, knocked silly.

atontar [ah-ton-tar'] *va.* to stun; to confound, confuse.

atorar [ah-to-rar'] *va.* to stuff up *(pipes).*

atormentador [ah-tor-men-ta-dor'] *m.* tormentor.

atormentar [ah-tor-men-tar'] *va.* to torment; torture, cause affliction.

atornillar [ah-tor-nee-lyar'] *va.* to screw.

atosigar [ah-to-see-gar'] *va.* to harass, bother; to poison.

atrabiliario [ah-tra-bee-lya'ryo] *adj.* bad tempered.

atrabilis [ah-tra-bee'lees] *f.* black bile; bad temper.

atracar [ah-tra-kar'] *vr.* to glut; to stuff oneself with food; *va.* to come alongside *(of ship)*; to moor, to assault (a person).

atracción [ah-trak-thyon'] *f.* atraction, appeal.

atractivo [ah-trak-tee'vo] *adj.* attractive; *m.* charm, delight.

atraer [ah-tra-ayr'] *va.* to attract, allure; to draw in, bring in.

atrancar [ah-tran-kar'] *va.* to bar a door; to obstruct.

atrapar [ah-tra-par'] *v.* to catch.

atrás [ah-tras'] *adv.* backwards; behind, *interj.* Stand back!

atrasado [ah-tra-sa'do] *adj.* late; backward, behindhand.

atrasar [ah-tra-sar'] *va.* to retard; *vr.* to be late; to go slow *(clock).*

atraso [ah-tra'so] *m.* backwardnes; arrears.

atravesaño [ab-tra-vay-sa'nyo] *m.* cross-timber, crosspiece.

atravesar [ah-tra-vay-sar'] *va.* to cross; to pass over; to run through; to go over, through.

atrayente [ah-tra-yen'tay] *adj.* atractive.

atreverse [ah-tray-vayr'say] *vr.* to dare, venture.

atrevido [ah-tray-vee'do] *adj.* daring, bold; insolent.

atrevimiento [ah-tray-vee-myen'to] *m.* boldness, audacity, effrontery.

atribución [ah-tree-boo-thyon'] *f.* attribution; competence.

atribuir [ah-tree-bweer'] *va.* to attribute, ascribe; *vr.* to assume.

atribular [ah-tree-boo-lar'] *va.* to vex.

atributo [ah-tree-boo'to] *m.* attribute; inherent quality.

atril [ah-treel'] *m.* lectern.

atrincherar [ah-treen-tchay-rar'] *va.* to entrench; *vr.* to dig oneself in.

atrio [ah'tryo] *m.* porch (of church), portico, courtyard.

atrocidad [ah-tro-thee-dad'] *f.* atrocity, horror.

atrofiarse [ah-tro-fyar'say] *vr.* to waste away; to be atrophied.

atronar [ah-tro-nar'] *va.* to stupefy.

atropellado [ah-tro-pay-lya'do] *adj.* hasty, hurried, jumbled.

atropellar [ah-tro-pay-lyar'] *va.* to run over; knock down; to beat down, insult; *vr.* to be in haste.

atropello [ah-tro-pay'lyo] *m.* outrage, insult; accident (someone run over).

atroz [ah-troth'] *adj.* atrocious, inhuman, heinous.

atufo [ah-too'fo] *m.* vexation.

atún [ah-toon'] *m.* tunny.

aturdido [ah-toor-dee'do] *adj.* thoughtless; unnerved, dumbfounded, bewildered.

aturdir [ah-toor-deer'] *va.* to stupefy, bewilder, render speechless.

aturullar [ah-too-roo-lyar'] *va.* to confuse, set at sixes and sevens.

atusar [ah-too-sar'] *va.* to trim (hair, plants).

audacia [ow-da'thya] *f.* boldness, effrontery.

audaz [ow-dath'] *adj.* bold, audacious, fearless.

audiencia [ow-dyen'thya] *f.* audience, reception, hearing.

auditor [ow-deetor'] *m.* auditor; judge.

auditorio [ow-dee-to'ryo] *m.* audience, auditory.

auge [ow'hay] *m.* great prosperity; acme, highest point; estar en —, to be flourishing.

augurar [ow-goo-rar'] *va.* to prognosticate; to promise.

aula [ow'la] *f.* classroom, lecture hall.

aulaga [ow-la'ga] *f.* furze, gorse.

aullar [ow-lyar'] *vn.* to howl (of dogs, etc.).

aullido [ow-lyee'do] *m.* howl, cry (of horror, pain).

aumentar [ow-men-tar'] *m.* to increase, enlarge.

aumento [ow-men'to] *m.* increase, augmentation; ir en —, to go on increasing.

aun (**aún**) [own'(ah-oon')] *adj.* yet, still, even, further.

aunar [ow-nar'] *va.* to join together, unite, confederate.

aunque [own'kay] *conj.* nevertheless, yet, although.

aura [ow'ra] *f.* gentle breeze, aura; — **popular**, popular favour.

áureo [ow-ray-o] *adj.* golden.

aureola [ow-ray-o'la] *f.* halo.

auricular [ow-ree-koo-lar'] *adj.* ear; *n.* receiver (telephone).

aurífero [ow-ree'fay-ro] *adj.* auriferous, gold-bearing.

aurora [ow-ro'ra] *f.* dawn.

ausencia [ow-sen'thya] *f.* absence.

ausentarse [ow-sen-tar'say] *va.* to absent oneself, stay away.

ausente [ow-sen'tay] *adj.* absent.

auspicio [ows-pee'thyo] *m.* auspice, patronage; presage.

austeridad [ows-tay-ree-dad'] *f.* austerity.

austero [ows-tay'ro] *adj.* austere; stern, rigid, severe.

austral [ows-tral'] *adj.* austral, southern.

austriaco [ows-trya'ko] *adj.* Austrian.

autenticar [ow-ten-tee'kar] *va.* to authenticate, attest.

auténtico [ow-ten'tee-ko] *adj.* authentic, real, genuine.

auto [ow'to] *m.* judicial decree; edict; — **de prisión**, warrant, writ; — sacramental, allegorical play on the Eucharist; (motor) car; pl. proceedings (legal).

autócrata [ow-to'kra-ta] m. autocrat.

autóctono [aoo-tok'to-no] a. autochthonous. [tograph.

autógrafo [ow-to'gra-fo] m. autómata [ow-to'ma-ta] m. automaton; robot.

automático [ow-to-ma'tee-ko] m. automatic.

automóvil [ow-to-mo'veel] m. motor-car, automobile.

autonomía [ow-to-no-mee'a] f. autonomy; home rule.

autónomo [ow-to'no-mo] m. autonomous; free.

autopsia [ow-top'sya] f. autopsy, post-mortem.

autor [ow-tor'] m. author; writer; composer.

autoridad [ow-to-ree-dad'] f. authority, power, capacity.

autorización [ow-to-ree-thathyon'] f. authority, authorisation, power.

autorizado [ow-to-ree-tha'do] adj. commendable, sound, expert; empowered.

autorizar [ow-to-ree-thar'] va. to authorise; to legalise; to approve.

auxiliar [owk-see-lyar'] va. to help, aid, assist; adj. auxiliary; m. assistant.

auxilio [owk-see'lyo] m. aid, help; assistance; — social, Public assistance.

avalentonado [ah-va-lento-na'do] m. braggart; adj. boastful, overweening.

avalorar [ah-va-lo-rar'] va. to appraise, value.

avaluar [ah-va-lwar'] va. to evaluate.

avance [ah-van'thay] m. advance; payment in advance.

avanzada [ah-van-tha'da] f. van; outpost.

avanzar [ah-van-thar'] vn. to advance; go forward.

avaricia [ah-va-ree'thya] f. cupidity, avarice, greed.

avariento [ah-va-ryen'to] adj. avaricious, niggard, miserly.

avaro [ah-va'ro] m. miser.

avasallar [ah-va-sa-lyar'] va. to subdue, enslave.

ave [ah'vay] f. (large) bird; fowl; — de rapiña, bird of prey.

avecinarse [ah-vay-thee-nar'-say] vr. to come nearer.

avecindar [ah-vay-theen-dar'] va. to make a citizen; to settle; to become a resident, a citizen.

avellana [ah-vay-lya'na] f. hazel-nut, filbert.

avellanar [ah-vay-lya-nar'] vr. to countersink.

avellaneda [ah-vay-lya-nay'da] f. hazel plantation.

avellano [ah-vay-lya'no] m. hazel-nut, tree.

ave María! [ah-vay-ma-ree'a] interj. Goodness gracious!; Peace on this house!

avenencia [ah-vay-nen'thya] f. agreement, accord.

avena [ah-vay'na] f. oats.

avenida [ah-vay-nee'da] f. flood, inundation; avenue.

avenimiento [ah - vay - nee - myen'to] m. agreement, understanding.

avenir [ah-vay-neer'] va. to bring together, reconcile; vr. — con, to get along well with.

aventajado [ah-ven-ta-ha'do] adj. outstanding, notable; profitable.

aventajar [ah-ven-ta-har'] va. to surpass, excel; to improve.

aventamiento [ah - ven - ta - myen'to] m. winnowing.

aventar [ah-ven-tar'] va. to winnow; to fan, pass air over.

aventura [ah-ven-too'ra] f. adventure; event; venture.

aventurado [ah-ven-too-ra'do] adj. risky, hazardous.

aventurero [ah-ven-too-ray'ro] m. adventurer.

avergonzar [ah-vayr-gon-thar'] va. to shame; vr. to feel ashamed, be ashamed.

avería [ah-vay-ree'a] f. damage; (mech.) breakdown, failure; — gruesa, general average; — particular, particular average.

averiado [ah-vay-rya'do] adj.

damaged, spoiled, broken down.

averiarse [ah-vay-ryar'say] vr. to become damaged.

averiguación [ah-vay-ree-gwa-thyon'] f. inquiry, discovery (of the truth).

averiguar [ah-vay-ree-gwar'] va. to ascertain, find out, investigate.

averno [ah-vayr'no] m. (poet) hell.

aversión [ah-vayr-syon'] f. aversión; reluctance; cobrar — a, to loathe.

avestruz [ah-vays-trooth'] m. ostrich.

aviación [ah-vya-thyon'] f. aviation.

aviador [ah-vya-dor'] m. aviator, airman, pilot.

aviar [ah-vyar'] v. to supply, equip.

avidez [ah-vee-dayth'] f. covetousness, avidity.

ávido [ah'vee-do] adj. greedy, covetous; eager.

avieso [ah-vyar'so] adj. crooked; perverse.

avigorar [ah-vee-go-rar'] va. to invigorate.

avinagrado [ah-vee-na-gra'do] adj. stale, sour; harsh, embittered, crabbed.

avinagrar [ah-vee-na-grar'] va. to make sour; vr. to become sour.

avío [ah-vee'o] m. preparation, provision; pl. utensils; — de coser, sewing materials.

avión [ah-vee'on] m. aeroplane.

avisado [ah-vee-sa'do] adj. cautious, prudent, wise, sharp, clear-sighted.

avisar [ah-vee-sar'] va. to inform, advise; to notify.

aviso [ah-vee'so] m. notice, information, announcement; care.

avispa [ah-vees'pa] f. wasp.

avispado [ah-vees-pa'do] adj. lively, brisk.

avispar [ah-vees-par'] vr. to rouse, enliven.

avistar [ah-vees-tar'] va. to descry, catch sight of; vr. — con, to interview.

avituallar [ah-vee-twa-lyar'] va. to victual.

avivar [ah-vee-var'] va. to enliven, encourage, hasten; to heighten (colours); vn. to revive.

avizorar [ah-vee-tho-rar'] va. to keep sharp lookout on.

axioma [ak-syo'ma] m. axiom.

¡ay! [ah'ee] interj. Alas!

aya [ah'ya] f. governess, instructress.

ayer [ah-yayr'] adv. yesterday.

ayo [ah'yo] m. tutor, governor.

ayuda [ah-yoo'da] f. aid, help, assistance; — de cámara, valet.

ayudante [ah-yoo-dan'tay] m. aide-de-camp; assistant.

ayudar [ah-yoo-dar'] va. to help, assist, aid.

ayunar [ah-yoo-nar'] vn. to fast.

ayuno [ah-yoo'no] m. fast, abstinence; adv. en ayunas, fasting; quedarse en —, to be not a wit wiser.

ayuntamiento [ah-yoon-ta-myen'to] m. municipal council or government; town hall.

azabache [ah-tha-ba'tchay] m. jet.

azada [ah-tha'da] f. hoe.

azadón [ah-tha-don'n] m. large hoe; — de pico, pickaxe.

azafata [ah-tha-fa'ta] f. airhostess.

azafate [ah-tha-fa'tay] m. flat basket; tray. [fron.

azafrán [ah-tha-fran'] m. saffron.

azahar [ah-tha-ar'] m. orange or lemon blossom.

azar [ah-thar'] m. hazard, chance; unforseen disaster; unlucky throw (at cards, etc.); disappointment.

azaroso [ah-tha-ro'so] adj. unlucky, hazardous.

ázimo [ah'-thee-mo] adj. unleavened.

azogue [ah-tho'gay] m. quicksilver; es un —, he's a restless creature.

azor [ah-thor'] m. goshawk.

azoramiento [ah-tho-ra-myen'to] m. confusión, perturbation, bewilderment.

azorar [ah-tho-rar'] va. to confound, terrify.

azotar [ah-tho-tar'] va. to flog whip, flagellate.

azote [ah-tho'tay] m. whip; lash; scourge.

azotea [ah-tho-tay'a] f. flat roof.

azteca [ath-tay'ka] adj. aztec.

azúcar [ah-thoo'kar] m. sugar; — de pilón, lump sugar; — rosado, caramel sugar.

azucarado [ah-thoo-ka-ra'do] adj. sweetened, candied; (of words) honeyed.

azucarero [ah-tho-ka-ray'ro] m. sugar bowl; adj. sugar, of sugar.

azucarillo [ah-thoo-ka-ree'lyo] m. (kind of) meringue.

azucena [ah-thoo-thay'na] f. white lily.

azud [ah-thood'] f. sluice, water-wheel. [phur, brimstone.

azufre [ah-thoo-fray] m. sul-

azul [ah-thool'] adj. blue; — turquí, indigo; m. lapis lazuli.

azulejo [ah-thoo-lay'ho] m. glazed tile.

azumbre [ah-thoom'bray] m. (equivalent) half a gallon.

azuzar [ah-thoo-thar'] va. to set (dogs) on; to irritate.

B

baba [ba'ba] f. slaver, spittle, drivel.

babia [ba'bya] place: estar en —, to be wool-gathering.

bable [ba'blay] m. Asturian dialect. [port.

babor [ba-bor'] m. larboard,

babosa [bah-bo'sa] f. slug, young onion.

babucha [ba-boo'tcha] f. (soft ornamented) slipper.

bacalao [ba-ka-la'o] m. codfish.

bacía [ba-thee'a] f. shaving- or wash-basin.

bacilo [ba-thee'lo] m. bacillus.

báculo [ba'koo-lo] m. staff; support; walking stick; — pastoral, Bishop's crozier.

bache [ba-tchay] m. pot-hole (in road).

bachiller [ba-tchee-lyayr'] m. B.A., bachelor (degree); prater, babbler.

badajo [ba-da'ho] m. (bell) clapper; tongue-wagger.

badajocense [ba-da-ho-then'-say] m. & adj. (native) of Badajoz.

badil [ba-deel'] m. fire-shovel.

badulaque [ba-doo-lah'kay] m. (fam.) nit-wit, feather-brain, unreliable person.

bagaje [ba-ga'hay] m. baggage.

bagatela [ba-ga-tay'la] f. trifle, bagatelle.

baguío [ba-gee'o] m. (Philip.) hurricane.

bahía [ba-ee-'a] f. bay.

bailar [baee-lar'] vn. to dance.

baile [ba'ee-lay] m. dance, ball; — de san vito, St. Vitus's dance, chorea.

baja [ba'ha] f. fall, diminution in price; casualty (in battle, accident); darse de —, to rebaja [ba-ha'] m. Pasha. [sign.

bajá [ba-ha'] m. Pasha. [sign.

bajada [ba-ha'da] f. descent, slope.

bajamar [ba-ha-mar'] m. low tide.

bajar [ba-har'] vn. to decline, fall, come down, go down; va. to lower.

bajel [ba-hayl'] m. vessel, craft.

bajeza [ba-hay'tha] f. meanness; abjectness.

bajío [ba-hee'o] m. shoal; submerged sand bank.

bajo [ba'ho] ad., low, abject, mean, lowered; adv. below; hablar —, to speak softly; prep. under; m. bass; pl. petticoats.

bajo-relieve [ba-ho-ray-lyay'-vay] m. bas-relief.

bajón [ba-hon'] m. bassoon, bassoon-player.

bala [ba'la] *f.* bullet; bale.
baladí [ba-la-dee'] *adj.* trifling, unimportant, worthless.
baladrón [ba-la-dron'] *m.* boaster.
baladronada [ba-la-dro-na'da] *f.* boast, brag.
balance [ba-lan'thay] *m.* equilibrium; balance; balance-sheet; **echar un —**, to draw up a balance.
balancear [ba-lan-thay-ar'] *va.* to balance, to settle accounts; to rock, balance, dandle (*baby*).
balanceo [ba-lan-thay'o] *m.* oscillation, rocking, swaying.
balandra [ba-lan'dra] *f.* sloop.
balanza [ba-lan'tha] *f.* scale; pair of scales.
balar [ba-lar'] *vn.* to bleat.
balaustrada [ba-lows-tra'da] *f.* balustrade.
balazo [ba-la'tho] *m.* shot; bullet-wound.
balbucear [bal-boo-thay-ar'] *vn.* to babble, mumble, stutter, make (first) sounds.
balbucir [bal-boo-theer'] *vn.* *See* balbucear.
balcón [bal-kon'] *m.* balcony, veranda.
baldaquín [bal-da-keen'] *m.* canopy, dais.
baldar [bal-dar'] *va.* to cripple, obstruct; to trump (*cards*).
balde [bal'day] *m.* widebottomed bucket; **de —**, free, without paying; **en —**, in vain.
baldear [bal-day-ar'] *vn.* (*naut.*) to swill decks.
baldío [bal-dee'o] *adj.* uncultivated; idle; *m.* waste land.
baldón [bal-don'] *m.* opprobrium, affront, blot (on escutcheon).
baldosa [bal-do'sa] *f.* square paving tile; flag-stone.
balduque [bal-doo'kay] *m.* red tape.   [ric.
balear [ba-lay-ar'] *adj.* Balea-
balido [ba-lee'do] *m.* bleating.
balneario [bal-nay-a'ryo] *adj.* of baths; *m.* spa, watering-place.
balón [ba-lon'] *m.* large bundle; bale; (*inflated*) (foot-) ball.

balsa [bal'sa] *f.* pool, lake; raft.
balsámico [bal-sa'mee-ko] *adj.* balsamic.   [balm.
bálsamo [bal'sa-mo] *m.* balsam,
baluarte [bal-war'tay] *m.* bastion; bulwark.
ballena [ba-lyay'na] *f.* whale; whalebone.
ballenero [ba-lyay-nay'ro] *m.* whaler, whaling ship.
ballesta [ba-lyays'ta] *f.* crossbow; **a tiro de —**, a bow shot away.
ballestero [ba-lyays-tay'ro] *m.* archer; cross-bowman.
bambolear [bam-bo-lay-ar'] *vn.* to stagger, reel; to oscillate; to totter.
bambolla [bam-bo'lya] *f.* (*coll.*) showiness, ostentation, swank.
bambú [bam-boo'] *m.* bamboo; bamboo-cane.
banca [ban'ka] *f.* bench, long wooden seat; Philippine canoe; banking; **— de hielo**, ice-field.
bancario [ban-ka'ryo] *adj.* banking.
bancarrota [ban-ka-ro'ta] *f.* bankruptcy, failure.
banco [ban'ko] *m.* bench, form; bank; shoal (*of fish*).
banda [ban'da] *f.* band; (brass, military) band; sash; gang, party; side (*of ship*); cushion (*billiards*).
bandada [ban-da'da] *f.* flock; covey, flight.   [platter.
bandeja [ban-day'ha] *f.* tray,
bandera [ban-day'ra] *f.* (*national*) flag, ensign, banner, standard; **arriar la —**, to strike the colours, to surrender; *pl.* **con — desplegadas**, with flying colours.
banderilla [ban-day-ree'lya] *f.* barbed stick used in bullfighting.
banderillero [ban-day-ree-lyay'-ro] *m.* man who jabs banderillas into bull's neck.
banderín [ban-day-reen'] *m.* flag; signal (*railway*); recruiting post.
banderizo [ban-day-ree'tho] *adj.* partisan.
bandido [ban-dee'do] *m.* bandit, outlaw, highwayman.

bando [ban'do] *m.* proclamation, edict; faction, side, persuasion.

bandolera [ban-do-lay'ra] *f.* bandoleer, shoulder-belt *(for gun)*.

bandolero [ban-do-lay'ro] *m.* highwayman, robber.

bandolina [ban-do-lee'na] *f.* bandoline.

bandurria [ban-doo'rya] *f.* musical instrument *(like small guitar, with six double strings)*.

banquero [ban-kay'ro] *m.* banker, manager.

banquete [ban-kay-tay'] *m.* dock *(in court);* banquet.

bañar [ba-nyar'] *va.* to bathe, dip, wash; irrigate.

baño [ba'nyo] *m.* bath, bathing; bath-tub; coat *(of paint, etc.);* — **de maria,** bain de Marie.

baqueta [ba-kay'ta] *f.* ramrod; switch; *pl.* drumsticks.

baquetear [ba-kay-tar-ar'] *va.* to vex, annoy.

barandilla [baran-dee'lya] *f.* rail, railing.   [cards.

baraja [ba-ra'ha] *f.* pack of

barajar [ba-ra-har'] *va.* to shuffle cards; **paciencia y —,** Let's wait and see.

baranda [ba-ran'da] *f.* railing.

baratija [ba-ra-tee'ha] *f.* trifle, bauble; toy, trinket.

baratillo [ba-ra-tee'lyo] *m.* second-hand shop; remnant sale.

barato [ba-ra'to] *adj.* cheap, inexpensive; *adv.* cheaply.

baratura [ba-ra-too'ra] *f.* cheapness.

baraúnda [ba-ra-oon'da] *f.* hubbub; confusion, scrum.

barba [bar'ba] *f.* chin, beard; actor who plays old men's parts; **por —,** ahead, apiece; **hacer la —,** to shave.

barbacoa [bar-ba-ko'a] *f.* barbacue, a garret.

bárbara [bar'ba-ra] *f. (naut.)* **santa —,** powder-magazine.

barbaridad [bar-ba-ree-dad'] *f.* barbarity, cruelty; **¡qué —!** *(excl.)* How frightful!

barbarie [bar-ba'ryay] *f.* barbarism; incivility (of manners).

bárbaro [bar'ba-ro] *m.* barbarian; *adj.* barbarous, rough, rude, clumsy, crude; *(pop.)* wizard, stunning.   [fallow.

barbecho [bar-bay'tcho] *m.*

barbero [bar-bay'ro] *m.* barber.

barbilampiño [bar - bee - lam - pee'-nyo] *adj.* callow, baby-faced *(youth),* *m.* youngling, stripling, beginner.

barbilla [bar-bee'lya] *f.* chin.

barbotar [bar-bo-tar'] *v.a.* to mutter, mumble.

barca [bar'ka] *f. (small)* boat, barge, ferry-boat.

barcaza [bar-ka'tha] *f.* lighter.

barco [bar'ko] *m.* boat, ship; barge; vessel.   [wall.

bardal [bar-dal'] *m.* thatched

bardar [bar-dar'] *va.* to thatch.

bardo [bar'do] *m. (also* **barda** *f.)* bard, poet.   [ritone.

barítono [bar-ree'to-no] *m.* ba-

barlovento [bar-lo-ven'to] *m.* windward; weather-side.

barniz [bar-neeth'] *m.* varnish; superficial coat, veneer.

barnizar [bar-nee-thar'] *va.* to varnish, glaze, lacquer.

barómetro [ba-ro'may-tro] *m.* barometer.

barón [ba-ron'] *m.* baron.

baronesa [ba-ro-nay'sa] *f.* baroness.

barquero [bar-kay'ro] *m.* boatman; ferryman.

barquillo [bar-kee'lyo] *m.* small boat; sweet wafer.

barra [ba'ra] *f.* bar, stick, length *(of wood, etc.);* iron lever; metal ingot; sand-bank.

barraca [ba-ra'ka] *f.* hut, cabin; stall *(market);* *(Valencian)* cottage; barrack.   [rranco.

barranca [ba-ran'ka] *f. See* ba-

barranco [ba-ran'ko] *m.* ravine, gorge.   [sweepings.

barredura [ba-ray-doo'ra] *f.*

barrenar [ba-ray-nar'] *va.* to bore, drill; to scuttle *(a ship).*

barrer [ba-rayr'] *va.* to sweep, sweep away, carry off the whole; to rake *(with a volley, etc.).*

barrera [ba-ray'ra] *f.* barrier, fence; clay pit.

barricada [ba-ree-ka'da] *f.* barricade.

barriga [ba-ree'ga] *f.* belly, abdomen.
barrigudo [ba-ree-goo'do] *adj.* fat-bellied.
barril [ba-reel'] *m.* barrel, water cask.
barrilero [ba-ree-lay'ro] *m.* barrel-maker, cooper.
barrio [ba'ryo] *m.* ward, district, quarter, suburb.
barro [ba'ro] *m.* clay, mud; — cocido, terra-cotta; *pl.* pimples.   [que.
barroco [bar-ro'ko] *adj.* baro-
barroso [ba-ro'so] *adj.* muddy, clay-coloured; pimply.
barruntar [ba-roon-tar'] *va.* to guess, anticipate, conjecture, suspect.
barrunto [ba-roon'to] *m.* conjecture, foresight.
bártulos [bar'too-los] *m. pl.* tools, household goods, chattels.
barullo [ba-roo'lyo] *m.* confusion, disorder, row.
basa [ba'sa] *f.* pedestal, basis, foundation.
basalto [ba-sal'to] *m.* basalt.
basar [ba-sar'] *vn.* to base, set up, found.
basca [bas'ka] *f.* nausea.
báscula [bas'koo-la] *f.* lever scale, weighing scales.
base [ba'say] *f.* basis, foundation, ground.
basilisco [ba-see-lees'ko] *m.* basilisk.   [skirt.
basquiña [bas-kee'nya] *f.* top
basta [bas'ta] *interj.* enough; halt, stop; *f. (sew)* basting.
bastante [bas-tan'tay] *adv.* enough, sufficiently, quite, rather; *adj.* sufficient.
bastar [bar-tar'] *vn.* to suffice, be enough.
bastardilla [bas-tar-dee'lya] *f.* italics *(print)*.
bastardo [bas-tar'do] *adj.* bastard, spurious; *m.* bastard.
bastidor [bas-tee-dor'] *m.* embroidery frame; entre bastidores *(theat.)*, in the wings.
bastimento [bas-tee-men'to] *m.* provisions, food.
bastión [bas-tyon'] *m.* bastion; bulwark.

basto [bas'to] *adj.* rough, crude, coarse; *m.* pack-saddle; *pl.* clubs *(cards)*.
bastón [bas-ton'] *m.* cane, stick.
bastonero [bas-to-nay'ro] *m.* cane-maker *or* seller; cotillon-leader *(at dance)*.
basura [ba-soo'ra] *f.* sweepings, dung, refuse, garbage.
basurero [ba-soo-ray'ro] *m.* dustman; dust-pan.
bata [ba'ta] *m.* dressing-gown, house-coat, wrap.
batahola [ba-ta-o'la] *f.* bustle, clamour, hurly-burly.
batalla [ba-ta'lya] *f.* battle, fight.
batallar [ba-ta-lyar'] *vn.* to battle, fight.
batallón [ba-ta-lyon'] *m.* battalion.   [cloth.
batanar [ba-ta-nar'] *va.* to full
batata [ba-ta'ta] *f.* sweet potato.
batea [ba-tay'a] *f.* wooden, painted tray; punt.
batel [ba-tel'] *m.* small vessel.
batelero [ba - tay - lay'ro] *m.* boatman.
batería [ba-tay-ree'a] *f.* battery; — de cocina, kitchen utensils.
batida [ba-tee-da] *f.* hunting party; battue.
batido [ba-tee'do] *adj. (of silk)* shot; *m.* batter *(of flour, etc.)*.
batidor [ba-tee-dor'] *m.* scout; beater; out-rider; hemp-dresser.
batiente [ba-tyen'tay] *m.* jamb, leaf *or* post *(of door)*.
batihoja [ba-tee-o'ha] *m.* gold beater.
batín [ba-teen'] *m.* smoking-jacket.
batir [ba-teer'] *va.* to beat *(eggs, etc.)*; clap; demolish; coin *(money)*; *(mil.)* reconnoitre; *vr.* to fight, engage in a duel.
batista [ba-tees'ta] *f.* lawn, cambric.
batuta [ba-too'ta] *f.* baton; llevar la —, to lead, preside, be in charge.   [box.
baúl [ba-ool'] *m.* trunk, chest,
bautismo [bow-tees'mo] *m.* baptism.

bautizar [bow-tee-thar'] *va.* to christen, baptize; to water wine.

bautizo [bow-tee'tho] *m.* christening.

baya [ba'ya] *f.* berry.

bayeta [ba-yay'ta] *f.* baize; thick, rough woollen cloth.

bayo [ba'yo] *adj.* bay; yellowish colour.

bayoneta [ba-yo-nay'ta] *f.* bayonet; — **calada**, fixed bayonet.

bayonetazo [ba-yo-nay-ta'tho] *m.* bayonet-thrust.

baza [ba'tha] *f.* trick *(at cards);* **meter —,** to get a word in; to intervene.

bazar [ba-thar'] *m.* bazaar.

bazo [ba'tho] *m.* spleen.

bazofia [ba-tho'fya] *f.* hogwash; remnants.

beata [bay-a'ta] *f.* (often) pious old maid; woman engaged in works of piety; "hypocrite"; church-goer; very devout lady.

beatificar [bay-a-tee-fee-kar'] *va.* to beatify.

beatitud [bay-a-tee-tood'] *f.* blessedness, holiness.

beato [bay-a'to] *adj.* blessed, happy.

bebedero [bay-bay-day'ro] *m.* drinking vessel, trough, birdbath; *adj.* potable.

bebedizo [bay-bay-dee'tho] *m.* potion, philtre, poisoned drink.

bebedor [bay-bay-dor'] *m.* toper, drinker.

beber [bay-bayr'] *va. & vn.* to drink, swallow, imbibe; **—los vientos por,** to be mad for love of.

bebida [bay-bee'da] *f.* drink, beverage, potion.

beca [bay'ka] *f.* scholarship, grant, fellowship.

becada [bay-ka'da] *f.* woodcock.

becerro [bay-thay'ro] *m.* yearling calf; tanned calf-skin; church register; book bound in calf-skin; **—marino,** seal.

bedel [bay-day'] *m.* beadle, *(university)* porter.

beduino [bay-dwee'no] *m.* Bedouin. [mockery, scorn.

befa [bay'fa] *f.* taunt, jeer,

befar [bay-far'] *va.* to scoff, laugh at. [thick-lipped.

befo [bay'fo] *adj.* knock-kneed;

behetría [bay-ay-tree'a] *f.* town which could choose its own lord.

beldad [bal-dad'] *f.* beauty; loveliness.

belén [bay-len'] *m.* Bethlehem; nativity scene, crèche; confusion, Bedlam.

beleño [bay-lay'nyo] *m.* henbane.

belfo [bel'fo] *adj.* blob-lipped *m.* thick underlip of a horse.

belga [bel'ga] *m. & adj.* Belgian,

bélico [bay-lee-ko] *m.* warlike, martial.

belicoso [bay-lee-ko'so] *adj.* warlike, pugnacious.

beligerante [bay-lee-hay-ran'-tay] *m. & adj.* belligerent.

bellaco [bay-lya'ko] *m.* rogue, knave, sly one.

bellaquería [bay-lya-kay-ree'a] *f.* knavery, act of cunning.

belleza [bay-lyay'tha] *f.* beauty, loveliness; flourish, ornament.

bello [bay'lyo] *adj.* beautiful, handsome, fair, lovely.

bellota [bay-lyo'ta] *f.* acorn.

bemol [bay-mol'] *m. (mus.)* flat, the sign

bendecir [ben-day-theer'] *va.* to bless, consecrate.

bendición [ben-dee-thyon'] *f.* benediction; *pl.* marriage ceremony.

bendito [ben-dee'to] *adj.* blessed; *m.* simpleton; saint.

benedictino [bay-nay-deek-tee'no] *m. & adj.* Benedictine.

beneficencia [bay-nay-fee-then'-thya] *f.* beneficence, kindness, charity.

beneficiar [bay-nay-fee-thyar'] *va.* to benefit, cultivate, improve oneself.

beneficio [bay-nay-fee'thyo] *m.* benefit, profit; favour, kindness; *(ecclesiast.)* living.

beneficioso [bay-nay-fee-thyo'so] *adj.* beneficial, advantageous.

benéfico [bay-nay'fee-ko] *adj.* kind, charitable.

benemérito [bay-nay-may'ree-to] adj. worthy, meritorious; *f.* Guardia Civil.

beneplácito [bay-nay-pla'thee-to] *m.* approbation, consent, good will.

benevolencia [bay-nay-vo-len'-thya] *f.* benevolence, good will.

benévolo [bay-nay'vo-lo] adj. kind-hearted, amiable, benevolent.

benignidad [bay-neeg-nee-dad'] *f.* kindness, benignity.

benigno [bay-neeg'no] adj. benign, clement, kind; mild *(weather); (influence)* softening, gentle.

benito [bay-nee'to] *m. & adj.* Benedictine.

benjuí [ben-hooee'] *m.* benzoin, spice-bush.

beodo [bay-o'do] *m.* drunken, soused *(in drink).*

berengena [bay-ren-hay'na] *f.* egg-plant.

bergantín [bayr-gan-teen'] *m.* brig, brigantine.

berlina [bayr-lee'na] *f.* landau; front compartment of stage-coach.

bermejo [bayr-may'ho] adj. bright red, vermilion.

bermellón [bayr-may-lyon'] *m.* vermilion.

berrear [bay-ray-ar'] *vn.* to low *(like a calf).*

berrido [bay-ree'do] *m.* lowing *(of a calf); (fig.)* howl, screaming (of child).

berrinche [bay-reen'tchay] *m.* fury, temper *(of small boys).*

berro [bay'ro] *m.* water-cress.

berza [bayr'tha] *f.* cabbage; — lombarda, red cabbage.

besamanos [bay-sa-ma'nos] *m.* levée, court day; compliment.

besar [bay-sar'] *va.* to kiss.

beso [bay'so] *m.* kiss.

bestia [bays'tya] *f.* beast; stupid person, clod, idiot.

bestialidad [bays-tya-lee-dad'] *f.* bestiality, brutality.

besugo [bay-soo'go] *m.* sea-bream.

besuquear [bay-soo-kay-ar'] *va.*

to slobber over (with kisses), cover with kisses.

betún [bay-toon'] *m.* bitumen; shoe-blacking.

biberón [bee-bay-ron'] *m. (infant's)* feeding-bottle.

biblia [bee'blya] *f.* Bible.

bíblico [bee'blee-ko] adj. biblical.

bibliófilo [bee-blyo'fee-lo] *m.* book-lover, bibliophile.

bibliógrafo [bee-blyo'gra-fo] *m.* bibliographer.

biblioteca [bee-blyo-tay'ka] *f.* library; public library.

bibliotecario [bee-blyo-tay-ka'-ryo] *m.* librarian.

bicicleta [bee-thee-klay'ta] *f.* bicycle.

bicho [bee'tcho] *m.* insect, grub, 'thing' (i.e. small animal); pl. vermin.

bielda [byel'da] *f.* pitchfork.

bieldo [byel'do] *m.* winnowing-fork.

bien [byayn'] *m.* good, utility; darling, loved one; no —, as soon as; pl. —muebles, goods and chattels; —raíces, real estate; adv. well, right, indeed, easily, although.

bienal [byay-nal'] adj. biennial.

bienandanza [byay-nan-dan'tha] *f.* prosperity, fortune, success, good luck.

bienaventurado [byay-na-ven-too-ra'do] adj. happy, fortunate, blessed.

bienestar [byay-nays-tar'] *m.* comfort, well-being.

bienhadado [byay-na-da'do] adj. happy, lucky.

bienhallado [byay-ha-lya'do] adj. well met, glad to be here.

bienhecho [byay-nay'tcho] adj. well-built, well done.

bienhechor [byay-nay-tchor'] *m.* benefactor.

bienio [byay'nyo] *m.* two-year space or period, the two years.

bienquisto [byayn-kees'to] adj. well-beloved, well liked.

bienvenida [byayn-vay-nee'da] *f.* welcome; dar la —, to welcome.

biftec [beef-tek'] *m.* steak.

bifurcación [bee-foor-ka-thyon'] *f.* forking, fork, branching (*of roads, etc.).*

bigote [bee-go'tay] *m.* moustache, whisker.

bigudí [bee-goo-dee'] *m.* curling-pin. [Bilbao.

bilbaíno [beel-ba-ce'no] *adj.* of

bilingüe [bee-leen'gway] *adj.* bilingual. [liverish.

bilioso [bee-lyo'so] *adj.* bilious,

bilis [bee-lees] *f.* bile.

billar [bee-lyar'] *m.* billiards; billiard table; **sala de —,** billiard hall.

billete [bee-lyay'tay] *m.* note, brief letter, love-letter; ticket; **—de banco,** bank note; **—sencillo,** single ticket; **—de ida y vuelta,** return ticket.

bimensual [bee-mayn-swal'] *adj.* twice monthly, fortnightly.

bimestral [bee-mays-tral'] *adj.* every two months, two monthly. [nocular(s).

binóculo [bee-no'koo-lo] *m.* bi-

biografía [byo-gra-fee'a] *f.* biography.

biógrafo [byo'gra-fo] *m.* biographer. [screen.

biombo [byom'bo] *m.* (fire)

biplano. [bee'pla-no] *m.* biplane.

birlar [beer-lar'] *va.* to bowl (*a ball*) a second time; to knock down; to kill at one blow; snatch away.

birlibirloque [beer-lee-beerlo'-kay] *m.* **por arte de—,** by signs and spells. [kite.

birlocha [beer-lo'tcha] *f.* paper

birreta [bee-ray'ta] *f.* cardinal's red cap.

birrete [bee-ray'tay] *m.* cap, bonnet.

birria [bee'rya] *f.* ¡qué—!, what a sight! what a mess!

bisabuelo, a [bee-sa-bway'low, a] *m. & f.* great-grandfather, great-grandmother.

bisagra [bee-sa'gra] *f.* hinge.

bisel [bee-sel'] *m.* bevel, bevelled edge.

bisiesto [bee-syes'to] *adj.* año—, leap-year.

bisoño [bee-so'nyo] *adj.* novice, inexperienced; raw recruit.

bisturí [bees-too-ree'] *m.* bistoury; scalpel.

bizarría [bee-tha-ree'a] *f.* gallantry, dash, swagger, liberality, splendidness.

bizarro [bee-tha'ro] *adj.* gallant, dashing, brave; generous; rare.

bizco [beeth'ko] *adj.* squinteyed, cross-eyed.

bizcocho [beeth-ko'tcho] *m.* sponge-cake, sponge-biscuit.

bizma [beeth'ma] *f.* poultice.

biznieto, a [beeth-nyay'to, a] *m. & f.* great-grandson, great-granddaughter.

blanca [blan'ka] *f.* (*equiv.*) brass farthing; (*mus.*) minim; **sin —,** broke, without a bean.

blanco [blan'ko] *adj.* white; *m.* lacuna, blank; goal, target, aim; white star spot (*on horses*); **arma —a,** (cold) steel (weapons); **dar en el —,** to hit the mark; **dejar en —,** to leave blank.

blancura [blan-koo'ra] *f.* whiteness.

blandir [blan-deer'] *va.* to brandish.

blando [blan'do] *adj.* soft, pliant, mild, tractable, gentle, yielding.

blandón [blan-don'] *m.* wax taper.

blandura [blan-door'ra] *f.* softness, mildness, gentleness.

blanquear [blan-kay-ar'] *va.* to whiten; to bleach; to whitewash; *vn.* to be bleached, go white.

blanquecino [blan-kay-thee'no] *adj.* whitish.

blanquete [blan-kay'tay] *m.* whitewash; white cosmetic.

blasfemar [blas-fay-mar'] *vn.* to blaspheme; to curse.

blasfemia [blas-fay'mya] *f.* blasphemy, curse.

blasón [bla-son'] *m.* heraldry, escutcheon, shield, armorial bearings; pride, proud boast.

blasonar [bla-so-nar'] *va.* to blazon; *vn.* to be ostentatious; **—de,** to boast of.

bledo [blay'do] *m.* wild amaranth; **no me importa un —,** I don't care a toss.

blenda [blen'da] *f.* (min.) blende.

blindado [bleen-da'do] *adj.* armoured (*tanks, cars, etc.*).

blindaje [bleen-da'hay] *m.* blindage; armour-plate.

blindar [bleen-dar'] *va.* to protect with armour-plating.

blondo [blon'do] *adj.* (*unus.*) fair.

bloque [blo'kay] *m.* block.

bloquear [blo-kay-ar'] *va.* to blockade, besiege, invest.

bloqueo [blo-kay'o] *m.* blockade.

blusa [bloo'sa] *f.* blouse, smock.

boa [bo'a] *f.* boa constrictor; feather muffler.

boato [bo-a'to] *m.* show, flourish, pomp, panache, ostentation.   [blockhead.

bobalicón [bo-ba-lee-kon'] *m.*

bobería [bo-bay-ree'a] *f.* stupidity; foolishness, doltishness.

bóbilis [bo'bee-lees] de —, *adv.* without trouble.

bobo [bo'bo] *m.* dunce, dolt clown, fool; *adj.* silly, simple, innocent.

boca [bo'ka] *f.* mouth; entrance, bung, hole; nozzle; a — de jarro, point-blank, very close; —arriba, face upwards; —abajo, on one's face, face downwards; hacer —, to take an appetiser; **no decir esta — es mía,** to keep mum; **de manos a —,** unexpectedly, out of the blue.

bocacalle [bo-ka-ka-lyay] *f.* crossing, junction, opening, end (of street).

bocadillo [bo-ka-dee'lyo] *m.* sandwich; "snack"; narrow ribbon.

bocado [bo-ka'do] *m.* morsel bite; — de rey, titbit, delicacy.

bocanada [bo-ka-na'da] *f.* puff (*of smoke*), mouthful (*of liquid*; — de viento, gust, blast.

boceto [bo-thay'to] *m.* sketch, unfinished drawing.

bocina [bo-thee'na] *f.* horn (*of car*), trumpet, megaphone, fog-horn.

bocoy [bo-koy'] *m.* hogshead.

bochorno [bo-tchor'no] *m.* sultry weater; disgrace, stigma, obloquy, dishonour; blush; shame, blot (*on reputation*).

bochornoso [bo-tchor-no'so] *adj.* stifling, sultry, thundery; shameful; vile, infamous, scandalous, degrading.

boda [bo'da] *f.* wedding, marriage ceremony.

bodega [bo-day'ga] *f.* cellar, wine-vault; store-room; hold (*of ship*).

bodegón [bo-day-gon'] *m.* tavern; eating-house; still-life painting.

bodegonero [bo-day-go-nay'ro] *m.* tavern-keeper, 'mine host'.

bofe [bo'fay] *m.* lung, lights; echar el —, to pant heavily.

bofetada [bo-fay-ta'da] *f.* slap; *pl.* a —s, with (*his*) fists.

bofetón [bo-fay-ton'] *m.* cuff, heavy blow on face.

boga [bo'ga] *f.* rowing; estar en —, to be fashionable; *m.* rower in a canoe.

hogar [bo-gar'] *vn.* to row.

bohemio [bo-ay'myo] *m.* Bohemian, bohemian, gipsy.

boina [boy'na] *f.* beret.

boj [bo'h] *m.* box-tree, box-wood.

bol (bal) *m.* bowl; punch-bowl, jorum.

bola [bo'la] *f.* (*solid*) ball; bowl, bowling; (*coll.*) lie; (*Arg.*) weighted lariat.

bolero [bo-lay'ro] *m.* Spanish dance.

boleta [bo-lay'ta] *f.* ticket; soldiers' billet.

boletín [bo-lay-teen'] *m.* official gazette, bulletin.

boleto [bo-lay'to] *m.* (*S. Amer.*) ticket.

boliche [bo-lee'tchay] *m.* jack (*in bowls*); cup-and-ball (*game*); drag-net.

bolívar [bo-lee'var] *m.* (*Venez.*) silver coin.

bolo [bo'lo] *m.* a nine-pin, skittle cushion (*for lacemaking*); bolus, large pill.

bolsa [bol'sa] *f.* purse; money; Exchange.

bolsillo [bol-see'lyo] *m.* pocket; purse.

bolsista [bol-sees'ta] *m.* speculator, stock-broker.

bollo [bo'lyo] *m.* small loaf small *(sponge)* cake; dent, lump.

bomba [bom'ba] *f.* pump; bomb; lamp-chimney.

bombardear [bom-bar-day'ar] *va.* to bomb.

bombardeo [bom-bar-day'o] *m.* bombardment, bombing.

bombero [bom-bay'ro] *m.* fireman.

bombilla [bom-bee'lya] *f.* bulb *(electric light).*

bonachón [bo-na-tchon'] *adj.* good-natured, easy-going.

bonaerense [bo-na-ayren'say] *adj.* from Buenos Aires.

bonancible [bo-nan-thee'blay] *adj.* calm, fair, quiet.

bonanza [bo-nan'tha] *f.* calm, fair weather at sea; prosperity.

bondad [bon-dad'] *f.* goodness; kindness.

bondadoso [bon-da-do'so] *adj.* kind-hearted, helpful.

bonete [bo-nay'tay; *m.* cap, bonnet *(eccles. & acad.).*

bonito [bo-nee'to] *adj.* pretty, nice, graceful; *m.* striped tunny.

bono [bo'no] *m.* bond, certificate, security] — **del tesoro,** exchequer bill, Treasury bill.

boquear [bo-kay-ar'] *va.* to gasp; to breathe one's last.

boquerón [bo-kay-ron'] *m.* wide openin, hole; anchovy.

boquete [bo-kay'tay] *m.* gap, narrow entrance.

boquiabierto [bo-kee-a'byayr'-to] *adj.* gaping, openmouthed; *m.* gaper.

boquilla [bo-kee'lya] *f.* *(mus.)* mouth-piece; cigarette-holder; gas-jet.

boquirroto [bo-kee-ro'to] *adj.* loquacious, garrulous.

borbollar [bor-bo-lyar'] *vn.* to gush out, to bubble *(when boiling).*

borbotar [bor-bo-tar'; *vn.* to bubble, flow in spurts *(blood from wound, etc.).*

borbotón [bor-bo-ton'] *m.* hablar a — es, to talk impetuously.

borceguí [bor-thay-gee'] *m.* buskin; laced boot.

borda [bor'da] *f.* hut, cottage; gunwale *(of ship).*

bordada [bor-da'da] *f.* **dar una** —, to tack *(of a ship).*

bordado [bor-da'do] *m.* embroidery. [broider.

bordar [bor-dar'] *va.* to em-

borde [bor'day] *m.* border, edge, fringe; hem; brim.

bordear [bor-day-ar'] *vn.* to ply to windward.

bordelés [bor-day-lays'] *adj.* of Bordeaux.

bordo [bor'do] *m.* a —, on board.

bordón [bor-don'] *m.* staff; walking stick; bass-string; refrain *(of song);* pl. out-riggers.

boreal [bo-ray-al'] *adj.* boreal, northern.

borinqueño [bo-reen-kay'nyo] *adj.* Puerto Rican.

borla [bor'la] *f.* tassel, tuft; *(acad.)* Doctor's bonnet; **tomar la** —, to take a Doctorate.

borra [bo'ra] *f.* yearling ewe; floss silk; nap *(on cloth);* flock wool; lees, waste; idle chatter.

borrachera [bo-ra-tchay'ra] *f.* drunkenness; carousal, spree.

borracho [bo-ra'tcho] *adj. & m.* drunk, intoxicated.

borrador [bo-ra-dor'] *m.* rough draft; rough note-book, scribbling pad; eraser, duster.

borrajear [bo-ra-hay-ar'] *vn.* to scribble, scrawl.

borrar [bo-rar'] *va.* to cross out, rub out, scratch out; to obscure, obliterate, smudge.

borrasca [bo-ras'ka] *f.* squall, tempest.

borrascoso [bo-ras-ko'so] *adj.* squally.

borrego [bo-ray'go] *m.* yearling lamb; simpleton.

borrica [bo-ree'ka] *f.* she-ass.

borricada [bo-ree-ka'da] *f.* a drove of asses; donkey-ride.

borrico [bo-ree'ko] *m.* ass; fool.

borrón [bo-ron'] *m.* blot *(of ink),* blur; blemish, blot *(on reputation, etc.).*

borroso [bo-ro'so] *adj.* *(weather)* thick, turbid; illegible; obscure *(of writing)*.

bosque [bos'kay] *m.* wood, forest, grove.

bosquejar [bos-kay-har'] *va.* to sketch, model.

bosquejo [bos-kay'ho] *m.* sketch; rough plan.

bostezar [bos-tay-thar'] *vn.* to yawn, gape.

bostezo [bos-tay'tho] *m.* yawn.

bota [bo'ta] *f.* top-boot; leather wine-bag.

botador [bo-ta-dor'] *m.* pitcher *(in games)*; boat-hook.

botadura [bo-ta-doo'ra] *f.* launching *(of ship)*.

botalón [bo-ta-lon'] *m.* *(naut.)* boom.

botánica [bo-ta'nee-ka] *f.* botany.

botánico [bo-ta'nee-ko] *adj.* botanical; *m.* botanist.

botar [bo-tar'] *va.* to fling; squander; to launch *(ship)*; to bounce.   [terbrain.

botarate [bo-ta-ra'tay] *m.* scat-

bote [bo'tay] *m.* boat; *(lance)* thrust; jump; rebound; bounce *(of ball)*; de — en —, full up *(with people)*, chock-full.

botella [bo-tay'lya] *f.* bottle, flask.

botica [bo-tee'ka] *f.* chemist's shop, apothecary's shop.

boticario [bo-tee-ka'ryo] *m.* chemist, pharmacist.

botija [bo-tee'ha] *f.* (round earthenware) jug.

botijo [bo-tee'ho] *m.* earthen jar (with spout and handle).

botillo [bo-tee'lyo] *vn.* small wine skin.

botín [bo-teen'] *m.* buskin; gaiter; booty, spoils.

botón [bo-ton'] *m.* button; tip; knob; *(elect.)* switch; bud; sprout; *pl.* "Buttons", pageboy.

bóveda [bo'vay-da] *f.* arched roof, vault; cave.

bovino [bo-vee'no] *adj.* bovine; of cattle.

boxeo [bok-say'o] *m.* boxing.

boya [boy'ya] *f.* buoy.

boyante [boy-yan'tay] *adj.* buoyant; "afloat", prosperous.

boyero [boy-yay'ro] *m.* oxdriver, cow-herd.

bozal [bo-thal'] *m.* muzzle.

bozo [bo'tho] *m.* down *(on upper lip)*.

braceaje [bra-thay-a'hay] *m.* depth of water *(in fathoms)*.

bracero [bra-thay'ro] *m.* day labourer; de —, arm in arm.

braga [bra'ga] *f.* breeches, knickerbockers, knickers.

bragazas [bra-ga'thas] *f.* *pl.* wide breeches; *m.* henpecked man.

brama [bra'ma] *f.* rut, sexual heat; æstrum; must.

bramar [bra-mar'] *vn.* to roar, bellow, groan.

bramido [bra-mee'do] *m.* howl, roar, howling, roaring *(of animals, elements)*.

brasa [bra'sa] *f.* live coal; *pl.* estar en —s, to be like a cat on hot bricks.

brasero [bra-say'ro] *m.* brazier, fire-pan.

brasileño [bra-see-lay'nyo] *adj.* Brazilian.

bravata [bra-va'ta] *f.* boast, an 'act', showing off; threat.

braveza [bra-vay'tha] *f.* courage; vigour; ferocity; fury *(of elements)*.

bravío [bra-vee'o] *adj.* savage, untamed.

bravo [bra'vo] *adj.* hardy, courageous, valiant; wild; toro —, bull for bull-fights; *interj.* hurrah!

bravura [bra-voo'ra] *f.* courage; manliness; boastfulness.

braza [bra'tha] *f.* fathom.

brazada [bra-tha'da] *f.* armful.

brazado [bra-tha'do] *m.* *See* brazada.

brazalete [bra-tha-lay'tay] *m.* armlet, bracelet.

brazo [bra'tho] *m,* arm; branch; — secular, temporal authority; *pl.* los — cruzados, with folded arms *(idle)*; luchar a — partido, to fight with bare fists; ser el — derecho de, to be the right hand man of.

brea [bray'a] *f.* pitch, tar; coarse canvas.

brebaje [bray-ba'hay] *f.* medicine, draught, beverage; (*naut.*) grog.

brecha [bray'tcha] *f.* breach, opening; **batir en —**, to make a breach in.

brega [bray'ga] *f.* struggle, strife; contest; pun.

bregar [bray-gar'] *vn.* to struggle, wrestle (*with*), contend; to work dough with rolling pin.

breña [bray'nya] *f.* rough scrub, waste moorland.

breñal [bray-nyal'] *m.* *See* breña.

breva [bray'va] *f.* early fig; large early acorn; choice cigar.

breve [bray'vay] *m.* Apostolic brief; *adj.* brief, short, concise; (*mus.*) breve; **en —**, soon.

brevedad [bray-vay-dad'] *f.* brevity, conciseness.

breviario [bray-vya'ryo] *m.* breviary; epitome.

brezal [bray-thal'] *m.* heath, field of heather.

brezo [bray'tho] *m.* heath; heather. [skirt.

brial [bree-al'] *m.* (*arch.*) silk

bribón [bree-bon'] *m.* scoundrel, vagrant.

bribonear [bree-bo-nay-ar'] *vn.* to loaf, lead a vagabond life.

brida [bree'da] *f.* bridle; curb; flange.

brigada [bree-ga'da] *f.* brigade.

brillante [bree-lyan'tay] *adj.* brilliant, bright; *m.* brilliant, diamond.

brillar [bree-lyar'] *vn.* to shine, glitter; be outstanding (*in talents, etc.*).

brillo [bree'lyo] *m.* shine; resplendence, splendour; distinction, polish.

brincar [breen-kar'] *vn.* to frisk, hop, leap.

brinco [breen'ko] *m.* jump, hop, bound.

brindar [breen-dar'] *vn.* to drink *or* toast health; to promise, offer a prospect of; *va.* to offer willingly, proffer.

brindis [breen'dees] *m.* toast; health.

brinza *See* brizna.

brío [bree'o] *m.* strength, fire; nerve, spirit, liveliness.

brioso [bryo'so] *adj.* fiery, vigorous, lively.

brisa [bree'sa] *f.* breeze, soft wind.

brisca [brees'ka] *f.* (a card game). [British.

británico [bree-ta'nee-ko] *adj.*

brizna [breeth'na] *f.* particle, fragment, chip; blade, sprig (*grass, etc.*).

brocado [bro-ka'do] *m.* brocade.

brocal [bro-kal'] *m.* curb-stone (of a well).

brocha [bro'tcha] *f.* painter's brush; **de — gorda**, rough-hewn, slap-dash, rough and ready fashion.

broche [bro'tchay] *m.* clasp; brooch; hook and eye.

broma [bro'ma] *f.* practical joke, jest; **— pesada**, joke taken too far; **de —**, in fun, not in earnest.

bromear [bro-may'ar] *vn.* to jest.

bromista [bro-mees'ta] *m.* merry jester; practical joker.

bronca [bron'ka] *f.* row; **se armó una —**, there was no end of a shindy. [brass.

bronce [bron'thay] *m.* bronze,

bronceado [bron-thay-a'do] *adj.* brazen, of brass; *m.* bronzing.

bronco [bron'ko] *adj.* rough, coarse; peevish; hoarse.

bronquial [bron-kyal'] *adj.* bronchial. [bronchitis.

bronquitis [bron-kee'tees] *f.*

broquel [bro-kel'] *m.* buckler, shield.

brotar [bro-tar'] *vn.* to shoot, sprout, bud; to spring (*from*).

brote [bro'tay] *m.* bud, shoot.

broza [bro'tha] *f.* thicket; dead wood, rubbish; idle talk; printer's brush.

bruces [broo'thays] *adv.* **de —**, face down wards, headlong.

bruja [broo'ha] *f.* witch, hag, sorceress.

brujería [broo-hay-ree'a] *f.* witchcraft.

brujir [broo-heer'] *vn.* to trim glass. [sorcerer.

brujo [broo'ho] *m.* magician,

brújula [broo'hoo-la] *f.* compass; sea-compass.

brujulear [broo'hoo-lay-ar'] va. to find out by guesswork; to conjecture.

bruma [broo'ma] f. mist, haze.

brumoso [broo-mo'so] adj. hazy, foggy, misty; vague.

bruñido [broo-nyee'do] m. polish; adj. burnished.

bruñir [broo-nyeer'] va. to polish, burnish.

brusco [broos'ko] adj. rude, forward, rough, sharp, brusque.

brutal [broo-tal'] adj. brutal, vicious, savage.

brutalidad [broo-ta-lee-dad'] f. brutality, savageness.

bruto [broo'to] m. brute; ignorant person; adj. unpolished, crude; **peso —**, gross weight, **en —**, as grown, mined, etc., unrefined, (stone) undressed.

buba [boo'ba] f. postule, small tumour.

bucanero [boo-ka-nay'ro] m. buccaneer.

bucear [boo-thay-ar'] vn. to dive; to search below the surface.

buceo [boo-thay'o] m. diving.

bucle [boo'klay] m. curl, ringlet.

buche [boo'tchay] m. maw, crop; foal; pucker (in clothes); **sacar a uno el —**, to worm secrets out of one.

buchinche [boo-tcheen'tchay] m. mean tavern, poor dwelling.

buenamente [bway-na-men'tay] adv. spontaneously, easily.

buenaventura [bway-na-ventoo'ra] f. good luck, fortune.

bueno (buen) [bway'no] adj. good; plain, simple, honest; sound, healthy; fit, appropriate; adv. well; **de buenas a primeras**, straight away; **a buenas**, with right good will.

buey [bway'] m. ox; **— marino**, sea-calf; **— de agua**, gush of water from spring, etc.

búfalo [boo'fa-lo] m. buffalo.

bufanda [boo-fan'da] f. muffler, scarf.

bufar [boo-far'] vn. to snort.

bufete [boo-fay'tay] m. desk; sideboard; writing-table; lawyer's office; **abrir —**, to set up as a lawyer.

bufido [boo-fee'do] m. snorting; huff, h'mph!

bufo [boo'fo] m. buffoon; adj. grotesque, comic (opera).

bufón [boo-fon'] m. buffoon, harlequin, jester.

buhardilla [boo-ar-dee'lya] f. sky-light; garret.

búho [boo'o] m. owl; unsociable person; **es un —**, he doesn't go anywhere.

buhonero [boo-o-nay'ro] m. hawker, cheap-jack, pedlar.

buitre [bwee'tray] m. vulture.

bujía [boo-hee'a] f. wax candle; candlestick; sparkplug; candlepower.

bula [boo'la] f. papal bull.

bulbo [boo'bo] m. bulb; globe.

bulero [booy-ay'ro] m. distributor of papal bulls.

búlgaro [bool'ga-ro] m. & adj. Bulgarian.

bulto [bool'to] m. bundle; bulk; bale; **a —**, wholesale; indiscriminately; **de —** of importance; **escurrir el —** to shirk the consequences, to refuse to face the music.

bulla [boo'lya] f. noise, clatter; **meter —** to make a din.

bullanga [boo-lyan'ga] f. tumult; riot.

bullicio [boo-lyee'thyo] m. noise; bustle (of a crowd).

bullicioso [boo-lyee-thyo'so] adj. rowdy, high-spirited, lively.

bullir [boo-lyeer'] vn. to boil; to bustle, fluster.

buñolero [boon-nyo-lay'ro] m. doughnut-seller, bun-maker.

buñuelo [boo-nyway'lo] m. bun, doughnut; **— de viento**, light cream bun.

buque [boo'kay] m. (large) vessel, ship; tonnage; **— de vapor**, steamship; **— escuela**, training-ship; **— de guerra**, warship.

burbuja [boor-boo'ha] f. bubble.

burdel [boor-del'] m. brothel.

burdo [boor'do] adj. coarse, ordinary.

burgalés [boor-ga-lays'] adj. of Burgos.

burgués [boor-gays'] m. bourgeois, middle-class.

burguesía [boor-gay-see'a] *f.* middle-class.
buril [boo-reel'] *m.* gravingtool; pen-graver.
burla [boor'la] *f.* mockery, hoax; jest; de —, for fun, not seriously; — pesada, low trick; — burlando, with one jest or other, easily.
burlador [boor-la-dor'] *m.* jester; wag; libertine.
burlar [boor-lar'] *vr.* to mock, gibe, ridicule; to frustrate, circumvent, get (around, over), baffle, outwit; to seduce; to deceive.
burlesco [boor-les'ko] *m.* burlesque.
burlón [boor-lon'] *m.* wag, jester; scoffer; *adj.* scoffing, mocking, waggish.   [beaurocracy.
burocracia [boo-ro-kra'thya] *f.*
burra [boo'ra] *f.* she-ass.
burrada [boo'ra'da] *f.* blunder, "gaff", "howler".

burro [boo'ro] *m.* ass, donkey; dolt.
bursátil [boo-sa'teel] *adj.* "Exchange", financial.
busca [boos'ka] *f.* search, pursuit; *pl.* perquisites.
buscar [boos-kar'] *va.* to look for, hunt for; to search; *vr.* to bring upon oneself.
buscón [boos-kon'] *m.* seeker, pilferer.
busilis [boo-see'lees] *m.* question, knotty point, dark riddle.
buso [boo'so] *m.* (*orn.*) glede, buzzard.
búsqueda [boos'kay-da] *f.* search, quest.
busto [boo'sto] *m.* bust.
butaca [boo-ta'ka] *f.* armchair, easy-chair; stall (*theatre*).
butifarra [boo-tee-fa'ra] *f.* sausage (*esp. in Catalonia*).
buzo [boo'tho] *m.* diver.
buzón [boo-thon'] *m.* conduit; letter-box, pillar-box; bung.

C

cabal [ka-bal'] *adj.* just; perfect, consummate, complete, exact.   [trigue; clique.
cábala [ka'ba-la] *f.* cabal; in-
cabalgadura [ka-bal-ga-doo'ra] *f.* riding horse, mount; beast of burden.
cabalgar [ka-bal-gar'] *vn.* to ride (on horse-back).
cabalgata [ka-bal-ga'ta] *f.* cavalcade.   [ne, of horses.
cabalgar [ka-ba-lyar'] *adj.* equi-
caballeresco [ka-ba-lyay-res'ko] *adj.* chivalrous, knightly.
caballería [ka-ba-lyay-ree'a] *f.* a riding beast; cavalry; knighthood; — andante, knight-errantry.
caballeriza [ka-ba-lyay-ree'tha] *f.* stable, stud of horses.
caballerizo [ka-ba-lyay-ree'tho] *m.* equerry; head groom.
caballero [ka-ba-lyay'ro] *m.*

knight, horseman; nobleman; gentleman; — andante, knight errant; — de industria, sharper, swindler.
caballerosidad [ka-ba-lyay-ro-see-dad'] *f.* generosity, nobility (*of heart or person*).
caballete [ka-ba-lyay'tay] *m.* painter's easel; trestle; ridge; chimney-cowl; bridge (*of nose*).
caballo [ka-ba'lyo] *m.* horse; horse-power; Queen (*cards*); knight (*chess*); a —, on horse-back.
cabalmente [ka-bal-men'tay] *adv.* exactly, quite so, just so.
cabaña [ka-ba'nya] *f.* hut, hovel, cottage.
cabecear [ka-bay-thay-ar'] *vn.* to nod, droop; to shake head (*in disapproval*); (*naut.*) to pitch.

cabecera [kay-bay-thay'ra] *f.* bed-head; upper end *(of table, etc.);* bolster or pillow.

cabecilla [ka-bay-thee'lya] *m.* ringleader, leader, "chief".

cabellera [ka-bay-lyay'ra] *f.* hair *(especially of woman);* long hair; tail *(of comet).*

cabello [ka-bay'lyo] *m.* hair; *pl.* — de ángel, sweetmeat in form of fine threads; **tomar la ocasión por los —,** to take time by the forelock.

cabelludo [ka-bay-lyoo'do] *adj.* hairy, fibrous.

caber [ka-bayr'] *vn.* to be contained in, have room for, fit in; to be entitled to partake of; **no — de gozo,** to be beside oneself with joy; **no cabe más,** the place is full up; **no cabe duda,** there is no doubt.

cabestro [ka-bes'tro] *m.* halter; bell-ox.

cabeza [ka-bay'tha] *f.* head; beginning; leader, chief; upper part; **de —,** headlong, decisively, throughly; **romperse uno la —,** to wreck one's brains.

cabezada [ka-bay-tha'da] *f.* blow with the head, nod; halter; **dar —s,** to nod drowsily.

cabezal [ka-bay-thal'] *m.* small pillow.

cabezudo [ka-bay-thoo'do] *adj.* large-headed; obstinate, pig-headed.

cabida [ka-bee'da] *f.* content, capacity; **dar — a,** to make room for.

cabildo [ka-beel'do] *m.* cathedral chapter; town council.

cabizbajo [ka-beeth-ba'ho] *adj.* crestfallen.

cable [ka'blay] *m.* cable; — metálico, wire cable; — submarino, submarine cable.

cabo [ka'bo] *m.* end, stump; handle; cape, promontory; *(mil.)* corporal; **al — de,** at the end of; **de — a rabo,** from end to end; **llevar a —,** to finish, complete, succeed in doing.

cabotaje [ka-bo-ta'hay] *m.* coastal trade.

cabra [ka'bra] *f.* goat; **loco como una —,** as mad as a hatter.

cabrero [ka'bray'ro] *m.* goatherd.

cabrestante [ka-bray-stan'tay] *m.* capstan.

cabria [ka'brya] *f.* crane, hoist-crane, winch.

cabrilla [ka-bree'lya] *f. (sea)* white horses; **hacer —s,** to play ducks and drakes.

cabrío [ka-bree'o] *adj.* pertaining to goats; **macho —,** he-goat.

cabriola [ka-bryo-la] *f.* caper, leap, jump.

cabriolé [ka-bryo-lay'] *m.* cabriolet; *(arch.)* ladies' cloak.

cabritilla [ka-bry-tee'lya] *f.* kid *(leather).*

cabrito [ka-bree'to] *m.* kid.

cabrón [ka-bron'] *m.* buck, he-goat; cuckold.

cabruno [ka-broo'no] *adj.* goatish; pertaining to goats.

cacahuete [ka-ka-way'tay] *m.* earth-nut; peanut.

cacao [ka-ka'o] *m.* cocoa-tree; cocoa.

cacarear [ka-ka-ray-ar'] *vn.* to cackle, *(cock)* crow; to boast.

cacareo [ka-ka-ray'o] *m.* cackling, crowing; boast.

cacería [ka-thay-ree'a] *f.* hunting, hunt.

cacerola [ka-thay-ro'la] *f.* saucepan, casserole dish.

cacique [ka-thee'kay] *m.* (Indian) chief or prince; political boss.

caciquismo [ka-thee-kees'mo] *m.* rule or government by local bosses.

caco [ka'ko] *m.* thief, pickpocket; **más ladrón que —,** as big a thief as they make 'em.

cacofonía [ka-ko-fo-nee'a] *f.* cacophony; discordant, ugly sound.

cacto [kak'to] *m.* cactus.

cacumen [ka-koo'men] *m.* height; talent, wit; acumen.

cachalote [ka-tcha-lo'tay] *m.* cachalot whale.

cacharrería [ka-cha-ray-ree'a] *f.* pot shop.

cacharro [ka-cha'ro] *m.* coarse earthen pot; pots (and pans); **¡qué —!** what junk!

cachaza [ka-cha'tha] *f.* tardiness; phlegm; coolness.

cachemira [ka-chay-mee'ra] *f.* cashmere.

cachete [ka-chay'tay] *m.* slap; plump cheek.

cachimba [ka-cheem'ba] *f.* pipe *(for smoking)*.

cacho [ka'cho] *m.* piece, slice *(of bread, etc.)*.

cachiporra [ka-chee-po'ra] *f.* knobstick, knobkerrie.

cachorro [ka-cho'ro] *m.* puppy; cub, whelp.

cada [ka'da] *adj.* each; every; — **uno**, each one.

cadalso [ka-dal'so] *m.* scaffold *(for execution)*.

cadáver [ka-da'vayr] *n.* corpse, (dead) body.

cadejo [ka-day'ho] *m.* skein; entangled lock of hair.

cadena [ka-day'na] *f.* chain; — **perpetua**, hard labour for life.

cadencia [ka-den'thya] *f.* cadence, rhythm.

cadera [ka-day'ra] *f.* hip.

cadete [ka-day'tay] *m.* cadet; (Officer) cadet.

caducar [ka-doo-kar'] *vn.* to dote; to lapse, fall due; to become superannuated, out of date.

caduco [ka-doo'ko] *adj.* senile, decrepit; lapsed *(contracts)*.

caer [ka-ayr'] *vn.* to fall; to fall of; to happen; — **en la cuenta**, to understand, notice; — **bien**, to fit, suit; — **en gracia**, to make a good impression, to please; *vr.* — **de su peso**, to be self-evident.

café [ka-fay'] *m.* coffee; café.

cafetal [ka-fay-tal'] *m.* coffee plantation.

cafetera [ke-fay-tay'ra] *f.* coffee-pot, percolator.

cafetero [ka-fay-tay'ro] *m.* coffee tree.

cáfila [ka'fee-la] *f.* horde, band *(of gypsies)*. [ge.

cafre [ka'fray] *m.* Kaffir, savage.

cahiz [ka-eeth'] *m.* old dry measure *(about 12 bushels)*.

caída [ka-ee'da] *f.* fall; ruin; — **del sol**, sunset. [tor.

caimán [ka-ee-man'] *m.* alliga-

caimiento [ka-ee-myen'to] *m.* depression, decay; fall.

caja [ka'ha] *f.* box, case, chest; coffin; stock *(of rifle)*; *(mil.)* drum; cash; — **de ahorros**, savings bank; **libro de —**, cash books; — **baja**, low case; — **del cuerpo**, bust; **despedir con —s destempladas**, to send *(somebody)* packing.

cajero [ka-hay'ro] *m.* cashier.

cajetilla [ka-hay-tee'lya] *f.* packet *(of cigarettes)*.

cajista [ka-hees'ta] *m.* compositor *(print)*.

cajón [ka-hon'] *m.* chest; drawer; — **de sastre**, miscellany, jumble, medley.

cal [kal'] *f.* lime.

cala [ka'la] *f.* small bay, cove; *(ship)* hold.

calabaza [ka-la-ba'tha] *f.* pumpkin; gourd; fool; **dar —s**, *va.* to plough *(in examinations)*; to jilt, turn down.

calabozo [ka-la-bo'tho] *m.* dungeon; jail, "calaboose."

calabrote [ka-la-bro'tay] *m.* stream cable.

calado [ka-la'do] *adj.* soaked; smart, "all there"; *m.* drawn work in line; open work in metal; *(ship)* draught. *See* calar.

calafatear [ka-la-fa-tay-ar'] *va.* to caulk.

calaíta [ka-la-ee'ta] *f.* turquoise.

calamar [ka-la-mar'] *m.* squid.

calambre [ka-lam'bray] *m.* cramp; contraction of muscles.

calamidad [ka-la-mee-dad'] *f.* calamity, misfortune, unfortunate, unhappy (event, happening, etc.).

calamina [ka-la-mee'na] *f.* calamine. [stone.

calamita [ka-la-mee'ta] *f.* load-

calamitoso [ka-la-mee-to'so] *adj.* calamitous, miserable.

calandria [ka-lan'drya] *f.* bunting *(kind of lark)*; mangle, rolling press.

calaña [ka-la'nya] *f.* character, sort *(specially in a bad sense)*.

calañés [ka-la-ñes'] *adj.* **sombrero —**, hat with upturned brim *(Andalusian)*.

calar [ka-lar'] *va.* to penetrate; to drench, soak through; to tumble to *(an idea)*; to fix *(bayonet)*.

calavera [ka-la-vay'ra] *f.* skull; *m.* rake, wastrel, gay dog.

calaverada [ka-la-vay-ra'da] *f.* escapade.   [bone; heel.

calcañar [kal-ka-nyar'] *m.* heel-

calcar [kal-kar'] *va.* to trace, copy; to base *(on)*.

calce [kal'thay] *m.* tyre; wedge.

calceta [kal-thay'ta] *f.* *(knee-length)* stocking; hacer —, to knit.

calcetín [kal-thay-teen'] *m.* sock, half-hose.

calcina [kal-thee'na] *f.* mortar, cement.

calcinar [kal'thee-nar'] *va.* to calcine.

calcio [kal'thyo] *m.* calcium.

calco [kal'ko] *m.* counter-drawing, tracing; copy.

calcorrear [kal-ko-ray-ar'] *vn.* (slang) to run.

calcular [kal-koo-lar'] *va.* to calculate; to make calculations; to estimate, reckon.

cálculo [kal'koo-lo] *m.* calculation, computation; *(bladder, liver)* stone.

calda [kal'da] *f.* heating *(of water)*; *pl.* hot thermal batchs.

caldear [kal-day-ar'] *va.* to heat; to weld.

caldeo [kal-day'o] *m. See* calda; *adj. & m.* Chaldean.

caldera [kal-day'ra] *f.* boiler, kettle, cauldron.

calderada [kal-day-ra'da] *f.* a cauldronful.

calderería [kal-day-ray-ree'a] *f.* ironmongery, tinker's.

calderilla [kal-day-ree'lya] *f.* copper coin; small (loose) change.

caldero [kal-day'ro] *m.* small cauldron, pan, copper.

calderón [kal-day-ron'] *m.* large kettle; *(mus.)* pause.

caldo [kal'do] *m.* broth; *(com.)* wine, oil, vinegar.

calefacción [ka-lay-fak-thyon'] *f.* heating.

calendario [ka-len-da'ryo] *m.* almanac, calendar.

calentador [ka-len-ta-dor'] *m.* hot-water bottle; warming-pan.

calentar [ka-len-tar'] *va.* to warm, heat; *vr.* to grow hot; to grow heated *(argument)*.

calentura [ka-len-too'ra] *f.* fever; temperature.

calenturiento [ka-len-too-ryen'-to] *adj.* feverish.

calera [ka-lay'ra] *f.* lime-kiln.

calero [ka-lay'ro] *adj.* calcareous; *m.* lime-burner.

calesa [ka-lay'sa] *f.* Spanish chaise.   [chaise.

calesín [ká-lay-seen'] *m.* light

caleta [ka-lay'ta] *f.* small bay, inlet, creek.

caletre [ka-lay'tray] *m.* smartness, shrewdness.

calibrar [ka-lee-brar'] *va.* to gauge; to measure the calibre.

calibre [ka-lee'bray] *m.* calibre diameter; quality.

calicanto [ka-lee-kan'to] *m.* allspice.

calidad [ka-lee-dad'] *f.* quality; condition; rank; *pl.* *(moral)* qualities; gifts; en — de, as, presenting, in (his) (office) as.

cálido [ka'lee-do] *adj.* *(climate)* hot.

calificado [ka-lee-fee-ka'do] *adj.* competent, important, declared, rated.

caliente [ka-lyen'tay] *adj.* *(object)* hot, warm; *(argument)* heated; fiery.

califa [ka-lee'fa] *m.* caliph.

calificación [ka-lee-fee-ka-thyon'] *f.* qualification, estimate; standard *(in examination)*.

calificar [ka-lee-fee-kar'] *va.* to qualify; to authorise; *to* mark *(examination papers)*; *vr.* to prove nobility of descent.

caligine [ka-lee'hee-nay] *f.* mist, haziness, darkness.

caligrafía [ka-lee-gra-fee'a] *f.* calligraphy, handwriting.

cáliz [ka'leeth] *m.* chalice; apurar el — del dolor, to drain grief to the dregs.

calizo [ka-lee'tho] *adj.* calcareous, limy.

calma [kal'ma] *f.* calm; ease of mind, composure; dullness.

calmante [kal-man'tay] *adj. & m.* sedative.

calmar [kal-mar'] *va.* to calm, appease, soothe, quieten.

calmoso [kal-mo'so] *adj.* tranquil, slow. [slang.

caló [ka-lo'] *m.* gypsy cant,

calofrío [ka-lo-free'o] *m.* chilliness; shivering.

calor [ka-lor'] *m.* heat; warmth; al — de, encouraged by.

calórico [ka-lo'ree-ko] *m.* caloric, heat.

calorífero [ka-lo-ree'fay-ro] *m.* heating apparatus.

calumnia [ka-loom'nya] *f.* calumny, slander.

calumniador [ka-loom-nya-dor'] *m.* slanderer.

calumnioso [ka-loon-nyo'so] *adj.* slanderous, slandering.

caluroso [ka-loo-ro'so] *adj.* warm, hot; eager; fervent.

calva [kal'va] *f.* bald head.

calvario [kal-va'ryo] *m.* calvary; suffering; estaciones del—, Stations of the Cross.

calvez [kal-vayth'] *f.* See **calvicie**. [ness.

calvicie [kal-vee'thyay] *f.* baldcalvo [kal'vo] *adj.* bald, hairless; barren.

calza [kal'tha] *f.* breeches; stocking; wedge.

calzada [kal-tha'da] *f.* causeway, road.

calzado [kal-tha'do] *adj.* shod; *m.* footwear. [horn.

calzador [kal-tha-dor'] *m.* shoecalzar [kal-thar'] *va.* to put on (*shoes, spurs, gloves, etc.*).

calzón [kal-thon'] *m., s.* or *pl.* breeches; — corto, kneebreeches.

calzoncillos [kal-thon-thee'lyos] *m. pl.* (*underwear*) pants, drawers.

callado [kal-lya'do] *adj.* silent, discreet, quiet.

callar [ka-lyar'] *vn.* to be silent; *va.* to quieten; to omit; to conceal; quien calla otorga, silence gives consent.

calle [ka'lyay] *f.* street, road (*in town*).

calleja [ka-lyay'ha] *f.* narrow street, side-street.

callejear [ka-lyay-hay-ar'] *vn.* to go about the streets; to loiter, lounge, hang about.

callejero [ka-lyay-hay'ro] *adj.* street; common, coarse.

callejón [ka-lyay-hon'] *m.* narrow street, alley, ginnel; —sin salida, blind alley, cul-de-sac.

callejuela [ka-lyay-hway'la] *f.* alley-way. [podist.

callista [ka-lyees'ta] *m.* chirocallo [ka'lyo] *m.* corn, callosity; ends of the horse shoe; *pl.* tripe. [horny.

calloso [ka-yo'so] *adj.* callous,

cama [ka'ma] *f.* bed; couch; layer, stratum; guardar —, to stay in bed (*through sickness*), be bedridden.

camada [ka-ma'da] *f.* litter, brood. [cameo.

camafeo [ka-ma-fay'o] *m.*

camaleón [ka-ma-lay-on'] *m.* chamaleon.

camandulero [ka-man-doo-lay'-ro] *m.* hypocrite, trickster.

cámara [ká'ma-ra] *f.* hall, chamber, cabin (*of ship*); —de comercio, Chamber of Commerce.

camarada [ka-ma-ra'da] *m.* comrade, companion, friend.

camarera [ka-ma-ray'ra] *f.* lady's maid; waitress; stewardess.

camarero [ka-ma-ray'ro] *m.* chamberlain, valet de chambre; steward; waiter.

camarilla [ka-ma-ree'lya] *f.* cabal, clique; small room.

camarista [ka-ma-rees'ta] *f.* maid of honour.

camarlengo [ka-mar-len'go] *m.* lord chamberlain.

camarón [ka-ma-ron'] *m.* prawn.

camarote [ka-ma-ro'tay] *m.* berth; cabin.

camastro [ka-mas'tro] *m.* wretched bed, pallet.

camastrón [ka-mas-tron'] *m.* cunning fellow, sly one.

cambiable [kam-bya'blay] *adj.* exchangeable.

cambial [kam-byal'] *m.* bill of exchange.

cambiante [kam-byan'tay] *m.* variety of colours; exchange agent.

cambiar [kan-byar'] *va.* to change, exchange, barter.

cambiavía [kam-bya-vee'a] *m.* (*railways*) switch.

cambio [kam'byo] *m.* change; libre —, Free Trade; en —, instead; on the other hand.

cambista [kam-bees'ta] *m.* money changer; broker, banker.

cambray [kam-bray'] *m.* cambric.

cambrón [kam-bron'] *m.* buckthorn.

camelar [ka-may-lar'] *va.* to flirt, deceive, trick.

camelia [ka-may'lya] *f.* camelia.

camello [ka-may'lyo] *m.* camel.

camilla [ka-mee'lya] *f.* stretcher, litter.

caminante [ka-mee-nan'tay] *m.* traveller; walker.

caminar [ka-mee-nar'] *vn.* to go, walk, proceed.

caminata [ka-mee-na'ta] *f.* march, walk, excursion, walking trip.

camino [ka-mee'no] *m.* road; way; highway; —de herradura, bridle path; —de Santiago, Milky Way; ponerse en —, to set out.

camión [ka-myon'] *m.* truck, lorry.

camisa [ka-mee'sa] *f.* shirt; chemise; meterse en — de once varas, to meddle with other people's business.

camisería [ka-mee-say-ree'a] *f.* shirt shop, shirt-maker's.

camiseta [ka-mee-say'ta] *f.* vest.

camorra [ka-mo'ra] *f.* dispute, wrangle, set-to.

camorrista [ka-mo-rees'ta] *m. & f.* noisy, quarrelsome person.

campal [kam-pal'] *adj.* pitched (*battle*).

campamento [kam-pa-men'to] *m.* camp; encampment.

campana [kam-pa'na] *f.* bell; cup, cloche, cone; oír —s y no saber dónde, to have got hold of the wrong end of the stick (*i.e.* to *remember incorrectly*).

campanada [kam-pa-na'da] *f.* sound, stroke (of a bell).

campanario [kam-pa-na'ryo] *m.* belfry, steeple, church tower.

campaneo [kam-pa-nay'o] *m.* ringing of bells.

campanilla [kam-pa-nee'lya] *f.* small bell; bell-flower; uvula.

campanillazo [kam-pa-nee-lya'-tho] *m.* violent ringing (of a bell), clanging.

campante [kam-pan'tay] *adj.* excelling.

campanudo [kam-pa-noo'do] bell-shaped; pompous, highflown, bombastic.

campánula [kam-pa'noo-la] *f.* bell-flower.

campaña [kam-pa'nya] *f.* (*mil.*) campaign; plain, level country.

compañol [kam-pa-nyol'] *m.* fieldmouse.

campar [kam-par'] *vn.* to excel, surpass; to camp.

campechano [kam-pay-cha'no] *adj.* frank, open, genial, hearty, well-disposed; liberal.

campeche [kam-pay-chay] *m.* Campeachy wood.

campeón [kam-pay-on'] *m.* champion; defender.

campesino [kam-pay-see'no] *adj.* rural, rustic; *m.* peasant, countryman, farmer.

campestre [kam-pes'tray] *adj.* rustic, country; (*of flowers*) wild.

campiña [kam-pee'nya] *f.* flat arable land, landscape, countryside.

campo [kam'po] *m.* country, field; range, scope; —de fútbol, football field; — de tenis, tennis court; — santo, cemetery; ir a — travieso, to cut across the fields.

camueso [ka-mway'so] *m.* pippin tree; dolt, fool.

can [kan] *m.* dog; trigger; corbel.

cana [ka'na] *f.* gray hair; (*arch.*) measure (*about 2 yards*); peinar —s, to be old; echar una — al aire, to be merry.

canal [ka-nal'] *m.* channel; canal; — de la Mancha, English

Channel; *f. gutter*, drain pipe; **abrir en —,** to slit (pig) open.

canalizar [ka-na-lee-thar'] *va.* to canalise. [gutter.

canalón [ka-na-lon'] *m.* wide

canalla [ka-na'lya] *f.* rabble, mob; *m.* rotter, scoundrel.

canapé [ka-na-pay'] *m.* couch, sofa, settee.

canario [ka-na'ryo] *m.* canary, Canary Islander; *excl.* Well I'm blest! [hamper.

canasta [ka-nas'ta] *f.* basket,

canastilla [ka-nas-tee'lya] *f.* small basket; layette.

canastillo [ka-nas-tee'lyo] *m.* small low basket; flower-pot.

canasto [ka-nas'to] *m.* large basket. screen.

cancel [kan-thayl'] *m.* wooden

cancela [kan-thay'la] *f.* front-door in some spanish-houses.

cancelación [kan-thay-la-thyon'] *f.* cancellation.

cancelar [kan-thay-lar'] *va.* to cancel, annul.

cancelario [kan-thay-la'ryo] *m.* chancellor (*of university*)

cáncer [kan'thayr] *m.* cancer.

cancerbero [kan-thayr-bay'ro] *m.* Cerberus; surly door-keeper; incorruptible, implacable guard.

canciller [kan-thee-lyyr'] *m.* chancellor.

cancillería [kan-thee-lyay-ree'a] *f.* chancellor's office; high court.

canción [kan-thyon'] *f.* song, tune, lyric; **—de cuna,** lullaby.

cancionero [kan-thyo-nay'ro] *m.* songbook. [lock.

candado [kan-da'do] *m.* pad-

candeal [kan-day-al'] *adj.* very white; **trigo —,** white wheat; **pan —,** white (*i.e. superior*) bread.

candela [kan-day'la] *f.* candle; fire; chestnut-blossom.

candelabro [kan-day-la'bro] *m.* candelabrum.

candelaria [kan-day-la'rya] *f.* Candlemas.

candelero [kan-day-lay'ro] *m.* candlestick.

candente [kan-den'tay] *adj.* incandescent; white-hot, glow-ing; **cuestión —,** burning question.

candidato [kan-dee-da'to] *m.* candidate; applicant, competitor; pretender.

candidez [kan-dee-dayth'] *f.* candour, ingenuousness.

cándido [kan'dee-do] *adj.* candid; simple; white.

candil [kan-deel'] *m.* oil-lamp; lamp.

candileja [kan-dee-lay'ha] *f.* oil container in lamp; small lamp; *pl.* footlights.

candor [kan-dor'] *m.* candour, sincerity, frankness.

canela [kan-nay'la] *f.* cinnamon. [tree.

canelo [ka-nay'lo] *m.* cinnamon

canelón [ka-nal-lon'] *m.* gargoyle, gutter; cinnamon sweetmeat. [fish.

cangrejo [kan-gray'ho] *m.* crab-

canguro [kan-goo'ro] *m.* kangaroo.

caníbal [ka-nee'bal] *m.* cannibal, man-eater. [star.

canícula [ka-nee'koo-la] *f.* dog-

canicular [ka-nee-koo-lar'] *adj.* very hot, midsummer.

canilla [ka-nee'lya] *f.* shinbone; tap, plug; spigot; bobbin.

canino [ka-nee'no] *adj.* canine.

canje [kan-hay] *m.* exchange (*of prisoners, documents, publications, etc.*).

canjear [kan-hay-ar'] *va.* to exchange. [hoary.

cano [ka'no] *adj.* grey-haired;

canoa [ka-no'a] *f.* canoe.

canon [ka'non] *m.* rule, precept; noun; model; *pl.* canonical law.

canonesa [ka-no-nay'sa] *f.* canoness. [nonry.

canongía [ka-non-hee'a] *f.* ca-

canónico [ka-no'nee-ko] *adj.* canonic, canonical.

canónigo [ka-no'nee-go] *m.* canon, prebendary.

canonización [ka-no-nee-tha-thyon'] *f.* canonisation.

canonizar [ka-no-nee-thar'] *va.* to canonise.

canoro [ka-no'ro] *m.* melodious, musical. [haired.

canoso [ka-no'so] *adj.* grey-

cansado [kan-sa'do] *adj.* tired, fatigued; tedious, boring; well-worn.

cansancio [kan-san'thyo] *m.* weariness.

cansar [kan-sar'] *va.* to tire; to weary; to bore; *vr.* to become tired, weary.

cantante [kan-tan'tay] *m. & f.* singer.

cantar [kan-tar'] *va.* to sing; to chant (verses, etc.), to divulge (secret), "squeal"; *vn.* to sing out; to squeak; to creak; *m.* song; cantar de los — es, Song of Songs; —de gesta, medieval heroic poem.

cántara [kan'ta-ra] *f.* large pitcher; liquid measure (about 4-5 gallons).

cántaro [kan'ta-ro] *m.* (wine, water) pitcher; llover a —s, to rain cats and dogs.

cantatriz [kan-ta-treeth'] *f.* singer.

cante [kan'tay] *m.* popular song.

cantera [kan-tay'ra] *f.* quarry.

cantería [kan-tay-ree'a] *f.* quarrying.

cantero [kan-tay'ro] *m.* stonecutter, quarryman, mason; — de pan, crust.

cántico [kan'tee-ko] *m.* canticle; song, chant.

cantidad [kan-tee-dad'] *f.* quantity; amount. [song.

cantiga [kan-tee'ga] *f.* lyric,

cantimplora [kan-teem-plo'ra] *f.* (mil.) water-bottle.

cantina [kan-tee'na] *f.* cellar; canteen; railway buffet.

cantinero [kan-tee-nay'ro] *m.* butler; canteen-keeper.

canto [kan'to] *m.* song; stone; end; edge (of table, book, etc.); — rodado, boulder; de —, on (its) edge, side; right-side up; siempre de —, this side up.

cantor [kan-tor'] *m.* singer.

cantoral [kan-to-ral'] *m.* stony ground.

canturrear [kan-too-ray-ar'] *vn.* to hum (song).

caña [ka'nya] *f.* cane, reed; walking stick; glass (of beer); — de azúcar, sugar-cane; —de pescar, fishing-rod.

cañada [ka-nya'da] *f.* glen, narrow valley.

cañamazo [ka-nya-ma'tho] *m.* coarse canvas, burlap.

cañamiel [ka-nya-myel'] *f.* sugar-cane.

cáñamo [ka'nya-mo] *m.* hemp; — en rama, raw, undressed hemp.

cañaveral [ka-nya-vay-ral'] *m.* planation of reed-grass; cane-brake.

cañería [ka-nay-ree'a] *f.* water or gas conduit; pipe, piping, guttering.

caño [ka'nyo] *m.* sewer; pipe; conduit; narrow branch of river or sea.

cañón [ka-nyon'] *m.* cannon, gun; quill.

cañonazo [ka-nyo-na'tho] *m.* cannon-shot, report (of gun-shot).

cañonear [ka-nyo-nay'ar] *va.* to cannonade, bombard, shell.

cañonera [ka-nyo-nay'ra] *f.* tent; gun-port.

cañonero [ka-nyo-nay'ro] *m.* gun-boat.

caoba [ka-o'ba] *f.* mahogany.

caos [ka'os] *m.* chaos, confusion.

capa [ka'pa] *f.* cloak, mantle, cape; layer, stratum, seam; pretence; so — de, under pretence of; andar (ir) de—caída, to be dejected, off colour, down in the mouth.

capacidad [ka-pa-thee-dad'] *f.* capacity; authority; talent, competence.

capacho [ka-pa'cho] *m.* basket; hamper.

capar [ka-par'] *va.* to geld, castrate.

caparazón [ka-pa-ra-thon'] *m.* caparison; carcass of a fowl.

caparrosa [ka-pa-ro'sa] *f.* copperas, green vitriol.

capataz [ka-pa-tath'] *m.* overseer; foreman; steward; (denoting contempt) chief.

capaz [ka-path'] *adj.* capacious; able, competent.

capcioso [kap-thyo'so] *adj.* captious.

capea [ka-pay'a] *f.* (amateur) village bullfight.

capeador [ka-pay-a-do'] *m.* (amateur, young) bull-fighter.

capellán [ka-pay-lyan'] *m.* chaplain; — castrense, army chaplain.

caperuza [ka-pay-roo'tha] *f.* hood, cap ending in a point; caperucita roja, Little Red Riding Hood.

capilar [ka-pee-lar'] *adj.* capillary.

capilla [ka-pee'lya] *f.* chapel; hood, cowl; paged proofs; — ardiente, lying-in-state *(of corpse)*; estar en —, to be in the condemned cell; to be on hot bricks.

capirotazo [ka-pee-ro-ta'tho] *m. flip (with fingers)*; rap, tap.

capirote [ka-pee-ro-tay'] *m.* doctor's hood; cover of the head; *(for hawk)* hood.

capitación [ka-pee-ta-thyon'] *f.* poll-tax; head-money; *fee* (per head).

capital [ka-pee-tal'] *adj.* capital, principal; pena —, capital punishment; death sentence; *m.* capital; fortune; capital stock; *f.* capital city.

capitalista [ka-pee-ta-lees'ta] *m.* capitalist.

capitalizar [ka-pee-ta-lee-thar'] *va.* to capitalise. [tain.

capitán [ka-pee-tan'] *m.* cap-

capitana [ka-pee-ta'na] *f.* admiral's ship, admiral's wife.

capitanear [ka-pee-ta-nay-ar'] *va.* to head, lead *(expedition, etc.)*.

capitanía [ka-pee-ta-nee'a] *f.* captaincy.

capitel [ka-pee-tel'] *m. (of a pillar)* capital, cornice.

capitolino [ka-pee-to-lee'no] *adj.* capitoline.

capitolio [ko-pee-to'lyo] *m.* capitol; imposing building.

capitoné [ka-pee-to-nay'] *m.* forniture car.

capitulación [ka-pee-too-la-thyon'] *f.* capitulation; stipulation; *pl.* articles of marriage.

capitular [ka-pee-too-lar'] *vn.* to capitulate; *adj.* (cathedral) chapter.

capítulo [ka-pee'too-lo] *m.*

chapter *(of book, cathedral, etc.)*.

capó [ka-pó] *m.* bonnet *(of car)*.

capón [ka-pon'] *m.* eunuch; capon.

caporal [ka-po'ral'] *m.* head; chief; head man in a farm.

capota [ka-po'ta] *f.* bonnet; lady's hat.

capote [ka-po'tay] *m. (mil., bull fighter's)* short cloak; dar —a, to sweep the board *(at cards)*; decir para su —, to keep something to oneself.

capricho [ka-pree'cho] *m.* caprice, whim, sudden desire.

caprichoso [ka-pree-cho'so] *adj.* capricious, whimsical fanciful, unreliable.

cápsula [kap'soo-la] *f.* capsule; metal cap *(on bottles)*; cartridge.

captar [kap-tar'] *va.* to captivate; to win, obtain *(sympathy, etc.)*.

captura [kap-too'ra] *f.* capture; seizing.

capturar [kap-too-rar'] *va.* to capture, seize, arrest.

capucha [ka-poo'cha] *f.* hood, cowl.

capuchina [ka-poo-chee'na] *f.* nasturtium, Indian cress.

Capuchino [ka-poo-chee'no] *adj.* & *m.* Franciscan friar.

capullo [ka-poo'lyo] *m.* bud; cocoon; acorn-cup.

capuz [ka-pooth'] *m.* long cloak with hood.

cara [ka'ra] *f.* face, countenance; appearance, look; — de Pascua, smiling face; — de viernes, sullen face; —y cruz, heads and tails; dar en —, to reproach. [vel.

carabela [ka-ra-bay'la] *f.* cara-

carabina [ka-ra-bee'na] *f.* carbine; rifle, fowling-piece; —de Ambrosio, ineffective or nonexistent object; white elephant.

carabinero [ka-ra-bee-nay'ro] *m.* carabineer, revenue police; frontier officer.

caracol [ka-ra-kol'] *m.* snail; escalera de —, spiral staircase; *pl. excl.* Great Scott!

caracolear [ka-ra-ko-lay-ar'] vn. to caracole, twist about, twirl.

carácter [ka-rak'tayr] m. character; disposition; condition; type, letter; handwriting.

característica [ka-rak-tay-rees'-tee-ka] f. characteristic, typical trait, feature, attribute.

característico [ka-rak-tay-rees'-tee-ko] adj. characteristic, typical.

caracterizar [ka-rak-tay-ree-thar'] va. to characterise; to impart character to; to distinguish.

caramba [ka-ram'ba] interj. By Jove!; Well, I'm dashed!

carámbano [ka-ram'ba-no] m. icicle.

carambola [ka-ram-bo'la] f. (billiards) cannon; vn. hacer —s, to play billiards.

caramelo [ka-ra-may'lo] m. caramel; burnt sugar; sweet, toffee, sweetmeat.

caramillo [ka-ra-mee'lyo] m. flageolet; high-tuned flute.

carapacho [ka-ra-pa'cho] m. carapace, shell.

carátula [ka-ra'too-la] f. (theat.) pasteboard mask; small company of actors.

caravana [ka-ra-va'na] f. caravan.

caray [ka-ra'ee] interj. Goodness!; Bless me!

carbón [kar-bon'] m. charcoal; coal; — de piedra, coal, pit coal.   [carbonate.

carbonato [kar-bo-na'to] m.

carbonero [kar-bo-nay'ro] adj. coal; m. coalman, coalmerchant.

carbonizar [kar-bo-nee-thar'] va. to carbonise.

carbono [kar-bo'no] m. carbon; (elect.) charcoal.

carbunclo [kar-boon'klo] m. carbuncle (precious stone); thrax.

carburador [kar-boo-ra-dor] m. carburettor.   [arrows).

carcaj [kar-kah'] m. quiver (of carcajada [kar-ka-ha'da] f. burst of laughter.   [gaol.

cárcel [kar'thel] f. prison, jail,

carcelero [kar-thay-lay'ro] m. jailer, warder.

carcoma [kar-ko'ma] f. dry rot; death-watch beetle; worry.

carcomer [kar-ko-mayr'] va. to gnaw, eat away; to corrode.

carcomido [kar-ko-mee'do] adj. worm-eaten, rotten.

cardar [kar-dar'] va. (wool) to card, comb.

cardenal [kar-day-nal'] m. cardinal; weal, bruise.

cardenalato [kar-day-na-la'to] m. cardinalate.

cardenillo [kar-day-nee'lyo] m. verdigris.

cárdeno [kar'day-no] adj. livid, discoloured.

cardíaco [kar-dee'a-ko] adj. cardiac, heart-; suffering from weak heart.

cardillo [kar-dee'lyo] m. golden thistle.

cardinal [kar-dee-nal'] adj. cardinal, fundamental.

cardo [kar'do] m. thistle.

carea [ka-ray'a] f. (prov.) cattling.

carear [ka-ray-ar'] va. to confront (the accused with the witnesses).

carecer [ka-ray-thayr'] vn. to be in need of; to lack, not to have.

carena [ka-ray'na] f. careening.

carenar [ka-ray-nar'] va. to careen.

carencia [ka-ren'thya] f. lack; need, want, absence.

careo [ka-ray'o] m. confrontation.

carestía [ka-res-tee'a] f. scarcity, want, shortage; dearness, cost.

careta [ka-ray'ta] f. pasteboard mask, face-guard (in fencing, bee-keeping, etc.); deceitful

carey [ka-ray'] m. tortoiseshell.

carga [kar'ga] f. load, burden, charge, responsability; cargo; charge (of fire-arms, cavalry, etc.); impost duty.

cargadero [kar-ga-day'ro] m. (un)loading place, wharf.

cargado [kar-ga'do] adj. loaded, strong (of tea, coffee); emphatic; — **de espaldas**, round-shouldered.

cargador [kar - ga - dor'] *m.* freighter; loader.

cargamento [kar-ga-men'to] *m.* cargo; freight.

cargar [kar-gar'] *va.* to load, ship; to stoke *(furnace)*; to charge, attack; to increase *(pices)*; to charge *(an account)*; — **con**, to shoulder, take the weight of, look after *(responsibility)*.

cargazón [kar-ga-thon'] *f.* cargo; freight of ship; thick, heavy weather; heaviness *(in head)*.

cargo [kar-go] *m.* the act of loading; burden; cargo; charge; post, office, dignity; — **de conciencia**, remorse, compunction; **hacerse — de**, to be responsible for; to take into consideration, understand, realize.

caria [ka'ree-a] *f.* *(arch.)* shaft of a column.

cariacontecido [ka-rya-kon-tay-thee'do] *adj.* sad-looking, perplexed, down in the mouth.

cariarse [ka-ryar'say] *vr.* to rot, putrefy, decay *(of teeth)*.

caribe [ka-ree'bay] *m. & adj.* Caribbean, savage.

caricatura [ka-ree-ka-too'ra] *f.* caricature, cartoon.

caricia [ka-ree'thya] *f.* caress, stroke, pat, hug.

caridad [ka-ree-dad'] *f.* charity; charitableness; alms.

caries [ka-ryays] *f.* caries, rot; bone decay.

cariño [ka-ree'nyo] *m.* fondness, tenderness, affection, love.

cariñoso [ka-ree-nyo'so] *adj.* loving, affectionate, tender, kind.

caritativo [ka-ree-ta-tee'vo] *adj.* charitable, benevolent.

cariz [ka-reeth'] *m.* aspect *(of sky)*; appearance, prospect; **tener mal —**, to scowl.

Carlista [kar-lees'ta] *m.* Carlist.

carmelita [kar-may-lee'ta] *adj. & m.* Carmelite.

carmen [kar'men] *m.* villa, country house.

carmesí [kar - may - see'] *adj.* crimson. ne; *m.* cochineal.

carmín [kar-meen'] *adj.* carmine.

carnada [kar-na'da] *f.* bait; allurement.

carnal [kar-nal'] *adj.* carnal, sensual, fleshy; **primo —**, cousin-german.

carnaval [kar-na-val'] *m.* carnival; week before Lent.

carne [kar'nay] *f.* flesh; meat; **ser uña y — con**, to be as thick as thieves, be intimate, hand in glove with; **echar — es**, to put on flesh; **en — es**, naked.

carnerada [kar-nay-ra'da] *f.* flock of sheep.

carnero [kar-nay'ro] *m.* sheep; mutton.

carnestolendas [kar-nes-to-len'-das] *f. pl.* three meat days before Ash Wednesday.

carnicería [kar-nee-thay-ree'a] *f.* butcher's shop; carnage, butchery.

carnicero [kar-nee-thay'ro] *adj.* carnivorous; *m.* butcher.

carnívoro [kar-nee'vo-ro] *adj.* carnivorous.

carnosidad [kar-no-see-dad'] *f.* carnosity, fatness, fleshiness.

carnoso [kar-no'so] *adj.* fleshy, carnous; fleshy *(of fruit)*.

caro [ka'ro] *adj.* dear, costly; beloved; *adv.* dearly, at a high price.

carpa [kar'pa] *f.* carp.

carpeta [kar-pay'ta] *f.* table cover; portfolio.

carpintería [kar-peen-tay-ree'a] *f.* carpentry; carpenter's shop.

carpintero [kar-peen-tay'ro] *m.* carpenter, joiner; **pájaro —**, woodpecker.

carraca [ka-ra'ca] *f.* carack, small freighter; ratchet.

carral [ka-ral'] *m.* *(wine)* butt, pipe.

carraspera [ka-ras-pay'ra] *f.* *(in throat)* hoarseness, huskiness, "frog".

carrera [ka-ray'ra] *f.* running; race; road; course; career, profession; **a la —**, hurriedly.

carreta [ka-ray'ta] *f.* crude country cart.

carretada [ka-ray-ta'da] *f.* cart-load.

carrete [ka-ray'tay] *m.* spool, bobbin, reel; (*film*) roll.

carretear [ka-ray-tay-ar'] *va.* to cart; to drive a cart.

carretel [ka-ray-tel'] *m.* spool; reel; bobbin.

carretera [ka-ray-tay'ra] *f.* highroad, main road.

carretería [ka-ray-tay-ree'a] *f.* cartwright's shop, cartwright's trade.

carretero [ka-ray-tay'ro] *m.* carrier, waggoner, drayman, carter; cartwright.

carretilla [ka-ray-tee'lya] *f.* small cart; wheel-barrow; go-cart.

carril [ka-reel'] *m.* rut; rail; track; cartway.

carrillera [ka-ree-lyay'ra] *f.* chin-strap.

carrillo [ka-ree'lyo] *m.* cheek, (plump) chaps.

carro [ka'ro] *m.* cart; chariot; two-wheeled vehicle; (*astr.*) the Plough; — fúnebre, hearse.

carrocería [ka-ro-thay-ree'a] *f.* coachbuilding business, coach-work.

carrocín [ka-ro-theen'] *m.* chaise, carriole.

carromato [ka-ro-ma'to] *m.* heavy two-wheeled dray.

carroña [ka-ro-nya] *f.* carrion, putrid fiesh.

carroza [ka-ro'tha] *f.* coach, carriage (*large, imposing*).

carruaje [ka-rwa'hay] *m.* carriage (*any wheeled vehicle*).

carta [kar'ta] *f.* letter; missive, epistle, note; despatch; map, chart; — blanca, carte-blanche; — de aviso, letter of advice; — de crédito, letter of credit; — de marear, seachart; — de pago, acknowledgment of receipt; — (*or* patente) de sanidad, bill of health; — canta, the proof is in writing.

cartaginense [kar-ta-hee-nen'-say] *adj.* Carthaginian.

cartapacio [kar-ta-pa'thyo]. *m.* satchel, portfolio.

cartearse [kar-tay-ar'say] *vr.* to correspond by letter.

cartel [kar-tel'] *m.* poster; placard; se prohibe fijar — es, stick no bills.

cartera [kar-tay'ra] *f.* portfolio, writing-case; note-book; pocket book; bills in hand; (*Ministerial*) portfolio.

cartero [kar-tay'ro] *m.* postman.

cartílago [kar-tee'la-go] *m.* cartilage.

cartilla [kar-tee'lya] *f.* primer; elementary treatise.

cartógrafo [kar-to'gra-fo] *m.* cartographer.

cartón [kar-ton'] *m.* pasteboard; cardboard; (*paint.*) cartoon.

cartuchera [kar-too-chay'ra] *f.* cartbridge-box, pouch.

cartucho [kar-too'cho] *m.* cartridge.

cartujo [kar-too'ho] *m.* Carthusian monk.

cartulario [kar-too-la'ryo] *m.* archives; archivist.

cartulina [kar-too-lee'na] *f.* thin pasteboard, cardboard.

casa [ka'sa] *f.* house; home; private dwelling; firm; consistorial, town hall; — de campo, country seat; — de vecindad, tenement house; — de huéspedes, lodging house; — solariega, ancestral family home; — de empeños, pawnbrokers' shop; poner —, to set up house; echar la — por la ventana, to have a grand spread, ensertain lavishly.

casaca [ka-sa'ka] *f.* dress-coat; volver —, to turn one's coat (*i. e. allegiance*).

casadero [ka-sa-day'ro] *adj.* marriageable.

casamata [ka-sa-ma'ta] *f.* casemate.

casamentero [ka-sa-mentay'ro] *m.* match-maker.

casamiento [ka-sa-myen'to] *m.* marriage; match; wedding.

casar [ka-sar'] *m.* hamlet, village.

casar [ka-sar'] *va.* to marry; to match (*colours*); to blend; *vr.* to get married, wed.

casca [kas'ka] *f.* skin of pressed grape; oak bark (*used for tanning*).

cascabel [kas-ka-bel'] *m.* hawk-bell, jingle; **serpiente de —,** rattlesnake.

cascada [kas-ka'da] *f.* cascade, waterfall.   [pit.

cascajal [kas-ka-hal'] *m.* gravel-

cascajo [kas-ka'ho] *m.* gravel; copper coin.

cascanueces [kas-ka-nway'thes] *m.* nut-cracker; nut-crackers.

cascar [kas-kar'] *va.* to crack, burst, crunch; *(col.)* to lick.

cáscara [kas'ka-ra] *f.* peel, husk, rind; (egg) shell.   [shell.

cascarón [kas-ka-ron'] *m.* egg-

casco [kas'ko] *m.* potsheard; cask *(wine)*; helmet; hull *(of ship)*; skull; **ligero de —s,** featherbrained.

cascote [kas-ko'tay] *m.* rubbish, refuse.

caserío [ka-say-ree'o] *m.* hamlet; cluster of houses *(in country)*.

casero [ka-say'ro] *adj.* domestic, homely; homeloving; homes-pun, home-bred; **pan —,** home-made bread; **traje —,** indoor *(i.e. old)* suit.

caseta [ka-say'ta] *f.* cottage, pavilion.   [ly.

casi [ka'see] *adv.* almost; near-

casilla [ka-see'lya] *f.* small house; lodge; box-office; *(on forms)* blank; *(chess-board, etc.)* square; **salirse de sus —s,** to lose temper, patience.

casino [ka-see'no] *m.* club, club-house; Casino.

caso [ka'so] *m.* case, event, circumstance; example; opportunity; **en todo —,** at any rate; **no hacer al —,** to be irrelevant; **hacer — de,** to notice, pay attention to.

caspa [kas'pa] *f.* scurf, dandruff.

casquete [kas-kay'tay] *m.* helmet; cap; wig.

casquijo [kas-kee'ho] *m.* gravel.

casquivano [kas-kee-va'no] *adj.* inconsiderate; not realiable, feather-brained.

casta [kas'ta] *f.* caste, lineage, breed.

castaña [kas-ta'nya] *f.* chestnut; *(of hair)* chignon; **— pilonga,** dried chestnut.

castañar [kas - ta - nyar'] *m.* chestnut grove.

castañera [kas-ta-nyay'ra] *f.* *(hot)* chestnut vendor.

castañeta [kas-ta-nyay'ta] *f.* castanet. *See* **castañuela.**

castañetear [kas-ta-nyay-tay'ar] *vn.* to rattle *(castanets)*; to chatter *(of teeth).*

castaño [kas-ta'nyo] *m.* chestnut tree; **— de Indias,** horse-chestnut; *adj.* auburn, nut-brown.   [castanet.

castañuela [kas-ta-nyway'la] *f.*

castellano [kas-tay-lya'no] *adj.* Castilian; *m.* the lord of a castle; Castilian *(Spanish).*

castidad [kas-tee-dad'] *f.* chastity, purity.

castigar [kas-tee-gar'] *va.* to punish; to mortify *(the flesh);* to correct *(style).*

castillo [kas-tee'lyo] *m.* castle, fort.

castigo [kas-tee'go] *m.* punishment, penance.

castizo [kas-tee'tho] *adj.* pure *(language, i.e. very national),* authentic, typical; **música española —a,** (very) (genuine) Spanish music.

casto [kas'to] *adj.* chaste, pure, continent.

castor [kas-tor'] *m.* beaver.

castración [kas-tra-thyon'] *f.* castration.

castrado [kas-tra'do] *m.* eunuch.

castrar [kas-trar'] *va.* to castrate.

castrense [kas-tran'say] *adj.* military, army.   [fortuitous.

casual [ka-swal'] *adj.* casual;

casualidad [ka-swa-lee-dad'] *f.* accident, hazard, chance; **por —,** by accident, as it happen-s, -ed.

casualmente [ka-swal-men'tay] *adv.* casually, accidentally.

casucha [ka-soo'cha] *f.* hovel.

cata [ka'ta] *f.* testing, trial, sampling *(of fruit, wine, etc.).*

casulla [ka-soo'lya] *f.* chasuble.

catacumbas [ka-ta-koom'bas] *f. pl.* catacombs.

cataclismo [ka-ta-klees'mo] *m.* cataclysm, catastrophe.

catador [ka-ta-dor'] *m.* taster

(of wines, etc.), sampler, connoisseur.

catadura [ka-ta-doo'ra] *f.* tasting, proof; appearance, aspect.

catalán [ka-ta-lan'] *adj.* Catalonian; *m.* Catalan.

catalejo [ka-ta-lay'ho] *m.* telescope.

cataléptico [ka-ta-lep'tee-ko] *adj.* cataleptic, subject to fits.

catálogo [ka-ta'lo-go] *m.* catalogue.

cataplasma [ka-ta-plas'ma] *f.* poultice; cataplasm.

catar [ka-tar'] *va.* to taste, try; to look; to bear in mind.

catarata [ka-ta-ra'ta] *f.* cataract, waterfall.

catarro [ka-ta'ro] *f.* catarrh; *(nose)* cold.

catastro [ka-tas'tro] *m.* census of real property.

catástrofe [ka-tas'tro-fay] *f.* catastrophe; *(theat.)* dénouement.

cataviento [ka-ta-vyen'to] *m.* weathercock.

catavinos [ka-ta-vee'nos] *m.* wine-taster.

catecismo [ka-tay-thees'mo] *m.* catechism.

cátedra [ka'tay-dra] *f.* university chair, *(i.e. professorship);* university lectureship; course of study.

catedral [ka-tay-dral'] *f.* cathedral.

catedrático [ka-tay-dra'tee-ko] *m.* (university) professor.

categoría [ka-tay-go-ree'a] *f.* category; class; **persona de —,** person of some importance.

categórico [ka-tay-go'ree-ko] *adj.* categorical, absolute, definitive. [catechist.

catequista [ka-tay-kees'ta] *m.*

catequizar [ka-tay-kee-thar'] *va.* to catechise; to question closely; to try to convince.

caterva [ka-tayr'va] *f.* great number of; crowd; swarm.

catilinaria [ka-tee-lee-na'rya] *f.* severe censure, Philippic.

catión [ka-tee-on'] *m.* *(elec.)* cation or cathion.

catolicismo [ka-to-lee-thees'mo] *m.* catholicism.

católico [ka-to'lee-ko] *adj.* catholic; universal.

catorce [ka-tor'thay] *adj.* fourteen.

catre [ka'tray] *m.* cot, trucklebed, camp-bed; **— de tijera,** folding bed, camp-bed.

cauce [kow'thay] *m. (river)* bed; drain, trench.

caución [kow-thyon'] *f.* precaution; security, guarantee.

caucionar [kow-thyo-nar'] *va.* to give (go) bail.

caucho [kow'cho] *m.* indiarubber.

caudal [kow-dal'] *adj.* abundant; large; *m.* estate, property; riches; abundance, plenty.

caudaloso [kow-da-lo'so] *adj.* abundant, full-flowing *(rivers, springs, etc.);* propertied, rich, wealthy.

caudillo [kow-dee'lyo] *m.* head, chief, leader.

causa [kow'sa] *f.* cause; motive; lawsuit, process, trial; **a — de,** because of.

causar [kow-sar'] *va.* to cause; to make; to give rise to, bring about.

cáustico [kows'tee-ko] *adj.* caustic, bitter.

cautela [kow-tay'la] *f.* care, caution, prudence; cunning.

cauteloso [kow-tay-lo'so] *adj.* cautious, wary. [tery.

canterio [kow-tay'ryo] *m.* cau-

canterizar [kow-tay-ree-thar'] *va.* to cauterise.

cantivar [kow-tee-var'] *va.* to make prisoner; to captivate, charm. [captivity.

cantiverio [kow-tee-vay'ryo] *m.*

cantivo [kow-tee'vo] *m.* captive, prisoner.

cauto [kow'to] *adj.* prudent, cautious.

cavar [ka-var'] *va.* to dig; to excavate. [cave, lair.

caverna [ka-vayr'na] *f.* cavern,

cavernícola [ka-vayr-nee'ko-la] *m.* rabid reactionary *(in politics).*

cavernoso [ka-vayr-no'so] *adj.* cavernous.

cavidad [ka-vee-dad'] *f.* cavity, excavation.

cavilación [ka-vee-la-thyon'] f. hesitation, pondering.

cavilar [ka-vee-lar'] va. to ponder on, wonder (about, whether); to quibble.

cavilosidad [ka-vee-lo-see-dad'] f. cavilling, captiousness.

caviloso [ka-vee-lo'so] adj. captious, doubtful, undecided, finicky.

cayado [ka-ya'do] m. (shepherd) crook; (bishop) crozier.

cayo [ka'yo] m. low, rocky islet, shoal.

caz [kath] m. irrigation channel.

caza [ka'tha] f. chase, hunting; game; — mayor, big game (bears, deer, wolves, etc.); — menor, small game (rabbits, etc.); partida de —, hunting party.

cazador [ka-tha-dor'] m. hunter; chaser.

cazar [ka-thar'] va. to hunt, chase; to pursue, cath; to "win", "get".

cazatorpedero [ka-tha-tor-pay-day'ro] m. (naval) destroyer.

cazo [ka'tho] m. ladle; gluepot.

cazoleta [ka-tho-lay'ta] f. powder-pan (musket); handguard (of sword).

cazuela [ka-thway'la] f. earthen pan, stewpan; part of old theatre reserved for women: "pit".

cazurro [ka-thoo'ro] adj. sulky; vicious.

ceba [thay'ba] f. fattening of animals.

cebada [thay-ba'da] f. barley; — perlada, pearl barley.

cebadal [thay-ba-dal'] m. field of barley.

cebadera [thay-ba-day'ra] f. nose-bag.

cebar [thay-bar'] va. to fatten up (animals), feed (furnace); to nourish (an emotion); vr. — en, to bateen on, to fasten on (like leech).

cebellina [thay-bay-lyee'na] f. sable; sable-fur.

cebo [thay'bo] m. fodder; bait; allurement, incentive.

cebolla [thay-bo'lya] f. onion; bulb; contigo pan y —, to share one's all with, to marry.

cebolludo [thay-bo-lyoo'do] adj. balbous.

cebra [thay'bra] f. zebra.

ceca [hay'ka] f. mint (money); de — a Meca'. from pillar to post.

cecear [thay-thay-ar'] vn. to lisp; to pronouce the s as c.

ceceo [thay-thay'o] m. lisping; (Castilian pronunciation, also found in Andalusia).

cecina [thay-thee'na] f. salt hung beet, jerked beef.

cedazo [thay-da'tho] m. sieve, strainer.

ceder [thay-dayr'] va. to give (up) (way) (in,), cede, yield.

cedro [thay'dro] m. cedar; cedar wood.

cédula [thay'doo-la] f. scrip; schedule; certificate; warrant; —personal, identity card.

cefalea [thay-pha-lay'ah] f. violent headache.

céfiro [thay'fee-ro] m. zephyr; gentle breeze.

cegar [thay-gar'] va. to blind; to block (well, window); vn. to grow blind.

ceguedad [thay-gay-dad'] f. blindness, unreasonableness.

ceguera [thay-gay'ra] f. (physical) blindness; soreness of the eye.

ceja [thay'ha] f. eyebrow; cloud cap (round mountain top); ridge (along mountain top); hasta las —s, up to the eyebrows (extremely bored, etc.).

cejar [thay-har'] vn. to yield, give way; to give up, relax.

cejijunto [thay-hee-hoon'to] adj. beetle-browed.

celada [thay-la'da] f. helm; ambush, trap.

celador [thay-la-dor'] m. curator; warden.

celaje [thay-la'hay] m. skylight; pl. fleecy clouds coloured red (by the sun).

celar [thay-lar'] va. to wath over; to be careful, watch jealously; to conceal.

celda [thel'da] f. cell, room.

celebración [thay-lay-bra-thyon'] *f.* celebration *(of marriage)*; holding *(of meetings, etc.).* acclamation.

celebrante [thay-lay-bran'tay] *m.* officiating priest.

celebrar [thay-lay-brar'] *va.* to praise, applaud; to celebrate *(mass, etc.)*; to hold *(meeting, etc.)*; to be glad of.

célebre [thay'lay-bray] *adj.* celebrated, famous.

celebridad [thay-lay-bree-dad'] *f.* celebrity; notoriety.

celemín [thay-lay-meen'] *m. (dry measure)* about a peck, bushel.

celeridad [thay-lay-ree-dad'] *f.* celerity, velocity, speed.

celeste [thay-les'tay] *adj.* celestial, heavenly; azul —, sky-blue.

celestial [thay-les-tyal'] *adj.* celestial, heavenly.

celestina [thay-les-tee'na] *f.* procuress.

celibato [thay-lee-ba'to] *m.* celibacy; bachelor.

célibe [thay'lee-bay] *adj.* bachelor, single.

célico [thay'lee-ko] *adj.* heavenly.

celo [thay'lo] *m.* zeal, interest; *pl.* jealousy.

celosía [thay-lo-see'a] *f.* Venetian blind, lattice window.

celoso [thay-lo'so] *adj.* jealous; zealous, careful.

celsitud [thayl-see-tood'] *f.* highness, elevation.   [tic.

celta [thel'ta] *m. &. f.* Celt, Cel-

céltico [thel'tee-ko] *adj.* Celtic.

célula [thay'loo-la] *f.* cell, cellule.

celular [thay-loo-lar'] *adj.* cellular.

celuloide [thay-loo-loy'day] *m.* celluloid.

celulosa [thay-loo-lo'sa] *f.* cellulose.

cementar [thay-men-tar'] *va.* to cement; to case harden.

cementerio [thay-men-tay'ryo] *m.* churchyard, cementery.

cemento [thay-men'to] *m.* cement, mortar.

cena [thay'na] *f.* supper, dinner.

cenáculo [thay-na'koo-lo] *m.* cénacle; literary, artistic gathering.

cenador [thay-na-dor'] *m.* arbour, bower; veranda *(round interior court of house).*

cenagal [thay-na-gal'] *m.* quagmire, swamp.

cenagoso [thay-na-go'so] *adj.* marshy, boggy.

cenar [thay-nar'] *va.* to sup, have supper; to dine.

cenceño [then-thay'nyo] *adj.* slender, thin.

cencerro [then-thay'ryo] *m.* cow-bell.

cendal [then-dal'] *m.* sendal; fine silk *or* linen cloth; gossamer.

cenefa [thay-nay'fa] *f.* fringe, border, valance.

cenicero [thay-nee-thay'ro] *m.* ash-tray.

Cenicienta [thay-neo-thyen'ta] *f.* Cinderella.

ceniciento [thay-nee-thyen'to] *adj.* ash-coloured.

cenit [thay-neet'] *m.* zenith.

ceniza [thay-nee'tha] *f.* ash, ashes; miércoles de —, Ash Wednesday.

cenizoso [thay-nee-tho'so] *adj.* ashen, ashy, covered with ashes.

censo [then'so] *m.* census; annual pension, rental.

censor [then-sor'] *m.* censor, critic.

censura [then-soo'ra] *f.* censure, blame, reproach; examination, censorship.

censurable [then-soo-ra'blay] censurable, deserving blame.

censurar [then-soo-rar'] *va.* to censure, blame; to criticise.

centauro [then-tow'ro] *m.* centaur.

centavo [then-ta'vo] *m.* cent, one hundredth.

centella [then-tay'lya] *f.* lightning; flash, spark.

centellear [then-tay-lyar-ar'] *va.* to sparkle, flash, glitter.

centelleo [then-tay-lyay'o] *m.* scintillation, flashing.

centena [then-tay'na] *f.* hundred.

centenar [then-tay-nar'] *m.* hundred; a — es, (by) (in) hundreds.

centenario [then-tay-na'ryo], *adj.* centennial; *m.* centenary.

centeno [then-tay'no] *m.* common rye.

centésimo [then-tay'see-mo] *m.* hundredth part of, centesimal.

centígrado [then-tee'gra-do] *adj.* centigrade.

centímetro [then-tee'may'tro] *m.* centimetre.

céntimo [then'tee-mo] *m.* centime, cent.

centinela [then-tee-nay'la] *f.* sentry; sentinel.

centón [then-ton'] *m.* patchwork quilt; cento, literaty composition.

central [then-tral'] *adj.* central, centric; head (office).

centralismo [then-tra-lees'mo] *m.* centralised system of government; centralism.

centralización [then-tra-lee-tha-thyon'] *f.* centralisation.

centralizar [then-tra-lee-thar'] *va.* to centralise. [ter.

centrar [then-trar'] *vn.* to concéntrico [then'tree-ko] *adj.* central; calle — a, principal, main street, main thoroughfare.

centrífugo [then-tree'foo-go] *adj.* centrifugal.

centrípeto [then-tree'pay-to] *adj.* centripetal.

centro [then'tro] *m.* centre; middle point; club.

centroamericano [then-tro-a-mayr-ree-ka'-no] *m. & adj.* Central American.

centuplicar [then-too-plee-kar'] *va.* to centiplicate. [tury.

centuria [then-too'rya] *f.* cenceñido [thay-nyee'do] *adj.* close-fitting; very close (to).

ceñidor [thay-nyee-dor'] *m.* belt, girdle.

ceñir [thay-nyeer'] *va.* to fit closely; to clasp; to surround, encircle; *vr.* to confine oneself to; — espada, to gird on, to weard (sword).

ceño [thay'nyo] *m.* frown, knitted brows, look of disapproval, displeasure.

ceñudo [thay-nyoo'do] *adj.* frowning; grim.

cepa [thay'pa] *f.* stub; vinestock, root; stock, origin, source; de buena —, on good authority, of good stock.

cepillar [thay-pee-lyar'] *va. See* acepillar.

cepillo [thay-pee'lyo] *m.* brush; plane; — para ropa, clothesbrush.

cepo [thay'po] *m.* bough, branch (of tree); stocks (punishment).

cera [thay'ra] *f.* wax, beeswax; wax candle.

cerámica [thay-ra'mee-ka] *f.* ceramics; ceramic art.

cerámico [thay-ra'mee-ko] *adj.* arte —, the art of pottery.

cerbatana [thayr-ba-ta'na] *f.* blow-pipe; popgun.

cerca [thayr'ka] *adv.* near, close by; —de, close to, near to; *f.* enclosure, fence.

cercado [thayr-ka'do] *m.* fenced enclosure, paddock, enclosure.

cercanía [thayr-ka-nee'a] *f.* proximity; *pl.* neighbourhood, vicinity.

cercano [thayr-ka'no] *adj.* near, neighbouring.

cercar [thayr-kar'] *va.* to fence in, enclose; to invest (a town).

cercén [thayr-then'] a cercén, *adv.* at the root; cortar— —, to slice off, cut clean off.

cercenar [thayr-thay-nar'] *va.* to pare, lop off; to reduce, lessen.

cerciorarse [thayr-thyo-rar'say] *vr.* to assure; —de, to verify, make quite sure (of, about.)

cerco [thayr'ko] *m.* enclosure; investment; blockade; poner — a, to invest, besiege.

cerda [thayr'da] *f.* horse-hair, (hog-, badger-) bristle; sow.

cerdo [thayr'do] *m.* hog, pig, swine.

cerdoso [thayr'do'so] *adj.* bristly.

cereal [thay-ray-al'] *adj.* cereal; *m. pl.* cereals.

cerebral [thay-ray-bral'] *adj.* cerebral, brain.

cerebro [thay-ray'bro] *m.* brain, mind, talent.

ceremonia [thay-ray-mo'nya] ceremony, formality; display.

ceremonial [thay-ray-mo-nyal'] m. ceremonial, formalities.

ceremonioso [thay-ray-mo-nyo-'so] adj. ceremonious, formal.

cerería [thay-ray-ree'a] f. wax-chandler's shop.

cerero [thay-ray'ro] m. wax-chandler.

cereza [thay-ray'tha] f. cherry.

cerezo [thay-ray'tho] m. cherry tree; cherry wood.

cerilla [thay-ree'lya] f. wax match, match; wax taper.

cerner [thayr-nayr'] va. to sift; vn. to fecundate (blossom of vine, olive tree, wheat); vr. to hover (of hawk, etc.).

cernícalo [thayr-nee'ka-lo] m. sparrow-hawk.

cernidillo [thayr-nee-dee'lyo] m. mizzle, drizzle, short and waddling gait.

cernido [thayr-nee'do] m. sifting; sifted flour.

cero [thay'ro] m. zero, naught.

cerote [thay-ro'tay] m. shoemaker's wax.   [tonsure.

cerquillo [thayr-kee'lyo] m.

cerrado [thay-ra'do] adj. obscure; concealed; reserved; secretive; dense; (andaluz) —, out and out, thoroughgoing (Andalusian); barba — a, heavy beard; a ojos —s, blindly, on trust.

cerradura [thay-ra-doo'ra] f. lock; the act of closing; —de muelle, spring-lock.

cerraja [thay-ra'ha] f. common sowthistle; lock, bolt.

cerrajería [thay-ra-hay-ree'a] f. locksmith's trade; locksmith's shop.

cerrajero [thay-ra-hay'ro] m. locksmith.

cerrar [thay-rar'] va. to close, shut up; to end; to lock; —una carta, to seal a letter; —una cuenta, to close an account.

cerrero [thay-ray'ro] adj. wild; caballo —, unbroken horse.

cerril [thay-reel'] adj. unbroken, wild; rough, mountainous.

cerro [thay'ro] m. hill, ridge;

backbone (of animal); por los —s de Ubeda, wide of the mark, in the air, off the point.

cerrojo [thay-ro'ho] m. bolt, latch.

certamen [thayr-ta'men] m. literary competition; exhibition.

certero [thayr-tay'ro] adj. sure; well-aimed; certain.

certeza [thayr-tay'tha] f. certitude, assurance; precise knowledge.

certidumbre [thayr-tee-doom'-bray] f. certainty.

certificación [thayr-tee-fee-ka-thyon'] f. affidavit; certificate.

certificado [thayr-tee-fee-ka'-do] m. certificate, testimonial.

certificar [thayr-tee-fee-kar'] va. to certify, attest; — una carta, to register a letter.

cerusa [thay-roo'sa] f. ceruse, white-lead.

cerval [thayr-val'] adj. pertaining to a deer, cervine; miedo —, excessive timidity.

cervato [thayr-va'to] m. fawn.

cervatillo [thayr-va-tee'lyo] m. young deer.

cervecería [thayr-vay-thay-ree'a] f. brewery; bar.

cervecero [thayr-vay-thay'ro] m. brewer; beer-seller.

cerveza [thayr-vay'tha] f. beer, ale.

cerviz [thayr-veeth'] f. neck, nape; doblar la —, to submit, humble oneself, bow one's head.

cesación [thay-sa-thyon'] f. discontinuance, cessation.

cesante [thay-san'tay] m. unemployed, retired or dismissed public officer; adj. ceasing.

cesantía [thay-sant-tee'a] f. (white-collar) unemployment.

cesar [thay-sar'] vn. to cease; to give up; to discontinue, stop; sin —, unendingly, without (stop, ceasing, end).

cese [thay'say] n. dismissal, stoppage, cessation.

cesión [thay-syon'] f. cession; concession; — de bienes, surrender of property.

cesionario [thay-syo-na'ryo] m. grantee, transferee.

césped [thays'ped] m. sod, grass, turf; lawn.

cesta [thays'ta] f. (hand) basket; pannier; racket (for "pelota").   [maker.

cestero [thays-tay'ro] m. basket-

cesto [thays'to] m. waste-paper coger agua en —, to carry water in a sieve.

cesura [thay-soo'ra] f. caesura.

cetrería [thay-tray-ree'a] f. falconry.   [coner.

cetrero [thay-tray'ro] m. fal-

cetrino [thay-tree'no] adj. lemon-coloured; jaundiced.

cetro [thay'tro] m. sceptre.

cía [thee'a] f. hip-bone.

ciaboga [thee-a-bo'ga] f. hacer —, to make a quick turn (in a rowing-beat).

cianuro [thya-noo'ro] m. cyanide; —de potasio, cyanide of potash.

ciar [thyar] vn. to give way; to back water, go astern.

ciática [thya'tee-ka] f. sciatica.

cicatería [thee-ka-tay-ree'a] f. stinginess, niggarditness.

cicatero [thee-ka-tay'ro] adj. niggard, stigy.

cicatriz [thee-ka-treeth'] f. scar, cicatrice.

cicerone [thee-thay-ro'nay] m. cicerone, sightsman.

ciclismo [tree-klees'mo] m. cycling, sport of cycling.

ciclo [thee'klo] m. cycle.

ciclón [thee-klon'] m. hurricane, cyclone.

ciego [thyay'go] adj. & m. blind;blocked up; a ciegas, blindly, unwittingly.

cielo [thyay'lo] m. heaven, paradise; sky; celling; cover (of a bed); a — raso, under the stars; se ha venido el — abajo, the very heaven has burst.

ciempiés [thyem-pyays'] m. centipede; poor literary work.

cien [thyen] adj. See ciento.

ciénaga [thyay'na-ga] f. marsh, miry place, swamp.

ciencia [thyen'thya] f. science; knowledge; a — cierta, with knowledge, for a certainty; gaya —, troubadour's art, poetry.

cieno [thyay'no] m. mud, slime; bog.

científico [thyen-tee'fee-ko] adj. scientific.

ciento [thyen'to] m. one hundred; tres por—, three per cent.

cientopiés [thyen-to-pyays'] m. See ciempiés.

cierne [thyayr'nay] (used only in) en cierne, in blossom, in the beginning, in its infancy.

cierre [thyay'ray] m. act of closing, closing; closure; snap, catch; (industry) lock-out, — de cremallera, zip fastener.

cierto [thyayr'to] adj. sure, positive, true; certain; por —, certainly, of course.

ciervo [thyayr'vo] m. deer, stag.

cierzo [thyayr'tho] m. cold north wind.

cifra [thee'fra] f. figure, number; cipher; monogram.

cifrar [thee-frar'] va. to write in cipher; — (su ambición) en, to concentrate (ambition) on, in.

cigarra [thee-ga'ra] f. cicada, grass-hopper.

cigarral [thee-ga-ral'] m. (in Toledo) pleasure orchard, garden.

cigarrera [thee-ga-ray'ra] f. woman cigarette-maker; cigarcase.

cigarrero [thee-ga-ray'ro] m. cigar (-maker, -seller).

cigarrillo [thee-ga-ree'lyo] m. cigarette.

cigarro [thee-ga'ro] m. cigar.

cigoñal [thee-go-nyal'] m. swipe, well-sweep.

cigüeña [thee-kway'nya] f. white stork, crane.

cilicio [thee-lee'thyo] m. hairshirt.

cilindrar [thee-leen-drar'] va. to roll; to calender, bore.

cilíndrico [thee-leen'dree-ko] adj. cylindrical.

cilindro [thee-leen'dro] m. cylinder; roller.

cilla [thee'lya] f. granary; tithe.

cima [thee'ma] f. summit, top, peak; completion; (met.) pinnacle, crown, apex, sum; dar —a, to finish successfully, to top off, put the finishing touch to.

cimarrón [thee-ma-ron'] *m.* maroon; runaway slave.

címbalo [theem'ba-lo] *m.* cymbal; small bell.

cimbel [theem-bel'] *m.* decoy-pigeon.   [dome.

cimborio [theem-bo'ryo] *m.*

cimbrar, cimbrear [theem-brar'] *vn.* to vibrate; *va.* to brandish, shake, switch (a cane, etc.).

cimbreo [theem-bray'o] *m.* vibrating; brandishing.

cimentar [thee-men-tar'] *va.* to lay the foundations; to found; to strengthen.

cimento [thee-men'to]. *See* cemento.   [(of helmet).

cimera [thee-may'ra] *f.* crest

cimiento [thee-myen'to] *m.* foundation; bed; ground-work, basis; **abrir los —s**, to lay the foundations.

cimitarra [thee-mee-ta'ra] *f.* scimitar, falchion.

cinc [theenk] *m.* zinc.

cincel [theen-thel'] *m.* chisel; burin.

cincelar [theen-thay-lar'] *va.* to engrave, chisel, cut.

cinco [theen'ko] *adj.* five; **las —**, five o'clock.

cincha [theen'cha] *f.* girth, cinch; belt.

cinchar [theen-char'] *va.* to girth, to encircle.

cincho [theen'cho] *m.* belly-band; iron hoop.

cine [thee'nay] *m.* cinema.

cincuenta [theen-kwen'ta] *adj.* fifty.

cincuentena [thee-kwen-tay'na] *f.* fifty (articles).

cinerario [thee-nay-ra'ryo] *adj.* cinerary.

cingalés [theen-ga-les'] *adj.* Sinhalese, of Ceylon.

cíngulo [theen'goo-lo] *m.* girdle.

cínico [thee'nee-ko] *adj.* cynic; cynical; impudent, barefaced.

cínife [thee'nee-fay] *m.* mosquito.

cinismo [thee-nees'mo] *m.* cynicism; absence of shame, barefacedness; ribaldry.

cinta [theen'ta] *f.* ribbon, tape,

sash, film; — **métrica**, tape measure; **en —**, pregnant.

cintajo [theen-ta'ho] *m.* showy piece of ribbon; tawdry ornament.

cintarazo [theen-ta-ra'tho] *m.* blow with fiat of a sword.

cintilla [theen-tee'lya] *f.* narrow tape.   [band.

cintillo [theen-tee'lyo] *m.* hat-

cinto [theen'to] *m.* waist; belt.

cintura [theen-too'ra] *f.* waist; **meter en —**, to dominate, to bring to reason.

cinturón [theen-too-ron'] *m.* wide belt, strap.

ciprés [thee-pres'] *m.* cypress.

circo [theer'ko] *m.* circus, amphitheatre.

circuir [theer-kweer'] *va.* to surround, encircle.

circuito [theer-kwee'to] *m.* circuit, circumference.

circulación [theer-koo-la-thyon'] *f.* circulation; traffic; currency.

circulante [theer-koo-lan'tay] *adj.* circulating.

circular [theer-koo-lar'] *f.* circular letter; *adj.* circular, circulating; *vn.* to move (on, to, about); to circulate; (of traffic) to pass (along), cross.

círculo [theer'koo-lo] *m.* circle; club.

circuncidar [theer-koon-thee-dar'] *va.* to circumcise; to curtail, modify.

circuncisión [theer-koon-thee-syon'] *f.* circumcision.

circunciso [theer-koon-thee-so] *adj.* circumcised.

circundar [thee-koon-dar'] *va.* to surround, compass.

circunferencia [theer-koon-fay-ren'thya] *f.* circumference.

circunflejo [theer-koon-flay'ho] *adj.* circumflex (accent).

circunlocución [theer-koon-lo-koo-thyon'] *f.* periphrasis, circumlocution.

ciculoquio [theer-koon-lo'kyo] *m.* circumlocution.

circunnavegación [theer-koo-na-vay-ga-thyon'] *f.* circumnavigation.

circunnavegar [theer-koon-na-

vay-gar'] va. to circumnavigate.

circunscribir [theer-koons-kree-beer'] va. to encircle, circumscribe, limit.

circunscripción [theer-koon-screep-thyon'] f. circumscrip-
tion.

circunspección [theer-koon-spek-thyon'] f. circumspection,
decorousness, prudence, care-
ful.

circunspecto [theer-koon-spek-to] adj. circumspect, cautious,
careful, tactful.

circunstancia [thee-koons-tan'-thya] f. circumstance; condition; poesía de —s, occasional
poem.

circunstanciado [theer-koom-stan-thya'do] adj. full and
complete, minutely detailed.

circunstante [theer-koon-stan'-tay] m. pl. bystanders.

circunvalar [theer-koon-va-lar'] va. to surround (with wall,
siege-works).

circunvecino [theer-koon-vay-thee'no] adj. neighbouring, adjacent, contiguous.

circunvolución [theer-koon-vo-loo-thyon'] f. circumvolution.

cirial [thee-ryal'] m. large cand-
le-holder.

cirio [thee'ryo] m. (long) wax
candle; species of cactus.

cirro [thee'ro] m. cirrus clouds.

ciruela [thee-rway'la] f. plum,
prune; — pasa, prune; — da-
mascena, damson.

ciruelo [thee-way'lo] m. plum
tree; silly man.

cirugía [thee-roo-hee'a] f. surgery.

cirujano [thee-roo-ha'no] m.
surgeon.   [reed.

cisca [thees'ka] f. (bot.) common

cisco [thees'ko] m. coal-dust,
slack (as used for "brasero");
meter —, to hick up a shindy.

cisma [thees'ma] m. schism;
discord.

cismático [thees-ma'tee-ko] adj.
schismatic.

cisne [thees'nay] m. swan; canto
del —, swan song, last work,
pollo de —, cygnet.

cisterciense [thees-tayr-thyen'-say] adj. Cistercian.

cisterna [thees-tayr'na] f. cistern, water-tank, rain-tank.

cisura [thee-soo'ra] f. incision.

cita [thee'ta] f. appointment,
rendezvous, meeting; sum-
mons: quotation, authority.

citación [thee-ta-thyon'] f. summons; quotation.

citano [thee-ta'no] m. See zutano.

citar [thee-tar'] va. to quote;
to summon; to make an arrangement; to arrange to meet;
el citado, the said, above-mentioned.

cítara [thee'ta-ra] f. zithern.

citerior [thee-tay-ryor'] adj. on
the near side, nearer.

citote [thee-to'tay] m. citation,
summons.   [town.

ciudad [thyoo-dad'] f. city,

ciudadanía [thyoo-da-da-nee'a]
f. citizenship; freedom of a
city.

ciudadano [thyoo-da-da'no] adj.
urban, civic; m. citizen, townsman, city dweller.

ciudadela [thyoo-da-day'la] f.
citadel, fortress, keep.

cívico [thee've-ko] adj. civic,
municipal.

civil [thee-veel'] adj. civil (not
mil. or eccles.), private; polite;
derecho —, civil law, common
law.

civilidad [thee-vee-lee-dad'] f.
civility, politeness, urbanity.

civilización [thee-vee-lee-tha-thyon'] f. civilisation, culture.

civilizar [thee-vee-lee-thar'] va.
to civilise.

civismo [thee-vees'mo] m. pa-
triotism; public spirit.

cizalla [thee-tha'lya] f. metal-
cutters, shears; metal shavings.

cizaña [thee-tha'nya] f. darnel;
discord, tares; meter —, to sow
discord.

cizañar [thee-tha-nyar'] va. to
sow discord.   ["claque".

clac [klak] m. opera-hat. See

clamar [kla-mar'] va. to call for;
to clamour, wail.

clamor [kla-mor'] m. clamour,
outcry; toll, tolling (of bells).

clamorear [kla-mo-ray-ar'] *va.* to pray anxiously; to implore.

clamoreo [kla-mo-ray'o] *m.* inistsent clamour; importunate request.

clamoroso [kla-mo-ro'so] *adj.* noisy, loud, piteous.

clandestino [klan-des-tee'no] *adj.* clandestine, secret, undercover.

claque [kla'kay] *m.* claque *(hired applauders in theatre).*

clara [kla'ra] *f.* white of egg; *(weather)* "bright interval".

claraboya [kla-ra-bo'ya] *f.* skylight; transom; bull's eye; window.

clarear [kla-ray-ar'] *vn.* to grow light, dawn; to be transparent; **no te clarees, you make a better door than a window.**

clarete [kla-ray'tay] *m.* claret.

claridad [kla-ree-dad'] *f.* clearness, brightness; splendour; distinctness, lucidity.

clarificación [kla-ree-fee-ka-thyon'] *f.* clarification; refining.

clarificar [kla-ree-fee-kar'] *va.* to clarify; to refine *(sugar).*

clarín [kla-reen'] *m.* bugle; clarion.   [bugler.

clarinero [kla-ree-nay'ro] *m.*

clarinete [kla-ree-nay'tay] *m.* clarinet; clarinet-player.

clarión [kla-ryon'] *m.* white chalk, crayon.

claro [kla'ro] *adj.* clear, light, pale; manifest, evident, frank, visible; azul —, light blue; **poner (sacar) en** —, to clear up, understand; *m.* gap, lacuna; interval, blank, light spot; glade; break *(in clouds); adv.* manifestly; **a las claras,** evidently, clearly; **pasar la noche de — en** —, not to have a wink of sleep; *excl.* — **que sí (no),** of course (not); — **está,** evidently, naturally; of course.

claroscuro [kla-ros-koo'ro] *m.* chiaroscuro.

clase [kla'say] *f.* class; kind, kin; order; rank; quality.

clásico [kla'see-ko] *adj.* classic, classical; principal, notable.

clasificación [kla-see-fee-ka-thyon'] *f.* classification.

clasificar [kla-see-fee-kar'] *va.* to classify, arrange.

claudicar [klow-dee-kar'] *vn.* to limp; to act in a disorderly way.

claustro [klows'tro] *m.* cloister; monastic state; teaching body, faculty *(of a university).*

cláusula [klow'soo-la] *f.* clause, period, sentence.

clausura [klow-soo'ra] *f.* closure; religious retreat; interior of a convent; adjournment or closing scenes *(of meeting).*

clava [kla'va] *f.* club, cudgel; scupper.

clavador [kla-va-dor'] *m.* naildriver.

clavar [kla-var'] *va.* to nail; to drive in; to nail down; to pierce; to overcharge, "sting"; — **los ojos,** to stare, fix one's eyes.

clave [kla'vay] *f.* key, clef *(music);* code; clavichord; clue; keystone.   [pink.

clavel [kla-vel'] *m.* carnation,

clavellina [kla-vay-lyee'na] *f.* See **clavel.**   [tack.

claveta [kla-vay'ta] *f.* wooden

clavero [kla-vay'ro] *m.* clove tree; treasurer, keeper of the keys.

clavicordio [kla-vee-kor'dyo] *m.* clavichord.

clavícula [kla-vee'koo-la] *f.* collar-bone.

clavija [kla-vee'ha] *f. (axle)* pin, peg *(stringed instruments);* nog; **apretar las —s,** *(fig.)* to put on the screws.

clavo [kla'vo] *m.* nail, spike; *(on feet)* corn; surgical lint; clove; **dar en el —,** to hit the nail on the head.

clemencia [klay-men'thya] *f.* clemency, mercy.

clemente [klay-men'tay] *adj.* clement, merciful.

clepsidra [klep-see'dra] *f.* water-clock.

clerecía [klay-ray-thee'a] *f.* clergy, body or office of clergy.

clerical [klay-ree-kal'] *adj.* clerical, of the clergy.

clérigo [klay'ree-go] *m.* clergy-man, priest, clerk, cleric.

clero [klay'ro] *m.* clergy.

cliente [klyen'tay] *m.* client, customer.

clientela [klyen-tay'la] *f.* patronage; clientèle.

clima [klee'ma] *m.* climate, atmosphere.

clínica [klee'nee-ka] *m.* clinic, nursing-home, (doctor's) surgery, dispensary.

clisé [klee-say'] *m.* cliché; (*film*) exposure.

cloaca [klo-a'ka] *f.* sewer; (*fowls*) large intestine.

clocar [klo-kar'] See **cloquear**.

cloque [klo'kay] *m.* grappling-iron, harpoon.

cloquear [klo-kay-ar'] *vn.* to cluck, cackle.

clorhídrico [klo-ree'dree-ko] *adj.* hydrochloric.

cloroformizar [klo-ro-for-mee-thar'] *va.* to chloroform.

cloroformo [klo-ro-for'mo] *m.* chloroform.

club [kloob] *m.* club, political association, social institution.

clueco [klway'ko] *adj.* broody; *f.* brooding hen.

cluniacense [kloo-nya-then'say] *adj. & m.* Cluniac, monk of Cluny.

coacción [ko-ak-thyon'] *f.* coaction; compulsion.

coactivo [ko-ak-tee'vo] *adj.* coercive.

coadjutor [ko-ad-hoo-tor'] *m.* coadjutor, assistant; curate.

coadyuvante [ka-ad-yoo-van'-tay] *adj. & m.* assistant, helper.

coadyuvar [ko-ad-yoo-var'] *va.* to help, assist.

coagular [ko-a-goo-lar'] *va. & r.* to coagulate, congeal, set.

coágulo [ko-a'goo-lo] *m.* clot; coagulated blood.

coalición [ko-a-lee-thyon'] *f.* coalition, union, group(ing).

coartación [ko-ar-ta-thyon'] *f.* limitation, restriction.

coartada [ko-ar-ta'da] *f.* alibi.

coartar [ko-ar-tar'] *va.* to limit, restrict, restrain.

coba [ko'ba] *f.* **dar** —, to flatter, play up to, "butter up".

cobarde [ko-bar'day] *adj.* coward, timid; *m.* poltroon, coward. [wardice.

cobardía [ko-bar-dee'a] *f.* co-

cobertera [ko-bayr-tay-o'ra] *f.* cover, saucepan-lid.

cobertizo [ko-bayr-tee'tho] *m.* shed, shelter (*usually lacking side walls*); lean-to.

cobertor [ko-bayr-tor'] *m.* blanket, bed-cover, quilt.

covertura [ko-bayr-too'ra] *f.* covering; wrapper.

cobijar [ko-bee-har'] *va.* to cover, protect; *vn.* to take shelter.

cobrador [ko-bra-dor'] *m.* (*debts*) collector; (*tram*) conductor; (*bank*) teller; (*dog*) retriever.

cobranza [ko-bran'tha] *f.* recovery, collection (*of debts*).

cobrar [ko-brar'] *va.* to recover, collect (amounts due); to recuperate, obtain; — **ánimo,** to gain courage, to pick up spirits; — **fuerzas,** to gather strength. [brass.

cobre [ko'bray] *m.* copper;

cobrizo [ko-bree'tho] *adj.* of copper, coppery.

cobro [ko'bro] *m.* See **cobranza**.

coca [ko'ka] *f.* coca, coca leaves.

cocaína [ko-ka-əə'na] *f.* cocaine.

cocción [kok-thyon'] *f.* coction.

cocear [ko-thay-ar'] *vn.* to kick, kick out, resist.

cocer [ko-thayr'] *va.* to cook, boil; to take (*bricks, bread*).

cocido [ko - thee'do] *m.* (*Spanish*) stew.

cociente [ko-thee-en'tay] *m.* quotient.

cocimiento [ko-thee-myen'to] *m.* (*the act of*) cooking, boiling; decoction.

cocina [ko-thee'na] *f.* kitchen; cookery; — **económica,** cooking-range.

cocinar [ko-thee-nar'] *va.* to cook; *vn.* to do the cooking.

cocinero [ko-thee-nay'ro] *m.* cook; chef.

coco [ko'ko] *m.* coco-nut tree;

coco-nut; bogeyman; **agua de —**, coconut milk.

cocodrilo [ko-ko-dree'lo] *m.* crocodile.

cocotal [ko-ko-tal' *m.* coconut-grove.

cocotero [ko-ko-tay'ro] *m.* coco-nut tree.

coche [co'chay] *m.* car, carriage, coach; **— de alquiler**, hackney-coach; **— de punto**, cab, taxi *(from the rank);* **— cama**, sleeping car, coach; **— de San Francisco**, old shank's pony, to walk it.

cochera [ko-chay-ra] *f.* coach-house; **puerta —**, main door, carrriage entrance.

cochero [ko-chay'ro] *m.* coach-man.

cochinada [ko-chee-na'da] *f.* herd of swine; dirty trick.

cochinería [ko-chee-nay-ree'a] *f.* dirtiness, filth, fourness.

cochinilla [ko-chee-nee'lya] *f.* cochineal; woodlouse.

cochino [ko-chee'no] *adj.* filthy; *m.* pig. swine.

codal [ko-dal'] *m.* carpenter's square; vine-shoot.

codazo [ko-da'tho] *m.* nudge, shove with elbow.

codear [ko-day-ar'] *va. & n.* to elbow (out).

codelincuente [ko-day-leen-kwen'tay] *m.* accomplice, partner in crime; accessory.

codera [ko-day'ra] *f.* elbow-patch.

códice [ko'dee-thay] *m.* old MS., codex.

codicia [ko-dee'thya] *f.* covetousness, cupidity, greed.

codiciar [ko-dee-thyar'] *va.* to covet; look greedily at, long to have.

codicioso [ko-dee-thyo'so] *adj. & m.* grasping, avaricious, greedy *(person).*

codicilo [ko-dee-thee'lo] *m.* codicil.

código [ko-dee-go] *m.* code *(of laws, manners, writing, etc.),* digest.

codillo [ko-dee'lyo] *m.* elbow-orshoulder-joint *(in animals);* knee; breech, foot-rule.

codina [ko-dee'na] *f.* a kind of chesnut salad.

codo [ko'do] *m.* elbow; cubit; angle; **levantar el —**, to "booze"; **comerse los codos de hambre**, to be famished; **hablar por los codos**, to talk one's head off, prattle, gossip.

codorniz [ko-dor-neeth'] *f.* quail.

coeficiente [ko-ay-fee-thyen'-tay] *m.* coefficient.

coerción [ko-ayr-thyon'] *f.* coerción, restraint.

coercitivo [ko-ray-thee-tee'vo] *adj.* coercive.

coetáneo [ko-ay-ta'nay-o] *adj.* contemporary.

coexistencia [ko-ek-seesten'-thya] *f.* coexistence.

coexistir [ko-ek-sees-teer'] *vn.* to coexist.

cofia [ko'fya] *f.* woman's indoor cap, hair-net; cowl; coif.

cofrade [ko-fra'day] *m.* fellow-member.

cofradía [ko-fra-dee'a] *f.* confraternity, brotherhood, guild.

cofre [ko'fray] *m.* trunk, coffer.

cogedero [ko-hay-day'ro] *adj.* *(of fruit)* ripe for picking; *n.* handle.

cogedor [ko-hay-dor'] *m.* dust-pan, coal-shovel.

coger [ko-hayr'] *va.* to take, catch *(ball, cold, etc.)* to soak up; to gather; to contain.

cogida [ko-hee'da] *f.* yield, harvest, catch *(of fish);* goring *(in bullfight).*

cogido [ko-hee'do] *m.* tuck, fold.

cogitación [ko-hee-ta-thyon'] *f.* cogitation, meditation.

cognado [kog-na'do] *adj.* cognate.

cogollo [ko-go'lyo] *m.* shoot *(of plant);* heart *(of lettuce),* top.

cogote [ko-go'tay] *m.* nape, "scruff" *(of neck).*

cogulla [ko-goo'lya] *f.* cowl; monk's habit.

cohabitar [ko-a-bee-tar'] *vn.* to cohabit, live together.

cohechar [ko-ay-char'] *va.* to bribe, suborn, corrupt.

cohecho [ko-ay'cho] *m.* bribery.

coheredero [ko-ay-ray-day'ro] *m.* co-heir, joint-heir.

coherente [ko-ay-ren'tay] *adj.* coherent, consistent.

cohesión [ko-ay-syon'] *f.* cohesion. [sky-rocket.

cohete [ko-ay'tay] *m.* rocket,

cohetero [ko-ay-tay'ro] *m.* firework-maker.

cohibición [ko-ee-bee-thyon'] *f.* prohibition, restraint.

cohibir [ko-ee-beer'] *va.* to restrain.

cohombrillo [ko-om-bree'lyo] *m.* gherkin.

cohombro [ko-om'bro] *m.* cucumber.

cohonestar [ko-o-nes-tar'] *va.* to palliate, gloss over *(an action).*

coincidencia [ko-een-thee-den'-thya] *f.* coincidence.

coincidir [ko-een-thee-deer'] *vn.* to coincide, fall in *(with),* concur.

cojear [ko-hay-ar'] *vn.* to limp, hobble, halt; *(of furniture)* to be rickety. [limping.

cojera [ko-hay'ra] *f.* lameness,

cojín [ko-heen'] *m.* cushion, saddle-pad.

cojinete [ko-he-nay'tay] *m.* small cushion, pad; *(mech.)* bearing.

cojo [ko'ho] *m.* lame person.

cojuelo [ko-hway'lo] *adj.* lame, hobbling; "El Diablo —", "The devil on two sticks".

cok [kok] *m.* coke.

col [kol] *f.* cabbage.

cola [ko'la] *f.* tail; cue; queue; extremity; *(dress)* train; glue; — de pescado, isinglass; hacer la —, to "queue".

colaborador [ko-la-bo-ra-dor'] *m.* colaborator, contributor *(writer).*

colaborar [ko-la-bo-rar'] *va.* to colaborate, work together; to contribute.

colación [ko-la-thyon'] *f.* conferment *(of degrees, etc.);* collation; light lunch or meal; sacar a —, to bring up *(subject, question).*

colactáneo [ko-lak-ta'nay-o] *adj.* hermanos —s, foster-brothers.

colada [ko-la'da] *f.* wash; todo saldrá en la —, it will all come out in the wash.

coladera [ko-la-day'ra] *f.* strainer, colander.

colador [ko-la-dor'] *m.* strainer, colander; conferrer *(of degrees, etc.).*

coladura [ko-la-doo'ra] *f.* blunder.

colar [ko-lar'] *va.* to strain, filter; to wash *(clothes)* with lye; to pass *(counterfeit money, inferior goods, etc.);* *vr.* to slip in (slyly); to get in on the sly, "gate-crash"; to put one's foot in it. [let.

colcha [kol'cha] *f.* quilt, cover-

colcrén [kol-kren'] *m.* cold-cream.

colchón [kol-chon'] *m.* mattress; — de muelles, spring mattres; — de pluma, featherbed.

colear [ko-lay-ar'] *vn.* to wag *(tail).*

colección [ko-lek-thyon'] *f.* collection *(stamps, etc.).*

colecta [ko-lek'ta] *f.* collection *(of money for a purpose);* collect *(prayer).*

colectar [ko-lek-tar'] *va.* to collect *(taxes, etc.)*

colectividad [ko-lek-tee-vee-dad'] *f.* collectivity, sum total general body *(of people).*

colectivo [ko-lek-tee'vo] *adj.* collective, joint.

colector [ko-lek-tor'] *m.* collector *(of taxes, etc.).*

colega [ko-lay'ga] *m.* colleague.

colegial [ko-lay-hyal'] *adj.* collegiate; *m.* collegian, college student, schoolboy.

colegiala [ko-lay-hya'la] *f.* girl student.

colegio [ko-lay'hyo] *m.* *(Spain)* school; college, seminary, high school.

colegir [ko-lay-heer'] *va.* to infer, draw conclusions.

cólera [ko'lay-ra] *f.* anger; *m.* cholera.

colérico [ko-lay'ree-ko] *adj.* angry, choleric, testy.

coleta [ko-lay'ta] *f.* pigtail *(worn by bullfighters);* postscript; cortarse la —, to give up bullfighting; to throw up, retire from (career).

coletazo [ko-lay-ta'tho] m. lash (with tail)

coleto [ko-lay'to] m. buff jacket; body; **dijo para su —,** he said to himself.

colgadero [kol-ga-day'ro] m. hanger, peg, hook.

colgadizo [kol-ga-dee'tho] m. shed, lean-to, shelter.

colgadura [kol-ga-doo'ra] f. hanging, tapestry, bunting, drapes.

colgante [kol-gan'tay] adj. hanging; m. pendant, hanging ornament.

colgar [kol-gar'] va. to hang, suspend; to fix (blame); to adorn with hangings; to give a present; **— los hábitos,** to leave the priesthood, abandon (past) (career).

colibrí [ko-lee-bree'] m. humming-bird.

cólico [ko'lee-ko] m. stomach pains, colic, griping.

colicuar [ko-lee-kooar'] vn. to melt, to fuse, liquefy.

coliflor [ko-lee-flor'] f. cauliflower.

coligarse [ko-lee-gar'say] vr. to unite, form an association or confederation.

colilla [ko-lee'lya] f. cigar-stub, cigarette-end.

colina [ko-lee'na] f. hill, hillock, slope.

colindante [ko-leen-dan'tay] adj. bordering, adjacent.

colindar [ko-leen-dar'] vn. to adjoin, to run (along, beside) (of property).

coliseo [ko-lee-say'o] m. theatre, playhouse, coliseum.

colisión [ko-lee-syon'] f. collision, clash.

colmar [kol-mar'] va. to fill up, heap up, satisfy completely, fill to the brim; **— de favores,** to heap favours upon.

colmena [kol-may'na] f. beehive.   [apiary.

colmenar [kol-may-nar'] m.

colmenero [kol - may - nay'ro] adj. (of bears) fond of honey; m. bee-keeper.

colmillo [kol-mee'lyo] m. eyetooth, canine tooth; (snake) fang; (elephant) tusk.

colmo [kol'mo] m. plenty; fill; full measure; complement; top, highest pitch; **es el —,** that's the limit, the last straw.

colocación [ko-lo-ka-thyon'] f. location, site; placing, arranging, place; employment, job, appointment.

colocar [ko-lo-kar'] va. to place, arrange, fix, settle, put, locate; to employ; vr. to get a job.

colodra [ko-lo'dra] f. wooden pail; horn (for drinking); winemeasure.

colofón [ko-lo-fon'] m. colophon, tail-piece.

colombiano [ko-lom-bya'no] m. Colombian, from Colombia.

colombino [ko-lom-bee'no] adj. connected with Christopher Columbus, **biblioteca — a** (in Seville), Columbus library.

colon [ko'lon] m. colon; part of the intestines.

colonia [ko-lo'nya] f. colony; dependency; assembly, reunion; narrow silk ribbon; **agua de —,** eau de Cologne.

colonización [ko-lo-nee-thathyon'] f. colonisation, establishment.

colonizar [ko-lo-nee-thar'] va. to colonise.

colono [ko-lo'no] m. colonist, coloniser; planter, farmer.

coloquio [ko-lo'kyo] f. conversation, talk; literary dialogue.

color [ko-lor'] m. colour, hue; paint; pretence; red; **— quebrado,** faded hue; **so — de,** under pretext of; pl. (national) flag; **mudar de —,** to change colour, lose colour.

colorado [ko-lo-ra'do] adj. red; coloured; **ponerse —,** to blush.

colorar [ko-lo-rar'] va. to dye, paint, colour.

colorear [ko-lo-ray-ar'] va. to touch up favourably, paint in favourable colours (a lie, etc.); grow red.   [rouge.

colorete [ko-lo-ray'tay] m.

colorido [ko-lo-ree'do] m. colour; colouring.

col   **430**

coloso [ko-lo'so] *m.* colossus.

columbrar [ko-loom-brar'] *va.* to discern, perceive dimly, see afar off; to guess, conjecture.

columna [ko-loom'na] *f.* column, support; (*archit.*) — salomónica, twisted (spiral) column.

columpiar [ko-loom-pyar'] *va.* to swing.

columpio [ko-loom'pyo] *m.* (*child's*) swing.

collado [ko-lya'do] *m.* hillock, fell; col.

collar [ko-lyar'] *m.* necklace; metal collar, dog-collar.

collera [ko-lyay'ra] *f.* horse-collar, harness-collar.

coma [ko'ma] *f.* comma; (*med.*) coma. [wife; gossip.

comadre [ko-ma'dray] *f.* mid-

comadrear [co-ma-dray-ar'] *vn.* to gossip.

comadreja [ko-ma-dray'ha] *f.* weasel.

comandancia [ko-man-dan'thya] *f.* command; the office of a commander.

comandante [ko-man-dan'tay] *m.* commander; (*army*) major.

comandar [ko-man-dar'] *va.* to command, govern, be in charge.

comandita [ko-man-dee'ta] *f.* silent partnership.

comanditario [ko-man-dee-tar'-ryo] *m.* (silent), (sleeping) partner.

comarca [ko-mar'ka] *f.* region, country, territory, district, area.

comarcano [ko-mar-ka'no] *adj.* near, neighbouring, local.

comarcar [ko-mar-kar'] *va.* to plant in line; *vn.* to be on the borders of.

comba [kom'ba] *f.* warp (*of wood*); curvature, bulge; skipping, skipping-rope.

combar [kom-bar'] *va.* to bend; *vr.* to bulge, jut out; warp.

combate [kom-ba'tay] *m.* fight, struggle, engagement.

combatiente [kom-ba-tyen'tay] *m.* fighter, combatant.

combatir [kom-ba-teer'] *va. & n.* to fight, combat; to contend; to dash.

combinación [kom-bee-na-thyon'] *f.* combination; union; arrangement, plan, 'set-up'; *pl.* las más sabias —, the best-laid schemes...

combinar [kom-bee-nar'] *va.* to combine, unite, put together.

comblezo [kom-blay'tho] *m.* lover of a married woman.

combo [kom'bo] *adj.* crooked, warped.

combustión [kom-boos-tyon'] *f.* combustion, burning.

comedero [ko-may-day'ro] *adj.* fit to eat, for eating; *m.* manger, eating-trough, foodbox.

comedia [ko-may'dya] *f.* play, comedy; es una —, it is a complete pretence.

comediante [ko-may-dyan'tay] *m.* actor, comedian, player; hypocrite; —de la legua, strolling player.

comediar [ko-may-dyar'] *va.* to divide into equal shares.

comedido [ko-may-dee'do] *adj.* obliging, courteous, restrained.

comedirse [ko-may-deer'say] *vr.* to be thoughtful, restrained (*in speech, etc.*).

comedor [ko-may-dor'] *m.* dining-room; dining-room suite.

comején [ko-may-hen'] *m.* white ant, termite.

comendador [ko-men-da-dor'] *m.* commander (*of Military Order*).

comendadora [ko-men-da-do'ra] *f.* Mother Superior of Convent (*belonging to Military Orders*).

comensal [ko-men-sal'] *m.* member of a household; (fellow)-guest.

comentador [ko-men-ta-dor'] *m.* commentator.

comentado [ko-men-ta'do] *adj.* talked about; fue muy comentada (su acción), ... was the subject of much talk.

comentar [ko-men-tar'] *va.* to comment, expound, explain, gloss; to write a commentary on; comentar el Quijote, to annotate an edition of Don Quixote.

comentario [ko-men-ta'ryo] *m.* commentary; comments, remarks.

comento [ko-men'to] *m.* comment, explanation.

comenzar [ko-men-thar'] *va.* to commence, begin.

comer [ko-mayr'] *m.* eating; *va.* to eat (on, up), dine, feed (upon); to spend; *vr.* to itch; take *(in chess).*

comercial [ko-mayr-thyal'] *adj.* commercial, mercantile.

comerciante [ko-mayr-thy-an'tay] *m.* merchant, trader.

comerciar [ko-mayr-thyar'] *va.* to trade, traffic, deal; to do business (with).

comercio [ko-mayr'thyo] *m.* trade, business; commerce, intercourse.

comestible [ko-mays-tee'blay] *adj.* eatable; *m. pl.* provisions, victuals; tienda de—s, grocer's.

cometa [ko-may'ta] *m.* comet; *f. (child's)* kite.

cometer [ko-may-tayr'] *va.* to commit, entrust; to perpetrate, make; to commission.

cometido [ko-may-tee'do] *m.* charge, trust, commission, job, stint.

comezón [ko-may-thon'] *m.* itching *(longing),* desire.

cómico [ko'mee-ko] *adj.* comical, ludicrous, comic; *m.* cómedian, strolling player.

comida [ko-mee'da] *f.* food; meal; dinner.

comienzo [ko-myen'tho] *m.* beginning, commencement.

comilón [ko-mee-lon'] *adj.* greedy, gluttonous; *n.* glutton.

comillas [ko-mee'lyas] *f. pl.* quotation marks; inverted commas.

comino [ko-mee'no] *m.* cuminseed; no vale un —, it's not worth two pins.

comisar [ko-mee-sar'] *va.* to confiscate.

comisario [ko-mee-sa'ryo] *m.* commissary; — de policía, police-inspector.

comisión [ko-mee-syon'] *f.* commission, ministry, trust.

comisionado [ko-mee-syo-na'do] *m.* chosen head, envoy, etc.; deputy, proxy.

comité [ko-mee-tay'] *m.* committee, assembly.

comitiva [ko-mee-tee'va] *f.* retinue, suite, followers, following.

como [ko'mo] *adv.* as, so, like, as though; ¿cómo?, how?, in what way?; ¡cómo! *interj.* Why!; —que, *conj.* so that, inasmuch as, since, if.

cómoda [ko'mo-da] *f.* chest of drawers.

comodidad [ko-mo-dee-dad'] *f.* comfort, ease; convenience.

cómodo [ko'mo-do] *adj.* useful, handy, comfortable; *m.* utility, convenience.

comodón [ko-mo-don'] *adj.* comfort-loving, easy-going.

compacto [kom-pak'to] *adj.* compact, dense, solid.

compadecer [kom-pa-day-thayr'] *va.* to pity, be sorry for, sympathise with, feel sympathy for.

compadre [kom-pa'dray] *m.* godfather; acquaintance, "pal", friend.

compaginar [kom-pa-hee-nar'] *va.* to put in order; arrange; to compare, check, collate.

compañero [ko-pa-nyay'ro] *m.* companion, partner, playmate, fellow; — de clase, schoolmate.

compañía [kom-pa-nyee'a] *f.* company, society; troop *(of players, etc.);* partnership; — de Jesús, Jesuit Order.

comparación [koh-pa-ra-thyon'] *f.* comparison, conferring.

comparar [kom-pa-rar'] *va.* to compare, confer; to confront.

comparativo [kom-pa-ra-tee'vo] *adj.* comparative.

comparecer [kom-pa-ray-thayr'] *vn.* to appear *(before a judge, tribunal).*

comparsa [kom-par'sa] *m.* masquerade, group *(on stage);* "extra", supernumerary; company *(of actors).*

compartimiento [kom-par-tee-myen'to] *m.* compartment; division, department.

compartir [kom-par-teer'] *va.* to divide in parts, share.

compás [kom-pas'] *m.* pair of compasses; time, measure; *(mus.)* beat; llevar el —, to beat time.

compasado [kom-pa-sa'do] *adj.* grave, deliberate, steady.

compasión [kom-pa-syon'] *f.* compassion, pity.

compasivo [kom-pa-see'vo] *adj.* merciful, tender-hearted, compassionate.

compatibilidad [kom-pa-tee-bee-lee-dad'] *f.* compatibility.

compatible [kom-pa-tee'blay] *adj.* compatible, fit, suitable, in keeping with.

compatriota [kom-pa-tryo'ta] *m.* fellow-countryman.

compeler [kom-pay-layr'] *vn.* to compel, oblige, coact.

compendiar [kom-pen-dyar'] *va.* to sum up; to abridge, summarize.

compendio [kom-pen'dyo] *m.* summary; hand-book, manual.

compensación [kom-pen-sa-thyon] *f.* compensation.

compensar [kom-pen-sar'] *va.* & *vn.* to compensate, indemnify; to make up for, make amends.

competencia [kom-pay-ten'thya] *f.* competence, aptitude; competition, rivalry.

competente [kom-pay-ten'tay] *adj.* competent; adequate, suitable, apt.

competer [kom-paq-tayr'] *vn.* *(defective),* le compite, it is his due, it is owing to him.

competir [kom-pay-teer'] *vn.* to vie, strive, compete with; to rival.

compilar [kom-pee-lar'] *va.* to compile, collect.

compinche [kom-pin-chay] *m.* *(coll.)* pal, chum, crony.

complacencia [kom-pla-then'-thya] *f.* complaisance, gratification, satisfaction.

complacer [kom-pla-thayr'] *va.* to please, be pleasing to; *vr.* to be pleased, delighted, be gracious (enough), to, take pleasure in.

complaciente [kom-pla-thyen'-tay] *adj.* accommodating, amenable 'understanding'.

complejo [kom-play'ho] *adj.* complex, complicated, intricate; *n.* complex.

complementario [kom-play-men-ta'ryo] *adj.* complementary.

completar [kom-play-tar'] *va.* to fill up; to complete, finish off; to accomplish.

completo [kom-play'to] *adj.* complete; full up; por —, absolutely.

complexión [kom-plek-syon'] *f.* temperament; constitution.

complexo [kom-plek'so] *adj.* complex.

complicación [kom-plee-ka-thyon] *f.* complication.

complicar [kom-plee-kar'] *va.* to complicate, make intricate, make difficult.

cómplice [kom-plee-thay] *m.* accomplice, accessory.

complicidad [kom-plee-thee-dad'] *f.* complicity; aiding and abetting. conspiracy.

complot [kom-plot'] *m.* plot, complutense [kom-ploo-ten'say] *adj. native* (to, of) Alcalá de Henares.

componer [kom-po-nayr'] *va.* to compose, mix; to devise; to heal, put right; to mend; to reconcile; to calm (down); — el semblante, to compose one's features; *vr.* to make up *(face),* dress up; componérselas, to make it up.

comportamiento [kom-por-ta-myen'to] *m.* behaviour, conduct.

comportar [kom-por-tar'] *va.* to suffer; *vr.* to behave, act.

comportero [kom-por-tay'ro] *m.* basket-maker.

composición [kom-po-see-thyon'] *f.* composition; adjustment; composure; compromise.

compositor [kom-po-see-tor] *m.* composer; *(print.)* compositor.

compostelano [kom-pos-tay-la'-no] *adj. native* (of, to) Santiago de Compostela.

compostura [kom-pos-too'ra] *f.* composure; mending; neatness; modesty; (*cosmetics*) "make-up".

compra [kom'pra] *f.* purchase; ir de —s, to go shopping.

comprador [kom-pra-dor'] *m.* buyer, purchaser.

comprar [ko'm-prar] *va.* to buy, purchase.

comprender [kom-pren-dayr'] *va.* to understand, comprehend; to comprise, contain, consist of.

comprensibilidad [kom-pren-see-bee-lee-dad'] *f.* comprehensiveness.

comprensión [kom-pren-syon'] *f.* comprehension, understanding.

comprensivo [kom-pren-see'vo] *adj.* comprehensive, understanding.

compresa [kom-pray'sa] *f.* compress, poultice.

compresibilidad [kom-pray-see-bee-lee-dad'] *f.* compressibility, compressible power.

comprimir [kom-pree-meer'] *va.* to press, squeeze; to compress, condense; to repress, restrain.

comprobación [kom-pro-ba-thyon'] *f.* comprobation, proof, verification.

comprobante [kom-pro-ban'tay] *m.* voucher, proof.

comprobar [kom-pro-bar'] *va.* to prove, verify, check.

comprometer [kom-pro-may-tayr'] *va.* to expose, endanger, jeopardize; to involve, concern; *vr.* to engage oneself, commit oneself, undertake (to), accept responsibility (for doing).

compromiso [kom-pro-mee'so] *m.* engagement, 'date' appointment; obligation, predicament, nuisance, awkward situation.

compuerta [kom-pwayr'ta] *f.* half-door, hatch; sluice-gate, flood gate.

compuesto [kom-pwes'to] *adj.* compound; composite, complex, made up; mended; bien —, nicely got up; *m.* compound.

compulsar [kom-pool-sar'] *va.*

to compare; to make an authentic copy.

compulsión [kom-pool-syon'] *f.* compulsion.

compunción [kom-poon-thyon'] *f.* compunction, pricking of conscience.

compungirse [kom-poon-heer'say] *vr.* to feel compunction, remorse.

computar [kom-poo-tar'] *va.* to compute, reckon (up).

cómputo [kom'poo-to] *m.* computation, reckoning.

comulgar [ko-mool-gar'] *va.* to administer Holy Communion; *vn.* to receive the sacrament, to communicate; — con ruedas de molino, to be credulous.

común [ko-moon'] *adj.* common, public, ordinary; frequent, current; customary; vulgar, low, general; por lo —, generally.

común [ko-moon'] *m.* community; water-closet.

comuna [ko-moo'na] *adj.* common, commonable, communal.

comunal [ko-moo-nal'] *adj.* belonging to the community, public.

comunero [ko-moo-nay'ro] *m.* commoner; joint tenant of land; rebel (16*th century*).

comunicación [ko-moo-nee-ka-thyon'] *f.* communication, notice; union; intercourse.

comunicado [ko-moo-nee-ka'do] *m.* (*official*) announcement; (*mil.*) despatch.

comunicar [ko-moo-nee-kar'] *va.* to communicate, report, make known, impart; inform; *vr.* to adjoin, be united.

comunicativo [ko-moo-nee-ka-tee'vo] *adj.* communicative, unreserver, expansive, approachable.

comunidad [ko-moo-nee-dad'] *f.* community; corporation.

comunión [ko-moo-nyon] *f.* communion.

comunismo [ko-moo-nees'mo] *m.* Communism.

comunista [ko-moo-nees'ta *m.* & *adj.* Communist.

con [kon] *prep.* with, by; —tal

que, provided that; — que, and so, why, then; —todo eso, nevertheless.

conato [ko-na'to] m. endeavour, effort; attempt sign; —de robo, attempted robbery.

concavidad [kon-ka-vee-dad'] f. concavity, hollow.

cóncavo [kon'ka-vo] adj. concave, hollow.

concebir [kon-thay-beer'] va. to conceive; to entertain, (an idea, notion of), to understand; to breed (affection).

conceder [kon-thay-dayr'] va. to grant, allow(bestow(give; to admit.

concejal [kon-thay-hal'] m. alderman, councillor, member of a council.

concejo [kon-thay'ho] m. municipal council; casa del—, townwall, civic centre.

concentración [kon-then-trathyon'] f. concentration.

concentrar [kon-then-trar'] va. to concentrate.

concepción [kon-they-thyon'] f. conception; idea.

conceptista [kon-thep-tees'ta] adj. witty, ingenious (of style); m. wit; ingenious punster.

concepto [kon-thep'to] m. concept, notion; conceit, witticism.

conceptuar [kon-thep-twar'] vn. to be or opinion, judge.

conceptuoso [kon-thep-two'so] adj. sententious; conceited (of style).

concerniente [kon-thayr-nyen'-tay] adj. relating to, concerning.

concernir [kon-thayr-neer'] vn. to apply to, refer to, concern.

concertar [kon-thayr-tar'] va. to contrive, arrange; to settle, bring together, harmonize; to covenant; to tune (instrument); vn. to accord, come to an agreement; vr. to go hand in hand.

concertino [kon-thayr-tee'no] m. (mus.) leader.

concesión [kon-thay-syon'] f. concession, grant.

concesionario [kon-thay-syo-na'ryo] m. concessionnaire; grantee.

conciencia [kon-thyen'thya] f. conscience, conscientiousness; ancho de —, easy-going, not very scrupulous; en—, in good earnest.

concienzudo [kon-thyen-thoo'-do] f. conscientious, scrupulous, through.

concierto [kon-thyayr'to] m. agreement, contract; good order; harmony; concert.

conciliábulo [kon-thee-lya'boo-lo] m. secret conference.

conciliación [kon-thee-lya-thyon'] f. conciliation, reconciliation, reconciling.

conciliador [kon-thee-lya-dor'] adj. pacific, peacemaking, soothing; m. peacemaker, arbitrator.

conciliar [kon-thee-lyar'] va. conciliate, to win (friendship or affection); to reconcile; to induce (sleep).

conciliatorio [kon-thee-lya-to'-ryo] adj. conciliatory, harmonizing.

concilio [kon-thee'lyo] m. council, meeting.

concisión [kon-thee-syon'] f. conciseness, brevity.

conciso [kon-thee'so] adj. concise, brief.

concitar [kon-thee-tar'] va. to incite, stir up (passions, etc.).

conciudadano [kon-thyoo-da-da'no] m. fellow-citizen.

conclave or cónclave [kon-kla'-vay or kon'kla-vay] m. conclave (of cardinals).

concluir [kon-klweer'] va. to finish, end, conclude; to draw a conclusion, deduce.

conclusion [kon-kloo-syon'] f. conclusion, end; en —, finally.

concluyente [kon-kloo-yent'-tay] adj. conclusive, convincing, decisive.

concomerse [kon-ko-mayr'say] v. to twitch or jerk, as to alleviate itching.

concomitante [kon-ko-mee-tan'-tay] adj. concomitant, accompanying.

concordancia [kon-kor-dan'-

thya] *f.* concordance; conformity, agreement; concord.

concordar [kon-kor-dar'] *vn.* to be in accord, agree; *va.* to harmonise.

concordato [kon-kor-da'to] *m.* concordat.

concordia [kon-kor'dya] *f.* concord, harmony, union.

concretar [kon-kray-tar'] *va.* to reduce to fact, sum up; *vr.* to confine oneself to; to keep close to the point.

concreto [kon-kray'to] *adj.* concrete, defineable, exact; real; **en —**, exactly, definite(ly), *in* fact, in reality.

concupiscencia [kon-koo-pees-then'thya] *f.* greed, lust.

concurrencia [kon-koo-ren'-thya] *f.* concurrence, competition *(in trade);* attendance, spectators.

concurrido [kon-koo-ree'do] *adj.* well-attended, thronged, popular, favourite.

concurrir [kon-koo-reer'] *vn.* to concur; to meet, be present, attend, swarm.

concurso [kon-koor'so] *m.* assembly, crowd; competition; co-operation.

concusión [kon-koo-syon'] *f.* concussion; exaction.

concha [kon'cha] *f.* shell, shellfish; tortoise-shell; **— del apuntador,** prompter's box.

condado [kon-da'do] *m.* earldom, county.

conde [kon'day] *m.* count, earl.

condecoración [kon-day-ko-ra-thyon'] *f.* decoration; insignia, badge, medal.

condecorar [kon-day-ko-rar'] *va.* to decorate, confer *(honour, etc.).*

condena [kon-day'na] *f.* sentence; term (of imprisonment).

condenación [kon-day-na-thyon'] *f.* sentence, condemnation; damnation.

condenar [kon-day-nar'] *va.* to sentence, condemn, pronounce judgment; to stop up *(window, passage, etc.).*

condenado [kon-day-na'do] *adj.* condemned; *m.* damned soul.

condensar [kon-den-sar'] *va.* to make thicker; to condense; to abbreviate; *vr.* to be condensed; to gather.

condescendencia [kon-des-then-den'thya] *f.* condescendence, compliance, agreement.

condescender [kon-des-then-dayr'] *vn.* to yield; to condescend.

condescendiente [kon-des-then-dyen'tay] *adj.* condescending, compliant.

condestable [kon-des-ta'blay] *m.* constable *(ancient military title).*

condición [kon-dee-thyon'] *f.* condition, state; specification; situation; rank, footing; *pl.* nature.

condicionado [kon-dee-thyo-na'-do] *adj.* conditioned.

condicional [kon-dee-thyo-nal'] *adj.* conditional.

condigno [kon-deeg'no] *adj.* deserved; corresponding.

condimentar [kon-dee-men-tar'] *va.* to dress, season *(food).*

condimento [kon-dee-men'to] *m.* condiment, seasoning.

condiscípulo [kon-dees-thee'-poo-lo] *m.* schoolfellow, classmate.

condolerse [kon-do-layr'say] *vr.* to deplore, condole (with), sympathise in sorrow.

condonar [kon-do-nar'] *va.* to condone, pardon.

cóndor [kon'dor] *m.* condor.

conducción [kon-dook-thyon'] *f.* conduction; carriage, transport.

conducente [kon-doo-then'tay] *adj.* conducive.

conducir [kon-doo-theer'] *va.* & *n.* to lead, guide, drive *(car, etc.),* direct; *vr.* to behave, act.

conducta [kon-dook'ta] *f.* conduct, manners, behaviour; management; conveyance; leading, driving (of animals).

conducto [kon-dook'to] *m.* conduit, sewer; **por — de,** by means of.

con   436

conductor [kon-dook-tor'] m. conductor, guide; (vehicle) driver, chauffeur.

conducho [kon-doo'tcho] m. food.

conectar [ko-nek-tar'] va. to connect (pipes, etc.).

conejera [ko-nal-hay'ra] f. rabbit-warren.

conejo [ko-nay'ho] m. rabbit; — de Indias, guinea-pig.

conexión [ko-nek-syon'] f. connection, union.

confección [kon-fek-thyon'] f. make, making, manufacture; handwork; ready-made article.

confeccionar [kon-fek-thyo-nar'] va. to make, prepare, complete; to make up (materials).

confederación [kon-fay-day-ra-thyon'] f. confederacy; league, union.

confederarse [kon-fay-dar-rar'-say] vr. to join in league together.

conferencia [kon-fay-ren'thya] f. (public) lecture; conference, interview; trunk call (telephone).

conferenciante [kon-fay-ren-thyan'tay] m. lecturer.

conferenciar [kon-fay-ren-thyar'] vn. to confer, meet for discussion, have an interview.

conferir [kon-fay-reer'] va. to grant, confer, award; to deliberate.

confesar [kon-fay-sar'] va. to confess, admit, own.

confesión [kon-fay-syon'] f. confession, avowal.

confesionario [kon-fay-syo-na'-ryo] m. confessionary, confession-box.   [fessor.

confesor [kon-fay-sor'] m. con-confiado [kon-fya'do] adj. vain, boastful; confident, trusting, confiding.

confianza [kon-fyan'tha] f. confidence, trust, faith; familiarity; openness; de mucha —, trustworthy, intimate, close.

confiar [kon-fyar'] va. to trust, entrust; vn. to have confidence, be faithful; — en, to rely on.

confidencia [kon-fee-den'thya] f. (confided) secret; confidence, trust.

confidencial [kon-fee-den-thyal'] adj. confidential.

confidente [kon-fee-den'tay] m. confidant, confident, trustworthy servant.

configuración [kon-fee-goo-ra-thyon'] f. configuration, shape, relief.

configurar [kon-fee-goo-rar'] vn. to give shape, form; to configurate.

confín [kon-feen'] m. limit, border; pl. boundaries.

confinar [kon-fee-nar'] va. to border upon; to confine; to banish.

confirmación [kon-feer-ma-thyon'] f. configuration, proof; confirmation (by Bishop).

confirmar [kon-feer-mar'] va. to confirm, corroborate, ratify.

confiscación [kon-fees-ka-thyon'] f. confiscation.

confiscar [kon-fees-kar'] va. to confiscate.

confite [kon-fee'tay] m. sugar-plum, sweetmeat, candy.

confitería [kon-fee-tay-ree'a] f. confectionery; sweet-shop.

confitero [kon-fee-tay'ro] m. confectioner; sweet-maker.

confitura [kon-fee-too'ra] f. jam, fruit jelly; stewed fruit.

conflagración [kon-fla-gra-thyon'] f. conflagration.

conflicto [kon-fleek'to] m. conflict; struggle; desperate situation.

confluencia [kon-flwen'thya] f. confluence, meeting.

confluente [kon-flwen'tay] adj. confluent; m. junction (of rivers).

confluir [kon-flweer'] vn. to flow together; to join.

conformación [kon-for-ma-thyon'] f. conformation; form; agreement.

conformar [kon-for-mar'] vn. to conform; to alter the shape of; to adjust to fit; vr. to submit to, agree, resign oneself, accept.

conforme [kon-for'may] adj.

alike; in conformity with; re- signed; ready to (accept), (agree).

conforme [kon-for'may] *adv.* according to; — **amanezca, as** day breaks.

conformidad [kon - for - mee - dad'] *f.* conformity; agree- ment; patience.

confortar [kon-for-tar'] *va.* to console; to comfort; to give spirit.

confraternidad [kon-fra-tayr- nee-dad'] *f.* confraternity, bro- therhood.

confricar [kon-phree-kar'] *v.* to rub.

confrontación [kon - fron - ta - thyon'] *f.* confrontation, com- parison.

confrontar [kon-fron-tar'] *va.* to collate, confront; to be adjoin- ing.

confundir [kon-foon-deer'] *va.* to confound; to confuse; to mix up; *vr.* to be mistaken, make a mistake.

confusión [kon-foo-syon'] *f.* confusion; disorder; perturba- tion, bewilderment.

confuso [kon-foo'so] *adj.* confu- sed, confounded; obscure, jum- bled, indistinct, vague.

confutación [kon-foo-ta-thyon'] *f.* confutation, disproof.

confutar [kon-foo-tar'] *va.* to confute, disprove.

congelación [kon-hay-la-thyon'] *f.* freezing, congealing.

congelar [kon-hay-lar'] *va. & r.* to congeal, freeze, set, solidify, "jell".   [congenital.

congénito· [kon-hay'nee-to] *adj.*

congestión [kon-hes-tyon'] *f.* congestion.

congestionarse [kon - hes - tyo - nar'say] *vr.* to be congested; *vn.* to congest.

conglomeración [kon-glo-may- ra-thyon'] *f.* conglomeration, heterogeneous mixture.

conglomerar [kon-glo-may-rar'] *va.* to conglomerate.

congoja [kon-go'ha] *f.* anguish, affliction; dismay, anxiety.

congojar [kon - go - har'] *See* **acongojar.**

congojoso [kon-go-ho'so] *adj.* heart-rending.

congraciarse [kon-gra-thyar'- say] *vr.* to ingratiate oneself, win the favour of.

congratulación [kon-gra-too-la- thyon'] *f.* congratulation.

congratular [kon-gra-too-lar'] *va.* to congratulate; *vr.* to re- joice, be (rather) pleased at.

congregación [kon - gray - ga - thyon'] *f.* congregation; reli- gious brotherhood.

congregar [kon-gray-gar'] *va.* to congregate, assemble, gather together.

congreso [kon-gray'so] *m.* con- gress; *(Spain)* House of Com- mons.

congruencia [kon-grwen'thya] *f.* fitness, appropriateness.

congruente [kon-grwen'tay] *adj.* congruent, suitable.

congruo [kon'grwo] *adj.* con- grous, suitable.

cónico [ko'nee-ko] *adj.* conic, conical.

conífero [ko-nee'fay-ro] *adj.* coniferous.

conjetura [kon-hay-too'ra] *f.* conjecture, guess, guesswork.

conjeturar [kon-hay-too-rar'] *va.* to conjecture, foretell.

conjugar [kon-hoo-gar'] *va.* to conjugate; to put together.

conjunción [kon-hoon-thyon'] *f.* conjunction; set of circumstan- ces, joint appearance.

conjuntamente [kon-hoon-ta- men'tay] *adv.* conjointly.

conjunto [kon-hoon'to] *adj.* united; *m.* ensemble, group, the (—) as a whole, the whole; assembly, united body; en —, as a whole, altogether.

conjura [kon-hoo'ra] *f.* con- spiracy, plot.

conjuración [kon - hoo - ra - thyon'] *f.* conspiracy, plot.

conjurar [kon-hoo-rar'] *vn.* to plot, conspire; to conjure up; to entreat.

conjuro [kon-hoo'ro] *m.* conju- ration; entreaty.

conllevar [kon-lyay-var'] *va.* to bear (with), suffer (patiently).

conmemoración [ko-may-mo-

con   438

ra-thyon'] *f.* commemoration; remembrance.

conmemorar [ko-may-mo-rar'] *va.* to commemorate.

conmensurable [ko-men-soo-ra'-blay] *adj.* conmensurable, worthy of comparison (with).

conmigo [ko-mee'go] *prep. & pron.* with me.

conminar [ko-mee-nar'] *va.* to threaten, warn.

conmiseración [ko-mee-say-ra-thyon'] *f.* commiseration, sympathy.

conmixto, ta [ko-meex'to] *ad.* mixed, mingled, incorporated.

conmoción [ko-mo-thyon'] *f.* commotion, tumult.

conmovedor [ko-mo-vay-dor'] *adj.* touching, moving.

conmover [ko-mo-vayr'] *va.* to touch, move, affect *(emotionally).*

conmutador [ko-moo-ta-dor'] *m.* commuter, electric switch.

conmutar [ko-moo-tar'] *va.* to commute, exchange, switch (over), barter.

connaturalizarse [ko-na-too-ra-lee-thar'say] *vr.* to get used to, grow accustomed to, acclimatise oneself.

connivencia [ko-nee-ven'thyal] *f.* connivance, complicity.

connotación [ko-no-ta-thyon'] *f.* meaning. [ply.

connotar [ko-no-tar'] *va.* to im-

cono [ko'no] *m.* cone.

conocedor [ko-no-thay-dor'] *m.* connoisseur, expert; — de, familiar with, expert in.

conocer [ko-no-thayr'] *va.* to know *(people, language, lore);* to be acquainted with; *(law)* to try.

conocido [ko-no-thee'do] *adj.* known; *m.* acquaintance.

conocimiento [ko-no-thee-myen'to] *m.* knowledge; skill; bill of lading; **perder el —,** to lose consciousness; **con — de causa,** with one's eyes open, alive to the situation.

conque [kon'kay] *conj.* so then, then.

conquista [kon-kees'ta] *f.* conquest, winning.

conquistador [kon-kees-ta-dor'] *m.* conqueror *(esp. in the New World),* adventurer.

conquistar [kon-kees-tar'] *va.* to conquer, win over.

conreo [kon-ray'o] *m.* greasing of wool.

consabido [kon-sa-bee'do] *adj.* aforesaid, before-mentioned; well known.

consagración [kon-sa-gra-thyon'] *f.* devotion, steadiness; hallowing influence; consecration.

consagrar [kon-sa-grar'] *va.* to consecrate, dedicate; *vr.* to devote oneself; to be hallowed *(e.g. by usage).*

consanguíneo [kon-san-gee'nay-o] *adj.* kindred, related by blood.

consanguinidad [kon-san-gee-nee-dad'] *f.* consanguinity.

consciente [kons-thyen'tay] *adj.* conscious, aware, intentional.

consecución [kon-say-koo-thyon'] *f.* attainment.

consecuencia [kon-say-kwen'-thya] *f.* consequence, result; importance; **por —,** therefore.

consecuente [kon-say-kwen'-tay] *adj.* following, consequen; *m.* proposition dependent on the antecedent, effect.

consecutivo [kon-say-koo-tee'-vo] *adj.* consecutive; resultant.

conseguir [kon-say-geer'] *va.* to get, achieve, attain, obtain.

conseja [kon-say'ha] *f.* fable, story, tale. [counsellor, adviser.

consejero [kon-say-hay'ro] *m.*

consejo [kon-say'ho] *m.* advice, opinion; council; — **de ministros,** cabinet; **presidente del —,** Prime Minister *(Spain).*

consentido [kon-sen-tee'do] *adj.* spoilt, pampered.

consentimiento [kon-sen-tee-myen'to] *m.* consent, agreement.

consentir [kon-sen-teer'] *va.* to permit, allow; to spoil *(a child);* *vr.* to crumple up, break down.

conserje [kon-sayr'hay] *m.* doorman, caretaker, attendant, concierge, janitor.

conserva [kon-sayr'va] *f.* preserve, jam; tinned (meat, etc.), **sardinas en —**, tinned sardines.

conservación [kon - sayr - va - thyon'] *f.* preservation; maintenance.

conservador [kon-sayr-va-dor'] *m.* curator; preserver; *adj.* conservative.

conservar [kon-sayr-var'] *va.* to preserve, maintain, keep, take care of.

conservatorio [kon-sayr-va-to'-ryo] *m.* conservatory, greehouse; **— de música,** music academy.

considerable [kon-see-day-ra'-blay] *adj.* considerable, significant, great, imposing, large.

consideración [kon-see-day-ra-thyon'] *f.* consideration, regard; due respect; reflection; **en — de,** out of respect for.

considerado [kon-see-day-ra'do] *adj.* prudent, considerate, respected.

considerar [kon-see-day-rar'] *va.* to consider, think over; to have regard for, to treat with respect.

consigna [kon-seeg'na] *f.* watchword, password; luggage office.

consignación [kon - seeg - na - thyon'] *f.* consignment, deposit.

consignar [kon-seeg-nar'] *va.* to consign, deposit; to dispatch; to entrust; to state explicitly.

consigo [kon-see'go] *pron.* with (himself), (herself), (themselves), (oneself), (yourself).

consiguiente [kon-see-gyen'tay] *a.* dependent, resultant, consequential; **por —,** as a result, consequently.

consistencia [kon-sees-ten'thya] *f.* solidity, firmness, consistence, consistency.

consistente [kon-sees-ten'tay] *adj.* firm, consistent.

consistir [kon-sees-teer'] *vn.* to consist (in), be composed of; to be the reason for.

consistorio [kon-sees-to'-ryo] *m.* consistory; municipality.

consocio [kon-so'thyo] *m.* partner, associate, fellowmember.

consolación [kon-so-la-thyon'] *f.* consolation, comfort.

consolar [kon-so-lar'] *va.* to console, soothe, comfort.

consolidación [kon-so-lee-da-thyon'] *f.* consolidation.

consolidar [kon-so-lee-dar'] *va.* to consolidate, strengthen.

consonancia [kon-so-nan'thya] *f.* consonance; conformity, harmony, agreement.

consonante [kon-so-nan'tay] *f.* *(letter)* consonant; rhyming word; *adj.* concordant, consistent.

consonar [kon-so-nar'] *v.* to make harmonious sound, to rime.   [partnership.

consorcio [kon-sor-thyo] *m.*

consorte [kon-sor'tay] *m. or f.* consort, companion; husband, wife.

conspicuo [kons-pee'kwo] *adj.* conspicuous.

conspiración [kons - pee - ra - thyon'] *f.* conspiracy, plot.

conspirador [kons-pee-ra-dor'] *m.* conspirator.

conspirar [kons-pee-rar'] *vn.* to plot, combine; to conspire.

constancia [kons-tan'thya] *f.* steadiness, stout-heartedness, constancy.

constante [kons-tan'tay] *adj.* constant, reliable, steady; consisting (of).

constar [kons-tar'] *vn.* to be evident; to be composed of, consist of; **consta que,** let it be noted that; **no consta,** not available.

constelación [kons - tay - la - thyon'] *f.* constellation.

constelado [kons-tay-la'do] *adj.* starry; spangled.

consternación [kons-tayr-na-thyon'] *f.* consternation, panic.

consternar [kons-tayr-nar'] *va.* to cause fright, amazement.

constipación [kons - tee - pa - thyon'] *f.* constipation.

constipado [kons-tee-pa'do] *m.* cold, chill (*in head*).

constitución [kons - tee - too -

thyon'] *f.* nature, constitution; essence and qualities of a thing; fundamental law.

constitucional [kons-tee-too-thyo-nal'] *adj.* constitutional; legal.

constituir [kons-tee-tweer'] *va.* to constitute; to establish; *vr.* — **en,** to set up as.

constitutivo [kons-tee-too-tee'-vo] *adj.* constitutive, essential.

constituyente [kons-tee-too-yen'tay] *adj.* establishing; forming; constituent.

constreñir [kons-tray-nyeer'] *va.* to constrain, compel.

construcción [kons - trook - thyon'] *f.* construction, building. [builder.

constructor [kons-trook-tor'] *m.*

construir [kons-trweer'] *va.* to construct, build; to construe.

consuelo [kon-sway'lo] *m.* consolation, comfort; relief.

consuetudinario [kon-sway-too-dee-na'ryo] *adj.* customary; **derecho** —, common law.

cónsul [kon-sool] *m.* consul.

consulta [kon-sool'ta] *f.* consultation; conference; **horas de** —, consulting hours.

consultar [kon-sool-tar'] *va.* to consult; to consider; to take advice.

consultivo [kon - sool - tee'vo] *adj.* advisory.

consultor [kon-sool-tor'] *m.* counsel, counsellor.

consultorio [kon-sool-to'ryo] *m.* — **intelectual,** Brains Trust.

consumación [kon - soo - ma - thyon'] *f.* consummation; final satisfaction; completion.

consumado [kon-soo-ma'do] *adj.* consummate, perfect, accomplished; *m.* consommé.

consumar [kon-soo-mar'] *va.* to finish, complete, consummate.

consumición [kon - soo - mee - thyon'] *f.* (*in café*) "plate", portion, bill.

consumido [kon-soo-mee'do] *adj.* very thin, wasted.

consumidor [kon-soo-me-dor'] *m.* consumer.

consumir [kon-soo-meer'] *va.* to consume; to spend, waste; *vr.* to wear out, waste away.

consumo [kon-soo'mo] *m.* consumption (*of food, etc.*), waste; *pl.* excise tax.

consunción [kon-soon-thyon'] *f.* consumption, T.B., phthisis.

consuno [kon-soo'no] **de** —, in accord, in combination.

contabilidad [kon-ta-bee-lee-dad'] *f.* book-keeping, accountancy.

contabilizar [kon-ta-bee-lee-thar'] *v.* to book, record in book-keeping.

contacto [kon-tak'to] *m.* contact, touch.

contado [kon-ta'do] *adj.* rare, scarce; **por de** —, of course; **al** —, for cash, ready money; **de** —, immediately.

contador [kon-ta-dor'] *m.* purser, book-keeper; desk; (*gas*) meter.

contaduría [kon-ta-doo-ree'a] *f.* accountant's office; accountancy, book-keeping; box-office.

contagiar [kon-ta-hyar'] *va.* to infect; to communicate (*disease*); *vr.* to become infected.

contagio [kon-ta'hyo] *m.* contagion; infection; corruption.

contagioso [kon-ta-hyo'so] *adj.* contagious, infectious.

contaminar [kon-ta-mee-nar'] *va.* to contaminate, infect; to vitiate.

contante [kon-tan'tay] *adj.* **dinero** —, ready cash.

contar [kon-tar'] *va.* to count; to reckon on; to narrate; — **con,** to depend on, rely upon.

contemplación [kon-tem-pla-thyon'] *f.* contemplation, meditation.

contemplar [kon-tem-plar'] *va.* to gaze at; to please; to meditate, think over, plan.

contemporáneo [kon-tem-po-ra'nay-o] *adj. m.* contemporaneous; contemplary.

contemporizar [kon-tem-po-ree-thar'] *vn.* to temporise.

contención [kon-ten-thyon'] *f.* contention, strife.

contencioso [kon-ten-thyo'so] *adj.* contentious, disputable; litigious.

contender [kon-ten-dayr'] *va.* to contend, dispute.

contendiente [kon-ten-dyen'tay] *m.* contestant, litigant, wrangler.

contener [kon-tay-nayr'] *va.* to contain, comprise, hold; to refrain, stop, detain; to restrain; to restrict; *vr.* to constrain oneself, hold back.

contenido [kon-tay-nee'do] *m.* contents.

contentadizo [kon-ten-ta-dee'-tho] *adj.* bien —, easy to please; mal —, difficult to please.

contentar [kon-ten-tar'] *va.* to satisfy, content, please; *vr.* to be pleased, delighted; to be satisfied (with), happy (with).

contentivo, va [kon-ten-tee'vo] *adj.* containing, comprising, enclosing.

contento [kon-ten'to] *adj.* contented, pleased, glad; *m.* contentment, satisfaction, happiness.

conterráneo [kon-tay-ra'nay-o] *m.* fellow-countryman.

contertuliano [kon-tayr-too-lya'no] *m.* fellow club-man, member of same group (*social, political, intellectual*).

contestable [kon-tays-ta'blay] *adj.* disputable.

contestación [kon - tays - ta - thyon'] *f.* answer, reply.

contestar [kon-tays-tar'] *va.* to answer, reply.

contexto [kon-teks'to] *m.* context.

contextura [kon-teks-too'ra] *f.* frame, framework; texture.

contienda [kon-tyen'da] *f.* contest, strife, conflict.

contigo [kon-tee'go] *prep. & pron.* with thee, with you.

contigüidad [kon - tee - gwee - dad'] *f.* nearness, contiguity.

contiguo [kon-tee'gwo] *adj.* contiguous, adjoining, next (*door, etc.*).

continencia [kon-tee-nen'thya] *f.* continence.

continente [kon-tee-nen'tay] *adj.* continent; chaste; *m.* continent; appearance, countenance.

contingencia [kon-teen-hen'-thya] *f.* contingency, emergency.

contingente [kon-teen-hen'tay] *adj.* contingent; *m.* quota, contingent.

continuación [kon - tee - nwa - thyon'] *f.* continuation, sequel; a —, to be continued.

continuar [kon-tee-nwar'] *va.* to continue, go ahead, go on; to carry on.

continuidad [kon-tee-nwee-dad'] *f.* continuity.

continuo [kon-tee'nwo] *adj.* continuous; incessant, endless; uninterrupted; acto —, immediately afterwards, without a break.

contorcerse [kon-tor-thayr'say] *vr.* to twist, writhe.

contorno [kon-tor'no] *m.* environs; outline; en los —, around about, in the neighbourhood.

contorsión [kon-tor-syon'] *f.* contortion.

contra [kon'tra] *prep.* against; en —, against, in opposition; *f.* counter; opposition; window-sill.

contraalmirante [kon-tral-mee-ran'tay] *m.* rear-admiral.

contrabajo [kon-tra-ba'ho] *m.* contra bass; (*mus.*) deep bass; double bass.

contrabandista [kon-tra-ban-dees'ta] *m.* smuggler.

contrabando [kon-tra-ban'do] *m.* contraband, smuggling; smuggled goods.

contrabarrera [kon-tra-ba-ray'-ra] *f.* outer barrier (*in bull ing*).

contracambio [kon-tra-kambyo] *m.* barter; re-exchange.

contracarril [kon-tra-ka-reel'] *m.* guard-rail.

contracción [kon-trak-thyon'] *f.* contraction; shrinkage, reduction; abridgement.

contracifra [kon-tra-thee'fra] *f.* key to cipher, code.

contradanza [kon-tra-dan'tha] *f.* quadrille.

contradecir [kon-tra-day-theer']
va. to contradict, gainsay.

contradicción [kon-tra-deek-thyon'] *f.* contradiction.

contradictorio [kon-tra-deek-to'ryo] *adj.* contradictory.

contradique [kon-tra-dee'kay]
m. counter-dike.

contraer [kon-tra-ayr'] *va.* to reduce, contract; *(illness)* to get, catch; acquire; — **matrimonio,** to (be) get married, to marry; *vr.* to confine oneself; to reduce; to shrink.

contraescarpa [kon-tra-ays-kar'pa] *f. (mil.)* counterscarp.

contrafuerte [kon-tra-fwayr'tay] *m.* buttress; extra strap *(on harness);* reinforcement; counterfort.

contrahacer [kon-tra-thayr']
va. to counterfeit, feign; to pirate *(literary works);* to impersonate.

contrahecho [kon-tra-ay'cho]
adj. deformed, misshapen; spurious.

contramaestre [kon-tra-ma-ays'tray] *m.* overseer.

contramandar [kon-tra-man-dar'] *va.* to countermand.

contramarcha [kon-tra-mar'cha] *f.* countermarch.

contraorden [kon-tra-or'den] *f.* counterorder.

contraparte [kon-tra-par'tay] *f.* counterpart; counterpoint.

contrapelo [kon-tra-pay'lo] *adj.* a —, against the grain.

contrapesar [kon-tra-pay-sar']
va. to counterbalance.

contrapeso [kon-tra-pay'so] *m.* counterpoise; check, deterrent.

contraponer [kon-tra-po-nayr']
va. to oppose.

contraproducente [kon-tra-pro-doo-then'tay] *adj.* which defeats its own purpose.

contrapunto [kon-tra-poon'to]
m. counterpoint.

contrariar [kon-tra-ryar'] *va.* to oppose, run counter to; to put out, vex.

contrariedad [kon-tra-ryay-dad'] *f.* contrariety, obstacle; disappointment.

contrario [kon-tra'ryo] *adj.* con-

trary, unfavourable, adverse; **al —,** on the other hand, on the contrary; **llevar la contraria a,** to contradict; *m.* opponent, antagonist.

contrarréplica [kon-tra-ray'-plee-ka] *f.* rejoinder.

contrarrestar [kon-tra-rays-tar']
va. to oppose, arrest, check.

contrarrevolución [kon-tra-ray-vo-loo-thyon'] *f.* counter-revolution. [f. countersally.

contrasalida [kon-tra-sa-lee'da]

contrasentido [kon-tra-sen-tee'-do] *m.* contradiction in terms; absurd deduction.

contraseña [kon-tra-say'nya] *f.* countersign; watchword; counterfoil, ticket.

contrastar [kon-tras-tar'] *va.* to contrast; *vn.* to be different.

contraste [kon-tras'tay] *m.* contrast, opposition.

contrata [kon-tra'ta] *f.* contract, written agreement.

contratante [kon-tra-tan'tay] *f.* contracting party.

contratar [kon-tra-tar'] *va.* to contract, agree, make a contract; to hire.

contratiempo [kon-tra-tyem'po]
m. (mus.) syncopation; mishap, contretemps.

contrato [kon-tra'to] *m.* pact, agreement, contract; — **de compraventa,** contract of bargain and sale; — **de retro vendendo,** with reversion clause of bargain and sale.

contravención [kon-tra-ven-thyon'] *f.* contravention, violation.

contraveneno [kon-tra-vay-nay'no] *m.* antidote.

contravenir [kon-tra-vay-neer']
va. to contravene, transgress, break *(law).*

contraventana [kon-tra-venta'na] *f.* shutter.

contraventor [kon-tra-ventor']
m. transgressor.

contrayente [kon-tra-yen'tay]
m. contracting party.

contrecho [kon-tray'cho] *adj.* crippled; *m.* cripple.

contribución [kon-tree-boo-thyon'] *f.* contribution; tax.

contribuir [kon-tree-bweer'] *vn.* to contribute; to supply, furnish.

contribuyente [kon-tree-boo-yen'tay] *m.* taxpayer; contributor.

contrición [kon-tree-thyon'] *f.* contrition, repentance.

contricante [kon-treen-kan'tay] *m.* competitor, rival.

contristar [kon-trees-tar'] *va.* to afflict, grieve.

contrito [kon-tree'to] *adj.* contrite; repentant.

controversia [kon-tro-vayr'sya] *f.* controversy, dispute.

controvertir [kon-tro-vayr-teer'] *va.* to dispute, argue against.

contubernio [kon-too-bayr-nee-o] *m.* cohabitation, concubinage, rooming together.

contumacia [kon-too-ma'thya] *f.* contumacy, persistence in error; contempt of court.

contumaz [kon-too-math'] *adj.* contumacious, perverse, obstinate.

contumelia [kon-too-may'lya] *f.* contumely, abusiveness.

contundente [kon-toon-den'tay] *adj.* forceful, powerful (*argument*). [perturb, trouble.

conturbar [kon-toor-bar'] *va.* to

contusión [kon-too-syon'] *f.* contusion, bruise.

convalecer [kon-ba-lay-thayr'] *vn.* to convalesce.

convaleciente [kom-va-lay-thyen'tay] *adj.* convalescent.

convecino [kom-bay-thee'no] *adj.* neighbouring; *m.* neighbour.

convencer [kom-ben-thayr'] *va.* to convince; *vr.* to be assured, make certain, (sure); to be satisfied.

convencimiento [kom-ben-thee-myen'to] *m.* assurance, conviction; persuasion.

convención [kom-ben-thyon'] *f.* agreement, convention; treaty; pact.

convencional [kom-ben-thyo-nal'] *adj.* conventional.

convenido [kom-bay-nee'do] *adj.* agreed (upon).

conveniencia [kom-bay-nyen'-thya] *f.* convenience; utility, profit; desirability.

conveniente [kom-bay-nyen'-tay] *adj.* convenient; agreeable; appropriate; desirable; expedient.

convenio [kom-bay'nyo] *m.* agreement, pact.

convenir [kom-bay-neer'] *vn.* to agree, suit; to contract; to convene.

convento [kom-ben'to] *m.* convent, nunnery; religious house or community.

convergencia [kom-bayr-hen'-thya] *f.* convergence, common direction.

converger or **convergir** [kom-bayr-hayr' (-heer')] *vn.* to converge, come together.

conversación [kom-bayr-sa-thyon'] *f.* conversation, chat, colloquy, talk.

conversar [kom-bayr-sar'] *vn.* to talk, converse.

conversión [kom-bayr-syon'] *f.* conversion.

converso [kom-bayr'so] *m.* convert (*Jews and Arabs turned Christian in Spain*).

convertible [kom-bayr-tee'blay] *adj.* convertible.

convertidor [kon-cayr-tee-dor'] *m.* (*metal*) converter.

convertir [kom-bayr-teer'] *va.* to convert, transform, change; *vr.* to be converted.

convexidad [kom-bek-see-dad'] *f.* convexity.

convicción [kom-beek-thyon'] *f.* conviction, certainty.

convicto [kom-beek'to] *adj.* guilty, convicted.

convictorio [kom-beek-to'ryo] *m.* boarders (*in Jesuit school*).

convidado [kom-bee-da'do] *m.* (invited) guest.

convidar [kom-bee-dar'] *va.* to invite (*to meal*); to induce; *vn.* to lend to.

convincente [kom-been-then'-tay] *adj.* convincing, telling.

convite [kom-bee'tay] *m.* invitation (*to food, drink*); banquet.

convivencia [kom-bee-ven'thya]

f. living together, (ability, etc.) to live (of living) together.

convocación [kom-bo-ka-thyon'] *f.* convocation, calling.

convocar [kom-bo-kar'] *va.* to summon, convoke, call together.

convocatoria [kom-bo-ka-to'-rya] *f.* decree of convocation, notice, summons.

convoy [kom-boy'] *m.* convoy, escort; procession.

convoyar [kor-boy-ar'] *va.* to convoy, escort.

convulsión [kom-bool-syon'] *f.* convulsion; agitation.

convulso [kom-bool'so] *adj.* convulsed.

conyugal [kon-yoo-gal'] *adj.* conjugal.

cónyuge [kon-yoo-gay] *m.* consort, wife, husband.

coñac [ko-nyak'] *m.* cognac, brandy.

cooperación [ko-o-pay-ra-thyon'] *f.* co-operation.

cooperador [ko-o-pay-ra-dor'] *m.* co-operator, collaborator.

cooperar [ko-o-pay-rar'] *vn.* to co-operate, work (for) (together).

coordenadas [ko-or-day-na'das] *f. pl.* (math.) co-ordinates.

coordinar [ko-or-dee-nar'] *va.* to co-ordinate.

copita [ko-pee'ta] *f.* tomar una —, to have a drink.

copa [ko'pa] *f.* wine-glass, cup; foliage; crown (of hat); (cards) hearts.

copar [ko-par'] *va.* to corner (supply); to surprise.

copartícipe [ko-par-tee'thee-pay] *m.* co-partner, associate.

copero [ko-pay'ro] *m.* cup-bearer.

copete [ko-pay'tay] *m.* aigret, toupee; forelock; tail (of peacock); tener mucho —, to be impertinent, forward; de alto —, of quality (persons).

copia [ko'pya] *f.* abundance; copy, imitation.

copiar [ko-pyar'] *va.* to copy, imitate; —del natural, to copy from life.

copioso [ko-pyo'so] *adj.* copious, abundant, ample.

copista [ko-pees'ta] *m.* copyist.

copla [ko'pla] *f.* song, ballad; stanza, verse, couplet; —s de ciego, doggerel.

coplero [ko-play'ro] *m.* second-rate poet.

copo [ko'po] *m.* tuft; (snow)-flake; small bundle, skein.

coposo [ko-po'so] *adj.* tufted, massy, leafy.

copto [kop'to] *adj. & m.* Copt, Coptic.

copudo [ko-poo'do] *adj.* bushy topped (tree).

cópula [ko'poo-la] *f.* joining; connection, coupling.

coque [ko'kay'ta] *f.* flirt, coquette.

coquetear [ko-kay-tay-ar'] *vn.* to flirt.

coquetería [ko-kay-tay-ree'a] *f.* flirtation, coquetry.

coracán [ko-ra-kan'] *m.* an edible plant.

coracero [ko-ra-thay'ro] *m.* cuirassier.

coraje [ko-ra'hay] *m.* courage, dash; passion, temper, 'state', fury.

coral [ko-ral'] *adj.* choral; *m.* coral.

corambre [ko-ram'bray] *f.* (pile of) hides.

coraza [ko-ra'tha] *f.* cuirass; armour plate, ship's armour plate, ship's armour.

corazón [ko-ra-thon'] *m.* heart; courage; con el — en la mano, openly, frankly; no le cabe el — en el pecho, he is very jumpy, he is on tenterhooks.

corbata [kor-ba'ta] *f.* (neck)-tie; cravat.

corbeta [kor-bay'ta] *f.* corvette.

corcel [kor-thel'] *m.* steed, charger.

corcova [kor-ko'va] *f.* hump.

corcovo [kor-ko'vo] *m.* leap, bound, curvet (of horse).

corchete [kor-chay'tay] *m.* hook, clasp; hook-and-eye; bracket; constable, bailiff.

corcho [kor'cho] *m.* cork, cork-bark.

cordaje [kor-da'hay] *m.* rigging, cordage; set of (guitar) strings.

cordel [kor-del'] *m.* cord; a—, in a straight line; mozo de —, porter.

cordelero [kor-day-lay'ro] *m.* rope-maker.

cordero [kor-day'ro] *m.* yearling lamb; *(tanned)* lambskin.

cordial [kor-dyal'] *adj.* hearty, cordial; *m.* cordial, refreshing drink.

cordialidad [kor-dya-lee-dad'] *f.* warmth, heartiness, friendliness.

cordillera [kor-dee-lyay'ra] *f.* mountain range, cordillera.

cordobán [kor-do-van'] *m.* dressed goat-skin; Cordoban leather.

cordobés [kor-do-bays'] *adj.* of Cordoba.

cordón [kor-don'] *m.* yarn, string, cord; *(mil.)* cordon.

cordura [koo-doo'ra] *f.* wisdom; saneness, sanity; sense.

coreografía [ko-ray-o-gra-fee'a] *f.* choreography.

coriáceo [ko-rya'thay-o] *adj.* coriaceous, hard as leather, tough.

corista [ko-rees'ta] *m.* or *f.* street singer; chorus singer; chorus girl.

cornada [kor-na'da] *f.* horn thrust, goring.

cornamenta [kor-na-men'ta] *f.* horns, antlers.

cornamusa [kor-na-moo'sa] *f.* cornemuse, bagpipes.

cornear [kor-nay-ar'] *v.* to butt, hook, horn.

corneja [kor-nay'ha] *f.* crow.

córneo [kor-nay-o] *adj.* horny, callous.

corneta [kor-nay'ta] *f.* horn, bugle; — de llaves, trumpet, cornet.

cornisa [kor-nee'sa] *f.* cornice.

cornucopia [kor-noo-ko'pya] *f.* cornucopia, horn of plenty.

cornudo [kor-noo'do] *adj.* horned.

coro [ko'ro] *m.* choir; chorus; de —, from memory.

corografía [ko-ro-gra-fee'a] *f.* choreography.

corolario [ko-ro-la'ryo] *m.* corollary, inference.

corona [ko-ro'na] *f.* crown, diadem; top of head, tonsure; arm *(of capstan);* royalty, sovereignty.

coronación [ko-ro-na-thyon'] *f.* coronation.

coronamiento [ko-ro-na-myen'-to] *m.* crowning; apex, tip.

coronar [ko-ro-nar'] *va.* to crown; to achieve; *vr.* to be covered.

coronel [ko-ro-nel'] *m.* colonel.

coronilla [ko-ro-nee'lya] *f.* top of the head; hasta la —, (to be) fed up.

corpiño [kor-pee'nyo] *m.* vest, bodice.

corporación [kor-po-ra-thyon'] *f.* corporation, body; community; guild.

corporal [kor-po-ral'] *adj.* bodily, corporeal, corporal.

corpóreo [kor-po'ray-o] *adj.* corporeal, embodied.

corpulencia [kor-poo-len'thya] *f.* corpulence.

corpus [kor'pus] *m.* Corpus Christi *(procession and day).*

corpúsculo [kor-poos'koo-lo] *m.* corpuscle.

corral [ko-ral'] *m.* yard; poultry-yard; *(arch.)* play-house.

correa [ko-ray'a] *f.* leather belt, strap, leash; tener —, to give, extend; not to resist.

corrección [ko-rek-thyon'] *f.* correction; good manners, correctness; reprehension; casa de —, reformatory.

correcto [ko-rek'to] *adj.* correct, right, just.

corredera [ko-ray-day'ra] *f.* race-ground; small wicket.

corredizo [ko-ray-dee'tho] *adj.* easy to untie, smoothrunning.

corredor [ko-ray-dor'] *m.* runner; broker; corridor; race-horse.

corregible [ko-ray-hee'blay] *adj.* corrigible, manageable, subject to correction.

corregidor [ko-ray-hee-dor'] *m.*

cf. (High) Sheriff; corregidor, magistrate.

corregidora [ko-ray-hee-do'ra] *f.* wife of corregidor; *adj.* "bossy" *(woman)*.

corregimiento [ko-ray-hee-myen'to] *m.* office and jurisdiction of a corregidor.

corregir [ko-ray-heer'] *va.* to correct; to amend, straighten; to admonish

correlación [ko-ray-la-thyon'] *f.* correlation.

correntiar [ko-ren-tee-ar'] *v.* to cause artificial inundations.

correo [ko-ray'o] *m.* courier; mail, post; post-office messenger.

correr [ko-rayr'] *vn.* to run, flow, pass, race, be current; —**la** *(fam.)*, to be a night-bird; **a todo** —, at high speed.

correría [ko-ray-ree'a] *f.* raid; excursion, trip.

correspondencia [ko-rays-ponden'thya] *f.* correspondence, letter-writing.

corresponder [ko-rays-pondayr'] *va. & n.* to answer, correspond; to communicate; to respond; to concern; to live up to; to be appropriate.

correspondiente [ko-rays-pondyen'tay] *adj.* suitable, appropriate; corresponding.

corresponsal [ko-rays-pon-sal'] *m. (newspaper)* correspondent.

correveidile [ko-ray-vay-dee'-lay] *m.* gossip, idle chatterer; Nosey Parker; scandal-monger.

corrida [ko-ree'da] *f.* course, race; —**de toros,** bullfight; **de** —, in haste, one after the other.

corrido [ko-ree'do] *adj.* experienced; ashamed; **de**—, fluently, easily.

corriente [ko-ryen'tay] *adj.* usual, present, current; *(air)* draught; fluent, instant; **moneda** —, currency; —**y moliente,** honest-to-goodness, genuine; **estar al** —, to be au fait; *f.* running stream; current.

corrillo [ko-ree'lyo] *m.* knot of people talking.   people.

corro [ko'ro] *m.* group, knot of

corroboración [ko-ro-bo-rathyon'] *f.* corroboration.

corroborar [ko-ro-bo-rar'] *va.* to corroborate; to fortify, strengthen.   [rrode.

corroer [ko-ro-ayr'] *va.* to co-

corromper [ko-rom-payr'] *va.* to vitiate, taint, corrupt, deprave.

corrosivo [ko-ro-see'vo] *adj.* corrosive.

corrupción [ko-roop-thyon'] *f.* corruption; perversion; depravity.

corruptor [ko-roop-tor'] *adj.* corrupting; *m.* corrupter.

corsario [kor-sa'ryo] *m.* privateer; corsair.

corsé [kor-say'] *m.* corset, stays, girdle.

corsetero [kor-say-tay'ro] *m.* corsetier, corset-maker.

corso [kor'so] *adj.* Corsican; *m.* cruise, privateering.

cortabolsas [kor-ta-bol'sas] *m.* pickpocket.

cortado [kor-ta'do] *adj.* cut; abrupt; exact; abashed, ashamed.

cortadura [kor-ta-doo'ra] *f.* cut, gash; cutting *(railway, newspaper)*; pl. cuttings, peelings.

cortante [kor-tan'tay] *adj.* cutting, keen-edged, sharp; *m.* meat-chopper.

cortapapel [kor-ta-pa-pel'] *m.* paper-cutter, paper-knife.

cortapisa [kor-ta-pee'sa] *f.* obstacle, restriction, impediment; grace, elegance *(of speech)*.

cortaplumas [kor-ta-ploo'mas] *m.* penknife.

cortar [kor-tar'] *va.* to cut (out, off, up), break; to hew; to sever; to cut short; to cut *(cards)*; *vr.* to chap *(of skin)*; to curdle, go off *(of milk, etc.)*.

cortaviento [kor-ta-vyen'to] *m.* windshield, windscreen.

corte [kor'tay] *m.* edge *(sword)*, felling *(trees)*; length *(cloth)*; sectional view; cut *(style)*; *f.* court, king's residence; royal household; Madrid; **hacer la** —, to pay court.

cortedad [kor-tay-dad'] *f.* briefness; poverty *(speech, etc.)*, meanness, dullness; shyness, diffidence.

cortejar [kor-tay-har'] va. to court, woo.

cortejo [kor-tay'ho] m. homage; courtship; accompaniment; beau, escort.

cortés [kor-tays'] adj. courteous, civil, polite.

cortesanía [kor-tay-sa-nee'a] f. courteousness, gallantry.

cortesano [kor-tay-sa'no] adj. obliging; m. courtier; f. courtesan.

cortesía [kor-tay-see'a] f. courtesy, civility, politeness.

corteza [kor-tay'tha] f. bark (tree); peel, skin (fruit, etc.); crust (bread); rough exterior (person).

cortijo [kor-tee'ho] m. farmhouse, farm-estate, country house (esp. in Andalucía).

cortina [kor-tee'na] f. curtain.

corto [kor'to] adj. short, brief, narrow; abrupt, curt; shy, backward; — de vista, short-sighted.

coruscar [ko-roos-kar'] vn. to glitter, shine.

corveta [kor-vay'ta] f. curvet, prancing (of horse).

corvo [kor'vo] adj. bent, crooked; hook.

corva [kor'va] f. bend of the knee, ham, hock.

corzo [kor'tho] m. fallow deer.

cosa [ko'sa] f. thing; fact; business; — de, about; — del otro jueves, something to write home about; como si tal —, as if nothing had happened.

coscorrón [kos-ko-ron'] m. whack (on head).

cosecha [ko-say'cha] f. harvest, vintage, crop; reaping, harvest vest time; de su propia —, off his own bat.

cosechar [ko-say-char'] va. to gather (harvest), reap.

coser [ko-sayr'] va. to sew, seam; es cosa de — y cantar, as easy as wink.

cosmético [kos-may'tee-ko] m. cosmetic.

cosmografía [kos-mo-gra-fee'a] f. cosmography.

cosmopolita [kos-mo-po-lee'ta] m. cosmopolitan.

coso [ko'so] m. enclosure (for bull-ring).

cosquillas [kos-kee'lyas] f. pl. tickling; hacer —, to tickle; tener —, to be ticklish.

cosquilloso [kos-kee-lyo'so] adj. ticklish; squeamish.

costa [kos'ta] f. cost, charge; coast; a — de, at the expense of; a toda —, at all costs; pl. costs (in lawsuit).

costado [kos-ta'do] m. side, flank; por los cuatro —s, thoroughbred, thorough-going.

costal [kos-tal'] m. bag, sack.

costanero [kos-ta-nay'ro] adj. coastal, belonging to the coast; comercio —, coasting trade.

costar [kos-tar'] vn. to cost, be worth; to pain, grieve.

coste [kos'tay] m. cost, expense; cost price; a precio de —, at cost; — de vida, cost of living; de gran —, of great price, value.

costear [kos-tay-ar'] va. to pay the cost of; to cost.   [tal.

costeño [kos-tay'nyo] adj. coastilla [kos-tee'lya] f. rib; chop, cutlet; (fam.) "better half", wife.

costo [kos'to] m. price, cost, value.

costoso [kos-to'so] adj. expensive, costly.

costra [kos'tra] f. crust, coat; daub; scab; ship's biscuit.

costumbre [kos-toom'bray] f. custom, habit, practice, wont; pl. habits, manners.

costumhrismo [kos-toom-brees'-mo] m. description of customs, social habits, etc.

costura [kos-too'ra] f. sewing, seam; needlework.

costurera [kos-too-ray'ra] f. seamstress, dressmaker.

costurero [kos-too-ray'ro] m. sewing-table.

cota [ko'ta] f. coat of arms, coat of mail; quota.

cotejar [ko-tay-har'] va. to confront, compare (texts).

cotejo [ko-tay'ho] m. collation (of texts).

cotidiano [ko-tee-dya'no] *adj.*
daily. [llon.
cotillón [ko-tee-lyon'] *m.* coti-
cotización [ko-tee-tha-thyon'] *f.*
(com.) quotation, current price.
cotizar [ko-tee-thar'] *va.* to quote *(on Stock Exchange).*
coto [ko'to] *m.* estate, preserves;
fence, boundary; landmark;
poner — a, to put a stop to.
cotonada [ko-to-na'da] *f.* cotton stuff.
cotonía [ko-to-nee'a] *f.* dimity,
fine fustian.
cotorra [ko-to'ra] *f.* parrot; talkative woman, chatterbox.
covachuela [ko-va-chway'la] *f.*
small cave; ministry.
covachuelista [ko - va - chway -
lees'ta] *m.* government clerk.
coyote [ko-yo'tay] *m.* Mexican
wolf.
coyunda [ko-yoon'da] *f.* yoke-
strap; submission.
coyuntura [ko-yoon-too'ra] *f.*
joint; conjuncture; opportunity, situation.
coz [koth] *f. (mule, etc.)* kick;
(fire-arms) recoil dar coces, to
kick; dar coces contra el aguijón, to kick against the pricks.
cráneo [kra'nay-o] *m.* skull.
crapuloso [kra-poo-lo'so] *adj.*
drunken, dissolute.
craso [kra'so] *adj.* greasy, oily,
fat; gross, crass.
cráter [kra'tayr] *m.* crater.
creación [kray-a-thyon'] *f.* creation; the universe.
creador [kray-a-dor'] *m.* crea-
tor, maker.
crear [kray-ar'] *va.* to create,
invent, make.
crecer [kray-thayr'] *vn.* to grow,
wax strong, increase.
creces [kray'thes] *f. pl.* increase, advantage, augmentation;
con —, amply, in good measure.
crecido [kray - thee'do] *adj.*
grown up, grown; swollen *(ri-*
vers); increase *(knitting).*
creciente [kray-thyen'tay] *f.*
swell, freshet *(rivers);* crescent
(moon).
crecimiento [kray-thee-myen'-
to] *m.* growth; increase.

credencial [kray - den - thyal']
adj. giving power, giving authority; *f.* credential; *f. pl.* credentials.
crédito [kray'dee-to] *m.* belief;
credit; good standing; credence, belief; a —, on credit; créditos activos, assets; créditos
pasivos, liabilities.
credo [kray'do] *m.* creed, belief.
credulidad [kray-doo-lee-dad']
f. credulity.
crédulo [kray'doo-lo] *adj.* credulous, gullible.
creencia [kray-en'thya] *f.* belief; creed.
creer [kray-ayr'] *va.* to believe,
assume, think; ¡ya lo creo! of
course! I should think so!
creíble [kray-ee'blay] *adj.* credible, likely.
crema [kray'ma] *f.* cream;
cold cream; diaeresis.
cremación [kray-ma-thyon'] *f.*
cremation.
cremallera [kray-ma-lyay'ra] *f.*
toothed bar, racket, ratchet;
cog; zip-fastener.
cremar [kray-mar'] *va.* to cremate.
crepitación [kray-pee-ta-thyon']
f. crepitation, crackling.
crepitar [kray-pee-tar'] *vn.* to
crackle, crepitate.
crepuscular [kray-poos-koo-
lar'] *adj.* crepuscular, twilight,
evening.
crepúsculo [kray-poos'koo-lo]
m. twilight; dawn.
crespo [kres'po] *adj.* crisp, cur-
ly; involved *(style).*
crespón [kres-pon'] *m.* crape.
cresta [kres'ta] *f.* cock's comb;
tuft; crest, summit.
creta [kray'ta] *f.* chalk.
cretense [kray-ten'say] *adj.* Cre-
tan.
cretino [kray-tee'no] *m.* cretin;
idiot.
cretona [kray-to'na] *f.* linen
cloth; calico.
creyente [kray-yen'tay] *m.* believer, faithful.
cría [kree'a] *f.* suckling, breeding; young *(of animals);* (coll.)
baby. [servant.
criada [kree-a'da] *f.* maid, maid-

criadero [kree-a-day'ro] *m.* nursery, hatchery; hotbed.

criado [kree-a'do] *adj.* brought up, bred; *m.* servant, valet, waiter.

criador [kree-a-dor'] *m.* breeder, rearer.

crianza [kree-an'tha] *f.* nursing; breeding; **mala —,** ill manners.

criar [kree-ɛr'] *va.* to create; to breed, nurse, suckle, rear.

criatura [kree-a-too'ra] *f.* creature; baby.

criba [kree'ba] *f.* cribble, sieve, riddle.

cribar [kree-bar'] *va.* to sift, pass through a sieve.

crimen [kree'men] *m.* crime, guilt, offence.

criminal [kree-mee-nal'] *adj.* criminal; *m.* criminal, offender.

criminalidad [kree-mee-na-lee-dad'] *f.* crime.

crin [kreen] *f. (animals)* hair; mane; filament.

crío [kree'o] *m.* baby, child *(in arms).*

criollo [kree-o'lyo] *m.* creole, Spaniard born in the Americas; *adj.* indigenous.

cripta [kreep'ta] *f.* crypt.

crisálida [kree - sa'lee - da] *f.* chrysalis, pupa.

crisis [kree'sees] *f.* crisis, critical point.

crisma [krees'ma] *f. & m.* chrism, sacramental oil; *(fam.)* head, 'nut'.   [test.

crisol [kree-sol'] *m.* crucible;

crisopeya [kree-so-pay'ee-a] *f.* alchemy.

crispar [krees-par'] *va.* to contract convulsively *(muscles),* to twitch.

cristal [krees-tal'] *m.* crystal; pane (of glass); mirror.

cristalino [krees-ta-lee'no] *adj.* crystalline, limpid, clear.

cristalizar [krees-ta-lee-thar'] *va.* to crystallise.

cristianar [krees-tya-nar'] *va.* to baptise; to go to church.

cristiandad [krees-tyan-dad'] *f.* Christendom.

cristianismo [krees-tya-nees'-mo] *m.* Christianity.

cristiano [kres - tya'no] *adj.* Christian; *(fig.)* person, soul.

cristino [krees-tee'no] *m. & adj.* supporter of Regent Queen Cristina in opposition to Don Carlos *(XIXth cent.).*

Cristo [krees'to] *m.* Christ; crucifix.

cristus [krees'toos] *m.* spelling-book, A.B.C.

criterio [kree-tay'ryo] *m.* judgment; criterion, point of view.

crítica [kree'tee-ka] *f.* criticism; critical article.

criticar [kree-tee-kar'] *va.* to criticise, censure, find fault with.

crítico [kree-tee-ko] *adj.* critical; *m.* critic.   [croak.

crocitar [kro-thee-tar'] *v.* to

cromo [kro'mo] *m.* chromium; chromo; coloured plate, reproduction.

crónica [kro'nee-ka] *f.* chronicle; news or gossip column.

crónico [kro'nee-ko] *adj.* chronic.

cronista [kro-nees'ta] *m.* chronicler.

cronología [kro-no-lo-hee'a] *f.* chronology.

croqueta [kro-kay'ta] *f.* croquette, meat-ball.

croquis [kro'kees] *m.* sketch, rough draft.

cruce [kroo'thay] *m.* crossing; cross-roads.

crucero [kroo-thay'ro] *m.* cruiser; *(archit.)* crossing; wayside Cross.

crucificar [kroo-thee-fee-kar'] *va.* to crucify; to torture.

crucifijo [kroo-thee-fee'ho] *m.* crucifix.

crudeza [kroo-day'tha] *f.* coarseness, crudeness; rawness; cruelty.

crudo [kroo'do] *adj.* raw, coarse; *(of water)* hard; unfinished.

cruel [kroo-el'] *adj.* cruel, ruthless, merciless; harsh, grievous.

crueldad [kroo-el-dad'] *f.* cruelty; harshness.

cruento [kroo-en'to] *adj.* bloody *(war, etc),* implacable.

crujía [kroo-hee'a] *f.* passage; *(hosp.)* ward; corridor; **pasar**

—s, to experience great hardships.

crujido [kroo-hee'do] *m.* creaking; rustling; crunching.

crujir [kroo-heer'] *vn.* to creak, crackle; to rustle; to crunch, crack.

crustáceo [kroos-ta'thay-o] *m.* shell-fish.

cruz [krooth] *f.* cross; **cara o —,** heads or tails; *(fig.)* sorrows; **— de Mayo,** *(equiv. of)* Maypole; **— gamada,** swastika.

cruzada [kroo-tha'da] *f.* crusade; cross-roads.

cruzado [kroo-tha'do] *adj.* cross-bred; *m.* crusader; old Spanish coin; *pl.* shading; **palabras cruzadas,** crossword puzzle. [*m.* crossing.

cruzamiento [kroo-tha-myen'to]

cruzar [kroo-thar'] *va.* to pass, cross, go across; to cross-breed; *vr.* **— de brazos,** to be idle.

cuadernillo [kwa-dayr-nee'lyo] *m.* quire *(paper).*

cuaderno [kwa-dayr'no] *m.* note-book, exercise-book, copy-book.

cuadra [kwa'dra] *f.* large hall; stable; barrack; ward.

cuadrado [kwa-dra'do] *adj.* square; at attention; square-built *(man); m.* square *(number).*

cuadrangular [kwa-dran-goo-lar'] *adj.* quadrangular, four-sided.

cuadrante [kwa-dran'tay] *m.* quadrante; sun-dial.

cuadrar [kwa-drar'] *va.* to square; to square with, fit in with; *vr. (mil.)* to salute, stand to attention.

cuadrilla [kwa-dree'lya] *f.* troop, gang; group *(bullfighters);* band *(armed men);* quadrille.

cuadrillero [kwa-dree-lyay'ro] *f.* chief, gang-leader.

cuadro [kwa'dro] *m.* square; flower-bed; *(theat.)* scene; *(lit.)* descriptive picture; picture, painting, frame.

cuádruplo [kwa'droo-plo] *adj.* quadruple, fourfold.

cuajar [kwa-har'] *va.* to coagulate, curdle; to over-adorn; *vn.* to fit, be suitable, be acceptable. [agulation.

cuajo [kwa'ho] *m.* rennet; coagulation.

cual [kwal] *pron.* which; **el —,** which; **cada —,** each one; — **padre, tal hijo,** like father, like son. [lity.

cualidad [kwa-lee-dad'] *f.* quacualidad.

cualquier, a [kwal-kyayr'] *adj. & pron.* any, anybody; **un—,** somebody or other, any old person.

cuando [kwan'do] *adv.* when; if; although; in case; **de — en —,** now and then; **— quiera, whenever;** — **mucho,** at most; **de — en —,** from time to time.

cuantía [kwan-tee'a] *f.* amount, **de poca —,** of little account.

cuantioso [kwan-tyo'so] *adj.* copious, sizable *(amount).*

cuanto [kwan'to] *adj.* so much, so many; as soon as, as much; ¿**cuánto?** how much?; ¿**cuántos?** how many?; **tanto...cuánto,** as much ... as; **en—,** as soon as; **en — a,** as for, concerning; *(excl.)* how much, what a lot...

cuáquero [kwa'kay-ro] *m.* Quaker; member of Society of Friends. [forty.

cuarenta [kwa-ren'ta] *adj.*

cuarentena [kwa-ren-tay'na] *f.* quarantine.

cuaresma [kwa-rays'ma] *f.* Lent, Lent sermons.

cuarta [kwar'ta] *f.* set of four *(cards); (mus.)* fourth; guide-mule.

cuartear [kwar-tay-ar'] *va.* to divide in four parts; to cut in pieces; *(horses)* to zigzag up-hill.

cuartel [kwar-tel'] *m.* barracks, quarters; district, quarter; — **general,** headquarters; *(mil.)* **sin —,** no mercy shown, no prisoners taken.

cuarteta [kwar-tay'ta] *f.* quatrain.

cuarteto [kwar-tay'to] *n. (mus.)* quartet.

cuartilla [kwar-tee'lya] *f. (measure)* quarter; sheet of (note)-paper.

cuartillo [kwar-tee'lyo] *m.* farthing, quarter (*dry measure*), pint.

cuarto [kwar'to] *m.* quarter; room; sentinel watch; farthing, small coin; quarto; **no tiene un —,** he hasn't a bean; **dar un — al pregonero,** to spread news.

cuartón [kwar-ton'] *s.* scantling; jack-rafter; a liquid measure.

cuarzo [kwar'tho] *m.* quartz.

cuasi [kwa'see] *adv.* almost.

cuatro [kwa'tro] *adj.* four.

cuba [koo'ba] *f.* vat, cask; (*fig.*) drunkard.

cubano [koo-ba'no] *m. & adj.* Cuban.

cubero [koo-bay'ro] *m.* cooper, cask-maker.

cubicar [koo-bee-kar'] *va.* to cube; to find the volume of a cube.

cúbico [koo'bee-ko] *adj.* cubic, cubical.

cubierta [koo-byayr'ta] *f.* cover, envelope; book-jacket; (*ship*) deck; (*car*) hood; outer tyre.

cubierto [koo-byayr'to] *m.* (*at table*) cover, place; **a — de,** sheltered from; *adj.* covered.

cubo [koo'bo] *m.* cube, bucket, pail; hub (*of wheel*).

cubrecama [koo-bray-ka'ma] *m.* eiderdown, quilt.

cubrir [koo-breer'] *va.* to cover; load, envelop; to hide; **— los gastos,** to cover expenses; **— una vacante,** to fill a vacancy; *vr.* to be covert; to guard oneself; to put on one's hat.

cucaña [koo-ka'nya] *f.* greasy pole; "a gift" (*i.e. easily obtained*).   [cockroach.

cucaracha [koo-ka-ra'cha] *f.*

cuclillas [koo-klee'lyas] *adv.* **en —,** crouching, squatting.

cuclillo [koo-klee'lyo] *m.* cuckoo.

cuco [koo'ko] *adj.* dainty, cosy; coy, shy, arch.

cucurucho [koo-koo-roo'tcho] *m.* container, cornet, roulean.

cuchara [koo-cha'ra] *f.* spoon, dipper.

cucharada [koo-cha-ra'da] *f.* spoonful.

cucharilla [koo-cha-ree'lya] *f.* small spoon, teaspoon, coffee-spoon.

cucharón [koo-cha-ron'] *m.* ladle, dipper.

cuchichear [koo-chee-chay-ar'] *vn.* to talk together in whispers, whisper.

cuchicheo [koo-chee-chay'o] *m.* whispering, chattering, 'clacking'.

cuchilla [koo-chee'lya] *f.* cleaver, large knife; blade (*of knife*); sword.

cuchillada [koo-chee-lya'da] *f.* gash, knife-wound; *pl.* slashing (*in clothes*).

cuchillería [koo-chee-lyay-ree'-a] *f.* cutlery; cutler's shop.

cuchillero [koo-chee-lyay'ro] *m.* cutler.

cuchillo [koo-chee'lyo] *m.* knife; gusset, gore (*dressmaking*); **— de monte,** huntingknife.

cuchipanda [koo-chee-pan'da] *f.* gay dinner-party; "feed", "spread", spree.

cuchitril [koo-chee-treel'] *m.* cubby-hole, den.

cuello [kway'lyo] *m.* neck, throat (*of person, thing*); collar; **voz en —,** shouting, bawling.

cuenca [kwen'ka] *f.* hollow, basin (*of river*); socket (*of eye*); wooden bowl; workings (*of mine*); **—hullera,** coalfield.

cuenta [kwen'ta] *f.* account; computation, bill; care; bead; **a —,** on account; **por la —,** according to all appearances; **— corriente,** current account; **tener en —,** to take into consideration; **caer en —,** to realise; **trabajar por su —,** to work for oneself.

cuento [kwen'to] *m.* tale, story, narrative; a million; ferule; **venir a —,** to come in opportunely, to fit the occasion; **sin —,** endless(ly); **es un —,** it's all bunkum (*coll.*).

cuerda [kwayr'da] *f.* cord, string, rope; chord, voice (*in singing*); **dar — a,** to wind *(watch, etc.);* to give free play to; apretar la —, to put on the screws.

cuerdo [kwayr'do] *adj.* sane; prudent, wise; sensible.

cuerno [kwayr'no] *m.* horn; tip *(of crescent moon);* antenna *(of insect);* huhtsman's horn; — de abundancia, cornucopia.

cuero [kway'ro] *m.* leather, hide; skin, raw-hide; wine-skin; —cabelludo, scalp; *pl.* en —s, naked.

cuerpo [kwayr'po] *m.* body, matter; figure; bodice; corpse; corporation; vino de mucho—, strong-bodied wine; a—, without an overcoat; en —, half-clothed; in a body; tomar —, to increase, grow apace; luchar — a —,, to fight hand to hand.

cuervo [kwayr'vo] *m.* raven, crow.

cuesta [kways'ta] *f.* hill, grade, slope; —arriba, up-hill; —abajo, down-hill; a —s, on one's shoulders or back.

cuestión [kways-tyon'] *f.* question, matter, point; dispute, quarrel; inquiry; problem *(in mathematics).*

cuestionar [kways-tyo-nar'] *va.* to discuss a question.

cuestionario [kways-tyo-na'ryo] *m.* series of questions, questionnaire.

cuesto [kways'to] *m.* hill.

cueva [kway'va] *f.* cave, grotto; cellar.

cuidado [kwee-da'do] *m.* care, heed; attention; apprehension; estar de —, to be critically ill; ser de —, to be a handful; to need watching; *excl.* look out!; — que..., And you should just see how...

cuidadoso [kwee-da-do'so] *adj.* careful, watchful, painstaking, neat.

cuidar [kwee-dar'] *va.* to take good care of oneself; — de, to mind.

cuita [kwee'ta] *f.* grief, affliction, sorrow.

cuitado [kwee-ta'do] *adj.* wretched, unfortunate.

culada [koo-la'da] *f.* blow *(with a butt-end).*

culata [koo-la'ta] *f.* haunch *(of animal): (gun, rifle)* butt-end.

culebra [koo-lay'bra] *f.* snake, serpent; —de cascabel, rattle-snake.

culebrear [koo-lay-bray-ar'] *vn.* to wriggle.

culero [koo-lay'ro] *m. (baby's)* napkin.

culinario [koo-lee-na'ryo] *adj.* culinary.

culminación [kool-mee-na-thyon'] *f.* culmination, climax.

culo [koo'lo] *m.* anus, backside; —s de vaso, fake jewels.

culpa [kool'pa] *f.* fault, guilt, offence.

culpabilidad [kool-pa-bee-lee-dad'] *f.* guilt.

culpable [koo-pa'blay] *adj.* culpable, to blame, blamable; guilty.

culpado [kool-pa'do] *adj.* guilty, blameworthy.

culpar [kool-par'] *va.* to blame, put the blame on; to reproach.

culteranismo [kool-tay-ra-ness'-mo] *m.* Gongorism, an affected literary style full of conceits.   *[adj.* arable.

cultivable [kool-tee-va'blay]

cultivador [kool-tee-va-dor'] *m.* tiller; cultivator, farmer.

cultivar [kool-tee-var'] *va.* to till; to cultivate *(soil, arts, etc.);* to keep up.

cultivo [kool-tee'vo] *m.* cultivation, tillage, farming.

culto [kool'to] *m.* cult, worship; libertad de —s, freedom of worship; *adj.* well-bred; educated, cultivated, affected *(of style);* learned.

cultura [kool-too'ra] *f.* culture, cultivation; breeding, education, good manners.

cumbre [koom'bray] *f.* summit, top, peak; height *(of ambition, etc.).*

cumpleaños [koom-play-a'nyos] *m.* birthday.

cumplido [koom-plee'do] *adj.* full, complete; fulfilled, satisfied; courteous; *m.* compliment; ceremony.

cumplimentar [koom-plee-men-tar'] va. to compliment, congratulate.

cumplimiento [koom-plee-myen'to] m. compliment; formality; fulfilment.

cumplir [koom-pleer'] va. to fulfil, accomplish, perform, comply; to be a duty to; to reach (of age); to finish (military service); — con, to do one's duty); vr. to be realised.

cumular [koom-moo-lar'] va. to accumulate.

cúmulo [koo'moo-lo] m. heap, pile, mass (of things); cumulus clouds.

cuna [koo'na] f. cradle; foundlings' home; lineage; source, origin, birth.

cundir [koon-deer'] vn. to spread (of news, water); to propagate.

cuneta [koon-nay'ta] f. gutter, ditch, culvert.

cuña [koon'nya] f. wedge; paving stone.

cuñado, -da [koon-nya'do, -da] m. & f. brother-, sister-in-law.

cuñete [koo-nyay'tay] m. keg, small barrel.

cuño [koo'nyo] m. silver-smith's mark; a die.

cuota [kwo'ta] f. quota, share; (amount of) subscription; membership fee.

cupé [koo-pay'] m. cab, coupé.

cupo [koo'po] m. part assigned, share.

cupón [koo-pon'] m. coupon, counterfoil, detachable ticket.

cúpula [koo'poo-la] f. dome, cupola; (acorn) cup; ship's gun-turret.

cura [koo'ra] m. parish priest, curate; f. cure, remedy; priesthood, parish, curacy; la primera —, first aid.

curable [koo-ra'blay] adj. curable, remediable.

curación [koo-ra-thyon'] f. cure, treatment, healing.

curado [koo-ra'do] adj. cured, salted; tanned.

curador [koo-ra-dor'] m. curator, overseer; guardian.

curandero [koo-ran-day'ro] m. quack, medicine-man, charlatan.

curar [koo-rar'] va. to heal, cure, treat; to cure (fish , etc.).

curativo [koo-ra-tee'vo] adj. healing, curative.

cureña [koo-ray'nya] f. gun-carriage; a — rasa, without a parapet; (fig.) unprotected.

curia [koo'rya] f. ecclesiastical tribunal; la — romana, Papal jurisdiction and power.

curiosear [koo-ryo-say-ar'] vn. to pry, meddle, be a busybody.

curiosidad [koo-ryo-see-dad'] f. curiosity, inquisitiveness; cleanliness; rarity.

curioso [koo-ryo'so] adj. corious, inquisitive, prying; clean; rare, old, strange.

curro [koo'ro] adj. (fam.) handsome, dashing, "swell".

cursante [koor-san'tay] m. student attending a course.

cursar [koor-sar'] va. to frequent, attend, follow a course of study (e.g. — leyes, to study law; to pass on (orders, etc.).

cursi [koor'see] adj. common; ridiculous, affected, tawdry, mawkish, "genteel", pretentious, commonplace.

cursilería [koor-see-lay-ree'a] f. affected gentility, vulgar pretension.

cursillo [koor-see'lyo] m. course of lectures.

cursivo [koor-see'vo] adj. running (of handwriting); f. cursive script.

curso [koo'so] m. course (of river, instruction, etc.); progress; direction; route.

cursor [koor-sor'] m. (mech.) slider, slide, (tel.) runner.

curtido [koo-tee'do] adj. tenned; weather-beaten; expert, experienced; well versed in; m. tanning.

curtidor [koor-tee-dor'] m. (skin)-tanner.

curtir [koor-teer'] va. to tan (skin, leather); (fig.) to harden, toughen (person, animal).

curva [koor'va] f. curve line, curve.

curvatura [koo-va-too'ra] *f.* curvature; bend. [bent.
curvo [koor'vo] *adj.* curved,
cuscurro [koos-koo'ro] *m.* crust *(of loaf).*
cúspide [koo'spee-day] *f.* apex, summit, top.
custodia [koo-sto'dya] *f.* custodia, holy vessel in which Sacrament is exposed.
custodiar [koos-to-dyar'] *va.* to take care of, keep safe.

custodio [koos-to'dyo] *adj.* ángel —, guardian angel; *m.* guard, custodian.
cutáneo [koo-ta'nay-o] *adj.* of the skin; cutaneous.
cutir [koo-teer'] *va.* to strike *(blow).*
cutis [koo-tees'] *f. (human)* skin.
cuyo [koo'yo] *pron.* whose, of which.
cuz, cuz [kooth-kooth] *interj.* Come on, good dog!

CH

chabacano [cha-ba-ka'no] *adj.* clumsy, lacking good taste, vulgar.
chacal [cha-kal'] *m.* jackal.
chacona [cha-ko'na] *f.* chaconne, (ancient Spanish dance).
chacota [cha-ko'ta] *f.* joking, loud merry-making, high jinks.
chacotear [cha-ko-tay-ar'] *vn.* to trifle, make merry.
chafallar [cha-fa-lyar'] *va.* to botch.
chal [chal] *m.* shawl.
chalado [cha-la'do] *adj.* crazy, half-witted.
chalán [cha-lan'] *m.* hawker; horse-dealer.
chalanería [cha-la-na-ree'a] *f.* astuteness of (gipsy) horse-dealers.
chaleco [cha-lay'ko] *m.* waistcoat, vest.
chalupa [cha-loo'pa] *f.* sloop, canoe, shallop.
chamarasca [cha-ma-ras'ka] *f.* brushwood.
chamarra [cha-ma'ra] *f.* rustic jacket *(of coarse linen).*
chambelán [cham-bay-lan'] *m.* chamberlain.
chambergo [cham-bayr'go] *m.* slouch hat.
chamuscar [cha-moos-kar'] *va.* to scorch, singe.   joke, jest.
chancear [chan-thay-ar'] *vn.* to

chancero [chan-thay'ro] *adj.* merry, full of funny remarks, always joking; *m.* jester.
chancillería [chan-thee-lyay-ree'a] *f.* chancery.
chancleta [chan-klay'ta] *f.* low-heeled slipper, house-slipper.
chanclo [chan'klo] *m.* galosh, rubber shoe; clog, sabot, wooden over-shoe.
chanchullo [chan-choo'lyo] *m.* low trick, underhand trick.
chantre [chan'tray] *m.* precentor.
chanza [chan'tha] *f.* jest, joke; —pesada, ill-timed jest.
chapa [cha'pa] *f.* plate, metal sheet; tally *(cloak-room, identity, etc.);* veneer; face-varnish.
chapado [cha-pa'do] *adj.* muy — a la antigua, old-world, in the antique style.
chaparrón [cha-pa-ron'] *m.* heavy shower.
chapear [cha-pay-ar'] *va.* to veneer; inlay; to plate.
chapín [cha-peen'] *m.* woman's cork-soled clog.
chapitel [cha-pee-tel'] *m. (on column)* capital; *(on tower)* pinnacle.
chapón [cha-pon'] *m.* inkstain.
chapotear [cha-po-tay-ar'] *vn.* to paddle *(in water).* splash.
chapoteo [cha-po-tay'o] *m.*

chapucero [cha-poo-thay'ro] *m.*
botcher, clumsy workman; old
iron dealer.
chapurrar [cha-poo-rar'] *va.* to
speak brokenly (*a language*).
chapuza [cha-pooth'a] *m.* clumsy work, odd-job.
chapuzar [cha-poo-thar'] *va.* to
dive, plunge, duck.
chaqueta [cha-kay'ta] *f.* jacket,
sack-coat.
charada [cha-ra'da] *f.* charade.
charanguero [cha-ran-gay'ro]
m. hawker, pedlar.
charca [char'ka] *f.* pool, basin;
mere; artificial pond.
charco [char'ko] *m.* pool,
puddle.
charla [char'la] *f.* chat; (*empty*)
talk, gossip; informal talk.
charlar [char-lar'] *vn.* to babble, have a gossip.
charlatán [char-la-tan'] *adj.*
talkative; *m.* prater; quack.
charlatanería [char-la-ta-nay-
ree'a] *f.* garrulity; humbug.
charol [cha-rol'] *m.* varnish;
patent leather; **darse —,** to
"swank".
charretera [cha-ray-tay'ra] *f.*
epaulet; shoulder-yoke; buckle.
charro [cha'ro] *adj.* rustic, coarse; (*Mex.*) peasant horseman;
s.p. of Salamanca.
chas [chas] *m.* crack! (*of whip,
wood*).   spicy anecdote.
chascarrillo [chas-ka-ree'lyo]
chasco [chas'ko] *m.* "sell", disappointment, frustration.
chasquear [chas-kay-ar'] *va.* to
crack (*a whip*); to play a waggish trick; to disappoint;
(*Amer.*) *vr.* to be disappointed.
chasquido [chas-kee'do] *m.*
crack of a whip, cracking,
snapping (*of wood*).
chato [cha'to] *adj.* pug, snubnosed, flat-nosed; squat; *m.*
(*Amer.*) darling; glass; (*fam.*)
f. pretty girl.
chaval [cha-val'] *m.* lad.
chavala [cha-va'la] *f.* lass.
chelín [chay-leen'] *m.* shilling.
cheque [chay'kay] *m.* cheque,
order on bank.

chicle [chee'klay] *m.* chewinggum.
chico [chee'ko] *adj.* little, small,
short; wee; tiny; *m.* little boy,
little fellow; young man.
chicoria [chee-ko-ree'a] *See*
achicoria.
chicote [chee-ko'tay] *m.* tubby
lad; end of cable; cigar-stub.
chicha [chee'cha] *f.* (*S. Amer.*)
alcoholic drink; **no es ni — ni
limonada,** it's neither fish nor
flesh (*i.e. characterless*).
chicharra [chee-cha'ra] *f. See*
cigarra.
chicharrón [chee-cha-ron'] *m.*
fried piece of fat; (*fig.*) cinder,
"frazzle".
chichear [chee-chay-ar'] *vn.* to
hiss (*an actor, etc.*).
chichón [chee-chon'] *m.* bruise,
bump.
chichonera [chee-cho-nay'ra] *f.*
child's round (*straw*) hat.
chifladura [chee-fla-doo'ra] *f.*
craziness, madness.
chiflado [chee-fla'do] *adj.* crazy, "cracked", "potty".
chiflar [chee-flar'] *vn.* to whistle; *vr.* to become insane.
chile [chee'lay] *m.* red pepper.
See **ají.**   [lean.
chileno [chee-lay'no] *m.* Chichillar [chee-lyar'] *vn.* to cry,
yell, scream, screech.
chilleras [chee-lyay'ras] *f.* rowlocks.
chillido [chee-lyee'do] *m.*
scream, shriek, shrill cry.
chillón [chee-lyon'] *adj.* noisy,
yelling; (*of colours*) glaring,
loud; *m.* screamer, shrieker;
nail, spike.
chimenea [che-may-nay'a] *f.*
chimney, fireplace.
chimpancé [cheem-pan-thay']
m. chimpanzee.
china [chee'na] *f.* china, porcelain; pebble, small stone;
(*Amer.*) girl, servant-girl.
chinche [cheen'chay] *f.* bedbug, bug; large drawing-pin.
chinchilla [cheen-chee'lya] *f.*
chinchilla.
chiné [chee-nay'] *adj.* with coloured spots.
chinela [chee-nay'la] *f.* slipper.

chinesco [chee-nes'ko] *adj.* Chinese; **sombras — as**, magic lantern, peep-show.

chino [chee'no] *adj. & m.* Chinese; the Chinese language; (*Amer.*) boy, half-breed.

chipé, chipendi [chee-pay', cheepen'dee] *adv.* (*pop.*) firstclass; "wizard"; *f.* truth, "gospel".

chipirón [chee-pee-ron'] *m.* squid. Cyprus, Cypriot.

chipriota [chee'pryo-ta] *adj.* of

chiquero [chee-kay'ro] *m.* sty, pigpen.

chiquillo [chee-kee'lyo] *m.* lad, boy, urchin, brat, small child; (baby". [small, little.

chiquito [chee-kee'to] *adj.*

chiribitil [chee-ree-bee-teel'] *m.* small dark room.

chirimía [chee-ree-mee'a] *f.* flageolet.

chiripa [chee-ree'pa] *f.* "fluke", pure luck. [tasteless.

chirle [cheer'lay] *adj.* insipid,

chirlo [cheer'lo] *m.* facewound, slash, long cut, scar.

chirriar [chee-ryar'] *vn.* to sizzle; to creak, screech, (*e.g. of hinges*).

chirrido [chee-ree'do] *m.* creak, croak, screech. [cart.

chirrión [chee-ryon'] *m.* wagon,

chisgarabís [chees-ga-ra-bees'] *m.* meddler, busy-body.

chisquete [chees-kay'tay] *m.* (*fam.*) splash; gulp (*of wine*).

chisme [chees'may] *m.* gossip, idle rumour; gadget, "thing"; *pl.* odds and ends.

chismografía [chees-mo-grafee'a] *f.* gossip, tittle-tattle.

chismoso [chees-mo'so] *m.* gossip-monger.

chispa [chees'pa] *f.* spark, sparkle; small diamond; drop, splash, speck; wit.

chispazo [chees-pa'tho] *m.* spark, ember.

chispeante [chees-pay-an'thy] *adj.* sparkling.

chispear [chees-pay-ar'] *vn.* to sparkle; to drizzle slightly.

chisporrotear [chees-po-ro-tayar'] *vn.* to emit sparks, sparkle; splutter (*of candle, etc.*).

chisporroteo [chees-po-rotay'o]

m. sparkle, scintillation; splutter.

chist [cheest] *interj.* hush, hish.

chistar [chees-tar'] *vn.* to mumble, utter a sound; **no chista**, he doesn't say a word.

chiste [chees'tay] *m.* joke, witticism; **caer en el —**, to catch an allusion.

chistera [chees-tay'ra] *f.* basket; top hat (*XIXth century style*).

chistoso [chees-to'so] *adj.* witty, droll, funny.

chita [chee'ta] *f.* bone of foot; **a la — callando** (*or* **a la chiticallando**), noiselessly.

chito! (**chitón!**) [chee'to, cheeton'] *interj.* silence! hush!

chivato [chee-va'to] *m.* kid.

chivo [chee'vo] *m.* he-goat, kid; tantrum; **barba de —**, goatee (*beard*).

chocante [cho-kan'tay] *adj.* striking, provoking, shocking.

chocar [cho-kar'] *vn.* to collide, run against; to fight; shock, surprise; *va.* to clink (*glasses*); to shock.

chocarrería [cho-ka-ray-ree'a] *f.* jest, coarse joke, ribaldry.

chocarrero [cho-ka-ray'o] *adj.* scurrilous.

chocha, chochaperdiz [cho-cha, cho-cha-payr-deeth'] *f.* woodcock.

chochear [cho-chay'ar] *vn.* to reach dotage, grow feeble, drivel.

chochera, chochez [cho-chay'ra, cho-chayth'] *f.* dotage.

chocho [cho'cho] *adj.* feeble, doting, decrepit.

chopo [cho'po] *m.* black poplar.

choque [cho'kay] *m.* shock, collision, clash.

choricero [cho-ree-thay'ro] *m.* sausage-maker; (*fam.*) native of Extremadura.

chorizo [cho-ree'tho] *m.* highly-spiced red sausage.

chorlito [chor-lee'to] *m.* grey plover, curlew; **cabeza de —**, feather-brain.

chorrear [cho-ray-ar'] *vn.* to spout, drain off, drip.

chorrillo [cho-ree'lyo] *m.* dripdrop, continual flow.

chorro [cho'ro] *m.* jet, spout; a —s, copiously; **hablar a —s,** to spout words.

choto [cho'to] *m.* calf, sucking kid.

choza [cho'tha] *f.* hut, hovel, thatched cottage; cabin.

chubasco [choo-bas'ko] *m.* shower, squall, rain-storm.

chuchería [choo-chay-ree'a] *f.* knick-knack, gew-gaw, small toy; tbit.   [gie.

chucho [choo'cho] *m.* dog, dog-

chufa [choo'fa] *f.* tiger-nut *(used to make horchata de chufa).*

chufleta [choo-flay'ta] *f.* taunting word, mockery.

chuleta [choo-lay'ta] *f.* chop, cutlet.

chulo [choo'lo] *adj.* common, vulgar, "flashy"; villainous; unprincipled; *m.* fellow-melad *(Madrid),* low type, street-corner type *(cf.* Cockney).

chumbera [choom-bay'ra] *f.* prickly pear.

chupa [choo'pa] *f.* waistcoat, jacket.

chupado [choo-pa'do] *adj.* *(fam.)* thin, drawn.

chupar [choo-par'] *va.* to sip, suck, suck up; to eat away.

chupón [choo-pon'] *adj.* sucking; *m.* sapling.

churrigueresco [choo-ree-gay-res'ko] *adj.* Spanish florid rococo style.

churumbela [choo-room-bay'la] *f.* reed instrument resembling a flageolet.

chuscada [choos-ka'da] *f.* joke, jest, humorous saying or doing.

chusco [choos'ko] *adj.* odd, droll, humorous.

chusma [choos'ma] *f.* rabble, mob.

chuzo [choo'tho] *m.* long stick ending in point; pike; **llover —s,** to rain torrents.

D

dable [da'blay] *adj.* practicable, possible, feasible.

dactilógrafo· [dak-tee-lo'gra-fo] *m.* typewriter; typist.

dádiva [da'dee-va] *f.* gift, donation.

dadivoso [da-dee-vo'so] *adj.* liberal, bountiful.

dado [da'do] *m.* die; block; —s cargados, loaded dice; *conj.* — *conj.* — que, granted that, assuming that.

dador [da-dor'] *m.* giver, bearer; drawer *(of bill of exchange).*

daga [da'ga] *f.* dagger, short sword.

daguerrotipo [da-gay-ro-tee'po] *m.* daguerrotype.

dama [da'ma] *f.* dame, lady, woman; **primera —,** leading lady; *pl.* draughts; **tablero de —,** draughts-board.

damajuana [da-ma-kwa'na] *f.* demijohn.

damasco [da-mas'ko] *m.* damask *(silk stuff);* damask *(kind of apricot).*

damisela [da-mee-say'la] *f.* damsel, fine young lady.

damnificar [dam-nee-fee-kar'] *va.* to damage, injure.

danés [da-nes'] *adj.* Danish; *m.* Great Dane.

danza [dan'tha] *f.* old, formal dance, dancing; "fishy" business; confusion.

danzar [dan-thar'] *vn.* to dance; to be involved in some business deal.

dañar [da-nyar'] *va.* to damage, hurt, injure, spoil.

dañino [da-nyee'no] *adj.* hurtful, damaging, injurious; destructive *(animal).*

daño [da'nyo] damage, harm,

injury; *(law)* **daños y perjuicios,** damages.

dañoso [da-nyo'so] *adj.* hurtful, noxious.

dar [dar] *va.* to apply, give, cause, grant, yield; — **gracias,** to thank; — **un salto,** to jump; — **en,** to tend to; to discover; fall into; — **con,** to bump into, find; — **a,** to look on to; — **contra,** to strike against.

dardo [dar'do] *m.* light lance, dart; dace.

dársena [dar'say-na] *f.* dock, wharf, inner harbour.

data [da'ta] *f.* datum, item.

datar [da-tar'] *va.* to date; *vn.* to date from.

dátil [da'teel] *m.* date *(fruit).*

datilado [da-tee-la'do] *adj.* date-coloured, -shaped.

dativo [da-tee'vo] *m.* dative.

dato [da'to] *m.* datum, premiss, detail, fact.

de [day] *prep.* of, from, by, with; — **día,** by day; — **balde,** free, for nothing.

debajo [day-ba'ho] *adv.* beneath, below, underneath; *prep.* — **de,** under.

debate [day-ba'tay] *m.* debate, discussion.

debatir [day-ba-teer'] *va.* to debate, discuss.

debe [day'bay] *m.* debit.

deber [day-bayr'] *va.* to owe; must, ought; — **de,** to be likely to.

deber [day-bayr'] *m.* duty, obligation.

debidamente [day-bee-da-men'-tay] *adv.* duly; in the proper manner; worthily, adequately.

débil [day'beel] *adj.* weak, feeble; powerless; lame *(excuse).*

debilidad [day-bee-lee-dad'] *f.* weakness, debility; infirmity.

debilitar [day-bee-lee-tar'] *va.* to weaken, enfeeble, debilitate.

débito [day'bee-to] *m.* debt, debit.

década [day'ca-da] *f.* decade.

decadencia [day-ka-den'thya] *f.* decline, decay, decadence.

decadente [day-ka-den'tay] *adj.* decaying, declining; over-refined.

decaer [day-ka-ayr'] *vn.* to decay, decline, fall.

decaimiento [day-ka-ee-myen'-to] *m.* decay, loss of strength.

decálogo [day-ka'lo-go] *m.* the Ten Commandments, decalogue.

decano [day-ka'no] *adj.* senior, [dean; *m.* dean.

decantar [day-kan-tar'] *va.* to decant; to cry up; to descant.

decapitación [day-ka-pee-ta-thyon'] *f.* beheading, having (one's) head cut off.

decapitar [day-ka-pee-tar'] *va.* to behead.

decasílabo [day-ka-see'la-bo] *adj.* ten-syllabled.

decena [day-thay'na] *f.* half a score, ten.

decencia [day-then'thya] *f.* decency; honesty; propriety; cleanliness.

decenio [day-thay'nyo] *m.* ten-year period.

decente [day-then'tay] *adj.* decent, clean; honest; genteel; reasonable *(price, etc.)*

decepción [day-thep-thyon'] *f.* deception, delusion, disappointment.

decidir [day-thee-deer'] *va.* to decide, determine; *vr.* to decide, make up one's mind.

deciduo [day-thee-doo'o] *adj.* *(bot.)* decidious.

décima [day'thee-ma] *f.* strophe of ten eight-syllabled lines; tenth of a lottery ticket.

decir [day-theer'] *va.* to tell, say, speak, state, utter; **es —,** that is to say; **el qué dirán,** other people's opinion, public opinion; — **para sí,** to say to oneself; *m.* a saying; language.

decisión [day-thee-syon'] *f.* decision, verdict; firmness, resolution.

decisivo [day-thee-see'vo] *adj.* decisive, conclusive.

declamación [day - kla - ma - thyon'] *f.* declamation; recitation, pompous discourse.

declamar [day-kla-mar'] *va.* to recite, harangue.

declaración [day-kla-ra-thyon'] *f.* declaration, statement, avowal; — **jurada,** affidavit.

459 **def**

declarar [day-kla-rar'] *va.* to declare, state; to explain; to profess; *vr.* to proclaim (*a now, one's beliefs, etc.*).
declaratorio [day-kla-ra-to'ryo] *adj.* explanatory.
declinación [day - klee - na - thyon'] *f.* fall, decline; declination; declension.
declinar [day-klee-nar'] *vn.* to decline, diminish; to fall, decay, sink.
declive [day-klee'vay] *m.* declivity, slope, gradient, incline.
decocción [day-kok-thyon'] *f.* decoction.
decolorar [day-ko-lo-rar'] *va.* to discolour, take colour out of.
decomisar [day-ko-mee-sar'] *va.* to confiscate, seize.
decoración [day-ko-ra-thyon'] *f.* decoration; stage set, staging.
decorado [day-ko-ra'do] *m.* ornamentation, adornment, trimming.
decorar [day-ko-rar'] *va.* to decourage; to bestow an honour on; to learn by rote, repeat.
decorativo [day-ko-ra-tee'vo] *adj.* decorative, ornamental.
decoro [day-ko'ro] *m.* decorum, decency; prudence; circumspection; honour.
decoroso [day-ko-ro'so] *adj.* decorous, decent, seemly.
decrecer [day-gray-thayr'] *vn.* to decrease, grow less, shorter.
decreciente [day-kray-thyen'tay] *adj.* diminishing.
decrépito [day-kray'pee-to] *adj.* worn out with age, decrepit, tumbledown.
decrepitude [day - kray - pee - tood'] *f.* decrepitude, dotage.
decretar [day-kray-tar'] *va.* to decree, resolve; (*law*) to adjudge. [order.
decreto [day-kray'to] *m.* decree.
decuplicar [day-koo-plee-kar'] *va.* to multiply by ten, increase tenfold. [fold.
décuplo [day'koo-plo] *adj.* tenfold.
dechado [day-cha'do] *m.* sample, pattern; sampler; model, perfect example.
dedal [day-dal'] *m.* thimble; finger-stall.

dédalo [day'da-lo] *m.* maze, labyrinth.
dedicación [day-dee-ka-thyon'] *f.* dedication, consecration.
dedicar [day-dee-kar'] *va.* to dedicate devote, consecrate; *vr.* to devote oneself; to apply oneself.
dedicatoria [day-dee-ka-to'rya] *f.* dedication (*of book, etc.*).
dedil [day-deel'] *m.* finger-stall.
dedillo [day-dee'lyo] *m.* saber al —, to know perfectly, have at one's finger-tips.
dedo [day'do] *m.* finger; — pulgar (*or gordo*), thumb; — índice, del corazón, anular, mefique, fore-, middle, ring-, little finger; —s de los pies, toes; señalar con el —, to point scorn at, mock at. [obliquely.
dedolar [day-do-lar'] *v.* to cut
deducción [day-dook-thyon'] *f.* deduction, inference.
deducir [day-doo-theer'] *va.* to deduce, infer; to subtract, deduct.
defección [day-fek-thyon'] *f.* disloyalty, treachery.
defecto [day-fek'to] *m.* defect, fault; failing, weakness.
defectuoso [day-fek-two'so] *adj.* imperfect, defective.
defender [day-fen-dayr'] *va.* to protect, guard, defend; to forbid; *vr.* to put up a defence.
defensa [day-fen'sa] *f.* defence; support; *m.* (*football*) fullback.
defensiva [day-fen-see'va] *f.* defensive; a la —, on the defensive. [defensive.
defensivo [day-fen-see'vo] *adj.*
defensor [day-fen-sor'] *m.* supporter; counsel for the defence; upholder.
deferencia [day-fay-ren'thya] *f.* deference, respect, regard.
deferente [day-fay-ren'tay] *adj.* willing to accept another's (*opinion, etc.*).
deferir [day-fay-reer'] *va.* to assent, yield, defer (to); to refer.
deficiencia [day-fee-thyen'thya] *f.* deficiency, imperfection, flaw, lack.

deficiente [day-fee-thyen'tay] *adj.* deficient, faulty, inadequate.

déficit [day'fee-theen] *m.* deficit, shortage.

definición [day-fee-nee-thyon'] *f.* definition, exactness.

definir [day-fee-neer'] *va.* to determine, make clear, define, decide.

definitivo [day-fee-nee-tee'vo] *adj.* definitive, final; **en —a,** finally, in the end.

deformación [day-for-ma-thyon'] *f.* deformation, disfiguration.

deformar [day-for-mar'] *va.* to deform, distort.

deforme [day-for'may] *adj.* disfigured, deformed, hideous.

deformidad [day-for-mee-dad'] *f.* deformity.

defraudación [day-frow-da-thyon'] *f.* fraud, cheating.

defraudador [day-frow-da-dor'] *m.* cheat; defaulter.

defraudar [day-frow-dar'] *va.* to cheat, to defraud; to frustrate; to disappoint *(hopes, etc.).*

defuera [day-fway'ra] *adv.* outwardly; out; **por —,** on the outside, outwardly.

defunción [day-foon-thyon'] *f.* death, demise.

degeneración [day-hay-nay-ra-thyon'] *f.* degeneration, degeneracy.

degenerar [day-hay-nay-rar'] *vn.* to degenerate, sink, decay.

deglutir [day-gloo-teer'] *va.* to swallow.

degollación [day-go-lya-thyon'] *f.* slaying, slaughter *(by cutting the throat).*

degolladero [day-go-lya-day'ro] *m.* slaughterhouse; gibbet.

degollar [day-go-lyar'] *va.* to kill *(animals);* to cut the throat, butcher. [slaughter.

degollina [day-go-lyee'na] *f.*

degradación [day-gra-da-thyon'] *f.* (*mil.*) demotion; degradation, baseness; dishonourable discharge.

degradar [day-gra-dar'] *vr.* to demean oneself.

degüello [day-gway'lyo] *m.* slaughtering, butchery; **entrar en una población a degüello,** to violate a town.

degustación [day-goos-ta-thyon'] *f.* partaking, enjoyment *(of liquid refreshment).*

dehesa [day-ay'sa] *f.* pasture; **pelo de la —,** country bumpkin, yokel. [divine being.

deidad [day-ee-dad'] *f.* deity,

deificar [day-ee-fee-kar'] *va.* deify; to praise excessively.

deja [day'ha] *f.* ridge between two cuts or notches.

dejación [day-ha-thyon'] *f.* abandonment, relinquishing *(of rights or property).*

dejadez [day-ha-dayth'] *f.* languor, apathy.

dejado [day-ha'do] *adj.* negligent, slovenly, untidy; apathetic, indolent; **— de la mano de Dios,** God-forsaken.

dejar [day-har'] *va.* to leave, allow, let; to fail, omit; **— de,** to cese, stop; **le dejó por loco,** he took him for an idiot.

dejo [day'ho] *m.* abandonment; relish; accent, intonation, flavour *(of speech).*

del [del] contraction of **de** and **el.**

delación [day-la-thyon'] *f.* delation, denunciation informing.

delantal [day-lan-tal'] *m.* apron, pinafore.

delante [day-lan'tay] *adv.* **— de,** before, in front of, in the presence of.

delantera [day-lan-tay'ra] *f.* fore-part; front part of theatre; *pl.* chaps; **tomar la —,** to overtake, get ahead (of), take the lead.

delantero [day-lan-tay'ro] *m.* (*football*) forward.

delatar [day-la-tar'] *va.* to denounce, inform, betray.

delator [day-la-tor'] *m.* informer, accuser.

delectación [day-lek-ta-thyon'] *f.* pleasure, delight.

delegación [day-lay-ga-thyon'] *f.* delegation, proxy.

delegado [day-lay-ga'do] *m.* delegate, representative, proxy.

dem

delegar [day-lay-gar'] va. to depute, delegate, assign.
deleitar [day-lay-tar'] va. to please, delight; vr. to delight in. [pleasure.
deleite [day-lay'tay] m. delight,
deleitoso [day-lay-to'so] adj. agreeable, delightful, preasurable.
deletéreo [day-lay-tay'ray-o] adj. deleterious, deadly, harmful.
deletrear [day-lay-tray-ar'] va. to spell (out); to decipher.
deletreo [day-lay-tray'o] m. spelling.
deleznable [day-leth-na'blay] adj. brittle, fragile, frail; slippery.
delfín [del-feen'] m. dolphin; dauphin.
delgadez [del-ga-deth'] f. thinnes, slenderness, slimness.
delgado [del-ga'do] adj. thin, slender, lean.
deliberación [day-lee-bay-ra-thyon'] f. deliberation, reflection, consideration.
deliberar [day-lee-bay-rar'] va. & n. to deliberate, reflect, think over, ponder on.
delicadeza [day-lee-ka-day'tha] f. delicacy; weakness; refinement, nicety; scrupulousness.
delicado [day-lee-ka'do] adj. delicate, weak, tender; touchy, nice, fastidious.
delicia [day-lee-thya] f. delight; pleasure, joy.
delicioso [day-lee-thyo'so] adj. delightful, delicious.
delincuencia [day-leen-kwen'-thya] f. delinquency.
delincuente [day-leen-kwen'-tay] m. offender, delinquent; guilty person.
delineación [day-lee-nay-a-thyon'] f. sketch, draft, drawing.
delinear [day-lee-nay-ar'] va. to sketch, delineate, design.
delinquir [day-leen-keer'] vn. to break the law.
deliquio [day-lee'kyo] m. swoon, faint.
delirante [day-lee-ran'tay] adj. delirious; enthusiastic.

delirar [day-lee-rar'] vn. to be delirious, rave; to talk wildly.
delirio [day-lee'ryo] m. delirium, madness, craze.
delito [day-lee'to] m. guilt, fault, offence, misdemeanour, crime.
delta [del'ta] m. & f. delta.
deludir [day-loo-deer'] v. to delude.
demarcación [day-mar-ka-thyon'] f. emaciation.
demacrar [day-ma-krar'] va. & r. to waste away; vr. become emaciated.
demagogo [day-ma-go'go] m. demagogue, rabble-rouser.
demanda [day-man'da] f. claim, demand, pretension, search; en — de, requiring, requesting, in search of.
demandante [day-man-dan'tay] f. claimant, plaintiff, applicant.
demandar [day-man-dar'] va. to solicit, ask for; to sue, claim; to request.
demarcación [day-mar-ka-thyon'] f. demarcation.
demarcar [day-mar-kar'] va. to mark out limits.
demás [day-mas'] adj. the rest, others; remaining; por lo —, as for the rest; estar —, to be superfluous, to be de trop.
demasía [day-ma-see'a] f. excess; outburst; insolence; iniquity.
demasiado [day-ma-sya'do] adv. too, too much; adj. excessive.
demencia [day-men'thya] f. insanity; madness, distracted.
demente [day-men'tay] adj. demented, insane.
demisión [day-mee-syon'] f. resignation (of post).
demitir [day-mee-teer'] va. to resign (from a post); to give up. [f. democracy.
democracia [day-mo-kra'thya]
demócrata [day-mo'kra-ta] m. democrat.
democrático [day-mo-kra'tee-ko] adj. democratic, popular.
demoler [day-mo-layr'] va. to demolish, raze, tear down.
demolición [day-mo-lee-thyon'] f. demolition; overthrow, destruction.

demonio [day-mo'nyo] *m.* demon, fiend, devil; *interj.* the deuce!

demora [day-mo'ra] *f.* delay; putting off; sin —, without delay.

demorar [day-mo-rar'] *vn.* to delay; to stay, put off; *va.* to retard, postpone.

demostración [day-mos-tra-thyon'] *f.* demonstration; exhibition, show; example; proof.

demostrar [day-mos-trar'] *va.* to demonstrate, manifest, show; to prove, make evident.

demostrativo [day-mos-tra-tee'-vo] *adj.* demonstrative.

demudación [day-moo-da-thyon'] *f.* change, transformation (of features).

demudar [day-moo-dar'] *vn.* to change, alter (esp. of features moved by emotion).

denegación [day-nay-ga-thyon'] *f.* denial, refusal.

denegar [day-nay-gar'] *va.* to deny; to refuse.

dengue [den'gay] *m.* fastidiousness, affection; a fever.

denigración [day-nee-gra-thyon'] *f.* defamation, slander.

denigrar [day-nee-grar'] *va.* to defame, revile, calumniate, smirch.

denodado [day-no-da'do] *adj.* bold, intrepid, daring.

denominación [day-no-mee-na-thyon'] *f.* denomination, title, name.

denominar [day-no-mee-nar'] *va.* to name, denominate, nominate.

denostar [day-nos-tar'] *va.* to abuse, curse at.

denotación [day-no-ta-thyon'] *f.* designation.

denotar [day-no-tar'] *va.* to denote, mean, indicate.

densidad [den-see-dad'] *f.* density; compactness; consistence.

denso [den'so] *adj.* compact; thick; close.

dentado [den-ta'do] *adj.* serrated, furnished with teeth.

dentadura [den-ta-doo'ra] *f.* the teeth, set of teeth.

dental [den-tal'] *adj.* dental, pertaining to the teeth.

dentaria [den-ta'ree-a] *f.* (bot.) toothwort.

dentellada [den-tay-lya-da] *f.* bite, snap.

dentera [den-tay'ra] *f.* dar —, to set one's teeth on edge; to tantalize.

dentición [den-tee-thyon'] *f.* dentition, teething.

dentífrico [den-tee'free-ko] *m.* tooth-paste, -powder, dentifrice.   [tist.

dentista [den-tees'ta] *m.* dentist.

dentro [den'tro] *adv.* inside, within; por —, inside, on the inside.   [denude.

denudar [day-noo-dar'] *va.* to

denuedo [day-nway'do] *m.* boldness, intrepidity, dash.

denuesto [day-nwes'to] *m.* insult, indignity, curse.

denuncia [day-nun'thya] *f.* denunciation, betrayal; accusation; (law) presentar una —, to make a charge.

denunciar [day-noon-thyar'] *va.* to denounce, betray, accuse; to give notice.

deparar [day-pa-rar'] *va.* to offer, afford, present.

departamento [day-par-tamen'-to] *m.* department; section, compartment.

departir [day-par-teer'] *m.* to converse, chat.

dependencia [day-pen-den'thya] *f.* dependence, dependency; appendage; subordination; branch (office).

depender [day-pen-dayr'] *vn.* depend; to result from; to turn upon; to rely upon; to be subordinate to.

dependiente [day-pen-dyen'tay] *adj.* dependent, hanging; *m.* clerk, (shop) assistant, employee.

depilatorio [day-pee-la-to'ree-o] *m.* depilatory.

deplorable [day-plo-ra'blay] *adj.* deplorable, regrettable; wretched.

deplorar [day-plo-rar'] *va.* to deplore, bewail, lament.

deponer [day-po-nayr'] **va.** to depose, testify; to lay aside, down.

deportación [day-por-ta-thyon'] **f.** banishment, transportation.

deportar [day-por-tar'] **va.** to banish, exile.

deporte [day-por'tay] **m.** sport, recreation, pastime.

deportista [day-por-tees'ta] **m. & f.** sportsman.

deposición [day-po-see-thyon'] **f.** deposition, declaration; testimony.

depositante [day-po-see-tan'-tay] **m.** depositor.

depositar [day-po-see-tar'] **va.** to deposit; to entrust; (chem.) to settle, precipitate.

depositario [day-po-see-ta'ryo] **m.** guardian; depositary.

depósito [day-po'see-to] **m.** deposit; trust; storehouse; —de agua, tank, reservoir.

depravación [day-pra-va-thyon'] **f.** depravity.

depravar [day-pra-var'] **va.** to deprave, vitiate.

deprecación [day-pray-ka-thyon'] **f.** prayer, entreaty, supplication.

deprecar [day-pray-kar'] **va.** to pray, implore, entreat.

depreciación [day-pray-thya-thyon'] **f.** depreciation.

depreciar [day-pray-thyar'] **va.** to depreciate, undervalue; —la moneda, to debase the coinage.

depredación [day - pray - da - thyon'] **f.** depredation.

depredar [day-pray-dar'] **va.** to rob, pillage.

depresión [day-pray-syon'] **f.** depression, lowering.

deprimido [day-pree-mee'do] **adj.** downcast, low-spirited; "out of sorts".

deprimir [day-pree-meer'] **va.** to belittle, humiliate, lower.

depuración [day-poo-ra-thyon'] **f.** depuration; purification.

depurado [day-poo-ra'do] **adj.** refined, pure, superfine, highlywrought.

depurar [day-poo-rar'] **va.** to depurate, purify, filter.

derecha [day-ray'cha] **f.** right hand; the right-hand side; a la —, to the right; a tuertas o a —s, rightly or wrongly; pl. Right Wing in politics.

derechamente [day-ray-cha-men'tay] **avd.** straight; justly, rightly.

derecho [day-ray'cho] **m.** law, right, power, justice; pl. dues, fees, duties; adj. right, sound, upright; adv. straight; — de gentes, common law, the law of nations.

derechura [day-ray-choo'ra] **f.** straightness; en—, in a straight line, as the crow flies.

deriva [day-ree'va] **f.** drift; deflection; hielo a la —, drift ice.

derivación [day-ree-va-thyon'] **f.** derivation; draining away of water.

derivar [day-ree-var'] **vn.** to derive; to descend from; to originate from; (naut.) to drift.

derogación [day-ro-ga-thyon'] **f.** repeal, abrogation, revocation.

derogar [day-ro-gar'] **va.** to derogate, repeal, abrogate.

derogatorio [day-ro-ga-to'ryo] **adj.** derogatory.

derramado [day-ra-ma'do] **adj.** spendthrift; spilt.

derramamiento [day-ra-ma-myen'to] **m.** pouring; shedding, spilling.

derramar [day-ra-mar'] **va.** to pour out, shed, spill; vr. to run over, overflow.

derrame [day-ra'may] **m.** overflow, shedding; discharge (of wound).

derredor [day-ray-dor'] **m.** circuit, the place or places around; en —, around.

derretido [day-ray-tee'do] **adj.** molten (metal), melted.

derretir [day-ray-teer'] **va.** to melt, smelt, fuse, dissolve.

derribar [day-ree-bar'] **va.** to pull down; to overthrow, fell, knock down, demolish.

derribo [day-ree'bo] **m.** knocking down, demolition.

derrocamiento [day-ro-ka-myen'to] **m.** overthrow.

derrocar [day-ro-kar'] **va.** to

overthrow; to demolish, hurl from position, place.

derrochar [day-ro-char'] *va.* to squander, waste, dissipate.

derroche [day-ro'chay] *m.* dissipation, squandering; extravagant display.

derrota [day-ro'ta] *f.* defeat, rout; route, course; **cuarto de —**, conning tower.

derrotar [day-ro-tar'] *va.* to rout, defeat; to destroy, tear.

derrotero [day-ro-tay'ro] *m.* ship's course, route; wellworn track, way; established way of life.

derrubiar [day-roo-bee-ar'] *v.* to scour, to abrade, to abrase.

derrubio [day-roo'bee-o] *m.* alluvium, abrasion, scour.

derruir [day-rweer'] *va.* to raze, ruin.

derrumbadero [day-room-ba-day'ro] *m.* precipice.

derrumbamiento [day-room-ba-myen'to] *m.* landslide; collapse *(of a structure).*

derrumbar [day-room-bar'] *va.* & *n.* to precipitate, tumble down; *vr.* to collapse.

derviche [dayr-vee'chay] *m.* dervish.

desabor [day-sa-bor'] *m.* tastelessness.

desabotonar [day-sa-bo-to-nar'] *va.* to unbutton; to blossom.

desabrido [day-sa-bree'do] *adj.* insipid, tasteless; sharp, unpleasant.

desabrigo [day-sa-bree'go] *m.* lack of shelter; nudity.

desabrimiento [day-sa-bre-myen'to] *m.* insipidity, tastelessness; asperity, roughness *(of manner).*

desabrochar [day-sa-bro-char'] *va.* to unbutton, unclasp; to disclose.

desacatado [day-sa-ka-ta'do] *adj.* inconsiderate, disrespectful.

desacato [day-sa-ka'to] *m.* disregard; incivility.

desacertado [day-sa-thayr-ta'do] *adj.* mistaken.

desacertar [day-sa-thayr-tar']

va. to make mistakes, err, blunder.

desacierto [day-sa-thyayr'] *m.* error, mistake, lack of *(taste, tact, etc.).*

desacomodado [day-sa-ko-mo-da'do] *adj.* lacking accommodation; without employment.

desacomodar [day-sa-ko-mo-dar'] *va.* to molest; to deprive of comfort; to discharge *(from job).*

desacomodado [day-sa-ko-mo'-do] *m.* discharge.

desaconsejado [day-sa-kon-say-ha'do] *adj.* ill-advised.

desaconsejar [day-sa-kon-say-har'] *va.* to dissuade.

desacoplar [day-sa-ko-plar'] *va.* to uncouple.

desacordado [day-sa-kor-da'do] *adj.* ill-considered, discordant.

desacostumbrar [day-sa-kos-toom-brar'] *va.* to give up a habit.

desacotar [day-sar-ko-tar'] *v.* to disafforest, to unfence, dispark, to reject, refuse.

desacreditar [day-sa-kray-dee-tar'] *va.* to discredit.

desacuerdo [day-sa-kwayr'do] *m.* disagreement; error; forgetfulness; **en —**, at loggerheads.

desafección [day-sa-fek-thyon'] *f.* disaffection.

desafecto [day-sa-fek'to] *adj.* showing indifference; disaffected, hostile *(to government, etc.).*

desafiar [day-sa-fyar'] *va.* to challenge, defy. [blunt.

desafilar [day-sa-fee-lar'] *va.* to

desafinar [day-sa-fee-nar'] *vn.* to be out of tune; to (be) (sing) flat.

desafío [day-sa-fee'o] *m.* challenge, duel; rivalry, contest.

desaforado [day-sa-fo-ra'do] *adj.* disorderly, lawless; earsplitting *(cries);* outrageous.

desafortunado [daysa-for-too-na'do] *adv.* unfortunate.

desafuero [day-sa-fway'ro] *m.* violence against law; outrage.

desagradable [day-sa-gra-da'-

blay] *adj.* disagreeable, unpleasant, nasty.

desagradar [day-sa-gra-dar'] *vn. & va.* to displease, offend; to be displeasing, give offence.

desagradecido [day-sa-gra-day-thee'do] *adj.* ungrateful.

desagrado [day-sa-gra'do] *m.* displeasure.

desagraviar [day-sa-gravyar'] *va.* to make amends, give satisfaction for.

desagravio [day-sa-gra'vyo] *m.* satisfaction (for injury); apology, compensation, requital, return, amends.

desaguadero [day-sa-gwa-day'-ro] *m.* drain, outlet; sink.

desaguar [day-sa-gwar'] *va.* to drain, empty; *vn.* to flow; *vr.* to empty.

desagüe [day-sa'gway] *m.* drain, outlet, waste (-pipe, -water, etc.).

desaguisado [day-sa-gee-sa'do] *m.* offence, injury, affront.

desahijar [day-sa-ee-har'] *va.* to wean.

desahogado [day-sa-o-ga'do] *adj.* unencumbered; well-to-do; free and easy, forward, unembarrassed; brazen.

desahogar [day-sa-o-gar'] *va.* to alleviate, relieve (from distress); *vr.* to relieve one's mind, unbosom oneself, let oneself go.

desahogo [day-sa-o'go] *m.* alleviation, easing; comfortable circumstances; unburdening, release (of feelings).

desahuciado [day-sa-oo-thya'-do] *adj.* hopeless (of a patient); evicted (of tenant); discarded, rejected.

desahuciar [day-sa-oo-thyar'] *va.* to abandon as hopeless (patient, plan, etc.); to eject (a tenant), put in the street; to discard or reject (as impossible, hopeless, impracticable).

desahucio [day-sa-oo'thyo] *m.* dispossession (of tenant); final, hopeless diagnosis, verdict (of doctor, etc.).

desairado [day-sa-ee-ra'do] *adj.*

inelegant, graceless; slighted; rejected, frustrated, dashed.

desairar [day-sa-ee-rar'] *va.* to slight, rebuff, not to accept, snub, reject (offer, advances, etc.).

desaire [day-sa'ee-ray] *m.* rebuff, snub, slight.

desajustar [day-sa-hoos-tar'] *va.* to put out of joint; *vr.* to be out of order.

desajuste [day-sa-hoos'tay] *m.* disagreement, lack of proportion, discrepancy, unevenness.

desalar [day-sa-lar'] *va.* to cut the wings; to be in great haste; to take the salt from something.

desalentador [day-sa-lenta-dor'] *adj.* dispiriting.

desalentar [day-sa-len-tar'] *va.* to discourage, damp (spirits); *vr.* to lose heart.

desaliento [day-sa-lyen'to] *m.* discouragement, dismay, dejection.

desalinear [day-sa-lee-nay-ar'] *va.* to disarrange (the formation), break (the lines).

desaliño [day-sa-lee'nyo] *vn.* untidiness, negligence (in dress), slovenliness.

desalmado [day-sal-ma'do] *adj.* soulless, impious, inhuman, merciless; *m.* bloodthirsty ruffian.

desalmenado [day-sal-may-na'-do] *adj.* without merlons (battlements).

desalojado [day-so-lo-ha'do] *adj.* empty, unoccupied, free.

desalojamiento [day-sa-lo-ha-myen'to] *m.* displacement, dislodging.

desalojar [day-sa-lo-har'] *vr.* to dislodge, eject (enemy, etc.), evict.

desalquilado [day-sal-kee-la'do] *adj.* vacant; not rented.

desalquilar [day-sal-kee-lar'] *va.* to give up rented premises.

desamargar [day-sa-mar-gar'] *v.* to disembitter.

desamarrar [day-sa-ma-rar] *va.* to let loose, untie; to unmoor (a ship).

desamor [day-sa-mor'] *m.* disaffection, antipathy, hatred.

desamortización [day-sa-mor-tee-tha-thyon'] *f.* redemption (*of property, etc.*) from mortmain, entail, debt.

desamortizar [day-sa-mor-tee-thar'] *va.* to free (*from entail, mortmain, etc.*), redeem (*debt, mortgage*).

desamparado [day-sam-pa-ra'do] *adj.* forsaken, abandoned; niño —, waif.

desamparar [day-sam-pa-rar'] *va.* to abandon, forsake, leave without protection; to dismantle (*ship*).

desamparo [day-sam-pa'ro] *m.* abandonment; desertion; helpleasness; dereliction.

desamueblar [day-sa-mway-blar'] *va.* to strip (*of furniture*).

desandar [day-san-dar'] *va.* to retrace (*one's steps*); —lo andado, to start again.

desanimado [day-sa-nee-ma'do] *adj.* discouraged; dull, upset; listless, lifeless, flat.

desanimar [day-sa-nee-mar'] *va.* to discourage; *vr.* to lose (*courage, enthusiasm, interest*).

desánimo [day-sa'nee-mo] *m.* discouragement, hopelessness.

desanudar [day-sa-noo-dar'] *va.* to untie, unravel.

desapacible [day-sa-pa-thee'-blay] *adj.* disagreeable (*weather, mood*).

desaparecer [day-sa-pa-ray-thayr'] *vn.* to disappear; to fade away, vanish.

desaparejar [day-sa-pa-ray-har'] *vr.* to unharness, unhitch; to dismantle.

desaparición [day-sa-pa-ree-thyon'] *f.* disappearance.

desapego [day-sa-pay'go] *m.* disinterestedness, indifference, coolness.

desapercibido [day-sa-payr-thee-bee'do] *adj.* unprepared, unawares; unsuspecting; coger —, to catch napping.

desapiadado [day-say-pya-da'do] *adj.* merciless, pitiless.

desaplicación [day-sa-plee-ka-thyon'] *f.* lack of application, slackness, shiftlessness.

desaplicado [day-sa-plee-ka'do] *adj.* neglectful, unindustrious, inattentive.

desapolillar [day-sa-po-lee-lyar'] *va.* to clear (*of moths, etc.*).

desapretar [day-sa-pray-tar'] *va.* to slacken, release, loose; to ease.

desapreciar [day-sa-pray-thyar'] *va.* to depreciate, underestimate.

desaprisionar [day-sa-pree-syo-nar'] *va.* to set free, at liberty.

desaprobar [day-sa-pro-bar'] *va.* to disapprove, condemn, censure.

desaprovechado [day-sa-pro-vay-cha'do] *adj.* backward, unenterprising, slow in profiting (from); unprofitable; unutilised.

desaprovechamiento [day-sa-pro-vay-cha-myen'to] *m.* negligence, inapplication, shiftlessness; waste, failure (to use, etc.).

desaprovechar [day-sa-pro-vay-char] *va.* to waste, not to take advantage of (*an opportunity*), to make no good use of.

desarbolar [day-sar-bo-lar'] *va.* to unmast (*ship*).

desarmado [day-sar-ma'do] *adj.* unarmed, defenceless.

desarmar [day-sar-mar'] *va.* to disarm; to dismantle, take to pieces. [armament.

desarme [day-sar'may] *m.* disarmament.

desarraigar [day-sa-ra-ee-gar'] *va.* to uproot, root out; to extirpate (*a bad habit*).

desarraigo [day-sa-ra'ee-go] *m.* uprooting, eradication.

desarreglado [day-sa-ray-gla'do] *adj.* disarranged; immoderate; untidy.

desarreglar [day-sa-ray-glar'] *va.* to upset, disorder.

desarreglo [day-sa-ray'glo] *m.* disarrangement, disorder, license, confusion, untidiness.

desarrollar [day-sa-ro-lyar'] va.
to develop, promote, unfold,
evolve, increase.
desarrollo [day-sa-ro'lyo] m.
development, unfolding, expansion, spread, increase.
desarropar [day-sa-ro-par'] v.
to unclothe, take of clothes.
desarrugar [day-sa-roo-gar']
va. to take out wrinkles; to
smooth, uncrease.
desarticular [day-sar-tee-koo-
lar'] va. to disarticulate, dislocate.
desarzonar [day-sar-tho-nar']
va. to unhorse, unseat (from
saddle).
desaseado [day-sa-say-a'do] adj.
unclean, dirty, slovenly, filthy.
desaseo [day-sa-say'o] m. un-
cleanliness, slovenliness, 'scruf-
finess'.
desasimiento [day-sa-see-myen'-
to] m. loosening; disinterestedness.
desasir [day-sa-seer'] va. to loosen; vr. to get rid of, give up,
break loose (from).
desasosegar [day-sa-so-say-gar']
va. to disturb, make uneasy.
desasosiego [day-sa-so-syay'go]
m. uneasiness, disquiet, restlessness, jumpiness.
desastrado [day-sas-tra'do] adj.
wretched; slovenly, ragged.
desastre [day-sas-tray] m. disaster, misfortune, horrer.
desastroso [day-sas-tro'so] adj.
disastrous, unfortunate.
desatado [day-sa-ta'do] adj. unbound; easy; unloosed.
desatar [day-sa-tar'] va. to let
loose, loosen, untie; to unravel; to break out (storm).
desatención [day-sa-ten-thyon']
f. disregard; lack of attention,
discourtesy.
desatender [day-sa-ten-der'] va.
to disregard, slight; to pay no
attention to, ignore.
desatentado [day-sa-ten-ta'do]
adj. unmindful, inconsiderate;
careless, heedless.
desatento [day-sa-ten'to] adj.
careless, inattentive; uncivil.
desatinado [day-sa-tee-na'do]
adj. bewildered; foolish; wild,

pointless, blundering, wide of
the mark.
desatinar [day-sa-tee-nar'] va.
to bewilder; vr. to lose control
of oneself; to be quite wrong
(in word, action).
desatino [day-sa-tee'no] m. tactlessness; blunder, nonsense,
mistake, stupid (action, statement).
desautorizado [day-sow-to-ree-
tha'do] adj. unauthorised; discredited.
desautorizar [day-sow-to-ree-
thar'] va. to deprive of authority, disauthorize.
desavenencia [day-sa-vay-nen'-
thya] f. disagreement, misunderstanding, quarrel.
desavenir [day-sa-vay-neer']
va. to disconcert; vr. to be at
loggerheads with.
desaventajado [day-sa-ven-ta-
ha'do] adj. disadvantageous;
detrimental.
desayunar [day-sa-yoo-nar'] vn.
to breakfast.
desayuno [day-sa-yoo'no] m.
breakfast.
desazón [day-sa-thon'] f. insipidity; uneasiness, restlessness, disquiet; malaise; vexation.
desazonado [day-sa-tho-na'do]
adj. unseasoned; uneasy, per-
turbed, out of humour.
desazonar [day-sa-tho-nar'] va.
to render tasteless; to vex.
desbabar [days-ba-bar] v. to
drivel, to slaver.
desbandada [days-ban-da'da] f.
disbandment, rout (of troops),
wild dispersal; a la —, in disorder, helter-skelter.
desbandarse [days-ban-dar'say]
vr. to disband, break up, disperse; to desert the colours
(troops).
desbarajustar [days-ba-ra-hoos-
tar'] va. to mix up things; to
confuse, upset.
desbarajuste [days-ba-ra-hoos'-
tay] m. disorder, confusion.
desbaratar [days-ba-ra-tar'] va.
to spoil, ruin, defeat, disperse,
destroy; to frustrate, thwart
(plans, etc.).

desbarrar [days-ba-rar'] vn. to talk nonsense.

desbastar [days-bas-tar'] va. to smooth, trim, take the rough off (wood, a person, etc.), rough-hew.

desbaste [days-bas'tay] m. smoothing, paring, trimming; polishing.

desbocado [days-bo-ka'do] adj. runaway (horse); indecent (in speech), foul- mouthed; broken-mouthed (jar, etc.).

desbocarse [days-bo-kar'say] vr. to run away (horse); to use abusive or indecent language.

desbordamiento [days-bor-da-myen'to] m. overflowing, inundation.

desbordar [days-bor-dar'] vn. & vr. to overflow, overlap.

desbravador [days-bra-va-dor'] m. breaker-in (of animals).

desbrozar [days-bro-thar'] va. to clean, clear (up, away) rubbish (esp. from land).

descabalamiento [days-ka-ba-la-myen'to] m. reduction, diminution.

descabalar [days-ka-ba-lar'] va. to make less complete, impair.

descabalgar [days-ka-bal-gar'] vn. to dismount, alight.

descabellado [days-ka-bay-lya'do] adj. dishevelled; preposterous, absurd, harebrained.

descabellar [days-ka-bay-lyar'] va. to kill (bull at end of bull-fight).

descabezar [days-ka-bay-thar'] va. to behead; to cut the top off things, lop off; —un sueño, to have forty winks.

descaecimiento [days-ka-ay-thee-myen'to] m. decay, decline, weakness.

descalabrado [days-ka-la-bra'do] adj. wounded in the head, injured; salir —, to come out with one's head in a sling; to lose heavily.

descalabro [days-ka-la'bro] m. accident, disappointment, misfortune.

descalzar [days-kal-thar'] va. & r. to take off (shoes and stock-ings, gloves, etc.); to unshoe (horse).

descalzo [days-kal'tho] adj. barefoot, discalced (Carmelites).

descaminado [days-ka-mee-na'do] adj. misguided, illadvised, off the track.

descaminar [days-ka-mee-nar'] va. to misguide, mislead; vr. to go astray.

descamisado [days-ka-mee-sa'do] adj. shirtless, tattered; m. urchin.

descansado [days-kan-sa'do] adj. rested; quiet, restful.

descansar [days-kan-sar'] vn. to rest, be at rest, peace; to trust, depend on.

descanso [days-kan'so] m. repose, rest, relaxation; break (half-time); interval (in theatre, music); landing (on stairs).

descantar [days-kan-tar'] v. to clear from pebbles or stones.

descarado [days-ka-ra'do] adj. barefaced, impudent, cheeky, brazen.

descararse [days-ka-rar'say] vr. to behave insolently.

descarga [days-kar'ga] f. unloading (of ships, etc.); volley, report, discharge (of firearms, electricity); relief (of conscience).

descargadero [days-kar-ga-day'ro] m. wharf, unloading place.

descargar [days-kar-gar'] va. to unload; to ease, relieve; to discharge; to exonerate, acquit; — a golpes, to strike.

descargo [days-kar'go] m. exoneration, discharge, asquittal; receipt, release; en su —, in exculpation, to free (him) from blame, responsibility, etc. [unloading.

descargue [days-kar'gay] m.

descarnado [days-kar-na'do] adj. bony, fleshless; scraggy.

descarnar [days-kar-nar'] va. & r. to emaciate; to scrape (hides).

descaro [days-ka'ro] m. impudence, barefacedness, cheek; assurance.

descarriar [days-ka-ryar'] va.

to mislead, misguide, lead astray; *vr.* to go astray.

descarrilamiento [days-ka-ree-la-myen'to] *m.* derailment.

descarrilar [days-ka-ree-lar] *va.* to derail; *vn. & r.* to get off the track; go "off the rails".

descarrío [days-ka-ree'o] *m.* deviation; going astray.

descartar [days-kar-tar'] *va.* to discard, dismiss *(possibility, etc.).*

descartado [days-kar-ta'do] *adj.* out of the question, discarded.

descasar [days-ka-sar'] *v.* to divorce, to annul a marriage.

descascarar [days-kas-ka-rar'] *va.* to peel, shell.

descastado [days-kas-ta'do] *adj.* unnatural, showing no family affection.

descastarse [days-kas-tar'say] *vr.* to separate from the family; lose caste.

descendencia [days-then-den'-thya] *f.* descent, offspring; ancestry, line.

descender [days-then-dayr'] *vn.* to descend, go down; to proceed from; *va.* to let down, take down.

descendiente [days-then-dyen'-tay] *adj. & m.* descendant.

descendimiento [days-then-dee-myen'to] *m.* descent, declivity, lowering; deposition *(of Christ).*

descenso [days-then'so] *m.* descent.

descentralizar [days-then-tra-lee-thar'] *va.* to decentralise.

descerrajar [days-thay-ra-har'] *va.* to take off the lock(s); to discharge firearms.

descerrojar [days-thay-ro-har'] *va.* to unbolt.

descifrar [days-thee-frar'] *va.* to decipher, make out; to interpret, translate.

descoco [days-ko'ko] *m.* boldness, barefacedness, sauciness.

descolgar [days-kol-gar'] *va.* to take down *(pictures, etc.); vn.* to come down; *vr.* to let oneself down.

descolorir [days-ko-lo-reer'] *va.* to bleach, discolour.

descollar [days-ko-lyar'] *vn.* to excel, be prominent, stand out, surpass.

descomedido [days-ko-may-dee'do] *adj.* rude; disproportionate, immoderate.

descomedirse [days-ko-may-deer'say] *vr.* to be ruffled, rude, overstep *(good manners, etc.).*

descompasado [days-kom-pa-sa'do] *adj.* extravagant, inharmonious.

descomponer [days-kom-po-nayr'] *va.* to derange, unsettle, set at odds; *vr.* to descompose, become putrid; to be put out, lose one's temper, be disconcerted.

descomposición [days-kom-po-see-thyon'] *f.* derangement; corruption, mortification, decomposition.

descompostura [days-kom-pos-too'ra] *f.* perturbation; immodesty.

descompuesto [days-kom-pwes'-to] *adj.* rude, insolent; out of order.

descomulgar [days-ko-mool-gar'] *va.* to excommunicate.

descomunal [days-ko-moo-nal'] *adj.* monstrous, outsize, abnormal.

desconcertado [days-kon-thayr-ta'do] *adj.* put out, disconcerted, upset.

desconcertar [days-kon-thayr-tar'] *va.* to disconcert, thwart, unsettle, put out.

desconcierto [days-kon-thyayr'-to] *m.* confusion, disorder, uneasiness.

desconfianza [days-kon-fyan'-tha] *f.* mistrust, diffidence, uncertainty.

desconfiar [days-kon-fyar'] *va.* to distrust, suspect, doubt, mistrust.

desconformidad [days-kon-for-mee-dad'] *f.* disagreement, dissent.

desconocer [days-ko-no-thayr'] *va.* to disknown; to fail to recognise; to be ignorant of, ignore.

desconocimiento [days-ko-no-thee-myen'to] *m.* ingratitude; ignorance, unawareness.

desconsiderado [days-kon-see-day-ra'do] *adj.* thoughtless, inconsiderate.

desconsolar [days-kon-so-lar'] *va.* to afflict.

desconsuelo [days-kon-sway'-lo] *m.* affliction, disconsolateness, unconsolable (grief, etc.).

descontar [days-kon-tar'] *va.* to discount, abate, make allowances for.

descontento [days-kon-ten'to] *adj.* dissatisfied; hard to please; dissatisfaction, unhappiness.

descorazonar [days-ko-ra-tho-nar'] *va.* to discourage, dishearten, take the heart out of.

descorchar [days-kor-char'] *va.* to uncork (*bottle*).

descorrer [days-ko-rayr'] *va.* to draw (*curtains*).

descortés [days-kor-tays'] *adj.* unmannerly, impolite, rude.

descortezar [days-kor-tay-thar'] *va.* to strip off (*bark, skin*).

descoser [days-ko-sayr'] *va.* to unstitch, unseam, rip.

descosido [days-ko-see'do] *m.* tear, rip (*esp. of seam*); loose-tongued, babbler.

descote [days-ko'tay] *m.* lowcut (*dress*), décolletage.

descoyuntar [days-ko-yoon-tar'] *va.* to disarticulate the joints; to disjoint, derange, upset; *vr.* — de risa, to split one's sides.

descrecimiento [days-kray-thee-myen'to] *m.* decrease, diminution.

descrédito [days-kray'dee-to] *m.* discredit, disrepute.

descreído [days-kray-ee'do] *m.* unbeliever, infidel.

describir [days-kree-beer'] *va.* to describe; to define.

descripción [days-kreep-thyon'] *f.* description, account.

descuajar [days-kwa-har'] *va.* to liquefy; to eradicate; to clear; to dishearten.

descubierto [days-koo-byayr'to] *adj.* discovered; bareheaded; al —, openly.

descubrimiento [days-koo-bree-

myen'to] *m.* discovery, revelation.

descubrir [days-koo-breer'] *va.* to discover, uncover, expose, divulge; *vr.* to take off one's hat.

descuello [days-kwe'lyo] *m.* excessive height or stature, preeminence, superiority.

descuento [days-kwen'to] *m.* discount; allowance.

descuidado [days-kwee-da'do] *adj.* careless, forgetful, thoughtless.

descuidar [days-kwee-dar'] *va.* to overlook, neglect.

descuido [days-kwee'do] *m.* oversight, negligence, lack of (*care, thoughtfulness, prevision*), omission.

desde [days'day] *prep.* from, since; — aquí, hence; — entonces, from that time; — luego, of course.

desdecir [days-day-theer'] *vn.* to be inferior to; to belie; *vr.* to deny (*a promise, etc.*), go back on one's word, retract.

desdén [days-den'] *m.* disdain, contempt, slight; con —, askance.   [*adj.* toothless.

desdentado [days-den-ta'do]

desdeñar [days-day-nyar'] *va.* to disdain, scorn.

desdicha [days-dee'cha] *f.* misfortune, ill-luck, unhappiness.

desdichado [days-dee-cha-do] *adj.* unhappy, unfortunate, wretched.

desdoblar [days-do-blar'] *va.* to unfold, spread openly; to double.

desdorar [days-do-rar'] *va.* to tarnish (*gilt, reputation*).

desdoro [days-do'ro] *m.* blemish, stain, stigma.

desear [day-say-ar'] *va.* to wish, desire, long for.

desechar [day-say-char'] *va.* to drain; to dry, desiccate.

desecar [day-say-char'] *va.* to exclude, reject, cast aside, away; to renounce, refuse.

desellar [day-say-lyar'] *v.* to unseal.

desembalar [day-sem-ba-lar'] *va.* to unpack, open up (*bales*).

desembarazado [day-sem-ba-ra-tha'do] *adj.* free, unrestrained, easy *(manners)*.

desembarazar [day-sem-ba-ra-thar'] *va.* to free, clear, disencumber.

desembarazo [day-sem-ba-ra'tho] *m.* freedom, ease, abandon.

desembarcar [day-sem-bar-kar'] *vo.* to land; go ashore; *va.* to unload.

desembargar [day-sem-bar-gar'] *va.* to free from embargo; to clear away impediments.

desembocadura [day-sem-bo-ca-doo'ra] *f. (of river)* mouth.

desembocar [day-sem-bo-kar'] *vn.* to flow out *(rivers);* to lead to, come out into *(streets).*

desembolsar [day-sem-bol-sar'] *va.* to disburse, expend, pay out.

desembolso [day-sem-bol'so] *m.* disbursement, expenditure.

desemejante [day - say - may - han'tay] *adj.* dissimilar, disparate.

desemejanza [day - say - may - han'tha] *f.* disparity, unlikeness.

desempeñar [day - sem - pay - nyar'] *va.* to redeem *(a pawned thing);* to fulfil; to dicharge *(an office);* to play a part in.

desempeño [day-sem-pay'nyo] *m.* fulfilment; discharge, execution.

desencadenar [day-sen-ka-day-nar'] *va.* to unchain; *vr.* to free oneself, to burst *(storm).*

desencajado [day-sen-ka-ha'do] *adj. (fectures)* twisted, tortured.

desencajar [day-sen-ka-har'] *va.* to disjoint; to put out of gear; *vr.* to get out of sorts.

desencantar [day-sen-kan-tar'] *va.* to disillusion.

desencanto [day-sen-can'to] *m.* disillusion, disappointment.

desencarcelar [day - sen - kar - thay-lar'] *va.* to set at liberty.

desenfadado [day-sen-fa-da'do] *adj.* free; unabashed, unembarrassed; ample.

desenfado [day-sen-fa'do] *m.* ease, nonchalance, sangfroid, unconcern; relaxation.

desenfrenado [day-sen-fray-na'-do] *adj.* unbridled, licentious, riotous, wild.

desenfrenar [day-sen-fray-nar'] *vr.* to lose control, give free rein to *(passions).*

desenfreno [day-sen-fray'no] *m.* licentiousness, abandon, wildness, lack of restraint, unbridled (liberty, licence, etc.).

desengañar [day-sen-ga-nyar'] *va.* to disabuse, undeceive, disillusion.

desengaño [day-sen-ga'nyo] *m.* disillusion(ment); discovery *(of an error).*

desengrasar [day-sen-gra-sar'] *v.* to clean, to take off the grease, to scour.

desenlace [day-sen-la'thay] *m.* issue, end, conclusion, outcome, dénouement.

desenmarañar [day-sen-ma-ra-nyar'] *vr.* to unravel, disentangle.

desenredar [day-sen-ray-dar'] *va.* to disentangle, put in order.

desenredo [day-sen-ray'do] *m.* catastrophe, dénouement *(of play, etc.).*

desentenderse [day - sen - ten - dayr'say] *vr.* to overlook, pretend not to notice, ignore; not to mind.

desenterrar [day-sen-tay-rar'] *va.* to disenter, dig up, unearth.

desentonar [day-sen-to-nar'] *vn.* to be out of (tune, keeping, taste).

desentrañar [day-sen-tra-nyar'] *va.* to disembowel; to get to the bottom of *(question, problem).*

desenvainar [day-sen-va-ee-nar'] *va.* to unsheathe *(sword).*

desenvoltura [day-sen-vol-too'-ra] *f.* ease, grace, assurance; boldness, 'slickness'.

desenvolver [day-sen-vol-vayr'] *va.* to unfold, develop, decipher.

deseo [day-say'o] *m.* wish, desire, longing.

deseoso [day-say-o'so] *adj.* desirous; eager.

desequilibrado [day-say-kee-lee-bra'do] *adj.* unbalanced, unstable. [desertion.

deserción [day-sayr-thyon'] *f.*

desertar [day-sayr-tar'] *vn.* to desert; to separate.

deservir [day-sayr-veer'] *va.* to ill-serve.

desesperación [day-says-pay-ra-thyon'] *f.* despair, desperation, fury.

desesperar [day-says-pay-rar'] *vn.* to despair, lose hope.

desestimar [day-says-tee-mar'] *vr.* to underestimate, discount, disregard.

desfachatez [days-fa-cha-tayth'] *f.* effrontery, impudence, cheek.

desfalcar [days-fal-kar'] *va.* to defalcate, embezzle.

desfallecer [days-fa-lyay-thayr'] *vn.* to faint, pine away.

desfavorable [days-fa-vo-ra'-blay] *adj.* unfavourable.

desfigurar [days-fee-goo-rar'] *va.* to disfigure; to disguise, alter (appearance, sound, etc.) *(of voice, etc.).*

desfiladero [days-fee-la-day'-ro] *m.* defile, gully.

desfilar [days-fee-lar'] *vn.* to march off by files, pass in review, file past.

desfile [days-fee'lay] *m.* march, parade, procession, review *(troops, etc.).*

desgaire [days-ga'ee-ray] *m.* untidiness, slovenliness; scornful mien.

desgajar [days-ga-har'] *va.* to tear off, break off *(branches, roots, etc.).*

desgana [days-ga'na] *f.* lack of appetite, distaste, disinclination.

desganarse [days-ga-nar'say] *vr.* to lose appetite.

desgarrar [days-ga-rar'] *va.* to tear *(to pieces),* rend, claw, slit *(cloth).*

desgarro [days-ga'ro] *m.* tear; effrontery, wantonness.

desgastar [days-gas-tar'] *va.* to waste, wear away, corrode.

desgaste [days-gas'tay] *m.* waste, attrition, wear and tear.

desgracia [days-gra'thya] *f.* misfortune, sorrow; caer en — to fall into disgrace.

desgraciado [days-gra-thya'do] *adj.* unfortunate, luckless, wretched.

desgraciar [days-gra-thyar'] *va.* to spill; *vr.* to come to naught.

desgranar [days-gra-nar'] *va.* to thrash *(grain).*

desgreñar [days-gray-nyar'] *va.* to dishevel the hair.

deshacer [day-sa-thayr'] *va.* to undo, destroy, dissolve, take to pieces; *vr.* to outdo oneself, strive; — de, to get rid of.

deshecho [day-say'cho] *adj.* undone; worn out; cut to pieces, in pieces.

deshelar [day-say-lar'] *vn.* to thaw, melt.

desheredar [day-say-ray-dar'] *va.* to disinherit.

deshielo [day-syay'lo] *m.* thaw.

deshilar [day-see-lar'] *va.* to draw threads out of cloth; to make lint.

deshilvanado [day-seel-va-na'-do] *adj.* disjointed, cock and bull *(story, etc.).*

deshinchar [day-seen-char'] *va.* to reduce a swelling; to deflate.

deshojar [day-so-har'] *va.* to strip off leaves, deflower.

deshonesto [day-so-nes'to] *adj.* unchaste, lewd, unseemly.

deshonor [day-so-nor'] *m.* dishonour, disgrace.

deshonra [day-son'ra] *f.* dishonouring, discrediting; ruin; rape, seduction; infamy, obloquy.

deshonrar [day-son-rar'] *va.* to dishonour, sully *(a reputation);* seduce.

deshonroso [day-son-ro'so] *adj.* dishonourable.

deshora [day-so'ra] *adv.* a —, inconveniently, unseasonably.

desierto [day-syayr'to] *m.* desert, wilderness.

designar [day-seeg-nar'] *va.* to

purpose; to designate, name, describe.

designio [day-seeg'nyo] *m.* purpose, design, intention.

desigual [day-see-gwal'] *adj.* unequal; uneven; changeable.

desilusión [day-see-loo-syon'] *f.* disillusion.

desilusionar [day-see-loo-syonar'] *va.* to disillusion; *vr.* to have one's eyes opened, be disappointed.

desinfección [day - seen - fek - thyon'] *f.* disinfection.

desinflar [day-seen-flar'] *vr.* to deflate.

desinterés [day-seen-tay-res'] *m.* disinterestedness, indifference, impartiality.

desistir [day-sees-teer'] *vn.* to desist; to give up.

desjarretear [days-ha-ray-tar'] *vr.* to hamstring.

desleal [days-lay-al'] *adj.* disloyal; faithless, unfair.

deslealtad [days-lay-al-tad'] *f.* disloyalty. [dissolve, dilute.

desleír [days-lay-eer'] *va.* to

deslenguado [days-len-gwa'do] *adj.* foul-mouthed; *m.* scandalmonger.

desligar [days-lee-gar'] *va.* to untie, loosen; to free from an obligation.

deslindar [days-leen-dar'] *va.* to set boundaries; to delimit.

deslinde [days-leen'day] *m.* demarcation.

desliz [days-leeth'] *m.* slip, false step, weakness.

deslizar [days-lee-thar'] *va.* to slide; *vr.* to evade, slip (in, out, along).

deslucido [days-loo-thee'do] *adj.* inelegant; discomforted, discredited, "shown up".

deslucir [days-loo-theer'] *va.* to tarnish, sully; to obscure.

deslumbramiento [days-loombramyen'to] *m.* dazzling, glare; confusion.

deslumbrar [days-loom-brar'] *va.* to dazzle, amaze; to fascinate.

desmadejar [days-ma-day-har'] *vo.* to enervate, to languish, weaken.

desmán [days-man'] *m.* excess; misbehaviour, 'incident', misdemeanor.

desmandarse [days-man-dar'say] *vr.* to go beyond the limit; to transgress, to be impertinent.

desmantelar [days-man-taylar'] *va.* to dismantle.

desmayado [days-ma-ya'do] *adj.* wan, limp, pale, faint, spiritless.

desmayar [days-ma-yar'] *vn.* to be discouraged; *vr.* to faint.

desmayo [days-ma'yo] *m.* fainting fit, swoon.

desmedido [days-may-dee'do] *adj.* excessive, extravagant.

desmedirse [days-may-deer'say] *vr.* to overstep the mark, act tactlessly.

desmejorar [days-may-ho-rar'] *va.* to spoil, make worse.

desmembrar [days-membrar'] *va.* to dismember, divide.

desmentir [days-men-teer'] *va.* to give the lie to, contradict; to counterfeit; *vr.* to recant.

desmenuzamiento [days-maynoo-tha-myen'to] *m.* crumbling, fragmentation, reduction to small pieces.

desmenuzar [days-may-noothar'] *va.* to pull to pieces, examine minutely.

desmerecer [days - may - ray - thayr'] *vn.* to become of less value; to lose merit; to be unworthy of.

desmesurado [days-may-soo-ra'do] *adj.* immense, excessive.

desmontable [days-mon-ta'blay] *adj.* adjustable; "prefabricated".

desmontar [days-mon-tar'] *va.* to clear *(speaking of woods);* to take apart, to pieces *(machinery);* to dismount.

desmoralizar [days-mo-ra-leethar'] *va.* to demoralize.

desmoronar [days-mo-ro-nar'] *va.* to erode; *vr.* to crumble, wear away.

desnaturalizar [days-na-too-ralee-thar'] *va.* to denaturalise; to pervert *(facts).*

desnivel [days-nee-vel'] *m.* difference in level, unevenness; slope.

desnivelar [days-nee-vay-lar'] va. to put out of level, make uneven.

desnudar [days-noo-dar'] va. to strip, denude; vr. to undress, strip.

desnudo [days-noo'do] adj. naked, nude, bare, destitute; m. nude.

desobedecer [day-so-bay-day-thayr'] va. to disobey, transgress.

desobediencia [day - so - bay - dyen'thya] f. disobedience.

desocupación [day-so-koo-pa-thyon'] f. want of occupation; idleness; unemployment; leisure.

desocupado [day-so-koo-pa'do] adj. unemployed, free, vacant.

desocupar [day-so-koo-par'] va. to vacate, quit; vr. to disengage oneself.

desoír [day-so-eer'] va. to disregard; not to heed, not to hear.

desolación [day-so-la-thyon'] f. desolation.

desolar [day-so-lar'] va. to lay waste, desolate.

desollar [day-so-lyar'] va. to skin, fleece; — a uno vivo, to skin someone alive.

desopilar [day-so-pee-lar'] v. to deobstruct, to cause to laugh.

desorden [day-sor'den] m. disorder, mess.,

desordenar [day-sor-day-nar'] va. to disarrange, disorder, disturb.

desorganizar [day-sor-ga-nee-thar'] va. to disorganise; to decompose.

desorientar [day-so-ryen-tar'] va. to mislead, confuse, lead astray.

despabilado [days-pa-bee-la-do] adj. vigilant, lively, alert; "wide awake".

despabilar [days-pa-bee-lar'] va. to snuff a candle; to enliven; — el ingenio, to sharpen the wits; vr. to rouse oneself, 'wake up'.

despacio [days-pa'thyo] adv. slowly, little by little.

despachar [days-pa-char'] va. to dispatch; to make haste, hasten.

despacho [days-pa'cho] m. dispatch; expedition; office; official letter; — de localidades, box-office.

desparpajo [days-par-pa'ho] m. pertness, facility (of expression).

desparramar [days-pa-ra-mar'] v. to spill, spread, scatter.

despavorido [days-pa-vo-ree'do] adj. terrified, aghast.

despectivo [day-spek-tee'vo] adj. contemptuous, deprecatory.

despecho [days-pay'cho] m. spite; hatred; a — de, despite.

despedazar [days-pay-da-thar'] va. to tear into pieces, rend, mangle.

despedida [days-pay-dee'da] f. farewell, leave, parting; dismissal.

despedir [days-pay-deer'] va. to discharge, dismiss; to emit; vr. to take leave, say good-bye.

despegar [days-pay-gar'] va. to separate; to unglue; to take off (aeroplane).

despego [days-pay'go] m. indifference; asperity.

despejado [days-pay-ha'do] adj. smart, bright (ski, intelligence), clearea.

despejar [days-pay-har'] va. difficulties; vr. to brighten up.

despejo [days-pay'ho] m. clearance, clearing away (of obstacles); vivacity, sprightliness.

despensa [days-pen'sa] f. pantry, larder.

despeñadero [days-pay-nya-day'ro] adj. steep; m. precipice.

despeñar [days-pay-nyar'] va. to hurl down (a precipice); vr. to throw oneself headlong (into, after).

desperdiciar [days-payr-dee-thyar'] va. to waste, squander, not to use, let slip (a chance).

desperdicio [days-payr-dee'-

thyo] *m.* waste, refuse, remains.

desperezar [days-pay-ray-thar'] *vr.* to stretch oneself.

desperfecto [days-payr-fek'to] *m.* fault, weakness, imperfection.

despertador [days-payr-ta-dor'] *m.* alarm-bell, alarm-clock; awakener.

despertar [days-payr-tar'] *vr.* to awake, awaken; excite *(appetite); vn.* to awaken.

despierto [days-pyayr'to] *adj.* awake; lively.

despilfarrar [days-peel-fa-rar'] *va.* to spend wildly, throw *(money)* about, squander.

despilfarro [days-peel-fa'ro] *m.* waste, squandering; mismanagement.

despistar [days-pees-tar'] *va.* to side-track, put off *(scent, trail, etc.).*

desplantar [days-plan-tar'] *v.* to uproot, to dimount, to stoop.

desplante [days-plan'tay] *m.* stooping, pertness, effrontery.

desplazamiento [days-pla-thamyen'to] *m.* displacement *(of ships, etc.).*

desplegar [days-play-gar'] *va.* to unfold; to display, show, explain; **con banderas desplegadas,** with banners flying.

desplomarse [days-plo-mar'say] *vr.* to get out of plumb; to collapse.

despoblar [days-po-blar'] *va.* to unpeople, depopulate.

despojar [days-po-har'] *va.* to despoil, plunder; *vr.* to undress, relinquish.

despojo [days-po'ho] *m.* spoils; remains, despoliation; *pl.* débris.

desposado [days-po-sa'do] *m.* newly-married, betrothed.

desposar [days-po-sar'] *va.* to marry; *vr.* to be betrothed.

desposeer [days-po-say-ayr'] *va.* to dispossess; to strip, take away from.   [tyrant.

déspota [days'po-ta] *m.* despot,

despreciar [days-pray-thyar'] *va.* to despise, treat with contempt; neglect.

desprecio [days-pray'thyo] *m.* contempt, disregard, disdain.

desprender [days-pren-dayr'] *va.* to unfasten, detach, untie, separate; *vr.* to fall away; to abandon *(one's possessions);* to be able to be inferred.

desprendido [days-pren-dee'do] *adj.* disinterested; loose, loosened.

desprendimiento [days-prendee-myen'to] *m.* disinterestednes; landslide.

despreocupado [days-pray-o-koo-pa'do] *adj.* broadminded, unprejudiced; freethinker.

despreocupar [days-pray-o-koo-par'] *va.* to disabuse; *vr.* to be disabused; to be set right.

desprevenido [days-pray-vaynee'do] *adj.* unprepared, improvident.

desproporción [days-pro-porthyon'] *f.* disproportion.

despropósito [days-pro-po-seeto] *m.* absurdity; nonsense.

después [days-pues'] *adj.* after, afterwards; then.

despuntar [days-poon-tar] *va.* to take off the point, to blunt; *vn.* to dawn; to sprout.

desquiciar [days-kee-thyar'] *va.* to unhinge, disjoint; cause great perturbation.

desquitar [days-kee-tar'] *vn.* to take revenge for; to requite, retaliate, get even with.

desquite [days-kee'tay] *m.* revenge *(at cards, etc.),* retaliation.

destacamento [days-ta-ka-men'-to] *m. (mil.)* detachment.

destajo [days-ta'ho] *m.* piecework; **hablar a —,** to talk a lot of nonsense.

destapar [days-ta-par'] *va.* to uncover, take the (top, lid, etc.) off; **—le los sesos,** to blow his brains out.

destartalado [days-tar-ta-la'do] *adj.* tumbledown.

destello [days-tay'lyo] *m.* spark, sparkle, scintillation.

destemplanza [days-templan'-tha] *f.* distemper; disorder; want of moderation.

destemplar [days-tem-plar'] va. to alter, disconcert; vr. to be put out, lose temper.

desteñir [days-tay-nyeer'] va. to discolour.

desterrar [days-tay-rar'] va. to exile, banish.

destierro [days-tyay'ro] m. exile, banishment.

destilación [days-tee-la-thyon'] f. distillation.

destilar [days-tee-lar'] va. to distil; to drop.

destinar [days-tee-nar'] va. to destine, assign.

destinatario [days-tee-na-ta'ryo] m. addressee.

destino [days-tee'no] m. destiny; destination; employment; con — a, consigned to, bound for.

destitución [days-tee-too-thyon'] f. dismissal, loss of post.

destituir [days-tee-tweer'] va. to dismiss; to deprive.

destornillador [days-tor-nee-lya-dor'] m. screw-driver.

destornillar [days-tor-nee-lyar'] va. to unscrew.

destrabar [days-tra-bar'] v. to unfetter, to unshackle, unbind.

destreza [days-tray'tha] f. skill, dexterity, adroitness.

destripar [days-tree-par'] va. to disembowel, to smash, crush.

destronar [days-tro-nar'] va. to dethrone.

destrozar [days-tro-thar'] va. to cut to pieces, shatter, destroy.

destrozo [days-tro'tho] m. destruction, havoc, massacre.

destrucción [days-trook-thyon'] f. destruction, ruin.

destruir [days-trweer'] va. to destroy, overthrow, lay waste.

desuello [day-sway'lyo] m. flaying, fleecing.

desunión [day-soo-nyon'] f. separation, discord.

desunir [day-soo-neer'] va. to separate, sever, divide.

desusado [day-soo-sa'do] adj. out of use, obsolete.

desvainar [days-va-ee-nar'] va. to shell, husk (peas, etc.).

desvalido [days-va-lee'do] va.

destitute, helpless; unprotected. [attic.

desván [days-van'] m. garret,

desvanecer [days-va-nay-thyar'] va. to attenuate; vn. to vanish; vr. to fade away.

desvanecimiento [days-va-nay-thee-myen'to] m. giddiness, haughtiness, pride.

desvariar [days-va-ryar'] vn. to rage, be delirious.

desvarío [days-va-ree'o] m. raving, delirium.

desvelar [days-vay-lar'] vn. to keep awake.

desvelo [days-vay'lo] m. wakefulness, watchfulness.

desvencijado [days-ven-thee-ha'do] adj. rickety, broken down (furniture, etc.).

desventaja [days-ven-ta'ha] f. disadvantage.

desventajoso [days-ven-ta-ho'-so] adj. disadvantageous, detrimental.

desventura [days-ven-too'ra] f. misery; misfortune.

desventurado [days-ven-too-ra'-do] adj. unhappy, unlucky.

desvergüenza [days-vayr-gwen'-tha] f. effrontery, impudence.

desviación [days-vya-thyon'] f. deviation; variation (of compass).

desviar [days-vyar'] va. to divert, shift, dissuade, lead off; vr. to deviate, aweve.

desvío [days-vee'o] m. deviation; aversion.

desvirtuar [days-veer-twar'] va. to debilitate, emasculate.

desvivirse [days-vee-veer'say] vr. to nearly kill oneself, put oneself out (greatly) (to do something).

detallar [day-ta-lyar'] va. to detail, enumerate.

detalle [day-ta'lyay] m. detail.

detener [day-tay-nayr'] va. to detain, stop; to arrest.

detenido [day-tay-nee'do] adj. careful, prolonged.

detentar [day-ten-tar'] v. to detain, to retain, to keep unlawfully.

deteriorar [day-tay-ryo-rar']

va. to deteriorate, spoil, damage.

deterioro [day-tay-ryo'ro] *m.* deterioration, worsening.

determinación [day-tayr-mee-na-thyon'] *f.* determination, decision.

determinar [day-tayr-mee-nar'] *va.* to determine, specify; to assign; to decide.

detestable [day-tes-ta'blay] *adj.* detestable, hateful.

detestar [day-tes-tar'] *va.* to hate, detest.

detracción [day-trak-thyon'] *f.* detraction, lessening *(of merit, etc.)*.

detractar [day-trak-tar'] *va.* to detract, defame.

detrás [day-tras'] *prep. & adv.* behind; at the back of.

detrimento [day-tree-men'to] *m.* detriment, damage.

deuda [day'oo-da] *f.* debt; indebtedness; — consolidada, founded debt; —exterior, foreign debt.

deudo [day-oo-do] *m.* relative, kindred, parent.

deudor [day-oo-dor'] *adj.* indebted; *m.* debtor.

devanar [day-va-nar'] *va.* to wind *(thread); vr.* —los sesos, to rack one's brains.

devaneo [day-va-nay'o] *m.* frenzy; "wild oats", dissipation, 'affair', (amorous) dallying.

devastar [day-vas-tar'] *va.* to devastate, lay waste.

devengar [day-ven-gar'] *va.* to earn, give a return *(as interest, profit, etc.).*

devoción [day-vo-thyon'] *f.* devotion, piety.

devolución [day-vo-loo-thyon'] *f.* restitution, devolution.

devolver [day-vol-vayr'] *va.* to give back, refund, return.

devorar [day-vo-rar'] *va.* to devour. [pious.

devoto [day-vo'to] *adj.* devout,

día [dee'a] *m.* day; daylight; — festivo, holiday; — laborable, working day; al —, up-todate; de —, in the daytime; de — en —, from day to day; al otro—,

on the next day; **cada tercer** —, every other day; **a tres** —s **vista,** at three days' sight; **hoy (en)** —, the present day.

diablo [dya'blo] *m.* devil, cunning person.

diablura [dya-bloo'ra] *f.* devilry, mischief.

diabólico [dya-bo-lee-ko] *adj.* diabolical, devilish.

diadema [dya-day'ma] *f.* diadem, crown.

diagnóstico [dyag-nos'tee-ko] *m.* diagnosis.

dialecto [dya-lek-to] *m.* dialect.

diálogo [dya'lo-go] *m.* dialogue, colloquy.

diamante [dya-man'tay] *m.* diamond; —en bruto, rough (uncut) diamond. [meter.

diámetro [dya'may-tro] *m.* diana

diana [dya'na] *f.* (mil.) réveillé.

diapalma [dya-pal'ma] *f.* a kind of plaster.

diario [dya'ryo] *adj.* daily; *m.* daily newspaper.

dibujar [dee-boo-har'] *va.* to draw, sketch; *vr.* to show, be (etched, revealed, traced).

dibujo [dee-boo'ho] *m.* drawing sketch, plan, design.

dicción [deek-thyon'] *f.* diction, word, speech.

diccionario [deek-thyo-na'ryo] *m.* dictionary.

diciembre [dee-thyem-bray] *m.* December.

dictado [deek-ta'do] *m.* dictation; *pl.* dictates.

dictador [deek-ta-dor'] *m.* dictator.

dictamen [deek-ta'men] *m.* opinion, report; judgement.

dictaminar [deek-ta-mee-nar'] *vn.* to give a verdict, judgement, decision.

dictar [deek-tar'] *vn.* to dictate; to prescribe; to prompt.

dicha [dee'cha] *f.* happiness, good fortune.

dicho [dee'cho] *adj.* said; *m.* saing; proverb, saw.

dichoso [dee-cho'so] *adj.* happy, lucky, blessed, fortunate.

diente [dyen'tay] *m.* tooth, fang; —s postizos, artificial teeth; **hablar entre** —s, to mutter; **hincar el —,** to bite into; to harry (a person).

diestra [dyays'tra] f. right hand.

diestro [dyays'tro] adj. right, skilful, dexterous; a — y siniestro, right and left, at random, wildly.

dieta [dray'ta] f. diet, (legis), assembly.

diez [dyath] num. ten.

diezmar [dyayth-mar'] va. to decimate; to tithe.

diezmo [dyayth'mo] m. tithe.

difamar [dee-fa-mar'] va. to defame, libel.

diferencia [dee-fay-ren'thya] f. difference.

diferenciar [dee-fay-ren-thyar'] va. to differentiate, establish a difference, make a distinction between.

diferente [dee-fay-ren'tay] adj. different, unlike.

diferir [dee-fay-reer'] vn. to differ, be different; va. to defer, postpone.

difícil [dee-fee'theel] adj. difficult, hard; not easy.

dificultad [dee-fee-kool-tad'] f. difficulty, obstacle, trouble.

dificultar [dee-fee-kool-tar'] va. to make difficult, impede, obstruct.

difundir [dee-foon-deer'] va. to spread, diffuse.

difunto [dee-foon'to] adj. late, deceased, defunct; m. corpse; **Día de los —s,** All Souls' Day.

difuso [dee-foo'so] adj. prolix, difficult, wordy.

digerir [dee-hay-reer'] va. to digest. [gestion.

digestión [dee-hays-tyon'] digignarse [deeg-nar'say] vr. to condescend, deign.

dignidad [deeg-nee-dad'] f. dignity, high office, noble bearing.

digno [deeg'no] f. worthy, deserving, suitable.

digresión [dee-gray-syon'] f. digression. [ket.

dije [dee'hay] m. charm, trin-

dilación [dee-la-thyon'] f. delay; tardiness.

dilatación [dee-la-ta-thyon'] f. expansion, enlargement.

dilatado [dee-la-ta'do] adj. dilated; prolix; extensive.

dilatar [dee-la-tar'] va. to expand, widen, enlarge; to put off, delay.

dilema [dee-lay'ma] m. dilemma.

diligencia [dee-lee-hen'thya] f. diligence, industry; briskness; stage-coach.

diligente [dee-lee-hen'tay] adj. diligent, industrious, earnest.

dilucidar [dee-loo-thee-dar'] va. to elucidate, explain, make clear. [lution.

dilución [dee-loo-thyon'] f. di-

diluir [dee-lweer'] va. to dilute.

diluvio [dee-loo'vyo] m. deluge, flood; inundation.

dimanar [dee-ma-nar'] vn. to spring from, issue from, flow.

dimensión [dee-men-syon'] f. dimension, size.

diminución [dee-mee-noo-thyon'] f. diminution; **ir en —,** to taper (off).

diminuto [dee-mee-noo'to] adj. very small, minute.

dimisión [dee-mee-syon'] f. resignation (from office, etc.).

dimitir [dee-mee-teer'] va. to resign, relinquish.

dinamarqués [dee-na-markays'] adj. Dane, Danish.

dinamita [dee-na-mee'ta] f. dynamite.

dinamo [dee'na-mo] m. dynamo. [dynastic.

dinástico [dee-nas'tee-ko] adj.

dineral [dee-nay-ral'] m. pile of money, fortune.

dinero [dee-nay'ro] m. money, currency; coin; — **contante y sonante,** ready cash.

dintel [deen-tel'] m. lintel.

diñar [dee-nyar'] v. (pop.) to die, to kick in.

dios [dyos] m. God.

diosa [dyo'sa] f. goddess, deity.

diploma [dee-plo'ma] m. diploma, title; credential.

diplomacia [dee-plo-ma'thya] f. diplomacy.

diplomático [dee-plo-ma'tee-ko] adj. diplomatic; m. diplomatist, diplomat.

diputado [dee-poo-ta'do] m. representative, delegate; — a Cortes, M.P., congressman.

dique [dee'kay] *m.* dike, mole, jetty; dry dock.

dirección [dee-rek-thyon'] *f.* direction, way; management; address *(letters).*

directo [dee-rek'to] *adj.* straight, direct.

director [dee-rek-tor'] *m.* director; manager; *(mus.)* conductor.

dirigir [dee-ree-heer'] *va.* to direct, drive *(car);* to guide, conduct *(orchestra);* to address *(a letter); vr.* to apply to; go towards.

dirimir [dee-ree-meer'] *va.* to dissolve, annul.

discernimiento [dees-thayr-nee-myen'to] *m.* discernment, insight.

discernir [dees-thayr-neer'] *va.* to judge, discern.

disciplina [dees-thee-plee'na] *f.* discipline, training; *pl.* studies; scourge.

disciplinar [dees-thee-plee-nar'] *va.* to discipline, train, correct.

discípulo [dees-thee'poo-lo] *m.* disciple; pupil.

disco [dees'ko] *m.* disc.

díscolo [dees'ko-lo] *adj.* ungovernable, rebellious.

discordancia [dees-kor-dan'-thya] *f.* disagreement.

discordia [dees-kor'dya] *f.* discord, discordance.

discreción [dees-kray-thyon'] *f.* discretion; sagacity, prudence; a —, at will, ad lib.

discrecional [dees-kray-thyo-nal'] *adj.* optional; parada —, request stop.

discrepancia [dees-kray-pan'-thya] *f.* discrepancy, difference, disagreement (with).

discreto [dees-kray'to] *adj.* discreet, prudent; (quite) creditable, tolerable, reasonable; mild, inoffensive.

disculpa [dees-kool'pa] *f.* excuse; exculpation.

disculpable [dees-kool-pa'blay] *adj.* pardonable.

disculpar [dees-kool-par'] *va.* to excuse, exculpate.

discurrir [dees-koo-reer'] *vn.* to walk about, roam; to be intelligent; to conjecture; to talk about, on, to speak (well, etc.); *va.* to contrive.

discurso [dees-kood'so] *m.* speech, lecture; reasoning; espace *(of time).*

discusión [dees-koo-syon'] *f.* discussion, argument.

discutir [dees-koo-tee'r] *va.* to discuss, debate, argue.

disecar [dees-say-kar'] *va.* to dissect.

diseminar [dees-say-mee-nar'] *va.* to disseminate, spread.

diseño [dees-say'nyo] *m.* sketch, design, pattern.

disertar [dees-sayr-tar'] *va.* to discourse, to hold forth *(speech).*

disfavor [dees-fa-vor'] *m.* disregard, snub, disfavour.

disforme [dees-for'may] *adj.* disproportionate, monstrous.

disfraz [dees-frath'] *m.* mask, disguise.

disfrazar [dees-fra-thar'] *va.* to disguise, conceal, mask.

disfrutar [dees-froo-tar'] *va.* to enjoy *(health);* to have the benefit of *(income);* profit by.

disfrute [dees-froo'tay] *m.* enjoyment.

disgregación [dees-gray-ga-thyon'] *f.* disintegration.

disgustar [dees-goos-tar'] *va.* to displease; to cause distaste, disgust; to upset; *vr.* to be offended at.

disgusto [dees-goos'to] *m.* displeasure; grief, disagreeable shock; offence.

disimulation [dee-see-moo-la-thyon'] *f.* simulation, dissimulation; hypocrisy; con —, cautiously, unobserved.

disimular [dee-see-moo-lar'] *va.* to conceal, dissemble; to condone, overlook, cover up, connive at, to disguise.

disipación [dee-see-pa-thyon'] *f.* dissipation, scattering; waste, loss; licentiousness.

disipar [dee-see-par'] *va.* to dissipate, squander, scatter; to waste, cast away.

dislocar [dees-lo-kar'] *va.* to dislocate, sprain.

disminuir [dees-mee-nweer'] *va. & n.* to diminish, decrease.

disnea [dees-nay'a] *f.* dyspnœa.

disociar [dee-so-thyar'] *va.* to dissociate; to separate.

disolución [dee-so-loo-thyon'] *f.* dissolution, dissipation.

disoluto [dee-só-loo'to] *adj.* dissolute, lewd.

disolver [dee-sol-vayr'] *va.* to dissolve; to separate *(matrimony)*; to melt.

disparar [dees-pa-rar'] *va.* to shoot; let off, let fly.

disparatado [dis-pa-ra-ta'do] *adj.* wide of the mark, absurd, foolish, crazy.

disparatar [dees-pa-ra-tar'] *vn.* to talk nonsense.

disparate [dees-pa-ra'tay] *m.* nonsense, absurdity, crazy idea, notion.

dispensar [dees-pen-sar'] *va.* to grant, deal out; to excuse.

dispensario [dees-pen-sa'ree-o] *m.* clinic, dispensary, pharmacopœia.

dispersar [dees-payr-sar'] *va.* to disperse, rout, scatter.

dispersión [dees-payr-syon'] *f.* dispersion.

displicencia [dees-plee-then'-thya] *f.* displeasure, ill-will, ungraciousness.

disponer [dees-po-nayr'] *va.* to dispose; to prepare; *vr.* to get ready.

disponible [dees-po-nee'blay] *adj.* available, expendable, ready.

disposición [dees-po-see-thyon'] *f.* disposition, inclination; regulation; disposal.

disputa [dees-poo'ta] *f.* dispute, quarrel.

dispuesto [dees-pwes'to] *adj.* ready, willing, prepared; laid out.

disputar [dees-poo-tar'] *va. & n.* to dispute, wrangle, quarrel; to contend for.

distanciar [dees-tan-thyar'] *va.* to set at a distance; to outdistance.

distante [dees-tan'tay] *adj.* distant, far.

distar [dees-tar'] *vn.* to be distant, far (from).

distinción [dees-teen-thyon'] *f.* distinction, privilege; rank; clarity.

distinguir [dees-teen-geer'] *va.* to distinguish, differentiate; to esteem; *vr.* to excel; to be notable; to be visible.

distintivo [dees-teen-tee'vo] *m.* characteristic.

distinto [dees-teen'to] *adj.* distinct, different.

distracción [dees-trak-thyon'] *f.* diversion, distraction.

distraer [dees-tra-ayr'] *va. & r.* to amuse; to be distracted; to be absent-minded.

distribuir [dees-tree-bweer'] *va.* to deal out, distribute, share out, divide.

distrito [dees-tree'to] *m.* district, ward; canton.

disturbio [dees-too'byo] *m.* disturbance, outbreak.

disuadir [dees-wa-deer'] *va.* to dissuade, deter.

divagar [dee-va-gar'] *vn.* to ramble, wander, stray *(in thoughts)*.

divergencia [dee-vayr-hen'-thya] *f.* divergence; diversity.

divergente [dee-vayr-hen'tay] *adj.* dissenting.

diversidad [dee-vayr-see-dad'] *f.* diversity; variety.

diversión [dee-vayr-syon'] *f.* amusement; feint.

diverso [dee-vayr'so] *adj.* diverse, different; *pl.* sundry.

divertir [day-vayr-teer'] *va. & r.* to amuse, entertain, enjoy.

dividir [dee-vee-deer'] *va.* to cut; to divide; to separate.

divino [dee-vee'no] *adj.* divine, heavenly.

divisa [dee-vee'sa] *f.* device, badge *(esp. on bulls)*; *pl.* currency.

divisar [dee-vee-sar'] *va.* to make out *(in dist.)*, perceive.

división [dee-vee-syon'] *f.* division, separation.

divorciar [dee-vor-thyar'] *va. & r.* to divorce.

divorcio [dee-vor'thyo] *m.* divorce, disunion.

divulgar [dee-vool-gar'] *va.* to reveal, broadcast, spread *(of news)*.

dobladura [do-bla-doo'ra] *f.* crease, plait, fold.

doblar [do-blar'] *va.* to double; to fold, bend; *vn.* to toll; *vr.* to stoop; to yield.

doble [do'blay] *adj.* double, twice; strong.

doblez [do-blayth'] *f.* fold, plait; insincerity, duplicity.

doce [do-thay] *num.* twelve.

docena [do-thay'na] *f.* dozen.

dócil [do'theel] *adj.* docile, tractable.

docilidad [do-thee-lee-dad'] *f.* docility, tractableness.

docto [dok'to] *adj.* learned.

doctor [dok-tor'] *m.* doctor, physician.

doctrinar [dok-tree-nar'] *vr.* to instruct.

documento [do-koo-men'to] *m.* document, deed.

dogal [do-gal'] *m.* halter, *(hangman's)* noose.

doler [do-layr'] *vn.* to feel pain; to hurt; *vr.* to repent, feel sorry.

doliente [do-lyen'tay] *adj.* aching; *m.* pall-bearer.

dolo [do-lor'] *m.* pain, anguish, ache, sorrow.

dolora [do-lo'ra] *f.* a short poem.

dolorido [do-lo-ree'do] *adj.* doleful.

domar [do-mar'] *va.* to tame, break *(horses, etc.)*; to master.

domicilio [do-mee-thee'lyo] *m.* residence, domicile, home; servicio a —, all goods delivered.

dominación [do-mee-na-thyon'] *f.* sway, domination.

dominante [do-mee-nan'tay] *adj.* dominant, domineering, prevailing.

dominar [do-mee-nar'] *va.* to rule over; to master, govern; to overlook, command *(a landscape, view)*.

domingo [do-meen'go] *m.* Sunday; —de Resurrección, Easter Sunday.

dominio [do-mee'nyo] *m.* domain, dominion, sway; territory.

don [don] *m. (with Christian name)* Sir *(but usually not translatable)*; gift, donation; natural ability.

donaire [do-na'ee-ray] *m.* elegance; witticism.   [page.

doncel [don-thel'] *m.* king's

doncella [don-thay'lya] *f.* waiting-maid; virgin, maid.

donde [don'day] *adv.* where.

doña [do'nya] *f. (used before Christian name)* Dame, Mistress, Mme., Lady *(but usually not translatable)*.

dorada [do-ra'da] *f.* goldfish.

dorar [do-rar'] *va.* to gild; to palliate.

dormir [dor-meer'] *vn.* to sleep; — a pierna suelta, to be fast asleep.

dormitar [dor-mee-tar'] *vn.* to doze, sleep fitfully.

dormitorio [dor-mee-to'ryo] *m.* bedroom; dormitory.

dos [dos] *adj.* two; de — en —, by couples.

dosis [do'sees] *f.* dose, quantity.

dotar [do-tar'] *va.* to endow; to portion.

dote [do'tay] *f.* or *m.* dowry, portion; *pl.* talent, endowments.

dragón [dra-gon'] *m.* dragon; dragoon.

drama [dra'ma] *m.* drama, play.

dramaturgo [dra-ma-toor'go] *m.* playwright.   [nage.

drenaje [dray-na'hay] *m.* drainage.

droguería [dro-gay-ree'a] *f.* chemist's, drug- store, apothecary's.

dromedario [dro-may-da'ryo] *m.* dromedary.

ducado [doo-ka'do] *m.* duchy; ducat.

ducha [doo'cha] *f.* douche; shower-bath.

ducho [doo'cho] *adj.* experienced, skilful, knowing.

duda [doo'da] *f.* doubt, misgiving, doubtfulness; sin —, certainly.

dudoso [doo-do'so] *adj.* doubtful, uncertain.

duelo [dway'lo] *m.* sorrow, affliction, mourning; duel.

duende [dwen'day] *m.* fairy, elf, ghost, goblin.

dueño [dway'nyo] *m.* owner, proprietor; master, landlord.

dulce [dool'thay] *adj.* sweet; mild, soft, benign; *m.* sweet-(meat)s, toffee; —de membrillo, quince jelly.

dulcinea [dool-thee-nay'a] *f.* sweetheart, lady-love.

dulzaina [dool-tha'ee-na] *f.* flageolet.

dulzura [dool-thoo'ra] *f.* sweetness; gentleness.

duna [doo'na] *f.* downs, dune.

duplicar [doo-plee-kar'] *va.* to duplicate, double.

duplicidad [doo-plee-thee-dad']

f. duplicity, doubledealing, cheating.

duque [doo'kay] *m.* duke.

duración [doo-ra-thyon'] *f.* duration, length; continuance.

duradero [doo-ra-day'ro] *adj.* lasting, durable.

durante [doo-ran'tay] *prep.* during.

durar [doo-rar'] *vn.* to last, endure; to wear well.

dureza [doo-ray'tha] *f.* hardness; toughness, harshness.

durmiente [door-myen'tay] *adj.* sleeping; *m.* cross-tie, sleeper *(railway)*.

duro [doo'ro] *adj.* hard, harsh; solid; a duras penas, with great difficulty; *m.* five-peseta piece; "crown".

E

e [ay] *conj.* and *(used instead of y before words beginning with i or hi).*

ea! [hay'a] *interj.* here! look! get on there!

ebanista [ay-ba-nees'ta] *m.* cabinet-maker.

ébano [ay'ba-no] *m.* ebony.

ebrio [ay'bryo] *adj.* inebriated, intoxicated.

ebullición [ay-boo-lyee-thyon'] *f.* ebullition.

eclesiástico [ay-klay-syas'tee-ko] *adj.* ecclesiastic; *m.* priest.

eclipse [ay-kleep'say] *m.* eclipse.

eclisa [ay-klee'sa] *f.* fish-plate; coupling.

eco [ay'ko] *m.* echo.

economía [ay-ko-no-mee'a] *f.* economy; thrift, saving.

económico [ay-ko-no'mee-ko] *adj.* economical.

ecuador [ay-kwa-dor'] *m.* equator; *pr. n.* Ecuador.

ecuatoriano [ay-kwa-to-rya'no] *adj. & pr. n.* (inhabitant) of Ecuador.   [equestrian.

ecuestre [ay-kwes'tray] *adj.*

echar [ay-char'] *va.* to cast, pour, throw; to eject, throw (out, away, off), expel; to turn *(a key)*; to lay, put *(blame)*; — a correr, to start off running; —de menos, to miss; — a perder, to waste, lose *(opportunity)*, go bad; —a pique, to sink; — en cara, to reproach; — mano de, to utilise; —raíces, to take root; *vr.* to lie down, stretch oneself.

edad [ay-dad'] *f.* age; — media, the Middle Ages; mayor de —, majority.

edecán [ay-day-can'] *m.* aide-de-camp.

edición [ay-dee-thyon'] *f.* edition, issue.

edicto [ay-deek'to] *m.* edict, proclamation.

edificación [ay-dee-fee-ka-thyon'] *f.* building, construction.

edificar [ay-dee-fee-kar'] *va.* to build; to edify.

edificio [ay-dee-fee'thyo] *m.* building, fabric; structure.

editar [ay-dee-tar'] *va.* to publish; to issue, edit.
editor [ay-dee-tor'] *m.* editor; publisher.
editorial [ay-dee-to-ryal'] *adj.* editorial; leading (article); casa —, publishing house.
educación [ay-doo-ka-thyon'] *f.* good breeding, politeness; up-bringing, education.
educar [ay-doo-kar'] *va.* to educate, bring up, train.
efectivamente [ay-fek-tee-va-men'tay] *adv.* really, in fact; actually.
efectivo [ay-fek-tee'vo] *adj.* effective; *m.* en —, in coin, in bank notes.
efecto [ay-fek'to] *m.* effect, consequence; *pl.* assets, securities; en —, in fact, actually.
efectuar [ay-fek-twar'] *va.* to effect, bring about.
efervescente [ay-fayr-ves-fhen'-tay] *adj.* effervescent.
eficacia [ay-fee-ka'thya] *f.* efficiency, efficacy.
eficaz [ay-fee-kath'] *adj.* efficient, efficacious, powerful, effective.
efímero [ay-fee'may-ro] *adj.* ephemeral; short-lived.
efusión [ay-foo-syon'] *f.* effusion.
égida [ay'hee-da] *f.* aegis, protection.
egipcio [ay-heep'thyo] *adj.* Egyptian.
égloga [ay'glo-ga] *f.* eclogue.
egoísmo [ay-go-ees'mo] *m.* egoism, egotism, selfishness.
egoísta [ay-go-ees'ta] *adj.* selfish, egoistic; *m.* egoist.
egregio [ay-gray'hyo] *adj.* eminent, distinguished.
eje [ay'hay] *m.* axis, axle, shaft.
ejecución [ay-hay-koo-thyon'] *f.* performance, fulfilment, execution.
ejecutar [ay-hay-koo-tar'] *va.* to perform, fulfil; to execute.
ejecutivo [ay-hay-koo-tee'vo] *adj.* executive.
ejecutoria [ay-hay-koo-to'rya] *f.* writ; letters patent, pedigree.
ejemplar [ay-hem-plar'] *adj.*
exemplary; *m.* copy (of book); exemplar, model; example.
ejemplo [ay-hem'plo] *m.* example, instance; dar —, to set an example.
ejercer [ay-hayr-thayr'] *va.* to exercise, exert; to practise (career, etc.).
ejercicio [ay-hayr-thee'thyo] *m.* exercise, training.
ejercitar [ay-hayr-thee-tar'] *va.* to exercise; to train, practise; *vr.* to take exercise, to practise, train.
ejército [ay-hayr'thee-to] *m.* army; —permanente, standing army.
ejido [ay-hee'do] *m.* common, a tract of land near a village.
elaborar [ay-la-bo-rar'] *va.* to work out, build up, elaborate.
elasticidad [ay-las-tee-thee-dad'] *f.* elasticity.
elástico [ay-las'tee-ko] *adj.* elastic; resilient.
elección [ay-lek-thyon'] *f.* election; selection, choice.
electorado [ay-lek-to-ra'do] *m.* electorate.
electricidad [ay-lek-tree-thee-dad'] *f.* electricity.
eléctrico [ay-lek'tree-ko] *adj.* electric, electrical.
electrizar [ay-lek-tree-thar'] *va.* to electrify; to enthuse.
elefante [ay-lay-fan'tay] *m.* elephant.
elegancia [ay-lay-gan'thya] *f.* elegance.
elegante [ay-lay-gan'tay] *adj.* elegant, graceful, stylish.
elegía [ay-lay-hee'a] *f.* elegy.
elegible [ay-lay-hee'blay]· *f.* eligible.
elegir [ay-lay-heer'] *va.* to elect, choose, pick.
elemental [ay-lay-men-tal'] *adj.* elementary, fundamental.
elemento [ay-lay-men'to] *m.* element.
elevación [ay-lay-va-thyon'] *f.* elevation, height; exaltation.
elevado [ay-lay-va'do] *adj.* high, lofty.
elevar [ay-lay-var'] *va.* to raise, lift, to exalt; *vr.* to ascend.
elfo [el'pho] *m.* elf.

eliminar [ay-lee-mee-nar'] *va.* to eliminate, remove.

eliseos [ay-lee-say'os] *adj.* campos —; Elysian fields; Champs Elysées. [elocution.

elocución [ay-lo-koo-thyon'] *f.*

elocuencia [ay-lo-kwen'thya] *f.* eloquence.

elogiar [ay-lo-hyar'] *va.* to praise, extol. [praise.

elogio [ay-lo'hyo] *m.* eulogy,

eludir [ay-loo-deer'] *va.* to avoid, elude, slip away from.

emanar [ay-ma-nar'] *vn.* to proceed from, emanate, originate.

emancipar [ay-man-thee-par'] *va.* emancipate, free.

embadurnar [em-ba-door-nar'] *va.* to bedaub, clutter up (*with posters, etc.*).

embajada [em-ba-ha'da] *f.* embassy; message.

embajador [em-ba-ha-dor'] *m.* ambassador.

embalaje [em-ba-la'hay] *m.* packing, baling.

embalar [em-ba-lar'] *va.* to pack; to bundle up.

embalsar [em-bal-sar'] *va.* to dam (up).

embarazada [em-ba-ra-tha'da] *adj.* pregnant.

embarazar [em-ba-ra-thar'] *va.* to embarrass, obstruct.

embarazo [em-ba-ra'tho] *m.* embarrassment, hindrance, encumbrance; pregnancy.

embarcación [em-bar-ka-thyon'] *f.* boat, craft.

embarcadero [em-bar-ka-day'-ro] *m.* wharf; pier, landing-stage, quay.

embarcador [em-bar-ka-dor'] *m.* shipper, loader.

embarcar [em-bar-kar'] *va.* to go on board.

embargar [em-bar-gar'] *va.* to embargo, seize; restrain; to stifle (*speech, voice*).

embarque [em-bar'kay] *m.* shipment.

embate [em-ba'tay] *m.* surge (*of sea*); sudden attack; pl. blows (*of fortune*).

embaular [em-bow-lar'] *va.* to pack (*in trunk*).

embebecerse [em-bay-bay-

thayr'say] *vr.* to be struck with amazement.

embeber [em-bay-bayr'] *va.* to imbibe; to contain; *vr.* to shrink; to be enraptured, "soaked" (*in a subject*).

embeleco [em-bay-lay'ko] *m.* fraud, deceit, humbug; trifle.

embelesar [em-bay-lay-sar'] *va.* to fascinate, charm, "capture".

embellecer [em-bay-lyay-thayr'] *va.* to embellish, beautify.

embestida [em-bes-tee'da] *f.* assault, charge, violent attack.

embestir [em-bes-teer'] *va.* to assail, rush against, charge (*of bull*). [blem.

emblema [em-blay'ma] *m.* em-

embobado [em-bo-ba'do] *adj.* spellbound, agape.

embocadura [em-bo-ka-doo'ra] *f.* mouth (*river*).

embolada [em-bo-la'da] *f.* (*mech.*) charge, stroke, travel.

embolsar [em-bol-sar'] *va.* to pocket, emburse, put into a purse.

emborrachar [em-bo-ra-char'] *va.* to intoxicate; *vr.* to. get drunk.

emboscada [em-bos-ka'da] *f.* ambush; ambuscade.

emboscar [em-bos-kar'] *va.* to ambush; *vr.* to lie in ambusch.

embotar [em-bo-tar'] *va.* to blunt, dull, deaden.

embotellar [em-bo-tay-lyar'] *va.* to bottle.

embozado [em-bo-tha'do] *adj.* (face) half-covered (with cloak), muffled, disguised, masked.

embozo [em-bo'tho] *m.* muffler, mask, disguise, turned-down clothes (*on bed*).

embragar [em-bra-gar'] *va.* to sling; to couple.

embravecer [em-bra-vay-thyar'] *va.* to enrage; *vr.* to become enraged (*of sea*).

embrazar [em-bra-thar'] *va.* to clasp, grasp.

embriagado [em-brya-ga'do] *adj.* intoxicated, drunk; enraptured.

embriagar [em-brya-gar'] *va.* to intoxicate; *vr.* to get tipsy.

embriaguez [em-brya-gayth'] *f.* intoxication, drunkenness.

embrión [em-bryon'] *m.* embryo; germ.

embrollar [em-bro-lyar'] *va.* to embroil, perplex, confuse.

embrollo [em-bro'lyo] *m.* entanglement; tangle, labyrinth; perplexing plot.

embromar [em-bro-mar'] *va.* to excite mirth; to make fun of; to annoy; to wheedle.

embrujar [em-broo-har'] *va* to bewitch.

embrutecer [em-broo-tay-thyair'] *va.* to stupefy; *vr,* to grow stupid, coarse.

embrutecimiento [em-broo-tay-thee-myen'to] *m.* stupefying, coarsening.

embudo [em-boo'do] *m.* funnel (*for liquids*).

embuste [em-boos-tay] *m.* atful lie, trick, lying tale.

embustero [em-boos-tay'ro] *m.* liar; impostor.

embutido [em-boo-tee'do] *m.* (*any sort of*) sausage.

embutir [em-boo-teer'] *va.* to. inlay; to stuff (*foods*).

emendación [ay-men-dathyon'] *f.* correction; satisfaction.

emergencia [ay-mayr-hen'thya] *f.* unexpected happening, emergency.

emético [ay-mav'tee-ko] *m.* emetic.

emigración [ay-mee-gra-thyon'] *f.* emigration.

emigrar [ay-mee-grar'] *vn.* to emigrate.

eminencia [ay-mee-nen'thya] *f.* eminence; elevation; distinguished personage.

eminente [ay-mee-nen'tay] *adj.* eminent; illustrious; distinguished.

emisario [ay-mee-sa'ryo] *m.* emissary; spy.

emisión [ay-mee-syon'] *f.* emission, issue; broadcast.

emisora [ay-mee-so'ra] *f.* emitter; broadcasting station.

emitir [ay-mee-teer'] *va.* to issue (*bonds*); to emit, send out (*smoke*).

emoción [ay-mo-thyon'] *f.* emotion, excitement, interest, thrill.

emocionante [ay-mo-thyo-nan'-te] *adj.* moving, touching.

empacar [em-pa-kar'] *va.* to pack (up), bale.

empacho [em-pa'cho] *m.* bashfulness; sin —, unceremoniously, without ceremony.

empajar [em-pa-har'] *v.* to cover with straw, to surfeit.

empalagar [em-pa-la-gar'] *va.* to cloy, surfeit; to weary.

empalizada [em-pa-lee-tha'da] *f.* stockade.

empalmar [em-pal-mar'] *va.* to couple; to branch; to join (*railway*).

empalme [em-pal'me] *m.* junction, connection (*railways, etc.*).

empanada [em-pa-na'da] *f.* meat - or fish - pie, large "Cornish pasty".

empañar [em-pa-nyar'] *va.* to tarnish, blur, take the lustre off.

empapar [em-pa-par'] *va.* to imbibe; to soak, drench.

empapelar [em-pa-pay-lar'] *va.* to paper, wrap in paper, wrap up.

empaque [em-pa'kay] *m.* packing; mien, (dignified) presence, style.

empaquetar [em-pa-kay-tar'] *va.* to pack up; to bale.

emparedado [em-pa-ray-da'do] *m.* sandwich; *adj.* immured (*nun, etc.*).

emparejar [em-pa-ray-har'] *va.* to level; to reach; to match.

empastar [em-pas-tar'] *va.* to bind (*books*); to paste.

empatar [em-pa-tar'] *va.* to tie, be equal; to draw (*football, etc.*).

empate [em-pa'tay] *m.* tie (*speaking of votes*), draw.

empedernir [em-pay-dayr-neer'] *va.* to harden; *vr.* to become insensible, hardhearted.

empedrado [em-pay-dra'do] *m.* pavement, paving (*of stones, usually of street*).

empedrar [em-pay-drar'] *va.* to pave (*with stones*).

empellón [em-pay-lyon'] *m.* hard push, shove.

empeñar [em-pay-nyar'] *va.* to pawn, pledge; *vr.* to engage oneself; to bind oneself; to insist, be insistent.

empeño [em-pay'no] *m.* pawn, pledge; insistence, determination; con —, repeatedly.

empeorar [em-pay-o-rar'] *va.* to spoil; impair; *vr.* to grow worse, deteriorate.

empequeñecer [em-pay-kay-nyay-thayr'] *va.* to belittle.

emperador [em-pay-ra-dor'] *m.* emperor.

empero [em-pay'ro] *conj.* notwithstanding, however; but.

empezar [em-pay-thar'] *va.* to begin, commence.

empinado [em-pee-na'do] *adj.* steep, high.

empinar [em-pee-nar'] *va.* to raise; — el codo, to bend the elbow, drink; *vr.* to stand on tiptoe.

empingorotado [em-peen-go-ro-ta'do] *adj.* stuck-up, haughty.

empírico [em-pee'ree-ko] *adj.* empiric; empirical; *m.* quack.

emplasto [em-plas'to] *m.* plaster.

emplazamiento [em-pla-tha-myen'to] *m.* summons (to appear after a certain "plazo").

emplazar [em-pla-thar'] *va.* to call upon to appear, to summon.

empleado [em-play-a'do] *m.* employee; clerk; office-holder.

emplear [em-play-ar'] *va.* to employ; to give employment; to use, spend.

empleo [em-play'o] *m.* job, employment, use, occupation.

empobrecer [em-po-bray-thayr'] *va.* to impoverish; *vn.* to grow poor.

empobrecimiento [em-po-bray-thee-myen'to] *m.* impoverishment.

empollar [em-po-lyar'] *va.* to hatch; *vr.* to "swot", "bone up", study hard.

emponzoñar [em-pon-thon-yar'] *va.* to poison, corrupt.

emporio [em-po'ryo] *m.* mart, market.

empotrar [em-po-trar'] *vr.* to embed (in wall).

emprender [em-pren-dayr'] *va.* to undertake, begin, start.

empreñar [em-pray-nyar'] *va.* to make pregnant; to beget.

empresa [em-pray'sa] *f.* enterprise, venture, company, firm.

empréstito [em-pres'tee-to] *m.* loan; — público, public loan, government loan.

empujar [em-poo-har'] *va.* to push, shove.

empuje [em-poo'hay] *m.* pressure, power; (eng.) thrust.

empujón [em-poo-hon'] *m.* push, shove. [ra] *f.* hilt.

empuñadura [em-poo-nya-doo'-**empuñar** [em-poo-nyar'] *va.* to grasp, clutch.

emulación [ay-moo-la-thyon'] *f.* emulation; rivalry.

emular [ay-moo-lar'] *va.* to rival, emulate.

émulo [ay'moo-lo] *m.* rival, competitor.

en [en] *prep.* in, into, for, at.

enaguas [ay-na'gwas] *f. pl.* petticoat; underskirt.

enajenable [ay-na-hay-na'blay] *adj.* alienable.

enajenación [ay-na-hay-na-thyon'] *f.* alienation, insanity.

enajenar [ay-na-hay-nar'] *va.* to alienate; to give up; to sell; *vr.* to be lost (in wonder, etc.).

enamorado [ay-na-mo-ra'do] *adj.* in love, enamoured, lovesick; *m.* lover.

enamorar [ay-na-mo-rar'] *va.* to win the love of, make someone love you; *vr.* to fall in love.

enano [ay-na'no] *m.* dwarf.

enarbolar [ay-nar-bo-lar'] *va.* to hoist, hang out (flags).

enardecer [ay-nar-day-thayr'] *va.* to inflame, fire with; *vr.* to become impassioned.

enardecimiento [ay-nar-day-thee-myen'to] *m.* ardour, passion.

encabestrar [en-ka-bers-trar'] *va.* to halter.

encabezamiento [en - ka - bay - tha-myen'to] *m.* heading, headline, bill-head; tax roll.

encabezar [en-ka-bay-thar'] *va.* to put a heading to; to make a tax-roll; to head.

encabritarse [en-ka-bree-tar'-say] *vr.* to rear up *(like goats)*.

encadenamiento [en-ka-day-na-myen'to] *m.* sequence, connection.

encadenar [en-ka-day-nar'] *va.* to chain, bind, link together.

encajar [en-ka-har'] *va.* to fit in; to force one thing into another; to gear.

encaje [en-ka'hay] *m.* fitting; socket, groove; lace.

encajonar [en-ka-ho-nar'] *va.* to pack *(in box)*, encase.

encalabrinar [en-ka-la-bree-nar'] *v.* to trouble the head.

encalar [en-ka-lar'] *va.* to whitewash, lime.   [aground.

encallar [en-ka-lyar'] *vn.* run

encallecer [en-ka-lyay-thayr'] *va.* to develop corns; *vr.* to become callous; to harden.

encaminar [en-ka-mee-nar'] *va.* to set forward; to direct, guide; *vr.* to follow the road to; to go; to be intended for.

encanallar [en-ka-na-lyar'] *v.* to make rascally.

encandilar [en-kan-dee-lar'] *va.* to dazzle, bewilder; *vr.* to be dazzled.

encantador   [en-kan-ta-dor'] *adj.* charming, delightful, pleaant; *m.* enchanter, sorcerer.

encantar [en-kan-tar'] *va.* to enchant, charm, bewitch; to please, make happy.

encanto [en-kan'to] *m.* enchantment, spell, charm, delightfulness; delight, pleasure.

encapotar [en-ka-po-tar'] *va.* to cloak; to muffle; *vr.* to become cloudy, cloud over *(of sky)*.

encapricharse [en - ka - pree - char'say] *vr.* to be infatuated; to become obstinate.

encaramar [en-ka-ra-mar'] *va.* to raise; *vr.* to ascend, go up; to climb.   [to look at.

encarar [en-ka-rar'] *va.* to face;

encarcelar   [en-kar-thay-lar'] *va.* to incarcerate, put in prison.

encarecer [en-ka-ray-thayr'] *va.* to extol, praise to the skies; to pray; to raise the price; to stress *(difficulty, etc.)*.

encarecimiento [en-ka-ray-thee-myen'to]   *m.*   exaggeration, warmth, praise, earnestness.

encargado   [en-kar-ga'do]   *m.* agent, responsible person, person in charge.

encargar [en-kar-gar'] *va.* to commission; to entrust; to warm; to order *(goods)*; to recommend; *vr.* to take upon oneself.

encargo [en-kar'go] *m.* commission; office; order *(of goods)*; errand.

encarnación [en-kar-na-thyon'] *f.* incarnation.

encarnado [en-kar-na'do] *adj.* carnation-coloured, red, flesh-coloured.

encarnar [en-kar-nar'] *va.* to incarnate; to embody.

encarnizado [en-kar-nee-tha'do] *adj.* cruel, pitiless, redentless, bloody *(battle, etc.)*.

encarnizarse [en-kar-nee-thar'-say] *vr.* to become cruel.

encarrilar   [en-ka-ree-lar]   *va.* to put on the right track, set right.

encasillado [en-ka-see-lya'do] *m.* set of pigeon-holes; list of (favoured) candidates.

encastar [en-kas-tar'] *va.* to improve by cross-breeding.

encarrilar   [en-ka-ree-lar]   *va.* to fortify with castles; *vr.* to stick to an opinion with obstinacy.

encausar [en-kow-sar'] *va.* to prosecute.

encauzar [en-kow-thar'] *va.* to direct *(into a channel)*, canalise.

encenagarse [en-thay-na-gar'-say] *vr.* to wallow in mire.

encender [en-then-dayr'] *va.* to light; to set fire to; to inflame.

encerado [en-thay-ra'do] *adj.* waxy; *m.* oil-cloth; blackboard; sticking-plaster.

encerar [en - thay - rar'] va. to wax.

encerrar [en-thay-rar'] va. to shut up; to confine, lock up; to contain, hold; vr. to live in seclusion, to withdraw (into).

encía [en-thee'a] f. gum (of teeth).

enciclopedia [en-thee-klo-pay'-dya] f. encyclopædia.

encierro [en-thyay'ro] m. seclusion, confinement; prison; corralling of bulls (before bull-fight).

encima [en-thee'ma] adv. above, over; — de, on, upon; por —, superficially.

encina [en-thee'na] f. evergreen oak.   [nant.

encinta [en-theen'ta] adj. pregenclavar [en-kla-var'] va. to nail; to embed.

enclenque [en-klen'kay] adj. frail, sickly, weak.

encoger [en-ko-hayr'] va. to shrink, contract; vr. to shrug (shoulders); to be disheartened.   [bashful, timid.

encogido [en-ko-hee'do] adj.

encogimiento [en-ko-hee-myen'-to] m. shrinkage; bashfulness, timidity.

encojar [en-ko-har'] va. & n. to cripple, make lame, grow lame.

encolar [en-ko-lar'] va. to glue.

encolerizar [en - ko - lay - ree - thar'] va. to provoke, rile, irritate; vr. to grow angry, rave.

encomendar [en-ko-men-dar'] va. to commend; vr. to commend oneself, entrust oneself.

encomiar [en-ko-myar'] va. to eulogize, extol.

encomienda [en-ko-myen'da] f. commission; recommendation; commandery.

encomio [en-ko'myo] m. praise; eulogy.

enconado [en-ko-na'do] adj. bitter (enmity).

enconar [en-ko-nar'] va. to inflame, fester, cause irritation; vr. to rankle.

encono [en-ko'no] m. revengefulness, spitefulness, rancour, bitterness.

encontrado [en-kon-tra'do] adj. opposite, opposed, contrary, conflicting.

encontrar [en-kon-trar'] va. to meet, come upon, encounter; to find; vr. to feel, be.

encopetado [en-ko-pay-ta'do] adj. haughty, high and mighty, proud.

encorvar [en-kor-var'] v. to bend, arch, crook, lean, bow.

encorralar [en-ko-ra-lar'] va. to corral (cattle).

encrespar [en-kres-par'] va. to crisp, curl; vr. to become rough (the sea).

encrucijada [en-kroo-thee-ha'-da] f. cross-roads.

encuadernación [en-kwa-dayr-na-thyon'] f. book-binding.

encuadernador [en-kwa-dayr-na-dor'] m. book-binder.

encuadernar [en-kwa-dayr-nar'] va. to bind (books); sin —, unbound.

encubiertamente [en-koo-byayr-ta-men'tay] adv. in a secret manner, fraudulently.

encubrir [en-koo-breer'] va. to conceal, cloak, mask, hide.

encuentro [en-kwen'tro] m. collision, knock; unexpected meeting, encounter, salir al — de, to go out to meet.

encumbrado [en-koom-bra'do] adj. high, lofty, overweening.

encumbrar [en-koom-brar'] va. to raise, elevate (in status, etc.); vr. to soar; to grow (over)proud.

enchapar [en-cha-par'] va. to veneer.

encharcado [en-chaar-ka'do] adj. still, stagnant.

enchufar [en-choo-far'] va. to plug in.

enchufe [en-choo'fay] m. plug, coupling; (coll.) job, "connection".   [refore.

ende [en'day] adv. por —, the-endeble [en-day-blay] adj. weak, frail, feeble.

endecha [en-day'cha] f. dirge.

endémico [en-day'mee-ko] adj. endemic.

endemoniado [en-day-mo-nya'-do] adj. fiendish, deuced; possessed (by the devil).

endentar [en-den-tar'] *va.* to provide with indentations.

enderezar [en-day-ray-thar'] *va.* to straighten, make straight; to set up, right; to erect; to direct, indite; *vr.* to rise, straighten up.

endeudarse [en-day-oo-dar'say] *vr.* to run into debt.

endiablado [en-dya-bla'do] *adj.* devilish, deuced, perverse.

endilgar [en-deel-gar'] *va.* (*coll.*) to despatch, administer, indite (*letter, sermon*).

endiosar [en-dyo-sar'] *va.* to deify.

endomingarse [en-do-meen-gar'say] *vr.* to dress up (*in Sunday best*).

endosar [en-do-sar'] *va.* to endorse; to shift.

endrina [en-dree'na] *f.* sloe, skeg, wild-plum.

endulzar [en-dool-thar'] *va.* to sugar, sweeten; to soften.

endurecer [en-doo-ray-thayr'] *va.* to harden, toughen.

endurecido [en-doo-ray-thee'-do] *adj.* hard(y); callous; inured.

endurecimiento [en-doo-ray-thee-myen'to] *m.* hardening.

enemiga [ay-nay-mee'ga] *f.* enmity.

enemigo [ay-nay-mee'go] *m.* enemy, foe; *adj.* inimical, hostile.

enemistad [ay-nay-mees-tad'] *f.* enmity, hatred.

enemistar [ay-nay-mees-tar'] *va.* to make enemies of, rouse enmity of.

energía [ay-nayr-hee'a] *f.* energy, vigour, power.

enérgico [ay-nayr'hee-ko] *adj.* energetic, active, lively.

enero [ay-nay'ro] *m.* January.

enfadar [en-fa-dar'] *va.* to vex, offend, anger; *vr.* to get angry, be cross, annoyed.

enfado [en-fa'do] *m.* vexation, huff, irritation.

enfadoso [en-fa-do'so] *adj.* vexatious, irksome, distasteful.

enfardelar [en-far-day-lar'] *va.* to pack, bale.

énfasis [en'fa-sees] *f.* emphasis.

enfático [en-fa'tee-ko] *adj.* emphatic.

enfermar [en-fayr-mar'] *vn.* to fall ill.

enfermedad [en-fayr-may-dad'] *f.* illness, disease.

enfermera [en-fayr-may'ra] *f.* nurse.

enfermería [en-fayr-may-ree'a] *f.* sanatorium; sick-bay; nurses' home.

enfermizo [en-fayr-mee'tho] *adj.* sickly, delicate; morbid.

enfermo [en-fayr'mo] *adj.* ill; *m.* patient.

enflaquecer [en-fla-kay-thayr'] *vn.* to grow thin, weaken.

enfrascar [en-fras-kar'] *va.* to bottle; *vr.* to entangle oneself; to get very involved, tied up, in, with.

enfrenar [en-fray-nar'] *va.* to bridle, restrain.

enfrentar [en-fren-tar'] *va.* to face, confront.

enfrente [en-fren'tay] *adv.* opposite, facing, straight ahead.

enfriamiento [en-free-a-myen'-to] *m.* cooling; cold.

enfriar [en-free-ar'] *va.* to cool, to refresh; *vr.* to cool (down, off) (*of things, emotions, etc.*).

enfurecer [en-foo-ray-thayr'] *va.* to infuriate; *vr.* to grow angry.

engalanar [en-ga-la-nar'] *va.* to adorn, bedeck.

enganchar [en-gan-char'] *va.* to harness (*horses*); hitch, couple, connect; to engage; to hook, ensnare; to enlist (*in army*).

enganche [en-gan'chay] *m.* hooking; enlisting (*in army*); engaging (*workmen*).

engañar [en-ga-nyar'] *va.* to deceive, cheat, swindle, dupe.

engaño [en-ga'nyo] *m.* deceit, imposture, trick, illusion.

engañoso [en-ga-nyo'so] *adj.* deceitful; deceptive; insidious.

engarce [en-gar'thay] *m.* connection; mounting (*of jewels*).

engarzar [en-gar-thar'] *va.* to connect; to mount, set.

engastar [en-gas-tar'] *va.* to set (*precious stones*), enchase.

engaste [en-gas'tay] *m.* setting, mounting.

engatusar [en-ga-too-sar'] *va.* to cajole, wheedle, trick.

engaviar [en-ga-vee-ar'] *v.* to raise; *(prov.)* to cage.

engendrar [en-hen-drar'] *va.* to engender, beget, conceive; to produce.

engolosinar [en-go-lo-se-nar'] *va.* to allure, entice.

engomar [en-go-mar'] *va.* to glue, gum.

engordar [en-gor-dar'] *va.* to fatten; *vn.* to grow fat.

engorroso [en-go-ro'so] *adj.* cumbersome, bothersome, annoying, 'deadly'.

engranaje [en-gra-na'hay] *m.* gear, gearing, mesh; **palanca de —,** clutch.

engranar [en-gra-nar'] *vn.* to put into gear; to engage.

engrandecer [en-gran-day-thayr'] *va.* to aggrandise; to magnify.

engrasar [en-gra-sar'] *va.* to grease, oil.

engreído [en-gray-ee'do] *adj.* proud, conceited, self-satisfied.

engreírse [en-gray-eer'say] *vr.* to become vain, be conceited.

engrosar [en-gro-sar'] *va.* to swell, augment, expand.

engullir [en-goo-lyeer'] *va.* to gobble, guzzle, devour.

enhebrar [e-nay-brar'] *va.* to thread.

enhiesto [en-yes'to] *adj.* erect, upright, sheer.

enhorabuena [ay-no-ra-bway'-na] *f.* congratulations; **dar la —,** to congratulate; *adv.* well and good.

enigma [ay-neeg'ma] *m.* enigma, riddle, puzzle.

enjabonar [en-ha-bo-nar'] *va.* to soap, lather.

enjaezar [en-ha-ay-thar'] *va.* to harness. [to whitewash.

enjalbegar [en-hal-bay-gar'] *va.*

enjambre [en-ham'bray] *m.* swarm, cluster.

enjaular [en-how-lar'] *va.* to cage, pen (in), confine.

enjertar [en-hayr-tar'] *va.* graft, insert.

enjuagadientes [en-hwa-ga-dyen'tes] *m.* gargle, mouthwash.

enjuagar [en-hwa-gar'] *va.* to rinse.

enjuague [en-hwa'gay] *m.* rinse, rinsing, gargling.

enjugar [en-hoo-gar'] *va.* to wipe; to dry.

enjuiciar [en-hwee-thyar'] *va.* to indict, proceed (against), prosecute.

enjuto [en-hoo'to] *adj.* dry, dried-up; lean, spare.

enlace [en-la'thay] *m.* bond, ties; affinity, connection, junction; link, union, wedding.

enladrillar [en-la-dree-lyar'] *va.* to pave with brick.

enlazar [en-la-thar'] *va.* to tie, link, connect; *vn.* to meet; *vr.* to marry.

enlodar [en-lo-dar'] *va.* to cover with mud; to splatter, bemire; to stain.

enloquecer [en-lo-kay-thayr'] *va.* to drive mad, distract, madden; *vr.* to become insane, go mad. [tile, pave.

enlosar [en-lo-sar'] *va.* to flag,

enlutar [en-loo-tar'] *va.* to put on mourning; to darken.

enmaderar [en-ma-day-rar'] *va.* to roof with timber; to wainscot.

enmarañar [en-ma-ra-nyar'] *va.* to entangle, enmesh, snarl; to puzzle, confound.

enmascarar [en-mas-ka-rar'] *va.* to mask, disguise; *vr.* to masquerade.

enmendar [en-men-dar'] *va.* to amend; to correct, set right; to repair; *vr.* to turn over a new leaf.

enmienda [en-myen'da] *f.* amendment; compensation.

enmohecerse [en-mo-ay-thayr'-say] *vr.* to get (mouldy, mildewed, rusty).

enmudecer [en-moo-day-thayr'] *vn.* to become dumb; *vr.* to grow silent, be hushed.

ennegrecer [en-nay-gray-thayr'] *va.* to blacken, darken.

ennoblecer [en-no-blay-thayr'] *va.* to ennoble.

enodio [ay-no'dee-o] *m.* fawn, staggard, a deer from three to five years old.

enojadizo [ay-no-ha-dee'tho] *adj.* peevish, testy, crabbed; huffy.

enojar [ay-no-har'] *va.* to annoy, vex, put out; *vr.* to become angry; to get ruffled.

enojo [ay-no'ho] *m.* annoyance, vexation; trouble; anger, rage.

enojoso [ay-no-ho'so] *adj.* troublesome, provoking, annoying.

enorgullecerse [ay - nor - goo - lyay-thayr'say] *vr.* to be proud, swell with pride.

enorme [ay-nor'may] *adj.* enormous, huge, vast; wicked.

enormidad [ay-nor-mee-dad'] *f.* enormity; monstrous thing; frightful deed.

enramada [en-ra-ma'da] *f.* bower, arbour.

enrarecer [en-ra-ray-thayr'] *va.* to rarefy; to dilute; *vr.* to grow thin.

enredadera [en-ray-da-day'ra] *f.* vine, creeper, climbing plant.

enredar [en-ray-dar'] *va.* to tangle, embroil, enmesh, ensnare, confuse, involve.

enredo [en-ray'do] *m.* tangle; maze; entanglement, pickle; liaison; plot *(of play)*.

enrejado [en-ray-ha'do] *m.* railling, frame, trellis.

enrejar [en-ray-har'] *va.* to fence in; to fix the ploughshare.

enrevesado [en-ray-vay-sa'do] *adj.* rebellious, frisky; complicated, intricate, tangled.

enriquecer [en-ree-kay-thayr'] *va.* to enrich; *vr.* to grow, get rich.

enrojecer [en-ro-hay-thayr'] *va.* to redden; *vr.* to blush.

enrollar [en-ro-lyar'] *va.* to roll, coil, wind.

enroscar [en-ros-kar'] *va.* to twine, wreathe, twirl, wrap around.

ensaimada [en-say-ma'da] *f. equiv.* sugared tea-cake.

ensalada [en-sa-la'da] *f. (green)* salad.

ensaladilla [en-sa-la-dee'lya] *f.* salad *(Russian, etc.).*

ensalmar [en-sal-mar'] *va.* to set; to enchant by spells.

ensalmo [en-sal'mo] *m.* charm, spell; por —, by magic.

ensalzar [en-sal-thar'] *va.* to praise, extol.

ensambladura [en-sam-bla-doo'ra] *f.* joinery.

ensamblar [en-sam-blar'] *va.* to join; to dovetail.

ensanchamiento [en-san-cha-myen'to] *m.* enlargement, expansion, stretch.

ensanchar [en-san-char'] *va.* to widen, extend, expand.

ensanche [en-san'chay] *m.* widening; extension, enlargement; outskirts of town; room to let out *(sew.).*

ensangrentar [en-san-gren-tar'] *va.* to stain with blood.

ensañar [en-sa-nyar'] *va.* to enrage; *vr.* to be furious, give vent to rage, wreak one's anger; to pursue fiercely.

ensartar [en-sar-tar'] *va.* to string, thread, file.

ensayar [en-sa-yar'] *va.* to test, attempt, try; to prove, assay; to rehearse.

ensayista [en-sa-yees'ta] *m.* essay-writer, essayist.

ensayo [en-sa'yo] *m.* examination, test; probation, trial; assay; rehearsal; — general, dress rehearsal.

ensenada [en-say-na'da] *f.* small bay, cove, inlet.

enseña [en-say'nya] *f.* ensign, standard.

enseñanza [en-say-nyan'tha] *f.* teaching, education, instruction; primera —, primary, elementary education; segunda —, secondary education; — superior, higher education.

enseñar [en-say-nyar'] *va.* to teach; to show.

enseres [en-say'res] *m. p.* chattels, implements; — de tocador, toilet articles.   [saddle.

ensillar [en-see-lyar'] *va.* to

ensimismarse [en-see-mees-mar'say] *vr.* to be absorbed, wrapped up, in a brown study.

ensoberbecerse [en-so-bayr-bay-thayr'say] *vr.* to become proud, puffed up; to get on one's high horse.

ensombrecer [en-som-bray-thayr'] v. to shadow, overshade.

ensordecer [en-sor-day-thayr'] va. to deafen, stun.

ensortijado [en-sor-tee-ha'do] adj. curled up, twisted; ringleted, (thickly) curtly.

ensuciar [en-soo-thyar'] va. to soil, befoul, defile; vr. to foul oneself.

ensueño [en-sway'nyo] m. dream reverie; illusion, fantasy.

entablado [en-ta-bla'do] m. floor boarding.

entablar [en-ta-blar'] va. to cover with boards; to initiate; to strike up (conversation); to put on a splinter; to place (chessmen).

entallar [en-ta-lyar'] va. to carve, engrave; vn. to fit close to body.   ["guy".

ente [en'tay] m. entity, being;

enteco [en-tay'ko] adj. weak, flaccid.   [yard.

entena [en-tay'na] f. lateen-

entender [en-ten-dayr'] va. to understand; to know; to be aware; dar a —, to imply; a mi —, in my opinion; vr. to be agreed, get along (well) together.

entendido [en-ten-dee'do] adj. learned, wise, well-informed; darse por —, to take a hint.

entendimiento [en-ten-dee-myen'to] m. intellect; comprehension, understanding; judgement.

enterado [en-tay-ra'do] adj. estar —, to be informed, "in the know", aware.

enteramente [en-tay-ra-men'-tay] adv. entirely, quite, totally.

enterar [en-tay-rar'] va. to inform, acquaint, advise, make know, find out.

entereza [en-tay-ray'tha] f. entirety; integrity; constancy, fortitude.

enternecer [en-tayr-nay-thayr']

va. to make tender; vr. to be moved.

entero [en-tay'ro] adj. flawless, entire; unassailable, incorruptible; whole, complete; robust; just.

enterrador [en-tay-ra-dor'] m. gravedigger.

enterrar [en-tay-rar'] va. to inter, lay in earth, bury.

entibar [en-tee-bar'] v. to rest, to lean upon.

entibiar [en-tee-byar'] va. to take the chill off; to moderate.

entidad [en-tee-dad'] f. entity, being; consequence, worth, consideration, value; organisation, firm.

entierro [en-tyay'ro] m. burial, funeral, interment.

entonado [en-to-na'do] adj. haughty, stiff and starchy.

entonador [en-to-na-dor'] m. organ-blower.

entonación [en-to-na-thyon'] f. intonation; blowing organbellows.

entonar [en-to-nar'] va. to sing (in tune); to intone; to blow organ-bellows.

entonces [en-ton'thes] adv. then, at that time; therefore; en aquel —, in those days, at that time.

entornar [en-tor-nar'] va. to half-close, to leave ajar; to roll (eyes).

entorpecer [en-tor-pay-thayr'] va. to blur, clog, make stupid; to numb; to obstruct.

entorpecimiento [en-tor-pay-thee-myen'to] m. torpor, languidness, stupefaction.

entrada [en-tra'da] f. ingress, entrance, entry, door; approach; entry; revenue; derechos de —, import duties; prohibida la —, no admittance; pl. temples.

entrambos [en-tram'bos] adj. pl. both.   [coming; next.

entrante [en-tran'tay] adj. in-

entraña [en-tra'nya] f. entrail; pl. entrails, bowels; innermost parts; affections; depths; sin —, hard-hearted.

entrañable [en-tra-nya'blay] *adj.* affectionate; dearly loved; inseparable.

entrado [en-tra'do] *pp.* — **en años**, stricken in years.

entrar [en-trar'] *vn.* to come in, get into, go in; to enter; to fit into; to begin; to penetrate, make an entry; to get at (*an enemy*).

entre [en'tray] *prep.* between, among, amongst; —**manos**, in hand; —**tanto**, meanwhile.

entreabrir [en-tray-a-breer'] *va.* to half-open, leave ajar.

entrecejo [en-tray-thay'ho] *m.* frown; space between the eyebrows.

entredicho [en-tray-dee'cho] *m.* ban, prohibition.

entrega [en-tray'ga] *f.* delivery; surrender; issue, part, instalment (*of book*); novela por —**s**, serial.

entregar [en-tray-gar'] *va.* to deliver, hand over, surrender, yield, give up; *vr.* to give oneself up; to surrender; — **a**, to devote oneself to, abandon oneself.

entrelazar [en-tray-la-thar'] *va.* to entwine, interlace.

entremés [en-tray-mes'] *m.* interlude, farce.

entremeterse [en-tray-may-tayr'say] *vr.* to intrude, meddle, poke, interfere with.

entremetido [en-tray-may-tee'do] *adj.* "pushing"; *m.* intruder; busy-body, meddler.

entremezclar [en-tray-meth-klar'] *va.* to intermingle.

entrenarse [en-tray-nar'say] *vr.* to get into training.

entreoír [en-tray-o-eer'] *va.* to hear indistinctly.

entrepaño [en-tray-pa'nyo] *m.* (*arch.*) bay, pier, (*carp.*) shelf.

entresacar [en-tray-sa-kar'] *va.* to select, cull, make choice between; to sift, winnow.

entresuelo [en-tray-sway'lo] *m.* entresol, mezzanine.

entretanto [en-tray-tan'to] *adv.* meanwhile.

entretejer [en-tray-tay-hayr'] *va.* to interweave, twist, plait.

entretener [en-tray-tay-nayr'] *va.* to entertain, keep occupied, beguile, while away, amuse; to keep someone too long; to maintain; to put off.

entretenido [en-tray-tay-nee'do] *adj.* amusing, diverting.

entretenimiento [en-tray-tay-nee-myen'to] *m.* recreation, amusement, entertainment; upkeep, maintenance.

entrever [en-tray-vayr'] *va.* to have a glimpse of, discern.

entreverar [en-tray-vay-rar'] *va.* to insert, mingle.

entrevista [en-tray-vees'ta] *f.* interview; conference.

entristecer [en-trees-tay-thayr'] *va.* to sadden; to cause affliction; *vr.* to grow sad, grieve.

entrometer [en-tro-may-tayr'] *va. & r.* to meddle.

entronizar [en-tro-nee-thar'] *va.* to exalt.

entuerto [en-twayr'to] *m.* wrong, injustice.

entumecer [en-too-may-thayr'] *va.* to benumb; *vr.* to swell, be bloated, puffed up.

entumecido [en-too-may-thee'do] *adj.* numbed, swollen (*with disease, etc.*).

enturbiar [en-toor-byar'] *va.* to trouble, make muddy; to obscure.

entusiasmar [en-too-syas-mar'] *va.* to enrapture, captivate; *vr.* to be enthusiastic, get excited about.

entusiasmo [en-too-syas'mo] *m.* enthusiasm, eagerness, "keenness".

entusiasta [en-too-syas'ta] *m.* "fan", eager follower.

enumerar [ay-noo-may-rar'] *va.* to enumerate, count up.

enunciación [ay-noon-thya-thyon'] *f.* utterance, enunciation, declaration.

enunciar [ay-noon-thyar'] *va.* to state, express.

envainar [en-va-ee-nar'] *va.* to sheathe (*sword*).

envalentonar [en-valen-to-nar'] *va.* to encourage, embolden, fill with Dutch courage; to incite.

envanecer [en-va-nay-thayr']
va. to puff up; vr. to grow
vain or bumptious.

envasar [en-va-sar'] va. to bottle, pack, sack.

envase [en-va'say] m. filling,
bottling; packing case, cask,
vessel; container, bag.

envejecer [en-vay-hay-thayr']
va. to make old; vr. to grow
old.

envenenar [en-vay-nay-nar']
va. to poison.

envergadura [en-vayr-ga-doo'-
ra] f. spread (of wings), span;
breadth (of vision); (important) connections, results, ra-
mifications.

envés [en-ves'] m. wrong side;
flat, back (of hand, sword),
blow (with hand).

enviado [en-vya'do] m. envoy,
nuncio.

enviar [en-vyar'] va. to send;
to convey; to remit; —a paseo,
to send someone about his
business, send packing.

envidia [en-vee'dya] f. grudge,
envy; spite.

envidiar [en-vee-dyar'] va. to
begrudge; to envy; to covet.

envilecer [en-vee-lay-thayr']
va. to debase, disgrace; vr. to
grovel.

envío [en-vee'o] m. remittance;
sending; consignment, shipment.

envite [en-vee'tay] m. stake at
cards; invitation; offer; push.

enviudar [en-vyoo-dar'] vn. to
become a widow or widower.

envoltura [en-vol-too'ra] f.
wrapper, swaddling-clothes;
cover(ings), wrapping(s).

envolver [en-vol-vayr'] va. to
do up, wrap up, tie up; to cover; to involve, imply, include.

enyugar [en-yoo-gar'] va. to
yoke.

enzarzar [en-thar-thar'] va. to
entangle; to sow discord; vr.
to get tied up; to squabble.

épica [ay'pee-ka] f. epic poetry.

épico [ay'pee-ko] adj. epic,
heroic.   [epidemic.

epidemia [ay-pee-day'mya] f.

epidémico [ay-pee-day'mee-ko]
adj. epidemical, epidemic.

epidérmico [ay-pee-dayr'mee-
ko] adj. epidermic.

epifanía [ay-pee-fa-nee'a] f.
Epiphany, Twelfth Night.

epígrafe [ay-pee'gra-fay] m. title; epigraph; headline; motto.

epílogo [ay-pee'lo-go] m. epilo-
gue; summing up.

episcopado [ay-pees-ko-pa'do]
m. bishopric, episcopate.

episodio [ay-pee-so'dyo]] m.
episode, incident.

epístola [ay-pees'to-la] f. letter;
epistle.

epistolar [ay-pees-to-lar'] adj.
epistolary, concerned with letter-writing.

epitafio [ay-pee-ta'fyo] m. epitaph; inscription (on tombstone).

epitalamio [ay-pee-tala'myo] m.
m. bridal song, epithalamium.

epíteto [ay-pee'tay-to] m. epithet.

epítome [ay-pee'to-may] m. epitome; summary, résumé; compendium.

época [ay'po-ka] f. epoch, era,
season, period, time(s).

epopeya [ay-po-pay'ya] f. epic
(poem).

equidad [ay-qee-dad'] f. equity;
fairness, justice.

equilibrar [ay-kee-lee-brar'] va.
to balance, poise.

equilibrio [ay-kee-lee'bryo] m.
balance, poise, equilibrium.

equilibrista [ay-kee-lee-brees'-
ta] m. tight-rope dancer, tumbler.   [equinox.

equinoccio [ay-kee-nok'thyo] m.

equipaje [ay-wee-pa'hay] m.
luggage, baggage, trasps, bags.

equipar [ay-kee-par'] va. to
equip, rig out, furnish.

equipo [ay-kee'po] m. outfit,
equipment; team; shint, (of
workers).

equis [ay'kees] f. the letter "X".

equitación [ay-kee-ta-thyon'] f.
horsemanship, riding.

equitativo [ay-kee-ta-tee'vo]
adj. equitable, fair, square,
honest.

equivalente [ay-kee-va-len'tay] *adj.* equivalent, worth; *m.* equal amount.

equivaler [ay-kee-va-layr'] *vn.* to be equal, be equivalent; to amount to.

equivocación [ay-kee-vo-ka-thyon'] *f.* mistake, error, slip, blunder; misunderstanding.

equivocarse [ay-kee-vo-kar'say] *vr.* to be mistaken; to misunderstand; to be wrong.

equívoco [ay-kee'vo-ko] *adj.* ambiguous, uncertain, compromising, questionable. with double meaning

era [ay'ra] *f.* era, epoch; vegetable patch; threshingfloor.

erario [ay-ra'ryo] *m.* exchequer.

eremita [ay-ray-mee'ta] *m.* hermit, recluse.

erguir [ayr-geer'] *va.* to erect. stiffen, stand erect.

erial [ay-ryal'] *m.* waste land, untilled land, common.

erigir [ay-ree-heer'] *va.* to erect, build, set up; *vr.* to rise up.

erizar [ay-ree-thar'] *va.* to bristle; *vr.* to set on end.

erizo [ay-ree'tho] *m.* hedgehog; sea-urchin. [ge, chapel.

ermita [ayr-mee'ta] *f.* hermita-

ermitaño [ayr-mee-ta'nyo] *m.* hermit, anchorite.

errado [ay-ra'do] *adj.* mistaken, amiss, erroneous, wide *(of mark).*

errante [ay-ran'tay] *adj.* wandering, vagabond, strolling, nomadic, errant.

errar [ay-rar'] *vn.* to roam, wander about; to miss; to err, sin, go astray.

erróneo [ay-ro'nay-o] *adj.* inaccurate, mistaken, false.

error [ay-ror'] *m.* error, mistake, fault, miscalculation; fallacy.

erudición [ay-roo-dee-thyon'] *f.* learning, scholarship, lore.

erudito [ay-roo-dee'to] *m.* scholar.

erupción [ay-roop-thyon'] *f.* eruption, outbreak.

esbeltez [es-bel-tayth'] *f.* slenderness, willowyness, elegance.

esbelto [s-bel'to] *adj.* tall, slim and well shaped.

esbirro [es-bee'ro] *m.* myrmidon *(of the law).*

esbozo [es-bo'tho] *m.* sketch; rough draft.

escabeche [es-ka-bay'chay] *m.* pickle; soused fish. [stool.

escabel [es-ka-bel'] *m.* foot-

escabroso [es-ka-bro'so] *adj.* rugged, slippery, dangerous; thorny, unpleasant *(subject).*

escabullirse [es-ka-boo-lyeer'-say] *vr.* to scamper off, sneak off, slink off, slip away.

escala [es-ka'la] *f.* ladder, scale; hacer —, to call *(at seaport).*

escalafón [es-ka-la-fon'] *m.* list, roll; establishment; grade list *(of professors, etc.).*

escaldado [es-kal-da'do] *adj.* scalded; wary, gato — huye del agua fría, a burnt cat dreads the fire.

escalera [es-ka-lay'ra] *f.* staircase, stair; ladder; —de caracol, spiral staircase.

escaleta [es-ka-lay'ta] *f.* rack; frame for raising carriages.

escalinata [es-ka-lee-na'ta] *f.* stone staircase, terraced steps.

escalofrío [es-ka-lo-free'o] *m.* chill; shivering, "shivers".

escalón [es-ka-lon'] *m.* step *(of stair);* stage, grade, degree.

escalonar [es-ka-lo-nar'] *va.* to draw up; to form in echelon.

escalpelo [es-kal-pay'lo] *m.* scalpel, surgeon's knife.

escama [es-ka'ma] *f.* scale *(fish);* suspicion.

escamado [es-ka-ma'do] *adj.* "once bitten, twice shy"; wary, "shy"; "put out", upset.

escamotear [es-ka-mo-tay-ar'] *va.* to juggle, conjure, palm.

escamoteo [es-ka-mo-tay'o] *m.* sleight of hand, trick(ery).

escampar [es-kam-par'] *vn.* to stop raining, clear up.

escanciar [es-kan-thyar'] *va.* to pour, serve *(wine).*

escandalizar [es-kan-da-lee-thar'] *va.* to scandalise, cause an uproar.

escándalo [es-kan'da-lo] *m.* scandal, row, rowdiness.

escandaloso [es-kan-da-lo'so] *adj.* scandalous, shameful; disorderly.

escandinavo [es-kan-dee-na'vo] *adj.* Scandinavian. [settle.

escaño [es-ka'nyo] *m.* bench,

escapar [es-ka-par'] *vn.* to escape, get away; *vr.* to make a getaway, slip off, fly; **se me escapó,** I overlooked (that).

escaparate [es-ka-pa-ra'tay] *m.* cupboard; show-case, shop-window.

escape [es-ka'pay] *m.* flight, evasion, escape; lever, escapement *(watch);* release; **a —,** speedily, at speed; **no hay —,** there is no way out.

escapulario [es-ka-poo-la'ree-o] *m.* scapulary.

escarabajo [es-ka-ra-ba'ho] *m.* beetle. [*f.* skirmish.

escaramuza [es-ka-ra-moo'tha]

escarapela [es-ka-ra-pay'la] *f.* cockade, badge.

escarbar [es-kar-bar'] *va.* to scrape, scratch *(earth).*

escarcela [es-kar-thay'la] *f.* game-pouch.

escarcha [es-kar'cha] *f.* white frost, rime.

escarlata [es-kar-la'ta] *f. & adj.* scarlet.

escarlatina [es-kar-la-tee'na] *f.* scarlet-fever.

escarmentar [es-kar-men-tar'] *vn.* to learn by hard experience; *va.* to punish as example, teach *(a lesson to).*

escarmiento [es-kar-myen'to] *m.* warning, punishment.

escarnecer [es-kar-nay-thayr'] *va.* to scoff, jeer, sneer.

escarnio [es-kar'nyo] *m.* scorn, derision, mockery.

escarola [es-ka-ro'la] *f.* endive.

escarpado [es-kar-pa'do] *adj.* steep, rugged, craggy.

escasear [es-ka-say-ar'] *vn.* to be scarce, fall short, be wanting; *vn.* to be sparing.

escasez [es-ka-sayth'] *f.* lack, want, shortage, scarcity; poverty.

escaso [es-ka'so] *adj.* scarce, rare; spare, meagre; scanty.

escatimar [es-ka-tee-mar'] *va.* to pinch, skimp; to haggle; to reduce, lessen; to be sparing *(of praise, etc.).*

escena [es-thay'na] *f.* scene, stage scenery; view, sight; **director de —,** producer.

escenario [es-thay-na'ryo] *m.* the stage, boards; scene *(of action).*

escepticismo [es-thep-tee-thees'mo] *m.* doubt, scepticism.

escéptico [es-thep'tee-ko] *adj.* sceptic, sceptical.

escisión [es-thee-syon'] *f.* division, separation.

esclarecer [es-kla-ray-thayr'] *va.* to explain, make clear: to ennoble.

esclarecido [es-kla-ray-thee'do] *adj.* illustrious, eminent, conspicuous.

esclavitud [es-kla-vee-tood'] *f.* slavery, servitude, thralldom.

esclavizar [es-kla-vee-thar'] *va.* to enslave. [drudge.

esclavo [es-kla'vo] *m.* slave,

esclusa [es-kloo'sa] *f.* lock, dam, weir.

escoba [es-ko'ba] *f.* broom; **mango (palo) de —,** broomstick.

escocer [es-ko-thayr'] *vn.* to feel a smart pain; *vr.* to smart.

escocés [es-ko-thes'] *m. & adj.* Scotch, Scottish.

escoger [es-ko-hayr'] *va.* to choose, elect, pick out, select.

escogido [es-ko-hee'do] *adj.* choice, fine, selected.

escogimiento [es-ko-hee-myen'to] *m.* selection, choice.

escolar [es ko-lar'] *adj.* **vida —,** life at school; *m.* student, pupil.

escolástico [es-ko-las'tee-ko] *adj.* scholastic.

escolta [es-kol'ta] *f.* escort, safeguard, convoy; **— real,** Household Cavalry,

escoltar [es-kol-tar'] *va.* to escort, convoy.

escollo [es-ko'lyo] *m.* rock, reef; quick-sand; stumbling-block.

escombro [es-kom'bro] *m.* rubbish; *pl.* débris, dust, ruins, litter..

esconder [es-kon-dayr'] *va.* to hide, conceal, stow away; *vr.* to lurk, hide.

escondite [es-kon-dee'tay] *m.* hiding-place; game of hide-and-seek.

escondrijo [es-kon-dree'ho] *m.* hiding-place, lair, (secret) haunt; (private) store.

escopeta [es-ko-pay'ta] *f.* shotgun, fowling-piece.

escoplo [es-ko'plo] *m.* chisel.

escoria [es-ko'rya] *f.* refuse, dross, scum; slag, clinker.

escorpión [es-kor-pyon'] *m.* scorpion.

escotar [es-ko-tar'] *v. tr.* to slope, cut a dress low in the neck; to club.

escote [es-ko'tay] *m.* low neck, décolletage; share; pool, club.

escotilla [es-ko-tee'lya] *f.* hatchway.

escotillón [es-ko-tee-lyon'] *m.* trap-door.

escozor [es-ko-thor'] *m.* smart, pain.

escribano [es-kree-ba'no] *m.* registrar, magistrate's clerk; — de número, notary public.

escribiente [es-kree-byen-tay] *m.* amanuensis, clerk.

escribir [es-kree-beer'] *va.* to write; máquina de —, typewriter.

escrito [es-kree'to] *m.* writing, manuscript; *adj.* written; poner por —, to commit to writing. [author.

escritor [es-kree-tor'] *m.* writer,

escritora [es-kree-to'ra] *f.* authoress.

escritorio [es-kree-to'ryo] *m.* writing-desk, bureau; office.

escritura [es-kree-too'ra] *f.* deed, document; writing; —de venta, deed of sale; sagrada—, the Scriptures, Holy Writ.

escrúpulo [es-kroo'poo-lo] *m.* scruple; squeamishness; hesitation.

escrupuloso [es-kroo-poo-lo'so] *adj.* scrupulous; nice, careful.

escrutar [es-kroo-tar'] *va.* to scrutinise; to count (*votes*).

escrutinio [es-kroo-tee'nyo] *m.* scrutiny, ballot.

escuadra [es-kwa'dra] *f.* carpenter's square; squad; fleet.

escuadrilla [es-kwa-dree'lya] *f.* — aérea, squadron, flight.

escuadrón [es-kwa-dron'] *m.* squadron.

escuálido [es-kwa'lee-do] *adj.* weak, languid; squalid.

escuchar [es-koo-char'] *va.* to listen to, heed, mind; to hear.

escudero [es-koo-day'ro] *m.* squire, footman.

escudilla [es-koo-dee'lya] *f.* bowl, porringer.

escudo [es-koo'do] *m.* shield, buckler; coat-of-arms; protection, defence; coin.

escudriñar [es-koo-dree-nyar'] *va.* to search, scan; to rummage; to scrutinise, examine carefully.

escuela [es-kway'la] *f.* school, school-house; doctrine.

escueto [es-kway'to] *adj.* bare, clean, reduced to bare bones; solitary.

esculpir [es-kood-peer'] *va.* to carve, engrave.

escultor [es-kool-tor'] *m.* sculptor.

escultura [es-kool-too'ra] *f.* sculpture. [*f.* spittoon.

escupidora [es-koo-pee-do'ra]

escupir [es-koo-peer'] *va.* to to spit, spit out.

escurridizo [es-koo-ree-dee'tho] *adj.* slippery, hard to hold; lazo —, slip knot.

escurrir [es-koo-reer'] *va.* to drain; to wring (*wet clothes*); *vr.* to slip out; — el bulto, to pass the can, dodge the consequences.

ese [ay'say] *adj.* that; *pron.* ése, that one.

esencia [ay-sen'thya] *f.* essence; perfume; petrol.

esencial [ay-sen-thyal'] *adj.* essential, substantial, necessary.

esfera [es-fay'ra] *f.* sphere, globe, circle.

esférico [es-fay'ree-ko] *adj.* spherical, globular.

esfinge [es-feen'hay] *f.* sphinx.

esforzado [es-for-tha'do] *adj.* strong, valiant, vigorous, active, energetic.

esforzar [es-for-thar'] *va.* to encourage, stimulate; make an effort to, try, to; *vr.* to endeavour.

esfuerzo [es-fwayr'tho] *m.* effort, exertion.

esgrima [es-gree'ma] *f.* fencing.

esgrimir [es-gree-meer'] *va.* to fence, wield *(as an arm).*

esguazar [es-goo-ah-thar'] *v. tr.* to ford *(as a river).*

esguince [es-geen'thay] *m.* swerve, sidestep *(of body).*

eslabón [es-la-bon'] *m.* link *(of chain);* steel *(for striking fire).*

eslabonar [es-la-bo-nar'] *va.* to link, connect.

eslingar [es-leen-gar'] *va.* to sling, hoist (up).

esmaltar [es-mal-tar'] *va.* to enamel; to embellish, adorn.

esmalte [es-mal'tay] *m.* enamel.

esmerado [es-may-ra'do] *adj.* careful, painstaking, refined, exquisite, delicate.

esmeralda [es-may-ral'da] *f.* emerald.

esmerarse [es-may-rar'say] *vr.* to take (be at) great care, (pains, trouble).

esmero [es-may'ro] *m.* great care, niceness, refinement, delicacy.

eso [ay'so] *pron.* a — de, about *(time);* — es, that's it.

esotérico [ay-so-tay'ree-ko] *adj.* esoteric, private, abstruse, specialised.

espabilar [es-pa-bee-lar'] *va.* to snuff.

espaciar [es-pa-thyar'] *va.* to put space in between; to distance; *vr.* to dilate; to cheer up; to take one's ease.

espacio [es-pa'thyo] *m.* space, room; slowness; interval.

espacioso [es-pa-thyo'so] *adj.* roomy, spacious, ample; slow.

espada [es-pa'da] *f.* sword, rapier; swordsman, blade.

espadachín [es-pa-da-cheen'] *m.* bully, roysterer.

espadín [es-pa-deen'] *m.* ceremonial sword.

espalda [es-pal'da] *f.* back, shoulders; a —s, on the back; a —s de, behind the back of.

espaldar [es-pal-dar'] *m.* back *(of seat),* back-plate *(armour).*

espaldarazo [es-pal-da-ra'tho] *m.* accolade. [frightful.

espantable [es-pan-ta'blay] *adj.*

espantadizo [es-pan-ta-dee'tho] *adj.* shy, timid, fearful.

espantajo [es-pan-ta'ho] *m.* scarecrow.

espantapájaros [es-pan-ta-pa'-ha-ros] *m.* scarecrow.

espantar [es-pan-tar'] *va.* to frighten, scare; *vr.* to be frightened, be afraid.

espanto [es-pan'to] *m.* fright, dread, consternation, wonder.

espantoso [es-pan-to'so] *adj.* frightful, horrible.

español [es-pa-nyol'] *m. & adj.* Spaniard, Spanish.

esparadrapo [es-pa-ra-dra'po] *m.* court-plaster, sticking-plaster.

esparcido [es-par-thee'do] *adj.* scattered.

esparcimiento [es-par-thee-myen'to] *m.* merriment, joy, recreation; scattering.

esparcir [es-par-theer'] *va.* to scatter, spread; *vr.* to spread oneself; make merry.

espárrago [es-pa'ra-go] *m.* asparagus. [grass.

esparto [es-par'to] *m.* esparto

espasmo [es-pas'mo] *m.* spasm.

especia [es-pay'thya] *f.* spice; condiment.

especial [es-pay-thyal'] *adj.* special.

especie [es-pay'thyay] *f.* kind, species, class, incident; news.

especiería [es-pay-thyay-ree'a] *f.* grocery; spices.

especiero [es-pal-thyay'ro] *m.* spicer; grocer.

especificar [es-pay-thee-fee-kar'] *va.* to specify, itemize detail.

especioso [es-pay-thyo'so] *adj.* specious, deceptive; apparent.

espectáculo [es-pek-ta'koo-lo] m. spectacle, show, sight.

espectador [es-pek-ta-dor'] m. spectator, looker-on.

espectro [es-pek'tro] m. spectre, ghost, phantom.

especular [es-pay-koo-lar'] va. to speculate; to contemplate.

especulativo [es-pay-koo-la-tee'-vo] adj. speculative.

espejismo [es-pay-hees'mo] m. mirage, illusion; selfreflection.

espejo [es-pay'ho] m. looking-glass, mirror.

espeluznante [es-pay-looth-nan'-tay] adj. revolting, disgusting.

espera [es-pay'ra] f. expectation; expectancy; wait; en — de, hoping for, waiting for.

esperanza [es-pay-ran'tha] f. hope.

esperanzar [es-pay-ran-thar'] va. to give hope(s) to, buoy up (with hope).

esperar [es-pay-rar'] va. to hope, expect, wait for.

esperpento [es-pays-pen'to] m. gorgou, fright, scarecrow.

espesar [es-pay-sar'] va. to thicken.

espeso [es-pay'so] adj. thick, dense.

espesor [es-pay-sor'] m. thickness, density.

espesura [es-pay-soo'ra] f. closeness; thicket.

espetar [es-pay-tar'] va. to spit, run through; to spit out at.

espetón [es-pay-ton'] m. skewer, spit.

espía [es-pee'a] m. & f. spy.

espiar [es-pee-ar'] va. to spy, watch.

espiga [es-pee'ga] f. ear (of corn); spike.

espigado [es-pee-ga'do] adj. grown, matured.

espigar [es-pee-gar'] vn. to ear, glean, pick up the (stray) ears, grains.

espigón [es-pee-gon'] m. (bee) sting, (sharp) point.

espina [es-pee'na] f. thorn; fishbone; spine (book).

espinaca [es-pee-na'ka] f. spinach.

espinar [es-pee-nar'] va. to prick; m. thorn-brake.

espinazo [es-pee-na'tho] m. back-bone.

espino [es-pee'no] m. hawthorn.

espinoso [es-pee-no'so] adj. thorny, prickly; knotty, intricate, arduous, ticklish.

espionaje [es-pee-o-na'hay] m. spying, espionage.

espiral [es-pee-ral'] adj. spiral, helical; f. spiral line.

espirar [es-pee-rar'] vn. to expire, breathe.

espiritista [es-pee-ree-tees'ta] m. spiritualist.

espíritu [es-pee'ree-too] m. ghost, spirit, soul genius; liquor.

espiritual [es-pee-ree-twal'] adj. spiritual.

espirituoso [es-pee-ree-two'so] adj. spirituous.

espita [es-pee'ta] f. tap, stopcock, bung.

esplendente [es-plen-den'tay] adj. resplendent, glittering.

esplendidez [es-plen-dee-dayth'] f. splendour, largesse, splendidness, liberality.

esplendor [es-plen-dor'] m. brilliance, magnificence, glory, radiance.

espliego [es-plyay'go] m. lavender.

esplique [es-plee'kay] m. birdsnare.

espolear [es-po-lay-ar'] va. to spur; to incite.

espolio [es-po'lyo] m. despoiling; the taking of Christ's clothes by the soldiers.

espolón [es-po-lon'] m. cock's spur; buttress; ridge.

espolvorear [es-pol-vo-ray-ar'] va. to powder.

esponja [es-pon'ha] f. sponge.

esponjarse [es-pon-har'say] vr. to swell (with water, pride, vanity. [spongy.

esponjoso [es-pon-ho'so] adj.

esponsales [es-pon-sa'lays] m. pl., betrothal, nuptials.

espontaneidad [es-pon-ta-nay-ee-dad'] f. spontaneity.

espontáneo [es-pon-ta'nay-o] adj. spontaneous.

esportillo [es-por-tee'lyo] *m.* pannier, basket.

esposa [es-po'sa] *f.* wife, spouse; *pl.* manacle, fetters.

esposo [es-po'so] *m.* husband, consort. [citement.

espuela [es-pway'la] *f.* spur; incitement.

espuma [es-poo'ma] *f.* froth, foam, *(soap)* lather. [skim.

espumar [es-poo-mar'] *va.* to skim.

espumoso [es-poo-mo'so] *adj.* frothy, foaming.

espurio [es-poo'ryo] *adj.* spurious, false; bastard.

esquela [es-kay'la] *f.* note, billet; memorial notice *(newspapers); in memoriam* card.

esqueleto [es-kay-lay'to] *m.* skeleton.

esquema [es-kay'ma] *m.* scheme, sketch, plan.

esquife [es-kee'fay] *m.* small boat, skiff. [shearing.

esquila [es-kee'la] *f.* sheep bell; shearing.

esquilar [es-kee-lar'] *va.* to shear, fleece, crop.

esquilmar [es-keel-mar'] *va.* to impoverish *(land).*

esquimal [es-kee-mal'] *m.* Eskimo.

esquina [es-kee'na] *f.* corner, angle, edge. [leg.

esquirol [es-kee-rol'] *m.* black-leg.

esquivar [es-kee-var'] *va.* to shun, avoid, elude.

esquivez [es-kee-vayth'] *f.* shyness, coldness, coyness, mistrust, misgiving.

esquivo [es-kee'vo] *adj.* evasive, shy, elusive.

estabilidad [es-ta-bee-lee-dad'] *f.* stability, permanence, firmness.

estable [es-ta'blay] *adj.* stable, firm, durable, permanent.

establecer [es-ta-blay-thayr'] *va.* to establish, found, set up, lay down; *vr.* to settle.

establecimiento [es-ta-blay-thee-myen'to] *m.* establishment, settlement.

establo [es-ta'blo] *m.* stable.

estaca [es-ta'ka] *f.* stake, pole, cudgel, beam; grafting twig; *(fam.)* stalk *(in tobacco).*

estacada [es-ta-ka'da] *f.* stockade, fencing, paling.

estación [es-ta-thyon'] *f.* condition *(of life);* season; *(railway]* station.

estacionario [es-ta-thyo-na'ryo] *adj.* stationary, fixed.

estada [es-ta'da] *f.* stay, sojourn.

estadio [es-ta'dyo] *m.* stadium, training ground *(horses, athletes);* measure of about ½ mile.

estadista [es-ta-dees'ta] *m.* statesman, man of affairs.

estadística [es-ta-dees'tee-ka] *f.* *pl.* —s, statistics.

estado [es-ta'do] *m.* state, class, condition, place, rank; plight; — mayor, General Staff.

estafa [es-ta'fa] *f.* swindle theft.

estafar [es-ta-far'] *va.* to swindle, trick (out of).

estafermo [es-ta-fayr'mo] *m.* movable figure of an armed man; idle fellow; ridiculous person.

estafeta [es-ta-fay'ta] *f.* branch post-office; courier, despatch-rider.

estallar [es-ta-lyar'] *vn.* to explode, burst, break out.

estallido [es-ta-lyee'do] *m.* burst, crashing, crack *(of whip, gun).*

estameña [es-ta-may'nya] *f.* serge.

estampa [es-tam'pa] *f.* print, engraving.

estampado [es-tam-pa'do] *m.* calico, cotton print.

estampar [es-tam-par'] *va.* to print; imprint *(a kiss);* to stamp. [stampede.

estampida [es-tam-pee'da] *f.* stampede.

estampilla [es-tam-pee'lya] *f.* rubber stamp; postage-stamp *(Amer.).*

estampido [es-tam-pee'do] *m.* report *(of gun),* crack, crash-(ing).

estancar [es-tan-kar'] *va.* to stem, staunch *(a flow); vr.* to be stagnant, be held up, be stopped, come to a stop *(usually of water).*

estancia [es-tan'thya] *f.* sojourn, stay; dwelling, living-room; stanza; farm, ranch.

estanciero [es-tan-thyay'ro] *m.* farmer, ranch-owner.

estanco [es-tan'ko] m. monopoly (especially in stamps and tobacco); tobacconist's, tobacco-kiosk.

estandarte [es-tan-dar'tay] m. standard, colours (of regiment).

estanque [es-tan'kay] m. pool, pond; basin, (ornamental) lake.

estanquero [es-tan-kay'ro] m. shopkeeper (in estanco), tobacconist.

estante [es-tan'tay] m. shelf, book-case, what-not.

estantería [es-tan-tay-ree'a] f. shelving, shelves.

estantigua [es-tan-tee'gwa] f. hobgoblin; fright.

estaño [es-ta'nyo] m. tin.

estar [es-tar'] vn. to be; to stay, stand; estarse quieto, to stand still.

estatua [es-ta'twa] f. statue.

estatuir [es-ta-tweer'] va. to establish; to arrange; to enact.

estatura [es-ta-too'ra] f. stature, height.

estatuto [es-ta-too'to] m. statute, law; pl. by-laws.

este [es-tay] adj. this; pron. éste, this one.

este [es'tay] m. east.

estela [es-tay'la] f. wake (of ship); followers.

estenografía [es-tay-no-gra-fee'a] f. stenography, shorthand.

estepa [es-tay'pa] f. steppe, waste, (bare) uplands.

estera [es-tay'ra] f. mat, matting.

estercolar [es-tayr-co-lar'] m. to manure, spread dung.

estereotipia [es-tay-ray-o-tee'-pya] f. stereotype; printing-works.

estéril [es-tay'reel] adj. sterile, barren; fruitless.

esterlina [es-tayr-lee'na] adj. libra —, pound sterling.

esternón [es-tayr-non'] m. (anat.) sternoon, breast bone.

estética [es-tay'tee'ka] m. aesthetics.

estibador [es-tee-ba-dor'] m. stevedore.

estiércol [es-tyayr'kol] m. dung, excrement, manure.

estigma [es-teeg'ma] m. stigma; mark.

estigmatizar [es-teeg-ma-tee-thar'] va. to stigmatise.

estilar [es-tee-lar'] vn. & vr. to be accostumed; vr. to be in fashion, to be worn.

estilo [es-tee'lo] m. style; use, manner.

estima [es-tee'ma] f. esteem, appreciation.

estimación [es-tee-ma-thyon'] f. esteem, regard, estimate, valuation.

estimar [es-tee-mar'] va. to esteem, like, hold in (high) respect, respect; to appraise, judge, think.

estimulante [es-tee-moo-lan'-tay] adj. stimulating.

estimular [es-tee-moo-lar'] va. to encourage, incite, stimulate.

estímulo [es-tee'moo-lo] m. encouragement, stimulus.

estío [es-tee'o] m. summer.

estipendio [es-tee-pen'dyo] m. stipend, pay.

estipulación [es-tee-poo-la-thyon'] f. stipulation, promise, bargain, condition.

estipular [es-tee-poo-lar'] va. to stipulate, contract, lay down (as condition).

estirado [es-tee-ra'do] adj. stretched; stiff (-necked), starched, unbending, straitlaced.

estirar [es-tee-rar'] va. to stretch (out), pull out (elastic), crane (one's neck).

estirón [es-tee-ron'] m. tug, stiff pull; dar un —, to shoot up (in growth).

estirpe [es-teer'pay] f. stock, family, blood.

estival [es-tee-val'] adj. summer, summery.

estofa [es-to'fa] f. stuff, materials; quality; de baja —, low class.

estofar [es-to-far'] va. to stew; to quilt. [stoical.

estoico [es-toy'ko] adj. stoic,

estólido [es-to'lee-do] adj. stolid, stupid.

estómago [es-to'ma-go] *m.* stomach.
estopa [es-to'pa] *f.* tow, hemp,
yarn.
estoque [es-to'kay] *m.* rapier,
sword (-stick), poniard.
estorbar [es-tor-bar'] *va.* to
obstruct, be in the way, hinder, molest.
estorbo [es-tor'bo] *m.* obstacle,
hindrance, obstruction, stumbling-block.
estornudar [es-tor-noo-dar'] *vn.*
to sneeze.
estrafalario [es-tra-fa-la'ryo]
adj. eccentric, odd, queer, untidy *(in dress).*
estragar [es-tra-gar'] *va.* to
ruin, spoil *(tastes, etc.),* corrupt *(manners).*
estrago [es-tra'go] *m.* ravage,
havoc, destruction; hacer —s,
to wreak havoc, make inroads
(into emotions, etc.); to cause
(huge) losses.
estratagema [es-tra-ta-hay'ma]
f. stratagem, trick.
estraperlista [es-tra-payr-lees'-
ta] *m.* profiteer; blackmarket
dealer.
estraperlo [es-tra-per'lo] *m.*
black market.
estrategia [es-tra-tay'hya] *f.*
strategy.
estrechar [es-tray-char'] *va.* to
compress, tighten; to confine;
vn. to become (make) (more)
intimate (close) with; — la
mano, to shake hands with.
estrechez [es-tray-chayth'] *f.*
narrowness, closeness; intimacy; *(often pl.)* penury, straitened circumstances.
estrecho [es-tray'cho] *adj.* narrow, tight; close; intimate; *m.*
strait(s) *(of Gibraltar).*
estregar [es-tray-gar'] *va.* to
rub (eyes); scrape, scour.
estrella [es-tray'lya] *f.* star; fate,
lot.
estrellado [es-tray-lya'do] *adj.*
shattered, splashed; *(of eggs)*
fried; smashed, splattered.
estrellar [es-tray-lyar'] *va.* to
shatter; *vr.* to dash, break
against; to spend oneself against.

estremecer [es-tray-may-thayr']
vn. to shake, shudder, quiver
(with fear, etc.); vr. to tremble, shover.
estremecimiento [es-tray-may-
thee-myen'to] *m.* shaking,
trembling, apprehension, shudder.
estrenar [es-tray-nar'] *va.* to try
on, do, wear *(for first time);*
to have a first performance.
estreno [es-tray'no] *m.* beginning, first night *(theatre),*
début; first performance.
estreñir [es-tray-nyeer'] *va.* to
bind, restrain; *vr.* to be cos-
tive.
estrépito [es-tray'pee-to] *m.*
noise, din, row, racket.
estrepitoso [es-tray-pee-to'so]
adj. noisy, strident, rowdy,
obstreperous.
estría [es-tree'a] *f.* fluting,
groove *(on column).*
estribar [es-tree-bar'] *vn.* to
rest (upon), depend on, be
supported by.
estribo [es-tree'bo] *m.* stirrup;
counter-fort, buttress.
estribor [es-tree-bor'] *m.* starboard.
estricto [es-treek'to] *adj.* strict,
accurate.
estridente [es-tree-den-tay] *adj.*
jarring, raucous, strident.
estro [es'tro] *m. (poet.)* inspiration.
estrofa [es-tro'pha] *f. (poet.)*
strophe, stanza, verse.
estropajo [es-tro-pa'jo] *m.* mop,
swab, bundle of rags; pans-
crubber.
estropear [es-tro-pay-ar'] *va.*
to spoil; to maim, mutilate,
damage, ruin *(clothes, etc.).*
estructura [es-trook-too'ra] *f.*
structure.
estruendo [es-trwen'do] *m.*
clangour, clashing, clattering.
estrujar [es-troo-har'] *vn.* to
crush, squeeze, jam.
estuario [es-twa'ryo] *m.* estuary.   [plaster.
estuco [es-too'ko] *m.* stucco;
estuche [es-too'chay] *m.* case,
sheath *(jewels, dagger).*
estudiante [es-too-dyan'tay] *m.*

scholar, student, undergraduate.

estudiantina [es-too-dyan-tee'-na] f. student wake or band (with guitars).

estudiar [es-too-dyar'] va. to study; contemplate; vn. to attend classes; to read (for degree).

estudio [es-too'dyo] m. study, contemplation; studio; reading-room.

estudioso [es-too-dyo'so] adj. studious.

estufa [es-too'fa] f. stove; heater.

estupefacto [es-too-pay-fak'to] adj. stupefied, astonished, set back, put out.

estupendo [es-too-pen'do] adj. stupendous, marvellous, tremendous, terrific; pop. wizard, smashing.

estupidez [es-too-pee'dayth] f. stupidity.

estúpido [es-too'pee-do] adj. stupid, dull, slow.

estupro [es-too'pro] m. rape.

esvarar [es-va-rar'] v. (intr.) to slip.

esvarón [es-va-ron'] m. slip.

etapa [ay-ta'pa] f. station, stage, halting-place, relay.

éter [ay'tayr] m. ether.

eternidad [ay-tayr-nee-dad'] f. eternity.   [nal, endless.

eterno [ay-tayr'no] adj. eter-

etimología [ay-tee-mo-lo-hee'a] etymology.   [pian.

etíope [ay-tee'o-pay] adj. Ethio-

etiqueta [ay-tee-kay-ta] f. etiquette, ceremony; ticket, label; baile de —, formal dance; de —, de rigueur, formal dress.

eufemismo [ay-oo-fay-mees'mo] m. euphemism.

europeo [ay-oo-ro-pay'o] adj. European.

evacuación [ay-va-kwa-thyon'] f. evacuation.

evacuar [ay-va-kwar'] va. to evacuate, leave; to empty; to clear; to perform, transact (business).

evadir [ay-va-deer'] va. to evade, elude; vr. to evade, escape, break (away, out).

evangélico [ay-van-hay'lee-ko] adj. evangelical, Protestant.

evangelio [ay-van-hay'lyo] m. gospel.

evaporación [ay - va - po - ra - thyon'] f. evaporation.

evaporar [ay-va-po-rar'] va. to evaporate, vaporise; vr. to evaporate.

evasión [ay-va-syon'] f. evasion, escape, (coll.) getaway.

evasivo [ay-va-see'vo] adj. evasive, elusive.

evento [ay-ven'to] m. event. issue, happening; contingency.

eventual [ay-ven-twal'] adj. eventual, contingent, uncertain.

evidencia [ay-vee-den'thya] f. evidence; obviousness; proof.

evidenciar [ay-vee-den-thyar'] va. to show, prove, make evident, reveal.

evidente [ay-vee-den'tay] adj. clear, manifest, obvious, evident.

evitar [ay-vee-tar'] va. to avoid, shun, elude, shirk.

evocar [ay-vo-kar'] va. to evoke.

evolución [ay-vo-loo-thyon'] f. evolution, development.

exacerbar [e(k)-sa-thayr-bar'] va. to irritate, exacerbate, aggravate.

exactitud [e(k)-sak-tee-tood'] f. accuracy, exactness.

exacto [e(k)-sak'to] adj. exact, accurate, just; adv. (quite) right.

exageración [e(k)-sa-hay-ra-thyon'] f. exaggeration.

exagerar [e(k)-sa-hay-rar'] va. to exaggerate, overstate.

exaltado [e(k)-sal-ta'do] m. extreme reactionary; "hot-head", extremist.

exaltar [e(k)-sal-tar'] va. to exalt, extol; vr. to work oneself up.

examen [e(k)-sa'men] m. examination.

examinar [e(k)-sa-mee-nar'] va. to examine, inspect, scan, look into.

exangüe [e(k)-san'gway] adj. bloodless.

exasperar [e(k)-sas-pay-rar'] va. to exasperate, irritate.

exceder [e(k)s-thay-dayr'] va. to exceed, surpass; vr. to exceed.

excelencia [e(k)s-thay-len'thya] f. excellence, excellency.

excelente [e(k)s-thay-len'tay] adj. excellent.

excelso [e(k)-thel'so] adj. sublime, lofty, elevated.

excentricidad [e(k)s-then-tree-thee-dad'] f. eccentricity.

excéntrico [e(k)s-then'tree-ko] adj. eccentric, odd; outlying.

excepción [e(k)s-thep-thyon'] f. exception, exclusion.

excepcional [e(k)s-thep-thyo-nal'] adj. exceptional, unique, unusual.

excepto [e(k)s-thep'to] adv. except, excepting, save for.

exceptuar [e(k)s-thep-twar'] va. to except, leave out.

excesivo [e(k)s-thay-see'vo] adj. excessive, too much, immoderate.

exceso [e(k)s-thay'so] m. excess, excessiveness, exuberance.

excitación [e(k)s-thee-ta-thyon'] f. stimulation, agitation, intoxication.

excitado [e(k)s-thee-ta'do] adj. worked-up, affected, transported, disturbed.

excitar [e(k)s-thee-tar'] va. to excite, urge, rouse, thrill, galvanize, stimulate.

exclamación [e(k)s-kla-ma-thyon'] f. exclamation.

exclamar [e(k)s-kla-mar'] vn. to exclaim, cry out, shout.

exclaustrado [e(k)s-klows-tra'do] m. secularised monk.

excluir [e(k)s-kloo-eer'] va. to exclude, debar, shut out, eject.

exclusión [e(k)s-kloo-syon'] f. exclusion, shutting out, rejection.

exclusiva [e(k)s-kloo-see'va] f. exclusive right, monopoly.

exclusive [e(k)s-kloo-see'vay] adv. exclusively.

exclusivo [e(k)s-kloo-see'vo] adj. exclusive.

excogitar [eks-ko-hee-tar'] v. tr. to excogitate, meditate, find, devise.

excomulgar [e(k)s-ko-mool-gar'] va. to excommunicate.

excomunión [e(k)s-ko-moo-nyon'] f. excommunication.

excoriar [e(k)s-ko-ryar'] va. to flay, excoriate.

excursión [e(k)s-kŏor-syon'] f. excursion, trip.

excusa [e(k)s-koo'sa] f. excuse, apology.

excusado [e(k)s-koo-sa'do] adj. exempted; superfluous, unnecessary, useless.

excusar [e(k)s-koo-sar'] va. to excuse; to avoid; shun; vr. to apologise, send apologies.

execrable [ek-say-kra'blay] adj. accursed, hateful.

execrar [ek-say-krar'] va. to execrate, curse.

exención [ek-sen-thyon'] f. exemption, franchise.

exento [ek-sen'to] adj. exempt, free, clear.

exequias [ek-say'kyas] f. pl. obsequies, funeral rites.

exhalación [ek-sa-la-thyon'] f. effluvium; shooting star.

exhalar [ek-sa-lar'] va. to exhale, emit, utter, breathe.

exhausto [ek-sow'sto] adj. exhausted, empty.

exhibir [ek-see-bee'] va. to exhibit, show, display.

exhortación [ek-sor-ta-thyon'] f. exhortation, admonition.

exhortar [ek-sor-tar'] va. to exhort, warn, charge.

exigencia [ek-see-hen'thya] f. exigency, demand, requirement, exaction.

exigente [ek-se-hen'tay] adj. particular, exacting.

exigir [ek-see-heer'] va. to demand, exact, require, insist on.

exiguo [ek-see'gwo] adj. slender, scanty, small, exiguous.

eximio [ek-see'myo] adj. famous, eminent, (very) distinguished.

eximir [ek-see-meer'] va. to exempt, free from (burden), excuse, clear (of, from).

505

existencia [ek-sees-ten'thya] *f.* existence; *pl.* stocks, supplies *(of goods, etc.).*

existir [ek-sees-teer'] *vn.* to exist, be.

éxito [ek'see-to] *m.* success; issue, result; **tener —,** to be successful.

exonerar [ek-so-nay-rar'] *va.* to free from, exonerate, acquit.

exorbitante [ek-sor-bee-tan'-tay] *adj.* exorbitant, excessive.

exorcizar [ek-sor-thee-thar'] *va.* to exorcise, adjure.

exótico [ek-so'tee-ko] *adj.* exotic, foreign.

expatriar [eks-pa-tryar'] *va.* to expatriate, exile.

expectativa [eks-pek-ta-tee'va] *f.* expectation, hope; **estar a la —,** to be on the look-out for, ready for, waiting for.

expedición [eks-pay-dee-thyon'] *f.* expedition; despatch, haste.

expediente [eks-pay-dyen'tay] *m.* expedient, device, way; file, dossier; minute, draft; documentation.

expedir [eks-pay-deer] *va.* to despatch, forward, send.

expédito [eks-pay'dee-to] *adj.* speedy, expeditious, prompt, clear, free.

expeler [eks-pay-layr'] *v. tr.* to expel, eject, throw, to out, exclude, to expire.

expendedor [eks-pen-day-dor'] *m.* dealer, seller.

expensas [eks-pen'sas] *f. pl.* expenses, costs; **a — de,** at the expense of.

experiencia [eks-pay-ryen'-thya] *f.* experience, experiment, trial.

experimentado [eks-pay-ree-men-ta'do] *adj.* experienced, expert, proficient, practised.

experimentar [eks-pay-ree-men-tar'] *va.* to experience, experiment, feel, undergo.

experimento [eks-pay-ree-men'to] *m.* experiment, trial, experience.

experto [eks-payr'to] *adj. & m.* experienced; expert.

expiación [eks-pya-thyon'] *f.* atonement.

expiar [eks-pyar'] *va.* to expiate, atone for, purify.

expirar [eks-pee-rar'] *vn.* to die, expire, pass away.

explanar [eks-pla-nar'] *va.* to level, grade *(land);* to expound, unfold.

explicación [eks-plee-ka-thyon'] *f.* explanation.

explayar [eks-pla-yar'] *va.* to dilate, enlarge; *vr.* to dwell (upon), expatiate, spread oneself *(in speech, etc.);* to unburden oneself; to disport oneself; have lovely time *(in country particularly).*

explicar [eks-plee-kar'] *va.* to explain; to give *(course of lectures).*

explícito [eks-plee'thee-to] *adj.* explicit.

explorador [eks-plo-ra-dor'] *m.* (boy) scout; explorer.

explorar [eks-plo-rar'] *va.* to explore, investigate.

explosión [eks-plo-syon'] *f.* explosion, outburst, blast.

explosivo [eks-plo-see'vo] *adj.* explosive.

explotación [eks-plo-ta-thyon'] *f.* working, exploitation.

explotar [eks-plo-tar'] *va.* to work, exploit, develop, utilize, put to (full) use.

expoliación [eks-po-lya-thyon'] *f.* spoliation plunder(ing).

exponer [eks-po-nayr'] *va.* to expose, exhibit, show; to state, disclose, unfold, explain; to stake, risk; *vr.* to risk, lay oneself open to.

exportación [eks-por-ta-thyon'] *f.* exportation.

exportar [eks-por-tar'] *va.* to export.

exposición [eks-po-see-thyon'] *f.* exposition, statement, claim; exhibition, show *(of pictures, etc.).*   [foundling.

expósito [eks-po'see-to] *m.*

exprés [eks-prays'] *adj.* **café —,** very strong coffee.

expresar [eks-pray-sar'] *va.* to express, utter.

expresión [eks-pray-syon'] *f.* expression; utterance; pressing out.

expreso [eks-pray'so] *adj.* express, clear; *m.* special messenger, courier.

exprimir [eks-pree-meer'] *va.* to squeeze (out).

expuesto [eks-pwes'to] *adj.* liable; exposed; dangerous.

expugnar [eks-poog-nar'] *va.* to take by storm.

expulsar [eks-pool-sar'] *va.* to expel, eject.

expulsión [eks-pool-syon'] *f.* expulsion, ejection.

expurgar [eks-poor-gar'] *va.* to expurgate, expunge.

exquisito [eks-kee-see'to] *adj.* exquisite, refined, delicate; nice.

éxtasis [eks'ta-sees] *f.* ecstasy, transport, bliss, heaven.

extático [eks-ta'tee-ko] *adj.* ecstatic (al), absorbed, rapturous, ravished.

extender [eks-ten-dayr'] *va.* to extend, spread, stretch; to draw up (*document*); *vr.* to become general, widespread; to dilate (upon); to open up (as vista, etc.).

extendido [eks-ten-dee'do] *adj.* spread out, asplay; open, extensive; general, widespread.

extensión [eks-ten-syon'] *f.* extension, expanse, extent; magnitude; spaciousness; range, sweep, scope.

extenso [eks-ten'so] *adj.* spacious, broad, widespread.

extenuar [eks-ten-war'] *va.* to debilitate, wear away, mitigate; *vr.* to languish, decay, become worn out.

exterior [eks-tay-ryor'] *adj.* exterior, outer; *m.* aspect, outward semblance.

exterminar [eks-tayr-mee-nar'] *va.* to exterminate, destroy.

exterminio [eks-tayr-mee'nyo] *m.* extermination, banishment.

externo [eks-tayr'no] *adj.* external, outward; *m.* dayboy (at school).

extinguir [eks-teen-geer'] *va.* to put out, extinguish; to smother; to quench; *vr.* to fade out.

extirpación [eks-teer-pa-thyon']

f. extirpation, eradication, removal.

extirpar [eks-teer-par'] *va.* to extirpate, root out, destroy.

extracción [eks-trak-thyon'] *f.* extraction, drawing (of lottery tickets); taking out (of roots, in maths.); mining (of coal, etc.).

extracto [eks-trak'io] *m.* summary, abstract.

extraer [eks-tra-ayr'] *va.* to extract, remove, pull out, to pull up; to mine; to export.

extralimitarse [eks-tra-lee-mee-tar'say] *vr.* to over-do it.

extranjero [eks-tran-hay'ro] *adj.* outlandish, foreign; *m.* alien, foreigner; stranger; en el —, abroad.

extrañar [eks-tra-nyar'] *va.* deport, banish; me extraña, I am surprised; *vr.* to become strangers, to fall out (of friends).

extrañeza [eks-tra-nyay'tha] *f.* wonderment, surprise; oddity, strangeness.

extraño [eks-tra'nyo] *adj.* strange, queer, rare, outlandish, odd; *m.* stranger.

extraordinario [eks-tra-or-dee-na'ryo] *adj.* extraordinary, out-of-the-way; unusual; extra, supplementary; *m.* supplementary course (at meals).

extravagancia [eks-tra-va-gan'-thya] *f.* extravagance; irregularity, freak, antic.

extravagante [eks-tra-va-gan'-tay] *adj.* extravagant; queer, odd, eccentric; *m.* a queer fellow, an eccentric.

extraviado [eks-tra-vya'do] *adj.* mislaid, missing, lost, stray; of unsound mind.

extraviar [eks-tra-vyar'] *va.* to mislead; to mislay, lose; *vr.* to get lost, miscarry, go astray.

extravío [eks-tra-vee'o] *m.* deviation; misconduct; miss, misplacement; loss; wandering, distraction.

extremar [eks-tray-mar'] *va.* to carry to extremes, go to great length(s); to outdo.

extremaunción [eks-tray-ma-

oon-thyon'] *f.* extreme unction.
extremeño [eks-tray-may'nyo]
adj. & m. (inhabitant) of Extremadura.
extremidad [eks-tray-mee-dad']
f. extremity; brink, border,
margin edge; *pl.* —es, utmost
ends.
extremo [eks-tray'mo] *adj.* extreme, utmost, farthest; red-
hot; ultra; terminal; *m.* extreme, end, edge; great care.

extrínseco [eks-treen'say-ko]
adj. extrinsic; extraneous; outlying.
exuberancia [ek-soo-bay-ran'-
thya] *f.* exuberance; con —,
abundantly, exuberantly.
exuberante [ek-soo-bay-ran'-
tay] *adj.* exuberant, luxurious,
rampant.
exudar [ek-soo-dar'] *v. intr.* to
exude, to ooze out, bleed, dis-
til(l).   [offering.
exvoto [eks-vo'to] *m.* votive

F

fábrica [fa'bree-ka] *f.* fabric;
make, fabrication; factory,
workshop.
fabricación [fa-bree-ka-thyon']
f. make, manufacture, preparation; invention.
fabricante [fa-bree-kan'tay] *m.*
manufacturer, constructor,
maker.
fabricar [fa-bree-kar'] *va.* to
make, manufacture, prepare,
put together.
fábula [fa'boo-la] *f.* myth, tale,
fable; rumour, invention.
faca [fa'ka] *f.* jack-knife.
facción [fak-thyon'] *f.* party,
side; *pl.* features *(of face).*
faccioso [fak-thyo'so] *adj.* rebellious; *m.* rebel, traitor.
fácil [fa'theel] *adj.* easy, simple; ready; compliant, free-
and-easy.
facilidad [fa-thee-lee-dad'] *f.*
ease, facility, compliance.
facilitar [fa-thee-lee-tar'] *va.*
to smoothe, facilitate; to supply, obtain.
factible [fak-tee'blay] *adj.* workable, feasible.
factoría [fak-to-ree'a] *f.* factory; trading-house, entrepôt.
factura [fak-too'ra] *f.* invoice;
make.
facturar [fak-too-rar'] *va.* to
list, register, invoice.

facultad [fa-kool-tad'] *f.* ability, power, authority; faculty;
— de Filosofía y Letras, Faculty of Arts.
facultativo [fa-kool-ta-tee'vo]
adj. optional; *m.* physician.
facha [fa'cha] *f.* *(coll.)* face,
look; sight.
fachada [fa-cha'da] *f.* front,
frontage, frontispiece, façade.
faena [fa-ay'na] *f.* task, chore,
duty; trick.
faisán [fa-ee-san'] *m.* pheasant.
faja [fa'ha] *f.* band, bandage;
sash, belt, girdle; newspaper
wrapper.
fajar [fa-har'] *va.* to swathe; to
gird, wrap.
fajo [fa'ho] *m.* bundle, sheaf.
falange [fa-lan'hay] *f.* phalanx.
falaz [fa-lath'] *adj.* fallacious,
deceitful, deceptive.
falda [fal'da] *f.* skirt; slope;
brisket; perro de —s, lap-dog.
faldero [fal-day'ro] *m.* lap-dog.
faldillas [fal-dee'lyas] *f.* *pl.*
skirts; coat-tails.
falibilidad [fa-lee-bee-lee-dad']
f. fallibility.   [counterfeiter.
falsario [fal-sa'ryo] *m.* forger,
falseador [fal-say-a-dor'] *m.*
forger, falsifier.
falsear [fal-say-ar'] *va.* to falsify, counterfeit, forge; to
weaken.

falsedad [fal-say-dad'] *f.* false-hood, untruth; spuriousness; treacherousness.

falsification [fal-see-fee-ka-thyon'] *f.* forgery.

falsificar [fal-see-fee-kar'] *va.* to counterfeit, falsify, forge.

falso [fal'so] *adj.* false, lying; mock; counterfeit; feint; erroneous, incorrect, wrong.

falta [fal'ta] *f.* lack, need, shortage, deficiency; fault, misdemeanour; shortcoming, *(law)* default; sin —, without fail; me hace mucha —, I need it badly.

faltar [fal-tar'] *vn.* to be missing, not to be present; to miss; to fail, not to fulfil *(promise, etc.)*; to sin (against) me falta, I need it, I haven't (got).

falto [fal'to] *adj.* wanting, deficient, in need of.

faltriquera [fal-tree-kay'ra] *f.* fob, watch-pocket.

falla [fa'lya] *f.* failure, fault; slide; *(geol.)* fault; bonfire *(on eve of Saints day)*.

fallar [fa-lyar'] *vn.* to pass judgment; to be wanting; to misfire, fail (to work, go off); me falla, it fails me, lets me down, doesn't (come off, support, back me up, etc.).

fallecer [fa-lyay-thayr'] *vn.* to die, depart, pass away.

fallecimiento [fa-lyay-thee-myen'to] *m.* death, demise.

fallo [fa'lyo] *m.* award, ruling, sentence.

fama [fa'ma] *f.* renown, fame; glory, honour, reputation; de mala —, of ill repute.

famélico [fa-may'lee-ko] *adj.* starving, hungry.

familia [fa-mee'lya] *f.* family, ménage, household; mi —, my people.

familiar [fa-mee-lyar'] *adj.* familiar, domestic, intimate; homely, simple.

familiaridad [fa-mee-lya-ree-dad'] *f.* familiarity, kinship, intimacy, close terms.

familiarizar [fa-mee-lya-ree-thar'] *va.* to familiarise; *vr.* to become intimately acquainted (with); to get conversant (with).

famoso [fa-mo'so] *adj.* famous, noted; proverbial, "good old".

fámula [fa'moo-la] *f.* maid-servant. [lantern.

fanal [fa-nal'] *m.* lighthouse;

fanático [fa-na'tee-ko] *adj.* fanatical, bigoted, rabid; *m.* fanatic, bigot.

fanatismo [fa-na-tees'mo] *m.* fanaticism.

fanega [fa-nay'ga] *f.* measure for grains (1.60 *bushels)*; —de tierra, land measure *(about 1.59 acres)*.

fanfarrón [fan-fa-ron'] *m.* blusterer, swaggerer, swashbuckler, boaster, bully. [slime.

fango [fan'go] *m.* mire, mud,

fangoso [fan-go'so] *adj.* muddy, marshy, slimy, slushy.

fantasía [fan-ta-see'a] *f.* fancy, imagination; whim, caprice.

fantasma [fan-tas'ma] *m.* phantom, spectre, ghost, shadow; *f.* scarecrow.

fantástico [fan-tas'tee-ko] *adj.* fantastic, fanciful; imaginary; unreal; weird, odd, strange.

fantoche [fan-to'chay] *m.* marionette, puppet.

farándula [fa-ran'doo-la] *f.* strolling band *(of actors)*; "pack".

fardo [far'do] *m.* bale, pack, bundle, load, burden.

farfullar [far-foo-lyar'] *va.* to babble, gabble, jabber.

fariseo [fa-ree-say'o] *m.* pharisee, hypocrite.

farmacéutico [far-ma-thay'oo-tee-ko] *adj. & m.* pharmaceutic; pharmacist, chemist.

farmacia [far-ma'thya] *f.* chemist's *shop,* pharmacy.

faro [fa'ro] *m.* lighthouse; *(car)* head-lamp, headlight.

farol [fa-rol'] *m.* lantern; street lamp, light; signal light.

farolillo [fa-ro-lee'lyo] *m.* paper-lantern, Japanese lantern.

farsa [far'sa] *f.* farce; trick; sham, invention; light comedy.

fárrago or **fárrago** [fa-ra'go or fa'ra-go] *m.* medley.

farsante [far-san'tay] *m*. humbug; **es un —,** "he's no good".

fas [fas] *m*. **por — o por nefas,** • rightly or wrongly.

fascinación [fas-thee-na-thyon'] *f*. fascination, glamour; witchcraft.

fascinador [fas-thee-na-dor'] *adj*. bewitching, captivating.

fascinar [fas-thee-nar'] *va*. to fascinate, allure, charm; to bewitch.

fase [fa'say] *f*. aspect, view, phase; *pl*. phases *(of moon)*.

fastidiar [fas-tee-dyar'] *va*. to annoy, offend, put out, bother; *vr*. to be weary, bored, fed up.

fastidio [fas-tee'dyo] *m*. weariness; disgust, bother; squeamishness, fastidiousness.

fastidioso [fas-tee-dyo'so] *adj*. annoying, provoking, irksome; squeamish.

fasto [fas'to] *adj*. happy; *m*. pageantry, pomp; *m*. *pl*. annals.

fastuoso [fas-two'so] *adj*. pompous, gaudy; ostentatious, splendid, lavish.

fatal [fa-tal'] *adj*. deadly, deathdealing, fatal; ominous; accursed; mortal.

fatalidad [fa-ta-lee-dad'] *f*. fatality; mischance, awful fate.

fatiga [fa-tee'ga] *f*. fatigue, weariness; hardship, anguish, sweat.

fatigar [fa-tee-gar'] *va*. to tire, fatigue, exhaust, weary; *vr*. to be weary, tired out.

fatigoso [fa-tee-go'so] *adj*. tedious, tiresome, trying, wearisome.

fatuidad [fa-twee-dad'] *f*. fatuity, silliness; empty vanity.

fatuo [fa'two] *adj*. fatuous, foppish, conceited, addlepated.

fauno [fow'no] *m*. faun.

fausto [fows'to] *adj*. happy, successful, of good omen; *m*. splendour, luxury, display.

fautor [fa-oo-tor'] *m*. countenancer, abetter, helper, favourer, fautor.

favor [fa-vor'] *m*. favour, grace, kinness, help, assistance; good turn; token; **a — de,** on behalf of, under cover of, by reason of.

favorable [fa-vo-ra'blay] *adj*. favourable; propitious.

favorecer [fa-vo-ray-thayr'] *va*. to favour, countenance, prosper, smile on; to suit; **le favorece el luto,** mourning becomes her; she looks well in mourning.

favorito [fa-vo-ree'to] *adj*. beloved, favoured; *m*. favourite, pet, darling.

faz [fath] *f*. aspect, face; front.

fe [fay] *f*. faith, belief, testimony; **buena —,** earnestness, sincerity; **mala —,** insincerity; **— de erratas,** errata; **de buena —,** in good faith; **dar —,,** to attest, prove; **a —,** in good earnest.

fealdad [fay-al-dad'] *f*. ugliness, deformity, unsightliness.

febrero [fay-bray'ro] *m*. February.

febril [fay-breel'] *adj*. feverish, restless.

fecundar [fay-koon-dar'] *va*. to fecundate, fertilize.

fecundidad [fay-koon-dee-dad'] *f*. fecundity, fruitfulness; fatness

fecundizar [fay-koon-dee-thar'] *va*. to fecundate, fertilize.

fecundo [fay-koon'do] *adj*. prolific, fertile, rich, teeming, fruitful.

fecha [fay'cha] *f*. date.

fechar [fay-char'] *vn*. to date.

federación [fay-day-ra-thyon'] *f*. federation.

fehaciente [fay-a-thyen'tay] *adj*. valid, authentic, reliable.

felicidad [fay-lee-thee-dad'] *f*. happiness, felicity, bliss, joyousness; **—es,** congrutalations, "Happy birthday".

felicitación [fay-lee-thee-ta-thyon'] *f*. congratulation.

felicitar [fay-lee-thee-tar'] *va*. to congratulate, compliment.

feligrés [fay-lee-gres'] *m*. parishioner.

feliz [fay-leeth'] *adj*. happy, lucky, fortunate, blessed.

felón [fay-lon'] *m*. traitor; felon.

felonía [fay-lo-nee'a] *f.* felony; perfidy, treachery.

felpa [fel'pa] *f.* plush; pile.

felpilla [fel-pee-'lya] *f.* chenille.

felpo [fel'po] *m.* rug, doormat.

felpudo [fel-poo'do] *adj.* plush; *m.* doormat.

femenino [fay-may-nee'no] *adj.* feminine, female.

fementido [fay-men-tee'do] *adj.* false, faithless, perfidious.

fenecer [fay-nay-thayr'] *vn.* to die, perish, pass away, depart this life.

fenecimiento [fay-nay-thee-myen'to] *m.* finist, end, termination, close.

fenicio [fay-nee'thyo] *adj. & m.* Phoenician.

fénix [fay'neeks] *adj.* unique, rare; *m.* phoenix.

fenómeno [fay-no'may-no] *m.* phenomenon, rarity, freak.

feo [fay'o] *adj.* ugly, plain, hideous, ill-favoured, unsightly.

feracidad [fay-ra-thee-dad'] *f.* fruitfulness, fertility.

feral [fay-ral'] *adj.* feral, cruel, bloods thirsty, ferocious.

feraz [fay-rath'] *adj.* fertile, productive.

féretro [fay-ray-tro] *m.* hearse, bier, coffin.

feria [fay'rya] *f.* fair, market; holiday.

feriado [fay-rya'do] *adj.* **día—,** Bank holiday.

fermentación [fayr-men-ta-thyon'] *f.* fermentation.

fermentar [fayr-men-tar'] *vn.* to ferment, effervesce.

fermento [fayr-men'to] *m.* ferment, leaven; fermentation.

ferocidad [fay-ro-thee-dad'] *f.* wildness, fierceness, savageness.

feroz [fay-roth'] *adj.* ferocious, wild, savage, fierce.

férreo [fay'ray-ol *adj.* *(made of)* iron; harsh, stern, rigid.

ferretería [fay-ray-tay-rce'a] *f.* hardware, ironmongery, hardware-store.

ferrocarril [fay-ro-ka-reel'] *m.* railway; **— subterráneo,** underground railway; **— aéreo,** elevated railway.

ferrolano [fay-ro-la'no] *adj. & m.* (native) of El Ferrol.

ferrovía [fay-ro-vee'a] *f.* railway.

ferroviario [fay-ro-vya'ryo] *adj.* railway; **compañía —,** railway company; **obreros —s,** railway employees.

fértil [fayr'teel] *adj.* rich, fertile; plentiful; lush.

fertilidad [fayr-tee-lee-dad'] *f.* fertility, fruitfulness, plenty, richness.

fertilizar [fayr-tee-lee-thar'] *va.* to fertilise, enrich.

férula [fay'roo-la] *f.* rod, ferrule; splint.

férvido [fayr'vee-do] *adj.* fervid, ardent.

fervor [fayr-vor'] *m.* warmth, eagerness, enthusiasm, zeal; earnestness.

fervoroso [fayr-vo-ro'so] *adj.* fervent; devout, zealous.

festejar [fes-tay-har'] *va.* to regale, feast; to woo, court; to make much of.

festejo [fes-tay'ho] *m.* feast, entertainment; courtship, wooing.

festín [fes-teen'] *m.* banquet, feast, entertainment, "spread".

festividad [fes-tee-vee-dad'] *f.* merrymaking, gaiety, holiday; riotousness; joviality.

festivo [fes-tee'vo] *adj.* festive, gay, jovial, merry; **día —,** holiday.

fétido [fay'tee-do] *adj.* fetid, stinking, rank, malodorous.

feudo [fay'oo-do] *m.* fief, manor; feud.

fiado [fya'do] *adj.* on trust, reliable; **comprar al —,** to buy on credit.

fiador [fya-dor'] *m.* bondsman, guarantor, sponsor; catch, trigger; fastener; **salir —,** to go surety (for somebody).

fiambre [feeam-bray] *m.* cold meat, cold dish; "chestnut", hoary joke.

fianza [feean-tha] *f.* surety, warrant, guarantee, security; **dar —,** to give bail.

fiar [feear'] *va.* to trust, entrust; to go surety for; to give credit; *vn.* to rely on, reckon on; es de —, he is reliable; *vr.* to trust, depend.   ["flop".

fiasco [feeas'ko] *m.* failure, imaginary.

fibra [fee'bra] *f.* fibre, filament; nerve.

ficción [feek-thyon'] *m.* fiction; fable; invention, tale.

ficticio [feek-tee'thyo] *adj.* fictitious, made-up, imaginary.

ficha [fee'cha] *f.* chip; marker; card, index-card.

fichero [fee-chay'ro] *m.* cardcatalogue, list, filing cabinet.

fidedigno [fee-day-deeg'no] *adj.* trustworthy, creditable.

fideicomiso [fee-day-ee-ko-mee'so] *m.* trust, responsibility.

fidelidad [fee-day-lee-dad'] *f.* fidelity, allegiance, loyalty; faithfulness, constancy; punctuality.   [celli.

fideos [fee-day'os] *m. pl.* vermi-

fiebre [fyay'bray] *f.* fever, fever-heat.

fiel [fiel] *adj.* faithful, staunch, true, loyal; accurate; *pl.* — es, congregation *(church)*, the faithful; *m.* inspector of weights and measures; needle (of a pair of scales).

fieltro [fyel'tro] *m.* felt, felt hat.

fiera [fyay'ra] *f.* wild beast; termagant.

fiereza [fyay-ray'tha] *f.* ferocity, fierceness; ugliness.

fiero [fyay'ro] *adj.* cruel, fiery, savage, fierce; ugly.

fierro [fyay'ro] *m.* iron. *See* hierro.

fiesta [fyes'ta] *f.* feast; merriment, merrymaking, gay time; holiday, festival; media —, half-holiday.

figura [fee-goo'ra] *f.* figure, form, shape; mien, aspect; image.

figurar [fee-goo-rar'] *va.* to figure, form, shape; *vn.* —entre, to come under (category, etc.); to be conspicuous; *vr.* to imagine, fancy, suppose.

figurín [fee-goo-reen'] *m.* lay figure, model.

fijar [fee-har'] *va.* to fix, fasten, affix, stick; to fix *(attention,*

etc.); to set, fix *(date, etc.); vr.* to settle; to rivet attention (on), look hard at.

fijo [fee'ho] *adj.* fixed, steady, immobile, steadfast; determined; precio—, controlled price.

fila [fee'la] *f.* string, row, file; rank; en —, in a row; abreast.

filatelia [fee-la-tay'lya] *f.* philately, stamp-collecting.

filete [fee-lay'tay] *m.* fillet, ribbon; border; fillet *(beet, etc.).*

filial [fee-lyal'] *adj.* filial.

filigrana [fee-lee-gra'na] *f.* filigree, watermark; spun wire work; delicacy.

filili [fee-lee-lee'] *m.* fineness, delicacy, nicety, subtlety.

filo [fee'lo] *m.* cutting edge (of a knife); dividing line, al — de las ocho, as eight o'clock (was) striking, at the stroke of eight.

filología [fee-lo-lo-hee'a] *f.* philology.

filomela [fee-lo-may'la] *f.* nightingale.   [vein *(of mine).*

filón [fee-lon'] *m.* lode, seam,

filosofía [fee-lo-so-fee'a] *f.* philosophy; —moral, ethics.

filósofo [fee-lo'so-fo] *m.* philosopher.

filoxera [fee-lok-say'ra] *f.* phylloxera, vine-disease.

filtrar [feel-trar'] *va.* to filter; *vn.* to percolate.

filtro [feel'tro] *m.* filter.

fin [feen] *m.* end; object, aim; por —, at last; *pl.* a — de, (at) [about] the end of.

final [fee-nal'] *adj.* final, last; ultimate.

finalizar [fee-na-lee-thar'] *va.* to finish.

finca [feen'ka] *f.* estate, *(private)* land.

fineza [fee-nay'tha] *f.* fineness, delicacy; kindness.

fingir [feen-heer'] *va.* to feign, pretend.

fino [fee'no] *adj.* fine; slender.

firma [feer'ma] *f.* signature; buena —, house or person of good standing *(commercially).*

firmal [feer-mal'] *m.* brooch.

firme [feer'may] *adj.* firm; solid, steady.

firmeza [feer-may'tha] *f.* firmness, strength, steadiness.
fisco [fees'ko] *m.* exchequer.
fisgar [fees-gar'] *va.* to pry, peep *(into other people's affairs)*; to "nose" into.
física [fee'see-ka] *f.* physics, natural philosophy.
físico [fee'see-ko] *adj.* physical, bodily; *m.* physician; bodily aspect.
fisonomía [fee-so-no-mee'a] *f.* physiognomy.
flaco [fla'ko] *adj.* meagre; thin; weak.   [scourge.
flagelar [fla-hay-lar'] *va.* to
flagrante [fla-gran'tay] *adj.* flagrant.
flamante [fla-mân'tay] *adj.* brand new, the latest.
flamenco [fla-menk'ko] *adj.* cante —, Andalusian folk-song *(esp. of gipsies)*; *m.* flamingo.
flanco [flan'ko] *m.* flank, side.
flaquear [fla-kay-ar'] *vn.* to slacken; to give in; to dismay.
flaqueza [fla-kay'tha] *f.* meagreness; weakness; frailty.
flauta [flow'ta] *f.* flute.
fleco [flay'ko] *m.* fringe, flounce.   [spire.
flecha [flay'cha] *f.* arrow;
flechar [flay-char'] *va.* to dart; to "get" *(inspire with sudden love)*.
flechero [flay-chay'ro] *m.* archer, bowman, shot.
flema [flay'ma] *f.* phlegm.
fletamento [flay-ta-men'to] *m.* charter(ing) *(of vessel.)*
fletar [flay-tar'] *va.* to freight, charter.
flete [flay'tay] *m.* freight; falso —, dead freight.
flexible [flek-see'blay] *adj.* flexible, willowy.
flojo [flo'ho] *adj.* lax, weak, slack.
flor [flor] *f.* blossom, flower; fluor; — y nata, the fine flower, the cream.
florecer [flo-ray-thayr'] *vn.* to flourish, flower, blossom.
floreciente [flo-ray-thyen'tay] *adj.* flourishing, prosperous; blossoming.   [pot.
florero [flo-ray'ro] *m.* flower-

floresta [flo-res'ta] *f.* glade; anthology, collection *(of poems, etc.)*.
florido [flo-ree'do] *adj.* florid; (full of) flower(s), a-bloom.
flota [flo'ta] *f.* fleet.
flotación [flo-ta-thyon'] *f.* flotation; línea de — waterline.
flotar [flo-tar'] *vn.* to float.
flote [flo'tay] *m.* floating; a —, afloat.
fluctuación [flook-twa-thyon'] *f.* fluctuation, oscillation.
fluctuar [flook-twar'] *vn.* to fluctuate.
fluidez [flwee-dayth'] *f.* fluidity; fluency.   [*m.* fluid.
flúido [floo'ee-do] *adj.* fluid;
fluir [flweer'] *vn.* to flow; to run.
flujo [floo'ho] *m.* flow; flux.
fluvial [floo-vyal'] *adj.* fluvial, river.
foca [fo'ka] *f.* seal, sea-lion.
foco [fo'ko] *m.* focus, centre, core, cynosure.
fogón [fo-gon'] *m.* hearth; stove, cooking-range.
fogonero [fo-go-nay'ro] *m.* stoker, fireman.
fogosidad [fo-go-see-dad'] *f.* vivacity, fire, spirit, dash.
fogoso [fo-go'so] *adj.* fiery, impetuous, spirited.
follaje [fo-lya'hay] *m.* foliage, leaves.
folleto [fo-lyay'to] *m.* pamphlet, booklet.
follón [fo-lyon'] *adje.* lazy, indolent, laggard. *m.* rogue, coward, *(pop.)* ruction.
fomentar [fo-men-tar'] *va.* to foment, promote.
fomento [fo-men'to] *m.* fomentation; encouragement, promotion.
fonda [fon'da] *f.* inn, hostelery.
fondeadero [fon-day-a-day'ro] *m.* anchoring-ground, anchorage.   [cast anchor.
fondear [fon-day-ar'] *vn.* to
fondo [fon'do] *m.* bottom, depth; disposition; background; capital; — de amortización, sinking; fondos vitalicios, life-annuities; a —, perfectly, very well, thoroughly; artículo de

—, leading article; **dar** —, to cast anchor; **en el** —, at bottom.

fonsado [fon-sa'do] *m.* ditch, moat.

fontanería [fon-ta-nay-ree'a] *f.* hydraulic engineering; plumbing. [plumber.

fontanero [fon-ta-nay'ro] *m.*

forajido [fo-ra-hee'do] *m.* highwayman, bandit, outlaw.

forastero [fo-ras-tay'ro] *m.* stranger, outsider, visitor *(from away);* **guía de** —s, oficial guide-book.

forcejear [for-thay-hay-ar'] *vn.* to struggle, grapple with, wrestle *(to be free).*

forcejeo [for-thay'ho] *m.* striving, struggling, violent effort(s).

forja [for'ha] *f.* forge, smelting-furnace.

forjar [for-har'] *va.* to forge; to frame, shape; to counterfeit, concoct.

forma [for'ma] *f.* form, shape; **de** — **que,** so that.

formación [for-ma-thyon'] *f.* formation, shape.

formal [for-mal'] *adj.* formal, regular; steady, dependable *(person);* sincere; courteous, conventional, stiff *(in manners);* definite *(promise);* official; explicit.

formalidad [for-ma-lee-dad'] *f.* formality, solemnity; requirement, practice, convention(s), seriousness.

formalizar [for-ma-lee-thar'] *va.* to draw up, set down, regularise.

formar [for-mar'] *va.* to form, shape.

formidable [for-mee-da blay] *adj.* formidable, tremendous.

fórmula [for'moo-la] *f.* formula; recipe; prescription.

fornido [for-nee'do] *adj.* robust, stout, sturdy.

foro [fo'ro] *m.* forum, bar; back-stage, back-drop *(theat.)*

forraje [fo-ra'hay] *m.* forage, fodder.

forrajear [fo-ra-hay-ar'] *va.* to forage.

forrar [fo-rar'] *va.* to line *(clo-*

thes); to put a cover on *(book, etc.).*

forro [fo'ro] *m.* lining, backing, sheathing; *(book)* jacket.

fortalecer [for-ta-lay-thayr'] *va.* to strengthen; to support, encourage.

fortaleza [for-ta-lay'tha] *f.* fortitude, courage, resolution, endurance; fortress, stronghold.

fortín [for-teen'] *m.* block-house.

fortuito [for-twee'to] *adj.* fortuitous, accidental.

fortuna [for-too'na] *f.* fortune; good luck; chance, fate; **probar** —, to take a chance.

forzar [for-thar'] *va.* to force, compel; to break in *(door);* to overpower; to ravish.

forzoso [for-tho'so] *adj.* forcible, needful; inescapable, obligatory.

forzudo [for-thoo'do] *adj.* strong, vigorous, stout.

fosa [fo'sa] *f.* grave.

fosforescencia [for-fo-res-then'-thya] *f.* phosphorescence.

fósforo [fos'fo-ro] *m.* phosphorus; match.

fósil [fo'seel] *m.* & *adj.* fossil.

foso [fo'so] *m.* pit; moat, ditch.

fotografiar [fo-to-gra-fyar'] *va.* to photograph.

fotógrafo [fo-to'gra-fo] *m.* photographer.

frac [frak] *m.* dress-coat; swallow-tail coat.

fracasar [fra-ka-sar'] *vn.* to fail, fall through.

fracaso [fra-ka'so] *m.* failure, frustration; *(coll.)* washout.

fracción [frak-thyon'] *f.* fraction.

fraccionar [frak-thyo-nar'] *va.* to divide in fractions; to break into pieces. [fracture.

fractura [frak-too'ra] *f.* breach,

fragancia [fra-gan'thya] *f.* fragrance, perfume.

fragata [gra-ga'ta] *f.* frigate.

frágil [fra'heel] *adj.* breakable, brittle, fragile.

fragilidad [fra-hee-lee-dad'] *f.* fragility, frailty.

fragmento [frag-men'to] *m.* fragment, piece.

fragor [fra-gor'] *m.* noise, crash, tumult.
fragoso [fra-go'so] *adj.* craggy; trackless, impenetrable *(forest, etc.);* noisy.
fragua [fra'gwa] *f.* forge.
fraguar [fra-gwar'] *va.* to contrive *(in bad sense);* to forge.
fraile [fra-ee-lay] *m.* friar, monk.
frambuesa [fram-bway'sa] *f.* raspberry.
francachela [fran-ka-tchay'la] *f.* carousal, spree, jambouree, marrymaking.
francés [fran-thes'] *adj. & m.* French; Frenchman.
franco [fran'ko] *adj.* frank, generous, open, free; **puerto —,** free port; **— a bordo,** free on board; **— de porte,** post-paid; *m.* franc.
franela [fra-nay'la] *f.* flannel.
franja [fran'ha] *f.* band, trimming, braid, fringe.
franquear [fran-kay-ar'] *va.* to frank *(letters);* to enfranchise; to open up, make free offer of; *vr.* to unburden oneself, tell one's hidden thoughts.
franqueo [fran-kay'o] *m.* postage, franking.
franqueza [fran-kay'tha] *f.* frankness, freedom, sincerity; **con toda —,** quite frankly, to be quite honest.
frasco [fras'ko] *m.* bottle, flask.
frase [fray'say] *f.* phrase, sentence; **— hecha,** stock phrase.
fraseología [fra-say-o-lo-hee'a] *f.* phraseology; wording.
fraternal [fra-tayr-nal'] *adj.* brotherly.
fraude [frow-day] *m.* fraud, imposture.
fraudulento [frow-doo-len'to] *adj.* fraudulent.
fray [fra'ee] *m.* Friar *(Tuck, etc.),* Brother.
frazada [fra-tha'da] *f.* blanket.
frecuencia [fray-kwen'thya] *f.* frequency.
fregar [fray-gar'] *va.* to scrub, scour, wash *(dishes, etc.).*
fregona [fray-go'na] *f.* kitchenmaid.
freir [fray-eer'] *va.* to fry.

frejol [fray-hol'] *m.* (black) beans, kidney beans.
frenesí [fray-nay-see'] *m.* frenzy; madness.
frenético [fray-nay'tee-ko] *adj.* frantic, furious.
freno [fray'no] *m.* bridle; brake; curb, control; restriction.
frente [fren'tay] *f.* forehead; face; *m. (mil.)* front; *(polit.)* front, party; **— por —, en —,** directly opposite; **de —,** front first or forward; *(mil.)* abreast.
fresa [fray'sa] *f.* strawberry.
fresco [fres'ko] *adj.* fresh, cool; "fresh", impudent; *m.* cool temperature; **al —,** out of doors, in the cool; **tomar el —,** to take (a stroll) (the air); **agua —,** fresh, col, water.
frescura [fres-koo'ra] *f.* coolness, calm freshness, openness.
fresno [fres'no] *m.* ash-tree.
freza [fre'tha] *f.* dung, excrement, spawn, roe.
friable [free-a'blay] *adj.* brittle.
frialdad [free-al-dad'] *f.* coldness, indifference, coolness.
fricción [freek-thyon'] *f.* friction; rubbing; shampoo.
frigidez [free-hee-dayth'] *f.* frigidity.
frigorífico [free-go-ree'fee-ko] *adj.* refrigerating; *m.* refrigerator ship.
frío [free'o] *m. & adj.* cold; **hace —,** it is cold; **tengo —,** I am cold.
friolera [fryo-lay'ra] *f.* trifle, bagatelle, mere nothing.
frisar [free-sar'] *vn.* to frizzle; **— con,** to be around, about, near) *(of age).*
friso [free'so] *m.* wainscot, dado.
frito [free'to] *adj.* fried.
frívolo [free'vo-lo] *adj.* light, frivolous, empty (headed).
frondoso [fron-do'so] *adj.* leafy, luxuriant *(foliage).*
frontera [fron-tay'ra] *f.* frontier, border, limit.
frontispicio [fron-tees-pee'thyo] *m.* frontispiece; front; title page.
frontón [fron-ton'] *m.* court *(of pelota, handball, fives, etc.)*

515   **fun**

frotar [fro-tar'] *va.* to rub.
frote [fro'tay] *m.* rubbing, friction.
fructífero [frook-tee'fay-ro] *adj.* fruitful; successful, profitable.
fructificar [frook-tee-fee-kar'] *vn.* to fructify, give fruit; to profit.   [fruitful, useful.
fructuoso [frook-two'so] *adj.*
frugal [froo-gal'] *adj.* frugal, sparse, economical, thrifty.
fruición [frwee-thyon'] *f.* enjoyment, relish.
fruncir [froon-theer'] *va.* (*sew.*) to gather; to contract, reduce; to pucker (*eyes*); — las cejas, to knit the brows.
frustrar [froos-trar'] *va.* to frustrate, balk, thwart; *vr.* to fail, miscarry.
fruta [froo'ta] *f.* fruit, result, product.
fruto [froo'to] *m.* fruit; produce (*of earth, labour, thought, etc.*), profit, results; dar —, to yield fruit.
fuego [fway'go] *m.* fire, heat, vigour; — fatuo, will o' the wisp; hacer —, to fire (on); pegar — a, to set fire to; *pl.* —s, artificiales, fireworks.
fuente [fwen'tay] *f.* source, spring (*of water*), fountain; dish.
fuer [fwayr] *adv.* a — de, as, as befits; on the word of (*gentleman, etc.*).
fuera [fway'ra] *adv.* out of, outside, without; — de sí, beside oneself; — de, besides, beyond, in addition to.
fuero [fway'ro] *m.* charter (*of laws*); jurisdiction, power.
fuerte [fwayr'tay] *adj.* strong, stout, powerful; *m.* fortification.
fuerza [fwayr'tha] *f.* strength, force; a — de, by dint of; a la —, against the will, willy-nilly.
fuga [foo'ga] *f.* flight, escape; leak.
fugacidad [foo-ga-thee-dad'] *f.* brevity, fleetingness.
fugarse [foo-gar'say] *vr.* to run away.
fugaz [foo-gath'] *adj.* fugitive;

brief, passing; estrella —, shooting star.
fugitivo [foo-hee-tee'vo] *adj.* fugitive, brief, transitory.
fulano [foo-la'-no] *m.* So-and-So; — de Tal., Mr. So-and-So.
fulgor [fool-gor'] *m.* brilliancy, glow.
fulminante [fool-mee-nan'tay] *adj.* crushing (*retort, misfortune, etc.*).
fulminar [fool-mee-nar'] *va.* to fulminate; to storm at; to boil over at.
fullero [fool-lyay'ro] *m.* sharper, cheat (*at cards*).
fumador [foo-ma-dor'] *m.* smoker.
fumar [foo-mar'] *va.* to smoke.
fumigar [foo-mee-gar'] *va.* to fumigate.
fumista [foo-mees'ta] *m.* oven maker o seller.
fumistería [foo-mees-tay-ree'-ah] *f.* oven works or shop.
función [foon-thyon'] *f.* performance, show; function, ceremony; duty, function.
funcionar [foon-thyo-nar'] *vn.* to operate, work, perform; no funciona, out of order, not working.
funcionario [foon-thyo-na'ryo] *m.* public official.
funda [foon'da] *f.* cover, case, wrapper, sheath.
fundación [foon-da-thyon'] *f.* foundation; establishment; endowed institution; erection.
fundamental [foon-da-men-tal'] *adj.* fundamental, essential.
fundamentar [foon-da-men-tar'] *va.* to substantiate; to base.
fundamento [foon-da-men'to] *m.* foundation, ground; principle.
fundar [foon-dar'] *va.* to found, establish; to endow; to base.
fundición [foon-dee-thyon'] *f.* melting, fusion; foundry.
fundir [foon-deer'] *va.* to melt, smelt (*metals*); *vr.* to fuse; to join.
fúnebre [foo'nay-bray] *adj.* funeral, melancholy, lugubrious.
funesto [foo-nes'to] *adj.* untoward, lamentable, unfortunate.

fur   516

furgón [foor-gon'] *m.* luggage-
van *(on train).*   [zeal.
furia [foo'rya] *f.* fury, anger;
furibundo   [foo-ree-boon'do]
adj. furious, wild.
furioso [foo-ryo'so] *adj.* furious, frantic, violent.
furor [foo-ror'] *m.* rage, angel,
frenzy, passion.
furtivo [foor-tee'vo] *adj.* furtive, sly, clandestine.   [gun.
fusil [foo-seel'] *m.* rifle, musket,
fusilar [foo-see-lar'] *va.* to execute, shoot *(by musketry).*

fusión [foo-syon'] *f.* liquefac-
tion, melting; union, fusion.
fuste [foos-tay] *m.* tree *(of sad-
le);* shaft *(of lance);* asunto
de poco —, busines of little importance.
fustigar [foos-tee-gar'] *va.* to
whip, castigate.
fútil [foo'teel] *adj.* futile.
futilidad [foo-tee-lee-dad'] *f.*
futility, weakness.
futuro [foo-too'ro] *adj.* future,
coming; *m.* future, future tense.

G

gabacho [ga-ba'cho] *m.* Froggie,
Frenchman.
gabán [ga-ban'] *m.* overcoat.
gabinete [gay-bee-nay'tay] *m.*
cabinet; private parlour; study; — de lectura, reading-
room.
gaceta [ga-thay'ta] *f.* gazette.
gacetilla [ga-thay-tee'lya] *f.*
gossip column, scraps of gossip.   [slops.
gacha [ga'cha] *f. pl.* porridge,
gacho [ga'cho] *adj.* dropping;
pl. orejas —, ears down, crestfallen.
gafas [ga'fas] *f. pl.* spectacles,
glasses.
gaita [ga'ee-ta] *f.* flageolet; —
gallega, bagpipe.
gaje [ga'hay] *m.* wages, pay; *pl.*
perquisites, fees.
gajo [ga'ho] *m.* branch *(of tree);*
section *(of orange);* prong *(of
fork).*
gala [ga'la] *f.* gala; wit, elegance; full dress; *pl.* finery, regalia; hacer — de, to display
proudly, show off.
galán [ga-lan'] *m.* courtier, escort, lover; primer —, lead
(theat.); adj. gallant, flater-
ing.
galano [ga-la'no] *adj.* genteel,
gallant, elegant.

galante [ga-lan'tay] *adj.* gallant,
polished, cavalier.
galantear [ga-lan-tay-ar'] *va.*
to court, woo, flirt with.
galanteo [ga-lan-tay'o] *m.* courtesy; courtship; wooing.
galantería [ga-lan-tay-ree'a] *f.*
politeness, courtesy; grace;
compliment, fine words.
galápago [ga-la'pa-go] *m.* tortoise.
galardón [ga-lar-don'] *m.* reward, guerdon.
galardonar [ga-lar-do-nar'] *va.*
to reward.   [slave.
galeote [ga-lay-o'tay] *m.* galley-
galeoto [ga-lay-o'to] *m.* scandal-monger, busybody.
galera {ga-lay'ra] *f.* galley; van,
heavy coach.
galería [ga-lay-ree'a] *f.* gallery;
corridor.
galés [ga-les'] *adj.* Welsh.
galgo [gal'go] *m.* greyhound.
galimatías [ga-lee-ma'tyas] *m.*
gibberish, wild and whirring
words.
galón [ga-lon'] *m.* gallon *(measure);* band; *(mil.)* braid, stripe, galloon.
galoncillo [ga-lon-thee'lyo] *m.*
braid, stripe.
galopar [ga-lo-par'] *vn.* to gallop.

galope [ga-lo'pay] *m.* gallop; a —, in haste, hurriedly, a — **tendido**, at full gallop.

galvanizar [gal-va-nee-thar'] *va.* to galvanise.

gallardete [ga-lyar-day'tay] *m.* pennant.

gallardía [ga-lyar-dee'a] *f.* gallantry, bravery; elegance, graceful deportment.

gallardo [ga-lyar'do] *adj.* elegant, brisk, spirited.

gallego [ga-lyay'go] *m. & adj.* Galician.

galleta [ga-lyay'ta] *f.* biscuit.

gallina [ga-lyee'na] *f.* hen; — **de Guinea**, guinea hen; — **ciega**, blind man's buff.

gallinaza [ga-lyee-na'tha] *f.* buzzard.

gallo [ga'lyo] *m.* cock, rooster.

gamo [ga'mo] *m.* fallow deer, buck.

gamuza [ga-moo'tha] *f.* chamois; chamois leather.

gana [ga'na] *f.* desire, mind, inclination; mood; **de buena —**, right willingly; **sin —**, unwillingly; **tener —s**, to have an appetite, be hungry; **tener —s de**, to want to, feel like.

ganadería [ga-na-day-ree'a] *f.* cattle-raising; cattle, stock.

ganado [ga-na'do] *m.* cattle, live-stock; — **lanar**, sheep; — **de cerda**, swine.

ganancia [ga-nan'thya] *f.* gain, profit; *pl.* — **y pérdidas**, profit and loss.

ganapán [ga-na-pan'] *m.* porter; carrier.

ganar [ga-nar'] *va.* to win, gain, profit by; to earn; to win over, convince; to beat *(in competition, etc.).* [crook.

gancho [gan'cho] *m.* hook.

gandul [gan-dool'] *m.* idler, loafer.

ganga [gan'ga] *f.* windfall, bargain; *(min.)* gangue.

gangrena [gan-gray'na] *f.* mortification; gangrene.

gansa [gan'sa] *f.* goose.

gansada [gan-sa'da] *f.* stupid action, senseless thing.

ganso [gan'so] *m.* gander; wag, ass; lazybones.

ganzúa [gan-thoo'a] *f.* false key, skeleton key.

gañán [ga-nyan'] *m.* daylabourer, farmhand.

garabato [ga-ra-ba'to] *m.* scribble, scrawl; grapnel, hook.

garante [ga-ran'tay] *adj. & m.* guarantor.

garantizar [ga-ran-tee-thar'] *va.* to guarantee, answers for; to assure.

garañón [ga-ra-nyon'] *m.* stallion jackass; breeding camel.

garapiñado [ga-ra-pee-nya'do] *adj.* **almendras —s**, sugared almonds, pralines.

garapiñera [ga-ra-pee-nyay'ra] *f.* ice-cream freezer.

garbanzo [gar - ban'tho] *m.* chick-pea.

garbo [gar'bo] *m.* gracefulness, grace, jauntiness, dash.

garboso [gar-bo'so] *adj.* graceful, gallant, dashing.

garfa [gar'fa] *f.* claw.

garfio [gar'fyo] *m.* (grab) hook, gaff.

garganta [gar-gan'ta] *f.* throat; gorge, ravine.

gargantilla [gar-gan-tee'lya] *f.* necklace.

gárgara [gar-ga-ra] *f.* gargle.

gárgola [gar'go-la] *f.* gargoyle.

garita [ga-ree'ta] *f.* sentrybox; cubby-hole.

garlopa [gar-lo'pa] *f.* plane, jack-plane.

garra [ga'ra] *f.* claw, talon, clutch.

garrafa [ga-ra'fa] *f.* carafe.

garrafón [ga-ra-fon'] *m.* large carafe, demijohn.

garrido [gar-ree'do] *adj.* handsome, graceful; **moza —**, bonny lass.

garrote [ga-ro'tay] *m.* bludgeon, club; garrote.

garrulería [ga-roo-lay-ree'a] *f.* chatter, babble.

gárrulo [ga'roo-lo] *adj.* prattling, garrulous.

garza [gar'tha] *f.* heron.

garzo [gar'tho] *adj.* blue-eyed.

gas [gas] *m.* gas; fume.

gasa [ga'sa] *f.* gauze, chiffon.

gaseoso [ga-say-o'so] *adj.* gaseous; *f.* mineral water.

gasómetro [ga-so'may-tro] *m.* gasometer.

gastado [gas-ta'do] *adj.* worn, used; blasé.

gastador [gas-ta-dor'] *m.* spendthrift.

gastar [gas-tar'] *va.* to spend; waste, use, consume; to sport (*clothes, etc.*); *vr.* to wear out.

gasto [gas'to] *m.* expense, cost-(s); waste; *pl.* (*com.*) charges, costs.

gata [ga'ta] *f.* cat, she-cat; a gatas, crawling, on all fours.

gatear [ga-tay-ar'] *vn.* to go on all fours; *va.* to steal.

gatillo [ga-tee'lyo] *m.* trigger; catch.

gato [ga'to] *m.* cat, tom-cat; dar — por liebre, to sell mutton as lamb. [feline.

gatuno [ga-too'no] *adj.* cat-like.

gaucho [gow'cho] *m.* cowboy, herdsman (*in Argentine*).

gaveta [ga-vay'ta] *f.* (money) till, drawer.

gavilán [ga-vee-lan'] *m.* sparrow-hawk; nib (*of pen*).

gavilla [ga-vee'lya] *f.* sheaf (*of corn*); gang.

gaviota [ga-vyo'ta] *f.* seagull.

gayo [ga'yo] *adj.* gay, showy; gaya ciencia, gaie science.

gazapera [ga-tha-pay'ra] *f.* warren; den.

gazapo [ga-tha'po] *m.* rabbit; blunder.

gazmoño [gath-mo'nyo] *adj.* prude, hypocritical.

gaznate [gath-na'tay] *m.* windpipe, throttle.

géiser [hey'sayr] *m.* geyser.

gelatinoso [hay-la-tee-no'so] *adj.* gelatinous.

gélido [hay'lee-do] *adj.* frigid.

gema [hay'ma] *f.* gem.

gemelo [hay-may'lo] *m.* twin; *pl.* binoculars, opera-glasses; cuff-links.

gemido [hay-mee'do] *m.* moan, lamentation, groan.

gemir [hay-meer'] *vn.* to groan, grieve.

genealogía [hay-nay-o-lo-hee'-a] *f.* genealogy, lineage.

generación [hay-nay-ra-thyon'] *f.* generation; growth.

general [hay-nay-ral'] *adj.* & *m.* general; en —, generally.

generalidad [hay-nay-ra-lee-dad'] *f.* generality.

generalización [hay-nay-ra-lee-tha-thyon'] *f.* generalisation.

generalizar [hay-nay-ra-lee-thar'] *va.* to generalise; *vr.* to spread, become general, common. [generate.

generar [hay-nay-rar'] *va.* to

genérico [hay-nay'ree-ko] *adj.* generic.

género [hay'nay-ro] *m.* genus, kind; gender (*grammar*); stuff, cloth; *pl.* goods, merchandise; dry goods.

generosidad [hay-nay-ro-see-dad'] *f.* generosity.

generoso [hay-nay-ro'so] *adj.* noble, liberal, strong.

génesis [hay'nay-sees] *m.* Genesis; *f.* origin.

genial [hay-nyal'] *adj.* inspired, brilliant, superb (*idea, etc.*).

genio [hay'nyo] *m.* genius; character, temper(ament), humour, gift.

gente [hen'tay] *f.* people, crowd; —menuda, youngsters.

gentil [hen-teel'] *adj.* graceful, genteel; Gentile.

gentileza [hen-tee-lay'tha] *f.* grace, courtesy, charm, breeding, gentility; urbanity.

gentilhombre [hen-tee-lom'-bray] *m.* gentleman (*at Court*).

gentío [hen-tee'o] *m.* crowd, crush (*of people*).

genuflexión [hay-noo-flek-syon'] *f.* genuflexion, bowing the knee.

genuino [hay-nwee'no] *adj.* genuine, pure.

geógrafo [hay-o'gra-fo] *m.* geographer. [ology.

geología [hay-o-lo-hee'a] *f.* geometría [hay-o-may-tree'a] *f.* geometry. [nagement.

gerencia [hay-ren'thya] *f.* management.

gerente [hay-ren-tay] *m.* manager, executive.

germanía [hayr-ma-nee'a] *f.* thieves' slang.

germen [hayr'men] *m.* germ, bed, source.

germinar [hayr-mee-nar'] *vn.* to bud, germinate.

gesticulación [hes-tee-koo-la-thyon'] *f.* gesticulation.

gestión [hes-tyon'] *f.* management, conduct, negotiation.

gestionar [hes-tyo-nar'] *va.* to manage, real, arrange.

gesto [hes'to] *m.* gesture; face.

gestor [hes-tor'] *m.* superintendent, manager, agent, promoter, attorney.

giboso [hee-bo'so] *adj.* crook-, hump-backed.

gigante [hee-gan'tay] *adj. & m.* giant.

gimnasio [heem-na'syo] *m.* gymnasium.

gimnástica [heem-nas'tee-ka] *f.* gymnastics.

ginebra [hee-nay'bra] *f.* gin; Geneva.

gira [hee'ra] *f.* tour, excursion.

girado [hee-ra'do] *m.* drawee.

girador [hee-ra-dor'] *m.* drawer.

giralda [hee-ral'da] *f.* vane, weather-cock.

girar [hee-rar'] *vn.* to revolve, gyrate, spin; *va.* to draw (*bills of exchange*); —a cargo de, to draw on. [wer.

girasol [hee-ra-sol'] *m.* sunflo-

giro [hee'ro] *m.* turn, course, rotation; course, tendency, trend; draft, exchange; —postal, Postal Order.

gitano [hee-ta'no] *m. & adj.* gipsy.

glacial [gla-thyal'] *adj.* icecold, frigid.

glándula [glan'doo-la] *f.* gland.

glasé [gla-say'] *m.* glacé, glacé silk.

glauco [glow'ko] *adj.* seagreen.

glicerina [glee-thay-ree'na] *f.* glycerine.

globo [glo'bo] *m.* globe, sphere, Earth; en —, in bulk, in the lump.

gloria [glo'rya] *f.* glory, renown; buiss, seventh heaven; splendour.

gloriarse [glo-ryar'say] *vr.* to glory in, boast.

glorieta [glo-ryay'ta] *f.* small square (*in town*).

glorificación [glo-ree-fee-ka-thyon'] *f.* glorification.

glorificar [glo-ree-fee-kar'] *va.* to glorify, worship, laud.

glorioso [glo-ryo'so] *adj.* glorious. [tary.

glosa [glo'sa] *f.* gloss, commen-

glosar [glo-sar'] *va.* to annotate, provide commentary on, comment; to audit accounts.

glosario [glo-sa'ryo] *m.* glossary.

glotón [glo-ton'] *adj.* gluttonous; *m.* glutton.

glotonería [glo-to-nay-ree'a] *f.* gluttony.

glutinoso [gloo-tee-no'so] *adj.* glutinous, viscous, sticky.

gobernación [go-bayr-na-thyon'] *f.* government; Ministerio de la —, Ministry of the Interior. Home Office.

gobernador [go-bayr-na-dor'] *m.* governor.

gobernalle [go-bayr-na'lyay] *m.* rudder, helm.

gobernante [go-bayr-nan'tay] *adj.* governing; *m.* ruler.

gobernar [go-bayr-nar'] *va.* to rule, govern; to regulate, control; to steer.

gobierno [go-byayr'no] *m.* government, cabinet; rule, control, direction, management.

goce [go'thay] *m.* enjoyment (of).

gola [go'la] *f.* throat, gullet.

goleta [go-lay'ta] *f.* schooner.

golfo [gol'fo] *m.* bay, gulf, abyss; street-arab, urchin.

golilla [go-lee'lya] *f.* ruff, gorget; law-officer.

golondrina [go-lon-dree'na] *f.* swallow.

golosina [go-lo-see'na] *f.* delicacy, titbit, fancy dish; sweet tooth.

goloso [go-lo'so] *adj.* sweet-toothed.

golpe [gol'pay] *m.* stroke, blow, clash; de un —, all at once, in one fell swoop; — de estado, coup d'état.

golpear [gol-pay-ar'] *va.* to strike, beat, hammer on, knock.

gollete [go-lyay'tay] *m.* throttle, neck.

goma [go'ma] *f.* gum, mucilage; rubber, eraser; — **elástica,** india-rubber.
gonce [gon'thay] *m.* hinge.
góndola [gon'do-la] *f.* gondola.
gongorino [gon-go-ree'no] *adj.* euphuistic.
gordo [gor'do] *adj.* fat, fleshy; *m.* suet, lard. [grub.
gorgojo [gor-go'ho] *m.* mite,
gorguera [gor-gay'ra] *f.* ruff.
gorila [go-ree'la] *m.* gorilla.
gorjear [gor--hay-ar'] *vn.* to sing, trill, warble.
gorjeo [gor-hay'o] *m.* warble, song *(of birds).*
gorra [go'ra] *f.* cap, bonnet; (ir) de —, without paying, on the cheap; —**en mano,** cap in hand; —**de visera,** peaked cap.
gorrión [go-ryon'] *m.* sparrow.
gorro [go'ro] *m.* cap; —**de dormir,** nightcap.
gorrón [go-ron'] *m.* *(mech.)* pillow, swing block; sponger, toady. [gout.
gota [go'ta] *f.* drop; *(med.)*
gotear [go-tay-ar'] *vn.* to drop, drip, leak.
gotera [go-tay'ra] *f.* dripping, leak; gutter.
gótico [go'tee-ko] *adj.* Gothic.
gotoso [go-to'so] *adj.* gouty.
gozar [go-thar'] *va.* to enjoy, have delight in; *vr.* to rejoice.
gozne [goth'nay] *m.* hinge.
gozque [goth-kay] *m.* a cur-dog *(pop.)* mutt.
gozo [go'tho] *m.* joy, delight, happiness, bliss.
gozoso [go-tho'so] *adj.* overjoyed, delighted, cheerful, content.
grabado [gra-ba'do] *adj.* engraved; etched, stamped *(on memory, etc.);* *m.* engraving, print; —**en madera,** wood-cut.
grabador [gra-ba-dor'] *m.* engraver, etcher.
grabar [gra-bar'] *va.* to engrave; carve; to impress *(on mind);* —**en hueco,** to emboss.
gracejo [gra-thay'ho] *m.* wittiness, drollness.
gracia [gra'thya] *f.* grace(fulness); kindness, grant; elegance, wit skill; pardon, mercy,

gift; joke, wittiness; charm; caer en —, to please; tener—, to be funny; dar — a, to amuse; *pl.* thanks; dar las —s, to thank, express one's thanks.
gracioso [gra-thyo'so] *adj.* graceful; witty, funny; entertaining; charming, delightful; *m.* *(theat.)* fool, jester, clown, funny man.
grada [gra'da] *f.* step *(staircase);* terrace *(in amphitheatre).* [gradation.
gradación [gra-da-thyon'] *f.*
gradería [gra-day-ree'a] *f.* steps, terrace; rows of seats, tiers of seats.
grado [gra'do] *m.* grade, degree, rank, class; de —, willingly.
graduación [gra-dwa-thyon'] *f.* graduation; classification, estimate.
gradual [gra-dwal'] *adj.* gradual.
graduar [gra-dwar'] *va.* to gauge, measure; to graduate; *vr.* to take a degree.
gráfico [gra'fee-ko] *adj.* graphic, vivid.
grajo [gra'ho] *m.* jackdaw, jay.
gramática [gra-ma'tee-ka] *f.* grammar ; — **parda,** horse-sense.
gramo [gra'mo] *m.* gramme.
gramola [gra-mo'la] *f.* gramophone.
gran [gran] *adj.* See **grande.**
grana [gra'na] *f.* scarlet colour.
granada [gra-na'da] *f.* pomegranate; hand-grenade, shell.
granadino [gra-na-dee'no] *adj. & pr. n.* (inhabitant) of Granada.
granado [gra-na'do] *adj.* select, choice, notable.
granar [gra-nar'] *vn.* to seed.
granate [gra-na'tay] *m.* garnet.
grande [gran'day] *adj.* large, big; great, grand; *m.* grandee.
grandeza [gran-day'tha] *f.* greatness, grandeur, grandness.
grandioso [gran-dyo'so] *adj.* grand, magnificent, overwhelming. [tude, size.
grandor [gran-dor'] *m.* magni-
granear [gra-nay-ar'] *v. tr.* to

sow or shed grain; to granu-
late.
granel [gra-nel'] *m.* heap; a —,
in a heap, in bulk.
granero [gra-nay'ro] *m.* granary barn.
granito [gra-nee'to] *m.* granite.
granizada [gra-nee-tha'da] *f.*
hailstorm. [hail.
granizar [gra-nee-thar'] *vn.* to
granizo [gra-nee'tho] *m.* hail;
hailstorm; **piedra de** —, hail-
stone.
granja [gran'ha] *f.* grange,
farm, farm-house.
granjear [gran-hay-ar'] *va.* to
earn; to profit; *vr.* to get, obtain, win over *(sympathy, etc.)*.
granjería [gran-hay-ree'a] *f.*
advantage, profit *(in a bad
sense)*.
grano [gra'no] *m.* grain, seed,
corn; pimple, spot *(on face;
pl.* cereals; ir al —, to come to
the point. [nular.
granoso [gra-no'so] *adj.* gra-
granuja [gra-noo'ha] *m.* rogue,
lazy dog; waif, urchin.
grao [gra'o] *m.* strand, shore.
grapa [gra'pa] *f.* clamp, clutch.
grasa [gra'sa] *f.* grease, fat.
grasiento [gra-syen'to] *adj.*
greasy, oily; filthy.
gratificación [gra-tee-fee-ka-
thyon'] *f.* gratuity, reward, tip.
gratificar [gra-tee-fee-kar'] *va.*
to reward, gratify, satisfy.
gratis [gra'tees] *adv.* gratis,
free.
gratitud [gra-tee-tood'] *f.* gratitude, gratefulness.
grato [gra'to] *adj.* agreeable,
pleasant, acceptable.
gratuito [gra-twee'to] *adj.* gratuitous, unnecessary, uncalled
for.
gravamen [gra-va'men] *m.*
charge, obligation; tax, burden; lien.
gravar [gra-var'] *va.* to tax,
burden; to oppres.
grave [gra'vay] *adj.* grave, serious, dangerous; heavy; important.
gravedad [gra-vay-dad'] *f.* gravity; circumspection, sobriety,
seriousness.

grávido [gra'vee-do] *adj.* with
meaning; pregnant.
gravitación [gra-vee-ta-thyon']
f. gravitation.
gravitar [gra-vee-tar'] *vn.* to
gravitate, weigh down.
gravoso [gra-vo'so] *adj.* hard,
grievous; onerous.
graznar [grath-nar'] *vn.* to
croak, caw.
graznido [grath-nee'do] *m.*
croak, croaking, cawing.
greco [gray'ko] *adj.* Greek,
Grecian.
greda [gray'da] *f.* clay, marl,
chalk.
gredoso [gray-do'so] *adj.* cla-
yey, marly.
gregario [gray-ga'ryo] *adj.* gregarious.
gregüescos [gray-gwes'kos] *m.
pl.* wide breeches.
gremio [gray'myo] *m.* guild,
Trade Union, fraternity, body.
greña [gray'nya] *f.* matted hair,
mop (of hair).
greñudo [gray-nyoo'do] *adj.* dishevelled. [quarrel.
gresca [gres'ka] *f.* wrangle,
grey [gray'ee] *f.* herd, flock;
congregation *(of parish)*.
grial [gryal'] *m.* grail.
griego [gree-ay'go] *adj. m.*
Greek; Grecian.
grieta [gree-ay'ta] *f.* crevice,
fissure, crak, chink.
grietarse [gree-ay-tar'say] *vr.*
to crack, split; to become chap-
ped *(of hands)*.
grifo [gree'fo] *m.* griffin; (water) tap, faucet.
grillete [gree-lyay'tay] *m.* shac-
kel, chain; *pl.* irons, bolts.
grillo [gree'lyo] *m.* cricket; *pl.*
fetters, irons.
gripe [gree'pay] *f.* influenza.
gris [grees] *adj.* gray.
grita [gree'ta] *f.* clamour, about-
ing, uproar.
gritar [gree-ter'] *vn.* to shout,
shriek, call out, bawl.
griterío [gree-ta-ree'a] *f.* outcry, tumult, hullabaloo.
grito [gree'to] *m.* shout, cry,
howl; **hablar a gritos**, to shout.
grosella [gro-say'lya] *f.* red currant; **—blanca**, gooseberry.

grosería [gro-say-ree'a] *f.* rudeness, ill-manners, coarseness.

grosero [gro-say'ro] *adj.* gross, coarse; rude, uncivil; insensitive.

grosor [gro-sor'] *m.* thickness.

grotesco [gro-tes'ko] *adj.* grotesque, farcical, ridiculous.

grúa [groo'a] *f.* crane, derrick.

gruesa [grway'sa] *f.* gross.

grueso [grway'so] *adj.* thick, fat, stout, large; *m.* thickness; main body (*of army, etc.*).

grulla [groo'lya] *f.* (*orni.*) crane.

grumete [gru-may'tay] *m.* cabin-boy.   [growl.

gruñido [groo-nyee'do] *m.* grunt,

gruñir [groo-nyeer'] *m.* to grunt; to grumble; to creak.

grupa [groo'pa] *f.* crupper, rump (*of horse*).

grupo [groo'po] *m.* group, clump.

gruta [groo'ta] *f.* cavern; grotto.

guadamecí [gwa-da-may-thee'] *m.* printed embossed leather.

guadaña [gwa-da'nya] *f.* scythe.

guadañar [gwa-da-nyar'] *va.* to scythe, mow.

gualdo [gwal'do] *adj.* yellow.

gualdrapa [gwal-dra'pa] *m.* horse-trappings, sumpter cloth.

guano [gwa'no] *m.* guano, dung, fertiliser.

guante [gwan'tay] *m.* glove.

guapo [gwa'po] *adj.* neat, spruce,beautiful, handsome, bonny; gallant; *m.* gallant, beau; bully.

guarda [gwar'da] *m.* keeper; — de coto, game-keeper; *f.* custody, guard.

guardabosque [gwar-da-bos'-kay] *m.* game-keeper.

guardacostas [gwar-da-kos'tas] *m.* revenue cutter.

guardado [gwar-da'do] *adj.* guarded, cautious; put away, hidden.

guardapolvo [gwar-da-pol'vo] *m.* dust-cover.

guardar [gwar-dar'] *va.* to keep, guard, preserve, watch over; — silencio, to maintain silence; *vr.* to abstain from, avoid.

guardarropa [gwar-da-ro'pa] *m.* wardrobe; cloakroom.

guardavía [gwar-da-vee'a] *m.* signalman.

guardia [gwar'dya] *f.* guard, watch; protection; *m.* policeman; guardsman; estar de —, to be on duty; estar en —, to be on one's guard.

guardián [gwar-dyan'] *m.* guardian, watchman.

guardilla [gwar-dee'lya] *f.* garret, attic.

guarecer [gwa-ray-thayr'] *va.* to shelter; *vr.* to shelter from, take (refuge, cover).

guarida [gwa-ree'da] *f.* den, haunt, lair; refuge, shelter.

guarismo [gwa-rees'mo] *m.* (*math.*) figure, cipher.

guarnecer [gwar-nay-thayr'] *va.* to garnish, furbish, bind, face, adorn; to garrison.

guarnición [gwar-nee-thyon'] *f.* garniture, trimming, edging, piping, setting (*of jewels*); garrison; *pl.* harness, traces.

guarro [gwa'ro] *adj.* filthy; *m.* hog.

guasa [gwa'sa] *f.* jest, irony, facetiousness.

guasón [gwa-son'] *m.* wag, leg-puller"; *adj.* waggish, facetious.

guayabo [gwa-ya'bo] *m.* guayatree; (*pop.*) pretty girl teenager.

gubernativo [goo-bayr-na-tee -vo] *adj.* governmental.

guedeja [gay-day'ha] *f.* shock, hank (*of hair*), forelock, mane.

guerra [gay'ra] *f.* war, warfare; —a muerte, war without quarter; dar —, to annoy, plague, bother.

guerrear [gay-ray-ar'] *vn.* to wage war.

guerrero [gay-ray'ro] *adj.* martial; *m.* warrior, soldier.

guerrilla [gay-ree'lya] *f.* guerrilla.

guía [gee'a] *f.* guide-book, guide-sign; (*telephone*) directory; *m. & f.* guide, leader.

guiar [gee-yar'] *va.* to lead, guide; counsel; *vr.* to be led.

guija [gee'ha] *f.* pebble.

guijarro [gee-ha'ro] *m.* cobblestone.
guijo [gee'ho] *m.* road gravel.
guillotina [gee-lyo-tee'na] *f.* guillotine. [ry.
guinda [geen'da] *f.* mazard berry.
guindal [geen-dal'] *m.* mazard tree. [up.
guindar [geen-dar'] *va.* to hang
guindilla [geen-dee'lya] *f.* red pepper. [tree.
guindo [geen'do] *m.* mazard
guinea [gee-nay'a] *f.* guinea (*coin*). [tatter.
guiñapo [gee-nya'po] *m.* rag,
guiñar [gee-nyar'] *va.* to wink.
guión [gee-on'] *m.* standard, gonfalon; hyphen; synopsis (*of lecture, film*).
guirnalda [geer-nal'da] *f.* garland, wreath.
guisa [gee'sa] *f.* wise; manner; a — de, in the manner of.
guisado [gee-sa'do] *m.* stew.

guisante [gee-san'tay] *m.* pea; — de olor, sweet-pea.
guisar [gee-sar'] *va.* to cook; (*pop.*) to arrange.
guiso [gee'so] *m.* cooked dish, stew, "concoction", "preparation".
guita [gee'ta] *f.* twine.
guitarra [gee-ta'ra] *f.* guitar.
gula [goo'la] *f.* gluttony.
gusano [goo-sa'no] *m.* caterpillar, worm; — de seda, silkworm.
gustar [goos-tar'] *va.* to taste; to please; — de, to like, be fond of.
gusto [goos'to] *m.* taste, flavour; preasure; dar — a, to satisfy, gratify.
gustoso [goos-to'so] *adj.* tasty, palatable, williang, well-disposed, with pleasure.
gutural [goo-too-ral'] *adj.* guttural.

H

¡ha! [¡ah!] *interj.* ah! alas!
haba [ah'ba] *f.* bean, broad bean.
habano [ah-ba'no] (Havana) cigar.
habar [ah-bar'] *m.* beanfield.
haber [ah-bayr'] *va.* to have, possess, own; to hold; — menester, to be in need of; — de, to have to; dos años ha, two years ago; habérselas con, to have a bone to pick with, have to do with; habidos y por haber, present and future; *m.* property, estate, credit.
habichuela [ah-bee-chway'la] *f.* string bean, kidney bean, butter bean.
hábil [ah'beel] *adj.* able, clever, intelligent, skilful, agile, handy.
habilidad [ah-bee-lee-dad'] *f.* ability, capacity, dexterity, knack.

habilidoso [ah-bee-lee-do'so] *adj.* accomplished, adroit, ingenious.
habilitación [ah-bee-lee-ta-thyon'] *f.* qualification; fittingout, equipping, outfit(ting), arrangement, preparation.
habilitado [ah-bee-lee-ta'do] *m.* paymaster; *adj.* qualified, competent, authorised.
habilitar [ah-bee-lee-tar'] *va.* to qualify; to equip, to fit out; to enable.
hábilmente [ah'beel-men-tay] *adv.* ably, smartly, neatly, cleverly.
habitación [ah-bee-ta-thyon'] *f.* abode, dwelling; room.
habitante [ah-bee-tan-tay'] *m.* inhabitant, resident, native(of).
habitar [ah-bee-tar'] *va. & n.* to inhabit, dwell, reside.

hábito [ah'bee-to] *m*. habit (*of monk, etc.*); robes, dress, garment; custom; — de Santiago, order of Saint James; colgar los —s, to leave the priesthood, throw up career (*in Church, etc.*).

habitual [ah-bee-twal'] *adj*. habitual, customary, common, frequent.

habituar [ah-bee-twar'] *va*. to accustomed to, get used to.

habla [ah'bla] *f*. speech, dialect, local speech; conversation, talk; perder la —, to lose one's speech; al —, speaking (*beginning of telephone conversation*), within hailing distance.

hablador [ah-bla-dor'] *m*. gabbler, talker, chatter-box.

habladuría [ah-bla-doo-ree'a] *f*. gossip, slanderous talk.

hablar [ah-blar'] *vn*. to speak, talk, harangue; *va*. to say, to give expression to; — alto, to talk loudly, raise the voice; — por —, to talk for talking's sake; — a tontas y a locas, to talk without rhyme or reason; — por los codos, to talk through the ears, to talk one's head off; — entre dientes, to mutter.

hablilla [ah-blee'lya] *f*. rumour, whisper, scrip of gossip.

haca [ah'ka] *f*. small horse, pony.

hacedero [ah-thay-day'ro] *adj*. feasible, practicable.

hacedor [ah-thay-dor'] *m*. Maker, God.

hacendado [ah-then-da'do] *m*. landowner, proprietor, man of property.

hacendar [ah-then-dar'] *va*. to deal in real estate.

hacendero [ah-then-day'ro] *adj*. industrious, hardworking.

hacendista [ah-then-dees'ta] *m*. (pop.) financier.

hacendoso [ah-then-do'so] *adj*. diligent, spry, zealous, hardworking, bustling.

hacer [ah-thayr'] *va*. to make, produce, build, compose, create, practise, cause; to prepare (*meal*); make (*bed*); to convince; to amount to; hace ca-

lor, it is warm; hace tiempo, long ago; *vn*. to matter, mean; no hace el caso, doesn't meet the case; —de, to act as; —por, to try to; *vr*. to become, develop; — su agosto, to reap one's harvest; — agua, to leak; — alarde de, to boast of, display; — bancarrota, to fail, become bankrupt; — la barba, to shave; — caso de, to notice, pay attention to; — chacota, to ridicule; — de cuerpo, to evacuate; — hablar, to force to speak; — hacer, to have made (done, etc.); — que se hace, to pretend to be busy; — juego, to match, suit; — memoria, to remember, to try to remember; — (un) papel, to cut a figure; — perder los estribos, to break (his) self-control; — presente, to remind; — saber, to impart (*knowledge*), bring to one's knowledge; hacerse a la vela, to set sail; — la vista gorda, to close one's eyes to.

hacia [ah'thya] *prep*. towards, to; — adelante, forward; — atrás, back, backwards.

hacienda [ah-thyen'da] *f*. estate, property, fortune; finance; farm, plantation, ranch; Ministro de —, Chancellor of the Exchequer (*Spain*); — pública, treasury, finances.

hacina [ah-thee'na] *f*. stack, rick; heap.

hacinamiento [ah-thee-na-myen'to] *m*. heaping heap, hoard(in up), piling up.

hacha [ah'cha] *f*. axe, hatchet; torch, flambeau;

hachazo [ah-cha'tho] *m*. blow of an axe.

hache [ah'chay] *f*. name of the letter H.

hada [ah'da] *f*. fairy.

hado [ah'do] *m*. fate, destiny.

halagar [ah-la-gar'] *va*. to cajole, flatter, wheedle.

halago [ah-la'go] *m*. cajolery, flattery, adulation, allurement, blandishment.

halagüeño [ah-la-way'nyo] *adj*. attractive, alluring, hopeful, flattering, complimentary, auspicious.

halar [ah-lar'] va. *(naut.)* to haul, pull on.

halcón [al-kon'] m. hawk.

halconero [al-ko-nay'ro] m. falconer.

halda [al'da] f. skirt; a lapful.

hálito [ah'lee-to] m. breath, vapour.

hallado [ah-lya'do] adj. found; **bien —**, welcome; **mal —**, uneasy.

hallar [ah-lyar'] va. to find, come across, find out, to discover; to meet with; vr. to happen to be, feel *(health)*.

hallazgo [ah-lyath'go] m. find, discovery, good luck.

hamaca [ah-ma'ka] f. hammock.

hambre [am'bray] f. hunger, appetite, longing, desire; famine.

hambrear [am-bray-ar'] va. to hunger, starve.

hambriento [am-bree-en'to] adj. hungry; starved, ravenous.

hampa [am'pa] f. unsavoury, fraternity of rogues.

haragán [ah-ra-gan'] m. lounger, idler; adj. idle, indolent.

haraganear [ah-ra-ga-nay-ar'] vn. to loiter, loaf around.

harapiento [ah-ra-pyen'to] adj. ragged, in rags and tatters.

harapo [ah-ra'po] m. rag. tatter.

haraposo [ah-ra-po'so] adj. ragged.

harina [ah-ree'na] f. flour, meal; powder, dust.

harinero [ah-ree-nay'ro] m. dealer in flour.

harmonía [ar-mo-nee'a] f. See armonía.

hartar [ar-tar'] va. to stuff, gorge, fill up; vr. to satiate, glut, satisfy.

harto [ar'to] adj. full, satisfied, fed-up (with); enough, quite, amply.

hartura [ar-too'ra] f. satiety; plethora.

hasta [as'ta] prep. till, until; up to; **— no más**, to the limit, utmost; **— luego**, so-long, bye-bye; conj. even.

hastiar [as-tyar'] va. to bore, cloy, revolt.

hastío [as-tee'o] m. loathing, disgust.

hatillo [ah-tee'lyo] m. small bundle; **coger el —**, to pack up one's traps.

hato [ah'to] m. herd *(cattle)*, flock *(sheep)*; *(Amer.)* farm, estate; apparel.

haya [ah'ya] f. beech-tree.

hayal [ah-yal'] m. beech-grove.

haz [ath] m. bundle, faggot; sheaf; f. face *(of earth, etc.)*; right side *(of cloth, etc.)*; pl. fasces.

hazaña [ah-tha'nya] f. heroic feat, exploit; pl. prowess.

hazmerreír [ath-may-ray-eer'] m. guy, laughing-stock.

he [ay] adv. **— me aquí**, here I am; **— le aquí**, here he comes; etc.

hebdomadario [eb-do-ma-da'-ryo] adj. & m. weekly.

hebilla [ay-bee'lya] f. buckle, clasp *(on shoe)*.

hebra [ay'bra] f. filament, strand, thread; lenth *(of cotton)*; needleful.

hebreo [ay-bray'o] adj. & m. Hebrew.

hechicería [ay-chee-thay-ree'a] f. sorcery, witchcraft; fascination.

hechicero [ay-chee-thay'ro] m. sorcerer, wizard, enchanter; adj. fascinating, irresistible.

hechizar [ay-chee-thar'] va. to bewitch.

hechizo [ay-chee'tho] m. spell, enchantment; trance; adj. artificial.

hecho [ay-cho] adj. made, done; ready-made; **de —**, in fact, de facto; **— y derecho**, roundly, completely, in fact and in theory; m. act, fact, deed, event.

hechura [ay-choo'ra] f. turn, make; build, form; handiwork; tailoring, cut.

hediondez [ay-dyon-dayth'] f. stench.

hediondo [ay-dyon'do] adj. foul-smelling, fetid; m. polecat, skunk.

helada [ay-la'da] *f.* frost.

helado [ay-la'do] *adj.* icy, glacial, freezing, frozen, frostbitten; *m.* ice-cream.

helar [ay-lar'] *vn.* to freeze; to discourage.

helecho [ay-lay'cho] *m.* bracken, fern.

hélice [ay'lee-thay] *f.* helix; crew, propeller.

hembra [em'bra] *f.* female; nut, screw, brace.

hemisferio [ay-mees-fay'ryo] *m.* hemisphere.

hemorragia [ay-mo-ra'hya] *f.* hemorrhage.

henar [ay-nar'] *m.* hay meadow.

henchir [en-cheer'] *va.* to stuff, cram, bloat, fill up.

hender [en-dayr'] *va.* to split, slit, cleave.

hendido [en-dee'do] *adj.* slit, split, cloven, forked.

hendidura [en-dee-doo'ra] *f.* cleft, chink, gape, fissure.

heno [ay'no] *m.* hay.

heráldica [ay-ral'dee-ka] *f.* heraldry.

heraldo [ay-ral'do] *m.* herald.

herbáceo [ayr-ba'thay-o] *adj.* herbaceous, grassy.

herbívoro [ayr-bee'vo-ro] *adj.* grass-eating, herbivorous.

hercúleo [ayr-koo'lay-o] *adj.* herculean.

heredad [ay-ray-dad'] *f.* domain, estate, property, far.

heredar [ay-ray-dar'] *va.* to come into, inherit.

heredero [ay-ray-day'ro] *m.* heir, successor, inheritor.

hereditario [ay-ray-dee-ta'ryo] *adj.* hereditary, entailed.

hereje [ay-ray'hay] *m.* heretic.

herejía [ay-ray-hee'a] *f.* heresy, hideous error.

herencia [ay-ren'thya] *f.* inheritance, heritage, estate; heirloom, legacy stab, hurt, gash.

herida [ay-ree'da] *f.* wound, **herido** [ay-ree'do] *adj.* & *m.* wounded, hurt; *m.* wounded man, victim; los —s, the wounded.

herir [ay-reer'] *va.* to wound, hurt; to strike; to offend (*senses, etc.*).

hermana [ayr-ma'na] *f.* sister.

hermandad [ayr-man-dad'] *f.* brotherhood, fraternity; guild; friendship; **santa —**, (*ancient*) Police force.

hermano [ayr-ma'no] *m.* brother; **— de leche**, foster-brother.

hermético [ayr-may'tee-ko] *adj.* hermetical; air-tight.

hermosear [ayr-mo-say-ar'] *va.* to adorn, embellish, beautify.

hermoso [ayr-mo'so] *adj.* handsome, comely, neat, fine, beautiful.

hermosura [ayr-mo-soo'ra] *f.* loveliness, comeliness, beauty; a beauty.

hernia [ayr'nee-ah] *f.* (med.) hernia, rupture.

Herodes [ay-ro'days] *p. n.* **de — a Pilatos**, from pillar to post.

héroe [ay'ro-ay] *m.* hero.

heroico [ay-roy'ko] *adj.* heroic, splendid, shining.

heroísmo [ay-ro-ees'mo] *m.* gallantry, derring-do, heroism.

herrador [ay-ra-dor'] *m.* farrier.

herradura [ay-ra-doo'ra] *f.* horse-shoe; **camino de —**, bridle-track; **mostrar las —s**, to bolt, kick over the traces.

herramienta [ay-ra-myen'ta] *f.* tool, instrument.

herrar [ay-rar'] *va.* to shoe (*horses*); to brand (*cattle*).

herrería [ay-ray-ree'a] *f.* blacksmith's shop, forge; ironworks.

herrero [ay-ray'ro] *m.* blacksmith, smith.   [rust.

herrumbre [ay-room'bray] *f.*

hervidero [ayr-vee-day'ro] *m.* boiling spring; bubbling, gushing; throng, bustling crowd.

hervir [ayr-veer'] *vn.* & *a.* to boil, seethe, effervesce; to surge; **— a fuego lento**, to simmer.

hervor [ayr-vor'] *m.* boiling, effervescence, swirling, seething, ebullition.

heterodoxo [ay-tay-ro-dok'so] *adj.* unsound; *m.* unorthodox, unbeliever; non-Catholic.

hez [eth] *f.* scum, lees, dregs, sediment.

hidalgo [ee-dal'go] *m.* noble-man, gentleman, man of breed-ing.

hidalguía [ee-dal-gee'a] *f.* nobi-lity, true lineage, nobleness; generosity, fine instincts.

hidráulico [ee-drow'lee-ko] *adj.* hydraulic.

hidroavión [ee-dro-a-vyon'] *m.* flying-boat, sea-plane.

hidrofobia [ee-dro-fo'bya] *f.* rabies.   [hydrogen.

hidrógeno [ee-dro'hay-no] *m.*

hidropesía [ee-dro-pay-see'a] *f.* dropsy.

hiedra [yay'dra] *f.* ivy.

hiel [yel] *f.* gall, bile; bitterness.

hielo [yay'lo] *m.* ice; frost; ban-co de —, ice-field.

hiena [yay'na] *f.* hyena.

hierba [yayr'ba] *f.* grass, herb, weed; **mala** —, weed; — **de San Benito**, herb bennet; — **de San Juan**, St. John's wort; — **de Santiago**, ragwort, pansy; *pl.* —s, greens.

hierbabuena [yayr-ba-bway'na] *f.* mint, peppermint.

hierro [yay'ro] *m.* iron; tool; brand; — **dulce**, wrought iron; — **colado**, cast iron; — **lami-nado**, sheet-iron; — **viejo**, scrap-iron.

hígado [ee'ga-do] *m.* liver.

higiene [ee-hyay'nay] *f.* hy-giene, cleanliness.

higiénico [ee-hyay'nee-ko] *adj.* sanitary.

higo [ee'go] *m.* fig; — **chumbo**, prickly-pear; de — **a brevas**, once in a blue moon.

higuera [ee-gay'ra] *f.* fig-tree.

hija [ee'ha] *f.* daughter; — **mía**, my dear girl.

hijastro [ee-has'tro] *m.* stepson.

hijo [ee'ho] *m.* son; child; na-tive; — **adoptivo**, adopted child; — **del agua**, foundling; **cada** — **de vecino**, every mo-ther's son.

hilandero [ee-lan-day'ro] *m.* spinner.

hilar [ee-lar'] *va.* to spin; — **delgado**, to be very particular.

hilera [ee-lay'ra] *f.* range, row, line; wire-drawer.

hilo [ee'lo] *m.* thread, edge (of *sword, etc.*); yarn; wire; per-der el —, to lose the thread (*of lecture, etc.*).

hilván [eel-van'] *m.* (sew.) tack, basting.

hilvanar [eel-va-nar'] *v. tr.* (sew.) to tack, to bastle, to stitch, to plan.

himeneo [ee-may-nay'o] *m.* marriage, wedlock.

himno [eem'no] *m.* hymn; — **nacional**, national anthem.

hincapié [een-ka-pyay'] *m.* in-sistance; **hacer** —, to dwell on, emphasize.

hincar [een-kar'] *va.* to drive, thrust; — **la rodilla**, to bend the knee; — **el diente**, to bite, dig, (get) one's teeth into.

hinchado [een-cha'do] *adj.* puf-fed, swollen; windy, verbose.

hinchar [een-char'] *va.* to dist-end, bloat, swell; *vr.* to swell out, be puffed up.

hinchazón [een-cha-thon'] *m.* inflation, swelling, puffiness; vanity.

hinojo [ee-no'ho] *m.* fennel; knee; — **hediondo**, dill; **de** —s, on bended knees.

hípico [ee'pee-ko] *adj.* horse, of horses, equine; **concurso** —, riding-contest.

hipnotismo [eep-no-tees'mo] *m. m.* hypnotism, mesmerism.

hipo [ee'po] *m.* hiccough; long-ing; hatred.

hipocondría [ee-po-kon'dree-a] *f.* hypochondria, melancholy, spleen, "the blues".

hipocresía [ee-po-kray-see'a] *f.* hypocrisy, cant, humbug.

hipócrita [ee-po'kree-ta] *adj.* hypocritical, false, dissembling; *m.* hypocrite.

hipódromo [ee-po'dro-mo] *m.* race-course; circus.

hipoteca [ee-po-tay'ka] *f.* mort-gage, hypothecation.

hipotecar [ee-po-tay-kar'] *va.* to mortgage.

hipótesis [ee-po'tay-sees] *f.* hy-pothesis, supposition.

hipotético [ee-po-tay'tee-ko] *adj.* hipothetical, imaginary.

hirsuto [eer-soo'to] *adj.* shag-gy, hairy, bristly.

hispalense [ees-pa-len'say] *adj.* of Seville.

hispánico [ees-pa'nee-ko] *adj.* Hispanic, of Spain.

hispanismo [ees-pa-nees'mo] *m.* Spanish studies.

hispanista [ees-pa-nees'ta] *m.* devotee of Spanish studies; Spanish scholar.

hispano [ees-pa'no] *adj.* (*poet.*) Spanish.

hispanoamericano [ees-pa-no-a-may-ree-ka'no] *m. & adj.* South American.

hispanófilo [ees-pa-no'fi-lo] *m. & adj.* Hispanophile; fond of things Spanish.

hispir [ees-peer'] *v. tr. & intr.* to swell, make o become spongy.

histeria [ees-tay'rya] *f.* hysteria. [hysteria.

histerismo [ees-tay-rees'mo] *m.*

historia [ees-to'rya] *f.* history; tale, story; past; *pl.* déjese Vd. de —s!, come to the point!

historiador [ees-to-rya-dor'] *m.* historian.

historiar [ees-to-ryar'] *va.* to. relate; to record.

histórico [ees-to'ree-ko] *adj.* historical, with an interesting past; es —, it's a fact.

historieta [ees-to-ryay'ta] *f.* tale, anecdote.

histrión [ees-tryon'] *m.* juggler, actor, player.

hito [ee'to] *m.* landmark, guide-post; **mirar de — en —**, to stare straight at, to look intently at.

hocico [o-thee'ko] *m.* snout, muzzle; **meter el —**, to poke one's nose into.

hogaño [o-ga'nyo] *adv.* now-adays; this year.

hogar [o-gar'] *m.* fireplace, hearth; home, roof, shelter; **sin —**, homeless, stray.

hoguera [o-gay'ra] *f.* fire, bon-fire; pyre, stake.

hoja [o'ha] *f.* leaf; petal; sheet; sheaf; blade; shutter; — **de lata, tin;** — **de estaño, tinfoil;** **la — del lunes,** Monday news-paper; **volver la —,** to reform; to change the subject.

hojalata [o-ha-la'ta] *f.* tinplate.

hojaldre [o-hal'dray] *f.* puff-pastry.

hojarasca [o-ha-ras'ka] *f.* fallen leaves; trumpery, balder-dash.

hojear [o-hay-ar'] *va.* to skim, scan, run through (*book, etc.*).

¡hola! [o'la] *interj.* hallo!

holanda [o-lan'da] *f.* Holland, the Netherlands; fine linen.

holandés [o-lan-days'] *adj. & m.* Dutch; **a la holandesa,** half-binding.

holgado [ol-ga'do] *adj.* loose, easy; roomy, ample; at leisure; comfortably off.

holganza [ol-gan'tha] *f.* ease, quiet, leisure, diversion, re-creation.

holgar [ol-gar'] *vn.* to rest, be at leisure; to be idle; *vr.* to sport, play, dally, idle.

holgazán [ol-ga-than'] *m.* idler, loafer, lounger, "spiv."

holgazanería [ol-ga-tha-nay-ree'a] *f.* laziness, indolence, idleness.

holgorio [ol-go'ryo] *m.* spree, merrymaking, lark, sport.

holgura [ol-goo'ra] *f.* ease; fro-licking; amplitude, width, full-ness; looseness, laxity.

hollar [o-lyar'] *va.* to trample, tread (down, upon, underfoot); to degrade, spurn.

hollín [o-lyeen'] *m.* soot.

hombre [om'bray] *m.* man; mankind; ombre; — **de bien,** honest man; — **de estado,** stat-esman; — **de negocios,** business ...an; **muy —,** a real man; *interj.* Good heavens!

hombro [om'bro] *m.* shoulder; **llevar a —s,** to shoulder, carry on one's back; **encogerse de —s,** to shrug one's shoulders.

hombruno [om-broo'no] *adj.* manly, virile.

homenaje [o-may-na'hay] *m.* homage; testimonial; allegi-ance.

homero [o-may'ro] *m.* (bot.) alder-tree. (V. Aliso).

homicida [o-mee-thee'da] *m.* homicide, murderer.

homicidio [o-mee-thee'dyo] *m.* manslaughter, homicide.

homogéneo [o-mo-hay'nay-o] *adj.* homogeneous.
honda [on'da] *f.* sling.
hondable [on-da'blay] *adj.* soundable.
hondo [on'do] *adj.* profound, deep; low; heartfelt, sincere.
hondonada [on-do-na'da] *f.* glen, gully, ravine; deep.
hondura [on-doo'ra] *f.* depth.
hondureño [on-doo-ray'nyo] *adj.* of Honduras.
honestidad [o-nes-tee-dad'] *f.* chastity, purity, honour, modesty; decency, decorousness.
honesto [o-nes'to] *adj.* decent, decourous; modest, chaste, pure; fair, honest.
hongo [on'go] *m.* mushroom, fungus; bowler hat.
honor [o-nor'] *m.* honour; reputation; chastity; dignity; *pl.* rank, status; privileges, ceremony.
honorable [o-no-ra'blay] *adj.* honourable worshipful, revered, dignified; distinguished.
honorario [o-no-ra'ryo] *adj.* honorary, unpaid; *m.* fees, salary; *pl.* terms.
honra [on'ra] *f.* honour, reverence; reputation, fame, glory; purity, chastity; favour; *pl.* obsequies.
honradamente [on-ra-da-men'tay] *adv.* decently, honourably, as in duty bound, faithfully.
honradez [on-ra-dayth'] *f.* faithfulness, uprightness, integrity; dutifulness; square dealing.
honrado [on-ra'do] *adj.* honest; just, fair, decent, upright, honourable; dutiful; conscientious.
honrar [on-rar'] *va.* to honour, esteem; to revere; to do honour or credit (to); to honour (*cheque*); *vr.* to regard as a privilege.
honrilla [on-ree'lya] *f.* punctiliousness; **por la negra —**, for form's sake.
honroso [on-ro'so] *adj.* bringing honour, praiseworthy.
hora [o'ra] *f.* hour; time; season; **¿qué — es?**, what time

is it?; **última —**, stoppress (*news*); **— menguada**, fatal moment; **—s**, prayerbook; **por —s**, by the hour; **altas —s**, small hours; **—s extraordinarias**, overtime.
horadar [o-ra-dar'] *va.* to perforate, penetrate, bore through.
horario [o-ra'ryo] *adj.* hour; *m.* hour-hand; time-table.
horca [or'ka] *f.* gallows, gibbet; fork, pitchfork; string of onions, garlic.
horcajada [or-ka-ha'da] *f.* **a—s**, astride, straddling.
horchata [or-cha'ta] *f.* orgeat, iced drink; **— de chufas**, "tiger-nut" drink.
horda [or'da] *f.* horde, gang.
horizonte [o-ree-thon'tay] *m.* horizon.
horma [or'ma] *f.* model, mould; hat-maker's block; last (*of shoe*).
hormiga [or-mee'ga] *f.* ant; **— blanca**, termite.
hormigón [or-mee-gon'] *m.* concrete; **— armado**, reinforced concrete.
hormiguear [or-mee-gay-ar'] to itch; to swarm.
hormigueo [or-mee-gay'o] *m.* itching, tingling.
hormiguero [or-mee-gay'ro] *m.* ant-hill; swarm of people.
hornero [or-nay'ro] *m.* baker.
hornillo [or-nee'lyo] *m.* portable furnace, range, stove, oven.
horno [or'no] *m.* oven, kiln, furnace; **alto —**, blast-furnace; **— de ladrillo**, brick-kiln.
horquilla [or-kee'lya] *f.* pitchfork; hairpin; frog (*of horse's foot*).
horrendo [o-ren'do] *adj.* horrible, fearful, dire, dreadful.
hórreo [o'ray-o] *m.* barn, granary (*usu. on stone posts*).
horrible [o-ree'blay] *adj.* frightful, dread, ghastly.
hórrido [o'ree-do] *adj.* horrid, hideous, horrible.
horripilante [o-ree-pee-lan'tay] *adj.* harrowing, hair-raising, ghastly.
horripilar [o-ree-pee-lar'] *va.* to

frighten, horrify, scare out of one's wits; give the creeps (to).

horror [o-ror'] *m.* horror, fright; grimness, hideousness; abhorrence.

horrorizado [o-ro-ree-tha'do] *adj.* aghast.

horrorizar [o-ro-ree-thar'] *va.* to horrify, frighten, terrify.

horroroso [o-ro-ro'so] *adj.* frightful, awful; horrifying.

hortalizas [or-ta-lee'thas] *f. pl.* vegetables, greens.

hortelano [or-tay-la'no] *m.* market-gardener; truckfarmer; **perro del —**, dog in the manger.

hortera [or-tay'ra] *m.* shopboy, grocer's assistant.

horticultura [or-tee-kool-too'ra] *f.* horticulture, gardening, cultivation of gardens.

hosco [os'ko] *adj.* frowning, dark, gloomy; crabbed, sullen.

¡hospa! [os'pa] *interj.* U. S. scram! (V. *oxte*).

hospedaje [os-pay-da'hay] *m.* lodging.

hospedar [os-pay-dar'] *va.* to give lodging, quarter; to board, lodge; *vr.* to put up, stay, stop at.

hospedería [os-pay-day-ree'a] *f.* hostelry; guest-house; home, hospice.

hospedero [os-pay-day'ro] *m.* host, innkeeper.

hospicio [os-pee'thyo] *m.* orphanage, children's home.

hospital [os-pee-tal'] *m.* hospital, infirmary; **— de campaña,** field hospital, dressing station; **—de sangre,** emergency hospital.

hospitalario [os-pee-ta-la'ryo] *adj.* hospitable; *m.* Knight Templar.

hospitalidad [os-pee-ta-lee-dad'] *f.* hospitality; period of stay in hospital; hospitalization.

hosquedad [os-kay-dad'] *f.* gloom, darkness; sullenness.

hostelero [os-tay-lay'ro] *m.* innkeeper; victualler.

hostería [os-tay-ree'a] *f.* inn, eating-house, hostelry.

hostia [os'tya] *f.* host; oblate, wafer.

hostigar [os-tee-gar'] *va.* to scourge; to harass, vex; to persecute.

hostil [os-teel'] *adj.* hostile, antagonistic, adverse.

hostilidad [os-tee-lee-dad'] *f.* hostility, antagonism, enmity.

hotelero [o-tay-lay'ro] *m.* hotel proprietor.

hoy [oy] *adv.* to-day; **— día,** nowadays; **de — en adelante,** from now henceforth; **de — a mañana,** when you least expect it.

hoya [o'ya] *f.* pit, cavity; dale, vale; grave; bed *(of a river)*.

hoyada [o-ya'da] *f.* dale.

hoyo [o'yo] *m.* hole, cavity; dent, groove; mark; crater.

hoyuela [oy-way'la] *f.* dimple; socket *(of collarbone)*.

hoyuelo [oy'way'lo] *m.* dimple.

hoz [oth] *f.* sickle, reaper's hook; narrow pass, defile, gorge.

hucha [oo'cha] *f.* money-box, toy bank; bin; chest.

huchear [oo-chay-ar'] *va.* to whoop, shout, call out.

hueco [way'ko] *m.* gap, hole; depression, emptiness, loneliness; lacuna; vacancy; notch; *adj.* hollow; blank; vacant; inflated *(voice)*.

huelga [wel'ga] *f.* rest, leisure; strike; **declararse en —,** to strike, down tools.

huelgo [wel'go] *m.* windage; room, space, clearance.

huelguista [wel-gees'ta] *m.* man on strike, striker.

huella [way'lya] *f.* trace; track, footprint, imprint, trail; trace, vestige; *pl.* **— digitales,** fingerprints.

huérfano [wayr'fa-no] *adj.* fatherless, motherless; *m.* orphan boy, waif.

huero [way'ro] *adj.* empty; addled; sterile.

huerta [wayr'ta] *f.* vegetable garden; **la — de Valencia,** irrigated land in province of Valencia.

huerto [wayr'to] *m.* orchard.

hueso [way'so] *m.* bone; pit, pip; *(fruit)* stone; **es un —**, he's as thin as a rake; **es un manojo de —s**, he's nothing but a bag of bones; **la sin —**, the tongue.

huésped [wes'ped] *m.* inmate, lodger, guest; host, landlord; *pl.* **casa de —es**, boarding-house.

hueste [wes'tay] *f.* host *(army).*

huesudo [way-soo'do] *adj.* bony, raw-boned.

huevo [way'vo] *m.* egg; **— pasado por agua**, soft-boiled egg; **— revuelto**, scrambled egg; **— estrellado**, fried or poached egg; **— batido**, beaten egg.

hugonote [oo-go-no'tay] *m. & adj.* Huguenot.

huida [oo-e'da] *f.* flight, escape, get-away.

huir [weer] *va.* to shun; *vn. & r.* to flee, escape, make off, decamp, elope, run away.

huiro [wee'ro] *m.* name of several sea-weeds.

hule [oo'lay] *m.* oil-cloth; patent-leather.

hulla [oo'lya] *f.* soft coal.

hullera [oo'lyay'ra] *f.* coalpit, colliery.

hullero [oo-lyay'ro] *adj.* **industria —a**, coal industry; **cuenca —a**, coal-field.

humanidad [oo-ma-nee-dad'] *f.* mortal man, human-kind; humanity, kindliness; *pl.* the Humanities, Classics.

humanismo [oo-ma-nees'mo] *m.* humanism.

humanista [oo-ma-nees'ta] *m.* humanist, classical scholar.

humanizarse [oo-ma-nee-thar'-say] *vr.* to become human; to grow more like one's fellows.

humano [oo-ma'no] *adj.* human; humane; **el género —**, mankind; **ser—**, human being.

humareda [oo-ma-ray'da] *f.* smoke; smokiness; clouds of smoke.

humeante [oo-may-an'tay] *adj.* smoky, fuming.

humear [oo-may-ar'] *vn.* to reek with smoke; to smoke, be smoky.

humedad [oo-may-dad'] *f.* humidity, dampness; moisture.

humedecer [oo-may-day-thayr'] *va.* to moisten, damp, wet; to soak.

húmedo [oo'may-do] *adj.* damp, moist; watery.

humildad [oo-meel-dad'] *f.* humility, meekness, lowliness; obscurity.

humilde [oo-meel'day] *adj.* humble, meek; poor, plain, of low degree; down-trodden.

humillación [oo-mee-lya-thyon'] *f.* humiliation; submission; humbling; lowering of pride; insult.

humillante [oo-mee-lyan'tay] *adj.* humiliating, degrading.

humillar [oo-mee-lyar'] *va.* to lower, make humble, degrade, take down a peg, humiliate; *vr.* to debase oneself, to be prostrate.

humillo [oo-mee'lyo] *m.* vanity, petty pride; a disease of pigs.

humo [oo'mo] *m.* smoke; vapour, fume; vanity, presumption; **echar —**, to smoke *(of chimney, etc.).*

humor [oo-mor'] *m.* humour, temper; temperament, disposition; **buen —**, good spirits, joviality; **mal —**, crossness, moodiness; **de buen —**, in fine fettle, gay; **de mal —**, cross, crusty.

humorada [oo-mo-ra'da] *f.* practical joke.

humorístico [oo-mo-rees'tee-ko] *adj.* funny; **diario —** comic paper.

hundimiento [oon-dee-myen'-to] *m.* sinking; downfall collapse, caving in.   [ken.

hundido [oon-dee'do] *adj.* sunhundir [oon-deer'] *va.* to sink, thrust (into), crush, swamp; to ruin dash, pull down; *vr.* to sink, collapse, cave in, subside; to sag.

húngaro [oong'ga-ro] *adj. & m.* Hungarian; gipsy.   [cane.

huracán [oo-ra-kan'] *m.* hurrihuraño [oo-ra'nyo] *adj.* shy, elusive, diffident; unsociable, bearish.

hurgar [oor-gar'] *va.* to stir up, rake, poke; —se las narices, to pick one's nose.

hurgonear [oor-go-nay-ár'] *va.* to poke *(fire).*

hurón [oo-ron'] *adj.* shy, unaffectionate, disdainful; *m.* ferret.

hurtadillas [oor-ta-dee'lyas] *adv.* a —, stealthily, on the sly; on tip-toe.

hurtar [oor-tar'] *va.* to steal, pilfer, make off with.

hurto [oor'to] *m.* robbery, thieving, theft, stealing.

husar [oo-sar'] *m.* Hussar.

husmear [oos-may-ar'] *va.* to scent, sniff out, get wind of, ferret out. [lozenge.

huso [oo'so] *m.* spindle; *(her.)*

huyente [oo-yen'tay] *adj.* frente —, receding forehead.

I

ibérico [ee-bay'ree-ko] *adj.* Iberian.

ibero [ee'bay-ro] *m.* Iberian.

ibicenco [ee-bee-then'ko] *m. & adj. (inhabitant)* of Ibiza.

ida [ee'da] *f.* going, out-going, departure; de — y vuelta, return, round trip *(ticket).*

idea [ee-day'a] *f.* idea; plan, intention, scheme; plot; fancy.

ideal [ee-day-al'] *adj.* ideal, imaginary, abstract, unreal; *m.* ideal.

idealizar [ee-day-a-lee-thar'] *va.* to idealise.

idear [ee-day-ar'] *va.* to imagine, conceive, devise, plan; to contrive, project.

ídem [ee'dem] *pr.* ditto, the same.

identidad [ee-den-tee-dad'] *f.* identity, sameness.

identificación [ee-den-tee-fee-ka-thyon'] *f.* identification.

idilio [ee-dee'lee-o] *m. (poet.)* idyl, pastoral *(poem).*

idioma [ee-dyo'ma] *m.* language, speech, tongue, idiom.

idiota [ee-dyo'ta] *adj.* silly, daft, idiotic; *m.* idiot, oaf, "loony".

idiotez [ee-dyo-tayth'] *f.* idiocy, feeble-mindedness, stupidity.

idiotismo [ee-dyo-tees'mo] *m.* imbecility, foolishness; idiom, locution, turn of speech.

idólatra [ee-do'la-tra] *adj.* idolatrous, heathen, pagan; *m.* idolater.

idolatrar [ee-do-la-trar'] *va.* to idolise.

idolatría [ee-do-la-tree'a] *f.* idolatry, heathenism, worship of idols.

idoneidad [ee-do-nay'ee-dad] *f.* capacity, fitness, suitability, aptitude.

idóneo [ee-do'nay-o] *adj.* apt; capable; proper, likely, suitable, appropriate, fit.

iglesia [ee-glay'sya] *f.* church, temple.

ignición [eeg-nee-thyon'] *f.* ignition, kindling, firing.

ignominia [eeg-no-mee'nya] *f.* shame, dishonour, disgrace, ignominy.

ignominioso [eeg-no-mee-nyo'-so] *adj.* discreditable, shameful, ignominious.

ignorado [eeg-no-ra'do] *adj.* unknown, undiscovered.

ignorancia [eeg-no-ran'thya] *f.* ignorance, illiteracy.

ignorante [eeg-no-ran'tay] *adj.* ignorant, untutored, unlettered; blind.

ignorar [eeg-no-rar'] *va.* not to know, be unaware of.

ignoto [eeg-no'to] *adj.* hidden, unknown.

igual [ee-gwal'] *adj.* the same, like, similar, equal; level, uniform, flat; constant, unchanging; por —, equally; sin —, matchless, peerless; me es —, I don't mind.

igualar [ee-gwa-lar'] va. to equalise; to make equal; to pair; to make even, flatten; to balance up, make amends; vn. to be equal (to).

igualdad [ee-gwal-dad'] f. equality; evenness, smoothness; parity.

igualmente [ee-gwal-men'tay] adj. similarly; likewise; "the same to you"; also, too.

ijar [ee-har'] m. flank (of animals).

ilegal [ee-lay-gal'] adj. illegal, unlawful; false; contraband.

ilegalmente [ee-lay-gal-men'-tay] adv. on false pretences, unlawfully.

ilegítimo [ee-lay-hee'tee-mo] adj. illegitimate; unlawful; out of wedlock.

ileso [ee-lay'so] adj. unharmed, unscarred.

ilimitado [ee-lee-mee-ta'do] adj. boundless, limitless, unconfined; vast, immense.

ilógico [ee-lo'hee-ko] adj. illogical, irrational.

iluminación [ee-loo-mee-na-thyon'] f. illumination, lighting.

iluminado [ee-loo-mee-na'do] adj. lit up; coloured, illuminated.

iluminar [ee-loo-mee-nar'] va. to illuminate, kindle, set alight, light up; to adorn with engravings.

ilusión [ee-loo-syon'] f. illusion, day-dream; (delightful) anticipation, dream; con una gran —, with great pleasure, thrill.

ilusionado [ee-loo-syo-na'do] estar —, to be looking forward to (pleasure, etc.), be buoyed up by.

ilusionista [ee-loo'syo-nees'ta] m. juggler, conjurer.

iluso [ee-loo'so] adj. deluded; m. day-dreamer, wishful thinker.

ilusorio [ee-loo-so'ryo] adj. illusory, deceptive; unsubstantial, unreal.

ilustración [ee-loos-tra-thyon'] f. illustration; edification, enlightenment, learning; engraving.

ilustrado [ee-loos-tra'do] adj. cultured, well-read, polished, educated; déspota —, enlightened despot.

ilustrar [ee-loos-trar'] va. to illustrate, explain, interpret, elucidate; vr. to become illustrious, to acquire learning.

ilustre [ee-loos'tray] adj. illustrious, distinguished, brilliant, eminent, splendid, lofty.

imagen [ee-ma'hen] f. reflection, counterpart, image; statue, effigy; conception, idea; spectrum.

imaginación [ee-ma-hee-na-thyon'] f. imagination, fancy; fantasy, dream.

imaginar [ee-ma-hee-nar'] va. to imagine; to fancy; vr. to suppose, assume.

imaginario [ee-ma-hee-na'ryo] adj. imaginary, fanciful, unsubstantiated, airy.

imaginativo [ee-ma-hee-na-tee'-vo] adj. imaginative, fanciful, creative, fertile.

imaginero [ee-ma-hee-nay'ro] m. sculptor of religious statues.   [magnet; imam.

imán [ee-man'] m. loadstone, imbécil [eem-bay'theel] adj. silly, foolish, half-witted, idiotic; m. simpleton, dolt; fool, idiot.

imbecilidad [eem-bay-thee-lee-dad'] f. imbecility, feeblemindedness, stupidity.

imberbe [eem-bayr'bay] adj. beardless; very young, immature.

imbricar [eem-bree-kar'] v. tr. to imbue, infuse, persuade, inspire, inoculate, saturate, season, leaven.

imbuir [eem-bweer'] va. to imbue, inspire, fill (with emotion, etc.).

imitación [ee-mee-ta-thyon'] f. imitation, counterfeit, copy.

imitado [ee-mee-ta'do] adj. mock, pretended, copy of.

imitar [ee-mee-tar'] va. to imitate, copy, mimic, counterfeit, ape.

impaciencia [eem-pa-thyen'-thya] *f.* restlessness, haste, impatience.

impaciente [eem-pa-thyen'tay] *adj.* restless, fidgety, impatient, "on pins".

impalpable [eem-pal-pa'blay] *adj.* intangible, impalpable.

impar [eem-par'] *adj.* odd, uneven.

imparcial [eem-par-thyal'] *adj.* impartial, dispassionate.

imparcialidad [eem-par-thya-lee-dad'] *f.* dispassionateness, impartiality, fairness; indifference; lack of prejudice.

impartir [eem-par-teer'] *va.* to bestow, grant, impart.

impasible [eem-pa-see'blay] *adj.* unfeeling, unimpassioned; undisturbed, unmoved, serene, calm, unruffled.

impavidez [eem-pa-vee-dayth'] *f.* intrepidity, dauntlessness; fearlessness.

impávido [eem-pa'vee-do] *adj.* intrepid, fearless, undaunted.

impecable [eem-pay-ka'blay] *adj.* sinless, faultless.

impedimento [eem-pay-dee-men'to] *m.* impediment, obstruction, encumbrance.

impedir [eem-pay-deer'] *va.* to obstruct, thwart, hinder, obviate, stay, impede, stand in the way of.

impeler [eem-pay-layr'] *va.* to impel, push drive, spur on, urge on.

impenetrabilidad [eem-pay-nay-tra-bee-lee-dad'] *f.* imperviousness, proof.

impenetrable [eem-pay-nay-tra'blay] *adj.* impervious; fathomless, bottomless, impenetrable.

impenitente [eem-pay-nee-ten'-tay] *adj.* obdurate, unrepentant.

impensado [eem-pen-sa'do] *adj.* out of the blue, random, unplanned; unexpected.

imperar [eem-pay-rar'] *vn.* to rule, reign, command, be in force, be the order of the day.

imperativo [eem-pay-ra-tee'vo] *adj.* imperative.

imperceptible [eem-payr-thep-tee'blay] *adj.* imperceptible, not discernible, faint.

imperdible [eem-payr-dee'blay] *adj.* sure, safe; *m.* safetypin.

imperdonable [eem-payr-do-na'blay] *adj.* unforgiveable, inexcusable.

imperecedero [eem-pay-ray-thay-day'ro] *adj.* imperishable, deathless.

imperfección [eem-payr-fek-thyon'] *f.* imperfection, defect, flaw, fault, blemish; inadequacy, weakness.

imperfecto [eem-payr-fek'to] *adj.* imperfect, faulty, unfinished, incomplete.

imperio [eem-pay-ree'o] *adj.* imperial, of emperors, of empire; *f.* top, roof, outside *(of vehicle)*.

impericia [eem-pay-ree'thya] *f.* unskilfulness, lack of skill.

imperio [eem-pay'ryo] *m.* empire; command, sway, arrogance; the purple.

imperioso [eem-pay-ryo'so] *adj.* arrogant, haughty, overbearing.

imperito [eem-pay-ree'to] *adj.* unskilled, without training.

impermeable [eem-payr-may-a'blay] *adj.* impervious, water-proof; *m.* mackintosh, raincoat.

impermutable [eem-payr-moo-ta'blay] *adj.* not interchangeable.

impersonalidad [eem-payr-so-na-lee-dad'] *f.* lack of personal touch.

impertérrito [eem-payr-tay'ree-to] *ádj.* intrepid, unafraid, unshakeable.

impertinencia [eem-payr-tee-nen'thya] *f.* impertinence, nonsense, irrelevancy.

impertinente [eem-payr-tee-nen'tay] *adj.* impertinent, obnoxious, out of place, inappropriate; *m. pl.* lorgnette.

imperturbable [eem-payr-toor-ba'blay] *adj.* stolid, proof against anything.

impétigo [eem-pay'tee-go] impetigo, a contagious skin disease due to a fungus.

ímpetu [eem'pay-too] *m.* impetus, impulse, fit, violence, momentum.

impetuosidad [eem-pay-two-see-dad'] *f.* impetuousness, heedlessness.

impetuoso [eem-pay-two'so] *adj.* impetuous, wild, headlong, headstrong, wilful.

impiedad [eem-pyay-dad'] *f.* godlessness, ungodliness, lack of piety.

impío [eem-pee'o] *adj.* impious, godless, wicked, blasphemous.

implacable [eem-pla-ka'blay] *adj.* relentless, unforgiving, remorseless, unyielding.

implicar [eem-plee-kar'] *va. & n.* to involve, implicate, to contradict, oppose.

implícito [eem-plee'thee-to] *adj.* implicit.

implorar [eem-plo-rar'] *va.* to implore, entreat, beseech, beg.

impolítico [eem-po-lee'tee-ko] *adj.* impolite.

imponente [eem-po-nen'tay] *adj.* impressive; grandiose, stately.

imponer [eem-po-nayr'] *va.* to lay down, enforce, impose; to levy *(taxes);* to make an impression, be imposing; *vr.* to ride roughshod (over), get one's own way; to be necessary.

importación [eem-por-ta-thyon'] *f.* importation, import-(ing).

importancia [eem-por-tan'thya] *f.* consequence, import, significance, importance; solemnity; scope; de gran —, of great moment; darse —, to be pompous; dar — a, to value.

importante [eem-por-tan'tay] *adj.* important, urgent, weighty; serious.

importar [eem-por-tar'] *va.* to import, be of (some) importance; *vn.* to signify, matter; *vr.* to amount (to), to come (to). [unt, total.

importe [eem-por'tay] *m.* amo-

importunar [eem-por-too-nar'] *va.* to pester, solicit, importune.

importuno [eem-por-too'no] *adj.* importunate, troublesome, pressing, obtrusive.

imposibilidad [eem-po-see-bee-lee-dad'] *f.* impossibility; hopelessness.

imposibilitar [eem-po-see-bee-lee-tar'] *va.* to incapacitate, disable; to prevent, cut out, cut short, make impossible.

imposible [eem-po-see'blay] *adj.* impossible, unfeasible, hopeless; es —, there isn't a chance, it can't be done.

imposición [eem-po-see-thyon'] *f.* charge, duty, imposition; infliction; — de manos, laying-on of hands.

imposta [eem-pos'ta] *f.* *(arch.)* impost, haunch, bearing block.

impostor [eem-pos-tor'] *m.* impostor.

impostura [eem-pos-too'ra] *f.* imposture, fraud, deceit; sham.

impotencia [eem-po-ten'thya] *f.* impotence, inability, powerlessness.

impotente [eem-po-ten'tay] *adj.* impotent, feeble, powerless.

impracticable [eem-prak-tee-ka'blay] *adj.* impracticable; impassable; not working.

imprecar [eem-pray-kar'] *va.* to curse.

impregnar [eem-preg-nar'] *va.* to impregnate; *vr.* to be pervaded, steeped; to be fraught (with).

imprenta [eem-pren'ta] *f.* printing (office), press; imprint; libertad de —, freedom of the press.

imprescindible [eem-pres-theen-dee'blay] *adj.* indispensable, essential.

impresión [eem-pray-syon'] *f.* impression, stamp, imprint; issue, printing; effect; image.

impresionable [eem-pray-syo-na'blay] *adj.* impressionable, sensitive, highly-strung, easily influenced.

impresionar [eem-pray-syo-nar'] *va.* to impress, make an impression (on), to influence; to fix, imprint.

impreso [eem-pray'so] m. printed matter, pamphlet, leaflet.

impresor [eem-pray-sor'] m. printer.

imprestable [eem-pres-ta'blay] adj. that cannot be lent.

imprevisión [eem-pray-vee-syon'] f. improvidence, lack of forethought.

imprevisor [eem-pray-vee-sor'] adj. improvident, lacking in forethought, easy-going.

imprevisto [eem-pray-vees'to] adj. unlooked-for, unforeseen; m. pl. unforeseen expenses.

imprimir [eem-pree-meer'] va. to print, stamp, to fix.

improbabilidad [eem-pro-ba-bee-lee-dad'] f. unlikelihood.

improbable [eem-pro-ba'blay] adj. improbable, unlikely; es —, it isn't likely.

improbo [eem'pro-bo] adj. dishonest; hard, laborious, thankless.

improcedente [eem-pro-thay-den'tay] adj. unfounded, without (legal) foundation.

improductivo [eem-pro-dook-tee'vo] adj. unproductive, unfruitful, fruitless.

improperio [eem-pro-pay'ryo] m. insult, taunt, curse, oath.

impropiedad [eem-pro-pyay-dad'] f. impropriety, unsuitability, infelicity, malapropism.

impropio [eem-pro'pyo] adj. improper; uncalled for, out-of-place, inept, unsuitable, unfit; unbecoming.

improvidencia [eem-pro-vee-den'thya] f. lack of foresight; unpreparedness, carelessness, improvidence, wastefulness.

impróvido [eem-pro-vee-do] adj. improvident, thriftless.

improvisación [eem-pro-vee-sa-thyon'] f. impromptu, addition, improvisation; (a good) makeshift.

improvisado [eem-pro-vee-sa'-do] adj. improvised, extempore, temporary.

improvisar [eem-pro-vee-sar']

va. to improvise, extemporize, get ready in an emergency.

improviso [eem-pro-vee'so] adj. unexpected; de —, all of a sudden, unawares.

improvisto [eem-pro-vees'to] adj. unforeseen; a la —a, unexpectedly.

imprudencia [eem-proo-den'-thya] f. imprudence, indiscretion, heedlessness.

imprudente [eem-proo-den'tay] adj. imprudent, indiscreet, unwise, rash.

impúdico [eem-poo'dee-ko] adj. immodest, lewd, unchaste, shameless.

impudor [eem-poo-dor'] m. shamelessness, cynicism, immodesty.

impuesto [eem-pwes'to] m. tax, duty; fijación de —s, rating of taxes.

impugnar [eem-poog-nar'] va. to confute, oppose, contradict, impugn.

impulsar [eem-pool-sar'] va. to push, drive, impel.

impulsión [eem-pool-syon'] f. impulse, impetus, momentum.

impulso [eem-pool'so] m. urge, impulse; force, pressure, push, beat.

impune [eem-poo'nay] adj. unpunished, with impunity.

impunidad [eem-poo-nee-dad'] f. impunity; con —, scotfree.

impureza [eem-poo-ray'tha] f. adulteration, grit, impurity; uncleanness, unchastity.

impuro [eem-poo'ro] adj. unclean, impure, foul.

imputable [eem-poo-ta'blay] adj. attributable.

imputación [eem-poo-ta-thyon'] f. imputation, accusation; entry (book-keeping).

imputar [eem-poo-tar'] va. to impute, attribute, tax (with),, ascribe; to lay (at someone's door).

inabordable [ee-na-bor-da'blay] adj. inapproachable, inaccesible.

inacabable [ee-na-ka-ba'blay] adj. endless, unending.

inaccessible [ee-nak-thay-see'-blay] *adj.* unapproachable, out-of-the-way, lost.

inacción [ee-nak-thyon'] *f.* inactivity, inertia; lack of movement.

inaceptable [ee-na-thep-ta'blay] *adj.* unacceptable.

inactividad [ee-nak-tee-vee-dad'] *f.* lethargy, stillness, lifelessness.

inactivo [ee-nak-tee'vo] *adj.* inactive, dormant, inert.

inadecuado [ee-na-day-kwa'do] *adj.* inadequate; unsuitable, out of place.

inadmisible [ee-nad-mee-see'-blay] *adj.* unacceptable, out of the question.

inadvertencia [ee-nad-vayr-ten-thya] *f.* inadvertence, carelessness, oversight.

inadvertido [ee-nad-vayr-tee'-do] *adj.* inadvertent; unobserved, unnoticed.

inagotable [ee-na-go-ta'blay] *adj.* inexhaustible, endless, never-failing.

inaguantable [ee-na-gwan-ta'-blay] *adj.* undearable, past endurance.

inajenable [ee-na-hay-na'blay] *adj.* inalienable, untransferable.

inalterable [ee-nal-tay-ra'blay] *adj.* stable, unchangeable, fast.

inanición [ee-na-nee-thyon'] *f.* starvation, exhaustion *(from lack of food).*

inanimado [ee-na-nee-ma'do] *adj.* inanimate, lifeless.

inapreciable [ee-na-pray-thya'-blay] *adj.* inestimable, priceless, without price.

inasequible [ee-na-say-kee'blay] *adj.* unattainable.

inaudito [ee-now-dee'to] *adj.* unheard-of, unspeakable, outrageous.

inauguración [ee-now-goo-ra-thyon'] *f.* inauguration, opening.

inaugurar [ee-now-goo-rar'] *va.* to inaugurate, open.

incalculable [een-kal-koo-la'-blay] *adj.* untold, unnumbered, inestimable.

incandescente [een-kan-des-then'tay] *adj.* incandescent.

incansable [een-kan-sa'blay] *adj.* indefatigable, tireless.

incapacidad [een-ka-pa-thee-dad'] *f.* incapacity, inability, incompetence.

incapacitar [een-ka-pa-thee-tar'] *va.* to disable, make incapable (unable); to disqualify.

incapaz [een-ka-path'] *adj.* incapable, inefficient, unable, unfit.

incautación [een-kow-ta-thyon'] *f.* appropriation, legal seizure *(of property, etc.).*

incautarse [een-kow-tar'say] *vr.* to attach *(property);* to take possession of, seize.

incauto [een-kow'to] *adj.* careless, unway, thoughtless, imprudent.

incendiar [een-then-dyar'] *va.* to set fire to, commit arson.

incendiario [een-then-dya'ryo] *m.* incendiary; firebrand.

incendio [een-then'dyo] *m.* fire; conflagration, arson.

incensario [een-then-sa'ryo] *m.* incensory, thurible.

incentivo [een-then-tee'vo] *m.* incentive, stimulus, encouragement.

incertidumbre [een-thayr-tee-doom'bray] *f.* uncertainty, doubt.

incesante [een-thay-san'tay] *adj.* incessant, uninterrupted, continual. [*f.* incidence.

incidencia [een-thee-den'thya]

incidental [een-thee-den-tal'] *adj.* incidental, by the way, subsidiary.

incidente [een-thee-den'tay] *adj.* casual; *m.* incident, event.

incidir [een-thee-deer'] *m.* to fall into *(error, etc.).*

incienso [een-thyen'so] *m.* incense; eulogy.

incierto [een-thyayr'to] *adj.* uncertain, doubtful, unsteady.

incineración [een-thee-nay-ra-thyon'] *f.* incineration.

incinerar [een-thee-nay-rar'] *va.* to cremate.

incipiente [een-thee-pyen'tay]

adj. incipient, embryonic, nascent; coming on *(of illness).*

incisión [een-thee-syon'] *f.* cut, incision; gash.

incisivo [een-thee-see'vo] *adj.* incisive, keen, sharp, clipped *(speech, etc.).*

inciso [een-thee'so] *adj.* (bot) incised; cut (as the style); *m.* (gram.) sentence; comma.

incitación [een-thee-ta-thyon'] *f.* incitement, encouragement.

incitante [een-thee-tan'tay] *adj.* stimulating, exciting, persuasive, provocative.

incitar [een-thee-tar'] *va.* to incite, excite, spur on, instigate, goad.

incivil [een-thee-veel'] *adj.* impolite.

incivilidad [een-thee-vee-lee-dad'] *f.* incivility, rudeness.

inclemencia [een-klay-men'thya] *f.* inclemency, rigour, harshness; hard weather.

inclemente [een-klay-men'tay] *adj.* inclement, unmerciful.

inclinación [een-klee-na-thyon'] *f.* inclination, fondness, liking, preference, bent, tendency, bow *(of head);* fall *(in music);* pitch; gradient, slope.

inclinar [een-klee-nar'] *va.* to incline, bend ,tilt, influence, induce; *vr.* to lean, sway, to be inclined (well disposed to); to stoop, bow (down).

inclito [een'klee-to] *adj.* renowned, illustrious.

incluir [een-klweer'] *va.* to include; enclose, comprise, contain.

inclusa [een-kloo'sa] *f.* foundling home, "Dr. Barnardo's".

inclusión [een-kloo-syon'] *f.* inclusion.

inclusive [een-kloo-see'vay] *adv.* inclusively, in addition.

incluso [een-kloo'so] *adv.* besides, as well, too.

incógnito [een-kog'nee-to] *adj.* unknown; de —, incognito.

incoherente [een-ko-ay-ren'tay] *adj.* incoherent.

incoloro [een-ko-lo'ro] *adj.* colourless.

incólume [een-ko'loo-may] *adj.* sound, unharmed, untouched.

incomodar [een-ko-mo-dar'] to vex, trouble, disturb, inconvenience; *vr.* to be put out, annoyed, ruffled, take umbrage, take offence.

incomodidad [een-ko-mo-dee-dad'] *f.* inconvenience, unconfortableness, trouble, pains; vexation.

incómodo [een-ko'mo-do] *adj.* uncomfortable, troublesome, inconvenient, cumbersome.

incomparable [een-kom-pa-ra'blay] *adj.* matchless.

incompatible [een-kom-pa-tee'-blay] *adj.* incompatible, uncongenial, unaceptable, repugnant.

incompetencia [een-kom-payten'thya] *f.* incompetency.

incompetente [een-kom-payten'tay] *adj.* incompetent, incapable, unqualified.

incompleto [een-kom-play'to] *adj.* incomplete, not full, unfinished.

incomprensible [een-kom-prensee'blay] *adj.* incomprehensible.

incomunicado [een-ko-moo-nee-ka'do] *adj.* isolated, cut off; solitary *(confinement).*

inconcebible [een-kon-thay-bee'blay] *adj.* inconceivable.

inconcluso [een-kon-kloo'so] *adj.* unfinished, incomplete, inadequate, unsatisfactory.

inconcuso [een-kon-koo'so] *adj.* uncontrovertible, indubitable.

incondicional [een-kon-dee-thyo-nal'] *adj.* unconditional, unqualified, out and out.

inconexo [een-ko-nek'so] *adj.* incoherent, broken.

incongruente [een-kon-grwen'-tay] *adj.* incongruous, beside the mark, out of place.

incóngruo [een-kon'grwo] *adj.* incongruent, unsuitable, out of place, discordant.

inconmensurable [een-kon-men-soo-ra'blay] *ad.j* incommensurable, unbounded.

inconmovible [een-kon-mo-vee'-blay] *adj.* unrelenting, stolid.

inconsciente [een-kons-thyen'-tay] *adj.* unconscious, unwitting, ignorant.

inconsecuencia [een-kon-say-kwen'thya] *f.* inconsistency, inconsequence, irresponsibility.

inconsecuente [een-kon-say-kwen'tay] *adj.* inconsistent, irresponsible, unreasonable.

inconsiderado [een-kon-see-day-ra'do] *adj.* inconsiderate, thoughtless.

inconsistente [een-kon-sees-ten'tay] *adj.* changeable, unsteady.

inconstancia [een-kons-tan'-thya] *f.* inconstancy, unsteadiness, fickleness.

inconstante [een-kons-tan'tay] *adj.* unsteady, changeable, variable.

incontestable [een-kon-tes-ta'-blay] *adj.* incontestable, indisputable.

incontinencia [een - kon - tee - nen'thya] *f.* incontinence, lewdness.

incontinente, ti [een-kon-tee-nen'tay] *adv.* instantly, straightway.

incontrastable [een-kon-tras-ta'blay] *adj.* irresistible, insurmountable.

inconveniencia [een-kon-vay-nyen'thya] *f.* inconvenience, trouble, impropriety.

inconveniente [een-kon-vay-nyen'tay] *adj.* inconvenient, inopportune, unfortunate; unbecoming; *m.* difficulty, obstacle, objection; **no veo —, I** see no reason why (not).

incorporación [een-kor-po-ra-thyon'] *f.* incorporation.

incorporar [een-kor-po-rar'] *va.* to incorporate; *vr.* to join; to sit up (*in bed*).

incorrección [een - ko - rèk - thyon'] *f.* inaccuracy; lack of correctness.

incorrecto [een-koo-rek'to] *adj.* inaccurate, incorrect.

incorregible [een-ko-ray-hee'-blay] *adj.* incorrigible.

incorruptible [een-ko-roop-tee'-blay] *adj.* incorruptible.

incredulidad [een-kray-doo-lee-dad'] *f.* incredulity.

incrédulo [een-kray'doo-lo] *adj.* incredulous, disbelieving; *m.* unbeliever.

increíble [een-kray-ee'blay] *adj.* incredible, unbelievable.

incremento [een-kray-men'to] *m.* increase, increment.

increpar [een-kray-par'] *va.* to rebuke, reproach, scold.

incruento [een-krwen'to] *adj.* bloodless (*battle*).

incrustar [een-kroos-tar'] *va.* to incrust, enchase, inlay.

incubar [een-koo-bar'] *va.* to hatch, brood.

inculcar [een-kool-kar'] *va.* to inculcate, teach, impress on.

inculpar [een-kool-par'] *va.* to accuse, blame, throw the blame on.

inculto [een-kool'to] *adj.* untilled; uneducated, uncultured, coarse.

incuria [een-koo'rya] *f.* carelessness, neglect, thoughtlessness, fecklessness.

incurrir [een-koo-reer'] *vn.* to incur, become liable, fall into (*error, etc.*).

indagación [een-da-ga-thyon'] *f.* investigation, inquiry, search.

indagar [een-da-gar'] *va.* to inquire, examine into.

indebido [een-day-bee'do] *adj.* undue, illegal, unlawful, unseasonable, incorrect.

indecente [een-day-then'tay] *adj.* indecent, obscene, shameful, scandalous.

indecible [een-day-thee'blay] *adj.* unspeakable, unutterable.

indeciso [een-day-thee'so] *adj.* irresolute, uncertain, hesitant.

indefectible [een-day-fek-tée'-blay] *adj.* unfailing, infallible, without fail.

indefenso [een-day-fen'so] *adj.* defenceless.

indefinido [een-day-fee-nee'do] *adj.* indefinite, vague, undefined.   [*adj.* indelible.

indeleble [een-day-lay'blay]

indemne [een-dem'nay] *adj.* unharmed, undamaged.

indemnizar [een-dem-nee-thar']
va. to indemnify, compensate,
make good.

independiente [een-day-pen-
dyen'tay] *adj.* independent,
separate, free.

indeterminado [een-day-tayr-
mee-na'do] *adj.* indeterminate,
indistinct, uncertain.

indiano [een-dya'no] *adj.* & *m.*
from the West Indies; emigrant
returned rich from America.

indicación [een-dee-ka-thyon']
f. indication, hint, sign, token,
direction.

indicar [een-dee-kar'] *va.* to
point out; to hint, indicate,
show.

índice [een'dee-thay] *m.* index;
forefinger; table of contents.

indicio [een-dee'thyo] *m.* sign;
trace; circumstantial evidence.

indiferencia [een-dee-fay-ren'-
thya] *f.* indifference, unconcern, listlessness.

indiferente [een-dee-fay-ren'-
tay] *adj.* indifferent, inattentive, lukewarm, impartial.

indígena [een-dee'hay-na] *m.*
native; *adj.* indigenous, native.

indigencia [een-dee-hen'thya]
f. penury, poverty.

indigestión [een-dee-hes-tyon']
f. indigestion.

indigesto [een-dee-hes'to] *adj.*
indigestible, disordered, undigested, heavy.

indignación [een - deeg - na -
thyon'] *f.* anger.

indignado [een-deeg-na'do] *adj.*
indignant, offended, hurt.

indignar [een-deeg-nar'] *va.* to
anger, provoke, revolt.

indignidad [een-deeg-nee-dad']
f. indignity, insult.

indigno [een-deeg'no] *adj.* unworthy, undeserving; mean,
low, unsuitable, disgraceful.

indio [een'dyo] *m.* & *adj.* Indian.

indirecta [een-dee-rek'ta] *f.* innuendo, half-statement, hint,
hit (at). [indirect.]

indirecto [een-dee-rek'to] *adj.*

indiscreción [een-dees-kray-
thyon'] *f.* indiscretion, tactlessness, rashness.

indiscreto [een-dees-kray'to]
adj. indiscreet, foolish, injudicious, unwise, imprudent.

indiscutible [een-dees-koo-tee-
blay] *adj.* unquestionable, indispensable.

indispensable [een-dees-pen-
sa'blay] *adj.* indispensable,
necessary, essential.

indisponer [een-dees-po-nayr']
va. to disable; to prejudice; *vr.*
to fall ill, fall out (with).

indisposición [een-dees-po-see-
thyon'] *f.* ailment, indisposition.

indistinto [een-dees-teen'to]
adj. vague, not clear, indistinct.

individual [een-dee-vee-dwal']
adj. individual, characteristic.

individuo [een-dee-vee'dwo] *m.*
individual, person, fellow.

indiviso [een-dee-vee'so] *adj.*
undivided.

indócil [een-do'theel] *adj.* unruly, rebellious, headstrong.

indocto [een-dok'to] *adj.* unlearned, uneducated.

índole [een'do-lay] *f.* inclination, genius, character, disposition.

indolencia [een-do-len'thya] *f.*
indolence.

indoloro [een-do-lo'ro] *adj.*
(med.) indolent.

indomable [een - do - ma'blay]
adj. indomitable, unmanageable, untameable.

indómito [een-do'mee-to] *adj.*
rebellious, wild, unconquerable, unbroken, untamed.

indubitable [een-do-bee-ta'blay]
adj. indubitable, undoubted,
unquestionable.

inducir [een-doo-theer'] *va.* to
induce; to persuade.

indudable [een-doo-da'blay]
adj. undoubted, quite definite.

indulgencia [een - dool - hen' -
thya] *f.* forbearance, indulgence, grace.

indultar [een-dool-tar'] *va.* to
free, pardon.

indulto [een-dool'to] *m.* pardon,
forgiveness, amnesty.

industria [een-doos'trya] *f.* industry, trade; diligence; **caba-**

llero de —, gentleman living by his wits.

industrial [een-doos-tryal'] *adj.* industrial.

industrioso [een-doos-tryo'so] *adj.* industrious, skilful.

inédito [ee-nay'dee-to] *adj.* unpublished, unknown, inedited.

inefable [ee-nay-fa'blay] *adj.* ineffable, unspeakable.

ineficaz [ee-nay-fee-kath'] *adj.* inefficient, ineffectual, ineffective.

ineludible [ee-nay-loo-dee'blay] *adj.* unavoidable, inescapable, inevitable.

ineptitud [ee-nep-tee-tood'] *f.* ineptitude; incapacity; inability.

inepto [ee-nep'to] *adj.* inept, useless, incompetent; foolish *(remark, etc.).*

inequívoco [ee-nay-kee'vo-ko] *adj.* unmistakable.

inercia [ee-nayr'thya] *f.* inertia, inertness.

inerme [ee-nayr'may] *adj.* defenceless.   [dull.

inerte [ee-nayr'tay] *adj.* inert,

inesperado [ee-nes-pay-ra'do] *adj.* unexpected.

inestabilidad [ee-nes-ta-bee-lee-dad'] *f.* unstableness, instability, slipperiness.

inestable [ee-nes-ta'blay] *adj.* unstable.

inevitable [ee-nay-vee-ta'blay] *adj.* inevitable, unavoidable.

inexactitud [ee-nek-sak-tee-tood'] *f.* inaccuracy.

inexpugnable [ee-neks-poog-na'blay] *adj.* impregnable; stubborn.

infamar [een-fa-mar'] *va.* to defame, libel.

infame [een-fa'may] *adj.* infamous, vile, despicable, hateful, damnable.

infamia [een-fa'mya] *f.* dishonour, disgrace, baseness.

infancia [een-fan'thya] *f.* infancy.

infante [een-fan'tay] *m.* infant; King's son (in Spain, except the heir); foot-soldier.

infantería [een-fan-tay-ree'a] *f.* infantry.

infantil [een-fan-teel'] *adj.* infantile, childish, childlike.

infatigable [een-fa-tee-ga'blay] *adj.* indefatigable, tireless.

infausto [een-fows'to] *adj.* unhappy; ill-omened, luckless.

infección [een-fek-thyon'] *f.* infection, contagion.

infeccioso [een-fek-thyo'so] *adj.* infectious, contagious.

infectar [een-fek-tar'] *va.* to infect, corrupt, pervert.

infelicidad [een-fay-lee-thee-dad'] *f.* unhappiness, misery.

infeliz [een-fay-leeth'] *adj.* wretched, unhappy, luckless.

inferior [een-fay-ryor'] *adj.* subordinate, inferior, lower.

inferir [een-fay-reer'] *va.* to infer, deduce; to inflict *(wound).*   [fest; to infect.

infestar [een-fes-tar'] *va.* to in-

inficionar [een-fee-thyo-nar'] *va.* to infect, contaminate, corrupt.

infidelidad [een-fee-day-lee-dad'] *f.* infidelity, unfaithfulness, faithlessness, disbelief.

infiel [en-fyel'] *adj.* disloyal, unfaithful; *m.* infidel.

infierno [een-fyayr'no] *m.* hell.

ínfimo [een'fee-mo] *adj.* lowest, meanest, least, worst.

infinidad [een-fee-nee-dad'] *f.* infinity, endless number.

infinito [een-fee-nee'to] *adj.* infinite, endless, unbounded, immense.

inflación [een-fla-thyon'] *f.* inflation; swelling.

inflamar [een-fla-mar'] *va.* to inflame, set on fire.

inflar [een-flar'] *va.* to inflate, blow up, distend; to inspire.

inflexible [een-flek-see'blay] *adj.* inflexible, unbending.

infligir [een-flee-heer'] *va.* to inflict.

influencia [een-flwen'thya] *f.* influence.

influir [een-flweer'] *va.* to influence, prevail upon.

influjo [een-floo'ho] *m.* influence, power; influx.

influyente [een-floo-yen'tay] *adj.* influential, persuasive.

información [een - for - ma -

thyon'] *f.* information, account, report.

informal [een-for-mal'] *adj.* informal, without ceremony, unconventional, incorrect, rude, offhand.

informalidad [een-for-ma-lee-dad'] *f.* informality, unconventionality, roughness, rudeness.

informante [een-for-man'tay] *m.* informant.

informar [een-for-mar'] *va.* to report, inform, instruct.

informe [een-for'may] *adj.* shapeless, irregular; *m.* report, account, statement, White Paper, advice.

infortunio [een-for-too'nyo] *m.* misfortune.

infracción [een-frank-thyon'] *f.* breach (of laws, etc.).

infranqueable [een-fran-kay-a'blay] *adj.* unscalable, unsurmountable.

infringir [een-freen-heer'] *va.* to infringe, break (the law).

infructuoso [een-frook-two'so] *adj.* fruitless, vain.

ínfulas [een'foo-las] *f. pl.* conceit.

infundado [een-foon-da'do] *adj.* baseless, groundless.

infundio [een-foon'dee-o] *m.* (coll.) fib, lie, humbug.

infundir [een-foon-deer'] *va.* to infuse, instil in.

ingeniar [een-hay-nyar'] *va.* to devise; *vr.* to contrive, act skilfully.

ingeniería [een-hay-nyay-ree'a] *f.* engineering.

ingeniero [een-hay-nyay'ro] *m.* engineer; — de caminos, canales y puertos, civil engineer; — agrónomo, agricultural engineer.

ingenio [een-hay'nyo] *m.* talent, wit, skill, knack, gift for improvisation; talented or witty person; engine; sugar plantation.

ingenioso [een-hay-nyo'so] *adj.* ingenious, skilful, inventive, with, a gift for improvisation.

ingénito [een-hay'nee-to] *adj.* inborn, innate.

ingente [een-hen'tay] *adj.* huge, prodigious, unwiedly.

ingenuidad [een-hen-wee'dad] *f.* candour, frankness, innocence.

ingenuo [een-hen'wo] *adj.* candid, naive.

ingerencia [een-hay-ren'thya] *f.* interference, insertion.

ingerir [een-hay-reer'] *va.* to insert, introduce; to graft; *vr.* to work one's way into.

ingle [een'glay] *f.* groin.

inglés [een-glays'] *adj. & m.* English.

ingratitud [een-gra-tee-tood'] *f.* ungratefulness, ingratitude.

ingrato [een-gra'to] *adj.* ungrateful, harsh, unpleasant.

ingrediente [een-gray-dyen'tay] *m.* ingredient.

ingresar [een-gray-sar'] *va.* to enter (school, army, etc.), be admitted to.

ingreso [een-gray'so] *m.* entrance, ingress; intake, admission, entry; derechos de —, entrance fee; *pl.* receipts, takings.

inhábil [ee-na'beel] *adj.* unable, incapable, unfit; disqualified.

inhabilitación [ee-na-bee-lee-ta-thyon'] *f.* disqualification, disability.

inhabitable [ee-na-bee-ta'blay] *adj.* uninhabitable.

inherente [ee-nay-ren'tay] *adj.* inherent.

inhospitalario [ee-nos-pee-ta-la'ryo] *adj.* inhospitable.

inhumano [ee-noo-ma'no] *adj.* inhuman, savage.

inicial [ee-nee-thyal'] *adj.* initial, first.

iniciar [ee-nee-thyar'] *va.* to initiate, begin, start.

inicuo [ee-nee'kwo] *adj.* iniquitous, wicked.

injerto [een-hayr'to] *m.* graft, grafting.

injuria [een-hoo'rya] *f.* insult, offence, injury, curse, hard words.

injuriar [een-hoo-ryar'] *va.* to insult, offend.

injurioso [een-hoo-ryo'so] *adj* outrageous, insulting.

injusticia [een-hoos-tee'thya] *f.* injustice.   [just.

injusto [een-hoos'to] *adj.* un-

inmarcesible [een-mar-thay-see'blay] *adj.* unfading.

inmediación [een-may-dya-thyon'] *f.* continuity; *pl.* environs, outskirts.

inmediato [een-may-dya'to] *adj.* contiguous, adjoining, next, immediate.

inmejorable [een-may-horay'-blay] *adj.* unsurpassable, unequalled.

inmenso [een-men'so] *adj.* immense, huge, vast, countless.

inmerecido [een-may-ray-thee'-do] *adj.* undeserved.

inmersión [een-mayr-see-on'] *f.* inmersion, dip.

inmigración [een-mee-gra-thyon'] *f.* immigration.

inmiscuir [een-mees-kweer'] *vr.* to interfere in, get mixed up in, get involved in.

inmoderado [een-mo-day-ra'do] *adj.* immoderate.

inmolar [een-mo-lar'] *va.* to immolate, sacrifice.

inmoral [een-mo-ral'] *adj.* immoral.

inmortalizar [een-mor-ta-lee-thar'] *va.* to immortalise.

inmotivado [een-mo-tee-va'do] *adj.* unwarranted, ungrounded, unreasonable.

inmóvil [een-mo-veel] *adj.* fixed, motionless, constant.

inmundicia [een-moon-dee'-thya] *f.* filth, refuse, garbage, nastiness.

inmunidad [een-moo-nee-dad'] *f.* immunity, exemption.

inmutar [een-moo-tar'] *vr.* to fail, contract, change *(of expression of face).*

innato [een-na'to] *adj.* innate, inborn.

innecesario [een-nay-thay-sa'-ryo] *adj.* unnecessary.

innoble [een-no'blay] *adj.* ignoble.   [harmless.

innocuo [een-no'kwo] *adj.*

innovación [een-no-va-thyon'] *f.* innovation.

innovar [een-no-var'] *va.* to innovate.

inobediente [ee-no-bay-dyen'-tay] *adj.* disobedient.

inocencia [ee-no-then'thya] *f.* innocence, simplicity.

inocente [ee-no-then'tay] *adj.* innocent, guileless, harmless; día de —s, 28th December, All Fool's Day.   [inoculate.

inocular [ee-no-koo-lar'] *va.* to

inofensivo [ee-no-fen-see'vo] *adj.* inoffensive.

inolvidable [ee-nol-vee-da'-blay] *adj.* unforgettable.

inoportuno [ee-no-por-too'no] *adj.* inopportune.

inopia [ee-no'pya] *f.* indigence, penury, scarcity.

inopinado [ee-no-pee-na'do] *adj.* unexpected, unforeseen.

inquebrantable [een-kay-bran-ta'blay] *adj.* inviolable, unyielding.

inquietar [een-kyay-tar'] *va.* to trouble, upset; *vr.* to worry, fret.

inquieto [een-kyay'to] *adj.* restless, unquiet, anxious, worried.

inquietud [een-kyay-tood'] *f.* restlessness, disquiet, uneasiness.

inquilino [een-kee-lee'no] *adj.* tenant, lodger.

inquina [een-kee'na] *f.* spitefulness, rancour, bitter feelings.

inquirir [een-kee-reer'] *va.* to inquire, look into; to investigate.

insaciable [een-sa-thya'blay] *adj.* insatiable, greedy.

insalivar [een-sa-lee-var'] *v. tr.* to insalivate.

insalubre [een-sa-loo'bray] *adj.* unhealthy.

inscribir [eens-kree-beer'] *va.* to inscribe, register.

inscripción [eens-kreep-thyon'] *f.* inscription, registration.

insecto [een-sek'to] *m.* insect.

inseguridad [een-say-goo-ree-dad'] *f.* insecurity.

inseguro [een-say-goo'ro] *adj.* insecure.

insensatez [een-sen-sa-teth'] *f.* nonsense, stupidity, foolish *(action, etc.).*

insensato [een-sen-sa'to] *adj.* stupid, fatuous, wild, nonsensical.

insensibilidad [een-sen-see-bee-lee-dad'] *f.* insensibility, insensitiveness.

insensible [een-sen-see'blay] *adj.* senseless, unconscious; insensitive.

insepulto [een-say-pool'to] *adj.* uninterred.   [insert.

insertar [een-sayr-tar'] *va.* to

insidioso [een-see-dyo'so] *adj.* insidious, sly.

insigne [een-seek'nay] *adj.* notable, celebrated, noted.

insignia [een-seeg'nya] *f.* decoration; insignia.

insignificante [een-seeg-nee-fee-kan'tay] *adj.* insignificant.

insinuar [een-see-nwar'] *va.* to insinuate; *vr.* to ingratiate oneself (into, with), steal into (*good graces, etc.*).

insípido [een-see'pee-do] *adj.* insipid, tasteless, flat.

insistencia [een-sees-ten'thya] *f.* persistence, repetition.

insistir [een-sees-teer'] *vn.* to insist, emphasise.

insolación [een-so-la-thyon'] *f.* sun-stroke.

insolencia [een-so-len'thya] *f.* insolence, effrontery, cheek-(iness). insolent, impudent.

insolente [een-so-len'tay] *adj.*

insólito [een-so'lee-to] *adj.* unwonted, singular, unusual.

insoluble [een-so-loo'blay] *adj.* insoluble; (*colour*) fast.

insolvencia [een-sol-ven'thya] *f.* insolvency.

insomnio [een-som'nyo] *m.* insomnia.

insondable [een-son-da'blay] *adj.* unfathomable, inscrutable.

insoportable [een-so-por-ta'-blay] *adj.* unbearable.

inspección [een-spek-thyon'] *f.* inspection, survey.

inspeccionar [een-spek-thyo-nar'] *va.* to inspect.

inspector [eens-pek-tor'] *m.* inspector.

inspiración [eens-pee-ra-thyon'] *f.* inspiration; inhalation.

inspirar [eens-pee-rar'] *va.* to inspire; to suggest, induce.

instalar [eens-tal-ar'] *va.* to install, set up; *vr.* to settle.

instancia [eens-tan'thya] *f.* urgency; petition, suit, instance; **Juez de primera —,** Stipendiary Magistrate (*approx.*); **a —s de,** at the (strong) request of.

instantáneo [eens-tan-ta'nay-o] *adj.* instantaneous; *m.* snapshot photograph.

instante [eens-tan'tay] *m.* instant, moment; **al —,** immediately, straight away; *adj.* pressing.

instar [eens-tar'] *va.* to urge on, press, spur.

instigar [eens-tee-gar'] *va.* to instigate, incite, set on.

instinto [eens-teen'to] *m.* instinct.

institución [eens-tee-too-thyon'] *f.* institution.

instituir [eens-tee-tweer'] *va.* to institute, set up.

instituto [eens-tee-too'to] *m.* institute, secondary school.

instrucción [eens-trook-thyon'] *f.* instruction; teaching; khowledge; **Ministerio de — Pública,** Ministry of Education.

instructivo [eens-trook-tee'vo] *adj.* enlightening.

instruir [eens-trweer'] *va.* to instruct, teach; (*mil.*) to drill.

insubordinarse [een-soo-bor-dee-nar'say] *vr.* to rebel, be insubordinate.

insustituible [een-soobs-tee-too-ee'blay] *adj.* unreplaceable.

insuficiencia [een-soo-fee-thyen'thya] *f.* insufficiency.

insuficiente [een-soo-fee-thyen'-tay] *adj* insufficient.

insufrible [een-soo-free'blay] *adj.* untolerable, unbearable.

insular [een-soo-lar'] *adj.* insular.

insulsez [een-sool-sayth'] *f.* flatness, staleness, insipidity.

insultar [een-sool-tar'] *va* to insult.

insulto [een-sool'to] *m.* insult, outrage.

insuperable [een-soo-pay-ra'-blay] *adj.* insuperable.

insurgente [een-soor-hen'tay] *m.* insurgent, rebel.

insurrección [een-soo-rek-thyon'] *f.* insurrection.

intacto [een-tak'to] *adj.* intact, untouched, whole.

intachable [een-ta-cha'blay] *adj.* blameless.

integrar [een-tay-grar'] *va.* to integrate; *vn.* to be made up of, form part of.

integridad [een-tay-gree-dad'] *f.* integrity, honesty; wholeness.

íntegro [een'tay-gro] *adj.* entire, integral, whole, complete; honest.

intelecto [een-tay-lek'to] *m.* intellect, understanding.

intelectual [een-tay-lek-twal'] *adj.* intellectual.

inteligencia [een-tay-lee-hen'-thya] *f.* intelligence, intellect.

inteligente [een-tay-lee-hen'-tay] *adj.* intelligent, clever, skilful.

intemperancia [een-tem-pay-ran'thya] *f.* intemperance.

intemperie [een-tem-pay'ryay] *f.* bad weather; **a la —,** outdoors.

intempestivo [een-tem-pes-tee'-vo] *adj.* inopportune, unseasonable, ill-timed.

intención [een-ten-thyon'] *f.* intention, meaning; **con —,** meaningly, pointedly.

intencionado [een-ten-thyo-na'-do] *adj.* pointer, barber (*remark, etc.*).

intendencia [een-ten-den'thya] *f.* administration (*of estate, position, etc.*).

intenso [een-ten'so] *adj.* intense.

intentar [een-ten-tar'] *va.* to try, attempt.

intento [een-ten'to] *m.* purpose; attempt; **de —,** purposely.

intercalar [een-tayr-ka-lar'] *va.* to intercalate, interleave.

intercambio [een-tayr-kam'byo] *m.* exchange, interchange.

interceder [een-tayr-thay-dayr'] *vn.* to intercede.

intercesión [een-tayr-thay-syon'] *f.* intercession.

interdicto [een-tayr-deek'to] *m.* prohibition, interdiction.

interés [een-tay-res'] *m.* interest, profit, concern; **de —,** interesting.

interesado [een-tay-ray-sa'do] *m.* interested party.

interesar [een-tay-ray-sar'] *va.* to interest; *vr.* to take an interest in.

interfecto [een-tayr-fek'to] *m.* (*law*) murdered person.

interino [een-tay-ree'no] *adj.* temporary, provisional, substitute.

interior [een-tay-ryor'] *adj.* interior; *m.* inside.

interjección [enn-tayr-hek-thyon'] *f.* interjection.

intermediario [een-tayr-may-dya'ryo] *m.* middleman, mediator.

intermedio [een-tayr-may'dyo] *adj.* intermediate; *m.* interval.

intermitente [een-tayr-mee-ten'tay] *adj.* intermittent.

internar [een-tayr-nar'] *va.* to intern; *vr.* to penetrate inland, up-country; to go deeper into.

interno [een-tayr'no] *adj.* internal, interior, living-in; *m.* boarder.

interpelar [een-tayr-pay-lar'] *va.* to question, interpellate.

interponer [een-tayr-po-nayr'] *va. & vr.* to interpose, put between.

interposición [een-tayr-po-see-thyon'] *f.* interposition, meddling, mediation.

interpretación [een-tayr-pray-ta-thyon'] *f.* interpretation, explanation, elucidation, understanding.

interpretar [een-tayr-pray-tar'] *va.* to interpret, explain.

intérprete [een-tayr'pray-tay] *m.* interpreter.

interrogar [een-tay-ro-gar'] *va.* to interrogate, question.

interrumpir [een-tay-room-peer'] va. to interrupt, break off, stop, cut short.

interrupción [een-tay-roop-thyon'] *f.* interruption.

intersección [een-tayr-sek-thyon'] *f.* intersection.

intersticio [een-tayr-stee'thyo] *m.* interstice, crack.

intervalo [een-tayr-va'lo] *m.* interval.

intervenir [een-tayr-vay-neer'] *vn.* to happen; to come between; to intervene; *vr.* to audit.

interventor [een-tayr-ven-tor'] *m.* comptroller, inspector, auditor.

intestino [een-tes-tee'no] *m.* intestine.

intimar [een-tee-mar'] *va.* to intimate; *vn.* to become intimate.

intimidad [een-tee-mee-dad'] *f.* intimacy, close friendship; **en la —**, in private *(life)*.

íntimo [een'tee-mo] *adj.* innermost; intimate, private.

intitular [een-tee-too-lar'] *va.* to entitle, give (title, name) to *(book, etc.)*.

intocable [een-to-ka'blay] *adj.* untouchable.

intolerable [een-to-lay-ra'blay] *adj.* intolerable.

intransitable [een-tran-see-ta'-blay] *adj.* impassable.

intratable [een-tra-ta'blay] *adj.* intractable, unapproachable, difficult, unsociable.

intrepidez [een-tray-pee-dayth'] *f.* boldness, fearlessness, hardiness.

intrépido [een-tray'pee-do] *adj.* intrepid, dauntless.

intriga [een-tree'ga] *f.* intrigue; plot *(of play, etc.)*.

intrigar [een-tree-gar'] *vn.* to scheme, plot.

intrincado [een-tren-ka'do] *adj.* intricate, labyrinthine, pathless. [*adj.* intrinsic.

intrínseco [een-treen'say-ko]

introducción [een-tro-dook-thyon'] *f.* introduction.

introducir [een-tro-doo-theer'] *va.* to introduce, insert; *vr.* to push oneself in; to get in(to).

intruso [een-troo'so] *m.* intruder; *adj.* intrusive.

intuición [een-twee-thyon'] *f.* intuition.

inundación [ee-noon-da-thyon'] *f.* flood, inundation.

inundar [ee-noon-dar'] *va.* to flood, inundate, deluge.

inusitado [ee-noo-see-ta'do] *adj.* unusual, obsolete.

inútil [ee-noo'teel] *adj.* useless.

inutilidad [ee-noo-tee-lee-dad'] *f.* uselessness.

inutilizar [ee-noo-tee-lee-thar'] *va.* to spoil, render (make) useless, disable, put out of action. [vade.

invadir [een-va-deer'] *va.* to in-

inválido [een-va'lee-do] *adj.* useless, cripple; null, void; *m.* disabled soldier.

invariable [een-va-rya'blay] *adj.* invariable.

invasión [een-va-syon'] *f.* invasion. [vader.

invasor [een-va-sor'] *m.* in-

invención [een-ven-thyon'] *f.* invention, contrivance (invented), (imaginative) power.

inventar [een-ven-tar'] *va.* to invent, find out, contrive.

inventariar [een-ven-ta-ryar'] *va.* to inventory, make list of.

inventiva [een-ven-tee'va] *f.* inventive (gift) (skill).

inventor [een-ven-tor'] *m.* inventor.

invernáculo [een-ver-na'koo-lo] *m.* green-, hot-, orchard-, plant-, glass-house, conservatory.

invernar [een-ver-nar'] *v. intr.* to winter, hibernate.

inverosímil [een-vay-ro-see'-meel] *adj.* unlikely, improbable, unlikely to be true.

inversa [een-vayr'sa] *adv.* **a la —**, on the contrary.

inversión [een-vayr-syon'] *f.* inversion; investment.

invertir [een-vayr-teer'] *va.* to invert; to invest.

investigación [een-ves-tee-ga-thyon'] *f.* investigation.

investigar [een-ves-tee-gar'] *va.* to investigate, look into.

inveterado [een-vay-tay-ra'do] *adj.* inveterate, deepseated.

invicto [een-veek'to] *adj.* unconquered, undefeated, unbowed (head), unconquerable.

invierno [een-vyayr'no] *m.* winter.

invitar [een-vee-tar'] va. to invite; to bring on.
invocar [een-vo-kar'] va. to invoke, implore, call upon, on.
inyección [een-yek-thyon'] f. injection.
inyectar [een-yek-tar'] va. to inject.
iodo, yodo [yo'do] m. iodine.
ir [eer] vn. to go, walk; to suit, to fit, be convenient; to match, suit; — a caballo, to ride; — a gatas, to crawl; — a pie, to walk, go on foot; — en coche, to ride; — por tren, to go by train; — por agua, to go for water; vr. to go away; to grow.
ira [ee'ra] f. anger, wrath, ire.
iracundo [ee-ra-koon'do] adj. angry, enraged, irate.
iris [ee'rees] m. iris; arco —, rainbow. [Irish.
irlandés [eer-lan-days'] adj.
ironía [ee-ro-nee'a] f. irony.
irónico [ee-ro'nee-ko] adj. ironical. [f. rashness.
irreflexión [ee-ray-flek-syon']
irrefragable [ee-ray-fra-ga'blay] adj. irrefutable, undeniable.
irremediable [ee-ray-may-dya'blay] adj. irremediable, incurable.
irresoluto [ee-ray-so-loo'to] adj. irresolute, hesitant.

irrespetuoso [ee-rays-pay-two'so] adj. disrespectful.
irresponsable [ee-rays-pon-sa'blay] adj. irresponsible.
irreverencia [ee-ray-vay-rent'-thee-ah] f. irreverence, disrespect, profanity, disrespectfulness.
irreverente [ee-ray-vay-ren'tay] adj. irreverent, disrespectful.
irrigar [ee-ree-gar'] va. to irrigate, water.
irrisorio [ee-ree-so'ryo] adj. ridiculous; non-existent.
irrupción [ee-roop-thyon'] f. irruption; raid.
isla [ees'la] f. island.
islandés [ees-lan-days'] adj. Icelandic; m. Icelander.
isleño [ees-lay'nyo] adj. islander.
islote [ees-lo'tay] m. small island, islet.
israelita [ees-ra-ay-lee'ta] adj. & m. Jew(ish).
istmo [eest'mo] m. isthmus.
itinerario [ee-tee-nay-ra'ryo] m. itinerary, route; programme, timetable, guide.
izar [ee-thar'] va. to hoist (flag.).
izquierdo [eeth-kyayr'do] adj. left-handed; f. left hand; the Left (politics).

J

jabalí [ha-ba-lee'] m. wild boar.
jabón [ha-bon'] m. soap.
jabonar [ha-bo-nar'] va. to soap, lather; to reprimand, give a drubbing to.
jaca [ha'ka] f. pony, cob.
jácara [ha'ka-ra] f. a gay dance and song.
jacarandoso [ha-ka-ran-do'so] adj. merry, noisly gay, hilarious. [cinth.
jacinto [ha-theen'to] m. hya-
jactancia [ha-tan'thya] f. boastfulness, arrogance.

jactarse [hak-tar'say] va. to boast, be proud of. [panting.
jadeante [ha-day-an'tay] adj.
jadear [ha-day-ar'] vn. to pant.
jadeo [ha-day'o] m. panting.
jaez [ha-ayh'] m. harness, trappings; sort, kind.
jaguar [ha-gwar'] m. jaguar.
jalbegue [hal-bay'gay] m. whitewash.
jalear [ha-lay-ar'] va. to set on (dogs); to urge on, encourage.
jaleo [ha-lay'o] m. noise, row; a dance.

jamás [ha-mas'] adv. never; ever; nunca —, never again, absolutely never.   [nag.

jamelgo [ha-mel'go] m. sorry-

jamón [ha-mon'] m. ham.

jaque [ha'kay] m. — mate, checkmate (chess).

jaqueca [ha-kay'ka] f. head-ache, migraine.

jarabe [ha-ra'bay] m. syrup.

jarcia [har'thya] f. shrouds, cordage (of a ship); accoutre-ments.

jardín [har-deen'] m. garden.

jardinería [har-dee-nay-ree'a] f. gardening.

jardinero [har-dee-nay'ro] m. gardener.

jarra [ha'ra] f. earthen jar; brazos en —, arms akimbo.

jarro [ha'ro] m. jug; pitcher.

jaspe [has'pay] m. jasper.

jaspeado [has-pay-a'do] adj. marbled, mottled.

jaspear [has-pay-ar'] va. to vein, marble.

jaula [how'la] f. bird-cage; cage (for wild animals); madman's cell.

jauría [how-ree'a] f. pack of hounds.   [mine.

jazmín [hath-meen'] m. jessa-

jefe [hay'fay] m. chief, leader, head; — político, governor.

jengibre [hen-hee'bray] m. ginger.

jerarquía [hay-rar-kee'a] f. hierarchy.

jerárquico [hay-rar'kee-ko] adj. hierarchical.

jerez [hay-reth'] m. sherry.

jerga [hayr'ga] f. jargon; straw bed, palliasse.

jerigonza [hay-ree-gon'tha] f. jargon, slang.   [ge.

jeringa [hay-reen'ga] f. syrin-

jeringar [hay-reen-gar'] va. to inject; to annoy.

jeroglífico [hay-ro-glee'fee-ko] m. hieroglyph.

jesuita [hay-swee'ta] m. Jesuit; hypocrite.

jícara [hee'ka-ra] m. cup (for chocolate).

jifero [hee-fay'ro] m. butcher, slaughterer.

jilguero [heel-gay'ro] m. linnet.

jinete [hee-nay'tay] m. horse-man, rider.

jipijapa [hee-pee-ha'pa] m. straw hat (from Ecuador), Panama.

jira [hee'ra] f. outing; excur-sion; strip, shred (of cloth).

jirafa [hee-ra'fa] f. giraffe.

jirón [hee-ron'] m. rag. tatter.

jocoserio [ho-ko-say'ryo] adj. humoristic; half-bantering, half-serious.

jocosidad [ho-ko-see-dad'] f. waggery.

jocoso [ho-ko'so] adj. waggish, jocular.

jofaina [ho-fa'ee-na] f. ewer.

jornada [hor-na'da] f. one day's march or work; journey, stage; expedition; act (of play).

jornal [hor-nal'] m. a day's work or wage; wages, pay.

jornalero [hor-na-lay'ro] m. journeyman, day-labourer, worker.

joroba [ho-ro'ba] f. hump.

jorobado [ho-ro-ba'do] m. & adj. hump-backed, hunch-back.

jota [ho'ta] f. iota, jot; Spa-nish dance and song; no saber ni —, not know a thing.

joven [ho'ven] adj. young; m. young man, youth; f. lass, girl.

jovial [ho-vyal'] adj. Jovian; jovial, blithe, cheery.

jovialidad [ho-vya-lee-dad'] f. joviality.

joya [ho'ya] f. jewel, gem.

joyel [ho-yel'] m. small jewel.

joyería [ho-yay-ree'a] f. jowel-ler's shop.

joyero [ho-yay'ro] m. jeweller, jewel-cashet.

juanete [wa-nay'tay] m. bu-nion; prominent cheekbones.

jubilación [hoo-bee-la-thyon'] f. pensioning, pension, retire-ment (from job).

jubilar [hoo-bee-lar'] va. to pension off, superannuate.

jubileo [hoo-bee-lay'o] m. ju-bilee.   [tion, merriment.

júbilo [hoo'bee-lo] m. jubila-

jubón [hoo-bon'] m. (leather) jacket, waist (woman's dress), bodice.

Judaísmo [hoo-da-ees'mo] *m.* Judaism.

judía [hoo-dee'a] *f.* bean, kidney bean.

judicatura [hoo-dee-ka-too'ra] *f.* judicature.

judicial [hoo-dee-thyal'] *adj.* judicial, legal.

judío [hoo-dee'o] *adj. & m.* Jewish, Jew.

juego [hway'go] *m.* play, game; set *(of articles)*; movement *(of watches)*; — de palabras, pun; hacer —, to match *(colours, clothes, etc.)*; — limpio, fair play.

jueves [hway'vays] *m.* Thursday.

juez [hwayth] *m.* judge, magistrate; expert; — de hecho, lay judge; — de primera instancia, judge in a court of first instance; *(Cf. stipendiary magistrate, J.P.)*.

jugada [hoo-ga'da] *f.* move *(in a game)*; evil, ill-turn, bad trick.

jugador [hoo-ga-dor'] *m.* player, gambler.

jugar [hoo-gar'] *va.* to play, gamble; — limpio, to play fair; *vr.* to risk.

jugarreta [hoo-ga-ray'ta] *f.* (coll.) bad play; prank; ill turn; (nasty) trick.

juglar [hoo-glar'] *m.* juggler, tumbler; minstrel, ballad singer.

jugo [hoo'go] *m.* juice; substance, pith.

jugoso [hoo-go'so] *adj.* juicy, 'meaty', full of matter.

juguete [hoo-gay'tay] *m.* toy, plaything.

juguetear [hoo-gay-tay-ar'] *vn.* to gambol; to toy with.

juguetón [hoo-gay-ton'] *adj.* playful.

juicio [hwee'thyo] *m.* judgement; sense, opinión; a mi —, in my opinion; estar en su —, to be in one's senses.

juicioso [hwee-thyo'so] *adj.* sensible, discreet, judicious, wise.

julio [hoo'lyc] *m.* July.

jumento [hoo-men'to] *m.* donkey, ass; mount.

junco [hoon'ko] *m.* rush; — de Indias, rattan.

junio [hoo'nyo] *m.* June.

junquillo [hoon-kee'lyo] *m.* jonquil.

junta [hoon'ta] *f.* meeting, junta, council; assembly; board, committee; junction.

juntamente [hoon-ta-men'tay] *adv.* together; conjointly.

juntar [hoon-tar'] *va.* to join, unite, collect, gather, heap together; *vr.* to gather together; Dios los cría y ellos se juntan, birds of a feather flock together.

junto [hoon'to] *adj.* united; together; *adv.* near; — a next to.

juntura [hoon-too'ra] *f.* joint.

jurado [hoo-ra'do] *m.* jury.

juramentar [hoo-ra-men-tar'] *va.* to interrogate somebody on oath.

juramento [hoo-ra-men'to] *m.* oath; curse; — falso, perjury.

jurar [hoo-rar'] *vn.* to swear; *va.* to declare on oath.

jurídico [hoo-ree'dee-ko] *adj.* juridical, legal, lawful.

jurisconsulto [hoo-rees-kon-sool'to] *m.* jurist, authority on legal matters.

jurisdicción [hoo-rees-deek-thyon'] *f.* jurisdiction, authority.

jurisprudencia [hoo-rees-prooden'thya] *f.* jurisprudence, law.

jurista [hoo-rees'ta] *m.* jurist, lawyer.

justa [hoos'ta] *f.* joust.

justamente [hoos-ta-men'tay] *adv.* just; exactly.

justicia [hoos-tee'thya] *f.* justice; fairness.

justiciero [hoos-tee-thyay'ro] *adj.* just.

justificación [hoos-tee-fee-ka-thyon'] *f.* justification, defence, support.

justificar [hoos-tee-fee-kar'] *va.* to justify; rectify; *vr.* to vindicate oneself.

justo [hoos'to] *adj.* just, right, exact; righteous; close (fitting); *adv.* tightly.
juvenil [hoo-vay-neel'] *adj.* juvenile, youthful.
juventud [hoo-ven-tood'] *f.* youth; young people.

juzgado [hooth-ga'do] *m.* court of justice; — de primera instancia, court of first instance; *adj.* judged; sentenced.
juzgar [hooth-gar'] *va.* to judge, deliver judgement; to give an opinion; to think.

K

kepis [kay'pees] *m.* shako.
kilo [kee'lo] *m.* kilogramme (2 lbs.) [kilogramme.
kilogramo [kee-lo-gra'mo] *m.*
kilolitro [kee-lo-lee'tro] *m.* kilolitre.
kilométrico [kee-lo-may'tree'-ko] *adj.* kilometric; (Spain)

long-distance railway ticket.
kilómetro [kee-lo'may-tro] *m.* kilometre (of mile).
kilovatio [kee-lo-va'tee-o] *m.* kilowatt: "kilovatio-hora", kilowatt-hour, Board of Trade unit (abr. B.T.U.).
kiosco [kyos'ko] *m.* kiosk.

L

laberinto [la-bay-reen'to] *m.* labyrinth, maze.
labial [la-byal'] *adj.* labial.
labio [la'byo] *m.* lip, brim (of cup).
labor [la-bor'] *f.* task, labour, work, needlework; es una — muy fina, it is fine work.
laborable [la-bo-ra'blay] *adj.* working (day).
laborar [la-bo-rar'] *va.* to till (soil); to work.
laboreo [la-bo-ray'o] *m.* working, exploitation.
laborioso [la-bo-ryo'so] *adj.* assiduous; laborious, wearisome.
labrado [la-bra'do] *adj.* wrought, hewn, worked.
labrador [la-bra-dor'] *m.* husbandman; tiller; farmer.
labrantío [la-bran-tee'o] *adj.* arable.
labranza [la-bran'tha] *f.* husbandry, ploughing.

labrar [la-brar'] *va.* to work, plough; to carve, dress (stone), to carve out (career, etc.).
labriego [la-bryay'go] *m.* farmhand.
laca [la'ka] *f.* lacquer.
lacayo [la-ka'yo] *m.* footman, lackey, servant.
lacerar [la-thay-rar'] *va.* to tear (flesh); to hurt.
lacio [la'thyo] *adj.* lank, straight (hair); languid.
lacónico [la-ko'nee-ko] *adj.* laconic; brief.
lacrar [la-krar'] *va.* to seal.
lacre [la'kray] *m.* sealing-wax.
lacrimoso [la-kree-mo'so] *adj.* tearful, lachrymose.
lácteo [lak'tay-o] *adj.* milky; vía —a, milky way.
ladear [la-day-ar'] *va.* to tilt, tip, turn, to skirt (hill); *vr.* to incline to one side.
ladera [la-day'ra] *f.* slope, hillside.

ladino [la-dee'no] *adj.* cunning, crafty; old Spanish; *m.* linguist.

lado [la'do] *m.* side, edge, direction; **al —**, nearby, aside, next door.

ladrar [la-drar'] *vn.* to bark.

ladrido [la-dree'do] *m.* barking.

ladrillo [la-dree'lyo] *m.* tile, brick.

ladrón [la-dron'] *m.* thief, robber.

lagar [la-gar'] *m.* wine-press.

lagarto [la-gar'to] *m.* lizard.

lago [la'go] *m.* lake.   [drop.

lágrima [la'gree-ma] *f.* tear;

lagrimar [la-gree-mar'] *vn.* to weep; to shed tears.

laguna [la-goo'na] *f.* pond, lagoon; lacuna, gap.

laico [la'ee-ko] *adj.* lay, civil; *m.* layman.

lama [la'ma] *f.* slime; seaweed; *m.* lama.

lamentable [la - men - ta'blay] *adj.* lamentable; deplorable.

lamentación [la-men-ta-thyon'] *f.* wail.

lamentar [la-men-tar'] *va.* to deplore, regret; to mourn, wail; *vr.* to cry.

lamento [la-men'to] *m.* wail, moan.

lamer [la-mayr'] *va.* to lick.

lámina [la'mee-na] *f.* plate; sheet (*of metal, etc.*); engraving; full-page illustration.

laminar [la-mee-nar'] *va.* to roll metal.

lámpara [lam'pa-ra] *f.* lamp; stain (*of oil*).

lampiño [lam-pee'nyo] *adj.* beardless; immature.

lamprea [lam - pray'ah] *f.* (ichth.) sea-lamprey; paynay; (of river), nine-eyes, lampern.

lana [la'na] *f.* wool; woollen cloth.

lanar [la-nar'] *adj.* woolly; **ganado —**, sheep.

lance [lan'thay] *m.* cast; episode; incident; change; **de —**, second-hand; **— de honor**, affair of honour, duel.

lancero [lan-thay'ro] *m.* lancer.

lanceta [lan-thay'ta] *f.* lancet.

lancha [lan'cha] *f.* gig; launch;

lighter; **— de socorro,** lifeboat.

lanchero [lan-chay'ro] *m.* bargee; boatman.

landó [lan-do'] *m.* landau.

lanero [lan-nay'ro] *m.* wooldealer.   [lobster.

langosta [lan-gos'ta] *f.* locust;

langostín [lan-gos-teen'] *m.* craw-fish.

languidecer [lan - gee - day - thayr'] *vn.* to languish.

languidez [lan-gee-dayth'] *f.* languor; unresponsiveness; weariness; indolence.

lánguido [lan'gee-do] *adj.* languid; feeble; lazy; weak, spineless.

lanilla [la-nee'lya] *f.* thin flannel; nap (*of cloth*).

lanudo [la-noo'do] *adj.* woolly; fleecy.

lanza [lan'za] *f.* lance; spear; spike; shaft; **— en ristre,** on the qui vive, ready for action.

lanzada [lan-tha'da] *f.* stroke with a lance; lance-wound.

lanzadera [lan-tha-day'ra] *f.* shuttle.

lanzamiento [lan-tha-myen'to] *m.* throwing; launching.

lanzar [lan-thar'] *va.* to throw; to hurl; to launch; *vr.* to launch out.   [iron.

laña [la'nya] *f.* clamp; cramp-

lapa [la'pa] *f.* slime (*on stagnant water*), scum.

lapicero [la-pee-thay'ro] *m.* pencil-holder, pencil.

lápida [la'pee-da] *f.* tablet; tombstone; polished stone; **— mortuoria,** grave-stone.

lapidar [la-pee-dar'] *va.* to stone (*to death*).

lapidario [la-pee-da'ryo] *adj.* lapidary, pungent (*phrase*).

lápiz [la'peeth] *m.* pencil; graphite.

lapón [la-pon'] *m.* Laplander.

lapso [lap'so] *m.* lapse; slip.

largar [lan-gar'] *va.* to let go; to give (*sigh, slap*); *vr.* to clear off, go away, betake oneself off.

largo [lar'go] *adj.* long, protracted, liberal; *m.* length; **a la —a,** in the long run; **a lo**

—, along (the edge, side, etc.), all through, from end to end; pasar de —, to pass (by, on the other side, off the coast).

largueza [lar-gay'tha] f. liberality, largesse, bounty.

lárice [la'ree-thay] f. larch-tree.

laringe [la-reen'hay] f. larynx.

larva [lar'va] f. mask; grub, larva.

lascivo [las-thee'vo] adj. lascivious, lewd.

lasitud [la-see-tood'] f. lassitude.

lástima [las'tee-ma] f. sympathy, pity, compassion; ¡Qué —!, What a pity (shame)!; da — it is (pitiful, a pity), it rouses pity.

lastimar [las-tee-mar'] va. to hurt, wound; to injure, offend; vr. to complain; to injure oneself (seriously), be hurt.

lastimero [las-tee-may'ro] adj. doleful, pitiful.

lastrar [las-trar'] va. to ballast.

lastre [las'tray] m. ballast; weight.

lata [la'ta] f. tin-plate; tin-can; nuisance; dar la —, to annoy, bore; pl. en —, tinned (fruit, etc.).

latente [la-ten'tay] adj. latent, hidden.

lateral [la-tay-ral'] adj. lateral, side (door, etc.).

latido [la-tee'do] m. pulsation, beating (of heart), throb.

latigazo [la-tee-ga'tho] m. whip-lash, stroke (with whip); crack (of whip).

látigo [la'tee-go] m. whip.

latín [la-teen'] m. Latin language.

latinidad [la-tee-nee-dad'] f. classical studies.

latinajo [la-tee-na'jo] m. Latin tag or quotation.

latino [la-tee'no] adj. Latin; vela —a, lateen sail.

latir [la-teer'] vn. to palpitate, beat, throb.

latitud [la-tee-tood'] f. breadth, width, latitude; freedom.

lato [la'to] adj. extensive, diffuse; free, easy.

latón [la-ton'] m. brass.

latrocinio [la-tro-thee'nyo] m. robbery, stealing.

laúd [la-ood'] m. lute.

laudable [low - da'blay] adj. praiseworthy.

laudo [low'do] m. award (of tribunal, etc.).

laureado [low-ray-a'do] adj. decorated, honoured.

laurel [low-rel'] m. laurel; pl. honours.

lava [la'va] f. lava.

lavabo [la-va'bo] m. wash-stand; lavabo.

lavadero [la-va-day'ro] m. washing-place.

lavado [la-va'do] m. washing, wash.

lavamanos [la-va-ma'nos] m. wash-stand.

lavandera [la-van-day'ra] f. washerwoman, laundress.

lavar [la-var'] va. to wash, cleance; vr. — las manos de, to wash one's hands of.

lavafrutas [la-va-froo'tas] n. pl., finger-bowl.

laxante [lak-san'tay] adj. softening, laxative.

laxitud [lak-see-tood'] f. laxity.

laya [la'ya] f. manner, kind, quality.

lazada [la-tha'da] f. knot, bow (ribbon, etc.).

lazarillo [la-tha-ree'lyo] m. guide (for blind people).

lazo [la'tho] m. loop, snare; bow, tie; lasso; slip-knot; bond, ties, connection.

leal [lay-al'] adj. loyal, faithful.

lealtad [lay-al-tad'] f. loyalty, sincerity, devotion.

lebrel [lay-brel'] m. greyhound.

lección [lek-thyon'] f. lesson, reading; example.

lector [lek-tor'] m. reader, lecturer.

lectura [lek-too'ra] f. reading.

leche [ay-chay] f. milk; — crema, custard.

lechera [lay'chay'ra] f. milk-maid; adj. milch.

lechería [lay-chay-ree'a] f. dairy.

lechigada [lay-chee-ga'da] *f.* breed, litter.

lecho [lay-cho] *m.* couch, bed; layer, stratum; bottom *(of river)*.

lechón [lay-chon'] *m.* sucking pig.

lechoso [lay-cho'so] *adj.* milky.

lechuga [lay-choo'ga] *f.* lettuce.

lechuguino [lay-choo-gee'no] *m.* dandy *(early 19th century)*.

lechuza [lay-choo'tha] *f.* barn-owl.

leer [lay-ayr'] *va.* to read.

legación [lay-ga-thyon'] *f.* legation.

legado [lay-ga'do] *m.* legacy; legate, ambassador.

legajo [lay-ga'ho] *m.* file, bundle of documents, docket, dossier.

legal [lay-gal'] *adj.* lawful, legal; faithful.

legalidad [lay-ga-lee-dad'] *f.* legality, lawfulness.

legalizar [lay-ga-lee-thar'] *va.* to legalise.

légamo [lay'ga-mo] *m.* slime, filthy mud, ooze.

legar [lay-gar'] *va.* to bequeath; to transmit.

legatario [lay-ga-ta'ryo] *m.* legatee.

legión [lay-hyon'] *f.* legion.

legionario [lay-hyo-na'ryo] *m.* soldier *(of Foreign Legion)*.

legislación [lay-hees-la-thyon'] *f.* legislation, law.

legislar [lay-hees-lar'] *va.* to legislate, enact laws.

legitimar [lay-hee-tee-mar'] *va.* to legalise, render legitimate.

legítimo [lay-hee'tee-mo] *adj.* legitimate, authentic, genuine.

lego [lay'go] *adj.* lay; ignorant, uneducated; *m.* layman.

legua [lay'gwa] *f.* league *(about 3 miles)*.

leguleyo [lay-goo-lay'yo] *m.* petty lawyer, scrivener.

legumbre [lay-goom'bray] *f.* vegetables.　　　　　　[read.

leído [lay-ee'do] *adj.* well-

lejanía [lay-ha-nee'a] *f.* distance; en la —, afar off.

lejano [lay-ha'no] *adj.* distant, far, remote.

lejía [lay-hee'a] *f.* lye.

lejos [lay'hos] *adv.* far, far off; a lo —, in the distance; de —, from a distance.

lelo [lay'lo] *adj.* slow-witted, dull.　　　　　　　　　[vice.

lema [lay'ma] *m.* motto, de-

lencería [len-thay-ree'a] *f.* store of linen goods; (linen) draper's shop.

lengua [len'gwa] *f.* tongue; language; clapper *(bell);* strip *(of land);* no morderse la —, not to mince words.

lenguado [len-gwa'do] *m.* sole *(fish).*

lenguaje [len-gwa'hay] *m.* language, style, speech.

lenguaraz [en-gwa-rath'] *adj.* talkative; *m.* or *f.* slanderer.

lengüeta [len-gway'ta] *f.* needle (of a balance); *(carp.)* tongue; *(mech.)* feather, wedge; epiglottis; tongue *(of shoe).*

lenidad [lay-nee-dad'] *f.* lenity, mildness *(of treatment).*

lenitivo [lay-nee-tee'vo] *adj.* & *m.* lenitive.

lenocinio [lay-no-thee'nee-o] *m.* pimping, panderage or -rism.

lente [len'tay] *f.* or *m.* magnifying glass; lens; *pl.* spectacles, glasses.

lenteja [len-tay'ha] *f.* lentil.

lentitud [len-tee-tood'] *f.* slowness; tardiness.

lento [len'to] *adj.* slow, tardy, heavy.

leña [lay'nya] *adj.* fire-wood; kindling; llevar — al monte, to carry coals to Newcastle.

leñador [lay-nya-dor'] *m.* woodman; woodcutter.

leño [lay'nyo] *m.* log.

león [lay-on'] *m.* lion; Leo; — marino, sea-lion.

leonino [lay-o-nee'no] *adj.* leonine.

leontina [lay-on-tee'na] *f.* *(jew.)* watch-chain, fob-chain.

leopardo [lay-o-par'do] *m.* leopard.

lepe [lay'pay] *m.* **sabe más que**

—, he knows more than old Nick.

lepra [lay'pra] *f.* leprosy.

leproso [lay-pro'so] *m.* leper.

lerdo [layr'do] *adj.* slow to understand, dull, dense.

lesión [lay-syon'] *f.* damage, injury.

letal [lay-tal'] *adj.* mortal, lethal, deadly.

letanía [lay-ta-nee'a] *f.* litany; rigmarole. [gy.

letargo [lay-tar'go] *m.* lethar-

letra [lay'tra] *f.* letter *(of alphabet);* hand-writing; character *(print.);* — de cambio, bill of exchange; a la —, literally; *pl.* letters, learnning; en — de molde, in print.

letrado [lay-tra'do] *adj.* learned; *m.* lawyer, man of letters.

letrero [lay-tray'ro] *m.* sign, label; letter-head; notice, (some) lettering.

leva [lay'va] *f.* levy; weighing anchor; mar de —, swell.

levadizo [lay-va-dee'tho] *adj.* liftable; puente —, drawbridge.

levadura [lay-va-doo'ra] *f.* ferment; yeast.

levantamiento [lay - van - ta - myen'to] *m.* raising; uprising, revolt.

levantar [lay-van-tar'] *va.* to raise, lift up, erect, stir up; to draw up, complete *(forms);* — acta, to write (up) minutes; — un plano, to draw a plan; — la mesa, to clear the table; *vr.* to rise.

levante [lay-van'tay] *m.* Levant; Mediterranean regions of Spain; east wind.

levar [lay-var'] *va.* to weigh anchor.

leve [lay'vay] *adj.* light, slight, triffling.

levedad [lay-vay-dad'] *f.* lightness, inconsequence.

levita [lay-vee'ta] *f.* frock-coat; *m.* Levite.

léxico [lek'see-ko] *m.* vocabulary, dictionary.

ley [lay] *f.* law; statute; act; de buena —, sterling, reliable.

leyenda [lay-yen'da] *f.* legend, story; device, inscription, lettering.

liar [lyar'] *va.* to tie; to bundle; to roll *(cigarettes);* to set at loggerheads; *vr.* to get mixed up (with).

libar [lee-bar'] *va.* to suck, taste; to make libations.

libelo [lee-bay'lo] *m.* libel.

libélula [lee-bay'loo-la] *f.* dragon-fly.

liberal [lee-bay-ral'] *adj.* liberal, generous.

liberalidad [lee-bay-ra-lee-dad'] *f.* liberality, openhandedness.

libertad [lee-bayr-tad'] *f.* freedom, liberty; — de comercio, free-trade; — de cultos, freedom of worship; — de prensa, freedom of the press.

liberto [lee-bayr'to] *m.* freed slave.

libra [lee'bra] *f.* pound *(weight);* pound *(coin);* — esterlina, pound sterling.

librador [lee-bra-dor'] *m.* drawer *(of bill of exchange).* *m.* order of payment, delivery.

libramiento [lee-bra-myen'to] *m.* order of payment; delivery.

librar [lee-brar'] *va.* to deliver, free; to issue; to pass *(sentence);* to engage *(in battle);* to draw *(bills);* *vr.* to get rid of.

libre [lee'bray] *adj.* free; vacant, disengaged; — a bordo (l.a.b.), f.o.b.; — de derechos, duty free; — cambio, free trade.

librea [lee-bray'a] *f.* livery, uniform.

librería [lee-bray-ree'a] *f.* bookshop.

librero [lee-bray'ro] *m.* bookseller.

libreta [lee-bray'ta] *f.* passbook; note-book; one pound loaf.

libro [lee'bro] *m.* book; — diario, journal; — mayor, ledger; — talonario, chequebook.

licencia [lee-then'thya] *f.* licence, permission; leave, furlough; — absoluta, discharge, demobilisation.

licenciado [lee-then-thya'do] *m.*

holder of university licence,
Bachelor, B.A.; lawyer.

licenciar [lee-then-thyar'] *va.*
to license; to allow; to discharge.

licencioso [lee-then-thyo'so]
adj. licentious.

liceo [lee-thay'o] *m.* lyceum,
club.

licitador [lee-thee-ta-dor'] *m.*
bidder *(at auction).*

licitar [lee-thee-tar'] *va.* to bid
at auction. *See* **pujar.**

lícito [lee'thee-to] *adj.* lawful,
permitted, permissible.

licor [lee-kor'] *m.* liquid, liquor, spir...

licuefacer [lee-kway-fa-thayr']
va. to liquefy.

lid [leed] *f.* contest; figh, battle.

lidia [lee'dya] *f.* combat; bullfight.

lidiar [lee-dyar'] *vn.* to contend, fight.

liebre [lyay'bray] *f.* hare.

lienzo [lyen'tho] *m.* canvas,
picture; linen cloth; length (of
battlements).

liga [lee'ga] *f.* league; garter;
alloy.   [ing; ligature.

ligadura [lee-ga-doo'ra] *f.* bind-

ligamento [lee-ga-men'to] *m.*
ligament; tie.

ligar [lee-gar'] *va.* to bind, tie;
to alloy.

ligereza [lee-hay-ray'tha] *f.*
lightness, agility; swiftness;
levity; off-handedness.

ligero [lee-hay'ro] *adj.* light;
swift, fast; slight; — de cascos, feather-brained; *f.* a la
—a, superficially, quickly.

lija [lee'ha] *f.* sand-paper; dog-
fish.

lila [lee'la] *f.* lilac.

lima [lee'ma] *f.* file; lime *(tree).*

limar [lee-mar'] *va.* to file,
polish.

limazo [lee-ma'tho] *m.* viscosi-
ty, viscidity, sliminess.

limitación [lee-mee-ta-thyon']
f. limitation; qualification.

limitar [lee-mee-tar'] *va.* to limit, restrict; to qualify; *vn.*
to border on.

límite [lee'mee-tay] *m.* limit;
end; boundary.

limítrofe [lee-mee'tro-fay] *adj.*
terreno —, land along the
boundary; **naciones** —s, neighbouring countries.

limón [lee-mon'] *m.* lemon.

limosna [lee-mos'na] *f.* alms,
charity.

limpiabotas [leem-pya-bo'tas]
m. boot-black, shoe-shine.

limpiar [leem-pyar'] *va.* to
clean; to clear a place.

limpieza [leem-pyay'tha] *f.*
cleanliness, purity (of blood);
neatness (of action); the act
of cleaning; **Sección de** —,
Cleansing Department.

limpio [leem'pyo] *adj.* clean;
neat; free, clear; **poner en** —,
to make a fair copy of, make
clear; **sacar en** —, to deduce,
conclude, make out *(of state-
ments, arguments, etc.).*

linaje [lee-na'hay] *m.* lineage,
kin; sort.

linajudo [lee-na-hoo'do] *adj.*
blue-blooded.

linaza [lee-na'tha] *f.* linseed.

lince [leen'thay] *adj.* keenwit-
ted; *m.* lynx.   [der on.

lindar [leen-dar'] *vn.* to bor-

lindante [leen-dan'tay] *adj.* adjoining, contiguous.

linde [leen'day] *m.* boundary
(stone or mark).

lindero [leen-day'ro] *adj.* bordering upon; *m.* boundary.

lindo [leen'do] *adj.* pretty, genteel; de lo —, perfectly, neatly.

línea [lee'nay-a] *f.* line, lineage; boundary; **en — directa,**
as the crow flies.

lingote [leen-go'tay] *m.* *(min.)*
(l)ingot, pig; *(iron.)* bar;
(print.) slug; *(art.)* bolt.

lingüista [leen-gwees'ta] *m.* linguist.

linimento [lee-nee-men'to] *m.*
liniment; embrocation.

lino [lee'no] *m.* linen; flax.

lintel [leen-tel'] *m.* lintel.

linterna [leen-tayr'na] *f.* lantern; — sorda, dark lantern;
— mágica, magic lantern.

lío [lee'o] *m.* bundle; mess;
¡Qué —! What a mess (pro-
blem, jam)!; **armar un —,** to
make trouble.

liquidación [lee-kee-da-thyon'] *f.* liquidation; liquition.

liquidar [lee-kee-dar'] *va.* to liquefy; to liquidate.

líquido [lee'kee-do] *adj.* liquid; net.

lira [lee'ra] *f.* lyre.

lirio [lee'ryo] *m.* lily.

lisiado [lee-sya'do] *adj.* injured; crippled.

lisiar [lee-syar'] *va.* to injure, lame, cripple.

liso [lee'so] *adj.* smooth, flat; — **y llano**, plain and simple.

lisonja [lee-son'ha] *f.* compliment, flattering remark.

lisonjear [lee-son-hay-ar'] *va.* to flatter.

lisonjero [lee-son-hay'ro] *adj.* flattering; promising, complimentary.

lista [lees'ta] *f.* list; roll; — **de platos**, bill of fare; **pasar —**, to call the roll; — **de correos**, poste restante. [ped.

listado [lees-ta'do] *adj.* striped.

listo [lees'to] *adj.* ready; clever, "smart".

listón [lees-ton'] *m.* ribbon.

litera [lee-tay'ra] *f.* litter; berth.

literato [lee-tay-ra'to] *m.* man-of-letters; literary man, writer.

litigar [lee-tee-gar'] *va. & n.* to litigate; to contend.

litigio [lee-tee'hyo] *m.* litigation; lawsuit.

litografía [lee-to-gra-fee'a] *f.* lithography.

litoral [lee-to-ral'] *m.* littoral; shore; *adj.* coastal.

litro [lee'tro] *m.* litre (1¾ pints).

liviano [lee-vya'no] *adj.* light, slight; lewd; venial.

lívido [lee'vee-do] *adj.* livid.

loa [lo'a] *f.* praise; panegyric; prologue (*to play*).

loable [lo-a'blay] *adj.* laudable.

loar [lo-ar'] *va.* to praise, extol.

lobato [lo-ba'to] *m.* wolfcub.

lobo [lo'bo] *m.* wolf; lobe (*of ear*); — **marino**, seal.

lóbrego [lo'bray-go] *adj.* murky, lugubrious, gloomy.

lóbulo [lo'boo-lo] *m.* lobe.

locación [lo-ka-thyon'] *f.* lease.

local [lo-kal'] *adj.* local; *m.* premises, site.

localidad [lo-ka-lee-dad'] *f.* locality; place, seat (*in theatre*).

localizar [lo-ka-lee'thar'] *va.* to localise; to place.

loco [lo'ko] *adj.* insane; *m.* madman; — **de atar**, raving lunatic; — **rematado**, quite mad, completely crazy.

locomoción [lo-ko-mo-thyon'] *f.* locomotion.

locomotora [lo-ko-mo-to'ra] *f.* locomotive; railway-engine.

locuaz [lo-kwath'] *adj.* talkative, garrulous.

locución [lo-koo-thyon'] *f.* locution, phrase, idiom.

locura [lo-koo'ra] *f.* madness, craziness; lunacy.

lodo [lo'do] *m.* mud.

lógica [lo'hee-ka] *f.* logic.

lógico [lo'hee-ko] *adj.* logical; *m.* logician. [riddle, puzzle.

logogrifo [lo-go-gree'fo] *m.*

lograr [lo-grar'] *va.* to obtain, manage, succeed, achieve, attain.

lograr [lo-gray-ar'] *v. intr.* to borrow or lend on usurious interest.

logrero [lo-gray'ro] *m.* lender at interest, usurer.

logro [lo'gro] *m.* success; gain, profit; attainment; usury.

loma [lo'ma] *f.* hillock, knoll, down.

lombriz [lom-breeth'] *f.* earthworm; — **solitaria**, tape-worm.

lomo [lo'mo] *m.* loin; back (*of animal, book*). [canvas.

lona [lo'na] *f.* canvas; duck-

longaniza [lon-ga-nee'tha] *f.* pork sausage.

longitud [lon-hee-tood'] *f.* length; longitude.

lonja [lon'ha] *f.* exchange (*for corn, etc.*); slice, strip.

lontananza [lon-ta-nan'tha] *f.* **en la —**, in the distance, afar off.

loor [lo-or'] *m.* (*arch.*) praise.

loro [lo'ro] *m.* parrot.

losa [lo'sa] *f.* flagstone; tombstone. [tion.

lote [lo'tay] *m.* lot, part, por-

lotería [lo-tay-ree'a] f. lottery, raffle. [crockery.
loza [lo'tha] f. porcelain, china,
lozanía [lo-tha-nee'a] f. vigour; freshness, bloom; luxuriance.
lozano [lo-tha'no] adj. sprightly luxuriant, vigorous.
lubricar [loo-bree-kar'] va. to lubricate. [morning star.
lucero [loo-thay'ro] m. star,
lucidez [loo-thee-dayth'] f. brilliancy, clarity.
lúcido [loo'thee-do] adj. clear, lucid; perspicuous.
luciente [loo-thyen'tay] adj. shining, bright.
luciérnaga [loo-thyayr'na-ga] f. glow-worm, fire-fly.
lucimiento [loo-thee-myen'to] m. splendour; success.
lucir [loo-theer'] vn. to shine, glow; va. to display; vr. to do well, show to advantage, show off, display oneself.
lucrarse [loo-krar'say] vr. to profit by, earn money by, get rich.
lucro [loo'kro] m. gain, lucre.
luctuoso [look-two'so] adj. sad, mournful.
lucha [loo'cha] f. struggle, fight; strife; wrestle.
luchar [loo-char'] vn. to struggle, wrestle.
ludibrio [loo-dee'bryo] m. (subject of) mockery, derision.
luego [lway'go] adv. presently; conj. then; desde —, at once, of course, naturally; hasta —, so long.
lugar [loo-gar'] m. place, spot; room; space; time; opportunity; town; hacer —, to make room; en — de, instead of; en su —, in its (stead, place), instead of it; dar — a, to occasion, cause.
lugareño [loo-ga-ray'nyo] m. villager, rustic.

lúgubre [loo'goo-bray] adj. gloomy, dismal.
lujo [loo'ho] m. luxury.
lujoso [loo-ho'so] adj. showy luxurious, lavish.
lujuria [loo-hoo'rya] f. lust, lewdness.
lumbre [loom'bray] f. fire; light; sacar —, to strike a light.
lumbrera [loom-bray'ra] f. luminary, shining light; skylight.
luminoso [loo-mee-no'so] adj. luminous, dazzling; idea a, brilliant idea.
luna [loo'na] f. moon; mirror; — de miel, honeymoon.
lunar [loo-nar'] adj. lunar; m. mole, beauty-spot; flaw; — postizo, patch.
lunes [loo'nays] m. Monday.
luneta [loo-nay'ta] f. orchestra stall; spectacle lens.
lupanar [loo-pa-nar'] m. brothel, bawdy or sportinghouse, seraglio, whore-house.
lurte [loor'tay m. avalanche.
lusitano [loo-see-ta'no] adj. Lusitanian, Portuguese.
lustrar [loos-trar'] va. to polish, gloss; to expiate.
lustre [loos'tray] m. gloss; lustre, glaze; brilliancy.
lustro [loos'tro] m. five years, lustrum.
lustroso [loos-tro'so] adj. shining, glossy.
luterano [loo-tay-ra'no] adj. Lutheran.
luto [loo'to] m. mourning; estar de —, to be in mourning.
luz [looth] f. light, daylight; knowledge; pl. culture, enlightenment; a todas luces, in every way, obviously; entre dos luces, in the twilight; dar a —, to give birth to; to publish.
luzbel [looh-bel'] m. Lucifer.

LL

llaga [lya'ga] *f*. ulcer, sore, wounds.
llama [lya'ma] *f*. flame; llama.
llamada [lya-ma'da] *f*. call; notice; index-mark.
llamamiento [lya-ma-myen'to] *m*. summons, call-up.
llamar [lya-mar'] *va*. to call, cite; to name, denominate, to attract; *vr*. to be called.
llamarada [lya-ma-ra'da] *f*. blaze, flash.
llamativo [lya-ma-tee'vo] *adj*. striking, showy.
llamear [lya-may-ar'] *vn*. to flame, blaze up.
llanero [lya-nay'ro] *m*. plainsman.
llaneza [lya-nay'tha] *m*. plainness, simplicity, directness; homeliness.
llano [lya'no] *adj*. plain, level; homely, untutored, unaffected, simple; evident, clear; *m*. plain, flat stretch (*of land*).
llanta [lyan'ta] *f*. tyre.
llanto [lyan'to] *m*. weeping; flood of tears.
llanura [lya-noo'ra] *f*. plain, prairie; flatness.
llave [lya'vay] *f*. key; tap, wrench; clef (*music*); —maestra, master-key; echar la —, to lock.
llavín [lya-veen'] *m*. latch-key.
llegada [lyay-ga'da] *f*. arrival.
llegar [lyay-gar'] *vn*. to arrive;

to come, come to; to amount to, suffice; *vr*. to bring together; — a las manos, to come to blows; — a saber, to find out.
llena [lyay'na] *f*. flood.
llenar [lyay-nar'] *va*. to fill, fill up; to fulfil; to satisfy.
lleno [lyay'no] *adj*. full, replenished; *m*. plenty, completeness, glut; (*theat.*) full house.
llevadero [lyay-va-day'ro] *adj*. tolerable, bearable.
llevar [lyay-var'] *va*. to carry, take, take away; to produce; to lead; to endure; — a cabo, to carry through; — al crédito, to credit, place to the credit; — los libros, to keep books, accounts; *vr*. — chasco, to be disappointed; — bien, to get along well together.
llorar [lyo-rar'] *vn*. to weep, cry.
lloro [lyo'ro] *m*. weeping, cry.
llorón [lyo-ron'] *m*. cry-baby; sauce —, weeping willow.
lloroso [lyo-ro'so] *adj*. tearful.
llover [lyo-vayr'] *vn*. to rain; — a cántaros, to rain bucketfuls.
llovizna [lyo-veetn'na] *f*. drizzle.
llovizniar [lyo-veeth-nar'] *vn*. to drizzle.
lluvia [lyoo'vya] *f*. rain.
lluvioso [lyoo-vyo'so] *adj*. rainy, wet.

M

macerar [ma-thay-rar'] *va*. to soak; to mortify (*the flesh*).
macero [ma-thay'ro] *m*. mace-bearer.
maceta [ma-thay'ta] *f*. plant-pot.

macilento [ma-thee-len'to] *adj*. lean, extenuated, drawn.
macizo [ma-thee'tho] *adj*. massive, solid.
mácula [ma'koo-la] *f*. stain, [blemish].
machacar [ma-cha-kar'] *va*. to

pound, grind; *vn.* to harp on (*a subject*).

machete [ma-chay'tay] *m.* cutlass; machete (*for cutting sugar-canes*).

macho [ma'cho] *adj.* male; *m.* he-mule; male; male animal; sledge hammer; — **cabrío**, he-goat.

madeja [ma-day'ha] *f.* skein; lock, shock (*hair*).

madera [ma-day'ra] *f.* wood; lumber, timber; —**brava**, hard wood; — **de deriva**, driftwood.

madero [ma-day'ro] *m.* log, beam.

madrastra [ma-dras'tra] *f.* step-mother.

madre [may'dray] *f.* mother; origin; bed (*of river*); — **política**, mother-in-law.

madreselva [ma-dray-sel'va] *f.* honeysuckle.

madriguera [ma-dree-gay'ra] *f.* burrow, den, lair.

madrina [ma-dree'na] *f.* godmother; patroness; mascot (*of team*).

madrugada [ma-droo-ga'da] *f.* dawn, early morning (*before dawn*).

madrugar [ma-droo-gar'] *vn.* to rise early, get up with the dawn; **Quien madruga, Dios le ayuda,** the early bird catches the worm.

madurar [ma-doo-rar'] *va.* & *n.* to ripen, mature; to think over.

madurez [ma-doo-rayth'] *f.* maturity, ripeness.

maduro [ma-doo'ro] *adj.* ripe, mellow; perfect.

maestra [ma-ays'tra] *f.* school-mistress.

maestría [ma-ays-tree'a] *f.* mastery, skill.

maestro [ma-ays'tro] *adj.* principal, main, master; *m.* master; (*elementary*) teacher.

magia [ma'hya] *f.* magic.

magistrado [ma-hees-tra'do] *m.* magistrate.

magistral [ma-hees-tral'] *adj.* masterly; prescribed.

magistratura [ma-hees-tra-too'-ra] *f.* judicature.

magnánimo [mag-na'nee-mo] *adj.* magnanimous, bighearted.

magnate [mag-na'tay] *m.* magnate.   [*adj.* magnetic.

magnético [may-nayl'tee-ko]

magnetizar [mag-nal-tee-thar'] *va.* to magnetise.

magnífico [mag-nee'fee-ko] *adj.* magnificent, splendid; stately.

magnitud [mag-nee-tood'] *f.* size, magnitude.

mago [ma'go] *m.* magician; **los reyes —s,** the three kings, the Wise Men of the East.

magra [ma'gra] *f.* slice of ham.

magro [ma'gro] *adj.* lean, thin.

magullar [ma-goo-lyar'] *va.* to bruise, mangle.

maitines [ma-ee-tee'nes] *m.* pl. matins.

maíz [ma-eeth'] *m.* maize, Indian corn.

majada [ma-ha'da] *f.* shepherd's cot, sheepfold.

majadero [ma-ha-day'ro] *adj.* & *m.* silly; clown, bore; pestle.

majar [ma-har'] *va.* to hammer, pound (*in a mortar*); to bother, be tiresome.

majestad [ma-hays-tad'] *f.* majesty.   [*adj.* majestic.

majestuoso [ma-hays-two'so]

maja [ma'ha] *adj.* & *f.* fashionable flirt (*of lower classes*).

majo [ma'ho] *adj.* & *m.* dandy, poppycock (*of lower classes*).

mal [mal] *adj.* apocopation of malo; *m.* evil, harm; illness; *adv.* ill, badly; echar a —, to despise; llevar a —, to complain (of); de — en peor, from bad to worse; del — el menor, the lesser of the evils.

malaconsejado [ma-la-con-say-ha'do] *adj.* easily led (astray), ill thought out, imprudent.

malagueño [ma-la-gay'nyo] *adj.* from, of, Málaga.

malbaratar [mal-ba-ra-tar'] *va.* to sell cheap; to squander.

malcontento [mal-kon-ten'to] *adj.* malcontent, hard to please.

malcriado [mal-kree-a'do] *adj.* ill-bred.

maldad [mal-dad'] *f.* wickedness, mischievousness, evil-(ness).

maldecir [mal-day-ther'] va. to damn, curse; to swear at.

maldiciente [mal-dee-thyen'tay] m. defamer, slanderer, foul mouth.

maldición [mal-dee-thyon'] f. curse.

maldito [mal-dee'to] adj. accursed, "blessed"; condemned; (fam.) no one, not a scrap.

maleante [ma-lay-an'tay] m. rogue, villain, corruptor.

malear [ma-lay-ar'] va. to pervert; to injure.

malecón [ma-lay-kon'] m. embankment, breakwater, wharf.

maledicencia [ma-lay-dee-then'-thya] f. slander(ing).

maleficiar [ma-lay-fee-thyar'] va. to harm; to bewitch.

malestar [ma-lays-tar'] m. uneasiness, discomfort; disquiet.

maleta [ma-lay'ta] f. handbag, valise; portmanteau; **hacer la —,** to pack up, to be off.

malevolencia [ma-lay-vo-len'-thya] f. ill-will.

malévolo [ma-lay'vo-lo] adj. malignant.

maleza [ma-lay'tha] f. patch of weed; thicket; scrub, bramble-patch. [squander.

malgastar [mal-gas-tar'] va. to

malhechor [ma-lay-chor'] m. malefactor.

malhumorado [ma-loo-mo-ra'-do] adj. ill-tempered, disgruntled, surly.

malicia [ma-lee'thya] f. malice, cunning, slyness.

malicioso [ma-lee-thyo'so] adj. malicious, cunning, sly.

malignidad [ma-leeg-nee-dad'] f. evil, malice; malignancy.

maligno [ma-leeg'no] adj. malignant.

malintencionado [ma-leen-ten-thyo-na'do] adj. impertinent; pointed; nasty.

malo [ma'lo] adj. bad, evil, harmful, wicked; ill; naughty.

malogrado [ma-lo-gra'do] adj. unfortunate, ill-starred, unlucky.

malograr [ma-lo-grar'] va. to waste, miss; vr. to fail, be frustrated; to come to naught.

malogro [ma-lo'gro] m. frustration, failure, miscarriage.

malsano [mal-sa'no] adj. unhealthy, insanitary.

malsonante [mal-so-nan'tay] adj. evil-sounding, unpleasant, distasteful.

maltratar [mal-tra-tar'] va. to abuse, ill-treat.

maltrato [mal-tra'to] m. unkindness; ill-treatment.

malva [mal'va] f. mallow, marshmallow.

malvado [mal-va'do] adj. wicked; m. scoundrel.

malvender [mal-ven-dayr'] v. to sell at a loss.

malla [ma'lya] f. net, network, mesh; mail (coat of); stockinette.

mallorquín [ma-lyor-keen'] adj. Majorcan, from Majorca.

mamá [ma-ma'] f. mother, mamma.

mamar [ma-mar'] va. to suck; vr. — los dedos, to be easily taken in.

mamarracho [ma-ma-ra'cho] m. daub, mess; ¡Qué —! What a sight!

mampara [man-pa'ra] f. screen; shelter.

mampostería [mam-pos-tay-ree'a] f. (stone) masonry.

mampuesto [mam-pways'to] m. parapet.

maná [ma-na'] m. manna.

manada [ma-na'da] f. herd, flock; handful.

manantial [ma-nan-tyal'] m. source, spring.

manar [ma-nar'] vn. to spring, ooze, flow.

mancebo [man-thay'bo] m. youth; shop-boy.

mancilla [man-thee'lya] f. stain.

manco [man'ko] adj. onearmed, armless; maimed; m. one-handed person.

mancomunado [man-ko-moo-na'do] adv. conjoint, combined.

mancomunidad [man-ko-moo-nee-dad'] f. fellowship, association.

mancha [man'cha] f. spot; stain, blot.

561 **man**

manchar [man-char'] va. to stain, tarnish, blot.
manchego [man-chay'go] adj. & m. (inhabitant) of La Mancha.
mandadero [man-da-day'ro] m. messenger.
mandado [man-da'do] m. errand, message, order, request.
mandamiento [man-da-myen'to] m. order; (Scripture) commandment; writ.
mandar [man-dar'] va. to command, give orders; to send.
mandatario [man-da-ta'ryo] m. agent, attorney; ruler.
mandato [man-da'to] m. mandate; order.
mandíbula [man-dee'boo-la] f. jaw; — inferior, lower jaw.
mando [man'do] m. command, power of command.
mandón [man-don'] adj. "bossy". overweening.
manejable [ma-nay-ha'blay] adj. manageable.
manejar [ma'nay-har'] va. to handle, manipulate; to govern.
manejo [ma-nay'ho] m. handling, conduct; intrigue.
manera [ma-nay'ra] f. manner, style; way, mode; sobre —, excessively, very particularly.
manga [man'ga] f. sleeve; hose; wide-meshed net; waterspout; breadth of ship's beam; — de riego, hosepipe; tener — ancha, to be broad minded, not (very) strict.
mangle [man'glay] m. mangrove-tree.
mango [man'go] m. handle, (broom) stick, haft; mango, mango-tree.
manguera [man-gay'ra] f. hose; ventilation shaft.
manguito [man-gee'to] m. muff.
manía [ma-nee'a] f. mania, obsession; whim.
maniatar [ma-nya-tar'] va. to manacle, handcuff.
manicomio [ma-nee-ko'myo] m. lunatic asylum.
manifestación [ma-nee-fays-ta-thyon'] f. (public) demonstration, procession, declaration.
manifestar [ma-nee-fays-tar']

va. to manifest, show, tell, declare, to expose, report.
manifiesto [ma-nee-fyays'to] adj. clear, manifest, apparent, obvious; m. — de aduana, custom-house manifest.
maniobrar [ma-nyo-brar'] vn. to handle (esp. a ship); to manoeuvre troops.
manipulador [ma-nee-poo-la-dor'] m. telegraphic transmitter-board.
maniquí [ma-nee-kee'] m. puppet, dress-maker's dummy, model; manikin.
manirroto [ma-nee-ro'to] adj. wasteful; m. spendthrift.
manjar [man-har'] m. food, delicacy, titbit.
mano [ma'no] f. hand; forefoot; player, turn (at cards); quire of paper; a —, by, at, on, hand; a la —, near by; de —s a boca, in a trice, hastily; de segunda —, second-hand; coger con las —s en la masa, to catch red-handed; venir a las —s, to come to blows; — de obra, hand, workman. [handful.
manojo [ma-no'ho] m. bundle,
manosear [ma-no-say-ar'] va. to dirty, mess up, spoil (by handling).
mansedumbre [man-say-doom'-bray] f. tameness, meekness, gentleness.
mansión [man-syon'] f. mansion; sojourn.
manso [man'so] adj. tame; meek; suave, mild.
manta [man'ta] f. travellingrug, blanket; wrap, shawl; plaid; poncho.
mantear [man-tay-ar'] va. to toss in a blanket.
manteca [man-tay'ka] f. lard; butter. [ice-cream.
mantecado [man-tay-ka'do] m.
mantel [man-tel'] m. tablecloth.
mantener [man-tay-nayr'] va. to hold, keep up, maintain, support; vr. to feed on; to earn one's living.
mantenimiento [man-tay-nee-myen'to] m. subsistence, maintenance.

mantequera [man-tay-kay'ra] *f.* butter-churn; butterwoman; butter-dish.

mantequilla [man-tay-kee'lya] *f.* butter.

mantilla [man-tee'lya] *f.* head-shawl, mantilla.

manto [man'to] *m.* cloak; robe; manteau.

mantón [man-ton'] *m.* — de Manila, large embroidered shawl.

manual [man-wal'] *adj.* handy, manual; *m.* manual, compendium.

manubrio [ma-noo'bryo] *m.* handle, crank, winch; barrel organ.

manufactura [ma-noo-fak-too'ra] *f.* manufacture; factory.

manuscrito [ma-noos-kree'to] *m.* manuscript.

manutención [ma-noo-ten-thyon'] *f.* support, maintenance.

manzana [man-tha'na] *f.* apple; block (*of houses*).

manzanilla [man-tha-nee'lya] *f.* camomile; type of dry sherry.

manzano [man-tha'no] *m.* apple-tree.

maña [ma'nya] *f.* skill, dexterity; craftiness; *pl.* manner, habits; **darse buena — para,** to contrive to.

mañana [ma-nya'na] *adv.* to-morrow; *f.* morning; **— por la —,** to-morrow morning; **pasado —,** the day after to-morrow. [ful, cunning, cautious.

mañoso [ma-nyo'so] *adj.* skil-

mapa [ma'pa] *m.* map, chart.

máquina [ma'kee-na] *f.* machine; (*fig.*) grandiose schemes, imposing building; **— de vapor,** steam-engine; **— de coser,** sewing-machine; **— de escribir,** typewriter.

maquinación [ma-kee-na-thyon'] *f.* machination, plotting, contrivance.

maquinal [ma-kee-nal'] *adj.* mechanical; without thinking.

maquinaria [ma-kee-na'rya] *f.* machinery; engineering.

maquinista [ma-kee-nees'ta] *m.* machinist; mechanic; engineer; (*train*) driver.

mar [mar] *m.* (or *f.*) sea; **alta —,** high sea; **— de fondo,** swell; **la — de cosas,** a thousand things.

maraña [ma-ra'nya] *f.* jungle; intricate plot; snarl.

maravedí [ma-ra-vay-dee'] *m.* old Spanish coin (*farthing*).

maravilla [ma-ra-vee'lya] *f.* wonder, marvel; **a las mil —s,** wondrously, perfectly.

maravillar [ma-ra-vee-lyar'] *va.* to astound; *vr.* to marvel, wonder.

maravilloso [ma-ra-vee-lyo'so] *adj.* marvellous.

marbete [mar-bay'tay] *m.* tag, label, ticket.

marca [mar'ka] *f.* mark; make, brand; frontier district; **— de fábrica,** trade-mark; **de — mayor,** first-class quality.

marcar [mar-kar'] *va.* to mark, brand; to observe, respect; **— el compás,** to beat time.

marcial [mar-thyal'] *adj.* war-like; martial.

marco [mar'ko] *m.* frame (*of picture, etc.*); weight (*about half a pound*); (*German*) mark.

marcha [mar'cha] *f.* march, course, running, progress; **cambio de —,** change of gear.

marchante [mar-chan'tay] *m.* dealer.

marchar [mar-char'] *vn.* to go, move, progress, function, work, march; *vr.* to go (off, away), leave.

marchitar [mar-chee-tar'] *va.* to wither, fade, reduce.

marchito [mar-chee'to] *adj.* faded, shrunk, withered.

marea [ma-ray'a] *f.* tide; **— alta,** high tide.

marear [ma-ray-ar'] *va.* to navigate a ship; to sicken, nauseate, make dizzy or ill; *vr.* to be seasick; to be damaged (*at sea*). [surf, swell.

marejada [ma-ray-ha'da] *f.*

mareo [ma-ray'o] *m.* seasickness, nausea, sickliness.

marfil [mar-feel'] *m.* ivory.

margarina [mar-ga-ree'na] *f.* margarine.

margarita [mar-ga-ree'ta] *f.* common daisy; pearl; pearl-shell.

margen [mar'hen] *f.* margin, edge; motive, room (*for complaint, etc.*); *m.* bank (*river*).

marido [ma-ree'do] *m.* husband.

marina [ma-ree'na] *f.* navy, marine; seamanship; seascape.

marinero [ma-ree-nay'ro] *m.* seaman, sailor; *adj.* seaworthy.

marino [ma-ree'no] *adj.* of, from the sea, nautical; azul —, navy blue; *m.* mariner, sailor.

mariposa [ma-ree-po'sa] *f.* butterfly.

marisabidilla [ma-ree-sa-bee-dee'lya] *f.* blue-stocking.

mariscal [ma-rees-kal'] *m.* marshal.   [fish.

marisco [ma-rees'ko] *m.* shell-

marisma [ma-rees'ma] *f.* marsh, marshy tract.

marítimo [ma-ree'tee-mo] *adj.* maritime, sea-board.

marmita [mar-mee'ta] *f.* kettle; stew-pan, stew-pot.

mármol [mar'mol] *m.* marble.

marmóreo [mar-mo'ray-o] *adj.* of marble; stony.   [cable.

maroma [ma-ro'ma] *f.* rope,

marqués, a [mar-kays'] *m.* marquis; *f.* marchioness.

marquetería [mar-kay-tay-ree'-a] *f.* cabinet-work; marquetry.

marrano [ma-ra'no] *m.* pig, hog.   [err, fail.

marrar [ma-rar'] *vn.* to miss,

marrón [ma-ron] *adj.* brown (cloth, shoes, etc.)

marroquí [ma-ro-kee'] *adj.* Moroccan.

martes [mar'tes] *m.* Tuesday.

martillar [mar-tee-lyar'] *va.* to hammer.   [mer.

martillo [mar-tee'lyo] *m.* ham-

martín [mar-teen'] *m.* — pescador, king-fisher.

martinete [mar-tee-nay'tay] *m.* drop-hammer.

mártir [mar-teer] *m.* martyr.

martirio [mar-tee'ryo] *m.* martyrdom.

marzo [mar'tho] *m.* March.

más [mas] *adv.* more; plus; besides; a lo —, at most; por — que, however much; — bien,

rather; estar de —, to be de trop, be unnecessary, redundant; sin — ni —, without more ado.

mas [mas] *conj.* but.

masa [ma'sa] *m.* mass, volume; dough; mortar; con las manos en la —, (*caught*) in the act, work.   [ge.

masaje [ma-sa'hay] *m.* massa-

mascar [mas-kar'] *va.* to masticate, chew.

máscara [mas'ka-ra] *f.* mask.

mascarada [mas-ka-ra'da] *f.* masquerade, masque, masked ball.

masculino [mas-koo-lee'no] *adj.* masculine.

mascullar [mas-koo-lyar'] *va.* to mumble, grind out (*words*).

masón [ma-son'] *m.* Freemason.

masonería [ma-so-nay-ree'a] *f.* freemasonry.

masticar [mas-tee-kar'] *va.* to chew, masticate.

mástil [mas'teel] *m.* mast (*ship*).   [bulldog.

mastín [mas-teen'] *m.* mastiff,

mastuerzo [mas-too-ayr'tho] *m.* cress, water-cress, dolt, minny.

mata [ma'ta] *f.* bush; root; copse; — de pelos, head (shock) of hair.

matadero [ma-ta-day'ro] *m.* slaughter-house.

matador [ma-ta-dor'] *m.* bull-fighter who does the final killing of bull; matador.

matalotaje [ma-ta-lo-ta'hay] *m.* ship's stores; provisions.

matanza [ma-tan'tha] *f.* butchery; slaughter, pig-killing; salted pig-meat.

matar [ma-tar'] *va.* to kill, slaughter; to put out (*light*); to ruin; to cancel (*stamps*); *vr.* to wear oneself out.

mate [ma'tay] *adj.* dull (*speaking of colours*); *m.* checkmate; yerba-mate (*leaf of plant infused for drink*); dar —, to checkmate.

matemáticas [ma-tay-ma'tee-kas] *f. pl.* mathematics.

matemático [ma-tay-ma'tee-ko]

adj. mathematical; *m.* mathematician.

materia [ma-tay'rya] *f.* matter, substance, stuff; subject *(in school)*; — **prima**, raw material.

material [ma-tay-ryal'] *adj.* material; *m.* material.

materializar [ma-tay-rya-lee-thar'] *v. intr.* to materialize, *vr.* become materialistic.

maternal [ma-tayr-nal'] *adj.* maternal, motherly.

matinal [ma-tee-nal'] *adj.* early, morning.

materno [ma-tayr'no] *adj.* motherly, on the mother's side, mother.

matiz [ma-teeth'] *m.* hue, shade, blend; *pl.* tones.

matón [ma-ton'] *m.* bully.

matorral [ma-to-ral'] *m.* thicket, bramble-patch, copse.

matrícula [ma-tree'koo-la] *f.* matriculation; list; entrance (registration) fees.

matricular [ma-tree-koo-lar'] *va.* to matriculate; *vr.* to be put on a list; to enter *(a university)*, register *(as student).*

matrimonial [ma-tree-mo-nyal'] *adj.* **cama** —, double bed.

matrimonio [ma-tree-mo'nyo] *m.* matrimony; marriage; married couple.

matritense [ma-tree-ten'say] *adj.* of Madrid.

matriz [ma-treeth'] *adj.* chief; principal; *f.* womb; origin; mould, die.

matrona [ma-tro'na] *f.* matron; neighbour; midwife.

matutino [ma-too-tee'no] *adj.* early, early-morning.

maullar [mow-lyar'] *va.* to mew *(of cats).*

máxima [mak'see-ma] *f.* maxim. [especially.

máxime [mak'see-may] *adv.*

máximo [mak'see-mo] *adj.* greatest; maximum.

maya [ma'ya] *f.* daisy; May Queen; the Maya language.

mayo [ma'yo] *m.* May; Mayflower.

mayor [ma-yor'] *adj.* older, elder; major; larger; *pl.* elders and betters; **al por** —, wholesale.

mayoral [ma-yo-ral'] *m.* chief shepherd; coachman; overseer.

mayorazgo [ma-yo-rath'go] *m.* primogeniture; son and heir; entailed estate.

mayordomo [ma-yor-do'mo] *m.* butler, majordomo.

mayoría [ma-yo-ree'a] *f.* coming-of-age, majority; greater part.

mayúscula [ma-yoos'koo-la] *f.* capital (letter).

maza [ma'tha] *f.* mace, hammer, war-club.

mazapán [ma-tha-pan'] *m.* marzipan, almond paste.

mazmorra [math-mo'ra] *f.* dungeon.

mazo [ma'tho] *m.* mallet; buch.

meandro [may-an'dro] *m.* meander, zig-zag course.

mecánica [may-ka'nee-ka] *f.* mechanics.

mecánico [may-ka'nee-ko] *adj.* mechanic; *m.* engineer; machinist.

mecanógrafo [may-ka-no'grafo] *m.* typist.

mecedora [may-thay-do'ra] *f.* rocking-chair. [*vr.* to swing.

mecer [may-thayr'] *va.* to rock;

mecha [may-cha] *f.* wick; fuse; hank *(of hair)*; roll of lint.

mechero [may-chay'ro] *m.* gasburner; cigarette-lighter.

medalla [may-da'lya] *f.* medal.

media [may'dya] *f.* stocking; mean; **la — luna,** crescent.

mediación [may-dya-thyon'] *f.* mediation,, intervention.

mediados [may-dya'dos] *prep.* **a — de;** in, about the middle of *(time, date).*

mediano [may-dya'no] *adj.* middling, moderate; mediocre.

mediante [may-dyan'tay] *prep.* by means of.

mediar [may-dyar'] *vn.* to mediate; to intervene; to be halfway (between); to lie between *(two towns, etc.).*

medicación [may - dee - ka - thyon'] *f.* treatment *(medical).*

medicina [may-dee-thee'na] *f.* medicine; remedy.

medicinar [may-dee-thee-nar']
va. to administer medicines.
médico [may'dee-ko] m. physician, doctor.
medida [may-dee'da] f. measure; rule; moderation; a — que,
in proportion, as ... as.
medio [may'dyo] adj. half, medium, middle; m. middle,
midst; a mean; way, means;
por —, by means; pl. means,
circumstances; a medias, half,
incompletely.
mediocridad [may-dyo-kree-
dad'] f. mediocrity.
mediodía [may-dyo-dee'a] m.
noon; south.
medir [may-deer'] va. to measure; to scan (verse).
meditar [may-dee-tar'] va. to
think, muse; to consider.
mediterráneo [may-dee-tay-ra'-
nay-o] adj. Mediterranean.
medrar [may-drar'] vn. to thrive; to grow.
medro [may'dro] m. progress;
gain.
medroso [may-dro'so] adj. timid; fearsome.
médula or **medula** [may'doo-
la or may-doo'la] f. marrow.
mejilla [may-hee'lya] f. cheek.
mejor [may-hor'] adj. & adv.
better; rather, preferably; a
lo —, likely as not.
mejora [may-ho'ra] f. improvement.
mejorar [may-ho-rar'] va. to
improve, better; vr. to get
better.
mejunje [may-hoon'hay] m.
potion, concoction.
melena [may-lay'na] f. mane;
long, loose hair.
melindroso [may-leen-dro'so]
adj. finicky, namby-pamby.
melocotón [may-lo-ko-ton'] m.
peach.
melocotonero [may-lo-ko-to-
nay'ro] m. peach-tree.
melodía [may-lo-dee'a] f. melody.
melodrama [may-lo-dra'ma] m.
melodrama.
melón [may-lon'] m. melon,
canteloupe; — de agua, watermelon.

meloso [may'lo'so] adj. honey-
sweet.
mella [may'lya] f. notch, dent;
hacer —, to impress, make an
impression.
mellar [may-lyar'] va. to jag,
dint, indent.
mellizo [may-lyee'tho] adj. &
m. twin.
membrillo [mem-bree'lyo] m.
quince; quince-tree; carne de
—, quince jelly.
memorable [may-mo-ra'blay]
adj. memorable.
memorandum [may-mo-ran'-
doom] m. note-book, memo-
randum.
memoria [may-mo'rya] f. memory; recollection; remembrance; dissertation; report,
memoir; de —, by heart; hacer —, to remember.
memorial [may-mo-ryal'] f.
petition; note-book.
mencionar [men-thyo-nar'] va.
to mention, name.
mendigar [men-dee-gar'] va. to
beg (alms).
mendigo [men-dee'go] m. beggar, mendicant.
mendrugo [men-droo'go] m.
hard crust (of bread).
menear [may-nay-ar'] va. to
shake, stir, wag (tail), wave,
agitate; run (business, etc.);
vr. to get going.
menester [may-nays-tayr'] m.
trade, occupation; need, want;
haber —, to be in need of;
ser —, to be necessary; pl.
bodily needs.
menestral [may-nays-tral'] m.
mechanic, artisan.
mengano [man-ga'no] m. Mr.
So-and-So.
mengua [men'gwa] f. diminution; discredit, shame.
menguado [men-gwa'do] m. coward, wretch; decrease (knitting).
menguante [men-gwan'tay] adj.
diminishing; f. waning moon;
wane; decrease.
menguar [men-gwar'] va. & n.
to diminish, decrease, reduce,
wane.
menina [may-nee'na] f. lady-

in-waiting to Queen or Infanta.

menor [may-nor'] *adj.* lesser, younger; *m.* a minor; **—edad**, minority; **al por —**, retail.

menos [may'nos] *ad.* & *adv.* fewer, less; except; minus; a **—**, unless, **por lo —**, at least; **echar de —**, to miss; **venir a —**, to come down in the world.

menoscabar [may-nos-ka-bar'] *va.* to impair; to declaim.

menoscabo [may-nos-ka'bo] *m.* deterioration, detriment.

menospreciar [may-nos-praythyar'] *va.* to underrate, despise, scorn.

menosprecio [may-nos-pray'thyo] *m.* undervaluation, scorn. [sage.

mensaje [men-sa'hay] *m.* mes-

mensajero [men-sa-hay'ro] *m.* messenger; *adj.* **paloma mensajera**, carrier-pigeon.

mensual [men-swal'] *adj.* monthly.

menta [men'ta] *f.* peppermint.

mentar [men-tar'] *va.* to mention, refer to, name.

mente [men'tay] *f.* mind, understanding.

mentecato [men-tay-ka'to] *m.* dolt, ass, "stupid".

mentidero [men-tee-day'ro] *m.* village pump; place where gossips assemble.

mentir [men-teer'] *va.* to lie.

mentira [men-tee'ra] *f.* lie, untruth.

mentiroso [men-tee-ro'so] *adj.* lying; *m.* liar.

mentor [men-tor'] *m.* counsellor.

menudear [may-noo-day-ar'] *vn.* to happen frequently, to "rain"; to sell by retail.

menudencia [may-noo-den'-thya] *f.* trifle; *pl.* offal; minute detail, trivialities; odds and ends.

menudo [may-noo'do] *adj.* minute, tiny; **gente —a**, "tiny tots"; **a —**, frequently.

meñique [may-nyee'kay] *adj.* little (finger).

meollo [may-o'lyo] *m.* marrow; brains.

mercader [mayr-ka-dayr'] *m.* merchant, tradesman, shopkeeper.

mercado [mayr-ka'do] *m.* market, market-place; **— de frutos**, produce-market.

mercancía [mayr-kan-thee'a] *f.* goods, wares.

mercantil [mayr-kan-teel'] *adj.* mercantile; **perito —**, sort of B. Comm.

mercar [mayr-kar'] *va.* to buy.

merced [mayr-thed'] *f.* favour; grace, mercy; **a — de**, at the discretion of; **hacer — de**, to grant, discount, make a gift of.

mercurio [mayr-koo'ryo] *m.* mercury, quicksilver.

merecer [may-ray-thayr'] *va.* to merit, deserve.

merecimiento [may-ray-theemyen'to] *m.* desert; worthiness.

merendar [may-ren-dar'] *va.* to lunch, supper; to have (a picnic, afternoon tea).

meridiano [may-ree-dya'no] *adj.* noon; *m.* meridian.

meridional [may-ree-dyo-nal'] *adj.* southern.

merienda [may-ryen'da] *f.* light lunch, snack, picnic, afternoon tea.

mérito [may'ree-to] *m.* merit, worth.

meritorio [may-ree-to'ree-o] *adj.* meritorious, deserving; *m.* probationer, improver.

merluza [mayr-loo'tha] *f.* hake.

merma [mayr'ma] *f.* waste, reduction, wearing (away, down), decrease.

mermar [mayr-mar'] *vn.* to go down, diminish, eat away, wear away; *va.* to lessen, reduce.

mermelada [mayr-may-la'da] *f.* marmalade. [pure.

mero [may'ro] *adj.* mere, only;

merodear [may-ro-day-ar'] *va.* to maraud, harass.

mes [mes] *m.* month.

mesa [may'sa] *f.* table, plateau; **— presidencial**, Chair, tribunal, high table.

meseta [may-say'ta] *f.* table-

land, plateau; staircase landing.
mesilla [may-see'lya] *f.* — de
noche, bedside table.
mesnada [mes-na'da] *f.* troop
of soldiers *(arch.)*.
mesón [may-son'] *m.* hostelry,
inn.   [innkeeper.
mesonero [may-so-nay'ro] *m.*
mestizo [mays-tee'tho] *adj.* hybrid; *m.* half-breed *(white
Indian)*.
mesura [may-soo'ra] *f.* gravity, solemnity, dignity, moderation, circumspection.
meta [may'ta] *f.* limit, goal,
aim.
metafísica [may-ta-fee'see-ka]
f. metaphysics.
metáfora [may-ta'fo-ra] *f.* metaphor, figure of speech.
metal [may-tal'] *m.* metal;
brass *(in orchestra)*; —de voz,
timbre *(voice)*; —blanco, nic-
kel.
metálico [may-ta'lee-ko] *adj.*
metallic; *m.* coin, cash.
meteoro [may-tay-o'or] *m.* me-
teor.
meter [may'tayr] *va.* to insert,
put in, introduce; to place; to
put on; *vr.* to poke one's nose;
to get involved; — con, to
quarrel with, go for *(somebody)*.
metódico [may-to'dee-ko] *adj.*
methodical.
método [may'to-do] *m.* method,
system; manner.
metralladora [may-tra-lya-do'-
ra] *m.* machine-gun.
métrico [may'tree-ko] *adj.*
metric, metrical.
metro [may'tro] *m.* metre
(measure); measuring-rod or
tape; *(Madrid)* underground
railway.   [metropolis.
metrópoli [may-tro'po-lee] *f.*
mezcla [meth'kla] *f.* mixture,
blend.
mezclar [meth-klar'] *va.* to
mix, mingle, blend; *vr.* to
meddle; to mix.
mezquino [meth-kee'no] *adj.*
wretched, mean; petty; miserly.   [que.
mezquita [meth-kee'ta] *f.* mos-

mi [mee] *adj.* my; *pron.* me;
m. (mus.) mi.
miaja [mya'ha] *f.* crumb.
mico [mee'ko] *m.* monkey.
miedo [myay'do] *m.* fear, dread, apprehension; tener —, to
be afraid.
miedoso [myay-do'so] *adj.* fearful, nervous; cowardly.
miel [myel'] *f.* honey; luna de
—, honeymoon.
miembro [myem'bro] *m.* limb;
member.
mientes [myen'tes] *f. pl.* para
— en, pay attention to.
mientras [myen'tras] *adv.* while; — más; the more; — tanto,
meanwhile.
miércoles [myayr'ko-les] *m.*
Wednesday.
mies [myes] *f.* ripe wheat; *pl.*
cornfields.
miga [mee'ga] *f.* crumb; substance, marrow; *pl.* hacer buenas migas con, to get on well
with.
migaja [mee-ga'ha] *f.* crumbly
part *(of bread)*, crumbs.
mil [meel] *num.* a thousand;
pl. — es de, masses of.
milagro [mee-la'gro] *m.* miracle; vivir de —, to manage to
live.
milagroso [mee-la-gro'so] *adj.*
miraculous.
milano [mee-la'no] *m.* kite,
glebe.
milicia [mee-lee'thya] *f.* warfare; militia.
militar [mee-lee-tar'] *adj.* military; martial; *vn.* to serve
as soldier; — en su favor, to
stand in good stead, lend
weight to, support *(his case,
etc.)*.
milla [mee'lya] *f.* mile.
millar [mee'lyar] *m.* a thousand.
mimar [mee-mar'] *va.* to spoil,
pet.
mimbre [mim'bray] *m.* osier.
mimo [mee'mo] *m.* petting; mime, buffoon.
mina [mee'na] *f.* mine, deposit,
subterranean passage.
minar [mee-nar'] *va.* to mine,
undermine; to sap; to eat into.

mineral [mee-nay-ral'] *adj.*
mineral; *m.* mineral ore.
minería [mee-nay-ree'a] *f.* mining. [ing; *m.* miner.
minero [mee-nay'ro] *adj.* min-
miniatura [mee-nya-too'ra] *f.*
miniature; illuminated capital letter; tiny, delicate work of art.
mínima [mee'nee-ma] *f. (mus.)*
minim.
mínimo [mee'nee-mo] *adj.* least,
slightest.
ministerio [mee-nees-tay'ryo]
m. ministry; gabinet; — de
Estado, Foreign Office; — de
Gobernación, Home Office.
ministro [mee-nees'tro] *m.* minister; diplomatic agent; sheriff; Protestant clergyman.
minorar [mee-no-rar'] *va.* to
reduce, lessen.
minoría [mee-no-ree'a] *f.* minority.
minucioso [mee-noo-thyo'so]
adj. minute; particular.
minúscula [mee-noos'koo-la]
adj. letra —, small letter.
minuta [mee-noo'ta] *f.* minute;
agenda; list, entry memorandum.
minuto [mee-noo'to] *adj. & m.*
minute.
miope [myo'pay] *adj.* short-
sighted.
miopía [myo'pya] *f.* short-
sightedness.
mira [mee'ra] *f.* design; vigilance; sight; con — a, with a
view to. [glance.
mirada [mee-ra'da] *f.* look;
mirador [mee-ra-dor'] *m.* turret, look-out; balcony.
miramiento [mee-ra-myen'to]
m. attention; circumspection,
caution.
mirar [mee-rar'] *va.* to look at,
gaze upon, let the eyes dwell
upon, behold; to look (to),
see (to).
mirasol [mee-ra-sol'] *m.* turn-
sol(e), sunflower.
mirlo [meer'lo] *m.* blackbird.
mirra [mee'ra] *f.* myrrh.
mirto [meer'to] *m.* myrtle.
misa [mee'sa] *f.* mass; — del
gallo, Midnight Mass *(Christ-*

mas Eve); — **Mayor**, High
Mass; **no saber de la** — la
media, not to know what one
is talking about.
miscelánea [mees-thay-la'nay-a]
f. miscellany.
miserable [mee-say-ra'blay]
adj. miserable; wretched, poverty-stricken; miserly.
miseria [mee-say'rya] *f.* wretchedness, poverty; filth, dirt;
miserliness, trifle.
misericordia [mee-say-ree-kor'-
dya] *f.* clemency, mercy; compassion.
misión [mee-syon'] *f.* mission;
embassy.
mismo [mees'mo] *adj.* same,
very, self-same, like; yo —,
myself; por lo —, for that
reason.
misterio [mees-tay'ryo] *m.*
mystery; mystery-play; Pas-
sion-play.
misticismo [mees-tee-thees'mo]
m. mysticism.
mitad [mee-tad'] *f.* half; middle; cara —, "better half".
mitigar [mee-tee-gar'] *va.* to
alleviate, soften, lessen.
mito [mee'to] *m.* myth.
mitra [mee'tra] *f.* mitre.
mixto [meeks'to] *adj.* mixed,
compound; tren —, passenger
and goods train; m. match.
mixtura [meeks-too'ra] *f.* concoction, blend, mixed-corn.
mobiliario [mo-bee-lya'ryo] *m.*
furniture, set of furniture.
mocedad [mo-thay-dad'] *f.*
youth; youthful exploit.
moción [mo-thyon'] *f.* motion;
proposition.
moco [mo'ko] *m.* mucus; cand-
le-grease; a — tendido, copiously.
mocoso [mo-ko'so] *adj.* snivel-
ing; "sniffy , superior.
mochila [mo-chee'la] *f.* bag;
haversack, knapsack.
mochuelo [mo-chway'lo] *m.*
owl.
moda [mo'da] *f.* fashion, mode,
style; de —, fashionable, in
fashion.
modelo [mo-day'lo] *m.* model,
pattern; rule.

moderado [mo-day-ra'do] *adj.* moderate; mild; conservative.

moderar [mo-day-rar'] *va.* to soften, moderate; *vr.* to calm down.

modestia [mo-days'tya] *f.* modesty; simplicity, unaffectedness.

modesto [mo-days'to] *adj.* modest, unpretentious, unassuming.

módico [mo'dee-ko] *adj.* moderate *(price).*

modificar [mo-dee-fee-kar'] *va.* to modify, alter.

modista [mo-dees'ta] *f.* dressmaker.

modo [mo'do] *m.* mode, manner, way; mood; mode *(mus.)*; **de — que,** so that; **de todos —s,** in any case.

modorra [mo-do'ra] *f.* drowsiness; heavy slumber.

mofa [mo'fa] *f.* mock, mockery.

mofar [mo-far'] *va.* to mock; *vr.* to jeer at.

mohino [mo-ee'no] *adj.* peevish, cross.   [mildew, rust.

moho [mo'o] *m.* moss; mould.

mohoso [mo-o'so] *adj.* mouldy, musty, mildewed.

mojar [mo-har'] *va.* to wet, damp; to dip *(food) (into sauce, etc.).*

mojigato [mo-hee-ga'to] *adj.* hypocritical, prudish.

mojón [mo-hon'] *m.* landmark, boundary-mark, mile-stone.

moldar [mol-dar'] *va.* to mould.

molde [mol'day] *m.* mould.

moler [mo-layr'] *va* to grind, pound; to weary, bore; to beat, belabour.

molestar [mo-lays-tar'] *va.* to annoy, bother, vex, be (a nuisance, in the way).

molestia [mo-lays'tya] *f.* trouble, bother, inconvenience, nuisance.

molesto [mo-lays'to] *adj.* troublesome, annoying.

molinero [mo-lee-nay'ro] *m.* miller.

molino [mo-lee'no] *m.* mill.

mollera [mo-lyay'ra] *f.* "napper"; **cerrado de —,** slow-witted, not too bright.

momentáneo [mo-men-ta'nay-o] *adj.* momentary.

momento [mo-men'to] *m.* moment; importance; momentum.

momia [mo'mya] *m.* mummy.

monacillo *or* **monaguillo** [mo-na-thee'lyo] *m.* acolyte, altar boy.

monada [mo-na-'da] *f.* monad.

monarquía [mo-nar-kee'a] *f.* monarchy.

mondar [mon-dar'] *va.* to peel; to clean; to prune; to strip clean.

moneda [mo-nay'da] *f.* money; coin; **— corriente,** currency; **— sonante,** hard cash; **papel —,** paper money; **casa de —,** mint.

monja [mon'ha] *f.* nun.

monje [mon'hay] *m.* friar, religious, monk.

mono [mo'no] *adj.* pretty; *m.* monkey.

monopolizar [mo-no-po-lee-thar'] *va.* to monopolise.

monstruo [mons'trwo] *m.* monster, freak.

monstruoso [mons-trwo'so] *adj.* monstruous, grotesque, frightful.

monta [mon'ta] *f.* amount; worth; **de poca —,** practically worthless.

montacargas [mon-ta-kar'gas] *m.* windlass; lift; dumbwaiter.

montante [mon-tan'tay] *m.* amount.

montaña [mon-ta'nya] *f.* mountain; **— rusa,** switchback railway *(in fairs).*

montañés [mon-ta-nyes'] *adj.* highland, mountain-breed; of the province of Santander.

montar [mon-tar'] *vn.* to mount; *va.* to ride; to set up *(machinery)*; to come to, result in.

monte [mon'tay] *m.* mountain; wooded hill; thicket, forest; **— de piedad,** public pawnshop.   [ing-cap, cloth cap.

montera [mon-tay'ra] *f.* hunt-

montón [mon-ton'] *m.* heap; lot; mass.

moño [mo'nyo] *m.* chignon, bun, topknot.

mora [mo'ra] *f.* default *(law);* mulberry, blackberry.

morada [mo-ra'da] *f.* mansion, residence, dwelling.

morado [mo-ra'do] *adj.* dark purple.

moral [mo-ral'] *adj.* moral; *f.* morals; *m.* blackberry-bush; mulberry-tree.

moraleja [mo-ra-lay'ha] *f.* moral *(of story);* lesson.

morar [mo-rar'] *vn.* to reside, dwell.

morcilla [mor-thee'lya] *f.* sausage, black-pudding.

mordaz [mor-dath'] *adj.* biting, sarcastic; keen.

mordaza [mor-da'tha] *f.* gag, muzzle.

morder [mor-dayr'] *va.* to bite, gnaw; to eat up, corrode.

mordisco [mor-dees'ko] *m.* bite, snap.

moreno [mo-ray'no] *adj.* brown; dark-haired, swarthy.

morera [mo-ray'ra] *f.* mulberry-tree.   [quarter.

morería [mo-ray-ree'a] *f.* Arab

morigerar [mo-ree-hay-rar'] *va.* to check, moderate, restrain.

morir [mo-reer'] *vn.* to die; to fade; to reach a terminus *(of bus route).*

moro [mo'ro] *adj. & m.* Moor-(ish), Mahommedan; **ya no hay —s en la costa,** the coast is clear.

moroso [mo-ro'so] *adj.* tardy, slow, deliberate.

morral [mo-ral'] *m.* haversack; game-bag; nose-bag.

morralla [mo-ra'lya] *f.* small fry; rubbish, dregs.

morriña [moo-ree'nya] *f.* homesickness, "blues", nostalgic longing (for).

mortaja [mor-ta'ha] *f.* shroud.

mortandad [mor-tan-dad'] *f.* mortality; massacre, slaughter.

mortecino [mor-tay-thee'no] *adj.* dying; pale, wan, wasted.

mortero [mor-tay'ro] *m.* mortar.   [deadly, death-dealing.

mortífero [mor-tee'fay-ro] *adj.*

mortificar [mor-tee-fee-kar'] *va.* to torment; to mortify, humiliate.

mosca [mos'ka] *f.* fly.

moscada [mos-ka'da] *adj.* **nuez —,** nutmeg.

moscardón [mos-kar-don'] *m.* hornet.   [musket.

mosquete [mos-kay'tay] *m.*

mosquitero [mos-kee-tay'ro] *m.* mosquito net.

mosquito [mos-kee'to] *m.* mosquito; gnat.   [tard.

mostaza [mos-ta'tha] *f.* mustard.

mosto [mos'to] *m.* grape-juice.

mostrador [mos-tra-dor'] *m.* counter *(in shop).*

mostrar [mos-trar'] *va.* to show, prove, demonstrate.

mostrenco [mos-tren'ko] *adj.* vagrant; *m.* stray *(animal).*

mote [mo'tay] *m.* motto; nickname.   [tiny.

motín [mo-teen'] *m.* riot, mu-

motivar [mo-tee-var'] *va.* to cause, give rise to; to assign a motive.

motivo [mo-tee'vo] *m.* reason, cause; theme; **con — de,** owing to, on the occasion of, under pretext of.

movedizo [mo-vay-dee'tho] *adj.* shifting, moving, unsteady.

mover [mo-vayr'] *va.* to move, shake, promote.

móvil [mo'veel] *adj.* movable; *m.* motive.

movilidad [mo-vee-lee-dad'] *f.* mobility.   [to mobilise.

movilizar [mo-vee-lee-thar'] *va.*

movimiento [mo-vee-myen'to] *m.* movement, motion.

mozo [mo'tho] *m.* young man; porter, waiter.   [lad.

muchacho [mo-cha'cho] *m.* boy,

muchedumbre [moo-chay-doom'bray] *f.* crowd.

mucho [moo'cho] *adj. & adv.* much, plenty; a great deal.

mudanza [moo-dan'tha] *f.* removal; change; fickleness.

mudar [moo-dar'] *va.* to change; to moult; *vr.* to move *(to another house);* to change *(clothes).*

mudéjar [moo-day'har] *m.* Mohammedan *(subject to Christian rule).*

mudo [moo'do] *adj. & m.* dumb, silent.

mueble [mway'blay] *m.* piece of furniture.

mueca [mway'ka] *f.* grimace.

muela [mway'la] *f.* tooth, "grinder".

muelle [mway'lyay] *adj.* tender, soft, springy; relaxing; *m. (steel)* spring; pier, wharf.

muerte [mwayr'tay] *f.* death.

muerto [mwayr'to] *adj. & m.* dead; a dead person.

muestra [mways'tra] *f.* specimen, sample, sign, indication.

muestrario [mways-tra'ryo] *m.* collection of samples, display window.

mugre [moo'gray] *f.* dirt, ïilth.

mujer [moo-hayr'] *f.* woman, wife.

mula [moo'la] *f.* mule; shemule; shoe used by Popes.

muleta [moo-lay'ta] *f.* crutch; red cloth *(bullfighting).*

muletilla [moo-lay-tee'lya] *f.* tag *(in speech),* stock phrase.

multa [mool-ta] *f.* fine.

multar [mool-tar'] *va.* to fine.

multiplicar [mool-tee-plee-kar'] *va.* to multiply.

multitud [mool-tee-tood'] *f.* crowd; multitude.

mullido [moo-lyee'do] *adj.* soft, downy, .yielding *(as bed, cushion).*

mundo [moon'do] *m.* world; the earth; todo el —, everybody.

munición [moo-nee-thyon'] *f.* munition; provisions.

municipio [moo-nee-thee'pyo] *m.* township.

muñeca [moo-nyay'ka] *f.* puppet, doll; wrist.

muralla [moo-ra'lya] *f.* rampart; wall.

murciélago [moor-thyay'la-go] *m. (ornit.)* bat.

murmullo [moor-moo'lyo] *m.* ripple, rustle; murmur.

murmuración [moor-moo-ra-thyon'] *f.* gossip, undercurrent of protest, dissatisfaction.

murmurar [moor-moo-rar'] *vn.* to ripple, rustle, whisper; to backbite, speak ill of.

muro [moo'ro] *m.* wall.

músculo [moos'koo-lo] *m.* muscle.   [(Art) gallery.

museo [moo-say'o] *m.* museum,

musgo [moos'go] *m.* moss.

músico, a [moo'see-ko] *adj.* musical; *m.* musician; *f.* music.

musitar [moo-see-tar'] *v. intr.* to mumble, whisper, muter, musitate.

muslo [moos'lo] *m.* thigh.

mustio [moos'tyo] *adj.* withered; bored; parched, "tired".

mutación [moo-ta-thyon'] *f.* change *(of scene in theatre).*

mutilar [moo-tee-lar'] *va.* to mutilate; to cripple.

mutuamente [moo-twa-men'-tay] *adv.* mutually.

mutuo [moo'two] *adj.* mutual, reciprocal.

muy [mwee] *adv.* very, most; much.

N

nabo [na'bo] *m.* turnip, rape.

nácar [na'kar] *m.* nacre, mother-of-pearl.

nacer [na-thayr'] *vn.* to be born; to shoot; *vr.* to sprout.

nacido [na-thee'do] *adj.* born; *m.* pimple.

nacimiento [na-thee-myen'to] *m.* birth; origin; nativity scene, crib.   [country.

nación [na-thyon'] *f.* nation,

nada [na'da] *f.* nothing; naught; *pron.* nothing, not anything; de —, not at all.   [mer.

nadador [na-da-dor'] *m.* swimmer.

nadar [na-dar'] *vn.* to swim.

nadie [na'dyay] *pron.* nobody.
nadir [na-deer] *m.* nadir.
nado [na'do] *adv.* a —, swimming, afloat.
naguas [na-gwas] *f. pl.* petticoat. *See* enaguas. [card.
naipe [na-ee-pay] *m.* playing-
nalga [nal'ga] *f.* rump, buttock.
nao [na'o] *f. (arch.)* ship, vessel.
naranja [na-ran'ha] *f.* orange; **mi media —**, my better half.
naranjada [na-ran-ha'da] *f.* orangeade; *adj.* orange-coloured.
naranjado [na-ran-ha'do] *adj.* orange-coloured.
naranjo [na-ran'ho] *m.* orange-tree. [dil.
narciso [nar-thee'so] *m.* daffo-
narcótico [nar-ko'tee-ko] *adj. & m.* narcotic.
narcotizar [nar-ko-tee-thar'] *va.* to narcotize.
nardo [nar'do] *m.* spikenard.
narigudo [na-ree-goo'do] *adj.* with a large nose.
nariz [na-reeth'] *f.* nostril; *s. & pl.* nose.
narración [na-ra-thyon'] *f.* account, narration, story, narrative.
narrador [na-ra-dor'] *m.* narator, teller. [recite, tell.
narrar [na-rar'] *va.* to narrate.
narrativa [na-ra-tee'va] *f.* narrative; history.
narria [na'ree-ah] *f.* sledge, sled, jumper.
nata [na'ta] *f.* cream; skin (*on coffee, etc.*). [swimming.
natación [na-ta-thyon'] *f.*
natal [na-tal'] *f.* natal, native; **día —**, birthday.
natalicio [na-ta-lee'thyo] *m.* birthday.
natatorio [na-ta-to'ryo] *adj.* (to do with) swimming.
natillas [na-tee'lyas] *f. pl.* custard.
natividad [na-tee-vee-dad'] *f.* nativity; Christmas.
nativo [na-tee'vo] *adj.* native, indigenous.
nato [na'to] *adj.* born, inborn, inherent, natural.
natural [na-too-ral'] *adj.* natu-

ral; plain; *m.* nature, temper; **pintado del —**, painted from life.
naturaleza [na-too-ra-lay'tha] *f.* nature; disposition; **— muerta**, still life.
naturalidad [na-too-ra-lee-dad'] *f.* plainness; naturalness; ingenuousness.
naturalización [na-too-ra-lee-tha-thyon'] *f.* naturalisation.
naturalizar [na-too-ra-lee-thar'] *va.* to naturalise; *vr.* to get used to; to be naturalised.
naturalmente [na-too-ral-men'tay] *adv.* of course; plainly, naturally.
naufragar [now-fra-gar'] *vn.* to be ship-wrecked; to come to naught, fall through.
naufragio [now-fra'hyo] *m.* shipwreck.
náufrago [now'fra-go] *m.* ship-wrecked person.
náusea [now'say-a] *f.* nausea.
nauseabundo [now-say-a-boon'-do] *adj.* nauseous, nasty.
náutico [now'tee-ko] *adj.* nautical, sea.
nava [na'va] *f.* high valley, hollow.
navaja [na-va'ha] *f.* (clasp) knife; razor.
navajazo [na-va-ha'tho] *m.* gash or slash (*with knife*).
navarro [na-va'ro] *adj.* Navarrese, of Navarre.
nave [na'vay] *f.* ship, vessel; nave, aisle (*of church*).
navegación [na-vay-ga-thyon'] *f.* navigation; sailing; voyage.
navegante [na-vay-gan'tay] *m.* navigator; traveller by sea.
navegar [na-vay-gar'] *vn.* to navigate, steer, sail.
navidad [na-vee-dad'] *f.* Nativity; Christmas-day.
navío [na-vee'o] *m.* warship; **— de transporte**, transport.
náyade [na'ya-day] *f.* naiad.
nazareno [na-tha-ray'no] *m.* Nazarene; penitent.
neblina [nay-blee'na] *f.* mist, thin fog, haze.
nebulosa [nay-boo-lo'sa] *adj.* hazy, foggy, misty; nebulous, vague.

necedad [nay-thay-dad'] *f.* foolishness, ignorance; nonsense.

necesario [nay-thay-sa'ryo] *adj.* necessary; requisite.

neceser [nay'thay-sayr'] *m.* toilet-case.

necesidad [nay-thay-see-dad'] *f.* necessity; want, need.

necesitado [nay-thay-see-ta'do] *adj.* necessitous, needy; in need of.

necesitar [nay-thay-see-tar'] *va.* to necessitate; to want, be in need of.

necio [nay'thyo] *adj. & m.* ignorant, silly; fool.

necrología [nay-kro-lo-hee'a] *f.* necrology, obituary notice.

necrológico [nay-kro-lo'hee-ko] *adj.* necrological.

necrópolis [nal-kro'po-lees] *f.* burying-ground.

nefando [nay-fan'do] *adj.* nefarious, heinous.

nefasto [nay-fas'to] *adj.* ominous; sad, unlucky.

negable [nay-ga'blay] *adj.* deniable.

negación [nay-ga-thyon'] *f.* negation, refusal, denial.

negar [nay-gar'] *va.* to deny; to refuse, hinder; *vr.* to refuse, decline.

negativa [nay-ga-tee'va] *f.* refusal, negative.

negativo [nay-ga-tee'vo] *adj.* negative.

negligencia [nay-glee-hen'thya] *f.* negligence, neglect, carelessness.

negligente [nay-glee-hen'tay] *adj.* negligent; easy.

negociable [nay-go-thya'blay] *adj.* negotiable.

negociado [nay-go-thya'do] *m.* business; section of a public office.

negociante [nay-go-thyan'tay] *m.* trader merchant.

negociar [nay-go-thyar'] *va.* to negotiate; to trade; to arrange.

negocio [nay-go'thyo] *m.* business; trade; employment; — redondo, profitable business.

negrero [nay-gray'ro] *m.* slave-trader.   [negro.

negro [nay'gro] *adj.* black; *m.*

negrura [nay-groo'ra] *f.* blackness.

nemoroso [nay-mo-ro'so] *adj.* woody, wooded.   [child.

nene, a [nay'nay] *m. & f.* baby,

nenúfar [nay-noo'far] *m.* white water-lily.

neófito [nay-o-fee-to] *m.* neophyte, novice, beginner.

neológico [nay-o-lo'hee-ko] *adj.* neological.

nepotismo [nay-po-tees'mo] *m.* nepotism.   [tune, the sea.

Neptuno [nep-too'no] *m.* Nep-

nequicia [nay-kee'thee-ah] *f.* perversity or — seness.

nervadura [nayr-va-doo'ra] *f.* nervure, rib *(in vaulting)*.

nervio [nayr'vyo] *m.* nerve, tendon; vigour, strength.

nervioso [nayr-vyo'so] *adj.* nervous; active, vigorous, strong; nerve.

nervosidad [nayr-vo-see-dad'] *f.* strength, vigour.

nervudo [nayr-voo'do] *adj.* vigorous, sinewy.

neto [nay'to] *adj.* neat; clear; genuine; unmistakeable; producto —, net produce; peso —, net weight.

neumático [nay-oo-ma'tee-ko] *adj.* pneumatic; *m.* rubber tyre.

neumonía [nay-oo-mo-nee'a] *f.* pneumonia.

neurálgico [nay-oo-ral'hee-ko] *adj.* neuralgic.

neurastenia [nay-oo-ras-tay'-nya] *f.* nervous prostration.

neurasténico [nay-oo-ras-tay'-nee-ko] *adj.* highly strung, excitable.

neutralizar [nay-oo-tra-lee-thar'] *vn.* to neutralise, counter.

neutro [nay'oo-tro] *adj.* neuter, neutral.   [fall.

nevada [nay-va'da] *f.* snow-

nevar [nay-var'] *vn.* to snow.

nevasca [nay-vas'ka] *f.* snow-fall, snow-storm.

nevera [nay-vay'ra] *f.* icehouse, ice-box, refrigerator.

neviscar [nay-vees-kar'] *vn.* to snow gently.

nevoso [nay-vo'so] *adj.* snowy.

nexo [nek'so] *m.* nexus; connection, tie.

ni [nee] *conj.* neither, nor.

niara- [nee-ah'ra] *f.* hay-cock, -rick or -stack.

nicho [nee'cho] *m.* niche; burial (niche) (chamber).

nido [nee'do] *m.* nest; home, haunt. [haze.

niebla [nyay'bla] *f.* fog, mist,

nieto, a [nyay'to] *m.* grandson; *f.* grand-daughter.

nieve [nyay'vay] *f.* snow.

nigromancia [nee-gro-man'thya] *f.* necromancy.

nigromante [nee-gro-man'tay] *m.* magician, conjurer.

nihilismo [nee-leess'mo] *m.* nihilism.

nimbo [neem'bo] *m.* halo, nimbus.

nimiedad [nee-myay-dad'] *f.* excessive (exact) detail, prolixity, attention to (insistence on) detail.

nimio [nee'myo] *adj.* prolix, detailed, careful, painstaking.

ningún [neen-goon'] *adj.* de — modo, not at all, by no means, certainly not.

ninguno [neen-goo'no] *adj. & pron.* no, none; no body; not any.

niña [nee'nya] *f.* girl; pupil, apple (of eye).

niñera [nee-nyay'ra] *f.* nurse, nursery-maid.

niñería [nee-nyay-ree'a] *f.* childish, action, object, thought; gew-gaw. [childhood.

niñez [nee-nyayth'] *f.* infancy,

niño [nee'nyo] *m.* child; infant; *adj.* childish; — expósito, foundling; desde —, from childhood. [nickel-plate.

niquelar [nee-kay-lar'] *va.* to

nitidez [nee-tee-dayth'] *f.* brightness, polish. brilliance (of surface), clarity (of expression).

nítido [nee'tee-do] *adj.* bright, shining, polished, clear-cut.

nitrato [nee-tra'to] *m.* nitrate.

nitroglicerina [nee-tro-glee-thay-ree'na] *f.* nitro-glycerine.

nivel [nee-vel'] *m.* level, standard; water-level; sobre el —

del mar, above sea-level; paso a — level-crossing.

nivelar [nee-vay-lar'] *va.* to level, flatten; to grade (road).

níveo [nee'vay-o] *adj.* snowy, snow-white.

no [no] *adv.* not, no; — bien, no sooner; — sea que, lest.

noble [no'blay] *adj.* noble; generous; *m.* nobleman.

nobleza [no-blay'tha] *f.* nobility; nobleness; la — obliga, noblesse oblige.

noción [no-thyon'] *f.* notion, idea; *pl.* rudiments.

nocivo [no-thee'vo] *adj.* injurious, noxious, harmful.

nocturno [nok-toor'no] *adj.* nocturnal, night.

noche [no'chay] *f.* night; — toledana, restless night; de —, in the night time, at or by night; quedarse a buenas noches, to be left in the dark.

nochebuena [no-chay-bway'na] *f.* Christmas Eve.

nodriza [no-dree'tha] *f.* wet-nurse.

nogal [no-gal'] *m.* walnut-tree, walnut (wood).

nogueral [no-gay-ral'] *m.* walnut grove.

nombradía [nom-bra-dee'a] *f.* renown, fame.

nombramiento [nom-bra-myen'-to] *m.* appointment; nomination.

nombrar [nom-brar'] *va.* to name, mention, appoint, nominate.

nombre [nom'bray] *m.* name; reputation; noun; — de pila, Christian name.

nomenclatura [no-men-kla-too'ra] *f.* nomenclature.

nomeolvides [no-may-ol-vee'-days] *m.* forget-me-not.

nómina [no'mee-na] *f.* payroll; list. [minal.

nominal [no-mee-nal'] *adj.* no-

nómino [no'mee-no] *m.* nominee. [odds or evens.

non [non] *adj. pl.* pares y —es,

nona [no'na] *f.* nones.

nonada [no-na'da] *f.* trifle, nothing at all.

nonato [no-na'to] *adj.* born by

C(a)esarean section; not yet existing.

nono [no'no] *adj.* ninth.

norabuena [no-ra-bway'na] *f.* congratulation.

nordeste [nor-des'tay] *m.* north-east.

noria [no'rya] *f.* water-wheel; **dar vueltas a la —**, to go round and round *(a question, etc.).*

norma [nor'ma] *f.* standard; rule; model.

normal [nor-mal'] *adj.* normal; **Escuela —**, Training College.

normalidad [nor-ma-lee-dad'] *f.* normality.

normalizar [nor-ma-lee-thar'] *va.* to standardize; *vr.* to become normal, settle down.

normando [nor-man'do] *m.* Norman.   [star; guide.

norte [nor'tay] *m.* north; pole-

norteamericano [nor-tay-a-may-ree-ka'no] *adj. & m.* North American, American.

noruego [no-rway'go] *adj. & m.* Norwegian.

nos [nos] *pron.* us; we *(authoritatively).*

nostalgia [nos-tal'hya] *f.* nostalgia; homesickness.

nota [no'ta] *f.* notes, mark *(in examination);* remark, sign; bill *(in café);* letter; renown.

notabilidad [no-ta-bee-lee-dad'] *f.* notability; notable thing or person.

notable [no-ta'blay] *adj.* remarkable; notable, noticeable, well worth seeing; praiseworthy, special; credit *(in examinations).*   [tation.

notación [no-ta-thyon'] *f.* no-

notar [no-tar'] *va.* to note, observe, remark, take notice of, criticise; **es de —**; it is worth noticing.   [tarial.

notarial [no-ta-ryal'] *adj.* no-

notario [no-ta'ryo] *m.* notary public commissioner for oaths.

noticia [no-tee'thya] *f.* news; item of news; tidings; *(com.)* advice; *pl.* news.

noticiar [no-tee-thyar'] *va.* to give notice of, inform.

notificación [no-tee-fee-ka-thyon'] *f.* notification.

notificar [no-tee-fee-kar'] *va.* to notify, inform, advise.

notoriedad [no-to-ryay-dad'] *f.* notoriety; **de —**, wellknown.

notorio [no-to'ryo] *adj.* notorious, well known, quite evident, an open secret.

novato [no-va'to] *m.* novice, tyro, beginner.

novedad [no-vay-dad'] *f.* novelty; latest news or fashion; **sin —**, all quiet, no change.

novel [no-vel'] *adj.* newly (elected, arrived, etc.); "green".

novela [no-vay'la] *f.* novel.

novelero [no-vay-lay'ro] *adj.* fond of novelties, changeable, fickle.

novelesco [no-vay-les'ko] *adj.* exalted, sentimental, romantic; novelesque.

noveno [no-vay'no] *adj.* ninth.

novia [no'vya] *f.* bride; fiancée, sweetheart, girl friend.

noviazgo [no-vyath'go] *m.* betrothal, engagement *(period),* courtship.

novicio [no-vee'thyo] *m. (eccl.)* novice; apprentice.

noviembre [no-vyem'bray] *m.* november.

novilla [no-vee'lya] *f.* heifer.

novillada [no-vee-lya'da] *f.* drove of young bulls; bullfight *(with young bulls and bullfighters).*

novillero [no-vee-lyay'ro] *m.* stable for cattle; herdsman; bullfighter *(at novilladas).*

novillo [no-vee'lyo] *m.* young bull; **hacer —s**, to play truant.

novio [no'vyo] *m.* bridegroom; fiancé; boy-friend, suitor.

noyó [no-ee-o'] *m.* noyau, a cordial made from bitter almonds, brandy and sugar.

nubarrón [noo-ba-ron'] *m.* dark heavy cloud.

nube [noo'bay] *f.* cloud; crowd (of); **por las nubes,** *(prices)* skyhigh; *(praise)* to the skies.

nublado [noo-bla'do] *adj.* overcast, cloudy; *m.* clouded sky.

nuca [noo'ka] *f.* nape.

núcleo [noo'klay-o] *m.* kernel; nucleus, centre.   [kle.

nudillo [noo-dee'lyo] *m.* knuc-

nudo [noo'do] *adj.* naked, nude; *m.* knot; tangle; tie, bond; — **en la garganta,** lump in one's throat; — **corredizo,** slip knot.   [knotted.
nudoso [noo-do'so] *adj.* knotty,
nuera [nway'ra] *f.* daughter-in-law.
nueva [nway'va] *f.* tidings.
nuevecito [nway-vay-thee'to] *adj.* brand new.
nuevo [nway'vo] *adj.* new; fresh; de —, again, recently; *m.* novice.
nuez [nwayth] *f.* walnut, nut; Adam's apple; — **moscada,** nutmeg.
nulidad [noo-lee-dad'] *f.* nullity; a nobody; quite incompetent.
nulo [noo'lo] *adj.* null, void.
numen [noo'men] *m.* divinity; inspiration.
numeración [noo-may-ra-thyon'] *f.* numbering.
numeral [noo-may-ral'] *adj.* numeral.

numerar [noo-may-rar'] *va.* to number, enumerate.
numerario [noo-may-ra'ryo] *m.* cash, specie.
numérico [noo-may'ree-ko] *adj.* numerical.
número [noo'may'ro] *m.* number, figure; quantity; sin —, numberless; de —, full member (of Academy, etc.).
numeroso [noo-may-ro'so] *adj.* numerous, rhythmical.
nunca [noon'ka] *adv.* never; — jamás, never again.
nuncio [non'thyo] *m.* messenger; nuncio.
nupcias [noop'thyas] *f. pl.* wedding.
nutria [noo'trya] *f.* otter.
nutrido [noo-tree'do] *adj.* plenty, abundant, quite large (number, etc.), heavy (volley); packed with (details, etc.).
nutrir [noo-treer'] *va.* to nourish, feed; to encourage.
nutritivo [noo-tree-tee'vo] *adj.* nourishing.

Ñ

ñame [nya'may] *m.* yam. [tage.
ñoñería [nyo-nyay-ree'a] *f.* do-

ñoño [nyo'nyo] *adj.* timid; dotard, feeble-minded.

O

o [o] *conj.* or, either.
oasis [o-a'sees] *m.* oasis.
obcecación [ob-thay-ka-thyon'] *f.* obfuscation; blindness.
obcecar [ob-thay-kar'] *va.* to blind; *vr.* to be obfuscated.
obedecer [o-bay-day-thayr'] *va.* to obey, yield, to respond.
obediencia [o-bay-dyen'thya] *f.* obedience, submission.
obediente [o-bay-dyen'tay] *adj.*

obedient, submissive, compliant.
obelisco [o-bay-lees'ko] *m.* obelisk.
obertura [o-bayr-too'ra] *f.* (mus.) overture.
obesidad [o-bay-see-dad'] *f.* corpulence, obesity.
obeso [o-bay'so] *adj.* fat, corpulent.
óbice [o-bee-thay] *m.* obstacle.

obispado [o-bees-pa'do] *m.* bishopric.

obispo [o-bees'po] *m.* bishop.

objeción [o-hay-thyon'] *f.* objection.   [objective.

objetivo [o-hay-tee'vo] *adj.*

objeto [ob-hay'to] *m.* object; purpose; end.

oblación [o-bla-thyon'] *f.* offering *(in church).*

oblea [o-blay'a] *f.* wafer *(for communion).*

oblicuidad [o-blee-kwee-dad'] *f.* obliquity, bias.

oblicuo [o-blee'kwo] *adj.* oblique, glancing, slanting.

obligación [o-blee-ga-thyon'] *f.* obligation, duty; debenture.

obligar [o-blee-gar'] *va.* to force, constrain; compel; *vr.* to bind oneself.

óbolo [o'bo-lo] *m.* obol, mite.

obra [o-bra'] *f.* work; fabric; book; — de, about; **mano de** —, labour; — **de romanos**, herculean task.

obrar [o-brar'] *va.* to act, work.

obrepción [o-brayp-thee-on'] *f.* false declaration in order to obtain something.

obrero [o-bray'ro] *m.* workman; day labourer.

obsceno [obs-thay'no] *adj.* lewd, obscene.

obscuras [obs-koo'ras] *adv.* a —, in the dark.

obscurecer [obs-koo-ray-thayr'] *va.* to darken, dim; *vn.* to become dark, grow dark.

obscuridad [obs-koo-ree-dad'] *f.* darkness; obscurity.

obscuro [obs-koo'ro] *adj.* dark; obscure; little know.

obsequiar [ob-say-kyar'] *va.* to make presents; to present with; to entertain.

obsequio [ob-say'kyo] *m.* present, gift; offering; obsequiousness; **en — de**, in honour of, out of respect for.

obsequioso [ob-say-kyo'so] *adj.* obliging; obsequious.

observación [ob-sayr-va-thyon'] *f.* observation, remark, comment.

observancia [ob-sayr-van'thya'] *f.* observance.

observante [ob-sayr-van'tay] *adj.* observant, obedient.

observar [ob-sayr-var'] *va.* to observe; to notice, remark; to follow, obey.

observatorio [ob-sayr-va-to'ryo] *m.* observatory.

obsesión [ob-say-syon'] *f.* obsesion, mania.

obstáculo [obs-ta'koo-lo] *m.* obstacle, obstruction.

obstante [obs-tan'tay] *p.p.* no —, notwithstanding, nevertheless.   [hinder, prevent.

obstar [obs-tar'] *vn.* to oppose,

obstinación [obs-tee-na-thyon'] *f.* obstinacy.

obstinado [obs-tee-na'do] *adj.* obstinate, headstrong.

obstinarse [obs-tee-nar'say] *vr.* to be obdurate, persist in.

obstrucción [obs-trook-thyon'] *f.* obstruction.

obstruir [obs-trweer'] *va.* to obstruct, block, hinder.

obtener [ob-tay-nayr'] *va.* to obtain, get.

obturar [ob-too-rar'] *va.* to plug, stop up.   [blunt.

obtuso [ob-too'so] *adj.* obtuse,

obús [o-boos'] *m.* howitzer, shell-gun, mortar-piece, shell, bomb.

obviar [ob-vyar'] *va.* to obviate, avoid, make unnecessary.

obvio [ob'vyo] *adj.* obvious evident.

oca [o'ka] *f.* goose.

ocasión [o-ka-syon'] *f.* opportunity, moment, occasion; **de** —, secondhand.

ocasionar [o-ka-syo-nar'] *va.* to cause, bring about, excite, arouse.

ocaso [o-ka'so] *m.* west; setting, decadence.   [west.

occidente [ok-thee-den'tay] *m.*

océano [o-thay'a-no] *m.* ocean.

ocho, ochenta [o-cho, -chen'ta] *nums.* eight, eighty.

ocio [o'thyo] *m.* leisure; idleness; diversion.

ociosidad [o-thyo-see-dad'] *f.* idleness, leisure.

ocioso [o-thyo'so] *adj.* idle, useless.

ocre [o'kray] *m.* ochre.

octubre [ok-too'bray] m. October.

ocular [o-koo-lar'] adj. ocular; testigo —, eye-witness.

oculista [o-koo-lees'ta] m. oculist.

ocultar [o-kool-tar'] va. to conceal, hide, mask, withhold.

oculto [o-kool'to] adj. occult, secret, hidden, clandestine.

ocupación [o-koo-pa-thyon'] f. occupation; pursuit, business.

ocupado [o-koo-pa'do] adj. engaged, busy.

ocupar [o-koo-par'] va. to occupy; to employ, keep busy; to fill a place; vr. to busy oneself with, fill up one's time with.

ocurrencia [o-koo-ren'thya] f. incident; idea, notion; witty sally.

ocurrente [o-koo-ren'tay] adj. apposite, witty, "bright".

ocurrir [o-koo-reer'] vn. to happen, occur; to be struck by (idea).

odiar [o-dyar'] va. to hate, deodio [o'dyo] m. hate. [test.

odiosidad [o-dyo-see-dad'] f. odium.

odioso [o-dyo'so] adj. hateful, odious, detestable.

odorífero [o-do-ree'fay-ro] adj. odoriferous, fragrant.

odre [o'dray] f. wine-skin.

oeste [o-wes'tay] m. west.

ofender [o-fen-der'] va. to insult, injure; to offend.

ofensa [o-fen'sa] f. insult, offence. [sive.

ofensiva [o-fen-see'va] f. offenofensivo [o-fen-see'vo] adj. offensive, rude, disgusting, aggressive.

oferta [o-fayr'ta] f. offer; tender; — y demanda, supply and demand.

oficial [o-fee-thyal'] adj. official; m. (mil.) officer; workman; clerk, (civil) servant.

oficialidad [o-fee-thya-lee-dad'] f. officers, office-staff.

oficina [o-fee-thee'na] f. office; workshop.

oficio [o-fee'thyo] m. trade; occupation, business, office, employ; (relig.) office, service; Santo —, Inquisition; de — by trade.

oficiosidad [o-fee-thyo-see-dad'] f. officiousness; alacrity.

oficioso [o-fee-thyo'so] adj. officiousness; alacrity.

oficioso [o-fee-thyo'so] adj. officious, diligent, meddling.

ofrecer [o-fray-thayr'] va. to offer, promise, show; vr. to present itself; to propose; to volunteer.

ofrecimiento [o-fray-thee-myen'to] m. offer, offering.

ofrenda [o-fren'da] f. offering, oblation.

ofrendar [o-fren-dar'] va. to present offerings.

ofuscar [o-foos-kar'] va. to confuse, darken, dazzle.

oída [o-ee'da] f. hearing; de (por) oídas, by hearsay.

oído [o-ee'do] m. (sense of) hearing, ear; tocar de —, to play by ear; tener buen —, to have a good ear.

oislo [o-ees'lo] m. & f. better half, wife.

ojal [o-hal'] m. buttonhole.

ojalá! [o-ha-la'] interj. would to heaven! heaven grant! I wish.

ojeada [o-hay-a'da] f. look, glance; glimpse.

ojear [o-hay-ar'] va. to stare at, eye; to beat (for game).

ojera [o-hay'ra] f. dark ring under the eye.

ojeriza [o-hay-ree'tha] f. envy, spite, grudge.

ojiva [o-hee'va] f. pointed arch, ogive. [gothic.

ojival [o-hee-val'] adj. ogival, ojo [o'ho] m. eye; key-hole; span (of a bridge); care: a ojos vistas, publicly; hacer del — to wink; en un abrir y cerrar de —s, in the twinkling of an eye.

ola [o'la] f. wave.

olaje [o-la'hay] m. surge.

oleada [o-lay-a'da] f. big wave; surge, swell.

óleo [o'lay-o] m. holy oil; cuadro al —, oil-painting.

oleoso [o-lay-o'so] adj. oily.

oler [o-layr'] va. & n. to smell.

olfatear [ol-fa-tay-ar'] va. to scent out, sniff out, catch scent of.

olfato [ol-fa'to] m. (sense of) smell.

oliente [o-lyen'tay] adj. mal —, evil-smelling.

oligarquía [o-lee-gar-kee'a] f. oligarchy.

oliscar [o-lees-kar'] va. to sniff; to investigate; vn. to be high (of meat).

oliva [o-lee'va] f. olive; aceite de —, olive oil.

olivar [o-lee-var'] m. olive-grove.

olivo [o-lee'vo] m. olive-tree.

olmeda, o [ol-may'da, o] f. & m. elm-grove.

olmo [ol'mo] m. elm-tree.

olor [o-lor'] m. odour, scent, smell; mal —, stink.

oloroso [o-lo-ro'so] m. odoriferous, fragrant, scented.

olvidadizo [ol-vee-da-dee'tho] adj. forgetful, absent-minded.

olvidar [ol-vee-dar'] va. to forget.

olvido [ol-vee'do] m. forgetfulness; oblivion; omission, something forgotten.

olla [o'lya] f. stewpot, pan; stew.

ominoso [o-mee-no'so] adj. ominous, foreboding.

omisión [o-mee-syon'] f. omission; neglect.

omiso [o-mee'so] adj. remiss; hacer caso — de, to overlook, count as absent.

omitir [o-mee-teer'] va. to omit, drop.

omnipotencia [om-nee-po-ten'-thya] f. omnipotence.

omnipotente [om-nee-po-ten'-tay] adj. almighty.

once [on'thay] num. eleven.

onda [on'da] f. wave, ripple.

ondear [on-day-ar'] vn. to undulate, wave; to scallop (dress).

ondulación [on-doo-la-thyon'] f. waving; —permanente, permanent waving.

ondulante [on-doo-lan'tay] adj. undulating, wavy.

onza [on'tha] f. ounce (weight); unce (animal); doubloon.

opaco [o-pa'ko] adj. opaque, dark.

ópalo [o'pa-lo] m. opal.

opción [op-thyon'] f. option, choice.

ópera [o'pay-ra] f. opera; — bufa, comic opera.

operación [o-pay-ra-thyon'] f. operation; transaction; operaciones de banco, banking business.

operador [o-pay-ra-dor'] m. operator; prospector.

operar [o-pay-rar'] va. to operate, cause, set going.

operario [o-pay-ra'ryo] m. workman, working-man.

opiato [o-pya'to] m. opiate.

óptimo [o'pee-mo] adj. rich, abundant.

opinar [o-pee-nar'] vn. to hold an opinion; to estimate, opine, consider.

opinión [o-pee-nyon'] f. opinion, view, estimate.

opíparo [o-pee'pah-ro] adj. sumptuous; (coll) square (as a meal).

oponer [o-po-nayr'] va. to oppose; to resist; to face; to contrast.

oportunidad [o-por-too-nee-dad'] f. opportunity, set of circumstances.

oportuno [o-por-too'no] adj. opportune, fitting, happy, pat.

oposición [o-po-see-thyon'] f. opposition, resistance; pl. examination (for public office, professorship, etc.).

opositor [o-po-see-tor'] m. competitor, contender.

opresión [o-pray-syon'] f. oppression; pressure.

oprimir [o-pree-meer'] va. to oppress; to press, squeeze; to overwhelm. [ny, stigma.

oprobio [o-pro'byo] m. ignomi-

optar [op-tar'] vr. — por, to choose, decide (on) (for).

óptico [op'tee-ko] adj. optic; m. optician.

óptimo [op'tee-mo] adj. best.

opuesto [o-pwes'to] adj. opposed, adverse, opposite.

opulencia [o-poo-len'thya] *f.* wealth, opulence, affluence.

opúsculo [o-poos'koo-lo] *m.* pamphlet; booklet.

oquedad [o-kay-dad'] *f.* cavity, hollow (of eyeball, etc.).

ora [o'ra] *conj.* now; whether, either.

oración [o-ra-thyon'] *f.* oration, speech, prayer; sentence.

oráculo [o-ra'koo-lo] *m.* oracle.

orador [o-ra-dor'] *m.* orator, speaker. [gue; to pray.

orar [o-rar'] *va. & n.* to haran-

orate [o-ra'tay] *m.* lunatic, madman; casa de —s, mad-house. [the earth.

orbe [or'bay] *m.* orb, sphere;

órbita [or'bee-ta] *f.* orbit.

orden [or'den] *m.* order, method, regime (i.e. neatness, regularity); *f.* command, order; order (of knights, etc.).

ordenación [or-day-na-thyon'] *f.* disposition, ordering, arrangement; array.

ordenado [or-day-na'do] *adj.* methodical, tidy.

ordenanza [or-day-nan'tha] *f.* ordinance; decree; (mil.) orderly.

ordenar [or-day-nar'] *va.* to order, classify, arrange; to put in order; *vr.* to be ordained (priest). [milk.

ordeñar [or-day-nyar'] *va.* to

ordinario [or-dee-na'ryo] *adj.* ordinary; common, rough.

oreja [o-ray'ha] *f.* ear; handle, flange.

orfandad [or-fan-dad'] *f.* homelessness; orphanage.

orfebre [or-fay'bray] *m.* goldsmith; silversmith.

orfeón [or-fay-on'] *m.* choir.

organillo [or-ga-nee'lyo] *m.* barrel-organ, hurdy-gurdy.

organista [or-ga-nees'ta] *m.* organist.

órgano [or'ga-no] *m.* organ; medium.

organización [or-ga-nee-thathyon'] *m.* organization; arrangement.

orgía [or-hee'a] *f.* orgy, revel.

orgullo [or-goo'lyo] *m.* pride, presumption; haughtiness.

orgulloso [or-goo-lyo'so] *adj.* proud, lofty, arrogant, haughty.

orientar [o-ryen-tar'] *va.* to orientate, guide, direct; *vr.* to find one's bearings, make one's way.

oriente [o-ryen'tay] *m.* Orient, east; Extremo (Lejano) —, Far East; — Medio, Middle East; Próximo —, Near East.

orífice [o-ree'fee-thay] *m.* goldsmith.

orificio [o-ree-fee'thyo] *m.* aperture, hole, orifice.

origen [o-ree'hen] *m.* origin; source, cause.

original [o-ree-hee-nal'] *adj.* original; novel, odd; *m.* original.

originar [o-ree-hee-nar'] *va.* to originate, start, found.

originario [o-ree-hee-na'ryo] *adj.* primary; native of.

orilla [o-ree'lya] *f.* border, edge, brink; —de mar, sea shore.

orillar [o-ree-lyar'] *vn.* to border; *va.* to avoid difficulties set aside.

orín [o-reen'] *m.* iron rust.

oriundo [o-ryoon'do] *adj.* — de, native of, coming from.

orla [or'la] *f.* border, fringe.

orlar [or-lar'] *va.* to border, work a (fringe) (border) on.

ornamentar [or-na-mentar'] *va.* to ornament, adorn.

ornamento [or-na-men'to] *m.* ornament; accomplishment.

ornato [or-na'to] *m.* embellishment, decoration.

oro [o'ro] *m.* gold; wealth; — batido, gold leaf; — en barras, gold ingots, bullion; de —, golden (of gold); *pl.* diamonds (cards).

oropel [o-ro-pel'] *m.* glitter; tinsel. [tra.

orquesta [or-kes'ta] *f.* orchesta

ortiga [or-tee'ga] *f.* nettle.

orto [or'to] *m.* rising (of the sun or a star); (dial.) sun-up.

ortodoxo [or-to-dok'so] *adj.* orthodox.

ortografía [or-to-gra-fee'a] *f.* orthography, spelling.

ortología [or-to-lo-hee'a] f. ortheopy, science of pronunciation.
oruga [o-roo'ga] f. caterpillar.
orujo [o-roo'ho] m. skin and stones (of olives, grapes, after pressing).
orzuelo [or-thway'lo] m. sty (on eye); snare (for birds).
osa [o'sa] f. she-bear; — mayor, the Dipper, Great Bear.
osadía [o-sa-dee'a] f. daring; boldness, audacity.
osar [o-sar'] vn. to dare, venture.   [house.
osario [o-sa'ryo] m. charnel-
oscilar [os-thee-lar'] vn. to oscillate, swing sway, vibrate.
ósculo [os'koo-lo] m. ceremonial kiss; — de paz, kiss of peace.
oscuro — see obscuro, obscuridad.
oso [o'so] m. bear; — blanco, polar bear; hacer el —, to play the fool.
ostensible [os-ten-see'blay] adj. ostensible, apparent.
ostentación [os-ten-ta-thyon'] f. ostentation, show.
ostentar [os-ten-tar'] va. & n. to exhibit, show, bear; to boast.
ostentoso [os-ten-to'so] adj. ostentatious.
ostra [os'tra] f. oyster.

ostracismo [os-tra-thees'mo] m. ostracism.   [bearish.
osuno [o-soo'no] adj. bear-like,
otear [o-tay-ar'] va. to observe, make out, examine.
otero [o-tay'ro] m. hillock, knoll.
otomana [o-to-ma'nah] f. ottoman, divan, squab.   [nal.
otoñal [o-to-nyal'] adj. autum-
otoño [o-to'nyo] m. autumn.
otorgamiento [o-tor-ga-myen'-to] m. granting; grant; execution (of a legal document).
otorgar [o-tor-gar'] va. to grant; to agree, consent; to execute; — poder, to grant power of attorney; quien calla otorga, silence gives consent.
otro [o'tro] adj. other; another.
otrosí [o-tro-see'] adv. besides, moreover; also.
ovación [o-va-thyon'] f. ovation; enthusiastic reception.
óvalo [o'va-lo] m. oval.
oveja [o-vay'ha] f. sheep; ewe.
ovejuno [o-vay-hoo'no] adj. ovine, sheep.
ovillo [o-vee'lyo] m. ball of yarn; tangle; por el hilo se saca el ovillo, a nod's as good as a wink.
oyente [o-yen'tay] m. hearer; casual visitor (at lecture, class, etc.); (wireless) listener.

P

pabellón [pa-bay-lyon'] m. pavilion; bell-tent; (national) flag.
pábilo [pa'bee-lo] m. wick.
pábulo [pa'boo-lo] m. food (for thought, etc.).
pacer [pa-thayr'] va. & n. to graze.
paciencia [pa-thyen'thya] f. patience; forbearance; — y barajar, wait and see.
paciente [pa-thyen'tay] adj. patient, (long) suffering.

pacienzudo [pa-thyen-thoo'do] adj. patient, persevering.
pacificar [pa-thee-fee-kar'] va. to pacify, to appease.
pacificación [pa-thee-fee-ka-thyon'] f. pacification; settlement (of disturbances).
pacificar [pa-thee-fee-kar'] va. to pacify, appease; vr. to grow calm.
pacotilla [pa - ko - tee'lya] f. (com.) venture; de —, paltry wares, trash.

pactar [pak-tar'] *va.* to covenant, pact, stipulate.
pacto [pak'to] *m.* covenant, pact. [sluggish.
pachorrudo [pa-cho-roo'do] *adj.*
padecer [pa-day-thayr'] *va.* to suffer.
padecimiento [pa-day-thee-myen'to] *m.* suffering.
padrastro [pa-dras'tro] *m.* stepfather.
padre [pa'dray] *m.* father; — nuestro, Lord's prayer; *pl.* parents.
padrinazgo [pa-dree-nath'go] *m.* title or charge of a godfather, "best man".
padrino [pa-dree'no] *m.* godfather; second (*in duel*); patron; sponsor.
padrón [pa-dron'] *m.* poll, census; pattern; blot (*of illrepute*).
paella [pa-ay'lya] *f.* Valencian dish (*rice, chicken, shellfish, etc.*).
paga [pa'ga] *f.* payment; satisfaction; wages, fee.
pagadero [pa-ga-day'ro] *adj.* payable. [self-satisfied.
pagado [pa-ga'do] *adj.* paid;
pagador [pa-ga-dor'] *m.* paymaster.
pagaduría [pa-ga-doo-ree'a] *f.* paymaster's office.
pagano [pa-ga'no] *adj.* pagan, heathen.
pagar [pa-gar'] *va.* to pay; to atone; *vr.* to be pleased with, conceited about.
pagaré [pa-ga-ray'] *m.* promissory note; I.O.U.
página [pa'hee-na] *f.* page (*of book*).
paginar [pa-hee-nar'] *va.* to paginate.
pago [pa'go] *m.* payment, requital; en —, in payment.
paila [pa'ee-la] *f.* kettle, cauldron; boiler.
país [pa-ees'] *m.* country, state; region, territory.
paisaje [pa-ee-sa'hay] *m.* landscape, countryside.
paisano [pa-ee-sa'no] *m.* country people; fellow-countryman; — mío, man from the same (*town, place, etc.*) as myself.
paja [pa'ha] *f.* straw; chaff; haulm; padding (*in writing*).
pajar [pa-har'] *m.* barn, strawloft, rick.
pájaro [pa'ha-ro] *m.* bird; — carpintero, woodpecker.
paje [pa'hay] *m.* page, valet; servant.
pajizo [pa-hee'tho] *adj.* straw, straw-coloured.
pala [pa'la] *f.* shovel; blade, leaf (*of oar, table, etc.*).
palabra [pa-la'bra] *f.* word; speech; pedir (tener) la —, to ask (have) permission to speak (*in debate, etc.*); de —, by word of mouth.
palaciego [pa-la-thyay'go] *adj. adj.* palace; *m.* courtier.
palacio [pa-la'thyo] *m.* palace.
paladar [pa-la-dar'] *m.* palate; taste.
paladear [pa-la-day-ar'] *va.* to taste with pleasure, enjoy the taste of.
paladín [pa-la-deen'] *m.* paladin, champion.
paladino [pah-lah-dee'no] *adj.* clear, manifest, apparent, avowed public. [frey.
palafrén [pa-la-fren'] *m.* palpalanca [pa-lan'ka] *f.* lever; joystick; crowbar, bar; brake.
palangana [pa-lan-ga'na] *f.* wash-stand. [tre].
palco [pal'ko] *m.* box (*in thea-*
palenque [pa-len'kay] *m.* palisade; arena, ring (*for fighting*).
paleta [pa-lay'ta] *f.* fire-shovel; trowel; palette.
paleto [pa-lay'to] *m.* country bumpkin.
paletó [pa-lay-to'] *m.* overcoat.
paliar [pa-lyar'] *va.* to palliate, extenuate; to excuse, gloss over.
palidecer [pa-lee-day-thayr'] *vn.* to become pale.
palidez [pa-lee-dayth'] *f.* paleness, pallor.
pálido [pa'lee-do] *adj.* pale, pallid.
palillo [pa-lee'lyo] *m.* tooth-

pick; drum-stick; pin (billiards).

palinodia [pa-lee-no'dya] f. palinode, (public) recantation.

palio [pa'lyo] m. cloak; pallium, canopy. [chat.

palique [pa-lee'kay] m. chit-

paliza [pa-lee'tha] f. bastinado; beating (up).

palizada [pa-lee-tha'da] f. palisade, stockade.

palma [pal'ma] f. palm (hand); palm-tree.

palmada [pal-ma'da] f. hand claps, applause; dar —s, to applaud.

palmario [pal-ma'ryo] adj. obvious, patent.

palmera [pal-may'ra] f. palm-tree.

palmo [pal'mo] m. span; measure (8 inches); — a —, inch by inch.

palmotear [pal-mo-tay-ar'] va. to applaud, clapping hads.

palmoteo [pal-mo-tay'o] m. hand-clapping.

palo [pa'lo] m. stick; log; suit (cards); — mayor, main-mast; — Campeche, Campeachy wood; — del Brasil, Brazil; a — seco, under bare poles.

paloma [pa-lo'ma] f. dove; pigeon.

palomar [pa-lo-mar'] m. dove-cot.

palpable [pal-pa'blay] adv. evident, palpable, obvious.

palpar [pal-par'] va. to touch, feel, grope.

palpitante [pal-pee-tan'tay] adj. palpitating, vibrating.

palpitar [pal-pee-tar'] vn. to throb, palpitate, beat, quiver.

palurdo [pa-loor'do] adj. rustic; rude; m. clod, hick.

palustre [pa-loos'tray] adj. marshy; m. trowel.

pampa [pam'pa] f. plain (S. Amer.).

pámpano [pam'pa-no] m. young vine-branch.

pan [pan] m. bread; loaf; — de jabón, cake of soap.

pana [pa'na] f. velveteen, corduroy. [nacea.

panacea [pa-na-thay'a] f. pa-

panadería [pa-na-day-ree'a] f. bakery; baker's shop.

panadero [pa-na-day'ro] m. baker.

panadizo [pah-na-dee'tho] m. whitlow, felon, agnail, runround; paronychia; (coll.) pale, sickly person.

panal [pa-nal'] m. honey-comb.

pandereta [pan-day-ray'ta] f. tambourine.

pandero [pan-day'ro] m. tambourine; kite.

pandilla [pan-dee'lya] f. gang, set, league.

panegírico [pa-nay-hee'ree-ko] m. panegyric.

panegirista [pa-nay-hee-rees'ta] m. panegyrist.

pánico [pa'nee-ko] adj. panic; m. panic, fright. [ply.

panoplia [pa-no'plya] f. pano-

panorama [pa-no-ra'ma] m. panorama.

pantalón [pan-ta-lon'] m. (more used in pl.) trousers.

pantalla [pan-ta'lya] f. screen; lamp-shade; (film) screen.

pantano [pan-ta'no] m. morass, marsh; reservoir, dam.

panteísmo [pan-tay-ees'mo] m. pantheism.

pantera [pan-tay'ra] f. panther.

pantomima [pan-to-mee'ma] f. pantomime; dumb show.

pantorrilla [pan-to-ree-lya] f. calf, leg.

panza [pan'tha] f. paunch, belly (of vase, etc.).

panzudo [pan-thoo'do] adj. stout, big-bellied.

pañal [pa-nyal'] m. swaddling-cloth; pl. estar en —, to be in its beginnings (infancy).

pañero [pan-nyal'ro] m. draper.

paño [pa'nyo] m. cloth, (woollen or woven) stuff; rag; — burdo, shoddy cloth; — de manos, towel; pl. clothes; — menores, underclothes, deshabillé.

pañuelo [pa-nyway'lo] m. handkerchief, kerchief.

papa [pa'pa] m. Pope; potato; pl. mushy food.

papá [pa-pa'] *m.* daddy, papa.

papagayo [pa-pa-ga'yo] *m.* parrot; tailor's dummy, dandy.

papada [pa-pa'da] *f.* double-chin; dew-lap.

papamoscas [pa-pa-mos'kas] *m.* fly-catcher; ninny, gaper.

papanatas [pa-pa-na'tas] *m.* simpleton.

paparrucha [pa-pa-roo'cha] *f.* silliness; fake.

papel [pa-pel'] *m.* paper; document; role, *(actor's)* part; — moneda, paper money; — de seda, tissue paper; — de lija, sand-paper; hacer un —, to play a part.

papeleo [pa-pay-lay'o] *m.* paper work; "Red Tape".

papelera [pa-pay-lay'ra] *f.* paper-case, writing desk.

papelería [pa-pay-lay-ree'a] *f.* stationery.

papeleta [pa-pay-lay'ta] *f.* card, ticket, index card.

papera [pa-pay'ra] *f.* goitre.

papiro [pa-pee'ro] *m.* papyrus.

papo [pa'po] *m.* double chin.

paquete [pa-kay'tay] *m.* packet, parcel.

par [par] *adj.* equal; de — en —, wide-open; even; *m.* pair, couple; peer; pares y nones, odds or evens.

para [pa'ra] *prep.* for, to, toward; in order to; ¿— qué? what for? why?

parabién [pa-ra-byen'] *m.* congratulation.

parábola [pa-ra'bo-la] *f.* parable; parabola.

parabrisa [pa-ra-bree'sa] *m.* windscreen. *m.* parachute.

paracaídas [pa-ra-ka-ee'das]

parachoques [pa-ra-tcho'kays] *m. (med.)* dash-pot; *(car)* bumper.

parada [pa-ra'da] *f. (bus)* stop; suspension; parade; parry; stakes, bet; — en seco, dead stop; — discrecional, request stop.

paradero [pa-ra-day'ro] *m.* halting-place, halt; where-abouts.

paradoja [pa-ra-do'ha] *f.* paradox.   [house, hostel.

parador [pa-ra-dor'] *m.* road-

paráfrasis [pa-ra'fra-sees] *f.* paraphrasis.

paragonar [pa-ra-go-nar'] *va.* to compare, bring into comparison.

parágrafo [pa-ra'gra-fo] *m.* paragraph. *See* párrafo.

paraguas [pa-ra'gwas] *m.* umbrella.

paraíso [pa-ra-ee'so] *m.* paradise; garden of Eden; *(theat.)* gallery, "gods".

paraje [pa-ra'hay] *m.* spot, place; condition.

paralelo [pa-ra-lay'lo] *adj.* parallel.

paralelogramo [pa-ra-lay-lo-gra'mo] *m.* parallelogram.

paralítico [pa-ra-lee'tee-ko] *adj.* & *m.* paralytic.

paralizar [pa-ra-lee-thar'] *va.* to paralyse; to stop.

paramento [pa-ra-men'to] *m.* ornament, hanging.

paramera [pa-ra-may'ra] *f.* moors, moorland.

páramo [pa'ra-mo] *m.* moor, waste; páramo.

parangón [pa-ra-ra-gon'] *m.* paragon, model; comparison.

paraninfo [pa-ra-neen'fo] *m.* Great Hall *(for University ceremonies);* paranymph.

parapetar [pa-ra-pay-tar'] *vn.* to raise a parapet; *vr.* to defend oneself from behind a parapet, to entrench oneself.

parapeto [pa-ra-pay'to] *m.* parapet, breastwork.

parar [pa-rar'] *va.* to stop, check; to stake, bet; *vn.* to come to; to become; — mientes (en), to consider carefully; sin —, constantly, continually.   [lightning-rod.

pararrayos [pa-ra-ra'yos] *m.*

parasismo [pa-ra-sees'mo] *m.* fit, paroxysm.

parásito [pa-ra'see-to] *adj.* parasitic; *m.* parasite.

parasol [pa-ra-sol'] *m.* parasol, sunshade.

parca [par'ka] *f.* fate, death.

parcela [par-thay-la] *f.* parcel of land, lot, plot.

parcial [par-thyal'] *adj.* partial; one-sided, partisan.

parcialidad [par-thya-lee-dad'] f. partiality; party.

parco [par'ko] adj. sparing; parsimonious, sober.

parche [par'chay] m. plaster; drum-head; patch.

pardo [par'do] adj. brown, dark, grey-brown; m. (poet.) leopard.

parear [pa-ray-ar'] va. to couple, match.

parecer [pa-ray-thayr'] m. opinion; look.

parecer [pa-ray-thayr'] vn. to appear, turn up; to seem; vr. to resemble, look like; el buen —, appearance's sake; al —, apparently.

parecido [pa-ray-thee'do] adj. like, resembling; m. resemblance, likeness. [wall.

pared [pa-red'] f. (interior)

pareja [pa-ray'ha] f. couple, brace, pair, partner.

parejo [pa-ray'ho] adj. even; similar.

parentela [pa-ren-tay'la] f. parentage, relations; kindred.

parentesco [pa-ren-tes'ko] m. relationship.

paréntesis [pa-ren'tay-sees] m. parenthesis.

paria [pa'rya] m. pariah, outcast. [lity, parity.

paridad [pa-ree-dad'] f. equa-

pariente [pa-ryen'tay] m. relation, kinsman.

parihuela [pa-ree-way'la] f. stretcher. [bith.

parir [pa-reer'] va. to give

parla [par'la] f. talk, gossip.

parlador [par-la-dor'] adj. talkative; m. chatterer.

parlamentar [par-la-men-tar'] vn. to converse; (mil.) to parley, to treat.

parlamentario [par-la-men-ta'-ryo] adj. parliamentary; m. flag of truce.

parlamento [par-la-men'to] m. parliament; parley.

parlanchín [par-lan-cheen'] adj. & m. talkative; talkative person. [chatter.

parlar [par-lar'] va. to talk,

parlero [par-lay'ro] adj. loquacious; chirping (birds).

Parnaso [par-na'so] m. Parnassus.

paro [pa'ro] m. suspension; strike; unemployment.

parodiar [pa-ro-dyar'] va. to parody.

parpadear [par-pa-day-ar'] vn. to blink.

párpado [par'pa-do] m. eyelid.

parque [par'kay] m. park; garden; paddock.

parquedad [par-kay-dad'] f. parsimony, care.

parra [pa'ra] f. grape-vine.

párrafo [pa'ra-fo] m. paragraph.

parranda [pa-ran'da] f. spree.

parricida [pa-ree-thee'da] m. parricide.

parrilla [pa-ree'lya] f. broiler, grill, gridiron.

párroco [pa'ro-ko] m. parish priest.

parroquia [pa-ro'kya] f. parish.

parroquiano [pa-ro-kya'no] m. customer.

parsimonia [par-see-mo'nya] f. temperance, moderation.

parte [par'tay] f. part, portion, lot, section; communiqué; place; side, party; dar —, to notify; de — de, from; por todas —s, on all sides.

partear [par-tay-ar'] v. tr. to midwife, deliver of a child.

partera [par-tay'ra] f midwife.

partición [par-tee-thyon'] f. partition, distribution.

participante [par-tee-thee-pan'-tay] adj. participant, sharer.

participar [par-tee-thee-par'] vn. to share, participate; va. to inform, notify, tell.

partícipe [par-tee'thee-pay] m. partner, participant.

particular [par-tee-koo-lar'] adj. special, peculiar, particular; casa —, private house; private individual, person.

partida [par-tee'da] f. departure; (robber) band, party; item (of account); parcel, lot; game; (birth, etc.) certificate; — de caza, hunting party.

partidario [par-tee-da'ryo] adj.

& m. partisan, follower, believer in.

partido [par-tee'do] m. *(political)* party; profit; *(sport)* game; **sacar — de,** to profit by; derive benefit from; *adj.* divided, split.

partir [par-teer'] va. to divide, cleave, cut; vn. to leave, depart.

partitura [par-tee-too'ra] f. score, partition.

parto [par'to] m. childbirth.

parva [par'va] f. light breakfast; heap of unthrashed corn.

parvo [par'vo] adj. small, little.

párvulo [par'voo-lo] adj. very small; m. child; **escuela de —s,** infant school. [raisin.

pasa [pa'sa] f. dried grape,

pasada [pa-sa'da] f. passage, turn; bad turn.

pasadera [pa-sa-day'ra] f. stepping-stone.

pasadero [pa-sa-day'ro] adj. tolerable, bearable, tolerably good.

pasadizo [pa-sa-dee'tho] m. corridor, passage, alley.

pasado [pa-sa'do] adj. last, past; stale; **— mañana,** day after to-morrow; m. the past.

pasaje [pa-sa'hay] m. passage, way.

pasajero [pa-sa-hay'ro] adj. transient, provisional; m. passenger.

pasamano [pa-sa-ma'no] m. banister.

pasaporte [pa-sa-por'tay] m. passport.

pasar [pa-sar'] va. & n. to pass, move; to pierce; to cross; to pass, to go by; to spend *(time);* to endure; to surpass; to go bad; **— por alto,** to overlood; **— por las armas,** to pass *(person);* **— de largo,** to pass by; **— de,** to exceed, be more than; **— se de,** to do without.

pasatiempo [pa-sa-tyem'po] m. pastime.

pascua [pas'kwa] f. *(relig.)* feast; **— de Resurrección,** Easter; Passover.

pase [pa'say] m. permit, *(free)* pas, pass, stroke.

paseante [pa-say-an'tay] m. good for nothing, lazy dog.

pasear [pa-say-ar'] vn. to walk, take a walk; va. to take for a walk (a "ride").

paseo [pa-say'o] m. walk; stroll, turn, promenade; **mandar a —,** to send packing.

pasiego [pa-syay'go] adj. native of highlands of Santander.

pasibilidad [pa-see-bee-lee-dad'] f. passiveness.

pasillo [pa-see'lyo] m. corridor; short step.

pasión [pa-syon'] f. passion.

pasito [pa-see'to] adv. softly, gently, slowly.

pasivo [pa-see'vo] adj. passive; m. *(com.)* liabilities.

pasmar [pas-mar'] va. to astound, stun; vn. to wonder; vr. to be completely amazed.

pasmo [pas'mo] m. astonishment; spasm.

pasmoso [pas-mo'so] adj. wonderful, extraordinary, amazing.

paso [pa'so] m. step, pace; passage; **— a —,** step by step; **— a nivel,** level crossing; **de —,** in passing; **marcar el —,** to mark time; **apretar el —,** to hurry, step it out.

pasta [pas'ta] f. paste, dough; "dough".

pastar [pas-tar'] vn. to graze.

pastel [pas-tel'] m. pie; cake; pastel.

pastelería [pas-tay-lay-ree'a] f. pastry; cake-shop, confectioner's.

pastelero [pas-tay-lay'ro] m. pastry-cook, confectioner.

pastilla [pas-tee'lya] f. cake *(soap, etc.),* tablet, lozenge.

pasto [pas'to] m. pasture, food; **— espiritual,** spiritual nourishment; **a —,** abundantly; **de —,** or daily use, ordinary; **— de las llamas,** fuel to the flames.

pastor [pas-tor'] m. shepherd; Protestant clergyman.

pastorear [pas-to-ray-ar'] va. to pasture.

pastoreo [pas-to-ray'o] m. tending of flocks.

pastoso [pas-to'so] adj. pasty; doughy.

pata [pa'ta] *f.* foot, leg *(animals furniture)*; — de palo, wooden leg; **meter la —,** to put one's foot in it.

patada [pa-ta'da] *f.* kick.

patalear [pa-ta-lay-ar'] *vn.* to kick repeatedly, stamp both feet *(in disapproval)*.

pataleo [pa-ta-lay'o] *m.* kicking, stamping.

patán [pa-tan'] *m.* rustic, churl, rough brute.

patanería [pa-ta-nay-ree'a] *f.* rudeness, churlishness.

patata [pa-ta'ta] *f.* potato.

patatús [pa-ta-toos'] *m.* swoon, fainting fit.

patear [pa-tay-ar'] *vn.* to kick, stamp.

patente [pa-ten'tay] *adj.* manifest, obvious; *f.* patent, warrant; **— de invención,** patent.

patentizar [pa-ten-tee-thar'] *va.* to reveal, make clear, evident.

patético [pa-tay'tee-ko] *adj.* pathetic, touching.

patíbulo [pa-tee'boo-lo] *m.* gibbet, gallows.

patihendido [pa-tyen-dee'do] *adj.* cloven-footed.

patilla [pa-tee'lya] *f.* side whiskers, "side-boards".

patín [pa-teen'] *m.* skate; **— de ruedas,** roller skates.

patinar [pa-tee-nar'] *vn.* to skate; to skid, slip.

patio [pa'tyo] *m.* yard, court, quadrangle, inner square *(of a house)*; *(theat.)* pit.

pato [pa'to] *m.* drake, duck.

patochada [pa-to-tcha'dah] *f.* blunder, nonsense. [thology.

patología [pa-to-lo-hee'a] *f.* pa-

patraña [pa-tra'nya] *f.* fake, "story", fib, lie.

patria [pa'trya] *f.* native country, home country; motherland.

patriarca [pa-tryar'ka] *m.* patriarch.

patrimonio [pa-tree-mo'nyo] *m.* inheritance; heritage, possession(s).

patriota [pa-tryo'ta] *m.* patriot.

patriotero [pa-tryo-tay'ro] *adj.*

exaggerated (ill-judged) patriot.

patrocinar [pa-tro-thee-nar'] *va.* to patronise, guarantee, support, 'back'.

patrocinio [pa-tro-thee'nyo] *m.* patronage, protection; **bajo el — de,** under the auspices of.

patrón [pa-tron'] *m.* patron; standard, pattern; host, owner, captain, skipper; **— de oro,** gold standard.

patronato [pa-tro-na'to] *m.* patronage, guardianship; association; Board of Trustees, Governing Body.

patrulla [pa-troo'lya] *m.* patrol.

paulatinamente [pow-la-tee-na-men'tay] *adj.* little by little, gradually.

pausa [pow'sa] *f.* pause, rest.

pausado [pow-sa'do] *adj.* slow, deliberate, quiet.

pauta [pow'ta] *f.* guide, standard; guide-lines; main lines (of approach, to follow).'

pava [pa'va] *f.* turkey-hen; **pelar la —,** to flirt.

pavés [pa-vays'] *m.* pavise, large shield.

pavesa [pa-vay'sa] *f.* embers; snuff *(of candle)*.

pavimentar [pa-vee-men-tar'] *va.* to pave.

pavimento [pa-vee-men'to] *m.* pavement, road surface.

pavo [pa'vo] *m.* turkey; **— real,** peacock.

pavón [pa-von'] *m.* peacock.

pavonear [pa-vo-nay-ar'] *vn.* to strut, act like a peacock.

pavor [pa-vor'] *m.* fright, dread, horror.

pavoroso [pa-vo-ro'so] *adj.* awful, terrible, fearful.

pavura [pa-voo'ra] *f.* great fright, horror. [buffoon.

payaso [pa-ya'so] *m.* clown,

payés [pa-yays'] *adj.* Catalonian peasant.

paz [path'] *f.* peace, rest, quiet; **en . —,** quits; **gente de —,** friend.

peana [pay-a'na] *f.* pedestal.

peatón pay-a-ton'] *m.* pedestrian; rural postman.

peca [pay'ka] *f.* freckle.

pecado [pay-ka'do] *m.* sin; guilt, transgression; — **capital,** deadly sin.

pecaminoso [pay-ka-mee-no'so] *adj.* sinful.

pecar [pay-kar'] *vn.* to sin; to offend; — **de,** to be too (*kind, etc.*).

pécora [pay'ko-ra] *f.* head of sheep.

pecoso [pay-ko'so] *adj.* freckly.

pecuario [pay-kwa'ryo] *adj.* pertaining to cattle.

peculiar [pay-koo-lyar'] *adj.* peculiar, special, restricted (to).

peculiaridad [pay-koo-lya-ree-dad'] *f.* peculiarity, individual characteristic.

peculio [pay-koo'lyo] *m.* private purse, fortune.

pecunia [pay-koo'nya] *f.* specie, cash.

pecuniario [pay-koo-nya'ryo] *adj.* pecuniary.   [taxes.

pechar [pay-char'] *va.* to pay

pechera [pay-chay'ra] *f.* shirt-front.

pecho [pay'cho] *m.* chest, breast; gradient; **tomar a —,** to take seriously (to heart).

pechuga [pay-choo'ga] *f.* breast (*of fowls*).

pedagogía [pay-da-go-hee'a] *f.* pedagogy.

pedal [pay-dal'] *m.* treadle.

pedante [pay-dan'tay] *m.* pedant.

pedantería [pay-dan-tay-ree'a] *f.* pedantry.   [*adj.* pedantic.

pedantesco [pay-dan-tes'ko]

pedazo [pay-da'tho] *m.* piece, bit, fragment.   [flint.

pedernal [pay-dayr-nal'] *m.*

pedestal [pay-des-tal'] *m.* pedestal, base.

pedestre [pay-des'tray] *adj.* & *m.* pedestrian.

pedido [pay-dee'do] *m.* order, demand.

pedigüeño [pay-dee-gway'nyo] *adj.* importunate (beggar).

pedimento [pay-dee-men'to] *m.* petition.

pedir [pay-deer'] *va.* to ask, beg, request, demand; — **cuen-**

ta, to bring to account; **a — de boca,** just as one would wish.

pedrada [pay-dra'da] *f.* blow with a stone.

pedrea [pay-dray'a] *f.* lapidation, stone-fight.

pedregal [pay-dray-gal'] *m.* stony land.

pedregoso [pay-dray-go'so] *adj.* stony, rocky.

pedrería [pay-dray-ree'a] *f.* jewel(le)ry.

pedrisco [pay-drees'ko] *m.* hail-storm; heap of pebbles.

pega [pay'ga] *f.* cementing, jointing; deceit.

pegadizo [pay-ga-dee'tho] *adj.* sticky, adhesive; contagious.

pegador [pay-ga-dor'] *m.* — **de carteles,** billposter.

pegajoso [pay-ga-ho'so] *adj.* sticky, viscous; catching, contagious; difficult to shake off; catchy (*music*).

pegar [pay-gar'] *va.* to glue, gasten, paste; post (*bills*); to beat, hit, slap; — **fuego a,** to set fire to; *vn.* to be understandable, catchy; to stick.

pegote [pay-go'tay] *m.* coarse-patch; sticking-plaster; fricasee, with a clammy sauce; hanger-on, spouger, toad-eater; (*f. a.*) postiche.

peguntar [pay-goon-tar'] *va.* to mark (*sheep*) with pitch.

peinado [pay-na'do] *m.* coiffure.   [ing-gown.

peinador [pay-na-dor'] *m.* dress-

peinar [pay-nar'] *va.* to comb; — **canas,** to be old.

peine [pay'nay] *m.* comb; rack.

peineta [pay-nay'ta] *f.* ornamental comb.

pelado [pay-la'do] *adj.* bare, treeless, barren.

peladura [pay-la-doo'ra] *f.* plucking (*feathers*).

pelar [pay-lar'] *va.* to cut the hair short; to skin, peel, shell; to pluck (*feathers*); —**la pava,** to flirt with, make love to.

peldaño [pel-da'nyo] *m.* step (*staircase*).

pelea [pay-lay'a] *f.* fight, battle, quarrel.

pelear [pay-lay-ar'] *va.* to fight, contend, quarrel.

pelele [pay-lay'lay] *m.* dummy, "stuffed shirt".   [furrier.

peletería [pay-lay-tay-ree'a] *f.*

peliagudo [pay-lee-a-goo'do] *adj.* downy; ticklish (*situation*).

pelícano [pay-lee'ka-no] *m.* pelican.

película [pay-lee'koo-la] *f.* film.

peligrar [pay-lee-grar'] *vn.* to be in danger.

peligro [pay-lee'gro] *m.* peril, danger, risk.

peligroso [pay-lee-gro'so] *adj.* dangerous, perilous.

pelirrubio [pay-lee-roo'byo] *adj.* blonde.   [hide.

pelleja [pay-lyay'ha] *f.* skin, pellejo [pay-lyay'ho] *m.* skin; wine skin; salvar el —, to save one's skin (*life*).

pellizcar [pay-lyeeth-kar'] *va.* to pinch, nip.

pelma [payl'ma] *m.* bore, tiresome person.   [person.

pelmazo [payl-ma'tho] *m.* slow

pelo [pay-lo] *m.* hair, down; coat (*animals*); a —, to the purpose; montar a —, to ride bareback; de — en pecho, virile, brave; a contra —, against the grain.

pelota [pay-lo'ta] *f.* (*inflated*) ball; en —, naked, with-out a stitch on; juego de —, ball-game.

pelotear [pay-lo-tay-ar'] *va.* to audit accounts; to throw up balls.

pelotera [pay-lo-tay'ra] *f.* wrangle, dispute.

pelotón [pay-lo-ton'] *m.* platoon, squad.

peltre [payl'tray] *m.* pewter.

peluca [pay-loo'ka] *f.* wig.

peluquero [pay-loo-kay'ro] *m.* hair-dresser, barber.

pelusa [pay-loo'sa] *f.* down, pubescence; flix, fuzz, nar; flock, flue; fluff; pile; fuzziness; (*coll.*) jealousy; "gente de pelusa", well-to-do persons.

pena [pay'na] *f.* penalty; pain (*mental, emotional*); sorrow, grief; valer la —, to be worthwhile.

penacho [pay-na'cho] *m.* aigret; panache.

penal [pay-nal'] *adj.* penal.

penalidad [pay-na-lee-dad'] *f.* suffering.

penar [pay-nar'] *vn.* to suffer; to be suffering, grieve.

pendencia [pen-den'thya] *f.* quarrel, dispute, feud.

pendenciero [pen-den-thyay'ro] *adj.* quarrelsome, easily roused (*to quarrel*).

pender [pen-dayr'] *vn.* to hang; to be pending; to depend.

pendiente [pen-dyen'tay] *adj.* pending, hanging; *m.* ear-ring; *f.* slope, incline.

péndola [pen'do-la] *f.* pendulum; quill.

pendón [pen-don'] *m.* banner, pennon.   [dulum.

péndulo [pen'doo-lo] *m.* pen-

penetración [pay - nay - tra - thyon' *f.* penetration, acuteness.

penetrante [pay-nay-tran'tay] *adj.* penetrating, keen, piercing.

penetrar [pay-nay-trar'] *va.* to penetrate, break into; to comprehend; to permeate.

penetrativo [pay-nay-tra-tee'-vo] *adj.* piercing.

península [pay-neen'soo-la] *f.* peninsula.

peninsular [pay-neen-soo-lar'] *adj.* peninsular.

penitencia [pay-nee-ten'thya] *f.* penance, penitence.

penitencial [pay-nee-ten-thyal'] penitenciaría [pay - nee - ten.- thya - ree'a] *f.* prison.

penitente [pay-nee-ten'tay] *adj.* penitent, contrite.

penoso [pay-no'so] *adj.* painful; laborious.

pensado [pen-sa'do] *adj.* deliberate; tener —, to have thought.   [ker.

pensador [pen-sa-dor'] *m.* thin-pensamiento [pen-sa-myen'to] *mo.* thought, idea, mind.

pensar [pen-sar'] *va.* — en, to think (of) (over); to reflect; to fancy.

pensativo [pen-sa-tee'vo] *adj.* thoughtful, pensive.

pensión [pen-syon'] *f.* pension, board and lodgings, boarding-house.

pensionista [pen-syo-nees'ta] *m.* boarder.

pentecostés [pen-tay-kos-tes'] *m.* Pentecost, Whitsuntide.

penúltimo [pay-nool'tee-mo] *adj.* penultimate, next to the last, last but one.

penumbra [pay-noom'bra] *f.* penumbra, shade.

penuria [pay-noo'rya] *f.* penury, indigence.

peña [pay'nya] *f.* rock, peak; group, circle (of friends).

peñascal [pay-nyas-kal'] *m.* rocky hill.

peñasco [pay-nyas'ko] *m.* cliff, boulder.

peñol [pay-nyol'] *m.* large rock.

peón [pay-on'] *m.* day-labourer; spinning-top; pawn (chess).

peonza [pay-on'tha] *f.* whipping-top.   [se, worst.

peor [pay-or'] *adj. & adv.* wor-

pepino [pay-pee'no] *m.* cucumber; no importar un —, not to care a hang.

pepita [pay-pee'ta] *f.* pip (apple, etc.).

pepitoria [pay-pee-to'rya] *f.* medley, hash (of things).

pequeñez [pay-kay-nyayth'] *f.* smallness.

pequeño [pay-kay'nyo] *adj.* small, little.

pera [pay'ra] *f.* pear.

peral [pay-ral'] *m.* pear-tree, pear-orchard.

percal [payr-kal'] *m.* percale, muslin, calico.

percance [payr-kan'thay] *m.* misfortune, mishap.

percatarse [payr-ka-tar'say] *vr.* to be aware of, notice.

percepción [payr-thep-thyon'] *f.* perception; collection.

percibir [payr-thee-beer'] *va.* to perceive; to collect.

percusión [payr-koo-syon'] *f.* percussion.

percha [payr'cha] *f.* perch; clothes-rack, hanger.

perder [payr-dayr'] *va.* to lose; to ruin; — de vista, to lose sight of; to spoil; *vr.* to go astray, get lost; to be spoiled (fruit, etc.).

perdición [payr-dee-thyon'] *f.* perdition; ruin, loss.

pérdida [payr'dee-da] *f.* loss, waste, damage, shrinkage; *pl.* — y ganancias, profit and loss.

perdido [payr-dee'do] *adj.* lost; misguided, profligate.

perdidoso [payr-dee-do'so] *m.* loser.

perdigón [payr-dee-gon'] *m.* hail-shot; young partridge.

perdiz [payr-deeth'] *f.* partridge.

perdón [payr-don'] *m.* pardon, grace, forgiveness; con —, by your leave.

perdonavidas [payr-do-na-vee'-das] *m.* (coll.) bully, hector, swaggerer, swashbuckler, Drawcansir.

perdonar [payr-do-nar'] *va.* to pardon, forgive; to excuse.

perdurar [payr-doo-rar'] *vn.* to last, endure.

perecedero [pay-ray-thay-day'-ro] *adj.* perishable.

perecer [pay-ray-thayr'] *vn.* to perish, to succumb.

peregrinación [pay-ray-gree-na-thyon'] *f.* pilgrimage.

peregrinar [pay-ray-gree-nar'] *vn.* to make a pilgrimage; to wonder.

peregrino [pay-ray-gree'no] *adj.* strange, rare; *m.* pilgrim.

perejil [pay-ray-heel'] *m.* parsley.

perenne [pay-ren'nay] *adj.* perennial, perpetual.

perentorio [pay-ren-to'ryo] *adj.* peremptory, urgent.

pereza [pay-ray'tha] *f.* laziness; tardiness; sloth.

perezoso [pay-ray-tho'so] *adj.* lazy, idle; *m.* (zool.) sloth.

perfección [payr-fek-thyon'] *f.* perfection; a la —, perfectly.

perfeccionar [payr-fek-thyo-nar'] *va.* to perfect, improve.

perfecto [payr-fek'to] *adj.* perfect, complete.

perfidia [payr-fee'dya] *f.* perfidy, treachery.
pérfido [payr'fee-do] *adj.* perfidious.   [outline.
perfil [payr-fee'l] *m.* profile,
perfilar [payr-fee-lar'] *va.* to profile, draw (sketch) outline of.
perforación [payr-fo-ra-thyon'] *f.* perforation, drilling.
perforador [payr-fo-ra-dor'] *m.* driller, borer.
perforar [payr-fo-rar'] *va.* to drill, perforate.
perfumador [payr-foo-ma-dor'] *m.* perfumer; perfuming vessel.
perfumar [payr-foo-mar'] *va.* to perfume.
perfume [payr-foo'may] *m.* perfume, fragrance.
perfumería [payr-foo-may-ree'-a] *f.* perfumery.
pergamino [payr-ga-mee'no] *m.* parchment, vellum.
pergeñar [payr-hay-nyar'] *va.* to prepare, elaborate.
pergeño [payr-hay'nyo] *m.* appearance, looks.
pericia [pay-ree'thya] *f.* skill, expertness.   [periphery.
periferia [pay-ree-fay'rya] *f.*
perifollo [pay-ree-fo'lyo] *m.* chervil; cheap excessive ornament.
perilla [pay-ree'lya] *f.* goatee, imperial; **de —,** to the purpose; **venir de —,** to come pat.
periódico [pay-ryo'dee-ko] *adj.* periodical; *m.* journal, newspaper.
periodismo [pay-ryo-dees'mo] *m.* journalism.
periodista [pay-ryo-dees'ta] *m.* journalist.
periodístico [pay-ryo-dees'tee-ko] *adj.* journalistic.
período [pay-ree'o-do] *m.* period, era; sentence; full stop.
peripecia [pay-ree-pay'thya] *f.* incident; *pl.* ups and downs, episodes.
periquete [pay-ree-kay'tay] *m.* (*coll.*) jiffy, instant, wink, shake: "en un periquete", in a jiffy.
perito [pay-ree'to] *m.* expert;

appraiser; **— mercantil,** B. Com. *(approx.).*
perjudicar [payr-hoo-dee-kar'] *va.* to damage; to prejudice; to count against, be a disadvantage.
perjuicio [payr-hwee'thyo] *m.* damage, injury, prejudice.
perjurar [payr-hoo-rar'] *vn.* to commit perjury.
perjurio [payr-hoo'ryo] *m.* perjury.   [jury.
perjurio [payr-hoo'ryo] *m.* perjury.
perla [payr'la] *f.* pearl; **de —s,** perfectly, pat.
perlesía [payr-lay-see'a] *f.* palsy, paralysis.
permanecer [payr-ma-nay-thayr'] *vn.* to remain, stay; to last.
permanencia [payr-ma-nen'-thya] *f.* sojourn, stay, remaining.
permanente [payr-ma-nen'-tay] *adj.* permanent, lasting.
permisión [payr-mee-syon'] *f.* permission; *(mil.)* leave.
permiso [payr-mee'so] *m.* leave, permit; **con su —,** by your leave.
permitido [payr-mee-tee'do] *adj.* permissible, allowable, possible, allowed.
permitir [payr-mee-teer'] *va.* to permit, allow, let.   [ter.
permuta [payr-moo'ta] *f.* bar
permutar [payr-moo-tar'] *va.* to exchange, interchange; to permute.
pernicioso [payr-nee-thyo'so] *adj.* pernicious, harmful.
pernil [payr-neel'] *m.* ham, shoulder.   [joint-pin.
perno [payr'no] *m.* spike, pin,
pernoctar [payr-nok-tar'] *vn.* to stay overnight.
pero [pay'ro] *conj.* but, except.
perogrullada [pay-ro-groo-lya'-da] *f.* platitude, selfevident statement.
peroración [pay-ro-ra-thyon'] *f.* peroration, discourse.
perorar [pay-ro-rar'] *vn.* to declaim (*a speech*), orate.
peróxido [pay-rok'see-do] *m.* peroxide.
perpendicular [payr-pen-dee-

koo-lar'] *adj.* perpendicular, upright.

perpetración [payr-pay-tra-thyon'] *f.* perpetration.

perpetrar [payr-pay-trar'] *va.* to perpetrate, commit.

perpetuar [payr-pay-twar'] *va.* to perpetuate.

perpetuidad [payr-pay-twee-] *f.* perpetuity. [perpetual.

perpetuo [payr-pay'two] *adj.*

perplejidad [payr-play-hee-dad'] *f.* perplexity, hesitation.

perplejo [payr-play'ho] *adj.* perplexed, uncertain, confused.

perro [pay'ro] *m.* dog; — cobrador, retriever; — de ojeo, setter; — dogo, bulldog.

persecución [payr-say-koo-thyon'] *f.* persecution; pursuit.

perseguidor [payr-say-gee-dor'] *m.* persecutor; pursuer.

perseguir [payr-say-geer'] *va.* to persecute, importune; to pursue.

perseverante [payr-say-vay-ran'tay] *adj.* perseverant, constant, steady.

perseverar [payr-say-vay-rar'] *vn.* to persevere; to insist; to persist.

persiana [payr-sya'na] *f.* (*Venetian*) window-blinds.

persignarse [payr-seeg-nar'say] *vr.* to cross oneself.

persistente [payr-sees-ten'tay] *adj.* persistent.

persistir [payr-sees-teer'] *vn.* to persist, persevere.

persona [payr-so'na] *f.* person; individual.

personaje [payr-so-na'hay] *m.* personage; (*theat.*) character.

personal [payr-so-nal'] *adj.* personal.

personalidad [payr-so-na-lee-dad'] *f.* personality; distinguished person.

personarse [pay-so-nar'say] *va.* to appear in person, turn up.

personería [payr-so-nay-ree'a] *f.* solicitorship.

personero [payr-so-nay'ro] *m.* solicitor, deputy, agent, attorney.

personificar [payr-so-nee-fee-kar'] *va.* to personify.

perspectiva [payrs-pek-tee'va] *f.* perspective, prospect, outlook.

perspicacia [payrs-pee-ka'thya] *f.* sagacity, acumen, perspicacity.

perspicuidad [payrs-pee-kwee-dad'] *f.* perspicuity, lucidity.

persuadir [payr-swa-deer'] *va.* to persuade, convince.

persuasión [payr-swa-syon'] *f.* persuasion, opinión.

pertenecer [payr-tay-nay-thayr'] *vn.* to belong; to concern.

pertenencia [payr-tay-nen'thya] *f.* ownership, belonging, tenure.

perteneciente [payr-tay-nay-thyen'tay] *adj.* belonging, appertaining.

pértiga [payr'tee-ga] *f.* staff, pole, rod; a la —, pole jump.

pertiguero [payr-tee-gay'ro] *m.* verger.

pertinacia [payr-tee-na'thya] *f.* obstinacy, doggedness.

pertinaz [payr-tee-nath'] *adj.* pertinacious, stubborn, insistent, persistent.

pertinente [payr-tee-nen'tay] *adj.* relevant, appropriate; pertaining.

pertrechar [payr-tray-char'] *va.* & *vr.* to supply, equip.

pertrechos [payr-tray'chos] *m. pl.* (*mil.*), stores; tools.

perturbador [payr-toor-ba-dor'] *m.* disturber.

perturbar [payr-toor-bar'] *va.* to perturb, unsettle, confuse, perversion, depravity, agitate.

perversión [payr-vayr-syon'] *f.*

perverso [payr-vayr'so] *adj.* wicked, perverted, contrary.

pervertir [payr-vayr-teer'] *va.* to pervert, deprave; *vr.* to become depraved.

pesa [pay'sa] *f.* weight; *pl.* — y medidas, weights and measures.

pesadez [p₄y-sa-dayth'] *f.* gravity; heaviness; fatigue.

pesadilla [pay-sa-dee'lya] *f.* nightmare.

pesado [pay-sa'do] *adj.* heavy, weighty, cumbersome; boring, tiresome; profound (*sleep*).

pesadumbre [pay - sa - doom'-bray] *f.* grief, sorrow; heaviness.

pésame [pay'sa-may] *m.* condolence; dar el —, to express (send) one's sorrow (*to bereaved relatives*).

pesantez [pay-san-tayth'] *f.* gravity.

pesar [pay-sar'] *m.* regret, sorrow; *va.* to weight; *vn.* to be weighty; to be sorry, regret; a — de, despite, in spite of; a — mío, in spite of myself; mal que le pese, like it or not.

pesaroso [pay-sa-ro'so] *adj.* sorrowful, regretful.

pesca [pes'ka] *f.* fishing, angling.

pescadería [pes-ka-day-ree'ah] *f.* fish-shop, fish-market.

pescado [pes-ka'do] *m.* fish (*caught*).

pescar [pes-kar'] *va.* to fish, to angle, to catch.

pescuezo [pes-kway'tho] *m.* neck.

pesebre [pay-say'bray] *m.* manger, crib.

peseta [pay-say'ta] *f.* Spanish coin.

pesimista [pay-see-mees'ta] *m.* pessimist.

pésimo [pay'see-mo] *adj.* very bad, the worst, abominable.

peso [pay'so] *m.* weight; scales; burden, load; sound judgment; silver coin (*one dollar nominally*); — bruto, gross weight; — neto, net weight.

pesquería [pes-kay-ree'a] *f.* fishery.

pesquisa [pes-kee'sa] *f.* inquiry, investigation, search.

pestaña [pes-ta'nya] *f.* eyelash.

pestañear [pes-ta-nyay'ar] *vn.* to wink, blink.

peste [pes'tay] *f.* plague, pest, epidemic.

pestífero [pes-tee'fay-ro] *adj.* pestiferous, noxious.

pestilencia [pes-tee-len'thya] *f.* pestilence, plague.

pestilencial [pes-tee-len-thyal']

f. pestiferous, plaguey, infectious.

pestillo [pes-tee'lyo] *m.* doorlatch, bolt (*on door*).

petaca [pay-ta'ka] *f.* cigarcase, tobacco-pouch.

pétalo [pay'ta-lo] *m.* petal.

petardista [pay-tar-dees'ta] *m.* cheat, imposter, swindler.

petardo [pay-tar'do] *m.* bomb; fraud.

petate [pay-ta'tay] *m.* liar el —, to pack up one's traps.

petición [pay-tee-thyon'] *f.* petition, request; — de manos, betrothal; a — de, on (at) the request of.

peticionario [pay-tee-thyo-na'-ryo] *m.* petitioner.

petimetre [pay-tee-may'tray] *m.* dandy, beau.

peto [pay'to] *m.* breast-plate; stomacher.   [rocky.

pétreo [pay'tray-o] *adj.* stony,

petrificar [pay-tree-fee-kar'] *va.* to petrify.

petróleo [pay-tro'lay-o] *m.* petroleum, mineral oil.

petrolero [pay-tro-lay'ro] *m.* oil-tanker.

petulancia [pay-too-lan'thya] *f.* petulance, pertness.

petulante [pay-too-lan'tay] *adj.* petulant, pert, cheeky.

pez [peth] *m.* fish; *f.* pitch, tar.

pezón [pay-thon'] *m.* stalk; nipple.   [godly, good.

piadoso [pya-do'so] *adj.* pious,

piafar [pya-far'] *vn.* to paw (*of horses*).

piano [pya'no] *m.* pianoforte; — de cola, grand; — vertical, upright.

piar [pee-ar'] *vn.* to peep, chirp; to whine.

piara [pee-a'ra] *f.* herd (*swine*), drove (*horses*).   [pica.

pica [pee'ka] *f.* pike; (*print.*)

picacho [pee-ka'cho] *m.* peak, summit.   [minced meat.

picadillo [pee-ka-dee'lyo] *m.*

picado [pee-ka'do] *adj.* bitten, stung, hurt, piqued; carne —, minced meat; tabaco —, loose tobacco.

picador [pee-ka-dor'] *m.* horsebreaker; picador (*bullfights*).

picadura [pee-ka-doo'ra] *f.* puncture, pricking; bite *(of insects)*; cut *(tobacco)*.

picaflor [pee-ka-flor'] *m.* humming-bird.

picante [pee-kan'tay] *adj.* pricking; hot, highly seasoned; *m.* piquancy.

picapedrero [pee-ka-pay-dray'-ro] *m.* stone-cutter.

picar [pee-kar'] *va.* to prick, sting, bite; to mince; to goad, pique; to burn; *vr.* to itch; to be offended, stung *(to anger, rivalry, etc.)*.

picardía [pee-kar-dee'a] *f.* knavery, roguery, mischief.

picaresco [pee-ka-res'ko] *adj.* knavish, roguish picaresque.

pícaro [pee'ka-ro] *m.* rogue; *adj.* naughty, mischievous, sly.

pico [pee'ko] *m.* beak, bill; pick-axe; peak; — de oro, golden-mouthed (eloquent) orator; **callar el** —, to hold one's tongue.

picota [pee-ko'ta] *f.* gibbet.

picotear [pee-ko-tay-ar'] *va.* to strike with the beak.

pictórico [peek-to'ree-ko] *adj.* pictorial.

pichón [pee-chon'] *m.* pigeon.

pie [pyay] *m.* foot, support, base; bottom *(of page)*; *(theat.)* cue; a —, on foot; (de) (en)—, standing; al — de la letra, verbatim, exactly; a —s, juntillas, emphatically, as an article of faith; ni —s ni cabeza, neither head nor tail.

piedad [pyay-dad'] *f.* piety, mercifulness, charity.

piedra [pyay'dra] *f.* stone; gravel; — fina, precious stone; — angular, corner-stone; — de toque, touchstone; — rodada, boulder.

piel [pyel] *f.* hide, skin, pelt.

piélago [pyay'la-go] *m.* *(open)* sea. [animals).

pienso [pyen'so] *m.* feed *(for*

pierna [pyayr'na] *f.* leg; a — suelta, at ease; soundly.

pieza [pyay'tha] *f.* piece, portion; room; play; game *(bird)*; de una —, in one piece.

pigmeo [peeg'may-o] *m.* dwarf, pigmy.

pila [pee'la] *f.* pile, heap; sink; font; battery *(elect.)*; nombre de —, Christian name.

pilar [pee-lar'] *m.* pillar, column; *va.* to hull.

píldora [peeldo-ra] *f.* pill.

pilero [pee-lay'ro] *m.* potter.

pilón [pee-lon'] *m.* mortar *(for pounding)*; basin *(of fountain)*.

pilonga [pee-lon'go] *m.* dried chestnut.

piloto [pee-lo'to] *m.* pilot; sailing-master.

pillaje [pee-lya'hay] *m.* plunder; pillage.

pillar [pee-lyar'] *va.* to catch, take hold of; to plunder.

pillería [pee-lyay-ree'a] *f.* low-down trick.

pillo [pee'lyo] *m.* rascal, rogue, petty thief, urchin.

pilluelo [pee-lyway'lo] *m.* urchin, guttersnipe.

pimentón [pee-men-ton'] *m.* red pepper. [per.

pimienta [pee-myen'ta] *f.* pepper.

pimiento [pee-myen'to] *m.* red pepper; capsicum.

pimpollar [peem-po-lyar'] *m.* nursery *(of plants)*.

pimpollo [peem-po'lyo] *m.* sucker; young blood.

pináculo [pee-na'koo-lo] *m.* pinnacle.

pinar [pee-nar'] *m.* pine wood.

pincel [peen-thel'] *m.* (painter's) brush.

pincelada [peen-thay-la'da] *f.* brush-stroke.

pinchar [peen-char'] *va.* to prick, puncture.

pinchazo [peen-cha'tho] *m.* puncture *(tyre)*; *(med.)* injection.

pingüe [peen'gway] *adj.* abundant, rich *(profits, etc.)*, "fat".

pinitos [pee-nee'tos] *m. pl.* first steps *(of child, beginner)*.

pino [pee'no] *m.* pine-tree; — alerce, larch; — marítimo, cluster pine. [cone.

pinocho [pee-no'cho] *m.* pine-

pinta [peen'ta] *f.* spot, mark;

appearance; pint; *(coll.)* face,
."mug"; ¡qué —! what a sight!
pintamonas [peen-ta-mo'nas]
m. (coll.) dauber.
pintar [peen-tar'] *va.* to paint;
to stain; to describe; *vr.* to
paint one's face, make up.
pintiparado [peen-tee-pa-ra'do]
adj. exactly like, the very
image (of).
pintor [peen-tor'] *m.* painter;
— **de brocha gorda,** house
painter; dauber, rough and
ready.
pintoresco [peen-to-res'ko] *adj.*
picturesque, exotic.
pintura [peen-too'ra] *f.* painting; picture; — **a la aguada,**
water-colour; — **al óleo,** oil-
painting.
pinzas [peen'thas] *f. pl.* nippers, tweezers; claws; forceps; (clothes-) pegs.
piña [pee'nya] *f.* pine-cone;
pine-apple.   [tion at ball.
piñata [pee'nya'ta] *f.* decora-
piñón [pee-nyon'] *m.* gear-
wheel; cog-wheel; pine-kernel.
pío [pee'o] *adj.* pious, merciful; piebald.
piojo [pyo'ho] *m.* louse.
pipa [pee'pa] *f.* cask, butt; pipe.
pique [pee'kay] *m.* resentment;
irse a —, to founder, go to the
bottom; **echar a —,** to sink.
piqueta [pee-kay'ta] *f.* pickaxe.
piragua [pee-ra'gwa] *f.* canoe,
pirogue.
pirámide [pee-ra'mee-day] *f.*
pyramid.   [corsair.
pirata [pee-ra'ta] *m.* pirate,
piratería [pee-ra-tay-ree'a] *f.*
piracy.   [*adj.* Pyrenean.
pirenaico [pee-ray-na'ee-ko]
piropo [pee-ro'po] *m.* compliment, flattering phrase.
pirueta [pee-rway'ta] *f.* pirou-
ette.
pirotecnia [pee-ro-tek'nya] *f.*
pyrotechnics, art of firework-
making.   [imprint *(of foot).*
pisada [pee-sa'da] *f.* footstep,
pisar [pee-sar'] *va.* to tread,
trample on, step on.
pisaverde [pee-sa-vayr'de] *m.*
dandy, fop.   [nack.
piscator [pees-ka-tor'] *m.* alma-

piscina [pees-thee'na] *f.* swimming pool, baths.
piso [pee'so] *m.* floor, pavement, story; flat, apartment;
— **resbaladizo,** slippery underfoot; **principal,** first floor.
pisonear [pee-so-nay-ar'] *va.* to
ram *(earth)* down.
pisotear [pee-so-tay-ar'] *va.* to
trample on, tread on.
pisoteo [pee-so-tay'o] *m.* tram-
pling.
pista [pees'ta] *f.* trail, scent,
track; *(race, dance)* track,
floor, course; **seguir la — de,**
to follow, pursue, go after.
pisto [pees'to] *m.* mixture of
egg, peppers, tomatoes, fried
together.
pistola [pees-to'la] *f.* pistol.
pistón [pees-ton'] *m.* piston,
embolus.
pitanza [pee-tan'tha] *f.* pittance; stipend.
pitar [pee-tar'] *vn.* to blow a
whistle; whistle at; *(coll.)* to
"work", "go", "function".
pitillo [pee-tee'lyo] *m.* cigarette, fag.
pito [pee'to] *m.* pipe, whistle,
fife; **no me importa un —,** I
don't care a straw.
pitonisa [pee-to-nee'sa] *f.* for-
tune-teller.
pizarra [pee-tha'ra] *f.* slate;
blackboard.
pizca [peeth'ka] *f.* whit, bit,
jot; **no sabe ni —,** he hasn't
an inkling.
pizpireta [peeth-pee-ray'ta] *f.*
smart little piece *(woman).*
placa [pla'ka] *f.* plate; insignia.
placentero [pla-then-tay'ro] *adj.*
merry, pleasant, pleasing.
placer [pla-thayr'] *va.* to please; *m.* pleasure; will.
placidez [pla-thee-dayth'] *f.*
placidity, contentment.
plácido [pla'thee-do] *adj.* placid, calm, easy-going.
plaga [pla'ga] *f.* plague, pest,
scourge; drug *(on market).*
plagar [pla-gar'] *va.* to plague,
infest.   [giarise.
plagiar [pla-hyar'] *va.* to pla-
plagiario [pla-hya'ryo] *m.* pla-
giarist.

plagio [pla'hyo] *m.* plagiarism, (unauthorised) copy.

plan [plan] *m.* plan, scheme, project, drawing.

plana [pla'na] *f.* trowel; page *(of newspaper).*

plancha [plan'cha] *f.* plate, sheet; iron *(for clothes);* **hacer la —,** to float *(of persons).*

planchar [plan-char'] *va.* to iron *(clothes),* press.

planchear [plan-chay-ar'] *va.* to plate, sheathe.

planicie [plan-ee'thyay] *f.* plain.

plañidero [pla-nyee-day'ro] *adj.* moaning, plaintive, wailing.

plano [pla'no] *adj.* plain; level; smooth, even; *m.* plan, map, chart; plane; flat *(of sword);* **en el primer —,** in the foreground.

planta [plan'ta] *f.* plant; sole *(foot);* plant, site; **— baja,** ground floor; **buena —,** fine presence.

plantación [plan-ta-thyon'] *f.* plantation; planting.

plantar [plan-tar'] *va.* to plant; to set up; to leave in the lurch, to dumbfound; to jilt.

planteamiento [plan-tay-a-myen'to] *m.* planning.

plantear [plan-tay-ar'] *va.* to plan; to establish, state, explain *(problem).*

plantel [plan-tel'] *m.* training-school, nursery.

plantilla [plan-tee'lya] *f.* model, pattern, insole.

plantío [plan-tee'o] *m.* plantation.

planto [plan'to] *m.* plaint.

plantón [plan-ton'] *m.* graft, shoot; door-keeper, sentry; **dar un —,** to keep someone waiting.

plañir [pla-nyeer'] *vn.* to whimper, whine; to bewail.

piasta [plas'ta] *f.* soft substance *(dough, mud, etc.);* "sloppy" piece of work.

piaste [plas'tay] *m.* size of glue and lime.

plástica [plas'tee-ka] *f.* plastics, the art of moulding.

plástico [plas'tee-ko] *adj.* plastic, yielding; *(of style)* for-

mal, enhancing the beauty of form.

plata [pla'ta] *f.* silver; money; *(her.)* argent; **como una —,** like a new pin.

plataforma [pla-ta-for'ma] *f.* platform, upper floor, terrace; standing place at ends of tramcars; *(political)* stand, view-point.

plátano [pla'ta-no] *m.* plantain-tree; banana *(tree and fruit);* plane-tree.

platea [pla-tay'a] *f.* orchestra stall, pit.

plateado [pla-tay-a'do] *adj.* silver, silvery plated.

plateresco [pla-tay-res'ko] *adj.* Plateresque *(type of art and architecture of XVth-century Spain).*

platería [pla-tay-ree'a] *f.* silversmith's art, trade *or* shop.

platero [pla-tay'ro] *m.* silversmith; **— de oro,** goldsmith.

plática [pla'tee-ka] *f.* talk, homily, address; chat, conversation. [talk, chat.

platicar [pla-tee-kar'] *va.* to

platija [pla-tee'hah] *f. (ichth.),* plaice, fluke, acedia, *(prov.)* megrim.

platillo [pla-tee'lyo] *m.* saucer; scale, pan *(of balance);* stew; cymbal; extra tit-bit *(in religious houses).*

platino [pla-tee'no] *m.* platinum.

plato [pla'to] *m.* plate, dish; course *(at meals);* **nada entre dos —s,** much ado about nothing.

platónico [pla-to'nee-ko] *adj.* Platonic; pure, disinterested.

plausible [plow-see'blay] *adj.* praise-worthy, laudable; plausible. [shore.

playa [pla'ya] *f.* beach, sandy

playera [pla-yay'ra] *f.* sand-shoe, sandal.

plaza [pla'tha] *f.* main square; market; town; **ir a la —,** to go to market to buy; fortified place; room, space; **sentar —,** to enlist; **— de toros,** bullring.

plazo [pla'tho] *m.* term; time-limit; **a —s,** by instalment.

pleamar [play-a-mar'] f. high-tide.   [people, plebs.
plebe [play'bay] f. common
plebeyo [play-bay'yo] adj. ple-beian; of low degree; com-moner.
plebiscito [play-bees-thee'to] m. plebiscite, general vote.
plectro [plek'tro] m. plectrum; (poet.) inspiration.
plegadizo [play-ga-dee'tho] adj. pliable, folding.
plegadura [play-ga-doo'ra] f. fold, pleat, crease.
plegar [play-gar'] va. to fold, crease, tuck, pucker, plait; vr. to give way, crumple up.
plegaria [play-ga'rya] f. prayer.
pleitear [play-tay-ar'] va. to litigate, contend.
pleitista [play-tees'ta] m. petti-fogger.
pleito [play'to] m. lawsuit, con-tention; proceedings; dispute; case.
plenilunio [play-nee-loo'nyo] m. full moon.
plenipotenciario [play-nee-po-ten-thya'ryo] adj. & m. pleni-potentiary.
plenitud [play-nee-tood'] f. fullness, wholeness, comple-tion; fulfilment.
pleno [play'no] adj. full, com-plete.
plétora [play'to-ra] f. plethora; over-fullness.
pleuresía [play-oo-ray-see'a] f. pleurisy.
pliego [plyay'go] m. sheet (pa-per); sheaf, wad (of papers); document in envelope; — de condiciones, tender; —s de cordel, ballad-sheets, broad-sheets.
pliegue [plyay'gay] m. plait, fold; gather.
plinto [pleen'to] m. plinth, base of column; skirting-board.
plomada [plo-ma'da] f. plumb; plummet; soundinglead; sin-ker.   [ber, leadworker.
plomero [plo-may'ro] m. plum-
plomizo [plo-mee'tho] adj. lea-den.
plomo [plo'mo] m. lead; a —, true plumb; caer a —, to drop

fiat; andar con pies de —, to proceed very gingerly.
pluma [ploo'ma] f. feather, plume; quill; pen, nib; — de agua, measure of running wa-ter; — estilográfica, fountain pen.
plumaje [ploo-ma'hay] m. plu-mage, crest of feathers.
plumazo [ploo-ma'tho] m. fea-ther-quilt, eiderdown.
plúmbeo [ploom'bay-o] adj. leaden.
plumero [plo-may'ro] m. fea-ther-duster; pen-holder, pen-cil-box; panache, plume.
plumón [ploo-mon'] m. down; feather-bed.
plural [ploo-ral'] adj. & m. plural.
plus [ploos] m. (mil.) extra pay.
pluvial [ploo-vyal'] adj. rainy; capa —, cope
población [po-bla-thyon'] f. po-pulation; city, town.
poblado [po-bla'do] adj. popu-lated; thick (beard); m. villa-ge; settlement.
poblar [po-blar'] va. to people; to colonize; vr. to put forth leaves.
pobre [po'bray] adj. poor; nee-dy; wretched; paltry; m. pau-per; —s de solemnidad, the utterly poor, the poverty-stricken.
pobreza [po-bray'tha] f. pover-ty, indigence, want; meagre-ness; lack of spirit.
pocero [po-thay'ro] m. well-borer or digger; sewerman, pitman; cesspool cleaner; mud-lark.
pocilga [po-theel'ga] f. pigsty.
pócima [po'thee-ma] f. potion, brew.   [drink.
poción [po-thyon'] f. potion,
poco [po'ko] adj. little, small, limited, scanty; pl. few; adv. little, only slightly, shortly; — a —, gradually, softly; te-ner en —, to think little of.
podadera [po-da-day'ra] f. prun-ing-hook.
podagra [po-da'gra] f. gout.
podar [po-dar'] va. to prune, lop off, trim.

podenco [po-den'ko] *m.* hound.
poder [po-dayr'] *va.* to be able;
to be capable of; to have
authority to; to afford; **no —
más**, to be exhausted; **no —
menos**, to be obliged to; **no
— ver** a, not to be able to
stand *(someone)*; *m.* might;
power, power of attorney;
proxy.
poderío [po-day-ree'o] *m.* power, might; jurisdiction; worldly wealth.
poderoso [po-day-ro'so] *adj.*
powerful, potent; mighty;
weighty.
podredumbre [po-dray-doom-
bray] *f.* corruption, decay,
putrid matter. [drir.
podrir [po-dreer'] *vn. See* pu-
poema [poway'ma] *m.* poem
(usu. long, serious).
poesía [po-ay-see'a] *f.* poetry,
poem, lyric.
poeta [po-ay'ta] *m.* poet.
poética [po-ay'tee-ka] *f.* poetry, the poetic art; poetics.
poético [po-ay'tee-ko] *adj.* poetic. [tess.
poetisa [po-ay-tee'sa] *f.* poe-
polaco [po-la'ko] *adj. & s.* Pole,
Polish, Polish language.
polaina [po-la'ee-na] *f.* leg-
gings, spats.
polaridad [po-la-ree-dad'] *f.* po-
larity.
polea [po-lay'ah] *f.* sheave of
a pulley; wheel; *(naut.)* tac-
klet (bloock), block-pulley.
polémica [po-lay'mee-ka] *f.* polemics, controversy *(politics).*
polen [po'len] *m.* pollen.
policía [po-lee-thee'a] *f.* police; cleanliness.
policíaco [po-lee-thee'a-ko] *adj.*
novela —a, detective story,
"thriller".
poligamia [po-lee-ga'mya] *f.*
polygamy.
polígloto [po-lee'glo-to] *adj.* polyglot; *n. f.* Polyglot Bible.
polilla [po-lee'lya] *f.* moth;
book-worm.
pólipo [po'lee-po] *m.* octopus;
polyp; polypus.
política [po-lee'tee-ka] *f.* politics; policy; civility.

político [po-lee'tee-ko] *adj.* political; "in-law"; *m.* politician.
póliza [po'lee-tha] *f.* policy;
scrip; draft; ticket.
polizón [po-lee-thon'] *m.* idler,
tramp, vagrant; stowaway.
polizonte [po-lee-thon'tay] *m.*
(sl.) policeman, 'tec.
polla [po'lya] *f.* young hen;
chicken; "lass".
pollada [po-lya'da] *f.* covey,
hatch.
pollera [po-lyay'ra] *f.* chicken-
coop; child's play-pen; petticoat. [ass.
pollino [po-lyee'no] *m.* donkey,
pollito [po-lyee'to] *m.* youth,
young lad.
pollo [po'lyo] *m.* chicken; *(fam.)*
"lad", boy, youth.
polo [po'lo] *m.* pole; polo; Andalusian song.
poltrón [pol-tron'] *adj.* sluggish, cowardly, lazy; *m.* poltroon.
polvareda [pol-va-ray'da] *f.*
cloud of dust.
polvo [pol'vo] *m.* dust, powder,
pinch of snuff; *pl.* face-pow-
der; **— de la madre Celestina**,
magic formula, secret recipe.
pólvora [pol'vo-ra] *f.* gunpowder.
polvoriento [pol-vo-ryen'to] *adj.*
dusty, dust laden.
polvorín [pol-vo-reen'] *m.* powder-magazine; powder-flask.
poma [po'ma] *f.* apple; scent-
bottle.
pomar [po-mar'] *m.* appler-
chard. [fruit.
pomelo [po-may'lo] *m.* grape-
pomo [po'mo] *m.* flask; pommel.
pompa [pom'pa] *f.* pomp, splen-
dor, pageantry; bubble; pump.
pomposo [pom-po'so] *adj.* majestic, ostentatious, pompous;
inflated, swollen.
pómulo [po'moo-lo] *m.* cheek-
bone.
ponche [pon'chay] *m.* punch.
poncho [pon'cho] *m. (mil.)* overcoat; *(S.A.)* cloak, blanket.
ponderación [pon-day-ra-
thyon'] *f.* consideration, appreciation, praise; gravity.

ponderar [pon-day-rar'] *va.* to weigh, consider; to exaggerate; to praise.

ponderoso [pon-day-ro'so] *adj.* weighty, ponderous; grave, solem; cautious.

ponente [po-nen'tay] *m.* referee, judge.

poner [po-nayr'] *va.* to put, place; to set; to bet; to lay *(eggs);* to contribute; to assume; to call; to add; — **por escrito,** to put in writing; *vr.* to set about; to put on; to become; to get; — **enfermo,** to fall ill; — **de pie,** to get up; — **colorado,** to blush.

poniente [po-nyen'tay] *m.* west; west wind.

pontificado [pon-tee-fee-ka'do] *m.* papacy, pontificate.

pontifical [pon-tee-fee-kal'] *adj.* papal.

pontífice [pon-tee'fee-thay] *m.* pontiff; the Pope; archbishop, bishop.

pontón [pon-ton'] *m.* pontoon; lighter.

ponzoña [pon-tho'nya] *f.* poison, venom.

ponzoñoso [pon-tho-ny'so] *adj.* poisonous, toxic.

popa [po'pa] *f.* *(naut.)* stern; a —, aft; **viento en** —, sailing along merrily, flourishingly.

populacho [po-poo-la'cho] *m.* mob, rabble, common herd.

popular [po-poo-lar'] *adj.* popular, of the people; **canción** —, folk song.

popularizarse [po-poo-la-ree-thar'say] *va.* to become the rage; to spread.

poquedad [po-kay-dad'] *f.* paucity, littleness; poverty.

poquísimo [po-kee'see-mo] *adj.* diminutive *(amount),* tiny *(fragment),* negligible.

poquito [po-kee'to] *m.* a little bit.

por [por] *prep.* by; through; for; during; in; around; about; as; per; on behalf of; **5** — **ciento; 5** per cent; — **que,** why; — **más que,** however much; — **tanto,** therefore; **ir** — **leña,** to fetch firewood;

carta — **escribir,** unwritten letter; — **supuesto,** of course.

porcelana [por-thay-la'na] *f.* porcelain, china.

porción [por-thyon'] *f.* part, dose, share, lot.

porcionista [por-thyo-nees'ta] *m.* boarder *(school).*

porche [por'chay] *m.* roof, portico. [beggar, mendicant.

pordiosero [por-dyo-say'ro] *m.*

porfía [por-fee'a] *f.* insistence, stubbornness, obstinacy.

porfiado [por-fee-a'do] *adj.* stubborn, persistent.

porfiar [por-fyar'] *va.* to contend; to persist. [phyry.

pórfido [por'fee-do] *m.* por-

pormenor [por-may-nor'] *m.* detail; al —, by retail.

pornografía [por-no-gra-phee'-ah] *f.* pornograph(y), smuttines; obsceneness, obscenity.

poro [po'ro] *m.* pore.

porque [por'kay] *conj.* because.

porque [por'kay] *m.* motive; reason; *conj.* why?

porquería [por-kay-ree'a] *f.* filth; dirty remark or joke; rubbish. [neherd.

porquero [por-kay'ro] *m.* swi-

porra [po'ra] *f.* club, bludgeon; truncheon; *(games)* last man in. [whack.

porrazo [po-ra'tho] *m.* blow,

porro [po'ro] *m.* leek.

porrón [po-ron'] *m.* (earthenware), glass flask (for drinking wine).

portada [por-ta'da] *f.* titlepage, frontispiece; porch, doorway; façade.

portador [por-ta-dor'] *m.* bearer, holder; porter; **bono al** —, bearer bond.

portal [por-tal'] *m.* porch; vestibule, gateway, doorway.

portalón [por-ta-lon'] *m.* *(naut.)* gangway.

portamonedas [por-ta-mo-nay'-das] *m.* pocket-book, purse.

portar [por-tar'] *va.* to carry; *vr.* to behave, act.

portátil [por-ta'teel] *adj.* portable, pocket-size *(book, etc.).*

portavoz [por-ta-voth'] *m.* voice, representative; megaphone.

portazgo [por-tath'go] *m.* toll.
portazo [por-ta'tho] *m.* dar un
—, to slam a door (in someone's face).
porte [por'tay] *m.* cost of carriage; portage; behaviour,
bearing; burden, tonnage; postage; — franco, free of postage.
portear [por-tay-ar'] *va.* to
convey for a price.
portento [por-ten'to] *m.* wonder, prodigy; omen.
portentoso [por-ten-to'so] *adj.*
prodigious, marvellous.
porteño [por-tay'nyo] *adj. & n.*
of Buenos Aires.
portería [por-tay-ree'a] *f.* porter's lodge; goal, goal-net,
goalposts.
portero [por-tay'ro] *m.* porter;
doorman, janitor, commissionaire; goalkeeper.
portezuela [por-tay-thway'la]
(*carriage*) door.
pórtico [por'tee-ko] *m.* portico, porch, lobby.   [hole.
portilla [por-tee'lya] *f.* port-
portillo [por-tee-lyo] *m.* opening; way out, way in, passage; breach; pass.
portorriqueño [por-to-ree-kay'-
nyo] *adj. & n.* Puerto Rican.
porvenir [por-vay-neer'] *m.* future.   [pursuit of.
pos [pos] *adv.* en —, after, in
posa [po'sa] *f.* passing-bell;
pause for response during funeral.
posada [po-sa'da] *f.* inn, lodging-house, tavern.
posadera [po-sa-day'ra] *f.* hostess; *pl.* buttocks.
posadero [po-sa-day'ro] *m.* innkeeper.
posar [po-sar'] *vn.* to rest; to
perch, alight, be poised; to
lodge; to lay down; *vr.* to
settle.   [script, p.s.
posdata [pos-da'ta] *f.* post-
poseedor [po-say-ay-dor'] *m.*
owner, holder.
poseer [po-say-ayr'] *va.* to
own; to master, be master of.
poseído [po-say-ee'do] *adj.* crazed, possessed; estar — de, to
be thoroughly convinced of.

posesión [po-say-syon'] *f.* possession, tenure, holding.
posesionarse [po-say-syo-nar'
say] *vr.* take possession of.
posibilidad [po-see-bee-lee-
dad'] *f.* possibility.
posibilitar [po-see-bee-lee-tar']
va. to facilitate.
posible [po-see'blay] *adj.* likely, feasible; lo —, all in one's
power; *pl.* means.
posición [po-see-thyon'] *f.* position; attitude; standing; situation.
positivo [po-see-tee'vo] *adj.*
sure, certain, positive.
posma [pos'mah] *f.* (*coll.*) sluggishness, sloth.
poso [po'so] *m.* sediment, lees,
dregs.
posponer [pos-po-nayr'] *va.* to
postpone, delay, put off; to
subordinate.
posta [pos'ta] *f.* relay, post,
post stage; post-office.
postal [pos-tal'] *adj.* postal; *f.*
postcard.   [script.
postdata [pos-da'ta] *f.* post-
poste [pos-tay] *m.* pillar; oler
el —, to smell a rat.
postergación [pos - tayr - ga -
thyon'] *f.* postponement, disparagement.
postergar [pos-tayr-gar'] *va.* to
leave behind, postpone, shelve; to pass over (*in promotion scale*) to deny legitimate hopes, pretensions.
posteridad [pos-tay-ree-dad'] *f.*
the coming generations; fame
after death, posterity.
posterior [pos-tay-ryor'] *adj.*
later, posterior; hind, rear.
posterioridad [pos-tay-ryo-ree-
dad'] *adv.* con —, later subsequently.
postigo [pos-tee'go] *m.* shutter,
postern, wicket.
postillón [pos-tee-lyon'] *m.* driver, postillon.
postín [pos-teen'] *m.* "swank",
de —, showy, luxurious.
postizo [pos-tee'tho] *adj.* artificial, false; *m.* switch (*of
hair*).
postor [pos-tor'] *m.* bidder,
tenderer, competitor.

postración [pos-tra-thyon'] *f.* prostration, dejection.

postrado [pos-tra'do] *adj.* prostrate, prone.

postrar [pos-trar'] *va.* to prostrate; *vr.* to kneel down; to be exhausted.

postre [pos'tray] *m.* desert; a la —, at long last.

postremo [pos-tray'mo] *adj.* last, ultimate, final.

postrero [pos-tray'ro] *adj.* last, hindermost.

postrimerías [pos - tree - may - ree'as] *f. pl.* last moments (*of life, day, etc.*).

postrimero [pos-tree-may'ro] *adj.* ultimate.

postulado [pos-too-la'do] *m.* axiom.   [thumous.

póstumo [pos'too-mo] *adj.* pos-

postura [pos-too'ra] *f.* position, attitude; bid; stake.

potable [po-ta'blay] *adj.* drinkable.

potaje [po-ta'hay] *m.* stewed vegetables; soup; medley.

pote [po'tay] *m.* jug, jar; — gallego, (vegetable) broth.

potencia [po-ten'thya] *f.* power; ability; Great Power, strength; faculty.

potencial [po-ten-thyal'] *adj.* potential, virtual.

potentado [po-ten-ta'do] *m.* sovereign, ruler, "power".

potente [po-ten'tay] *adj.* potent, strong, capable; powerful (*engine*).

potestad [po-tes-tad'] *f.* power, dominion, might; (*math.*) power; *pl.* angelic powers.

potestativo [po-tes-ta-tee'vo] *adj.* facultative, optional.

potro [po'tro] *m.* colt, young horse; rack (*for torture*).

poyo [po'yo] *m.* stone seat; hillock.

pozo [po'tho] *m.* well; deep spot, pool; pit, shaft; hold (*ship*).

práctica [prak'tee-ka] *f.* practice, exercise, use, habit; method; experience.

practicable [prak-tee-ka'blay] *adj.* feasible; (*theat.*) puerta —, door which opens.

practicante [prak-tee-kan'tay] *adj.* practising; *m.* doctor's assistant; first-aid worker.

practicar [prak-tee-kar'] *va.* to perform, do, exercise.

práctico [prak'tee - ko] *adj.* practical; *m.* pilot; expert.

pradera [pra-day'ra] *f.* meadow, field; grassland, prairie.

prado [pra'do] *m.* field, meadow, pasture-ground, lawn.

pragmática [prag-ma'tee-ka] *f.* decree, pragmatic.

preámbulo [pray-am'boo-lo] *m.* exordium; preface, preamble.

prebenda [pray-ben'da] *f.* canonry, prebend.

precario [pray-ka'ryo] *adj.* uncertain, precarious.

precaución [pray-kow-thyon'] *f.* vigilance, precaution, forethought, care.

precautelar [pray-kow-tay-lar'] *va.* to, forewarn.

precaver [pray-ka-vayr'] *va.* to provide against, warn against, obviate; *vr.* to be on one's guard, take heed, act circumstantially.

precavido [pray-ka-vee'do] *adj.* cautious, wary, circumspect, prudent.

precedencia [pray-then-den'-thya] *f.* precedence, priority; origin, source.

preceder [pray-thay-dayr'] *va.* to precede, to go ahead of.

preceptivo [pray-thep-tee'vo] *adj.* didactic.

precepto [pray-thep'to] *m.* precept, rule; order.

preceptor [pray-thep-tor'] *m.* teacher, master.

preceptuar [pray-thep-twar'] *va.* to give orders, lay down precepts.

preces [pray'thays] *f. pl.* prayers, supplications.

preciado [pray-thya'do] *adj.* prized, valued, esteemed, precious.

preciar [pray-thyar'] *va.* to value, appraise; *vr.* to boast; to take pride in, pride oneself on.

precio [pray'thyo] *m.* price; value; cost; — fijo, net price;

— de tasa, official (controlled) price.

preciosidad [pray - thyo - see - dad'] f. worth; ¡qué —! how lovely!

precioso [pray-thyo'so] adj. precious; pretty, beautiful; affected, "précieux".

precipicio [pray-thee-pee'thyo] m. chasm, precipice.

precipitación [pray-thee-pee-ta-thyon'] f. hurry, rush, haste; precipitation.

precipitado [pray-thee-pee-ta'-do] adj. hasty, hurried, precipitate.

precipitar [pray-thee-pee-tar'] va. to hurl from above; to accelerate, to hasten; vr. to hurry, rush headlong.

precipitoso [pray-thee-pee-to'-so] adj. steep, hasty.

precisamente [pray - thee - sa - men'tay] adv. exactly; necessarily; just.

precisar [pray-thee-sar'] va. to fix, set; to force, oblige; to make clear; to be necessary.

precisión [pray-thee-syon'] f. preciseness, accuracy; necessity; en la — de, under the necessity of.

preciso [pray-thee'so] adj. accurate; precise, exact; essential, requisite, necessary; es —, it is necessary.

precitado [pray-thee-ta'do] adj. afore (said, mentioned).

preclaro [pray-kla'ro] adj. famous, illustrious.

precocidad [pray-ko-thee-dad'] f. precocity.

precolombino [pray-ko-lom-bee'no] adj. (S. & Central Amer.) before 1492.

preconizar [pray-ko-nee-thar'] va. to commend publicly, eulogise.

precoz [pray-koth'] adj. forward, precocious; premature.

precursor [pray-koor-sor'] m. harbinger, herald, forerunner.

predecesor [pray-day-thay-sor'] m. predecessor, antecedent.

predecir [pray-day-theer'] va. to foretell, predict.

predestinado [pray-des-tee-na'-do] adj. predestinate; foredoomed.

predestinar [pray-des-tee-nar'] va. to foredoom, to predestinate. [mon.

prédica [pray'dee-ka] f. serpredicación [pray - dee - ka - thyon'] f. preaching.

predicador [pray-dee-ka-dor'] m. preacher.

predicante [pray-dee-kan'tay] m. heretical preacher.

predicar [prap-dee-kar'] va. to preach; to predicate.

predicción [pray-deek-thyon'] f. forecast.

predilección [pray - dee - lek - thyon'] f. special affection, preference, liking.

predilecto [pray-dee-lek'to] adj. favourite, special, chosen.

predisponer [pray - dees - po - nayr'] va. to predispose.

predominar [pray-do-mee-nar'] va. to be in control of; to over-rule; to predominate; to overlook, have a commanding view of.

predominio [pray-do-mee'nyo] m. mastery, control, command.

preeminencia [pray-ay-mee-nen'thya] f. pre-eminence, authority.

preeminente [pray-ay-mee-nen'tay] adj. pre-eminent, most distinguished.

prefacio [pray-fa'thyo] m. prologue, preface.

prefecto [pray-fek'to] m. prefect; chairman.

preferencia [pray-fay-ren'thya] f. choice; priority; de —, reserved.

preferir [pray-fay-reer'] va. to prefer; chose; to have rather; to be ahead.

pregón [pray-gon'] m. cry; banns; proclamation.

pregonar [pray-go-nar'] va. to proclaim; to cry (wares); to bring to public notice.

pregonero [pray-go-nay'ro] m. town-crier; auctioneer.

pregunta [pray-goon'ta] f. question, query; (pop.) estar a la cuarta —, to be on the rocks.

preguntar [pray-goon-tar'] *va.* to question, ask, inquire; to interrogate.

preguntón [pray-goon-ton'] *adj.* inquisitive.

prejuicio [pray-hwee'thyo] *m.* bias, prejudice.

prejuzgar [pray-hooth-gar'] *va.* to prejudge.

prelado [pray-la'do] *m.* prelate.

preliminar [pray-lee-mee-nar'] *adj.* preliminary; fundamental.

preludio [pray-loo'dyo] *m.* prelude; overture.

prelusión [pray-loo-see-on'] *f.* prelusion, prelude, prologue, preface, propulsion.

premeditar [pray-may-dee-tar'] *va.* to premeditate.

premiar [pray-myar'] *va.* to reward, recompense, requite.

premio [pray'myo] *m.* reward, prize; premium.

premiosidad [pray - myo - see - dad'] *f.* sluggishness, difficulty (*of speech, etc.*).

premioso [pray-myo'so] *adj.* urgent; close, strict, tight, rigid; tongue-tied, close-lipped; stumbling, difficult (*in speech*). [mise.

premisa [pray-mee'sa] *f.* premise.

premura [pray-moo'ra] *f.* urgency, haste.

prenda [pren'da] *f.* pawn, security, pledge; jewel; garment; adornment; pretty thing; beloved (*one*).

prendado [pren-da'do] *pl.* gifts, charm, talents, appeal; forfeits; *adj.* (*with* ser) gifted; (*with* estar) enraptured.

prendedero [pren-day-day'ro] *m.* hook, brooch.

prendedor [pren-day-dor'] *m.* breast-pin, safety-pin.

prender [pren-dayr'] *va.* to seize, grasp, catch; to arrest, imprison; *vn.* to take (*fire*) (*root*).

prendero [pren-day'ro] *m.* pawnbroker; second-hand dealer.

prendimiento [pren-dee-myen'to] *m.* arrest.

prensa [pren'sa] *f.* press, vice, clamp; journalism, daily press; — de lagar, wine-press.

prensar [pren-sar'] *va.* to press (*grapes, etc.*).

preñado [pray-nya'do] *adj.* pregnant; replete, charged with.

preñez [pray-nyayth'] *f.* pregnancy; fulness; peril; confusion.

preocupación [pray-o-koo-pa-thyon'] *f.* preoccupation, prejudice, bias, worry, responsibility.

preocupar [pray-o-koo-par] *va.* to preoccupy, concern; *vr.* to worry, take great interest, care.

preparado [pray-pa-ra'do] *adj.* ready; manufactured (*not natural*).

preparar [pray-pa-rar'] *va.* to prepare; *vr.* to get ready.

preparativo [pray-pa-ra-tee'vo] *m. pl.* preparations.

preponderar [pray - pon - day - rar'] *vn.* to be preponderant, prevail, overpower.

preposición [pray - po - see - thyon'] *f.* preposition.

prerrogativa [pray-ro-ga-tee'-vo] *f.* prerogative, privilege.

presa [pray'sa] *f.* capture, prey, prize; morsel; dam, dike; talon, claw; tribunal de —, prize court; hacer —, to capture.

presagiar [pray-sa-hyar'] *va.* to forebode.

presagio [pray-sa'hyo] *m.* omen.

presbítero [pres-bee'tay-ro] *m.* priest, presbyter.

presciencia [pres-thyen'thya] *f.* prescience, foreknowledge.

prescindir [pres-theen-deer'] *vn.* to do without, omit, dispense (with).

prescindible [pres-theen-dee'-adj.* dispensable.

prescribir [pres-kree-bee'] *va.* to prescribe.

prescripción [pres - kreep - thyon'] *f.* prescription.

presea [pray-say'a] *f.* gem.

presencia [pray-sen'thya] *f.* presence; build, physique.

presencial [pray-sen-thyal'] *adj.* **testigo —**, eyewitness.

presenciar [pray-sen-thyar'] *va.* to attend, be present at; to witness.

presentación [pray-sen-ta-thyon'] *f.* show, exhibition; introduction.

presentar [pray-sen-tar'] *va.* to display, exhibit; to introduce *(persons)*; offer *(as candidate)*; to present; *vr.* to appear, offer oneself.

presente [pray-sen'tay] *adj.* present, current *(month or year)*; *m.* gift; *f.* the present document; **mejorando lo —**, present company excepted; **hacer —**, to remind, recall.

presentimiento [pray-sen-tee-myen'to] *m.* foreboding, misgiving.

presentir [pray-sen-teer'] *va.* to forebode, have a feeling, presentiment.

presero [pray-say'ro] *m.* weir keeper.

preservación [pray-sayr-va-thyon'] *f.* preservation, conservation.

preservar [pray-sayr-var'] *va.* to preserve, guard, keep.

preservativo [pray-sayr-va-tee'-vo] *m.* preventive, preservative.

presidencia [pray-see-den'thya] *f.* presidency, president's chair, the chair.

presidente [pray-see-den'tay] *m.* president; chairman.

presidiar [pray-see-dyar'] *va.* to garrison. [m. convict.

presidiario [pray-see-dya'ryo]

presidio [pray-see'dyo] *m.* hard labour; garrison, fortress; penitentiary.

presidir [pray-see-deer'] *va.* to preside, act as chairman.

presilla [pray-see'lya] *f.* loop, eye, hole, noose.

presión [pray-syon'] *f.* pressure; **botón de —**, press-stud.

preso [pray'so] *adj.* imprisoned; *m.* prisoner; **llevar —**, to carry off.

prestado [pres-ta'do] *adj.* **pedir —**, to borrow.

prestamista [pres-ta-mees'ta] *m.* money-lender, pawn-broker.

préstamo [pres'ta-mo] *m.* loan.

prestar [pres-tar'] *va.* to lend, loan; to give *(an air)*; **— atención**, to pay attention; *vr.* to offer; to lend onesel; **se presta (a)**, it gives rise (to).

presteza [pres-tay'tha] *f.* haste, promptitude; alacrity.

prestidigitador [pres-tee-dee-he-ta-dor'] *m.* juggler, conjurer.

prestigio [pres-tee'hyo] *m.* prestige, fame, reputation, name; spell; sleight of hand.

prestigioso [pres-tee-hyo'so] *adj.* eminent, famous.

presto [pres'to] *adj.* swift; *adv.* quickly, prompt.

presumible [pray-soo-mee'blay] *adj.* presumable.

presumir [pray-soo-meer'] *va.* & *n.* to presume, conjecture; to boast.

presunción [pray-soon-thyon'] *f.* presumption; presumptuousness.

presuntivo [pray-soon-tee'vo] *adj.* presumptive, supposed.

presunto [pray-soon'to] *adj.* presumed; presumptive; **heredero —**, heir apparent.

presuntuoso [pray-soon-two'so] *adj.* presumptuous, vain, conceited.

presupuesto [pray-soo-pwes'to] *m.* pretext; understanding; budget.

presuroso [pray-soo-ro'so] *adj.* hasty, speedy, hurried.

pretender [pray-ten-dayr'] *va.* to pretend, claim; to try, endeavour; to have aspirations to (win, possess, etc.).

pretendiente [pray-ten-dyen'tay] *m.* suitor, officeseeker, claimant.

pretensión [pray-ten-syon'] *f.* pretension, claim.

pretextar [pray-teks-tar'] *va.* to pretext; to allege as pretext. [text, cover, excuse.

pretexto [pray-teks'to] *m.* pre-

pretil [pray-teel'] *m.* railling, parapet; breastwork.

pretina [pray-tee'nah] *f.* girdle, waistband; belt.

prevalecer [pray-va-lay-thayr'] *vn.* to prevail, surpass.

prevalerse [pray-va-layr'say] *vr.* to avail oneself of, make use of.

prevaricar [pray-va-ree-kar'] *vn.* to prevaricate.

prevención [pray-ven-thyon'] *f.* prevention, forethought; warning; prejudice.

prevenido [pray-vay-nee'do] *adj.* ready, prepared, cautious, forewarned.

prevenir [pray-vay-neer'] *va.* to warn, forestall, notify; to prepare, provide; to hinder.

preventivo [pray-ven-tee'vo] *adj.* preventive.

prever [pray-vayr'] *va.* to foresee.

previamente [pray-vay-men'tay] *adv.* previously, earlier, in good time.

previo [pray'vyo] *adj.* previous, advance, prior.

previsión [pray-vee-syon'] *f.* foresight.

prez [prayth] *f.* honour, glory.

prieto [pryay'to] *adj.* very black; mean; compressed.

prima [pree'ma] *f.* cousin *(female)*; premium.

primario [pree-ma'ryo] *adj.* *(geol.)* primary; chief, primary; elementary.

primavera [pree-ma-vay'ra] *f.* spring; primrose.

primaveral [pree-ma-vay-ral'] *adj.* springlike, spring.

primero [pree-may'ro] *adj.* first; **de buenas a primeras,** without so much as a by your leave; **de primero,** first class quality, very well; *adv.* rather.

primicia [pree-mee'thya] *f.* first fruit.

primitivo [pree-mee-tee'vo] *adj.* primitive, original.

primo [pree'mo] *m.* cousin; simpleton, ass; — **hermano,** first cousin; **materia prima,** raw material.

primogénito [pree-mo-hay'nee-to] *adj.* first-born, eldest *(son).*

primor [pree-mor'] *m.* beauty, exquisiteness, loveliness.

primordial [pree-mor-dyal'] *adj.* primal, original. fundamental.

primoroso [pree-mo-ro'so] *adj.* exquisite, curious, lovely, neat, fine. [princess.

princesa [preen-thay'sa] *f.*

principado [preen-thee-pa'do] *m.* principality.

principal [preen-thee-pal'] *adj.* principal; first *(floor)*; *m.* capital, stock.

príncipe [preen'thee-pay] *m.* prince; — **de Asturias,** equivalent of Prince of Wales.

principiante [preen-thee-pyan'tay] *m.* beginner, tyro.

principiar [preen-thee-pyar'] *va.* to begin, start.

principio [preen-thee'pyo] *m.* beginning, start, origin; principle, motive; entrée; **al —,** at the beginning; **en —,** in principle.

pringar [preen-gar'] *v. tr.* to baste meat; to stain with grease; to wound; to have a finger in the pic.

prior [pree-or'] *m.* prior.

prioridad [pree-o-ree-dad'] *f.* priority, precedence.

prisa [pree'sa] *f.* haste, promptness; **llevar (tener) —,** to be in a hurry.

prisión [pree-syon'] *f.* prison, jail; seizure; *pl.* chains, fetters.

prisionero [pree-syo-nay'ro] *m.* prisoner.

prisma [prees'ma] *m.* prism.

prismático [prees-ma'tee-ko] *adj.* prismatic.

pristino [prees-tee'no] *adj.* pristine, pure, unspoiled.

privación [pree-va-thyon'] *f.* privation, deprivation, want.

privado [pree-va'do] *adj.* private, secret; *m.* favourite.

privanza [pree-van'tha] *f.* favour *(at Court)*, protection.

privar [pree-var'] *va.* to deprive, dispossess.

privativo [pree-va-tee'vo] *adj.* peculiar, restricted to, exclusive.

privilegiado [pree-vee-lay-hya'-do] *adj.* distinguished, outstanding, (extremely) gifted.
privilegiar [pree-vee-lay-hyar'] *va.* to distinguish, grant privileges.
privilegio [pree-vee-lay'hyo] *m.* privilege, concession, faculty.
pro [pro] *m.* or *f.* profit; advantage; **en —**, for the benefit of; **hombre de —**, substantial citizen. [steerage.
proa [pro'a] *f.* prow, bows;
probabilidad [pro-ba-bee-lee-dad'] *f.* probability.
probable [pro-ba'blay] *adj.* probable, likely.
probación [pro-ba-thyon'] *f.* proof, trial.
probanza [pro-ban'tha] *f.* proof, evidence.
probar [pro-bar'] *va.* to prove, test, examine; to justify; to taste *(wine)*; to try on *(clothes)*; **— fortuna**, to try one's luck.
probeta [pro-bay'tah] *f.* quicksilver- manometer; pressure-gauge; test-tube, pipette.
probidad [pro-bee-dad'] *f.* probity, integrity.
problema [pro-blay'ma] *m.* problem. [right.
probo [pro'bo] *adj.* honest, upright.
procacidad [pro-ka-thee-dad'] *f.* impudence, insolence.
procaz [pro-kath'] *adj.* bold, impudent.
procedencia [pro - thay - den'-thya] *f.* origin, source, place from which come.
procedente [pro-thay-den'tay] *adj.* **— de**, originating in; coming from.
proceder [pro-thay-dayr'] *vn.* to proceed, to go on; to proceed from *m.* conduct, behaviour.
procedimiento [pro-thay-dee-myen'to] *m.* process, method, manner, custom, procedure.
proceloso [pro-thay-lo'so] *adj.* tempestuous.
prócer [pro'thayr] *adj.* lofty; *m.* distinguished citizen, Senator.

procesar [pro-thay-sar'] *va.* to prosecute, indict, try.
procesión [pro-thay-syon'] *f.* *(relig.)* procession.
proceso [pro-thay'so] *m.* progress; proceedings; trial.
proclama [pro-kla'ma] *f.* proclamation; banns.
proclamar [pro-kla-mar'] *va.* to proclaim, promulgate.
proclividad [pro-klee-vee-dad'] *f.* proclivity, propensity, inclination.
procrear [pro-kray-ar'] *va.* to breed, procreate, generate.
procuración [pro-koo-ra-thyon'] *f.* diligence; procuration; proxy.
procurador [pro-koo-ra-dor'] *m.* procurer; solicitor, attorney.
procurar [pro-koo-rar'] *va.* to procure; to try; to get
prodigalidad [pro-dee-ga-lee-dad'] *f.* prodigality, lavishness.
prodigar [pro-dee-gar'] *va.* to lavish, squander.
prodigio [pro-dee'hyo] *m.* prodigy, monster.
prodigioso [pro-dee-hyo'so] *adj.* prodigious, marvellous, portentous.
pródigo [pro'dee-go] *adj.* prodigal, wasteful, bountiful.
producción [pro-dook-thyon'] *f.* production; produce.
producente [pro-doo-then'tay] *adj.* productive.
producir [pro-doo-theer'] *va.* to produce, bring forth; to cause.
productivo [pro-dook-tee'vo] *adj.* productive, profitable.
producto [pro-dook'to] *m.* product, production; produce; growth.
proemio [pro-ay'mio] *m.* preface, prologue.
proeza [pro-ay'tha] *f.* valorous deed, prowess.
profanar [pro-fa-nar'] *va.* to profane, desecrate, defile.
profanidad [pro-fa-nee-dad'] *f.* profanity.
profano [pro-fa'no] *adj.* profane, secular; unlettered; *m.* layman, uninitiated.

profecía [pro-fay-thee'a] *f.* prophecy.

proferir [pro-fay-reer'] *va.* to utter, express, mouth.

profesar [pro-fay-sar'] *va.* to practise *(profession)*, profess; to take religious vows.

profesión [pro-fay-syon'] *f.* profession; declaration.

profesor [pro-fay-sor'] *m.* professor.

profesorado [pro-fay-so-ra'do] *m.* faculty, senate, teaching staff.

profeta [pro-fay'ta] *m.* prophet.

profetizar [pro-fay-tee-thar'] *va.* to foretell, prophesy.

prófugo [pro'foo-go] *adj.* fugitive *(from justice).*

profundidad [pro-foon-dee-dad'] *f.* profundity, depth.

profundizar [pro-foon-dee-thar'] *va.* to deepen; to penetrate, go deep.

profundo [pro-foon'do] *adj.* deep, profound.

profusión [pro-foo-syon'] *f.* profusion.   [geny, descendants.

progenie [pro-hay'nyay] *f.* progeny.

progenitor [pro-hay-nee-tor'] *m.* progenitor, ancestor, begetter.   [gramme.

programa [pro-gra'ma] *m.* programme.

progresar [pro-gray-sar'] *vn.* to progress, advance.

progresión [pro-gray-syon'] *f.* progression.

progreso [pro-gray'so] *m.* progress, growth.

prohibición [pro-ee-bee-thyon'] *f.* prohibition, ban.

prohibir [pro-ee-beer'] *va.* to forbid, prohibit.

prohijar [pro-ee-har'] *va.* to adopt *(a child);* to foster, support.

prohombre [pro-om'bray] *m.* master of an ancient guild; a notable.

prójimo [pro'hee-mo] *m.* neighbour, fellow-creature.

prole [pro'lay] *f.* offspring, children, "tribe", progeny.

proletario [pro-lay-ta'ryo] *m.* proletarian, pleb.

prolífico [pro-lee'fee-ko] *adj.* prolific, abundant.

prolijidad [pro-lee-hee-dad'] *f.* prolixity, tediousness, minute detail.

prolijo [pro-lee'ho] *adj.* prolix, long-winded, repetitious.

prólogo [pro-lo'go] *m.* prologue, preface, introduction.

prolongación [pro-lon-ga-thyon'] *f.* extension, lengthening, renewal.

prolongar [pro-lon-gar'] *va.* to lengthen, protract, extend.

promediar [pro-may-dyar'] *va.* to divide into two; to average; *vn.* to mediate.

promedio [pro-may'dyo] *m.* average; middle.

promesa [pro-may'sa] *f.* promise.

prometedor [pro-may-tay-dor'] *adj.* promising, auspicious.

prometer [pro-may-tayr'] *va.* to promise, offer.

prometido [pro-may-tee'do] *m.* betrothed.

prominencia [pro-mee-nen'thya] *f.* prominence, knoll.

prominente [pro-mee-nen'tay] *adj.* prominent.

promiscuo [pro-mees'kwo] *adj.* promiscuous, ambiguous.

promisión [pro-mee-syon'] *f.* promise; **Tierra de —,** Promised Land.

promoción [pro-mo-thyon'] *f.* promotion, preferment; *(mil.)* grade, rank; *(acad.)* 'year', generation.

promontorio [pro-mon-to'ryo] *m.* promontory, headland.

promotor [pro-mo-tor'] *m.* promoter, furtherer.

promover [pro-mo-vayr'] *va.* to promote, forward, raise, cause, stir up.

promulgar [pro-mool-gar'] *va.* to promulgate, issue, publish.

pronosticar [pro-nos-tee-kar'] *va.* to prognosticate, foretell, promise, predict.

pronóstico [pro-nos'tee-ko] *m.* prognostication, foreboding, prediction.

prontitud [pron-tee-tood'] *f.* promptitude, quickness, despatch.

pronto [pron'to] *adj.* quick,

ready, prompt; **por lo —,** for
the time being; *adv.* quickly.
prontuario [pron-twa'ryo] *m.*
memorandum.
pronunciación [pro-noon-thya-
thyon'] *f.* pronunciation, accent.
pronunciamiento [pro-noon-
thya-myen'to] *m. (mil.)* revolt, uprising rebellion.
pronunciar [pro-noon-thyar']
va. to pronounce, utter; *vr.* to
revolt, to declare oneself.
propagación [pro-pa-ga-thyon']
f. spread(ing), dissemination.
propagar [pro-pa-gar'] *va.* to
propagate, spread, diffuse.
propalar [pro-pa-lar'] *va.* to
disclose, reveal, betray, noise.
abroad.
propasarse [pro-pa-sar'say] *vr.*
to overstep, exceed, go beyond
(*what is right, etc.*).
propensión [pro-pen-syon'] *f.*
propensity, tendency, proclivity.
propenso [pro-pen'so] *adj.* given to, apt to, inclined.
propiamente [pro-pya-men'tay]
adv. properly; **— dicho,** properly speaking, more exactly.
propiciar [pro-pee-thyar'] *va.*
to propitiate, conciliate.
propicio [pro-pee'thyo] *adj.*
propitious, favourable.
propiedad [pro-pyay-dad'] *f.*
property, ownership; charac-
ter(istic); propriety.
propietario [pro-pyay-ta'ryo]
m. owner, landlord.
propina [pro-pee'na] *f.* gratuity, fee, tip, **de —,** in addition,
as an extra.
propinar [pro-pee-nar'] *vr.*
(*coll.*) to give, land (*slap, etc.*).
propincuo [pro-pin'kwo] *adj.*
contiguous, close by.
propio [pro'pyo] *adj.* proper,
convenient; peculiar, characteristic; *m.* messenger.
proponer [pro-po-nayr'] *va.* to
propose, suggest; to plan, aim.
proporcionado [pro-por-thyo-
na'do] *adj.* proportionate, adequate.
proporcionar [pro-por-thyo-

nar'] *va.* to supply, provide,
get for; to make.
proposición [pro-po-see-thyon]
f. proposition, proposal, offer.
propósito [pro-po'see-to] *m.*
purpose, aim, intent; a **—,**
apropos, by the way; suitable;
de —, on purpose.
propuesta [pro-pwes'ta] *f.* proposal, offer.
propugnar [pro-pook-nar'] *v.*
tr. to advocate.
prórroga [pro'ro-ga] *f.* prorro-
gation; extension.
prorrogar [pro-ro-gar'] *va.* to
extend; to prorogue, adjourn.
prorrumpir [pro-room-peer']
vn. to burst out, break out
(*into cries, etc.*).
prosa [pro'sa] *f.* prose.
prosador [pro-sa-dor'] *m.* pro-
sewriter, writer of prose.
prosaico [pro-sa'ee-ko] *adj.*
prosaic, dull, uninspired.
prosapia [pro-sa'pya] *f.* lineage.
proscribir [pros-kree-beer'] *to*
proscribe, banish.
proscripción [pros-kreep-
thyon'] *f.* exile, banishment;
prohibition.
prosecución [pro-say-koo-
thyon'] *f.* prosecution.
proseguir [pro-say-geer'] *va.* to
go on, proceed, continue, follow, pursue.
prosélito [pro-say'lee-to] *m.*
proselyte.   [writer.
prosista [pro-sees'ta] *m.* prose
prospecto [pros-pek'to] *m.* pro-
spectus; prospect.
prosperar [pros-pay-rar'] *vn.*
to prosper; thrive; *va.* to favour.
prosperidad [pros-pay-ree-dad']
f. prosperity, success.
próspero [pros'pay-ro] *adj.*
prosperous, fair.
prosternarse [pros-tayr-nar'say]
vr. to bend, prostrate oneself.
prostíbulo [pros-tee'boo-lo] *m.*
brothel.
prostituir [pros-tee-tweer'] *va.*
to prostitute, debase.
protagonista [pro-ta-go-nees'-
ta] *m.* protagonist.

protección [pro-tek-thyon'] *f.* protection, favour.

proteccionismo [pro-tek-thyo-nees'mo] *m.* protectionism.

protector [pro-tek-tor'] *m.* protector, defender.

proteger [pro-tay-hayr'] *va.* to protect, shield, shelter.

protesta [pro-tays'ta] *f.* protestation; protest.

protestante [pro-tes-tan'tay] *adj.* Protestant; protesting.

protestar [pro-tes-tar'] *va.* to protest; to assure; —una letra, to protest a draft.

protesto [pro-tes'to] *m.* protest (*of a bill*).

protocolo [pro-to-ko'lo] *m.* record, file; procedure.

prototipo [pro-to-tee'po] *m.* prototype, model.

protuberancia [pro-too-bay-ran'thya] *f.* protuberance.

provecto [pro-vek'to] *adj.* advanced (*years*), mature (*knowledge, etc.*).

provecho [pro-vay'cho] *m.* profit, advantage, use(fulness); de —, useful, suitable.

proveer [pro-vay-ayr'] *va.* to provide, supply with, furnish.

proveniente [pro-vay-nyen'tay] *adj.* coming from.

provenir [pro-vay-neer'] *vn.* to proceed from, originate in.

provenzal [pro-ven-thal'] *adj. & m.* Provençal.

proverbio [pro-vayr'byo] *m.* proverb, saw.

providencia [pro-vee-den'thya] *f.* Providence; foresight.

providente [pro-vee-den'tay] *adj.* provident, careful.

próvido [pro'vee-do] *adj.* provident.   [vince.

provincia [pro-veen'thya] *f.* province.

provinciano [pro-veen-thya'no] *adj. & m.* provincial.

provisión [pro-vee-syon'] *f.* provision, store, stock; writ; condition.

provisto [pro-vees'to] *adj.* supplied, stocked.

provocación [pro-vo-ka-thyon'] *f.* provocation.

provocar [pro-vo-kar'] *va.* to provoke, rouse, cause, badger.

provocativo [pro-vo-ka-tee'vo] *adj.* provoking, provocative.

proximidad [prok-see-mee-dad'] *f.* nearness, vicinity.

próximo [prok'see-mo] *adj.* next, close to.

proyección [pro-yek-thyon'] *f.* projection.

proyectar [pro-yek-tar'] *va.* to scheme, plan; to jut.

proyectil [pro-yek-teel'] *m.* missile, projectile.

proyecto [pro-yek'to] *m.* plan, scheme, project.

proyector [pro-yek-tor'] *m.* projector; — eléctrico, searchlight.

prudencia [proo-den'thya] *f.* prudence, wisdom.

prudente [proo-den'tay] *adj.* prudent, circumspect.

prueba [prway'ba] *f.* proof, test, trial; sample; assay; sign, mark; a —, on trial, to the test; a — de, proof against; poner a —, to test.

prurito [proo-ree'to] *m.* itch, hankering, yearning, aspiration.   [Prussian.

prusiano [proo-sya'no] *adj.*

psicología [psee-ko-lo-hee'a] *f.* psychology.

psicólogo [psee-ko'lo-go] *m.* psychologist.

púa [poo'a] *f.* prickle, graft, tooth (*of comb*); quill (*of hedgehog*); plectrum.

pubertad [poo-bayr-tad'] *f.* adolescence.

publicación [poo-blee-ka-thyon'] *f.* publication.

publicar [poo-blee-kar'] *va.* to publish, proclaim, make known.

publicidad [poo-blee-thee-dad'] *f.* publicity; dar —, to publicise, advertise.

público [poo'blee-ko] *adj. & m.* public.

puchero [poo-chay'ro] *m.* stew; dish made of boiled meat and vegetables; hacer —s, to pout, look rueful.

púdico [poo'dee-ko] *adj.* modest, chaste, virtuous.

pudiente [poo-dyen'tay] *adj. & m.* well-to-do, rich.

pudor [poo-dor'] *m.* modesty.
pudoroso [poo-do-ro'so] *adj.*
modest, shy, delicate.
pudrición [poo-dree-thyon'] *f.*
rottenness.
pudrir [poo-dreer'] *va.* to rot;
vr. to rot, putrify, disintegrate, decay.
pueblo [pway'blo] *m.* town;
common people; nation, the
people.
puente [pwen'tay] *m.* bridge;
deck *(ship)*; — colgante, suspension bridge; — levadizo,
drawbridge.
puerco [pwayr'ko] *adj.* nasty,
dirty, foul; *m.* hog; — espín,
porcupine; a cada — le llega
su San Martín, every dog has
his day.
puericultor [pway-ree-kool-
tor'] *adj.* professing puericul-
ture or rearing of children.
pueril [pway-reel'] *adj.* childish, puerile.
puerilidad [pway-ree-lee-dad']
f. childish *(action, statement,
etc.)*, bagatelle.
puerta [pwayr'ta] *f.* door, gate;
— accesoria, side-door; — cochera, carriage-door; — excusada *(or falsa)*, postern, private entrance; — franca, open
house.
puerto [pwayr'to] *m.* harbour,
port; *(mountain)* pass; refuge; — habilitado, port of entry; — libre, free port; — de
depósito, bond port.
pues [pwes] *conj.* then; because; well, since; yes.
puesta [pwes'ta] *f.* set *(of sun)*;
stake.
puesto [pwes'to] *adj.* put; *m.*
place, spot, position, post, job;
stall; — que, although, since.
pugna [poog'na] *f.* conflict,
struggle, rivalry, contest.
pugnacidad [poog-na-thee-dad']
f. pugnacity.
pugnar [poog-nar'] *vn.* to
struggle to, contend, be (in
rivalry, in conflict).
pujante [poo-han'tay] *adj.*
strong, pushing, powerful.
pujanza [poo-han'tha] *f.*
strength, power, puissance.

pujar [poo-har'] *va.* to outbid,
bid.
pulcritud [pool-kree-tood'] *f.*
neatness, seemliness, loveliness.
pulcro [pool'kro] *adj.* lovely,
refined, seemly, proper.
pulga [pool'ga] *f.* flea; tener
malas —s, to be cross-grained.
pulgada [pool-ga'da] *f.* inch.
pulgar [pool-gar'] *m.* thumb.
pulido [poo-lee'do] *adj.* neat,
polished, nice, shiny.
pulimentar [poo-lee-men-tar']
va. to polish, burnish.
pulir [poo-leer'] *va.* to burnish,
polish; to embellish, beautify;
vr. to polish oneself up.
pulla [poo'lya] *f.* repartee;
stinging remark.
pulmón [pool-mon'] *m.* lung.
pulmonía [pool-mo-nee'a] *f.*
pneumonia.
pulpa [pool'pa] *f.* pulp, flesh.
púlpito [pool'pee-to] *m.* pulpit.
pulpo [pool'po] *m.* cuttle-fish,
octopus.
pulsación [pool-sa-thyon'] *f.*
pulsation, beating.
pulsar [pool-sar'] *va.* to feel
the pulse; to finger *(stringed
instrument)*; to sound out *(an
affair)*.
pulsera [pool-say'ra] *f.* bangle,
bracelet; reloj de —, wrist
watch.
pulso [pool'so] *m.* pulse; pulsation; circumspection, care,
steadiness *(of handling)*; a —,
by the strength of one's arm;
con mucho —, gingerly.
pulular [poo-loo-lar'] *vn.* to
swarm, teem.
pulverizar [pool-vay-ree-thar']
va. to grind, pulverise.
puna [poo'na] *f. (S. Amer.)*
bleak waste.
punción [poon-thyon'] *f.* puncture *(of skin, etc.)*.
pundonor [poon-do-nor'] *m.*
point of honour.
pungente [poon-hen'tay] *adj.*
pungent.
pungir [poon-heer'] *v. tr.* to
punch, to prick, prod.
punición [poo-nee-thyon'] *f.*
punishment.

punitivo [poo-nee-tee'vo] *adj.* punitive.

punta [poon'ta] *f.* end, extremity; tip; point; tinge; suggestion; — **de París**, wire nail; **andar en —s**, to be at loggerheads; *pl.* **—y collares de**, the makings of.

puntal [poon-tal'] *m.* support; stay; prop.   [kick.

puntapié [poon-ta-pyay'] *m.*

puntería [poon-tay-ree'a] *f.* aim *(with rifle, etc.).*

puntiagudo [poon-tya-goo'do] *adj.* sharp (pointed).

puntilla [poon-tee-lya] *f.* tack; joiner's nail; **andar de —s**, on tiptoe.

punto [poon'to] *m.* point; place, spot; mark, point; detail, aspect; end, object; — **final**, full stop; — **y coma**, semicolon; **al —**, immediately; **a — fijo**, without a doubt; **en —**, on the dot, exactly; **hasta cierto —**, to some extent; — **menos**, practically, almost; **estar a —**, to be about, ready; **obra de punto**, knitted wear, knitting; — **de apoyo**, fulcrum; **en su —**, just right, perfect.

puntual [poon-twal'] *adj.* punctual, exact; accurate, reliable.

puntualidad [poon-twa-lee-dad'] *f.* preciseness, punctuality.

puntualizar [poon-twa-lee-thar'] *va.* to be (speak) accurately (concretely), enumerate; to fix in one's mind.

punzada [poon-tha'da] *f.* prick, stitch *(in side).*

punzar [poon-thar'] *va.* to puncture, perforate.

punzón [poon-thon'] *m.* punch; counter-sink; bodkin.

puñado [poo-nya'do] *m.* handful, bunch, fistful.

puñal [poo-nyal'] *m.* dagger.

puñalada [poo-nya-la'da] *f.* stab.

puñetazo [poo-nyay-ta'tho] *m.* blow *(with fist).*

puño [poo'nyo] *m.* fist; cuff; handle, hilt, head; **por sus —s**, by his own efforts.

pupila [poo-pee'la] *f.* pupil *(of the eye).*

pupilaje [poo-pee-la'hay] *m.* wardship; boarding house.

pupilo [poo-pee'lo] *m.* ward; boarder.

pupitre [poo-pee'tray] *m. (writing)* desk.

pureza [poo-ray'tha] *f.* purity.

purgante [poor-gan'tay] *adj.* purgative; *m.* purge, cathartic.

purgar [poor-gar'] *va.* to purge; to expiate; *vr.* to take a purge.

purgatorio [poor-ga-to'ryo] *m.* purgatory.

puridad [poo-ree-dad'] *adv.* **en —**, without beating about the bush.

purificar [poo-ree-fee-kar'] *va.* to purify, cleanse, refine.

puritano [poo-ree-ta'no] *m.* puritan.

puro [poo'ro] *adj.* pure, chaste; unalloyed; **cayó de — viejo**, it fell down out of sheer old age; *m.* cigar.

púrpura [poor'poo-ra] *f.* purple.

purpúreo [poor-poo'ray-o] *adj.* [purple.

pusilánime [poo-see-la'nee-ma] *adj.* faint-hearted.

puta [poo'ta] *f.* whore.

putativo [poo-ta-tee'vo] *adj.* presumed, reputed.

putrefacción [poo-tray-fak-thyon'] *f.* corruption.

putrido [poo-tree'do] *adj.* rotten, decayed.

puya [poo'ya] *f.* goad.

Q

que [kay] *rel. pron.* which, that, who, whom; lo —, what; *conj.* that, to; for, because, since.

qué [kay] *interrog. pron.* what? which?; *exclam. pron.* how! what (a)!

quebrada [kay-bra'da] *f.* ravine, gully.

quebradero [kay-bra-day'ro] *m.* — de cabeza, worry "headache".

quebradizo [kay-bra-dee'tho] *adj.* fragile, brittle.

quebrado [kay-bra'do] *adj.* broken; uneven *(ground)*; bankrupt "broke"; *m.* fraction.

quebradura [kay-bra-doo'ra] *f.* rupture, hernia; slit, gap.

quebrantar [kay-bran-tar'] *va.* to break, smash, crush; to violate, transgress; to weaken, run down; to annul.

quebranto [kay-bran'to] *m.* breaking; affliction.

quebrar [kay-brar'] *va.* to break; to interrupt; to bend; *vn.* to fail, to become bankrupt.

queda [kay'da] *f.* curfew.

quedada [kay-da'dah] *f.* stay, remaining, residence, sojourn, permanence.

quedar [kay-dar'] *vn.* to remain, be left, be, stay; to linger; *vr.* to remain, stay; — con, to retain, keep.

quedo [kay'do] *adj.* quiet, soft, gentle.

quehacer [kay-a-thayr'] *m.* occupation, job, chore.

queja [kay'ha] *f.* complaint, plaint, querulousness.

quejarse [kay-har'say] *vr.* to moan, whine, grumble, complain.

quejido [kay-hee'do] *m.* moan, whimper, plaint, complaint.

quejoso [kay-ho'so] *adj.* complaining, querulous, plaintive.

quemadero [kay-ma-day'ro] *m.* place where criminals were burnt.   [burn, scald.

quemadura [kay-ma-doo'ra] *f.*

quemar [kay-mar'] *va.* to burn, scald, scorch; to parch; *vr.* to burn, be consumed by fire.

querella [kay-ray'lya] *f.* quarrel, dispute, jangle, squabble, complaint.

querellante [kay-ray-lyan'tay] *m.* complainant, plaintiff.

querelloso [kay-ray-lyo'so] *adj.* quarrelsome, plaintive.

querencia [kay-ren'thya] *f.* affection, fondness; favourite spot *(for rest, water, etc.).*

querer [kay-rayr'] *va.* to want, wish, intend, desire; to cherish, love; — decir, to mean; sin —, unintentionally; *m.* love, will.

querido [kay-ree'do] *adj.* dear, darling, beloved; *m.* lover; *f.* lady-love, mistress.

querubín [kay-roo-been'] *m.* cherub.

queso [kay'so] *m.* cheese; — helado, ice-cream brick; — de nata, cream-cheese.

quevedos [kay-vay'dos] *m. pl.* (horn-rimmed) glasses, spectacles.

quiá! [kee-a'] *interj.* what nonsense! pooh!

quicio [kee'thyo] *m.* hinge; sacar de —, to exasperate, unhinge, put out.

quiebra [kee-ay'bra] *f.* fracture; failure, loss, crash, slump, bankruptcy.

quiebro [kee-ay'bro] *m.* twist; trill; catch *(in voice).*

quien [kee-ayn'] *rel. pron.* who, whom.

quienquiera [kee-ayn-kee-ay'-ra] *rel. pron.* whoever, whosoever, whichever.

quieto [kee-ay'to] *adj.* still, quiet; steady, orderly; unperturbed.

quietud [kee-ay-tood'] *f.* quiet, quietude, hush, still, calm.

quijada [kee-ha'da] *f.* jawbone, chap.   [Quixotic.

quijotesco [kee-ho-tes'ko] *adj.*

quilate [kee-la'tay] *m.* carat; *pl.* de muchos —, very perfect, of great value.

quilla [kee'lya] *f.* keel.

quimera [kee-may'ra] *f.* chimera, illusion, fancy.

quimérico [kee-may'ree-ko] *adj.* chimerical, unreal, fantastic.

químico [kee'mee-ko] *adj.* chemical; *m.* chemist.

quincalla [keen-ka'lya] *f.* hardware, ironmongery.

quincallería [keen-ka-lyay-ree'-a] *f.* hardware trade, ironmonger's, hardware shop.

quince [keen'thay] *adj.* fifteen, fifteenth.   [night.

quincena [keen-thay'na] *f.* fortnight.

quincenal [keen-thay-nal'] *adj.* bi-weekly, fortnightly.

quinina [kee-nee'na] *f.* quinine.

quinqué [keen-kay'] *m.* oil-lamp.

quinta [keen'ta] *f.* cottage, villa, manor, country seat; draft, recruitment *(of soldiers by lot)*; series of five *(cards)*.

quintaesencia [keen-ta-ay-sen'-thya] *f.* quintessence, essence, pith.

quintal [keen-tal'] *m.* hundred-weight.

quiosco [kee-os'ko] *m.* kiosk, pavilion.

quiquiriquí [kee-kee-ree-kee'] *m.* cock-a-doodle-do.

quirúrgico [kee-roor'hee-ko] *adj.* surgical.

quisquilla [kees-kee'lya] *f.* cavil; triffling, dispute *(ichth.)* prawn.

quisquilloso [kees-kee-lyo'so] *adj.* peevish, touchy; particular, "faddy", fastidious.

quisto [kees'to] *adj.* bien —, generally beloved; mal —, disliked.

quita [kee'ta] *f.* discharge, release; de — y pon, adjustable, detachable.

¡quita! [kee'ta] *interj.* God forbid!

quitapesares [kee-ta-pay-sa'-rays] *m.* consolation.

quitar [kee-tar'] *va.* to take (away, off, out); to deprive, strip, rob; to move; to substract; *vr.* to move away, withdraw; to doff, take off; — la vida, to commit suicide.

quitasol [kee-ta-sol'] *m.* parasol, sunshade.

quite [kee'tay] *m.* hindrance; parry; removal *(of bull when a fighter is in danger)*.

quizá(s) [kee-tha'(s)] *adv.* perhaps, perchance, maybe.

R

rabadilla [ra-ba-dee'lya] *f.* rump.

rábano [ra'ba-no] *m.* radish; — picante, horse-radish; tomar el — por las hojas. to misconstrue.

rabí [ra-bee'] *m.* rabbi, rabbin.

rabia [ra'bya] *f.* rabies; fury, exasperation.

rabiar [ra-byar'] *vn.* to be rabid, rage; — por, to be itching to. mad, raging, furious

rabioso [ra-byo'so] *adj.* rabid;

rabo [ra'bo] *m.* tail; end; con el — entre las piernas, crestfallen, with tail between one's legs; de cabo a —, out-and-out.

racial [ra-thee-al'] *adj.* racial ethnic(al), phyletic.

racimo [ra-thee'mo] *m.* cluster, bunch.

raciocinar [ra-thyo-thee-nar'] *vn.* to reason.

raciocinio [ra-thyo-thee'nyo] *m.* reasoning.

ración [ra-thyon'] *f.* ration, mess, allowance; pittance; share.

racional [ra-thyo-nal'] *adj.* reasonable; rational.

racionamiento [ra - thyo - na - mien'to] *m.* rationing; distribution of rations; **cartilla de —,** ration card. [ration.

racionar [ra-thyo-nar'] *va.* to

racha [ra'cha] *f.* gust (of *wind);* burst, flurry.

rada [ra'da] *f.* roadstead.

radiador [ra-dya-dor'] *m.* radiator.

radiante [ra-dyan'tay] *adj.* radiant; ablaze, beaming, brilliant.

radical [ra-dee-kal'] *adj.* radical, fundamental, essential.

radicar [ra-dee-kar'] *vn. & vr.* to take root.

radio [ra'dyo] *m.* radius, scope, circuit; radium; *f.* wire-less-set, radio (station).

radiodifusión [ra-dyo-dee-foo-syon'] *f.* broadcasting.

radioso [ra-dyo'so] *adj.* radiant.

radioyente [ra-dyo-yen'tay] *m.* listener (to *wireless).*

raer [ra-ayr'] *va.* to erase, scrape, rub off; to raze.

ráfaga [ra'fa-ga] *f.* gust, gale (wind); beam (light).

raíz [ra-eeth'] *f.* root, origin, base, foundation; **echar raíces,** to settle.

raja [ra-ha] *f.* rent, crack, split; slice rasher (bacon).

rajar [ra-har'] *va.* to split, rend, crack; *vr.* to throw in the sponge, give up.

ralea [ra-lay'a] *f.* breed, stock, race, ilk.

ralo [ra'lo] *adj.* sparse, thin.

ralladura [ra-lya-doo'ra] *f.* **—s,** gratings, peelings.

rama [ra'ma] *f.* branch, twig; department (of *studies, etc.);* **en —,** raw; **tabaco en —,** leaf tobacco; **ar1arse por las —s,** to beat about the bush.

ramaje [ra-ma'hay] *m.* foliage; spread (of *branches).*

ramal [ra-mal'] *m.* branch; branch line; strand, offshoot.

rambla [ram'bla] *fr.* rambla, dry ravine; tenter (ing.) machine.

ramera [ra-may'ra] *f.* harlot, strumpet.

ramificación [ra-mee-fee-ka-thyon'] *f.* ramification, branching off.

ramificarse [ra-mee-fee-kar'-say] *vr.* to branch out, spread out.

ramillete [ra-mee-lyay'tay] *m.* bouquet, posy, nosegay; centrepiece; bunch.

ramo [ra'mo] *m.* bough, branch; bouquet; cluster; branch (of *business);* department (of *knowledge).*

rampa [ram'pa] *f.* incline, gradient, ramp.

ramplón [ram-plon'] *adj.* coarse, common, rude.

rana [ra'na] *f.* frog.

rancio [ran'thyo] *adj.* rancid, rank; very old, ancient.

ranchería [ran-chay-ree'a] *f.* camp; settlement; stockfarms; group of ranches.

ranchero [ran-chay'ro] *m.* steward; stockfarmer, ranch owner.

rancho [ran'cho] *m.* mess; hut, ranch, stock-farm; **hacer — aparte,** to form an independent group.

rango [ran'go] *m.* rank, status, dignity.

ranura [ra-noo'ra] *f.* groove; slot. [rapacity, greed.

rapacidad [ra-pa-thee-dad'] *f.*

rapar [ra-par'] *va.* to shave (off), shear, crop.

rapaz [ra-path'] *m.* lad, young boy; *adj.* ravenous, thieving.

rape [ra-pay'] *m.* **al —,** close-cropped.

rapé [ra'pay] *m.* snuff.

rapidez [ra-pee-dayth'] f. speed, rapidity, ease.

rápido [ra'pee-do] adj. fleet-footed, speedy, fast, rapid; **tren —**, express train.

rapiña [ra-pee-nya] f. rapine, plunder; **ave de —**, bird of prey.

raposa [ra-po'sa] f. vixen.

raposo [ra-po'so] m. fox.

raptar [rap-tar'] va. to snatch away; to abduct.

rapto [rap'to] m. ecstasy, swoon, transport, rapture; rape, ravishment, abduction.

raqueta [ra-kay'ta] f. racket.

raquítico [ra-kee'tee-ko] adj. rickety; spineless, woebegone, sorry.

raquitismo [ra-kee-tees'mo] m. rickets.

rareza [ra-ray'tha] f. uncommonness, queerness, oddity; rarity, strangeness; scarcity.

raro [ra'ro] adj. rare; odd, out-of-the-way, uncommon; queer, eccentric; **rara vez**, seldom.

rascacielos [ras-ka-thyay'los] m. skyscraper.

rascar [ras-kar'] va. to rasp, scrape, scratch (head); to scour; to strum (guitar).

rasgadura [ras-ga-doo'ra] f. tear, rip.

rasgar [ras-gar'] va. to rend, rip, slit, tear.

rasgo [ras'go] m. dash, stroke, flourish; trait, characteristic; (heroic) gesture.

rasguño [ras-goo'nyo] m. scratch; sketch.

raso [ra'so] adj. open, free, flat, clear; **al —**, on the open ground; m. satin.

raspadura [ras-pa-doo'ra] f. erasure; scraping, scrape; **—s**, raspings, shavings, peelings.

raspar [ras-par'] va. to erase; to graze, scratch, scrape.

rastra [ras'tra] f. sled; harrow; reaping machine; string (onions, etc.); trace.

rastrear [ras-tray-ar'] va. to track, trace; to rake, harrow; vr. to sweep, drag.

rastrero [ras-tray'ro] adj. creeping, sneaking; low-flying.

rastrillar [ras-tree-lyar'] va. to rake.

rastrillo [ras-tree'lyo] m. rake.

rastro [ras'tro] m. track, scent, trace; harrow; vestige, relic; **el —**, (Madrid) ragmarket, second-hand market.

rastrojo [ras-tro'ho] m. stubble.

rasurar [ra-soo-rar'] v. tr. to shave.

rata [ra'ta] f. rat.

rataplán [ra-ta-plan'] m. rub-a-dub (sound of drum).

ratería [ra-tay-ree'a] f. larceny, pilfering.

ratero [ra-tay'ro] m. pick-pocket, cut-purse, petty thief.

ratificación [ra-tee-fee-ka-thyon'] f. ratification, confirmation.   [ratify, sanction.

ratificar [ra-tee-fee-kar'] va. to

rato [ra'to] m. while, spell moment; **de — en —**, occasionally, at odd moments; **—s perdidos**, spare time; **a —s**, spasmodically.

ratón [ra-ton'] m. mouse; **— campestre**, field-mouse.

ratonera [ra-to-nay'ra] f. mouse-hole; mouse-trap.

raudal [row-dal'] m. stream, rapids; plenty.

raya [ra'ya] f. stripe; dash, line, stroke; boundary, limit; parting (in hair); **pasar de la —**, to go beyond the pale; m. rayfish.

rayar [ra-yar'] va. to draw lines; to streak, stripe, score; to scratch; to underline; to cross out; vn. to border on; to come to.

rayo [ra'yo] m. beam, ray; flash (lightning); (thunder) bolt; spoke (wheel); **como un —**, swift as lightning; **— de sol**, sunbeam; **—s X**, X-rays.

raza [ra'tha] f. race; breed, strain; **de —**, thoroughbred.

razón [ra-thon'] f. sense, reason; right; ratio, rate; justice; **Ud. tiene —**, you are right; **— social**, name (of firm); **perder la —**, to lose one's wits.

razonable [ra-tho-na'blay] adj. reasonable, fair; just; sensible.

razonamiento [ra-tho-na-myen'-to] *m.* reasoning.

razonar [ra-tho-nar'] *vn.* to reason, converse, discourse.

re- [ray] *prefix used to suggest emphasis and repetition: e.g.* rebueno, very good.

reacción [ray-ak-thyon'] *f.* reaction; a —, jet (plane).

reaccionar [ray-ak-thyo-nar'] *vn.* to react.

reacio [ray-a'thyo] *adj.* stubborn, allergic, contrary.

reactor [ray-ak'tor] *m.* jet plane.

real [ray-al'] *adj.* real, genuine; royal, kingly, magnificent; *m.* camp; fairground; real (*coin, not now in use*).

realce [ray-al'thay] *m.* splendour; high light; raised ornament, prominence; dar —a, to enhance. [alty:

realeza [ray-a-lay'tha] *f.* roy-

realidad [ray-a-lee-dad'] *f.* reality; sincerity; en —, really, in fact.

realizable [ray-a-lee-tha'blay] *adj.* achievable; saleable; convertible (*into cash*).

realización [ray-a-lee-tha-thyon'] *f.* achievement; sale; conversion (*into cash*).

realizar [ray-a-lee-thar'] *va.* to perform; to sell; to carry through, bring into being; *vr.* to come true.

realzar [ray-al-thar'] *va.* to enhance, heighten; to raise; to emboss.

reanimar [ray-a-nee-mar'] *va.* to cheer up; to revive, restore, quicken.

reanudar [ray-a-noo-dar'] *va.* to resume.

reaparición [ray-a-pa-ree-thyon'] *f.* re-emergence, return, recurrence.

rebaja [ray-ba'ha] *f.* abatement; rebate, reduction (*in price*).

rebajar [ray-ba-har'] *va.* to diminish, lessen; to knock off, rebate; to make a reduction; to lower, debase; *vr.* to demean oneself. [flock.

rebaño [ray-ba'nyo] *m.* herd,

rebatir [ray-ba-teer'] *va.* to refute; to repel.

rebato [ray-ba'to] *m.* sortie; tocar a —, to sound the alarm.

rebeca [ray-bay'ka] *f.* cardigan. [to rebel, revolt.

rebelarse [ray-bay-lar'say] *vr.*

rebelde [ray-bel'day] *adj.* rebellious; undisciplined (*child*); *m.* insurgent, rebel.

rebeldía [ray-bel-dee'a] *f.* sedition, rebelliousness; default, defiance (*of law*).

rebelión [ray-bay-lyon'] *f.* rebellion, revolt, insurrection.

rebenque [ray-ben'kay] *m.* lash for flogging; (*naut.*) ratline, ratling. [brimming.

rebosante [ray-bo-san'tay] *adj.*

rebosar [ray-bo-sar'] *vn.* to overflow, spill over; to abound.

rebozar [ray-bo-thar'] *va. & r.* to muffle oneself up.

rebozo [ray-bo'tho] *m.* muffler; sin —, openly.

rebusca [ray-boos'ka] *f.* research; gleaning.

rebuscado [ray-boos-ka'do] *adj.* elaborate, "recherché".

rebuscar [ray-boos-kar'] *va.* to ransack. [to bray.

rebuznar [ray-booth-nar'] *vn.*

recadero [ray-ka-day'ro] *m.* errand boy, messenger.

recado [ray-ka'do] *m.* message; greeting, regards; mandar —, to send word.

recaer [ray-ka-ayr'] *vn.* to relapse; to behove.

recaída [ray-ka-ee'da] *f.* relapse.

recalcar [ray-kal-kar'] *va.* to cram, squeeze; *vn.* to list, heel over; *vr.* to harp (on), overemphasize.

recalcitrante [ray-kay-thee-tran'tay] *adj.* recalcitrant.

recalcitrar [ray-kay-thee-trar'] *vn.* to wince.

recalentar [ray-ka-len-tar'] *va.* to heat up, warm up (*food*).

recámara [ray-ka'ma-ra] *f.* dressing-room; breech (*gun*).

recambio [ray-kam'byo] *m.* piezas de —, spare parts.

recapacitar [ray-ka-pa-thee-tar'] *vn.* to think over.

617   rec

recapitular [ray-ka-pee-too-lar'] *va.* to recapitulate, sum up, run over *(points, etc.)*, resume.

recargado [ray-kar-ga'do] *adj.* heavy, excessive; heavily flavoured; ornate.

recargar [ray-kar-gar'] *va.* to overload, cram, overwork.

recargo [ray-kar'go] *m.* overload; surcharge, additional charge.

recatado [ray-ka-ta'do] *adj.* circumspect, shy, retiring.

recatar [ray-ka-tar'] *va.* to conceal; *vr.* to behave modestly.

recato [ray-ka'to] *m.* shyness, bashfulness, modesty.

recaudador [ray-kow-da-dor'] *m.* tax-collector.

recelar [ray-thay-lar'] *va.* to distrust, be suspicious, fear.

recelo [ray-thay'lo] *m.* misgiving, suspicion.

receloso [ray-thay-lo'so] *adj.* apprehensive.

recepción [ray-thep-thyon'] *m.* reception; admission; at home.

receptáculo [ray-thep-ta'koo-lo] *m.* receptacle, sac, pocket.

receptador [ray-thep-ta-dor'] *m.* receiver of stolen goods.

receptor [ray-thep-tor'] *m.* receiver; radio set.

receso [ray-thay'so] *m.* recession, withdrawal, retreat; *(astr.)* deviation.

receta [ray-thay'ta] *f.* prescription; recipe.

recetar [ray-thay-tar'] *va.* to prescribe medicines.

recibimiento [ray-thee-bee-myen'to] *m.* reception, receipt; welcome; hall, vestibule.

recibir [ray-thee-beer'] *va.* to receive; to admit; to welcome.

recibo [ray-thee'bo] *m.* receipt; acquittance; **acusar — de**, to acknowledge receipt.

recién [ray-thyayn'] *adv.* just, recently; **— nacido**, new born; **— llegado**, newcomer.

reciente [ray-thyen'tay] *adj.* recent, fresh; modern; just out.

recientemente [ray-thyen-tay-men'tay] *adv.* recently, lately.

recinto [ray-theen'to] *m.* precinct; enclosure, bounds.

recio [ray'thyo] *adj.* stout, strong; coarse, rude; severe; *adv.* strongly, loud.

recipe [ray-thee'pay] *m.* prescription.

recipiente [ray-thee-pyen'tay] *m.* container, vessel.

reciprocar [ray-thee-pro-kar'] *va.* to reciprocate.

recíproco [ray-thee'pro-ko] *adj.* mutual; interchangeable.

recitar [ray-thee-tar'] *va.* to recite, declaim.

reclamación [ray-kla-ma-thyon'] *f.* claim, complaint.

reclamar [ray-kla-mar'] *va.* to claim, to demand; to complain (against).

reclamo [ray-kla'mo] *m.* decoy bird; inducement, allurement; slogan.

reclinar [ray-klee-nar'] *va.* & *r.* to lean (back).

reclusión [ray-kloo-syon'] *f.* seclusion; retirement.

recluta [ray-kloo'ta] *f.* levy; *m.* conscript, recruit.

recobrar [ray-ko-brar'] *va.* to recover, retrieve; **— el ánimo**, to pluck up courage.

recodo [ray-ko'do] *m.* turning, bend, *(road)*; angle, elbow.

recoger [ray-ko-hayr'] *va.* to gather (in), collect; to pick up, receive; to call (for); fetch; to lock up; *vr.* to take shelter; to retire; to retire from the world.

recogido [ray-ko-hee'do] *adj.* retired, secluded; *m.* tuck, fold.

recogimiento [ray-ko-hee-myen'to] *m.* concentration, seclusion; abstraction from worldly thoughts.

recolección [ray-ko-lek-thyon'] *f.* gathering, harvesting; collection, crop; compilation.

recomendación [ray-ko-men-da-thyon'] *f.* recommendation; **carta de —**, letter of introduction.

recomendar [ray-ko-men-dar']
va. to recommend, charge.

recompensa [ray-kom-pen'sa]
f. reward, return; amends, satisfaction.

recompensar [ray-kom-pen-sar']
va. to recompense, reward.

reconciliar [ray-kon-thee-lyar']
va. to reconcile, put to rights;
to receive brief confession of;
vr. to cleanse oneself (of minor sins).

reconciliación [ray-kon-thee-
lya-thyon'] f. reconciliation.

recóndito [ray-kon'dee-to] adj.
recondite, secret, hidden.

reconocer [ray-ko-no-thayr'] va.
to own, admit, acknowledge;
to scrutinize, inspect; to recognise; to reconnoitre.

reconocimiento [ray-ko-no-
thee-myen'to] m. acknowled-
gement, recognition; gratitude; survey; inspection.

reconquista [ray-kon-kees'ta] f.
reconquest (of Spain from the
Arabs).

reconstruir [ray-kons-troo-eer']
va. to rebuild, reconstruct.

reconvenir [ray-kon-vay-neer']
va. to upbraid, reprimand.

recopilación [ray-ko-pee-la-
thyon'] f. collection; summary; digest.

recopilador [ray-ko-pee-la-dor']
m. collector, compiler.

recopilar [ray-ko-pee-lar'] va.
to compile.

recordación [ray-kor-da-thyon']
f. recollection.

recordar [ray-kor-dar'] va. to
recall to mind, remind; to remember.

recorrer [ray-ko-rayr'] va. to
examine, peruse, survey, run
over to traverse, go over; to
repair.

recorrido [ray-ko-ree'do] m.
run, sweep, range, tour, course, trip.

recortado [ray-kor-ta'do] adj.
notched; cut out, silhouetted.

recortar [ray-kor-tar'] va. to
shorten; to chip, shear, cut
out.

recorte [ray-kor'tay] m. clip-

ping, cutting; un — de periódico, press-cutting.

recostar [ray-kos-tar'] va. to
lean against.

recoveco [ray-ko-vay'ko] m.
winding, turning, innermost
recesses.

recreación [ray-kray-a-thyon']
f. recreation, pastime.

recrear [ray-kray-ar'] va. to
amuse, delight; vr. to disport,
play, pass the glad hours.

recreativo [ray-kray-a-tee'vo]
adj. amusing.

recreo [ray-kray'o] m. recreation, play, amusement; interval, recess; sport.

recriminar [ray-kree-mee-nar']
va. to recriminate.

rectamente [rek-ta-men'tay]
adv. rightly, justly; honestly;
in a straight line.

rectangular [rek-tan-goo-lar']
adj. right-angled.

rectificación [rek-tee-fee-ka-
thyon'] f. rectification, correction.

rectificar [rek-tee-fee-kar'] va.
to rectify, set right, amend.

rectitud [rek-tee-tood'] f. honesty, uprightness; rectitude,
justness.

recto [rek'to] adj. right,
straight; upright; conscientious; faithful.

rector [rek-tor'] m. rector; curate; superior; Vice-Chancellor (of University).

recua [ray'kwa] f. drove, train,
pack of mules.

recuerdo [ray-kwayr'do] m. recollection, remembrance; memory; token, souvenir, keep-
sake; record, monument; pl.
kind regards.

recular [ray-koo-lar'] vn. to fall
back, recoil, recede.

recuñar [ray-koo-nyar'] v. tr.
(min.) to wedge, cleave apart
with wedges.

recuperable [ray-koo-pay-ra'-
blay] adj. recoverable.

recuperación [ray-koo-pay-ra-
thyon'] f. recuperation, rescue, recovery.

recuperar [ray-koo-pay-rar']

va. to regain, retrieve, recover; vr. to retrieve oneself.

recurrir [ray-koo-reer'] vn. to
resort to; to revert.

recurso [ray-koor-so] m. resource, resort; petition, plea;
pl. means; sin —, without appeal.

recusación [ray-koo-sa-thyon']
f. (law) challenge (competence of judge, etc.).

recusar [ray-koo-sar'] va. to
decline; (law) to recuse.

rechazar [ray-cha-thar'] va. to
refuse, reject, repulse, hurl
back.

rechazo [ray-cha'tho] m. repulse, recoil, rebuff.

rechiflar [ray-chee-flar'] va. to
hiss, whistle at, ridicule.

rechinar [ray-chee-nar'] vn. to
grate, creak; to gnash.

rechoncho [ray-chon'cho] adj.
chubby.

rechupete   [ray-tehoo-pay'tay]
(de) (coll.) exquisite, ace-high.

red [rayd] f. net; snare; luggage rack; network; — ferroviaria, railway system; caer
en la —, to fall into the trap;
tender la —, to lay a trap.

redacción [ray-dak-thyon'] f.
editing, wording, style, writing;
editorial (office, staff, etc.).

redactar [ray-dak-tar'] va. to
edit; compose, write, draw up.

redactor [ray-dak-tor'] m. editor, journalist.

redada [ray-da'da] f. catch.

rededor [ray-day-dor'] m. surroundings; al —, around, roundabout.

redención [ray-den-thyon'] f.
redemption, ransom, salvation.

redentor [ray-den-tor'] m. re-
deemer, redemptor.

redicho [ray-dee'cho] adj. emphatically said; dicho y —,
said and better said.

redil [ray-deel'] m. sheep-fold.

redimir [ray-dee-meer'] va. to
redeem, recover, save; to pay
off, clear (of debt).

rédito [ray'dee-to] m. revenue,
interest, proceeds, yield.

redivivo [ray-dee-vee'vo] adj.
redivivus, resurrected.

redoblar [ray-do-blar'] va. to
redouble, to rivet; to roll (a
drum).

redoble [ray-do'blay] m. re-
doubling, roll (of drum).

redoma [ray-do'ma] f. phial,
vial, flask.

redomado [ray-do-ma'do] adj.
artful, skilful, sly; out-and-
out, thorough-paced.

redonda [ray-don'da] f. neighbourhood; a la —, round
about, all around.

redondamente   [ray-don-da-
men'tay] adv. plainly, roundly.

redondear [ray-don-day-ar'] va.
to round (out, off), perfect.

redondel   [ray-don-del']   m.
arena, (bull)ring.

redondo [ray-don'do] adj.
round; en —, all around.

redor [ray-dor'] m. See rededor; en —, round about.

reducción [ray-dook-thyon'] f.
reduction, decrease; shrinkage.

reducido [ray-doo-thee'do] adj.
reduced, small, limited.

reducir [ray-doo-theer'] va. to
reduce, decrease, abridge, confine.

reducto [ray-dook'to] m. re-
doubt.

redundancia [ray-doon-dan'-
thya] f. redundance, super-
fluity.

redundar [ray-doon-dar'] vn. to
be redundant; to redound.

reedificar [ray-ay-dee-fee-kar']
va. to rebuild.

reembolsar   [ray-em-bol-sar']
va. to reimburse, refund, pay
back.

reembolso [ray-em-bol'so] m.
reimbursement; recibir a —,
C.O.D.

reemplazar [ray-em-pla-thar']
va. to replace, supersede, act
as substitute.

reemplazo [ray-em-pla'tho] m.
replacement, substitution,
substitute.

refajo [ray-fa'ho] m. (flannel)
under-skirt.   [repast.

refección [ray-fek-thyon'] f.

ref   620

referencia [ray-fay-ren'thya] *f.* reference; recital, account.
referente [ray-fay-ren'tay] *adj.* referring, concerning, relating (to).
referir [ray-fay-reer'] *va.* to refer; to make reference (to); to submit; to retail, rehearse, tell.
refinado [ray-fee-na'do] *adj.* refined, exquisite, pure.
refinamiento [ray-fee-na-myen'to] *m.* refining, refinement, delicacy (*of taste*), elegance.
refinar [ray-fee-nar'] *va.* to refine, purify.
reflejar [ray-flay-har'] *vn.* to reflect.
reflejo [ray-flay'ho] *adj.* reflex, reflected; *m.* reflection.
reflexión [ray-flek-syon'] *f.* reflection, meditation, consideration.
reflexionar [ray-flek-syo-nar'] *va.* to think (over); to reflect.
reflexivo [ray-flek-see'vo] *adj.* reflexive.   [(ing).
reflujo [ray-floo'ho] *m.* ebb-
reforma [ray-for'ma] *f.* reform, reformation, alteration.
reformar [ray-for-mar'] *va.* to reform, change, improve; *vr.* to mend one's ways.
reformatorio [ray-for-ma-to'-ryo] *adj.* reformatory.
reforzado [ray-for-tha'do] *adj.* strengthened, reinforced, bound (*of clothes*).
reforzar [ray-for-thar'] *va.* to strengthen; to encourage.
refractario [ray-frak-ta'ryo] *adj.* refractory, recalcitrant unyielding.
refrán [ray-fran'] *m.* proverb, saying.
refregar [ray-fray-gar'] *va.* to rub, fray; to reprove.
refrenar [ray-fray-nar'] *va.* to restrain, check; to rein.
refrendar [ray-fren-dar'] *va.* to check; to authenticate.
refrentar [ray-fren-tar'] *v. tr.* (*mec.*) to face.
refrescar [ray-fres-kar'] *va.* to freshen; *vn.* to cool, cool off; to get cool.

refresco [ray-fres'ko] *m.* refreshment, snack, light meal.
refriega [ray-fryay'ga] *f.* affray, skirmish, scuffle.
refrigerar [ray-free-hay-rar'] *va.* to cool, refrigerate.
refrigerio [ray-free-hay'ryo] *m.* refrigeration.
refuerzo [ray-fwayr'tho] *m.* reinforcement, binding, strengthening.
refugiar [ray-foo-hyar'] *va.* to shelter; *vr.* to take refuge.
refugio [ray-foo'hyo] *m.* refuge; air-raid shelter; mountain-hut.
refulgencia [ray-fool-hen'thya] *f.* splendour, bright glow.
refundición [ray-foon-dee-thyon'] *f.* recasting, adaptation.
refundir [ray-foon-deer'] *va.* to rearrange, recast, adapt (*a play*); to include; to refund.
refunfuñar [ray-foon-foo-nyar'] *vn.* to mumble, mutter (*in one's beard*), snort.
refutación [ray-foo-ta-thyon'] *f.* refutation, disproof.
refutar [ray-foo-tar'] *va.* to refute, disprove, deny.
regadío [ray-ga-dee'o] *adj.* irrigated; *m.* irrigated land.
regalado [ray-ga-la'do] *adj.* dainty, delightful; "a gift".
regalar [ray-ga-lar'] *va.* to present; to regale; to make presents.
regalía [ray-ga-lee'a] *f.* royal rights; *pl.* perquisites.
regaliz [ray-ga-leeth'] *m.* licorice.
regalo [ray-ga'lo] *m.* present, gift; comfort, ease.
regañar [ray-ga-nyar'] *va.* to scold, chide; *vn.* to growl, snarl.
regaño [ray-ga'nyo] *m.* reprimand, scolding, harsh words.
regañón [ray-ga-nyon'] *adj.* shrewish, captious.
regar [ray-gar'] *va.* to sprinkle; to water (*plants*); irrigate.
regatear [ray-ga-tay-ar'] *va.* to bargain, haggle; to evade.
regateo [ray-ga-tay'o] *m.* haggling, bargaining.

regazo [ray-ga'tho] *m.* lap; **en el — de la familia,** in the bosom of the family.

regencia [ray-hen'thya] *f.* regency.

regeneración [ray-hay-nay-ra-thyon'] *f.* regeneration.

regenerar [ray-hay-nay-rar'] *va.* to regenerate, revive.

regentar [ray-hen-tar'] *va.* to govern, manage *(household, etc.).* [gent; director.

regente [ray-hen'tay] *m.* re-

regicidio [ray-hee-thee'dyo] *m.* regicide.

regidor [ray-hee-dor'] *m.* alderman.

régimen [ray'hee-men] *m.* regime; rule; diet; system.

regimiento [ray-hee-myen'to] *m.* regiment.

regio [ray'hyo] *adj.* regal, royal; stately.

región [ray-hyon'] *f.* region, district; country.

regionalismo [ray-hyo-na-lees'-mo] *m.* regionalism; regional autonomy.

regir [ray-heer'] *va.* to rule, govern; to control, manage; to be (laid down, in force, followed).

registrador [ray-hees-tra-dor'] *m.* registrar.

registrar [ray-hees-trar'] *va.* to record, register; to inspect, search, go through.

registro [ray-hees'tro] *m.* registration; record, search.

regla [ray'gla] *f.* rule, norm, precept; ruler; **en —,** in order.

reglamentar [ray-gla-men-tar'] *va.* to regulate, set in order, establish rules for; to issue by-laws.

reglamentario [ray-gla-men-ta'-ryo] *adj.* customary, necessary, set, as laid down.

reglamento [ray-gla-men'to] *m.* regulations; by-laws, constitution *(of a society).*

reglar [ray-glar'] *va.* to rule *(lines);* to regulate.

regocijado [ray-go-thee-ha'do] *adj.* joyful, merry, joyous.

regocijar [ray-go-thee-har'] *va.* to rejoice, gladden, enliven.

regocijo [ray-go-thee'ho] *m.* joy,gladness, mirth, rejoicing.

regodeo [ray-go-day'o] *m. (coll.)* spree, carousal, beano.

regoldar [ray-gol-dar'] *v. intr.* to belch, to eruct(ate).

regresar [ray-gray-sar'] *vn.* to return.

regreso [ray-gray'so] *m.* return.

reguero [ray-gay'ro] *m.* trickle, rivulet; **— de pólvora,** trail of powder.

regulador [ray-goo-la-dor'] *m.* governor, regulator.

regular [ray-goo-lar'] *adj.* regular; "middling" *(coll.),* fair, normal, moderate; ordinary, not bad; **por lo —,** normally; *va.* to regulate, adjust.

regularidad [ray-goo-la-ree-dad'] *f.* regularity.

regularizar [ray-goo-la-ree-thar'] *va.* to regularise.

rehabilitar [ray-a-bee-lee-tar'] *va.* to rehabilitate, restore, repair.

rehacer [ray-a-thayr'] *va.* to remake, renovate, revive; *vr.* to build up again, get back again.

rehén [ray-en'] *m.* hostage.

rehuir [ray-weer'] *vn. & a.* to shun, avoid.

rehusar [ray-oo-sar'] *va.* to refuse, decline.

reimprimir [ray-eem-pree-meer'] *va.* to reprint.

reina [ray'na] *f.* queen.

reinado [ray-na'do] *m.* reign.

reinar [ray-nar'] *va.* to reign, govern; to prevail.

reincidir [ray-een-thee-deer'] *vn.* to relapse into error, backslide. [reign.

reino [ray'no] *m.* kingdom,

reintegrar [ray-een-tay-grar'] *va.* to reimburse; to make up, restore.

reir [ray-eer'] *vn.* to laugh; *vr.* **— de,** to laugh at, mock.

reiterar [ray-ee-tay-rar'] *va.* to reiterate, repeat.

reivindicar [ray-ee-veen-dee-kar'] *va.* to regain possession.

reja [ray'ha] *f.* railing, *(altar)* rail; *(window)* grating, grille, *(iron)* lattice; ploughshare.

rejilla [ray-hee'lya] *f.* luggage-rack.

rejón [ray-hon'] *m.* spear for bull-fighting; a kind of dagger.

rejuvenecer [ray-hoo-vay-nay-thayr'] *vn.* to rejuvenate.

relación [ray-la-thyon'] *f.* proportion; relation, connection; account, story; *(law)* brief; *(mil.)* return.

relacionar [ray-la-thyo-nar'] *va.* to connect; to report; *vr.* to joint forces with, ally oneself with, get to know.

relajación [ray-la-ha-thyon'] *f.* slackening, looseness; delivery to civil authority.

relajado [ray-la-ha'do] *adj.* dissolute, dissipated, loose.

relajar [ray-la-har'] *va.* to loosen, slacken; *vr.* to be corrupted *of life, habits, etc.).*

relamer [ray-la-mayr'] *vr.* to smack one's lips, relish.

relamido [ray-la-mee'do] *adj.* affected, prim and proper.

relámpago [ray-lam'pa-go] *m.* lightning.

relampaguear [ray-lam-pa-gay-ar'] *vn.* to lighten, flash, sparkle.

relatar [ray-la-tar'] *va.* to report, narrate.

relativo [ray-la-tee'vo] *adj.* relative, comparative.

relato [ray-la'to] *m.* account, narrative, report.

relente [ray-len'tay] *m.* night dew.

relevante [ray-lay-van'tay] *adj.* notable, outstanding, striking.

relevar [ray-lay-var'] *va.* to relieve (of); release; to bring into relief; to acquit.

relevo [ray-lay'vo] *m.* *(mil.)* relief.   [shrine; locket.

relicario [ray - le - ka'ryo] *m.*

relieve [ray-lyay'vay] *m.* relief; raised work; **bajo —,** bas-relief.

religión [ray-lee-hyon'] *f.* religion, faith, creed.

religiosidad [ray-lee-hyo-see-dad'] *f.* religiousness.

religioso [ray-lee-hyo'so] *adj.* religious, pious.

relinchar [ray-leen-char'] *vn.* to neigh, whinny.

reliquia [ray-lee'kya] *f.* remains; vestige, holy relic.

reloj [ray-loh'] *m.* clock; watch; **— de bolsillo,** watch; **— de sol,** sundial; **— despertador,** alarm-clock.

relojero [ray-lo-hay'ro] *m.* watchmaker.

reluciente [ray-loo-thyen'tay] *adj.* shining, glittering, brilliant.

relucir [ray-loo-theer'] *vn.* to glow, shine, glitter.

relumbrante [ray-loom-bran'-tay] *adj.* dazzling, brilliant.

relumbrar [ray-loom-brar'] *vn.* to shine, sparkle.

rellenar [ray-lyay-nar'] *va.* to fill; to refill; to cram; to stuff *(a fowl).*

relleno [ray-lyay'no] *m.* stuffing *(of fowl, etc.),* padding.

remachar [ray-ma-char'] *va.* to rivet, knock further in; to reaffirm, clinch *(statement, matters, etc.).*

remanente [ray-ma-nen'tay] *m.* *(math.)* remainder; residue.

remanso [ray-man'so] *m.* backwater, eddy, quiet corner.

remar [ray-mar'] *vn.* to paddle, row.

rematado [ray-ma-ta'do] *adj.* finished off, completed, rounded off, topped of, ended; **loco —,** stark raving mad.

rematar [ray-ma-tar'] *va.* to put an end to, complete, finish, finish off; to knock down *(at auction).*

remate [ray-ma'tay] *m.* end, finish, conclusion; final *(touch, etc.);* final, pinnacle, topmost *(stone, etc.);* **loco de —,** quite mad.

remedar [ray-may-dar'] *va.* to ape, copy, imitate, mimic.

remediar [ray-may-dyar'] *va.* to remedy, help.

remedio [ray-may'dyo] *m.* remedy, cure; **sin —,** without fail.   [tation.

remedo [ray-may'do] *m.* imi-

remendar [ray-men dar'] *va.* to mend, patch, darn.

remendón [ray-men-don'] m. botcher, cobbler.

remero [ray-may'ro] m. rower, oar(sman); paddler, sculler.

remesa [ray-may'sa] f. remittance; shipment.

remiendo [ray-myen'do] m. repair; amendment, patch, darn.

remilgado [ray-meel-ga'do] adj. affected, nice, fastidious, mincing.

remilgo [ray-meel'go] m. squeamishness, prudery, airs (and graces), simperings.

reminiscencia [ray-mee-nees-then'thya] f. reminiscence, memory.

remirado [ray-mee-ra'do] adj. cautious, precise, pernickety.

remisión [ray-mee-syon'] f. remission; pardon, forgiveness.

remiso [ray-mee'so] adj. unwilling, remiss, careless.

remitir [ray-mee-teer'] va. to send, forward; to pardon, remit.

remo [ray'mo] m. oar.

remoción [ray-mo-thyon'] f. removal, stirring-up.

remojar [ray-mo-har'] va. to soak, steep.

remolacha [ray-mo-la'cha] f. beetroot.

remolcar [ray-mol-kar'] va. to tow, take in tow.

remolinar [ray-mo-lee-nar'] vn. & r. to whirl, spin round, swirl (of skirt).

remolino [ray-mo-lee'no] m. whirlwind; eddy, vortex.

remolón [ray-mo-lon'] adj. soft, indolent, lazy, unwilling, sullen, work-shy. "Hacerse el remolón"; to hang off.

remolque [ray-mol'kay] m. towage, towing; dar —, to give a tow to.

remontar [ray-mon-tar'] va. to repair, remount; to go up (a river).

rémora [ray'mo-ra] f. hindrance; sucking-fish.

remorder [ray-mor-dayr'] va. to trouble (conscience, etc.).

remordimiento [ray-mor-dee-myen'to] m. remorse.

remoto [ray-mo'to] adj. remote; unlikely.

remover [ray-mo-vayr'] va. to take away, remove; to stir (up).

remozar [ray-mo-thar'] va. to refurbish; vr. to spruce oneself up.

remuneración [ray-moo-nay-ra-thyon'] f. remuneration.

remunerar [ray-moo-nay-rar'] va. to remunerate, reward.

renacer [ray-na-thayr'] vn. to be born again, spring up.

renaciente [ray-na-thyen'tay] adj. renascent.

renacimiento [ray - na - thee - myen'to] m. renaissance; regeneration.

rencilla [ren-thee'lya] f. discord, feud, bad blood, bickering, spite(fulness), antipathy.

rencor [ren-kor'] m. rancour, bitterness, venom, malevolence.

rencoroso [ren-ko-ro'so] adj. malicious, despiteful, relentless, fell.

rendición [ren-dee-thyon'] f. surrendering, product, yielding; surrender.

rendido [ren-dee'do] adj. devoted, overcome; worn out, exhausted.

rendimiento [ren-dee-myen'to] m. yield, income, return; submission; fatigue.

rendir [ren-deer'] va. to conquer, subdue; to surrender give up; to return, produce; to vomit; — gracias, to render thanks; — la bandera, to strike one's colours.

renegado [ray-nay-ga'do] m. renegade.

renegar [ray-nay-gar'] vn. to curse, swear; to deny, disown.

renglón [ren-glon'] m. line (printed); line of business; item; a — seguido, straight afterwards.

reniego [ray-nyay'go] m. blasphemy, curse.

renombrado [ray-nom-bra'do] adj. celebrated, renowned.

renombre [ray-nom'bray] m. renown.

renovación [ray-no-va-thyon']
f. renewal, renovation.
renovar [ray-no-var'] va. to
renew, refresh.
renta [ren'ta] f. income, rent,
revenue, return.
rentar [ren-tar'] va. to rent,
rent at.
rentero [ren-tay'ro] m. lessee.
rentista [ren-tees'ta] f. m. ren-
tier; financier.
rentístico [ren-tess'tee-ko] adj.
financial.
renuencia [re-nwen'thya] f. reluctance.
renuevo [ray-nway'vo] m.
sprout, bud; renewal.
renuncia [ray-noon'thya] f. re-
nunciation; resignation.
renunciar [ray-noon-thyar'] va.
to resign, renounce, waive,
abandon.
renuncio [ray-noon'thyo] m.
revoke (at cards).
reñido [ray-nyee'do] adj. at variance, at odds, contrary, opposed, conflicting.
reñir [ray-nyeer'] vn. to quarrel, wrangle; va. to reprimand, revile, reprove, scold.
reo [ray'o] m. offender, culprit,
criminal.
reojo [ray-o'ho] m. **mirar de**
—, to look askance at, look
with jaundiced eye at.
reorganizar [ray-or-ga-nee-
thar'] va. to reorganise.
reparación [ray-pa-ra-thyon'] f.
reparation, repair; amends.
reparada [ray-pah-rah'dah] f.
sudden bound of a horse.
reparar [ray-pa-rar'] va. to
repair; to remark, notice; to
compensate, atone for.
reparo [ray-pa'ro] m. remark,
warning, doubt, notice; objection; parry; **poner** —s, to object, raise an objection.
reparón [ray-pa-ron'] adj.
fault-finding.
repartición [ray-par-tee-thyon']
f. sharing, distribution.
repartidor [ray-par-tee-dor']
m. distributor.
repartir [ray-par-teer'] va. to
distribute, apportion, allot; to
divide.

reparto [ray-par'to] m. distribution, allocation, sharing-
out; (theat.) cast; delivery (of
letters).
repasar [ray-pa-sar'] va. to
glance over, peruse; to mend
(clothes); to review, revise,
go over.
repaso [ray-pa'so] m. final inspection, revision.
repelente [ray-pay-len'tay] adj.
repellent.
repeler [ray-pay-layr'] va. to
repulse, repel.
repente [ray-pen'tay] m. sudden impulse; de —, suddenly,
of a sudden.
repentino [ray-pen-tee'no] adj.
sudden, unexpected, abrupt.
repercusión [ray - payr - koo -
syon'] f. repercussion.
repercutir [ray-payr-koo-teer']
vn. to reflect, rebound, re-
echo.
repertorio [ray-payr-to'ryo] m.
repertory.
repetición [ray-pay-tee-thyon']
f. repetition.
repetir [ray-pay-teer'] va. to
repeat, echo.
repicar [ray-pee-kar'] va. to
chime; to mince, chop up
fine.
repique [ray-pee'kay] m. chime, peal.
repiqueteo [ray-pee-kay-tay'o]
m. chiming, pealing.
repisa [ray-pee'sa] f. bracket,
console; shelf, (fire) mantelpiece.
replegar [ray-play-gar'] va. to
fold again; vr. to fall back
(troops).
repleto [ray-play'to] adj. quite
full.
réplica [ray'plee-ka] f. retort,
sharp reply; repetition.
replicar [ray-plee-kar'] va. to
answer (back), reply; to argue.
repliegue [ray-plyay'gay] m.
doubling, folding, fold.
repoblación [ray-po-bla-thyon']
f. resettlement, repopulation;
— forestal, reafforestation.
repollo [ray-po'lyo] m. cabbage.

reponer [ray-po-nayr'] *va.* to replace; to answer; *vr.* to get better *(in health)*; to get on one's feet again.

reportarse [ray-por-tar'say] *vr.* to refrain, forbear, compose oneself.

reportero [ray-por-tay'ro] *m.* reporter.

reposado [ray-po-sa'do] *adj.* quiet, peaceful, at rest.

reposar [ray-po-sar'] *va.* to repose, rest.

reposición [ray-po-see-thyon'] *f.* replacement; recovery.

reposo [ray-po'so] *m.* rest, repose, peace.

repostero [ray-pos-tay'ro] *m.* pastry-cook, confectioner.

repreguntar [ray-pray-goon-tar'] *va.* to cross-examine.

reprender [ray-pren-dayr'] *va.* to reprimand, reprove.

reprensión [ray-pren-syon'] *f.* reprimand, reprehension.

represa [ray-pray'sa] *f.* dam, sluice.

represalia [ray-pray-sa'lya] *f.* reprisal.

representación [ray-pray-sen-ta-thyon'] *f.* representation; statement, performance; image.

representar [ray-pray-sen-tar'] *va.* to represent, state; to perform, act; to take the form of.

representante [ray-pray-sen-tan'tay] *m.* representative.

representativo [ray-pray-sen-ta-tee'vo] *adj.* representative.

represión [ray-pray-syon'] *f.* repression, check.

reprimir [ray-pree-meer'] *vn.* to repress, check, contain, hold back.

reprobar [ray-pro-bar'] *va.* to reprove; to reprobate.

réprobo [ray'pro-bo] *adj. & m.* reprobate.

reprochar [ray-pro-char'] *va.* to reproach, impute.

reproducción [ray-pro-dook-thyon'] *f.* reproduction.

reproducir [ray-pro-doo-theer'] *va.* to reproduce.

reptil [rep-teel'] *adj. & m.* reptile.

república [ray-poo'blee-ka] *f.* republic.

republicano [ray-poo-blee-ka'-no] *adj.* republican.

repudiación [ray - poo - dya - thyon'] *f.* rejection, disavowal, disowning.

repudiar [ray-poo-dyar'] *va.* to repudiate, disclaim.

repudio [ray-poo'dyo] *m.* divorce, denial.

repuesto [ray-pwes'to] *adj.* recovered; *m.* store, stock; sideboard, dresser; de —, spare; **mula de** —, sumpter mule.

repugnancia [ray-poog-nan'-thya] *f.* reluctance, loathing; opposition, contradiction.

repugnante [ray-poog-nan'tay] *adj.* repugnant, repellent.

repugnar [ray-poog-nar'] *va.* to loathe; to be reluctant; be repugnant.

repujar [ray-poo-har'] *va.* to make repousse work.

repulsa [ray-pool'sa] *f.* refusal.

repulgar [ray-pool-gar'] *va.* to hem, put a hem on.

repulido [ray-poo-lee'do] *adj.* spruce, neat, spick and span.

repulsivo [ray-pool-see'vo] *adj.* repulsive.

repullo [ray-poo'lyo] *m.* bound, bounce, stort, shock, small dart, arrowlet.

repuntar [ray-poon-tar'] *va.* to turn *(of tide)*.

reputación [ray-poo-ta-thyon'] *f.* reputation, name.

reputar [ray-poo-tar'] *va.* to repute, estimate, prize.

requebrar [ray-kay-brar'] *va.* to woo, court, flatter.

requerimiento [ray-kay-ree-myen'to] *m.* intimation, injunction.

requerir [ray-kay-reer'] *va.* to request, to require; to intimate *(law)*; to examine, look to; to need; to make (love, advances).

requesón [ray-kay-son'] *m.* curd, cream cheese.

requiebra [ray-kee'ay-bra] *m.* flattery, endearment.

requisito [ray-kee-see'to] *m.* requirement, necessity.

res [rays] *f.* head of cattle, beast.

resabio [ray-sa'byo] *m.* (nasty) aftertaste; viciousness; con sus —s de, smacking of.

resaca [ray-sa'ka] *f.* surge, undercurrent, undertow.

resalado [ray-sa-la'do] *adj.* lively, vivacious, bonny.

resaltar [ray-sal-tar'] *vn.* to jut out, project; to be (very) evident; hacer —, to emphasise, throw into (high) relief.

resarcimiento [ray - sar - thee- myen'to] *m.* compensation.

resarcir [ray-sar-theer'] *va.* to indemnify, recoup.

resbaladizo [rays-ba-la-dee'tho] *adj.* slippery.

resbalar [res-ba-lar'] *vn.* to slide, slip.

resbaloso [res-ba-lo'so] *adj.* slippery.

rescatar [res-ka-tar'] *vn.* to ransom, recover.

rescate [res-ka'tay] *m.* ransom; barter.

rescindir [res-theen-deer'] *va.* to rescind; to annul.

rescisión [res-thee-syon'] *f.* rescission, cancellation.

rescoldo [res-kol'do] *m.* embers; scruple.

resecar [ray-say-kar'] *va.* to dessicate.

reseco [ray-say'ko] *adj.* too dry, dry as a bone.

resentido [ray-sen-tee'do] *adj.* resentful, chagrined, sore, irked; feeling the effects of.

resentimiento [ray - sen - tee - myen'to] *m.* resentment, grudge; weakening, impairment.

resentirse [ray-sen-teer'say] *vr.* to resent; to be weakened, suffer from (feel) the effects of. [ry; review (of book).

reseña [ray-say'nya] *f.* summa-

reseñar [ray-say-nyar'] *va.* to review, give an account of.

reserva [ray-sayr'va] *f.* reservation; reserve; fondo de —, reserve fund; sin —, freely.

reservado [ray-sayr-va'do] *adj.* reserved, circumspect, private.

reservar [ray-sayr-var'] *va.* to reserve; to keep back.

resfriado [res-frya'do] *m.* a cold.

resfriarse [res-fryar'say] *vr.* to catch-a-cold.

resguardar [res-gwar-dar'] *va.* to protect, shield; *vr.* to guard against.

resguardo [res-gwar'do] *m.* guard; protection; security; voucher; — de aduana, custom-house officers.

residencia [ray-see-den'thya] *f.* residence; dwelling.

residente [ray-see-den'tay] *m.* resident.

residir [ray-see-deer'] *vn.* to reside; to rest on.

residuo [ray-see'dwo] *m.* remainder, rest, residue.

resignación [ray - seeg - na - thyon'] *f.* resignation.

resignarse [ray-seeg-nar'say] *vr.* to resign, submit.

resina [ray-see'nah] *f.* resin, rosin, pitch.

resistencia [ray-sees-ten'thya] *f.* resistance, endurance.

resistente [ray-sees-ten'tay] *adj.* solid, tough, durable, hardwearing, resistant.

resistir [ray-sees-teer'] *vn.* to resist; *va.* to (with)stand, endure, hold (up); *vr.* to refuse, struggle against, find it hard to. [per).

resma [res'ma] *f.* ream (of pa-

resolución [ray-so-loo-thyon'] *f.* resolution; courage.

resoluto [ray-so-loo'to] *adj.* bold, resolute.

resolver [ray-sol-vayr'] *va.* to resolve, solve, dissolve; *vr.* to decide, determine.

resollar [ray-so-lyar'] *va.* to breathe heavily.

resonancia [ray-so-nan'thya] *f.* resonance; echo.

resonar [ray-so-nar'] *vn.* to resound, echo, ring (out).

resoplar [ray-so-plar'] *vn.* to snort, breathe heavily.

resoplido [ray-so-plee'do] *m.* snorting, blowing.

resorte [ray-sor'tay] *m.* spring; resource, means.

respaldar [res-pal-dar'] *va.* to back, guarantee, endorse.

respaldar [res-pal-dar'] *m.* back (*of seat*).

respaldo [res-pal'do] *m.* back (*of seat*); backing, support.

respecto [res-pek'to] *m.* proportion; — a, as regards; concerning.

respetable [res-pay-ta'blay] *adj.* considerable, quite fair.

respetar [res-pay-tar'] *va.* to respect; to honour.

respeto [res-pay'to] *m.* respect, regard, attention, reverence.

respetuoso [res-pay-two'so] *adj.* respectful.   [glean.

respigar [res-pee-gar'] *va.* to

respingar [res-peen-gar'] *vn.* to obey unwillingly; to kick against (the pricks).

respingo [res-peen'go] *m.* kick, start.

respiración [res-pee-ra-thyon'] *f.* breathing.

respirar [res-pee-rar'] *vn. & a.* to breathe.

respiro [res-pee'ro] *m.* respite.

resplandecer [res-plan-day-thayr'] *vn.* to glow, shine; to gleam; to excel.

resplandeciente [res-plan-day-thyen'tay] *adj.* brilliant, resplendent.

resplandor [res-plan-dor'] *m.* brightness, glow, radiance; splendour.

responder [res-pon-dayr'] *va.* to answer; *vn.* to be responsible for.

responsabilidad [res-pon-sa-bee-lee-dad'] *f.* responsibility.

responsable [res-pon-sa'blay] *adj.* responsible.

responso [res-pon'so] *m.* responses.

respuesta [res-pwes'ta] *f.* answer.

resquebrajar [res-kay-bra-jar'] *va.* to crack, split.

resquebrajo [res-kay-bra'ho] *m.* crack, fissure, chink.

resquem(o)(or) [res-kay'mo-(mor)'] *m.* pungency, smart, heartburn.

resquicio [res-kee'thyo] *m.* crevice, chink.

restablecer [res-tab-lay-thayr'] *va.* to re-establish, restore;

vr. to recover, recuperate, get better.

restallar [res-ta-lyar'] *vn.* to crack (*of whip*); to crackle.

restante [res - tan'tay] *m.* (*math.*) remainder.

restañar [res-ta-nyar'] *va.* to staunch, stop blood; to re-tin.

restaño [res-ta'nyo] *m.* cloth of gold (*or* silver).

restar [res-tar'] *va.* (*math.*) to subtract; to deprive of, take away.

restauración [res - tow - ra - thyon'] *f.* restoration.

restaurar [res-tow-rar'] *va.* to restore; to renew.

restinga [res-teen'gah] *f.* bar, shoal; ledge of rocks.

restitución [res-tee-too-thyon'] *f.* restitution, return.

restituir [res-tee-tweer'] *va.* to give back, restore, return.

resto [res'to] *m.* remainder, rest, balance; *pl.* remains.

restregar [res-tray-gar'] *va.* to rub, screw.

restricción [res-treek-thyon'] *f.* restriction.   *adj.* restrictive.

restrictivo [res-treek-tee'vo]

restringir [res-treen-heer'] *va.* to restrict, constrain, confine.

resucitar [ray-soo-thee-tar'] *va.* to revive.

resuelto [ray-swel'to] *adj.* determined, resolute, audacious.

resuello [ray - sway'lyo] *m.* breath, (heavy) breathing, wheezing.

resulta [ray-sool'ta] *f.* result; de —s, as a consequence.

resultado [ray-sool-ta'do] *m.* result, effect; product.

resultar [ray-sool-tar'] *vn.* to result; (turn out) to be.

resumen [ray-soo'men] *m.* summary, résumé; en —, briefly, in short.

resumido [ray-soo-mee'do] *adj.* summed up; *f. pl.* en — cuentas, all in all, to sum up, to recapitulate.

resumir [ray-soo-meer'] *va.* to resume, sum up; *vr.* to be contained (in).

retablo [ray-ta'blo] *m.* peepshow; retable, reredos.

retaguardia [ray-ta-gwar'dya] f. rearguard; a la —, behind, in the rear.

retahíla [ray-ta-ee'la] f. string (of curses, etc.).

retal [ray-tal'] m. remnant.

retama [ray-ta'ma] f. broom (plant).

retar [ray-tar'] va. to challenge, defy, dare.

retardar [ray-tar-dar'] va. to delay, retard, slacken.

retardo [ray-tar'do] m. delay, protraction.

retazo [ray-ta'tho] m. piece, remnant, cutting.

retemblar [ray-tem-blar'] vn. to shake, quiver, shudder.

retén [ray-ten'] m. reserve; reserve corps.

retener [ray-tay-nayr'] va. to retain, keep back.

retentivo [ray-ten-tee'vo] adj. retentive; f. memory.

retina [ray-tee'na] f. retina.

retintín [ray-teen-teen'] m. tinkling, jingle; inflection of voice.

retinto [ray-teen'to] adj. dark.

retirada [ray-tee-ra'da] f. withdrawal, retreat.

retirado [ray-tee-ra'do] adj. isolated, quiet, secluded, distant; m. retired officer.

retirar [ray-tee-rar'] va. to withdraw, lay aside; to retire; vn. to retreat.

retiro [ray-tee'ro] m. retirement, seclusion; (eccl.) retreat.

reto [ray'to] m. challenge.

retocar [ray-to-kar'] va. to retouch, touch up.

retoño [ray-to'nyo] m. sprout, sucker, shoot. [twist, contort.

retorcer [ray-tor-thayr'] va. to

retorcimiento [ray-tor-thee-myen'to] m. twisting, contortion, writhing.

retórica [ray-to'ree-ka] f. rhetoric, grammar, stylistics; specious arguments.

retornar [ray-tor-nar'] vn. to return; va. to give back.

retorno [ray-tor'no] m. return; requital; barter.

retortijar [ray-tor-tee'har] va. to twist, curl.

retozar [ray-to-thar'] vn. to gambol, romp; va. to tickle, bubble (of an emotion).

retozo [ray-to'tho] m. gambol, frolic; — de la risa, suppressed laughter. [licsome.

retozón [ray-to-thon'] adj. frolicsome.

retractación [ray-trak-ta-thyon'] f. recantation.

retractar [ray-trak-tar'] va. & r. to withdraw, disavow, retract (false beliefs, etc.).

retraer [ray-tra-ayr'] va. to keep from, dissuade; vr. to keep away from, shun.

retraimiento [ray-tra-ee-myen'to] m. seclusion, refuge, retirement.

retrasar [ray-tra-sar'] va. to defer, put off, postpone; to fall (be) behind; vr. to be late.

retraso [ray-tra'so] m. delay, backwardness; con 20 minutos de —, 20 minutes late.

retratar [ray-tra-tar'] va. to portray, make a portrait of; vr. to have a photograph taken.

retrato [ray-tra'to] m. portrait, likeness, picture.

retrechar [ray-tray-tchar'] v. int. to back, boggle, move backward.

retreta [ray-tray'ta] f. (mil.) (sound the) retreat.

retrete [ray-tray'tay] m. alcove; closet, W.C.

retribución [ray-tree-boo-thyon'] f. reward, recompense.

retribuir [ray-tree-bweer'] va. to recompense.

retroceder [ray-tro-thay-dayr'] vn. to fall (go) back, to recede from.

retroceso [ray-tro-thay'so] m. retrocession.

retrógrado [ray-tro'gra-do] adj. retrogressive, reactionary.

retruécano [ray-trway'ka-no] m. pun; play on words.

retumbante [ray-toom-ban'tay] adj. sonorous, resonant, bombastic. [to resound.

retumbar [ray-toom-bar'] vn.

reuma [ray-oo'ma] f. rheum.

reumatismo [ray-oo-ma-tees'mo] rheumatism.

reunión [ray-oo-nyon'] *f.* re-union, meeting, gathering, group.

reunir [ray-oo-neer'] *va.* to unite, gather, collect, get together; to possess.

reválida [ray-va'lee-da] *f.* final examination *(before university entrance).*

revalidación [ray-va-lee-da-thyon'] *f.* confirmation.

revalidar [ray-va-lee-dar'] *va.* to ratify, confirm, to have confirmed.

revelación [ray-vay-la-thyon'] *f.* revelation; disclosure, discovery.

revelar [ray-vay-lar'] *va.* to reveal, disclose; to develop *(photo.).*

revendedor [ray-ven-day-dor'] *m.* hawker; retailer; (ticket) speculator.

revenimiento [ray-vee-nee-myen'to] *m.* landslide.

reventar [ray-ven-tar'] *vn.* to break, explode, burst (out), to flatten, overwhelm; to long for; *va.* to smash, demolish, shatter, blast; to ride to death *(a horse);* — de risa, to burst with laughter.

reventón [ray-ven-ton'] *adj.* ojos reventones, protruding eyes.

reverberación [ray-vayr-bay-ra-thyon'] *f.* reverberation, reflection.

reverberar [ray-vayr-bay-rar'] *vn.* to reverberate; to reflect *(light).*

reverbero [ray-vayr-bay'ro] *m.* reflector; street lamp.

reverdecer [ray-vayr-day-thayr'] *vn.* to grow green again, renew, revive *(of hopes, etc.).*

reverencia [ray-vay-ren'thya] *f.* reverence; bow.

reverenciar [ray-vay-ren-thyar'] *va.* to revere; to venerate.   [reverend.

reverendo [ray-vay-ren'do] *adj.*

reverente [ray-vay-ren'tay] *adj.* reverential.

reversión [ray-vayr'syon] *m.* reverse *(of coin);* back side.

revés [ray-vays'] *m.* back, wrong side; slap *(with back of hand);* al —, wrong side out, on the contrary.

revestir [ray-ves-teer'] *va.* to clothe; to cover.

revisar [ray-vee-sar'] *va.* to revise, review, check.

revisor [ray-vee-sor'] *m.* revisor; corrector; ticket-inspector.   [inspection.

revista [ray-vees'ta] *f.* review;

revivir [ray-vee-veer'] *vn.* to revive, resuscitate.

revocación [ray-vo-ka-thyon'] *f.* abrogation.

revocar [ray-vo-kar'] *va.* to revoke, abrogate, repeal.

revolcar [ray-vol-kar'] *va.* to knock down; *vr.* to wallow, to roll about (in).

revolotear [ray-vo-lo-tay-ar'] *vn.* to flutter around.

revoloteo [ray-vo-lo-tay'o] *m.* fluttering, hovering.

revoltoso [ray-vol-to'so] *adj.* turbulent, unruly, wild.

revolucionar [ray-vo-loo-thyo-nar'] *va.* to revolutionise.

revolucionario [ray-vo-loo-thyo-na'ryo; *adj.* revolutionary.   [pistol.

revólver [ray-vol'vayr] *m.*

revolver [ray-vol-vayr'] *va.* to turn (up) (over) (upside down); to stir; *vn.* to turn round.

revuelo [ray-voo-ay'lo] *m.* second flight of a bird; gyration in flying; disturbance, trouble, stir, commotion.

revuelta [ray-vwel'ta] *f.* revolt; disturbance, tumult, revolution; turn.

revuelto [ray-vwel'to] *adj.* restless, intricate, turbid; untidy, mixed-up, jumbled.

revulsión [ray-vool-syon'] *f.* revulsion.

rey [ray] *m.* king; *pl.* Epiphany, Twelfth Night.

reyerta [ra-yayr'ta] *f.* wrangle, brawl.

rezagado [ray-tha-ga'do] *adj.* left behind, late; *m.* laggard, straggler.

rezagar [ray-tha-gar'] *va.* to leave behind; *vn.* to lag.

rezar [ray-thar'] *va.* to pray, say prayers; to say *(of inscriptions, etc.).*

rezo [ray'tho] *m.* prayer.

rezongar [ray-thon-gar'] *vn.* to grumble.

rezumarse [ray-thoo-mar'say] *vr.* to ooze, exude.

ría [ree'a] *f.* estuary. [flood.

riada [ree-a'da] *f.* freshet,

ribera [ree-bay'ra] *f.* bank *(river); shore.*

ribete [ray-bay'tay] *m.* braid, binding, piping; addition; touch of, hint; *pl.* **sus — de poeta,** something of the poet in him.

ribetear [ree-bay-tay-ar'] *va. (sew.)* to bind. [oil plant.

ricino [ree-thee'no] *m.* castor-

rico [ree'ko] *adj.* rich, wealthy; delicious *(of food, etc.);* "sweet" *(of babies, etc.).*

ricohombre [ree-ko-om'bray] *m.* grandee.

ridiculez [ree-dee-koo-layth'] *m.* ridicule; ridiculous action, eccentricity.

ridiculizar [ree-dee-koo-lee-thar'] *va.* to ridicule, mock at, deride.

ridículo [ree-dee'koo-lo] *adj.* ridiculous, laughable, ludicrous, absurd; **hacer el —,** to make a fool of.

riego [ryay'go] *m.* irrigation.

riel [ryayl'] *m.* rail; ingot.

rielar [ryay-lar'] *vn.* to glimmer, be reflected (on).

rienda [ryen'da] *f.* reins; government; **a — suelta,** at full speed, unchecked.

riente [ree-en'tay] *adj.* smiling.

riesgo [ree-ays'go] *m.* risk, danger; **correr —,** to run (be) a risk.

rifar [ree-far'] *va.* to raffle.

rifle [ree'flay] *m.* rifle.

rigidez [ree-hee-deth'] *f.* stiffness, sternness; inflexibility.

rígido [ree'hee-do] *adj.* rigid, stiff, inflexible.

rigor [ree-gor'] *m.* severity, strictness, harshness; intensity, rigour, stiffness; **en —,** actually, strictly speaking; **de —,** essential, a requirement.

riguroso [ree-goo-ro'so] *adj.* severe, rigorous, strict, scrupulous. [rhyme; verse.

rima [ree'ma] *f.* heap, pile;

rimar [ree-mar'] *va.* to rhyme, make verses; to be in keeping with.

rimbombante [reem-bom-ban'-tay] *adj.* high-sounding, bombastic. [nook.

rincón [reen-kon'] *m.* corner,

riña [ree'nya] *f.* quarrel, fight, dispute.

riñón [ree-nyon'] *m.* kidney; **el — del país,** the heart of the country.

río [ree'o] *m.* river; **a — revuelto,** in troubled waters.

ripio [ree'pyo] *m.* rubble, rubbish; verbiage; **no perder —,** not to lose a single word.

riqueza [ree-kay'tha] *f.* wealth, riches, richness.

risa [ree'sa] *f.* laughter, laugh.

risco [rees'ko] *m.* crag, cliff.

risible [ree-see'blay] *adj.* laughable, ludicrous.

risotada [ree-so-ta'da] *f.* horse-laugh, bray.

risueño [ree-sway'nyo] *adj.* smiling, agreeable. [onions).

ristra [rees'tra] *f.* string *(of*

ristre [rees'tray] *m.* **con lanza en —,** with lance levelled *(for the charge).*

rito [ree'to] *m.* rite, ceremony.

ritual [ree-twal'] *m.* ritual; ceremonial; *adj.* customary.

rival [ree-val'] *m.* rival.

rivalidad [ree-va-lee-dad'] *f.* rivalry, emulation.

rivalizar [ree-va-lee-thar'] *vn.* to rival, compete, vie with.

rivera [ree-vay'rah] *f.* brook, creek, rivulet.

rizado [ree-tha'do] *adj.* curled, frizzled.

rizar [ree-thar'] *va.* to curl, crimp, ruffle; to ripple *(of water).*

rizo [ree'tho] *adj.* curled; *m.* curl, ringlet; *pl. (naut.)* reef points. [der. steal.

robar [ro-bar'] *va.* to rob, plunder,

roble [ro'blay] *m.* oak-tree.

robledo [ro-blay'do] *m.* oak-grove.

robo [ro'bo] *m.* robbery, theft.
robustecer [ro-boos-tay-thayr'] *va.* to strengthen, bolster (up).
robusto [ro-boos'to] *adj.* robust, hale, vigorous.
roca [ro'ka] *f.* rock; cliff.
roce [ro'thay] *m.* friction; rubbing, attrition; (social) intercourse.
rociada [ro-thya'da] *f.* sprinkling, shower.
rociar [ro-thyar'] *va.* to sprinkle, spray.
rocín [ro-theen'] *m.* nag, sorry jade.
rocío [ro-thee'o] *m.* dew; sprinkling.
rodada [ro-da'da] *f.* rut, wheeltrack.
rodado [ro-da'do] *adj.* dappled *(horse);* **canto —,** boulder.
rodaja [ro-da'ha] *f.* small wheel; rowel; slice *(of bread).*
rodar [ro-dar'] *vn.* to roll, turn, revolve, wheel.
rodear [ro-day-ar'] *va.* to surround, encircle; to invest.
rodela [ro-day'la] *f.* buckler.
rodeo [ro-day'o] *m.* turn; winding, roundabout way; subterfuge; circumlocution, evasions.
rodezno [ro-dayth'no] *m.* turbine; cog-wheel.
rodilla [ro-dee'lya] *f.* knee; **de —s,** on one's kness; **a media —,** on one knee.
rodillo [ro-dee'lyo] *m.* roller; inking roller.
roedor [ro-ay-dor'] *m.* rodent; remorse.
roer [ro-ayr'] *va.* to gnaw.
rogar [ro-gar'] *va.* to pray, beg, entreat.
rogativa [ro-ga-tee'va] *f.* roga- *(tion.)*
rojizo [ro-hee'tho] *adj.* reddish, ruddy.
rojo [ro'ho] *adj.* red.
rol [rol] *m.* list, roll, catalogue; muster-roll, roster, rota, register; *(naut.)* articles.
roldana [rol-da'na] *f.* pulleywheel; sheave.
rollizo [ro-lyee'tho] *adj.* plump, round, sturdy.
rollo [ro'lyo] *m.* roll.
romance [ro-man'thay] *adj.* Romance; *m.* Romance lan-

guage; ballad; **hablar en —,** to speak plainly, speak the King's English.
romancero [ro-man-thay'ro] *m.* corpus of ballads.
romanesco [ro-ma-nes'ko] *adj.* romanesque, Norman *(archit., etc.).*
romería [ro-may-ree'a] *f.* pilgrimage; excursion, picnic.
romero [ro-may'ro] *m.* pilgrim; rosemary.
romo [ro'mo] *adj.* blunt, obtuse; **macho —,** hinny.
rompecabezas [rom-pay-kabay'thas] *m.* puzzle, riddle; catapult.
rompedero [rom-pay-day'ro] *adj.* breakable, brittle.
rompeolas [rom-pay-o'las] *m.* breakwater, mole.
romper [rom-payr'] *va.* to break, tear, smash, crush; to burst open *(flowers, etc.).*
rompiente [rom-pyen'tay] *m.* breaker, surf.
rompimiento [rom-pee-myen'to] *m.* break; rupture; violation, infraction.
ron [ron] *m.* rum.
roncar [ron-kar'] *vn.* to snore.
ronco [ron'ko] *adj.* hoarse, harsh, raucous.
ronda [ron'da] *f.* beat, round; night patrol, serenading; party; round *(of drinks).*
rondalla [ron-da'lya] *f.* old wives' tale, story.
rondar [ron-dar'] *va.* to go the rounds, patrol *(the streets);* to haunt; to serenade.
rondón [ron-don'] *adv.* **de —,** unexpectedly, abruptly.
ronquedad [ron-kay-dad'] *f.* hoarseness, huskiness.
ronzal [ron-thal'] *m.* (horse) halter.
roña [ro'nya] *f.* scab, filth.
ropa [ro'pa] *f.* clothes, innerclothing, underclothes, costume; **— blanca,** linen; **— hecha,** ready-made clothing; **a quema —,** point blank.
ropaje [ro-pa'hay] *m.* apparel, clothing, robe; *(art.)* drapery.
ropavejero [ro-pa-vay-hay'ro] *m.* old-clothes dealer.

ropero [ro-pay'ro] *m*. wardrobe; dealer in clothes.

roque [ro'kay] *m*. rook, castle *(chess)*.

roquedal [ro-kay-dal'] *m*. rocky, boulder-strewn place.

rosa [ro'sa] *f*. rose; rose-colour.

rosado [ro-sa'do] *adj*. rose, flushed.

rosal [ro-sal'] *m*. rose bush.

rosario [ro-sa'ryo] *m*. rosary.

rosca [ros'ka] *f*. screw thread; screw and nut; ring; ring-shaped cake *(for parties, birthdays, etc.)*. [window.

rosetón [ro-say-ton'] *m*. rose-

rostro [ros'tro] *m*. human face, beak; rostrum.

rotación [ro-ta-thyon'] *f*. rotation.

roto [ro'to] *adj*. broken, torn, destroyed, spoiled.

rotonda [ro-ton'da] *f*. rotunda; rear part of a stagecoach.

rotular [ro-too-lar'] *va*. to label, stamp.

rótulo [ro'too-lo] *m*. label, sign; heading.

rotundo [ro-toon'do] *adj*. rotund; plain, definite, categorical.

roturar [ro-too-rar'] *va*. to break up the ground, plough *(for the first time)*.

rozadura [ro-tha-doo'ra] *f*. friction, attrition, abrasion.

rozagante [ro-tha-gan'tay] *adj*. showy *(gown)*, splendid, spirited, radiant, bursting with (pride, health, vitality).

rozar [ro-thar'] *va*. to clear the ground, grub up; to chafe; to graze, brush against, rub against; *vr*. to rub shoulders (with).

rúa [roo'a] *f*. *(Galicia)* street.

rubí [roo-bee'] *m*. ruby.

rubicundo [roo-bee-koon'do] *adj*. reddish. [blonde.

rubio [roo'byo] *adj*. fair (hair),

rubor [roo-bor'] *m*. shame, bashfulness; blush.

ruborizarse [roo-bo-ree-thar'-say] *vr*. to blush, colour up, flush.

ruboroso [roo-bo-ro'so] *adj*. bashful.

rúbrica [roo'bree-ka] *f*. flourish *(in signature)*.

rubricar [roo-bree-kar'] *va*. to sign, indorse *(with a rubrica)*.

rucio [roo'thyo] *adj*. dapple, silver gray; *m*. donkey.

ruda [roo'dah] *f*. *(bot.)* rue, herb-of-grace, herb-of-repentance.

rudeza [roo-day'tha] *f*. roughness, crudeness, crudity.

rudimento [roo-dee-men'to] *m*. rudiment.

rudo [roo'do] *adj*. rough; coarse, unlettered, simple; hard.

rueca [rway'ka] *f*. distaff, spinning wheel.

rueda [rway'da] *f*. wheel, circle; (crowd of) people; slice *(of pineapple, etc.)*.

ruedo [rway'do] *m*. edge *(of a round thing)*; bottom *(of skirt)*; arena *(bull ring)*.

ruego [rway'go] *m*. prayer, request, entreaty.

rufián [roo-fyan'] *m*. ruffian; pimp; go-between.

rugido [roo-hee'do] *m*. roar.

rugir [roo-heer'] *vn*. to roar, bellow, howl.

rugoso [roo-go'so] *adj*. creased, wrinkled, corrugated.

ruido [rwee'do] *m*. noise, uproar, outcry; rumour.

ruidoso [rwee-do'so] *adj*. noisy.

ruín [roo-een'] *adj*. mean, base, low; wretched, puny; heartless. [ruination.

ruina [roo-ee'na] *f*. ruin, fall;

ruindad [roo-een-dad'] *f*. meanness, malice, baseness.

ruinoso [roo-ee-no'so] *adj*. ruinous. [nightingale.

ruiseñor [rwee-say-nyor'] *m*.

rumbo [room'bo] *m*. course, direction; route; con — a, bound for, on a course for.

rumboso [room-bo'so] *adj*. splendid, liberal, grand.

rumiante [roo-myan'tay] *m*. ruminant.

rumor [roo-mor'] *m*. rumour; hearsay, murmur.

rumoroso [roo-mo-ro'so] *adj*. murmurous.

ruptura [roop-too'ra] *f*. break, [rupture.

rural [roo-ral'] *adj.* rural, rustic.   [sian.
ruso [roo'so] *adj.* & *m.* Russian; [roos'tee-ko] *adj.* rústico, unmannerly; **en rústica,** in paper covers, unbound.

ruta [roo'ta] *f.* route, course, way.
rutilar [roo-tee-lar'] *va.* to twinkle, sparkle *(stars, etc.).*
rutina [roo-tee'na] *f.* routine, habit, rut.

S

sábado [sa'ba-do] *m.* Saturday.
sábana [sa'ba-na] *f.* (linen) sheet; **se le pegan las —s,** the blankets pull.
sabana [sa-ba'na] *f.* plain, savannah.
sabandija [sa-ban-dee'ha] *f.* vermin, nasty creature.
sabañón [sa-ba-nyon'] *m.* chilblain.
saber [sa-bayr'] *va.* to know, know how; **— nadar,** to be able to swim; *vn.* to taste, savour; **— a,** to taste of; **a —,** to wit; *m.* learning,knowledge.
sabiamente [sa-bya-men'tay] *adv.* wisely, cunningly, skilfully.
sabiduría [sa-bee-doo-ree'a] *f.* wisdom, learning.
sabiendas [sa-byen'das] *adj.* **a —,** knowingly.
sabio [sa'byo] *adj.* wise, learned, cunning; *m.* learned man, scholar; wise person.
sablazo [sa-bla'tho] *m.* blow, wound *(with sabre);* touch *(for money).*
sable [sa'blay] *m.* sabre; sable.
sabor [sa-bor'] *m.* taste, smack, flavour.
saborear [sa-bo-ray-ar'] *va.* to flavour, savour; to roll on the tongue; *vr.* to relish, enjoy.
sabroso [sa-bro'so] *adj.* delightful, savoury, tasty.
sabueso [sa-bway'so] *m.* foxhound, bloodhound.
sacacorchos [sa-ka-kor'chos] *m.* corkscrew.
sacar [sa-kar'] *va.* to take (out), draw (out); to make out, un-derstand; **— a luz,** to publish, to make, take *(copy, etc.);* to start, begin *(a game);* **— a bailar,** to invite to dance; to drag in *(mention of);* **— en claro,** or **— en limpio,** to get clear, understand; **— de quicio,** to jolt, upset.   [priest.
sacerdote [sa-thayr-do'tay] *m.*
saciar [sa-thyar'] *va.* to satiate, satisfy.
saciedad [sa-thyay-dad'] *f.* satiety.
saco [sa'ko] *m.* sack, bag; pillage; **— de noche,** valise.
sacramento [sa-kra-men'to] *m.* sacrament.
sacrificar [sa-kree-fee-kar'] *va.* to sacrifice.   [sacrifice.
sacrificio [sa-kree-fee'thyo] *m.*
sacrílego [sa-kree'lay-go] *m.* sacrilegious.
sacristán [sa-krees-tan] *m.* sexton, sacristan.
sacro [sa'kro] *adj.* holy, sacred.
sacudida [sa-koo-dee'da] *f.* shake, jerk, jolt.
sacudir [sa-koo-deer'] *va.* to shake, jolt; to beat, drub; *vr.* to shake off.
sacho [sa'tcho] *m.* hoe, weeder.
saeta [sa-ay'ta] *v.* arrow; hand *(of a clock).*
saetero [sa-ay-tay'ro] *m.* bowman, archer.
sagacidad [sa-ga-thee-dad'] *f.* sagacity; cleverness, intelligence.
sagaz [sa-gath'] *adj.* far-seeing, sagacious, wise.
sagitario [sa-hee-ta'ryo] *m.* archer; Sagittarius.

sagrado [sa-gra'do] *adj.* sacred, holy; *m.* sanctuary, asylum.

sahumar [sa-oo-mar'] *va.* to fumigate, smoke *(food);* perfume.

sainete [sa-ee-nay'tay] *m.* farcical short play.

sajar [sa-har'] *v. tr.* to scarify; *(surg.)* lance.

sal [sal] *f.* salt, wit.

sala [sa'la] *f.* parlour, drawing-room, room. [witty.]

salado [sa-la'do] *adj.* salty.

salar [sa-lar'] *va.* to salt; to season.

salario [sa-la'ryo] *m.* salary, pay, wages. [meat.]

salazón [sa-la-thon'] *f.* salted

salchicha [sal-chee'cha] *f.* sausage. [(large) sausage.]

salchichón [sal-chee-chon'] *m.*

saldado [sal-da'do] *adj.* balanced, paid *(of accounts).*

saldar [sal-dar'] *va.* to settle, balance.

saldo [sal'do] *m.* settlement, balance; (bargain) sale.

salero [sa-lay'ro] *m.* saltcellar; gracefulness, liveliness.

salida [sa-lee'da] *f.* departure, outlet, issue, exit, way out; loophole, excuse.

saliente [sa-lyen'tay] *adj.* salient, projecting.

salina [sa-lee'na] *f.* salt-(mine) (pit) (lagoons).

salino [sa-lee'no] *adj.* saline.

salir [sa-leer'] *vn.* to go out; to set out, leave, depart; to come (out) (off) *(of a stain);* to appear, be published; — por (uno), to stand security for; *vr.* — con la suya, to get one's own way.

saliva [sa-lee'va] *f.* spittle, saliva.

salmantino [sal-man-tee'no] *adj.* of Salamanca.

salmo [sal'mo] *m.* psalm.

salmón [sal-mon'] *m.* salmon.

salmuera [sal-mway'ra] *f.* brine.

salobre [sa-lo'bray] *adj.* brackish, briny.

salón [sa-lon'] *m.* drawing-room, lounge; *(large)* hall.

salpicar [sal-pee-kar'] *va.* to splash, spatter.

salsa [sal'sa] *f.* sauce, dressing.

saltamontes [sal-tamon'tays] *m.* grasshopper.

saltar [sal-tar'] *va.* to jump, spring, skip, hop; to burst, crack, fly off; — a la vista, to be clear as a pike-staff.

salteador [sal-tay-a-dor'] *m.* highwayman.

saltear [sal-tay-ar'] *va.* to rob on the highway; to assault.

saltimbanqui [sal-teem-ban'-kee] *m.* mountebank, quack.

salto [sal'to] *m.* spring, jump, leap; skip; — de agua, waterfall; — mortal, somersault; a —s, dodging or leaping here and there; de un —, at one bound.

saltón [sal-ton'] *adj.* ojos —es, pop eyes; *m.* grasshopper.

salubre [sa-loo'bray] *adj.* salubrious, healthy.

salud [sa-lood'] *f.* health; public wealth; salvation.

saludable [sa-loo-da'blay] *adj.* wholesome, salutary, healthy.

saludar [sa-loo-dar'] *va.* to salute, greet, pay one's compliments to, say how do you do to. [bow, salutation.]

saludo [sa-loo'do] *m.* greeting,

salvación [sal-va-thyon'] *f.* salvation.

salvaguardia [sal-va-gwar'dya] *f.* security; safe-conduct.

salvajada [sal-va-ha'da] *f.* piece of savagery.

salvaje [sal-va'hay] *adj.* savage; wild; *m.* savage.

salvajez [sal-va-hayth'] *f.* savageness.

salvar [sal-var'] *va.* to save; to salve; to jump over *(an obstacle).*

salvavidas [sal-va-vee'das] *m.* life-belt; bote —, life-boat.

salvedad [sal-vay-dad'] *f.* excuse, reservation.

salvia [sal'vee-ah] *f. (bot.)* sage.

salvo [sal'vo] *adj.* safe; sano y —, safe and sound; *adv.* save except(ing).

salvoconducto [sal-vo-kon-dook'to] *m.* passport; safe-conduct.

sambenito [sam-bay-nee'to] *m.*

penitential garment, *(outer)* hair-shirt.   [Santo.
san [san] *adj. (abbrev. of)*
sanable [sa-na'blay] *adj.* curable.
sanar [sa-nar'] *va.* to heal; *vn.* to recover, get better; to heal *(of wound).*   [natorium.
sanatorio [sa-na-to'ryo] *m.* sa-
sancionar [san-thyo-nar'] *va.* to sanction, permit, ratify.
sandalia [san-da'lya] *f.* sandal.
sandalla [san-da'lya] *f.* sandal.
sandez [san-dayth'] *f.* simplicity; absurdity, inane statement, stupid remark, silly talk.   [lon.
sandía [san-dee'a] *f.* watermelon.
saneado [sa-nay-a'do] *adj.* drained, freed, elear, cleared up.
saneamiento [sa-nay-a-myen'-to] *m.* guarantee, imdemnification; drainage.
sanear [sa-nay-ar'] *va.* to give guarantee (bail); to drain.
sangrador [san-gra-dor'] *m.* blood-letter, leech.
sangrar [san-grar'] *va.* to bleed.
sangre [san'gray] *f.* blood; kindred; a — fría, in cold blood; mala —, bad blood, viciousness.
sangría [san-gree'a] *f.* bleeding; drainage.
sangriento [san-gryen'to] *adj.* bloody, gory *(battle, etc.);* bloodthirsty.
sanguijuela [san-gee-hway'la] *f.* leech.
sanguinario [san-gee-na'ryo] *adj.* bloody, cruel.
sanguíneo [san-gee'nay-o] *adj.* of a blood colour; sanguine.
sanidad [sa-nee-dad'] *f.* health, soundness.   [sanitary.
sanitario [sa-nee-ta'ryo] *adj.*
sano [sa'no] *adj.* sane, wholesome; honest; healthy, sound; whole.
santabárbara [san-ta-bar'ba-ra] *f. (naut.)* magazine.
santiagués [san-tya-gays'] *adj.* of, from Santiago de Compostela.
santiamén [san-tee-a-men'] *m.*

en un —, before you could say Jack Robinson, in a twinkling.
santidad [san-tee-dad'] *f.* sanctity; godliness; holiness; the Pope.
santificar [san-tee-fee-kar'] *va.* to sanctify, hallow; *vr.* to justify, white-wash oneself.
santiguar [san-tee-gwar'] *va.* to bless; *vr.* to cross oneself.
santo [san'to] *adj.* holy, saint, blessed; *m.* — y seña, countersign, password; el — día, the blessed day.
santón [san-ton'] *m.* dervish.
santuario [san-twa-ryo] *m.* sanctuary.
saña [sa'nya] *f.* rage, fury, fierce hatred.
sañudo [sa-nyoo'do] *adj.* furious, malignant, implicable, bitter.   [wisdom.
sapiencia [sa-pyen'thya] *f.*
sapo [sa'po] *m.* toad.
saque [sa'kay] *m.* drive *(at tennis, etc.),* first kick, turn, etc. *(of a game).*
saquear [sa-kay-ar'] *va.* to plunder, sack, ransack, foray.
saqueo [sa-kay'o] *m.* sack, plunder(ing).
sarampión [sa-ram-pyon'] *m.* measles.   [carsm.
sarcasmo [sar-kas'mo] *m.* sar-
sardina [sar-dee'na] *f.* sardine.
sardo [sar'do] *adj.* Sardinian.
sardónico [sar-do'nee-ko] *adj.* sardonic.   [geant.
sargento [sar-hen'to] *m.* ser-
sarna [sar'na] *f.* itch, mange.
sarta [sar'ta] *f.* string *(of beads, pearls, lies).*
sartén [sar-ten'] *f.* frying-pan.
sastre [sas'tray] *m.* tailor.
satán or satanás [sa-tan'] or [sa-ta-nas'] *m.* satan(as); serpent.
satélite [sa-tay'lee-tay] *m.* satellite, crony, henchman.
sátira [sa'tee-ra] *f.* satire.
satirizar [sa-tee-ree-thar'] *va.* to satirise, lampoon.
sátiro [sa'tee-ro] *m.* satyr.
satisfacción [sa-tees-fak-thyon']*f.* satisfaction, atonement.

satisfacer [sa-tees-fa-thayr'] va. to satisfy, meet.

satisfecho [sa-tees-fay'cho] adj. satisfied, conceited, pleased.

saturar [sa-too-rar'] va. to saturate, soak; to fill.

saturnino [sa-toor-nee'no] adj. saturnine; melancholy.

sauce [sow-thay] m. willow; — llorón, weeping willow.

saúco [sow'ko] m. alder-tree.

savia [sa'vya] f. sap.

saya [sa'ya] f. (outer) skirt; (arch.) mantle.

sayo [sa'yo] m. loose garment; decir uno para su — to say to oneself.

sayón [sa-yon'] m. executioner.

sazón [sa-thon'] f. season, ripeness; a la —, at that time; fuera de —, out, of season.

sazonado [sa-tho-na'do] adj. seasoned, mellow, flavoured.

sazonar [sa-tho-nar'] va. to season, flavour; to ripen.

se [say] pron. himself, herself, itself, themselves, oneself; him, her (in dative); — dice, it is said, they say.

sebo [say'bo] m. tallow, candlefat.

secano [say-ka'no] m. unirrigated arable land.

secante [say-kan'tay] m. blotting (paper).

secar [say-kar'] va. to dry, desiccate, parch, drain.

sección [sek-thyon'] f. section.

secesión [say-thay-syon'] f. secession.

seco [say'ko] adj. dry, arid, bare, plain, curt; a secas, plainly, simply; en —, high and dry, (stopped) short; a palo —, under bare poles.

secretaría [say-kray-ta-ree'a] f. (secretary's) office.

secretario [say-kray-ta'ryo] m. secretary; — particular, private secretary.

secreto [say-kray'to] adj. & m. secret; — a voces, open secret; en —, secretly, in private.

secta [sek'ta] m. sect.

secuaz [say-kwath'] m. follower, disciple, adherent.

secuela [say-kway'la] f. result, consequence.

secuestrar [say-kwes-trar'] va. to sequestrate.

secuestro [say-kwes'tro] m. sequestration; abduction.

secular [say-koo-la'] adj. secular, lay; centenary.

secundar [say-koon-dar'] va. second, support, favour.

secundario [say-koon-da'ryo] adj. secondary, unimportant.

sed [sayd] f. thirst; eagerness.

seda [say'da] f. silk; — cruda, hard silk, shantung; — en rama, raw silk; — floja, floss silk; como una —, soft, like silk; easy-going, easily.

sedativo [say-da-tee'vo] adj. sedative. [See.

sede [say'day] f. Santa —, Holy

sedentario [say-den-ta'ryo] adj. sedentary.

sedería [say-day-ree'a] f. silk mercer's shop; silk stuff.

sedición [say-dee-thyon'] f. sedition. [seditious.

sedicioso [say-dee-thyo'so] adj.

sediento [say-dyen'to] adj. thirsty; anxious, dying (to).

sedimentar [say-dee-men-tar'] va. & n. to settle (of dregs).

sedimento [say-dee-men'to] m. dregs, lees, sediment; base.

seducción [say-dook-thyon'] f. seduction, thrill, attraction.

seducir [say-doo-theer'] va. to seduce, lead astray; to charm, delight.

seductor [say-dook-tor'] m. seducer; charmer.

segador [say-ga-dor'] m. reaper, mower, harvester.

segar [say-gar'] va. to mow, harvest, reap; to cut (off) (down). lay; m. layman.

seglar [say-glar'] adj. secular,

segregar [say-gray-gar'] va. to segregate, separate.

seguida [say-gee'da] f. continuation; de —, successively, without interruption; en —, without delay, immediately, at once.

seguido [say-gee'do] adj. one after the other, straight (ahead).

seguimiento [say-gee-myen'to] *m.* pursuit, chase; endeavour.

seguir [say-geer'] *va.* to follow, proceed, continue; to dog, shadow; to carry (out) (on).

según [say-goon'] *prep.* according to, as; — y conforme, it depends.

segundo [say-goon'do] *adj.* second; *f.* de — mano, (at) secondhand; — intención, double meaning.

segundón [say-goon-don'] *m.* younger son.

segur [say-goor'] *f.* sickle.

seguridad [say-goo-ree-dad'] *f.* security, certainty, confidence; surety bond.

seguro [say-goo'ro] *adj.* sure, secure, safe, certain, fast; *m.* assurance, insurance; ratchet; — sobre la vida, life insurance; póliza de —, insurance policy; a buen —, certainly; de —, assuredly; sobre —, on firm ground, without danger.

seise [say-ee'say] *m.* choir boy, who sings and dances with others in some festivities.

selección [say-lek-thyon'] *f.* choice, selection.

selecto [say-lek'to] *adj.* select, choice.

selva [sel'va] *f. (wet, tropical)* jungle, forest.

selvático [sel-va'tee-ko] *adj.* wild, rustic.

sellar [say-lyar'] *va.* to seal, stamp.

sello [say'lyo] *m.* seal; stamp; — de correo, postage stamp.

semana [say-ma'na] *f.* week; día entre —, midweek, working day.   [weekly.

semanal [say-ma-nal'] *adj.*

semanario [say-ma-na'ryo] *m.* weekly (paper).

semblante [sem-blan'tay] *m.* countenance, expression, face; appearance; mudar de —, to change colour.

semblanza [sem-blan'tha] *f.* portrait, sketch *(usually in words).*

sembrado [sem-bra'do] *m.* sown ground.   [sower.

sembrador [sem-bra-dor'] *m.*

sembrar [sem-brar'] *va.* to sow.

semejante [say-may-han'tay] *adj.* similar, resembling, like; likeness, fellow creature.

semejanza [say-may-han'tha] *f.* similarity, resemblance, likeness; a — de, as, like.

semejar [say-may-har'] *vn.* to resemble, be like.

sementar [say-men-tar'] *va.* to sow, seed.

semestre [say-mes'tray] *m.* half-year.

semilla [say-mee'lya] *f.* seed.

seminario [say-mee-na'ryo] *m.* seminary, seminar.

sémola [say'mo-lah] *f.* grout, groats of grits, semol(iu)a.

sempiterno [sem-pee-ter'no] *adj.* everlasting, eternal.

senado [say-na'do] *m.* senate.

senador [say-na-dor'] *m.* senator.

sencillez [sen-thee-lyayth'] *f.* simplicity, candour, artlessness.

sencillo [sen-thee'lyo] *adj.* single, simple, unadorned, plain.

senda [sen'da] *f.* path, footpath.

sendero [sen-day'ro] *m.* path.

sendos [sen'dos] *adj. pl.* each one; recibieron — golpes, each one received a blow.

senectud [say-nek-tood'] *f.* old age.   [aged.

senil [say-neel'] *adj.* senile.

seno [say'no] *m.* chest, bosom, lap.   [sation, feeling.

sensación [sen-sa-thyon'] *f.* sensatez [sen-sa-tayth'] *f.* good sense; prudence.

sensato [sen-sa'to] *adj.* sensible, wise, judicious.

sensible [sen-see'blay] *adj.* sensitive, perceptible; painful, grievous.   [sensitive.

sensitivo [sen-see-tee'vo] *adj.*

sensorio [sen-so'ryo] *adj.* sensory, sensorial.

sensual [sen-swal'] *adj.* sensual, sensuous.

sentadillas [sen-ta-dee'lyas] a —, side-saddle.

sentado [sen-ta'do] *adj.* sedate, steady, estalished, set up.

sentar [sen-tar'] *vn.* to suit, become; *va.* to establish *(as a fact)*; *vr.* to sit down; dar por sentado, to take for granted.
sentencia [sen-ten'thya] *f.* sentence; judgment.
sentenciar [sen-ten-thyar'] *va.* to pass judgment, condemn.
sentido [sen-tee'do] *adj.* (deeply) felt, sensitive; touchy; *m.* sense, feeling, meaning; direction, course; understanding; — común, common sense; perder el —, to lose consciousness; valer un —, to be worth a fortune.
sentimiento [sen-tee-myen'to] *m.* sentiment, feeling, emotion; grief, concern.
sentir [sen-teer'] *va.* to feel, hear, perceive; to be sorry for, regret; *vr.* to be moved; *m.* feeling, opinion.
seña [say'nya] *f.* sign, token, signal; password; trace; *pl.* address; — personales, personal description; por más —, in further support *(detail)*, into the bargain.
señalar [say-nya-lar'] *va.* to point out; to mark, stamp; to fix (on); *vr.* to distinguish oneself, itself.
señero [say-nyay'ro] *adj.* solitary, isolated; unique.
señor [say-nyor'] *m.* mister, sir, gentleman; owner, master.
señora [say-nyo'ra] *f.* mistress, lady, woman.
señorar [say-nyo-rar-ar'] *va.* to master, lord (over); to tower over, excel.
señoría [say-nyo-ree'a] *f.* (over)lordship; noble Sir.
señorío [say-nyo-ree'o] *m.* dominion, seigneury; imperiousness, command; domain, self-control, graveness.
señorita [say-nyo-ree'ta] *f.* miss; young lady.
señorito [say-nyo-ree'to] *m.* young (man, gentleman); (young) master; young gentleman *(of leisure).* [decoy.
señuelo [say-nway'lo] *m.* lure.
seo [say'o] *m.* cathedral.

separación [say-pa-ra-thyon'] *f.* separation; dismissal.
separar [say-pa-rar'] *va.* to separate; to detach, sever; to discharge; *vr.* to part.
sepelio [say-pay'lyo] *m.* interment. [north.
septentrión [sep-ten-tryon'] *m.*
septiembre [sep-tyaym'bray] *m.* September.
sepulcro [say-pool'kro] *m.* grave, tomb, sepulchre.
sepultar [say-pool-tar'] *va.* to bury, inter; to hide.
sepultura [say-pool-too'ra] *f.* interment; dar —, to inter.
sepulturero [say-pool-too-ray'ro] *m.* gravedigger, sexton.
sequedad [say-kay-dad'] *f.* dryness; surliness; sterility.
sequía [say-kee'a] *f.* drought.
séquito [say'kee-to] *m.* retinue, train, following.
ser [sayr] *vn.* to be, exist, belong to; *m.* being, essence.
seraje [say-rah'hay] *m.* panniers, baskets, frails, collectively.
serenarse [say-ray-nar'say] *vr.* to clear up, grow clear *(of weather, passions, liquids, etc.).*
serenidad [say-ray-nee-dad'] *f.* serenity, calmness, peace; coolness (of mind).
sereno [say-ray'no] *adj.* serene, quiet, placid, clear; al —, under the stars; *m.* night watchman. [succession.
serie [say'ryay] *f.* series, suite,
seriedad [say-ryay-dad'] *f.* seriousness, gravity, earnestness, sobriety.
serio [say'ryo] *adj.* serious, grave, earnest, sober.
sermón [sayr-mon'] *m.* sermon, homily.
serpentear [sayr-pen-tay-ar'] *vn.* to meander.
serpiente [sayr-pyen'tay] *f.* serpent, snake; — de cascabel, rattle-snake.
serranía [say-ra-nee'a] *f.* ridge of mountains.
serrano [say-ra'no] *adj.* & *m.* mountaineer, mountain-bred.

serrar [say-rar'] *va.* to saw.

serrín [say-reen'] *m.* sawdust.

serrucho [say-roo'cho] *m.* handsaw.

servicial [sayr-vee-thyal'] *adj.* obliging, serviceable, accommodating.

servicio [sayr-vee'thyo] *m.* service; favour, good turn, use-(fulness); *(tea)* set; **hacer un flaco** —, to do an ill turn.

servido [sayr-vee'do] *adj.* pleased, served.

servidor [sayr-vee-dor'] *m.* servant; — **de Ud.**, at your service.

servidumbre [sayr-vee-doom'-bray] *f.* servitude; servants of a household.

servil [sayr-veel'] *adj.* servile; abject, menial.

servilleta [sayr-vee-lyay'ta] *f.* serviette.

servir [sayr-veer'] *vn.* to serve, be useful; *va.* to wait, attend; *vr.* to deign; — **de**, to serve as, act as; **Sírvase**, Please.

sesenta [say-sen'ta] *num.* sixty.

sesgado [says-ga'do] *adj.* oblique, slantig.   [bevel.

sesgar [says-gar'] *va.* to slant,

sesgo [says'go] *m.* bias, bevel, slope; turn, direction.

sesión [say-syon'] *f.* session, sitting; **levantar la** —, to adjourn a meeting.

seso [say'so] *m.* brain, talent; **calentarse, devanarse los** —s, to rack one's brains.

sesudo [say-soo'do] *adj.* prudent, weighty, intelligent, judicious.

seta [say'ta] *f.* mushroom.

seto [say'to] *m.* hedge, fence; — **vivo**, quickset hedge.

seudo [say-oo'do] *adj.* pseudo, false, so-called; would-be.

severidad [say-vay-ree-dad'] *f.* severity, harshness, sternness.

severo [say-vay'ro] *adj.* severe, stern; strict, hard, exact(ing).

sexo [sek'so] *m.* sex; **bello** —, fair sex.

sexual [sek-swal'] *adj.* sexual.

si [see] *conj.* if; in case; — **bien**, although; **un** — **es no es**, something and nothing.

sí [see] *adv.* yes; **de por** —, of its own account; **dar el** —, to say yes, agree to marry; — **tal**, yes it is, of course.

sí [see] *pron.* himself, herself, itself *(reflexive after preposition).*

sibarita [see-ba-ree'ta] *m.* epicure, voluptuary.

sicomoro [see-ko-mo'ro] *m.* sycamore.

sidra [see'dra] *f.* cider.

siega [syay'ga] *f.* mowing, reaping, harvest.

siembra [syem'bra] *f.* sowing.

siempre [syem'pray] *adv.* always; — **que**, provided, whenever; **para** —, forever; — **jamás**, for ever and ever.

siempreviva [syem-pray-vee'va] *f.* evergreen.

sien [syayn] *f. (anat.)* temple.

sierpe [syayr'pay] *f.* serpent, snake.

sierra [syay'ra] *f.* saw; (ridge of) mountains.

siervo [syayr'vo] *m.* serf.

siesta [syes'ta] *f.* afternoon nap.

siete [syay'tay] *adj.* seven; **hablar más que** —, to speak ten to the dozen.

sifón [see-fon'] *m.* syphon.

sigilo [see-hee'lo] *m.* secret reserve; — **confesional**, secrecy of the confessional.

sigiloso [see-hee-lo'so] *adj.* reserved, secretive, privy.

siglo [see'glo] *m.* century; **en el** —, in the world.

signatorio [seeg-na-to'ryo] *adj. & m.* signatory.

significación [seeg-nee-fee-ka-thyon'] *f.* meaning.

significado [seeg-nee-fee-ka'do] *m.* meaning.

significar [seeg-nee-fee-kar'] *va.* to signify, mean; to indicate.

signo [seeg'nyo] *m.* sign, mark; nod; *(mus.)* character, notation.

siguiente [see-guen'tay] *adj.* following, next.

sílaba [see'la-ba] *f.* syllable.

silbar [seel-bar'] *vn.* to whistle; *va.* to hiss, catcall.

silbato [seel-ba'to] *m.* whistle.

silbido [seel-bee'do] *m.* whistling, hiss; *pl.* — de oídos, ringing in the ears.

silbo [seel'bo] *m.* whistle.

silencio [see-len'thyo] *m.* silence. [silent, still.

silencioso [see-len-thyo'so] *adj.*

sílfide [seel'fee-day] *f.* sylph.

silueta [seel-way'ta] *f.* silhouette, outline, profile.

silvestre [seel-ves'tray] *adj.* rustic; wild *(flovers)*; uncultivated.

silla [see'lya] *f.* chair; saddle; — (plegadiza) (de tijera), folding chair; — poltrona, armchair; — de columpio, rocking chair.

sillar [see-lyar'] *m.* building block. [stalls.

sillería [see-lyay-ree'a] *f.* (eccl.)

sillón [see-lyon'] *m.* arm-chair, easy chair.

sima [see'ma] *f.* abyss.

simbólico [seem-bo'lee-ko] *adj.* symbolical.

símbolo [seem'bo-lo] *m.* symbol, emblem.

simetría [see-may-tree'a] *f.* symmetry; harmony.

simiente [see-myen'tay] *f.* seed.

símil [see'meel] *adj.* alike, like; *m.* simile.

similar [see-mee-lar'] *adj.* similar.

similitud [see-mee-lee-tood'] similitude, resemblance.

simio [see'myo] *m.* ape.

simón [see-mon'] *m.* hack(ney carriage).

simpatía [seem-pa-tee'a] *f.* fellow-feeling, sympathy, friendliness, warmth, amiability, toleration.

simpático [seem-pa'tee-ko] *adj.* congenial, agreeable, pleasant, nice, amiable, friendly.

simpatizar [seem-pa-tee-thar'] *vn.* to get along well together, like, feel fellowfeeling.

simple [seem'play] *adj.* simple, single; silly; ingenuous.

simpleza [seem-play'tha] *f.* silliness, foolishness, absurdity, simpleness, simplicity.

simplicidad [seem-plee-thee-dad'] *f.* simplicity, artlessness.

simplificar [seem-plee-fee-kar'] *va.* to simplify.

simulacro [see-moo-la'kro]. *m.* sham, hollow mockery, superficial copy.

simular [see-moo-lar'] *va.* to simulate, feign.

simultáneo [see-mool-ta'nay-o] *adj.* simultaneous.

sin [seen] *prep.* without; — embargo, yet, however, nevertheless. [gogue.

sinagoga [see-na-go'ga] *f.* synasincerar [seen-thay-rar'] *va.* to explain; *vr.* to justify oneself.

sinceridad [seen-thay-ree-dad'] *f.* sincerity, frankness.

sincero [seen-thay'ro] *adj.* sincere, true. [(ing fit).

síncope [seen'ko-pay] *f.* faintsindéresis [seen-day'ray-sees] *f.* discretion; good judgment; discrimination.

sindicado [seen-dee-ka'do] *m.* syndicate.

singlar [seen-glar'] *vn. (naut.)* to hold to a course.

singular [seen-goo-lar'] *adj.* singular, single; extraordinary, unique, peculiar, odd.

singularidad [seen-goo-la-ree-dad'] *f.* strangeness, oddity, originality.

singularizar [seen-goo-la-ree-thar'] *va.* to single out; *vr.* to distinguish oneself.

siniestra [see-nyes'tra] *f.* left hand.

siniestro [see-nyes'tro] *adj.* sinister; *m.* disaster, shipwreck, *(insurance)* accident, claim.

sinnúmero [seen-noo'may-ro] *m.* endless number.

sino [see'no] *conj.* but. only except; *m.* destiny.

sinónimo [see-no'nee-mo] *adj.* synonymous; *m.* synonym.

sinrazón [seen-ra-thon'] *f.* wrong, injustice; excess.

sinsabor [seen-sa-bor'] *m.* displeasure, unpleasantness, gall.

síntesis [seen'tay-sees] *f.* synthesis.

sintetizar [seen-tay-tee-thar] *va.* to synthesize, reduce, compress. [tom.

síntoma [seen'to-ma] *m.* symp-

sinuosidad [see-nwo-see-dad']
f. sinuousness, twists and
turns.

siquiera [see-kyay'ra] *conj.*
although, even; scarcely; **ni —**
not even.

sirena [see-ray'na] *f.* mermaid.

sirviente [seer-vyen'tay] *m.*
servant, waiter.

sisar [see-sar'] *va.* to pinch,
pilfer, "lift"; to give short
weight.   [tem.

sistema [sees-tay'ma] *m.* sys-
sistemático [sees-tay-ma'tee-ko]
adj. systematic.

sitial [see-tee-al] *m.* seat of honour, presiding chair; choir
stall, bench, form.

sitiar [see-tyar'] *va.* to besiege;
to surround.

sitio [see'tyo] *m.* place, room;
seat, site; siege.

sito [see'to] *adj.* situate, located, lying (*in*).

situación [see-twa-thyon'] *f.* situation, position, state.

situado [see-twa'do] *adj.* situate, placed.

situar [see-twar'] *va.* to place,
locate, site; *vr.* to station oneself.

so [so] *prep.* under, below; **—
capa de,** under the cloak of;
— pena, under penalty.

sobaco [so-ba'ko] *m.* armpit.

sobar [so-bar'] *va.* to knead; to
pummel; **sobado,** dog-eared.

soberanía [so-bay-ra-nee'a] *f.*
sovereignty; suzerainty.

soberano [so-bay-ra'no] *adj.* &
m. sovereign, mighty.

soberbia [so-bayr'bya] *f.* (*overweening*) pride; anger, haughtiness, presumption, sump-
tuousness.

soberbio [so-bayr'byo] *adj.*
proud; superb; passionate.

sobornar [so-bor-nar'] *va.* to
bribe, suborn, corrupt.

sobra [so'bra] *f.* surplus, excess; *pl.* the remains, leavings;
de —, over, extra, too well.

sobrado [so-bra'do] *adj.* excessive, superabundant.

sobrante [so-bran'tay] *m.* residue, surplus.

sobrar [so-brar'] *vn.* to be mo-

re than enough, be de trop.

sobre [so'bray] *prep.* on, upon,
above; *m.* envelope.

sobrecama [so-bray-ka'ma] *f.*
bedspread.

sobrecargar [so-bray-kar-gar']
va. to surcharge; to overload.

sobrecejo [so-bray-thay'ho] *f.*
frown.

sobrecoger [so-bray-ko-hayr']
va. to take by surprise, catch
out; *vr.* to be overawed, abashed.

sobreexcitar [so-bray-eks-thee-
tar'] *va.* to over-excite.

sobrehumano [so-bray-oo-ma'-
no] *adj.* superhuman.

sobrellevar [so-bray-lyay-var']
va. to bear, carry, endure.

sobremanera [so-bray-ma-nay'-
ra] *adv.* exceeding(ly), exces-
sive(ly).

sobremesa [so-bray-may'sa] *f.*
after-dinner conversations; **de
—,** over coffee.

sobrenadar [so-bray-na-dar']
vn. to float, swim.

sobrenatural [so-bray-na-too-
ral'] *adj.* supernatural.

sobrentender [so-bren-ten-
dayr'] *va.* to take something
for granted.

sobreponer [so-bray-po-nayr']
va. to superpose; *vr.* to rise
above, superior to, overcome.

sobrepujar [so-bray-poo-har']
va. to excel, surpass.

sobresaliente [so-bray-sa-lyen'-
tay] *adj.* excelling; *m.* (*exam.*)
distinction.

sobresalir [so-bray-sa-leer'] *vn.*
to excel, stand out; to pro-
ject, overhang.

sobresaltar [so-bray-sal-tar'] *va.*
to startle.   [startled surprise.

sobresalto [so-bray-sal'to] *m.*

sobrescrito [so-brays-kree'to]
m. address, superscription.

sobreseer [so-bray-say-ayr'] *vn.*
to stay (*a law suit*).

sobretodo [so-bray-to'do] *m.*
overcoat, great-coat.

sobrevenir [so-bray-vay-neer']
vn. to happen, take place, come upon, follow, fall (out).

sobreviviente [so-bray-vee-
vyen'tay] *adj.* surviving.

sobriedad [so-bryay-dad'] *f.* sobriety, frugality, soberness, restraint, forbearance.

sobrino [so-bree'no] *m.* nephew.

sobrio [so'bryo] *adj.* sober, temperate, restrained.

socaliña [so-ka-lee'nya] *f.* cunning.

socalzar [so-kal-thar'] *v. tr. (mas.)* to underpin, underset, underfoot.

socarrón [so-ka-ron'] *adj.* cunning, shrewd, sly, canny, crafty.

socavar [so-ka-var'] *va.* to excavate, undermine.

socavón [so-ka-von'] *m.* cave, cavern. [ciable.

sociable [so-thya'blay] *adj.* sociable.

social [so-thyal'] *adj.* social, companionable.

socialista [so-thya-lees'ta] *adj. & m.* socialist.

sociedad [so-thyay-dad'] *f.* society, company, corporation.

socio [so'thyo] *m.* associate, shareholder; partner, member *(of society).*

socorrer [so-ko-rayr'] *va.* to aid, help, assist, succour.

socorrido [so-ko-ree'do] *adj.* handy, ready to hand.

socorro [so-ko'ro] *m.* help, support, assistance, relief.

soez [so-ayth'] *adj.* vile, mean, coarse. [phism.

sofisma [so-fees'ma] *m.* sophism.

sofista [so-fees'ta] *m.* quibbler.

sofocar [so-fo-kar'] *va.* to stifle, smother, choke.

sofoco [so-fo'ko] *m.* tener un —, to be choked with *(emotion, etc.).*

soga [so'ga] *f.* rope, halter.

sojuzgar [so-hooth-gar'] *va.* to subdue, subjugate.

sol [sol] *m.* sun, day*(light);* tomar el —, to stand (be) in the sun, sunbathe; de — a —, from dawn to dusk.

solana [so-la'na] *f.* sunterrace.

solapa [so-la'pa] *f.* lapel.

solapado [so-la-pa'do] *adj.* underhand, cunning.

solar [so-lar'] *m.* ground, plot, lot *(of ground),* ancestral home *(or site of such home).*

solariego [so-la-ryay'go] *adj.* home, traditional, ancestral, family *(lands, house, etc.).*

solaz [so-lath'] *m.* enjoyment, comfort, consolation.

solazar [so-la-thar'] *vn.* to comfort, solace; amuse; *vr.* to enjoy oneself, beguile the time.

soldada [sol-da'da] *f.* pay.

soldado [sol-da'do] *m.* soldier; — raso, private; — bisoño, raw recruit.

soldadura [sol-da-doo'ra] *f.* soldering; solder.

soldar [sol-dar'] *va.* to solder, weld.

soledad [so-lay-dad'] *f.* solitude, loneliness, seclusion.

solemne [so-lem'nay] *adj.* solemn.

solemnidad [so-lem-nee-dad'] *f.* solemnity; pobres de —, the under-privileged, the down and out.

solemnizar [so-lem-nee-thar'] *va.* to solemnise.

soler [so-layr'] *vn.* to be wont; e.g. suele ocurrir, it usually happens.

solevantar [so-lay-an-tar'] *va.* to perturb, raise up, uplift.

solfeo [sol-fay'o] *m. (mus.)* solfa (ing), solmization, solfeggio, cantilena; *(coll.)* beating, flogging, drubbing.

solicitación [so-lee-thee-ta-thyon'] *f.* solicitation, application.

solicitar [so-lee-thee-tar'] *va.* to solicit, search; to apply *(for post);* to importune worry.

solicito [so-lee'thee-to] *adj.* diligent, solicitous, apprehensive, anxious to help.

solicitud [so-lee-thee-tood'] *f.* solicitude, importunity; application *(for post).*

solidaridad [so-lee-da-ree-dad'] *f.* solidarity.

solidario [so-lee-da'ryo] *adj.* in sympathy, agreement (with).

solidez [so-lee-dayth'] *f.* solidity, strength, firmness.

sólido [so'lee-do] *adj.* solid, compact. [throne.

solio [so'lyo] *m.* canopied

solitario [so-lee-ta'ryo] *adj.* lonely, solitary, single, isolated; *m.* recluse, hermit.

soliviantar [so-lee-vyan-tar'] *va.* to stir up, instigate.

soliviar [so-lee-vyar'] *va.* to raise, prop up.

solo [so'lo] *adj.* sole, only, single; sólo; *adv.* only, solely.

solomillo [so-lo-mee'lyo] *m.* sirloin.

soltar [sol-tar'] *va.* to let (loose) (of) (free) (fly); to unfasten, cast off; *vr.* to come (off) (loose), break (loose) (free).

soltero [sol-tay'ro] *adj.* unmarried, single; *m.* bachelor.

solterón, -a [sol-tay-ron'] *m.* old bachelor; *f.* old maid.

soltura [sol-too'ra] *f.* fluency, easiness, ease, skill.   [uble.

soluble [so-loo'blay] *adj.* soluble.

solución [so-loo-thyon'] *f.* solution, outcome, break.

sollamar [so-lya-mar'] *va.* to singe, grill lightly.   [sob.

sollozar [so-lyo-thar'] *vn.* to sollozo [so-lyo'tho] *m.* sob.

sombra [som'bra] *f.* shade, shadow, ghost; sign, suspicion; buena —, good luck, attractive; hacer —, to (out)shadow, shade, put in tre shade.

sombrería [som-bray-ray-ree'a] *f.* manufacture of hats; hatter's shop.

sombrero [som-bray'ro] *m.* hat; — de copa, top hat; — hongo, bowler hat.

sombrío [som-bree'o] *adj.* gloomy, shady, sullen.

somero [so-may'ro] *adj.* shallow, superficial.

someter [so-may-tayr'] *va.* to submit, subject.

somnolencia [som-no-len'thya] *f.* sleepiness.

son [son] *m.* sound, report; sin ton ni —, without rhyme or reason.

sonaja [so-na'ha] *f.* timbrel.

sonámbulo [so-nam'boo-lo] *m.* sleep-walker.

sonante [so-nan'tay] *adj.* sounding; moneda —, cash, specie.

sonar [so-nar'] *vn.* to sound, ring; — a, to seem like; *vr.* to blow one's nose.

sonda [son'da] *f.* (*naut.*) sounding, lead.

sondear [son-day-ar'] *va.* (*naut.*) to sound, take soundings; to sound out (*opinions*), fathom.

soneto [so-nay'to] *m.* sonnet.

sonido [so-nee'do] *m.* sound; report, rumour.

sonoro [so-no'ro] *adj.* sonorous, musical, resounding.

sonreír [son-ray-eer'] *vn.* to smile.

sonrisa [son-ree'sa] *f.* smile.

sonrojo [son-ro'ho] *m.* blush.

sonroseo [son-ro-say'o] *m.* blush.

sonsacar [son-sa-kar'] *va.* to wheedle, win, round, draw out; to pilfer, entice.

sonsonete [son-so-nay'tay] *m.* sing-song, monotony (*of voice*).

soñar [so-nyar'] *vn.* to dream.

soñoliento [so-nyo-lyen'to] *adj.* sleepy, drowsy, placid, dull.

sopa [so'pa] *f.* soup; hecho una —, soaked to the skin.

sopapo [so-pa'po] *m.* chuck, stroke; (*coll.*) box, blow, slap, spat, cuff, buffet, dab.

soplar [so-plar'] *vr.* & *n.* to blow, fan; to "lift", "win"; to whisper, suggest, prompt.

soplo [so'plo] *m.* blowing, puff of wind; breath.

soplón [so-plon'] *m.* sneak, informer, tale-teller.

soponcio [so-pon'thyo] *m.* faint, swonn.   [sleep, drowsiness.

sopor [so-por'] *m.* lethargic

soportable [so-por-ta'blay] *adj.* bearable, tolerable.

soportal [so-por-tal'] *m.* portico, arcade.

soportar [so-por-tar'] *va.* to bear, endure, resist.

soporte [so-por'tay] *m.* stand, bracket.

sorber [sor-bayr'] *va.* to sip, suck, absorb, imbibe, swallow.

sorbo [sor'bo] *m.* sip, swallow, draught, drink.

sordera [sor-day'ra] *f.* deafness.

sórdido [sor'dee-do] *adj.* sordid, indecent, nasty.

sordina [sor-dee'na] *f.* (*mus.*) mute; a la —, on the quiet.

sordo [sor'do] *adj. & m.* deaf; muffled, dull *(sound)*.

sordomudo [sor-do-moo'do] *adj. & m.* deaf and dumb.

sorna [sor'na] *f.* irony, double intention, knavery, guile; slowness.

sorprender [sor-pren-dayr'] *va.* to suprise, astonish, catch unawares. [prise.

sorpresa [sor-pray'sa] *f.* sur-

sortear [sor-tay-ar'] *va.* to draw lots, raffle, choose.

sorteo [sor-tay'o] *m.* draw *(of lots, tickets, etc.)*, raffle.

sortija [sor-tee'ha] *f. (finger)*-ring; hoop; ringlet *(of hair)*.

sortilegio [sor-tee-lay'hyo] *m.* sorcery.

sosegado [so-say-ga'do] *adj.* tranquil, composed, calm.

sosegar [so-say-gar'] *va.* to appease, quieten, lull, calm *(down)*.

sosiego [so-syay'go] *m.* quiet, calmness, peace.

soslayo [so-sla'yo] *m.* slanting; de —, sideways, obliquely.

soso [so'so] *adj.* tasteless, insipid, silly, fiat, dull.

sospecha [sos-pay'cha] *f.* suspicion, mistrust.

sospechar [sos-pay-char'] *vn.* to suspect, mistrust, conjecture.

sospechoso [sos-pay-cho'so] *adj.* suspicious, mistrustful.

sostén [sos-ten'] *m.* support, buttress, prop; brassiere.

sostener [sos-tay-nayr'] *va.* to maintain, support, hold (up); *vr.* to keep alive, earn one's living.

sostenido [sos-tay-nee'do] *adj.* sustained, supported; *m. (mus.)* sharp.

sota [so'ta] *f.* jack, knave *(cards)*.

sotana [so-ta'na] *f.* cassock.

sótano [so'ta-no] *m.* cellar, basement.

sotavento [so-ta-ven'to] *m.* leeward; a —, under the lee.

soterrar [so-tay-rar'] *va.* to bury, hide.

soto [so'to] *m.* ticket, grove; dingle, dell.

suave [swa'vay] *adj.* smooth, soft, gentle.

suavidad [swa-vee-dad'] *f.* smoothness, ease, gentleness.

suavizar [sa-vee-thar'] *va.* to soften, mitigate, smooth *(down)*.

subalterno [soo - bal - tayr'no] *adj.* inferior, subordinate.

subarrendar [soo-ba-ren-dar'] *va.* to sublet.

subasta [soo-bas'ta] *f.* auction sale; sacar a —, to auction *(off)*.

súbdito [soob-dee-to] *m.* subject *(of a king)*.

subdividir [soob-dee-vee-deer'] *va.* to subdivide.

subida [soo-bee'da] *f.* ascent, climb, rise; rise *(of price)*.

subido [soo-bee'do] *adj.* raised; high *(price)*; high, loud *(colour)*; special, notable *(value)*.

subidor [soo-bee-dor] *m.* porter, elevator.

subir [soo-beer'] *vn.* to ascend, climb, go up, come up; to amount to; to rise *(river, price)*; to intensify; *va.* to raise, lift up; put up; — a caballo, to mount, get on.

súbito [soo'bee-to] *adj.* sudden.

sublevación [soo - blay - va - thyon'] *f.* revolt, rising, insurrection.

sublevar [soo-blay-var'] *va.* to bring out (in revolt); to disgust, nauseate; *vr.* to rise; to rebel.

sublime [soo-blee'may] *adj.* sublime, lofty.

submarino [soob-ma-ree'no] *adj. & m.* submarine.

subordinar [soo-bor-dee-nar'] *va.* to subordinate, subject.

subrayar [soo-bra-yar'] *va.* to underline, emphasise, underscore.

subsanar [soob-sa-nar'] *va.* to exculpate; to make up *(losses, etc.)*, repair.

subscribir [soob-skree-beer'] *va.* to subscribe; to undersign.

subsecretario [soob-say-kray-ta'ryo] *m.* under-secretary, assistant secretary.

subsidiario [soob-see-dya'ryo] *adj.* subsidiary.

subsidio [soob-see'dyo] *m.* subsidy, (family) allowance.

subsistencia [soob - sees - ten'-thya] *f.* subsistence, living.

subsistir [soob-sees-teer'] *vn.* to last; to exist, live on.

substancia [soob-stan'thya] *f.* substance, body.

substanciar [soob-stan-thyar'] *va.* to abridge, substantiate, back up.

substituir [soob-stee-tweer'] *va.* to replace, substitute.

substraer [soob-stra-ayr'] *va.* to subtract, draw off, remove; *vr.* to keep away from, elude, withdraw.

subteniente [soob-tay-nyen'tay] *m.* second lieutenant.

subterfugio [soob-tayr-foo'hyo] *m.* subterfuge.

subterráneo [soob-tay-ra'nay-o] *adj.* underground, subterranean.

suburbio [soo-boor'byo] *m.* suburb, outskirt.

subvención [soob-ven-thyon'] *f.* subsidy, grant.

subyugar [soob-yoo-gar'] *va.* to subdue, overcome.

suceder [soo-thay-dayr'] *vn.* to happen, occur; follow, inherit. [event.

sucedido [soo-thay-dee'do] *m.*

sucesión [soo-thay-syon'] *f.* series; succession, heirs.

sucesivo [soo-thay-see'vo] *adj.* next, consecutive; **en lo —,** henceforth.

suceso [soo-thay'so] *m.* happening, event, incident.

suciedad [soo-thyay-dad'] *f.* filthiness, dirtiness.

sucinto [soo-theen'to] *adj.* brief, succinct, concise.

sucio [soo'thyo] *adj.* dirty, unclean, foul. [juicy.

suculento [soo-koo-len'to] *adj.*

sucumbir [soo-koom-beer'] *vn.* to perish, succumb, yield.

sucursal [soo-koor-sal'] *adj.* ancillary; *m.* branch (shop, bank, etc.).

sud [sood] *m.* south.

sudamericano [soo-da-may-ree-ka'no] *adj. & m.* South American.

sudar [soo-dar'] *vn.* to sweat, perspire; **— tinta,** to sweat blood.

sudario [soo-da'ryo] *m.* winding sheet.

sudor [soo-dor'] *m.* sweat, perspiration.

sudoroso [soo-do-ro'so] *adj.* sweaty, sweating.

sueco [sway'ko] *adj.* Swedish; **hacerse el —,** to pretend to be deaf (taking no interest in).

suegro [sway'gro] *m.* 'father-in-law.

suela [sway'la] *f.* sole (of shoe).

sueldo [swel'do] *m.* salary, pay, stipend.

suelo [sway'lo] *m.* ground, floor, flooring.

suelto [swel'to] *adj.* loose, free, easy, fluent, blank (verse); odd; small change; odd article (in newspaper), offprint.

sueño [sway'nyo] *m.* dream, sleep; **tener —,** to be sleepy; **descabezar un —,** to have a nap; **entre —s,** half-asleep, half-awake.

suerte [swayr'tay] *f.* luck, chance, (hap)hazard, fate; sort, kind; trick, action; **de — que,** so that; **echar —s,** to cast lots.

suéter [soo-ay'ter] *m.* sweater.

suficiencia [soo-fee-thyen'thya] *f.* capacity; **aire de —** arrogance, self conceit.

suficiente [soo-fee-thyen'tay] *adj.* sufficient, enough; competent.

sufragar [soo-fra-gar'] *va.* to defray, meet (expenses); to favour. [frage, vote.

sufragio [soo-frahyo] *m.* suf-

sufrido [soo-free'do] *m.* long-suffering, patient; hard-wearing, practical.

sufrimiento [soo-free-myen'to] *m.* suffering, sufferance.

sufrir [soo-freer'] *va.* to endure, bear (up), tolerate.

sugerir [soo-hay-reer'] *va.* to suggest, inspire.

sugestión [soo-hes-thyon'] *f.* suggestion, hint.

sugestionar [soo-hes-tyo-nar'] *va.* to influence, direct.

suicida [swee-thee'da] *m.* or *f.* suicide.

suicidio [swee-thee'dyo] *m.* suicide, self-murder.

suizo [swee'tho] *adj.* Swiss.

sujeción [soo-hay-thyon'] *f.* subordination, subjection.

sujetar [soo-hay-tar'] *va.* to subdue, subject, fasten, hold down; *vr.* to submit.

sujeto [soo-hay'to] *adj.* subject, liable; *m.* subject, topic; individual, person, chap.

suma [soo'ma] *f.* amount, addition, sum; — y sigue, carried, forward; en —, in short, briefly.

sumamente [soo-ma-men'tay] *adv.* extremely, notably, especially.

sumar [soo-mar'] *va.* to add (up); to amount to.

sumario [soo-ma'ryo] *adj.* brief, cursory; *m.* summary, precis, abstract.

sumergir [soo-mayr-heer'] *va.* to submerge.

sumersión [soo-mayr-syon'] *f.* submersion, immersion.

suministrar [soo-mee-nees-trar'] *va.* to distribute, supply, provide, furnish.

suministro [soo-mee-nees'tro] *m.* supply, rations.

sumir [soo-meer'] *va.* to depress; *vr.* to fall into, be sunk.

sumisión [soo-mee-syon'] *f.* submission, compliance.

sumiso [soo-mee'so] *adj.* resigned, humble(d), patient.

sumo [soo'mo] *adj.* highest, great, special; a lo —, at most.

suntuoso [soon-two'so] *adj.* sumptuous, gorgeous, ostentatious.

supeditar [soo-pay-dee-tar'] *va.* to subdue, subject, override.

superabundar [soo-pay-ra-boon-dar'] *vn.* to be overflowing, superabundant.

superar [soo-pay-rar'] *va.* to overcome, excel, surpass, to be beyond, exceed.

superávit [soo-pay-ra'veet] *m.* surplus.

superchería [soo-per-chay-ree'-a] *f.* fraud, swindle.

superficial [soo-payr-fee-thyal'] *adj.* superficial.

superfluo [soo-payr'floo-o] *adj.* superfluous, unnecessary.

superintendente [soo-pay-reen-ten-den'tay] *m.* superintendent.

superior [soo-pay-ryor'] *adj.* superior, beyond, upper (teeth, etc.) better; *m.* head.

supersticioso [soo-payr-stee-thyo'so] *adj.* superstitious.

supervivencia [soo-payr-vee-ven'thya] *f.* survival.

suplantar [soo-plan-tar'] *va.* to supplant; to forge.

suplemento [soo-play-men'to] *m.* supplement, addition.

suplente [soo-plen'tay] *m.* substitute; alternate.

súplica [soo'plee-ka] *f.* supplication, request.

suplicar [soo-plee-kar'] *va.* to pray, beg, request, implore; — de, to appeal against (sentence).

suplicio [soo-plee'thyo] *m.* torture.

suplir [soo-pleer'] *va.* to provide, afford; to act as substitute.

suponer [soo-po-nayr'] *va.* to suppose.

suposición [soo-po-see-thyon'] *f.* supposition, authority, assumption.

supremacía [soo-pray-ma-thee'-ah] *f.* supremacy, primacy, primareness, superiority, pre-eminence.

supremo [soo-pray'mo] *adj.* supreme, paramount.

supresión [soo-pray-syon'] *f.* suppression, omission.

suprimir [soo-pree-meer'] *va.* to suppress, omit, cut out.

supuesto [soo-pwes'to] *adj.* supposed, supposititious; *m.* supposition; por —, of course; — que, since, granting that.

sur [soor] *m.* south.

surcar [soor-kar'] *va.* to furrow, cut (furrows) (wrinkles) (lines, etc.) in.

surco [soor'ko] m. furrow, groove; line, wrinkle.

surgir [soor-heer'] vn. to come (out) (forth), spurt, sprout, arise out (of), spring (from) (up).

surtido [soor-tee'do] m. assortment, stock (of shop), variety.

surtidor [soor-tee-dor'] m. fountain, spout, jet (of water).

surtir [soor-teer'] va. to supply, provide, furnish; — efecto, to produce effect.

susceptible [soos-thep-tee'blay] adj. susceptible, open (to).

suscitar [soos-thee-tar'] va. to (a)rouse, cause, stir up.

susodicho [soo-so-dee'cho] adj. above-mentioned.

suspender [soos-pen-dayr'] va. to suspend, hang (up); to amaze, suspend, adjourn; — pagos, to stop payment.

suspensión [soos-pen-syon'] f. suspension; suspense, pause; — de pagos, suspension of payments.

suspicacia [soos-pee-ka'thya] f. suspiciousness, wariness.

suspicaz [soos-pee-kath'] adj. mistrustful, wary, circumspect. [desired, longed for.

suspirado [soos-pee-ra'do] adj.

suspirar [soos-pee-rar'] vn. to sigh; — por, to long for.

suspiro [soos-pee'ro] m. sigh.

sustancia [soos-tan'thya] f. body, solidity, sustenance, substance.

sustentar [soos-ten-tar'] va. to sustain, bear up; to assert, maintain, nourish (hopes, arguments, etc.).

sustento [soos-ten'to] m. food, maintenance, support.

susto [soos'to] m. fright, scare; llevar un —, to have a scare.

susurrar [soo-soo-rar'] vn. to whisper, murmur, rustle (leaves, wind, etc.).

susurro [soo-soo'ro] m. hum-(ming), whisper.

sutil [soo-teel'] adj. keen, subtle, flimsy.

sutileza [soo-tee-lay'tha] f. fineness, cunning, skill, penetration, acumen.

suyo [soo'yo] pron. his, hers, its, theirs, yours.

T

taba [ta'ba] f. knuckle-bone; "jack".

tabaco [ta-ba'ko] m. tobacco; — en rama, leaf tobacco; — en polvo, snuff; — rubio, American tobacco.

taberna [ta-bayr'na] f. tavern, public-house, wine-shop, bar-room. [publican, licensee.

tabernero [ta-bayr-nay'ro] m.

tabique [ta-bee'kay] m. partition-wall, boarding.

tabla [ta'bla] f. board, slab, plate, plank; list; block; —s, the stage, boards; lumber.

tablado [ta-bla'do] m. stage; flooring; scaffold; platform, dais.

tablero [ta-blay'ro] m. board, panel; checker-board; gaming table; counter; — de cocina, dresser, kitchen table.

tablilla [ta-blee'lya] f. tablet, slab; notice-board.

tablón [ta-blon'] m. plank, beam; — de avisos, notice-board; —es, lumber.

tabular [ta-boo-lar'] adj. tabular.

taburete [ta-boo-ray'tay] m. stool; bench.

tacaño [ta-ka'nyo] adj. mean, close, stingy, miserly.

tacar [ta-kar'] v. tr. to mark.

tacita [ta-thee'ta] f. little cup, tot, mug.

tácito [ta'thee-to] *adj.* silent, implied, wordless, implicit.

taciturno [ta-thee-toor'no] *adj.* silent, reserved.

taco [ta'ko] *m.* cue; plug, bung, stopper; oath, swear-word, curse.

tacón [ta-kon'] *f.* heel (*shoe*).

taconazo [ta-ko-na'tho] *m.* stamp (*of heel*); dar —s, to stamp (*heels*).

táctica [tak'tee-ka] *f.* tactics.

tacto [tak'to] *m.* feel, touch; tact, finesse.

tacha [ta'cha] *f.* blemish, flaw, fault; poner —, to object.

tachable [ta-cha'blay] *adj.* exceptionable, blameworthy.

tachar [ta-char'] *va.* to tax, censure, blame; to obliterate, efface, cross out.

tachonar [ta-cho-nar'] *va.* to adorn, trim.

tafetán [ta-fay-tan'] *m.* taffeta; thin silk; — inglés, court plaster.

tafilete [ta-fee-lay'tay] *m.* morocco leather.

tahona [ta-o'na] *f.* bakehouse.

tahur [ta'oor] *m.* gambler, sharper.   [crafty, sly.

taimado [ta-ee-ma'do] *adj.*

taja [ta'ha] *f.* incision.

tajada [ta-ha'da] *f.* slice, chop.

tajadura [ta-ha-doo'ra] *f.* cut, notch.

tajar [ta-har'] *va.* to hack, slice, cut; to cleave, hew, split; to trim.

tajo [ta'ho] *m.* cut, incision, notch; cliff, gully; cutting; face (*mining*).

tal [tal] *adj. & adv.* such, so, as; equal; un —, so-and-so; such and such; — cual, more or less, some sort of; — para cual, tit for tat; con — que, provided that; ¿quí —?, how? how are things? what sort of?

tala [ta'la] *f.* felling (*trees*), devastation, desolation.

talabartero [ta-la-bar-tay'ro] *m.* saddler, belt-maker.

taladrar [ta-la-drar'] *va.* to bore, pierce, drill.

taladro [ta-la'dro] *m.* brace and bit.

tálamo [ta'la-mo] *m.* bridal-chamber, -bed.

talante [ta-lan'tay] *m.* manner, bearing, address; countenance, mien; frame of mind.

talar [ta-lar'] *va.* to fell (*trees*), deforestate, lay waste.

talco [tal'ko] *m.* tinsel, talc, French chalk.

talego, -a [ta-lay'go, -a] *m. & f.* bag, sack.

taleguilla [ta-lay-gee'lya] *f.* satchel, small bag.

talento [ta-len'to] *m.* talent, ability; intelligence; tiene mucho —, he's very able.

talión [ta-lyon'] *m.* retaliation, requital.

talismán [ta-lees-man'] *m.* talisman, charm, amulet.

talmente [tal-men'tay] *ad.* similarly.

talón [ta-lon'] *m.* heel; check, counterfoil, voucher.

talonario [ta-lo-na'ryo] *adj.* libro —, receipt book.

talud [ta-lood'] *m.* talus; slope, ramp, incline.

talla [ta'lya] *f.* height, size; cut; intaglio; wood carving; prisoner's ransom.

tallado [ta-lya'do] *adj.* carved, engraved; bien —, well-shaped.   [engrave.

tallar [ta-lyar'] *va.* to carve; to

talle [ta'lyay] *m.* figure, waist, bodice; tomar por el —, to put one's arm around.

taller [ta-lyayr'] *m.* workshop, workroom; laboratory; studio; cruet.

tallo [ta'lyo] *m.* stalk, stem; shoot.

tamaño [ta-ma'nyo] *adj.* this big, so big; *m.* dimensions, size.   [of dates.

támara [ta'ma-rah] *f.* cluster

tambalear [tam-ba-lay-ar'] *vn.* to stagger, reel.

también [tam-byayn'] *adv.* also, so, too.   [drummer.

tambor [tam-bor'] *m.* drum;

tamiz [ta-meeth'] *m.* strainer, sieve; sifting-cloth; riddle.

tamo [ta'mo] *m.* chaff, dust, fluff.   [neither.

tampoco [tam-po'ko] *adv.* nor,

tan [tan] *adv. abbrev. of* tanto;
— siquiera, even.

tanda [tan'da] *f.* turn, task;
shift, relay; gang *(of workers)*.

tangible [tan-hee'blay] *adj.*
tangible, manifest.

tanque [tan'kay] *m.* tank; pool,
pond.

tantear [tan-tay-ar'] *va.* to try,
reckon, measure, to gauge; to
feel around; to sound, fathom.

tanteo [tan-tay'o] *m.* computation, reckoning; score
(games).

tanto [tan'to] *adj. & adv.* so
much, as much; por lo —,
therefore; otro —, as much
again; *m.* point *(in games)*;
un — por ciento, a percentage.

tañer [ta-nyayr'] *va.* to play,
strike up (on) *(musical instrument)*.

tapa [ta'pa] *f.* lid, top, cover.

tapaboca [ta-pa-bo'ka] *m.* muffler.

tapada [ta-pa'dah] *f.* thickly,
veiled woman.

tapadura [ta-pa-doo'ra] *f.* stopper; covering.

tapar [ta-par'] *va.* to cover,
hide, conceal; to disguise; to
stop up, block up.

taparrabo [ta-pa-ra'bo] *m.* loin-
cloth.

tapete [ta-pay'tay] *m.* small
carpet, rug; — verde, card-
table, green baize.

tapia [ta'pya] *f. (mud)* wall.

tapiar [ta-pyar'] *va.* to wall up.

tapicería [ta-pee-thay-ree'a] *f.*
upholstery; tapestry.

tapiz [ta-peeth'] *m.* tapestry,
hanging.

tapizar [ta-pee-thar'] *va.* to
drape, hang *(with tapestry)*.

tapón [ta-pon'] *m.* stopper,
cork, bung; — de espita, spigot.

taquigrafía [ta-kee-gra-fee'a] *f.*
shorthand.

taquígrafo [ta-kee'gra-fo] *m.*
stenographer, shorthand typist.

taquilla [ta-kee'lya] *f.* box-
office, booking-office, counter

(in post office), ticket-office;
letter-file.

tara [ta'ra] *f.* tare; tally-stick.

tararear [ta-ra-ray-ar'] *va. &
n.* to hum *(a tune)*.

tardanza [tar-dan'tha] *f.* delay,
tardiness, slowness.

tardar [tar-dar'] *vn.* to tarry,
delay, be late; — una hora en
llegar, to take an hour to get
there; a más —, at the latest.

tarde [tar'day] *adv.* late; *f.* afternoon, evening; de — en —,
occasionally.

tardío [tar-dee'o] *adj.* tardy,
slow, late *(fruit, etc.)*.

tardo [tar'do] *adj.* slow, sluggish, tardy, backward.

tarea [ta-ray'a] *f.* task, job,
work.

tarifa [ta-ree'fa] *f.* tariff, fare;
price-list, rate.

tarima [ta-ree'ma] *f.* bench,
dais, platform.

tarjeta [tar-hay'ta] *f.* card; label; — postal, postcard.

tarraconense [ta-ra-ko-nen'say]
ad., m. & f. (inhabitant) of
Tarragona.

tartamudear [tar-ta-moo-day-
ar'] *vn.* to stammer, stutter.

tartamudo [tar-ta-moo'do] *m.*
stammerer, stutterer.

tartana [tar-ta'na] *f. (covered)*
two-wheeled carriage; "bug-
gy".   [tartar.

tártaro [tar'ta-ro] *m.* cream of

tasa [ta'sa] *f.* measure; estimate, valuation; appraisement;
precio de —, official price.

tasación [ta-sa-thyon'] *f.* appraisement; price-fixing.

tasador [ta-sa-dor'] *m.* valuer;
price-control inspector.

tasajo [ta-sa'ho] *m.* (hung, jerked, salt) beef.

tasar [ta-sar'] *va.* to value, appraise; to regulate prices.

tasca [tas'ka] *f.* tavern, wine-
shop, "dive".

tatarabuelo [ta-ta-ra-bway'lo]
m. great-great-grandfather.

tatuaje [ta-twa'hay] *m.* tattooing.

taurino [tow-ree'no] *adj.* el
arte —, the art of bull-fighting.

tauromaquia [tow-ro-ma'kya] *f.* the art of bull-fighting.

taza [ta'tha] *f.* cup; bowl, basin *(of fountain).*

tazón [ta-thon'] *m.* basin.

té [tay] *m.* tea; tea-party; *pron.* te, thee.   [brand.

tea [tay'a] *f.* torch, (burning)

teatral [tay-a-tral'] *adj.* scenic, theatrical.

teatro [tay-a'tro] *m.* theatre, stage, play-house; scene *(of event);* dramatic works; el — de Lope, Lope's plays; el — español, Spanish drama.

tecla [tay'kla] *f.* key *(piano),* . note, stop.

teclado [tay-kla'do] *m.* keyboard.   [que.

técnica [tek'nee-ka] *f.* techni-

técnico [tek'nee-ko] *adj.* technical; *n.* technician.

techado [tay-cha'do] *m.* roofing, ceiling, shed.

techo [tay'cho] *m.* roof, ceiling; dwelling, shelter.

techumbre [tay-choom'bray] *f.* lofty roof.

tedio [tay'dyo] *m.* loathing; boredom, tediousness.

tedioso [tay-dyo'so] *adj.* irksome, wearisome.

teja [tay'ha] *f.* (roof)-tile; sombrero de —, shovel hat; de —s abajo, in this world, here below.

tejado [tay-ha'do] *m.* tiled roof.

tejer [tay-hayr'] *va.* to weave, wind, wreathe, plait, knit.

tejido [tay-hee'do] *m.* tissue, weaving; fabric; web.

tejo [tay'ho] *m. (bot.)* yewtree.

tela [tay'la] *f.* fabric, stuff, cloth; cobweb; — de araña, spider's web.

telar [tay-lar'] *m.* loom, frame.

telaraña [tay-la-ra'nya] *f.* cobweb; spider's web.

telefonear [tay-lay-fo-nay-ar'] *va.* to telephone, "ring up".

teléfono [tay-lay'fo-no] *m.* telephone.

telegrafía [tay-lay-gra-fee'a] *f.* telegraphy; — sin hilos, wireless telegraphy.

telegrafiar [tay-lay-gra-fyar'] *va.* to wire, telegraph, cable.

telégrafo [tay-lay'gra-fo] *m.* telegraph; — óptico, semaphore.

telegrama [tay-lay-gra'ma] *m.* telegram, despatch, wire.

telescopio [tay-lays-ko'pyo] *m.* telescope.

telón [tay-lon'] *m.* curtain *(theat.).*

tema [tay'ma] *m.* theme, subject, topic; strain, motif.

tembladal [tem-bla-dal'] *m.* quagmire.

temblar [tem-blar'] *vn.* to tremble, quiver, shiver, quake.

temblón [tem-blon'] *adj.* álamo —, aspen.

temblor [tem-blor'] *m.* tremor, trembling; — de tierra, earthquake.

tembloroso [tem-blo-ro'so] *adj.* shaking, shivering.

• **temer** [tay-mayr'] *va.* to fear, dread, apprehend.

temerario [tay-may-ra'ryo] *adj.* rash, reckless, hasty, imprudent, foolhardy.

temeridad [tay-may-ree-dad'] *f.* rashness, boldness, bold move.

temeroso [tay-may-ro'so] *adj.* timid, fearful, nervous, apprehensive, timorous.

temible [tay-mee'blay] *adj.* awful, dreadful, terrible.

temor [tay-mor'] *m.* dread, apprehension; fear, fright.

tímpano [tem'pa-no] *m.* tympanum; iceberg; flitch of bacon.

temperamento [tem - pay - ra - men'to] *m.* nature, constitution, temperament.

temperatura [tem-pay-ra-too'-ra] *f.* temperature, heat or cold.

temperie [tem-pay'ryay] *f.* temperature, state of the weather; a la..., to the weather.

tempestad [tem-pes-tad'] *f.* [torm, tempest; — en un vaso de agua, storm in a tea-cup.

tempestuoso [tem-pes-two'so] *adj.* rough, stormy, boisterous, high *(wind).*

templado [tem-pla'do] *adj.* tem-

perate, moderate; sober; tepid; in tune; modified, subdued.

templador [tem-pla-dor'] *m*. tu-
ner; (*sword*)-temperer; tuning-
hammer.

templanza [tem-plan'tha] *f*.
temperance, abstemiousness,
moderation; mildness.

templar [tem-plar'] *va*. to temper; to allay, assuage; to moderate, modify, to tune; to
trim (*sails*); *vr*. to cool down;
to be restrained.

templario [tem-pla'ryo] *m*.
Knight Templar.

temple [tem'play] *m*. temper
(*metal*); disposition; spirit; al
—, tempera (*paint.*).

templo [tem'plo] *m*. temple,
church, shrine.

temporada . [tem-po-ra'da] *f*.
season; spell; time spent; pasar una —, to stay.

temporal [tem-po-ral'] *adj*. temporary; worldly; *m*. gale,
storm.

temprano [tem-pra'no] *adj*.
early; premature; *adv*. early,
betimes.

tena [tay'nah] *f*. shed for cattle, fold.

tenacidad [tay-na-thee-dad'] *f*.
tenacity, doggedness; con —,
doggedly.

tenacillas [tay-na-thee'lyas] *f*.
pl. tongs, pincers, tweezers.

tenaz [tay-nath'] *adj*. tenacious,
stubborn, obstinate.

tenaza [tay-na'tha] *f*. claw
(*crab*); *pl*. tongs, curlingtongs;
forceps; pliers.

tendedor [ten-day-dor'] *m*.
rack, clothes-horse.

tendencia [ten-den'thya] *f*. tendency, inclination, bent; liability (to); trend.

tendencioso [ten-den-thyo'so]
aoj. biassed, tendentious.

ténder [ten'dayr] *m*. tender
(*railway*).

tender [ten-dayr'] *va*. to extend, stretch; to lead, conduce (to); to fling out (*nets*);
vn. to have a tendency to; to
aim (at); *vr*. to stretch out,
lie (*full length*).

tendero [ten-day'ro] *m*. shopkeeper, tradesman.

tendido [ten-dee'do] *adj*. prostrate, stretched out; *m*. row
of seats; —(eléctrico), grid.

tendón [ten-don'] *m*. sinew; —
de Aquiles, Achilles' heel.

tenebroso [tay-nay-bro'so] *adj*.
dark, gloomy; blind; cavernous, murky.

tenedor [tay-nay-dor'] *m*. holder; fork; ball-boy (*games*);
— de libros, book-keeper.

teneduría [tay-nay-doo-ree'a]
f. keeping; — de libros, book-
keeping.

tenencia [tay-nen'thya] *f*. tenancy, occupancy, tenure; lieu-
tenancy.

tener [tay-nayr'] *va*. to have,
hold; to own, possess; to keep;
— razón, to be right; — gana,
to have a mind to; — que, to
have to; — hambre, to be
hungry; — miedo, to be afraid;
— sueño, to be sleepy; *vr*. —
— de pie, to be standing.

tenería [tay-nay-ree'a] *f*. tannery.

teniente [tay-nyen'tay] *m*. owner, tenant, holder; deputy;
lieutenant; — coronel, lieu-
tenant-colonel; — de navío,
commander. [nis-court.

tenis [tay'nees] *m*. tennis; ten-

tenor [tay-nor'] *m*. tenour, condition; (*mus.*) tenor; a — de,
in compliance with.

tenorio [tay-no'ryo] *m*. Don
Juan, lady-killer.

tensión [ten-syon'] *f*. tension,
strain, tightness; voltage.

tenso [ten'so] *adj*. taut, stiff;
tense.

tentación [ten-ta-thyon'] *f*.
temptation; attempt.

tentáculo [ten-ta'koo-lo] *m*.
tentacle, feeler.

tentador [ten-ta-dor'] *adj*.
tempting, alluring; tentative;
m. tempter, Satan.

tentar [ten-tar'] *va*. to tempt;
to try, essay, attempt; to feel,
touch, pat, grope (about); to
search, probe.

tentativa [ten-ta-tee'va] *f*. attempt, trial, experiment.

tentempié [ten-tem-pyay'] *m.*
(*coll.*) snack, bite; "stay-bit".

tenue [tay'nway] *adj.* thin,
slender; faint, dim, slightly;
negligible.

tenuidad [tay-nwee-dad'] *f.* feebleness; slenderness (*of hope, clue, etc.*).

teñir [tay-nyer'] *va.* to dye,
tincture, tinge.

teología [tay-o-lo-hee'a] *f.* theology, divinity.

teólogo [tay-o'lo-go] *m.* theologian, divine.

teoría [tay-o-ree'a] *f.* theory,
speculation.

teóricamente [tay-o'ree-ka-
men-tay] *adv.* theoretically, in
theory.

teórico [tay-o'ree-ko] *adj.* theo-
retical; not real.

tercera [tayr-thay'ra] *f.* (*mus.*)
third; procuress, bawd.

tercería [tayr-thay-ree'a] *f.* mediation, arbitration; third party rights.

tercero [tayr-thay'ro] *m.* mediator; go-between, procurer;
referee.

terceto [tayr-thay'to] *m.* (*poet.*)
tercet, triplet; (*mus.*) trio.

terciado [tayr-thya'do] *adj.*
cross-wise, slanting; azúcar —,
brown sugar.

terciar [tayr-thyar'] *va.* to sling
(*diagonally*), to divide into
three parts; to join in conversation.

tercio [tayr'thyo] *m.* bale,
bundle; good or bad turn; regiment; third part; los —s,
Foreign Legionaries (*Morocco*).

terciopelo [tayr-thyo-pay'lo] *m.*
velvet.

terco [tayr'ko] *adj.* stubborn,
obdurate, pig-headed, obstinate.

tergiversación [tayr-hee-vayr-
sa-thyon'] *f.* distortion, perversion.

tergiversar [tayr-hee-vayr-sar']
va. to misrepresent, distort.

termas [tayr'mas] *f.* pl. hot
springs.

terminación [tayr-mee-na-
thyon'] *f.* end, ending termination.

terminante [tayr-mee-nan-tay]
adj. conclusive, definitive, final.

terminar [tayr-mee-nar'] *va.* to
end, stop, complete, finish;
vn. to be over, come to an
end; be over and done with.

término [tayr'mee-no] *m.* end,
completion; boundary, limit;
district; term; expression;
primer —, foreground; — medio, compromise, mean; average.

termómetro [tayr-mo'may-tro]
m. thermometer; thermostat.

termos [tayr'mos] *m.* thermos-
flask, vacuum-flask.

ternera [tayr-nay'ra] *f.* calf,
heifer; veal.

ternero [tayr-nay'ro] *m.* calf,
bullock.

terneza [tayr-nay'tha] *f.* affection, fondness; endearments,
words of love, fond phrases,
loving things.

ternilla [tayr-nee'lya] *f.* gritle,
cartilage.

ternura [tayr-noo'ra] *f.* tenderness, affection, sweetness, sen-
sitiveness.

terquedad [tayr-kay-dad'] *f.*
obstinacy, pig-headedness,
stubbornness.

terraplén [tay-ra-plen'] *m.*
rampart, mound, bank.

terraza [tay-ra'tha] *f.* terrace;
two-handled jar.

terremoto [tay-ray-mo'to] *m.*
earthquake.

terreno [tay-ray'no] *adj.* earthly, worldly; *m.* plot, piece of
ground, land, soil, terrain;
preparar el —, to pave the
way.

terrestre [tay-res'tray] *adj.*
earthbound, earthly, terrestrial.

terrible [tay-ree'blay] *adj.* terrible, frightful, awful.

terrífico [tay-ree'fee-ko] *adj.*
fearful, frightful.

territorial [tay-ree-to-ryal'] *adj.*
territorial.

territorio [tay-ree-to'ryo] *m.*
territory, land; domain.

terrón [tay-ron'] *m.* lump,

mound; — de azúcar, sugar-lump.

terror [tay-ror'] m. terror, fright, dread.

terruño [tay-roo'nyo] m. (esp. Galicia) "the old country", "homeland", "bit of earth".

terso [tayr'so] adj. smooth, glossy.

tersura [tayr-soo'ra] f. smoothness; cleanliness; terseness.

tertulia [tayr-too'lya] f. gathering, evening party; reunion, circle, group; café-set.

tertuliano [tayr-too-lya'no] m. regular member (of set who meet to talk); companion, fellow-member, habitué.

tesis [tay'sees] f. thesis, dissertation; theme.

tesón [tay-son'] m. tenacity.

tesorería [tay-so-ray-ree'a] f. treasury.

tesorero [tay-so-ray'ro] m. treasurer, purser; canon in charge of relics.

tesoro [tay-so'ro] m. treasure, riches; exchequer.

testa [tes'ta] f. head.

testador [tes-ta-dor'] m. testator.

testamentario [tes-ta-men-ta'ryo] m. executor (of will), administrator.

testamento [tes-ta-men'to] m. will; testament.

testar [tes-tar'] va. to will, make a testament; to erase, efface, blot out.

testarudo [tes-ta-roo'do] adj. wilful, stubborn, headstrong.

testificar [tes-tee-fee-kar'] va. to witness, vouch, attest.

testigo [tes-tee'go] m. witness.

testimonio [tes-tee-mo'nyo] m. warrant, attestation; falso —, false accusation.

teta [tay'ta] f. breast, nipple; udder. [kettle.

tetera [tay-tay'ra] f. tea-pot.

tétrico [tay'tree-ko] adj. gloomy, sullen, sombre, hair-raising. [rity.

texto [teks'to] m. text; authotextura [teks-too'ra] f. weaving; texture; fabric.

tez [teth] f. complexion, skin.

ti [tee] pron. thee (after preposition).

tía [tee'a] f. aunt; "goodwife", gammer, dame.

tibia [tee'bya] f. shin-bone; flute.

tibieza [tee-byay'tha] f. tepidity; lack of enthusiasm, lukewarmness.

tibio [tee'byo] adj. tepid, lukewarm.

tiburón [tee-boo-ron'] m. shark.

tictac [teek-tak'] m. pit-a-pat; ticking (of clock).

tiempo [tyem'po] m. time, epoch, season; opportunity, occasion; weather; a —, timely; de — en —, occasionally; a — que, just as; a su —, in (his) own good time; con —, betimes, in good time, early.

tienda [tyen'da] f. shop; tent; awning.

tienta [tyen'ta] f. probe; andar a —s, to grope along.

tiento [tyen'to] m. feeling, touching, groping about; trial shot; preliminary flourish (mus.); blind man's stick.

tierno [tyayr'no] adj. tender, soft; pathetic; delicate; pan —, fresh bread.

tierra [tyay'ra] f. ground; earth; land, soil; country; perder —, to lose one's footing.

tieso [tyay'so] adj. taut, stiff, straight, rigid; starchy, poker-backed.

tiesto [tyes'to] m. flower-pot.

tifo [tee'fo] m. typhus; — asiático, cholera; — de oriente, bubonic plague.

tifus [tee'foos] m. typhus.

tigre [tee'gray] m. tiger.

tijera [tee-hay'ra] f. carpenter's horse; silla de —, folding chair; —s, scissors, shears.

tila [tee'la] f. lime-tree, lime flower; infusion of limeflowers.

tildar [teel-dar'] va. to cross out; to give (a dog) a bad name; sign over the lettering.

tilde [teel'day] f. jot, tittle;

tilín [tee-leen'] m. —, —, ting-a-ling; tener —, to be attractive, make an appeal.

tilo [tee'lo] *m.* linden tree, lime tree.

timar [tee-mar'] *va.* to cheat, [swindle, trick.

timbal [teem-bal] *m.* kettle-drum, timbal or tymbal, tam-tam, timpano.

timbrar [teem-brar'] *va.* to seal.

timbre [teem'bray] *m.* signet, seal; stamp; timber, tone; glorious deed.

timidez [tee-mee-dayth'] *f.* timidity, bashfulness, shyness.

tímido [tee'mee-do] *adj.* timid, shame-faced, bashful, shy; fearful, afraid.

timo [tee'mo] *m.* cheat, hoax, swindle.

timón [tee-mon'] *m.* nelm; beam (of plough).

timonel [tee-mo-nel'] *m.* coxswain, helmsman.

tímpano [teem'pa-no] *m.* eardrum; kettle-drum; (archit.) tympanum.

tina [tee'na] *f.* earthen jar; vat; bath-tub. [ter-jar.

tinaja [tee-na'ha] *f.* large water-jar.

tinerfeño [tee-nays-fay'nyo] *adj. & m.* (inhabitant) of Tenerife.

tinglado [teen-gla'do] *m.* shed, roof; conocer el —, to know the ropes.

tiniebla [tee-nyay'bla] *f.* darkness; —s, the dark, the black night (of ignorance); outer darkness.

tino [tee'no] *m.* tact; prudence; finesse; steady aim; knack, way; cunning hand; sacar de —, to confound, exasperate.

tinta [teen-ta] *f.* ink; de buena —, on good authority.

tinte [teen'tay] *m.* dyeing; paint, stain, dye; — fijo, fast dye.

tintero [teen-tay'ro] *m.* inkstand, ink-pot; dyer's; me quedó en el —, I left that out, I completely forgot it.

tintirintín [teen-tee-reen-teen'] *m.* bray (of trumpet) bugle-call, trumpet-blast.

tinto [teen'to] *adj.* dyed; vino —, red wine.

tintura [teen-too'ra] *f.* tincture, dye; smattering.

tío [tee'o] *m.* uncle; (coll.) "fellow"; el — Paco, old Joe.

tiovivo [tee-o-vee'vo] *m.* merry-go-round, roundabout.

típico [tee'pee-ko] *adj.* characteristic; genuine, representative.

tiple [tee'play] *f.* soprano; chorus girl; *m.* treble.

tipo [tee'po] *m.* type, standard, model; letterpress type; person, "chap"; un buen —, a good sort; —(exchange), rate.

tipografía [tee-po-gra-fee'a] *f.* typography, printing.

tipógrafo [tee-po'gra-fo] *m.* printer.

tira [tee'ra] *f.* strip, band.

tirabuzón [tee-ra-boo-thon'] *m.* corkscrew; love-lock, ringlet, (corkscrew) curl.

tirada [tee-ra'da] *f.* cast, throw, stretch (of time); edition, printing; de una —, at one time, at a stretch.

tirado [tee-ra'do] *adj.* dirt cheap, given away.

tirador [tee-ra-dor'] *m.* marksman; drawer; handle, button, bell-pull.

tirana [tee-ra'na] *f.* a Spanish song; (prov.) border of a skirt; vine having more than three buds.

tiranía [tee-ra-nee'a] *f.* tyranny, cruelty.

tirano [tee-ra'no] *m.* tyrant; *adj.* tyrannical.

tirante [tee-ran'tay] *m.* brace; stretcher, strut, tie-beam; shoestrap;— s, braces, (U. S.) suspenders.

tirantez [tee-ran-tayth'] *f.* tension, tenseness, tightness.

tirar [tee-rar'] *va.* to draw; to dart, throw, hurl, fling; to cast off; to print; to squander; *vn.* to draw, burn; to incline, tend; *vr.* to fling oneself, make a dash (for); — al blanco, to shoot at a target.

tiritar [tee-ree-tar'] *vn.* to shiver.

tiro [tee'ro] *m.* shot; fling, cast, throw; team; draught (of chimney); shaft (mine); de —s largos, in full dress; de

un —, at one fell swoop; caballo de —, draught horse.
tísico [tee'see-ko] adj. consumptive.
tisis [tee'sees] f. phthisis, consumption.
titánico [tee-ta'nee-ko] adj. titanic, gigantic, colossal.
titere [tee'tay-ray] m. puppet, marionette; —s, Punch and Judy show, puppet-show.
titiritero [tee-tee-ree-tay'ro] m. puppet-master; Punch and Judy showman; juggler.
titilar [tee-tee-lar'] vn. to twinkle, wink, glitter.
titubear [tee-too-bay-ar'] vn. to falter, shilly-shally, hesitate; to totter, reel, stagger.
titular [tee-too-lar'] adj. titular, nominal; f. headline; va. to title.
título [tee'too-lo] m. title; caption, headline; privilege, right, legal title; diploma; pretext; —s, securities.
tiza [tee'tha] f. chalk.
tiznado [teeth-na'do] adj. grimy, soot-begrimed, smudgy.
tiznar [teeth-nar'] va. to smut, smudge, smear.
tizón [tee-thon'] m. firebrand.
tizona [tee-tho'nah] f. (coll.) sword.
toalla [to-a'lya] f. towel; — sin fin, roller-towel.
tobillo [to-bee'lyo] m. ankle.
toca [to'ka] f. bonnet, headdress, coif, hood.
tocado [to-ka'do] adj. touched; of unsound mind; m. toilet, head-dress.
tocador [to-ka-dor'] m. dressing-table; juego de —, perfume and toilet set.
tocante [to-kan'tay] part. — a, respecting, concerning, as for.
tocar [to-kar'] va. to touch; to feel (with hands); to move; to play (instruments); to appertain, belong; to knock, ring (bell); to win (lottery); to be obliged to; to fall to one's lot; to call (at a port); me toca de cerca, it strikes home, it concerns me intimately.

tocino [to-thee'no] m. bacon; salt pork; — del cielo, sweetmeat made of syrup and eggs.
todavía [to-da-vee'a] adv. nevertheless, yet, still, even.
todo [to'do] adj. all; every one; complete, total, whole; — un hombre, quite a man; m. whole, entirely; con —, anyway, nevertheless, all the same.
todopoderoso [to-do-po-day-ro'so] adj. almighty; m. Almighty God.
toga [to'ga] f. toga; judge's robe; academic gown.
toldo [tol'do] m. tent, awning; sunblind.
toledano [to-lay-da'no] adj. & m. (inhabitant) of Toledo; noche —a, sleepless night.
tolerable [to-lay-ra'blay] adj. bearable; allowable.
tolerancia [to-lay-ran'thya] f. broadmindedness; permission.
tolerar [to-lay-rar'] va. to allow, tolerate; to bear, put up with, brook, suffer.
toma [to'ma] f. hold; capture, conquest; dose; tap (of water main); outlet; wall-socket; más vale un — que dos te daré, a bird in the hand is worth two in the bush.
tomar [to-mar'] va. to take, seize, grasp, get; to drink; to assume; to capture; — té, to have tea; — las de villadiego, to take to one's heels.
tomate [to-ma'tay] m. tomato.
tomillo [to-mee'lyo] m. thyme.
tomo [to'mo] m. volume, tome; importance.
ton [ton] m. sin — ni son, without rhyme or reason.
tonada [to-na'da] f. tune, song.
tonadilla [to-na-dee'lya] f. tune, lilt, air.
tonel [to-nel'] m. barrel, pipe, cask.   [(20 cwt.).
tonelada [to-nay-la'da] f. ton
tonelaje [to-nay-la'hay] m. tonnage.   [per, hooper.
tonelero [to-nay-lay'ro] m. cootónico [to'nee-ko] m. & adj. tonic; f. tone, tonic.
tono [to'no] m. pitch, tone; key, scale; tune; manner, style;

darse —, to put on airs; **de buen —**, smart, correct, fashionable, tasteful.

tonsura [ton-soo'ra] f. tonsure; fleecing.

tonto [ton'to] adj. silly; m. fool, silly man; dunce; blockhead; **a tontas y a locas**, without rhyme or reason.

topar [to-par'] vn. to run into, collide; to knock; to come upon, meet accidentally; vr. **— con**, to meet, come upon.

tope [to'pay] m. butt; buffer; apex; **hasta los —s**, to the top, absolutely packed (out).

tópico [to'pee-ko] adj. topical; m. subject, topic.

topo [to'po] m. mole.

topografía [to-po-gra-fee'a] f. topography.

toque [to'kay] m. touch; touching; ringing (bells); beat (drum); touchstone; trial, proof; point; **— de difuntos**, passing-bell.

toquilla [to-kee'lya] f. headdress; kerchief.

torbellino [tor-bay-lyee'no] m. whirlwind; swirl, rush.

torcedura [tor-thay-doo'ra] f. wrench, strain.

torcer [tor-thayr'] va. to twist, wind, screw up, bend; to spin; to incline; vr. to sprain, twist; to curve, wind.

torcido [tor-thee'do] adj. twisted; crooked, bent, curved awry.

tordo [tor-do] adj. dapple (colour); m. thrush.

torear [to-ray-ar'] va. to fight a bull.

toreo [to-ray'o] m. (the art of) bull-fighting. [ter.

torero [to-ray'ro] m. bullfigh-

toril [to-reel'] m. pen where bulls are confined before the fight.

tormenta [tor-men'ta] f. storm, tempest.

tormento [tor-men'to] m. torture, torment; pang, anguish.

tormentoso [tor-men-to'so] adj. stormy, turbulent.

tornada [tor-na'da] f. envoi; return.

tornar [tor-nar'] vn. & a. to turn, restore, return; to alter, change; vr. to change, become.

tornasol [tor-na-sol'] adj. shot, sheen; m. sunflower.

tornasolado [tor-na-so-la'do] adj. (silk) shot, chatoyant.

tornear [tor-nay-ar'] va. to turn (with a lathe).

tornero [tor-nay'ro] m. turner.

torneo [tor-nay'o] m. tilt, tournament, joust.

tornera [tor-nay'ra] f. portress (in nunnery).

tornillo [tor-nee'lyo] m. screw; vice; **apretar los —s**, to put the pressure on; **le falta un —**, he has a screw loose.

torniquete [tor-nee-kay'tay] m. turnstile; torniquet.

torno [tor'no] m. lathe; winch, potter's wheel; **en —**, round about.

toro [to'ro] m. bull; Taurus; **ir a los —s**, to go to the bull-fight. [fruit.

toronja [to-ron'ha] f. grape-

torpe [tor'pay] adj. heavy, cloddish, clumsy; unhappy; dull; torpid, unchaste.

torpedo [tor-pay'do] m. torpedo.

torpeza [tor-pay'tha] f. crassness, dullness; lewdness; clumsiness, awkardness.

torre [to'ray] f. tower, turret, keep; castle, rook (chess).

torrente [to-ren'tay] m. torrent, rush.

tórrido [to'ree-do] adj. torrid.

torta [tor'ta] f. pie, short-cake; (coll.) slap; **—s y pan pintado**, a mere triffle.

tortícolis [tor-tee'ko-lees] m. stiff neck.

tortilla [tor-tee'lya] f. omelet; thin oven-cake.

tórtola [tor'to-la] f. turtledove.

tortuga [tor-too'ga] f. turtle, tortoise.

tortuoso [tor-two'so] adj. winding, sinuous.

tortura [tor-too'ra] f. torture, torment, rack; torsion.

torturar [tor-too-rar'] va. to torment; vr. to fret.

tos [tos] f. cough; **— ferina**, whooping-cough.

tosco [tos'ko] *adj.* rough, coarse; boorish, uncouth.

toser [to-sayr'] *vn.* to cough.

tostada [tos-ta'da] *f.* toast.

tostado [tos-ta'do] *adj.* crisp, toasted; sunburnt.

tostar [tos-tar'] *va.* to roast, toast; to scorch, burn; to tan.

total [to-tal'] *adj.* total, utter, entire; *m.* total, whole, sum total.

totalmente [to-tal-men'tay] *adv.* wholly, altogether, quite.

toza [to'thah] *f.* log; stump; block of wood; piece of bark.

tozudo [to-thoo'do] *adj.* obstinate.

traba [tra'ba] *f.* hobble; obstacle; bond, tie; clasp, brace.

trabajador [tra-ba-ha-dor'] *adj.* hardworking, *m.* workman.

trabajar [tra-ba-har'] *va.* to toil, work; to till the soil.

trabajo [tra-ba'ho] *m.* work, job, occupation; toil, sweat, labour, hardship; —s forzados, hard labour, penal servitude.

trabajoso [tra-ba-ho'so] *adj.* painful, difficult; hard; uphill, laborious.

trabalenguas [tra-ba-len'gwas] *m.* tongue-twister.

trabar [tra-bar'] *va.* to join, unite, connect, clasp; to begin *(friendship)*; —se la lengua, to stammer.

trabazón [tra-ba-thon'] *n.* connection, bracing, bond.

trabucar [tra-boo-kar'] *va.* to overturn, upset; to derange.

trabuco [tra-boo'ko] *m.* blunderbuss.

tracción [trak-thyon'] *f.* traction, draught, cartage.

tractor [trak-tor'] *m.* tractor, lorry.

tradición [tra-dee-thyon'] *f.* tradition.

traducción [tra-dook-thyon'] *f.* translation, rendering.

traducir [tra-doo-ther'] *va.* to translate, interpret.

traductor [tra-dook-tor'] *m.* translator.

traer [tra-ayr'] *va.* to carry, bring, fetch; to draw, attract; to bring over; to bind.

traficar [tra-fee-kar'] *vn.* to deal, trade; to journey.

tráfico [tra'fee-ko] *m.* trade, business; traffic.

tragaluz [tra-ga-looth'] *m.* skylight, bull's-eye.

tragar [tra-gar'] *va.* to gulp (down), swallow; — el anzuelo, to be taken in.

tragedia [tra-hay'dya] *f.* tragedy.

trágico [tra'hee-ko] *adj.* tragic.

trago [tra'go] *m.* drink, draught, mouthful, gulp; a —s, in stages.

traición [tra-ee-thyon'] *f.* perfidy; treason; disloyalty; treachery; reo de —, state criminal.

traicionar [tra-ee-thyo-nar'] *va.* to betray.

traidor [tra-ee-dor'] *adj.* treacherous, perfidious, false; *m.* traitor.

traje [tra'hay] *m.* dress, suit, costume; apparel, attire; — de montar, riding-habit; — de etiqueta, evening-dress; — de luces, bullfighter's costume.

trajín [tra-heen'] *m.* coming and going, rushing about.

trajinante [tra-hee-nan'tay] *m.* carrier.

trajinar [tra-hee-nar'] *va.* to carry *(goods)*; *vn.* to dash to and fro; to be forever on the go.

trama [tra'ma] *f.* weft; plot *(of play, novel)*; intrigue; fraud.

tramar [tra-mar'] *va.* to plot, scheme; to weave.

trámite [tra'mee-tay] *m.* business transaction; step; procedure; *pl.* stages, levels, procedure *(of administration)*.

tramo [tra'mo] *m.* stretch, space, *(archit.)* span; flight *(of stairs)*. [artifice.

tramoya [tra-mo'ya] *f.* trick,

tramoyista [tra-mo-yees'ta] *m.* stage-carpenter, sceneshifter; trickster.

trampa [tram'pa] *f.* trap, spring, snare; trap-door; foul play; caer en la —, to fall into the trap.

trampear [tram-pay-ar'] *va.* to obtain money under false pretences; to be a sharper.

trampista [tram-pees'ta] *m.* swindler, sharper.

tranca [tran'ka] *f. (on door)* bar, cross-bar; truncheon.

trancada [tran-ka'dah] *f. (loug)* stride; *(prov.)* blow of a stick.

trancar [tran-kar'] *va.* to bar.

trance [tran'thay] *m.* predicament; emergency; critical hour, peril; **a todo —,** anyway, at any risk, at all costs.

tranco [tran'ko] *m.* stride; **a —s,** striding along, shambling along.

tranquilidad [tran-kee-lee-dad'] *f.* calm, ease, quietude.

tranquilizar [tran - kee - lee - thar'] *va.* to appease, calm down, reassure.

tranquilo [tran-kee'lo] *adj.* placid, calm, quiet; untroubled, still.

transatlántico [tran - sat - lan - tee-ko] *adj.* transatlantic; *m.* liner.

transbordo [trans-bor'do] *m.* trans-shipment; transfer; change *(trains).*

transcripción [trans - kreep - thyon'] *f.* transcription, copy.

transcurrir [trans-koo-reer'] *vn.* to elapse.

transcurso [trans-koor'so] *m. (of time)* course, passage, passing.

transeúnte [tran-say-oon'tay] *adj.* transient; *m.* passer-by.

transferir [trans-fay-reer'] *va.* to transfer, make over, carry over.

transfigurar [trans - fee - goo - rar'] *va.* to transform, transfigure; *vr.* to be transfigured.

transformación [trans-for-ma-thyon'] *f.* transformation; metamorphosis; change.

transformador [trans-for-ma-dor'] *m. (elect.)* transformer.

transformar [trans-for-mar'] *va.* to change; to transform; *vr.* to change, assume *(forms).* turn into.

tránsfuga [trans'foo-ga] *m.* deserter; runaway.

transgredir [trans-gray-deer'] *va.* to transgress.

transgresión [trans-gray-syon'] *f.* transgression; sin; infringement *(of rules).*

transido [tran-see'do] *adj.* perished (with cold, hunger); — **— de dolor,** grief-stricken.

transigir [tran-see-heer'] *va.* to compromise; to compound; to accommodate *(differences).*

transitar [tran-see-tar'] *vn.* to travel; to pass by.

tránsito [tran'see-to] *m.* transit, transition; journey, course, way; removal.

transitorio [tran-see-to'ryo] *adj.* transitory, ephemeral.

transmisión [trans-mee-syon'] *f.* transmission.

transmitir [trans-mee-teer'] *va.* to transmit, convey, forward.

transparencia [trans-pa-ren'-thya] *f.* transparency.

transparente [trans-pa-ren'tay] *adj.* transparent, limpid, crystalline; obvious.

transpirar [trans-pee-rar'] *vn.* to transpire, perspire.

transponer [trans-po-nayr'] *va.* to traspose, remove; *vr.* to set *(the sun).*

transportado [trans-por-ta'do] *adj.* rapt; in ecstasy.

transportar [trans-por-tar'] *va.* to carry, shift, transport, convey; to enrapture; *vr.* to be carried away.

transporte [trans-por'tay] *m.* transportation; conveyance, hauling, carriage; rapture, transporte.

transverberación [trans-vayr-bay-ra-thyon'] *f. (mystic)* transfixing.

transversal [trans-vayr-sal'] *adj.* transversal, cross.

tranvía [tram-bee'a] *m.* tram-(way), street-car.

trapacería [tra-pa-thay-ree'ah] *f.* fraud, deceit, cheat *(ableness)* chicanery.

trapense [tra-pen'say] *m.* Trappist.

trapero [tra-pay'ro] *m.* ragdealer, rag-and-bone man.

trapisonda [tra-pee-son'da] *f.* scuffle; snare.

trapito [tra-pee'to] *m.* rag; **los —s de cristianar,** Sunday togs.

trapo [tra'po] *m.* rag, duster; **a todo —,** with might and main. all-out; **poner como un trapo,** to wipe the floor with.

traqueteo [tra-kay-tay'o] *m.* tossing, jolting.

tras [tras] *prep.* after; behind; beyond; besides; **día — día,** day in, day out.

trascendencia [tras-then-den'-thya] *f.* consequence, significance.

transcendental [trans-then-dental'] *adj.* transcendental, far-reaching, momentous.

trascender [tras-then-dayr'] *vn.* to extend itself; to be pervasive; to leak out, become known.   [choir.

trascoro [tras-ko'ro] *m.* retro-

trasegar [tra-say-gar'] *va.* to upset; to rummage; to decant (*wine*).

trasero [tra-say'ro] *adj.* hind, rear, back; *m.* backside, bottom, buttocks.

trasgo [tras'go] *m.* hobgoblin, bogey-man.

trashumante [tra-soo-man'tay] *adj.* nomadic (*flocks of sheep*).

trasladar [tras-la-dar'] *va.* to transfer, remove; to translate; *vr.* to change place, pass, repair (*from one place to another*).   [fer; copy.

traslado [tras-la'do] *m.* trans-

trasluz [tras-looth'] *m.* reflected light, glow; **al —,** through, athwart.

trasnochador [tras-no-cha-dor'] *m.* "night-owl", "night-bird".

trasnochar [tras-no-char'] *vn.* to sit up all night; to make merry at night.

traspapelar [tras-pa-pay-lar'] *va.* to mislay (*papers*).

traspasar [tras-pa-sar'] *va.* to pierce through; to trespass; to transfer.

traspaso [tras-pa'so] *m.* transfer, conveyance (*of property*).

traspié [tras-pyay'] *m.* stumble; lapse.

trasplantar [tras-plan-tar'] *va.* to transplant; *vr.* to migrate.

traspunte [tras-poon'tay] *m.* prompter (*theat.*).

traste [tras'tay] *m.* fret; **dar al — con,** to spoil, waste.

trastienda [tras-tyen'da] *f.* back, inner shop.

trasto [tras'to] *m.* piece of furniture; piece of lumber; **—s,** implements, bits and pieces.

trastornado [tras-tor-na'do] *adj.* upset; out of one's senses, crazy.

trastornar [tras-tor-nar'] *va.* to disturb; to upset, overthrow; to confuse, derange.

trastorno [tras-tor'no] *m.* disorder, upset, disturbance; upheaval.

trasudar [tra-soo-dar'] *v. tr.* to perspire gently.

trasunto [tra-soon'to] *m.* copy, image.   [nable, approachable.

tratable [tra-ta'blay] *adj.* ame-

tratado [tra-ta'do] *m.* treaty; treatise.

tratamiento [tra-ta-myen'to] *m.* treatment; title, address, style.

tratar [tra-tar'] *va.* to handle, treat; to trade; deal (in); to deal (with); to meet; **— de,** to try, to address as; **— con,** to treat with; **¿de qué se trata?,** what is it all about?

trato [tra'to] *m.* treatment; behaviour, manners; pact; dealings, converse, relationship; **mal —,** ill usage.

través [tra-ves'] *m.* inclination; reverse; **al —,** aslant, across; **dar al —,** to be stranded.

travesaño [tra-vay-sa'nyo] *m.* bolster; cross-bar; (*railway*) sleeper.

travesía [tra-vay-see'a] *f.* crossroad; sea-voyage; passage (across), crossing.

travesura [tra-vay-soo'ra] *f.* prank; mischief; mischievousness, naughtiness.

traviesa [tra-vyay'sa] *f.* crosstie; rafter; (*railway*) tie, sleeper.

travieso [tra-vyay'so] *adj.* restless; impish, mischievous; wanton.

trayecto [tra-yek'to] *m.* space; tract; road.

trayectoria [tra-yek-to'rya] *f.* trajectory, flight.

traza [tra'tha] *f.* sketch, outline; aspect; trace, smell.

trazado [tra-tha'do] *m.* layout, plan.

trazar [tra-thar'] *va.* to draw, sketch; to lay out, plan out.

trazo [tra'tho] *m.* drawing, tracing; outline.

trébol [tray'bol] *m.* clover, trefoil, shamrock.

trecho [tray'cho] *m.* span, space; a —s, by (at) intervals.

tregua [tray'gwa] *f.* truce; respite.

tremendo [tray-men'do] *adj.* tremendous, awful; huge, imposing.

trémulo [tray'moo-lo] *adj.* tremulous.

tren [tren] *m.* outfit, train; suite, following; — expreso, express train; — de recreo, excursion train; — de mercancías, goods train; freight train; — de correo, mail (train).

trenza [tren'tha] *f.* plait, lock (hair); —s, tresses.

trenzar [tren-thar'] *va.* to plait, weave, twist; *vn.* to caper, interweave feet in dancing.

trepadora [tray-pa-do'ra] *f.* climbing plant, creeper.

trepar [tray-par'] *vn.* to climb, swarm up.

trepidación [tray-pee-da-thyon'] *f.* trepidation.

trepidar [tray-pee-dar'] *vn.* to shake, quake, tremble.

tresillo [tray-see'lyo] *m.* ombre (card game); three-piece suite. [wile, ruse.

treta [tray'ta] *f.* trick, feint,

triangular [tryan-goo-lar'] *adj.* three-cornered. [triangle.

triángulo [tree-an'goo-lo] *m.*

tribuna [tree-boo'na] *f.* tribune, rostrum, pulpit; box, gallery.

tribunal [tree-boo-nal'] *m.* bar, judgement seat, court of justice.

tributar [tree-boo-tar'] *va.* to pay taxes; — homenaje, to pay homage.

tributo [tree-boo'to] *m.* contribution, tribute, tax; (praise) tribute.

tricromía [tree-ko-mee'ah] *f.* three-colour printing, three-coloured process.

tricornio [tree-kor'nyo] *m.* three-cornered hat. [rium.

triforio [tree-fo'ryo] *m.* trifo-

trigal [tree-gal'] *m.* wheatfield. [crops.

trigo [tree'go] *m.* wheat; *pl.*

trigonometría [tree-go-no-may-tree'a] *f.* trigonometry.

trigueño [tree-gay'nyo] *adj.* dark, brownish, nut-brown, chestnut.

trilladera [tree-lya-day'ra] *f.* harrow.

trillado [tree-lya'do] *adj.* hackneyed; camino —, beaten track.

trilladora [tree-lya-do'ra] *f.* thrashing-machine.

trillar [tree-lyar'] *va.* to thrash.

trimestre [tree-mes'tray] *m.* quarter; term (three months).

trinar [tree-nar'] *vn.* to warble, trill.

trincar [treen-kar'] *va.* to bind, make fast; to drink (to health).

trinchar [treen-char'] *va.* to carve.

trinchera [tree-chay'ra] *f.* entrenchment; trench.

trineo [tree-nay'o] *m.* sleigh, sled. [nity.

trinidad [tree-nee-dad'] *f.* tri-

trino [tree'no] *m.* trill, warble.

trinquete [treen-kay'tay] *m.* foremast; catch, racket; a cada —, at every step.

tripa [tree'pa] *f.* belly, gut; *pl.* intestines, bowels; hacer de —s corazón, to make the best of a bad job.

triple [tree'play] *adj.* triple.

trípode [tree'po-day] *m. & f.* tripod, trivet.

tripulación [tree-poo-la-thyon'] *f.* ship's crew.

tripular [tree-poo-lar'] *va.* to man.   [trice.

tris [trees] *m.* en un —, in a

triscar [trees-kar'] *vn.* to hurry, hustle, make merry; to set *(a saw).*

triste [trees'tay] *adj.* sad, sorrowful, gloomy.

tristeza [trees-tay'tha] *f.* sadnes, melancholy, grief, pain.

triturar [tree-too-rar'] *va.* to grind, pulverize, mash.

triunfar [tree-oon-far'] *vn.* to conquer, be victorious, win.

triunfo [tree-oon'fo] *m.* triumph, victory; trump *(at cards).*

trivial [tree-vyal'] *adj.* trivial, ordinary, unimportant, mean, trite.

triza [tree'tha] *f.* bit, small piece, mite, shred.

trocar [tro-kar'] *va.* to barter, exchange; to change, to equivocate; *vr.* to change, change places with.

trocha [tro'cha] *f.* cross-path, short cut, track *(over rough ground).*

troche [tro'chay] *adv.* a — y moche, regardless, pell mell, without rhyme or reason.

trofeo [tro-fay'o] *m.* trophy, spoils *(of war).*

troj(e) [tro(-hay)] *f.* granary, barn *(for storing fruit),* clamp *(for potatoes, turnigs, olives).*

tromba [trom'ba] *f.* waterspout.

trombón [trom-bon'] *m.* trombone.

trompa [trom'pa] *f.* proboscis; *(mus.)* horn; trunk *(elephant);* (child's) top.

trompeta [trom-pay'ta] *f.* bugle, trumpet; *m.* bugler.

trompetazo [trom-pay-ta-tho] *m.* bugle (blast, call).

trompo [trom'po] *m.* spinning-top.

trompón [trom-pon'] *m.* narcissus; a —, helter-skelter.

tronar [tro-nar'] *vn.* to thunder.

tronco [tron'ko] *m.* trunk *(of tree, animal);* stem, stalk; team *(of horses);* dormir como un —, to sleep like a log.

tronchar [tron-char'] *va.* to chop off, lop off, break off; *vr.* — de risa, to burst with laughing.

tronera [tro-nay'ra] *f.* embrasure; porthole, dormer; *m.* harum-scarum.

trono [tro'no] *m.* throne; the royal rights.

tropa [tro'pa] *f.* troops, soldiers, crowd; — ligera, skirmishing troops.

tropel [tro-pel'] *m.* rush, heap, jumble; de, en —, in disorder, pell-mell, higgledy-piggledy, in a mass, in a crowd.

tropelía [tro-pay-lee'a] *f.* arbitrary action; vexation, outrage.

tropezar [tro-pay-thar'] *vn.* to stumble, strike (upon) (on); to meet by accident.

tropezón [tro-pay-thon'] *m.* slip, trip, stumbling; obstacle, snag.

trópico [tro'pee-ko] *m.* tropic.

tropiezo [tro-pyay'tho *m.* obstacle, stumbling-block, hitch, embarrassment, fault.

troquel [tro-kel'] *m.* die, stamp, (as for coining).

trotar [tro-tar'] *vn.* to trot.

trote [tro'tay] *m.* trot; al —, at the double.

trova [tro'va] *f.* ballad.

trovador [tro-va-dor'] *m.* troubadour, minstrel.

trovar [tro-var'] *va.* to versify, make (rhymes, verses).

troya [tro'ya] *f.* Troy; aquí fue —, what a rumpus!

trozo [tro'tho] *m.* piece, fragment, length, section.

truco [troo'ko] *m.* trick, gadget, "thing".

trucha [troo'cha] *f.* trout.

trueco [truay'ko] *m.* barter.

trueno [truay'no] *m.* thunder.

trueque [trway'kay] *m.* exchange, barter.

trufa [troo'fa] *f.* truffle; fraud, deceit.   [knave; jester.

truhán [troo-an'] *m.* scoundrel,

trujimán [troo-hee-man'] *m.* expert *(buyer);* interpreter.

truncar [troon-kar'] *va.* to truncate, cut short, mutilate.

662

tubérculo [too-bayr'koo-lo] *m.* tuber; tubercle.

tubería [too-bay-ree'a] *f.* pipes, piping, set of tubes.

tubo [too'bo] *m.* pipe, tube.

tudesco [too-days'ko] *adj.* German.

tuerca [twayr'ka] *f.* nut, female screw.

tuerto [twayr'to] *m.* wrong; one-eyed person; en tierra de ciegos el — es rey, the big frog in the little pond; a tuertas o a derechas, rightly or wrongly, appropriately or no.

tuétano [tway'ta-no] *m.* marrow.

tufo [too'fo] *m.* fume, vapour; offensive smell; presumption, snobbishness.

tugurio [too-goo'ryo] *m.* hut, cottage, hovel.

tul [tool] *m.* tulle.

tulipán [too-lee-pan'] *m.* tulip.

tullido [too-lyee'do] *adj.* lamed, hurt, crippled.

tumba [toom'ba] *f.* grave, tomb.

tumbado [toom-ba'do] *adj.* esconded, prone, lying down.

tumbar [toom-bar'] *va.* to fell, floor, throw down; *vr.* to lie down, fling down (into chair, etc.), drop.

tumbo [toom'bo] *m.* fall, somersault.

tumido [too-mee'do] *adj.* swollen, frostbitten.

tumor [too-mor'] *m.* tumour.

tumulto [too-mool'to] *m.* tumult, row, uproar; mob.

tunante [too-nan'tay] *m.* rascal, rogue, (pop.) 'blighter'.

tunda [toon'da] *f.* shearing of cloth; beating (-up).

tundir [toon-deer'] *va.* to shear cloth.

túnel [too'nel] *m.* tunnel.

túnica [too'nee-ka] *f.* tunic.

tuno [too'no] *m.* rascal, rogue, truant.

tupé [too-pay'] *m.* cheek, impertinence.

tupido [too-pee'do] *adj.* dense, thick, overgrown, choked.

turba [toor'ba] *f.* rabble.

turbación [toor-ba-thyon'] *f.* confusion, disturbance.

turbar [toor-bar'] *va.* to disturb, trouble.

turbina [toor-bee'na] *f.* turbine.

turbio [toor'byo] *adj.* turbid, troubled, obscure.

turbión [toor-byon'] *m.* squall, shower.

turbulencia [toor-boo-len'thya] *f.* turbulence.

turbulento [toor-boo-len'to] *adj.* turbulent, disorderly; muddy, troubled.

turca [toor'kah] *f.* (coll.) tipsiness, jag, drunken fit; "coger una turca": to get drunk.

turnar [toor-nar'] *vn.* to alternate, take turns.

turno [toor'no] *m.* turn; por —, by turns. [quoise.

turquesa [toor-kay'sa] *f.* turturrón [too-ron'] *m.* nougat, almond sweetmeat.

tutela [too-tay'la] *f.* guardianship, protection.

tutelar [too-tay-lar'] *adj.* tutelary. [dian.

tutor [too-tor'] *m.* tutor, guar-

U

ubérrimo [oo-bay'ree-mo] *adj.* teeming, abounding, luxuriant.

ubicación [oo-bee-ka-thyon'] *f.* location, position.

ubicar [oo-bee-kar'] *vn. & r.* to lie, be situated.

ubicuidad [oo-bee-kwee-dad'] *f.* ubiquity.

obicuo [oo-bee'kwo] *adj.* ubiquitous.

ubre [oo'bray] *f.* udder.

ufanarse [oo-fa-nar'say] *vr.* to boast, pride oneself.

ufano [oo-fa'no] *adj.* conceited, arrogant, contented.

ujier [oo-hyayr'] *m.* usher; doorkeeper; janitor.

úlcera [ool'thay-ra] *f.* ulcer.

ulcerar [ool-thay-rar'] *va.* to ulcerate.

ulterior [ool-tay-ryor'] *adj.* further, farther.

ulteriormente [ool-tay-ryor-men'tay] *adv.* further, in time to come.

ultimar [ool-thee-mar'] *va.* to finish, put finishing touches to finish (off).

último [ool'tee-mo] *adj.* last, latest, ultimo, most, recent; **por —,** finally; **a —s de,** towards the end of.

ultrajar [ool-tra-har'] *va.* to insult, outrage.

ultraje [ool-tra'hay] *m.* outrage, insult.

ultramarino [ool-tra-ma-ree'no] *adj.* ultramarine; *pl.* foreign produce, groceries.

ultratumba [ool-tra-toom'ba] *adv.* beyond the grave.

ulular [oo-loo-lar'] *vn.* to howl, hoot *(of owl).*

umbral [oom-bral'] *m.* threshold; lintel.

umbrío [oom-bree'o] *adj.* shady; umbrageous.

unánime [oo-na'nee-may] *adj.* unanimous.

unanimidad [oo-na-nee-mee-dad'] *f.* unanimity.

unción [oon-thyon'] *f.* unction.

uncir [oon-theer'] *va.* to yoke.

undoso [oon-do'so] *adj.* wavy, undulating.

undulación [oon-doo-la-thyon'] *f.* undulation, wavemotion.

ungir [oon-heer'] *va.* anoint, consecrate.

ungüento [oon-gwen'to] *m.* unguent, ointment.

único [oo'nee-ko] *adj.* only, unique, single.

unidad [oo-nee-dad'] *f.* unity, agreement, unit.

unificar [oo-nee-fee-kar'] *va.* to unite, unify.

uniformar [oo-nee-for-mar'] *va.* to uniform, make (alike, uniform).

uniforme [oo-nee-for'may] *adj.* uniform, regular; *m.* uniform.

uniformidad [oo-nee-for-mee-dad'] *f.* uniformity, regularity.

unigénito [oo-nee-hay'nee-to] *adj.* only-begotten.

unión [on-nyon'] *f.* union, conjunction.

unir [oo-neer'] *va.* to unite, join, connect, bring together; *vr.* to join (up) (with), share.

unísono [oo-nee'so-no] *adj.* unison; **al —,** together, with one voice.

universal [oo-nee-vayr-sal'] *adj.* universal.

universidad [oo-nee-vayr-see-dad'] *f.* university.

universo [oo-nee-vayr'so] *m.* universe.

uno [oo'no] *num. adj. & pron.* one.

untar [oon-tar'] *va.* to anoint, smear, oil, grease; **— las manos,** to grease the palms.

unto [oon'to] *m.* grease, ointment, fat *of (animals).*

untuoso [oon-two'so] *adj.* unctuous, oily, greasy.

untura [oon-too'ra] *f.* liniment, ointment.

uña [oo'nya] *f. (finger, etc.)* nail; **a — de caballo,** by dint of the horses' hooves, at a gallop; **hincar la —,** to sting, overcharge; **ser — y carne,** to be inseparable, fast friends.

uranio [oo-ra'nyo] *adj.* uranic; *m.* uranium.

urbanidad [oor-ba-nee-dad'] *f.* urbanity, civility, culture.

urbano [oor-ba'no] *adj.* urban, urbane, courteous, polished.

urdimbre [oor-deem'bray] *f.* warp, warping-chain; web *(of plot).*

urdir [oor-deer'] *va.* to warp, plot, scheme, weave.

urgencia [oor-hen'thya] *f.* urgency, exigence.

urgente [oor-hen'tay] *adj.* urgent, pressing, convincing.

urgir [oor-heer'] *vn.* to be urgent, be of the utmost importance.

urna [oor'na] *f.* urn; ballot box.

urraca [oo-ra'ka] *f.* magpie.

ursa [oor'sa] *f.* — mayor, Great Bear.

usado [oo-sa'do] *adj.* used, accustomed; worn (out, thin), secondhand.

usanza [oo-san'tha] *f.* usage, custom.

usar [oo-sar'] *va.* to use, wear; *vn.* to be wont, be accustomed; to be worn.

usía [oo-see'a] *f.* lordship.

uso [oo'so] *m.* usage, use, custom, fashion, enjoyment, loan, usufruct; wear and tear; al —, fashionable, like others; estar en buen —, to be full of good wear.

Usted [oos-tayd'] *pron.* you.

usual [oo-swual'] *adj.* usual, customary, normal, general.

usufructo [oo-soo-frook'to] *m.* usufruct, enjoyment.

usura [oo-soo'ra] *f.* usury.

usurario [oo-soo-ra'ryo] *adj.* usurious.

usurero [oo-soo-ray'ro] *m.* usurer, money-lender.

usurpación [oo-soor-pa-thyon'] *f.* usurpation. [usurp.

usurpar [oo-soor-par'] *va.* to

utensilio [oo-ten-see'lyo] *m.* utensil, implement; *pl.* tools.

útil [oo'teel] *adj.* useful; *m. pl.* tools.

utilidad [oo-tee-lee-dad'] *f.* utility, usefulness, profit.

utilizar [oo-tee-lee-thar'] *va.* to utilise, make use of. [pian.

utópico [oo-to'pee-ko] *adj.* Uto-

uva [oo'va] *f.* grape; — pasa, raisin; — espin, gooseberry.

V

vaca [va'ka] *f.* cow, beef; — de leche, milk cow.

vacación [va-ka-thyon'] *f.* vacation; *pl.* holidays, vacations.

vacante [va-kan'tay] *adj.* vacant, disengaged, unoccupied; *f.* vacancy (i.e. job).

vacar [va-kar'] *vn.* to be vacant, vacate, give up.

vaciado [va-thya'do] *adj.* cast (*in mould*).

vaciar [va-thyar'] *va.* to empty, cast (pour) out.

vaciedad [va-thyay-dad'] *f.* emptiness, banality, commonplace.

vacilación [va-thee-la-thyon'] *f.* hesitation, vacillation.

vacilante [va-thee-lan'tay] *adj.* hesitating, irresolute, unstable.

vacilar [va-thee-lar'] *vn.* to hesitate, waver, vacillate.

vacío [va-thee'o] *adj.* empty, void; vain; untenanted; *m.* vacuum; empty space; hollowness, blank, lacuna; ir de —, to travel empty.

vacunar [va-koo-nar'] *va.* to vaccinate.

vacuno [va-koo'no] *adj.* bovine, vaccine.

vacuo [va'kwo] *adj.* empty, hollow, vacant; *m.* vacuum.

vadear [va-day-ar'] *vn.* to wade across, ford.

vado [va'do] *m.* (*river*) ford; resource; dar —, to expedite.

vadoso [va-do'so] *adj.* shallow (*water*).

vagabundo [va-ga-boon'do] *adj.* vagabond, vagrant; *m.* tramp.

vagancia [va-gan'thya] *f.* vagrancy.

vagar [va-gar'] *vn.* to loiter about, roam; to be idle.

vagido [va-hee'do] *m.* cry (*of newborn child*).

vago [va'go] *adj.* vague, errant, roving; loafer.

vagón [va-gon'] *m.* wagon.

vaguedad [va-gay-dad'] *f.* vagueness, ambiguity.

vaho [va'o] *m.* fume, effluvium, hot smell (*of animals*).

vaina [va'ee-na] *f.* scabbard, sheath; pod.

vainica [va-ee-nee'kah] *f.* (*sew.*) hemstitch.

vainilla [va-ee-nee'lya] *f.* vanilla.

vaivén [va-ee-ven'] *m.* sway, oscillation, vibration, coming and going.

vajilla [va-hee'lya] *f.* dish, pot ware, pots, (*dinner, etc.*) dinner service.

vale [va'lay] *m.* bond, I O U.

valedero [va-lay-day'ro] *adj.* valid.

valentía [va-len-tee'a] *f.* valour, courage, bravery.

valentón [va-len-ton'] *m.* bully, swaggerer.

valer [va-layr'] *vn.* to be worth, cost, be the same as, amount to; to defend; — la pena, to be worth while; to be the (cause of, reason for, explanation); *vr.* to make use of, take advantage of; más vale tarde que nunca, better late than never.

valeroso [va-lay-ro'so] *adj.* courageous.

valía [va-lee'a] *f.* price, value, worth; influence. [lidate.

validar [va-lee-dar'] *va.* to va-

validez [va-lee-dayth'] *f.* validity, soundness.

valido [va-lee'do] *adj.* accepted; — de, under cover of, backed (up) by; *m.* favourite.

válido [va'lee-do] *adj.* valid.

valiente [va-lyen'tay] *adj.* spirited, courageous, valiant, gallant.

valija [va-lee'ha] *f.* mail-bag; valise, bag.

valimiento [va-lee-myen'to] *m.* value, support, benefit; good graces.

valioso [va-lyo'so] *adj.* expensive, costly, valuable, wealthy.

valor [va-lor'] *m.* price, worth, value; valour, courage; validity; *pl.* (*com.*) bonds, stocks.

valoración [va-lo-ra-thyon'] *f.* valuation.

valorar [va-lo-rar'] *va.* to value, appraise.

valsar [val-sar'] *vn.* to waltz.

valuación [va-lwa-thyon'] *f.* valuation, appraisal.

valuar [va-lwar'] *va.* to appraise, value, set price to.

válvula [val'voo-la] *f.* valve; — de escape, safety valve; — de seguridad, safety valve.

valla [va'lya] *f.* fence, hurdle, stockade, barrier, impediment.

valladar [va-lya-dar'] *m.* obstacle. [sure.

vallado [va-lya'do] *m.* enclo-

vallar [va-lyar'] *va.* to fence.

valle [va'lyay] *m.* valley, dale; — de lágrimas, vale of tears.

vallejo [va-lyay'ho] *m.* glen, dell, slade, coomb, dean, dene.

vallisoletano [va-lyee-so-lay-ta'no] *adj.* of, from, Valladolid.

vampiro [vam-pee'ro] *m.* vampire, ghoul; bat.

vanagloria [va-na-glo'rya] *f.* vaingloriousness; conceit.

vándalo [van'da-lo] *m.* vandal.

vanguardia [van-gwar'dya] *f.* vanguard.

vanidad [va-nee-dad'] *f.* vanity, levity, conceit, shallowness, uselessness.

vanidoso [va-nee-do'so] *adj.* vain, showy.

vano [va'no] *adj.* shallow, vain, useless, futile; arrogant; *m.* opening (*in wall*).

vapor [va-por'] *m.* steam, vapour, fume, mist; steamship, boat. [porous.

vaporoso [va-po-ro'so] *adj.* va-

vapul(ar)(ear) [va-poo-lar'] (lay-ar') *va.* to beat (with sticks).

vaquero [va-kay'ro] *m.* cowboy, herdsman.

vara [va'ra] *f.* rod, twig, stock, wand; measure (2'78 *ft.*), yard, — de pescar, fishing rod.

varada [va-ra'da] *f.* running aground.

varar [va-rar'] *vn.* to be stranded; to ground.

varear [va-ray-ar'] *va.* to beat (*fruit trees*).

variable [va-rya'blay] *adj.* variable, changeable.

variación [va-rya-thyon'] *f.* variation, change.

variante [va-ryan'tay] *f.* variant.

variar [va-ryar'] *va.* to change, shift, to deviate *(magnetic needle).* [riety.

variedad [va-ryay-dad'] *f.* variety.

varilla [va-ree'lya] *f.* rod; curtain rod; — **mágica**, magician's wand.

vario [va'ryo] *adj.* different, inconstant, variable, variegated; *pl.* several, various.

varón [va-ron'] *m.* male; man.

varonil [va-ro-neel'] *adj.* manly, male, vigorous.

vascuence [vas-kwen'thay] *adj.* Basque.

vasija [va-see'ha] *f.* jar.

vaso [va'so] *m.* glass, tumbler, vessel.

vástago [vas'ta-go] *m.* sucker, shoot; offspring, scion.

vasto [vas'to] *adj.* huge, extensive, immense, vast.

vate [va'tay] *m.* poet, bard.

vaticinar [va-tee-thee-nar'] *va.* to divine, predict.

vaticinio [va-tee-thee'nyo] *m.* prediction.

vaya [va'ya] *f.* scoff, jest; *interj.* go! come! indeed!

vecinal [vay-thee-nal'] *adj.* camino —, country road, side road.

vecindad [vay-theen-dad'] *f.* neighbourhood, vicinity.

vecindario [vay-theen-da'ryo] *m.* local inhabitants.

vecino [vay-thee'no] *adj.* neighbouring, near; *m.* neighbour; resident. [(for hunting).

veda [vay'da] *f.* close season

vedado [vay-da-do] *m.* enclosed *(private)* land.

vedar [vay-dar']*va.* to forbid, prohibit, close to.

vedija [vay-dee'ha] *f.* fleck, flock, flake; matted hair.

veedor [vay-ay-dor'] *m.* busybody; overseer.

vega [vay'ga] *f.* open plain *(cultivated).*

vegetal [vay-hay-tal'] *adj.* vegetable; *m.* plant.

vegetar [vay-hay-tar'] *vn.* to vegetate, live.

vehemencia [vay-ay-men'thya]

f. vehemence, impetuosity, power, force.

vehemente [vay-ay-men'tay] *adj.* impetuous, vehement.

vehículo [vay-ee'koo-lo] *m.* vehicle.

veinte [vayn'tay] *num.* twenty.

veinticuatro [vayn-tee-kwa'tro] *m.* alderman of Seville.

vejación [vay-ha-thyon'] *f.* vexation, oppression.

vejar [vay-har'] *va.* to vex, oppress, censure.

vela [vay'la] *f.* candle; sail; wakefulness, vigil; hacerse a la —, to set sail; en —, without sleeping, without going to bed.

velado [vay-la-do] *adj.* hidden, veiled.

velador [vay-la-dor'] *m.* watchman; keeper; candlestick; lamp stand.

velar [vay-lar'] *vn.* to keep awake; to watch, be vigilant; *va.* to watch; to veil, cover.

veleidad [vay-lay-ee-dad'] *f.* velleity, fickleness, inconstancy.

velero [vay-lay'ro] *adj.* swiftsailing; *m.* glider.

veleta [vay-lay'ta] *f.* wethercock; pennant; *m.* unstable person, fickle person.

velo [vay'lo] *m.* veil; cloak, pretence; correr (echar) el — sobre, to draw a veil over, cover up; tomar el —, to take the veil.

velocidad [vay-lo-thee-dad'] *f.* speed, rapidity, swiftness; en gran —, express *(train).*

veloz [vay-loth'] *adj.* swift, fast, nimble.

vello [vay'lyo] *m.* down, nap.

vellocino [vay-lyo-thee'no] *m.* fleece, — de oro, golden fleece.

vellón [vay-lyon'] *m.* fleece, wool; copper and silver alloy; real de —, five-cents coin.

velloso [vay-lyo'so] *adj.* hairy.

velludo [vay-lyoo'do] *adj.* downy; hirsute, hairy; *m.* shag.

vena [vay'na] *f.* vein; lode *(mine);* inspiration.

venablo [vay-na'blo] *m.* javelin, dart. [venison.

venado [vay-na'do] *m.* stag;

venal [vay-nal'] *adj.* venal, mercenary; relating to the veins. [venality.

venalidad [vay-na-lee-dad'] *f.*

vencedor [ven-tray-dor'] *m.* victor, conqueror; *(in race, etc.)* winner; vanquisher.

vencer [ven-thayr'] *va.* to conquer, vanquish, overpower; *vn.* to fall due; — **un plazo,** to expire *(a term),* to become due.

vencido [ven-thee'do] *adj.* overcome, conquered; due *(of bill).*

vencimiento [ven-thee-myen'to] *m.* maturity *(of bill).*

venda [ven'da] *f.* bandage.

vendar [ven-dar'] *va.* to bandage; to blind.

vendaval [ven-da-val'] *m.* strong south wind, gale.

vendedor [ven-day-dor'] *m.* seller, vendor, huckster, salesman.

vender [ven-dayr'] *va.* to sell; to betray one's friends *(for money);* — **por mayor,** to sell wholesale; — **al pormenor,** to sell retail; — **a plazo,** to sell on credit; — **al contado,** to sell for cash; *vr.* to give oneself away. [betrayed.

vendido [ven-dee'do] *adj.* sold;

vendimia [ven-dee'mya] *f.* vintage, grape harvest.

vendimiar [ven-dee-myar'] *va.* to harvest *(grapes).*

veneno [vay-nay'no] *m.* poison, venom.

venenoso [vay-nay-no'so] *adj.* poisonous.

venera [vay-nay'ra] *f.* scallop shell; spring *(of water).*

venerable [vay-nay-ra'blay] *adj.* venerable.

veneración [vay-nay-ra-thyon'] *f.* worship.

venerar [vay-nay-rar'] *va.* to venerate, worship, honour.

venero [vay-nay'ro] *m.* spring *(of water);* lode, seam *(of metal).*

venganza [ven-gan'tha] *f.* revenge; vengeance.

vengar [ven-gar'] *va.* to avenge; *vr.* to take vengeance.

vengativo [ven-ga-tee'vo] *adj.* vindictive, revengeful.

venia [vay'nya] *f.* leave, permission; bow. [pardonable.

venial [vay-nyal'] *adj.* venial,

venida [vay-nee'da] *f.* arrival.

venidero [vay-nee-day'ro] *adj.* coming; future.

venir [vay-neer'] *vn.* to come; to become, fit; to determine; — **en ello,** to agree to it; — **al caso,** to be relevant; — **a parar,** to come to; — **a menos,** to come down in the world; — **a las manos,** to come to blows; **venirse abajo,** to come (tumbling) down, collapse.

venta [ven'ta] *f.* sale; — **pública,** public auction; inn.

ventada [ven-ta'da] *f.* blast, puff, gust. [tage, profit, gain.

ventaja [ven-ta'ha] *f.* advan-

ventajoso [ven-ta-ho'so] *adj.* advantageous, profitable, lucrative.

ventana [ven-ta'na] *f.* window.

ventear [ven-tay-ar'] *va.* to scent; *vn.* to blow *(the wind).*

ventero [ven-tay'ro] *m.* innkeeper.

ventilación [ven-tee-la-thyon'] *f.* ventilation.

ventilar [ven-tee-lar'] *va.* to ventilate, examine.

ventisca [ven-tees'ka] *f.* snowdrift, blizzard.

ventisquero [ven-tees-kay'ro] *m.* snow-storm; glacier.

ventosa [ven-to'sah] *f.* vent, air-hole, spiracle; *(med.)* leech.

ventosear [ven-to-say-ar'] *vn.* & *r.* to break wind.

ventoso [ven-to'so] *adj.* windy.

ventregada [ven-tray-ga'da] *f.* litter, brood.

ventrílocuo [ven-tree'lo-kwo] *m.* ventriloquist.

ventriloquía [ven-tree-lo-kee'a] *f.* ventriloquism.

ventura [ven-too'ra] *f.* happiness; luck; **por** —, by chance; **probar** —, to try one's luck.

venturoso [ven-too-ro'so] *adj.* happy, successful.

venusto [vay-noos'to] *adj.* lovely, beautiful.

ver [vayr] *va.* to see; to inspect, look into; to consider; to visit.   [*road*).

vera [vay'ra] *f.* border, edge (*of road*).

veracidad [vay-ra-thee-dad'] *f.* veracity, truthfulness.

veranear [vay-ra-nay-ar'] *vn.* to spend the summer holidays.

veraneo [vay-ra-nay'o] *m.* summer holidays; **lugar de —,** (summer) holiday resort.

veraniego [vay-ra-nyay'go] *adj.* summer holiday.

veranillo [vay-ra-nee'lyo] *m.* **— de San Martín,** Indian summer.

verano [vay-ra'no] *m.* summer.

veras [vay'ras] *f. pl.* reality, truth; **de —,** in truth, really.

veraz [vay-rath'] *adj.* truthful.

verbena [vayr-bay'na] *f.* verbena; wake, fair (*on eve of local saint's day*).

verbigracia [vayr-bee-gra'thya] *f.* for example, e.g.

verbo [vayr'bo] *m.* the Word; verb.   [bose.

verboso [vayr-bo'so] *adj.* verbose.

verdad [vayr-dad'] *f.* truth; **en —,** truly; **la pura —,** the honest truth.

verdadero [vayr-da-day'ro] *adj.* true, real, sincere, genuine.

verde [vayr'day] *adj.* green; unripe; immodest; **— limón,** bright green; **viejo —,** gay old dog, amorous old gentleman.

verdegay [vayr-day-ga'ee] *adj.* bright green.

verdor [vayr-dor'] *m.* verdure, greenness, freshness.

verdugo [vayr-doo'go] *m.* hangman, executioner.

verdulero [vayr-doo-lay'ro] *m.* greengrocer; *f.* vegetablewoman; fishwife.

verdura [vayr-doo'ra] *f.* verdure, greenness; vegetables.

vereda [vay-ray'da] *f.* footpath, by-path.

vergeta [vayr-hay'ta] *f.* (small) twig.

vergonzoso [vayr-gon-tho'so] *adj.* shy, bashful; shameful, disgraceful.

vergüenza [vayr-gwen'tha] *f.* shame; modesty, shyness; sha-

mefulness; **perder la —,** to lose all shame; **tener —,** to be ashamed, have a sense of what is proper, have self-respect.

verídico [vay-ree'dee-ko] *adj.* truthful; **es —,** it's a fact.

verificar [vay-ree-fee-kar'] *va.* to verify, prove, substantiate; to carry out; *vr.* to take place.

verja [vayr'ha] *f.* grate, grating, iron railing.

verosímil [vay-ro-see'meel] *adj.* likely, probable, credible.

verruga [vay-roo'ga] *f.* wart.

versado [vayr-sa'do] *adj.* **— en,** conversant (with), familiar (with), experienced.

versar [vayr-sar'] *vn.* to turn around; **— sobre,** to deal with, discuss; *vr.* to become (be), conversant.

versátil [vayr-sa'teel] *adj.* inconstant, versatile; fickle.

versículo [vayr-see'koo-lo] *m.* verse (*in Bible*).

versificar [vayr-see-fee-kar'] *vn.* to make verses, versify.

versión [vayr-syon'] *f.* version, translation.

verso [vayr'so] *m.* verse, line (*poet.*), stanza.   [tebra.

vértebra [vayr'tay-bra] *f.* vertebra.

vertedero [vayr-tay-day'ro] *m.* dump, tip.

verter [vayr-tayr'] *va.* to pour, spill, empty, dump; to translate; *vn.* to run (*of liquids*).

vertical [vayr-tee-kal'] *adj.* vertical.   [tex; apex.

vértice [vayr'tee-thay] *m.* vertex.

vertiente [vayr-tyen'tay] *f.* or *m.* slope, water-shed, side (*of mountain*).

vértigo [vayr'tee-go] *m.* giddiness.   [sicle.

vesícula [vay-see'koo-la] *f.* vesicle.

vespertino [ves-payr-tee'no] *adj.* vespertine, evening.

vestíbulo [ves-tee'boo-lo] *m.* vestibule; hall.

vestido [ves-tee'do] *m.* dress; clothes; costume; **— de corte,** court-dress; **— de etiqueta,** full dress; **— de noche,** evening (dress).

vestidura [ves-tee-doo'ra] *f.* (*eccl.*) vestment; robe.

vestigio [ves-tee'hyo] *m.* trace, vestige, remains; relic.

vestiglo [ves-tee'glo] *m.* horrid monster.

vestimenta [ves-tee-men'ta] *f.* garments; *pl.* ecclesiastical robes.

vestir [ves-teer'] *va.* to clothe, dress; to cloak, palliate; *vn.* to dress; *vr.* to dress oneself.

vestuario [ves-twa'ryo] *m.* wardrobe, clothing; outfit; vestry.

veta [vay'ta] *f.* lode *(mine)*; vein *(wood)*.

vetado [vay-ta'do] *adj.* streaked, veined, grained.

vetear [vay-tay-ar'] *v. tr.* to varietage, vein, grain.

veterano [vay-tay-ra'no] *adj. & m.* veteran.

veterinaria [vay-tay-ree-na'rya] *f.* veterinary science.

veto [vay'to] *m.* veto.

vetustez [vay-toos-teth'] *f.* venerable antiquity.

vez [vayth] *f.* turn; time; a la —, at the same time; uno a la —, one at a time; en — de, instead of; de una —, at once; de una — para siempre, once for all; a veces, sometimes; hacer las — de, to act as substitute for; dos —, twice.

vía [vee'a] *f.* way, road, track; passage; — férrea, railway; — ancha, broad gauge; — estrecha, narrow gauge; en — recta, straight along.

viajador [vya-ha-dor'] *m.* traveller.

viajante [vya-han'tay] *m.* commercial traveller.

viajar [vya-har'] *vn.* to travel, journey.   [journey.

viaje [vya'hay] *m.* travel, trip.

viajero [vya-hay'ro] *m.* traveller.   [meat.

vianda [vyan'da] *f.* food, meal.

viandante [vyan-dan'tay] *m.* traveller, wanderer, tramp.

viático [vya'tee'ko] *m.* viaticum, host.

víbora [vee'bo-ra] *f.* viper.

vibración [vee-bra-thyon'] *f.* vibration, shaking.

vibrar [vee-brar'] *va.* to vibrate; to shake, to oscillate.

vicario [vee-ka'ryo] *adj.* vicarious; *m.* priest-in-charge.

viciado [vee-thya'do] *adj.* contaminated, foul, perverted.

viciar [vee-thyar'] *va.* to vitiate, spoil; to adulterate; to make void; to pervert, corrupt.

vicio [vee'thyo] *m.* vice, depravity; defect, blemish.

vicioso [vee-thyo'so] *adj.* vicious, defective; abundant.

vicisitud [vee-thee-see-tood'] *f.* vicissitude.

víctima [veek'tee-ma] *f.* victim.

victoria [veek-to'rya] *f.* victory.

victorioso [veek-to-ryo'so] *adj.* victorious, triumphant.

vid [veed] *f.* vine.

vida [vee'da] *f.* life; livelihood; liveliness; de por —, for life; en la —, never.

vidente [vee-den'tay] *m.* seer.

vidriar [vee-dree-ar'] *va.* to glaze.

vidriera [vee-dryay'ra] *f.* showcase, show window.

vidriería [vee-dryay-ree'ah] *f.* glasiery, glazier's shop; glass-shop or factory.

vidriero [vee-dryay'ro] *m.* glass-blower, glazier.

vidrio [vee'dryo] *m.* glass.

vidrioso [vee-dryo'so] *adj.* vitreous; brittle; touchy.

viejo [vy-ay'ho] *adj.* old, antique; *m.* old man.

vienés [vyay-nays'] *adj.* Viennese.

viento [vyen'to] *m.* wind; *pl.* — generales, trade winds; — en popa, favourable wind, (to sail) merrily along.

vientre [vyen'tray] *m.* belly, abdomen, stomach.

viernes [vyayr'nes] *m.* Friday; cara de —, face of misery, glum face.   [joist.

viga [vee'ga] *f.* beam, girder.

vigente [vee-hen'tay] *adj.* in force *(of law)*.

vigía [vee-hee'a] *f.* watchtower; *m.* watch, look-out.

vigilancia [vee-hee-lan'thya] *f.* vigilance, watchfulness.

vigilar [vee-hee-lar'] *va.* to watch, watch over, oversee.

vigilia [vee-hee'lya] *f.* vigil, wakeful nights, wakefulness; fast; *(mil.)* watch, guard.

vigor [vee-gor'] *m.* strength, energy, force.

vigoroso [vee-go-ro'so] *adj.* vigorous, active.

vihuela [vee-way'la] *f.* lute.

vil [veel] *adj.* vile, mean, low; infamous, abject, contemptible.

vileza [vee-lay'tha] *f.* vileness, meanness, lowness.

vilipendiar [vee-lee-pen-dyar'] *va.* to revile.

vilo [vee'lo] **en —**, adv. suspended, in the air, in suspense.

villa [vee'lya] *f.* town; villa.

villadiego [vee-lya-dyay'go] *m.* **tomar las de —**, to take to one's heels.

villanía [vee-lya-nee'a] *f.* villainy, lowness.

villano [vee-lya'no] *adj.* rustic, common; villainous; *m.* villain; commoner.

villorrio [vee-lyo'ryo] *m.* hamlet. [gar.

vinagre [vee-na'gray] *m.* vinegar.

vincular [veen-koo-lar'] *va.* to entail; to perpetuate.

vínculo [veen'koo-lo] *m.* tie, bond.

vindicar [veen-dee-kar'] *va.* to vindicate, clear.

vino [vee'no] *m.* wine; **— tinto**, red wine.

viña [vee'nya] *f.* vineyard.

viñedo [vee-nyay'do] *m.* vineyard. [te, infringe.

violar [vee-o-lar'] *va.* to viola-

violencia [vee-o-len'thya] *f.* violence, intensity.

violentar [vee-o-len-tar'] *va.* to enforce, violate, force open; *vr.* to force oneself, do violence to oneself.

violento [vee-o-len'to] *adj.* violent, forced, strained, excessive.

violeta [vee-o-lay'ta] *f.* violet; **erudición a la —**, superficial learning.

violín [vee-o-leen'] *m.* violin.

violón [vee-o-lon'] *m.* bassviol, double bass. [veer.

virar [vee-rar'] *vn.* to tack,

virgen [veer'hen] *adj.* virgin, pure, chaste, spotless; *f.* virgin, maid.

vírgula [veer'goo-lah] *f.* virgule, small rood; slight line.

viril [vee-reel'] *adj.* virile, manly.

virilidad [vee-ree-lee-dad'] *f.* virility, manliness.

virote [vee-ro'tay] *m.* shaft, arrow.

virrey [vee-ray'] *m.* viceroy.

virtualmente [veer-twal-men'-tay] *adv.* virtually.

virtud [veer-tood'] *f.* virtue; power; force, courage; goodness; **en — de**, in (by) virtue of.

virtuoso [veer-two'so] *adj.* virtuous, just. [small-pox.

viruela [vee-rway'la] *f.* pock;

virulencia [vee-roo-len'thya] *f.* virulence, acrimony.

virulento [vee-roo-len'to] *adj.* virulent, malignant.

viruta [vee-roo'ta] *f.* (wood) shaving.

visado [vee-sa'do] *m.* visa.

visaje [vee-sa'hay] *m.* grimace, smirk.

viscoso [vees-ko'so] *adj.* slimy; glutinous, viscid.

visera [vee-say'ra] *f.* peak *(of cap)*, eye-shade.

visible [vee-see'blay] *adj.* visible, evident.

visión [vee-syon'] *f.* sight, vision. [guest, visitor.

visita [vee-see'ta] *f.* visit, call;

visitar [vee-see-tar'] *va.* to visit; to call upon.

vislumbrar [vees-loom-brar'] *va.* to catch a glimpse of, make out dimly, conjecture.

vislumbre [vees-loom'bray] *f.* glimpse, surmise, appearance.

viso [vee'so] *m.* prospect, outlook.

víspera [vees'pay-ra] *f.* eve, day before; *pl.* vespers.

vista [vees'ta] *f.* sight, view prospect, vista; eye; aspect; apparition; **a la —**, on sight *(bills)*, on demand; **a tres días —**, at three days' sight; **a primera —**, at first view; **conocer de —**, to know by sight; **hacer la — gorda**, to shut one's eyes to; **en — de**, in view of.

visto [vees'to] *adj.* seen; evident; *conj.* whereas; — **bueno,** correct, approved; — **que,** seeing that.

vistoso [vees-to'so] *adj.* showy, beautiful, loud.

vital [vee-tal'] *adj.* vital, lively.

vitalicio [vee-ta-lee'thyo] *adj.* lasting for life, during life; **pensión** —, life pension, annuity.

vitela [vee-tay'la] *f.* vellum, parchment.   [vitreous.

vítreo [vee'tray-o] *adj.* of glass;

vitrina [vee-tree'na] *f.* show or display case.

vitualla [vee-twa'lya] *f.* victuals; food.

vituperar [vee-too-pay-rar'] *va.* to blame, vituperate, curse.

vituperio [vee-too-pay'ryo] *m.* blame, reproach, insult, curse.

viudez [vyoo-deth'] *f.* widowhood.   [dower; *f.* widow.

viudo, a [vyoo'do, a] *m.* wi-

vivac [vee-vac'] *m.* bivouac.

vivacidad [vee-va-thee-dad'] *f.* liveliness, gaiety, brilliance.

vivandera [vee-van-day'ra] *f.* camp-follower.

vivaracho [vee-va-ra'cho] *adj.* lively, frisky, sprightly.

vivaque [vee-va'kay] *m.* bivouac.

vivaz [vee-vath'] *adj.* vivacious, lively, alive, quick.

víveres [vee'vay-res] *m.* pl. victuals; provisions, food.

vivero [vee-vay'ro] *m.* (plant) nursery; fish-pond.

viveza [vee-vay'tha] *f.* liveliness, vivacity, energy, vehemence, impetuosity; quickness, penetration; sharpness.

vivienda [vee-vyen'da] *f.* residence; dwelling-house; lodgings.

vivificar [vee-vee-fee-kar'] *va.* to vivify, comfort, enliven.

vivir [vee-veer'] *vn.* to live, exist; (*mil.*); ¿Quién vive? who goes there!; *m.* life, existence.

vivo [vee'vo] *adj.* live, alive, living, quick; lo —, the quick.

vizcaíno [veeth-ka-ee'no] *adj.* of, from, Basque provinces.

vizconde [veeth-kon'day] *m.* viscount.

vocablo [vo-ka'blo] *m.* word, diction, term.

vocación [vo-ka-thyon'] *f.* vocation, calling.

vocal [vo-kal'] *adj.* vocal; *m.* alderman; voting member; *f.* vowel.

vocalizar [vo-ca-lee-thar'] *va.* to articulate.

voceador [vo-thay-a-dor'] *m.* town crier.

vocear [vo-thay-ar'] *va.* to cry out; *vn.* to scream.

vocería [vo-thay-ree'a] *f.* shouting, hullaballoo.

vociferar [vo-thee-fay-rar'] *vn.* to vociferate, bawl, shout.

volante [vo-lan'tay] *adj.* flying; *m.* shuttlecock; balance-wheel, (motorcar) (steering) wheel.

volar [vo-lar'] *vn.* to fly; to explode; *va.* to blow up.

volátil [vo-la'teel] *adj.* volatile; flying.

volcán [vol-kan'] *m.* volcano.

volcánico [vol-ka'nee-ko] *adj.* volcanic.

volcar [vol-kar'] *va.* to overturn, upset; to turn upside down; to capsize; to pour out (over).   [tion, will.

volición [vo-lee-thyon'] *f.* voli-

volteador [vol-tay-a-dor'] *m.* tumbler, acrobat.

voltear [vol-tar-ar'] *va.* to whirl, upset.

voltio [vol'tyo] *m.* volt.

voluble [vo-loo'blay] *adj.* voluble, fickle, versatile.

volumen [vo-loo'men] *m.* volume, bulk.

voluminoso [vo-loo-mee-no'so] *adj.* voluminous, bulky.

voluntad [vo-loon-tad'} *f.* will, purpose, determination.

voluntario [vo-loon-ta'ryo] *adj.* voluntary, willing; *m.* volunteer.

voluntarioso [vo-loon-ta-ryo'so] *adj.* wliful, headstrong.

voluptuoso [vo-loop'two'so] *adj.* voluptuous.

volver [vol-vayr'] *va.* to turn

(up, over, down), return; to give (up, back); to change translate; to vomit. *vn.* to come back; to deviate, turn; — a, to do again; — por, to stand up for; — en sí, to come round, come to one's senses; *vr.* to become, turn.

vomitar [vo-mee-tar'] *va.* to vomit.

vómito [vo'mee-to] *m.* vomit.

vorágine [vo-ra'hee-nay] *f.* vortex, whirlpool, gulf, surgitation.

voraz [vo-rath'] *adj.* voracious, greedy, ravenous.

vórtice [vor'tee-thay] *m.* vortex, whirlpool.

vos [vos] *pron.* you.

vosotros [vo-so'tros] *pron.* you.

votación [vo-ta-thyon'] *f.* voting, balloting.

votar [vo-tar'] *vn.* to vote; to vow. [oath.

voto [vo'to] *m.* vow; vote;

voz [voth] *f.* voice; word; expression; vote, suffrage; a media —, in a whisper; a — en cuello, shouting.

vuelco [vwel'ko] *m.* overturning, spill, somersault.

vuelo [vway'lo] *m.* flight; soaring; projection; al —, flying; falda de mucho —, full skirt; boina de mucho —, floppy beret; coger al —, to catch on the wing.

vuelta [vwel'ta] *f.* turn, turning; revolution; regress, return; back (side); rotation; change; requital, repetition; walk, stroll; *(money)* change; a la —, on (my) return, *(business)* carried forward; turn over; a — de correo, by return post; dar una —, to take a walk; dar vueltas a, to consider further, turn over (in one's mind); no tiene — de hoja, there's no answering that.

vuelto [vwel'to] *adj.* turned, returned; folio —, back of the page.

vuestro [vwes'tro] *pron.* your, yours.

vulcanizar [vool-ka-nee-thar'] *va.* to vulcanise.

vulgar [vool-gar'] *adj.* vulgar, common, ordinary.

vulgaridad [vool-ga-ree-dad'] *f.* vulgarity, commonness.

vulgarizar [vool-ga-ree-thar'] *va.* to vulgarise, spread, popularise; *vr.* to become vulgar.

vulgo [vool'go] *m.* multitude, the masses.

vulnerable [vool-nay-ra'blay] *adj.* vulnerable.

vulnerar [vool-nay-rar'] *va.* to damage, injure.

vulpino [vool-pee'no] *adj.* foxy, crafty.

X

xilografía [see-lo-gra-fee'a] *f.* xylography, wood-engraving.

xilopia [see-lo'pee-ah] *f. (bot.)* bitter-wood. [xylophone.

xilórgano [see-lor'ga-no] *m.*

Y

y [ee] *conj.* and.

ya [ya] *adv.* already, now, immediately, finally; — lo creo, I do believe it.

yacer [ya-thayr'] *vn.* to lie, to lie down *(in grave).*

yacimiento [ya-thee-myen'to] *m.* (ore) deposit, layer, bed.

yanqui [yan'kee] *m.* Yankee.
yantar [yan-tar'] *va.* to take a repast.
yate [ya'tay] *m.* yacht.
yegua [yay'gwa] *f.* mare.
yema [yay'ma] *f.* bud; yolk *(of egg);* tip *(of finger).*
yerba [yayr'ba] *f.* herb, grass, weed.
yermo [yayr'mo] *adj.* barren, childless; *m.* desert, waste.
yerno [yayr'no] *m.* son-in-law.
yerro [yay'ro] *m.* error, mistake fault; — de imprenta, erratum.
yerto [yayr'to] *adj.* rigid, stiff, motionless.   [tinder-box.
yesca [yes'ka] *f.* tinder; pl.

yeso [yay'so] *m.* gypsum; plaster; — mate, plaster of Paris.
yesquero [yes-kay'ro] *m.* tinder-box.
yodo [yo'do] *m.* iodine.
yugo [yoo'go] *m.* yoke, oppression; sacudir el —, to throw off the yoke.
yunque [yoon'kay] *m.* anvil.
yunta [yoon'ta] *f.* yoke *of oxen);* pair.
yuntero [yoon - tay'ro] *m.* plough boy.
yute [yoo'tay] *m.* jute *(fibre).*
yuxtaponer [yooks-ta-po-nayr'] *va.* to place side by side.
yuxtaposición [yooks-ta-po-see-thyon'] *f.* juxtaposition.

Z

zacatín [tha-ka-teen'] *m.* place or street where garments are sold.
zafar [tha-far'] *va.* to clear *(from encumbrances),* to lighten *(a ship); vr.* to escape, slip off, decamp, sheer off.
zafio [tha'fyo] *adj.* coarse, ignorant, lacking manners.
zafiro [tha-fee'ro] *m.* sapphire. re.
zaga [tha'ga] *f.* rear (part); a la —, behind, at the last.
zagal [tha-gal'] *m.* shepherd, swain, country youth; coach-boy.
zagala [tha-ga'la] *f.* shepherdess, country lass.
zagalejo [tha-ga-lay'ho] *m.* underskirt *(of zagala,* etc.).
zaguán [tha-gwan'] *m.* entrance, vestibule, main corridor *(of inn).*
zahareno [tha-a-ray'no] *adj.* intractable, sour, indocile.
zaherir [tha-ay-reer'] *va.* to censure, reproach, decry, fling into (his) face, scourge.
zahorí [tha-o-ree'] *m.* wizard, impostor.
zaino [tha'ee-no] *adj.* treacher-

ous, nasty (beast, etc.), chestnut *(horse).*
zalagarda [tha-la-gar'da] *f.* sudden outcry; snare, trap; mock-fight.
zalamería [tha-la-may-ree'a] *f.* wheedling, cajolery.
zalamero [tha-la-may'ro] *m.* wheedler, flatterer.
zamarra [tha-ma'ra] *f.* sheepskin jacket.
zambo [tham'bo] *adj.* knock-kneed.
zambra [tham'bra] *f. (Moorish) (artistic)* feast, festival; merry-making; noisy stir.
zambullir [tram-boo-lyeer'] *vn.* to dive, duck, plunge in.
zampar [tham-par'] *va.* to stuff (away, in), eat glutton ously.
zampoña [tham-po'nya] *f.* rustic flute.   [carrot.
zanahoria [tha-na-o'rya] *f.*
zanca [than'ka] *f.* shank, long leg (e. g. *of crane).*
zancada [than-ka'da] *f.* long stride.
zancadilla [than-ka-dee'lya] *f.* trip (up), hook; trap.
zancajo [than-ka'ho] *m.* heelbone.

zancajoso [than-ka-ho'so] *adj.* bandy-legged.

zanco [than'ko] *m.* stilt.

zancudo [than-koo'do] *adj.* long-shanked; *f. pl.* wading birds.

zángano [than'ga-no] *m.* drone, sluggard, "lazy dog".

zanja [than'ha] *f.* ditch, conduit, *(foundation)* trench.

zanjar [than-har'] *va.* to open *or* cut ditches, trenches; to compromise, clear away *(outstanding)* difficulties.

zapa [tha'pa] *f.* spade.

zapador [tha-pa-dor'] *m. (mil.)* sapper.

zapapico [tha-pa-pee'ko] *m.* pickaxe, mattock.

zapar [tha-par'] *va.* to sap, drive a mine (under).

zapata [tha-pa'ta] *f.* buskin, half-boot.

zapatear [tha-pa-tay-ar'] *va.* to tap dance; to beat time with the feet.

zapatería [tha-pa-tay-ree'a] *f.* shoemaker's trade, shop.

zapatero [tha-pa-tay'ro] *m.* shoemaker. [slipper.

zapatilla [tha-pa-tee'lya] *f.*

zapato [tha-pa'to] *m.* shoe.

zaquizamí [tha-kee-tha-mee'] *m.* garret, filthy "hole".

zar [thar] *m.* Czar.

zarabanda [tha-ra-ban'da] *f.* saraband.

zaragozano [tha-ra-go-tha'no] *adj.* of, from, Saragossa.

zaragüelles [tha-ra-gway'lyays] *m. pl.* wide and short breeches.

zaranda [tha-ran'da] *f.* screen, sieve.

zarandear [tha-ran-day-ar'] *va.* to sift, winnow; *vr.* to move to and fro.

zaraza [tha-ra'tha] *f.* printed cotton cloth; chintz.

zarcillo [thar-thee'lyo] *m.* earring. [(eyes).

zarco [thar'ko] *adj.* light blue

zarigüeya [tha-ree-gway'a] *f.* opossum.

zarina [tha-ree'na] *f.* Czarina.

zarpa [thar'pa] *f.* paw; echar la —, to grip, grasp.

zarpar [thar-par'] *vn.* to weigh anchor.

zarrapastroso [tha-ra-pas-tro'-so] *adj.* slovenly.

zarza [thar'tha] *f.* bramble, blackberry-bush.

zarzal [thar-thal'] *m.* bramble patch.

zarzamora [thar-tha-mo'ra] *f.* blackberry.

zarzarrosa [thar-thar-ro'sa] *f.* dog-rose.

zarzuela [thar-thway'la] *f.* comic opera, musical comedy.

zeta [tha'ta] *f.* name of letter z.

zigzag [theeg-thag'] *m.* zigzag.

zinc [theenk] *m.* zinc.

zipizape [thee-pee-tha'pay] *m.* *(coll.)* row, rumpus, scuffle, shindy.

zoca [tho'ka] *f.* square.

zócalo [tho'ka-lo] *m.* socle, pediment, plinth, base; beading; skirting-board.

zoclo [tho'klo] *m.* clog, overshoe.

zona [tho'na] *f.* zone; — templada, temperate zone.

zoología [tho-o-lo-hee'a] *f.* zoology.

zoólogo [tho-o'lo-go] *m.* zoologist. [zoological.

zoológico [tho-o-lo'hee-co] *adj.*

zopenco [tho-pen'ko] *m.* blockhead.

zoquete [tho-kay'tay] *m.* block, chunk; blockhead.

zorra [tho'ra] *f.* vixen; prostitute.

zorro [tho'ro] *adj.* cunning, foxy; *m.* fox. [dunce.

zote [tho'tay] *m.* blockhead.

zozobra [tho-tho'bra] *f.* uncertainty, anguish, suspense, perplexity; foundering *(of ship).*

zozobrar [tho-tho-brar'] *vn.* to founder, sink; to worry, be harassed; to hang (in suspense, in the balance).

zueco [thway'ko] *m.* wooden clog, overshoe.

zumba [thoom'ba] *f.* cattlebell.

zumbar [thoom-bar'] *vn.* to buzz, hum (i.e. *in ears*).

zumbido [thoom-bee'do] *m.*

buzzing sound, humming, ringing *(in ears)*; whizz, ping *(of bullet)*.

zumbón [thoom-bon'] *adj.* waggish; *m.* wag, funny man.

zumo [thoo'mo] *m.* juice, sap.

zurcir [thoor-theer'] *va.* to darn, sew up, draw *(skilfully)* together.

zurdo [thoor'do] *adj.* lefthanded.

zurra [thoo'ra] *f.* spanking, belting.

zurrar [thee-rar'] *va.* to dress leather; to spank, flog, whip, beat up.

zurriago [thoo-rya'go] *m.* whip.

zurrir [thoo-reer'] *va.* to clatter, rattle.   [bag; game-bag.

zurrón [thoo-ron'] *m.* leather

zutano [thoo-ta'no] *m.* Mr. So-and-So.

SPANISH IRREGULAR VERBS

In the following list the tenses, or such of them as exist, are given in this order: (1) Present Indicative; (2) Imperfect Indicative; (3) Past Indicative; (4) Future Indicative; (5) Present Conditional; (6) Present Imperative; (7) Present Subjunctive; (8) Imperfect Subjunctive; (9) Present Participle; (10) Past Participle.

FIRST CONJUGATION

Andar (3) Anduve, anduviste, anduvo.

Dar (1) Doy. (3) Di, diste, dio, dimos, disteis, dieron.

Estar (1) Estoy, estás, está, están. (7) Esté, estés, esté, estén.

Verbs in ebrar: *quebrar;* edrar: *empedrar;* egar: *cegar, estregar, fregar, sosegar, trasegar;* elar: *helar, melar;* emblar: *temblar;* endar: *arrendar, encomendar, enmendar, merendar, recomendar, remendar;* engar: *derrengar;* ensar: *incensar, pensar;* entar: *acrecentar, alentar, apacentar, calentar, cimentar, dentar, emparentar, ensangrentar, escarmentar, mentar, recentar, regimentar, sentar, tentar, ventar;* enzar: *comenzar;* erbar: *desherbar;* ernar: *gobernar, invernar;* errar: *aferrar, aterrar, cerrar, desterrar, enterrar, errar, herrar, serrar;* ertar: *acertar, concertar, despertar;* esar: *confesar, atravesar, atestar, manifestar;* estrar: *adestrar;* etar: *apretar;* evar: *nevar;* ezar: *empezar, tropezar.* The e of the root becomes ie under the tonic accent in the Present Indicative, Present Subjunctive and Present Imperative. Ex.: *Quebrar* (1) Quiebro, quiebras, quiebra, quiebran; (7) Quiebre, quiebres, quiebre, etc.

Verbs in obar: *probar;* oblar: *poblar, amoblar;* ocar: *trocar;* odar: *rodar;* ogar: *rogar;* olar: *amolar, colar, consolar, desolar, solar, volar;* olcar: *volcar;* oldar: *regoldar, soldar;* olgar: *holgar;* oltar: *soltar;* ollar: *acollar, degollar, descollar, desollar, hollar, resollar;* onar: *sonar, tronar;* ontar: *contar;* ontrar: *encontrar;* onzar: *avergonzar;* oñar: *soñar;* orar: *aforar, agorar;* orcar: *aporcar;* ordar: *acordar, concordar, discordar, encordar, recordar;* ornar: *aconar, descornar;* ortar: *entortar;* orzar: *almorzar, forzar;* osar: *desosar, engrosar;* ostar: *acostar, apostar, tostar;* ostrar: *mostrar;* ovar: *renovar.* The o of the root becomes ue under the tonic accent in the Present Indicative, Present Subjunctive and Present Imperative. Ex.: *Acostar* (1). Acuesto, acuestas, acuesta, acuestan.

SECOND CONJUGATION

Caber (1) Quepo. (3) Cupe, cupiste, etc. (4) Cabré, cabrás, cabrá, etcétera. (7) Quepa, etc.
Caer (1) Caigo. (3) Cayó, cayeron. (9) Cayendo.
Conocer (1) Conozco.
Haber (1) He, has, ha, hemos, habéis, han. (3) Hube, hubiste, etc. (4) Habré, habrás, etc. (7) Haya, hayas, etc.
Hacer (1) Hago. (3) Hice, hiciste, etc. (4) Haré, harás, etc. (5) Haría, etc.
Nacer (1) Nazco.
Pacer (1) Pazco.
Placer (1) Plazco. (3) Plugo or plació. (7) Plega, etc., plegue, etc., plazca, etc. (8) Pluguiese.
Poder (1) Puedo, puedes, puede, pueden. (3) Pude, pudiste, etc. (4) Podré, podrás, etc. (9) Pudiendo.
Poner (1) Pongo. (3) Puse, pusiste, etc. (4) Pondré, etc. (5) Pondría.
Querer (1) Quiero, quieres, quiere, quieren. (3) Quise, quisiste, etcétera. (4) Querré, querrás, etc.
Raer (1) Raigo or rayo. (3) Rayó, rayeron. (9) Rayendo.
Roer (1) Roo, roigo or royo. (3) Royó, royeron. (9) Royendo.
Saber (1) Sé. (3) Supe, supiste, etc. (4) Sabré, sabrás, etc. (7) Sepa, sepas, etc.
Satisfacer. Conjugate like hacer.
Ser (1) Soy, eres, es, somos, sois, son. (2) Era, eras, etc., (3) Fui, fuiste, fue, fuimos, fuisteis, fueron. (7) Sea, seas, etc. (8) Fuese.
Tañer (3) Taño, tañeron. (8) Tañese. (9) Tañendo.
Tener (1) Tengo, tienes, tiene, tienen. (3) Tuve, tuviste, tuvo, etc. (4) Tendré, tendrás, etc.
Traer (1) Traigo. (3) Traje, trajiste, trajo, trajeron. (9) Trayendo.
Valer (1) Valgo. (4) Valdré. (5) Valdría, etc.
Ver (1) Veo, ves, etc. (2) Veía, veías, etc. (3) Vi, viste, etc. (10) Visto.

Verbs in **ecer**, excluded **mecer, cocer** and **hacer.** They take a *z* before **o** and *a*. Ex.: (1) Merezco.

Verbs in **eder**: *heder;* **ender:** *ascender, defender, descender, encender, hender;* **erder:** *perder;* **erner:** *cerner;* **erter:** *verter.* The *e* of the root becomes *ie* under the tonic accent. Ex.: *Perder:* (1) Pierdo, pierdes, pierde, pierden.

Verbs in **oler; olver; orcer; order; over.** The *o* of the root becomes **ue** under the tonic accent. Ex.: *Morder:* (1) Muerdo, muerdes, muerde, muerden.

THIRD CONJUGATION

Asir (1) Asgo.
Decir (1) Digo, dices, dice, dicen. (3) Dije, dijiste, dijo, dijeron. (4) Diré, dirás, etc. (6) Di. (8) Dijese. (9) Diciendo. (10) Dicho.
Erguir (1) Irgo, irgues, irgue, irguen, or yergo, yergues, yerguen. (3) Irguió, irguieron. (6) Irgue or yergue. (7) Irga, irgas, irga, irgamos, irgáis, or yerga, yergas, yerga, yergan. (9) Irguiendo.
Ir (1) Voy, vas, va, vamos, vais, van. (2) Iba, ibas, etc. (3) Fui, fuiste, fue, fuimos, fuisteis, fueron. (7) Vaya, etc. (9) Yendo.

Oír (1) Oigo, oyes, oye, oyen. (7) Oiga. (9) Oyendo.

Salir (1) Salgo. (4) Saldré. (5) Saldría. (7) Salga.

Venir (1) Vengo, vienes, viene, vienen. (3) Vine, viniste, vino, vinieron. (4) Vendré, vendrás, etc. (7) Venga. (9) Viniendo.

Verbs in ducir. They are irregular like all the verbs in ucir; furthermore, their c becomes *j* in the Past Indicative. Ex.: *Conducir.* (1) Conduzco. (3) Conduje, condujiste, condujo, condujimos, condujisteis, condujeron. (7) Conduzca. (8) Condujese.

Verbs in edir, eguir; egir; emir; endir; ervir; estir; etir. Their *e* becomes *i* in the Present Indicative, except in the two first persons of the plural; in the third person of the Past Indicative, in the Present Participle and in the Imperfect Subjunctive. Ex.: *Pedir.* (1) Pido, pides, pide, piden. (3) Pidió, pidieron. (7) Pida. (9) Pidiendo.

Verbs in eír, eñir. The *e* of the root becomes *i*, except when the *i* of the ending is stressed; the *i* is also supressed of the ending in the third persons of the Past Indicative. Ex.: *Reir.* (1) Río, ríes, ríe, ríen. (3) Rió, rieron. (8) Riese.

Verbs in entir; erir; ervir. The *e* of the root becomes *ie* under the tonic accent and only *i* in the third person of the Past Indicative, in the two first persons of the Present Subjunctive and in the Present Participle. Ex.: *Sentir.* (1) Siento, sientes, siente, sienten. (3) Sintió, sintieron. (7) Sintamos, sintáis. (9) Sintiendo.

Verbs in ernir: *concernir, discernir.* The *e* of the root becomes *ie* under the tonic accent. Ex.: *Concernir.* (1) Concierno, conciernes, concierne, conciernen.

Verbs in iñir; uñir; ullir; añir. They lose the *i* of the ending when it is not stressed. Ex.: *Mullir.* (3) Mulló, mulleron. (9) Mullendo.

Verbs in irir. Their *i* becomes *ie* under the tonic accent. Ex.: *Adquirir.* (1) Adquiero, adquieres, adquiere, adquieren.

Verbs morir and dormir. Their *o* becomes *ue* under the tonic accent in the Present Indicative, Present Subjunctive and Present Imperative; it becomes *u* in the third persons of the Past Indicative, in the Present Participle and in the two first persons of the Present Subjunctive, etc. Ex.: *Morir.* (1) Muero, mueres, muere, mueren. (3) Murió, murieron. (8) Muramos, muráis. (9) Muriendo.

Verbs in ucir. All of them take a z before o and a. Ex.: *Lucir.* (1) Luzco.

Verbs in uir. All of them take an y in the Present Indicative, Present Subjunctive and Present Imperative, except in the two first persons of the plural. Ex.: *Huir.* (1) Huyo, huyes, huye, huyen. (6) Huye, huya, huyamos, huid, huyan.

CONTENIDO-CONTENTS

OTROS TITULOS DE LA COLECCION
PRACTIC BOOK

DICCIONARIO

FRANCES/ESPAÑOL
ESPAGNOL/FRANÇAIS

Este diccionario bilingüe pretende ser:
- Práctico
- Eficiente
- Actual

Por ello, se publica en formato de bolsillo. Contiene todas las palabras necesarias, pero ninguna de las inútiles, y además ofrece una pronunciación figurada extremadamente fácil en ambos idiomas.

Ce dictionnaire bilingue se veut:
- Pratique
- Efficace
- Actuel

Voilà pourquoi il paraît en édition de poche, et qu'il contient tous les mots nécessaires, sans citer les inutiles; il offre aussi leur prononciation figurée dans les deux langues.

DICCIONARIO ABREVIADO DE SINONIMOS

FERNANDO CORRIPIO

En busca de la máxima utilidad, esta obra ha sido redactada poniendo especial cuidado en la selección de términos, a fin de incluir los más frecuentes en el lenguaje usual. Con ello, queda garantizada la eficacia de una consulta rápida.

Figura también en este volumen una amplia relación de antónimos o contrarios, que puede considerarse entre las más completas de las publicadas hasta el momento en castellano.

La dilatada experiencia de Fernando Corripio en la redacción de diccionarios asegura el valor práctico de este libro, adaptación para edición de bolsillo del Gran Diccionario de Sinónimos, del mismo autor, que ha tenido una excelente acogida de público.

UN MENU PARA CADA DIA

GENOVEVA BERNHARD

Las atenciones culinarias no son, en absoluto, el menor de los problemas que lleva consigo la cotidiana marcha del hogar. Constituye, efectivamente, un verdadero rompecabezas la falta de variedad en las comidas que suscita el temible: «¡Siempre lo mismo!»

Esta famosa obra nos facilita la respuesta práctica y concreta a tal cuestión. La totalidad de su contenido responde fielmente a su título: UN MENU PARA CADA DIA. Para infinidad de personas constituirá, sin duda alguna, una grata sorpresa hallarla en edición económica y en cómodo y manejable formato.

PRIMER LIBRO DE AJEDREZ

I. A. HOROWITZ
Y FRED REINFELD

Los grandes maestros norteamericanos I. A. Horowitz y Fred Reinfeld exponen en la presente obra, primera de una serie de cuatro, las reglas básicas de este juego milenario.
— movimiento de las piezas
— valor de las piezas
— el jaque mate
— anotación de las partidas
— puntos tácticos delicados
— las aperturas (Apertura Central, Gambito Danés, Apertura Escocesa, Giuoco Piano, Gambito Evans, Defensa de los dos Caballos, Ataque Max Lange, Apertura de los Cuatro Caballos, Apertura Ruy López, Defensa Petroff, Defensa Philidor, Apertura Vienesa, Gambito de Rey, Contragambito Falkbeer, Defensa Siciliana, Defensa Francesa, Defensa Caro-Kann, Defensa Alekhine, Gambito de Dama, Sistema Colle, Defensa Nimzo-India, Defensa India de Dama, Defensa India de Rey, Defensa Grünfeld, Defensa Budapest, Defensa Holandesa).
— nueve movimientos malos, y cómo evitarlos.

SEGUNDO LIBRO
DE AJEDREZ

FRED REINFELD

Cómo jugar las blancas
- cómo controlar el centro
- cómo explotar la ventaja en desarrollo
- cómo explotar una movilidad superior
- cómo conseguir ventaja cuando las negras abren prematuramente el juego
- cómo explotar un contraataque prematuro
- cómo explotar las jugadas debilitantes de los peones
- cómo explotar los errores de las negras.

Cómo jugar las negras
- cómo explotar las debilidades de las blancas
- cómo tomar la iniciativa
- cómo jugar contra los gambitos
- cómo defenderse de un poderoso atacante
- cómo apoderarse del ataque.

LA COCINA
DE LA A a la Z

Más de 2.000 palabras componen esta extensa terminología culinaria y gastronómica, redactada por un competente equipo de especialistas. Un verdadero «diccionario de cocina» en el que debidamente alfabetizado, encontrara:

- *infinidad de recetas de cocina, repostería y coctelería*
- *vajilla, cristalería, utensilios y modo de utilizarlos*
- *todo cuanto conviene saber sobre los alimentos principales*
- *vocabulario internacional*
- *equivalencias de pesos y medidas*

Un nuevo y modernísimo concepto del manual culinario para uso de las amas de casa.

COMO CUIDAR Y ADIESTRAR A SU PERRO

IGNACIO J. MORENO

Cuidar y educar a un perro es una tarea agradable, pero a menudo el principiante e inclusive el criador experimentado tropiezan con problemas que no saben cómo resolver. En este manual ambos hallarán indicaciones y consejos para enfrentarse con las dificultades más habituales.

Todos los propietarios de perros deben conocer la psicología de sus animales, así como las nociones básicas de dietética y los síntomas de las enfermedades más comunes entre los canes. La higiene ocupa un capítulo fundamental, y también los primeros auxilios.

¿Qué raza de perro me conviene comprar? ¿Macho o hembra? ¿Qué significa «pedigree»? ¿Qué debo hacer para adiestrar adecuadamente a mi perro? A estas y a muchas otras preguntas responde el libro, con un estilo ameno y un lenguaje accesible.

TERCER LIBRO DE AJEDREZ

FRED REINFELD

Cómo explotar la ventaja
- *el bando que posee mayoría de fuerza debe vencer*
- *la importancia de la promoción del Peón*
- *finales de Reyes y Peones*
- *finales con una pieza de ventaja*
- *finales con ventaja de calidad*
- *finales de Torre y Peón*
- *finales de piezas menores*
- *excepciones: no siempre se vence cuando se tiene ventaja material*

Cómo luchar en la defensa
- *contraataque. Cómo resolver la crisis*
- *recursos de la defensa. Cómo simplificarla*
- *defensas defectuosas*
- *ejemplos prácticos de defensa.*